梅州市梅县区
宣传志

《梅州市梅县区宣传志》编纂委员会　编

方志出版社
Publishing House of Local Records

《梅州市梅县区宣传志》编辑工作会议（2018年11月）

中共梅州市梅县区委常委、宣传部部长涂戈峰（中）作《梅州市梅县区宣传志》编纂工作部署（2018年11月）

序

“文以载道，志存古今。”志书承载着厚重的历史，饱含着对前人奋斗的记录。正值中国共产党建党100周年之际，《梅州市梅县区宣传志》带着沁人的书香，呈现在人们面前，为党的百岁生日献上一份厚礼。犹如“春风扑面花香溢，怀古知今荡心扉”，心潮澎湃，爱不释手，掩卷沉思。

“以史为鉴，可以安邦国，以铜为镜，可以正衣冠。”《梅州市梅县区宣传志》高屋建瓴，站在历史的高度，从浩瀚的历史事件中，提炼经典，按编年体，简古详今，从建党之初到改革开放，再到新时代，前后近百年的辉煌历史归纳成篇，向我们展示了梅县区宣传思想工作艰苦卓绝的历史画卷，是革命历史的记录，也是生命拔节的声音，更是彪炳千秋的英雄篇章，将成为后人“资政、存史、教化”的历史资料。

党的宣传思想工作，历来是武装中国人民精神的利器，不管是在新民主主义革命时期，还是在社会主义革命与建设过程中，宣传思想工作都占有极其重要的位置。梅州市梅县区作为红色苏区、革命老区，在新民主主义革命时期，把宣传工作作为团结教育和联系群众的重要渠道，进行革命动员和斗争的重要手段，通过召开会议、开展培训、张贴红色标语、出版刊物和专栏、电台联络等各种形式，开辟出宣传工作星火燎原、如火如荼的新局面，为推翻“三座大山”，深化政治动员，缔造坚强的革命力量，激发群众自觉的革命斗争起到了推波助澜的作用，为梅县范围内革命根据地的建立、红色政权的巩固、人民翻身得解放留下了彪炳史册的功勋。

在社会主义革命和建设中，梅县区的宣传工作，伴随时代的节拍，高扬前进的旋律，为全区人民开展社会主义建设提供了强有力的精神支柱和思想动力。这是长期战斗在宣传工作战线上的同志们呕心沥血、艰苦奋斗、取得丰硕成果的历史见证。通过典型的事件，我们看到了老一辈宣传工作者的辉煌成就和不凡人生历程。

进入新时代，梅县区宣传思想工作高举中国特色社会主义伟大旗帜，在习近平新时代中国特色社会主义思想指引下，不忘初心，牢记使命，砥砺奋进，牢牢把握党在意识形态领域的主动权，继续做好宣传思想工作，为梅县区经济社会发展提供精神动力、舆论支持和文化保障。

梅县区委宣传部为传承历史，填补梅县区建党百年宣传史志的空白，组织专家、学者、宣传文化工作者，以科学的态度，严谨的思维，认真编辑具有历史价值的志书，具有深远的历史意义和现实意义。编纂志书是一件艰辛而伟大的工作，编纂委员会成员付出了心血，“衣带渐宽终不悔，为伊消得人憔悴”。他们深入基层，调查研究，挖掘史实，广泛收集素材，尊重历史，为我们提供了翔实的历史画卷，字里行间凝结了他们的辛勤与智慧。

追溯光辉的岁月，阅读波澜壮阔的诗篇，一篇篇感人至深的事迹和故事，无不体现我党的宣传优势和魅力。本书把思想性与艺术性完美结合，将知识性、可读性、观赏性、珍藏性融为一体。吸引读者，引人入胜。一是思想性，能够突现宣传工作的重要性，反映不同时期不同工作的重点，及时、准确宣传党的基本理论、基本路线和方针政策，使广大民众自觉投身中国革命和建设，成为强大的奋进力量。二是知识性，能够纵观梅县区政治思想建党和党组织发展壮大的百年历史，阐述梅县区革命群众百折不挠的斗争历史和艰苦创业、建功立业的精神风貌，史料丰富，包揽社会知识、思想教育、人文知识等，是难得的经典史书。三是可读性，一册在手，便可了解梅县区百年宣传历史，可以饱览梅县区的政治、经济、文化、风土人情、人物风采等丰富内容，语言流畅，追求完美，寓教于乐。四是观赏性，篇章结构，体例图文，都使人耳目一新，精美的图片和丰富的内容，构成一幅幅亮丽闪光的画面，有一种赏心悦目的美感。五是珍藏性，《梅州市梅县区宣传志》印刷精美，记载着近百年来梅县区的宣传史、革命斗争史、思想建设和文化发展史，是梅县区宣传文化部门的开山力作，极具珍藏价值。它的编纂出版，是为党的百年生日献上的一份厚礼。

这本书还有一个突出的特点，就是能够把握时代的脉搏，紧紧围绕新时代梅县区宣传工作的使命和任务，把统一思想、凝聚力量作为宣传工作的重点和中心环节，把人民群众对美好生活的向往当作宣传工作的奋斗目标。习近平总书记指出：“建设具有强大凝聚力和引领力的社会主义意识形态，是全党特别是宣传思想战线必须担负起的一个战略任务。”宣传工作者要自觉承担起“举旗帜，聚民心，育新人，兴文化，展形象”的重任。

志书是总结工作、归纳经验、积累智慧的书籍，更是鉴赏辉煌、指导工作的教科书。要充分发挥其作用，学习和运用好志书，让志书充分焕发出书香魅力、文明力量。

铁肩挑重任，再上新台阶。通过阅读，掌握本书的精髓，激发斗志，增强信心，引领宣传思想工作和文化工作，用心用情书写伟大的时代，不断推出讴歌党、讴歌祖国、讴歌人民、讴歌社会主义、讴歌英雄的精品力作，书写梅县区宣传思想文化工作和精神文明建设新篇章。

是为序。

中共梅州市梅县区委常委、宣传部部长　涂戈峰

2021 年 2 月 26 日

凡 例

一、本志以马克思列宁主义、毛泽东思想、邓小平理论、“三个代表”重要思想、科学发展观、习近平新时代中国特色社会主义思想为指导，坚持辩证唯物主义和历史唯物主义的立场、观点和方法，旨在实事求是地记述梅县区宣传思想文化工作的历史和现状。

二、本志所纂史料时间，上限自1925年12月起，下限至2018年12月止。

三、本志采取“详近略远”的原则，全面记述，突出特色。由述、记、志、传、图、表、录等体裁组成。设篇、章、节，图、表随文设置。

四、本志结构，根据“详异略同”的原则，卷首设序言、凡例，以志为主体。

五、本志范围以记述中华人民共和国成立以来特别是改革开放以来梅县区宣传思想工作情况为主，包括中共梅州市梅县区委宣传部、梅县区精神文明建设委员会办公室、区文化广电新闻出版局、区文学艺术界联合会、区广播电视台等工作情况。

六、本志引用资料来源，《梅州宣传志》、《梅县志》、《中共广东省梅县组织史资料（第五卷）》、《梅州市梅江区宣传志》、历年《梅县年鉴》、《中共梅县党史大事记汇编（1925—2006）》、《梅县宣传》，中共梅州市委宣传部资料室、中共梅县区委党史研究室、梅县区地方志办公室、梅县区档案局和有关单位提供的资料或填写的报表材料，以及梅县区宣传系统有关单位、人员和长期从事宣传工作的老同志提供的资料和碑记资料。

七、本志人物传，对1925年以来在党的宣传思想工作和文化艺术领域中有卓越贡献的梅县区籍（还包括1988年3月以前的梅江区籍，当时梅县和梅江区未分设，仍属梅县市）的人物进行立传或介绍。对中华人民共和国成立后人物，重点对宣传思想工作和文化文艺工作领域的杰出人物、省部级以上表彰的宣传文化广播系统的先进人物进行立传，对部分省级宣传文化广播系统评选出来的先进人物只列表进行记述。

八、“梅县”名称时有变更，1983年起为“梅县市”，1988年起为“梅县”，2014年起为“梅县区”，因而本志称《梅州市梅县区宣传志》，内文仍依照当时行政区划名称表述，即按所涉及的时间对应称“梅县”“梅县市”“梅县区”。

九、人们以往写“山岗”名习惯用“岌”，志书改用“岃”，“岃”的读法和用意更准确。如“赤岌岗”为“赤岃岗”。

十、本志简称，中国共产党中央委员会简称“中共中央”或“中央”；中国共产党梅县（市、区）委员会简称“梅县县（市、区）委”或“县（市、区）委”；中国共产党梅县县委宣传部简称“梅县县（市、区）委宣传部”或“县（市、区）委宣传部”；梅州市梅县区简称“梅县区”。“党的领导”“党的宣传工作”是指中国共产党的领导及其领导下的宣传工作，各级党委、党组是指中国共产党各级委员会、党组。

目　录

梅县区概况

梅县区素有“文化之乡”“华侨之乡”“足球之乡”之誉。改革开放后的40年间，梅县区先后荣获全国文明县城、全国文化先进县、中国民间艺术之乡（山歌艺术之乡）、中国金柚之乡、中国旅游强县、全国绿化模范县、全国绿色小康县等称号，并被确认为原中央苏区县。

一、梅县建立中共组织后的历史沿革

（一）中华人民共和国成立前

民国十四年（1925年）至民国二十五年（1936年），先后隶属广东省东江行政区、东区绥靖区。

民国十六年（1927年）5月13日至19日，建立梅县人民政府委员会。

民国二十五年（1936年），东区绥靖公署撤销，梅县属广东省第六行政督察区。

1949年4月至5月，属广东省第九行政督察区管辖。5月17日，梅县解放，仍称梅县，隶属中共梅州地委领导。5月24日，成立梅县人民民主政府（8月改为人民政府）。7月28日，潮梅人民行政委员会成立，梅县为其辖县。

（二）中华人民共和国成立后

1949年10月1日，中华人民共和国成立。梅县仍属潮梅行政区领导。

1950年1月，成立广东省兴梅专员公署，梅县隶属兴梅专区管辖。

1952年11月，兴梅专区撤销，梅县隶属粤东行政公署管辖。

1956年1月，粤东行政区撤销，分设汕头、惠阳两专区，梅县隶属汕头专区。

1958年11月20日，中共广东省委发文，撤销蕉岭县建制，并入梅县。12月，蕉岭县正式并入。

1961年3月，蕉岭从梅县分出。

1965年6月，经国务院批准，汕头专区划出原兴梅区管辖的兴梅7个县，成立梅县地区行政公署，梅县隶属梅县专区（1970年更名为梅县地区）管辖。

1978年12月，经国务院批准，原梅县所辖的梅州镇从梅县分出，设置县级的梅州市，1979年3月正式挂牌办公。梅县和梅州市均隶属梅县地区。

1983年6月，梅县与梅州市合并，定名梅州市。9月，改称梅县市（国务院1983年12月22日批准），仍属梅县地区管辖。

1988年1月，广东实行市管县体制，梅县地区改设地级梅州市，梅县市分为梅县和梅江区，属于梅州市管辖。

1999 年 9 月 28 日，梅县人民政府由江南正式搬迁至程江镇新县城办公。

2012 年 9 月，广东省政府正式批复同意梅县西阳镇划归梅江区管辖。

2013 年 10 月，国务院同意批准梅州市梅县撤县设区，成为梅州市辖区，与梅江区同属梅州市区，并称梅城。

二、地理位置

梅县区位于广东省东北部，韩江上游，梅州市中部。介于北纬 23°55′—24°48′，东经 115°47′—116°33′之间，东西宽 78 公里，南北长 98 公里。东邻大埔，西界兴宁，南连丰顺，北接蕉岭，东北与福建省上杭、永定毗连，西北与平远接壤，中部环接梅州市梅江区。地理位置靠近北回归线，且东近太平洋，属亚热带季风气候，气候温和，阳光充足，热量丰富，雨量充沛，雨热同季，干冷同期，但易旱易涝，偶有奇热和严寒，四季宜耕宜牧。2018 年年底，全区总面积 2483 平方公里，素有“八山一水一分田”之说，盆地、丘陵、山地分别占总面积的 22.5%、55.4%和 22.1%。

三、行政区划

截至 2018 年，梅县区辖 1 个高管会、1 个街道办事处、17 个镇：梅州高新技术产业开发区梅县（扶大）园区管理委员会、新城办事处、城东镇、石扇镇、梅西镇、大坪镇、石坑镇、水车镇、梅南镇、丙村镇、白渡镇、松源镇、隆文镇、桃尧镇、畲江镇、雁洋镇、松口镇、南口镇、程江镇；下辖 355 个村委会、32 个居委会。另辖 1 个乡级单位：梅西水库。区委、区政府驻新城街道宪梓南路 13 号。

全区有 19 个镇（办事处、高管会）党委，11 个区直系统党委；全区共 51 个党总支，950 个党支部，党员 33788 人。

四、人口、经济和交通

2018 年，全区户籍人口 616296 人。其中，城镇人口 287197 人，农村人口 329099 人。全区常住人口 54.36 万人。

2018 年，梅县区地区生产总值（地区 GDP）完成 190.98 亿元。其中，第一产业增加值 45.4 亿元，第二产业中的工业增加值 55.57 亿元，第三产业增加值 77.92 亿元。三次产业结构比为 23.8∶35.4∶40.8。全区人均 GDP 为 35141 元。

2018 年，梅县区财政预算收入完成 16.38 亿元，税收收入完成 31.08 亿元，城乡居民人均可支配收入 25984 元，其中：城镇居民人均可支配收入 32789 元，农村居民人均可支配收入 18735 元。

梅县区主要交通运输线路和设施：广梅汕铁路、梅坎铁路；在南口镇设高铁梅州西站，有梅汕高铁、杭广高铁、广梅高铁、梅惠高铁；G205 国道、G206 国道，S333 省道、S223 省道、S224 省道等公路；梅河高速公路、汕梅高速公路、梅州西环高速公路、梅大高速公路、梅州东环高速公路、梅平高速公路；梅州梅县机场等。

五、宣传文化事业

梅县区宣传文化系统单位有梅县区委宣传部、梅县区文化广电新闻出版局、梅县区文学艺术界联合会、梅县区广播电视台。

梅县区委宣传部办公地址在广东省梅州市梅县区宪梓南路13号，梅县区委、区人民政府大院内后楼七楼。

2018年，梅县区有文化馆1个、国有博物馆1个、民办博物馆7个，公共图书馆2个，藏书32.58万册，有电影放映单位4个、艺术表演团体2个、电视卫星接收站8座、有线电视广播站19个，有数字电视用户9.9万户，电视综合人口覆盖率100%，广播综合人口覆盖率100%。

大事记

1925年

4月12日，黄埔军校学生教导团（学生军）由政治部主任周恩来率领抵达梅县。月底，东征军及附城中小学师生在东较场举行追悼孙中山大会。

4月15日，梅城各界1000多人在东较场庆祝东征胜利，周恩来在会上发表演说。随后到省立五中（今梅州中学）、东山中学、学艺中学演说，称赞学艺中学为“东江第一中学”。

5月，广益中学继1924年学潮之后再次爆发学潮，反对帝国主义奴化教育。学生刘裕光、蓝胜青等组织成立“反基督教大同盟”，要求收回教育权，废除读圣经，主张学生信仰自由，参加学校行政管理。随后，梅县师范发动反对学阀邓水华、蓝柏侃的择师择长罢课斗争。学生刘清如、王之伦等组织成立了“革新社”。但两校学潮均遭学校当局压制，100余名学生被开除，之后这些学生多转读东山中学。

6月11日，梅县学界万人在东较场举行声援上海“五卅”惨案大会，决心誓死对外，永不回顾，会后示威游行，并散发传单。

夏季，梅县县城首次成立行业工会，开始时有理发工会、缝衣工会、窦坚（油漆）工会、木料工会4个。

夏季，省港罢工委员会派出林青等2位工人到梅县开展农民运动，组织农民协会，并在县城挂出了“梅县农民协会”的牌子。由于梅县是侨乡，男人多外出南洋，妇女是农村主要力量，而外来男干部很难接近妇女，因此，农运工作难于开展，不久，2人返穗，县农会形同虚设，即告结束。

7月，东山中学学生陈劲军（陈启昌）、肖啸安、胡明轩等组织成立学生救国运动团，并组织50余人的宣传队，到各圩镇作反帝爱国宣传、演戏筹款，将所得800余元寄送给省港罢工委员会。

9月，为使进步学生力量进一步扩大和团结统一，陈劲军、肖啸安、刘裕光、蓝胜青等商议在校外人境庐秘密组织成立梅县革命青年团，陈劲军为主任。提出以宣传社会主义、收回教育权为革命青年团的斗争任务。后来公开编印散发了《资本主义与共产主义》（陈独秀演讲稿）、《马克思唯物史浅谈》（《京报》副刊熊于谦所作）和《废除不平等条约》等小册子。

10月10日，梅县成立新生活运动促进会。

11月，广东革命政府东征军第二次到梅县，在第二纵队宣传队总队长、共产党员洪剑雄等人的协助下，正式开展建党工作。

12月初，中共梅县支部在梅县县城成立。事先，陈劲军、李仁华经洪剑雄、张维共同介绍加入中国共产党。旋即，在县政府公署洪剑雄住处召开支部成立会议，参加者洪剑雄、张维、陈劲军、李仁华，以及驻军中的3位中共党员共7人。会议首先由洪剑雄作《国内外形势报告》，然后宣布中国共产党梅县支部正式成立。由张维任书记、陈劲军任组织委员、李仁华任宣传委员。同时，支部会议还决定近期的四点任务：一是迅速发展和扩大组织，在国民党县党部、县政府和工会、学生、妇女等组织中发展党员，在各党、政、群团中建立党的核心；二是限期成立梅县总工会；三是开展学生运动，成立统一的梅县学生联合会；四是以梅县女子师范学校为基点，积极开展妇女运动。中共梅县支部隶属于中共潮梅特委（后改称汕头地委）。其早期活动地点多在梅城南门外八角亭。

至年底，梅县支部吸收了蓝胜青、刘裕光、胡明轩、古柏、杨维玉、杨新元等党员10多名。

是年，梅县东山中学、学艺中学学生分梅东、梅西、梅南、梅北四路随军开展宣传活动，沿途张贴标语，散发传单，广泛宣传北伐战争，发动群众踊跃支前。

1926年

2月，张婉华（省妇协执委，洪剑雄之妻）、邓颖超（中共广东区委委员，国民党广东省党部妇女部秘书长）以国民党广东省党部潮梅特派员身份先后到梅县活动。她们在县长江董琴和县党部组织部长兼教育局长李世安（共产党员）的协助下，多次到梅县女子师范学校、东山中学、嘉善小学等处演讲，从而推动了梅县的妇女运动和教育改革的发展。

3月8日，梅县妇女解放协会举行“三八”国际妇女节纪念大会，梅城机关、团体、学校和各界人士近1000人参加，洪剑雄、张婉华、温卓峰等出席并发表演讲。

上旬，梅县第一次工人代表大会在梅城召开，并成立梅县总工会。这时梅城已有理发、建筑、缝衣等行业工会16个。

是年，中共党员杨广存创办《梅县日报》，宣传革命道理。

是年，梅县农民运动兴起，农运宣传活动活跃。

1927年

1月，经广东区委批准，梅县特支升格为部委员会，广东区委派刘标彝为书记，组织部部长张维，宣传部部长吴健民。

4月，中共部委与团地委组成武装斗争委员会，统一领导全县武装暴动。刘标麟任书记，陈劲军为武装组织部长，张维为政治宣传部部长。

5月12日，在武装斗争委员会领导下，梅县工人在梅城举行暴动。13日，梅城各界群众集会，宣布成立梅县人民政府委员会。18日，《梅县日报》《梅声报》遭到查封。19日，梅县武装斗争委员会及党、团组织撤离梅城，梅县人民政府随之解体。

夏，黄乐三、黄文英、夏东光创办《华侨时报》，办至1930年停刊。

10月下旬，在梅县梅南九龙嶂成立广东工农革命军东路第十团，向当地群众宣传土地革命，开展武装斗争。

12月，中共梅县委员会成立，书记李桃粦，组织部部长杨雪如，宣传部部长王之伦，职工部长朱子干，军事部长肖文岳，委员陈思赤、黄国材、林一青。隶属东江特委（后潮梅特委）。

1928年

3月，中共梅县县委召开第四次委员会议，讨论中央八七会议精神和省委有关指示。

7月，整顿和改组梅县县委，李毓华为书记，黄国材为宣传部部长。

是年，梅城开始放映黑白无声电影。

是年，梅县《日日新闻》报创办。

1929年

3月，在党团组织中开展政治形势、农民运动、游击战争为主要内容的宣传教育工作。

10月中下旬，红四军三个纵队共6000余人在军长朱德、参谋长朱云卿的率领下到梅县。其中，19日第一纵队进入松源，在五星桥战斗中消灭国民党一个营；21日，红四军军长朱德、参谋长朱云卿到达松源；22日，红四军前委书记陈毅从上海出发经香港、汕头到达松源，带来《中共中央给红四军前委的指示信》（中共中央九月来信），在当天晚上召开的前委会议上作了传达；25日，红四军分三路攻占梅城，驻地设在孔庙（今梅州学宫）；26日，在梅城、芹菜洋（今芹洋半岛）、西阳一带张贴标语、宣传单，张贴《关于公布执行土地政纲的布告》，积极开展宣传活动，军长朱德在孔庙向梅城各界人士演讲，是日，国民党政府郭思演团临城，红四军撤至梅南；30日，红四军在梅南滂溪集结；31日，再次攻打梅城后在城北和大坪住一晚，11月1日，经梅西进入平远。红四军在梅所到之处，在墙上写标语，开展演讲活动，指导当地革命队伍开展武装斗争，在群众中宣传革命。

1930年

春，梅县工农兵代表大会在梅南顺里召开，到会代表200余人，大会宣布成立梅县苏维埃政府。

1931年

春，召开中共东江特委第三次党代会，部署开展游击战争的宣传、组织工作。

9月18日后，日本侵略军迅速占领中国东北三省。“九一八”事变爆发后，全国抗日救亡运动的影响很快传播到梅县，具有光荣革命传统的梅县人民在“天下兴亡，匹夫有责”的危亡时刻高举爱国抗日的红旗，积极开展抗日救亡运动。首先在梅城有搬运工人起来罢工、县城各中学学生罢课，组织提灯游行，散发传单，高呼“打倒日本帝国主义”“反对不抵抗政策”的口号。同时，成立检查仇货委员会，在全城各圩镇商店进行查禁日货。

1932 年

春，梅县《商报》《民报》《民众快报》《民众晚报》《日日新闻晚刊》相继出版。

陈仲平在梅县松源六甲中学与进步教师王建良组织半公开的读书会彭湃社，经常讨论文艺和政治问题，还组织散发从闽西苏区带来的各种传单。后来，陈仲平等人又在读书会内秘密成立一个核心组织学生会，提出了培养和发展革命青年的目标，秘密散发中共苏区革命传单、书刊，开展宣传活动。

1933 年

陈仲平利用回家（福建）的机会，带回福建苏区的文件、布告、报刊，认真组织学习、宣传。

是年，松口中山公园动工兴建。

1934 年

中央苏区第五次反“围剿”失败，中央机关率中央红军撤离苏区，开始长征。不久武平县委被打散，松源支部从此与上级失去联系。在处于独立活动的情况下，松源支部停止了发展党员工作，但仍旧照常开展其他各项工作，并通过读书会等组织和活动形式，团结了一大批进步分子。后来，松源支部与上海 1 个化名沈洛池的革命者取得联系，通过他不断寄来的《路灯》《时事周刊》《新文字月报》《救国时报》等书刊，了解国内外大事和党的方针政策。这种情况一直持续了 2 年，直至 1937 年 1 月重新与上级取得联系。

1935 年

上半年，陈慰慈、林玉明、王勉、陈海萍、李显云等在松口组织成立青年读书会，以陈慰慈从上海带回的 400 多册马列主义书刊和从上海新订购的《现世界》《大众生活》等抗日书刊为基本读物。松口组织成立“青年读书会”后，松源、梅城、南口、丙村、雁洋等地也先后组织了读书会，彼此取得联系，书刊轮流阅读，开展讨论。与此同时，陈慰慈、林玉明通过关系，联合开办了 3 日刊《东方民报》，冬，改名为《东方明报》。

8 月 1 日，中共中央和中华苏维埃中央政府发表《为抗日救国告全体同胞书》。不久，松源支部通过上海沈洛池取得该件后，即认真组织学习和宣传，这对开展梅县抗日救亡运动产生了很大的影响。

12月9日，北平爱国学生数千人在中国共产党的领导下，举行声势浩大的抗日救国示威游行。消息传来，梅县县城、松口、松源、丙村等地学生热烈响应，通过演讲、演剧等形式支持和声援“一二·九”运动。

1936年

2月，张荣德原任总编辑的《松口周刊》改为《梅东新报》。从此，林玉明、谢影、张荣德、陈仲平等进步人士分别担任了松口《东方明报》和《梅东新报》的编辑工作，使之在抗日救国宣传中发挥了积极作用。

春夏，随着全国抗日救亡运动的发展，梅县各地的抗日救亡运动亦逐步展开了。在松口，首先，成立了大众读书会，有会员300余人，主要是青年学生和店员，以及部分小学教员；其次，成立白燕剧社，成员是对音乐、戏剧有爱好和特长的人；再次，成立民众歌咏团，成员除读书会、剧社成员之外，有松江中学的学生及市区高年级小学生等，此外还有木刻研究会。在松源，成立了夜莺剧社；在梅城，成立了新梅剧社和新文字研究会；在雁洋成立了海燕剧社；在南口，成立了青年剧社；在大坪，成立了北极社。丙村和其他地方也相继成立了剧社，通过这些组织和活动，各地先进分子把群众广泛地动员和组织起来，投入抗日救亡的宣传活动中去，形成了抗日战争全面爆发前梅县抗日救亡运动的一次高潮。

6月，梅县救国会在梅县雁洋南福村成立，陈晓凡任主席，林汝舜任宣传部部长，出版《救亡周报》(后更名为《救亡报》)，由温汝尧等负责，宣传中共的抗日方针。

1937年

2月，松源党支部改选，王维任书记，张春汉任宣传部部长。

6月，中共松源区委成立，王维任书记，张春汉任宣传部部长。

7月，梅县民众歌咏团成立，深入长沙、西阳、丙村等宣传抗日。

8月中旬，中共梅县工委在松口召开县委扩大会议，传达了“南临委”会议的精神，并作出了开办各种训练班培养干部的决议。会后，县委在松口开办了一期爱国团体骨干训练班，参加者30多人，学习了毛泽东的重要著作《反对日本进攻的方针、办法和前途》以及其他有关抗战文章，并学习了防汉奸、防间谍、防空袭等常识。接着又举办了防空救护训练班，并组织了松口防空救护团。

是月，梅县第一次发出空袭警报。

11月，中共梅县城区委员会成立，书记黎邦，宣传委员王芰祥。

12月，中共梅县中心县委成立，书记李碧山，宣传部部长黄芸。

是年，梅县图书馆在金山北麓落成，藏书8088册。

1938 年

1月，梅县中心县委派黎邦在梅城开办新华杂志社，销售进步书刊，秘密印发《新文摘》，梅县中心县委书记李碧山等亲自为之撰稿。

是月，梅城召开各救亡团体代表会议，改组梅县抗敌御侮救亡后援会为梅县民众抗敌后援会。在共产党的领导下，梅县民众抗敌后援会成为一个公开、合法的协调和指导各群众救亡团体的领导机构，对运动的发展起了很好的作用。该会编辑出版了会刊《抗战旬刊》。

2月，《中山日报（梅县版）》创刊。

3月上旬，按梅县中心县委的部署，梅县学抗会召开全县代表会议，通过组织全县高中学生停课下乡工作1个月的决议。1000多名高中学生深入全县农村各乡村，运用演戏、演讲、壁报、图画以及召开会议等各种方式开展深入广泛的宣传工作。帮助农村建立起200多个夜校，吸引了成千上万的青年农民和劳动妇女参加夜校读书。一些地方还组织了歌咏团、青抗会，有力地推动了农村的抗日救亡运动。

15日，梅县中心县委还专门创办了《锻炼》油印刊物，刊登有关发展党员的做法和经验，供各地党组织和党员学习和借鉴。

夏季，梅县中心县委指示党员刘清如、郑天任以东山中学校友身份接办东中校友会会刊《梅县民报》，接办后改版为《民报》（三日刊），并成为梅县中心县委直接掌握下的宣传阵地。《民报》由刘清如、郑天任为正副社长，廖胡今、张惠镛、梁练等先后参加编辑和发行工作。后来，《民报》又出版了《妇女与儿童》副刊。

7月，梅县中心县委指示党员谢双庆接办原由中山大学进步学生谢锡琴在梅城义化路开办的大众书店，后由梁隆泰负责，任务是对外大量发行延安及全国各地出版的进步书刊，宣传党的方针、政策，联络青年和各界群众，同时在全县各堡建立发行点，对内作为党的地下交通站。

是月，梅县中心县委派党员黄光与归国华侨李力光在梅城杨桃墩开办1间新生印刷厂，由张英（伯赞）负责，除承印《民报》外还大量翻印进步书籍，如《共产党宣言》《共产主义运动中的"左派"幼稚病》《联共（布）党史》《论持久战》《抗日战争的战略问题》等。

是月，梅县中心县委为方便附城各中小学师生和店员阅读进步出版刊物，还设立了流动书报社，由黄渊隆负责，并和张英每天骑自行车送书报到学校商店。

8月，中共梅蕉武中心区委成立，书记王立俊，宣传部部长肖蔚然。

10月，梅县中心县委成员调整，李碧山复任书记，陈光（陈华）为宣传部部长。

12月30日，梅城各界群众举行大规模火炬游行，声讨汉奸汪精卫。

冬季，梅县中心县委在梅城大众书店举办马克思列宁主义初步党员学习班。

1939 年

6 月，汕报社迁梅县。

11 月上旬，在松源田心村（现新南村）上新屋蛟花堂召开中共闽西南潮梅特委第六次执委扩大会，传达贯彻中共中央的工作方针，研究讨论边区党组织现状和目前任务，并选出叶剑英、边章伍、方方、伍洪祥、苏惠、王维、谢南石 7 人为出席党的全国第七次代表大会代表。

12 月，中共梅县中心县委代表会议在梅城秘密召开，贯彻中共闽西南潮梅特委第六次执委扩大会议精神。

是月，学抗会组织战地服务队和战时工作队，前往汤揭慰问前方抗日将士及伤病员。

1940 年

1 月 29 日，由中共梅县中心县委领导的《民报》被国民党梅县县政府查封。是日，《民报》发表社论《再见，亲爱的读者》，揭露顽固派分裂统一战线、破坏抗日救亡运动的阴谋。

2 月，梅县中心县委在大众书店被钉封后开办的启蒙书店，再次被国民党梅县政府当局查封。中心县委又开办了南方书店，不久，又遭查封。接着，为《民报》和启蒙书店承印书报的新生印刷厂亦被钉封。

春节期间，梅县中心县委在水白湾下双高第秘密举办妇女骨干训练班，参加学习的妇女骨干 20 多人，由中心县委代理书记陈光、组织部部长梁集祥、妇委书记王玉珠等讲授党的建设、党的纪律、政治形势和妇女工作等课程，同时交流妇女工作经验，历时 12 天。

3 月，闽西南潮梅特委在梅县城郊芹菜洋举办各中心县委、县委干部训练班，参加者 30 余人，由特委主要领导方方、陈卜人、黄会斋等人主持并作报告，学习内容有《〈共产党人〉发刊词》等，为期约 20 天。

5 月 30 日，国民党梅县县党部下令解散“学抗会”，县城各中学学生代表 200 多人到县党部请愿，国民党县党部逮捕谈判代表李鸣铮等 7 人，在梅西龙虎圩监禁达半个月之久（时称梅县“七君子事件”）。后经中共梅县中心县委多方营救，才宣告无罪释放。

6 月，梅县中心县委领导成员调整，书记马士纯，宣传部部长王致远。

1941 年

1 月上旬，国民党顽固派制造围袭新四军的皖南事变，又一次掀起反共逆流。消息传来，中共梅县党组织积极组织散发、邮寄、张贴《朱、彭、叶、项通电》《中央军委命令》《中共中央军委发言人对新华社记者的谈话》等文件，揭露国民党破坏抗战、实行反共的滔天罪行，使广大群众了解事变真相和中国共产党的态度、立场。

是月，成立中共梅县县委，仍辖梅县、蕉岭、平远和武平县象洞区党组织，书记马士纯（后王致远），宣传部部长王致远。

7月，大埔县陈德强（又名廖秋声、陈华）调到梅县任中共梅县县委宣传部部长。

1942年

4月，著名爱国民主人士邹韬奋经中共组织安排，撤离日本侵略军占领下的香港，经东江游击区到畲江江头村隐蔽，9月离梅经韶关到苏北抗日根据地。

6月，南委事件发生，梅县党组织按上级要求，暂时停止组织活动。

是年，熊相元、彭君如组建新华汉剧社。

1943年

上半年，各地党员宣传动员群众抗旱，帮助群众度过灾荒。

1944年

5月7日，黄都（今三乡）乡民破除迷信，禁用僧人斋妇做斋，捣毁天神庙偶像。

10月，周恩来要求在南方帮助成立中国民主同盟。在梅县潮塘召开民盟东南干部会议，成立民盟南方总支部，出版机关刊物《民主》周刊。1945年春，民盟梅县分部成立。

1945年

5月，中共梅县工委成立，机关设在梅城，书记陈明，宣传部部长黄戈平。

6月，李碧山将领导机关和韩纵电台从福建省平和县长乐村迁到梅县三乡小都黄泥坑。此后不久，闽粤赣边纵电台与东江纵队电台联通。抗战胜利前夕，又与党中央电台联通。这标志着闽粤赣边党组织在南委事件后中断了3年之久终于恢复了与党中央的直接联系，对边区党的工作和武装斗争产生了巨大的影响。

7月，中共梅县工委在梅县附城盘龙桥李屋举办附城中学学生党员骨干训练班，讲授党的建设、武装斗争和学生运动等专题，为期1周。

是月，中共梅县工委加强了与在梅县的中国民主同盟南方总支部负责人李章达、张文等人的联系，为他们的刊物《民主自由》提供新华社电讯，并通过他们的关系派人打进在梅县出版的《汕报》编辑部，利用汕报宣传党的政策、主张。

9月3日，日本无条件投降消息传到梅县，全县城乡万众欢腾，纷纷集会庆祝，晚上举行火炬化装大游行。

是月，梅县附城学生代表会在东郊盘龙桥熊屋召开，成立梅县学生联合会，出版会刊《学生呼声》。会议号召全县大中学生积极参加爱国民主运动，反对内战，为实现和平民主，成立联合政府，建设独立、自由、富强的新中国而努力奋斗。

是月，中共附城、梅西区委成立，附城区委书记李克平（后陈华）、宣传委员吴文彬，梅西区委书记叶雪松（后陈悦文）、宣传委员叶寒生。

11月5日，民国政府教育部报告全国普及教育情况，梅县名列第二（江苏武进县名列第一）。

是月，重新成立中共梅埔丰边县工委，书记何勇为，宣传部部长刘富文。

12月12日，《中山日报》载，全面抗日战争8年期间，梅县征送壮丁1.9万人。

是年，梅城党组织大量翻印《新民主主义论》《论联合政府》《大众哲学》《阿Q正传》《狂人日记》《曙光报》等刊物，在领导学生开展爱国民主运动中发挥积极作用。

1946年

2月，中共杭武蕉梅边县委成立，书记王立朝。1948年7月充实县委，设常委和执委，常委、宣传部部长陈连亨（1948年8月至1949年2月）、钟英（1949年3月至6月）。

1947年

3月9日，边区工委向所属发出《新形势与新任务》的指示，指出根据国内形势的变化，目前的任务是：全力发动群众，建立群众武装，掀起广泛的群众性游击战争。

11月23日，梅县党组织发动梅北地区学生数百人，举行反对“国大贿选”和反对“倍价赎田”的游行示威，从而团结了一大批青年学生、教师和群众。

是年，梅城开始放映黑白有声电影。

是年至1948年2月，梅城人民武装开展“反三征”斗争，在城内、农村张贴闽粤赣边区人民解放军粤东支队印发的反对“三征”的布告。

1948年

1月，中共梅兴平蕉边县工委在梅西大坪薯田芹菜塘宣布成立，书记黄戈平，宣传部部长叶雪松。

5月，发动政治攻势，到处散发传单，张贴标语，口号是“活捉涂思宗、活捉张光前、活捉方景韩”。

是月，中共梅兴平蕉边县工委转为中共梅兴平蕉边县委，书记黄戈平，宣传部部长陈悦文。

10月上旬，梅兴丰华边县委在梅南学老坑召开全体会议，听取地委领导陈明传达地委第三次执委扩大会议精神，并学习《关于健全党委制》《关于建立报告制度》等文件，联系队伍中出现的一些消极动摇思想，认真进行了“三查三整”（查阶级、查斗志、查工作；整顿组织、整顿纪律、整顿作风），从而提高了队伍的素质，鼓舞了斗志。

是月，调整梅兴丰华边县委领导班子，书记姚安，宣传部部长叶芬。

是月，梅兴平蕉边县委和独四大队分别编辑出版《曙光报》《红星报》。

11月，中共粤东地委改为中共梅州地委，书记廖伟，副书记王立朝，组织部部长陈仲平，宣传部部长谢毕真。中共梅兴平蕉边县委的蕉岭部分分出，中共梅兴平蕉边县委改为中共梅兴平边县委，书记陈悦文，宣传部部长肖刚（兼，1948年11月至1949年3月）、陈玉堂（1949年3月至6月）。

1949年

夏，开展“迎接解放大军南下，解放全中国”宣传活动。

5月2日，闽粤赣边纵队发布《中国人民解放军闽粤赣边纵司令部命令》，命令国民党各级政府机关和军政人员，立即停止军事行动，派出代表到本部及本军所属部队，进行和平谈判，立即释放政治犯，立即停止征兵、征粮、征税，保管好文件档案和一切军用物资，听候解放军接收。

中旬，边区党委王维与梅州地委根据保十二团宣布起义后的动态，命令一支队直属团立即从蕉岭进抵梅城北郊曾龙岃，一支队独立营进抵城南沥龙坪，起义后的保独一营进抵城东东较场。随即又决定部队和工作人员暂不进城，只派代表与保十二团联系，并派人接收中山日报和印刷厂，出版中国共产党的报纸，宣传解放战争形势及中国共产党和中国人民解放军的政策、主张，安定民心。

24日，梅县人民民主政府宣告成立。

6月初，中共梅县县委成立，书记刘健，宣传部部长陈华。

11日，梅县人民民主政府正式挂牌，内设有文教科等科室。

13日，梅县人民民主政府在梅城东较场召开各界庆祝粤东解放暨梅县人民民主政府成立大会，各党、政、军机关和各界群众1万多人参加，并举行庆祝游行。

是月，梅县人民民主政府发布《肃清残余反革命，巩固革命秩序》《关于限期垦荒造林》《减租减息暂行条例》等布告。组织恢复生产，恢复社会正常秩序。

7月初，被中国人民解放军南下大军追赶溃逃的国民党胡琏兵团2个军4个师连同江西地方反动武装2.5万人，分东、西两路南下，其中主力1.5万人，于7月3日进入粤东平远县，6日上午敌先头部队进入梅城。上、中旬，县委广泛发动群众一起保卫自己的身家性命，消灭南逃残敌。至9月底，梅县境内胡琏残部已全部溃逃，梅县城乡全面解放，全县军民迎来了中华人民共和国的成立。

10月4日，梅县军民在东较场集会，庆祝中华人民共和国成立暨畲坑战斗祝捷大会。

1950 年

1 月 1 日，梅城各界 3000 多人在梅县人民体育场召开军民联欢会，开展劳军活动。尔后，每年的元旦、春节均开展拥军优属活动并成为制度。

26 日，兴梅行政督察专员公署成立，领辖梅县等 7 个县，办公地址设在梅城南门原县立一中校园（孔庙）。

2 月 1 日，县人民政府发布《禁烟办法》布告 13 条，查禁鸦片。

5 月 12 日，中共梅县县委作出《关于开展反霸与乡村民主运动的决议》，在全县开展以“退租退押”为中心的反霸民主运动。

6 月 3 日，《兴梅日报》发起读者和平签名运动，至 11 月中旬，兴梅专区有 92.9 万人签名，梅县人民政府积极组织群众参加。

1951 年

1 月，梅县有线广播站在梅城建立。

3 月，全县开展“抗美援朝、保家卫国”的爱国主义宣传，报名参加中国人民志愿军的青年有数千人。

3 月，组建了梅县民艺线剧团，团址设在梅城华侨戏院左侧，谢发任团长。

4 月 5 日至 8 日，梅县第二届各界人民代表会议、第二届农民代表会议、第一届民兵代表会议在梅城联合召开，会议主要议题是——搞好生产度荒，开展“抗美援朝、保家卫国”运动和着手进行土地改革的准备工作等。

春，梅县艺光汉剧团成立。1956 年 4 月与大埔县民声汉剧团合并，成立广东汉剧院，院址先设于东较场后侧，后迁至院士广场。

8 月 15 日，中央人民政府南方革命老根据地慰问团粤东分团第二分队由古大存率领抵达梅县，先后到梅南、畲江、西阳、丙村、松口和松源等地慰问革命老根据地人民，历时 18 天。

8 月 20 日，梅县首座革命烈士纪念碑在长沙圩落成。

是年，广东省人民政府主席叶剑英到梅县视察。

1952 年

2 月，在国家机关工作人员中开展“三反”（反贪污、反浪费、反官僚主义）、在工商业者中开展“五反”（反行贿、反偷税漏税、反盗骗国家财产、反偷工减料、反盗窃国家经济情报）运动。1953 年 3 月结束。

3 月，中国人民志愿军归国代表团、朝鲜人民访华团到梅县向各界人民作抗美援朝事迹报告。并作为期 3 天的访问。

5月，梅县成立“动员城市失业工人劳动人民回乡生产处理委员会”，由县长赖运如兼主任，动员一批失业人员回乡参加农业生产。

8月13日至15日，第三届各界人民代表会议第二次会议在梅城召开，会议主要议题是支援农村土地改革，并通过《接管城市圩镇封建性财产的管理办法》。

9月2日至6日，召开第一批完成土地改革的47个乡农民代表会，贯彻兴梅地区农业互助组长会议精神，推行常年互助合作，开展“万户千斤”增产运动。

11月14日，粤东行政公署成立，兴梅专署撤销。梅县属粤东行署。

是年，兴梅人民礼堂（后为梅州电影院）建成。

是年，全县开展扫除文盲工作，开办夜校识字班164所、学员1.07万人，中学附设工农夜校20所、学员2481人。

1953年

1月，在粤东区召开的农业劳动模范大会上，梅西区虞白乡曾汉荣互助组被评为模范互助组。

中共梅县县委宣传部召开全县各区宣传委员、宣传干事会议，主要传达粤东区党委宣传工作会议精神，讨论如何加强宣传队伍的领导，并制定下一步方针和计划。

5月1日，梅县人民政府颁布《取缔反动会道门》布告，取缔“先天道”“同善社”“真空道”等反动会道门组织。

5月12日至17日，梅县第四届各界人民代表会议在梅城召开，出席会议代表467人，贯彻《中南行政委员会生产十项措施》和新民主主义经济政策。听取县委书记余踪关于由土地改革转向生产建设的报告。

夏，中共中央华南分局第一书记、广东省人民政府主席叶剑英到梅县视察。

1954年

2月，举办全县民间艺术会演，参加会演的有13个代表团，1.8万多人观看演出。

7月，梅县开办干部业余文化学校，培训机关干部，开展农村党员教育。

6月28日至7月5日，梅县第一届人民代表大会第一次会议在梅城召开。会议确定第一个五年计划，动员与组织全县人民开展以互助合作为中心、以农业为重点的全面增产节约运动，逐步发展社会主义经济和实行社会主义改造。

是年，在东郊大墓岃发掘晋墓1座，出土陪葬品10件。

是年，全县上下进行农业合作化宣传运动。

1955 年

冬，宣传贯彻《中华人民共和国兵役法》，全县征召 800 名青年参加中国人民解放军。

是年，密切配合党在农村进行一系列的社会主义革命，通过以互助合作为中心的生产运动开展宣传工作。

是年，在北岗发掘晋墓 1 座，出土文物有西晋太始砖 62 块。

1956 年

1 月 4 日，粤东行政区撤销，分设汕头专区和惠阳专区，梅县属汕头专区。

3 月 1 日，《梅县农民报》创刊，后更名为《梅县建设报》《梅县报》。

5 月，梅县县委宣传部试办"农村党员业余学校"。

9 月，组织宣传中共八大会议精神。

10 月，梅县按照汕头地委发出的《关于加强争取和平解放台湾工作，进一步利用写信方式对台湾进行宣传工作的指示》，开展宣传工作。

是年，华侨戏院动工兴建，于 1957 年 7 月建成开业。

是年，梅县民艺线剧团转为国营，改称梅县木偶汉剧团。至 1966 年因"文化大革命"而被解散。

1957 年

3 月 20 日，广东省人民政府公布阴那山灵光寺为省级重点文物保护单位。

5 月，中共梅县县委贯彻中共中央《关于整顿农业合作社》的指示，派出工作组分赴各农业社，开展民主整社。健全农业包工、包产、包成本制度，至 7 月上结束。

6 月 7 日，中共梅县县委决定，开展整风运动。

7 月下旬，开展反右派斗争，至次年夏结束。全县被错划为"右派分子"的有 869 人，占干部、教师总数的 13.2%；"中右分子" 141 人。反右派斗争造成不良的后果，1979—1980 年全部得到改正。

秋，全面开展"三面红旗"（总路线、"大跃进"、人民公社）的宣传。

1958 年

3 月至 5 月，开展反"地方主义"斗争，有 4 名县委主要干部被错定为"地方主义分子"。1979 年得到平反纠正。

春，在干部职工中开展"加速社会主义建设捐献运动"，全县干部职工捐献金额 41 万余元。

4月，县委号召全县干部群众男的剃光头、女的剪短发，把头发用作肥料以“消灭三类禾”。全县干部职工、师生和部分农民连日带夜剪发。

上半年，进行整风、反右宣传，围绕扫盲开展各种形式的群众性文化宣传活动。

7月27日，中共梅县县委第一书记孙敬业在《梅县建设报》发表《我的心——10万斤》（指水稻亩产）的文章。在城郊公社东厢大队赤岃岗生产队进行“高产试验”，将20多亩孕水稻移并在1亩地，结果失败。

11月20日，中共广东省委决定，撤销蕉岭县建制。12月，蕉岭县正式并入梅县。

下半年，对人民公社展开多种形式的宣传。

1959年

1月，中共梅县县委召开公社、管理区、生产队三级干部会议，开展“反瞒产、反私分”运动。

1月13日，苏联文学家艾德林由中国科学院研究员余冠英陪同到梅县考察客家民间文艺，并访问人民公社。

8月9日，中共梅县县委召开第六次扩大会议，在“左”的思想指导下，开展“反右倾”整风运动，运动中受处理的干部有73人，其中9人被定为“右倾机会主义分子”，错误地打击了一批干部。1961年和1979年，分别得到平反纠正。

是年，深入各公社召开宣传教育工作现场会，学习贯彻中共八届六中全会会议精神，开展以整顿巩固和建设人民公社为纲的社会主义和共产主义宣传教育。

1960年

冬，开展整风整社运动，反对强迫命令、瞎指挥、浮夸风，同时纠正处理“大跃进”期间的“共产风”遗留问题，全县清理退赔429.92万元。

1961年

3月，蕉岭县从梅县分出，恢复原建制。

4月27日至5月3日，中共梅县县委召开县、公社、大队、生产队四级干部会议，传达贯彻中共中央《农村人民公社工作条例（草案）》（十六条）。

1962年

8月，梅县山歌剧团成立。

10月，汕头专区在梅县华侨戏院举行首届山歌剧会演，并举行山歌剧发展专题讨论会。

1963 年

7月，组织县文化局、文化馆、图书馆、新华书店、市管会、公安局、派出所等有关单位在梅城镇和各个乡镇开展取缔内容反动、淫秽、荒诞的图书、黄色图片、唱片工作。

8月，在农村开展社会主义教育运动，中共梅县县委抽调1210人组成工作队，在梅江公社开展清账目、清仓库、清财物、清工分的“小四清”试点工作。随后，全县分四批进行，至翌年10月结束。

10月6日，中共梅县县委成立“增产节约办公室”和“五反”运动领导小组。从10月20日开始，在国家机关和企事业单位开展增产节约运动和以“反对贪污盗窃、反对投机倒把、反对铺张浪费、反对分散主义、反对官僚主义”为内容的“五反”运动。

10月，中央乐团到梅县演出。

是年，开展五好干部、五好社员、五好生产队、五好支部、十好党员的评价运动。

1964 年

5月，梅县人民委员会发出《关于大力推广用煤、节煤，推广先进炉灶工作的通知》，全县开展用煤、节煤运动。

是年，宣传和组织全党全民大学毛主席著作，贯彻“带着问题，活学活用，学用结合，急用先学，立竿见影”的学习方针。

1965 年

春，在程江公社开展以清政治、清经济、清组织、清思想为主要内容的“四清”运动试点工作（“大四清”），7月在全县铺开。1966年6月转入“文化大革命”后，“四清”工作总团及其所辖各分团于11月撤销。

是年，为掀起学习毛泽东主席著作的热潮，县委宣传部抽调文化、教育、卫生、体育部门的干部到丙村公社群锋大队、人民医院、南口中学蹲点，深入调查研究，广泛深入开展宣传教育工作。

是年，业余文艺创作组成立，开展创作活动。

1966 年

2月，全县组织学习2月7日《人民日报》发表的社论《向毛泽东同志的好学生——焦裕禄同志学习》，开展学习宣传焦裕禄事迹活动。

3月31日，中共梅县县委作出“突出政治，大学毛主席著作”的决定，组织全县人民学习毛泽东主席著作。

5月16日，“文化大革命”开始。

7月，梅城各中等学校开始建立红卫兵组织。

9月，梅城各中等学校红卫兵组织走上社会，进行破“四旧”（旧思想、旧文化、旧风俗、旧习惯）、立“四新”（新思想、新文化、新风俗、新习惯）活动。

11月10日，梅县军分区、中共梅县县委抽调人员到6个农村人民公社“搞样板”，掀起大学大背毛泽东主席《为人民服务》《纪念白求恩》和《愚公移山》的“老三篇”学习热潮，开展“灵魂深处爆发革命”“斗私批修、破私立公”活动。

1967年

1月至3月，因受“文化大革命”冲击，宣传部等多数县委工作部门停止工作。

1968年

3月，成立梅县革命委员会，下设“四大组”“八大站”，其中一站是毛泽东思想宣传站。

7月30日，宣传贯彻中央“七三”“七二四”布告，提出“狠狠打击阶级敌人的破坏活动”。

8月，全县掀起“三忠于”（忠于毛主席、忠于毛泽东思想、忠于毛主席的无产阶级革命路线）活动高潮。

9月7日，县革委抽调各企业、厂矿工人和农村的贫下中农组成工人、农民毛泽东思想宣传队（简称工宣队、农宣队），进驻所谓“知识分子成堆”和“老大难”单位，进行“斗、批、改”。

10月，贯彻毛泽东主席的《五·七指示》，首批206名机关干部下放“五·七”干校（南口葵岗）劳动。

1969年

4月，开展党的九大文件的学习和宣传。

是月，“文化大革命”的“斗、批、改”进入高潮。

10月1日，广东人民广播电台梅县转播台建成，开始试机转播（1965年6月开始筹建）。

是年，成立梅县革命委员会政工组宣传办公室。

1970年

春，全县开展“一打三反”（打击现行反革命破坏活动，反贪污盗窃、反投机倒把、反铺张浪费）运动。

是年，《毛泽东选集》《毛主席语录》发行到全县各部门。

1971 年

1 月，叶剑英元帅到梅县视察。

6 月 2 日，全县开展“批陈（伯达）整风”运动。

12 月 17 日，中共梅县县委召开行政 22 级以上的党员干部会议，传达中共中央关于林彪“9·13”叛国事件的文件。随后，全县进行“批林整风”。

1972 年

2 月 1 日，梅县地委机关报《梅江报》创刊。

是年，以“批林（彪）整风”为纲，开展工业学大庆、农业学大寨的群众运动。

1973 年

3 月，撤销毛泽东思想宣传站，设立中共梅县县委宣传部，中共梅县县委宣传部副部长杨淡钦（无正职）。县委其他工作机构逐步恢复。

9 月 15 日，中共梅县县委抽调 854 名干部，组成路线教育工作队，在农村开展“党的基本路线教育”运动，全县 31 个公社分三批进行，至 1977 年 8 月结束。

是年，建立农村大队一级的政治夜校（文化室）。

是年，全面开展“批林（彪）整风”运动。

1974 年

2 月 20 日，中共梅县县委发出《关于认真学习省委关于召开广东省第二次贫下中农代表大会的决定的通知》，全县掀起“批林批孔”高潮。

4 月 2 日，中共梅县县委重新组织工人和贫下中农进驻城乡各级各类学校，实行工人、贫下中农管理学校，推行所谓“教育革命”。

5 月，梅县在县城电影院组织“革命样板戏”影片放映，组织机关、学校、企事业单位人员观看。

是年，全县首次推荐 50 名工、农、兵青年上大学。

1975 年

4 月，梅县地区通信、读报、发行工作代表会在梅县召开。

8 月，梅城镇更名为梅州镇，辖东、西、中区 3 个街道办事处及东郊、西郊、江南 3 个人民公社。

秋，梅县宣传全国农业学大寨会议精神，掀起建设大寨县的宣传活动。

1976 年

2 月，香港凤凰影业公司到梅县洽谈摄制《山欢水笑话梅潮》风光片，在梅县实地拍摄，至 9 月完成拍摄工作。

3 月，梅县地区美术、摄影工作会议在梅县丙村召开，与会人员创作作品。

10 月 19 日至 21 日，全县各地集会游行，欢庆党中央一举粉碎江青反革命集团的伟大胜利。10 年“文化大革命”宣告结束。

1977 年

4 月，进行《毛泽东选集》第 5 卷学习宣传工作。

5 月，开展清查与林彪、江青反革命集团有牵连的人和事。

9 月，进行传达宣传中共十一大文件。

是年，工宣队、农宣队从各学校撤出。

是年，组织全县城乡干部深入揭批江青反革命集团宣传教育工作。

1978 年

6 月，开展“实践是检验真理的唯一标准”的学习、讨论。

冬，组织学习和宣传中共十一届三中全会决议，宣传邓小平《解放思想，实事求是，团结一致向前看》的讲话。

冬，学习四川省广汉县和广东省清远县经验，在部分农村开始推行联产承包责任制。

是年，复办并命名梅县木偶剧团，剧团属全民所有制事业单位，团址初设人民体育场山歌剧团内，后迁至城北曾龙岃，占地面积 600 平方米，建筑面积 1500 平方米。

是年，中共梅县县委抽调 100 多名干部充实“落实政策办公室”，认真复查平反“文化大革命”期间和中华人民共和国成立后历次政治运动的冤、假、错案，至 1985 年夏基本结束，共清理处理档案 47574 份，平反冤、假、错案 3297 宗。

1979 年

1 月，梅州镇从梅县分出，设梅州市（县级），内设有宣传部，同年 7 月挂牌办公。

2 月，组织全县干部群众认真学习贯彻中共十一届三中全会决议精神，把工作重点转移到经济建设上来。

3 月，设置梅州市委（县级）宣传部。随后，成立梅州市电影管理站，站址设公园电影院后面。

7 月，修复黄遵宪故居“人境庐”。

秋，中共梅县宣传部、文化局组织山歌比赛。

10月，组织学习、宣传叶剑英《在庆祝中华人民共和国成立三十周年大会上的讲话》。

冬，梅县、梅州市（县级）电影管理站先后改名为电影公司。

是年，继续学习宣传中共十一届三中全会决议，端正政治路线、思想路线和组织路线，深入批判“两个凡是”观点。

是年，重建梅县图书馆、博物馆。

是年，梅县和梅州市（县级）分别设置广播站。梅县实现县公社广播专杆专线化，公社广播站全面通县站广播。

1980年

5月13日，全国人民代表大会常务委员会委员长叶剑英到梅县视察，受到全县干部群众的热烈欢迎。

9月，贯彻中共中央《关于进一步加强和完善农业生产责任制的几个问题的通知》，全县农村推行以户为单位的家庭联产承包责任制。至1981年秋，全县5573个生产队全部与农户签订承包合同。

是年，围绕真理标准问题的讨论，反复宣传中央的两个农业文件。

是年，结合各级人大代表选举广泛宣传《中华人民共和国全国人民代表大会和地方各级人民代表大会选举法》。

是年，搜集整理传统客家山歌、曲艺音乐。

1981年

5月，再次发出《关于彻底清除过时标语口号的通知》。

5月至7月，开展学习《陈云文稿选编》和马克思主义关于再生产的经济理论。

6月，中共十一届六中全会审议和通过了《关于建国以来党的若干历史问题的决议》，全县开展学习教育活动。

8月，梅县地委宣传部、行署文教办等单位在梅县召开“五讲、四美”文明礼貌活动经验交流会。

冬，梅县公园立体电影院动工兴建，于1983年1月建成开业。

是年，初、高中学制开始恢复三年制。

是年，会同组织、党校、工会、教育等部门，共同抓好干部学习，进一步健全党委和干部的学习制度。

是年，围绕中共十一届三中全会路线、方针、政策的正确性，实行包产到户、大包干生产责任制的社会主义性质问题进行宣讲。

是年，全县开展“五讲、四美、三热爱”活动。

1982年

3月，梅县地区、梅州市、梅县联合召开“全民文明礼貌月”活动动员大会，部署第一个文明礼貌月活动。

3月，历史名人黄遵宪故居“人境庐”修复落成典礼及黄遵宪研究学术交流会在梅州市举行。

夏，梅县文物普查领导小组成立，开展文物普查，在水车、瑶上发现唐宋时期古窑遗址10座，同年在梅西发掘春秋战国时期墓葬1座，出土文物有陶釜等。

是年，县委和各级党组织恢复和健全报告员、宣传员制度，各单位聘请报告员，各个公社和各战线党组聘请宣传员。

1983年

3月，中央教育部、全国教育工会授予东山中学和人民小学“五讲四美、为人师表”先进集体称号。

5月，在黄塘狮子岃清理唐代墓葬1座。

6月，梅县与梅州市合并，初称梅州市，7月4日正式合署办公。9月28日，改称梅县市，设立中共梅县市委宣传部，办公室设在梅城江南一路梅县市委机关大院内。

8月，梅县电影公司和梅州市电影公司合并为梅县市电影公司，下设发行、放映管理、宣传、机修、行政5个组，负责管理公园影院、梅州电影院、华侨戏院、松口和丙村影剧院5家国营影院，7家农村集镇影院，以及农村16毫米放映队40个、8.75毫米放映队10个。

9月，梅县市首届中秋山歌比赛在梅城举行，著名歌手黄婉秋、郑湘娟、曾新芳等70多人参加山歌擂台赛，观众4万多人。

10月，电视大学梅县市分校开办，校址设在梅城道前街。

1984年

2月6日至7日，中共中央总书记胡耀邦和中央领导人余秋里、张廷发、郝建秀、王兆国等在中共广东省委书记林若等陪同下参观东山中学和黄遵宪故居“人境庐”。

是月，梅县地区和梅县市联合举办盛大的元宵联欢活动，邀请爱国华侨、港澳同胞、国内知名人士回乡参加联欢。

是月，梅县市委发出《关于成立梅县市“五讲四美三热爱”活动委员会的通知》，市委副书记陈百川任主任，市委宣传部部长何善谦、副市长房带琼、市武装部政委舒易武任副主任，有关部门负责人任委员。委员会下设办公室，何善谦兼办公室主任。

8 月底，组织全市党员轮训工作。

10 月，成立梅县市广播电视局，局址设在梅州市仲元东路 47 号，归属县委宣传部领导。11 月，梅县市广播电视局内设人秘股、宣传股、业务股。

是年，组织清理过时标语口号。

是年，举办梅县市社会主义建设十项成就展览。

1985 年

1 月，组织学习、宣传中央 1 号文件，开展关于经济体制改革的宣传。

1 月 31 日，召开梅县市首届社会主义文明建设先进单位和先进工作者表彰大会。

8 月，开展抗日战争胜利 40 周年活动。

9 月，开展清理查禁收缴淫秽音像制品的宣传，并组织具体清查行动。

1986 年

3 月 23 日至 24 日，梅县市人民政府举行民主革命家、军事家邓仲元逝世 64 周年纪念活动，并将梅城东门、西门路复名为仲元东、西路，将丙村区银场小学命名为仲元小学。

10 月 3 日，梅县市新图书馆——剑英图书馆在江南学艺路动工兴建，国家主席杨尚昆为图书馆题写馆名。

10 月 22 日，无产阶级革命家、政治家、军事家叶剑英元帅逝世，梅县市人民政府隆重举行吊唁活动，并派代表赴北京参加叶剑英追悼大会。

12 月，广东省艺术发展中心摄制组到梅县拍摄三集电视连续剧《铁笔游击队》。

是年，恢复梅县市文学艺术工作者联合会。

是年，组织开展宣传中共中央国务院《关于农村工作的部署》。学习宣传贯彻中共十二届六中全会决议。

是年，市山歌剧团与文工团合并整编。

是年，梅县市中心组恢复了正常的学习制度。

是年，梅县市编制委员会文件《关于下达党群机关事业单位人员编制的通知》（梅市编字〔1986〕21 号），规定市委宣传部行政编制 22 人。

1987 年

1 月，开始进行撤区建乡，改区为乡、镇。至 4 月全面结束。

3 月，梅县市被评为“全国体育先进县”。

4 月 10 日，梅县市客家民歌队抵泰国曼谷开展访问演出，受到泰国华人的热烈欢迎。

10 月，举办梅县市第五届中秋山歌节。

是月，梅县地委宣传部在梅县市组织《在改革开放中坚持社会主义方向》专题理论研讨会，有 16 篇文章在会上宣读交流。

是年，组成理想纪律报告团，深入各镇、办事处、机关、工厂巡回作报告。

是年，在城乡广泛开展创建文明单位、文明村镇、“五好和睦新家庭”活动。

1988 年

1 月 7 日，经国务院批准，梅县地区改设梅州市（地级）；撤销梅县市，设立梅县和梅州市梅江区（县级区）。梅县辖 7 个乡 20 个镇，总面积 2765.1 平方公里，总人口 53.91 万人，县委、县政府驻地设在原梅县市政府。梅州市梅江区（县级）辖梅城 5 个办事处及附近 5 个乡镇。

2 月，文艺宣传队畲江演出。

元宵节，举办张明敏演唱会。

3 月，梅县设立中共梅县县委宣传部。

4 月 26 日，县委、县政府作出《关于深化改革、扩大开放、加快梅县经济发展的十条政策规定》，并付诸实施。

5 月 19 日，召开梅县艺术创作会议。

9 月 24 日至 25 日，隆重举行梅县第六届山歌节，中国人民解放军总政歌舞团歌唱家克里木、古兰丹姆等应邀参加活动。

10 月 19 日，由侨胞捐建的松口中学体育馆、松口电视差转台、松北和松东侨联大厦等 40 项工程举行落成剪彩和奠基典礼。由梅州市人民政府主办的“裕华杯”中学生田径运动会于同日在松口镇开幕。

是年，开展党的基本路线教育。

是年，县山歌剧团分为轻音乐队和山歌曲艺团。

是年，县文联创办《梅苑》专刊。

1989 年

1 月，召开梅县宣传工作表彰会议。

4 月 11 日，国家主席杨尚昆为梅县正在兴建和筹建的叶剑英元帅纪念馆、雁洋剑英大桥、梅县剑英图书馆 3 项工程题名。

6 月 29 日，广东省人民政府公布第三批省级重点文物保护单位名录。其中有梅县的千佛塔、黄遵宪故居人境庐、松口元魁塔、雁洋镇雁上村叶剑英故居。

是月，梅县被定为全国第一批实施“燎原计划”县。松源镇被定为全国第一批实施农村文化建设“燎原计划”的乡镇。

是月，北京发生政治风波，开始重点宣传中共十三届三中全会关于继续坚持党的基本路线和“一手抓治理整顿、深化改革，一手抓思想政治工作、党的建设”等。

10月，成立梅县精神文明建设委员会。

12月10日，梅县各界人士在水车镇梅江中学隆重举行黄琪翔将军铜像揭幕典礼。

11日，梅州客家联谊会成立庆典暨世界客属联谊大会在梅州城举行。

是日，梅县籍著名画家林风眠画展在梅州大会堂展出。

12日，广东省人民政府省长叶选平到雁洋访问，中顾委委员曾生、上海市政协原主席李国豪、广东省政协副主席杨应彬、新华社香港分社副社长郑华等同往瞻仰叶剑英元帅纪念馆。

22日，由海内外乡亲集资70多万元，建于雁洋镇雁上村虎形山下的“叶剑英元帅纪念馆”隆重举行开馆剪彩仪式。国家副主席王震专程前来为纪念馆剪彩。

是年，成立梅县国防教育办公室，由梅县县委宣传部牵头，由12个部门组成。

1990年

2月10日，中共中央政治局委员、国务委员兼国家教委主任李铁映，在广东省副省长卢钟鹤陪同下，视察东山中学，参观“叶剑英元帅纪念馆”和叶剑英元帅故居，与雁洋镇农户和个体商贩亲切交谈。

4月7日，中共梅县县委作出决定，追认在3月22日扑灭麻地坑山火中英勇献身的桃尧镇深教管理区共产党员沈国发为“优秀共产党员”。中共梅州市委、中共广东省委组织部分别于5月12日、5月21日做出决定和发出通知，号召全市、全省共产党员、干部群众向沈国发学习。广东省人民政府于6月1日批准沈国发为革命烈士。8月15日，梅县人民政府在桃尧镇隆重举行沈国发烈士授证大会，向沈国发的遗属颁发沈国发烈士证书、市优秀党员荣誉证和领取抚恤金证书。

是年，在全县开展马克思主义基本理论、党的基本理论、党的基本知识教育活动。

1991年

1月，梅县文化馆、白宫镇文化站被文化部评为“1990年度全国先进单位”。

3月3日，全国政协常委黄甘英、新华社香港分社副社长郑国雄、省人大常委会原副主任王维、省顾委常委刘兆伦及香港知名人士刘锦庆、曾宪梓、刘宇新等到梅参加剑英图书馆落成剪彩和梅县民主大楼奠基。

15日，台湾南投市佛教参访团一行8人到梅县阴那山灵光寺寻根、参禅、访问。

5月11日，叶剑英元帅铜像揭幕典礼在叶剑英元帅故乡雁洋镇雁上村隆重举行。中顾委常委耿飚，中共中央政治局委员、广东省委书记谢非，广州军区政治委员张仲先中将，中共梅州市委书记李国荣为叶剑英元帅铜像揭幕。国家副主席王震发来贺电，中央军委秘书长、总政治部主任杨白冰等向叶剑英元帅铜像敬献花篮。

10月8日，以阙兆忠为团长的毛里求斯华人企业家访华团一行14人到北京参加国庆活动后乘飞机到梅县，先后参观了叶剑英元帅故居和纪念馆、阴那山灵光寺等。

12月10日，中顾委常委陈丕显在梅州市党政领导李国泰、杨增培、谢强华和香港南源永芳集团公司董事长姚美良等人的陪同下，专程前往梅县雁洋镇瞻仰叶剑英元帅纪念馆。

28日，梅县精神文明建设委员会、共青团梅县县委等7个单位，联合举办元旦集体婚礼，来自全县各乡镇、工厂、机关的32对新婚夫妇参加了集体婚礼仪式。

是月，石扇镇被中共广东省委、省人民政府评为“文明单位”。

是年，开展农村社会主义思想教育活动，从下半年开展第一批，1992年开展第二、三批，于1992年年底结束。

1992年

11月28日至30日，举办梅县首届柚节暨经贸洽谈会，来自美国、新加坡、印度尼西亚、泰国及中国港澳台地区和内地7个省、市的嘉宾有700多人。其间，共签订利用外资合同、协议46宗，总投资1.4亿美元（折合人民币7.8亿多元），其中外商投资1亿美元，是梅县10多年实际利用外资的6倍；华侨、港澳台同胞及内地单位、企业、个人捐赠礼金和捐建各项公益事业款项753.3万元、277万港币；展销以梅县沙田柚为特色的工农业产品198种，其中新产品39种，签订出口贸易合同3宗，成交额63.8万美元，出口沙田柚有200多吨。洽谈会期间，举办文艺晚会和新闻发布会。

12月，雁洋、瑶上2个镇有线电视台相继开通。至此，全县27个乡镇中，有11个乡镇开通有线电视，用户4000户；全县建有电视差转台67座、装机101部，有地面电视卫星接收站31座，电视覆盖率96%。全县兴建的电视差转台和卫星接收站的数量均居全省各县之首。

是年，按上级的统一部署，中共梅县县委专门发文建立健全党委中心组学习制度。

1993年

1月3日，梅县精神文明建设委员会发出《关于授予白渡镇建桥管理区、程江乡程江管理区二级文明村的决定》文件，并先后由县委、县政府主持召开文明村命名授匾大会，颁发光荣榜。这是梅县首批二级文明村。

2月6日，中央电视台第一套节目于8时零5分至9时40分播出，由中央电视台、梅州电视台、梅县人民政府、梅江区人民政府联合主办，并在梅州录制的“鸡年神州百姓闹元宵”节目，城乡2万多名群众参加这一盛会。

3月4日，经国家广播电影电视部批准建立的梅县电视台正式挂牌成立。

12日，贯彻实施《广东省计划生育条例》若干规定（征求意见稿），梅县制定计划生育“若干规定”，共7章50条。

5月，梅县电视台在城东潮塘龙岗上山顶动工兴建梅县电视台发射中心、电视发射塔，于当年12月底建成，1994年春节投入使用。

是月，省绿化达标办公室组织人员对梅县进行绿化达标验收。梅县林业用地绿化、道路和村庄绿化、森林覆盖率等绿化指标均达到省规定标准，进入绿化达标县行列，梅县获“绿化广东先进单位”称号。

7月24日，经报省政府批准，县辖程江、松南、松东、松北、径义、扶大、三乡7个乡除松北并入松口镇外，其余6个乡改为镇建制，分别管辖原乡的行政区域。

9月20日，梅县文学艺术界第二次代表大会在县政府招待所召开，梅县文化局局长叶演豪当选县文联主席。

12月12日，梅县在县政府礼堂隆重举行纪念毛泽东100周年诞辰文艺晚会，县五套班子领导观看了文艺演出。

是年，梅县新县城建设规划经国务院批复和省、市批准正式实施。

1994年

2月3日，由广西电影制片厂负责摄制的《叱咤香洲叶剑英》在梅县松口镇正式开拍。

6日，梅县电视台自办节目开播。

25日，县委、县政府在雁洋镇隆重举行叶剑英元帅纪念馆扩建等10项侨建工程落成、奠基庆典和35宗合资合作投资项目签约。全国政协常委黄甘英、广东省政协常委古志德、省侨联副主席古华明、香港嘉应商会副会长陈泰元及梅州市、梅县有关领导和海内外嘉宾共800多人参加这一盛会。合资合作项目共40多宗，投资总额2.33亿美元。

6月21日至22日，中共中央总书记、国家主席、中央军委主席江泽民到梅州视察工作期间，于21日下午3时冒雨到梅县雁洋镇参观叶剑英元帅故居和叶剑英元帅纪念馆，并题名留念。随后到扶大镇后塘梁波兴办的荣华蜜柚果场考察。

10月，松源镇实施“燎原计划”卓有成效，被国家教委评为“全国农村教育综合改革先进单位”。

12月22日，梅县人民广播电台在海拔449米的城东潮塘山上发射成功。

1995年

2月21日上午，梅县县委、县政府在政府大礼堂召开表彰会，表彰了在“两个文明”建设中作出成绩的先进单位。

3月25日至26日，中共中央政治局候补委员、中央书记处书记温家宝到梅州市视察。并深入梅县石扇镇连片沙田柚基地、梅县华侨城等地调查。26日下午，到梅县雁洋镇瞻仰了叶剑英元帅故居和叶剑英元帅纪念馆，并在叶剑英元帅纪念馆题名留念。

30日至31日，梅州市中小学德育工作现场会在梅县召开。会上表彰了一批先进单位和个人，梅县雁洋中学、丽群小学等受到表彰。

4 月 11 日，客家后裔、英籍著名华人女作家韩素音访问梅县。当天下午参观瞻仰梅县雁洋叶剑英元帅纪念馆，并应聘为嘉应大学名誉教授。

22 日，梅县被国家命名为“中国金柚之乡”，跨入“中国水果百强县”行列。

27 日，由中央电视台、珠江电影制片厂和海南影业公司联合摄制的大型系列电视剧《叶剑英》（第一部，10 集）在梅州市拍摄。该剧于 10 月在中央电视台首播。

5 月 15 日至 16 日，梅县举办第一期局级干部廉洁自律学习班，组织学习江泽民总书记在中纪委五次全会上的重要讲话和中纪委书记尉健行所作的工作报告。

7 月 27 日，梅县将叶剑英元帅纪念馆及故居、梅县革命烈士纪念碑等 8 个场所确定为首批爱国主义教育基地。

8 月 25 日晚，中共梅县县委、梅县人民政府在梅县人民政府礼堂举行文艺晚会，纪念抗日战争胜利 50 周年。

9 月 9 日晚，梅县第十三届中秋山歌节在梅县公园影剧院举行。

10 月 1 日，中国女篮到梅州作为期 3 天的表演访问活动，并参观叶剑英元帅纪念馆，游览灵光寺。

26 日上午，梅县丙村镇隆重举行叶剑英元帅母校丙村中学 90 周年校庆活动暨 12 项工程剪彩奠基仪式。

1996 年

1 月 11 日，梅县县委、县政府为获得省委、省政府授予“文明单位”的程江镇槐岗管理区及东风企业集团公司授匾。同时对分别获得梅县二级文明村、三级文明村的程江镇槐岗管理区、扶贵管理区命名授匾。

2 月 6 日上午，梅县举行文化系统总结表彰大会，对在 1995 年取得优异成绩的文艺工作者及业余作者进行表彰奖励。

2 月 11 日凌晨，梅县石扇镇中村管理区发生山火，火势迅速蔓延至邻近城东镇竹洋、葵下管理区。县委、县政府领导连夜组织扑火队伍全力扑救。梅县林业局副局长、优秀共产党员黎国新在扑火中牺牲，被省人民政府追认为革命烈士。

3 月 6 日，梅县县委、县政府表彰奖励一批“两个文明”建设的先进单位和先进个人。

6 月 4 日上午，梅县县委、县政府在县委礼堂举行首场“黎国新事迹报告会”。县直机关 1200 多名党员干部参加了报告会。

11 日，粤剧表演艺术家红线女参观叶剑英元帅纪念馆。

10 月 29 日至 30 日，梅县举办贯彻五中全会精神培训班，来自宣传、广播电视、文化等 10 多个部门、单位的领导及骨干 50 多人参加了培训。

12 月 19 日至 20 日，县委召开八届五次会议。主要议题是：传达贯彻中共梅州市委二届五次全会精神，深入学习《中共中央关于加强精神文明建设若干重要问题的决议》《中共广东省委关于加强思想道德文化建设的决定》《中共梅州市委关于加强社会主义精神文明建设几个重要问题的决定》，审议和通过《中共梅县县委关于加强精神文明建设的实施意见》。

26 日，梅县在梅县文化局举行梅县被文化部命名为“中国民间艺术（山歌艺术）之乡”暨山歌剧《酿蜜人家》赴省演出获奖庆祝会。

1997 年

2 月 27 日至 28 日，梅县县委、县政府召开县三级干部会议，参加会议的有县、镇、区干部 800 多人。主要议题是：深入贯彻落实中共十四届五中、六中全会精神和中央、省、市经济工作会议精神，总结上年梅县“两个文明”建设的成绩和经验，表彰先进，研究部署本年度经济发展与社会进步的各项工作。县委书记黄开龙、县长李俊夫分别在会上作了重要讲话。会上，县委、县政府表彰了一批 1996 年度“两个文明”建设的先进单位（集体）和先进个人。

4 月，按照梅县机构编制委员会文件《关于印发〈中共梅县县委宣传部职能配置、内设机构和人员编制方案〉的通知》（梅机编字〔1997〕29 号），县委宣传部人员编制和领导职数为：行政编制 14 名，其中部长 1 名、副部长 2 名，其中 1 名副部长兼文明办主任；机关后勤服务人员定事业编制 1 名；县精神文明建设办公室归口县委宣传部管理，定行政编制 2 名，其中专职副主任 1 名；县新闻秘书（现职 2 人）由宣传部划出，归县委办公室管理。

5 月 8 日上午，在雁洋镇叶剑英元帅故居隆重举行叶剑英元帅 100 周年诞辰纪念大会，并进行文艺演出。杨尚昆、叶选平、黄华华、谢强华、陈善如、曾宪梓、黄开龙、李俊夫等为“叶剑英元帅纪念馆”扩馆工程竣工及雁洋中学“剑英科学馆”梅州市中学生德育基地剪彩。

16 日，梅县县委、县政府召开首届劳动模范表彰大会，表彰“八五”以来为梅县“两个文明”建设作出积极贡献的先进集体和模范人物。

7 月 11 日下午，梅州市举行授奖大会，表彰梅县获“全国文化先进县”称号。受文化部委托，广东省文化厅厅长阎宪奇、梅州市委宣传部部长古小平分别为梅县颁发锦旗和证书，县长李俊夫代表梅县接受了颁发的锦旗和证书。

是月，梅县畲江发现一处商代古村落遗址，遗址距今 3000—3500 年，出土生活用具、装饰品和兵器等。

11 月 29 日上午，中央广播电影电视部副部长、中央电视台台长杨伟光参观雁洋镇雁南飞茶田。

是日晚，省文联著名艺术家访问团在梅县雁洋镇叶剑英元帅纪念馆门坪举行公演，慰问叶剑英元帅故乡的父老乡亲。

1998 年

1 月 20 日，梅县召开各界人士迎春座谈会，通报上年“两个文明”建设情况，提出新的一年工作打算。

2 月 16 日，梅县县委、县政府召开大会，表彰 1997 年度“两个文明”建设先进单位和先进个人。全县受表彰的有雁洋镇等 3 个镇、松南蓬下等 37 个先进管理区、梅县工商局等 23 个文明单位标兵及丙村镇机关等 100 个文明单位、松源镇等 69 个社会治安综合治理先进单位。此外，还有最佳小庄园、十佳水产养殖户、十佳畜牧养殖专业户、十佳县属企业、十佳纳税先进镇企业、民营企业纳税光荣户、十佳“三资”企业等受到表彰。

6 月 6 日至 7 日，全国人大侨委主任甘子玉率《中华人民共和国归侨侨眷权益保护法》执法检查组，在中共梅州市委书记谢强华、市长魏潘尧和中共梅县县委书记黄开龙、县长李俊夫、人大常委会主任王基荣等陪同下，到梅县新县城、华侨城、雁洋镇等地视察，并参观了叶剑英元帅故居和纪念馆。

7 月，梅县在畲江镇召开文明城镇建设现场会，贯彻落实省、市关于创建文明城镇的战略部署，交流经验，研究部署全县创建文明城镇建设等工作。

10 月 5 日晚，梅县第十六届山歌节在白宫镇电影院门口举行。市、县、镇文艺界及白宫镇干部群众共 1000 多人参加活动。

1999 年

1 月 27 日，全国人大常委会原副委员长王汉斌到梅县瞻仰叶剑英元帅故居，参观叶剑英元帅纪念馆，视察雁南飞茶田、梅县华侨城和梅县新城区建设等。还专程到五洲城看望在抗日战争中牺牲的李济尧烈士的亲属。

2 月 3 日到 5 日，中共中央政治局委员、广东省委书记李长春在梅州视察期间，到梅县视察了丙村丰都综合养禽场、北坑种猪场、梅雁企业（集团）股份有限公司螺旋藻养殖基地、雁洋镇毛草岗华银垦殖场、雁南飞茶田、石扇镇文章祠万亩金柚基地、南口镇榄子岗早熟柚生产基地，参观了叶剑英元帅故居和叶剑英元帅纪念馆。陪同视察的有省委常委、组织部部长刘凤仪，市县主要领导谢强华、魏潘尧、黄开龙、李俊夫等。

10 日，召开梅县音乐家协会座谈会。

19 日，梅县大华公司捐款 800 万元，在松源镇、南口镇、松口镇、桃尧镇、新县城兴建学校、公路、桥梁和县公安指挥中心、县文化活动中心等 15 宗公益事业工程。

3 月 15 日，以香港嘉应商会永远荣誉会长刘宇新为顾问、会长黄丽群为团长组成的赴梅考察团一行 19 人，在梅州市考察期间到梅县沿江金岸、雁南飞茶田考察，并参观了叶剑英元帅纪念馆。

21 日至 24 日，政协梅县第十届委员会第二次会议在县会议招待所举行。出席会议的有政协委员158人，列席人员42人，特邀人员22人。与会委员听取和审议了政协常委会工作报告和提案工作情况报告；列席梅县人大十二届二次会议，听取县人民政府工作报告及其他报告。会议期间，到会委员围绕学习贯彻中共十五大精神，结合县委、县政府1999年的中心工作，以及人民群众关心的热点问题，提出许多建设性意见和建议。

22日至25日，梅县第十一届人民代表大会第二次会议在梅县政府礼堂召开。出席代表243人，列席人员272人。听取和审议了梅县人民政府工作报告及其他报告，作出相应的决议。会议期间，到会代表围绕贯彻中共十五大精神，结合梅县两个文明建设、发展梅县经济、增创新优势、更上一层楼、促进社会主义民主与法制建设及人民群众的热点问题等，积极当政议政，向大会提出了一批议案、建议、意见。

5月9日，梅县五套班子领导召开座谈会，拥护中国政府就以美国为首的北约轰炸中国驻南联盟使馆、造成人员伤亡和财产损失而发表的严正声明。

17日，梅县各界隆重举行纪念梅县解放50周年大会。参加大会的有曾为梅县解放事业做出贡献的老干部王维、王立朝，县五套班子全体领导成员和县直机关干部、职工及各界人士代表共1500多人。会后，与会的老干部、老领导、五套班子全体成员等还瞻仰了梅县革命烈士纪念碑并敬献了花篮，参观了梅州市革命历史纪念馆和梅县新县城。是日晚，梅县在县委、县政府礼堂举行文艺晚会。

26日，梅县县委、县政府在白宫镇召开全县镇级“四长”接访现场会，总结成绩，寻找差距，进一步推动全县镇级“四长”接访日制度的开展。

7月22日，梅县县委在县委、县政府礼堂召开全县党员领导干部会议，县五套班子中的中共党员领导干部、县直局以上单位党政主要负责人、各镇党委书记、镇长参加了会议。会议传达中央关于处理邪教“法轮功”问题的有关文件和中央领导的重要讲话、批示、指示及省委召开的全省和市委、县委主要负责人的会议精神，会议要求全县人民要与党中央在政治上、思想上、行动上保持高度一致，旗帜鲜明，态度坚决，采取各种有效措施，确保取得这场严肃政治斗争的全面胜利，确保社会主义政治大局的稳定。

9月18日，由全省新华书店捐资30万元兴建的梅县雁洋镇新华书店希望小学举行落成庆典。

28日，梅县在梅县新县城隆重举行庆祝中华人民共和国成立50周年暨县城新迁庆典大会。全国政协副主席叶选平，全国人大常委会委员、香港金利来（远东）集团董事局主席曾宪梓，省委常委、组织部部长刘凤仪等发来贺电贺信；全国政协委员、香港嘉应商会永远名誉会长、裕华国货有限公司董事局主席余国春，香港嘉应商会会长黄丽群，市人大常委会主任涂麟清，市政协主席何万真，市委副书记温华光等市五套班子领导，王维、王立朝等老干部，梅县五套班子领导及各县（市、区）党政主要领导，企业家代表杨钦欢、叶华能等海内外嘉宾及当地干部群众1.6万多人参加庆典活动。是日，举行由旅港乡贤古欣彝捐建的梅县妇女儿童活动中心及中心幼儿园，全国政协委员、香港嘉应商会永远名誉会长余国春及旅港乡贤余捷庆、陈梅冰捐建的梅县人民医院新城医院三幢大楼和旅外侨贤捐建的梅县侨务外事大楼3项侨捐工程竣工剪彩仪式，并举办“梅县50年成果展”。晚上举行烟花焰火文艺晚会。

11 月 3 日至 5 日，全国第六次柚类协作会议暨梅县第二个金柚节在梅县华侨城广场隆重举行，叶选平、曾宪梓等发来贺电贺信，中国农业交流协会会长、农业部原副部长相重扬，全国政协委员、香港广东社团总会主席余国春，香港嘉应商会副会长林光如，梅州市五套班子领导和企业家代表，以及来自国内 15 个省（市、自治区）、112 个县（市）的柚类专家、教授、海内外客商、嘉宾和梅县干部群众等共 8000 多人参加盛会。在柚类协作会上，梅县“梅香柚”“梅岭牌”金柚等 16 个新品种（系）获得“优质柚类金杯奖”。举行投资项目签约、经贸合同签字和工农业产品展销馆开馆剪彩。在华侨城广场举行文艺晚会。

11 月 15 日，梅县新城办事处正式挂牌成立。

18 日，举行庆祝梅县强民体育会成立 70 周年大会和足球比赛。

是月，广东省文化厅主办的省第三届群众戏剧花会上，梅县文化馆参演的独幕山歌剧《山村响锣》获得“金奖”。

2000 年

1 月 1 日，梅县县委、县政府、梅雁企业集团公司在梅江西堤开发区举办“梅县喜迎新千年文艺焰火晚会”，近 2 万名群众一起迎接新千年的到来。

2 月 15 日，中共梅县县委根据省委和市委的布置，成立梅县“三讲”教育领导小组，组长黄开龙，第一副组长李俊夫，常务副组长李定凯，副组长王基荣、叶启昌、李华扬。

18 日上午，梅县新城中学翰荣图书馆奠基。该馆是由梅州市荣誉市民、香港翰荣实业有限公司董事长古欣彝捐资 80 万元兴建。县五套班子领导、部委办局（公司）主要领导和新城中学师生共 1800 多人参加庆典活动。

4 月 7 日，梅县县委、县政府在梅县文化活动中心礼堂召开“两个文明”建设表彰大会。对 1999 年度取得突出成绩的雁洋镇等先进单位和饶发胜等先进个人进行表彰。

12 日，全国侨联副主席唐闻生等一行 6 人到梅县调研，其间瞻仰了叶剑英元帅纪念馆，参观考察了雁南飞茶田等。

6 月 16 日上午，中共梅州市委书记、市委“三讲”教育领导小组组长谢强华出席梅县县级领导班子和领导干部“三讲”教育动员大会，并作了重要讲话。省委驻梅州市督导组组长刘文炎，省委驻梅州市巡视组组长吴金助，市委常委、组织部部长、市委“三讲”办主任彭秋野，市纪委副书记、市委“三讲”办常务副主任何梅林等出席了会议。

28 日，中共梅县县委在梅县文化中心礼堂举行“两思”教育先进事迹暨建党 79 周年纪念、总结表彰大会。

7 月 16 日，县委组织部、检察院、法院、公安局 4 个单位进行了为期 2 个月的“三讲”教育活动，于 9 月 15 日结束。

20 日，广州军区领导率机关工作组到梅县检查指导部队和民兵预备役工作。在梅县期间，检查了梅县人武工作，并在市委副书记、市长魏潘尧及县委、县政府和县武装部主要领导的陪同下参观了叶剑英元帅故居、纪念馆和雁南飞茶田。

24日至25日，国家计生委主任张维庆到梅州市检查计划生育工作期间，在省委常委、副省长欧广源，市委副书记、市长魏潘尧以及县委书记黄开龙、代县长郑伟仪等的陪同下到梅县雁洋镇雁上村、东洲村检查计生工作重心下移开展情况，并到石扇镇文章祠检查计生“三结合”活动项目——金柚园发展情况，还参观了叶剑英元帅故居及新县城建设、“三高”农业生产等。

24日至28日，由中共中央委员、全国政协常委卢荣景任组长的中央“三讲”教育检查组到梅州检查市级“三讲”教育回头看和县级“三讲”教育工作，并在市委书记谢强华、省“三讲”督导组组长刘文炎、县委书记黄开龙等陪同下到梅县进行了检查。

8月2日，梅县县委组织县五套班子成员，各镇党委书记、镇长，县直局以上单位主要负责人等近600人在梅县文化活动中心礼堂观看了反腐保廉专题文艺演出。

28日，梅县县委组织县五套班子全体成员、各镇（办事处）党委书记、镇长（主任），县直局以上单位主要负责人，赴汕头市参观广东省反腐保廉成果展。

9月4日，梅县县委在梅县文化活动中心礼堂召开中共梅县县委九届四次全体（扩大）会议，总结梅县县级“三讲”教育工作。

28日，梅县县委、县政府举行庆祝中华人民共和国成立51周年、县城新迁1周年庆典系列活动（包括文艺焰火晚会）。

10月2日至3日，广州军区首长莅临梅州考察指导，在梅州期间，军区首长在谢强华、林锡明、李德忠、黄开龙等陪同下瞻仰了叶剑英元帅故居，并向叶剑英元帅铜像敬献了花篮，考察参观了雁南飞茶田、梅城“一江两岸”和城市建设等。

11月17日至18日，全国人大常委、香港金利来集团董事局主席曾宪梓博士，中央人民政府驻香港联络办事处副主任邹哲开，以及香港嘉应商会代表团、加拿大金加客属联谊会代表团等旅外乡亲120多人到梅县考察丽群小学，参观了叶剑英元帅纪念馆、华银垦殖场、雁南飞茶田和梅县新县城。

23日，中央军委原副主席张震上将在省、市领导陪同下视察梅县雁洋镇和新县城。

12月9日至10日，中央纪律检查委员会执法监察室副主任朱振生等到梅县指导工作，在梅州市委副书记、市长魏潘尧，市委副书记、市纪委书记何正拔等陪同下，参观了梅城“一江两岸”建设和梅县叶剑英元帅纪念馆、华银垦殖场、雁南飞茶田。

2001年

1月15日至16日，全国人大常委会副委员长邹家华在中共梅州市委书记谢强华、市长魏潘尧等陪同下，视察梅县。在梅县期间，先后视察了梅县新县城建设、覆铜板厂、单竹窝水电站、梅雁蓝藻公司、梅雁轮胎厂、宝丽华服装公司、雁南飞茶田和华银垦殖场，瞻仰了叶剑英元帅故居和铜像。

3月9日，梅县农村“三个代表”重要思想学习教育活动动员大会在梅县新城中学礼堂召开。中共梅州市委副书记温华光，市纪委副书记、市“三个代表”重要思想学习教育活动办公室常务副主任何梅林和梅县的县、镇、村三级干部1200多人参加了会议。

是日，县委发出《关于在农村开展“三个代表”重要思想学习教育活动的实施方案》（梅县委发〔2001〕1号）。

29日，中共梅州市委书记谢强华在县领导黄开龙、郑伟仪、李华扬、梁质寿陪同下到雁洋镇检查“三个代表”重要思想学习教育活动情况。

5月21日，梅县县委、县政府在梅县文化中心礼堂召开梅县开展向梁质寿学习动员大会，县五套班子领导、县直机关及各镇主要负责人共600多人参加了会议。大会号召全县广大干部、群众向梁质寿学习。是日，县委发出《关于开展向梁质寿同志学习活动的通知》。

30日，梅县县委、县政府在梅县文化中心礼堂召开梅县“两个文明”建设表彰会。大会对2000年度取得突出成绩的雁洋镇等先进单位和黎银章等先进个人进行了表彰。

6月18日至19日，召开梅县县委工作会议，中共梅州市委书记谢强华到会并作了讲话。县委书记郑伟仪作了题为《解放思想，乘势而上，竭力推进我县改革开放和现代化建设事业》的报告，报告回顾总结、分析了上半年梅县经济运行情况，部署了下半年的经济工作，提出“六抓六提高”工作措施，号召全县上下努力完成全年经济工作目标任务。

28日，梅县召开纪念中国共产党成立80周年大会。

7月9日，梅县县委、县政府召开梅县农村“三个代表”重要思想学习教育活动第一批（镇级）总结暨第二批（县部门）动员大会。

16日，梅县老干局、统战部、国土局召开“三个代表”重要思想学习教育活动动员大会。

8月8日，梅县举行县直部门“三个代表”重要思想基本知识测试抽奖仪式。

9月27日，广东华银雁鸣湖旅游度假村举行揭幕仪式和试业庆典活动。

30日，梅县举行迎国庆暨大华公司捐建系列工程庆典活动，是日晚，在梅县新城行政区举行文艺焰火晚会。

10月22日，梅县隆重举行梅县人民广场奠基、梅雁TFT显示器有限公司导光板项目投产等12项工程奠基剪彩庆典活动，12项奠基剪彩项目总投资近9亿元。

是月，因梅县剑英图书馆升格为市级馆，梅县县委、县政府在新城文化中心大楼侧动工重建梅县图书馆，占地面积2000平方米，建筑面积5159平方米，新馆于2002年12月竣工，并于2004年5月1日正式对外免费开放。

11月5日，中央政治局常委、国务院副总理李岚清和中央政治局委员、广东省委书记李长春等在中共梅州市委书记谢强华、市长魏潘尧、中共梅县县委书记郑伟仪、县长李华扬等陪同下视察梅县雁洋中学、雁洋小学和雁南飞茶田、雁鸣湖旅游度假村，参观了叶剑英元帅故居和纪念馆。李长春还视察了新县城，并接见了县五套班子全体领导成员。

27日上午，梅县在畲江镇举行抵制“六合彩”万人誓师游行活动。

12月5日，广东省“农学办”副主任林梦春一行到梅县雁洋镇长教村检查村级“三个代表”重要思想学习教育活动情况。

2002年

1月17日，中共广东省委副书记刘凤仪一行在中共梅州市委书记谢强华、市长魏潘尧等市领导和中共梅县县委书记郑伟仪、县长李华扬等陪同下，到梅县雁洋镇长教村检查、调研农村村级“三个代表”重要思想学习教育活动开展情况。

2月1日，梅县县委在梅县文化中心礼堂召开梅县村级“三个代表”重要思想学习活动总结大会，全面总结梅县“三个代表”重要思想学习教育活动情况。

4月21日，梅县召开“两个文明”表彰大会，会议对2001年度在“两个文明”建设中取得突出贡献先进单位和先进个人进行表彰。

27日，梅县在雁洋镇叶剑英元帅纪念馆前隆重举行纪念叶剑英105周年诞辰文艺晚会，中共梅州市委书记谢强华、梅县五套班子领导和雁洋镇干部群众等近1000人参加了纪念活动。

9月9日上午，中共梅州市委书记谢强华到梅县丙村镇作家庄园进行调查研究，认为由原广东文学院院长程贤章投资兴办的作家庄园是文化人参加梅州山区农业综合开发的一种形式。

10日，梅州市人大常委会主任涂麟清率部分梅州市人大代表到梅县参观考察小城镇建设情况。

11月5日晚，梅县县委、县政府在梅县华侨城广场举行喜迎十六大文艺晚会。县五套班子领导及县直属局以上单位负责人和干部群众观看了精彩的演出。

12月18日，中共广东省委副书记、省长卢瑞华，副省长李容根在中共梅州市委书记刘日知、市长何正拔、中共梅县县委书记郑伟仪等陪同下到梅县丙村作家庄园考察。

2003年

1月27日，梅县县委、县政府组织担任过梅县领导的老干部参观在建的图书馆、党校、人民广场和雁南飞茶田旅游度假村等，中共梅县县委书记郑伟仪通报了2002年工作并提出了2003年的工作思路。

28日晚，梅县县委、县政府在梅县华侨城广场举行迎春文艺晚会。

6月21日上午，梅州市大型购书中心在梅县新县城梅州大桥北端正式营业。

30日，在梅县文化中心礼堂隆重召开梅县纪念中国共产党成立82周年暨表彰先进基层党组织和先进个人大会。

7月22日，丙村镇生才小学举行温生才烈士纪念大楼落成庆典活动，广东省政协原副主席、中山大学教授、博士生导师张展霞参加。该楼由校友和乡贤共捐资80万元兴建，占地面积300多平方米，楼高4层。

8月22日上午，梅县召开打击“六合彩”赌博活动处理大会。

9月5日，梅县县委、县政府在叶剑英元帅纪念馆隆重举行叶剑英元帅汉白玉立像揭幕仪式。

13日下午，梅县县委、县政府在叶剑英元帅故乡——雁洋镇隆重举行纪念叶剑英元帅106周年诞辰文艺音乐会。广东省副省长谢强华，梅雁企业（集团）股份有限公司董事长杨钦欢，宝丽华集团公司董事长叶华能，驻梅某部指战员代表，梅州市委、市政府主要领导及梅县五套班子领导与当地干部群众和师生共数千人一起观看演出活动。是日晚上，梅县县委、县政府在梅县人民广场隆重举行梅县人民广场等系列工程剪彩庆典暨招商引资项目签约仪式等庆典活动。全国人大常委、香港金利来集团董事局主席曾宪梓，广东省副省长谢强华，广东省人大常委会原副主任王维，广电部原副部长、中央电视台台长杨伟光，国务院国有大型重点企业监事会孙广运，全国侨联副主席谢文霖，市五套班子领导成员，海内外华侨、港澳台同胞、招商引资企业负责人，以及梅县当地干部群众共700多人参加了庆典活动。同时举行“携手共创梅县美好明天”文艺焰火晚会，宋祖英、张也、王宏伟等著名歌唱家前来表演，晚会由中央电视台著名主持人张政、杨澜主持。

10月2日至5日，中共中央政治局委员、广东省委书记张德江和省政协副主席姚志彬一起，在中共梅州市委书记刘日知、市长何正拔和中共梅县县委书记郑伟仪等市、县领导的陪同下，考察了梅县梅雁、宝丽华等企业和梅县人民广场、雁鸣湖旅游度假村、雁南飞茶田旅游度假村等文化旅游设施，同时还参观了叶剑英元帅纪念馆和故居，并向叶剑英元帅铜像敬献了花篮。

7日至9日，全国政协原副主席叶选平携家人回梅州考察，广东省人民政府副省长谢强华，梅州市领导刘日知、何正拔、魏潘尧、温华光、古小平、黄开龙、陈小山、陈卫平和梅县领导郑伟仪等陪同。叶选平到雁洋镇家乡为叶剑英元帅铜像献上花篮并参观了纪念馆。在梅州期间，叶选平还先后到宝丽华荷树园电厂建设工地、梅县新县城等地进行考察。

21日，中共广东省委常委、常务副省长钟阳胜在中共梅县县委书记郑伟仪、副书记曾祥海等县主要领导陪同下到梅县图书馆检查指导工作。

11月7日，经广东省人民政府批准，撤销径义、三乡、白宫3个镇，并将其行政区分别并入畲江、雁洋、西阳。

2004年

1月7日至8日，由梅县五套班子领导带队的综合检查组分赴各镇（办事处），对招商引资、民营经济、综治、精神文明等工作进行综合检查。

14日，梅县县委在梅县文化中心礼堂召开中国共产党梅县第十届委员会第二次全体（扩大）会议。会议传达贯彻了广东省委九届四次全会和梅州市委四届二次全会精神，县委书记郑伟仪作了题为《务实进取，迎接挑战，再掀梅县全面建设小康社会新高潮》的报告。同时还对2003年度各镇（办事处）工商税收完成实绩的镇（办事处）的党委书记、镇长（主任）进行表彰奖励。

17 日晚，梅县县委、县政府在梅县人民广场举行军警民迎春文艺晚会。

2 月 20 日至 21 日，水利部副部长鄂竟平一行在中共梅州市委书记刘日知，市长何正拔，市委常委黄开龙、陈小山，副市长邓建华及中共梅县县委书记郑伟仪等市、县领导陪同下，深入西阳水土保持试验基地、雁南飞生态农业示范区、荷泗小流域重点治区调研水保和“三防”工作，并参观了叶剑英元帅纪念馆。

3 月 17 日下午，梅县县委、县政府在梅县文化中心礼堂召开梅县 2003 年度“创先争优”活动先进单位和先进个人表彰大会。

4 月 28 日，梅县县委、县政府在叶剑英元帅纪念馆举行纪念叶剑英元帅 107 周年诞辰活动，梅县五套班子领导，县直有关部门负责人，离退休老干部代表，雁洋镇、新城办事处干部群众，学校师生共 500 多人参加了纪念活动。是日晚，在梅县华侨城广场举行叶剑英元帅 107 周年诞辰文艺晚会。

5 月 1 日，梅县图书馆正式向读者开放。已于 2 月被广东省文化厅定为“广东省流动图书馆分馆”。

6 月 2 日，中共梅州市委书记刘日知、市委副书记古小平、市委常委陈小山带领市有关部门负责人在中共梅县县委书记郑伟仪等县主要领导的陪同下，到雁洋镇叶剑英元帅纪念馆，检查指导纪念馆扩馆规划控制区界线、商讨扩馆建设等有关问题。

7 月 1 日，梅县县委发出《关于表彰 2003 年度先进基层党组织、优秀共产党员、“四好”农民党员的通报》(梅县委发〔2004〕9 号)。

30 日，梅县隆重举行广东省“双拥模范县”挂牌揭幕仪式。广东省“双拥办”副主任曾志军、市“双拥办”负责人，以及某部队副政委方世民、政治部副主任邢家俭和县五套班子领导、各单位主要负责人参加了揭幕仪式。

8 月 8 日，广东流动图书馆梅县分馆正式向读者开放，广东省文化厅副厅长杜佐祥等参加开馆揭幕仪式。

9 月 29 日，梅县县委、县政府在梅县人民广场举行庆祝中华人民共和国成立 55 周年文艺晚会，梅县五套班子领导、驻梅县部队、县直单位和各镇领导干部及群众观看了文艺晚会。

10 月 10 日，中共广东省委常委、宣传部部长朱小丹在中共梅州市委副书记古小平、市委常委陈小山和中共梅县县委书记郑伟仪、梅县政协主席李定凯等市、县领导的陪同下，到荷树园电厂、叶剑英元帅纪念馆检查指导工作。

20 日至 22 日，由广东省政协副主席、省委统战部部长李统书，全国政协委员、省政协常委、香港四洲集团主席戴德丰率领的港区省政协委员赴梅县视察团一行在梅州市政协主席魏潘尧、中共梅县县委书记郑伟仪等市、县领导的陪同下，到叶剑英元帅纪念馆、雁南飞茶田等地参观考察。

23 日，全国人大常委会原副委员长布赫携夫人在梅州市人大常务副主任曾超麟、中共梅县县委副书记李发祥等领导的陪同下，参观了叶剑英元帅纪念馆，并向叶剑英元帅铜像敬献了花篮。

11月22日至23日，梅县县委、县政府在梅县人民广场举行梅县第三届金柚节暨经贸洽谈会。全国人大常委、金利来集团董事局主席曾宪梓博士，香港嘉应商会永远荣誉会长黄丽群，全国政协常委、香港裕华国货有限公司董事长余国春太平绅士，广东省人大常委会原副主任王维，梅州市五套班子领导成员刘日知、何正拔、魏潘尧、温华光、古小平等，市直单位主要负责人，县离退休的原五套班子主要成员，梅雁、宝丽华、华银、超华等梅县企业界嘉宾，柚类专家、金柚产销大户、农贸企业家，梅县五套班子全体领导成员、县直单位和各镇（办事处、高管会）领导，附城师生1万多人参加大会。是日晚，举行了文艺演出。

25日，梅县县委、县政府发出撤销瑶上、荷泗、松东、松南等4个镇的决定。撤销瑶上、荷泗2个镇，将其行政区域并入南口镇；撤销松东、松南2个镇，将其行政区域并入松口镇。

12月9日，中共梅州市委书记刘日知和市委常委、秘书长陈小山率市委政研室、市建设局、规划局、旅游局等市直单位负责人到大新城商业旅游社区围龙居、盘古步行街、人民大道、梅县青少宫等新县城市政建设项目检查指导。

22日，广东省体育局在梅县客都大酒店举行授匾仪式，授予梅县“足球之乡”称号。同时举行“足球之乡”研讨会，中国足协副主席容志行、中国国家足球原主教练曾雪麟、国家足球队原队长王惠良、梅州市人民政府副市长郑少伟、广东省体育局处长许国勋等130多名嘉宾参加了研讨会。

2005年

1月22日，由广东宝丽华建设工程公司承建的雁南飞围龙大酒店获得全国建设工程最高奖“中国建筑工程鲁班奖”，这是梅州市首次获得这一建筑界最高奖项。

30日，梅县县委在梅县文化中心礼堂召开县委开展保持共产党员先进性教育活动和“十百千万”下基层驻农村工作动员大会。

是日，梅县县委发出《关于开展以实践“三个代表”重要思想为主要内容的保持共产党员先进性教育活动的实施意见》（梅县委发〔2005〕4号）。

2月3日晚，梅县县委、县政府在梅县文化中心礼堂举行军警民迎春文艺晚会。

19日，梅县县委在梅县文化中心礼堂举行“保持共产党员先进性”专题学习报告会，中共梅县县委书记郑伟仪作了《开展“争先”系列活动，塑造党员良好形象》专题报告。

24日，梅县举行优秀共产党员先进事迹报告会，梅县五套班子领导成员和第一批参加先进性教育活动单位的党员干部共500多人参加了报告会。

3月4日，梅县县委发出《关于向优秀共产党员廖接良同志学习的决定》（梅县委发〔2005〕7号）。

7日，中共广东省委常委、常务副省长钟阳胜率广东省政府办公厅、省发改委、省财政厅、省教育厅等单位负责人在刘日知、古小平等梅州市主要领导和郑伟仪、李定凯等梅县主要领导陪同下到叶剑英元帅纪念馆、大新城围龙居、荷树园电厂、雁南飞茶田度假村、敬基金属制品有限公司等检查指导工作。

8日，中共梅州市委书记刘日知、市委常委黄开龙、副市长邓建华在中共梅县县委书记郑伟仪、县委副书记刘新生等陪同下到程江桂花园、城东绿化点等地检查“绿满梅州”大行动情况。

23日，梅县县委、县政府召开梅县2004年度“创先争优”活动先进单位和先进个人表彰大会，会议对2004年度“创先争优”活动中取得突出成绩的先进单位和先进个人进行表彰。

是日，广东省发改委主任陈善如在梅州市人民政府常务副市长张荣林、中共梅县县委副书记刘新生等陪同下视察叶剑英纪念园规划和荷树园电厂建设情况。

4月4日，梅县五套班子领导成员，各镇、县直单位主要负责人和部分在城离退休老干部，到南口镇革命烈士纪念碑参加了清明祭奠革命烈士活动。

5月5日，梅州市委、市政府、梅县县委、县政府在雁洋镇举行全国红色旅游经典景区“叶剑英纪念园”工程奠基仪式，全国人大常委会原副委员长邹家华偕夫人，全国政协原副主席叶选平偕夫人吴小兰女士，广东省委常委、宣传部部长朱小丹，广东省副省长谢强华，全国人大常委、金利来集团董事局主席曾宪梓博士偕夫人黄丽群，全国政协常委、香港裕华国货有限公司董事长余国春太平绅士，广东省人大常委会原副主任王维，广东省纪委副书记梁灿盛，以及一大批来自海内外的乡贤嘉宾，刘日知、何正拔、魏潘尧、温华光等梅州市党政主要领导，郑伟仪等梅县五套班子领导成员，省直有关单位领导，佛山市、梅州市直、梅县各单位领导和当地干部群众、师生代表共1000多人参加了奠基仪式。

8日，全国人大常委、金利来集团董事局主席曾宪梓博士在中共梅州市委书记刘日知等市主要领导和中共梅县县委书记郑伟仪等县主要领导陪同下，到梅县宪梓中学考察文化教育建设项目。

11日，广东省原副省长匡吉、云南省原常务副省长李树基一行在梅州市人大常委会副主任曾超麟、李柏华，副市长李金元及中共梅县县委副书记李发祥等县领导陪同下，到梅县人民广场、大新城盘古步行街、雁南飞茶田、荷树园电厂等地参观考察和到叶剑英故居瞻仰。

19日，中共广东省委副书记蔡东士率省委宣传部副部长黄斌和省委办、省社科院等单位领导在何正拔、温华光等市主要领导和郑伟仪等县主要领导陪同下，到梅县大新城商业旅游社区、雁南飞茶田、叶剑英纪念园奠基点、荷树园电厂等地考察调研。

20日至21日，由广东电台副台长徐鸣率领的珠三角地区企业家一行25人在中共梅县县委书记郑伟仪等县主要领导陪同下到梅县进行商务考察。

是月，梅县宣传系统干部参加县直机关首届“公仆杯”足球比赛。

7月2日，泰国总理他信到梅县寻根。

12日，梅县县委召开第二批保持共产党员先进性教育活动动员大会。

25日，中共梅州市委书记刘日知、市委副书记古小平在中共梅县县委书记郑伟仪等县主要领导陪同下，到梅县雁洋镇检查叶剑英纪念园建设和第二批保持共产党员先进性教育活动情况，同时还走访了梅雁电解铜箔厂和超华科技股份有限公司等企业。

9月12日，梅县广播电视局与梅县文化局、新闻出版办合并，组成梅县文化广电新闻出版局，属正科级行政单位；将原梅县电视台、广播电台合并，组建梅县广播电视台，属正科级事业单位。

19日，中共梅州市委书记刘日知在中共梅县县委书记郑伟仪、副书记李发祥等县主要领导陪同下，到梅县检查煤矿企业停产整治工作、叶剑英纪念园建设情况，同时还参加了雁洋镇党政班子专题民主生活会。

22日，梅县县委、县政府发出《中共梅县县委、梅县人民政府贯彻落实市委、市政府关于"洁净家园·绿满梅州"四级联创活动实施意见的通知》(梅县委发〔2005〕23号)。

28日，东莞台商协会"客家乡亲"梅州考察团在中共梅县县委书记郑伟仪等县主要领导的陪同下，到梅县高新开发区、大新城步行街、BPW车轴公司、荷树园电厂、雁鸣湖旅游度假村、叶剑英元帅故居等地参观考察。

12月5日，广东省人民政府副省长许德立率省建设厅、省体育局负责人在梅州市人民政府副市长李金元等市领导陪同下，到梅县业余体校、叶剑英纪念园、雁南飞茶田等参观考察。

6日，中共梅州市委书记刘日知，市委常委、秘书长陈小山在梅县主要领导陪同下到梅县隆文镇檀江村调研第三批保持共产党员先进性教育活动准备情况。

10日，中共中央政治局常委、全国人大常委会委员长吴邦国，在中共中央政治局委员、广东省委书记张德江，省长黄华华，梅州市委书记刘日知及梅县领导陪同下，深入雁洋镇南福村农户，就贯彻落实中央经济工作会议精神进行专题调研，并参观了叶剑英元帅纪念馆。

冬，梅县电影公司迁往梅县文化中心二楼办公。

2006年

1月3日，梅县文化馆获"全国服务农民服务基层文化工作先进文化馆（站）"称号，成为广东省唯一获此殊荣的单位。

2月12日，举办客家山歌旅游节，"中国山歌艺术之乡"梅县千人山歌对唱打破山歌对唱世界纪录，获得"上海国际基尼斯奖章"。

3月5日，全国政协原副主席叶选平在梅州市党政领导陪同下到梅县视察、了解叶剑英纪念园规划和各项工程设计、建设进展情况。

7日，受中央文明委委托，中共梅州市委副书记、市文明委主任古小平为被评为"全国文明村镇"的梅县雁洋镇、被评为"全国精神文明建设先进单位"的梅县雁南飞茶田有限公司授牌。

8日，梅县县委在县政府后楼九楼会议室召开全县宣传思想工作会议。

10日，梅县县委、县政府召开梅县县直机关排头兵实践活动动员大会。

春，发出关于深入学习实践社会主义荣辱观的实施意见等系列文件。

4月1日，中央先进性教育活动巡回检查组副组长肖兴盛一行4人，到梅县城东镇书坑村、雁洋镇南福村检查梅县第三批先进性教育活动情况。

5月25日，梅州市市长何正拔、市委副书记古小平率市直有关部门负责人前往叶剑英纪念园建设工地调研检查工程建设进度和质量。

31日，梅县县委、县政府按照客家人的传统习俗，专门设宴款待从东帝汶归来的梅州籍侨胞，让他们过了一个温馨的端午节。

是月，梅县县委宣传部在水车镇召开黄甘英革命事迹学习会，并参观水车镇黄甘英革命事迹展。

8月15日，中共梅州市委书记刘日知、市委副书记古小平、市委常委陈小山等，到叶剑英纪念园检查建设情况。

31日上午9时30分至45分，梅州市人防部门在梅州城区（合梅县新县城）实施防空警报试鸣活动。

9月13日，梅县县委、县政府为何中华捐建的5项总额500万元系列工程举行剪彩庆典活动。

23日至27日，印度尼西亚华侨梁世桢亲属一行在梅县领导陪同下，参观了梅县叶剑英纪念园、雁南飞茶田旅游度假村、灵光寺、人民广场、大新城盘古步行街、围龙居等。

是月，梅县宣传系统第二次党代会召开，中共梅县县委宣传部副部长、文明办主任黎志健当选为梅县宣传系统党委书记。

11月27日，召开梅县“读《中华美德书》、树立社会主义荣辱观、争当优秀现代公民”座谈会。梅县电视台推出《中华美德书赏析》专栏，请专家、学者对美德书中的名言、警句进行通俗易懂的赏析和解说，每星期播出1—2期，播放了1个多月。

28日，中共梅州市委副书记、市长何正拔及市委副书记古小平、副市长郑少伟到叶剑英纪念园进行调研。

是年，梅县组织和邀请广东省有关专家学者对新建叶剑英纪念馆的陈列文稿进行审阅修改。

2007年

1月10日上午，纪念宋湘250周年诞辰座谈会在宋湘的故乡梅县白渡镇召开。座谈会由梅县县委宣传部、梅县精神文明建设委员会办公室、梅县白渡镇政府等9家单位联合举办，梅县县委、县政府有关领导、文学艺术界人士、宋湘宗亲后裔等参加座谈会。

30日，中共广东省委副书记欧广源率领省委农办、省总工会、省民政厅等省直有关部门负责人，在梅州市领导陪同下，检查梅县荷树园电厂、叶剑英纪念园、雁洋长教客家文化新村的建设情况。

2月10日，中共梅州市委书记刘日知到梅县超华科技股份有限公司看望、慰问企业农民工，同时到挂点的隆文镇檀江村、梅州村慰问贫困户，并为乡亲们送去一场精彩的文艺晚会。

12 日晚，梅县县委、县政府在梅县人民广场，举行 2007 年梅县军警民迎春文艺晚会。

15 日上午，梅州市和梅县主要领导到梅县雁洋镇叶剑英纪念园建设工地，检查纪念园建设、展馆设置工作进展情况，随后召开叶剑英 110 周年诞辰纪念活动筹备工作领导小组会议。

3 月 9 日，梅县县委召开全县宣传思想工作会议。

15 日，中共广东省委常委、常务副省长黄龙云在梅州市、梅县主要领导陪同下，到叶剑英纪念园、荷树园电厂等地调研。

29 日，全国人大常委、香港金利来集团董事局主席曾宪梓博士率香港教育界梅州访问团，在梅州市、梅县领导陪同下，访问了梅县宪梓中学、丽群小学等，并参观了叶剑英纪念园、雁鸣湖旅游度假村、梅县大新城等。

4 月 26 日至 27 日，中共广东省委常委、宣传部部长林雄率省委宣传部、省文明办、省外宣办等省有关部门负责人到梅县调研，林雄还专程到梅县雁洋镇叶剑英纪念园等地参观。

5 月 13 日上午，叶剑英纪念园的落成剪彩仪式，在叶剑英元帅故乡梅县雁洋镇隆重举行，中共中央政治局委员、广东省委书记张德江，全国人大常委会原副委员长邹家华，全国政协原副主席叶选平，中共广东省委副书记、省长黄华华和广东省有关领导钟阳胜、朱小丹、辛荣国、林雄、钟启权、游宁丰、汤维英、柯小刚及全国人大常委、香港金利来集团董事局主席曾宪梓博士等，叶剑英元帅子女、亲属及身边工作人员，叶剑英元帅生前的老领导、老战友、老同事和部分共和国开国元勋的后裔，省有关老干部，梅州籍在京、在穗的老干部，广东省直有关部门和兄弟市有关负责人，华侨、港澳同胞代表，文化界、旅游界、企业界代表，梅州市、梅县五套班子领导，以及当地干部群众共 1500 多人，参加纪念园的落成剪彩仪式。全国政协副主席马万祺、广州空军少将林绍新等领导和许多海内外乡贤发来贺电、贺信表示祝贺。张德江、邹家华、叶选平、黄华华为新落成的叶剑英纪念园剪彩，中共梅州市委书记刘日知介绍了纪念园建设情况。

是日上午，梅州市纪念叶剑英 110 周年诞辰座谈会在雁南飞茶田旅游度假村隆重举行。中共中央政治局委员、广东省委书记张德江，全国人大常委会原副委员长邹家华，全国政协原副主席叶选平，军事科学院政委刘源中将，省有关领导黄华华、钟阳胜、朱小丹、辛荣国、林雄、钟启权、游宁丰、汤维英、柯小刚，全国人大常委、香港金利来集团董事局主席曾宪梓博士，叶剑英元帅亲属及生前身边工作人员代表，广东省有关老干部，梅州籍在京、在穗老干部，广东省直有关部门和兄弟市有关负责人，梅州市领导和梅县领导，华侨、港澳同胞代表等共 100 人，聚首叶剑英元帅家乡，一起追思叶剑英元帅的光辉一生，缅怀叶剑英元帅的丰功伟绩，寄托对叶剑英元帅的深切怀念。

是日下午，全国红色旅游经典景区叶剑英纪念园暨梅县争创中国旅游强县推介会在梅州迎宾馆召开。来自福建省龙岩、三明、漳州，江西省赣州，广东省广州、深圳、东莞、惠州、河源、汕头、潮州、汕尾、揭阳等兄弟省市旅游局和旅行社负责人，梅县党政主要领导，旅外侨领、乡贤代表以及梅州市各县（市、区）分管旅游工作的领导和旅游局局长、旅游企业代表等参加会议。广东省旅游局局长郑通扬，中共梅州市委常委、常务副市长李金元出席会议并讲话，会议由梅州市副市长陈卫平主持。梅县党政领导作梅县争创中国旅游强县推介发言及叶剑英纪念园专题推介发言。与会各位代表就区域红色旅游合作进行了交流发言，龙岩、三明、漳州、赣州、广州、惠州、汕尾、梅州8个市旅游局代表还签订了《闽粤赣区域八市红色旅游合作协议书》。

17日，中共梅州市委书记刘日知到梅县程江镇济济楼调研。

6月1日，来自汕头、潮州、揭阳及梅州的百名南方大学校友聚首梅县雁洋叶剑英纪念园，以献花、参观叶剑英元帅生平事迹展览等形式，深切缅怀南方大学的老校长叶剑英元帅。

是月，庆祝香港回归祖国10周年——南岭梅捐赠馆藏书画作品展在梅县博物馆举行。

7月9日，由泰国客家总会理事长赖锦廷为团长的泰国客社团，在梅县主要领导李远青、李定凯、刘新生等陪同下，到梅县新县城、南华又庐、叶剑英元帅故居和叶剑英纪念园、雁南飞茶田等地参观考察。

25日至27日，梅州市人大常委会组织部分梅州市人大代表视察梅县创建“中国旅游强县”工作情况。代表们在听取了梅县县长李远青的工作情况汇报后，视察叶剑英纪念园、荷树园电厂、雁鸣湖旅游度假村、雁南飞茶田旅游度假村、桥溪客家民俗文化村、长教客家文化新村等景区建设。

8月3日，广东省旅游发展研究中心专家组对南口镇侨乡村的旅游开发进行科学规划论证，认为南口镇侨乡村的客家围屋建筑群是当前中国客家地区发现的“中国最典型的围屋古村落”。

22日，广东省人民政府副省长林木声率省府办、省国土资源厅、省地质勘查局、省环保局等单位负责人，在中共梅州市委书记刘日知、市委常委、常务副市长李金元和梅县县长李远青等的陪同下，到梅县荷树园电厂、叶剑英纪念园等地调研。

9月28日晚，梅县在梅县人民广场隆重举行庆祝国庆喜迎十七大文艺晚会。

10月4日，梅县石坑镇在太平天国运动领袖洪秀全的祖居地礤梅村杨梅圳，举行纪念洪秀全193周年诞辰暨其祖居“梅魁第”修缮竣工庆典活动。来自广西、江西的洪氏宗亲和梅州、梅县的相关领导、干部、群众以及社会各界人士共1000多人参加了活动。

15日，梅县各级党政机关组织干部职工观看中共十七大开幕式现场直播。

31日，梅县召开2008年度重点党报党刊发行工作会议。中共梅县县委书记、县委常委、宣传部部长、梅州日报社副总编辑等有关领导参加会议并作讲话。

11月6日，中央文明办专职副主任翟卫华，在梅县县委宣传部负责人陪同下，到梅县叶剑英纪念园参观考察。

9日，梅县县委发出《关于认真学习宣传贯彻中共十七大精神的通知》（梅县委发〔2007〕19号）。

12月1日至2日，受国家旅游局的委托，以广东省旅游局副局长杨荣森为组长的广东省创建中国旅游强县检查验收组，对梅县创建“中国旅游强县”的工作进行检查验收。检查验收组听取梅县关于“创强”工作情况汇报后，分成现场检查组、抽样调查组、资料组等专项工作组，对梅县城市功能、景区景点、旅行社和酒店等方面进行客观和实事求是的检查，最后检查验收组在雁南飞茶田旅游度假村召开梅县创建中国旅游强县检查验收工作通报会，杨荣森代表检查验收组通报验收工作情况，梅县达到了“中国旅游强县”的标准，同意通过验收，并将验收结果上报国家旅游局审批。

25日，日前，在由国家旅游局质量规范与管理司和中国旅游报社等联合主办的2007“全国县域旅游经济论坛”大会上传来信息，经有关省旅游局检查，推荐并经国家旅游局审核和批准，国家旅游局正式向海内外公布了全国首批17个“中国旅游强县”名录，梅县高分位列前茅。梅县县长李远青应邀出席论坛大会，并作为全国17个“中国旅游强县”中的2个代表之一，在论坛大会上介绍梅县发展县域旅游经济和创建“中国旅游强县”的工作经验。

2008年

1月25日，梅县县委发出《关于开展“继续解放思想，坚持改革开放，争当梅州绿色崛起的排头兵”学习讨论的实施意见》(梅县委发〔2008〕3号文)。

2月1日，梅县县委、县政府在文化中心礼堂，举行梅县2008年军警民迎春文艺晚会。

3月1日，梅县重点文物保护单位、拥有440多年历史的宋湘故居“太史第”，经过3个多月精心施工，于春节前夕修缮竣工，并通过梅县建设和文物主管部门联合验收。

4日，中共梅州市委书记刘日知在梅县主要领导陪同下，到梅县程江镇大沙河唇察看梅州西环高速三期工程梅江大桥规划动工点、畲江堤新彰河段应急除险工程现场，同时还到南口镇侨乡村考察百年老校安仁学校及其前身毅成公私塾和水车镇灯塔村茶山古民居建筑群等地，最后在水车镇政府召开了座谈会，听取了梅县县委关于开展解放思想学习讨论活动的进展情况汇报。梅县县委常委、县政协主席、县人大常委会副主任和县政府副县长参加了座谈会。

5日，梅县广播电视台被人事部、国家广电总局评为“全国广播电影电视系统先进集体”，这是广东省唯一获此殊荣的县级广播电视台。

6日下午，梅州市领导古小平、李金元、古银增等，在梅县县委副书记、县长李远青等陪同下，到梅县松口古镇进行“发展文化和生态优势建设旅游休闲度假基地”专题调研活动。

12日，举办梅县烟草专卖局解放思想学习专题报告会，由梅县县委宣传部副部长黎志健作专题报告。

13日下午，梅县县委召开全县解放思想学习讨论活动转段动员大会。

19日，县委召开全县宣传思想工作会议。

4月2日，中共广东省委党校丘立才教授在梅县西阳镇作解放思想专题报告。

3日，梅县五套班子领导、离退休干部、部队官兵以及南口镇干部、学生代表2000人，到南口革命烈士纪念碑前参加清明祭奠革命先烈活动。

6日，国务院港澳台事务办公室副主任张晓民率考察团，在梅州市委副书记、秘书长陈小山，副市长陈卫平和梅县县委副书记刘新生等领导陪同下，到梅县叶剑英纪念园、南华又庐、梅县大新城、雁南飞茶田旅游度假村等地参观考察。

7日，全国人大常委会原副委员长邹家华、全国政协原副主席叶选平、广东省人大常委会副主任谢强华，在中共梅州市委书记刘日知和梅县主要领导陪同下，到叶剑英纪念园、荷树园电厂等地视察。

17日，全国政协常委、中国侨联副主席林明江，在梅州市副市长陈卫平、梅县县长李远青等陪同下，到梅县叶剑英纪念园、雁洋镇长教村、雁南飞茶田旅游度假村等地参观考察。

6月7日，中共福建省委常委、厦门市委书记何立峰和市长刘赐贵率厦门市党政代表团，在梅州市领导刘日知、古小平、陈小山、李金元等陪同下，到梅县叶剑英纪念园、雁南飞茶田旅游度假村等地参观考察。

24日，中央政治局委员、广东省委书记汪洋和省委常委、秘书长肖志恒在梅州市领导刘日知等陪同下，到梅县荷树园电厂和叶剑英纪念园参观考察。

是月，梅县宣传系统党委组织梅县宣传系统党委委员和各党支部书记到福建古田会议会址参观学习。

7月1日，梅县县委、县政府在梅县文化中心礼堂，召开梅县学习贯彻中共中央政治局委员、广东省委书记汪洋视察梅州重要讲话精神干部大会和2008年纪律教育学习月活动动员大会。

14日，梅县县委、县政府召开创建“中国旅游强县”、创建“全国绿化模范县”和“全国绿色小康县”工作总结表彰暨整治木材经营加工企业工作动员大会。

是日，梅县县委、县政府发出关于表彰创建“中国旅游强县”工作先进单位和先进个人的决定（梅县委发〔2008〕21号）和关于表彰创建“全国绿化模范县”和“全国绿色小康县”工作先进单位和先进个人的决定（梅县委发〔2008〕22号）。

29日，中共梅县县委宣传部发出关于参加梅县“推动绿色崛起、实现科学发展”宣讲报告会的通知，随后开展宣讲活动。

是日，广东省委、省政府、省军区召开了第七次全省“双拥模范城（县）”命名表彰大会，梅县再次获“省双拥模范县”称号。

7月30日，梅县在梅县文化中心礼堂举行“推动绿色崛起，实现科学发展”报告会，邀请梅州市委讲师团团长钟利文作报告。

8月1日，梅县县委、县政府在梅南镇召开老区建设工作会议暨“红色江山·绿色家园系列丛书《九龙星火》”首发式，市委常委、组织部部长翁永卫，老领导、老干部曾洪、何正拔、罗德宜、罗斌、姚安等出席了首发式。

9月2日，农工党中央常务副主席、全国政协副主席陈宗兴，农工党中央副主席、广东省人大常委会副主任王宁生，原农工党中央副主席、中科院院士朱兆良，原农工党中央副主席、全国政协常委左焕琛，黄琪翔亲属，原全国妇联副主席、全国政协常委黄甘英，梅州市领导温华光、古小平、陈小山、郑少伟、邹浩元以及梅县党政领导等分别出席了纪念黄琪翔110周年诞辰座谈会及黄琪翔、郭秀仪纪念大楼暨翔仪堂落成剪彩仪式。

5日，广东省高级人民法院院长郑鄂，在梅州市有关领导陪同下到梅县法院调研，同时还参观了叶剑英纪念园。

9日，梅县召开创建广东省教育强县工作动员大会。

是日，梅县热烈欢迎参加北京奥运会的2位梅县籍运动员陈秋绮和刘宪棠载誉归来，分别奖给20万元和5万元。

秋，召开梅县山歌剧团建团50周年座谈会，发放《梅县山歌剧团50年史料荟萃》画册。

10月23日，全国政协副主席、民进中央常务副主席罗富和，在梅州市领导刘日知、温华光、陈小山、雷近芳、邓建华等陪同下，到叶剑英纪念园向叶剑英元帅铜像敬献花篮。

29日，广东工作的“两院”院士在梅州市、梅县领导的陪同下，到梅县参观了叶剑英纪念园、雁南飞茶田旅游度假村和雁鸣湖旅游度假村以及千年古刹灵光寺。

31日，梅县县委召开2009年度重点党报党刊发行工作会议。

是月，梅县号召梅县各部门、各单位学习《中国共产党章程》。

11月1日，全国政协委员、中国侨联副主席、中国侨商联合会常务副会长林淑娘，在梅州市委副书记陈小山、梅县县委副书记刘新生等陪同下，参观了叶剑英纪念园。

4日，原惠州市六届人大常委会主任李庆芬率惠州市历届人大常委会组成人员联谊会会员一行20多人，在梅州市人大常委会常务副主任古小平、副主任刘广新和梅县人大常委会常务副主任池力行等陪同下，到梅县荷树园电厂、叶剑英纪念园、雁南飞茶田旅游度假村等地参观考察。

5日，广东省人大常委会副主任、省总工会主席邓维龙在梅州市领导翁永卫、黄开龙等陪同下，参观了叶剑英纪念园。

7日，梅州市领导刘日知、邓建华等到沿江半岛的部分酒吧、网吧、咖啡厅等公共娱乐场所检查消防安全。

18日，梅州市委常委、组织部部长翁永卫到雁洋镇对“开展深入学习实践科学发展观活动”进行专题调研。

21日，国家旅游局公布了新一批国家AAAA级旅游景区名单，叶剑英纪念园和梅县灵光寺榜上有名。

12月22日，中共梅州市委书记刘日知深入梅县革命老区南口镇慰问老党员、老游击战士和困难群众，调研民政和老区建设工作，同时还考察了麓湖山庄亚洲国际青少年影像活动基地。

是年，梅县召开梅县创建文明单位经验交流会。

是年，梅县成立梅县“解放思想学习讨论活动”宣讲团，在全县县直机关和乡镇开展以“继续解放思想、争当梅州‘绿色崛起’排头兵”为主题的宣讲活动。

是年，梅县举办“梅县走向未来客家妹形象大赛”，优胜者参加梅州市委宣传部、市广播电视台联合举办的“客家妹时代风采大赛”，梅县获得“客家妹时代风采大赛组织奖”牌匾。

2009年

1月上旬，生前系梅县桃尧镇中心小学六年级学生张戈柯获评“首届感动梅州十大道德楷模”。

3月12日，植树节，宣传和开展全民植树。

中旬，原广东文学院院长、著名作家程贤章给梅县图书馆捐赠图书1.1万册、文物205件。

21日，梅州市为文化部正式批准梅县南口“麓湖山文化产业园区”项目申请报告举行开幕式，这是全国第五个国家级文化产业园区，园区规划面积6000多平方米，计划投资15亿—20亿元，8年建成投入运营。

春，梅县文明委在梅塘西路两旁制作对外宣传橱窗，在梅县人民广场旁制作梅县文明公约宣传栏，宣传精神文明建设内容。

4月1日，梅县电视台《梅县新闻》节目在原有客家话新闻的基础上，增加普通话版，开始双语播出。

5月7日，在雁南飞茶田旅游度假村召开梅州市、梅县开展深入学习实践科学发展观活动座谈会，梅县是中共中央政治局委员、广东省委书记汪洋第二批活动联系点，省委书记汪洋在座谈会上作了讲话。

7日至9日，第二批广东省古村落考察专家组到梅州，对梅州市申报“第二批广东省古村落”的梅县水车镇茶山村、南口镇侨乡村等7个村进行实地考察。

12日，梅县雁洋镇被中央文明委授予“全国文明村镇”称号，梅州市、梅县领导参加梅州市文明委举行的授牌仪式。

31日，叶剑英纪念园正式免费开放，成为广东省9个全国首批免费开放纪念馆（园）之一。

6月1日，梅县电视台《梅县新闻》栏目由周三新闻改为周五新闻，即“天天新闻”。

中旬，“广东新基金梦幻动画发展有限公司”在梅县工商局领取营业执照，成为首家进驻梅县南口镇“麓湖山国家级文化产业园”（国际动画教育联盟动漫大师创作基地）的企业。

19日，梅县县委、县政府召开梅县创建“广东省文明县城”动员大会，印发《创建广东省文明县城“活动实施方案”》和《创建文明县城责任分解表》

7月中旬，梅县松源镇彩山村村民自发筹集资金40多万元，抢修500年郑氏古祠，据梅县文物普查队专家介绍，这座郑氏宗祠建于明代后期，距今有500多年历史，是梅县发现明清古祠中建筑规模最大和保存最完整的古祠之一，对研究客家人文迁徙历史有重大参考价值。

25日，梅县举办“爱我客家，爱我围龙屋—首届围龙屋杯摄影大赛”，在梅县程江镇济济楼举行开镜仪式。

8 月 2 日，《中国治水史概要》进入编组程序，客籍（梅县）著名作家程贤章任执行主编。

5 日，叶剑英纪念园被命名为“广东省国防教育基地”。

9 月上旬，旅港乡贤李作述捐款 30 万元，在松口镇中山公园内建设山歌文化活动广场。

10 月 1 日，梁质寿（2001 年在县工作期间获得“全国优秀共产党员”称号）被中共中央组织部邀请赴京参加国庆 60 周年观礼庆典活动，成为梅州市唯一赴京观礼国庆庆典的全国优秀共产党员代表。

中旬，梅县召集社会各界群众 50 多人，听证创建广东省文明县城工作，会上代表对创建文明县城提出了宝贵意见和建议。

22 日，召开梅县创建广东省文明县城工作汇报会，梅县县委书记李远青代表创建领导小组向广东省检查验收组汇报工作。年底，梅县成功创建“广东省文明县城”。

27 日，“叶剑英红军小学”（原雁洋镇中心小学）立项。

11 月 1 日，梅县高级中学隆重举行建校 55 周年暨廖清清科学馆（由叶澄海、廖清清伉俪捐资 250 万元兴建）落成庆典活动。原广播电视部副部长、中央电视台台长杨伟光和梅州市、梅县领导，叶澄海、廖清清伉俪及嘉宾校友共 3000 多人参加庆典活动。

14 日至 16 日，毛泽东女儿、全国政协委员李讷一行到梅县雁洋镇，参观叶剑英纪念园和叶剑英元帅故居。

下旬，在 2009 年国际旅游文化节之“首届中国粤菜峰会”上，雁南飞围龙食府获评“十大中国粤菜名店”，该食府推出的“雁南飞茶田鸭”入选“粤菜十大名菜”，总厨熊志达获“粤菜十大名厨”称号。

12 月上旬，第二批广东省古村落认定发布会在广州市花都区举行，梅县水车镇茶山村、南口镇侨乡村被认定为第二批“广东省古村落”。

2010 年

1 月 19 日，广东省委、省政府召开全省精神文明建设表彰大会，梅县被评为“广东省文明县城”，梅县畲江镇被评为“广东省文明镇”，程江镇西山村被评为“广东省文明村”。

是日，梅县召开 2010 年梅县新闻界迎春会，中共梅县县委常委、宣传部部长郭碧玲致辞。

27 日，林风眠基金会会长肖峰等专家学者，在广东威华集团威华园举行林风眠艺术园建设筹备研讨会，艺术园拟建在西阳镇，由广东威华集团出资筹建。

是月，向全县印发《关于我县基层党委（党组）中心组 2010 年理论学习专题的意见》的通知，对全县基层党委（党组）中心组的理论学习重点内容、学习计划、学习情况报告等提出具体要求。

2 月 1 日，梅县举行作家协会挂牌仪式。梅州市、梅县文联领导，名誉主席代表，作协、诗社代表等 65 人参加了挂牌仪式。

2 日，梅县博物馆通报，第三次全国文物普查时，在松口镇松南磨坊村一坡地山坑梯田中，发现一处宋代古瓷窑遗址，占地面积近 2 万平方米，现场存大量宋、元时期烧制的罐碗、豆、碟、洗等瓷器残片。这个宋代古瓷窑的烧制年份有近 300 年，跨越宋、元两个朝代。

中旬，由国际休闲产业协会和中国人民大学休闲经济研究中心联合主办的“国际休闲产业论坛 2010 年会”在北京召开，雁南飞茶田旅游度假村获“2009 年度国际最佳生态体闲景区”称号。

3 月 13 日，梅县程江镇浒洲村成为梅州市首个“客家大嫂”免费培训示范村，该村 180 多名妇女从当晚起接受为期 50 天的免费培训。

26 日，梅县在梅县文化中心召开精神文明建设表彰会暨未成年人思想道德建设工作会议，中共梅县县委书记、县人大常委会主任李远青作了讲话。

4 月 2 日，梅县五套班子领导、离退休干部、部队官兵以及南口镇干部、学生代表 2000 人，到南口革命烈士纪念碑前参加清明祭奠革命先烈活动。

26 日，《梅州日报》第 2 版登载，2010 年，梅县投入 5000 万元（其中梅县财政拿出 2100 万元）用于创建教育强镇。

下旬，“迎世博 · 2010 年中国文化旅游主题年高峰论坛”在上海举行，梅县雁洋镇被授予“中国优秀文化休闲旅游镇”称号，梅县县委常委、雁洋镇党委书记李理和被授予“中国文化休闲旅游建设杰出人物”称号。

5 月 14 日至 15 日，中共中央委员、国家工商总局党组书记、局长周伯华在广东省副省长林木声和省有关部门领导以及市领导的陪同下，到叶剑英纪念园和荷树园电厂参观考察。

20 日，由中央党校培训部副局级组织员宁海、山东省检察院副检察长马水胜、中共梅州市委书记刘日知等组成的中央党校中青班调研组一行 9 人，在梅州市、梅县领导陪同下。先后到雁南飞茶田旅游度假村、荷树园电厂、叶剑英纪念园、雁鸣湖旅游度假村、阴那山景区等地调研。

22 日，应中央电视台音乐频道的邀请，梅县剧团一行 34 人代表世界客都梅州，赴京参加《民歌中国——天南地北客家情》栏目录制客家山歌的工作。

22 日至 23 日，中国社会科学院常务副院长王伟光率中国社会科学院和广东省社科院相关人员一行 10 人先后到叶剑英纪念园、灵光寺、雁南飞茶田旅游度假村参观考察。

旬初，梅县第三次全国文物普查通过省验收。

6 月，梅县宣传系统党委召开梅县宣传系统党组织创先争优活动动员会，梅县县委常委、宣传部部长郭碧玲在会上作讲话。

7 月 9 日，在西阳镇政府召开梅县创建梅州文化先进镇现场会。会上，梅县县委常委、宣传部部长郭碧玲作了讲话，西阳镇党委书记谢英强、程江镇党委书记刘振贵作了经验介绍。会议结束后，与会人员参观了林风眠故居。

10 日，广东省政协副主席、省妇联主席温兰子、中央政府驻港联络办协调部副部长孙阿清、全国妇联执委王少华率中央政府驻港联络办、省妇联和港区妇联特邀代表、执委回粤考察团一行 37 人，在梅州市、梅县领导陪同下，到叶剑英纪念园、灵光寺、雁鸣湖旅游度假村、雁南飞茶田旅游度假村、荷树园电厂、梅县新县城等地参观考察。

21日，《梅州日报》登载，中国民间文艺家协会作出决定，命名梅县水车镇茶山村为“中国古村落（客家民居）”，茶山村成为该类别第一个获得命名的中国古村落。

是月，在梅县广播电视台会议室召开梅县宣传系统党委工作会议，研究党建工作。

8月7日，在全国绿化委员会主办的两年度的评选活动中，雁南飞茶田旅游度假村获评“全国绿化模范单位”和“全国生态文化示范企业”，这是广东省获此殊荣的5家单位之一，并成功创建国家AAAAA级景区。

25日，广东省委常委、副省长肖志恒率省直有关部门负责人，在梅州市、梅县领导陪同下，到梅县“四馆一场”建设现场、程江镇西山村劳动保障服务站等地调研。

9月，九龙嶂革命根据地纪念亭建设竣工。

10月，旬初，梅县启动林风眠故居修缮工程。17日晚，在梅县人民广场举行李有权、古尔夫援建梅县“母亲安居房工程”活动；同时进行第二届“李有权博士杯”山歌擂台赛。

11月5日，梅州首届华银雁鸣湖旅游文化节在雁鸣湖旅游度假村开幕，广东省旅游局副局长梅其洁和梅州市、梅县领导出席了开幕式。

9日，中共中央组织部干部教育局副局长张家声率调研组在梅州市、梅县领导陪同下，到雁洋镇长教村、叶剑英纪念园等地调研。

19日，中央委员、全国政协常委、政协经济委员会主任张左己在梅州市、梅县政协领导陪同下，到叶剑英纪念园和雁南飞茶田旅游度假村等地参观考察。

23日，从《梅州日报》获悉，梅县华侨中学在教育部召开的全国学校艺术教育工作经验交流会上，获“全国学校艺术教育先进单位”称号。

24日，从《梅州日报》获悉，广东省委宣传部、省发改委、省旅游局近日联合组织专家评审，评定全省26家单位为首批“广东省红色旅游示范基地”，梅州有“三园”入围，其中叶剑英纪念园榜上有名。

12月9日，林风眠故居修复工程剪彩仪式在梅县西阳镇举行，中国美协副主席、中国油画学会主席、中国美术学院院长许江，中国美协顾问、中国美术学院原院长、中国美协副主席肖峰，广东美术界人士以及梅州市、梅县领导参加了剪彩仪式。

18日至19日，梅县举行第四届中国（梅州）国际客家山歌文化系列活动——省道223线（梅城秀兰大桥至雁洋镇）、205国道（嘉应西路至城西高速出口）城市道路改造提升工程竣工通车仪式和梅县荷树园电厂三期、梅州豪生国际大酒店（五星级）、梅县“三旧”改造示范项目“锦发·君城”商住区等项目奠基动工仪式。

16日至20日，全国政协原副主席叶选平，全国政协原常委、少将叶选宁回梅县视察。在梅县期间，参加了山歌文化节开幕式、荷树园三期工程开工庆典等系列活动，同时还视察了省道223线改造工程等。并在雁南飞茶田旅游度假村与广东省人大常委会副主任谢强华和梅州市主要领导合影留念。

25日，从《梅州日报》获悉，梅县水车镇茶山村被住房和城市建设部、国家文物局授予“中国历史文化名村”称号，成为梅州市首个获此殊荣的村。

30日，从《梅州日报》获悉，梅县被评为“中国最具民众文化特色旅游目的地”。全国有18个市（县）获此殊荣，梅县是广东省唯一获此殊荣的市（县）。

是年，梅县学习宣传贯彻中共十七届四中全会精神和《中共中央关于加强和改进新形势下党的建设若干重大问题的决定》。

是年，在梅县新县城主要交通路段路旁设立了大型宣传牌10多幅。

是年，在梅县中小学校开展“三礼”（礼仪、礼节、礼貌）教育活动，加强未成年人思想道德建设。

2011年

1月22日，《梅州日报》第2版报道，近日，梅县松口人、梅州市著名广东汉剧表演艺术家梁素珍获“广东首届终身文艺成就奖”。

28日，《梅州日报》第1版报道，梅县雁南飞茶田旅游度假村被国家旅游局正式批准为国家AAAAA级旅游景区，为广东省4家国家AAAAA级旅游景区之一。

2月25日，梅县召开梅县宣传思想工作会议。

5月10日，梅县在水车镇茶山村、梅城沿江中路举行中国古村落（客家民居）、文化艺术一条街挂牌揭幕仪式。

28日上午，来自北京、浙江、广州、台湾等地的知名专家应邀到梅参会，围绕如何将梅县南口镇侨乡村打造成“客家世界第一古村落”出谋献策，探索客家古村落保护性开发的有效途径。梅州市、梅县主要领导参加座谈会。会前，应邀专家和嘉宾实地考察了梅县侨乡村、石楼村、侨溪村3个客家古村落。

是月，梅县举办庆祝中国共产党成立90周年暨2011年广东扶贫济困日系列活动。

是月，在梅县高级中学开展以《保持党的先进性，做建设“宜居梅县”的推动者》为主题的党员干部理论教育课。

6月20日，梅县县委宣传部在雁南飞茶田有限公司举办“幸福广东工人农民论坛”，宣讲幸福广东和幸福雁南飞。

24日至25日，全国人大常委会原副委员长许嘉璐偕夫人白成高，全国政协委员、中华孔子学会副会长叶向真等嘉宾，考察梅县南口镇侨乡村等人文景区景点。

是月，梅县宣传系统党委合唱队参加梅县第十届“百歌颂中华”歌唱比赛，取得全县第一名的佳绩。

7月26日，梅县召开中共梅县宣传系统第三次代表大会。

是月，中共梅县宣传系统委员会组织党员参观福建省客家土楼和古田会议旧址。

8月10日，《梅州日报》第1版报道，梅县隆文镇岩前村的“绿窟潭”引来国内外潜水专家探秘，经探潜，专家们认为这是顶级溶洞潜水点待开发地和国内首个水下全淹洞。特点是水温恒、水质清、无暗流、水深超过50米。

11日，梅县县委、县政府与广东院士联络中心联合在梅县文化中心礼堂举行“广东院士讲坛（第47期）——以创新推动梅县绿色崛起”专题讲座，中国工程院院士、暨南大学原校长刘人怀作专题宣讲。

29日，梅县被中共中央党史研究室确定为原中央苏区县。

10月8日，《梅州日报》报道：梅县雁洋镇松坪村、雁下村、侨溪村和石楼村，桃尧镇桃源村，梅南镇罗田下村，西阳镇新联村7个村正在申报广东省第三批古村落的普查认定工作。

12日，广州画院院长方土率岭南文化溯源采风考察团25名画家，先后到雁南飞茶田旅游度假村、荷树园电厂、叶剑英纪念园、仁厚温公祠、南华又庐等地进行采风。

13日，梅县县委、县政府在梅县文化中心礼堂召开梅县创建“全国文明县城”活动动员大会。制定并下发《梅县创建“全国文明县城”活动实施方案》，成立创建工作领导小组。会后，大力整治县城环境，组织多次突击整治“六乱”，加强对城区的卫生监督检查，监督各单位、各门店、各住宅小区坚持落实门前“三包”制度，在县城各门店、社区、学校等场所印发《创建全国文明县城倡议书》，在梅县广播电视台设立专题专栏，编辑印发创建活动简报，编印《梅县创建“全国文明县城”活动文件资料汇编》，制作反映创建工作的DVD。12月20日，梅县获“全国文明县城”称号。

11月11日，开展“排队我快乐，礼让我文明”大排队日活动启动仪式，梅县县委常委、宣传部部长涂戈峰作讲话。

是日，《梅州日报》第2版报道，梅县审计局副局长黄敬贤，于2011年11月3日下午1时40分前往松口镇德化村落实扶贫开发“双到”工作途中，因车辆失控翻落横梓水库，因公殉职。

23日，梅县县委发出《关于开展向优秀共产党员黄敬贤同志学习活动的决定》（梅县委发〔2011〕31号）。

25日，梅州市委宣传部常务副部长李伟金到梅县，就如何学习贯彻中共十七届六中全会精神作宣讲报告。县五套班子全体领导，县检察院和县法院院长，各镇（办事处、高管会）党（工）委书记、镇长（主任），县直局单位副科职以上干部，广东省、梅州市属驻梅县各单位主要负责人共500多人听取了报告。

是年，宣传梅县关于“培育绿色产业、建设宜居家园、打造客都明珠”的发展战略。

是年，在梅县博物馆举办南岭梅画展。

是年，编辑出版《一片绿叶—文明春风沐梅县》画册。

是年，梅县开展学习宣传实施《公民道德建设实施纲要》，扎实开展现代公民教育活动。

是年，乡镇换届选举，调整了乡镇的宣传干部队伍，换届后，梅县县委宣传部组织全县乡镇宣传委员参加梅州市宣传干部培训班。

2012年

5月3日，南口侨乡村被中国文联、中国民协命名为“中国古村落（客家传统民居）”。

是日，举办全国古村落工作经验交流会暨第二届中国古村落保护与发展研讨会。

6月，梅县山歌剧团改制为梅县客家山歌传承保护中心，梅县木偶剧团改制为梅县木偶传习所。

是月，梅县文学作品在梅州市群文创作总分评比中获得第三名和“优秀组织奖”。由梅县选派的山歌手在参加梅州市首届客家艺术节的青少年擂台比赛中取得了5个金奖。山歌小戏《铜锣嫂》和五句板表演唱《四女夸夫》获第七届广东省群众戏剧曲艺花会银奖，舞蹈《杯花声声》、山歌表演唱《自古山歌从（松）口出》在参加河源中国第二届客家文化节文艺会演中分别获金奖、银奖。歌剧《合家福》参加“广东省喜迎党的十八大优秀作品展演”。

10月，中共十八大召开，梅县组织广大党员干部收看收听大会实况，学习中共十八大精神。

是月，梅县山歌剧团刘梓玉代表梅县宣传系统，参加梅县“创先争优比贡献”演讲比赛，获得第一名。

是月，梅县仁厚温公祠、宋湘故居、李金发故居、林风眠故居4个文物保护单位被广东省人民政府公布为第七批广东省文物保护单位。

11月，山歌剧《合家福》获“广东省五个一工程奖”。

秋，在雁洋镇文化活动中心广场举行梅县“迎中秋·庆国庆”的山歌文艺晚会。

是年，开展“广东精神”（厚于德、诚于信、敏于行）的学习和社会宣传活动。

是年，举办梅县建设学习型政党专题报告会，邀请原广东省人大常委会副主任汤维英作《运用哲学道理认识人生，指导工作和待人处事》报告。

是年，梅县举办“梅县学习贯彻十八大精神·经济形势分析与宏观政策走向”报告会，邀请了中国社会科学院金融研究中心副主任王国刚作专题报告。

2013年

2月1日，梅县电视台开播《梅县民声》电视栏目。

是月，梅县举办2013年军警民迎春文艺晚会。

9月，在梅县文体中心、曾宪梓体育场成功举办以“梅州月·中华情”为主题的2013年中央电视台中秋晚会。

是年，梅县成立“共筑中国梦”宣讲团，在全县范围内开展“共筑中国梦”百姓宣讲教育活动。同时，组织全县副科职以上领导干部在梅县文化中心聆听了由梅州市委宣讲团团长张广珍主讲的“共筑中国梦”的专题报告会。

是年，梅县图书馆被文化部评为国家一级图书馆。

是年，山歌剧《合家福》获广东省第九届“鲁迅文学艺术奖”、广东省“戏剧优秀剧目奖”。

是年，“客家妹组合”、梅县提线木偶戏《变脸》、提线木偶戏传承人巫启胜作为参赛选手，参加《星光大道》华南赛区海选总决赛，获前 10 强。小品《中奖之后》、相声《换灯泡》获广东省一等奖和梅州市一等奖；微电影《局长的烦恼》入选参加广东省纪委宣教室和广东党风杂志社联合举办的“微戏剧微动漫微小说报告文学”征集大赛。

是年，松口镇古街区被评为第五批“中国历史文化名街”。

是年，组织举行第二届“梅县美”摄影大赛；协同举办梅县“金柚杯”农业摄影大赛。

是年，梅县县委宣传部给梅县基层党委（党组）中心组共提供《十八大报告辅导读本》《2013 年全国两会文件学习读本》《2013 年党委（党组）中心组理论学习资料汇编》《突发事件舆情应对指南》《梅州市党政机构微博运营管理手册》《学习活页文选》等学习资料 5000 多册。

是年，梅县开展学习型党组织建设示范单位的学习交流活动。

是年，梅县开展“梅州国际铁人三项赛”“金柚飘香招商会”“地形车锦标赛”等系列报道。

是年底，举行撤销梅县设立梅县区挂牌仪式，做好撤县设区宣传工作。

2014 年

2 月，因梅县更名为梅州市梅县区，原梅县所属单位的全称皆变更。梅县宣传系统中，中共梅县县委宣传部更名为中共梅州市梅县区委宣传部，梅县文化广电新闻出版局更名为梅州市梅县区文化广电新闻出版局，梅县文学艺术界联合会更名为梅州市梅县区文学艺术界联合会，梅县广播电视台更名为梅州市梅县区广播电视台，下属单位如此类推。

5 月 7 日，梅县区举办蔡琴演唱会。

是年，举办“中国梦 · 梅州情——群星荟萃耀客都”大型演唱会。

是年，第六届全球“客家妹”形象使者大赛在梅县区举行，梅县区做好各项筹备协调工作。

是年，梅县区组织做好第二届客家文化创意产品博览会（梅县区展馆）布展工作，并获优秀组织奖。

是年，梅县区开展美丽乡村建设行——送戏下乡到基层“社保情、系万家”专题巡回文艺活动，组织参加梅州市第二届客家流行金曲颁奖晚会，举办梅县区第 27 届中秋山歌文艺晚会（松口镇）。

是年，梅县区图书馆被广东省立中山图书馆推荐为“最美基层图书馆”。

是年，梅县区大型山歌剧《古寨牛人》在第十二届广东省艺术节竞演中获“优秀剧目二等奖”。结合杖头书法和提线杯花舞表演的节目《变脸》在“中国首届木偶展演大赛”中获金奖。

是年，梅县区梅岭诗词联学会举行成立 15 周年暨《梅县历代诗选》首发式。

是年，梅县区特色小吃——味酵粄、菊花糕、麦芽糖获评“广东传统小吃”。

是年，梅县区广播电台与梅州市天音传媒公司合作，实行广告代理的经营管理模式，开通电台直播栏目，成为梅州市第一个开通直播广播节目的县级台。

是年，梅县区电视台《梅县民声》正式由“周三”新闻升级为“周五”新闻，推出“慢赏美丽乡村”“记者走基层”“创业·在路上”“平安梅县·共建共享”等专栏；《梅县新闻》新增设“今日知多点”栏目。

是年，梅县区创建“梅县新闻手机报”，把自制的新闻、专题等节目搬上“网站”。

是年，梅县区组织学习《习近平总书记系列重要讲话读本》《中共中央关于全面推进依法治国若干重大问题的决定》《习近平谈治国理政》等内容。

2015 年

1 月，梅县区被评为“广东诗词之乡”。

3 月，梅县区成立梅县区互联网新闻信息中心，加强微信、网站、论坛、微博、贴吧等重点领域的舆情信息监控。

7 月，梅县区被中华诗词学会评为“中华诗词之乡”。

10 月 21 日，梅县区成立梅州市梅县区文广视讯传媒有限公司。

是年，梅县区举办“台湾著名画家李沃源国画、瓷板画作品展”“著名客籍画家梁明客家题材山水画展”等活动，不断丰富市民文化生活。

是年，梅县区开展“送戏送影送书”下乡惠民活动。

是年，梅县区举办“梅县侨批与‘海上丝绸之路’文物展”“梅县区抗战文物史料展——纪念中国人民抗日战争胜利 70 周年”等形式多样的展览和宣传活动。

是年，梅县区举办 2015 年“非遗文化大观年”“魅力非遗，美丽梅县”主题系列活动。

是年，梅县区开展“三严三实”专题教育活动。

是年，梅县区学习宣传贯彻中共十八大和十八届三中、四中、五中全会以及习近平总书记系列重要讲话精神。

是年，梅县区组织开展了梅州市委六届五次全会精神宣讲、培育和践行社会主义核心价值观宣讲、“三严三实”专题教育暨“四个全面”战略布局宣讲报告会、中共十八届五中全会精神报告会，约 30 场次，受众 3000 余人。

是年，梅县区聘请北京电视台的著名导演，在全区各镇村拍摄 28 集大型电视新闻专题纪录片《美丽梅县·乡村风采》。

2016 年

4 月 21 日，梅县区开展首届“聚焦微影像，放飞中国梦”微电影大赛评选颁奖工作，并启动“客都明珠·美丽梅县”第二届梅县区微电影大赛。

5 月，梅县区开展“5·18”国际博物馆日系列活动。

6 月，梅县区举办“奋发有为·振兴跨越——迎‘七一’梅县区‘十二五’发展成果图片展”。

7月26日，梅县区电视台代表参加梅县区“做‘四讲四有’党员·争当振兴发展排头兵”演讲比赛并获全区第一名。

是年，梅县区开展“书香梅县·共享阅读”全民阅读、“客家山歌进校园”、梅县区第二十八届中秋山歌节文艺演出、2016年“风清气正·依法治区”文艺巡回演出等多项活动。

是年，梅县区举办“文化遗产日”主题系列活动。

是年，梅县区九龙嶂革命纪念馆被广东省精神文明建设委员会、中共广东省委宣传部命名为“第七批广东省爱国主义教育基地”。

是年，山歌剧《合家福》作为广东省唯一入选全国基层院团戏曲会演的剧目，在北京梅兰芳大剧院盛大开演。山歌表演唱《月下恋歌》参加“两岸暨港澳地区”客家山歌（东莞·凤岗）邀请赛，获金奖。成功打造大型抗日题材音乐剧《风雨白石龙》，在深圳市保利大剧院公演，为建党95周年献礼。

是年，《桥溪古韵·梦里客家》被中国电视艺术家协会评为“电视专题一等奖”，《不安分的老农》获广东省广播电影电视协会“电视新闻类一等奖”。

是年，梅县区研究制定梅县区《党委（党组）意识形态工作责任考核方案》和《梅县区意识形态工作联席会议制度》。

是年，梅县区组织开展全区治国理政新理念新思想新战略宣讲，邀请广东省、梅州市专家教授分赴雁洋镇、松口镇等12个乡镇开展基层宣讲活动。

是年，梅县区举办“争当建设‘一区两带’排头兵，加快梅县区振兴发展”征文活动。

是年，梅县区选拔华侨中学合唱队和3名歌手参加“永远跟党走——广东省第十二届‘百歌颂中华’歌咏比赛”活动。

2017年

3月，梅县区宣传系统参加梅县区直机关单位足球联赛，获第三名。

4月11日，梅县区开展首届“客都明珠·美丽梅县”微电影大赛评选颁奖活动，并启动第三届梅县区微电影大赛。

7月，梅县区印发关于《梅县区创建全国文明城市工作实施方案》的通知。

秋，梅县区直工委、区总工会、区体育局、区妇联和团区委联合举办区直机关“喜迎十九大”系列文体活动，比赛项目主要有乒乓球、羽毛球、篮球、4×100米接力及歌颂祖国合唱比赛，梅县区宣传系统获文艺合唱第一名和4×100米团体接力赛第二名。

10月，梅县区开展学习宣传中共十九大精神。此前，梅县区在区直机关开展“喜迎十九大”系列文体活动。

是年，在第十三届中国（深圳）国际文化产业博览交易会上展现“文化梅县”城市名片，由梅县区委宣传部联合广东客都文化发展有限公司共同开发并选送的陶瓷作品《客家风情茶具》《客家轿子壶》获得“中国工艺美术文化创意奖金奖”，《梅花文具》和《梅瓶》

分别获银奖、铜奖。

是年，梅县区木偶传习所应邀参加第十三届2017中国（厦门）国际海峡旅游博览会，表演特色杖头木偶书法《卷珠帘》；应墨西哥中国文化中心邀请，在墨西哥州Tlalnepantla市参与“传承与创新”2017中国文化周开幕演出，并在演出现场展出客家文化创意产品。

是年，梅县区客家山歌传承保护中心入选“第三批广东省非物质文化遗产传承基地”。

是年，梅县区举办学习宣传贯彻中共十九大精神报告会、习近平总书记重要批示精神专题培训班，组织全区宣传理论工作者深入学习党的最新理论创新成果和业务必备知识。

是年，梅县区推进“两学一做”学习教育常态化制度化。

是年，梅县区全力配合央视中文国际频道筹拍大型纪录片《记住乡愁》第三季48集《松口镇——客家古镇、桑梓情深》。区广播电视台与中央电视台第七频道合作，拍摄播出《梅县纪事》纪录片上、下集。

是年，梅县区做好创建国家森林城市、全国文明城市、国家全域旅游示范市、国家环保模范城市“四创联动”和创建省级慢性非传染性疾病综合防控示范区、“创国家环境保护模范城市”等活动的社会宣传工作。

是年，梅县区在城区、高速路沿线和主干道设立了大型户外T形广告牌18个，在城东镇、丙村镇、梅南镇、畲江镇、城西高速公路出口、雁洋镇等竖立地标性景观宣传牌，向海内外嘉宾展示“世界客都·中国梅州”风采。

是年，梅县区委宣传部与区纪委、区政法委等单位联合举办了19场“风清气正·依法治区·共建文明”文艺巡回演出活动。

是年，梅县区印发《关于开展优秀客家童谣征集推广活动的通知》。

2018年

1月，梅县区客家文化研究协会主办的《客家文化》首刊印发。设立“发展引擎，客都古韵，文明飘香，美丽镇村，凉亭歇脚”等栏目，宣传梅县区客家优秀传统文化和美丽文明乡村建设。

是月，梅县区成立7个意识形态研判工作小组，建立完善意识形态舆情信息研判工作机制。

3月29日，梅县区制定和印发《梅县区党委（党组）理论学习中心组学习制度》。

4月17日至18日，在南口镇侨乡村、松口镇举行“中国乡村复兴论坛·梅县峰会”，梅县区委宣传部、区文化广电新闻出版局、区广播电视台做好宣传推介和文艺演出等工作。

5月28日至6月2日，梅县区委宣传部联合梅县区委党校举办政治理论教育培训班，梅县区委常委、宣传部部长涂戈峰为全区宣传工作者作《做好新时代党的新闻舆论工作》等意识形态专题辅导报告。还组织各镇宣传委员和相关人员参加梅州市意识形态工作业务培训。

8月，广东省第二次全国“残疾预防日”宣传教育活动在梅县区华侨城举行，并在梅县区文化中心礼堂举行文艺汇报演出。

9月23日，首届“中国农民丰收节”在梅县区松口镇大黄村举办，这是全国6个分会场之一，同时也是广东省庆祝首届“中国农民丰收节”的主会场。梅县区委、区政府和区委宣传部做好规划设计、场地安排、宣传推介、文艺演出等工作。

11月9日，梅县区委宣传部召开《梅州市梅县区宣传志》编纂工作会议，梅县区委常委、宣传部部长涂戈峰作《梅州市梅县区宣传志》工作部署。

12月，梅县区宣传系统参加2018梅县区“迎新年·颂党恩·展新貌”大合唱活动，获第二名。

是月，梅县区完成2018年度10件民生实事之一的“建设10个文化驿站”工作。

是年，根据梅州市委宣传部的通知要求，为切实做好坚决全面彻底肃清“李嘉、万庆良”恶劣影响工作，梅县区委宣传部召开专题民主生活会，领导班子做了对照检查、班子成员进行个人对照发言。

是年，梅县区山歌剧团演艺中心创作的大型山歌剧《春闹》入选“庆祝改革开放40周年全国优秀现实题材舞台艺术作品展演”；梅县区木偶传习所表演的舞蹈作品《封箱》，在“广东省第六届岭南舞蹈大赛”中获非职业组作品金奖、创作金奖、表演金奖。

是年，梅县区坚持“两学一做”学习教育常态化、制度化，组织开展“不忘初心、牢记使命”主题教育活动。

是年，梅县区组织学习宣传贯彻习近平总书记视察广东重要讲话精神。

是年，梅县区筹备建设区重点建设项目“梅县博物馆”。

是年，梅县区邀请梅州市委宣讲团专家为全区科级以上领导干部宣讲习近平新时代中国特色社会主义思想和中共十九大精神、习近平总书记视察广东重要讲话精神。组建宣讲团，深入镇、村、机关、企业、社区、学校开展宣讲活动，在全区掀起学习宣传中共十九大精神的热潮。

是年，梅县区开展建设新时代文明实践中心、创设乡镇“围龙讲堂”、开展“学讲话、讲故事、谈感受”百姓宣讲等理论宣讲活动，区宣讲团成员在梅南镇水美村、松口镇大黄村展开示范宣讲活动。

是年，梅县区发放“新时代红色文化讲习所”牌匾19块，发放“新时代文明传习所”牌匾201块。

是年，梅县区举办“客都明珠·美丽梅县”第四届微电影大赛及“最美梅县”摄影大赛。

是年，梅县区开设“梅县发布”今日头条号、“梅县发布”企鹅号等，开展和加强网络正面宣传。

是年，“客商银行·2018世界客都梅州马拉松赛”开赛。梅县区做好宣传报道工作。

是年，梅县区认真抓好《人民日报》《南方日报》《梅州日报》《求是》《南方》“三报二刊”的征订发行工作。

是年，梅县区开展中央苏区粤东北（九龙嶂）革命根据地创建90周年纪念活动。

第一篇　中华人民共和国成立前宣传思想工作

（1925 年 12 月至 1949 年 9 月）

梅县区是革命老区，原中央苏区。

从 1925 年 12 月成立中共梅县支部起，梅县与全国整个形势和发展趋势一样，经历了大革命时期、土地革命战争时期、抗日战争时期、解放战争时期。在这些时期中，梅县围绕新民主主义革命，始终抓紧马克思列宁主义理论教育和宣传思想工作，努力提高人们的马克思列宁主义、毛泽东思想理论水平和对敌斗争、民族解放认识，加深对党的斗争形势、策略方针的理解，更好地为中国革命和梅县地方党组织的建设服务，为中国革命作出不可磨灭的贡献。

第一章　革命年代各个历史时期的宣传思想工作

第一节　传播马列主义和中共党团组织在梅县的创建

俄国十月革命胜利，特别是中国爆发“五四”运动之后，文化教育发达、海外华侨众多的梅县，以反帝反封建为主要内容的新文化运动在广大知识分子和学生界蓬勃兴起，工人阶级和广大农民也逐渐登上了政治舞台。1924 年，国共两党实行合作的大好形势，给梅县群众革命运动的发展创造了良好的条件。在此前后，有一批旅欧和在北京、上海、广州等地大学读书入党的梅县籍学生（熊锐、杨广存、杨雪如、彭刚侠、叶浩秀等人）通过寄赠书报和回乡等渠道，传播马克思主义和革命运动信息，推动了梅县革命运动的发展。县城各中学先后成立了许多进步组织，如学艺中学的学生互助社（负责人朱仰能）、县立师范的革新社（负责人刘清如、王之伦）、东山中学的学生救国运动团[负责人陈劲军（陈启昌）、胡明轩]和教会学校广益中学的反基督教大同盟（负责人刘裕光、蓝胜青）及梅县革命青年团（负责人陈劲军）。在这些组织中，各成员阅读传播进步书刊，学习时事政治，进行反帝反封建的宣传，培养锻炼进步青年学生和工人骨干，并初步进行了反帝反封建的斗争，如教会学校反对帝国主义奴化教育，要求收回教育权、废除读《圣经》、允许学生信仰自由等，这些活动在一定程度上为梅县建立共产党组织奠定了思想和组织基础。

1925 年，广东革命政府派军两次东征，均攻克梅县，并先后委派了叶剑英、江董琴两任县长，给予梅县革命运动极大的直接推动，中共梅县地方组织便是在这样的形势下诞生的。

1925 年 10 月，中共广东区委派张维以省新学生社特派员的公开身份到梅县组建党组织。不久，国民革命军到达梅县。12 月初，事先，陈劲军（陈启昌）、李仁华经洪剑雄、张维共同介绍加入中国共产党。旋即，在县政府公署洪剑雄住处召开支部成立会议，参加者有洪剑雄、张维、陈劲军、李仁华以及驻军中的 3 位中共党员共 7 人。会议首先由洪剑雄作《国内外形势报告》，然后宣布中国共产党梅县支部正式成立。由张维任书记、陈劲军为组织委员、李仁华为宣传委员。同时，支部会议还决定了近期的首要任务：1. 迅速发展和扩大组织，在国民党县党部、县政府和工会、学生、妇女等组织中发展党员，在各党、政、群团中建立党的核心；2. 限期成立梅县总工会；3. 开展学生运动，成立统一的梅县学生联合会；4. 以梅县女子师范学校为基点，积极开展妇女运动。中共梅县支部在梅城成立后，隶属于中共潮梅特委（后改称汕头地委）。其早期活动地点多在梅城南门八角亭。

中共梅县支部成立后，组织发展很快。至年底，梅县支部首先吸收了蓝胜青、刘裕光、胡明轩、古柏、杨维玉（杨新元）等 10 多名党员。至 1926 年夏，已有党员 80 余人，经上级批准，中共梅县支部改为中共梅县特别支部，隶属中共广东区委直接领导。机构设在南门八角亭，后转设在梅城东门塘针嘴巷侯屋华庐。下辖梅县、兴宁、寻乌等地党组织。书记张维，宣传委员李仁华，不久宣传工作由贺遵道负责。

由于党团组织迅速发展，1926 年夏，中共梅县特别支部根据在党员中划分团员的规定和指示，决定依据本人年龄和所担负工作的情况，将一部分党员转为团员，并成立共青团梅县特别支部，书记陈启昌，宣传委员李仁华。至同年 8 月，共青团梅县地委成立，共青团梅县特别支部即行撤销，梅县团组织直属团地委领导。共青团梅县地方委员会书记谢蔚然，宣传部部长李仁华。

这一时期，在松源、丙村、畲坑分别建立了中共支部，中共松源支部负责宣传的是陈剑吾，中共丙村支部负责宣传的是杨毓昌。

1926 年 2 月，张婉华（省妇协执委，洪剑雄之妻）、邓颖超（中共广东区委委员，国民党广东省党部妇女部秘书长）以国民党广东省党部潮梅特派员身份，先后到梅县活动。她们在江董琴县长和县党部组织部长兼教育局长李世安（共产党员）的协助下，多次到梅县女师、东山中学、嘉善小学等处演讲，从而推动了梅县的妇女运动和教育改革的发展。3 月 8 日，梅县妇女解放协会举行“三八”国际妇女节纪念大会，梅城机关、团体、学校和各界人士共近千人参加，洪剑雄、张婉华、温卓峰等出席并发表演讲。

中共地方党组织诞生后，在国共合作的环境下发展很快。至 1927 年 1 月，党的组织从特支升格为部委，成为辖广东嘉应五属大部分地区和福建武平、江西寻乌等县的具有闽粤赣边规模的地方党组织。

随着地方党组织的建立、发展，群众革命运动更是如火如荼，涌现了许多进步的群众团体组织。规模较大、影响较广的有梅县新学生社、梅县妇女解放协会、梅县学生联合会总会、梅县总工会、梅县小学教师联合会以及梅县畲坑、松东三井、大坪等地的农民协会（筹委会）等。

1927年1月，梅县特支已有党员100余人，下辖梅县、兴宁、五华、平远、寻乌、武平等地支部或小组。为适应组织迅速发展的需要，根据上级指示，梅县特支升格为部委员会，隶属于中共广东区委，机关设于梅城东门塘针嘴巷侯屋华庐。书记刘标彝，宣传部部长吴健民，不久宣传由杨广存负责。

大革命时期，一批在广州农民运动讲习所、黄埔军校受训的革命者，先后回到梅县开展革命活动，组织农会、青年读书会，举办各种训练班，对广大农民和学生进行革命理论教育。共产党员陈嘉模在广州农民运动讲习所受训后回到梅县，会同黄埔军校回梅的学生共产党员数人，在省立梅州中学、梅县东山中学组织同学会，在学生中进行反帝反封建、反对奴化的革命理论教育和宣传发动工作。1926年，中共党员杨广存创办《梅县日报》，宣传革命道理。党组织在梅城东郊小学举办团员骨干训练班，有学生、工人、农民中的共青团员和青年先进分子参加，由陈劲军、张维负责讲课，课程内容有什么是共产党、什么是共青团和党的任务、党的主张等等，提高了学员的认识水平和阶级觉悟。

第二节　宣传土地革命，开展武装斗争

1927年4月，蒋介石集团公开叛变革命后，梅县党、团组织在与上级组织中断联系的情况下，联合组织了武装斗争委员会，书记刘标彝，政治宣传部长张维。委员会领导了震撼粤东的梅县"五一二"工人武装暴动，开展武装斗争，并成立了梅县人民政府。

梅县"五一二"武装暴动后，根据"斗委"决定，北上武汉的陈启昌、杨雪如、古柏、李仁华在取得上级党委的指示后，返回梅县，恢复党组织，集结武装力量，准备再举暴动，配合革命军南下。在这一时期，梅县党组织逐步走上了武装斗争和土地革命的正确道路。1927年7月，中共广东区委派李桃彝回梅县任县委书记，负责整理党务。1927年10月，梅东的三井、梅南的九龙嶂分别组建了广东工农革命军东路第八团、第十团。同年12月，梅县县委成立，组织有所发展，书记李桃彝（1927年12月至1928年6月），宣传部部长王之伦（1927年12月至1928年4月）、杨广存（1928年4月至5月）。1928年4月至5月，党内接连发生县委宣传部部长王之伦被杀、县委扎田村临时办事处被敌破坏、杨广存等县委同志被捕杀害事件，使党的组织遭受了一次大的损失和动乱。同年6月，省委派巡视员梁干乔整顿改组县委，书记李毓华（1928年6月至冬），宣传部部长黄国材（1928年6月至冬）。12月，梅县县委（书记廖祝华）召开了县委扩大会议，传达贯彻中共六大和省委二次扩大会议精神，梅县以九龙嶂根据地为全县的中心，开辟农村斗争新区域，开创农村基层政权新的斗争思路和策略。在取得畲坑暴动胜利和贯彻中共六大和省委二次扩大会议精神的鼓舞与指导下，梅县县委动员全县党组织和武装力量，领导农民进行了秋收斗争，各地农民运动很快恢复和发展起来。从1929年起，组建了梅县赤卫总队，各区陆续组建了区赤卫联队和乡赤卫队，开展了轰轰烈烈的武装斗争。

至 1929 年 9 月，县委之下有 5 个区委、8 个独立支部，共 45 个支部。宣传教育方面，1929 年在九龙嶂举办了共青团骨干训练班，进行革命理论教育；联络和团结广大青年，发展进步力量。经过训练的共青团员，大多数成为共产党组织开展理论教育工作的骨干力量，积极投身革命运动。

1929 年 10 月，中国工农红军第四军在朱德军长率领下进军东江，在梅县境内进行军事活动。在松源同怀别墅，陈毅带回中共中央的“九月来信”并作了首次传达。红军进城后，立即颁布了署名毛泽东、朱德、古大存、刘光夏、陈魁亚、朱子干、陈海云为主席团的《东江革命委员会关于公布执行土地政纲的布告（第 177 号）》，接管反动政府机关，释放被关押的 200 多名犯人（其中大部分是政治犯，不少是中共党员、青年团员），维持社会秩序。梅县县委也派出党、团员协助红军政工人员做好宣传工作，到处写标语，向群众演说，宣传红军的政策和纪律。在梅县的 10 多天里，县委配合红四军打击地方反动势力，推动了梅县的土地革命运动。

1929 年至 1930 年，党的组织发展进入最好时期。1930 年春，梅县苏维埃政府宣告成立，开创了土地革命的全盛时期。1930 年下半年，形势开始恶化，加上党内“左”倾路线的影响，党组织受到很大挫折。

苏维埃政府建设方面，从 1929 年 11 月开始，全县大多数乡区均从下而上召开了工农兵代表大会，成立了各级苏维埃政府。在这基础上，梅县工农兵代表大会于 1930 年 2 月在梅南顺里村召开，成立梅县苏维埃政府，主席熊光（1930 年春至冬）、古远（1930 年冬），副主席罗昭记（1930 年春至冬），机关设在梅南顺里。同年冬，各苏区遭敌疯狂“进剿”，苏维埃政权损失极大，随后丰顺和梅县合并，成立丰梅苏维埃政府，主席叶明章。

1930 年，全县有 9 个区委。县委书记廖祝华（1928 年冬至 1929 年冬）、黄炎（1929 年冬至 1930 年 5 月）、熊光（1930 年 5 月至 8 月）。1929 年冬和 1930 年 5 月，县委经过两次调整，机关先后设于梅城、城北、西阳、石扇、梅东、梅南等地。是年 8 月，根据上级指示，党、团县委撤销合并，成立梅县行动委员会，至 12 月，“行委”撤销，丰顺、梅县党组织合并成丰梅县委，县委书记黎果（1930 年 12 月至 1931 年 4 月，1931 年冬至 1932 年夏）、黄炎（1931 年 5 月至冬），宣传部部长叶明章（1931 年 5 月至冬）。由于敌人的进攻和内部错误的反“AB 团”运动，丰梅县委处境日益困难。至 1932 年秋，县委领导人相继被捕被杀害，党组织遭受了空前的浩劫而濒于崩溃，最后终于逐渐停止活动。但是，正当梅丰边党组织遭到失败之时，在梅东的松源，由闽西中央苏区武平县委派出的党员陈仲平，在松源六甲联立中学又燃起了革命之火。

1933 年上半年，隶属于武平县委的松源支部成立。1934 年 10 月，红军撤出苏区进行长征后，松源支部虽然与上级失去了联系，但他们以特殊方式继续活动。

1936 年下半年，陈仲平与李碧山取得联系。1937 年 1 月，李碧山代表潮汕党组织到松口与陈仲平会面，使中断了数年组织联系的梅县党组织得以恢复、重建。在李碧山指导主持下，首先在松口，继而在梅城、松源、丙村等地建立党的支部。同年 5 月，成立中共梅县工作委员会，书记王勉，宣传部部长陈海萍。

第三节　宣传抗日，开展救亡运动

1931年，“九一八”事变后，梅县党组织在领导和推动抗日救亡运动中，广泛开展党的理论教育和理论宣传。1932年，松源中学中共地下党员陈仲平、王建良、李一村等人组织了澎湃社、赤色学生会，通过阅读革命理论书籍，提高理论水平和思想觉悟，推动了抗日救亡宣传活动。1932年，梅县党的地下组织在松口主办《松口周刊》(1936年改为《梅东新报》)，并组织一个规模颇大的青年读书会，成员分布在松口、丙村、松源等地，读书会以梁隆泰、梁练、李千盛、李浪生、古林思、李球、宋梅通等人为骨干，在各大圩镇开展理论学习活动。他们每周召开一次例会，学习政治、时事，马列主义理论，党的抗日方针政策。同时研究布置各地、各小组的理论学习事宜，布置学习《抗日救国十大纲领》《八一宣言》和毛泽东关于抗日救国的论著以及鲁迅的文章、作品。这些理论学习活动坚持了4年多时间。1933年“五一”国际劳动节，澎湃社发表了《告劳动人民书》，宣传共产党的主张，动员人民群众起来反蒋抗日，在兴梅各县引起反响。

1937年1月，潮汕党组织领导人李碧山到松口、梅城等地，恢复发展梅县党的组织和组建梅县抗日义勇军。义勇军组织作为党的秘密外围组织，接受较严格的政治教育和一般军事训练，政治觉悟和身体条件均要求较高。同年3月，全县各地义勇军代表在雁洋松树坪召开会议，秘密成立中华抗日义勇军梅县大队，大队部设于松口镇，受中共梅县工委直接领导。

是年，由松口抗日救亡组织发起，联合梅城、南口、丙村、雁洋、松源等地救亡组织，在雁洋南福村召开代表会议，讨论制定梅县抗日救国会的组织和行动纲领，秘密成立梅县抗日救国会，主席陈晓凡，宣传部部长林汝舜，总部设于松口镇，不久又与华南救国会总部取得了联系。中共梅县党组织派李显云参加领导工作。

1937年“七七”事变后，抗日战争全面爆发。梅县抗日救亡活动遍及城乡，学抗会、青抗会、妇抗会、战时服务队、工作队等群众社团组织纷纷成立。共产党地下组织抓住时机，开展一系列的理论宣传教育活动。是年秋，国共合作逐渐形成，党组织迅速发展，群众救亡团体公开成立。作为培养考察积极分子的党的外围组织梅县义勇军大队，完成了历史使命而自行结束。

1938年12月，梅县共产党员刘渠、谢健弘等人主办了寒假学习会和文化夜校，对广大青年、学生进行通俗的民主救国理论知识教育。同年，梅县中心县委发动中心小学教师参加抗日救亡活动，分别在东山中学、梅州中学设点训练骨干，有140多人参加，由共产党员刘渠、张国辉、叶家烈等人负责编写教材和讲课，内容有《中国现代革命史》《抗日救亡新中国成立纲领》《日本帝国主义侵华史》及抗日根据地革命形势和抗战形势分析等。

是年12月，辖梅县、兴宁、大埔、蕉岭、平远、武平等县党组织的中共梅县中心县委在梅县县城成立，并直接领导梅县各地各区委工作，原梅县工委随之撤销。此时，梅县各区发展党员较多，全县先后建立了8个区委（学委）和一些总支，有党员700余人，约占整个中心县委下属1200余党员的58%。

1938年间，从陕北军政大学毕业回梅县的革命知识青年丘踪等人组成东区服务队，在梅县等地传播马克思列宁主义，传播延安精神和作风……训练班还进行民主集中制和反对自由主义等专题理论学习和讨论，提高了学员的理论水平和对共产党的认识。训练班结束时发展了一批新党员。

1938年至1939年，中共梅县中心县委动员组织了100多名党员和进步青年，输送到闽西参加新四军和二支队，奔赴前线参加抗日武装斗争。与此同时，梅县各抗日团体和梅县各界在国共两党的共同号召和组织下，仅1938年一年就向抗日前线输送了青壮年3600多名（不包括参加新四军人数），筹集资金1.14万元。

1941年1月，梅县、潮汕中心县委撤销，成立潮梅特委，梅县仍成立县委，仍辖梅县、蕉岭、平远和武平象洞等地党组织。是年9月，根据中共潮梅特委指示，梅县县委和各区委以及各支部由集体负责的委员制改为个人负责的特派员负责制。

"皖南事变"后，梅县县委组织党员进行政治理论学习和教育工作，规定每个党员的必读课本为刘少奇《论共产党员的修养》（手抄本）。

1944年冬，日本侵略军占领潮汕，逼近兴梅。经请示中央同意，闽粤赣边党组织恢复活动，准备武装抗敌。在中共闽粤赣边特派员李碧山的直接领导下，梅县党组织于同年秋开始，恢复了组织活动。至抗战结束，梅县与邻县边界处先后成立中共梅埔丰边工委、中共梅兴丰边工委和中共梅县（白区）工委，梅县党组织的发展进入一个新的发展时期。

1945年，梅县东山中学中共党小组开展整风学习，学习党的建设理论，进行党的组织纪律教育。经过整风，发展了一批新党员。在此基础上，举办了暑假学生骨干训练班，由党组织领导人梁集祥、陈明、黄戈平负责讲课，课程有党的建设、武装斗争等，同时学习整风文献和毛泽东《新民主主义论》《论联合政府》等著作，提高了学员的思想觉悟和理论水平。

抗日战争期间，在中国共产党的领导和影响下，全县涌现了许多群众救亡团体，属于全县性规模的有梅县抗日救国会、梅县义勇军大队、梅县中等学校学生抗敌同志会、梅县青年抗敌同志会、梅县民众抗敌后援会、梅县妇女会等100多个，参加各种抗日救亡团体人员数万之众。以抗日救亡为中心的各种形式的宣传活动，轰轰烈烈地开展起来。

全面抗战8年中，梅县征集兵员2万多人奔赴抗日前线，以有钱出钱、有力出力的实际行动，参加抗日救国的斗争，为取得全国抗日战争的胜利，数以千计梅县人民的优秀儿女血洒疆场，为国捐躯。

第四节　反对内战，呼吁和平，开展与敌斗争宣传工作

抗战胜利后，中共梅县党组织在巩固和发展游击区、在上级指导下建立边县委组织、开展国民党统治区统一战线工作的同时，根据新的形势，对党员普遍进行党的武装斗争和

统一战线等革命理论教育，对外进行反对内战、呼吁和平、开展与敌斗争宣传工作。

梅县是闽粤赣边区政治、经济、文化中心，是国民党统治区。抗战胜利后，只有中共闽粤赣边区（领导机关设在梅县三乡）和中共梅县党组织领导下的小范围游击区、农村革命支点和小规模的人民武装。这时，梅县党组织的主要任务依然按照闽粤赣边区党组织领导部署，一是在农村宣传发动群众，建立农村革命据点；二是继续恢复发展党组织；三是在城镇开展爱国民主运动。

中共梅县工委在支持帮助爱国民主阵线民盟南方总支部工作的同时，结合梅县各大中专学校师生庆祝抗战胜利、利用和平民主的有利形势，于1945年9月成立以钟润民为书记、梁世育为组织委员、罗妙为宣传委员的中共梅县学生委员会（简称“学委”）。“学委”按照县工委的部署，直接领导学生的爱国民主运动，积极筹备成立党的外围秘密组织梅县民主学生联合会（简称地下学联）。同年9月底，在梅县附城盘龙桥熊屋，召开了由梅县各学校代表参加的代表大会，出席会议的有南华学院、梅州、东中等9所学校的代表20余人，“学委”书记钟润民主持大会，大会通过了梅县民主学生联合会章程，选举钟润民为代表大会主席，吴美祥为常务理事，罗妙、梁世育、郑继曾、杨璧群为理事会理事。仅过半年，学联组织在梅城及丙村、松口、梅北等近20间学校建立了学联分会或小组，有会员300多人。

1946年2月，闽粤赣中心县委在三乡召开扩大会议，提出县委的重要任务之一是开展城市工作，促进民主运动。遵照李碧山的指派，中共梅县工委书记陈明亲自到梅县城郊百花洲，会见了民盟南方总支部代理主任李章达，向他介绍国内外当前形势和共产党对建立独立、民主、富强新中国的愿景，并表明中共梅县工委支持民主党派争取民主自由和中华人民共和国成立等安邦利国、利民的主张，还将中共闽粤赣中心县委的机关报《曙光报》送给他，以加深他对形势和中共的方针、政策、主张的了解。李章达表示感谢梅县工委的关怀，希望加强联系与合作，同时双方商定民盟由陈逸辉与县工委书记陈明保持经常联系接触。后来中共梅县工委还派出党员李国璧（李丹）和李国瑶兄弟参加民盟梅县分部工作，并分别担任宣传部部长和组织部部长，李国瑶负责发展民盟组织，李国璧协助做好《民主》周刊的出版发行工作。民盟南方总支部在中共梅县工委的支持帮助下，在中小学教师和大中专学生中发展了大批盟员，先后共发展了300多人，壮大了民盟组织。同时，通过县工委向《民主》周刊提供新华社电讯稿，组织党员及进步分子撰写稿件、评论文章和有关宣传资料。利用民盟特殊渠道，广泛开展宣传中国共产党关于建立民主联合政府的主张，为推动梅县爱国和平民主运动作出了应有的贡献。梅县“学委”和地下学联成立后，在中共梅县工委领导下，以学校为阵地开展学生爱国民主运动，在配合党的公开和秘密斗争中取得显著成绩。如地下学联利用学生身份，紧密结合形势，首先是在全县范围广泛开展以宣传“双十协定”、实现和平民主、反对内战、成立民主联合政府、开放学校民主等为主要内容的宣传；其次发动学联会员撰写文章，在每月一期的《汕报》副刊《东山青年》上发表，针砭时弊，宣传中共的主张；再次是出版秘密刊物《学生呼声》《黎明前哨》等，针锋相对揭露国民党反动派假和平真内战的阴谋等，对抗梅县国民党当局的各种镇压民主运动的白色恐怖。

中共梅县工委（后改为特派员制和边县委领导制）在抗战胜利后乃至整个解放战争时期，充分把握和利用这一时期全国人民呼吁和平、渴望和平的时代潮流，广泛开展爱国民主统一战线工作。领导梅县各地开展爱国民主、反内战、反独裁的运动，配合人民解放战争的第三条战线，发挥了积极作用。

1946 年 6 月，中共七大代表、原梅县中心县委书记王维在参加延安学习整风、出席中共七大后，根据中共中央和广东区党委的决定，奉派并辗转经香港回到闽粤赣边区。他先后向闽粤赣中心县委书记李碧山及闽粤边临委领导魏金水、朱曼平、刘永生、范元辉、张昭娣等详细传达了中共七大精神和延安整风的内容及其意义，同时传达了广东区党委关于今后华南的局势与党的斗争方针、策略和任务指示。

王维在传达中共七大盛况和精神时，首先传达了毛泽东在中共七大会议上对华南各老革命根据地的党组织 20 多年来长期坚持斗争、始终高举党的旗帜表示高度赞扬，毛泽东号召大会向南方党组织致敬。党中央和毛泽东的高度评价与关怀，使听取传达的同志深受鼓舞。接着，王维传达了毛泽东在中共七大报告中阐述的新民主主义革命理论、路线、纲领，并作了解释。王维在传达延安整风运动的内容与意义时指出：整风运动的方针是“惩前毖后，治病救人”，既要弄清思想又要团结同志。此外，王维还传达了党的白区（国民党统治区）的工作经验与方针，指出“左”的政策与行动给白区党的工作造成的危害。王维传达广东区党委关于今后华南的局势与党的斗争方针、策略、任务的主要内容是：1. 东江纵队等人民武装北撤以后，华南各地党组织和留下的人民武装，将可能面临国民党长期的黑暗统治局面。党和人民武装的斗争方针是长期埋伏、积蓄力量、等待时机。组织方针仍然是精简隐蔽。2. 斗争必须是群众所要求的斗争，不急功。3. 斗争形式要多样化，不固定刻板，严重时期多采取零星的此起彼伏的斗争，胜利后又埋伏下去，做巩固工作，以待时机，利用社会合法形式。4. 策略原则是利用矛盾，争取多数，反对少数，各个击破，有理、有利、有节。公开与秘密，合法与非法要严格分开，适当配合。5. 慎重发展党，严密自己。王维关于中共七大精神、延安整风内容和广东区党委指示的传达，不但使闽粤赣中心县委和闽粤边临委领导人受到了一次深刻的马克思列宁主义、毛泽东思想的教育，而且使他们对目前华南的形势及党的斗争方针、策略、任务有了更加明确的认识。王维的这次传达，对于统一闽粤赣边临委领导人的思想和增强内部的团结，以及深入贯彻分散隐蔽、蓄力待机的方针策略，起了重要的作用。

1946 年 7 月，闽粤赣中心县委再次在梅县三乡大横坑召开中心县委扩大会。会议主要内容是学习党的方针、政策，分析形势，明确任务；整风审干，提高干部政治思想水平，以适应新形势下长期斗争的需要，部署中心县委机关和韩纵分散隐蔽问题等。会议根据中共七大代表王维传达的中央指示和广东区党委的指示精神，开展整党审干工作。在整风工作中，采取“惩前毖后，治病救人”方针，领导带头发言，参会人员逐个检查自己工作中的缺点和错误。特别是“南委事件”后各同志的表现，在自我检查的基础上，不讲情面进行批评与自我批评，以提高自己的思想政治觉悟，使以后工作上更慎重些，做得更好。经过整风审干工作，组织更加纯洁，党内思想更加统一。在会议中调整了闽粤赣中心县委领导人，张全福接任中心县委书记，梁集祥任组织部部长，王维任宣传部部长（后为何献群）。闽粤赣中心县委扩大会议结束后，各县县委、韩纵指战员和地方武工队，遵照中心县委的部署，坚持秘密活动，分成小型武工队，在据点里坚持生产和隐蔽斗争。

为了贯彻“先粤东后闽西南，以粤东为重点，普遍开展游击战争”的战略方针，1947年5月中旬，闽粤赣边区人民解放军粤东支队成立，由闽粤赣边区工委和梅埔地委双重领导，支队长刘永生，政治委员刘建昌，副支队长程严、廖启忠、徐达，副政治委员兼政治部主任王立朝。粤东支队的成立，吹响了梅州全面开展游击战争的号角，为在整个闽粤赣边区大规模开展游击战争奠定了基础。在此前后，中共梅县党组织根据边区工委和梅埔地委的指示，重建和组建了梅西、梅南、畲江、丰北武工队。

1947年，梅县在党内、军队内开展党的武装斗争和推翻蒋家王朝、解放全中国的学习与教育，在粤东支队政治部主持下进行了一系列的理论教育活动。

1948年1月中旬，粤东地委在马图召开地委执委第二次扩大会议，出席会议的有闽粤赣边工委朱曼平、刘永生、王维和粤东地委、粤东支队以及各县县委主要领导干部。会议首先由王维传达了香港分局关于消灭地主反动武装越多越好，发动群众越广泛越好，开展游击战争越普遍越好的指示。会议接着由朱曼平作了关于《形势和任务》的报告，由王立朝作《粤东支队在建军工作上初步总结报告》。会议总结了粤东地区开展武装斗争以来的工作成绩、经验和存在问题，并部署了今后的工作任务。会议决定将埔丰、梅埔、梅兴丰华、梅兴平蕉、饶和埔丰、永和埔和梅蕉杭武7个边县的游击队编入粤东支队建制，成立独立大队，号召人民积极参军参战，大力支援解放战争。

随着开展武装斗争不断取得胜利、游击根据地的不断扩大，1948年2月，中共闽粤赣边区工委在《四项具体工作》中指出：“一切为着组织农会，从发动群众中去组织农会，如尚没有条件组织农会的地区，最低限度也应该有包括贫雇农骨干的群众组织，去领导斗争。”“一切为着组织民兵，发动群众斗争与组织民兵相结合，如收缴地方反动武装再武装农民。”“大量组织民兵普遍组织农会，切实准备一面政权的建立，才能粉碎敌人的进攻，并使农会真正成为政权的前身，使民兵真正成为保卫家乡、保卫胜利果实、打击杀伤敌人、配合主力作战的力量。”梅县党组织根据边区工委的指示，深入宣传发动群众，以村为单位，普遍建立了农会和民兵组织。如梅埔丰边县共有农会会员3万多人、民兵2000多人，仅三乡就有农会会员2000多人、民兵500多人；梅兴平蕉边县共有农会会员2万多人、民兵1000多人。基层农会、民兵组织在各区委直接领导下，从带领群众生产度荒入手，进而开展减租减息和反征粮、征税、征兵的“反三征”斗争，民兵组织也在开展上述斗争中经受考验与锻炼，推动了游击根据地的巩固和发展。

1948年年底至1949年年初，在梅县九龙嶂举办了共青团干部训练班，训练班在梅州地委宣传部部长谢毕真主持下，由梁集祥、谢毕真负责讲课，课程有武装斗争及党的作风纪律等，为兴梅解放培训了一批干部。

1949年5月，梅县解放。6月初，成立中共梅县委员会，书记为刘健，副书记为杨扬，组织部部长为杨山，宣传部部长为陈华，副部长为曾克平，工委书记为丘璋，青委书记为李理章，妇委书记为侯海英。6 月 11 日，梅县人民民主政府正式挂牌成立，下设秘书室、民政科、财粮科、组织科、建设科、文教科和公安局。梅县人民民主政府成立后，即迅速将全县划分为 24 个区（另代管黄金、砂胜、大龙华 3 个区，1949 年 11 月划归丰顺县辖），任命了各区区委书记、区长、指导员等主要领导。6 月 13 日上午，梅县各界人士在梅城东校场举行盛大集会，庆祝粤东解放暨梅县人民民主政府成立。参加集会的有在城各机关、团体干部职工，武装部队，城市居民和城郊农民共 2 万多人。会后举行盛大游行活动，汽车队开路，800 副锣鼓喧天，2 万多人紧随其后，由嘉应路入凌风路、中山路、西门、东门路，整个梅城都沸腾起来了，至午时才结束。1949 年 7 月初，制定公布了《梅县区、市、村政府临时组织大纲》，使基层政权建设规范化。

正当梅县县委、县人民民主政府领导全县广大人民群众积极开展各项建设、安定社会秩序、恢复和发展生产之时，驻江西的国民党第十二兵团（胡琏兵团）2 万多人，在南下大军的追击下，为保存实力、逃脱被歼的命运，于 7 月初分两路南逃。7 月 5 日，胡琏残军从平远窜扰梅县梅西龙虎圩。梅县军民积极抗击胡琏窜扰，保卫新生政权。

7 月 6 日，胡琏残军侵占梅城。12 日，梅县宣传部发出《关于目前宣传要点的指示》。

8 月下旬，胡琏残军开始向潮汕夺海路出逃，分别向松口、畲坑沿梅江河和梅汕公路南窜潮汕。

9 月 6 日，梅县人民民主政府军进城，党的宣传中心是配合这一形势来发动，巩固胜利信心、支援前线、宣传购买胜利折实公债。9 月 30 日，司令员刘永生指挥部队分三路对畲坑胡琏军七十二团钟志群加强营发起进攻，并击退水口、径心来援之敌。至此，胡琏残部已全部溃逃，梅县城乡全面收复。全县军民满怀胜利的喜悦，迎来了中华人民共和国的成立。

第二章　革命战争年代党员教育

中华人民共和国成立前，处于地下活动的梅县党组织，在极其困难的条件下进行党员教育工作，采用读书班、训练班和组织整风学习进行读书、听党课活动，采用个别串连、联络、谈心和传阅革命书籍、马克思列宁主义著作和毛泽东著作等灵活多样的方式，对党员和非党员积极分子进行党的性质、党的纪律、党的作风和党的任务等方面的教育。

1925 年 12 月，中共梅县地方组织建立后，各级党的组织不断加强对党员的教育和培养，以提高党的战斗力，提高党员的政治素质和理论水平，适应当时的形势需要更好地完成党的各项任务。

1926 年 4 月，中共梅县地方组织委派党、团员蓝胜青、陈嘉模、李玉标、李鸿皋 4 人，到汕头参加由潮梅海丰农协办事处主任彭湃主办的农民运动人员养成所受训。同年 7 月结业后，陈嘉模、李鸿皋派回梅县，在梅南、畲坑、松口、松东、梅西、大坪一带建立农民协会，积极开展农民运动，为后来苏维埃政权的建立打下基础。

1934年2月，党组织派党员王建良、王文湘护送李碧山前往江西瑞金中央苏区，安全到达后，被安排到中央党校学习。

1938年1月，中共梅县中心县委派黄芸、温碧珍、陈卜人、张春汉等10余人，参加中共闽粤赣省委在福建龙岩白土后田村举办的干部训练班学习。是年冬，梅县中心县委分别在梅城大众书店和泮坑举办党员学习班，对党员进行共产主义理想、党的宗旨、党的纪律及基本常识的教育，提高党员的思想觉悟。水白总支有25名党员参加学习，后来除个别因"南委事件"组织停止活动失去联系而脱党外，其余党员坚持革命，即使有的被捕入狱受尽折磨，也严守党的秘密，保持忠贞的革命气节。

1939年冬，中心县委又在湾下双高第举办妇女干部训练班，培训全县妇女干部。

1940年3月，闽西南潮梅特委在梅县城东芹菜洋举办各中心县委、县委干部训练班，参加学习的有30余人，学习时间约20天，主要学习《共产党人发刊词》等。

1945年7月，中共梅县工委在梅县附城盘龙桥李屋举办学生党员骨干训练班，由陈明、梁集祥、黄戈平等分别主讲党的建设、武装斗争和学生运动等专题，培训时间7天。参加学习的有何锡全、钟润民等10余人。这批学员后来都成为梅县学生运动的主要领导力量，有的进入山区参加武装斗争。

1948年8月，梅县县委派干部参加粤东地委在大埔银江乡冠山村举办的粤东军政干部学校培训。

1949年3月，梅县县委派党员参加梅州地委在松源举办的第二期党、政干部训练班学习。

第三章　革命时期文化文艺工作

第一节　文化设施

一、民众教育馆

1935年，民国梅县政府创设的民众教育馆，地址在梅县人民体育场东侧，下设教学、生计、艺术（兼总务）3组，开展图书借阅、文艺演出等活动。民国时期，松口、畲江2个镇有由地方人士开办的民众教育馆，城镇有业余国乐社和6个半专业性质的线戏班，农村圩镇大部分有自由组合的汉曲俱乐部。

二、梅县图书馆

创建于1920年，时称梅县县立通俗图书馆，馆址设在梅城上南门（文澜门）。1935年因改建街道，南门城楼被拆，通俗图书馆并入民众教育馆，有图书3000余册。另有地方人士集资建造的丙村图书馆落成，藏书近万册。民国二十五年（1936 年）将金山顶的观音堂改建为图书馆，1937 年建成，命名为梅县县立图书馆，占地面积 1877 平方米，建筑面积 560 平方米。馆内设备大量增加，有书库、阅览室各 2 间，藏书 8088 册，杂志 30 种，挂图 20 余幅，报纸 8 份，并实行全日开放。

中华人民共和国成立前夕，国民党政府军胡琏残部窜犯梅城时，馆内藏书、设备受到严重破坏。仅存些线装书，借阅活动停止。

民国期间，随着教育事业的发展，全县各中学和部分小学先后设置图书馆（室），至 1941 年，全县中学学校共有图书 15.6 万册。1946 年，对 17 所中学进行调查，共有图书 20.56 万册。其中藏书 1 万册以上的有东山、梅州、乐育、广益、国光、松江、安仁、梅北、南华附中 9 所中学。

三、书店

清末，梅城开设的书店有翼经堂、启新书局、光华书店 3 家。民国期间，先后开设的书店有明星、中华、中英、新时代、新世界、新中华、薛华。中华人民共和国成立前有中央、新人、维新、福音、新明星、中南、科学、大众、世界等书店（书局）和商务、中华、正中、新新等书局办事处及上海儿童书店门市部等。书局、书店、办事处、门市部均经营春秋两季的中小学教科书，兼营书刊销售业务。1949 年 5 月，人民书店开设，发行各种图书。7 月，国民政府军胡琏兵团残部南逃窜犯梅城，人民书店停业。1949 年 9 月，成立兴梅书店，时有干部、职工 7 人，店址设在梅城仲元路。

梅县革命党人利用梅城大众书店，开展革命工作。

四、电影和演出场所

1928 年，梅县开始放映无声电影，1947 年开始放映有声黑白电影。1931 年前，县内无影剧院，剧团演出的主要场所，县城有东门谢氏宗祠、西门路钟氏家祠、树湖坪、火神庙、城隍庙等，多借祠堂、庙宇进行演出。所有演出场所，设备简陋，且多是临时搭就。1931 年后，陆续兴建有梅城石牌楼下的友联戏院（后改梅县戏院）、松口的乐天戏院、丙村的仰立戏院等。1942 年，在原省立五中体育场建起 1 间设备较为完善的高乐戏院（竹篷戏院），1944 年冬，改建为新光戏院。

第二节　文艺创作

梅县是文化之乡，文化名人众多，他们创作了许多文学艺术作品。其时文风鼎盛，名人辈出。

一、文学创作

民国时期，尤其是在 20 世纪 30—40 年代，诗人、作家大批涌现。“左翼作家联盟”成员之一的诗人蒲风，先在国内出版 16 部诗集，抗日战争全面爆发后，在梅县出版《中国诗坛》岭东刊，推动了梅县诗歌的发展。他的著作有《茫茫夜》《母亲》《六月流火》等 20 多部。诗人、雕塑艺术家李金发，是把法国“象征派”写作手法介绍到中国来的第一位诗人，著有《微雨》《岭东情歌》《为幸福而歌》。著名作家黄药眠著有《春》《黄花岗上》《姻》等。作家黄谷柳著有《杨梅树下》《虾球传》《此恨绵绵》等。任钧著《采芹集》《新女性》等。作家侯过著《五斋诗草》《约庐诗草》《嘤鸣集》等。作家古直著《新妙集》《层冰堂诗集》等20多部。作家楼栖著《窗》《反雏集》《鸳鸯子》《论郭沫若的诗》等。此外，公民办报纸，亦纷纷设立副刊专栏，各中学也创办学报、杂志，为作者提供创作园地。

二、文化名人和著作

民国期间名人书目：

黄遵楷著《金币制考》。

梁伯聪著《梅县风土二百咏》。

黄清芬著《检身要诠》。

黎全懋著《历代纪年表》。

黄炳枢著《闲忙诗草》。

古直著《新妙集》《陶靖节年谱》《层冰诗存》《隅楼集》《东林游草》《曹子建诗笺》《钟记宝诗品笺》《诸葛忠武侯年谱》《江客甫文笺》《客人对》《取刍集》《汉诗辩证前录》《层冰文略》《层冰堂诗集》《清诗独赏集》。

杨恭桓著《一日通韵》《客话本字》。

熊理著《论语管窥》。

廖纪著《万寿松斋诗草》。

钟莲生著《莲生诗存》。

张伯滔著《东塘别业吟草》。

蒲风著《茫茫夜》《母亲》《武装田地山河》《六月流火》《我迎着风暴》《生活》《抗战三步曲》《可怜虫》《在我们旗帜下》《黑暗的角落》《取火者颂》《林背被压迫的太阳》《鲁西北的太阳》《扬子江暴风雨》《码头工人歌》《打桩歌》《戎装前奏》。

黄卓南著《孔道》。

杨亮生编著《宋璞齐诗选》。

钟一鸣著《翔庐诗草》。

黄海章著《黄叶诗钞》。

黎贯著《豁庐诗草》。

李铁夫著《州载马烦集》。

黄震球著《国际形势与中国抗战》《苏俄之外交政策》。

黄慕松著《环球游记》《新疆西藏游记》。

廖道传著《滇游草诗集》《金碧集》《三香片羽集》。

张资平著《梅岭之春》《她怅望着祖国的天野》《冲积期化石》《约檀河之水》《普通地质学》《地质学者达尔文》《人类的起源》《海洋》《地球史》《自然地理学》《人文地理学》《人类进化论》《石油与碳》《爱的焦点》《不平衡的偶力》《雪的除夕》《上帝的儿女们》《飞

絮》《苔莉》等。

钟鲁斋著《爪游三月记》《比较教育》《小学各种教学法之研究》《现代心理与教育》《两性学习差异之调查与研究》等。

黄药眠著《黄花岗上》《春》《烟》《月之初升》《工人麦杰》《美丽的黑海》《论约瑟夫的外套》《论走私主义的哲学》《莎罗霞》《暗影》《再见》《桂林的撤退》。

侯过著《五斋诗草》《约庐诗草》《嘤鸣集》《三万里游草》《归来研究词稿》等。

黄谷柳著《杨梅山下》《刘半仙遇险记》《虾球传》《此恨绵绵》《大象的经历》等。

任钧（卢嘉文）著《站在国防诗歌的旗下》《新诗话》《当祖国需要的时候》《全国人民齐欢唱》《冷热集》《新女性》《爱与仇》《中华儿女》《后方小唱》《为胜利而歌》《战争颂》《发光的年代》《爱的奴隶》《托尔斯泰最后日记》《任钧诗集》等。

李金发著《微雨》《为幸福而歌》《食客与凶年》《岭东情歌》《北京的最后勾留》《肉的图圄》《异国情调》《弃妇》《德国文学 ABC》等。

三、作品选集

当代诗词：

油岩题壁

叶剑英

放眼高歌气吐虹，也曾拔剑角群雄。
我来无限兴亡感，慰祝苍生乐大同。

过梅县

侯过

乱离一去十余春，地覆天翻梦亦陈。
白首归来真一喜，相逢不见皱眉人。

石门

黄海章

散发美无度，相携过石门。山容分笑靥，海色上罗裙。
断续花前语，朦胧酒后痕。明朝复行役，黯黯自离魂。

满江红

吴剑青

赫赫东中，有无数英雄竞发。试纵目，绛云叆叇，朱霞绚结，郁勃丹心观点赤，熏陶革命烘炉热，庆生辰，长吉呕心肝，笔头血。

顷笑语，楼台溢，张祝典，笙歌出，正莺飞草长，故乡三月。对客挥毫鱼茧罄，催诗击钵鲸锵歇。喜今朝，彡列圣灯明，光波阔。

诗意梅江

何建平

花红柳绿一城妍，盛世梅江墨韵笺。
燕舞江南千顷翠，莺啼半岛万家圆。
文心细绘围龙景，慧眼欣描彩凤篇。
四野流芳新雨后，清辉满目尧舜天。

采风攀桂坊

薛　映

怀幽初夏觅鸿踪，人境庐前沐雅风。
竹掩亭台花影绰，书香楼阁赞声同。
愁词读后忧骚侣，喜讯捎来慰俊雄。
昔日维新叹失败，今朝改革庆成功。

白宫河畔随想

邹海波

小岸春晨树挂阴，沿河草润露沾襟。
谁家竹筏闲来静，可愿贪行载我心。

第三节　戏剧　曲艺

一、戏剧

民国期间，梅县无地方剧种，民间演出的戏剧，主要有“外江戏”（汉剧）、“吊线戏”（提线木偶戏，又称傀儡戏）和话剧。“吊线戏”在明朝万历年间（1573—1620年），由江浙传入梅县，传入已有400余年历史，专业线剧班有“乐尧天”“奏吉祥”“荣华堂”“合一声”等。比较著名的外江班有“老福顺”“老三多”“荣天彩”“新天彩”。演出的棚头戏、折子戏有500多场，凡民间酬神、祭祖、宴寿，群众常聘请外江班演出汉剧或请线剧班演出傀儡戏。演出时，四邻蜂拥而至，抱男携女，通宵达旦，非常热闹。但当时汉剧和线剧在社会上得不到应有的重视，艺人的社会地位低，常受人歧视，生活无保障，致剧团陷于朝不保夕的境地。1919年“五四”运动之后，话剧开始传入梅县，1923年间，梅县学生界演出独幕话剧《蟹》，随后学艺中学、肩一小学、县立中学先后上演《孔子过泰山侧》《梨花刺眼》《阿三的命运》《良心与饭碗》等话剧。1935年8月，中共梅县地方党组织为扩大统一战线，组织“新梅剧社”，上演四幕话剧《春风秋雨》，后遭国民党当局无理禁止。

1937年抗日战争爆发后，中共梅县地方组织在学界组织中等学校学生成立抗敌同志会，开展抗日救亡活动，演出话剧《夜之歌》。是年冬，县“青抗会”组织流动剧团，下设4个分团，共有团员400余人，先后在城市圩镇上演《最后一课》《重逢》《新婚之夜》

《越狱》《兄妹开荒》等话剧。还有以学校师生为主组成的梅县艺术工作团，松口、丙村等农村组织的“白燕剧社”“抗日剧社”及西阳中学组织的文艺宣传工作团，先后在城乡演出《放下你的鞭子》《仁丹胡子》等街头剧和时事活报剧。抗日战争期间，梅县各地先后上演的话剧、街头剧节目有40多个。到了抗战后期，由于国民党当局的诸多限制，梅县的话剧活动沉寂一时。

二、曲艺

（一）五句板。又名竹板歌、叫化歌。是梅县城乡广为流行的曲艺之一。五句板每首歌词五句，一、四、五句押韵，以说唱形式演唱长短篇唱本。中华人民共和国成立前，民间艺人、乞丐等手拿4块竹板，走街串巷，挨家过户，以五句板唱杂歌和长篇传本换取钱粮为生。五句板的节奏有平板（过街溜）、快板（忙书板）、单摇板、双摇板等。唱腔因人而异，因情节而异，或高或低，或悲或喜，或快或慢，全由说唱人灵活使用。由于五句板艺术形象简朴，唱词生动，通俗易懂，广大群众十分喜爱，直到现在民间仍广为流传。

（二）客家山歌

梅县人民喜唱山歌，素有“山歌之乡”之称。山歌是客家文化的一部分，它是劳动人民口头创作、口头唱诵的一种民歌。民国期间，松口山歌就已灌有唱片，闻名国内外。

1929年，上海光华书局印行印制著名诗人李金发编的《岭东恋歌》，摘录两首：

民国不是好天年，一到四月就晒田；
好田不须妹斛水，好妹不须郎多言。

路上逢妹笑嘻嘻，丢下眼拐乐死里；
你今好比蜻蜓子，到了吾手不放你。

第四节　音乐　舞蹈

一、音乐

（一）汉乐。中华人民共和国成立前，汉乐流行于民间，遇有重大节日和婚丧喜庆，有钱人家便请“八音班”演奏并作为祭典的礼乐。1923年，丙村镇公学校长温楚材组织业余国乐部购置了一批汉乐设备，组织师生进行演奏。1930年，梅城成立“国乐社”，经常演奏“八音”。1932年至1933年，附城及农村圩镇如松口，成立有白雪国乐社、中华国乐社、公余国乐社；松源成立有松风国乐社，丙村成立有徐兰兴八音班，廖雨琴创办有丙村公余国乐社。这些“国乐社”集中了一批汉乐爱好者，经常演奏《南进宫》《怀古》《过江龙》《出水莲》《贺岁调》等汉调乐曲，还有《八仙贺寿》《郭子仪祝寿》等汉剧折子戏唱段。演奏的乐器有头弦、二胡、三弦、月琴、琵琶、扬琴、箫、笛等。

（二）新音乐。民国初，新音乐开始传入梅县，特别是在1919年“五四”运动之后，一批新的歌曲在梅县广为流传。1931年“九一八”事变后，抗日救亡歌声遍及城乡，学校的歌咏活动尤为活跃。1937年，彭志达收集《义勇军进行曲》《上前线》等22首抗日歌曲，编印成《快乐应战》歌声集。1941年，梅县战时政治工作队于“八一三”之夜，在梅城举办音乐演奏、演唱会。同年8月，举办音乐、戏剧公演，进行抗日宣传。

二、舞蹈

民国时期，有组织的单项群众舞蹈活动少见，仅有一些学校在节日期间举办舞会，有些酒楼、茶馆，为迎合当时的潮流开设有舞厅。

第五节　美术　书法　摄影

民国时期，留学法国的林风眠，把西洋画和国画融合一体，自成一格，其作品“鹭”2幅由县博物馆收藏。雕塑艺术家李金发，于1925年创办《美育》杂志，传播西洋雕塑艺术，他的作品有《蔡元培》《邓仲元》等头像，广州中山纪念堂门前《孙中山》的全身塑像，以及上海南京戏院墙壁画浮雕像等。木刻版画兴起于20世纪30年代，1936年，松口成立木刻研究会，出版《松口木刻》版画集，有《失业者》等18幅作品。同年梅县新文化社记者杨剑声和黄文英编辑出版《梅县大观》摄影集，收入219幅照片，图文兼备。影集分梅县概略、名人题赞、军政、教育、建筑、交通、农工商、名胜、市镇、体育、社会等12部分，充分反映当时梅县建设面貌。1937年，版画家温涛创作《香港之劫》版画集在香港出版；另有24幅木刻版画集《觉醒》等在延安展出。同年，吴克明编绘《梅县漫画》集在梅城出版。抗日战争期间，李云根多次在梅城开办美术短期训练班，招生授徒。此外，梅城罗元利木器店的能工巧匠，擅刻佛像，远销南洋泰国等地。

1949年6月，在民众教育馆举办梅县解放画展，展出作品有25件。

第六节　民间文学

民国期间，《梅县民国日报》《梅县日日新闻》《汕报》《妇女儿童》《孩子纵队》及《中山日报》（梅县版）等报纸杂志，特辟“梅风”“梅声”“梅县掌故”“笑话”等有关民间文学副刊，开展采风活动。诗人李金发编著有《岭南情歌》，管又新编著有《嘉应风光》，此外还出版《嘉应奇闻》《客家贫民文艺》《诗歌战线》《妇女与儿童》等书刊。

一、民间歌谣

（一）土地革命时期歌谣

1．十送郎当红军

一送郎，当红军，革命道路正光荣；家中事情莫挂虑，英勇杀敌立大功。

二送郎，出门庭，联系处处要留神，认真分别真与假，莫把坏人当好人。

三送郎，到桥边，石桥南北紧相连；工农战线要巩固，冲锋杀敌要争先。

四送郎，出外村，党的命令要服从；临阵退缩最可耻，战场立功美名闻。

五送郎，到长亭，嘱郎英勇杀敌人；若为主义牺牲了，革命工作妹担承。
六送郎，到湖滨，永远记住爱穷人；穷人就是亲兄弟，工农原是一家人。
七送郎，过竹林，豪绅地主系敌人；仇人见了忘不得，你饶他来他无情。
八送郎，到坳下，莫贪钱财莫贪花；安心革命干到底，切莫时时想念家。
九送郎，到九龙，前面队伍是红军；革命就有好出路，最后胜利属我们。
十送郎，当红军，妹子言语记心中；郎当红军杀敌去，妹做工作在农村。

2. 茅屋烧了盖洋楼

一条大路曲弯弯，一直透到八乡山；手擎红旗闹革命，要为穷人把身翻。
你莫苦来你莫愁，自有云开见日头；等到革命成功日，茅屋烧了盖洋楼。

（二）抗日战争时期歌谣

1. 抗日救国保家乡

日本鬼子野心狼，想亡中国逞疯狂；三七年间七月七，卢沟桥边动刀枪。
卖国求荣蒋介石，消极抗日想投降；日寇一来佢（他）就走，丧失几多好地方。
共产党来真英明，眼看国土陷沉沦；领导人民来抗日，莫被日寇来欺凌。
全国人民意志坚，怒气直冲九重天；坚决跟着共产党，抗日救国保家园。

2. 十劝郎从军歌

一劝亲郎去当兵，如今国事乱纷纷；双手拿枪上前线，莫让鬼子来逞凶。
二劝亲郎莫迟疑，离别父母并娇妻；男儿应当去救国，杀敌救国好男儿。
三劝亲郎爱分明，有国有家有爱情；如果从军都无胆，枉在世上来做人。
四劝亲郎心莫惊，保家卫国赶年轻；老虎死里留皮骨，为国牺牲留姓名。
五劝亲郎心莫慌，多少英雄上战场；埋骨何须桑梓地，男儿到处是家乡。
六劝亲郎泪沾襟，莫把家常挂在心；涯哥当兵出门去，天大事情妹担承。
七劝亲郎乱匆匆，眼前鸳鸯各西东；有日涯哥杀敌转，亲亲热热又成双。
八劝亲郎心莫灰，打完胜仗就归来；阿哥好比梁山伯，妹就恰似祝英台。
九劝亲郎劝多里，朝晨劝到日落西；今日两人来分手，最后胜利正双栖。
十劝亲郎劝得多，涯哥杀敌保山河；牵郎衫尾送郎走，祝郎胜利奏凯歌。

3. 抗战儿歌

日本鬼，系还嚣，打涯中国人，当过打父母；秦朝有徐福，采药到潼湖，带去三千童男女，传下好多日本奴；占我文化，读我诗书，照理就爱相帮扶，盲滴（知）忘恩背（负）义贼，恩将仇报真糊涂。

二、民间故事

梅县民间故事，充满儒家学说思想，讲德行、孝道、忠诚、老实、勤劳、俭朴等，体现客家优良传统和客家精神。主要故事集在《广东民间故事全书梅州·梅县卷》等书籍中。现录3个故事：

米子嶂的传说

据说很久以前在米子嶂的山坳下茅屋里住着一户人家，是一对孤儿寡母。寡母年事已高，身体虚弱，而她的儿子也有30多岁了，家里穷没法成家。儿子是个安分守己的老实人，虽然很勤劳，每天上山砍柴卖钱换米，可家庭生活还是过得很艰辛。

有一次，碰上柴木市价不好，母子快要断炊。儿子心里着急，却也没有什么办法，只好每天上山多砍柴。因为又困又饿，他在砍柴的时候晕了过去。等他醒来时，发现已经日上三竿了。想到家中的老母可能还在倚门而望，饥肠辘辘，他牵肠挂肚，什么也顾不上了，挑起砍好的柴，匆匆忙忙往家里赶，一不小心摔了一跤，他正想站起来，感觉脚下有些异样，一看，自己正踩在一堆白花花的米上面呢。他高兴极了，连忙把这些米小心翼翼地装起来，再仔细一看，发现这些米是从一个小洞里流出来的。他把米拿回家去，母子俩饱吃了一顿。也奇怪，此后，他每天都在那个小洞边发现一堆米，数量不多也不少，足够他们娘俩吃一天。因为这个缘故，加上他的勤劳，他们家的生活很快得到了改善，过上了好日子，吃不完的米还拿去救济邻村贫困的老百姓。不久，他娶了个贤淑的妻子，生了个胖娃娃。一家男耕女织，同心同德，过上了美满幸福的生活。

后来，这个秘密不胫而走，被一个叫阿狗的邻居知道了。这个阿狗是个好吃懒做的“二流子”。他知道这事之后，可得意了，想：“这下我可发了，要变成大财主了。”第二天天还没有亮，他就来到出米的小洞前，天一亮，他就用锄头把那个出米的洞翻了个底朝天，却什么也没有得到。突然之间，“轰”的一声，一大堆白石子从洞里涌了出来，把他的脚都砸断了，幸好躲得及时，要不命也没了。从此他走路一瘸一拐，生活过得很凄惨。

据说从那以后，那里就不再出产米了。那个叫阿狗的“二流子”，从此拿着拐杖度过了余生。人们于是把那座山叫作米子嶂。如今，那里还出产白石头呢。

山嶂有洞，上天有眼，洞察孝敬之心，天道酬勤之人。

孝敬勤劳，天必护之；好吃懒做，天必毁之。

官塘战役

1929年11月16日凌晨2时，东江红军指挥部率所属各路队伍均到达水车小桑大坪里集合，召开大会后出发，沿着小桑贵角塘长江岃阿锯拉的小道，浩浩荡荡向官塘方向进发。

时值农历十月十六，秋冬的晴夜，满天星斗在闪烁，正所谓十五月亮十六圆，这是“天灯”照着红军队伍走在胜利的小路上。红军战士都有枪，但子弹只有几发，还有火粉枪（鸟枪）。特务大队多为当年红四军留下的战士，武器较佳打先锋，46团2个营和19大队担任主攻，47团操右路埋伏在穿风坳的西南方向的路旁。赤卫队员手持火粉枪、大刀、长矛、禾撩叉、空油桶和鞭炮，还有4人一组的松树炮四五门，包围着官塘圩的周边。

凌晨5点前，部队到达指定集结点的位置，5时30分，古大存军长一声令下，发起总攻，1000多名壮士同时挺进官塘圩，枪声、炮声、机关枪响声与鞭炮声、呐喊声连成一片，从三面攻去，打得敌人晕头转向，毫无招架之力。敌营长张齐光慌忙地穿起衣服骑上马，带着随从朝梅江河官塘码头方向奔跑，企图坐船往梅城逃走。可当他走到河边一看，对面娥丰的河岸上，火把无数，摇旗呐喊，河上大船小船，大火小火，100多米宽的河面上都是火把，显然是娥丰、小立的赤卫队员。张齐光不敢下船，向北走，山上是轩坑赤卫队的鞭炮声、呐喊声。惊慌失措的张齐光进入了古军长部署的红47团埋伏区。当他走到官塘岗高处时，回头看岗下的圩场，口里嘟囔着，埋怨部下无能，不堪一击。忽听一声“打”，张齐光连中3枪，走不了多远落于马下，喽啰们赶忙走进农家，找来箩筐把他抬到梅城上黄塘德济医院。

战斗结束了，历时1.5小时，消灭敌人一个连100多人，击毁另两个连，缴获各类枪支30多支，军马2匹，其中一匹还牵回小桑坑尾中心屋（红46团团部）大石禾坪遛玩，只有李明光才可以骑上去，成为老百姓的“谜团”。

再说那张齐光输得不服，德国医生正在给他抢救包扎中，他竟说：“可恶的小桑人，等我好了以后，我要把小桑人3岁以上全部过刀，一个不留，房屋全部烧光。”恶有恶报，作恶的张齐光，于11月18日晚上死亡，拜见阎王去了。

战后，红军宣传员编了一首童谣，梅南、水车等地老少都会唱，一直唱到解放后。歌谣是：“月光光，白如霜，土匪头子张齐光，屠杀工农到官塘，遇到红军打一仗，身上连中二三枪，马上跌呀下，又用箩来扛，一扛扛到上黄塘，呜呼哀哉见阎王。”

“三斤狗”的故事

“三斤狗”原名李三雄，梅县松南乡黄沙村人。家境贫苦，且生得骨瘦如柴，村里人都轻视他，起给他个绰号叫“三斤狗”。年长月久，这个“三斤狗”的绰号就人尽皆知，原名李三雄反而被人遗忘。

“三斤狗”有个儿子，名叫阿发，早年随水客到马来西亚吡叻当锡矿工人，头两年还有来信，以后便音信全无，人家都说“三斤狗”命苦。

有一年的年三十，全村上下锣鼓声声，爆竹连连。可是“三斤狗”却身无分文，心急如焚，愧无三牲拜祭祖宗，无奈何只得硬着头皮向屠户亚二赊了一斤猪肉，原块放在锅里煮，谁料这时来了个张债主，一登门就开口讨债：“三斤狗，年三十了，今年的欠债该还清了!”“三斤狗”哀声地说：“张老板，年三十了，我家还没有米落锅，哪有钱来还债。”这时，一阵风吹来了肉香味，张债主走近灶锅，揭开锅盖一看，大笑说：“三斤狗，你没有钱还债，却有钱买肉!”“三斤狗”急忙辩解说：“那是赊来祭祖的。”“你要祭祖，我也要祭祖，这块肉先当作抵债吧!”张债主说着就把肉抓在手里，向门外走去，正要出门时，听到“三斤狗”叹道：“人家有肉，肉过年，我家无肉，汤过年。”那个刻薄的张债主听了“三斤狗”的话，回转身来，抓一把炉灰撒在汤里，神气地说：“这汤也要抵债。”

除夕之夜，上邻下舍都高高兴兴，吃团圆饭，可怜“三斤狗”连汤也没喝上一口，饿着肚子上床。半夜里，突然听到有人敲门，“三斤狗”心惧，怕又是债主来了，不敢去开门，卧在床上轻声问了一句：“谁呀?”来人说：“爸爸!阿发回来了。”“三斤狗”闻言又惊又喜，想去开门，但随即又停了下来，问道：“阿发，你有没有带钱回来?如果无钱，情愿莫回来。否则会被人看衰。”儿子说：“爸，快开门吧!”“三斤狗”开门一看，阿发手提大提包，后面站着 4 个挑夫，地上放着 4 担“番货”，满面笑容。

子夜时分，全村上下响起阵阵锣鼓声、鞭炮声，人们都到祠堂祭祖了。“三斤狗”听到门外有人在说：“大家都敬祖宗了，只有‘三斤狗’关着门睡大觉。”“三斤狗”一听，气得对儿子说：“阿发，听见了吗？如今办三牲已来不及了，我们就拿花边（银圆）敬祖宗吧！”“三斤狗”父子俩捧着两大箩银圆来到祠堂上，忽听有人说：“桌脚不平，神桌不稳。”阿发立即拿了块银圆往神桌脚下一垫，满厅堂男女老少看得目瞪口呆。待问明白，才知“三斤狗”儿子阿发回来了，顿时情况大变，有人喊“三伯”，有人喊“三伯公”，大家都到“三斤狗”面前说好话，祭祖结束时，照例要由族中长辈说一两句吉利的话。这时，大家都推举“三斤狗”代表族中长辈讲话。“三斤狗”也毫不推辞，站在厅堂正中，开口便说：“我们族大人多，年年都难免有老寿（死人），我看今年头等要紧的是龙杠要买两条，孝廉要买一副，大铜锣要买一面，你们说对不对？”这些本来是极不吉利的话，但满堂的兄弟叔侄却连声说：“三伯公说得对、说得对”。随后，有人送酒来，有人送肉来，也有人送原只熟鸡鸭来，也有人送大鲩鱼，个个都说“三伯公，一点小意思。敬奉你老人家!”

年初一早，全族上下都来给“三伯公”拜年。正当满堂高兴的时候，“三伯公”笑哈哈地说“去年年成好，狗子也快大，上夜才三斤，下夜就三百了”这句辛辣的话，大家听了都苦笑一声。

年初八，阿发完福，宴请村人。席间，大家都劝“三伯公”买田做屋。“三斤狗”却表示要先为村人造福，出钱买社官坛那块地，为村中办点公益事业。大家都拍手叫好。

自此之后，村里有婚丧吉庆都请“三斤狗”坐首席。“三斤狗”也不谦让，每次吃完酒总是边抹嘴巴边笑道：“打帮我的儿子，打帮我的儿子!”

第七节　报刊通信

一、报纸

中华民国期间，梅城出版有《梅县民国日报》《梅县节日新闻》《汕报》《群众报》《劲报》及《中山日报》（梅县版）等报纸，特辟“梅风”“梅声”“梅县掌故”“笑话”等有关民间文学副刊，开展采风活动、抗日宣传、革命真理报道等。

梅县报纸始于 1912 年，同盟会员李固等人在梅城创办《培风报》（后改名《培风日报》）。这是梅县最早创刊的报纸。1915 年，袁世凯称帝，《培风日报》积极宣传反袁复辟，被袁系军阀粤督龙济光所封停刊。

1937 年抗日战争全面爆发后，在梅县的共产党人及地方有识之士，先后创办一批报纸，宣传抗日救亡。不久，广州、汕头相继沦陷，《中山日报》《汕报》迁到梅县，使本地报业出现一片繁荣。据统计，14 年抗战期间，先后在梅县出版的报纸有 12 家。但到抗战结束时，仅有《中山日报》和《汕报》仍继续出版。1948 年间，中共粤东地委和韩东分委分别出版《群众报》和《人民报》（油印报），主要在游击区发行。

《梅县日报》，1926 年创办，第一次国共合作时期由梅县县政府主办，共产党员杨广存任编辑主任。4 开 4 版。同年 5 月 12 日，梅县举行武装暴动，因杨广存是武装暴动的领导人之一，暴动失败后，《梅县日报》被国民党当局封闭，财产并入梅县民国日报社。

《梅县华侨日报》，1927 年由黄乐三、夏东光、叶孟元等人创办，社址设在梅城东门侧。对开 4 版，由华侨印务公司印刷。总代办处设在梅城东门梁家祠。报纸第一版为分类广告、国际新闻，第二版为省内新闻、本县新闻，第三版为梅县新闻和有关国外华侨消息，第四版为副刊，辟有“新生活”专栏，刊登小说、新诗、散文等。中缝为商业行情。

《梅县民国日报》，1927 年创刊，是国民党梅县县党部的机关报。1938 年年初，熊淡荪兼任报社社长时，任用共产党员廖胡今（梅县芹菜洋人）为总编辑，抗战胜利后，《梅县民国日报》停刊，改为广州《中山日报》梅县版。

《梅县日日新闻》，1928 年 7 月 15 日创刊，由省立五中（梅州中学）同学会主办，社址设在五中同学会会所（今工人文化宫址）。初为 4 开 4 版，后改为对开 4 版，由大新印刷厂承印。内容有电讯、地方新闻、文艺副刊、广告等。1936 年 10 月《梅县日日新闻》停刊后，于 1937 年 11 月 28 日与《公报》出联合版，社址设在梅城市塘唇（今西区菜市）。联合版开初为对开 4 版，后改为 4 开 2 版，第一版为国内新闻、要闻汇集（地方新闻）、社会服务、梅城物价、小评论、南洋归雁、分类广告，第二版为国际新闻、专论、专栏，第三版为国内新闻、电讯辑要、分类广告，第 4 版为文艺副刊、体育周刊等。

《梅县民报》，1932 年 3 月创刊。由东山中学校友会创办，社长卢演群，社址设在梅城石牌楼 28 号。1937 年抗日战争全面爆发后，一批留日学生回到梅县，《梅县民报》由一位留日学生接办，后因经济上的困难，复由校友会主办，由刘渠、郑天任任正副社长。1939 年后，由丘克辉任社长，工作人员中大部分是中共党员。《梅县民报》的办报方针是：“坚持抗战，反对投降；坚持团结，反对分裂；坚持进步，反对倒退。”其内容主要是报道全国各地有关抗战消息和进步言论，实际上成为中共梅县中心县委的机关报。《梅县民报》最初为 4 开 4 版，第一版为国内、国际新闻，第二版为地方新闻，第三版为副刊《梅园》，第四版为政文和分类广告。后来因各种条件所限，改为三日刊。先后由梅县大新、震旦、新生印刷公司承印，除在梅县城乡公开发行外，还销售到兴宁、五华等县。1940 年 1 月，国民党当局以“未申请登记，遽尔发行”为由，强行封闭，被迫停刊。

《梅县商报》，1932 年 3 月 21 日创刊，由梁干、吴醒尘、杨剑声等创办，后几个月由余劲接任，再后由黄文英等人接办。报社经费主要靠报费、广告收入维持。社长黄群，社址设在梅城西门内麒麟巷。对开 4 版，有时出 6 版，星期一无报。第一版为商业广告，第二版为时事要闻（国内新闻）、要电（国内电讯）、梅县新闻、分类广告，第三版为商业行情、分类广告、行政和司法公布栏，第四版为文艺副刊栏、下半版为广告版，第五版为广告，第六版为“小舞台”“体育世界”“垦星”等专栏。最初由梅县泰丰兴代印，后在松口梅东印刷局承印。1936 年冬，因经费困难停刊。

《中山日报》，原在广州出版，抗日战争全面爆发后，在梅县、梧州设立分社。《中山日报》梅县版，创刊于 1938 年 2 月。广州、韶关相继沦陷后，总社迁到梅县，在梅县出版《中山日报》，至 1945 年抗战胜利后，总社迁回广州，梅县仍继续出版《中山日报》(梅县版)。《中山日报》梅县版也是国民党梅县县党部的机关报，为对开 2 版，有时对开 4 版。第一版为分类广告、专栏，第二版为国际新闻，第三版为国内新闻、地方新闻，第四版为文艺副刊、文史专刊，设有“中山商情”“华侨版”“星期版”“中山公园”等专栏和专版。出对开 2 版时，第一版为国际新闻、分类广告、社论，第二版为地方新闻、分类广告。《中山日报》独收“美联社”“美新处”播发的电讯，发行量最多时达 8000 多份。历任中山日报梅县分社社长的有陈淦、陈燮勋、陈恩成。1949 年 5 月梅县解放，《中山日报》被中共梅州地委接管。

《汕报》梅县版，汕报社址原在汕头，社长张怀真。张怀真逝世后，由李玉耕继任。1939 年 6 月，在梅县筹设分社，以熊毅夫为主任，并于当年 6 月 16 日正式出版《汕报》梅县版。6 月 21 日，日本侵略军侵占汕头。汕报总社即于当天迁到梅县，成为抗战时期梅县重要的日报之一。《汕报》迁到梅县后，社址设在梅城考院前，由汕头铸字印务局梅县分局承印，发行量最多时达 7000 多份。销往闽粤赣边及南洋各地。版面先后有所变化。1942 年逢星期四、日，出对开 4 版，其余出 4 开 2 版。1944 年出 4 开 2 版。第一版为国际新闻、分类广告，第二版为地方新闻、分类广告。1945 年抗战胜利后，总社迁回汕头，梅县继续出版《汕报》梅县版。至梅县解放后停刊。

《劲报》，1941 年 12 月创刊，是梅县新闻记者公会主办的小报。由曾婴怀等创办。4 开，三日刊。发行量 2000 份。社址设在梅城东湖路。《劲报》第一版为专论、广告，第二版为小言论、本地新闻，第三版为外地通讯、广告、“闲事闲谈”，中缝刊登广告。

《群众报》，1948 年 2 月创办。是中共粤东地委的机关报。报社初设阴那山附近的叩头溪，初由李丹、陈一志、黄胡心负责，随后地委先后迁三乡的石寮、大埔银江的关山等地。

《人民报》，1948 年夏创办，是中共粤东地委韩东分党委机关报，报社负责人罗滨。《人民报》为油印报纸，版面有时 4 开 4 版，有时 8 开 2 版，刊期不定，一般情况下，每周出版一期，印数 1000 份左右。

1949 年，《人民报》同《群众报》合并仍称《人民报》，是中共粤东地委机关报，报社由罗滨、李丹负责。1949 年 5 月，梅县解放，《人民报》改名为《梅州人民报》，由谢毕真、李丹负责，铅印出版；同年 6 月，与赣边区党委办的《大众报》合并，仍称《大众报》，出版 4 天后，因国民党政府军胡琏部向南逃窜进占梅城，《大众报》停刊。

二、刊物

（一）民国时期主要刊物

中华民国时期，梅城出版有诗人李金发编著的《岭南情歌》，管又新编著的《嘉应风光》。还出版《嘉应第奇闻》《客家贫民文艺》《诗歌战线》《妇女与儿童》《孩子纵队》等书刊。

《林农月报》，1914 年 10 月，由梅县农会主办，经中华民国邮政局核准出版。版本为 16 开 60 面。《月报》要目有论说、农艺、森林、畜牧、法令、农村通讯特辑、青年园地等。

《新南星》，1934 年，由梅县天主教堂创办。县天主教总主教、县圣母会会长蔡任渔任主编。社址设在天主教堂内。16 开本 64 页。由梅县大新印务局印刷。栏目有“耶稣的正义与和平”“国外公教近况”“公教与爱国”“抗战消息简要”等。

《中国诗坛》岭东刊，《中国诗坛》原是广东出版的全国性杂志。抗日战争全面爆发后，中国诗坛社社员野曼、华火于 1938 年在梅县成立《中国诗坛》梅县分社，由野曼负责出版《中国诗坛》梅县版。《诗坛》出版一卷第 5 期后，诗人蒲风建议从二卷第 1 期开始，更名为《中国诗坛》岭东刊，并亲自参加编务工作。当二卷第 6 期稿件编好送梅县图书杂志审查分处审查时，遭国民党梅县县党部的警告，蒲风离开梅县。刊物于 1940 年 4 月 20 日被迫停刊。

《抗敌周刊》，1938 年 1 月，由抗战教育实践社梅县分社创办。16 开本 32 页。由抗战周刊社编辑部发行。刊址设在梅城西门路林家祠，逢星期六出版。内容要目有“时事解说”“短评”等。是抗战时期综合性杂志。

《燎原》，1938 年，由王亚夫、黄波、邹应棠、杨路等人根据中共潮梅特委指示创办的文艺刊物。刊物为半月刊。出版 3 期后，于当年停刊。

《孩子纵队》，1939 年 2 月，由野曼、华火创办，社址设在梅城。32 开本，半月刊，共出版 8 期。刊登的栏目有“时事浅谈”“革命故事”“版画”“儿歌”等。1940 年三四月间被国民党当局封停。

第四章　革命战争年代中共梅县党组织机构沿革及宣传工作领导人名录

1925 年 12 月，中共梅县支部成立，宣传委员为李仁华（1925 年 12 月至 1926 年夏）。

1926 年夏，中共梅县特别支部成立，宣传委员为李仁华，后为贺遵道（1926 年夏至 1926 年 12 月）。

1926 年，中共松源支部成立，宣传委员为陈剑吾。中共丙村支部成立，宣传委员为杨毓昌。同年中共梅县党组织还成立了东山中学支部、理发工人支部、缝衣工人支部、印刷工人支部、畲坑支部等党支部。

1927 年 1 月，中共梅县特支升格为梅县部委员会，下辖梅县、兴宁、五华、平远、寻乌、武平等地支部或小组，宣传部部长为吴健民，后为杨广存。

1927 年 4 月，中共梅县党部委和团地委召开联席会议，决定将党部委和团地委合并，改组成党团合一的梅县武装斗争委员会，简称“斗委”，政治宣传部部长为张维。

1928 年，中共梅县县委重组，隶属于中共东江特委，宣传部部长依次为王之伦（1927 年 12 月至 1928 年 4 月）、杨广存（1928 年 4 月至 5 月）、黄国材（1928 年 6 月至冬）。

1928 年 2 月，共青团梅县县委组建成立，宣传部部长依次为古柏（1928 年 2 月至 4 月）、林枫（1929 年春至秋）。

1930年12月，隶属中共东江行动委员会的中共梅县行动委员会取消，与中共丰顺县党组织合并，组成中共丰梅县委，隶属闽粤赣边特委西北分委，宣传部部长为叶明章（1931年5月至冬）。

1931年初，梅县丰顺两县团组织合并，团丰梅县委宣传部部长为卜杏华。

1937年1月，梅县抗日救国会成立，宣传部部长为林汝舜。

1937年4月，中共松口区委员会成立，宣传委员为梁练（1937年10月至1938年冬）。

1937年5月，中共梅县工委成立，隶属韩江工委，机关设在松口。同年12月，中共梅县中心县委在梅城成立，原梅县工委撤销，宣传部部长为陈海萍。

1937年6月，中共松源区委成立，宣传部部长依次为张春汉（1937年6月至1938年8月）、肖蔚然（1938年8月至1939年6月）、王立宪（1939年6月至10月）、熊钦海（1940年7月至1941年1月）、温德恭（1941年1月至6月）、王进秀（1941年6月至9月）。

1937年11月中共梅城城区委员会成立，1938年10月易名为中共梅城市委，1939年8月又易名中共城区区委，宣传委员依次为王芰祥（1937年11月至1938年1月）、廖胡今（1938年1月至10月）、黄叠营（1938年11月至1939年2月）、黄渊隆（1939年2月至7月）、李济尧（1939年8月至1940年2月）、熊秋魂（1940年3月至7月）、王立宪（1940年8月至1941年1月）、彭碧琴（1941年2月至9月）。

1937年冬，中共丙村区委员会成立，辖丙村、雁洋、三乡、南福、坪石等地党支部，宣传委员依次为谢影（1938年1月至1941年1月）、李俊青（又名李理璇，1941年2月至9月）。

1938年8月，中共南口区委员会成立，辖南口、锦屏、瑶上、荷泗、大坪、石坑、李坑（梅西）等地党支部。宣传委员依次为陈载盘（1938年8月至12月）、陈腾祥（1939年1月至1940年1月）、吴明照（1940年2月至1941年9月）。

1939年2月，中共梅蕉边区委员会成立，负责梅北石扇、蕉岭新铺及兼管东区服务队的党组织，故亦称为新铺区委。宣传委员为肖德成（1939年2月至1940年春）。

1939年冬，中共梅县学生工作委员会成立，负责领导梅县城区各中学党组织，1941年10月改称为特派员负责制。宣传委员依次为张伟贤（1941年1月至7月）、叶浩生（1941年8月至10月）。

1939年11月，中共梅蕉武边委员会成立，辖松源5个总支和象洞区委、隆文总支。宣传部部长为温怀浩。

1941年1月，中共梅县县委成立，辖梅县、蕉岭、平远和武平县象洞区党组织。宣传部部长依次为王致远（书记兼，1941年2月至7月）、廖秋声（陈华）（1941年7月至9月）。

1944年5月，中共梅县工委成立，宣传部部长为黄戈平。

1945年2月，梅埔丰边县工委成立，1946年4月转为梅埔丰边县委，同年7月，梅埔丰边县委与饶和埔丰边县委合并，组成大埔县委，原梅埔丰地区成立埔西区委。宣传部部长为刘富文（1945年11月至1946年3月）。

1945年9月，中共梅县学生工作委员会成立，主要负责当时外围组织梅县学生联合会（地下学联）的工作，各中学党组织仍由县工委特派员直接领导，1946年7月，“学委”

撤销。中共梅县学生工作委员会宣传委员依次为罗妙（1945 年 9 月至 1946 年 2 月）、李国瑶（1946 年 2 月至 7 月）。

1945 年 9 月，中共附城区委员会成立，1946 年 9 月改为特派员负责制，1948 年 8 月撤销，并入河东中心区委，直属梅州地委。中共附城区委员会宣传委员依次为吴文彬（1945 年 9 月至 1946 年 2 月）、马添荣（1946 年 3 月至 8 月）。

1945 年 9 月，中共梅西区委员会成立，负责南口、瑶上、石坑、李坑、大坪及荷泗等地党组织，1946 年 9 月，改为特派员负责制，1948 年 1 月，划归梅兴平蕉边县委领导。宣传委员为叶寒生（1945 年 9 月至 1946 年 8 月）。

1947 年 5 月，重建杭武蕉梅边县委，机关设于蕉岭北礤水涨田，后移梅县松源，1948 年 7 月充实县委，设常委和执委，1949 年 6 月，撤销边县委。宣传部部长由常委兼任，依次为陈连亨（1948 年 8 月至 1949 年 2 月）、钟英（1949 年 3 月至 6 月）。

1947 年 8 月，粤东地委决定撤销梅埔丰边特派员，在梅埔丰边地区分别成立梅埔边县委和埔丰边县委，宣传部部长依次为李健华（1947 年 8 月至 1948 年 2 月）、黄惠容（1948 年 2 月至 6 月）。

1947 年 10 月，中共畲江区委员会成立，属中共梅县（白区）特派员领导，1948 年 1 月，划归梅兴丰华边县工委领导，宣传委员依次为陈佳旺（1947 年 10 月至 1948 年夏）、张涛（1948 年夏至 11 月）、陈燕（1948 年 11 月至 1949 年 3 月）、范佑明（1949 年 4 月至 11 月）。

1948 年 1 月，中共梅兴丰华边县工作委员会成立，11 月中共梅兴丰华边县委成立，隶属中共粤东地委（后改称梅州地委），1949 年 6 月，梅兴丰华边县委撤销，其所辖区域包括东起梅县西阳、城东，西至五华郭田、坪上，南连丰顺龙岗、黄金埠，北止梅县荷田、太平寺的方圆 100 公里的广阔地区，分别划归梅县、兴宁、丰顺、五华县建制。中共梅兴丰华边县工作委员会宣传部部长为杨山（1948 年 1 月至 4 月）；中共梅兴丰华边县委宣传部部长依次为叶芬（常委，1948 年 11 月至 1949 年 3 月）、陈华（常委，1949 年 3 月至 6 月）。

1948 年 1 月，中共梅兴平蕉边工委成立，领导梅县、兴宁、平远、蕉岭 4 县边界地区党的工作和武装斗争，5 月，根据粤东地委指示，边县工委充实调整为中共梅兴平蕉边县委员会，机关流动于梅县梅西、大坪一带。宣传部部长依次为叶雪松（1948 年 1 月至 5 月）、陈悦文（常委，1948 年 5 月至 11 月）。

1948 年 2 月，中共三乡区委员会成立，先后隶属于中共梅埔边县委和梅埔丰边县委，宣传委员依次为彭碧琴（1948 年 2 月至 4 月）、陈思敬（1948 年 4 月至 9 月）、张忠平（1948 年 9 月至 1949 年 6 月）。

1948 年 2 月，中共梅北区委员会成立，宣传委员依次为丘维高（1948 年 2 月至 8 月）、郑彩志（1949 年 3 月至 6 月）。

1948 年 4 月，中共梅南区委员会成立，宣传委员依次为钟达志（1948 年 6 月至 10 月）、余项（1948 年 10 月至 1949 年 6 月）。同期，中共丰北区委员会成立，宣传委员依次为丘璋（副书记兼，1948 年 4 月至 8 月）、李新华（1948 年 9 月至 1949 年 5 月）。

1948年5月，中共梅西区委员会成立，宣传委员为刘敏（女，1948年12月至1949年6月）。同期，中共长平区委员会成立，辖区和主要活动地区为大坪、长滩、赤水、扶大等地。12月，撤销长平区委，合并于梅西区委领导。中共长平区委员会宣传委员为钟浩（1948年5月至12月）。

1948年6月，中共埔永梅边县委成立，辖区和活动范围包括东至大埔大宁，西至梅县松口，南起大埔三河，北连永定峰市，约900平方公里的地区。1949年6月，边县撤销，其所属组织和地区分别划归大埔、梅县、永定县建制。中共埔永梅边县委宣传部部长为张奎（常委，1948年6月至1949年6月）。

1948年8月，中共南瑶锦区委员会成立，辖区和活动范围为南口、瑶上、锦屏、长滩、扶大、程江等地区，宣传委员为廖彪（1948年8月至1949年6月）。

1948年9月，中共粤东地委决定将梅埔边县委和埔丰边县委合并，组成梅埔丰边县委，宣传部部长依次为杨扬（1948年9月至12月）、杨林（1948年12月至1949年3月）、张铁成（1949年3月至5月）、张光（1949年5月至6月）。宣传部副部长杨林（1948年9月至12月）。

1948年9月，中共河东区工委成立，隶属粤东地委，负责管理东厢、梅屏、金盘、鹧鸪凹、西阳的一部分等地下党的工作。1949年3月，撤销河东区工委，成立中共城东中心区委，隶属梅州地委。宣传委员由书记范伟青兼。

1948年9月，中共荷泗区委员会成立，宣传委员为钟海（后陈志岳）。同期，中共梅平边区委员会成立，辖区为平远与梅县交界的大部分地区，宣传委员为陈玉湘（1948年10月至1949年6月）。

1948年11月，根据梅州地委决定，梅兴平蕉边县的蕉岭部分（梅北武工队）分出，与杭武蕉梅边县的蕉岭部分（蕉岭武工队）合并，成立中共蕉岭县工委，梅兴平蕉边县委因而改名为中共梅兴平边县委员会，机关驻地仍设梅西、大坪一带。宣传部部长依次为肖刚（副书记兼，1948年11月至1949年3月）、陈玉堂（1949年3月至1949年6月）。

1948年11月，中共锦西区委员会成立，辖锦州、西阳（含白宫），1949年1月，锦西区委撤销。宣传委员为彭碧琴（一说组织委员钟灵才是宣传委员，彭碧琴应为组织委员）。

1948年11月，中共松永区委员会成立，隶属埔永梅边县委，1949年4月，改为松东区委，宣传委员依次为杨朴（女，1948年11月任）、曹克昌（1949年4月任）。

1949年1月，中共水白区委员会成立，宣传委员为熊为群（1949年1月至6月）。

1949年4月，中共桃尧区委员会成立，隶属杭武蕉梅边县委，宣传委员为谢枫（女）。5月，中共白渡区委员会成立，宣传委员为叶洛（后增补）。

1949年5月至1949年9月，中共梅县县委宣传部部长为陈华（1949年6月至9月）；中共梅县属下24个区（另代管的黄金、砂胜、大龙华3个区）先后均成立党的区委，其中梅县城市工作委员会（1949年5月至6月）宣传委员为曾克平；其他宣传委员分别为松东区委曹克昌、丙村区委李平、雁洋区委黄金珊、南瑶锦区委廖彪、白嵩区委叶洛、松源区委廖永泉、桃尧区委苏嘉善、隆文区委李运友、石扇区委郑丙辉、畲江区委吴捷平、梅西区委曾育生等。

第二篇　改革开放前 29 年宣传思想工作

（1949 年 10 月至 1978 年 11 月）

中共梅县县委于 1949 年 10 月起，先后隶属梅州地委、兴梅地委、粤东区委、汕头地委领导，1965 年 6 月后，隶属梅县地委领导。

全县党员人数已从 1950 年 2 月中共梅县县委及各区党组织正式向社会公开时的 412 人，发展到 1956 年第一次党代会时的 5123 人，至 1966 年的 18678 人。

1952 年年底，梅县宣传队伍总人数 20708 人，其中党的宣传人员有 2569 人，业余剧团有 368 个，剧团人数 4739 人，读报员 3004 人，广播员 1072 人，俱乐部 143 个。

梅县宣传系统在编人数，从 1952 年的 98 人，到 1975 年的 467 人（包括乡镇）。

梅县宣传系统各时期在编人数一览表

表 2-1　　　　单位：人

单位＼人数＼年份	1952 年	1965 年	1975 年	备　注
县委宣传部	4	12	15	—
镇宣传干部	17	27	31	—
县文化系统	72	145	157	—
县广播电视	3	7	17	不包括乡镇广播员
宣传部理论科组	0	3	3	—
宣传部宣传科组	2	5	6	—

梅县从 1956 年 6 月召开第一次党代会到 1961 年 10 月召开第二次党代会，在这 5 年 4 个月当中，行政体制上经历了农村由初级社向高级社过渡到全县实现高级社，再变为生产大队、生产队，由乡、镇到全县实现人民公社化，并不断调整社、队规模。从 1966 年起至 1976 年 10 月，经历了十年“文化大革命”。粉碎江青反革命集团后，党进行拨乱反正、开展真理问题讨论等，1978 年 12 月中共十一届三中全会召开后，中国进入改革开放新时期。

第一章　各个历史时期的宣传思想工作

第一节　宣传土地改革

1949 年 10 月 16 日，广州解放，利用这个有利形势，梅县举行盛大的庆祝中央人民政府成立暨广州解放大会。

中华人民共和国成立初期，梅县宣传部门的马克思列宁主义理论宣传教育工作，突出抓党员教育和干部教育，开展一系列马克思列宁主义理论教育；配合中共七届二中全会和三中全会精神的贯彻，进行党的建设理论教育和宣传；配合抗美援朝斗争，开展战略上藐视敌人、战术上重视敌人的理论教育；配合“三反”“五反”“镇反”和土地改革运动，开展阶级斗争理论教育；配合第一届全国人民代表大会召开及决议的贯彻，进行政权建设理论教育；配合宪法宣传进行法制理论教育；在中华人民共和国成立初期整风整党运动中进行党的建设理论教育。通过一系列马克思列宁主义理论教育，提高了干部群众的理论水平和思想觉悟，增强了执行党的路线、方针、政策的自觉性，进一步激发人们的热情和干劲，为社会主义革命和建设贡献力量。

在党的组织建设和政权建设稳步推进的同时，中共梅县县委重视通过做好群团工作以及统一战线的工作，扩大党的群众基础，巩固党的执政地位。在中华人民共和国成立之初，及时恢复与建立了农会、工会、共青团、妇联等群团组织。

1950 年，梅县宣传工作报告提出：1949 年 9 月 6 日第二度进城，宣传工作上有毛病，对残敌估计不足；10 月初到 10 月中旬，进行整顿队伍；11 月中旬到 12 月中旬，党的中心工作是双减冬耕；12 月下旬到 1950 年 2 月中旬，中心工作是征收公粮；2 月中下旬发动冬学运动，春节宣传、春节慰问部队；3 月起到 5 月底，中心任务是生产节约、储粮度荒、清匪反敌、组织和健全农会；5 月至 6 月开展反霸民主运动。

1950 年 6 月，中共七届三中全会在北京召开，全会号召全党全国人民努力巩固人民民主专政和恢复国民经济。全会决定有步骤地进行土地改革，工商业调整改造思想肃反镇反工作等。梅县县委迅速组织全区干部群众学习全会文件和决议精神，进行“巩固人民民主专政”和“阶级和阶级斗争”等专题理论教育活动。首先，在县委领导带动下组织了报告员，分别到各乡镇作专题理论学习报告、形势报告，报告内容有“土地改革”“镇压反革命”“工商业改革”和传达中共七届三中全会精神等。县机关干部和基层厂矿、企事业单位、农村区乡普遍组织学习中共七届三中全会文件。通过学习、教育，广大干部群众从理论上认识到从新民主主义到社会主义的转变是在马克思列宁主义不断革命论和革命发展阶段论的理论指导下进行的，认清土地改革和镇反工作的重要性和必要性，领会和掌握各项运动党的总方针、总政策和总任务，从而积极参加土地改革和对工商业改造运动，为医治旧中国留下的创伤，改变梅县落后面貌而作出努力。

1950年6月9日至12日，梅县在梅城召开中华人民共和国成立后的第一次农民代表大会，出席代表260人，重新建立梅县农民协会。党组织的主要负责人担任农民协会主任（主席）。全县各级农会组织在配合政府清匪反霸、镇压反革命、开展农村土地改革、在农村开展互助合作运动、建立农业生产互助组等方面发挥了重大作用。

中华人民共和国成立初期，梅县的阶级斗争形势复杂，残余反动势力妄图东山再起，刚建立的政权还不巩固，百废待兴。人民在欢庆翻身解放的同时，也在担心共产党能不能领导人民搞好各项建设。梅县县委抓住"没有共产党就没有新中国"这个重大主题开展群众性理论教育活动。县委宣传部专门编辑一套《干部必读》丛书，共12本，内容有《党的知识》《党的历史》《党的任务》《党的作风》等专题文章及《新民主主义论》《论人民民主专政》《社会发展史》等理论丛书，在县委机关干部、职工中开展理论教育。县委领导带头担任报告员，在县乡镇机关干部大会上作形势报告和专题理论学习报告，推动以"没有共产党就没有新中国"为主题的理论教育活动。

一、整党整风及"三反""五反"运动

中华人民共和国成立之初，由于党已经在全国范围内执政掌权，担负着多方面全新的任务，党的队伍也面临新的考验。为提高执政党的纯洁性和战斗力，中央于1950年5月1日发出指示，要求在全党范围进行一次大规模的，以反对官僚主义、命令主义、骄傲自满和享乐主义作风为主要内容的整风运动。中共梅县县委根据上级的部署与要求，在1950年至1951年间，组织进行了两次整风运动。

1950年七八月间，梅县举办整风学习班。从7月21日开学，至8月8日结束，共计19天，125人参加。整风学习班总结工作、分析情况、检查工作，达到端正思想、端正政策、端正作风的目的，改善领导、解决困难、布置夏征工作。

1950年的第一次整风运动，是中华人民共和国成立以来党组织进行的第一次整风运动。这次整风运动，提高了干部的思想政治水平，改善了干部中不同程度的骄傲自满、官僚主义、命令主义作风，密切了党同人民群众的关系。

1951年2月，中共中央发布《中共中央政治局扩大会议决议要点》，决定用3年时间进行整党。3月28日至5月19日，中国共产党第一次全国组织工作会议召开，通过了《关于整顿党的基层组织的决议》《关于发展新党员的决议》，对整党建党工作进行了具体部署。5月，整党运动在全国展开。

1951年3月，县委分头到各片开会，如城南、城北、丙村、南口人员到梅城开会，梅南、畲江人员到梅南开会，松口、白渡、梅东人员到松口开会。确立立场：划清敌我界限，确立依靠贫雇农的思想。4月4日，县委宣传部形成了3月份工作报告。

4月，继续深入抗美援朝，反对美帝武装，开展镇压反革命，生产度荒，完成土地改革第一阶段工作任务。5月3日，县委宣传部形成了4月份工作报告。

4月12日至15日，召开梅县第三届宣传干部扩大会议，时间3天，参加会议22人，

会议内容主要反映一些情况，对宣传工作进行总结，根据上级的指示，布置“五一”期间的宣传工作。

1951年7月，华南分局召开华南组织宣传工作会议，贯彻第一次全国组工会议有关精神，联系实际，着重讨论如何进行整党、建党两个问题。会议通过了《关于整党建党工作的决议》《关于改进与加强党的宣传教育工作的决议》。

1951年9月，梅县建立传授站的定期会议制度，总结基层传授站所起的作用。认为领导经常直接掌握了解宣传员和群众的思想情况，能及时为宣传员解决问题，能结合中心工作去布置宣传，做好密切党与人民群众的联系，所以基层传授站在运动中起了很大的作用。

1952年2月开始，梅县贯彻华南分局组织宣传工作会议精神，县委召开县、区、乡三级干部会议，结合土地改革、“三反”运动，开展党内整风与整顿队伍（又称“春耕整队”）运动。运动分两个步骤进行：第一步是结合土地改革、“三反”等社会改革运动进行整顿。把土地改革运动中暴露出来的混进党内的各种坏分子清除出党。整风运动中，在干部，特别是土地改革干部队伍中，进行查立场、查思想、查作风的整风。由于“左”的思想影响与指导，方法上还采取以群众运动的方式，使党内整顿出现明显的过火。在全县开展以“春耕整队”为重点的党内整风运动的同时，县委还开展了一个大规模的反对贪污、反对浪费、反对官僚主义的“三反”运动；在城镇私营工商业中，开展以反行贿、反偷税漏税、反盗骗国家财产、反偷工减料、反盗窃国家经济情报为内容的“五反”运动。通过“三反”“五反”运动，有力地抵制了资产阶级对革命队伍的腐蚀，提高了党政机关工作人员的政治思想觉悟和作风建设。第二步是进行整党建党。在整党运动中，从土改工作队中挑选积极分子，培养建党对象，发展党员。至1953年年底，全县基层党支部都进行了整顿，土改后的农村大部分建立了基层党支部，党员人数达到1414名。

1952年11月16日，开展宣传贯彻中苏友好月活动，深入周围农民或居民中宣传中苏友好，宣传各项建设事业的伟大成就。

二、清匪反霸及镇反

梅县解放初，百业凋敝，百废待兴。中共梅县县委在巩固新生革命政权中，组织民众开展支前拥军、清匪肃特、减租反霸、抗灾救济等运动。

梅县清匪肃特大致分为全面进剿股匪，重点驻剿顽匪，依靠群众清匪三个阶段。先后破获闽粤赣边人民反共救国军韩江纵队第一支队“反共救国青年团粤东司令部”等6个反革命组织，破获以李银林为首的土匪抢劫团伙，共抓获案犯170多人，破获特务分子卢燕基枪杀兴梅专署专员卢伟良的保卫员卢运昌案、福尔德间谍案。1950年11月14日至16日，配合梅县、上杭驻军围歼上杭境内的上都和梅县境内的松源王寿山一带以钟勇、“八古头”、张子庭为首的两股匪特共100余人，至此梅县境内匪患已绝。

梅县的反霸斗争从减租减息入手，从1949年冬开始。1949年10月，梅县人民政府颁布《晚造减租减息条例》，“条例”颁布后，梅县广大农村坚决执行。全县各区乡开展减租、减息退押中，主要通过召开农代会、教员会、妇代会、诉苦说理大会、公审公判大会宣传减租退押政策，人民法庭有区别地处理地主恶霸，对罪大恶极者给予镇压，对愿意守法认错的作赔偿损失等宽大处理。在县、区、乡干部指导配合与努力下，减租减息运动收到了一定的成效，全县农民从地主手里退回的租谷有4万余石（折300万公斤）。

土地改革前开展的清匪反霸和减租退押运动，消除了农村封建恶霸势力，削弱了封建经济，使地主、富农威风扫地，大长了贫苦农民的志气，扩大了人民民主专政，巩固了新生政权。

1950年春至1953年4月，根据中共中央《关于纠正镇压反革命右倾偏向的指示》，结合土地改革，在全县开展镇压反革命运动（简称“镇反运动”）。运动中贯彻执行“镇压反革命与宽大相结合”“首恶必办、胁从不问、立功受奖”以及“坦白从宽、抗拒从严”的政策。全县惩办了一批土匪、恶霸、特务、反动党团骨干、反动会道门头子和其他犯罪分子。梅县开展第一次镇反运动从1950年5月开始，至6月底结束，时间2个月。在第一次镇反肃反运动中，一共公审、批斗了如刘文轩、梁石荪、陈海珊等恶霸地主12名、反革命分子16名、民主运动对象1139名。经过开展民主反霸、镇反运动，农村里的封建势力、恶霸势力基本上已打垮。1953年，梅县开展第二次镇反运动，这次镇反运动，针对活动在梅县的“先天道”“同善社”“真空道”等反动会道门组织披着迷信外衣进行动摇共产党的执政地位的反革命活动。按照中南公安部部署，梅县人民政府于1953年5月1日颁发布告，宣布对“先天道”“同善社”“真空道”及其各支派披着封建迷信外衣进行反革命活动的反动组织，坚决予以取缔。从开始至取缔工作结束，全县查封“先天道”“同善社”“真空道”道堂16所，取缔坛、所、庵、寺124处，依法逮捕道首22名，管制24名，登记退道中、小道首164名，道众1715名，缴获经书4.9万多本，道具900多件，反动书籍、证件、金银和其他物资一批，彻底摧毁了长期盘踞梅县的反动会道门组织。

三、宣传抗美援朝、保家卫国

1950年10月，中国人民志愿军跨过鸭绿江，进行抗美援朝、保家卫国的伟大壮举后，中共梅县县委、县人民政府坚决拥护中央的决策，在全县范围内掀起宣传抗美援朝、保家卫国宣传活动。

在县委的直接领导下，县委宣传部组织了示威游行和“拥护世界和平理事会宣言”的和平签名运动，听取中国人民志愿军英模报告团报告后向机关、企事业单位干部、职工、中小学师生及附城的农民干部作宣传报告。

通过形式多样的宣传和报告会，极大地激发了全县城乡广大青年“抗美援朝、保家卫国”的强烈愿望，纷纷要求参加志愿军，投身抗美援朝运动。1951年，深入宣传抗美援潮运动，组织反对美帝武装、日本的示威。6月，大批热血青年应征参军，梅县举行万人大会，欢送500多名战士和青年参加中国人民志愿军奔赴抗美援朝前线。在抗美援朝战场上有113名梅县籍志愿军英勇牺牲。

在青年踊跃从军加入志愿军的同时，梅县还掀起捐献高潮，积极响应捐献运动，在县委的领导发动下，特别是发挥“抗援会”和梅县工会、妇联等部门积极性，在短时间内便发动群众自愿捐款，支援抗美援朝战争。梅县捐款捐物数量为兴梅地区之首，计捐飞机有梅县号、梅县工商业号、梅县华侨号等。

四、土地改革

土地改革是彻底废除封建剥削制度，打倒整个地主阶级的最硬的一场攻坚战，是彻底摧毁几千年封建统治的最后一块基石，是一次激烈而又复杂的社会革命。

根据兴梅地委的安排，全区土改运动分两批三个阶段进行，梅县是地区安排在第二批进行土改的县。梅县的土改于1951年5月开始，按照上级关于土改工作分阶段和先试点的要求，梅县于5月10日至13日，召开各区乡、各单位的主要干部会议，传达华南分局关于土改问题的决定，讨论梅县第一阶段的工作计划和步骤。14日，县委发出《关于广泛开展土改宣传的指示》，要求全党和全体干部必须立即动员起来，开展学习土改的政策和法令，宣传土改的总路线和总政策，以宣传土改为主，结合宣传抗美援朝、镇压反革命，把三者结合起来，不能独立和割开去宣传。随即，全县继续开展清匪反霸、退租退押运动（称“八字运动”）。

梅县开展土改试点工作，即开展“发动群众、划分阶级、分配土地、民主建政”的试点工作。9月，县委抽调1000多名干部组成工作队，以城南、城北两区35个乡和梅南、畲江两个区为试点，进行试点土改运动。运动中，县委在中共华南分局兴梅地委的直接领导和省土改团的具体指导下，各工作队严格执行《中华人民共和国土地改革法》和政务院关于划分农村阶级成分的决定，以及广东省土地改革实施办法等法律文件，采取发动群众、扎根串联、划分阶级、征收没收和分配土地财产分阶段的方法进行，开展试点工作。同时对参加土地改革的工作队员经过挑选和严格训练，规定严明的土地改革纪律，对违纪者及时给予严肃处理，从而保证了土地改革试点任务的完成。

1952年4月初，中南分局扩大会议认为广东土地改革存在的问题是土地改革中的“右倾”“和平土改”“基层组织严重不纯”。提出“土改压倒一切”，整顿土改队伍，依靠大军、依靠南下干部搞好土地改革等一系列新举措。

根据上级“整顿队伍，要雷厉风行，要数目数”，主要整顿四种人：违法乱纪的恶霸分子、贪污腐化分子、包庇地主分子、不法分子。纠正土地改革中的“右倾思想”，解决“队伍不纯”问题，进行整顿土改干部队伍工作，史称“春耕整队”，中共梅县县委进行“整顿土改干部队伍”为旨的“春耕整队”运动，采取了“左”的做法，不适当处理和开除了一批县、区干部和土改工作队员。1952年的“春耕整队”后，梅县的土改运动逐渐进入铺开阶段，此时，上级派来大批军队干部和南下干部充实土改工作队的领导，全县土地改革运动实际由上级党委和军队领导人直接指挥。县委主要领导人亲自深入运动的第一线，或调查研究或亲自抓点，土地改革运动很快形成“暴风骤雨”式的高潮。至1952年11月，全县15个区、150个乡基本完成土地改革各项任务。

根据《中华人民共和国土地改革法》、政务院《关于划分农村阶级成分的决定》等有关政策法令，全县划为地主成分的有2926户，富农1462户，占当时农村总户数的4.3%。土地改革是一场涉及社会基本制度的变革，中华人民共和国成立初期的客观情况，运动时间短，规模大等因素的影响使运动不可避免地存在一些问题。为检验土地改革成果，中央和华南分局部署了对土地改革工作的复查。1953年春，梅县进行土地改革复查工作（简称

“土改复查”）。做法上，开展查阶级、查民主团结、查生产发展状况。3月底，土改复查结束，纠正土地改革时侨户被错划为地主的963户，富农51户。在华侨总户数31720户中，由原划地主1740户占5.5%，降为777户占2.4%；富农由733户占2.3%，降为682户占2.1%。接着进行查田定产，民主建设。查田定产后，县人民政府颁发土地房产证、土地证，注明各农户所有土地、房产的面积及地址。至此，梅县长达两年的一场彻底改变封建土地所有制的土地改革运动全面结束。经过土地改革，废除了数千年来的封建土地所有制，实现“耕者有其田”，解放了农村生产力，为农业的社会主义改造创造了条件。

第二节　宣传社会主义建设、开展社会主义教育

一、中共八大精神在梅县宣传贯彻

1956年是中国国内外政治经济发生重大变化的一年。国际形势变化最为中国共产党所要正视的是苏共二十大上苏联领导人赫鲁晓夫做秘密报告批判斯大林，在国际上产生强烈反响，并因此东欧一些社会主义政局出现动荡，随着出现“波匈事件”等一系列事件，使国际共产主义大家庭开始出现严重对立。

国内的形势变化：全国大部分地区基本上完成了对个体农业、个体手工业和资本主义工商业的社会主义改造，建立了社会主义公有制。这标志着中国实现了由新民主主义向社会主义的过渡，进入了全面建设社会主义的历史新阶段。从1956年9月中共八届第一次会议召开至1966年5月，中国共产党领导全国人民开展对全面建设社会主义的探索。

为了全面总结中共七大以来革命和建设的经验教训，正确分析形势及存在的问题，制定在新的历史时期党和国家的根本任务和政策，中国共产党于1956年9月15日至27日在北京召开了第八次全国代表大会，这也是中华人民共和国成立后，成为执政党后召开的首次全国代表大会。中共八大分析了中国的阶级形势和国内矛盾，根据国内主要矛盾的变化，制定出一条新的建设社会主义的马克思主义政治路线。大会选举了新的中央委员会和选举了以毛泽东为主席，刘少奇、周恩来、朱德、陈云为副主席，邓小平为中央委员会总书记的领导核心。中共八大会议指出：社会主义制度在中国已基本建立起来，国内主要矛盾已经不再是无产阶级和资产阶级的矛盾，而是人民对于经济文化迅速发展的需要同当前经济文化不能满足人民需要的状况之间的矛盾。虽然还有阶级斗争，但其根本任务已经是在新的生产关系下保护和发展生产力。大会宣布大规模的阶级斗争已经过去，全党要集中精力发展生产，以满足人民物质文化生活的需要的科学论断。

广东省委对学习和贯彻中共八大会议精神极为重视，就在中共八大召开之日，省委即要求全省各级党委和全体党员干部以整风精神学习毛泽东的开幕词和大会相关文件。梅县县委遵照广东省委提出的贯彻中共八大会议精神的具体要求和要达到的目标，结合梅县实际开展宣传和教育工作，组织乡镇党员、干部学习八大文件，县委成立了八大文件学习办公室，重视在理论方面进行教育，加强对学习的领导，理论教员分别在县属机关、厂矿、企事业单位的干部、职工学习大会上作辅导发言，并指定专人分头下到农村基层上辅导课、

县属机关企事业单位分别编班分组，采用自学为主、辅导发言为辅、分组讨论与集中解答问题相结合的方法，使干部、职工从理论上理解三大改造基本完成以后，社会主义制度已在中国基本上建立起来。还必须为彻底完成社会主义改造、最后消灭剥削制度和继续肃清反革命残余势力而斗争，但国内主要矛盾已经不再是工人阶级和资产阶级的矛盾，而是人民对于经济文化发展的需要，同当前经济文化不能满足人民需要的状况之间的矛盾。全国人民主要的任务是集中力量发展社会生产力，实现国家工业化，逐步满足人们日益增长的物质和文化需要。从10月下旬开始，运用一切宣传载体，动员一切宣传力量，运用一切宣传工具，如用县委机关报《建设报》、梅县文工团、全体乡村教师当辅导员、读报员、讲解员，城镇有线广播等方式，在全县城乡开展大张旗鼓的宣传。梅县县委在宣传和贯彻中共八大会议精神是积极和富有时代特色的。

二、整风运动

全党整风运动是中共八大提出来的。联系到延安整风，毛泽东主席在中共八大开幕词中指出，现在许多同志中间仍然存在主观主义、官僚主义、宗派主义的思想和作风，不利于党的团结和党同人民的团结，必须大力克服这些严重缺点，才能把面前伟大的建设工作做好。

1957年3月6日至13日，中共中央在北京召开有党外人士参加的全国宣传工作会议，这次会议上（3月12日），毛泽东发表讲话，着重讲了知识分子问题、准备整风问题和加强党的思想工作问题，并宣布中共中央决定，党内准备在1957年开始整风，主要是整主观主义、官僚主义、宗派主义的不良作风。

4月27日，中共中央发出《关于整风运动的指示》，5月1日，《人民日报》公布中共中央的整风指示，全党整风运动正式开始。

1957年6月7日，按照省委、地委的部署，中共梅县县委决定开展整风运动，县委宣传部召开了农村宣传活动工作会议和三个座谈会；7月下旬，开展反右派斗争；9月初，按照中共中央批示，在全县开展社会主义教育运动（又称整风整社）；12月起开始，进行第二次反“地方主义”的斗争，可以说，梅县的整风运动实际是在民主整社、反右派斗争、反地方主义三种不同类型的专项运动中交叉中展开的。

1958年1月10日，印发《1957年农村宣传活动工作会议总结》，总结讲述了参加会议的人数有997人，除各乡基层党委宣传委员外，还包括了乡团委委员59人、党支部宣传委员36人、团支部书记318人、俱乐部主任89人、业余剧团团长46人、农村宣传及党团积极分子422人。县委宣传部做了两个报告，一个是一年来农村宣传活动的总结报告；另一个是统一思想，明确方向，迅速开展农业发展纲要大宣传，推动农业生产全面高潮的报告。这期间，还召开宣传委员、俱乐部主任及剧团团长、知识青年等三个座谈会，共提出意见2355条。据28个乡镇的统计，回去后准备建立乡宣教委员会21个、俱乐部171个，应该健全和巩固的俱乐部175个、新建业余剧团56个、健全和巩固业余剧团53个、成立走唱队361个、设立广播筒1178个、黑板报751处、读报组504处。

整个整风运动从1957年6月7日开始，至1958年5月结束。梅县的整风运动开局良好，民主整社良性发展，实现了稳定广大农民走农业合作化道路，办好高级社的初衷。

三、“大跃进”和人民公社化运动

1958年5月23日，中共八届二次会议在北京召开。

在这次全会上，制定了“鼓足干劲、力争上游、多快好省地建设社会主义”的总路线，并在这个过程中相继发动了“大跃进”和人民公社化运动，在当时称“三面红旗”。

党的总路线的产生与当时的社会政治经济背景有着密切的联系，从中华人民共和国成立到社会主义改造基本完成，“一五”计划的提前实现，短短几年内接踵而至的胜利使人们认为，中国富强的目标完全有可能在一个较短的时间内实现，对社会主义建设的长期性、艰巨性及客观规律认识不足，以为“大跃进”运动是迅速改变中国贫穷落后面貌、赶上发达国家的最好途径，以为人民公社是通往共产主义理想社会的最好组织形成。

根据中央和省、地委的部署，梅县的“大跃进”运动首先从农业开始。

1958年，召开中共梅县农村宣传工作会议，县委宣传部部长传达地委宣工会议报告。宣教工作，在党领导下是正确的，几年来做出了显著成绩，特别是在土地改革反封建斗争中，做出了很大的成绩，对于社会主义革命也做了不少的工作，尤其是1954年、1955年，配合党的革命运动，宣传总路线和合作化等方面做得很好。首先必须解决立场问题，必须站在党的立场、无产阶级的立场；其次，进一步解决宣传文教工作的唯物主义观点问题，当前文教工作的基本任务是宣传共产党，宣传党中央的方针、政策、路线，宣传马克思列宁主义，宣传毛主席思想，宣传梅县实现粮食亩产450公斤（1斤=0.5公斤）的重要意义，广泛宣传实现粮食亩产450公斤的技术措施，农业生产要搞三个革命：土地革命、耕作技术革命、工具革命。宣传开展反浪费，坚持勤俭建国、勤俭办社、勤俭持家，多快好省是建设社会主义的方针，宣传上山下乡的伟大意义。

在工业方面，1958年4月上旬，县委召开全县工业会议，部署全县工业“大跃进”。随后在梅县第三届人民代表大会第一次会议通过的决议中要求，苦战9个月，使全县地方工业总产值在1958年超过农业总产值的工业生产“大跃进”的计划。在中央北戴河政治局扩大会议（8月17日至23日）后，全国上下掀起“全民办钢铁”的高潮。1958年11月13日，梅县曾创下组织67850人上阵、日产钢铁1328.5吨“钢铁卫星”以及在丙村黄梅、梅西柱坑3万余人的夺煤大会战等系列“工业卫星”的记录。全民大办工业运动是中国在那个历史时期发展社会主义工业的探索和试验，违背了工业发展的规律，也违背了社会主义经济“稳步平衡”的发展规律。但当时中央提出的“发展中央工业和发展地方工业同时并举”的方针，对促进梅县地方工业的发展还是起了不小的作用。新建梅县农械厂、电机厂、磷肥厂、冶炼厂、松口水泥厂、通用机械厂，扩建梅县卷烟厂、松香厂、造纸厂等县级国营企业，为梅县的经济发展作出了巨大的贡献。

1958年8月17日至30日，中共中央在北戴河召开政治局扩大会议，通过了《中共中央关于在农村建立人民公社问题的决议》，认为：“人民公社是形势发展的必然趋势。”9月11日，广东省委根据中央的精神作出《关于在农村建立人民公社的决定》，指出人民公社较之农业社具有更大的优越性，是加速社会主义建设和过渡到共产主义的一种良好组织形式。决定对人民公社所有制的体制、劳动组织和管理、组织机构及建社做法等问题作出了规定，并提出全省建立 1000 个社，每个社 8000 户，实行乡社合一、一乡一社，并以县为单位组织联社。梅县的人民公社化运动，根据省委、汕头地委的部署，于 9 月 15 日建立起梅县第一个人民公社——红旗人民公社（后称南口公社）。此后全县迅速掀起高潮，至 11 月，全县实现“公社化”，把全县 24 个乡镇、680 个高级农业社改组为 11 个人民公社。并撤销乡、村建制，正式任命各人民公社社长、副社长，实行“政社合一”的人民公社体制。

1958 年 9 月 11 日，中共梅县县委书记在全县宣教干部扩大会上指出，要破除迷信，解放思想，力争上游。要求宣传工作群众化，标准是适合群众思想水平和思想要求；宣传工作实际化，唱山歌、表演都要说一个人或一件事，比如说一个生产队的禾苗长得高，炼铁炉上出了铁；宣传工作生动化，表演和唱山歌都要表达劳动人民的品质思想感情，梅县要山歌化。

1959 年 6 月 8 日，中共梅县委员会批转县委宣传部关于开展千斤水稻万斤甘薯丰产运动的宣传工作意见。县委根据上级党委提出的先进的、经过努力、可以完成的生产指标，力争实现当年粮食总产 8 亿斤（4 亿公斤）。

1962 年，宣传教育工作一是对农民和其他城乡群众的社会主义教育，进行形势教育、工农联盟教育，进行集体主义教育、前途教育、维护正常社会秩序和加强法制教育；宣传三级所有、以生产队为基础的人民公社优越性，继续高举人民公社的红旗，稳定农村生产关系，促进经济形势进一步好转；进行艰苦奋斗，发奋图强，自力更生，勤俭建国的教育。二是加强调查研究，注意工作方法，进一步贯彻实事求是，讲求实效的作风。三是加强广播宣传队伍的组织工作。

四、全县大规模的水利建设

梅县县委、县政府从解放之初便一直重视水利建设此项关乎群众民生的大计，在“大跃进”期间，广东全省范围内曾经连续掀起了三次（1957 冬至 1958 年春夏间、1958 年冬至 1959 年春夏间、1959 年至 1960 年春夏间）水利建设高潮。梅县全县水利建设在 1957 年冬至 1959 年春夏全省水利建设第一、二次高潮中取得了重大成就。

1958 年 12 月 25 日，梅县县委书记在文化宣传工作代表会议上，强调文化宣传工作的目的和方针，进行共产主义思想教育，改变人们的精神面貌，提高人民的文化水平。为政治、生产、中心工作，为工农兵服务是文化工作的方针。提出宣传鼓动最主要的是宣传人民公社的性质好处及发展前途，宣传搞好生产、修好水利，力争 1959 年全面工作的更大跃进。梅县县委书记讲述文化宣传工作的路线问题，提出工作任务，把梅县变成先进的文化县，夺取全省、全国的红旗。

在全民大办水利的同时，梅县还根据水力资源丰富的优势，进行农村电气化建设的有益探索。1958 年冬，广东省小水电现场会在梅县召开，与会者参观了西阳、松口、艾坝等水电站，看到了建设成效。

五、宣传贯彻调整、巩固、充实、提高“八字方针”

1961 年 1 月，中共八届九中全会决定对国民经济实行“调整、巩固、充实、提高”的方针（简称“八字方针”）。3月，制定《人民公社条例（草案）》（简称《六十条》）。县委主要领导张正甫、宋金英在参加中央工作会议（史称7000人大会）回来后，团结和带领县委一班人，坚决贯彻执行中央的指示、方针和条例，采取一系列措施，调动各方面的积极性，在全县开展生产自救、节约度荒，动员全县人民坚定地执行党调整国民经济的“八字方针”，为战胜困难而奋斗。

1961年5月9日，梅县对全县宣传理论教育工作进行总结。在宣传教育工作方面，坚持和宣传三面红旗，密切配合党的中心，大力开展以“60条”为中心的社会主义教育运动，从而使党的方针政策深入人心。全面认真地开展三支援的社会教育运动，使灾区人民认清形势，增强信心，战胜困难，奋发图强，迅速恢复生产，非灾区人民发挥共产主义精神，支援灾区和国家建设。对广大干部群众开展了集体道路前途教育，批判走单干、闹包产等错误思想行为，打击少数弃农就商的资本主义行为，从而使干部群众认识了集体道路的优越性，正确处理了国家、集体、个人三者的关系，提高了思想觉悟，坚定走集体化道路的信心和决心。在理论教育工作方面，通过中央“12条”政策的学习，干部进一步明确了社会主义和共产主义的界限，认识到社会主义社会是共产主义社会的初级阶段，是相互联系而又有区别的两个不同的阶段。通过“60条”政策的学习，广大干部进一步认识到人民公社是中国社会发展的必然产物，是中国人民的伟大创举。通过生产关系一定要适合生产力发展规律的学习，更加明确了生产队大包干的重大意义和好处，澄清了认为实行生产队基本核算是公社倒退的错误思想。通过按劳分配原则的学习，使广大干部明确了生产决定分配，分配又影响生产的辩证规律。

梅县形势迅速好转。在1961年年底开始走出困境的基础上，1962年全县人平口粮已恢复到每人每月31斤（15.5公斤），1963年起连续3年全县国民经济有新的发展。

六、开展社会主义教育运动

自从开展农业合作化运动以来，中共中央一直注重对广大人民群众进行社会主义教育。从1957年2月毛泽东提出要在农村开展大规模的社会主义教育运动至1966年“文化大革命”前的10年间，梅县的社会主义教育运动先后历经1957年结合“整风”运动而开展的农村“社教”与民主整社运动；1959年8月15日，发出关于立即开展大规模的社会主义、共产主义思想教育运动的意见；1963年至1964年在全县农村中开展“小四清”、城镇开展“五反”为主要内容的“社教”运动；1965年在“大四清”运动中开展“社教”与掀起全民大学“毛著”高潮为重要内容的教育工作。

梅县的“社教”运动从1963年8月上旬拉开帷幕。县委在8月4日至23日，历时20天，召开三级干部（县、公社、大队）1700多人参加的会议。会议后，县委决定从县直机关、企事业单位先后抽调1210名干部组成工作队，在梅江公社进行试点基础上，全县分四批（含试点公社）开展以清理账目、清理财物、清理工分、清理仓库为主要内容的“小四清”运动。

1963年，梅县宣传教育工作，一是围绕春耕备耕生产，进一步开展阶级斗争，两条道路斗争和巩固集体经济为中心，以打击投机倒把为内容的社会主义思想教育运动；二是围绕抗旱斗争和晚造生产运动，开展社会主义教育运动；三是开展以阶级和阶级斗争为纲的两条道路、两种思想斗争的社会主义教育运动；四是开展围剿资产阶级思想，进行取缔内容反动、淫秽荒涎图书和黄色唱片、画片、歌册的宣传教育。

县委原制定全县分四批、每批五个月时间的运动，后来根据省、地委对“四清”运动变化和部署调整，梅县的“小四清”试点和第一批 4 个公社结束后，于 1964 年 5 月下旬起，对其余 22 个公社（场）全面展开，全县“小四清”于 1964 年 10 月结束。

经国务院批准，1965 年 6 月 26 日，设置梅县专区，辖梅县、兴宁、五华、平远、蕉岭、大埔、丰顺 7 个县，梅县从此属梅县专区所属。按照省委、梅县地委统一部署，梅县的“四清”运动于 8 月上旬在全县铺开，组成了梅县“四清”工作团。

梅县“四清”工作团共有 4800 多人。“四清”运动内容从“小四清”的“清账目、仓库、财物、工分”改变为“清政治、清经济、清组织、清思想”（简称“大四清”），提出运动的重点是整“走资本主义道路的当权派”。运动步骤为“四个清”一齐搞，不具体划分时间、阶段，方法上：发动和依靠贫下中农；及早进行“三结合”（工作队、贫下中农代表、农村干部相结合），保证运动顺利开展；全县坚持把阶级斗争、生产斗争、科学实验“三大革命”一齐抓，促进生产发展，壮大集体经济；突出政治、大学毛泽东著作（简称“学毛著”），抓好整党建党，建章立制。在梅县“四清”工作团统一领导下，全县“四清”运动从 8 月上旬展开至 1966 年结束，经过“四清”，整顿了组织，严肃了党纪，挽救了干部。

梅县在开展社会主义教育运动中的一项重要内容就是学习毛主席著作，在“小四清”，机关“五反”乃至“大四清”整个“社教”运动的全过程，梅县各级党组织都以毛泽东思想统帅一切的高度，在运动中带领群众学习“老三篇”，学习雷锋、焦裕禄、白求恩、张思德精神，形成并不断推动全县“学毛著”的群众运动和学习热潮。

七、学习毛泽东思想群众运动

在全面建设社会主义时期，党的理论教育和理论宣传工作主要围绕社会主义经济建设、无产阶级专政、党的领导以及“防修反修”等问题进行，在全党全民中开展学习毛泽东思想，是理论学习和理论教育的最基本的内容。

1958 年，上级提出“在全党全民中开展以学习毛主席著作为中心的理论学习运动”，梅县县委宣传部集中力量抓这项工作，经过了组织发动、全面铺开、整顿提高三个阶段，把学习运动步步引向深入。一方面以党校、“红专”学校为基地举办毛泽东思想学习班，组织集体学习、分班分组讨论；另一方面各战线各单位组织在职学习，在规定学习时间里，由个人阅读原著或集体讨论领会文章精神实质。在理论学习骨干的带动和辅导下，从机关到基层，从城镇到农村，骨干带群众，群众促领导，上下一齐学，采用“讲”“学”“用”“写”四结合的学习方法，形成群众性学习毛泽东思想运动。社队一级干部普遍学习了《矛盾论》《实践论》《关于正确处理人民内部矛盾》等毛泽东著作。

60 年代初，县委宣传部继续组织开展学习毛泽东思想群众运动，主要内容是学习毛泽东关于三个方面的理论著作：（1）关于社会主义建设的理论；（2）关于党的领导和无产阶级专政的理论；（3）关于无产阶级世界观方法论的著作。要求结合工作生产实际，提高学习效果。通过检查，进一步推动了学习毛泽东思想群众运动的开展。

1960年2月25日，县委宣传部发出《关于开展毛泽东著作的学习运动几个问题的通知》。通知指出，采取老老实实的态度，强调认真读书，做刻苦踏实的深入钻研。从理论上进一步巩固整风运动的成果，并和当前的社会主义建设实践紧密地结合起来。4月30日，发出《关于学习纪念列宁诞辰90周年三篇文章的通知》。纪念列宁90周年诞辰的三篇文章分别是《列宁主义万岁》《沿着伟大列宁的道路前进》《在列宁的革命旗帜下团结起来》，文章精辟地阐述了列宁主义的主要内容和中国共产党对当前国际上重大问题的鲜明态度。7月23日，发出《学习毛主席以农业为基础的思想的意见》，提出学习毛主席论工农业关系问题的著作，学习政治经济学社会主义部分。10月21日，发出《关于迅速开展农村宣传文化工作和理论学习的意见》。提出宣传目前的大好形势；宣传以农业为基础，全党全民大办农业、大办粮食的重大意义；宣传增产节约、勤俭建国、勤俭持家、勤俭办一切事业的方针。大搞山歌合唱团活动，大搞读报活动，大搞土广播活动，大搞小型展览活动，大搞走唱活动、创作活动和理论学习活动。学习列宁主义文章、学习毛泽东选集第四卷、学习党的方针政策和经济措施。10月25日，发出《关于进一步把列宁主义万岁等三篇文章的学习运动引向深入的意见》。

1962年9月，毛泽东在中共八届十中全会上作了关于阶级、形势、矛盾和党内团结问题的报告，提出阶级斗争要"年年讲、月月讲、天天讲"。此后，干部、群众加强了有关无产阶级专政，特别是关于阶级、阶级矛盾、阶级斗争观点的理论学习。

1964年，梅县县委成立理论学习领导小组，加强对学习毛泽东思想群众运动的领导。县委宣传部制订新的学习计划，把学习毛泽东三篇著作的群众运动当作"头等大事"来抓，协同党校培训理论教员和辅导员；举办训练班培训骨干，全面开展学习毛泽东《纪念白求恩》《为人民服务》《愚公移山》等三篇著作。从此，梅县县委宣传部每年负责组织召开学习毛主席著作积极分子代表大会，表彰学习毛泽东思想的先进单位和积极分子，推动学习毛泽东思想的群众运动。

1965年，贯彻"广东省学习毛泽东著作积极分子经验交流会"精神，组织干部、群众继续学习毛泽东著作《矛盾论》《实践论》，提出"把学习毛主席著作摆在一切工作的首位"，出现了"全党重视、书记动手、领导抓、抓领导、从上而下、学习风气越来越浓"的局面。2月，梅县召开了学习"毛著"先进集体和积极分子代表大会，表彰先进，总结推广经验。是年冬，在县委和梅县"四清"工作团组织下，全县先后共组织100多名干部代表到博罗黄山洞参观学习当地"学毛著"的先进经验。

1966年，按照"四清"工作队的要求，每个生产队办起文化室和若干个宣传栏，在"突出政治"前提下，在全县开展"大寨式评工记分"新的劳动计酬模式。全民背诵毛主席语录，语录上墙，"三忠于""四无限"的标语铺天盖地。

这一时期的"学习毛主席著作群众运动"，对提高干部职工理论水平，改造世界观，改进工作方法、思想作风等方面，起了一定的作用。但"学习运动"是在党内"左"的指导思想的指导下进行的，为“左”的路线服务，“以阶级斗争为纲”的错误路线逐步取代了中共八大提出的以经济建设为中心的正确路线，因而在实践中越学越“左”，学习中形式主义、实用主义逐渐盛行，而且愈演愈烈，使学习毛泽东著作群众运动，偏离正常轨道，走向简单化、概念化、教条化的歧途。

第三节 十年“文化大革命”和拨乱反正

一、“文化大革命”

1966年至1976年，中国发生了长达10年之久的“文化大革命”。

1966年5月，中共中央政治局扩大会议和同年8月八届十一中全会的召开，分别通过了《五·一六通知》和《关于无产阶级文化大革命的决定》，是“文化大革命”全面发动的标志。

1968年4月，梅县革命委员会成立后，设置宣传机构。

1969年10月，成立县革委工组宣传办公室。组织各种各样的毛泽东思想宣传队、宣传员，开展“反修防修”“斗私批修”和普及毛泽东思想的群众运动。

70年代知青开展学习

田头地尾开展学习

1970年，梅县革命委员会提出“用毛主席哲学思想改造世界观，搞好人的思想革命化和科学化”。采取办学习班、单位组织集体学习和个人阅读等办法，掀起一次持续3年多的群众性学习毛泽东哲学思想活动。梅县县委和县革委在组织领导学习毛泽东哲学思想活动中，首先抓了自身的学习，成立学哲学中心组，县委、县革委全体领导成员参加学习。中心组制订学习计划，明确学习内容、任务和学习方法。中心组学习以自学为主，适当组织学习辅导和集体讨论，由个人写学习心得文章。宣传部门举办了各种类型“毛泽东思想学习班”，学习毛泽东哲学著作《矛盾论》《实践论》等。1970年，梅县地区举办了6期毛泽东哲学思想学习班，参加人数共 1613 人，其中，公社革委副主任以上干部 560 人；县属厂矿单位领导 480 人；中学革委副主任以上干部 120 人；县革委会各办（组）领导 33 人；地直机关、企事业单位负责人及其他干部 420 人。梅县县委和县革委派代表参加毛泽东哲学思想学习班。

1972 年，梅县县委派代表参加学习地革委宣传办公室与地革委“五·七”干校联合举办的 4 期领导干部毛泽东哲学思想学习班，学习班人数共 745 人，其中地区厂矿领导干部 93 人；县革委“四大组”及重点厂矿、场领导干部 348 人；公社革委副主任、中学革委主任 303 人。此外，还专门举办一期公社宣传委员“毛主席哲学思想学习班”，有 583 人参加了学习。

70 年代农民上夜校

1973 年 3 月，恢复梅县县委宣传部建制。之后，县委宣传部举办毛主席哲学思想学习班，为群众性学习培养了一大批学习理论骨干。除了组织干部学习毛泽东哲学著作外，还进行了一系列的理论学习活动，学习马克思列宁著作《反杜林论》《哥达纲领批判》《共产党宣言》及《政治经济学》中社会主义部分的有关章节和毛泽东的《我的一点意见》等理论著作。梅县县委宣传部领导和理论干部分别在机关科长以上干部学习大会及职工干部学习大会上作了辅导报告，推动了机关干部的理论学习。在学习毛泽东哲学思想活动中，农村以文化室和政治夜校为阵地上辅导课，组织干部群众学习。

1973 年至 1976 年 9 月，围绕“斗、批、改”，批修整风，普及样板戏，“批林批孔”“评法批儒”，学习“无产阶级专政下继续革命的理论”“反击右倾翻案风”等，组织一系列的学习、宣传和教育活动。“文化大革命”是在错误理论、错误方针指导下的错误实践，因此带来这一时期宣传工作中的严重失误。

尽管如此，梅县人民经受了严峻的考验，自觉或不觉地进行了纠“左”的努力。极力支持党中央关于对国民经济全面整顿的工作，并积极参加对极“左”错误的抵制和斗争。最后，终于迎来了粉碎江青反革命集团的胜利，结束了“文化大革命”这场灾难。

1981 年 6 月 27 日至 29 日，中共十一届六中全会一致通过的《中国共产党中央委员会关于建国以来党的若干历史问题的决议》指出：在中国，在人民民主专政的国家政权建立以后，尤其是社会主义改造基本完成、剥削阶级作为阶级已经消灭以后，虽然社会主义革命的任务还没有最后完成，但是革命的内容和方法已经同过去根本不同。对于党和国家机体中确实存在的某些阴暗面，当然需要作出恰当的估计并运用符合宪法、法律和党章的正确措施加以解决，但决不应该采取“文化大革命”的理论和方法。

二、揭批江青反革命集团和拨乱反正

丙村业余剧团演出《二梅看郎》

从1976年10月粉碎江青反革命集团到1978年年底中共十一届三中全会召开，是党和国家逐步扭转“文化大革命”造成的混乱局面，实现历史性转折，开辟社会主义事业发展新时期的重要阶段。这一阶段，梅县县委根据中央和省、地委的部署，领导全县人民深入开展揭批江青反革命集团和清查其帮派体系的运动，稳定政治局势；开展整党整风，纯洁党的队伍；开展真理标准问题的讨论，端正思想路线；落实党的政策，拨乱反正，调动社会各界投入社会主义建设事业、开创各项工作新局面的积极性。

在“文化大革命”中，文化、教育领域首当其冲，遭受严重破坏。“文化大革命”结束后，在邓小平的推动下，科技和教育领域的拨乱反正同时展开。文学艺术界也开始对所谓“文艺黑线专政论”的批判，推动了“百花齐放”方针的贯彻落实。在中央和各级各部门的共同努力下，科教文化等各项事业逐步恢复生机，得到逐步发展。

业余文艺队田头演出

1977年，革命文艺迎来了万紫千红的春天。梅县文艺工作者创作了《军长让马》《梅岭歌手喜迎春》《晨来寄深情》《状元桥畔木棉红》《苹果颂》等作品。梅县客家山歌是梅县人民喜闻乐见的传统文艺。通过贯彻落实党的文艺方针和政策，山歌改革、演唱、创作工作有了新的发展。全省在梅县召开山歌改革现场会议后，对梅县山歌改革、创作和演唱起到了推动作用。

1978年，县山歌剧团参加省专业文艺调演，受到表扬。县委在积极贯彻落实党的文艺方针、文艺政策的同时，相应地进行了文艺队伍的组织整顿工作，调整、充实了山歌剧团的演员队伍。是年，梅县重新恢复木偶剧团、博物馆，整顿健全了领导班子和建立了创作队伍；全县35个公社（镇）普遍建立了文化站，活跃了农村文化生活，促进了全县城乡文化事业的逐步繁荣和发展。

第二章　党员教育

第一节　社会主义改造时期的党员教育

中华人民共和国成立后，为适应社会主义建设的需要，有部分县委常委和科局级党员干部分别到中央省、地委党校培训学习，大部分党员则由县委分期分批组织培训。

1950年，按照上级部署，梅县在各级党组织开展以“增强革命意志，克服退坡思想”“加强革命纪律，反对贪污腐化”为中心的整风学习，组织全体党员学习中共中央有关文件和毛泽东著作《整顿党的作风》，联系实际，对照检查，开展批评与自我批评，进行党的思想教育和纪律教育。6月，县委抽调135名区乡干部集中学习，提高区乡干部的政治觉悟，树立全心全意为人民服务的思想，克服贪污腐化、退伍思想和官僚主义、脱离群众的不良倾向。7月，县委宣传部举办有县、区、乡领导干部以及党、政、军、工、青、妇、农等部门参加的党员干部整风学习班，进行党风、党纪的教育。

1953年，中共中央发出《关于干部理论教育的指示》，梅县按实际情况制订学习计划、学习制度，做到严格学习纪律，及时组织检查、总结经验。阅读文件、上辅导课、讨论、考试，都按学习计划进行，学习时间不得占用，移用要事先向宣传部报告，事后要补课。由于领导重视、方法对头、制度健全、干部队伍中学理论蔚然成风。

1953年下半年至1954年6月，县委先后举办两期轮训农村新党员的培训班和一期农村党员训练班，开设的课程有中共简史、党的基本知识、党的建设常识等等，对全县农村党员进行党的基本知识教育。

1954年，加强对党员进行党的知识教育，健全支部生活制度，支部规定每月上党课一次，加强思想教育，着眼中心工作。是年冬，根据中共华南分局《关于农村支部经常教育的决定》，县委宣传部认真抓了农村基层支部教育工作，对农村党员普遍进行了党的理论教育和思想教育，保证了党的路线、方针的贯彻执行。县委宣传部制订了农村支部教育工作计划，规定了基层支部教育的内容、做法和时间。县委宣传部指定两名干部为专职支部教员，送省、地级机关专门培训后，负责支部教育的组织工作，编写教材和检查、督促。县委宣传部先后举办县、区两级党员训练班，培训农村支部教育骨干，使各个农村支部的党课教育工作经常化、制度化。各党支部建立了党课制度，做到经常化、制度化的达60%。党课的内容是“党员八大条件”“党的章程”“党的作风”以及总路线、合作化方针、政策等。是年，梅县县委宣传部配合党的中心，为中心服务，展开对干部和群众的宣传教育工作，取得了一定的成绩。以互助合作为中心的春耕生产运动、县人代会的召开、宪法宣传、粮食宣传，提高了党员、干部、群众的社会主义觉悟。

1955年，县委组织、挑选支部兼职教员90人，对全县党员进行社会主义前途远景、党的政策、党的基本知识、党员八项条件的教育。

1956年，梅县对党员进行了一次普遍的党的理论和党的基本知识教育。县委宣传部在县、区分别举办支部教员训练班、党课辅导员训练班，以区为单位分班分级、分期分批对党员进行党的基本知识教育，课程内容有“怎样做一个共产党员”“党的基本知识”“党的斗争史”“党的理论常识”和“支部工作方法”等五个专题，广大党员经过学习教育，提高了觉悟，积极带领群众参加社会主义改造的各项活动。

开展理论教育活动一直坚持到1957年整党整风开始，有效地提高了广大党员、干部的马克思列宁主义理论水平，为过渡时期完成社会主义改造任务和进行社会主义建设奠定了坚实的思想基础。

第二节　全面建设社会主义时期的党员教育

1957年1月，县委始设党员训练班，由县委副书记兼主任，配专职副主任1人，理论教员若干人，组织党员分批进行学习轮训。

1958年5月，设立中共梅县县委党校，作为对党员进行马克思列宁主义教育的专门机构。与县委宣传部和县委组织部密切配合，围绕各个时期的中心任务，对党员进行形势、共产主义理想、党员标准和党性教育。县委宣传部联系实际编写教材，改进教学方法，提高了教育水平。至1964年，共举办党员训练班33期，参加学习的有7109人次。

1960年，梅县县委宣传部和县委组织部联合部署县、社、区党校举办党员训练班，对县属机关和基层单位的共产党员分期分批进行训练。内容有“党的纲领”“党的性质”“党的民主集中制”“党员的权利和义务”“党员的八大标准”等。

对农村、厂矿的党员教育，除了按规划由党校集中轮训外，从1960年起，县委宣传部部署各级党组织抓紧支部教育工作，健全支部党课制度。教育内容着重在健全党的生活、加强党的建设方面，同时结合各个时期党的中心任务，用毛泽东思想武装广大党员。梅县县委宣传部制订计划，编印《农村支部教育资料》，抓好试点，以点带面。1963年，梅县县委宣传部组织县社党员学习班和辅导员训练班，分期分批对党员进行一次普遍教育，内容有五个方面：（1）形势教育；（2）爱国主义教育；（3）党的方针、政策教育；（4）集体主义教育；（5）法纪教育。要求党员干部不准拜把结帮，不准包办婚姻，不准卜卦算命，不准拜神弄鬼，不准搞封建迷信和各种陋俗，不准参加会道门和宗派械斗等。用党的纪律约束和教育党员，使他们在破除迷信、树立新风方面起模范带头作用。

在开展农村党员教育的同时，还根据厂矿的特点，对工人党员进行党的基本知识教育。1964年，梅县县委宣传部拟订了《厂矿支部教育规划》或《厂矿支部教育的工作意见》，要求厂矿企业开展党员教育：（1）对党员进行系统的党章教育；（2）对党员进行形势教育和政策教育；（3）健全党课制度，进行党的基本知识教育。梅县主要厂矿企业单位连续三年普遍地进行了支部教育，建设了正常的党课教育制度。梅县矿务局宣传部还编写了矿山支部教育辅导材料，结合矿山党员思想实际，有针对性地进行教育，使广大工人党员增强了党性观念。

1965 年 6 月至 1969 年，由于“四清”运动及“文化大革命”的冲击，县党校停办。

1966 年“文化大革命”开始，无政府主义思潮泛滥，梅县各级党组织受到冲击，党员教育工作也处于无政府状态。

1970 年起，梅县各级党组织先后进行整党建党工作，党组织生活逐步恢复正常。10 月，党校复办。至 1977 年 6 月，共举办党员训练班 67 期，参加学习有 1.64 万人次。这一时期的学习教育，主要围绕阶级斗争、无产阶级专政条件下继续革命的问题和斗、批、改的任务，举办“整党建党学习班”“党员培训班”“学哲学读书班”等进行党员教育活动，在党员中灌输“左”的错误思想。由于指导思想的错误，给党员教育工作造成了严重的不良后果。

1976 年 10 月，粉碎江青反革命集团后，“文化大革命”宣告结束。

1977 年，县委认真贯彻中共中央《关于办好各级党校的决定》，清除“文化大革命”期间在党的理论建设方面造成的危害。

1978 年，全县深入开展揭批江青反革命集团的运动，稳定政治局势；开展整党整风，纯洁党的队伍；开展真理标准问题的讨论，端正思想路线。从秋季开始，在全县党员干部中广泛开展《实践是检验真理的唯一标准》问题的讨论，使全县党员受到一次马克思主义的教育。

第三章　改革开放前 29 年梅县宣传系统历任领导名录

第一节　中共梅县县委宣传部历任领导名录

一、1949 年 10 月至 1966 年 5 月历任部长

陈　华（连任至 1952 年 5 月）

叶　芬（1953 年 8 月至 1954 年 6 月）

董林贵（1954 年 6 月至 1955 年 4 月）

郭洪彬（1955 年 6 月至 1957 年 7 月）

罗田惠（1957 年 7 月至 1958 年 3 月）

胡　常（1958 年 3 月至 1959 年 3 月）

杨　庆（副部长，1959 年 3 月至 1960 年 1 月，无正职）

张　彦（1960 年 1 月至 11 月）

曾　光（副部长，1960 年 11 月至 1961 年 10 月，无正职）

谢英谦（1961 年 10 月至 1966 年 5 月连任）

二、1966 年 5 月至 1978 年 12 月历任部长

中共梅县县委宣传部（1966 年 5 月至 1978 年 12 月）

1968 年 3 月，中共梅县县革委政治部宣传小组，1969 年后成立县革委政工组宣教办公室，行使宣传部的职能，至 1973 年 3 月恢复中共梅县县委宣传部。

部长谢英谦（连任至 1966 年 11 月）

副部长杨淡钦（1973 年 3 月至 1978 年 10 月，无正职）

部长温仕谋（1978 年 11 月至 1978 年 12 月连任）

中共梅城镇委宣传部（1975 年 8 月至 1978 年 11 月）

1966 年 7 月，梅城人民公社升格为地、县双辖的梅城镇；1968 年 3 月至 8 月，各公社、镇成立革命委员会，梅城镇改为县直辖镇；1975 年 8 月，梅城镇又升格为地、县双辖的梅州镇。

中共梅州镇委宣传部长胡正品（1975 年 8 月至 1978 年 11 月）

中共梅县县委宣传部 1949 年 10 月至 1978 年 11 月历任正副部长一览表

表 2-2

任职时间	部长	副部长	备注
1949 年 10 月至 1952 年 5 月	陈　华	—	—
1953 年 8 月至 1954 年 6 月	叶　芬	—	—
1954 年 6 月至 1955 年 4 月	董林贵	陈望平	—
1955 年 6 月至 1957 年 7 月	郭洪彬	—	—
1957 年 7 月至 1958 年 3 月	罗田惠	杨海、廖戈、胡正品	—
1958 年 3 月至 1959 年 3 月	胡　常	杨庆	—
1959 年 3 月至 1960 年 1 月	—	杨庆（负责）、曾光、刘平珍	—
1960 年 1 月至 11 月	张　彦	刘平珍、曾光	—
1960 年 11 月至 1961 年 10 月	—	曾光（负责）、张云、胡正品	—
1961 年 10 月至 1966 年 11 月	谢英谦	柳育生、钟最生	—
1967 年至 1969 年 2 月	—	张云、杨海	县革委宣传办主任、副主任
1969 年 2 月至 1973 年 2 月	—	张云、杨海	—
1973 年 3 月至 1978 年 10 月	—	杨淡钦（负责）、张云、杨海	—
1978 年 11 月至连任	温仕谋	张云、杨淡钦、杨海	—

第二节　梅县文化局历史沿革和历任主要领导名录

一、梅县文化局历史沿革

1949年5月梅县解放，6月，县人民政府成立设文教科，统管文化教育事业。

1956年2月撤销文教科，分别成立文化科和教育科。

1958年5月文化科与教育科合并，成立文教局。同年12月，梅县与蕉岭合并，设文教卫生部，下设文化科。

1960年5月，蕉岭县分出，撤销文教卫生部，成立梅县文化局。

1966年10月，撤销文化局设文教办公室，下设文化组。

1968年12月，文化组改为毛泽东思想宣传站。后又并入县革命委员会政工组，在政工组属下，重设文化组。

1970年2月，文化与教育再度合并，成立文教局革命委员会，下设文化组。

1973年，复设文化局。

二、梅县文化局历任主要领导（1960年5月至1978年12月）

卢伟光（1949年10月至1953年3月），梅县文教科科长。

杨　林（1953年3月至1956年1月），梅县文教科科长。

陈秉铨（1958年5月至1958年12月），梅县文教局局长。

陈秉铨（1958年12月至1960年5月），梅县文教卫生部部长。

王惠清（1958年12月至1960年5月），梅县文教卫生部副部长。

汤明哲（1956年2月至1958年5月），梅县文化科副科长（无正职）。

罗毓芳（1960年5月至1963年4月），梅县文化局副局长（无正职）。

陈秀玉（1963年4月至1965年7月），梅县文化局代局长。

罗毓芳（1965年7月至1966年8月），梅县文化局副局长（无正职）。

王和忠（1969年1月至1970年4月），梅县毛泽东思想宣传站站长。

1970年2月，文化与教育再度合并，成立文教局革命委员会，下设文化组。

钟歆荣（1973年3月至1977年4月），梅县文化局局长。

杨　年（1977年4月至1978年4月），梅县文化局副局长（无正职）。

杨　年（1978年5月至1978年12月），梅县文化局局长。

第三节　梅县文学艺术界联合会沿革

梅县文学艺术界联合会（前称为梅县文学艺术工作者联合会），成立于1959年夏，会址设在东教场忠烈祠内（原为梅县山歌剧团团址，被拆建为梅县体育场观礼台），有会员100多人，首任主席陈秉铨（梅县人民政府副县长）兼任，配备专职干部（秘书）张梓法主持日常工作。下设文学创作、戏剧研究、音乐舞蹈和美术书法等组。在“文化大革命”

中受到冲击而停止活动。

第四节　梅县广播站历史沿革、设备和播音

一、历史沿革

1950年10月，梅县始建人民广播收音站，隶属梅县人民政府办公室领导，站址设梅城仲元西路考院前林家祠内，有收音员1人。

1951年1月，收音站更名为梅县有线广播站，人员由1人增至3人。

1953年，站址迁至仲元东路47号朱家祠内，隶属县委宣传部领导。

1956年夏，人员增至5人，并在松口建立第一个接力放大站。尔后，南口、梅南、畲江等23个公社（镇）先后建立农村有线广播站，每站配备专职人员1—3人。

1959年5月27日，中共梅县委员会批转中共梅县县委宣传部关于整顿健全公社广播事业的意见。提出四点要求：一是必须加强党对广播工作的领导；二是通过整顿应建立起一支强大的广播宣传队伍；三是不断提高广播工作人员的技术业务水平；四是在整顿巩固基础上，有重点的逐步建立生产大队广播站和消灭喇叭安装的空白点。

1961年，梅县广播站人员增至7人。

1962年年初，因整个广播网路不巩固，部分公社（镇）站广播人员不落实，加上当时国民经济又处在困难时期，致使大部分公社（镇）广播站停止广播。

1962年4月，县停止对农村广播，只保留梅城镇和附近郊区的广播线路。

1964年冬，对农村有线广播全面进行整顿，逐步恢复农村有线广播。到1966年6月，全县33个公社（场、镇）先后恢复、建立广播站，有27个大队建立广播室。全县390个大队，有362个大队（占92.8%）通了广播。其中，梅江、松口两个公社全面架设了从公社到生产队的广播专线。

1967年，梅县广播站改称梅县毛泽东思想广播站。

1969年，开通广播载波，解决了广播与电话不能同时使用的矛盾。

1971年，改称梅县人民广播站，工作人员增至13人。

1975年，邮电部门改用载波通话，为避免广播、电话混频，开始全面架设县城至各公社（场、镇）的广播专线。至1978年年底，全面实现广播干线专线化。

二、历任站长

1966—1969年，杨洁、张秉健、杨虎文（具体任职时间不详）。

1969—1973年，张梓生。

1973—1975年，张才生（负责人）。

1975—1978年，黄育巨。

三、设备

1. 网路、喇叭

1950年10月，县站初建时，只在梅城镇街道架设一线一地广播专线，分别在梅江桥、电影院，油罗街、南门、十字街、东教场、法院等主要街道和地方安装15瓦、25瓦高音喇叭共7只。

1956年后，在借用电话线路传输广播讯号的同时，有计划地架设广播专线。是年，全县共安装喇叭610个，其中乡政府、农业社有307个，达到乡乡社社有喇叭。

1958年年底，全县有梅南、畲江、丙村、三乡、瑶上、梅西等23个乡镇通了广播，共有喇叭4000多只、广播专线30多公里。

1959年6月20日，梅县出台《关于整顿巩固提高人民公社广播网的方案》，方案指出，公社站是公社党委的宣传机构，同时又是广播网的基层单位，具体任务是开展本公社的宣传鼓动工作，以政治为中心，为生产服务，联播中央台、省、县、站对农村广播节目，保证中央、省、地、县委指示的贯彻，活跃公社社员文化生活，负责规划本公社广播事业的发展和技术工作。

1962年年初，因整个广播网路不巩固，部分公社（镇）站广播人员不落实，加上当时国民经济又处在困难时期，致使大部分公社（镇）广播站停止广播。4月，县停止对农村广播，梅城附近郊区的广播线路，喇叭降至400多只。

1964年冬，对农村有线广播全面进行整顿。通过整顿，逐步恢复农村有线广播。到1966年6月，全县33个公社（场、镇）先后恢复、建立广播站，有27个大队建立广播室。全县390个大队，有362个大队（占92.8%）通了广播。喇叭发展到1.33万只，架设广播专线1032公里。其中梅江、松口两个公社全面架设了从公社到生产队的广播专线。

1969年，开通广播载波，解决了广播与电话不能同时使用的矛盾。全县有250瓦至500瓦扩大机11台、100瓦至150瓦扩大机27台，通播喇叭4万多只，专线2100多公里。

1975年，邮电部门改用载波通话，为避免广播、电话混频，开始全面架设县城至各公社（场、镇）的广播专线。至1978年年底，全面实现广播干线专线化。其中县城至公社双线传输广播信号278公里，单线传输广播信号5820公里，水泥广播杆路2690条；公社（场、镇）以下单线传输信号6570公里，水泥杆路920条。至此，全县391个大队和4522个生产队中有4402个生产队（占97.3%）接通广播，同时还建有小片广播297个；喇叭发展到6.4万只。形成以县站为中心、公社站为基础、普及村村队队、连接千家万户的专线传输有线广播网。

2. 机房

县站初建时，只有10多平方米旧机房，主要设备只有80瓦扩大机、50瓦扩大机各1台，输出功率130瓦；旧收音机2台、录音机1台、话筒2只。1956年后，陆续增加机房设备。至1965年，机房主要设备有500瓦扩大机2台、电唱机1台、远程转播机1台、菲力普录音机2台、话筒4只，机房面积扩大至20平方米。1970年秋，在原址扩建一幢200平方米两层楼房，机房增至24平方米，有增音室控制系统装置（包括中心播出控制台、总电源机柜、自动调压机、音频讯号发生器、载波发射机和配套使用的控制台、载波机等）和500瓦扩大机、275×2扩音机、录音机、电唱机等设备。

四、播音

1．播音时间

建站初，每天只在晚上播音1次，时间约90分钟。1953年开始，播音时间分早晨、上午、下午、晚上共4次，时间共约120分钟。是年春，因广播站人员下乡搞查田定产等中心工作，广播中断半年时间。1953年7月恢复广播后，播音时间逐步有所延长。1956年起，播音时间恢复至原来的每天4次，时间共约150分钟。1962年，因农村广播影响电话通话，而停止对农村广播，只保留城镇广播。1970年起，播音时间每天4次，中午增加1次，对城镇播音30分钟，全天播音时间达400分钟。

2．转播节目

建站初期，以转播中央和省台节目为主。1956年，转播中央和省文字、文艺节目约30分钟，占总播音时间的1/5。1965年后，转播节目时间约75分钟，占总播音时间的1/3。1971年后，转播节目时间80分钟左右，占总播音时间的1/3。尔后，自办节目增加，转播节目比重下降。

3．自办节目

建站初期，自办节目不固定。有本县新闻、报纸选播和教唱歌曲、民歌等文艺节目。1957年起，增设生活小知识、卫生知识专题讲座。1966年起，设自办新闻节目和文艺节目各一组。1975年5月起，开辟《理论学习广播讲座》《农业学大寨》等专题节目。同时，增加群众喜闻乐听的现场录音报道、讲话录音和对话等广播形式。

各乡、镇（公社）广播站从1975年起，自办节目，每天多的约60分钟，少的约30分钟，报道当地新闻和先进人物、生产经验、科技知识等。

第四章　文化文艺

第一节　文化设施和文化团体

一、文化设施

（一）文化馆

中华人民共和国成立后，梅县人民政府把民国梅县政府于1936年10月创设的民众教育馆收归接管。当时民众教育馆地址在梅县人民体育场东侧，下设教学、生计、艺术（兼总务）3组，开展图书借阅、文艺演出等活动。1953年5月，民众教育馆更名为文化馆，设城市、农村两组，工作人员10人。文化馆业务主要是辅导城市、农村群众文艺活动，编印演唱宣传资料，以及搜集民间文艺作品等。1957年至1966年间，馆址先后迁至梅城东湖路侧石牌楼教工之家、东较场内西侧忠烈祠、县人民政府内。1967年，迁回原址。是年，在礼堂两侧建造2座平房结构小展室，建筑面积共300平方米。尔后，又在馆内空地新建3层楼房1座，建筑面积1100平方米。1979年3月，设置县级的梅州市后，设梅州市文化馆于原梅县文化馆，梅县文化馆则迁至梅城仲元西路梅县工人文化宫二楼。

（二）工人文化宫

宫址设在西门原县总工会内，1952年2月筹建，1953年冬建成。其时有文艺、图书展览、音乐、美术等室和电影放映活动场所，星期六晚定期举行唱歌、跳舞等文艺晚会，重大节（假）日举办各种文艺活动。1957年"整风反右"及后来的"文化大革命"期间，文艺活动中断。1977年恢复正常活动。1979年后，逐步进行扩建，把原露天剧场改建为工人影剧院，建筑面积600多平方米，座位865个，有宣传走廊、橱窗、阅览室、乒乓球室、电子游戏室、桌球室等。经常举办各种文艺培训班，每逢春节、国庆等大节日，组织职工进行游园活动，"五一""六一"等节日组织工人、儿童举行文艺会演。工人文化宫是梅县工人业余文艺活动场所。

（三）青年文化宫

宫址设在人民体育场东侧县文化馆内。1955年冬，由共青团梅县委员会、梅县文化馆、梅县体育运动委员会动员全县团组织及县属各单位捐款、捐物建成。1956年春正式成立，有兼职管理干部1人，宫内设施有舞厅、阅览室、乒乓球室、康乐球室、羽毛球场、露天茶座等。1957年冬，因活动经费无固定来源而停止活动。

（四）区乡（镇）文化站（含文化中心、俱乐部）

中华人民共和国成立后，从1953年开始，各区、乡、镇陆续建立俱乐部和业余剧团（文艺宣传队）。1958年"大跃进"期间，各生产大队和生产队普遍建立文化室或俱乐部。1959年开始的国家三年困难期间，这些刚建立起来的文化室、俱乐部逐渐消失。"文化大革命"期间，许多公社、大队重新办起业余剧团（文工团）、宣传队、文化室、俱乐部。1976年，丙村、松口、隆文分别建立公社（镇）文化站，有8个公社（镇）建立文化中心、负责当地（片）农村、圩镇各项文化建设和文艺活动。

（五）图书馆（室）

中华人民共和国成立后，梅县图书馆于1950年9月恢复正常业务，每天到馆借阅书刊的近百人。此后，陆续增添设备和书刊，到馆借阅人数逐年增加。十年"文化大革命"期间，各级图书馆（室）受到严重破坏，藏书大量散失，曾一度停止开放。"文化大革命"结束后，图书馆得到发展，在原有馆舍、人员的基础上，增建两层钢筋水泥结构楼房，面积460平方米，分设书库阅览室、借书处和办公室，总藏书21万册。

1979年3月，梅州镇升格为梅州市后，原梅县图书馆改称为梅州市图书馆，梅县图书馆迁至华侨戏院内。随后，梅县在梅城西区月影塘建图书馆一座，1981年建成使用，占地面积3000平方米。

（六）博物馆

县博物馆成立于1959年，馆址原设东较场忠烈祠内，1962年6月撤销，馆内文物与人员并入县图书馆。1979年恢复博物馆，馆址设在县图书馆内。

（七）书店

1949年9月成立兴梅书店，时有干部、职工7人，店址设在梅城仲元路。1950年7月兴梅书店改为新华书店兴梅支店，直属新华书店华南总分店管理。

1952年11月，兴梅专区撤销，书店下放给梅县，改称梅县新华书店。1955年间，原私营新新书店纳入新华书店经销，改称新华书店经销店。随后新人书店、科学书店实行公私合营。1958年公私合营书店并入新华书店。1965年9月，梅县新华书店更名为梅县地区新华书店，归属梅县地区管理，1969年3月，梅县地区新华书店下放给梅县复名梅县新华书店。1972年1月，梅县新华书店又被梅县地区收回，复名梅县地区新华书店。

（八）电影公司

中华人民共和国成立后，电影事业逐步发展。50年代初，梅县仅有一部16毫米电影放映机，由兴梅文工团组成流动放映队下乡巡回放映。1952年10月，县人民政府拨款购买1部电影放映机，在梅县人民礼堂（现梅州电影院）放映影片。此时梅县有电影放映队2个。1953年3月，电影队归省统一管理，被编为广东省电影教育工作队第66队。同年10月，改为省电影放映队204队。1956年，省电影工作队下放给地方，由县文化科负责管理。1957年1月，发展到4个队。1958年，4个电影队分别下放到白渡、梅南、松源、梅西公社。1959年后，又有水车、白宫、南口等5个公社成立电影队。县成立电影放映分队，下分4个电影放映队。1958年11月，梅县电影队试制成功“梅江牌”放映机1部，受到广东省有关部门表扬。

1959年，随着电影事业的发展，县成立电影管理站，统一管理全县农村电影放映工作。1977年和1978年，县电影管理站连续两年被广东省有关部门评为先进单位。

（九）影剧场院

中华人民共和国成立后，新型影剧场所陆续兴建。

1．华侨戏院，1956年由华侨有息投资，在梅城民主路（原“高乐院”旧址）建造华侨戏院，1957年9月建成。全国妇联名誉主席何香凝亲笔为该院题“华侨戏院”院名，惜“文化大革命”时被毁。1967年改名为人民戏院。戏院建筑新颖，共有2027个座位，其中楼座558个，是梅县地区容量最大的影剧院，1977年开始陆续建有演员宿舍、化妆室、会议室、娱乐场、录像室、停车场和一幢四层楼的职工宿舍，是一座放电影、演戏、开会等多用的场所，先后接纳中央歌舞团、上海歌舞团以及部分省、市剧团演出。

2．梅州电影院，院址在梅城仲元东路。1950年由政府投资兴建，1953年建成使用，命名为梅县人民礼堂。1954年改名为人民电影院，1982年更名为梅州电影院，占地面积60平方米，有1466个座位，其中楼座228个。1978年由政府投资改建，装修门面，增加座位。

3．公园电影院，院址在梅县人民体育场东侧，前身是公园露天剧场，时场内有水泥预制长条板凳，可容1300人。

4. 松口影剧院，地点在松口镇。1957年，由华侨投资和国家贷款在原松声戏院旧址兴建，1958年5月建成使用。占地面积2000多平方米，座位1393个，其中楼座220个，是经营电影和戏剧的两用剧院。

5. 丙村影剧院院址在丙村镇。1958年5月由华侨投资兴建，1962年落成使用。占地面积2000平方米。座位1347个，其中楼座216个。1971年后，由地方财政陆续拨款装修门面，建造映房增建楼座，更换座椅。1978年，新建两层楼房职工宿舍1幢。

二、文化团体

（一）县文联所属社团。所属有文学创作、戏剧研究、音乐舞蹈、美术书法等4组，有会员100多人。

（二）民间艺术团。团址在梅县人民体育场侧（原忠烈祠）。起初，是1955年由文化馆组成业余文工队，1956年春改为半专业性质的歌舞团，1957年7月改为专业性质的民间艺术团，后转为梅县地区山歌剧团。

（三）梅县山歌剧团。成立于1958年8月，其前身是在梅县艺术学校基础上组织起来的业余山歌剧团。1962年8月经广东省文化局批准成立县一级专业性剧团。全团人数一般保持在40—50人。“文化大革命”期间，梅县山歌剧团与梅县文艺轻骑队合并，改称毛泽东思想文艺宣传队。1971年，复名梅县山歌剧团。剧团成立后，多次参加地区的文艺会演、调演。

（四）汉剧团。中华人民共和国成立初，兴梅文联成立汉剧实验剧团（业余）。1951年春将实验剧团改名为梅县艺光汉剧团，1953年春转为专业剧团。同年，松源区组建文光汉剧团（业余）。1956年，梅城镇政府把原有的业余汉剧研究会改组为光明汉剧团。同年4月，梅县艺光汉剧团上调汕头专区。1958年，梅城镇业余光明汉剧团与松源文光汉剧团合并为梅县汉剧团。1965年冬，梅县汉剧团与丰顺汉剧团合并，改组为梅县地区汉剧团。1966年冬，并入广东汉剧院，属省领导。

（五）木偶剧团。木偶剧团成立于1951年3月，是吸收中华人民共和国成立前的乐尧天、奏吉祥、荣华堂、富天彩、合一声、乐升平6个提线木偶老戏班中的艺人，以乐尧天戏班为基础建立起来的，命名为梅县民艺线剧团。团址设在梅城华侨戏院左侧。

梅县民艺线剧团成立后，应邀参加中央人民政府慰问团中南分团，深入大埔埔北、花窗下等老苏区演出。1952年春节，剧团部分团员到广州与苏联功勋艺术家奥布拉兹卓夫同台艺术交流演出，老艺人谢发表演了《化子进城》中的“弄蛇”“舞狮”等精彩节目，苏联专家观后甚为钦佩。同年4月，剧团团长谢发应中央文化部邀请，到北京参加“全国各地木偶、皮影戏交流大会”，博得全国各地木偶大师及罗马尼亚等7个国家的木偶艺术家称赞。

1955年冬，叶剑英元帅在广州接见全体团员，并观看了梅县民艺线剧团演出的《梁山伯与祝英台》剧目，还亲自到后台看望老艺人，并与伴奏人员坐在一条板凳拉琴弦，亲切交谈，寄语将梅县提线木偶戏世代相传下去。1956年改称梅县木偶汉剧团，转为国营剧团，参加全省木偶、皮影戏会演，荣获演出奖。“文化大革命”期间，木偶汉剧团被解散。1978年后重新恢复，命名“梅县木偶剧团”，全团人数20—25人。木偶剧团团址初设东教场竹篷戏院内，后迁至城北公社曾龙岗。

（六）**文艺轻骑队**。1965年8月成立，成员15人，是一支专业文艺队伍。建队后，全队人员在广州集训，接受专业文艺培训。1966年和1967年，两次被省调往广州文化公园为羊城群众演出。1968年因受“文化大革命”的冲击，队伍陷于瘫痪，1969年秋并入梅县山歌剧团。

除上述文化团体外还有一批由群众组织的民间文化团体。主要有新生剧艺社、梅县业余汉剧研究会、民间艺术团、梅城镇业余话剧团、业余文艺宣传队，松口、松源、丙村、畲江、三乡农村业余汉剧团、山歌剧团、艺术团、文艺创作组等。

第二节　文艺创作

文化之乡梅县，文人学者喜欢舞文弄墨，搞文学创作，郭沫若盛赞梅县“文物由来第一流”。

一、文学创作

中华人民共和国成立后，梅县的文学创作有很大发展，以短篇小说、小演唱、山歌为主体，开展群众性的创作活动。先后出版有《客家戏集》《客家山歌集》及《梅县俱乐部》《梅江文艺》《梅州文艺》《梅江歌声》等刊物。

1956年，《巧相逢》被省评为优秀剧目，获省会演一等奖，并由省华南人民出版社出版；业余作者陈丙华编写的山歌剧《闹公堂》，由广东人民文学出版社出版（单行本）。

1959年，举行全县业余文艺会演，各公社业余剧团均自编节目参加演出，其中畲江业余剧团自编的《探亲人》、梅西业余剧团自编的《花货郎》被评为县优秀演出奖。“文化大革命”期间，文艺作品大都打上“以阶级斗争为纲”烙印。

二、文艺创作队伍

1953年，县举办业余创作训练班，参加培训的有300多人。1954年冬，中共梅县县委宣传部首次召开全县群众文艺创作代表会，表扬和奖励曾宪眉、陈坤炬、陈大枫等30多名业余作者。此后全县各区分别成立业余创作组。1956年夏，成立梅县文学创作协会。1959年年初，全县有业余作者400多人。1965年，畲江业余创作组被广东省评为文艺先进单位。“文化大革命”期间，一些业余作者受到冲击和批判，原有业余创作组织大部分解体，创作活动相继停止。1976年以后，全县陆续重建业余文艺创作组，创作队伍逐步扩大。

三、文化名人和主要著作

黄药眠，译著《伊谚秋夫斯基译诗选》《沉思集》《英雄颂歌》《批判集》《朝鲜英雄的国度》《药眠散文集》等；

黄谷柳，著《渔港新事》《战友的爱》《接班人》《生命的呼唤》《七十二家房客》；

谢建弘，著《涵庐诗草》；

楼　栖，著《枫树林村第一朵花》《论郭沫若的诗》《杨林啊、杨林》等；

廖　振，著《血战圣公潭》《战斗的少年时代》《石头娃子》《送盐》《香蕉林的黎明》《战火迎春》《敌后少年军》《浪花歌》等；

任　钧，著《新中国万岁》《十人桥》；

程贤章，著《俏妹子》《贫协主席》《二婶办案》《烽火南天》《曙光在前》《樟田河传》《浪击飞舟》《欢笑的大地》《胭脂河》《小城之夜》等；

叶剑英，著《叶剑英诗词选》；

陈丙华，著《闹公堂》、《梁四珍与赵玉麟》（五句板）；

曾宪眉、陈丙华，合著《鱼鹰来归》；

汤明哲，著《山歌汤创作选》；

刘淦清，著《丰收之歌》《四张通知书》；

张国柱，著《双算命》；

黄莺谷，著《雨后夜耕》《双夏插曲》；

吴殿元，著《闹聘金》《黑板报集》《田野上的婚礼》《等》《探亲》《诀别》《闹》《悔》；

黄火兴，著《闹春耕》《客家山歌精选1900首》《公社铺云我下雨》；

叶　笛，著《水妹子》《考试》；

黄均康，著《矿山人》；

曾宪眉，著《十五贯》（五句板）、《王娇鸾与周延章》（五句板）；

陈衣谷，著《孟姜女》（五句板）；

中杰英，著《罗浮山血泪祭》《在地震的废墟上》《哥儿们折腾》《年关》《灰色王国的黎明》《吴老九和他的烦恼》。

第三节　戏剧　曲艺

一、戏剧

中华人民共和国成立后，梅县文化宣传部门积极贯彻党的“百花齐放，推陈出新”文艺方针，促进了戏剧、曲艺、民间文艺的革新和发展。50年代初，全县各乡镇、学校纷纷成立文工团、业余剧团、业余宣传队配合民主改革和土地改革运动，上演一批歌剧和话剧，主要有《赤叶河》《白毛女》《小二黑结婚》《刘胡兰》《血泪仇》《兄妹开荒》《姐妹献粮》等剧目。驻梅县的兴梅文艺工作团和兴梅军分区宣传队也先后在梅县城乡上演一批现代话剧和歌剧，并创作上演《花轿临门》《好夫妻》等山歌剧，开始把山歌搬上舞台。

1951年间，兴梅地区文学艺术工作者联合会把梅县原有的业余国乐社改组，分别成立专业性的梅县艺光汉剧团和梅县民艺线剧团。汉剧上演剧目主要有《闹严府》《梁四珍与赵玉麟》《高文举》《秦香莲》等，木偶剧目有《大闹天宫》《化子进城》等。

1954年2月，梅县举办中华人民共和国成立以来首次全县民间艺术会演，有13个代表团、923人参加。演出节目有舞龙、舞狮、鲫鱼穿花、打铙钹花、杯花、民乐独奏、武术、汉剧和木偶剧。是年冬，梅县成立业余文工队，有队员 40 人。1955 年春，文工队代表梅县出席粤东民间艺术会演。1956 年，成立县实验剧团（后改为民间艺术团，现梅州市山歌剧团），组织音乐工作者和民间老艺人，深入城乡搜集和挖掘客家地区的民间山歌、曲调等 70 多种、500 多首，先后编成《王贵与李香香》《打鸟》《巧相逢》等现代戏和山歌剧。其中，反映农村合作化的山歌剧《巧相逢》获得全省业余文艺会演优秀奖。1956 年，梅县文化科与梅县教育科联合举办音乐训练班（附设《戏剧》讲座）和农村俱乐部戏剧、舞蹈导演训练班，以提高群众艺术表演水平，参加训练的有 100 多人。

1958 年“大跃进”期间，在“左”的思想影响下，全县 36 个公社（场、镇）先后成立文工团，演出的节目不少沾上“浮夸风”。1966 年“文化大革命”开始后，梅县山歌剧团演出的《挽水西流》剧目，被认为是宣扬“封、资、修”的“黑货”，首先受到批判，作者亦遭到批斗。在“文化黑线专政”罪名高压下，专业剧团有的停止演出，有的被文艺宣传队所代替，“革命样板戏”独占全县舞台。1976 年“文化大革命”结束后，被解散的梅县木偶汉剧团于 1978 年得到恢复，被禁锢十年之久的一批传统节目重现舞台。

1954 年至 1977 年梅县各专业剧团创作剧目一览表

表 2-3

单位	剧名	剧种	创作时间	创作人	备注
艺光汉剧团	梁四珍与赵玉麟	古装汉剧	1954 年	刘兴集	1954 年参加汕头专区演出
梅县汉剧团	李二何	古装汉剧	1961 年	黄伟济 钟普光	—
梅县汉剧团	夏阿陋	古装汉剧	1961 年	黄伟济	—
梅县汉剧团	黄昏打五更	古装汉剧	1963 年	钟普光	—
梅县汉剧团	一树红花	古装汉剧	1964 年	钟普光	—
梅县木偶剧团	护情报	木偶剧	1983 年	黄秉增	1983 年参加地区木偶剧会演
梅县民间艺术团	一把酒壶	山歌剧	1958 年	陈富章 谢优华	—
梅县山歌剧团	雪里梅花	山歌剧	1962 年	陈衣谷	—
梅县山歌剧团	巧梅	山歌剧	1964 年	陈秉铨 陈衣谷	—
梅县山歌剧团	挽水西流	山歌剧	1964 年	陈衣谷 静　江 陈坤炬	—
梅县山歌剧团	山村风云	山歌剧	1964 年	周志成	—
梅县山歌剧团	阿六嫂	山歌剧	1964 年	陈坤炬	—
梅县山歌剧团	三姊妹	山歌剧	1963 年	陈坤炬 戴　冠	—

续表 2-3

单位	剧名	剧种	创作时间	创作人	备注
梅县文艺宣传队	接生路上	山歌剧	1969 年	李国强	—
梅县山歌剧团	丰收在望	山歌剧	1972 年	黄秉增	1970 年参加专区会演
梅县山歌剧团	大战虎牙山	山歌剧	1970 年	李树坚	—
梅县山歌剧团	贫下中农的心意	山歌剧	1970 年	戴　冠	—
梅县山歌剧团	人民勤务员	山歌剧	1970 年	廖　良	—
梅县山歌剧团	苦楝岗	山歌剧	1970 年	李树坚	—
梅县山歌剧团	盘龙滩	山歌剧	1973 年	李树坚 黄冬阳 黄秉增	—
梅县山歌剧团	红梅	山歌剧	1975 年	黄秉增	—
梅县山歌剧团	风雨之夜	山歌剧	1977 年	戴　冠	—
梅县山歌剧团	山花	山歌剧	1977 年	黄莺谷	1977 年参加地区会演 1978 年参加省比赛
梅县山歌剧团	进山	山歌剧	1977 年	李树坚	1977 年参加地区会演 1978 年参加省比赛
梅县山歌剧团	深山小店	山歌剧	1977 年	李树坚 黄秉增	1977 年参加地区会演 1978 年参加省会演

二、曲艺

（一）五句板。又名竹板歌、叫化歌。是梅县城乡广为流行的曲艺之一。中华人民共和国成立初，流散的职业五句板曲艺艺人不多，常出献艺者有胡满、谢添云等。1951 年后，县文化主管部门为发挥民间五句板曲艺艺人的作用，曾多次进行培训，帮助他们挖掘整理传统传本和改革唱腔。至 1956 年，共挖掘整理出《梁四珍与赵玉麟》《高文举》《梁山伯与祝英台》等 30 多本传本，唱腔从过去主要以平淡、低沉悲怨的曲调改进成为能表演喜怒哀乐不同情感的唱腔，表演形式从单一说唱发展至弹唱、表演唱、对唱、坐唱、小组唱等多种形式，并配乐器伴奏进行表演。演唱内容上也起了质的变化，新型的民间艺人，在继承传统的基础上，更新演唱内容，并提高演唱技巧。

1957 年后，农村的文艺宣传队、俱乐部、业余剧团，普遍运用五句板的演唱形式为党的中心工作开展宣传活动，既收到宣传效果，又活跃了群众文化生活。1959 年，县山歌剧团陈衣谷创作的歌颂革命烈士吕进娣五句板表演唱《万古留香》，深受群众喜爱。1976 年，曾宪眉、汤明哲创作的五句板弹唱《山村新风》，由汤明哲、罗小红代表广东省参加北京全国曲艺调演，并为到广州访问的新加坡总理李光耀演出，中央电视台还专门作了录像、录音广播和灌制唱片发行。1979 年，全县有中国曲艺协会广东分会会员 6 人。

（二）**猜调**。又名傀儡腔。中华人民共和国成立前梅县木偶戏著名艺人谢发在吸收民间小调精髓的基础上，根据木偶戏的特点创作而成的一种民间曲艺之一。其特点是咬词吐字清晰、喜怒哀乐、抑扬顿挫、驰骋自如。由于腔调富有浓郁的乡土韵味而流传民间。中华人民共和国成立后，“猜调”被农村业余文艺单位和专业文艺团体运用到舞台上。此外，还有“拆字歌”等曲调。

第四节　音乐　舞蹈

一、音乐

（一）汉乐

中华人民共和国成立后，汉乐仍流行民间。50年代，梅城成立有升平业余汉剧社、黄塘业余汉乐曲艺团；农村圩镇普遍有批汉乐爱好者演奏汉乐。梅县地方除流行汉乐外，还有庙堂音乐，即僧尼在礼佛、拜忏时唱的佛曲，音调低沉、悲凉。

（二）新音乐

中华人民共和国成立初期，革命歌曲《东方红》《没有共产党就没有新中国》《团结就是力量》《解放区的天》《解放军进行曲》《咱们工人有力量》等，深受人们喜爱，逢会必唱。1957年，县成立音乐创作组，进行音乐创作活动，创办《梅江歌声》专辑，先后把客家山歌、五句板、民间小调、猜调等记成简谱，发表在《专辑》上。同年，举办首届黄河大合唱演奏会，参加演唱的有200多人。“文化大革命”期间，宣扬“阶级斗争为纲”的歌曲语录歌占领着歌坛。1975年，梅县举办中小学校演唱革命歌曲比赛，有1000多人参加。

二、舞蹈

中华人民共和国成立初期，老解放区的“秧歌舞”“腰鼓舞”“金钱舞”及少数民族的“鄂伦春舞”“蒙古舞”“骑兵舞”等传入梅县。每当重大集会，机关团体和中小学校均组织“秧歌队”“腰鼓队”参加。1954年，县成立业余文工队，由戴冠改编的“织女穿花”舞蹈，参加粤东区民间艺术会演，获得好评。1956年，苏联式的“交谊舞”流行梅县，每逢星期六晚上，工人文化宫、青年文化宫和附城部分中学分别举办交谊舞会，参加活动人数多至1000余人。1959年，县成立艺术学校，设舞蹈班，排练演出“茶山歌舞”“采茶扑蝶”“红灯舞”“八女夸灯”“三毛钓鱼”等，为梅县培养了一批舞蹈骨干。“文化大革命”期间，所谓“三忠于”的“忠”字舞，曾一度享誉舞坛。

第五节　美术　摄影

梅县第一次解放后，于1949年6月，在民众教育馆（现文化馆）举办解放画展，展出作品有25件。1955年至1975年的20年间，先后举办漫画、版画、泥塑、照片、图片等展览10次，展出作品共300多件。

梅城泰康路设有青春照相店，各公社设有私营照相店，大多数拍摄结婚照、全家福、集体照、个人头像、毕业照等。

第六节　民间文学

中华人民共和国成立后，文化部门多次对反映现实生活的山歌、五句板及民间流传的神话、故事、名人轶事、地方传说、寓言、笑话等进行搜集整理。1959年，庆祝中华人民共和国成立10周年，出版有民间文学方面的故事、山歌专集。

一、民间歌谣

（一）山歌

梅县人民喜唱山歌，素有“山歌之乡”之称。山歌是客家文化的一部分，是劳动人民口头创作、口头唱诵的一种民歌。

客家山歌由来已久，随客家先民南迁而来。上承《诗经》之遗风，以“赋、比、兴”为主要表现手法，常用“重章叠句”和“比喻”“双关”等形式，每首4句，每句7字。第1、2、4句末押韵（多用平声韵），字句平仄也较讲究，以客家口语组词，通俗易懂，形象生动朗朗上口，富有浓厚的地方特色，在中国民间文学中独树一帜。

梅县山歌，按地区主要分为梅城山歌和松口山歌两种。前者流行于附城一带，后者以松口最有代表性。梅城山歌曲调高亢、刚健豪放，松口山歌柔润婉转、旋律悠扬、情意绵绵。内容上，大都包含爱情、婚姻、家庭、劝善、盼望、安慰、生活、戏谑等，但又以恋歌（情歌）为主。时有著名山歌手梁带英、饶金星和梅城的李清云等。

梅县山歌主要表现手法有：

1．双关

新打酒壶两面光，十人见到九人摸；人人都话系好锡，就怕唔知有铅（缘）么?（家方言“锡”与“惜”“铅”与“缘”同音）

2．比喻

明喻：

妹子生得系斯文，好比天上五彩云；五彩祥云盖天下，斯文妹子盖一村。

暗喻：

入山看见藤缠树，出山看见树缠藤；树死藤生缠到死，藤死树生死也缠。

借物比喻：

妹子生得凤凰身，眼角尖尖会割人；好比六月狗爪豆，唔曾浸净会魂（晕）人。

着袜唔知脚下暖，脱袜正知脚下寒；交情唔知情咁好，断情正知割心肝。

3．夸张

因为想妹想到晕，鹅卵石子当作春（蛋）；一日三餐端起饭，只晓噍来唔晓吞。

中华人民共和国成立后，梅县山歌进行了全面改革唱腔唱法，在保留原有客家山歌特色的基础上，借鉴和吸收外地民歌的精华，丰富了山歌的表现力。内容上，从表达爱情为主而转为以宣传社会主义革命和建设，宣传党的方针政策，歌颂新人新事、社会新风为主。活动形式由过去在高山僻壤的地方唱，发展到大庭广众中唱；由独唱、对唱发展到联唱、合唱、小演唱。歌手的社会地位也不断提高。1953 年，松口农民女歌手梁带英被华南歌舞团聘为教唱客家山歌教师，饶金星被人们誉为“山歌王”，当选为梅县一至四届政协委员。1956 年 6 月，山歌手李月娇以广东省代表队队员身份，到北京参加“全国第一届音乐周”会演演唱“梅县情歌”，受到毛泽东主席及党和国家领导人的亲切接见。1959 年秋，山歌手刘运清代表梅县山歌手到北京出席“全国民歌演唱会”，演唱梅县客家山歌，深受各界人士好评。“文化大革命”期间，山歌虽被诬为宣传“封、资、修”的产物，但由于它在人民群众中扎下深厚的根基，山歌活动一直没有停止过。“文化大革命”结束后，群众性的山歌活动更为活跃，多次在东较场举办山歌擂台演唱活动。

梅县客家情歌选录

1．引歌

梅县先日嘉应州，自古山歌唱风流；唱得忧愁随水去，唱得云开见日头。

客家山歌特出名，条条山歌有妹名；条条山歌有妹份，一条么妹唱唔成。

河唇洗衫刘三妹，借问阿哥奈（哪）里来?自古山歌从（松）口出，奈有山歌船载来?

梅县山歌远传扬，条条山歌情意长；句句唱出郎心事，声声唱出妹心肠。

2．爱慕

食尽生果唔当梨，看尽妹子唔当虞（你）；赤蘖打花千万朵，唔当蔷薇开一枝。

两个阿哥真热人，唔拣相貌单拣情；打开庵门看佛面，究竟那只正真神（诚）。

隔远听到妹歌声，唔知妹子有几靓；花边拿来石上跌，听你声音有八成。

新做大屋四四方，做了上堂做下堂；做了三间又两房，问妹爱廊唔爱廊（郎）。

书本落甑蒸（真）斯文，洋毡遮卵（蛋）盖一春（村）；碟子种菜园（缘）分浅，檀香落炉暗中焚（晕）。

3．恋情

石砌檐头唔使砖，重瓮老酒唔会酸；纸剪红花唔会谢，心愿交情唔会断。

新做书桌钉铜钉，死同死来生同生；还生两人共枕睡，死里两人共金罂。

生爱连来死爱连，生死连够一百年；那人九十七岁死，奈何桥上等三年。

两人相好出哩名，天大事情唔使惊；吊颈就爱共条树，生埋也爱共金罂。

生爱连来死爱连，官司打到衙门前；杀头好比风吹帽，坐监好比嬲花园。

4．离别

买梨莫买蜂咬梨，心中有病么人知；因为分梨（离）正亲切，谁知亲切转伤梨。

催人出门鸡乱啼，送人离别水东西；挽水西流想无法，从今不养五更鸡。

5．相思

阿哥走哩妹痛肠，三餐茶饭唔想尝；紧食烧茶肚紧渴，紧缅（想）亲哥紧痛肠。

手抓豆叶十二皮，一日想哥十二时；一月想哥三十日，年头想哥到年尾。

去年想妹想到今，哑子读书难发音；泥里竹笋暗着想，灯草落靛染（念）在心

6. 嘱咐

米筛筛米谷中心，嘱妹连郎爱真心；莫学米筛千只眼，爱学蜡烛一条心。

赤脚落田知浅深，奈有连郎唔真心；灯草拿来两头点，虽然各向共条心。

番豆紧老仁紧精，同妹紧久紧热情；八仙桌上放灯盏，嘱妹添油莫换心。

7. 拒爱

𠊎正有钱涯就穷，贫穷富贵话唔同；阿哥好比山阿鹊，无缘入𠊎画眉笼。

粗布难比点棉纱，赤蘖难比蔷薇花；阿妹难比哥才貌，唔敢同𠊎斯文侪。

铁打荷包口难开，洋石打火爱有煤（媒）；碗公食饭妹唔减（敢），冷水犀鸡梆唔来。

爱妹姻缘么咁该，一爱海水戽干来；二爱日头西边出，三爱月光跌下来。

8. 怨情

手拿槟榔两片开，跟到穷爷又穷娘；三十多岁么双对，钝刀破竹想唔开。

天井莳田厓么田，花钵种菜厓么园（缘）；哑子拿着单只筷，心想成双口难言。

入山砍竹做钓槟，心想鲢鱼（联你）真艰辛；竹在深山鱼在水，样得鱼（你）来近郎身。

（二）儿歌、童谣

1. 火炎（萤）虫

火炎虫，即即虫。屎背尾，吊灯笼。灯笼光，照四方，四方暗，跌落坎。坎下一枚针，捡来送观音。观音门前一丘禾，割倒三担过一箩，大个担唔起，细个担去背驼驼。

2. 禾毕子

禾毕子，啄哇哇。上桃树，啄桃花。桃花李花奔唔啄，莫来啄牛眼荔枝花。牛眼留来捌满子，荔枝留来转妹家。

3. 月光华华

月光华华，细妹泡茶，阿哥兜凳，大伯食茶。茶又香，酒又浓，食到大伯面绯红。

4. 月光光

月光光，秀才娘。骑白马，过莲塘。莲塘背，种韭菜。韭菜花，结亲家。亲家门口一口塘，养个鲤嘛八尺长，长个拿来煮酒食，短个拿来换姑娘，换个姑娘爱睡目，朝朝起来打矢忽（屁股）。

5. 蟾蜍罗

蟾蜍罗、咯咯咯，唔读书，么老婆。

6. 伯劳子

伯劳子，啄哇哇，有啄话别人，么啄话自家。

7. 细妹子

日头一出千条须，细妹上山割鲁箕，鲁箕割得多，家娘笑呵呵，鲁箕割得少，样样骂得倒。骂呀尽管骂，肚里想得化，无奈只怨爷娘（父母）穷，叫涯咁细嫁。

8. 勤俭姑娘

勤俭姑娘，鸡啼起床。梳头洗面，先煮茶汤。灶头锅尾，光光端端。煮好早饭，刚刚天光。洒水扫地，担水满缸。食撇早饭，洗净衣裳。上山捡柴，急急忙忙。淋蔬种菜，炖酒熬浆。纺纱织布，唔离间房。针头线尾，收集柜箱。唔说是非，唔敢荒唐。爱惜子女，如肝如肠。留心做米，么谷么糠。人来客到，细声商量。欢欢喜喜，捡出家常。鸡春鸭卵，豆豉酸姜。有柴有米，晓得留粮。粗茶淡饭，老实衣裳。担柴卖木，唔蓄私囊。唔偷唔窃，辛苦自当。唔怨丈夫，唔怨爷娘。此等妇女，正大贤良。人人说好，远近名扬。

二、故事

梅县区民间故事，有神话故事、幻想故事、俗语故事等，传扬广泛，富有客家文化特色，教育性和趣味性丰富。

人话蛇　窸窣蛇

客家人笑那些凡事不作调查研究而随声附和的人，就说他“人话蛇，窸窣蛇”。这句话有个来历——

从前，有几个人晚上在门口乘凉，月光朦胧，便没再点灯火。大家说说笑笑，好不热闹。正谈笑间，有个人起身去小便，忽然觉得脚下绊着一条又冷又滑的东西，便惊叫一声：“哎哟，蛇!”侧面一个人，连忙跳起来也惊叫道：“是蛇，刚才我还听到‘窸窣’声，（意为蛇游动的响声）！”又一个人也随声附和，添油加醋地说：“这里是有蛇的，前天三伯婆还说，她的小鸡仔被蛇吃了呢！”于是，大家慌作一团，都怕踩着蛇被咬了。有个人却不声不说，起身去点了一盏灯来，现场一照，哪里有什么蛇的影迹，原来是一条井桶绳索，又湿又滑。刚才的一场虚惊烟消云散。那个说踩了蛇的人很不好意思，而那些随声附和的人，却说起了风凉话来。这个说：“唉，我说窸窣声，是吓你的，这大门口哪里会有蛇呢!”另一个则说：“三伯婆的鸡仔是给老鹰叼去的吧，她说是被蛇吃了，我是想，也有可能吧，其实也没亲眼见到的。”那个去点灯火的人一听感到好笑极了，便对他们说：“你们呀，就惯随声附和，人话蛇，你就话窸窣蛇，上街喊打老鼠，下街就喊打了一条大老虎！都像你们这样，还有什么是非可分，还像什么世道！”说得那些人羞得不敢出声。

第七节　民间艺术

一、舞狮

舞狮，梅县人民逢年过节素有舞金狮的习惯，人们认为舞金狮能驱邪镇魔、保佑平安、吉祥如意。每当春节、元宵，各地均组织金狮队，到各村各户“参拜”或舞金狮。当金狮到来“参拜”时，户主燃放鞭炮，以示欢迎。金狮的舞法有两种，一种是单狮，另一种是双狮。舞单狮时，舞狮者和沙僧、猴子都要具有飞越一张或两张八仙桌的功夫，表演形式较为复杂，有“拜狮、出山、挖井、饮水、缠身、归山”等动作，并伴有客家“行锣、拳锣、紧板”等打击乐，有节奏地进行表演，最后以武术表演结束。舞双狮一般由 2 人组成，1 人擎狮头，1 人执狮尾，但也有由 4 人组成的，除 1 人擎狮头、1 人执狮尾外，有 1 人扮沙僧，1 人扮猴子。双狮多为“参神”，或在庆典会上表演，动作较为简单，有“参拜、弄狮、滚动、跳跃”等动作，伴随锣鼓等打击乐，有节奏地进行。中华人民共和国成立后，不单在传统节日舞金狮，而且在“五一”“八一”“十一”等重大节日和重大活动亦有舞狮表演。1954年，梅县举办首届“民间艺术节会演”，舞金狮被列为其中内容之一。

二、舞龙灯

春节、元宵期间，民间有舞龙灯活动。龙，是中华民族的象征，被民间视为吉祥物。舞龙一般在夜间进行。梅县的龙灯有分节龙和软腰龙两种，但以分节龙为多，1人持头，1人持龙尾，9人（或11人）持龙节（腰），1人持宝珠灯，2—4人擎鲤鱼灯。起舞时，引者舞动宝珠，和着粗犷的客家锣鼓节奏引“龙”抢“珠”，逗龙游舞，瑰丽壮观。

第八节　报刊通讯

一、报纸

《梅县农民报》《梅县建设报》《梅县日报》《梅县报》。

《梅县农民报》创刊1956年3月1日，是中共梅县委员会的机关报，廖戈任主编，社址在梅城东门路（今仲元东路）。3日刊，4开4版，第一版为要闻，农村版；第二版为经济版，以工交财贸为主；第三版为政文版，其中有党团、政法、文教、卫生、体育、文艺副刊等；第四版为事版。由梅县印刷厂承印，邮电局发行。发行量最初为6000份，后增至1万多份。1956年10月，《梅县农民报》更名为《梅县建设报》，罗伦任主编。1958年11月，梅县和蕉岭县合并，两县县报随之合并。1959年1月1日，改称为《梅县日报》，发行量增至2万多份。主编刘解珍、罗伦。1959年7月30日后，改名为《梅县报》，两日刊，先后由罗伦、曾光任主编，时有编辑2人、记者14人、总务1人、校对1人，共18人。社址由东门路迁到梅南路。1961年2月11日奉命停刊。

二、刊物

《梅县侨声》，1951年元月创刊，由梅县归国华侨联合会主办，是梅县地区历史较长的一份侨刊，社址设在梅城南门县侨联内。1956年因故停刊，1962年10月复刊，初为季刊，1964年改为双月刊。由刘宜应任社长，刘家祺、熊导祥、宋伯良、罗焕庭任副社长。“文化大革命”期间，再次停刊，1985年元旦复刊。《梅县侨声》出版有民间文学方面的故事、山歌专集等。

三、通讯报道

中华人民共和国成立初期，中共梅县县委宣传部设通讯干事1人（兼职），负责组织通讯报道工作。1956年4月，《梅县农民报》创刊后，发展业余通讯员（业余宣传员）100多人，为报刊写稿件，形成上下左右的通讯报道网络。1961年年初，中共梅县县委设专职新闻秘书1人，负责地方新闻的通讯报道工作。1968年3月，梅县革命委员会成立后，始设梅县通讯报道组，隶属梅县革命委员会政工组宣教办公室领导，有报道员5人，1970年增至13人。1973年5月，减至6人。

第三篇　改革开放40年宣传思想工作

（1978年12月至2018年12月）

改革开放40年来，梅县区宣传思想工作，在中共梅州市委宣传部的指导下、中共梅州市梅县区委的正确领导下和区政府的大力支持下，坚持以马克思列宁主义、毛泽东思想、邓小平理论、“三个代表”重要思想、科学发展观、习近平新时代中国特色社会主义思想统领全局，坚持守土有责、守土负责、守土尽责，围绕中心，服务大局，唱响主旋律，打好主动仗，以科学的理论武装人，以正确的舆论引导人，以高尚的精神塑造人，以优秀的作品鼓舞人，把全区党组织、党员干部和社会力量的注意力集中到发展先进生产力和先进文化，实现最广大人民群众根本利益上，坚持正确导向，不断总结新经验，适应新形势，探索新途径，形成既有统一意志，又有百花齐放、百家争鸣的可喜局面，为梅县区改革、发展、稳定提供强有力的思想保证、精神动力和舆论支持。

第一章　机构队伍

中共梅州市梅县区委宣传部，在改革开放前后，名称为中共梅县县委宣传部。1983年，梅县与梅州市（县级市）合并，设立为中共梅县市委宣传部；1988年，梅县市分设梅县和梅江区，中共梅县市委宣传部分设为中共梅县县委宣传部和中共梅州市梅江区委宣传部。中共梅县县委宣传部机构职能依原梅县市委宣传部的设置方式配置。设部长1人、副部长3人和秘书科、宣传科、理论科、党教科4个科室。此后，根据全县通讯报道的工作需要，增设新闻秘书人员，1993年后，新闻秘书划归县委办公室领导。2013年10月，经国务院批准，同意撤销梅县，设立梅州市梅县区，12月，梅州市梅县区正式挂牌成立，中共梅县县委宣传部更名为中共梅州市梅县区委宣传部（以下简称“区委宣传部”），机构设置不变。2014年后，区委宣传部机构队伍的设置随着工作职能变化和实际情况，相应作了调整和完善充实。

第一节　宣传机构

区委宣传部的内部设置机构遵循工作职能需要、与市委宣传部的内部设置机构对应和结合自身实际情况的原则，在不同时期设立科、组、股、办公室、中心。

一、机构沿革

1978年12月起，仍为中共梅县县委宣传部。

1979年，县委宣传部内设机构有秘书科、宣传科、理论科、党员教育科。

1983年6月，梅县与梅州市（县级）合并为梅州市（县级），10月改称梅县市（县级），中共梅县县委宣传部和中共梅州市委宣传部合并改称中共梅县市委宣传部。

1986年，梅县市编制委员会文件《关于下达党政群机关事业单位人员编制的通知》规定市委宣传部行政编制22人。

1988年3月，县区分设，梅县市委宣传部分设为梅县县委宣传部和梅江区委宣传部。梅县县委宣传部实行部长负责制。县、区分设后，梅县县委宣传部按原梅县市委宣传部的设置分为4个科室：秘书科、宣传科、理论科、党员教育科。

1989年，成立梅县精神文明建设委员会，县委宣传部设秘书科、宣传科、党教科、理论科、县精神文明建设委员会办公室（正局级、简称“县文明办”）。

1990年，成立梅县社会文化管理委员会、文物管理委员会，并相应设立办公室作为经常性的办事机构。

1992年，县委宣传部设秘书科、宣传科、党教科、理论科、县精神文明建设委员会办公室（归口本部管理）。年末本部共有干部18人、工人1人。

1997年4月，按照梅县机构编制委员会文件《关于印发〈中共梅县县委宣传部职能配置、内设机构和人员编制方案〉的通知》，人员编制和领导职数为：宣传部行政编制14名，其中部长1名、副部长2名，其中一名副部长兼文明办主任；机关后勤服务人员定事业编制1名；县精神文明建设办公室归口县委宣传部管理，定行政编制2名，其中专职副主任1名；县新闻秘书（现职2人）由宣传部划出，归县委办公室管理。

县委宣传部结合机构改革，调整内部机构，内设4个组（室），即办公室、理论组、宣传组、新闻出版办公室，县精神文明建设委员会办公室归口本部管理。年末共有干部13人、工人1人。

2002年，县委宣传部内设4个职能股（室）：办公室、宣传股、理论股、新闻出版办公室；归口管理1个：文明办（正科职）。在册干部16人。

2005年，根据《关于印发〈中共梅县县委宣传部职能配置、内设机构和人员编制规定〉的通知》规定，县委宣传部行政编制12名，事业编制1名。挂县社会主义精神文明建设委员会办公室牌子。文明办行政编制2名，其中主任1名（由宣传部副部长兼任）、副主任2名。

县委宣传部（包括县文明办）领导班子配备情况：共有行政编制内人员14名。有部长1名（副处级干部）、副部长6名（其中：1名副部长兼任文明办主任、1名副部长兼任文广新局局长和叶剑英纪念园管理局局长、1名副部长兼任广播电视台台长、1名副部长兼任文联主席），副主任2名。

2013年10月，经国务院批准，同意撤销梅县，设立梅州市梅县区，12月，梅州市梅县区正式挂牌成立，从此，中共梅县县委宣传部更名为中共梅州市梅县区委宣传部。

2015年，设立梅县区互联网新闻信息中心，为股级事业单位，编制3名。

2016年，设立梅县区社会科学界联合会办公室，为股级事业单位，编制3名。

2018年，区委宣传部有行政编制18名、工勤人员3名、事业编制9名，共30人。设部长1人、常务副部长1人、副部长2人。

二、主要职责

区委宣传部工作职责：

1. 负责规划、部署全区宣传思想文化工作，组织实施上级宣传部门和区委部署的宣传思想文化工作任务，协调指导全区宣传思想文化工作；

2. 负责组织、指导全区理论学习、理论宣传、理论研究和党员教育工作，组织开展思想教育活动，负责区委中心组理论学习工作，对全区各党委中心组理论学习进行规划、指导、培训、考核；

3. 负责引导梅县区社会舆论，指导、监督、管理和协调全区新闻宣传工作，对梅县区新闻媒体实施政治方向和方针政策的领导；

4. 负责全区对外宣传工作的总体规划，组织、协调、指导和管理全区对外宣传工作；

5. 负责网络新闻管理和监督工作，组织、协调网络文化建设与管理，以及网络舆论引导等工作；

6. 负责组织、协调全区精神文明建设工作；

7. 负责组织、协调全区大型文化活动，宏观指导、协调文化艺术工作、精神产品生产；

8. 承办区委和上级宣传部门交办的其他工作。

区委宣传部机构设置及职责：

办公室

与宣传系统党委办公室合署，加挂梅州市梅县区企业思想政治工作人员专业职务评定工作领导小组办公室牌子。

负责本部工作的综合、协调；负责本部的文秘和机关行政后勤管理工作；协助管理宣传文化发展专项资金，监督资金的使用；检查督促宣传文化经济政策的落实。会同区委组织部有关科室管理、考察区直文化艺术、新闻出版、广播电视和社科部门以及有关社会团体的领导干部和领导班子建设；按干部管理权限做好干部的提拔、任免、培养、使用和调配等业务工作；负责本部人事和离退休干部管理工作；负责本系统党务、纪检、工、青、妇等方面的工作；负责部署、组织企（事）业单位政工人员专业职务资格的评定、考核和培训工作。

理论股

加挂市讲师团梅县区教员组牌子。

协助区委开展全区意识形态工作；负责理论教育、理论研究、理论宣传和理论队伍建设方面的业务工作；负责拟定党员教育规划，组织编写党员教育教材，会同区委组织部有关科室做好基层党校的建设工作；负责与有关理论工作部门的联系；负责组织实施重大宣讲活动；为区委中心组学习提供服务，对全区基层党委（党组）中心组学习进行指导、督促、检查和考核；开展经常性的形势政策教育；抓好干部在职业余学习培训。

宣传文艺股

加挂区国防教育办公室牌子。

负责规划和指导全区新闻单位的舆论宣传工作；负责党的方针政策宣传、国际国内形势宣传和各项重大活动社会宣传的组织、协调；负责城乡群众思想教育工作的组织、协调；负责国防教育的组织、协调工作，组织全区性的国防教育活动；负责党的文艺方针政策的宣传贯彻，指导协调文化艺术创作生产；负责与文化艺术部门的业务联系；指导、协调文艺体制改革等方面的工作；组织协调一些重大文艺活动和群众文化活动的开展。

对外宣传小组办公室

加挂区政府新闻办公室、新闻出版办公室牌子。

负责协调、指导、组织对外宣传、政府新闻发布、外宣业务培训、外宣制品等方面的业务工作，研究提出本市对外宣传事业发展的总体规划，研究境外传媒动态，及时拟定梅县区重大问题对外宣传口径；会同有关部门做好港澳记者到本市采访的组织报批工作；协助省有关部门、会同区有关部门做好港澳艺员到本市演出，港澳台报刊在本市销售的管理工作；协助省委、市委外宣办做好梅县区网络新闻宣传的监管工作；负责与有关外宣、涉外工作部门的业务联系；负责全区对外宣传制品出境审批工作，检查督促全区对外宣传纪律的执行；负责办理申办报刊以及各类期刊小报、出版社、电台、电视台的审核工作；指导和检查督促音像制品发行、图书发行工作；会同有关部门抓好图书文化市场的管理工作；负责对全区各出版单位、各类印刷厂进行宏观指导和业务监督，负责与有关社会团体业务联系。

区精神文明建设委员会办公室

负责拟订精神文明建设规划并组织实施。指导、协调和检查督促全区性创建精神文明活动工作、道德教育、未成年人思想道德建设、志愿服务活动的落实；对精神文明建设的重大问题进行调查研究；抓好文明单位、文明村镇、文明社区、文明窗口和精神文明建设先进工作者的评选表彰工作。

区互联网新闻信息中心

负责组织收集网上热点问题，为区领导科学决策提供网络舆情信息服务；组织开展重大网络新闻宣传活动。

区社会科学界联合会办公室

梅县区社科联办公室全称为梅县区社会科学界联合会办公室，是区委宣传部下属股级公益一类事业单位。梅县区社会科学界联合会办公室的主要工作任务：负责全区新申报的社会科学学会、协会、研究会的资格审查和指导、协调工作；负责制订全区社会科学发展和学术研究的规划，拟定重大社科研究课题并组织实施等工作。

区宣传系统包括区委宣传部、区文化广电新闻出版局、区文化艺术界联合会、区广播电视台等部门，区委宣传部之外其他部分的机构、职能、历史沿革在后面有关章节中分述。

第二节 宣传队伍

梅县区的宣传队伍从最初的人员薄弱，逐步发展壮大。至2018年12月，区委宣传部、文联、文广新局（含图书馆、文化馆、博物馆、剧团）、广播电视台人员，以及镇（办事处、高管会）宣传委员、宣传干事、文化站、广播站人员共300多人。还有一批各类文艺学协会会员、非遗传承人、群众文艺人员。

一、1978年后中共梅州市梅县区委（包括原梅县市委、梅县县委）宣传部历任领导名录（1978年12月至2018年12月）

（一）中共梅县县委宣传部历任正、副部长一览表（1978年11月至1983年6月）

表3-1

任职时间	部 长	副部长
1978年12月至1980年1月	温仕谋	张云、杨淡钦、杨海
1980年3月至1983年6月	罗田惠	杨淡钦、杨海、李成宝

（二）中共梅州市委宣传部历任正、副部长一览表（1979年7月至1982年12月）

表3-2

任职时间	部 长	副部长	备 注
1979年7月至1980年10月	张 云	陈锡钏	原梅州市为正县级
1980年10月至1981年9月	张 云	陈锡钏、何善谦	
1981年9月至1981年12月	张 云	何善谦	
1981年12月至1982年12月	钟锦达	何善谦	

（三）中共梅县市委宣传部历任正、副部长一览表（1983年6月至1988年2月）

表3-3

任职时间	部 长	副部长	备 注
1983年6月至1985年4月	何善谦	吴敦芳、钟群恩、李成宝	梅县与梅州市合并，改称梅县市（1983年6月至1988年2月）
1985年4月至1986年2月	—	吴敦芳（负责）、钟群恩、李成宝	
1986年2月至1986年12月	李俊夫	吴敦芳、钟群恩	
1987年1月至1988年2月	李俊夫	丘颖章、张启成、吴敦芳、钟群恩	

（四）中共梅县县委宣传部历任正、副部长（1988年3月至2013年12月）

部　长：

李俊夫（1988年3月至1993年3月）

丘卫国（1993年3月至2001年6月）

卜勇祥（2001年6月至2003年5月）

丘瑞清（女，2003年5月至2004年6月）

廖接良（2004年10月至2006年9月）

郭碧玲（女，2006年9月至2011年9月）

涂戈峰（2011年9月至2013年12月）

副部长：

丘颖章（1988年3月至1990年8月）

丘卫国（1990年4月至1993年3月）

陈梅华（女，1993年2月至2004年12月，其中2004年6月至10月单位无正职，主要负责）

陈思杰（1994年9月至2004年7月）

黎志健（1997年11月至2012年2月）

张理昌（2004年11月至2013年12月）

黄庆达（2005年1月至2006年12月）

李钦奋（2005年1月至2013年12月）

张剑城（2005年10月至2012年4月）

赖启忠（2005年10月至2007年6月）

刘桂城（2007年6月至2011年12月）

曾令文（2007年9月至2013年4月）

谢英强（2012年4月至2013年12月）

张宝基（2012年4月至2013年12月）

钟辉雄（2013年2月至2013年12月）

（五）中共梅州市梅县区委宣传部历任正、副部长（2013年12月至2018年12月）

部　长：

涂戈峰（2013年12月至2018年12月）

常务副部长：

谢英强（2016年3月至2016年12月）

翁尚华（2017年8月至2018年12月）

副部长：

张理昌（2013年12月至2018年12月）

李钦奋（2013年12月至2018年12月）

谢英强（2013 年 12 月至 2016 年 3 月）
张宝基（2013 年 12 月至 2014 年 2 月）
钟辉雄（2013 年 12 月至 2014 年 3 月）
吴永生（2013 年 12 月至 2014 年 3 月）

二、梅县区（包括原梅县）宣传系统历任党委书记、副书记、委员、办公室主任

（一）中共梅州市梅县区宣传系统委员会历届领导成员

中共梅县宣传系统委员会　第一届　成立时间：2002 年 8 月

书　记　陈梅华（女，2002 年 8 月至 2004 年 12 月）
黎志健（2005 年 1 月至 2006 年 9 月）

副书记　翁尚华（2002 年 8 月至 2004 年 8 月）
李韫玉（女，2005 年 1 月至 2006 年 9 月）

委　员　谢筱惠（女，2002 年 8 月至 2006 年 9 月）
张剑城（2002 年 8 月至 2006 年 9 月）
肖建兰（女，2002 年 8 月至 2006 年 9 月）
黄庆达（2002 年 8 月至 2006 年 9 月）
叶　明（2002 年 8 月至 2006 年 9 月）

中共梅县宣传系统委员会　第二届　换届时间：2006 年 9 月 12 日

书　记　黎志健（2006 年 9 月至 2011 年 7 月）

副书记　李韫玉（女，2006 年 9 月至 2008 年 3 月）
张春兰（女，2009 年 10 月至 2011 年 7 月）

委　员　张剑城（2006 年 9 月至 2011 年 7 月）
赖启忠（2006 年 9 月至 2007 年 6 月）
刘桂城（2007 年 10 月至 2011 年 7 月）
曾令文（2009 年 6 月至 2011 年 7 月）
叶　玉（女，2006 年 9 月至 2011 年 7 月）

中共梅县宣传系统委员会　第三届　换届时间：2011 年 7 月 26 日

书　记　黎志健（2011 年 7 月至 2012 年 4 月）
张理昌（2012 年 5 月至 2016 年 6 月）

副书记　张春兰（女，2011 年 7 月至 2016 年 8 月）

委　员　张剑城（2011 年 7 月至 2012 年 4 月）
刘桂城（2011 年 7 月至 2011 年 12 月）
曾令文（2011 年 7 月至 2013 年 4 月）
李钦奋（2011 年 7 月至 2016 年 8 月）
李敏均（2011 年 7 月至 2012 年 12 月）
吴永生（2012 年 11 月至 2014 年 10 月）

谢英强（2012年11月至2016年8月）
钟辉雄（2013年6月至2016年8月）
张宝基（2013年12月至2014年2月）

中共梅州市梅县区宣传系统委员会　第四届　换届时间：2016年8月2日

书　记　涂戈峰（2016年6月至2017年11月）
翁尚华（2017年11月至2018年12月）

副书记　张春兰（女，2016年8月至2017年12月）
黄雄安（2017年12月至2018年12月）

委　员　涂戈峰（2017年11月至2018年12月）
张理昌（2016年8月至2018年12月）
钟辉雄（2016年8月至2018年12月）
廖峰松（2016年8月至2018年12月）
黄忠健（2016年8月至2018年12月）
张春兰（女，2017年12月至2018年12月）

（二）梅县区宣传系统党委办公室主任：

张春兰（女，2008年11月至2009年9月）
江启华（2015年9月至2016年7月）
廖惠英（女，2016年8月至2017年7月）
陈红霞（女，2017年7月至2018年12月，负责人）

三、梅县区纪委、监委派驻区委宣传部纪检监察组职责和人员

梅县区纪委、监委派驻纪检监察组在梅县区纪委监委坚强领导下，在所驻部门（含综合监督单位，下同）的大力支持下，围绕纪委“监督、执纪、问责”和监委“监督、调查、处置”的职责，扎实开展派驻工作，为全区宣传文化事业发展营造了风清气正的环境。

主要职责：

一是站在讲政治的高度，对驻在部门领导干部遵守政治纪律和政治规矩的情况进行全面监督；

二是围绕全面从严治党两个责任的要求，指导驻在部门扎实抓好党风廉政建设和反腐败工作，促进驻在部门进一步提升依法行政的能力及依规办事的水平，增强纪律规矩的意识；

三是对驻在部门贯彻落实上级部署的各项工作情况进行监督；

四是对驻在部门的党委（党组）会议议题中涉及中央八项规定精神和“四风”问题、“三重一大”事项、“三公经费”情况以及分析、研究、部署党廉工作等重要事项，积极建言献策；

五是负责审查驻在部门及综合监督单位内设机构、下属单位领导班子及其成员和股级

（含股级以下）干部违纪的案件；参与审查驻在部门领导班子及区管干部违纪案件；受理对驻在部门党组织和党员的检举、控告；对驻在部门各级领导班子履行党风廉政建设主体责任不力、造成严重后果的，提出问责建议。

人员：

组　长：王巧红（女）

成　员：古敬文、李荣强

四、梅县区（包括原梅县）文明办历任正、副主任

根据中国共产党广东省梅县组织史资料第一卷，1989 年 10 月设立中共梅县县委精神文明委员会和办公室，1990 年 4 月配备办公室主要领导。

梅县区精神文明建设委员会主任由区委主要领导兼任，副主任由区委常委、宣传部部长等区领导兼任、成员由区直局有关单位主要负责人组成，区精神文明建设委员会下设办公室（简称区文明办），主任（正科职）原则上由区委宣传部副部长兼任，正副主任 3 人列入区委宣传部的行政编制。

主　任：

叶演豪（1990 年 4 月至 1991 年 8 月）

丘卫国（1991 年 8 月至 1996 年 3 月）

陈梅华（女，1996 年 3 月至 2004 年 12 月）

黎志健（2005 年 1 月至 2012 年 4 月）

张宝基（2012 年 4 月至 2014 年 2 月）

李钦奋（2014 年 2 月至 2018 年 12 月）

副主任：

黎　明（1992 年 3 月至 1992 年 12 月）

王健如（1993 年 2 月至 1996 年 8 月）

李敏均（1997 年 11 月至 2004 年 2 月）

李秀招（女，2002 年 4 月至 2003 年 4 月）

张懿峰（2003 年 4 月至 2003 年 8 月）

李韫玉（女，2003 年 11 月至 2005 年 1 月）

叶　明（2005 年 1 月至 2009 年 9 月）

林标强（2005 年 10 月至 2016 年 4 月）

张　剑（2011 年 3 月至 2016 年 4 月）

黄雄安（2016 年 4 月至 2017 年 12 月）

蔡英红（女，2016 年 8 月至 2018 年 12 月）

房喻文（2017 年 12 月至 2018 年 12 月）

五、中共梅州市梅县区委（包括原梅县县委）宣传部内设机构历任负责人

（一）办公室主任：

谢筱惠（女，2002年8月至2004年4月）
叶　明（2004年4月至2007年2月）
叶　玉（女，2007年2月至2012年9月，2018年9月至2018年12月）
彭岳辉（2012年9月至2015年2月）
黄雄安（2015年3月至2016年4月）
陈坤荣（2016年5月至2017年9月，办公室负责人）
李远金（2017年9月至2018年9月，办公室负责人）

（二）理论股股长：

翁尚华（2002年8月至2004年8月）
余志明（2007年2月至2012年12月）
黄雄安（2012年12月至2015年3月）
江启华（2015年5月至2017年6月）
邓金珊（女，2017年3月至2018年12月）

（三）宣传文艺股股长：

张彦明（2002年8月至2004年4月）
李钦奋（2004年4月至2007年2月）
张　剑（2007年2月至2014年10月）
房喻文（2014年10月至2017年12月）

（四）新闻出版办公室主任：

钟　良（2002年8月至2005年1月）
温曼文（女，2005年4月至2007年2月）
伍剑锋（2007年2月至2008年7月）
蔡英红（女，2008年7月至2016年7月）

（五）对外宣传小组办公室主任：

江启华（2016年7月至2017年6月）

附：

1990年至1998年县委宣传部干部任职和人数情况

1990年年末，县委宣传部部长李俊夫（县委常委兼），副部长丘卫国，正局级新闻秘书温文瞻、李金水，秘书科副科长梁敦华，宣传科科长叶演豪（县文明办主任兼）、副科长黎明，党教科副科长钟启豪，理论科科长丘卫国（兼）、副科长陈梅华。共有干部17人，离休干部2人。

1991年年末，县委宣传部部长李俊夫（县委常委），副部长丘卫国（兼任县文明办主任），正局级新闻秘书温文瞻、李金水，秘书科科长梁敦华，宣传科科长叶演豪（10月调任文化局局长）、副科长黎明和张彦明，理论科科长丘卫国（兼）、副科长陈梅华，党教科副科长钟启豪（任副局级干部）。共有干部18人，离休干部2人。

1992年年末，县委宣传部部长李俊夫（县委常委兼）、副部长丘卫国，正局级新闻秘书温文瞻、李金水，秘书科科长梁敦华、副科长谢筱慧，宣传科科长黎明、副科长张彦明，理论科科长陈梅华，党教科副科长钟启豪，县文明办主任丘卫国（兼）、副主任黎明（兼）。共有干部18人，工人1人，离休干部2人。

1993年年末，县委宣传部部长丘卫国（县委常委兼）、副部长陈梅华和正局级新闻秘书温文瞻、李金水，秘书科科长梁敦华、副科长谢筱慧，宣传科科长王健如、副科长陈思杰，理论科科长陈梅华（兼）、副科长杨文宗，党教科科长张彦明、副科长钟启豪，县文明办主任丘卫国（兼）、副主任王健如（兼）。共有干部17人，工人2人，离休干部2人。

1994年年末，县委宣传部部长丘卫国（县委常委兼）、副部长陈梅华和陈思杰，正局级新闻秘书温文瞻、李金水，秘书科科长梁敦华、副科长谢筱慧，宣传科科长王健如、副科长朱迪光，理论科科长杨文宗，党教科科长张彦明、副科长钟启豪，县文明办主任丘卫国（兼）、副主任王健如（兼）。共有干部18人，工人1人，离休干部2人

1995年年末，县委宣传部部长丘卫国（县委常委兼）、副部长陈梅华和陈思杰，正局级新闻秘书温文瞻、李金水，秘书科科长梁敦华、副科长谢筱慧，宣传科科长王健如，理论科副科长翁尚华，党教科科长张彦明、副科长钟启豪和钟良，县文明办主任丘卫国（兼），副主任王健如（兼）。共有干部18人，工人1人，离休干部2人。

1996年年末，县委宣传部部长丘卫国、副部长陈梅华和陈思杰，正局级新闻秘书温文瞻、李金水，县文明办主任陈梅华（兼），秘书科科长梁敦华（任副局级）、副科长谢筱慧，宣传科副科长李敏均，理论科副科长翁尚华，党教科科长张彦明、副科长钟良。共有干部15人，工人1人，离休干部2人，退休干部2人。

1997年年末，县委宣传部部长丘卫国（县委常委兼），副部长陈梅华、黎志健、陈思杰，县文明办主任陈梅华（兼）、副主任李敏均，办公室主任谢筱慧，宣传组组长张彦明，新闻出版办公室主任钟良，理论组组长翁尚华。共有干部13人，工人1人，离休干部2人，退休干部2人。

1998年年末，县委宣传部部长丘卫国（县委常委兼），副部长陈梅华、黎志健、陈思杰（兼县文联主席），县文明办主任陈梅华（兼）、副主任李敏均，办公室主任谢筱慧、副主任叶明，宣传组组长张彦明、副组长梁志坚，新闻出版办公室主任钟良、副主任温曼文，理论组组长翁尚华。共有干部16人，工人1人，离休干部2人，退休干部2人。

六、梅县区互联网新闻信息中心人员

主　任：陈坤荣（2015年8月至2018年12月）

副主任：蓝晓华（2015年9月至2016年9月）

七、梅县区社会科学界联合会办公室

梅县区社会科学界联合会（简称区社科联）办公室于2016年成立，成立前所对应的工作由理论股落实。成立后，办公室设在宣传部，属事业编制，设主任、副主任各1名。

主　任：蓝晓华（2016年9月至2018年12月）

副主任：梁海燕（女，2017年8月至2018年12月）

八、新闻秘书

正科级新闻秘书：温文瞻（1986年至1997年）

李金水（1986年至1997年）

根据县编委会文件（梅机编字〔1997〕29号）精神，县新闻秘书（现职2人）由县委宣传部划出，归县委办公室管理。

九、各镇（高管会、办事处）宣传委员

宣传委员是各镇（办事处、高管会）负责实施宣传思想文化工作的领导者和组织者，每镇（办事处、高管会）设1名宣传委员（副科职），主要围绕区宣传系统各单位工作部署和当地工作要求开展宣传文化工作。各镇（办事处、高管会）根据工作需要，基本配备了宣传干事。

2018年12月各镇（高管会、办事处）宣传委员（包括宣传干事）一览表

表3-4

序号	乡　镇	宣传委员	宣传干事	序号	乡　镇	宣传委员	宣传干事
1	畲江	何概生	李细英	6	石坑	余文忠	—
2	梅南	陈剑彝	李　游	7	大坪	沈金山	张家富
3	水车	邹雨军	陈媚媚	8	程江	张爱民	吴冬梅
4	南口	林伟方	翁秀苹	9	雁洋	温永剑	—
5	梅西	曾鸿文	林　媚	10	丙村	何华胜	叶伟雄

续表 3-4

序号	乡　镇	宣传委员	宣传干事	序号	乡　镇	宣传委员	宣传干事
11	城东	房森伦	刘婷婷	16	隆文	柯　峰	—
12	石扇	邓时恩	彭府庭	17	松源	郑建华	叶　贞
13	白渡	曹立平	谢丽丹	18	新城办	陈雪芳	巫碧芹
14	松口	丘坤良	侯红娜	19	扶大高管会	温杰灵	李　智
15	桃尧	郑能湘	李唯唯	—	—	—	—

第二章　理论教育

梅县开展党的理论教育和宣传，经过 1978 年开展真理标准的讨论，反对“两个凡是”，拨乱反正，重新回到马克思主义的正确轨道上。40 年来，围绕和服务于党的基本路线和基本纲领，开展党的理论、路线、政策、知识的学习教育，组织党员、干部、群众学习马克思列宁主义、毛泽东思想和中国特色社会主义理论体系，组织和开展理论教育报告会、工作研讨、学习交流、竞赛活动等，把人们的意志统一到经济建设这个中心上，创造出团结奋进搞建设、一心一意谋发展的良好氛围，促进理论教育取得实效，为梅县经济和社会发展提供思想保障和智力支持。

第一节　理论学习

梅县区重视全区党员干部的理论学习，紧紧围绕学习党的路线、方针、政策和纲领，抓好区委理论学习中心组及各级党委理论学习中心组理论学习，区委宣传部积极提供理论学习辅导，为广大干部群众提供理论学习帮助，服务于中心工作，使理论学习成为全区党员干部提高党的理论水平、提升党性修养的主要途径，助力全区各项事业的发展。

一、区委中心组理论学习

区委理论学习中心组开展理论学习是加强思想政治建设的重要实践，是提高科学决策水平的有效途径，是发挥领导干部带头作用，推动干部理论学习深入开展的重要保证。区委理论学习中心组是由区委、区人大、区政府、区政协、区纪委全体领导和区法院院长、区检察院检察长组成，年初制定计划，年中按计划开展集中学习，年底集体和个人总结，坚持与个人自学相结合，重点学习党的重大会议精神、党的路线、方针、政策、上级的各种文件和会议精神，努力创建学习型党组织，统一全区领导干部认识，提高思想政治素质，带动和实现各级党组织学习的不断升级和广大党员干部知识结构的不断改善，最终达到全区各级党员干部的思想政治理论素质的提升。

1978年5月，《光明日报》发表《实践是检验真理的唯一标准》的评论员文章，从根本理论上否定了“两个凡是”（凡是毛主席作出的决策，我们都坚决维护；凡是毛主席的指示，我们都始终不渝地遵循）的错误观点。是月，《南方日报》转载了《实践是检验真理的唯一标准》一文。9月，全省开展了真理标准问题的大讨论。梅县各级领导和党员干部认真组织学习和讨论，县宣传部理论干部在学习中心组作了辅导发言。真理标准大讨论是一场伟大的思想解放运动，它冲破了“两个凡是”的禁区，砸碎了极“左”思想的牢笼，为思想插上了解放的翅膀。县领导充分认识到，解放思想是马克思主义的灵魂和精髓，是党的思想路线的本质要求，是应对前进道路上各种新情况新问题、不断探索发展新路径的法宝。

光明日報
GUANG MING RIBAO
华主席给金主席的感谢电
满载朝鲜人民对中国人民的深情厚谊
华主席离平壤回国金主席到车站热烈欢送
金主席向华主席赠送礼品
实践是检验真理的唯一标准

《光明日报》刊登《实践是检验真理的唯一标准》（1978年5月）

下半年，县领导从个人自学马克思列宁主义哲学著作入手，坚持集中进行专题讨论。

12月，召开中共十一届三中全会，全会重新确立了党的思想路线、政治路线和组织路线，实现了指导思想上的拨乱反正，开始了建设社会主义的新探索。26日，《南方日报》刊登《中共广东省委关于认真学习党的十一届三中全会公报的通知》，县领导班子认真组织学习中共十一届三中全会精神，统一思想认识，转变工作思维。

南方日報
NANFANG RIBAO　第10520号　1978年12月26日　星期二
中共广东省委
关于认真学习党的十一届三中全会公报的通知
（一九七八年十二月二十四日）

《南方日报》刊登《中共广东省委关于认真学习中共十一届三中全会公报的通知》（1978年12月26日）

1979年至1980年，继续学习贯彻中共十一届三中全会精神，提高领导对经济建设和改革开放重要性和紧迫性的认识。

1981年6月，中共十一届六中全会审议和通过了《关于建国以来党的若干历史问题的决议》（以下简称《决议》），梅县县委开展学习、宣传、贯彻工作。

1984年春，按照上级要求，党政机关干部学习马克思列宁主义，开展正规化理论教育。

1985年3月，中共中央作出《关于科学技术体制改革的决定》。决定指出，现代科学技术是新的社会生产力中最活跃和决定性的因素，全党必须高度重视并充分发挥科学技术的巨大作用。同时规定了当前科学技术体制改革的主要任务。领导班子通过学习，增强对重视和抓好科学技术工作的信心和决心。

1986年初，梅县市委理论学习中心组恢复正常的学习制度，各位成员重视抓自身的学习，重点学习中共三中全会以来的路线、方针、政策和关于全国“七五”计划的两个文件，市委宣传部根据两个文件精神，编写了《“六五”计划执行情况的回顾》《“七五”时期的基本任务和建设方针》《“七五”时期经济体制改革的主要任务和必须进一步明确的认识问题》《坚持独立自主的和平外交政策》4个专题学习辅导材料。同时，一级抓一级加强对干部正规化理论教育的领导。

1987年10月，中共十三大召开，梅县市领导学习中共十三大精神。学习领会主要精神：大会中心任务是加快和深化改革，改革开放是振兴中国的唯一出路，是人心所向，是大势所趋，不可逆转。报告第一次系统地阐述了社会主义初级阶段的理论，并指出中国目前正处在社会主义的初级阶段，这个论断有两层含义：第一，中国社会已经是社会主义社会，必须坚持社会主义；第二，中国的社会主义还处在初级阶段，一切工作都必须从这个实际出发，而不能超越这个阶段。报告明确提出了党在社会主义初级阶段的基本路线是：领导和团结各族人民，以经济建设为中心，坚持四项基本原则，坚持改革开放，自力更生，艰苦创业，为把中国建设成为富强、民主、文明的社会主义现代化国家而奋斗。概括地说就是“一个中心，两个基本点”，即以经济建设为中心，坚持四项基本原则，坚持改革开放。

1988年至1989年，在继续学习中共十三大文件精神的基础上，围绕党的基本路线教育，主要组织学习马克思主义哲学基本理论，如《哲学》《政治经济学》《建设有中国特色社会主义简明教程》《科学社会主义》《近现代史简明教程》。对县委干部实行分期集中学习和考试检查。1988年3月，撤销梅县市，分设梅县和梅江区。

1990年至1991年，全年围绕学习中共十三届七中全会精神、社会主义理论、党史党建理论等专题开展学习，进行哲学原著的学习，学习《哲学常识通俗读本》。通过自学原著，掌握马克思主义基本原理，并写出学习心得体会文章。

1992年，按上级的统一部署，建立健全党委学习中心组制度，重点宣传、学习、贯彻中共十四大精神，重点学习邓小平南方谈话精神，提高对“社会主义的本质是解放生产力，发展生产力，消灭剥削，消除两极分化，最终达到共同富裕”的认识和理解。

1993年，学习《邓小平文选》和中共十四届三中全会精神。11月，中共十四届三中全会在北京召开，全会通过了《中共中央关于建立社会主义市场经济体制若干问题的决定》。全会指出，社会主义市场经济体制是同社会主义基本制度结合在一起的。建立社会主义市场经济体制，就是要使市场在国家宏观调控下对资源配置起基础性作用。要进一步转换国有企业经营机制，建立适应市场经济要求，产权清晰、权责明确、政企分开、管理科学的现代企业制度。中共十四届三中全会，社会主义市场经济体制的基本框架构建成型。中心组认真学习，并对全县范围农村社会主义思想教育进行总结。

1994年，梅县县委中心学习组成员分期分批参加省、市委党校学习《邓小平文选》第三卷培训班。在此基础上，坚持在职学习制度，重点学习什么是市场经济、如何建立现代企业制度、科学技术在市场经济发展中的重要作用、市场经济发展的国际化趋势5个专题和中共十四届三中全会、四中全会文件。

1995年，县委中心组24名领导干部按照要求，通读了《邓小平文选》一至三卷和《爱国主义教育实施纲要》，对重点篇章，特别是纲要前3个专题进行反复研读，结合十四届三中、四中、五中全会精神和梅县的实际，开展讨论，并分别写出心得体会。

1996年，县委中心组重点研读《邓小平文选》和《邓小平建设有中国特色社会主义理论学习纲要》。1月，县委中心组的学习情况汇报材料和县委书记撰写的学习体会文章在梅州市委召开的县（处）级领导干部学习汇报会上做了发言和书面交流。县委书记还撰写《速度与效益并重，发展山区经济》等3篇体会文章，分别发表在《支部生活》《广东宣传》和《梅州日报》等报刊上。

1997年，县委中心组深入学习中共十四届五中、六中全会，全国人大八届五次会议和中央、省经济工作会议精神。9月，中共十五大召开，江泽民总书记作了《高举邓小平理论伟大旗帜，把建设有中国特色社会主义事业全面推向二十一世纪》的报告，明确提出和使用了邓小平理论的科学概念。进一步阐明了邓小平理论是马克思主义在中国发展的新阶段，并且把邓小平理论确立为党的指导思想，明确写进了党章。中共十五大召开后，县委下发了《中共梅县县委关于认真学习宣传中共十五大精神的意见》，并从时间、内容、要求等方面作了具体详细的部署，县委中心组开展学习中共十五大精神，学习邓小平理论，撰写学习心得体会文章。

1998年，江泽民总书记提出关于深入学习邓小平理论的指示精神，县委发出贯彻中央、省、市委关于在全党深入学习邓小平理论的通知的意见，开展县委中心组的理论学习，认真学习邓小平理论，在县委的带动下，在全县党员、干部中掀起学习邓小平理论的新高潮。

1999年，县委提出全县各级党委（党组）中心组要学好4个专题，县委中心组围绕这4个专题开展学习：一是学习邓小平关于社会主义市场经济和金融问题的论述，掌握社会主义市场经济的基本理论和现代金融知识，提高对经济工作的领导水平；二是学习邓小平关于党的建设理论，深入开展“三讲”教育，加强班子思想政治建设；三是学习邓小平关于政治体制改革理论，搞好政府机构改革；四是学习邓小平关于社会主义本质和社会主义发展道路的理论，总结中华人民共和国成立50周年的历史经验。县委中心组全年集中学习5场次。中心组成员集中学习与个人自学相结合，认真学习党的理论、金融知识、法律法规、经济建设等，县委中心组严格按照县委制定的“五有”要求（有计划、有重点、有记录、有写心得体会、有检查考核）进行，县委中心组27位成员共撰写文章35篇。

2000年，梅县严格按照《中共中央组织部、中共中央宣传部关于建立县级以上党政领导干部理论学习考核制度的若干意见》和《中共广东省委办公厅转发〈关于市厅党委（党组）中心组理论学习检查考核的实施意见〉的通知》的要求，完善各项学习制度，重点抓好考核制度的落实，加强干部的理论学习制度和考核制度建设，建立健全学习考核制度，把学习作为领导班子民主生活会检查的重点项目，作为干部考察和公务员考核的重要内容。2月，江泽民总书记在视察广东时提出“三个代表”重要思想，之后，县委高度重视，首先发出了《关于认真组织学习贯彻江泽民总书记“三个代表”重要思想的通知》，把“三个代表”重要思想作为全年党员干部学习的重要内容，并按“三个代表”重要思想的要求，解放思想，实事求是，解决好新形势下遇到的各种矛盾和问题，励精图治，开拓创新，推动梅县两个文明建设的发展。县领导带头学习贯彻“三个代表”重要思想，县委领导班子进行专题学习会，认真学习江泽民总书记关于“三个代表”重要思想，以立党之本、执政之基、力量之源的高度，深刻领会“三个代表”重要思想，并以“三个代表”重要思想作为梅县各级党组织工作的行动指南，紧紧抓住经济建设这个中心，增创经济发展新优势，加快全县改革和发展步伐，推动两个文明建设的协调发展。12月，县委中心组接受了市委检查组两年一度的检查考核，达到97分的优秀档次。

2001年，重点学习“三个代表”重要思想。7月1日，江泽民总书记在庆祝中国共产党成立80周年大会上发表讲话，系统阐述了“三个代表”重要思想的基本内涵和精神实质，提出了不断增强党的阶级基础和扩大党的群众基础的执政党建设新思路，作出了中国改革开放以来出现的新社会阶层是中国特色社会主义建设者的重要论断，提出促进人的全面发展是建设社会主义新社会的本质要求。县委组织中心组成员在县委常委会议室收听收看了江泽民总书记在庆祝建党80周年大会上所作的讲话。庆祝大会结束后，县委立即召开由中心组长、县委书记主持的学习江泽民总书记重要讲话座谈会。座谈会上，与会人员都联系各自分管的工作谈了体会和感受。中心组组长、县委书记说：“江泽民总书记的重要讲话，给我们上了一堂生动的社会主义、爱国主义、党的发展史教育课，很受启发，深受鼓舞。”县委书记强调要求，要把全县各级广大党员干部、群众的思想和行动高度集中起来，统一到江泽民总书记“七一”重要讲话的精神上来，把讲话精神贯彻落实到具体行动中，努力做到“三个更加”：一是更加坚定跟党走的信念；二是更加积极实践好“三个代表”重要思想；三是更加坚定梅县到2010年在全市率先基本实现现代化的决心和信心。县委中心组全年重点学习“三个代表”重要思想、思想政治工作知识、法律法规、金融知识、经济建设知识、加入WTO理论知识等，全年集中学习8场次，每人撰写学习心得体会文章2篇以上。

2002年，继续开展“三个代表”重要思想教育活动，深刻领会“三个代表”重要思想的精神实质。11月，中共十六大召开，这次大会确立了“三个代表”重要思想的指导地位，提出用20年时间全面建设小康社会的具体目标。12月4日至6日，县委组织县五套班子领导成员和县直单位、各镇党委主要负责人到县党校参加远程教育学习课，收看了广东省学习中共十六大精神报告会实况，报告会结束后，县委书记对大家提出了三点要求：认真学习，做学习十六大精神的带头人；大力宣传，做十六大精神的宣讲员；理论联系实际贯彻落实，做十六大精神的忠实执行者。随后，县委发出《关于认真学习贯彻党的十六大精神的通知》，作出全县学习贯彻十六大精神的整体部署。

2003年，县委中心组严格按照上级的要求，认真拟订学习计划，扎扎实实地开展专题辅导学习，全年共集中学习12场，起到“龙头”作用，促进县直各单位党员干部的理论学习。10月，中共十六届三中全会在北京召开，会议审议通过了《中共中央关于完善社会主义市场经济体制若干问题的决定》，提出按照统筹城乡发展、统筹区域发展、统筹经济社会发展、统筹人与自然和谐发展、统筹国内发展和对外开放（简称“五个统筹”）的要求，更大程度地发挥市场在资源配置中的基础性作用。中心组认真组织学习“五个统筹”

内容，充分认识发展要兼顾全局、要科学发展、要发挥市场在资源配置中的基础性作用。

2004年，县委学习中心组严格按照上级要求，结合梅县实际，制订学习计划，开展专题学习辅导。9月，中共十六届四中全会召开，首次提出了构建社会主义和谐社会的历史任务，提出："我们所要建设的社会主义和谐社会，应该是民主法治、公平正义、诚信友爱、充满活力、安定有序、人与自然和谐相处的社会。"县委中心组开展学习，提出加强梅县和谐社会建设工作要求。县委中心组全年学习做到"五有"：有计划，有重点，有记录，有心得体会，有检查考核。年终开展自查和检查工作，对每个领导干部的学习笔记、学习情况和心得体会文章进行检查，然后做好建档工作。全年共集中学习12场。县委宣传部做好县委中心组秘书工作，以及拟订学习计划、准备学习资料、完善县委中心组理论学习的建档等工作。

2005年，制订《2005年县委中心组理论学习计划》，做好县委中心组集中学习的笔记。全年县委理论学习中心组共组织集中学习14次。转发省委宣传部《关于我省县级以上党委（党组）中心组学习〈建立健全教育、制度、监督并重的惩治和预防腐败体系实施纲要〉的意见》，县委组织中心组成员开展学习领会、贯彻执行。10月，中共十六届五中全会召开，提出把构建社会主义和谐社会确定为贯彻落实科学发展观必须抓好的一项重大任务，并提出了工作要求和政策措施，县领导班子开展学习，领会全会精神。全年征订《党委热点面对面》《形势政策宣传教育》等书籍1000多本，发至县委中心组成员及基层党委中心组，保证理论学习有教材、有效果。全年学习上级规定的7个专题内容，共集中学习14次，理论学习主要突出一个核心，做到三个结合，即把学习"三个代表"重要思想作为县委中心组学习的核心内容，把学习贯彻中央、省、市重大决策，树立科学发展观，同构建和谐梅县结合起来，把学习坚持立党为公、执政为民，同始终保持共产党员先进性结合起来，把学习加强党的领导班子建设，同提高党的执政能力建设结合起来。县委中心组学习后，以电视新闻、学习简报等形式向下级党委（党组）中心组通报了县委中心组学习的情况，引导和推动了全县基层中心组的学习。是年，着手建立一个县委学习中心组学习网页，把一些重大理论、领导讲话、重要言论、学习资料、学习体会等学习动态及时在梅县党建网上进行宣传。县委中心组坚持理论联系实际，加大了理论调研的力度，本年度，县委中心组成员共完成调研论文80多篇，共发表理论文章25篇，其中有不少文章具有较高的理论深度和实际指导意义。注重学习成果转化工作，把学习成果转化为发展的新思路和各项措施。例如：通过学习"立党为公、执政为民"的论述，制定了一系列推进服务新政府建设的规则和措施。设置了办事大厅，方便了办事的群众。全面贯彻落实市委、市政府加快实施"四个梅州"发展战略的决策部署，坚持以科学发展观统领经济社会发展的全局，以发展壮大县域经济为重点，主攻工业、城镇、农业、旅游、文化"五大亮点"，有效地推动了全县经济社会的和谐协调发展。经市委检查考核，2004—2005年度被评为优秀等次。

2006年，县委中心组组织了13场的中心组专题集中学习，学习《江泽民文选》、"建设社会主义新农村"等专题，组织县委中心组全体成员和部分基层党委中心组的成员到花都区、三水区等地考察学习。县委中心组组长的文章《抓好中心组学习，提高理论指导实践能力》在《梅州宣传》上发表，县委宣传部部长的文章在《广东宣传》上发表。中心组其他成员的体会文章先后在《梅县宣传》中刊登。10月，中共十六届六中全会召开，全会作出《关于构建社会主义和谐社会若干重大问题的决定》。县委中心组认真学习社会主义和谐社会的性质及其定位、构建社会主义和谐社会的指导思想、奋斗目标和主要任务以及必须遵循的正确原则、部署五个方面的工作。

2007年，学习《胡锦涛总书记“6·25”重要讲话》《中共广东省第十次党代会精神》《践行“崇商重企”理念，促进经济又好又快发展》等，传达学习省委汪洋书记在省委十届二次全会上的讲话精神，观看《底线失守的代价》《贪途末路》等反腐倡廉电教片。10月，中共十七大召开，县委中心组集中在常委会议室收看胡锦涛总书记作中共十七大报告直播，县委书记、县长收看后分别作了讲话。之后，中心组成员认真学习大会提出的科学发展观的时代背景、科学内涵和精神实质。全年县委中心组组织党的理论专题集中学习14场。县委在开展中心组理论学习活动中，坚持以理论指导，形成科学的思路和明晰的措施，把思想力转化为推动工作和经济社会发展的强大动力，按照省第十次党代会、市委党代会精神的要求，科学提出了以“优化一产、提升二产、扩大三产”的发展思路和“两创”（创“中国旅游强县”和“全国绿化模范县”），为建设富裕、和谐、秀美的梅县而努力。

2008年，制订《2008年度县委学习中心组理论学习计划》，学习中共十七大、十七届三中全会及省委十届二次全会、市委五届三次全会精神，开展解放思想学习讨论活动，把学习讨论活动不断引向深入，推动新一轮的思想大解放、改革开放大促进、梅县发展新变化。

2009年，县委中心组重点学习贯彻中共十七届四中全会精神，学习贯彻《国务院关于珠江三角洲地区改革发展规划纲要》，全年学习相关内容6次。根据广东省人民政府（粤府函〔2009〕27号）转发《国务院关于珠江三角洲地区改革发展规划纲要（2008—2020年）的批复》（国函〔2008〕129号），要求各地级以上市人民政府，各县（市、区）人民政府，认真学习贯彻。县委中心组开展学习，认真领会有关内容。规划纲要的学习、贯彻实施，对梅县积极应对当前国内外经济形势，保持经济平稳较快增长，进一步转变经济发展方式，实现科学发展，具有重要的现实意义和深远的历史意义。5月，在雁南飞茶田旅游度假村召开梅州市、梅县开展深入学习实践科学发展观活动座谈会，梅县是中央政治局委员、省委书记汪洋第二批活动联系点，汪洋在座谈会上作了讲话。县委中心组成员参加了座谈会。2010年1月8日，市委检查考核第二组到梅县检查考核2008—2009年度中心组理论学习情况，考核内容主要有四个方面：一是党委及其主要负责人重视理论学习的情况；二是坚持中心组理论学习制度情况；三是完成2008年度和2009年度学习任务情况；四是运用理论指导实践情况。市委检查组组长代表检查组，对梅县中心组理论学习的检查情况进行了反馈，高度评价梅县中心组理论学习的情况，认为梅县县委理论学习中心组2008—2009年度的学习：一是县委对理论学习非常重视，真正摆上了位置；二是学习形式上多样化；三是切实严格了制度；四是在学用结合方面，制定出台了发展目标和战略，以理论学习成果推动了县里的各方面的工作上新的水平、新的台阶。最后评定为优秀等次。

2010年，继续推动学习中共十七大和十七届四中全会精神。继续学习贯彻中央政治局委员、省委书记汪洋在梅州市、梅县开展深入学习实践科学发展观活动座谈会上的讲话精神。

2011年，制定本年县委中心组理论学习意见，创新理论宣教形式，推动和拓展学习型党组织建设。健全完善中心理论学习制度，率先垂范，带头开展学习胡锦涛总书记“七一”重要讲话和在广东省视察时的讲话精神、省委书记汪洋《在建设幸福广东中再立新功》的专题讲座、省长黄华华到梅县调研讲话精神、省委十届八次和九次全会精神、《法制广东建设五年规划》、建党90周年党的历史知识等理论学习。

2012年，制订“中共梅县县委中心组2012年理论学习计划”。全年依计划开展学习。11月，中共十八大在北京召开。这次会议明确了：（1）科学发展观是党必须长期坚持的指导思想，并写入党章。（2）制定了坚持走中国特色社会主义政治发展道路和推进政治体制改革前进方向。（3）提出了全面建成小康社会目标。（4）回答了坚定不移走中国特色社会主义道路政策立场。会后，县委中心组召开集中学习会，专题学习中共十八大精神，专门印发《详解胡锦涛总书记报告12大部分》和《紧紧围绕坚持和发展中国特色社会主义，学习宣传贯彻党的十八大精神》（中共中央总书记习近平在十八届中共中央政治局第一次集体学习时的讲话），供中心组成员学习。

2013年，习近平总书记于2012年11月29日到国家博物馆参观“复兴之路”展览时，正式提出并阐释了“中国梦”的概念。他说：“大家都在讨论中国梦。我认为，实现中华民族伟大复兴，就是中华民族近代以来最伟大的梦想。”他称，到中国共产党成立100年时全面建成小康社会的目标一定能实现，到中华人民共和国成立100年时建成富强民主文明和谐的社会主义现代化国家的目标一定能实现，中华民族伟大复兴的梦想一定能实现。县委中心组学习“中国梦”内容，组织开展加快梅县经济发展、促进社会和谐稳定的研讨。

是年底，梅县撤县改区，称为梅县区。

2014年，习近平总书记提出“全面建成小康社会、全面深化改革、全面依法治国、全面从严治党”的“四个全面”治国理政总体框架，改革的整体战略布局更加明晰，使改革开放获得更大突破。区委中心组组织学习“四个全面”，明确工作目标和方向。全年抓好日常理论学习工作，制订出学习计划，做好学习考勤、资料编印、档案整理工作，积极创建学习型党组织。

2015年，深入学习中共十八大和十八届三中、四中、五中全会以及习近平总书记系列重要讲话精神，学习中央八项规定，加强廉政建设，提高执政能力水平。做好县委中心组理论学习情况的档案整理和保管工作。

2016年，加强学习型党组织建设，开展“两学一做”学习教育活动，把学习贯彻习近平总书记系列重要讲话精神作为首要政治任务。习近平总书记在庆祝中国共产党成立95周年大会上明确提出：中国共产党人“坚持不忘初心、继续前进”，就要坚持“四个自信”（中国特色社会主义道路自信、理论自信、制度自信、文化自信）。组织中心组成员学习“四个自信”、领会“四个自信”、坚持“四个自信”。

2017年，切实加强思想理论武装，发挥党委（党组）理论中心组龙头作用，区委理论学习中心组学习工作进一步加强，全年开展集中学习、辅导报告会、宣讲报告会和专题学习会等共22场（次）。4月21日，区委理论学习中心组组织学习习近平总书记对广东工作重要批示精神，制订了《学习宣传贯彻习近平总书记重要批示精神总体工作方案》，分传达学习、专题学习讨论、全面贯彻落实三个阶段开展学习活动。10月，中共十九大召开，区委中心组成员统一收看收听了大会实况。会后，中心组组织学习大会报告《决胜全面建成小康社会夺取新时代中国特色社会主义伟大胜利》，学习习近平新时代中国特色社会主义思想，学习《中国共产党章程（修正案）》的决议和党章。11月，梅县区召开区委理论学习中心组学习会，学习贯彻中共十九大精神。学习会由梅县区委书记主持。参会的区领导分别结合各自分管工作谈目标、谈体会、谈下步做法，进一步加深对中共十九大提出的一系列新思想、新观点、新论断的理解，深刻领会中共十九大报告和新党章内涵；比较系统全面地把握新时代、新思想、新矛盾、新目标和新征程；深刻领悟习近平新时代中国特色社会主义思想和基本方略；强化“四个意识”，特别是增强坚决维护以习近平为核心的党中央权威和集中统一领导的行动自觉。

区委理论学习中心组召开专题会学习贯彻中共十九大精神

2018年，建立《梅县区党委（党组）理论学习中心组学习制度》，以“两学一做”学习教育实践活动和“不忘初心，牢记使命”教育实践活动等为载体，以党委（党组）理论学习中心组为龙头，学习习近平新时代中国特色社会主义思想、学习中共十九大精神，深入推进全区学习型党组织建设。12月，习近平总书记在庆祝改革开放40周年大会上发表重要讲话。此后，区委中心组学习中国改革开放40年来取得的伟大成就，学习从改革开放40年的宝贵经验中提炼的九点启示，决心在新时代改革开放新征程上不忘初心、牢记使命、敢于担当、奋勇前进，建设美丽富饶新梅县。是年，区委中心组开展集中学习研讨26次。

二、单位理论学习

1978年6月，县委宣传部组织机关、厂矿企事业单位干部、职工开展正确认识毛泽东思想体系的理论学习，认真学习《光明日报》发表《实践是检验真理的唯一标准》的评论性文章，进行一场关于真理标准的讨论。县直机关各部、委、办组织科以上干部集中学习以后，又在各单位开展学习马克思列宁主义哲学著作，联系实际，开展真理标准的讨论。

1978年12月，召开中共十一届三中全会，纠正了过去的“左”倾错误，实现了历史的伟大转折，提出了一系列新的方针政策。中心点是从以阶级斗争为纲转到以发展生产力为中心，从封闭转到开放，从固守成规转到各方面的改革，把全党的工作重点转移到社会主义现代化建设上来。

1979年至1980年，主要围绕党的思想、政治、组织路线方面认真学习马克思列宁主义、毛泽东思想的科学原理，学习《关于建国以来党的若干历史问题的决议》《党内政治生活的若干准则》和中共十一届三中全会以后一系列的路线、方针、政策，把工作重点转移到经济建设上来。

1981年2月，梅县县委宣传部制定了全县干部学习意见。要求各级领导重视抓好干部学习马克思主义经济理论，学习政治经济学，学习《陈云文稿选编》；要求掌握经济理论，尊重和自觉运用经济规律，推动全县经济工作。县、公社机关单位普遍开展学习经济理论活动，从5月起，用3个月的时间重点学习《陈云文稿选编》和马克思主义关于再生产的经济理论。各系统、各战线、各单位都订出学习计划，学习方法以自学为主，在通读《陈云文稿选编》和其他经济理论著作的基础上，分5个专题进行学习讨论：一是在安排好人民生活的基础上进行建设；二是先生产后建设；三是建设规模大小要与国家财力物力相适应；四是计划工作和综合平衡；五是关于社会主义经济体制问题。6月，中共十一届六中全会审议和通过了《关于建国以来党的若干历史问题的决议》，梅县县委宣传部及时部署县直属机关和各社学习、贯彻和宣传。

1982年至1983年，梅县县委宣传部召开会议，部署开展《邓小平文选》（以下简称《文选》）学习活动，要求学习《文选》着重领会以下问题：（1）冲破教条主义和个人崇拜的禁锢，重新确立实事求是的辩证唯物主义思想路线；（2）排除干扰，把工作重点转移到经济建设上来；（3）认识中国国情，走中国式社会主义现代化建设道路；（4）重视知识，重视科学和教育事业；（5）充分发挥社会主义制度的优越性，改革党和国家的领导体制；（6）重视“两个文明”建设；（7）建立爱国统一战线；（8）建设革命化、现代化的军队；（9）维护毛泽东的历史地位，坚持和发展毛泽东思想。随着社会主义现代化建设和改革开放方针的贯彻，梅县各地加快农业发展，调整农业布局，发展山区经济。为了帮助各级干部学好马克思主义经济理论，掌握党的经济政策，梅县县委宣传部编印专题的辅导材料，组织理论教员对机关干部辅导，并且统一命题对干部进行考试。1983年，梅县与梅州市（县级市）合并，设立梅县市。

1984年6月，中共中央宣传部发出《关于干部马克思列宁主义理论教育正规化的规定》，10月，梅县市委作出《关于在职干部正规化理论教育的实施意见》，部署在全市机关干部中开展马克思列宁主义正规化理论教育活动。同时，梅县市委宣传部召开干部正规化理论教育工作会议，进行具体部署。采取举办培训班和自学相结合等形式，加强干部理论教育，用5年左右时间，全面提高广大干部的马克思列宁主义理论水平。遵照中共中央宣传部规定，要求在 1990 年前学完的课程是马克思主义哲学、政治经济学、科学社会主义、中国近现代史。各课学业程度，如甲级和乙级等次，甲级应达大学文科公共政治课水平，乙级应达到大学理工科公共政治课水平。全市机关干部从学习《哲学简明教程》开始。为搞好正规化理论教育，除做好教材、资料准备外，还组织征订《哲学简明教程》《哲学基础知识问答》《走历史必由之路》等书籍。梅县市委宣传部组织力量编印辅导资料，供学习与辅导，交流学习情况，总结推广经验，指导学习活动。为梅县市开展干部正规化理论教育提供素材，从 1984 年开始，梅县市委宣传部编印《宣传动态》，沟通信息，交流经验，推动新时期理论教育工作的进一步发展。开展干部正规化教育，分三个步骤进行。第一步，从 3 月中旬开始到 9 月为准备阶段，梅县市委宣传部发出文件《关于 1984 年在职干部理论学习的意见》。编印分组花名册，市应参加学习的干部有 7400 多人，其中甲组 344 人、乙组 4154 人、丙组 2979 人。第二步是做好订书和组织上课工作。全市共订《哲学简明教材》2421 本，订购《复习提要和思考答案》3174 本，《走历史必由之路》3761 本。第三步上课，于 10 月 16 日到 12 月 13 日举办了第一期辅导班，61 人参加，其中部、办级留守干部 2 人，科、局级干部 27 人，其他机构干部 32 人。参加学习的 61 人中，除 1 人缺课，一半以上没有完成学业任务以外，其他都正式结业，参加下一年地委讲师团举行的结业考试。在第一期辅导班结束后，马上进入了第二期（1985 年 1 月 13 日开课）的准备工作。

1985 年，干部正规化理论教育持续展开。梅县市委宣传部召开会议，发出文件，指导和部署教育工作。宣传部理论干部还参与教学，进行各种学习辅导活动。各级宣传部门在抓好脱产集中学习的读书班的同时，举办业余哲学学习班、《哲学简明教程》复习班、考前复习班等多种形式的读书班，加速哲学学习的进程，提高正规化理论教育工作的质量。

1986 年，梅县市委恢复中心组正常的学习制度，全年作 4 个专题的集中学习，为抓好党政机关干部理论教育，专门向教育部门物色 11 名能胜任的政治教员组成业余讲师团。编写先进党员模范事迹，并组建理想纪律报告团深入各单位巡回作报告。全市着重抓股级以上干部、宣传文化系统干部、各系统（单位）政工干部的学习，同时对全市的学习活动做好总结交流指导工作。1986 年 9 月，梅县市在全地区干部正规化理论教育经验交流会上，介绍了学习经验。

1987 年，中共十三大提出党在社会主义初级阶段的基本路线，制定了到 21 世纪中叶分三步走、实现现代化的发展战略。梅县市机关干部正规化理论教育以学习中共十三大文件、学习《建设有中国特色的社会主义》和《坚持四项基本原则，反对资产阶级自由化》为主要内容。干部正规化教育被梅县地区评为优秀等次。

1988 年 3 月，撤销梅县市，分设梅县和梅江区。梅县干部正规化理论教育，在 1987 年度被梅县地区（1988 年改称梅州市）评为优秀的基础上有了新的发展。乡（镇）教学班、战线轮训班、脱产读书班接连不断涌现。通过这些学习形式，继续学习中共十三大文件精神的基础上，围绕党的基本路线教育，主要组织全县干部学习马克思主义哲学基本理论，培训了一批又一批的干部。全年参加哲学、政治经济学、科学社会主义课程学习的干部 1909 人（次），参加考试取得合格成绩的 1892 人（次），红分率占 85%以上，基本上完成 3 个课程教学的任务，接着开了新课，举办了中国近现代史读书班，为这门课程的学习培训骨干。据市委宣传部通报，梅县当年的干部正规化理论教育工作取得全市第一名。战线班和农村广教学的形式在全市范围内是首创。

1989年至1991年，在组织学习《马克思主义哲学学习纲要》的基础上，组织副科级以上干部学习《关于社会主义若干问题学习纲要》，组织党员干部学习马克思主义基本理论，县委要求各部门要像抓经济工作一样抓好理论学习，把理论工作列入乡镇、办事处工作的一项重要内容。针对1989年春夏之交在北京发生的政治风波和当年的形势，宣传部专门派出理论骨干深入一些单位、学校开展理论宣讲，讲清东欧社会主义国家变化的情况、原因和应吸取的教训，宣传稳定是压倒一切的大局。使干部群众坚定社会主义信念，认清国际国内形势，认识到坚持党的基本路线、坚持四项基本原则的重要性和必要性。1991年，根据中共广东省委、省委宣传部和省委组织部接连发出（粤发〔1991〕29号）文件和（粤宣通〔1991〕4号）文件，县委宣传部发出《关于组织各级干部学习〈毛泽东选集〉第一至四卷第二版和中共党史、党建理论的通知》（梅宣字〔1991〕25号），各级党委、各单位遵照通知精神组织党员、干部认真学习《毛泽东选集》第一至四卷第二版，以及中共党史和马克思主义党的建设理论。

按照上级的部署，着重在全党全民中学习宣传贯彻中共十三届七中、八中全会精神，以及江泽民总书记的“七一”讲话精神。梅县先后编写和印发《七中全会学习问答》《江泽民同志的“七一”讲话辅导材料》近5000册，向省市有关部门订购社会主义理论教育辅导材料1.5万册，供全县干部群众学习。为抓好干部的理论学习，先后下发3个文件，对领导干部、中小学教师和各级干部的理论学习作出计划和要求。县属和乡镇机关干部除分期分批到县党校学习外，还采取分散自学、集中辅导的形式组织学习。同时，组织干部观看《沧桑》《世纪行》《南粤丰碑》等电视历史政论片。据统计，全县参加学习的党员干部达95%，职工达90%，共有10635人参加了社会主义理论学习和考试，参学率占应学对象的91.24%，参考率96.1%，及格率100%，红分率97%。县委常委、宣传部部长李俊夫等县领导撰写的20篇论文分别在省市报刊发表。

1992年，组织学习邓小平南方谈话。1月，邓小平在南方视察时说：改革开放胆子要大一些，敢于试验，不能像小脚女人一样，看准了的，就大胆地试，大胆地闯。改革开放迈不开步子，不敢闯，说来说去就是怕资本主义的东西多了，走了资本主义道路。要害是姓“资”还是姓“社”的问题。判断的标准，应该主要看是否有利于发展社会主义的生产力，是否有利于增强社会主义国家的综合国力，是否有利于提高人民的生活水平（后来概括为“三个有利于”判断标准）。邓小平强调说：要坚持中共十一届三中全会以来的路线、方针、政策，关键是坚持“一个中心、两个基本点”，不坚持社会主义，不改革开放，不发展经济，不改善人民生活，只能是死路一条。邓小平南方谈话是新一轮改革潮的理论准备和思想动员，也为同年召开的中共十四大作了直接的思想理论准备。县委书记在县直机关干部大会上传达上级文件，学习邓小平南方谈话精神。全县广大党员、干部通过学习，提高了认识，明确了工作方向。

1993年，根据中央宣传部、省委宣传部提出的学习要求，组织全县党员干部学习社会主义市场经济理论，主要组织党员干部学习邓小平建设有中国特色社会主义理论，其中学习的重点是社会主义市场经济理论和基本知识，年底开始转入学习《邓小平文选》第三卷。为此，梅县分别以文件的形式发出《梅县1993年干部理论学习意见》和关于组织学习《邓小平文选》第三卷的通知，并对全县各级各部门的理论学习提出了具体要求。为使广大党员干部的学习更扎实，深入，更有成效，梅县先后组织举办了不同类型的培训班：一是举办各企业单位学习理论骨干培训；二是利用暑假组织各镇宣传委员、教办主任、中小学校共126人参加学习理论骨干培训；三是组织县属各单位领导、厂长经理和“三资企业”领导等131人参加的“中国经贸入关接轨”培训班；四是配合组织部、党校举办科局级干部共4期330多人的脱产培训班。同时，围绕社会主义市场经济理论的6个重点，组织县直机关干部共3000多人进行集中辅导。另外，还组织人员到乡镇上好辅导课。为检查学习效果，梅县在培训与辅导学习相结合的基础上，印发了1.1万份试卷，组织全县党员干部和小学教师进行书面考试。每个单位写了学习体会或论文1篇以上。在组织党员干部学习理论的过程中，做到有计划、有步骤、有要求、有辅导、有督促、有检查，保证了学习的质量，为全县党员干部加快经济建设的步伐奠定了坚实的理论基础。

1994年，县委宣传部主要抓好《邓小平文选》第三卷和《什么是社会主义市场经济》《现代科学技术基础知识》3本书的学习。县直部、委、办、局领导干部和各党委委员分期分批到县委党校脱产集中培训，每期12天，参加培训的副科级以上干部474人；参加培训的后备干部、副股级以上干部108人，参学率95%以上。

1995年，梅县坚持不懈地组织全县党员干部深入学习邓小平建设有中国特色社会主义理论和中共十四届三中、四中、五中全会精神，在学习中把学习理论与指导实践紧密结合起来，使梅县各项工作能在科学理论指导下，走上健康发展的轨道。举办第一期局级干部廉洁自律学习班，组织学习江泽民总书记和尉健行在中纪委五次全会上的重要讲话、工作报告，加强廉洁自律教育。按规划，全县26个镇的主要领导干部全部参加了梅州市举办的乡镇主要领导干部培训班学习，基层党委中心组坚持每月学习1次，并做到理论联系实际，促进该镇该单位工作的开展。县委宣传部先后举办理论骨干培训班6期，培训全县乡镇和单位理论骨干638人。县委宣传部除派人到各镇各单位进行辅导外，还编印了《认真学习邓小平同志建设有中国特色社会主义理论的科学体系》《贯彻落实五中全会精神，加快梅县经济发展步伐》2篇专题辅导课材料下发各镇各单位。

1996年，按照省、市委的部署，继续组织全县党员干部研读《邓小平文选》和《邓小平建设有中国特色社会主义理论学习纲要》，重点开展3个专题的学习：一是围绕加强思想道德文化建设这一六中全会主题，学习邓小平的精神文明建设理论，研究如何切实抓好精神建设特别是思想道德文化建设；二是围绕“两个根本性转变”和跨世纪发展战略，学习邓小平的发展理论，研究解决实施战略中遇到的各种问题；三是围绕江泽民总书记提出的领导干部要讲政治的要求，学习邓小平的有关论述，坚持正确的政治方向和政治立场，树立正确的世界观、人生观和价值观。突出加强党委中心组的学习，针对年初各镇领导班子变动的情况，进一步健全镇党委中心组的机构，建立起平时坚持自学，每季度集中组织专题学习1—2次，每年每人撰写学习体会文章1—2篇的学习制度。8月，召开基层党委中心组学习情况汇报会，收到39个基层党委中心组40篇学习情况汇报材料及体会文章。坚持不懈抓好在职干部的政治理论学习，继续坚持科局领导干部和镇党委委员到县委党校脱产培训、农村党员到镇党校培训和机关干部在职学习制度。

1997年，县委宣传部发出了《关于进一步加强基层党委（党组）中心组和县镇机关干部政治理论学习的意见》，进一步健全各级党委（党组）中心组学习的“四有”制度，做到学习有计划、有重点、有纪录、有交流心得体会。中共十五大召开后，县委下发《中共梅县县委关于认真学习宣传党的十五大精神的意见》，并从时间、内容、要求等方面作了具体部署。县委宣传部及时组织人力编印学习辅导教材《学习十五大精神必读文件资料汇编》共4600多册，并以最快的速度送到各镇各单位党员干部手中，为他们认真学好十五大文件提供最好的读本；组织各镇和有关单位的理论骨干30人参加市委宣传部举办的学习十五大理论骨干培训班；在县委党校举办2期共160多人参加的理论骨干培训班。继续耕耘好《学习文摘》这块供基层党员干部学习的园地，全年出版12期共6万份。各基层党委中心组和各单位按照县委要求认真组织学习，使党的十五大精神深入人心。据统计，全年全县各级党委、中心组开展集中学习讨论普遍达到8次以上，中心组成员撰写的学习心得体会的文章共100多篇。

1998年，县委宣传部遵循江泽民总书记提出的关于深入学习邓小平理论的指示精神，在全县党员、干部中掀起学习邓小平理论的新高潮。邓小平理论第一次比较系统地初步围绕“什么是社会主义，怎样建设社会主义”这个根本问题，回答了中国社会主义的发展道路、发展阶段、根本任务、发展动力、外部条件、政治保证、战略步骤、党的领导和依靠力量以及祖国统一等一系列基本问题，指导制定了在社会主义初级阶段的基本路线。县委发出贯彻中央、省、市委关于在全党深入学习邓小平理论的通知的意见；县委宣传部发出《关于印发党委（党组）学习中心组一九九八年理论学习专题要求的通知》和《关于认真组织全县党员干部开展理论学习的意见》，与县委组织部联合发出《关于举办党员干部学习邓小平理论知识竞赛的通知》和转发省委宣传部、组织部《关于县以上党委（党组）中心组理论学习检查考核的意见》的通知等一系列的文件，要求全县各级党的组织，组织全体党员、干部深入学习邓小平理论，努力提高党员、干部的政治理论水平。全县52个党委（党组）健全了中心组机构，完善了学习制度，分阶段重点学习邓小平关于社会主义初级阶段理论、经济体制改革理论、转变政府职能和政治体制改革理论、经济社会全面协调发展和可持续发展理论。做到“四有”（有计划、有重点、有记录、有写心得体会）。全县党委（党组）中心组成员共写心得体会文章480多篇。10月中旬，县委召开全县基层党委中心组学习汇报会，雁洋、南口、城东等镇和县检察院在会上作了经验介绍和交流，进一步推动各中心组学习理论的开展。年底，县委宣传部、县委组织部联合组织6个检查组，对全县52个党委（党组）中心组全年的学习情况作全面检查考核，考核结果全部达标，有36个中心组达到优秀等次。

1999年，坚持用邓小平理论武装全党、教育人民，是思想政治工作的首要任务。按照中央和省、市委的部署，梅县继续抓好党委中心组的学习，坚持用科学理论武装人，进一步兴起学习邓小平理论的新高潮。县委印发了《关于梅县各级党委（党组）中心组一九九九年理论学习专题的意见》，提出1999年要学好4个专题：一是学习邓小平关于社会主义市场经济和金融问题的论述，掌握社会主义市场经济的基本理论和现代金融知识，提高对经济工作的领导水平；二是学习邓小平关于党的建设理论，深入开展“三讲”教育，加强班子思想政治建设；三是学习邓小平关于政治体制改革理论，搞好政府机构改革；四是学习邓小平关于社会主义本质和社会主义发展道路的理论，总结中华人民共和国成立50周年的历史经验。同时，对每个专题提出了具体要求、必读书目和参阅书目，努力拓展理论学习的深度和广度，加强具体指导。全县52个基层党委（党组）中心组全年平均集中学习超过7场次，县委中心组27位成员撰写了35篇文章，52个基层党委（党组）共写480篇论文。年底，县委组织13个检查组对26个镇党委中心组和26个机关党委（党组）进行了检查考核，考核结果全部达标，90%的中心组成员和集体达到优秀等次。

2000年，县委宣传部发出《关于梅县各级党委（党组）中心组2000年理论学习专题的意见》的通知，要求所有党委中心组成员要学习好6个专题，并对每个专题提出具体要求、必读书目和参阅书目，努力拓展理论学习的深度和广度。全县各级党委（党组）中心组在县委中心组的带动下，按照县委制定的“五有”（有计划、有重点、有记录、有写心得体会文章、有检查考核）要求进行，全年平均学习超过7场，党委成员共写理论文章400多篇。

按照《中共中央组织部、中共中央宣传部关于建立县级以上党政领导干部理论学习考核制度的若干意见》的要求，县委加强对基层党委中心组的理论学习指导和检查考核。经县委宣传部、组织部的考核，结果全部达标，90%的中心组成员和集体达到优秀等次。县委宣传部紧紧围绕“两思”（致富思源、富而思进）、“三讲”（讲学习、讲政治、讲正气）及“三个代表”重要思想等重要内容，广泛深入开展党员、干部学习教育活动，先后编发《学习文摘》12期5万多份，《宣传动态》25期3500多份，订购下发《党委中心组理论学习汇编》533册，《党员干部“三个代表”学习读本》940册，《“致富思源，富而思进”教育读本》700册。采取举办培训班、上辅导课、座谈会、经验交流会、开展知识竞赛等形式，使党员干部的理论学习和教育活动开展得生动活泼，卓有成效。

梅县国土局等部门开展“三个代表”重要思想学习教育活动动员大会（2001年7月）

党委（党组）中心组2001年理论学习专题的意见》的通知，对每个专题提出具体要求、必读书目和参阅书目等，要求每位党委中心组成员要认真学好5个专题。第二季度开始，全县各级党组织开展学习“三个代表”重要思想教育活动，分别进行镇级、县部门、村级共三批“三个代表”重要思想学习教育活动，县委宣传部加大宣传和教育力度，积极宣传学教活动的目的意义、方法步骤、形式内容等，动员广大干部积极参与，努力学习理论，组织广大干部联系实际勇于解剖自己思想，端正缺点和错误，推动广大干部继续发扬党的优良传统和作风，深入基层为民办事，把工作落到实处。“三个代表”重要思想学习教育活动，取得了实实在在的效果。全县51个基层党委中心组全年平均集中学习8场次，党委（党组）中心组成员从自己分管工作的实际出发，理论联系实际，开展调查研究，撰写心得体会文章或论文共500多篇，为更好地开展工作打下坚实的理论基础。年底，县委宣传部会同组织部门对县各系统党委(党组)中心组进行检查考核,考核结果全部达标,81.8%以上的党委（党组）中心组及成员达到优秀等次。

2002年，梅县在内容上紧紧抓住如下几个重点展开学习：一是紧紧抓住省、市委下发的学习专题开展学习，县委宣传部结合梅县自身实际专门下发了文件，并进行跟踪指导。二是紧紧围绕江泽民“5·31”重要讲话开展学习。主要组织全县27个镇（办事处）宣传委员到市里参加培训。三是紧紧抓住马克思主义发展史开展学习教育活动。主要提供了2期400多份学习参考资料，对全县理论骨干和新城办事处、教育局等单位的党员干部进行专题辅导。

中共十六大召开，县委向全县发出收看十六大开幕的通知，组织全县各镇各单位党员干部职工收看江泽民在大会上所作《全面建设小康社会，开创中国特色社会主义新局面》的报告。要求全县党员干部职工认真学习报告和《人民日报》社论等有关材料。此后，县委宣传部切实把学习十六大精神作为当前和今后一段时期的首要政治任务，结合实际，迅速掀起学习宣传贯彻热潮。在学习形式上，采取收看十六大开幕式和有关大会进程的新闻报道，开展学习讨论辅导，撰写心得体会，召开各类型座谈会、报告会等。在学习内容上，县委宣传部重点组织学习领会江泽民所作的报告、党章修正案和中央领导同志的讲话等，认真领会、全面准确把握十六大的基本精神；编印出版《学习党的十六大精神必读文件资料汇编》7200本提供给各镇各单位，编印《学习文摘》12期5万多份，《宣传动态》21期3000多份，订购下发《中心组理论学习专题书目资料汇编》600多份，保证了广大党员干部学习有教材、有效果。在行动上，县委宣传部紧紧结合工作实际，边学习边行动，抓落实促成效，有效地把全县干部群众的思想和行动统一到十六大报告精神上来，推进各项工作扎实开展。各镇党委、单位系统党委中心组能够拟订学习计划，开展专题学习，各个成员结合实际撰写学习心得，并带头给干部上辅导课，带动了全体党员干部的学习做到了有学习计划、学习讨论、学习记录、学习心得，学习交流，把学习不断引向深入，促进了党员干部对党的理论、路线、纲领、政策和科技知识、WTO知识、法律等内容的学习教育，提高了广大党员干部的素质和工作水平。

2003年，中央、省、市委发出《关于兴起学习贯彻“三个代表”重要思想新高潮的通知》后，中共梅县县委立即把“通知”印发全县各基层党委。邀请省委党校副校长钟康模到梅县作“三个代表”重要思想学习辅导报告。成立以县委常委、宣传部长为团长的学习贯彻“三个代表”重要思想宣讲团，到基层宣讲25场次，编印学习辅导资料5000份。为把“三个代表”重要思想宣传贯彻到基层、到村、到户，县委宣传部组织宣传委员、理论骨干参加市委宣传部举办的《“三个代表”重要思想学习纲要》培训班进行学习培训，为宣传贯彻“三个代表”重要思想打好坚实的理论基础。梅县还认真学习宣传贯彻省委书记张德江和省长黄华华到梅视察时的重要讲话精神，学习宣传中共十六届三中全会精神，加大梅县招商引资宣传力度，推动了梅县县域经济的发展。

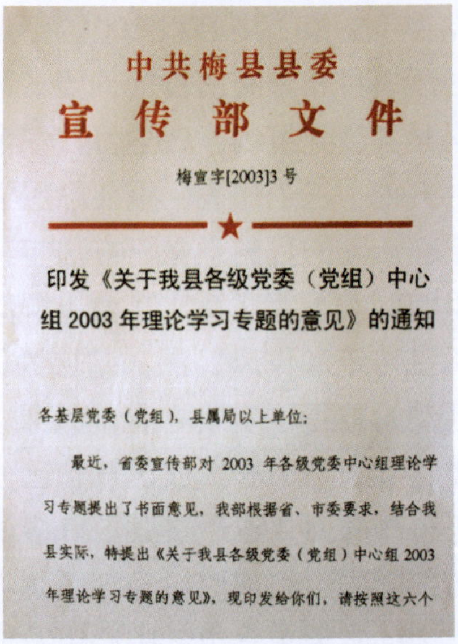
中共梅县县委
宣传部文件
梅宣字[2003]3号

印发《关于我县各级党委（党组）中心组2003年理论学习专题的意见》的通知

各基层党委（党组），县属局以上单位：

最近，省委宣传部对2003年各级党委中心组理论学习专题提出了书面意见，我部根据省、市委要求，结合我县实际，特提出《关于我县各级党委（党组）中心组2003年理论学习专题的意见》，现印发给你们，请按照这六个

中共梅县县委宣传部印发《关于我县各级党委（党组）中心组2003年理论学习专题的意见》的通知（2003年）

各基层党委（党组）中心组的理论学习，进一步健全了理论学习和检查考核制度，按照“五有”要求，定期开展集中学习和辅导，全年各基层党委集中学习均达到8次以上，撰写学习体会文章共360多篇。在领导干部的带动下，全县各镇（办事处）、各单位进一步健全党员干部的理论学习和检查考核制度，确保每周一次的理论学习和讨论，有效地提高党员干部的思想政治水平、理论水平和业务水平。

2004年，党委（党组）学习中心组的理论学习主要围绕如下5项内容进行：第一，学习十六届四中全会精神；第二，学习《中共中央关于完善社会主义市场经济体制若干问题的决定》；第三，学习科学发展观；第四，学习宪法知识；第五，学习反映世界前沿的新知识。县委宣传部编写《中华人民共和国宪法》《两个条例》《科学发展观》《信息化——现代化的必由之路》等辅导材料，打印200多份发至县委中心组成员及基层党委中心组，作为开展理论学习的教材。县委完善各党委（党组）中心组理论学习的建档和检查考核工作。各基层党委（党组）中心组理论学习按照“五有”要求，定期开展集中学习和辅导。全县各基层党委集中学习均达12次以上，共撰写学习体会文章360篇。

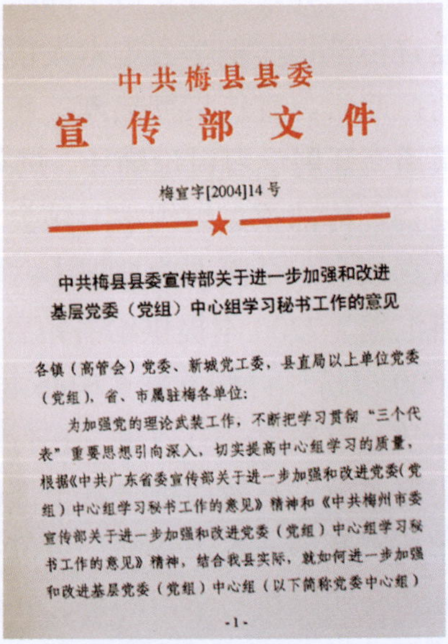
中共梅县县委
宣传部文件
梅宣字[2004]14号

中共梅县县委宣传部关于进一步加强和改进基层党委（党组）中心组学习秘书工作的意见

各镇（高管会）党委、新城党工委，县直局以上单位党委（党组），省、市属驻梅各单位：

为加强党的理论武装工作，不断把学习贯彻“三个代表”重要思想引向深入，切实提高中心组学习的质量，根据《中共广东省委宣传部关于进一步加强和改进党委（党组）中心组学习秘书工作的意见》精神和《中共梅州市委宣传部关于进一步加强和改进党委（党组）中心组学习秘书工作的意见》精神，结合我县实际，就如何进一步加强和改进基层党委（党组）中心组（以下简称党委中心组）

-1-

中共梅县县委宣传部发出《关于进一步加强和改进基层党委（党组）中心组学习秘书工作的意见》文件（2004年）

2005年，向基层党委和县直单位印发《关于梅县各级党委（党组）中心2005年理论学习专题的意见》的通知，明确梅县2005年度理论学习的主要内容和专题。转发和学习省委宣传部《关于我省县级以上党委（党组）中心组学习〈建立健全教育、制度、监督并重的惩治和预防腐败体系实施纲要〉的意见》。根据学习需要，及时征订、购买了理论书籍以及辅导材料、音像资料等，及时收集整理相关报刊资料，推荐一些有价值的理论文章、社论、评论等，供基层中心组成员学习参考。如《建立健全教育、制度、监督并重的惩治和预防腐败体系实施纲要》《“三个代表”重要思想反腐倡廉学习纲要》，提供给中心组成员学习，购买保持共产党员先进性教育的音像资料，征订《党委热点面对面》《形势政策宣传教育》等书籍1000多本，发至基层党委中心组，提供理论学习教材。在学习方法上，做到“五个结合”，逐步形成一套科学的学习方法体系。全年基层党委中心组的专题学习场次普遍达到10个以上。

2006年，加强对基层党委党组理论学习的检查指导，形成学习报告制度。县委宣传部加强对基层党委中心组学习的指导，及时下发有关通知，提供有关学习资料，加强《梅县宣传》的编辑出版，每2个月出版一期，免费赠给全县各单位，供干部职工学习，做好学习情况统计。7月中旬，组织有关人员抽查和巡视部分镇、县直单位党委（党组）理论学习情况。年终，会同组织部、党校、直工委组成6个检查组对29个县直、20个乡镇党委（党组）中心组学习情况进行年终考核检查，对检查情况进行通报。从检查情况看，县直和各镇（办事处、高管会）党委（党组）中心组绝大部分能够做到领导重视，学习有计划、有记录、有总结、有心得，保证全年学习不少于12场。并且能够紧密结合工作实际，取得了明显的学习效果。同时带动广大党员干部，提高学习自觉性，提高政治素养。

2007年，加强了对基层党委中心组学习的指导，及时下发有关通知，提供有关学习资料，做好学习情况统计。4月29日，在县供电局召开“梅县基层党委（党组）中心组理论学习经验交流会”，有各系统党委、县直各党委（党组）、各镇（办事处、高管会）党委共100多人参加，5个单位和个人作了经验介绍，邀请了市委讲师团团长钟利文作辅导报告。党的十七大开幕当天，全县各党委（党组）中心组在收听收看了胡锦涛总书记作的十七大报告直播。10月25日，县委、县政府召开全县学习贯彻中共十七大精神大会，县委副书记、县长在大会上提出4点要求：一要领导带头抓学习；二要创新形式抓学习；三要把握实质抓学习；四要结合工作抓学习。各镇和单位运用学习会、座谈会、辅导会、培训会、宣讲活动等形式，组织广大党员、干部、群众认真学习宣传贯彻中共十七大精神，认认真真研读中共十七大文件，原原本本学习中共十七大报告和党章，准确领会中共十七大精神，把人们的思想统一到中共十七大精神上来，把力量凝聚到实现中共十七大确定的各项任务上

梅县公安局学习贯彻中共十七大精神报告会（2007年11月）

来，联系实际，学以致用，用以促学，继续推动梅县经济社会的发展。此后，县委宣传部迅速组织理论骨干下乡宣讲。各基层党委（党组）中心组成员按学习计划系统地学习中共十七大报告，并结合实际进行讨论。据统计，各镇中心组学习达 12 场以上。党委（党组）中心组成员在学习基础上写体会文章，部分文章在《梅县宣传》等刊物上发表。

2008 年，理论学习重点学习中共十七大精神、十七届三中全会和省委十届二次全会、市委五届三次全会、县委十一届四次全会精神，开展解放思想学习讨论活动。充分发挥学习宣传的牵头作用，自觉担当解放思想“先行官”的责任，发挥基层党委中心组龙头带动作用，不断健全中心组学习制度，带动广大党员干部开展学习讨论活动。扎实开展解放思想学习宣传工作，开展解放思想学习讨论活动，促进党员干部解放思想。协调组织县督查组对全县的督查指导，组织群众评议活动。编印《梅县十大专题调研报告专辑》，办好学习讨论活动简报，出版 23 期 5000 多份。

梅县国土局党组理论学习中心组开展理论学习（2008 年 10 月）

2009 年，坚持党委（党组）中心组学习制度，向全县印发《关于梅县基层党委（党组）中心组 2009 年理论学习专题的意见》的通知，对全县基层党委（党组）中心组的理论学习内容重点的确定、学习计划的拟订、学习情况的报告等提出具体的指导和要求，并加强了检查督促和年终考核。运用《梅县宣传》刊物，开设《要闻要论》《学习辅导》《中心组论坛》等栏目，为基层各单位党员干部的理论学习提供参考。在县党建网开设“理论学习”专栏，运用互联网等新兴媒体推动学习，探索中心组学习网络化宣传与管理。抓学习典型宣传推动，运用电视台、广播等宣传媒体和学习专栏、黑板报等阵地广泛宣传理论学习典型，在“梅县宣传·学习辅导”和“梅县党建·理论学习”电子网上专栏刊登有关学习内容。

2010 年，坚持党委（党组）中心组学习制度，向全县印发《关于梅县基层党委（党组）中心组 2010 年理论学习专题的意见》，并加强检查督促和年终考核。运用《梅县宣传》等刊物，为基层各单位党员干部的理论学习提供参考。在梅县党建网开设“理论学习”专栏，运用互联网等新媒体推动学习。

2011 年，制定下发《关于梅县基层党（党组）中心组、县直副局以上单位党支部 2011

年理论学习的意见》，结合梅县实际，将加快绿色的经济崛起、建设宜居梅县，努力探索梅县科学发展新路，深刻认识把握宏观调控政策，加快构建绿色现代产业体系，深入学习党史、不断提高宗旨意识和执政能力，加快转变文化发展方式、强力推进文化强县建设等六个方面的知识作为中心组学习研究的主要内容，具体安排了理论讲座、参观考察和专题调研，明确了学习要求，在梅县党建网设立理论学习专栏，为全县各级党委（党组）的政治理论学习提供了指导性计划和内容。同时，进一步加强县委对各级党委（党组）中心组学习的领导，规范中心组学习的组织，建立完善常态学习制度，健全学习服务体系。全县51个基层党委中心组全年平均集中学习达8场次以上，党委（党组）中心组成员从自己分管工作的实际出发，理论联系实际，开展调查研究，撰写出心得体会文章或论文共500多篇，为更好地开展工作打下坚实的理论基础。年底，县委宣传部会同组织部门对县各系统党委（党组）中心组进行检查考核，考核结果全部达标，81.8%以上的党委（党组）中心组及成员达到优秀等次。

2012年，在全县掀起学习宣传贯彻十七届六中全会和十八大、省第十一次党代会、市委六次全会精神的热潮，印发《关于梅县基层党委（党组）中心组、县直副局以上单位党支部2012年理论学习的意见》，对梅县基层党委（党组）中心组理论学习进行指导、检查、督学。以推荐“梅州市学习型党组织建设示范单位”为抓手，发挥典型示范引领作用。其中，梅县国土资源局多举措推进学习型党组织建设成效显著，常态化学习经验获得肯定和推广，被评为“梅州市学习型党组织建设示范单位”。

2013年，以全县副科级以上领导干部为重点，加强和改进基层党委（党组）中心组学习。印发《关于梅县基层党委（党组）中心组、县直副局以上单位党支部2013年理论学习的意见》，进一步明确指导思想和学习任务。积极做好辅导学习资料的提供及发放工作。全年，共提供《十八大报告辅导读本》《2013年全国两会文件学习读本》《2013年党委（党组）中心组理论学习资料汇编》《突发事件舆情应对指南》《梅州市党政机构微博运营管理手册》《学习活页文选》等资料5000多册，丰富了基层党委（党组）中心组的学习内容。年底，梅县撤县改区，称为梅县区。

2014年，加强对基层党委（党组）中心组理论学习的督查指导，发出《学习活页文选》《理论热点面对面》《党委（党组）中心组理论学习资料汇编》《习近平总书记系列重要讲话读本》《中共中央关于全面推进依法治国若干重大问题的决定》《习近平谈治国理政》等学习资料，共8000多册。在机关、学校、农村、企业、社区等不同领域不同类型各选定2—3个党组织作为示范单位，梅县区城市综合管理局学习经验，向全市进行推广宣传。

2015年，梅县区委宣传部组织全区党员干部深入学习宣传贯彻中共十八大和十八届三中、四中、五中全会以及习近平总书记系列重要讲话精神。以区委理论学习中心组为龙头，引领全区各基层党委（党组）中心组的学习，合理安排全年理论学习计划，明确指导思想、学习任务及达成效果，并做好辅导学习资料的提供。全年投入近10万元，用于订阅党建时政类等学习资料、组织专题学习会，极大地丰富了中心组的学习内容。梅县区城市综合管理局被列为市级学习型党组织示范单位。

2016年，发挥党委（党组）理论中心组龙头作用，加强对基层党委（党组）理论中心组学习的督促指导，印发《2016年梅县区基层党委（党组）学习型党组织建设工作计划》，明确学习内容，创新学习形式。深入开展“两学一做”学习教育活动，把学习贯彻习近平总书记系列重要讲话精神作为首要政治任务，推动各级党组织和广大党员干部及时学、专题学、深入学。7月，习近平总书记在庆祝中国共产党成立95周年大会上明确提出：中国共产党人“坚持不忘初心、继续前进”，就要坚持“四个自信”，即中国特色社会主义道路自信、理论自信、制度自信、文化自信。随后，各单位组织干部学习“四个自信”、坚持“四个自信”。全年发出《学习活页文选》《全面小康热点面对面》《党委（党组）中心组理论学习资料汇编》《习近平总书记系列重要讲话读本（2016年版）》等理论学习资料5万多册。

2017年，切实加强思想理论武装，发挥党委（党组）理论中心组龙头作用，加强对基层党委（党组）理论中心组学习的督促指导，印发《2017年全区基层党委（党组）理论学习中心组学习计划暨学习型党组织建设工作计划》，明确学习重点和要求，创新学习载体和形式，推动领导干部这一“关键少数”深化党内教育。4月，梅县区按照省委、市委的统一部署，结合实际，认真组织全区党员干部迅速掀起学习宣传贯彻习近平总书记对广东工作重要批示精神活动热潮，把思想和行动统一到重要批示精神上来。5月5日和11日，梅县区举办2期科级干部学习贯彻习近平总书记重要批示精神培训班。全区370名副科职干部深入学习、领会习近平总书记对广东工作重要批示精神，以“四个坚持、三个支撑、两个走在前列”武装头脑、指导实践、统领工作。全区努力当好贯彻落实习近平总书记重要批示精神的排头兵，开创振兴发展新局面。持续推进“两学一做”学习教育活动常态化，把学习贯彻中共十九大精神和习近平总书记系列重要讲话精神作为首要政治任务，组建区委宣讲团，深入基层宣讲中共十九大精神；启动“围龙讲堂”，丰富理论教育形式，推动各级党组织和广大党员干部及时学、专题学、深入学。全年共发出《学习活页文选》《全面从严治党面对面》《党委（党组）中心组理论学习资料汇编》《习近平总书记关于意识形态工作的重要讲话汇编》《中国共产党第十九次全国代表大会文件汇编》《十九大报告》《中国共产党章程》《习近平的七年知青岁月》等理论学习资料4000多册。

2018年，以“两学一做”学习教育实践活动和“不忘初心，牢记使命”教育实践活动等为载体，以党委（党组）理论学习中心组为龙头，深入推进全区学习型党组织建设。进一步推进梅县区各级党委（党组）理论学习中心组学习制度化、规范化、常态化，推动理论武装工作深入开展。印发《梅县区基层党委（党组）理论学习中心组学习计划暨学习型党组织建设工作计划》《梅县区党委（党组）理论学习中心组学习制度》，指导基层党委（党组）深入开展理论学习，用党的创新理论成果武装头脑、指导实践，推动理论学习往深里走、实里抓。

2018年，梅县区各级各部门主要负责人带头撰写学习习近平总书记视察广东重要讲话精神工作经验交流文章（学习心得体会文章）72篇，全区各级各部门积极征订《习近平谈治国理政》第一卷、第二卷及《新时代面对面》《习近平新时代中国特色社会主义思想三十讲》等13192册；区委宣传部向各镇、各单位赠阅《共产党宣言》《马克思主义基本原理概论》《习近平新闻思想讲义》等1278册，赠阅《学习小手册》《习近平总书记重要讲话精神基层宣讲提纲》1.88万份，赠阅《习近平谈治国理政金句》口袋书3.8万册，刊发《梅县宣传》4期共计4400本。

附：

梅县区党委（党组）理论学习中心组学习制度

为加强中心组理论学习，2018年3月29日制定《梅县区党委（党组）理论学习中心组学习制度》。

第一章　总　则

第一条　为进一步推进梅县区各级党委（党组）理论学习中心组学习制度化、规范化、常态化，推动理论武装工作深入开展，提高领导干部的理论水平和工作能力，加强领导班子思想政治建设，根据《中国共产党党委（党组）理论学习中心组学习规则》《广东省党委（党组）理论学习中心组学习办法》《梅州市党委（党组）理论学习中心组学习制度》，结合梅县区实际，制定本制度。

第二条　党委（党组）理论学习中心组学习，是全区各级党委（党组）领导班子和领导干部在职理论学习的重要组织形式，是严肃党内政治生活、强化党性修养的重要内容，是加强各级领导班子思想政治建设的重要制度，是建设学习型服务型创新型的马克思主义执政党、提高党的执政能力和领导水平的重要途径。

各级党委（党组）应当把理论学习中心组学习列入重要议事日程，纳入党建工作责任制，纳入意识形态工作责任制。

第三条　党委（党组）理论学习中心组学习以政治学习为根本，以掌握和运用马克思主义立场、观点、方法为目的，以深入学习中国特色社会主义理论体系为首要任务，以深入学习习近平新时代中国特色社会主义思想为重点，以“四个坚持、三个支撑、两个走在前列”为统领，坚持围绕中心、服务大局，坚持知行合一、学以致用，坚持问题导向、注重实效，坚持依规管理、从严治学。

第四条　本制度适用于全区各级党委（党组）理论学习中心组学习，党的各级纪律检查机关、工作机关、直属事业单位的领导班子理论学习中心组学习。

其他党组织参照本制度组织学习。

第二章　组织与职责

第五条　党委（党组）理论学习中心组主要由党委（党组）领导班子成员组成，可以根据学习需要适当吸收有关人员参加。

第六条　各级党委（党组）对本级理论学习中心组学习负主体责任，对本地区本部门本单位的理论学习中心组学习负领导责任，每年年初要明确当年学习内容、学习重点、学习方向、组织方式等事项。

党委（党组）书记是理论学习中心组学习第一责任人，主要职责是审定学习计划、确定学习主题、研讨专题和调研专题，提出学习要求、主持集体学习研讨、指导和检查中心组成员的学习情况。书记不能参加学习时，由主持党委（党组）日常工作的负责人代行职责。

党委（党组）负责宣传思想工作的成员是理论学习中心组学习直接责任人，主要职责是配合党委（党组）书记做好学习的组织工作。

党委（党组）其他成员应当积极参加学习，自觉遵守理论学习中心组学习制度，按照学习安排或者受委派承担相应职责。

第七条　党委（党组）理论学习中心组应当配备学习秘书，由宣传部、办公室、组织部或者机关党委等机构负责人担任，由宣传部负责人牵头。未设立宣传部的单位，可由履行宣传工作职责的部门负责人牵头。

学习秘书主要职责是负责制定学习计划、收集整理编印学习资料、推介学习书目、精心组织学习辅导、协助搞好专题调研、建立完善学习档案和做好总结宣传学习经验、汇报学习情况、加强联系沟通等工作。

第八条　宣传部、办公室、组织部、机关党委等机构人员应当建立学习工作协调机制，由宣传部牵头，协助学习秘书共同做好学习服务工作。

第三章　学习内容、形式与要求

第九条　党委（党组）理论学习中心组学习内容包括：

（一）深入学习中国特色社会主义理论体系。系统学习马克思主义基本理论，重点学习马克思列宁主义、毛泽东思想、邓小平理论、“三个代表”重要思想、科学发展观、习近平新时代中国特色社会主义思想；深入学习社会主义核心价值观；及时学习党的路线、方针、政策和决议，领会党中央、国务院，省委、省政府，市委、市政府，区委、区政府重大决策部署和重要会议精神；经常学习党章党规党纪、党的基本知识和国家法律法规；认真学习党的历史、中国历史、世界历史和科学社会主义发展史。

（二）扎实学习推进中国特色社会主义事业所需要的综合知识。注重学习推进中国特色社会主义事业所需要的经济、政治、文化、社会、法律、生态、科技、教育、宗教等方面的知识和其他反映当代世界发展的最新知识列入学习范围，不断完善知识结构，扩宽理论视野，提升综合素质，提高运用科学理论分析和解决实际问题的能力。

（三）认真研究梅县苏区振兴发展进程中的新情况新课题。大力弘扬理论联系实际的马克思主义学风，着眼于对梅县区实际问题的理论思考，着眼于新的实践和新的发展。通过理论学习、调查研究、总结经验，深入分析梅县改革发展实践中的重点、难点问题，创新发展理念，破解发展难题，寻求加快梅县苏区振兴发展的新思路新办法。

（四）党中央和上级党组织要求学习的其他重要内容。

第十条 党委（党组）理论学习中心组可以通过以下适当形式，开展切实有效的学习活动：

（一）集体学习研讨。各级党委（党组）理论学习中心组应当将集体学习研讨作为学习的主要形式，把重点发言和集体研讨、专题学习和系统学习结合起来，深入开展学习讨论和互动交流。理论学习中心组学习以中心组成员自己学、自己讲为主。可依托讲坛、论坛、讲堂，适当邀请知名专家教授为各级党委（党组）理论学习中心组成员作专题讲座、辅导报告。一些重大的学习研讨活动可邀请上级组织派人参加。

（二）个人自学。各级党委（党组）理论学习中心组成员要根据形势任务的要求，结合工作需要和本人实际，合理安排读书学习时间，明确学习重点，研读必要书目， 做到有计划、有步骤、有措施、有落实。坚持做好自学笔记，撰写学习心得。积极参加学习讲坛、读书会、报告会等学习活动，充分利用新媒体开展学习，拓宽学习渠道，提升学习效果。

（三）专题调研。理论学习中心组成员应当把理论学习与专题调研结合起来，围绕本地区本部门本单位改革发展面临的突出问题，深入基层、深入群众，扎实开展调查研究，深化理论学习。调研可以由党委（党组）统一组织，也可结合分管工作自行开展。

（四）理论宣讲。建立各级党委（党组）理论学习中心组成员基层学习联系点制度，组织开展“领导上党课”活动。各级党委（党组）理论学习中心组党政班子成员要带头讲学，每年到联系点讲党课或作形势报告不少于1次，并带头参加所在基层党组织的集体学习。

（五）脱产培训。各级党委（党组）理论学习中心组成员应当积极参加各类干部培训和脱产进修学习。

（六）其他学习形式。各级党委（党组）理论学习中心组应当结合本地区本部门本单位实际，创新学习方式，改进学习方法，增强学习的吸引力、针对性和实效性。

第十一条 各级党委（党组）理论学习中心组应当坚持把学习马克思主义理论作为做好一切工作的看家本领，把学习党的基本理论与学习党的理论创新成果结合起来，把握精神实质，掌握精髓要义，做到真学真懂真信真用。

（一）坚持学以立德、学以修身、学以益智、学以增才。各级党委（党组）理论学习中心组要把提高理论素质与增强党性修养、提升工作本领结合起来，坚定理想信念，加强党性锻炼，提高精神境界。

（二）大力弘扬理论联系实际的马克思主义学风。各级党委（党组）理论学习中心组要紧密结合改革开放和社会主义现代化建设的实际，紧密结合思想和工作实际，努力掌握马克思主义立场、观点、方法，学以致用、用以促学、学用相长，提倡理论学习中心组成员结合工作实际撰写学习心得、调研报告或者理论文章，把学习成果转化为有效的政策举措。坚持问题导向，提高运用党的基本理论解决实际问题的能力。

（三）发挥“关键少数”的示范和表率作用。各级党委（党组）理论学习中心组成员应当自觉学习、带头学习，努力成为建设学习型党组织和学习型领导班子的精心组织者、积极促进者、自觉践行者，带动党员干部大兴学习之风。开展理论学习中心组成员到基层联系点上党课活动。

（四）加强报告会、研讨会、论坛、讲堂、讲座管理。各级党委（党组）理论学习中心组应加强对形势报告会和哲学社会科学报告会、研讨会、论坛、讲堂、讲座管理，加强对理论学习中心组学习主题、内容、授课人的审核把关和课堂现场管理。举办单位和党委宣传部门要严格把关，重点从政治上进行审核。

（五）集体学习研讨应当保证学习时间和质量。集体学习研讨，每年应当集中一定时间学习，每季度不少于 1 次，每次集中学习时间为半天以上。每次深入学习研讨 1 至 2 个涉及改革发展实践中的重点、难点问题。每次集体学习研讨时，提前 3 至 5 天确定学习主题、内容、阅读书目、讨论题目等。学习中安排若干名成员担任党委（党组）理论学习中心组发言人，在讨论活动中作交流发言，其他成员围绕主题，结合工作实际展开讨论。不得以党委常委会、民主生活会、部署具体工作等形式代替党委（党组）理论学习中心组学习。

（六）集体学习研讨应当保证参学率。每次集中学习研讨的参学率要达到 2/3 以上。因特殊情况不能参加集体学习研讨的，应事前向党委（党组）书记或主持党委（党组）日常工作的负责人请假，并以适当方式补学。理论学习中心组成员每年集中学习研讨的请假，原则上不得超过当年所学次数（场次）的 1/4。

（七）学习做到有据可查。各级党委（党组）理论学习中心组学习应当做到有计划、有通知、有记录、有检查、有报告、有落实。

（八）强化经费保障。各级党委（党组）理论学习中心组学习专项经费应当列入本地区本部门本单位年度财政预算。

（九）建立学习档案。党委（党组）理论学习中心组档案的内容包括：中心组各项学习计划和总结；每次集中学习会议记录、考勤记录、纪要或学习简报；中心组成员集中学习研讨发言提纲、个人自学计划、学习心得、体会文章、论文与调研报告，媒体上刊载的理论学习中心组学习情况、做法和经验等；其他有关中心组学习的材料。党委（党组）理论学习中心组学习档案按年度分类建档。

（十）实行学习考评。各级党委（党组）理论学习中心组组长要定期督促、检查中心组成员的自学情况，每年对中心组学习情况讲评 1 次；党委（党组）理论学习中心组成员要根据上级安排参加各类学习考试考核，并在年度考核时进行述学，将学习情况纳入述职述廉报告。

第四章　学习管理、考核与问责

第十二条　各级党委（党组）理论学习中心组每年年初按照上级部署要求，结合工作实际，制定年度学习计划。根据党和国家新的重大部署，适时对学习计划进行补充和调整，作出阶段性学习安排和专题学习计划。

年度学习计划由本级党委（党组）审定后施行，并于每年3月底前报送上级党委宣传部、组织部或者有关党的机关工作委员会备案。

第十三条　在党委宣传部的统筹和指导下，有关党的机关工作委员会负责指导同级机关、企事业单位党组织理论学习中心组日常学习工作，并及时向党委宣传部报告学习工作情况。

第十四条　党委（党组）理论学习中心组每年定期向上级党委宣传部、组织部报送中心组学习情况；各级机关、企事业单位党组织理论学习中心组每年定期向有关党的机关工作委员会报送中心组学习情况。

党委宣传部、组织部原则上每半年通报下级党委（党组）理论学习中心组学习情况；有关党的机关工作委员会原则上每半年通报同级机关、企事业单位党组织理论学习中心组学习情况，并及时将通报结果报党委宣传部、组织部。通报结果作为理论学习中心组和成员年终考核的重要依据。

第十五条　上级党委宣传部会同组织部等有关部门，负责理论学习中心组学习情况的督查考核，由宣传部具体组织实施。督查可以采取自查、抽查或者普查等方式。考核可以结合领导班子和领导干部年度考核进行，包括集体考核和个人考核。

在督查考核的基础上，各级党委宣传部、组织部、办公室、机关党委等机构应当定期开展党委（党组）理论学习中心组学习经验交流，注重将一些成功做法转化为制度措施，不断完善学习管理长效机制。

有关党的机关工作委员会负责各级机关、企事业单位党委（党组）理论学习中心组学习情况的督查，并将督查情况通报党委宣传部、组织部。

第十六条　对党委（党组）理论学习中心组学习开展不力、出现错误倾向产生恶劣影响的，应当按照有关规定问责。

第五章　附　则

第十七条　本办法由区委负责解释，具体解释工作由区委宣传部承担。

第十八条　本制度自发布之日起施行。此前有关规定与本制度不一致的，以本制度为准。

三、干部群众读书活动

1978年下半年，组织干部群众开展学习《实践是检验真理的唯一标准》的相关文章，提高对实践是检验真理的唯一标准的认识。实践是检验真理的唯一标准问题的讨论，是一场马克思主义教育运动和思想解放运动，全县干部群众通过这场学习和讨论，大大促进了思想的解放，认识了毛泽东的历史地位和毛泽东思想体系，端正了思想路线，冲破了各种“左”的禁锢，推动了改革开放和建设事业的发展。中共十一届三中全会召开后，农村实行家庭联产承包责任制，梅县客家妇女发扬勤劳刻苦精神，积极开展多种经营，并且逐步抛开“男主外、女主内”旧传统观念，要求学技术、学科学，丰富知识，主动参与发展商品经济。同时，根据各个时期党和政府的中心工作和形势发展变化，组织职工学习中共中央和省、市有关重要会议精神，学习国家政策、法律、法规，进行理想、前途、道德法纪教育，树立爱岗敬业、乐于奉献精神。

1979年至1981年，开展学习中共十一届三中全会精神和经济理论文章，提高全县干部和群众的经济理论水平和认识水平，提高尊重科学、按照客观经济规律办事的自觉性，大家比较实事求是地看待社会主义经济建设，正确理解和贯彻中共十一届三中全会以来的路线、方针、政策，从本地区实际出发，做好经济调整和生产布局调整，对发展山区社会主义经济起了积极的作用。为扫除青壮年文盲，1979年2月，县委颁发《关于开展扫盲工作的意见》，全县参加扫盲培训班学习的有5100人，占应参加学习人数的82%。至同年秋季，全县基本完成扫除青壮年文盲的任务。1980年成立梅县职工业余学校办公室，复办梅县职工业余中学和松口职工业余中学，对未达到初中文化程度的职工进行文化补习。年底，全县有7941名职工达到初中文化，占职工总数的88.4%。

1982年至1984年，开展“振兴中华”的读书活动，组织干部、职工学文化、学科学，提高科学文化水平，干部、职工读书的自觉性和积极性越来越高。加强学习阵地建设，不断满足干部群众的文化生活需要。新建了青少年文化宫，市内更新和增加许多文化设施，图书馆、文化馆、博物馆的设施得到改善；灵光寺、人境庐等历史文物已修复一新，文化公园得到了整修，并增添了文化娱乐设施；市区还建立电视差转台；在农村，一些区镇建立影剧院，有的乡村建立农民文化室。城乡的文艺团体认真贯彻“双百”方针，努力推陈出新，为活跃城乡文化生活做出一定的成绩。1984年6月，梅县市委为学校达标“一无二有”（学校无危房、班班有课室、学生人人有桌凳）目标，开展集资办学，制定颁发《关于发动全市干部、职工、群众集资办学的意见》，并向全市人民发出《集资办学，造福后代，给全市人民的公开信》，全年共筹集资金538万元，改善全县的办学条件。是年，在地委和市委的直接领导下，梅县市委宣传部组织干部群众进一步学习《邓小平文选》和开展干部正规化教育。为帮助全市干部群众进一步学习《邓小平文选》，在1984年年初编印了《学习〈邓小平文选〉，掌握毛泽东思想》宣讲材料200份，并发出市委宣传部一号文件，要求各单位领导带头宣讲《邓小平文选》的主要内容，带头写学习心得。之后，将科、局级干部写的心得体会编成专辑，编印2辑《学习〈邓小平文选〉心得选编》共400份，对推动全市干部群众学习《邓小平文选》起到很好的推动作用。

1985 年至 1987 年，为了进一步提高人们的思想素质和文化科学素质，在全市深入开展振兴中华的读书活动和科普活动，积极鼓励和组织干部、职工参加成人教育，如参加党校、电大、职校、函授、刊授、政治理论班，开展各种形式、不同层次的学习和培训，带动人们学文化、学科学，在全市掀起“读书热”和“科学热”。人们在提高文化科学素质的基础上，自觉地与贫穷、落后和愚昧作斗争。1985 年，全县以妇女为主的专业户、重点户有 1287 户，她们勤学习、勤钻研，劳动致富、科技致富。扶大镇妇女黄兰珍与丈夫一起，投资 1.2 万元，开办扶新植物研究所，运用科学技术繁育优良果木、名贵花及其他作物，成为全国第一间由农民自办的植物研究所。职工以补习高中文化为主，全县共办高中文科班 21 班，学员 1178 人，有 21 人考上大专学校。1986 年，抓好干部正规化理论教育。抓好党政机关理论教育，是提高干部队伍素质的关键，为了适应新时期需要，根据中宣部和省委宣传部的要求，梅县市在干部正规化学习方面抓了四件事：一是对学习对象全市副科以上干部进行调查摸底，为搞好全市干部正规化理论教育，从组织上做好准备。二是选好理论教员，加强理论队伍建设，一方面会同组织部门、电视大学，对电视大学应届毕业生进行考核，从中挑选优秀学员担任理论工作；另一方面，还向教育部门物色 11 名能胜任的政治教员组成业余讲师团。三是举办政治经济学辅导班，全年共举办了 3 期短期脱产轮训班和 1 期机关干部工作业余辅导班，参加学习人数 222 人，其中副科、局级以上 32 人；据统计，参加考试 122 人，成绩达到合格、领取大学单科结业班证书的有 119 人，及格率 97.5%。四是进行哲学辅导复习考试，参加考试 58 人，及格 56 人，及格率 96.5%。通过干部正规化理论学习，广大干部增长了知识，提高了理论水平，提高了运用马克思主义的立场、观点、方法去观察问题、分析问题的能力，加深了对党的路线、方针、政策的理解。

1988 年春，梅县市分设为梅县和梅江区。梅县重视加强党员干部的学习教育。党对社会主义事业的领导，体现在政治、思想和组织的领导，就是体现在党的路线、方针和政策上，体现在党的理论即马克思列宁主义、毛泽东思想上，体现在党员、干部的率领和模范作用上。坚持政治、思想和组织的领导，这三者是统一的。教育每一个党员干部首先要理解党的路线、方针和政策，要掌握党的理论。在改革、开放的新时期，必然会遇到许多新情况、新问题，因此加强学习就显得十分重要。加强学习着重抓了几条：首先，在坚持学习党章和党的方针、政策的同时，认真加强马克思列宁主义、毛泽东思想的学习，认真学好马克思主义的基本原理，学会用马克思列宁主义、毛泽东思想的立场、观点、方法指导工作，投入“四化”建设的伟大实践。认真学习《邓小平文选》和《陈云文选》，领会关于建设具有中国特色社会主义这一基本思想。其次，认真学习现代科学，学习和研究现代科学所提供的一切新知识、新思想、新方法、新技术，学习和研究现代的管理科学和领导科学。再次，从实际出发，采取不同层次、多种形式、多种办法，严肃认真地抓好学习这件大事。在学习中，提倡理论联系实际，开展学习竞赛，使学习活动卓有成效地开展起来。

1989 年 6 月，开展妇女学习竞赛活动，成立“梅县农业十项女能手大赛活动领导小组”，广泛开展种粮、种油料、养猪、养家禽、种菜、种果、造林、水产养殖和养蚕等 10 项女能手大赛活动。

1990年，为提高广大党员干部的政治理论水平和政治敏锐性，根据省委、市委的部署，认真做好全县党员、干部哲学学习的组织和规划工作。根据不同层次的对象的学习需要，向省委宣传部订购了《马克思主文哲学基本观点和方法》一书8000多册，向市委宣传部订购了这本书的《思考题参考答案》5000多册，并组织人力编印《哲学常识通俗读本》1万多册。在学习过程中，县委宣传部配合县委党校、组织部门，举办为期1个月的学哲学骨干培训班，培训理论骨干150多人；举办4期副局以上干部哲学读书班，每期20天；全县分10个战线举办县直机关干部哲学学习班。此外，各乡镇、县属各事业单位均自行组织党员干部及部分职工学哲学培训班，学习《马克思主义哲学基本观点和方法》《哲学常识通俗读本》。到12月底，梅县已基本完成哲学的学习和考试任务。据不完全统计，全县有4150名干部参加哲学学习和考试，及格率100%，良好率95%。其中，县五套领导班子成员全部参加学习，有24人撰写论文或心得体会，县委书记的体会文章还在《梅州日报》上刊出。有249位副科局以上干部参加哲学读书班，通过考试，及格率100%，良好率98%。通过学习，不同程度地提高了党员、干部的理论水平和政治思想素质，取得了较好的学习效果。梅县组织哲学学习培训的做法，得到市委宣传部和市委组织部的肯定。

1991年至1993年，深入开展坚持四项基本原则、反对资产阶级自由化的教育。开展马克思列宁主义、爱国主义、集体主义、社会主义和自力更生、艰苦奋斗的教育，以及国情教育、革命传统和职业道德教育。大力提倡顾全大局、勇于奉献的精神。增强广大干部和群众执行“一个中心、两个基本点”的基本路线的自觉性，坚定走社会主义道路的信心，提高维护社会稳定的政治觉悟，为进一步治理整顿和深化改革创造一个良好的社会环境和舆论环境。1992年，对机关干部、中小学教师和农村党支部书记进行重点培训。县委宣传部与县委组织部、县委党校密切合作，组织全县科局干部和理论辅导骨干480多人，到县委党校参加每期10天的培训班，共培训4期，学习1992年邓小平南方谈话和党史党建理论。同时，组织全县1.1万名干部和中小学教师参加学习邓小平南方谈话和党史党建理论，并进行了考试。县文化部门全年为乡镇提供流动图书2万多册，并积极开展科技咨询服务活动，接受农民科技咨询1000多人次，编印赠送《农科文摘》2000多份。从1984年开始对妇女的各类知识学习培训，到1993年，共培训妇女113.97万人（次），让她们掌握1—2门致富技术，有438名农村妇女取得各类技术证书，2790户贫困妇女脱贫致富。参加各类成人教育和岗位培训的城镇女职工有28.14万人（次）。不少妇女参加了电大、夜大等各类学校学习。从1988年开始举办的初中、高中文化补习班，到1993年，共办7期286人，全县基层工会共办夜校22间，举办各种技术培训300多期（次），培训职工1.1万人。

1994年至1995年，组织全县党员干部群众认真学习《邓小平文选》，用邓小平建设有中国特色社会主义理论教育党员干部和群众。1994年，在剑英图书馆举办“一代传一代，百书育英才”的读书活动。梅县围绕农村奔小康目标，提高农村妇女素质，从1994年开始，在农村开展“双学双比”（学文化、学技术、比成绩、比贡献）活动；在城镇开展“巾帼建功”“巾帼文明示范岗”“巾帼创新业”活动。全县各级妇联与有关部门联合举办“一专多能”农技培训班，有14.12万名妇女参加培训。到1998年，有5000多名妇女领取了各类证书，县妇联共表彰农业女能手905名和各行各业优秀妇女205名，其中受省妇联表彰的35名、市妇联表彰的有209名。

1996年，认真做好干部、职工、群众的订报读报工作。全县共订《人民日报》323份、《南方日报》6833份、《梅州日报》9245份、《文明导报》1121份，组织读报活动，充分发挥新闻媒体的教育引导作用。

1997年，县委宣传部在组织干部群众学习党的十四届五中、六中全会，全国人大八届五次会议和中央、省经济工作会议精神的基础上，重点开展5个专题的学习，即学习中央吊唁邓小平同志的3个重要文献、邓小平的改革理论和市场经济理论、邓小平的发展理论、邓小平的精神文明建设理论以及中共十五大文件精神。

1998年，在全县党员、干部中掀起学习邓小平理论的新高潮，县委组织部、宣传部联合印发《关于举办党员干部学习邓小平理论知识竞赛的通知》，组织全县52个党委（党组）分阶段有重点地学习邓小平关于社会主义初级阶段理论、经济体制改革理论、转变政府职能和政治体制改革理论、经济社会全面协调发展和可持续发展理论；组织5200名党员干部参加邓小平理论知识测验和县直17个系统党委参加邓小平理论知识竞赛，编发《邓小平同志部分专题论述选编》200多份供基层党员干部学习。

1999年，专题学习邓小平关于社会主义市场经济和金融问题的论述、关于党的建设理论、关于体制改革的理论、关于社会主义本质和社会主义发展道路的理论等。做好2000年党报党刊的征订发行工作。经过县宣传部门的努力，全县征订《人民日报》352份，《南方日报》6068份，《梅州日报》9781份，《半月谈》7800份，征订发行《半月谈》成绩显著，获得中宣部宣教局的表彰奖励。

2000年，梅县县委认真贯彻落实江泽民总书记对宣传工作的重要批示以及视察广东时的重要讲话精神，和中共中央《关于加强和改进思想政治工作若干意见》文件精神，切实改进思想政治工作，促进梅县“两个文明”建设协调发展。继续加强干部群众教育，深入开展政治理论学习、党员干部教育活动和群众思想道德教育活动。采取举办培训班、上辅导课、座谈会、经验交流会、开展知识竞赛等形式，深入学习邓小平理论。县委宣传部开展“两思”（致富思源、富而思进）教育，为帮助广大农民做好“进”字文章，会同有关部门合编以宣传政策、法规、农科知识、生活常识为主要内容的《农民基本常识读本》，提供给农村基层干部和农民学习。妇女干部努力学习文化，全县妇联系统干部中，当年取得大专以上学历有48人。

2001年，做好2002年度党报党刊发行工作，在各级党委、政府、各单位和全社会的重视支持下，取得好的成绩。据12月底统计，《人民日报》订数454份、《南方日报》订数6631份、《梅州日报》订数1.07万份、《求是》杂志订数425份，全面超额完成市委下达给梅县的“三报一刊”发行任务，走在全市的前列。

2002年，把党报党刊征订发行从讲政治、讲大局、确保传达党的声音畅通的高度来认识，以高度的政治责任感抓好党报党刊征订发行工作，为基层干部群众提供精神食粮。

2003年，宣传工作部门通过电台、电视台开设专题节目，通过专栏墙报、黑板报等宣传阵地，大张旗鼓地宣传“三个代表”重要思想，使“三个代表”重要思想深入到基层、深入人心。做好2003年度主要党报党刊的征订发行工作。全县各镇各单位及各级宣传部门，从讲政治讲大局的高度来认识，切实做好党报党刊的发行工作。在加强督促检查、落实责任、挖掘潜力、做好服务的同时，想方设法筹集资金，对干部职工订阅《南方日报》《梅州日报》进行补助或奖励。全县完成市委分配的征订发行任务，受到市委的表彰和奖励。

2004年，做好党报党刊征订发行，主要采取5条措施确保发行任务落实：1. 落实责任，分解任务。召开2004年全县重点党报党刊发行工作会议，下发文件给各镇（办事处）、各单位，指定专人负责，层层分解发行任务。2. 领导带队到基层督促检查落实征订情况。3. 落实股室挂钩制度，了解征订进度。4. 把征订工作列入年度岗位考核。5. 想方设法对干部职工订阅《南方日报》和《梅州日报》进行补贴或奖励。同时，对2004年度重点党报党刊征订发行工作成绩突出的新城办等9个镇（办事处）进行表彰奖励。

2005年，抓好全县重点党报党刊的征订发行工作。据统计，全年《人民日报》《求是》《南方日报》《梅州日报》征订发行完成率均在90%以上，完成市委下达的任务。

2006年，梅县积极响应中共中央宣传部、中央文明办等11个单位掀起读《中华美德书》的热潮。1、层层动员，做好征订工作。号召全县干部、职工、师生开展读《中华美德书》活动，加强传统美德教育。要求全县各镇、各单位以读《中华美德书》为载体，加强社会主义荣辱观教育，开展系列读书用书活动。各镇各单位均订购了《中华美德书》。2、加强引导，掀起读书热潮。一是开展《中华美德书》的电视解说工作。从3月至6月，在县电视台共播出160期（次）。二是组织县委办、县府办、县电视台、县教育局、县人民医院等10多个前段读书活动开展得较好的单位代表，就学习践行社会主义荣辱观、开展读《中华美德书》等方面，畅谈体会。三是举办征文比赛。经评选，全县评出获奖征文72篇、其中一等奖3篇、二等奖7篇、三等奖12篇、优秀奖50篇。四是举办有奖知识竞试。组织全县干部、职工、群众、青少年学生参加“读《中华美德书》、树立社会主义荣辱观”知识竞试。五是组织举办全县性的演讲比赛，评选出一等奖1名、二等奖3名、三等奖5名。并对在征订工作、知识竞试、征文比赛、演讲比赛等各项活动中的优胜者给予表彰奖励。

2008年，开展学习宣传贯彻中共十七大、十七届三中全会精神活动，开展解放思想学习讨论，举办以“宣传十七大，唱响和谐梅县”为主题的2008年梅县军警民迎春文艺晚会，组织接待梅州市“继续解放思想，实现绿色崛起”文艺下乡演出团在华侨城广场演出，组织县文艺队伍开展文艺巡回演出活动。12月，召开党报党刊发行工作会议，总结2008年重点党报党刊发行工作，部署2009年度重点党报党刊发行工作。

2009年，学习中共十七届四中全会精神。根据县委的部署，全面运用广播、电视等宣传媒体和学习专栏、黑板报等开展宣传，在《梅县宣传学习辅导》和《梅县党建理论学习》专栏刊登有关学习内容。发挥“三乡”优势，建设“书香校园、诗化校园、山歌校园、足球校园”，传播客家传统文化。如新城文化站开展客家山歌进课堂活动，专门聘请山歌大师汤明哲每星期二下午到新城中心小学教唱山歌，并自编山歌小册子，作为该校山歌教材。

2010年，参与“文化广东、书香岭南”全民读书活动，以读书推动观念的更新、以读书促进思想的解放、以读书推动科学发展，形成全体公民崇尚读书、自觉阅读的良好习惯和崭新风气。全民读书活动的主要内容包括：全民阅读总动员、领导干部带头读书、读书论坛和名家讲座、知识大比拼、知识关爱行动、图书漂流、南国书香节以及书香单位、个人评比表彰等。梅县文明办、妇联等单位联合组织众多家庭参与“文化广东、书香岭南”全民读书活动，梅县黎志健、李惠英家庭被授予“广东省十大优秀书香之家”称号。

梅县在雁南飞茶田有限公司举办“幸福广东工人农民论坛——幸福雁南飞”（2011年6月）

2011年6月，在雁南飞茶田有限公司举办“幸福广东工人农民论坛”，宣讲幸福广东和幸福雁南飞。雁南飞茶田有限公司全体职工参加论坛活动，听取了内容介绍，参与了议论和互动，增加对幸福的理解和感受。在干部群众征订党报党刊方面，《南方》杂志超额完成征订任务，达102%，《梅州日报》完成征订97%，《人民日报》完成征订93%，《求是》杂志完成征订89%，《南方日报》完成征订86%。

2012年，在干部群众中广泛开展“广东精神”社会宣传活动，营造浓厚社会和谐氛围，推动新时期“广东精神”家喻户晓，深入人心。在“梅县宣传网”理论学习专栏刊发有关学习文件、学习辅导资料，运用《梅县宣传》刊物，开设了《要闻要论》《学习辅导》《中心组论坛》等栏目，为基层各单位党员干部的理论学习提供参考。此外，积极运用互联网等新兴媒体推动学习，深入探索中心组学习网络化宣传与管理。积极参与“南粤幸福活动周”活动，开展“幸福大家谈”论坛。

2015年，按照市委宣传部的要求，将全年理论学习意见与创建学习型党组织同步推进，统一印发全区学习型党组织建设工作计划，把学习宣传贯彻中共十八届四中和五中全会精神、习近平总书记系列重要讲话精神、“三严三实”专题教育及省委、市委、区委全会精神作为首要任务，把建设学习型队伍、学习型单位作为衡量各单位党建工作的标准之一，把年初计划确定的学习重点与各类专题教育活动紧密结合，认真学习贯彻全面从严治党要求，巩固和拓展党的群众路线教育实践活动成果，持续深入推进党的思想政治建设和作风建设。

2016年，加强党的理论知识的宣传普及，组织开展全区治国理政新理念、新思想、新战略宣讲，开展学习中共十八届五中、六中全会精神，邀请省、市专家教授分赴雁洋镇、松口镇等12个乡镇开展基层宣讲活动，受益的党员干部群众达2000多人。加大人文社科普及示范基地的培育管理力度，创建水车镇黄琪翔、郭秀仪纪念馆为市级人文社科普及示范基地，组织中小学生参观学习，加强爱国主义教育。

2017年，加强党报党刊征订发行工作，认真抓好《人民日报》《南方日报》《梅州日报》《求是》《南方》等“三报二刊”的征订发行。据统计，全区《人民日报》完成任务90.2%，《求是》杂志完成97.7%，《南方》杂志完成101.5%，《南方日报》完成92%，《梅州日报》完成89.7%，整体保持稳中有升。

2018年，充分利用网络宣传阵地深入开展理论阐释工作，在“梅县发布”微信公众号、梅县区宣传网等开设“理论学习”“大家谈”专栏，及时发布学习习近平新时代中国特色社会主义思想、中共十九大精神、宪法修正案、习近平总书记重要精神的权威解读，全年发布专题学习辅导材料150多篇。开展建设新时代文明实践中心，创设乡镇“围龙讲堂”，开展“学讲话、讲故事、谈感受”百姓宣讲等理论宣讲活动，努力打造“传播党的创新理论、弘扬红色文化和客家优秀传统文化、传播和普及科学知识”的重要宣传阵地。发放“新时代红色文化讲习所”牌匾19块、发放“新时代文明传习所”牌匾201块，加快创建新时代文明实践中心，依托“新时代红色文化讲习所”“新时代文明传习所”和“围龙讲堂”为平台，先后在各镇各单位选址挂牌，组织开展讲学活动，重点在梅南镇水美村、松口镇大黄村开展示范宣讲活动。积极通过气象广播“大喇叭”开展政策理论宣传，畅通理论宣传最后一公里，用“大喇叭”将党的声音传入千家万户，让广大干部群众及时了解掌握党的理论、路线、方针、政策，更好地推动梅县区实现高质量发展。

第二节　理论宣讲

理论宣讲是党的理论武装工作的重要组成部分，把党的理论、路线、方针和国家的政策及时准确传递给全区各级领导和广大党员干部。梅县区的理论宣讲工作形式主要是依托区委中心组，邀请上级专家、教授、区领导和组织区委宣传部理论骨干、区宣讲团成员在梅县区文化中心或深入基层单位开展宣讲。内容上分为党的全会精神宣讲、党的知识宣讲和形势政策宣讲等。

一、党的代表大会精神宣讲

1979年，学习宣传中共十一届三中全会精神。

1981年6月，中共十一届六中全会审议和通过了《关于建国以来党的若干历史问题的决议》（以下简称《决议》），梅县县委宣传部组织力量开展《决议》的宣讲，从6个专题内容开展宣讲：1. 认识《决议》的重大历史意义；2. 毛泽东的历史地位和毛泽东思想；3. 正确认识中华人民共和国成立32年来的巨大成就和经验教训；4.“文化大革命”是一场严重灾难的内乱；5. 中共十一届三中全会是中华人民共和国成立以来中国共产党历史上具有深远意义的伟大转折；6. 团结起来，为建设社会主义现代化强国而奋斗。梅县县委宣传部下发学习《决议》辅导资料，供基层干部学习，对推动学习宣传《决议》，加强理论教育，起了较好的作用。

1986年，积极开展十二届六中全会《决议》的学习宣传。中共中央关于社会主义精神文明建设指导方针的决议发表后，市委高度重视，把学习《决议》当作政治生活中的一件大事来抓。市委及时批转市委宣传部关于学习贯彻《决议》的通知，市委宣传部领导向机关干部作了学习《决议》的辅导报告，参听人数900多人，翻印《决议》和订购宣传资料1.1万份。在抗旱任务紧张、积极抓好抗旱工作的同时，做到统筹安排，紧密结合，认真抓好《决议》的学习宣传贯彻，用《决议》精神推动各项工作。市委常委、正、副市长16人，集中两天时间认真学习《决议》，深刻领会《决议》的精神实质。通过学习《决议》，广大干部职工进一步明确社会主义精神文明建设的战略地位和根本任务，以及各级党组织和党员在精神文明建设中的责任，在各级党组织的重视下，全市很快掀起学习宣传贯彻《决议》的热潮。

1988年，梅县着重宣传中共十三大精神，组织党员干部学习党的基本路线，学习宣传中共十三大作出的重大决策，开展形势和纪律教育。先后举办了轮训班、战线班、党训班。为取得经验，分别在农村、工厂进行教育试点。为宣讲作准备，保证干部群众有足够的学习资料，先后印发了《学习文选》《基本路线教育讲话》《形势教育讲话》《问答》等共3.5万册。

1992年，邓小平南方谈话后，梅县召开县直机关干部大会，县委书记亲自在会上作报告，传达上级文件，学习邓小平南方谈话精神。中共十四大召开以后，组织宣传团下乡宣讲，学习宣传中共十四大精神。

1997年，县委宣传部在组织深入学习中共十四届五中、六中全会，全国人大八届五次会议和中央、省经济工作会议精神的基础上，重点组织全县党员干部开展5个专题的学习，即学习中央吊唁邓小平同志的3个重要文献、邓小平的改革理论和市场经济理论、邓小平的发展理论、邓小平的精神文明建设理论以及中共十五大文件精神。与此同时，开展了以“讲学习、讲政治、讲正气”为主要内容的党性党风党纪教育，进一步提高全县党员干部队伍素质。

2002年，中国共产党第十六次全国代表大会是中国共产党在新世纪召开的第一次代表大会，是一次承前启后，继往开来，凝聚党心民心，共绘党和国家发展蓝图的盛会。江泽民所作的报告，总揽全局、高瞻远瞩，深刻阐明了中国共产党在新世纪的工作目标和任务，对中国改革开放和社会主义现代化建设作出了全面部署，是中国共产党团结和带领全国各族人民全面建设小康社会，加快推进社会主义现代化的政治宣言和行动纲领。中共十六大召开后，县委发出《关于认真学习贯彻党的十六大精神的通知》，作出梅县学习宣传贯彻中共十六大精神的整体部署。县委宣传部把学习宣传贯彻这次大会精神当作当前和今后一段时期全部工作的重中之重，努力地全面地落实这一重大政治任务，在做好迎接省、市宣讲团到梅县宣讲的同时，会同县委党校等单位组成宣讲团，组织宣讲团成员到县直单位和各镇上辅导课，学习宣传中共十六大精神。

2003年，中共梅县县委发出《关于兴起学习贯彻"三个代表"重要思想新高潮的通知》，要求全县各基层党委迅速兴起学习贯彻"三个代表"重要思想新高潮。县委邀请省委党校副校长钟康模来梅县作"三个代表"重要思想学习辅导报告；成立以县委常委、宣传部长为团长的学习贯彻"三个代表"重要思想宣讲团，分别到镇（办事处）、系统党委、机关单位宣讲，到年底宣讲达25场次。

2006年，成立"梅县学习中共十六届六中全会精神宣讲团"，邀请有关领导和老师对基层党员干部进行中共十六届六中全会精神宣讲。在全县宣讲16场，近2000人参加了学习。

2007年，开展中共十七大精神宣讲。中共十七大是在中国改革发展关键阶段召开的一次十分重要的大会。大会描绘了在新的时代条件下继续全面建设小康社会、加快推进社会主义现代化的宏伟蓝图，为继续推动党和国家事业发展指明了前进方向，是党团结带领全国各族人民坚定不移地走中国特色社会主义道路、在新的历史起点上继续发展中国特色社会主义的政治宣言和行动纲领。

按照中央要求，当前和今后一个时期的首要政治任务，就是学习宣传和全面贯彻落实中共十七大精神，为实现中共十七大确定的奋斗目标和工作任务而扎实努力。10月25日，梅县召开全县学习贯彻中共十七大精神大会，会上，县长提出了4点要求：一要领导带头抓学习，二要创新形式抓学习，三要把握实质抓学习，四要结合工作抓学习。梅县成立学习贯彻十七大精神宣讲团，组织宣讲团成员到基层单位、到生产生活第一线宣讲，重点宣讲胡锦涛总书记作的十七大报告，开展宣讲40多场。同时，根据上级的部署和安排，梅县邀请市委宣讲团成员、嘉应大学教授曾宪恒到梅县作报告。这些宣讲活动，为推动全县各单位、各部门和镇、村学习宣传中共十七大精神打下坚实的基础。各镇和单位能够运用学习会、座谈会、辅导会、培训会、宣讲活动等形式，组织广大党员、干部、群众认真学习宣传贯彻中共十七大精神，把人们的思想统一到中共十七大精神上来，把力量凝聚到实现中共十七大确定的各项任务上来。许多干部能够认认真真研读中共十七大文件，学习中共十七大报告和党章，准确领会中共十七大精神，并联系工作实际，学以致用，用以促学，推动工作任务的落实。

2008年，开展以"学习宣传贯彻十七大精神"和"继续解放思想，争当梅州'绿色崛起'排头兵"等为主题的"百课下基层"宣讲活动。县宣讲团深入基层宣讲60多场。

2009年，开展中共十七届三中全会精神宣讲。中共十七届三中全会于2008年10月召开，此后，县委宣传部组织宣讲团开展宣讲，主要宣讲中共十七届三中全会精神和全会审议通过的《中共中央关于推进农村改革发展若干重大问题的决定》。宣讲团成员到农村宣讲全会的重要意义、宣讲全会对农村改革发展面临的形势和任务作出的判断（"三个最"的判断）、宣讲全会关于推进农村改革发展的指导思想、目标任务、方针原则和总体思路、宣讲全会关于推进农村改革发展一系列战略部署。宣讲注重联系国际国内和当地干部群众的实际，与纪念改革开放30周年结合起来，与深入学习实践科学发展观结合起来，与当地实际结合起来。重点讲清楚 5 个方面：1. 对土地承包经营权流转政策，进行准确诠释；2. 对到 2020 年农民增收预测性目标，阐述其科学性；3. 对坚决守住 18 亿亩耕地红线问题，从建设性角度进行阐述；4. 对于国家粮食安全问题，阐述国内粮食基本自给的重要性，主要宣讲各方面促进粮食增收的积极性和成效，不断增强节粮意识；5. 对于农村扶贫开发问题，主要宣讲这些年取得的成绩，准确解读新的扶贫标准。通过宣讲，促进干部群众更好地明确党中央对“三农”工作的重视，进一步领会《决定》的战略意义、方针原则、任务措施（六大制度，七个部署等）、政治保障。

2011 年 11 月 25 日，邀请中共梅州市委宣传部常务副部长李伟金到梅县就如何学习贯彻中共十七届六中全会精神作宣讲报告。县五套班子全体领导、法检两院院长、各镇（办事处、高管会）党（工）委书记、镇长（主任），县直局单位副科职以上干部，省、市属驻梅各单位主要负责人共 500 多人听取了报告，全县领导干部对全会有了更深一步的认识，对如何贯彻落实六中全会精神有了较为清晰的工作思路。

2012 年，聆听中国社会科学院金融研究中心副主任王国刚为梅县所作的《十八大后的中国经济发展和宏观经济政策》专题报告。此后，于 12 月 20 日上午，中共十八大精神报告会在梅县文化中心礼堂举行。县委常委、宣传部部长涂戈峰主持报告会，市委宣讲团成员、梅州文化旅游特色区管委会副主任谢小康作专题报告。县领导，法院院长、检察院检察长、各镇党委书记、县直单位副科以上干部共 500 多人聆听报告。报告会上，谢小康多层面、多角度对中共十八大报告提出的新思想、新观点、新要求作了深入解读，对科学发展观的内涵实质、历史地位和建成小康社会的奋斗目标、战略任务作了系统分析。同时，谢小康结合市委、市政府提出的“一园两特带动一精”发展战略，联系梅县的实际，就如何保护生态、经营生态、消费生态、享受生态、推进文化旅游特色区雁洋核心区建设、争当全省生态文明建设排头兵等方面提出了建议。报告会要求全县党员干部要深入学习贯彻中共十八大精神，用十八大精神武装头脑，立足本职岗位扎实做好各项工作，为建设富庶美丽幸福梅县作出积极贡献。

2013 年 1 月 15 日上午，全省领导干部学习中共十八大精神召开第七场培训会，培训会由省委常委、组织部部长李玉妹主持。梅县领导在梅县分会场收看中央党校党史教研部副主任谢春涛所作的关于党的建设专题辅导报告。县委书记在培训会后作了讲话，要求全县各级各单位要进一步深入学习中共十八大精神，做到理论联系实际；要在真抓实干上下功夫，认真贯彻好中共十八大会议精神；要结合中央关于改进作风的八项规定，加强自身建设，注重实干，齐心协力营造风清气正的良好氛围，推动全县经济社会快速发展。

2015 年，中共十八届五中全会于 10 月 26 日至 29 日在北京召开。这次全会是在协调推进“四个全面”战略布局、夺取全面建成小康社会决胜阶段召开的一次十分重要的会议。全会深入研究了“十三五”时期中国发展的一系列重大问题，审议通过了《中共中央关于制定国民经济和社会发展第十三个五年规划的建议》，对今后 5 年经济社会发展作出全面部署。会后，梅县区组织宣传团，制定宣讲提纲，在全区开展宣传，重点讲述四大方面：一是深刻认识全面建成小康社会决胜阶段的形势；二是准确把握“十三五”时期经济社会发展的指导思想、主要目标和基本理念；三是全面落实中央确定的“十三五”时期经济社会发展各项任务和重大举措；四是提高党领导经济社会发展能力。

2017年，把学习贯彻中共十九大精神和习近平总书记系列重要讲话精神作为首要政治任务，组建区委宣讲团，深入基层宣讲中共十九大精神。11月3日上午，梅县区召开传达贯彻中共十九大精神大会。会议要求，要全面深入学习领会中共十九大报告的精神实质，迅速掀起学习贯彻中共十九大精神热潮，要按照“学懂弄通做实”的要求，在全区上下迅速掀起学习贯彻中共十九大精神热潮。各级党组织要从本地区本部门实际出发，制订周密的学习计划。各级领导干部要积极主动学习，原原本本学，原汁原味学；广泛开展集中宣传，充分利用各种宣传媒体，增强宣传实效性和影响力，推动中共十九大精神进企业、进农村、进机关、进校园、进社区、进军营；大力弘扬理论联系实际的学风，深入开展贯彻中共十九大精神调研活动，找寻破解影响和制约梅县区发展不平衡不充分的途径和方法。努力把中共十九大各项决策部署落实到梅县区振兴发展全过程、以中共十九大精神统揽工作全局，全力冲刺完成好当年各项目标任务。区委书记在会上提出要求，毫不动摇地坚持习近平新时代中国特色社会主义思想，努力把中共十九大各项决策部署落实到工作中，与贯彻落实习近平总书记对广东工作的重要批示精神结合起来，与贯彻落实省、市、区党代会精神结合起来，围绕构建“一区两带六组团”发展新格局，突出抓重点、补短板、强弱项，着力解决好事关全局和长远的重点难点问题。

2018年，深入宣讲习近平新时代中国特色社会主义思想和十九大精神。邀请市委宣讲团专家为全区科级以上干部宣讲习近平新时代中国特色社会主义思想和十九大精神、习近平总书记视察广东重要讲话精神。组建宣讲团，深入镇、村、机关、企业、社区、学校开展宣讲活动，在全区掀起学习宣传十九大精神的热潮。全区有专家宣讲员11名、百姓宣讲员8名、基层理论宣讲员15名。

二、党的知识宣讲

1984年，给干部学习《邓小平文选》作辅导报告：1. 坚持实事求是思想路线；2. 集中资金加强重点建设和经济体制改革；3. 坚持抓好“两个文明”建设；4. 加强党的建设，坚持党的领导，改善党的领导。梅县县委宣传部对机关干部的学习，采取大课辅导，分单位组织学习讨论的办法，使学习活动比较扎实，较有成效。全区干部通过系统学习后，对建设中国特色社会主义，对党的路线、方针、政策的理论基础，加深了认识。

1985年至1987年，围绕学习十一届六中全会的决议、准则和新党章、《邓小平文选》和《陈云文选》开展宣讲教育活动，对广大党员进行关于马克思列宁主义、毛泽东思想基本理论的教育，关于共产主义理想前途和党的路线方针政策的教育，关于党的基本知识和共产党员标准的教育。通过宣讲学习教育活动，深刻领会这些文件和原著的精神实质和基本观点，进一步清除“左”的思想影响，把思想方法建立在辩证唯物主义的基础上，联系实际，总结经验，检查自己的思想和工作是否符合党的实事求是的思想路线，是否符合中共十一届三中全会以来的路线、方针、政策。每一个共产党员认清党的性质、地位和作用，认清一切党员都只有勤勤恳恳为人民服务的义务，而没有任何利用职权占国家的“便宜”

和群众的“便宜”的权利，自觉履行共产党员八项义务，遵守党纪国法，一切按党性原则办事，树立坚定不移的共产主义信念。

1990年至1992年，在农村、街道和企业进行马克思主义基本理论、党的基本路线和基本知识教育。1991年下半年开始，至1992年年底，用一年半的时间，分三批，在全县农村开展社会主义思想教育活动。

1993年，组织党员干部学习社会主义市场经济理论和《邓小平文选》第三卷。县委宣传部还围绕社会主义市场经济理论的6个重点，组织县直属机关干部共3000多人进行集中辅导，并组织人员到各乡镇上辅导课。

1994年，县直部、委、办、局科局领导干部和各镇党委委员分期分批到县委党校脱产集中培训，每期12天，参学率95%以上。县直机关和镇级机关、企事业单位的党员、干部坚持每周安排在职学习的制度，农村基层党员除坚持参加支部学习外，还以镇党校为阵地进行轮训，学习建设中国特色社会主义的理论和基本知识。

2002年至2003年，开展“三个代表”重要思想的宣讲。“三个代表”重要思想的基本内容：中国共产党始终代表中国先进生产力的发展要求，代表中国先进文化的前进方向，代表中国最广大人民的根本利益。“三个代表”重要思想是中国共产党的立党之本、执政之基、力量之源。讲明“三个代表”重要思想的科学内涵、精神实质，加深对什么是社会主义、怎样建设社会主义和建设什么样的党、怎样建设党的认识。

2006年，认真组织宣讲活动和理论骨干的学习培训，提高党员干部的理论素养。与县委“先进办”共同成立梅县“保持先进性、建设新农村”宣讲团。对全县各镇（办事处、高管会）干部、驻村干部、村干部进行了20场（次）共3000多人的宣讲培训；在县委党校举办“理论骨干培训班”，培训全县各单位政工干部及各乡镇的宣传委员、党校校长等理论骨干100多名；组织全县20名宣传委员参加市委宣传部举办的培训班。

2008年，为加深对省委十届三次全会精神、省委书记汪洋在梅州视察时的重要讲话精神和市委五届四次全会精神的理解，举行“推动绿色崛起，实现科学发展”宣讲。

2009年，成立梅县中共十七届四中全会宣讲团，充分发挥理论先导的作用，深入开展理论知识宣讲活动。

2011年，结合国家出台的重大决策和发展形势，按照中央和省、市的统一部署，组织专题宣讲活动。6月，在雁南飞茶田有限公司举办了“幸福广东工人农民论坛”，宣讲了幸福广东和幸福雁南飞。8月，举办了“广东院士讲坛——以创新推动梅县绿色崛起”专题讲座，邀请了中国工程院院士、暨南大学原校长刘人怀做专题宣讲。

2012年，为贯彻落实市委六届二次全会精神，扩大宣传教育覆盖面，举办“梅县建设学习型政党专题报告会”，邀请原省人大常委会副主任汤维英作《运用哲学道理认识人生，指导工作和待人处事》报告，举办“梅县学习贯彻十八大精神·经济形势分析与宏观政策走向”报告会，邀请了中国社会科学院金融研究中心副主任王国刚作专题报告。通过报告会，提高梅县各级党员干部思想政治素质，增强行政执行力。“五四”期间，开展共青团、学生会知识讲座，向团干部、学生会干部宣讲、交流，宣讲党团基本知识。

2014年，围绕中共十八大、十八届三中、四中全会精神、中国特色社会主义理论及省委书记胡春华到梅县区调研重要讲话精神等重点内容，深入基层，不断推进党的理论创新成果和中央和省、市、区委的战略部署和重大决策精神宣传到位。全年，先后开展社科专家老区行、培育和践行社会主义核心价值观基层宣讲、《习近平总书记系列重要讲话读本》辅导、十八届三中和四中全会等宣讲活动共30场次。

2018年，开展新时代党建知识宣讲，明确新时代党的建设总要求：坚持和加强党的全面领导，坚持党要管党、全面从严治党，以加强党的长期执政能力建设、先进性和纯洁性建设为主线，以党的政治建设为统领，以坚定理想信念宗旨为根基，以调动全党积极性、主动性、创造性为着力点，全面推进党的政治建设、思想建设、组织建设、作风建设、纪律建设，把制度建设贯穿其中，深入推进反腐败斗争，不断提高党的建设质量，把党建设成为始终走在时代前列、人民衷心拥护、勇于自我革命、经得起各种风浪考验、朝气蓬勃的马克思主义执政党。明确和体现共产党人的价值观：忠诚老实、公道正派、实事求是、清正廉洁。坚持做到“两个维护”：坚决维护习近平总书记党中央的核心、全党的核心地位，坚决维护党中央权威和集中统一领导。

三、形势政策宣讲

1984年，为宣传贯彻好中央一号文件，梅县市委宣传部编印《商品的严重性和发展农村商品生产的必要性》和《价值规律是一个“伟大的学校”》两个辅导课材料。先后在丙村、石扇和市贯彻中央一号文件工作集训班上演讲。在4—5月，由市委宣传部部长带头组织各科级下属单位及各领导干部分赴丙村、石扇宣讲，贯彻中央一号文件。

1986年，紧紧围绕党在各个时期的中心任务，引导广大干部、群众认真学习，深刻领悟党中央的各项方针、政策，正确分析和认清形势，深入开展形势政策教育。中共中央、国务院下发了《关于一九八六年农村工作的部署》，梅县市委宣传部根据市委的指示，及时起草下发学习宣传贯彻《关于一九八六年农村工作的部署》的通知和宣传学习要点，市委及时召开三级干部会议，认真组织学习《关于一九八六年农村工作的部署》，深刻领会文件精神实质。会后，各级党组织积极行动，迅速掀起贯彻学习《关于一九八六年农村工作的部署》的热潮。据统计，全市各单位召开干部学习会议、各类型座谈会共688场，组织市、区、乡干部1648人，深入基层向群众广泛宣传中央一号文件，听众有19.96万人。各单位在学习中，紧密联系实际，畅谈中共十一届三中全会以来的大好形势。认真总结农村巨大变化，提高贯彻执行党的路线、方针、政策的自觉性。农民群众深有体会地说：“学习党中央〔1986〕1号文件，就像吃了‘长效定心丸’”，表示要放开手脚发展商品经济，广开致富门路，尽快改变贫困状况。

按照中宣部〔1986〕9号文件要求，对干部形势政策教育主要是结合“七五”计划文件的学习，由市委宣传部领导，分别做了4个专题的学习报告。全年，部、委、办、局（公司）干部参加学习有2400多人，印发“七五”计划学习提要750份、辅导材料1600份，通过学习，广大干部、职工进一步明确“七五”期间的基本任务，振奋精神，联系实际，认真制定各部门、各单位在“七五”期间的建设规划。

1990年，在形势与任务的宣传教育中，梅县编印了东欧形势的《学习参考》6期，向广大干部群众讲清东欧局势演变原因、演变过程和我们应吸取的经验教训，从而坚定社会主义信念。总结了东风水泥厂、鸿华针织厂、广通电路板厂、松香厂、氮肥厂、造纸厂等单位面对市场疲软如何走出困境的典型经验；召开知识分子座谈会、企业政工干部座谈会。组织学习国务院总理李鹏所作的《政府工作报告》，引导干部职工正确认识国际国内形势，广大干部群众牢固树立坚定走社会主义道路的信心和决心，为稳定梅县局势作出了努力。

1991年，针对东欧和苏联的剧变，县委宣传部根据形势的发展，编写形势教育辅导材料4课教案，印发到城乡基层单位，在全县党员干部和学校师生中大力开展国际形势的教育宣讲，引导群众正确认识苏联剧变的原因，坚定建设有中国特色社会主义的信念，增强反和平演变的能力，收到良好的效果。

是年，梅县根据上级指示精神，在农村开展社会主义思想教育，在企业继续开展基本国情与基本路线教育，在中小学校开展品德教育。与此同时，在全县开展形势教育、职业道德教育、普法教育、计划生育宣传教育和国防教育等。为抓好这些教育，梅县注重调查研究，抓好示范点，根据不同的教育内容，先后在程江乡、松香厂、高级中学等13个单位抓点，总结经验。在社教中，县委宣传部派出5位宣传干部参加社教。第一批9个乡镇全面进行了社会主义思想教育，全县259个企业按照市下达的“双基”教育验收标准进行了逐一验收，均达到上级的要求，颁发了合格证书。全年组织干部职工进行普法教育，参学人数7636人，参考人数6318人，参学率96.5%。在计划生育宣传方面，举办各种宣传和讲座203次，受教育46万人次。在国防教育方面，建立健全党政领导“议军制度”“过军事日制度”“中学军训制度”等国防教育各项制度，全年开展国防教育118次，直接受教育11万多人。在全市国防教育知识竞赛中，梅县代表队荣获全市第一名。

1992年，在农村继续开展社会主义思想教育。按照县委的规划部署，1991年9个乡镇第一批开展，余下的18个乡镇，1992年分第二、三批开展，每期半年时间，至年底完成。由县镇抽调干部组成驻镇工作队和驻村工作组，指导和帮助农村开展社会主义思想教育。这项活动，机关贴近了农村，干部贴近了农民，为“三农”工作办了实事，提高了农民思想政治觉悟，紧密了干群关系，促进了农村的发展。

2000年，梅县举办“两思”（致富思源、富而思进）教育事迹报告会，雁洋镇党委、南口镇葵黄村党支部代表及种养专业户丙村镇温带颖、松口镇饶志章分别作了事迹报告，县委书记在报告会上作了讲话，与会者受到一次深刻的教育。县电视台进行了专题录像，并制成录像带，供各镇各单位组织党员干部观看。

2006年，成立梅县“保持先进性、建设新农村”宣讲团。对全县各镇（办事处、高管会）干部、驻村办干部、村干部进行了20场（次）共3000多人的宣讲培训。

2008年，开展以“学习宣传贯彻十七大精神”和“继续解放思想、争当梅州绿色崛起排头兵”等为主题的宣讲活动，组织“百课下基层”的宣讲。邀请了梅州市讲师团团长钟利文和嘉应学院教授曾先恒到梅县分别作专题辅导报告2场。组织召开宣传干部解放思想学习讨论座谈会，成立以县委常委、宣传部部长郭碧玲为团长的梅县宣讲团，深入基层宣讲 60 多场。

为深入学习实践科学发展观，贯彻落实省委、省政府关于争当实践科学发展观排头兵的决策部署和省委书记汪洋 6 月 24 日视察梅州的重要讲话精神，深化“四个梅州”发展战略，彰显后发优势，推动绿色崛起，实现科学发展，市委五届四次会议上提出推动绿色崛起、实现科学发展的战略部署，形成了关于推动绿色崛起、实现科学发展的决定。该决定发出后，县委宣传部组织宣讲团结合县委的部署和梅县的实际开展宣讲。宣讲的主要内容：一是科学发展观和推动绿色崛起的提出及科学内涵。1. 科学发展观的提出及科学内涵；2. 推动绿色崛起的提出及科学内涵；3. 当前深入学习实践科学发展观活动的步骤和目的。二是推动绿色崛起、实现科学发展的战略目标和现阶段的工作突破口。1. 战略目标：建成广东的“三名城一基地”；2. 突破口：“宜居带动宜业、宜业提升宜居”；3. 梅县建设“五大经济”：工业、农业、旅游、文化、城镇经济。三是推动绿色崛起、实现科学发展的思路举措。1. 建设宜居城乡，力促增创发展新优势；2. 培育绿色现代产业，力促经济发展新跨越；3. 增强文化实力，力促文化名城建设新突破；4. 改善民生状况，力促人民生活质量新提升；5. 加强党的建设，力促领导能力上新水平。

2011 年，开展形势教育，增强使命感、纪律观念、法制观念和工作责任心。4 月，邀请省委党校法学部主任宋儒亮到梅县程江镇作形势教育报告。6 月，在雁南飞茶田举行“幸福广东工人农民论坛——幸福雁南飞”活动，县委宣传部副部长、文明办主任、宣传系统党委书记黎志健讲述《我的幸福感悟》，并与参加活动人员互动交流。

中共广东省委党校法学部主任宋儒亮在梅县程江镇作形势教育报告（2011 年 4 月）

2012 年，为贯彻落实全市新型城市化工作会议精神，营造全社会关心、支持、参与新型城市化建设和城乡环境整治的良好氛围，县委宣传部制定了以“推进新型城市化，共建更宜居家园”宣讲活动实施方案。在全县开展纪律学习教育月期间，县委宣传部围绕教育月“加强思想道德建设，保持党的纯洁性”的主题，在县委党校干部培训班上和县经信局等单位开展宣讲，给干部讲授《道德、团结、敬业》专题课。

2016 年，结合中共十八届五中、六中全会精神，组织开展全区治国理政新理念、新思想、新战略宣讲，邀请省、市专家教授分赴雁洋镇、松口镇等 12 个乡镇开展基层宣讲活动，受益的党员干部群众 2000 多人。

2018 年，建设新时代文明实践中心，创设乡镇“围龙讲堂”，组建宣讲团，开展“学讲话、讲故事、谈感受”百姓宣讲等理论宣讲活动，设立广东省庆祝改革开放 40 周年宣讲报告会——梅县区专场，组织当地专家学者和义务宣讲员，深入镇、村、机关、企业、社区、学校开展宣讲活动，努力打造“传播党的创新理论、弘扬红色文化和客家优秀传统文化、传播和普及科学知识”的重要宣传阵地。用改革开放 40 年奋勇拼搏的动人故事、波澜壮阔的伟大历程、举世瞩目的辉煌成就、身边的发展变化、图文并茂地开展宣讲，让大家从中得到感悟、得到启迪、得到升华，从而坚定信念，树立高尚情操和远大理想，勤奋学习，砥砺奋进，努力成为建设中国特色社会主义、实现中华民族伟大复兴的中国梦的有用人才。

广东省庆祝改革开放40周年宣讲报告会——梅县区专场（2018年10月）

中共梅州市梅县区委常委、宣传部部长涂戈峰（中）在广东省庆祝改革开放40周年宣讲报告会——梅县区专场上作讲话（2018年10月）

第三节 理论研讨

梅县区各级党委注重理论学习的同时，注重理论研讨。能够理论联系实际，结合中心工作，积极运用主题研讨、征文比赛、学习讨论、竞赛活动等形式，开展形式多样的调查研究、理论研讨，提高领导干部的决策水平，提高广大干部的思想政治理论水平。

一、党建理论研讨

1978 年下半年，利用地委机关报《梅江报》转载的《实践是检验真理的唯一标准》一文，组织党员干部学习，并组织撰写有关真理标准讨论的文章，支持实践是检验真理的唯一标准的观点，批评“两个凡是”，配合和推动全县关于真理标准的学习讨论，使更多的党员干部认识这场讨论的重大意义。

1979 年，学习宣传贯彻中共十一届三中全会精神，把工作重点转移到经济建设上来。

1980 年，辩证唯物主义的思想路线，是党在长期革命斗争过程中逐步形成和确立起来的，基本点就是一切从实际出发、实事求是、理论联系实际，在实践中体会到，辩证唯物主义的思想路线是认识世界和改造世界的基本观点和基本方法，思想路线端正与否是十分重要的，是党的政治路线的基础。粉碎江青反革命集团以后，特别是中共十一届三中全会召开以后，梅县各级党组织认真总结过去工作中片面性、一刀切的教训，认真贯彻落实中共十一届三中全会精神，深入开展真理标准问题的讨论，不断清除唯心论和形而上学的流毒。为了使广大党员干部敢于从实际出发做好工作，县委宣传部引导大家搞清楚向人民负责和向上级机关负责的关系，在布置任务和措施时注意考虑各单位、各地区的实际情况，留有余地。同时，梅县各级领导干部注意调查研究，根据党的路线大胆地采取各种适合当地情况的措施，发挥优势，扬长避短，正确指导工农业生产和各项工作。在为实现“四化”的建设中，只有端正思想路线，深入实际，深入群众，调查研究，因地制宜，从实际出发才能比较好地按自然规律和经济规律办事，推动生产发展。

1981 年 6 月，组织人员参加梅县地委宣传部举办的宣传干部经济理论研讨会。这次研讨会在认识方面的收获：进一步理解了生产关系一定要适应生产力这一马克思主义基本原理；提高了对社会主义生产目的的认识；提高了对国情、国力和国策的认识；加深了对国民经济有计划按比例发展规律的认识。参加人员会后作了传达和组织宣讲。

1984 年，组织宣传理论干部参加梅县地委宣传部举办的学哲学骨干训练班。随后，梅县市委宣传部举办教员训练班，培训区（镇）兼职教员，组织区（镇）机关干部学哲学。梅县市委宣传部组织机关和公社干部学习《邓小平文选》，举办《邓小平文选》读书班，分组开展专题讨论。组织理论干部调查研究，联系实际，分 4 个专题编写辅导材料，并编印成学习辅导资料下发。

1985 年至 1987 年，重点对广大党员、干部进行辩证唯物主义和历史唯物主义基础知识的宣讲教育。组织党员、干部学习唯物论和辩证法，学习社会发展史和党史，加强共产主义的思想建设。

1988 年 3 月，撤销梅县市，分设梅县和梅江区。12 月，配合理论教育与宣传，县委宣传部举办纪念十一届三中全会召开 10 周年理论研讨会。

1993 年，开展调查研究，及时掌握在市场经济条件下政治思想教育的新动向。在社会主义市场经济理论指导下，围绕农村、工厂、学校、单位如何有效地做好党员干部群众思想政治工作，及时了解和掌握党员干部、职工的思想动态，探讨新形势下党员教育和思想政治教育的新途径、新方法，及时总结推广新经验，梅县先后组织人力深入调查研究：一是到农村调查了解农民奔康致富的情况，并写成文章上报市委宣传部，有的文章在报刊上发表；二是会同县委组织部、县经委到鸿华厂、农械厂等国有企业调查了解市场经济条件下党员教育的情况，并写出《有的放矢地抓好党员教育》等论文 3 篇，参加市委组织部、市委宣传部、市经委召开的党员教育工作研讨会，其中 1 篇论文在研讨会上作交流；三是与县总工会、县财办、县经委干部一起到县工商银行、华生发展公司、农机公司、工商局等 16 个单位调查了解新形势下企业干部职工思想政治教育的情况，写出了《试谈社会主义市场经济条件下的思想政治工作》论文，上报市委宣传部；四是与县教育局联合组织干部到华侨中学、高级中学、丽群小学、程江镇中心小学等学校调查当前中小学校开展政治思想教育情况，还指导他们认真总结、写好论文。与此同时，组织召开全县中小学思想政治工作座谈会和企事业单位干部职工思想政治工作座谈会，两次会议共收到质量较高的论文 29 篇。在座谈会上，各单位代表分别交流了他们做思想政治工作的成功经验和存在的问题。会议精神以座谈会纪要的形式，用县委宣传部文件形式分别发至全县各中小学校、各镇和县属部、委、办、局（公司）。全县干部通过认真学习市场经济理论和基本知识及《邓小平文选》第三卷后，思想更加统一，认识进一步提高，为以后始终不渝地遵循邓小平建设有中国特色社会主义理论和党的基本路线，牢牢把握经济建设这个中心，加快改革开放步伐，把社会主义市场经济、社会主义民主政治、社会主义精神文明建设不断推向前进打下坚实的思想理论基础。

1996 年，县委宣传部备好《市场经济与共产党员》等辅导课 5 个，陆续到基层开展调研和理论辅导工作。

1997 年，围绕纪念叶剑英元帅 100 周年诞辰、开展职业道德教育和梅县成立党建学会等，积极主动地开展理论研讨。其中组织撰写"叶剑英元帅加快山区建设战略研讨会"论文 2 篇、"职业道德建设理论与实践研讨会"论文 3 篇参加市举办的研讨会。组织撰写党建论文参加"梅县党建学会成立党建理论研讨会"，县委宣传部干部撰写的 4 篇论文都选入《梅县党建论文集》一书中。

1998 年，提供学习资料、加强理论研究，确保学习效果。全年，县委宣传部编发《邓小平同志部分专题论述选编》200 多份、《学习全国人大九届一次会议精神读本》4000 本、《学习文摘》12 期、《宣传动态》14 期，为各阶段的学习和做好宣传思想教育工作提供了学习资料和经验，梅县围绕江泽民总书记对广东提出的"增创新优势、更上一层楼"的指示精神，按省委、省政府在全省范围内开展"增创广东发展新优势"调研活动的要求，结合理论学习、党员教育，联系梅县实际加强理论研究，组织撰写调研文章。县委宣传部分别组织撰写 5 篇论文在市学习邓小平理论座谈会、建设农业市理论研讨会等会议上交流，并在省、市、县有关报刊中发表了论文10多篇，进一步巩固学习效果。

1999年，深入基层单位开展调查研究，继续耕耘好《学习文摘》这块供基层党员干部学习的园地，全年出版了12期5000多份，编印《宣传动态》14期2100多份，订购下发《中心组理论学习专题书目资料汇编》574本，编印《处理和解决邪教“法轮功”问题的宣传提纲》等，并以最快的速度送到各镇各单位党员干部手中，为各阶段的学习和做好宣传思想教育工作提供学习资料和教材，推动全县理论学习和党员、干部教育的深入开展。

2000年，组织社会各界人士20多人举办“两思”（致富思源、富而思进）教育专题座谈会。

2005年，在县委党校举办理论骨干培训班；同时抓好基层宣传思想工作的调研，撰写一批有质量的调研文章，收集基层宣传委员的调研文章19篇。

2006年，抓好基层宣传思想工作的调研，开展建设社会主义新农村宣传思想工作调研活动，收到论文16篇，其中白渡镇的论文在全市宣传委员培训会上进行交流。配合市委宣传部做好在城东镇、雁洋镇召开新农村建设现场会工作，结合省委宣传部的新农村调研组织到石扇镇、城东镇开展调研活动。

2007年4月，县委宣传部在县供电局会议室召开梅县基层党委（党组）中心组理论学习经验交流会，共同研讨和交流理论学习经验体会，了解和掌握理论学习资料准备、开展理论学习内容和效果、理论学习资料建档和保管等工作，全县各党委（党组）派代表共100多人参加。

2008年，扎实开展解放思想学习讨论活动，进一步促进领导干部思想解放。按照《中共梅县县委关于开展“继续解放思想，坚持改革开放，争当梅州绿色崛起的排头兵”的实施意见》的部署，县委宣传部发挥县委解放思想学习讨论活动领导小组办公室的职能作用、精心组织、督促、指导全县开展学习讨论活动，不断掀起了各阶段学习讨论的高潮。及时下发有关通知，做好阶段活动总结，制订转段活动计划，协调组织县督查组对全县的督查指导，组织群众评议活动，做好迎接市督查组的阶段检查准备工作。加强与市委学习讨论活动办公室的沟通协调，及时上报梅县开展活动情况。积极联系落实全县十大专题组的学习调研，编印了《梅县十大专题调研报告专辑》，办好学习讨论活动简报，共出版23期5000多份。县宣传系统组织召开宣传干部解放思想学习讨论座谈会，开展学习研讨和交流，加深对省委提出解放思想教育内容的理解。

2011年5月，县委宣传部在高级中学开展以《保持党的先进性，做建设“宜居梅县”的推动者》为主题的党员干部理论教育课，给该校师生和入党积极分子就新时期如何保持党的先进性、如何在工作中、学习中提升本领、取得好成绩作了很好的研讨和讲解。

2013年，开展学习型党组织建设示范单位的学习交流活动，加强教育培训，完善学习制度，全面推进全县学习型党组织创建和学习型班子建设的规范化、科学化。

2013年年底，梅县撤县改区，称为梅县区。

2015年，全区围绕中共十八大和十八届三中、四中、五中全会精神及中国特色社会主义理论等重点内容，先后组织开展传达市委六届五次全会精神宣讲、培育和践行社会主义核心价值观宣讲、“三严三实”专题教育暨“四个全面”战略布局宣讲、中共十八届五中全会精神宣讲，共30场次，受众3000多人。按照省、市委宣传部要求，全区开展各类讲坛论坛的摸底清查工作，建立完善专题讲座审核报批制度，切实加强报告会、研讨会、论坛和讲座的规范管理。

2018年，改革发展需要正确的思想指引，需要正确的理论指导。进入新时代，新理论指引前进方向。改革开放以后，马克思主义同中国实际相结合形成了第二次历史性飞跃的理论成果，这一成果是中国特色社会主义理论体系。中国特色社会主义理论体系，就是包括邓小平理论、“三个代表”重要思想、科学发展观、习近平新时代中国特色社会主义思想等重大战略思想在内的科学理论体系。这一理论体系是党工作的行动指南，指引着建设中国特色社会主义伟大事业不断向前迈进，攻克难关，砥砺奋进，并取得巨大成就。

进入新时代，梅县区用习近平新时代中国特色社会主义思想武装头脑、指导实践，做到方向明确、思维清晰、方法灵活、收获丰硕。新时代党建研讨，用习近平新时代中国特色社会主义思想指导，结合梅县区党建实际，紧紧围绕山区党建、农村党建、客家地区党建、革命老区和原中央苏区党建、生态环境长寿之乡党建情况，扎实推进梅县区党建的研究工作。论文《在信息时代下如何增强基层党组织的领导核心作用研究》获得全市三等奖。

二、围绕区委中心工作课题研讨

1988年3月，撤销梅县市，分设梅县和梅江区。

1992年，在县属机关、事业单位和乡镇机关干部职工中开展“我为经济发展干什么”大讨论。通过开展“我为经济发展干什么”大讨论，有效地提高了干部职工的思想认识，转变了作风，在服务经济、发展经济，主动为基层、为企业服务方面，取得了初步成效。

通过开展学习和讨论，梅县广大干部群众思想得到解放，观念得到更新，实现了4个转变：1. 把因循守旧、闭关自守的保守思想转变为敢想、敢闯、敢于开拓，加快发展的新思想；2. 把只重视农业、忽视二、三产业的纯农业思想转变为一、二、三产业综合发展的新思想；3. 把传统的产品经济、计划经济的思想转变为大力发展社会主义市场经济的新思想；4. 把各自为政、小局为大的衙门思想转变为想经济、促经济，以经济发展大局为重的思想。思想观念的转变，带动了经济的发展，全县各乡镇出现了经济建设蓬勃发展的好势头。

1995年，理论研讨重点围绕“国有企业改革、土地使用制度改革、对外开放”等问题展开。国有企业改革和建立现代企业制度问题的研讨，全县国有企业的厂长、经理积极参与，其中，19位企业的厂长、经理以及主管部门的领导撰写的论文送研讨会，经评审，县经委谢加鹏等8人撰写的论文获得优秀奖；9篇论文被《梅州日报》采用。同时，把19篇论文编印成册，命题为《梅县现代企业制度与国有企业改革研讨论文》。此外，积极撰写理论文章参加市举办的各类理论研讨。其中，参加“梅州市现代企业制度理论研讨会”，上送论文9篇，侯达丰、张彦明撰写的《适应市场经济体制需要，构建企业组织形式》和钟鹏盛撰写的《全面理解建立现代企业制度的内涵》等获得优秀论文奖；参加梅州市深化土地使用制度改革理论与实践研讨会，上送论文6篇，有4篇在大会上作交流；参加梅州山区对外经济研讨会，上送论文2篇，有1篇在大会上作交流。

2002年，县委主要领导组织有关领导成员和部门负责人结合学习市委书记刘日知到梅县调研时的讲话精神，多次深入调研，作出了建设梅县高新技术产业园区的决定。各镇各单位按照十六大精神，结合实际，深入调查研究，总结成绩，查找差距。采取“六看”：看“三个代表”重要思想的学习贯彻情况；看经济的发展情况；看民营企业的推动情况；看精神文明的建设情况；看群众生活的变化情况；看干部队伍的作风情况。查缺补漏，发扬成绩，把思想统一到十六大精神上来，把行动落实到十六大要求上来，掀起新一轮的经济和社会发展热潮，不断促进梅县经济和社会的全面进步。

2003年，中共广东省委书记张德江、省长黄华华等省领导先后到梅县视察，市委书记挂钩联系梅县，给梅县定方向、出新招、鼓干劲。县委在积极组织开展“加快梅县新发展，大家都来添光彩，自己和单位应该作什么贡献”思想大讨论的基础上，组织力量对确立的包括政治、经济、文化等领域的八大专题进行全方位系统深入的调研，进一步摸清县情，理清发展思路，形成梅县开放活县、工业强县、农业稳县、民营富县、旅游旺县、文化兴县、依法治县“七大发展战略”，提出“五年打基础，十年翻两番，2015年全面达康”的奋斗目标。实践证明，“七大发展战略”符合十六大精神，符合省委、省政府和市委、市政府的要求，符合梅县实际，符合全县人民的根本利益，体现了全面、协调、可持续的科学发展观，成为全县广大干部群众的共识。

2005年，县委中心组所有成员密切联系当前国际国内形势和全县工作大局，结合梅县改革发展稳定的实际，围绕全局性、战略性、前瞻性的重大问题，设计调研选题，提出调研方案，认真开展专题调研。学习中央一号文件，所有中心组成员深入挂点乡镇和挂点村进行调查，找出存在的突出问题，在学习中不断得到解决。

2006年至2007年，坚持经常带着问题走出去，沉下去调查研究，听取群众的建议和意见。如2006年，为了深入贯彻落实中共十六届六中全会精神，针对解决改革发展中和建设社会主义新农村中存在的问题，县领导深入全县多个镇、村、县直有关单位、部门，走访干部群众，采纳了一系列解决实际问题的意见和建议。县委中心组成员深入挂点单位，听取和收集村镇党务工作人员和不同类型的非公有制企业党组织负责人、党员、企业主对开展“三个走在前教育”活动的意见和建议。县委书记、中心学习组组长率先垂范，带头下乡开展调研工作，通过调研，县委、县政府提出梅县创“中国旅游强县”和“全国绿化模范县”。领导示范有力地推动全县理论学习、宣传和实践。两年来，全县开展理论与实践讲座、宣讲180多场次，听课党员干部2万多人次。

2008年，广东省委决定，在全省开展“继续解放思想，坚持改革开放，争当实践科学发展观的排头兵”学习讨论活动。梅县县委成立“解放思想学习讨论活动领导小组”，下设办公室，办公室设在县委宣传部。县委召开动员大会，提出学习讨论活动的重要意义和活动要求，领导成员分别开展调研活动，在水车镇召开研讨会，组织人员成立宣讲团，出版刊登研讨文章的专刊专栏。

3月，围绕“解放思想、改革创新、实现绿色崛起”，深入开展专题调研，做到边学、边研、边用。一是充分认识解放思想大讨论活动专项调研阶段的重要性。县委召开转段动员会，县委书记提出明确此阶段是大讨论活动的关键环节，能否真正将本单位的现状、存在的问题，查准、查实、查清根源，全面性解决，直接关系到以后工作的开展。二是领导高度重视，强化措施，狠抓落实。通过动真格、用实劲，集中力量认真开展讨论调研活动，明确活动时间，保证学习效果，确保大讨论活动扎实开展。全县各级各部门进一步提高认识，并按照《梅县解放思想学习讨论活动十大专题调研的分工安排》，确定负责人、牵头单位、配合单位，落实责任，形成十大专题调研的实施方案，切实做好专题调研工作。紧紧抓住科学发展这个主题，精心组织、扎扎实实开展十大专题调研活动，为实现梅县“超五跨百”（财政一般预算收入超过5亿元，GDP跨越100亿元大关），争当“绿色崛起”排头兵摸清情况、提供依据。开展深入式调研，县委书记和县长带头深入所挂镇开展调研工作，在第二阶段中5次调研，提出梅县经济和社会又好又快发展的新举措。在书记、县长的带领下，全县各级领导深入基层，形成开展调研工作的浓厚氛围。开展问卷式调研，县委宣传部、县农业局等单位开展问卷调研，收到调查表500多份，归纳关于改革发展的建议18条。开展讨论式调研，各单位纷纷召开座谈会、研讨会，广泛征求意见建议，不断形成各单位具有特色和亮点的专题调研材料，共收集各单位部门的实施方案130多份、开展调研性情况汇报150多份，为促成此阶段工作的顺利开展提供充足的“源”动力。

注重长远效益，边学边研边用，落实成果运用，促进梅县社会事业长足发展。好的战略、好的思路需要落实。梅县紧紧围绕“推进思想解放，更新发展理念，发展五大经济”这一主题，结合实施“七大发展”战略等全县中心工作，把理论与实践相结合，边学、边研、边用，确保“大讨论”活动取得实效。一是积极探求经济发展新模式，用全局的眼光、长远的眼光谋划，凝聚全县力量，做好各项工作。二是思想上、行动上实现了“四新”：1. 观念有新飞跃，形成符合科学发展观要求的思维理念。2. 工作有新突破，发展定位和方向更加明确。3. 落实有新举措，推动发展的体制机制和工作载体不断拓展和完善。4. 成效有新体现，以新的工作业绩、新的工作成果推动各项工作上新水平。在全县上下形成“干净干事谋发展，群策群力争上游”的良好氛围。

2011年，是换届选举年，乡镇的宣传干部队伍有较大的调整，针对这种情况，县委宣传部组织全县乡镇宣传委员参加全市宣传干部培训班，学习研讨新形势下的宣传思想工作。通过培训，进一步强化思想和业务素质，提升基层宣传文化的工作能力。如何更好地贯彻落实十八大精神，结合梅县实际，县委初步提出以“争当全省生态文明建设排头兵，创建山区科学发展示范县”为目标，全县上下认真开展讨论，联系工作实际提问题、讲看法、出实招。

2013年年底，梅县撤县改区，称为梅县区。县委开展撤县设区调研，分析撤县设区后的优势和短板，为县委工作提供有益的参考。《梅县新城文化旅游发展探析》《共建美丽乡村，共享生态文明》等论文，为县政府做好文化旅游和生态旅游工作提供良好的素材。

三、社会科学研究和成果

1994年，加强企业职工思想政治工作研讨，总结隆文水泥厂《加强思想政治工作，促进企业腾飞》、金石企业集团公司《从提高职工素质入手，大力加强思想政治工作》、白渡水泥厂《切实做好政治思想工作，促进企业快速发展》等经验材料3篇，在全县企业中推广；撰写《浅谈市场经济发展给社会公德带来的消极影响和对策》论文，并在市委宣传部组织的市场经济与伦理道德研讨会上介绍，得到与会者的好评。

1997年，进一步加强企业思想政治工作的研究。指导东风企业集团公司、梅县造纸厂、梅县石油公司先后成立了政研会，组织石油公司等单位撰写3篇论文参加市政研工作年会。

2007年，与市社会科学界联合会、雁洋镇党委联合开展“叶剑英与梅州”征文活动，并出版《叶剑英与梅州》一书。

2011年至2012年，参加省、市社科联工作会议，在全县开展科普宣传活动，总结推广科普工作先进典型。县委宣传部黎志健被评为广东省先进科普工作者。

2013年，深入基层调查研究，形成一批社科研究成果。撰写了“如何更好地挖掘、保护和弘扬、提升客家文化”的专题调研材料。

2014年，组织和发动广大党员干部积极申报，踊跃参评“市第十次哲学社会科学优秀成果评奖”活动，上送申报了《浅谈近代梅州美术家在中国近现代美术史上的成就与影响》《客家民居》（梅县卷）等成果。培育和发展人文社科普及基地，做好申报松口镇大黄村、雁洋镇南福村为示范基地前期准备工作。抓好组织实施、高质量完成《梅州客家民居“围龙屋”建筑装饰艺术的意象研究——以梅县为中心》《中小学教师教育技术能力培养的研究》等哲学社会科学2014年度课题项目申请结项工作。

2015年，组织做好市哲学社会科学年度规划项目结题工作，论文“浅谈现代梅州美术家在中国近现代美术史上的成就和影响”获评“梅州市第十次哲学科学成果”优秀成果奖论文三等奖；《客家古居民建筑装饰中非物质文化遗产项目传承与保护的思考——以梅县区“客家门神画”为例》论文获文化部优秀论文奖（最高奖）。组织参加市委宣传部主办的“建设富庶美丽幸福和谐梅州大家谈”论文征集活动，区委宣传部获得活动组织奖，有2篇论文获得三等奖，4篇论文获得优秀奖。开展社科普及示范基地建设工作，被认定为市社科普及示范基地3个，被评为市社科普及先进基地1个。

2016年，抓好哲学社会科学优秀成果评奖和规划课题申报工作，参评梅州市哲学社会科学优秀成果4项，申报梅州市2016年规划课题1项。

2017年，人文哲学社会科学工作有新成果。积极组织哲学社会科学优秀成果评奖和规划课题申报工作，人文社科普及示范基地培育管理力度不断加强。由梅县区选送的《梅县撤县设区现状调研》课题获得梅州市哲学社会科学优秀成果三等奖。

2018年，积极联合社科界、理论界，深入推进理论研究阐释工作，列出一批重点选题，形成有分量、有价值的研究成果，切实把十九大精神落实到位，为谋划发展新局出谋助力，把习近平总书记的重要批示精神转化为具体的工作措施和实在的工作成效，以优异的成绩开创工作新局面。梅县区选送的《践行新发展理念，推进供给侧结构性改革》《在信息时代下如何增强基层党组织的领导核心作用研究》分别获得全市二等奖和三等奖。

附：梅州市人文社科普及示范基地名册

2013年度：

梅县区雁洋镇长教村（国家级）

梅县区南口镇文化活动中心

2014年度：

麓湖山文化产业园

梅县区松口镇大黄村

梅县松口“松江大酒店”华侨文史实物馆（市收藏家协会）

2016年度：

梅县区水车镇黄琪翔郭秀仪纪念馆

第四节　党员教育

党员教育作为宣传部门开展理论教育工作的重要组成部分和常规性工作，围绕党的建设实际情况和各个时期的中心任务，以多种形式对广大党员干部进行中国共产党章程（简称“党章”）、党的基本知识、党员修养、党风党纪教育，加强党员思想、政治、作风建设，提高基层党组织思想建设水平，增强基层党组织的凝聚力、战斗力，保持党员队伍先进性和纯洁性。

一、党章学习教育

1979年，中共十一届三中全会以后，党员教育工作得到加强。在中共梅县县委直接领导下，各级党委、党的基层组织从健全组织生活入手，落实党支部的“三会一课”制度，组织党员学习党章，特别是对党员的权利和义务等党的基本知识教育，让广大党员认真履行党员的权利和义务。

1978年至1980年，在深入揭批林彪、江青反革命集团的极“左”路线中，各级党组织按照上级党委部署，加强党的建设，分期分批轮训了党员，对党员进行党章、党风、党纪教育。3年多来参加学习的有54245人次。特别是各级党组织把学习《关于党内政治生活的若干准则》作为一件大事来抓，联系实际，对党员进行一次以准则为主要内容的思想政治教育。广大党员以准则为镜子，对照检查，开展批评和自我批评，自觉地解决思想、工作、作风等方面存在的问题，使党的优良传统和作风逐步得到恢复和发扬。

1981年至1982年，根据党中央的指示精神，以《中国共产党章程（修改草案）》和《关于党内政治生活的若干准则》作为党内政治思想教育的基本教材。对全体共产党员进行党风党纪教育、共产主义人生观教育，坚信党的领导和坚信社会主义制度优越性的教育，以及前途理想的教育。联系实际，认真检查在贯彻执行党的路线、方针、政策、遵纪守法，联系群众，为人民谋福利等方面做得怎么样，围绕这些问题开展批评与自我批评，改进作风，加强团结，在各方面充分发挥共产党员的先锋模范作用。

1983年5月，县委宣传部部长参加梅县地委宣传部召开的全地区党员教育工作会议。

会后，总结前段党员教育工作情况，安排党员教育内容，以新党章为主要内容，对全市党员进行一次脱产集中学习，分批轮训。广大党员通过轮训，组织观念和模范带头作用增强了，特别是遵守党的政治纪律，在政治上与党中央保持一致的自觉性增强了，党风有所好转，党的威信有所提高。

1984 年至 1986 年，用 3 年时间，按照党中央的部署，由上而下分期分批进行了整党。整党开始以后，首先用较长时间学习文件，学习党章，对照检查，进行思想整顿、端正党风。在增强党支部的战斗堡垒作用和发挥党员的先锋模范作用等方面，都取得较好的效果。

1988 年 3 月，撤销梅县市，分设梅县和梅江区。

1988 年至 1990 年，为坚持党“全心全意为人民服务”的唯一宗旨，坚持理论联系实际、密切联系群众、批评和自我批评的优良作风，实行从严治党的方针。梅县在全面进行整党和民主评议党政领导干部的基础上，学习贯彻中共十三届四中全会精神，健全“三会一课”的学习制度，深入进行马克思列宁主义、毛泽东思想教育、党的基础知识和党的纪律教育。

3 年来，梅县注意结合实际，突出抓好政治纪律教育和廉政教育。抓好政治纪律教育，维护党的集中统一是增强党的战斗力的重要一环。始终注意抓好对广大党员的政治纪律教育，要求广大党员在治理整顿和深化改革过程中，自觉地坚持四项基本原则，坚定不移地贯彻执行党的基本路线，按照少数服从多数，个人服从组织，下级服从上级，全党服从中央的原则，维护全党的集中统一，保证党的路线的顺利贯彻。根据中央《关于党和国家机关必须保持廉洁的通知》精神，开展以廉洁为主要内容的纪律教育，通过认真学习中央有关文件和省纪委编印的有关资料，统一思想、提高认识。

1991 年至 1993 年，在县委的统一领导下，在全县党组织和党员中进行系统的党内法规学习教育活动。通过组织广大党员特别是党员领导干部系统学习中央纪委 1988 年以来颁发的有关党纪处分的 8 个规定，学习《中国共产党章程》和《关于党内政治生活的若干准则》，联系实际，抓住重点，认真解决党风和廉政建设以及执行党的纪律中存在的突出问题。1992 年 12 月初，配合县委组织部举办为期 4 天的农村党支部书记培训班，420 人参加，重点学习中共十四大报告和新党章。1993 年，梅县印发《关于组织学习〈邓小平文选〉第三卷的通知》，全县有 500 多人参加学习《邓小平文选》骨干培训班。

1994 年，全县 6000 多人参加学习邓小平建设有中国特色社会主义理论基本知识竞试活动。

1995 年，县委领导成员通读《邓小平文选》第一至第三卷，各基层党委每月学习 1 次，学习党章和《邓小平文选》。全县举办 6 期共 638 人参加的学习理论骨干培训班，组织全县 2000 多名党员干部参加学习《邓小平建设有中国特色社会主义理论学习纲要》的考试。

1996 年，组织党员干部重点专题学习邓小平关于加强思想道德文化建设、精神文明建设、跨世纪发展战略等理论，全年全县举办各类骨干培训班 6 期共 598 人（次）。为引导党员干部学以致用，县委宣传部与县委组织部联合在党员干部中开展以学理论、学党章、为群众办好事实事、为群众排忧解难为主要内容的“双学双为”活动，全县上下讲学习、讲政治、讲正气和求真务实的风气初步形成。

1997年，中共十五大把邓小平理论写进党章，确定为指导思想。中共十五大召开后，全县各级党组织掀起开展学习中共十五大精神和中国共产党章程热潮。各级党委（党组）中心组进一步健全“四有”（有计划、有重点、有写心得体会、有检查考核）学习制度，县委宣传部编印《学习文摘》6000多份，培训理论骨干190多人（次），组织党员干部专题学习中央吊唁邓小平的3个文献、邓小平改革与发展理论和市场经济发展理论、邓小平精神文明建设理论等。

1998年，县委宣传部紧紧抓住县第九次党代会选举代表和纪念建党77周年为契机，做好党员教育工作。通过给党员上党课，进行党的民主集中制教育，全县受教育的党员达2万多人。

1999年，抓好党员的学习教育活动，提高党员队伍的思想政治素质和科学文化素质。按照中央提出的“三讲”要求，组织广大党员深入学习邓小平理论，学习党章和中共十五大文件，学习党的路线、方针、政策，特别是针对邪教“法轮功”问题，在全县党员中开展多次的学习教育活动，积极抓好党的思想政治建设。据统计，全县共举办骨干学习班88期，参加学习的有1.89万人（次）。在学习教育活动中，结合抓好6、7月份的纪律教育和党章学习月活动，抓好农村党员、干部的实用技术培训；在全县各级党组织和党员中开展为基层、为群众办实事好事活动。理论联系实际，用学到的理论去指导实践和解决实际问题，进一步提高广大党员干部改造客观世界和主观世界的自觉性，提高思想政治素质、理论水平和工作能力。

2002年，广大党员干部采取集中学习与自学相结合、学习十六大报告、修改后的党章与学习辅导材料相结合、学习与座谈相结合、学习与实践相结合，认真领会十六大精神，用十六大精神统一思想和指导行动，推动各项工作任务的落实。重点抓好机关党员干部的理论学习，通过完善学习制度规范了机关党员干部的学习，从而推进机关党员干部的作风建设。

2003年，梅县各镇充分发挥镇党校这个理论阵地的教育功能作用，分别举办党支委培训班、党员培训班、入党积极分子培训班、村干部培训班等，系统地组织学习党的基本知识、理论知识和有关法律法规，进一步提高党员干部的思想政治素质和工作水平。县委宣传部编印《学习文摘》12期共5万多本，向市委宣传部订购《中心组理论学习专题书目资料汇编》《“三个代表”重要思想学习纲要》共2000多册，切实为基层党组织、党员提供理论学习的教材和资料。

2004年，梅县各镇各单位党支部定期组织广大党员观看党员教育专题录像片，各镇充分发挥镇党校这个理论阵地的教育功能作用，分别举办党支委培训班、党员培训班、入党积极分子培训班、村干部培训班等，系统地组织学习党的基本知识、理论知识和有关法律法规，进一步提高党员干部的思想政治素质和工作水平。县委宣传部编印《梅县宣传》（双月刊）6期共6000多本，分别赠送给全县各镇各单位；编印《学习贯彻“三个代表”重要思想必读文件资料汇编》等。

2005年，抓好党员干部学习教育及理论骨干的学习培训。召开宣传干部学习十六届五中全会精神座谈会，组织开展县直机关干部学习十六届五中全会精神有奖竞试活动，结合基层开展先进性教育送课下乡，结合县直工委抓好入党积极分子的培训，为他们上党课和提供学习的教材和资料。

2007年，中共十七大召开后，开展学习教育活动，组织党员学习大会精神，学习科学发展观提出的历史背景、科学内涵和精神实质，学习党章关于党员权利和义务等内容，学习后撰写心得体会文章。

2008年，以提高党员干部理论素养为目的，抓好党员教育和理论骨干的学习培训。认真备课、精心选题，为梅县300多名入党积极分子、县直机关100多名预备党员进行学习党章和理论辅导。

2009年，积极做好党员教育及理论骨干的学习培训工作，努力提高党员干部的理论素养。以《学习实践科学发展观，做新时期的先锋战士》为主题，培训入党积极分子，组织全县宣传委员参加市、县举办的理论与业务的学习培训。

2001年，学习优秀共产党员梁质寿事迹。县委发出《关于开展向梁质寿同志学习活动的通知》，专门召开各镇各单位领导干部共500人参加的学习动员大会，对开展这一活动提出总体要求，号召全县广大党员干部深入学习梁质寿的先进事迹，牢记党的宗旨，为党和人民的事业作出贡献。

2012年，中共十八大通过的《中国共产党章程（修正案）》，把科学发展观列入党的指导思想。梅县组织党员学习党章和章程修正案，让广大党员明确：把科学发展观写在党的旗帜上是这次党章修改的最大亮点和最突出的历史贡献，体现了党的理论创新和实践发展的成果，体现了中共十八大确立的重大理论观点和重大工作部署，对以改革创新精神全面推进党的建设新的伟大工程、提高党的建设科学化水平提出了明确要求，从而增强“四个自信”，激发工作干劲。

2014年，聚焦“四风”，深入开展群众路线教育实践活动。组织全体党员干部认真学习中国特色社会主义理论体系，学习党章，学习习近平总书记系列讲话精神等，使践行党的根本宗旨成为党员、干部的普遍自觉。

2016年，全县开展“学党章党规、学系列讲话，做合格党员”教育活动。区委办公室发出《关于在全区党员中开展“学党章党规、学系列讲话，做合格党员”教育实施方案》后，6月28日，区委宣传部发出关于召开《“学党章党规，讲政治、守纪律、懂规矩”专题学习研讨会》的通知，深入开展“两学一做”专题学习研讨。区委带头开展研讨，于6月底在区委、区政府前楼5楼会议室召开“两学一做”之“学党章党规，讲政治、守纪律、懂规矩”专题学习研讨会。在区委的带领和指导下，全县广大党员围绕“学党章党规，讲政治、守纪律、懂规矩”这一主题进行学习和研讨，许多党员还专门撰写了专题学习研讨发言材料和学习心得。

2017年，开展主题党日活动、党员组织生活会，学习党章，重温誓词。10月，中共十九大召开，习近平总书记作了题为《决胜全面建成小康社会夺取新时代中国特色社会主义伟大胜利》的报告。大会通过了关于《中国共产党章程（修正案）》的决议，习近平新时代中国特色社会主义思想写入党章。会后，县直各单位、各镇党委开展学习活动，学习习近平新时代中国特色社会主义思想、学习中共十九大精神、学习《中国共产党章程（修正案）》的决议和党章。

2018年，组织党员上党课，参观学习红色景区、革命旧址，重温入党誓词，开展革命传统教育。3月2日，区招商局召开“两学一做”学习教育会，邀请市委党校老师袁祖浩做辅导报告，深入学习《中国共产党章程》和《党组工作条例》，推动全局党员切实增强党章意识，争当合格党员。

二、党的知识教育

中共十一届三中全会以后，党员教育工作得到加强。在中共梅州市梅县区委直接领导下，各级党委、党的基层组织从健全组织生活入手，健全党支部的“三会一课”制度，对党员进行党的纲领、路线，党的性质、宗旨，党员的权利和义务等党的基本知识、基本路线和马克思主义基本理论的教育，帮助广大党员提高思想政治觉悟。

1978年秋，在全县党员干部中广泛开展《实践是检验真理的唯一标准》问题的讨论，使全县党员受到马克思主义教育。

1980年6月，为深入贯彻中共十一届五中全会精神，加强党员教育，各公社（镇）、县直机关、单位普遍用7天时间，举办党员训练班。全县参加学习的党员有18486人，占党员总数的90%。

1981年至1982年，全县各级党组织和全体共产党员学习贯彻中共十一届三中全会、四中全会、五中全会精神和五届人大第三次会议精神，继续肃清林彪、江青反革命集团极“左”路线的流毒，总结过去经验教训，正本清源，紧紧抓住经济建设这个中心，大力发展工农业生产。教育广大党员按照准则和新党章（草案）办事，坚持四项基本原则，坚信党的领导，坚信社会主义制度的优越性，坚持走社会主义道路，反对消极退坡，怕苦畏难，贪图安逸，只顾个人利益“向钱看”等错误思想和行为，发扬党的优良传统和作风，做一个合格的共产党员。

1983年6月，梅县与梅州市（县级市）合并改称梅县市。

1983年至1987年，梅县市委根据党员队伍不断壮大和迎接全国性的整党工作，组织市委宣传部、市委组织部和各区宣传委员编写党课教材，培训党员教员。全市党员开展正面教育，学习党章、学习《关于党内政治生活的若干准则》，学习党的建设和党的基础知识，进行一次党风党纪和党的宗旨教育。1983年，梅县地委宣传部增设党员教育科，随后，梅县市委宣传部也增设党员教育科，加强对党员教育工作的组织领导，使党员教育工作朝着正常化、制度化方向发展。根据中共中央的决定，即从1983年下半年开始，用3年时间，对党的作风和党的组织进行一次全面整顿的指示精神。梅县市委成立党员教育工作领导小组，由分管党群工作的副书记任组长、宣传部部长任副组长，由宣传部具体实施这项工作。市委决定在全市开展一次普遍的党员教育活动，发出《关于加强党员教育工作的意见》，并召开全市党员教育工作会议，部署党员教育工作。

1984年，根据地委宣传部〔1984〕7号文件《关于分期分批举办训练班，组织全体党员认真学习〈中央整党决定〉的通知》精神，主要抓了以《中央整党决定》为主要内容的学习。全市36个区、镇，78个局以上单位党委（党组、总支、支部），均在8月底前组织新进党员进行轮训。全市25008名党员，参加学习22757名，占党员总数的91%，其中参加学习的巡视员、调研员（含退休干部）150人。同时还吸收机关、企业、乡村表现好的党员发展对象，有310人参加学习，着重上了《整党的必要性》《整党的任务》《整党的基本方法和革命政策》《中央对党员和党员领导干部的要求》《整党必须防止走过场》5个专题辅导课。党员轮训后，组织了测验，成绩较好的有1.05万人，一般的有1.15万人，较差的有500人。全市组织党员轮训的具体做法有6条：1. 由市委宣传部下发〔1984〕8号文件，强调组织党员学习的指导思想、目的、意义、学习方法和要求。2. 召开全市宣传工作会议，请市委副书记陈百川动员和部署工作。3. 培训3天，学习骨干110人，编写辅导教材1700份，发至基层支部。4. 协同地委宣传部编写“党员必读”宣讲提纲，帮助基层党员订购整党学习资料共2.5万份。5. 市委、市政府拨款3万元，其中财政拨款1.8万元，党费拨款1.2万元，重点解决农村党员轮训期间的经费。6. 组织宣传干部30人深入基层协助调查学习情况。通过轮训学习，全市广大党员在整党前普遍理解一次较系统较全面的学习和教育，为全面开展整党打下了良好的思想基础。

1985年7月开始至1986年年底，以一年半的时间，市、区、乡分期进行整党，有2775名党员参加整党学习，改不正之风。为了配合市委切实抓好区、乡级的整党工作，市委宣传部做法主要有：一是按照中央整党决议和十二大精神，结合区、乡党员的状况和机关整党后遗留的问题，写了6篇党员教育辅导课编印成册，发至基层党支部进行学习。二是派出干部深入联系挂钩点协助搞好整党，先后派出11位干部到联系挂钩点城北、瑶上参加整党工作。先后派出7位干部参加整党办负责编写简报工作，他们在工作中深入基层，及时总结推广整党单位的先进经验，全年共编写整党简报89期。通过整党，全市党员受到一次思想路线、政治路线、加强党的团结统一、加强党的民主集中制和组织性、纪律性的思想政治教育。1986年，市委宣传部大力协助有关部门开展了普及法律常识的教育工作。整党结束后，党员教育转向经常化。每年秋冬季节，以乡镇为单位，集中党员学习5—7天，围绕改革开放、发展商品经济、脱贫致富、改变山区落后面貌进行教育。

几年来，梅县市着重组织党员学习十一届三中全会的重要文件，学习党中央有关建设社会主义的理论和政策，认真学习十一届六中全会通过的《关于建国以来党的若干历史问题的决议》。学习十二大的报告和新党章，学习《邓小平文选》和陈云的文章，学习中央关于整党的决定。在积极办好党校的同时，采取层层办党员学习班、分期分批轮训、脱产学习与业余学习相结合等办法，加强对党员的思想教育。通过轮训学习，各级党组织和广大党员进一步解放思想，提高执行党的路线、方针、政策的自觉性。在加强政治思想教育的同时，各级党组织还加强对党员的业务和文化的教育，鼓励和帮助他们参加各系统业务干校、电视大学、函授大学等各种形式的业务和文化学习，提高党员的专业知识水平和文化水平。

1988年3月，撤销梅县市，分设梅县和梅江区。

1988年至1989年，普遍进行马克思列宁主义、毛泽东思想的教育和党的基本路线的教育，有效地提高广大党员、干部、群众坚持四项基本原则的自觉性。

1990年，党员教育工作主要是围绕中共十三届四中、五中、六中全会的精神，在抓好形势教育与纪律教育的同时，着重对全县党员进行“三基”教育，即马克思主义基本理论教育，党的基本路线教育和党的基础知识教育。是年，县委宣传部配合县委组织部、县委党校，培训了农村管理区支部书记和机关企事业单位的辅导骨干，为全面开展“三基”教育打下坚实的基础。各乡镇以乡镇党校为阵地，对农村党员进行了1—2次的培训。县直机关在各支部的努力下，也全面完成教育任务。在党员中进行“三基”教育，对提高党员的政治思想素质，更好地发挥党员的先锋模范作用，增强支部的战斗力，起到积极的作用。

1991年，县委宣传部与有关部门密切协作，对党员进行“三基”教育。同时，结合纪念建党70周年活动，认真组织党员学习党史和党建理论，开展党规法纪教育、形势教育等。在开展纪念建党70周年系列活动中，拍摄梅县革命史教育电视片《梅岭曙光》，组织全县“三基”知识竞赛，举办建党70周年文艺晚会、“党的光辉照梅县”展览和“梅县革命史陈列”，编印学习优秀共产党员沈国发《学习手册》《事迹报告集》，印发介绍32名获得省、市、县表彰的优秀共产党员事迹的《先锋颂》刊物共2万多册，开设《先锋颂》电视、广播专题节目。全县自编教材255篇，乡镇轮训党员122期，上党课292次，党校培训支委70期，培训党员37801人（次）。

1993年，组织党员干部学习社会主义市场经济理论和《邓小平文选》第三卷。县委宣传部围绕社会主义市场经济理论的6个重点，组织县直属机关干部共3000多人进行集中辅导，并组织人员到各乡镇上辅导课。为检查学习的效果，县委宣传部印发了试卷1.1万份，全面进行考试。县属每个单位完成学习心得体会文章或论文1篇以上。

1994年，县委宣传部在党员、干部中举行学习建设有中国特色社会主义理论和基本知识竞试活动，有6000多人参加考试。县直机关和企事业单位的党员、干部坚持每周安排时间在职学习；农村基层党员除坚持参加支部学习外，还以镇党校为阵地参加轮训。

1996年，为引导党员干部学以致用，县委宣传部与县委组织部联合在党员干部中开展以学理论、学党章、为群众办好事实事、为群众排忧解难为主要内容的“双学双为”活动。

1997年，重点组织全县党员干部开展5个专题的学习，即学习中央吊唁邓小平的3个重要文献、邓小平的改革理论和市场经济理论、邓小平的发展理论、邓小平的精神文明建设理论以及中共十五大文件精神。中共十五大召开后，县委下发《中共梅县县委关于认真学习宣传中共十五大精神的意见》，并从时间、内容、要求等方面作了具体部署。县委宣传部继续编印《学习文摘》，全年出版12期共6000份，编印《学习十五大精神必读文件资料汇编》4600多册，以最快的速度送到各镇各单位党员干部手中，为他们学习十五大文件提供了必要的读本。

1998年，县委宣传部遵循江泽民总书记提出的关于深入学习邓小平理论的指示精神，认真地系统地组织学习贯彻。县委发出贯彻中央、省委、市委关于在全党深入学习邓小平理论的通知的意见，县委宣传部发出《关于认真组织全县党员干部开展理论学习的意见》，与县委组织部联合发出《关于举办党员学习邓小平理论知识竞赛的通知》，与县教育局联合转发省委宣传部、省教育厅《关于认真学习邓小平教育理论学习纲要的通知》等，在全县党员、干部中兴起学习邓小平理论的新高潮。各级党组织不断健全学习和检查考核制度，保证学习时间，通过举办培训班、开展知识测验、座谈讨论会等形式，大抓党员干部的理论学习。广大党员干部采取集中学习与自学相结合、学习邓小平理论与学习中共十五大、十五届三中全会和九届全国人大一次会议精神相结合、理论学习与工作实践相结合，从本地本单位的实际情况和突出问题入手，把学到的理论去指导实践解决实际问题，广大党员进一步提高改造客观世界和主观世界的自觉性，提高理论水平和工作能力。6月，县委宣传部、县委组织部共同组织1万多名党员干部参加十五大精神知识考试，合格率100%，优秀率95%。11月，组织5200名党员干部参加省委宣传部、省委组织部举办的学习邓小平理论知识测验，优秀答卷5100多份。年底，全县26个镇分别举办党员培训班，给党员上辅导课。县直机关党委、建设系统党委等单位组织党员和入党积极分子上辅导课，学习党的基本知识和有关政策法规，提高党员和入党积极分子的思想政治素质。

1999年，县委紧紧围绕声讨以美国为首的北约轰炸中国驻南联盟使馆的罪行、庆祝建国50周年、澳门回归祖国及深入揭批“法轮功”邪教组织、反对李登辉“两国论”等重要内容，组织全县党员、干部深入开展学习教育活动，先后举行了大型的纪念“五四”运动80周年、纪念梅县解放50周年、中华人民共和国成立50周年暨县城新迁、迎接和庆祝澳门回归祖国、喜迎新千年等一系列的庆祝庆典活动。通过召开纪念会、座谈会，举行文艺会演和文艺焰火晚会，举办中学生作文比赛和“加丹杯”青年歌手大赛及中华人民共和国成立50周年梅县经济社会发展成果图片展览等，向全县党员干部和广大群众进行党的基本理论、基本路线、基本纲领和爱国主义、集体主义、社会主义教育，激励全县党员干部继承和发扬革命传统，团结一致，艰苦奋斗，为梅县“两个文明”建设作出贡献。

2000年2月下旬，江泽民总书记在广东考察工作时提出，要在广大干部群众特别是在经济发展较快地区的干部群众中开展“致富思源、富而思进”教育活动。省委提出开展“致富思源，富而思进”（“两思”）教育活动意见，县委迅速研究批转了县委宣传部起草的《关于开展“致富思源、富而思进”教育活动的实施意见》，以“两思”教育活动为载体和切入口，促进梅县思想政治工作的落实。县委宣传部运用各种形式，采取多种手段，推动“两思”教育活动的深入开展。积极订阅“两思”教育学习辅导材料，保证学习教育的质量。县委宣传部、县电台、电视台组织采访人员深入基层，了解、指导、总结“两思”教育典型和先进事迹，通过新闻媒体和《宣传动态》向全县推广。

是年，江泽民总书记在视察广东时提出“三个代表”重要思想后，省委和市委发出文件，要求认真组织学习贯彻江泽民总书记“三个代表”重要思想，中共梅县县委发出《关于认真组织学习贯彻江泽民总书记“三个代表”重要思想的通知》，把“三个代表”重要思想作为2000年党员干部学习的重要内容，并按“三个代表”重要思想要求，解放思想，实事求是，解决好新形势下遇到的各种矛盾和问题，励精图治，开拓创新，推动梅县“两个文明”建设的发展。全县各级党委按照县委的部署，加强党员学习教育，把全面贯彻落实“三个代表”重要思想列入当前工作的重要议事日程，精心组织，认真抓好。

2001年，全县广大党员和干部职工在各级党委中心组的带动下，掀起以“三个代表”重要思想为主要内容的学习教育活动热潮。梅县组织全县党员参加支部生活编辑部举办的党的知识竞赛。举办“党在我心中”演讲比赛，召开纪念大会暨表彰先进基层党组织、优秀共产党员大会，并通过采取举办培训班、上辅导课、经验交流、座谈讨论、观看录像电影、开展知识竞赛等形式，使党员干部的理论学习和教育开展得生动活泼，卓有成效。全县各镇充分发挥镇党校的功能作用，分别举办党支委培训班、党员培训班、入党积极分子培训班，而且以纪念建党80周年为主题，有组织、有步骤地开展教育活动，系统地组织学习党的基本知识、理论知识和有关法律法规，进一步提高党员、干部的思想政治素质。是年，县委宣传部编印《学习文摘》12期5万多份、《宣传动态》15期2600多份，订购下发《中心组理论学习专题书目资料汇编》600多份，编印“三个代表”重要思想学习读本2万多册，为开展党员干部教育、组织学习、做好宣传思想工作提供了教材和资料。扎实开展向梁质寿学习活动，促进全县干部队伍思想素质的提高。

2002年，各镇（办事处）、各单位坚持每周一个学习日制度。在学习形式上，领导和一般干部都采取通读原著与集中讨论相结合，学习理论与指导工作相结合。领导干部带头学习，促进了广大党员干部的学习。在抓好机关党员干部学习的同时，利用专栏、墙报等农村宣传阵地和有线电视等传媒，加大对农村广大群众的宣传教育力度，使党的基本理论深入人心，以推动农村的稳定和发展。学习教育能够抓重点，促全面，抓住省、市下发的学习专题开展学习；抓住“5·31”重要讲话开展学习；抓住马克思主义发展史开展学习教育活动；抓住中共十六大精神广泛深入进行学习贯彻，全面提高学习教育水平。全年编印出版发行《学习中共十六大精神必读资料汇编》7200本给各镇、各单位，编印《学习文摘》12期5万多份，《宣传动态》21期3000份等学习资料。

2003年，县委宣传部积极组织各基层党委开展党的知识竞赛和“党在我心中”及“国喜杯”演讲比赛。全县各镇（办事处）充分发挥镇党校的功能作用，分别举办党支委培训班、党员培训班、入党积极分子培训班、村干部培训班等，系统地组织学习党的基本知识、理论知识和有关法律法规，进一步提高党员干部的思想政治素质和工作水平。县委宣传部编印《学习文摘》12期5万多本，向市委宣传部订购《中心组理论学习专题书目资料汇编》《“三个代表”重要思想学习纲要》2000多册，编印《学习贯彻“三个代表”重要思想必读文件资料汇编》等，切实为基层党组织和党员提供理论学习的教材和资料，促进党员教育活动的广泛开展。

2004年，各镇、各单位党支部定期组织党员观看党员教育专题录像片。各镇运用镇党校阵地，举办党支委培训班、党员培训班、入党积极分子和村干部培训班等，学习党的基本知识、理论知识和法律法规，提高党员干部的思想政治素质和工作水平。县宣传部门编印《梅县宣传》6期600多本，向市订购《中心组理论学习专题书目资料汇编》《“三个代表”重要思想学习纲要》，编印《学习贯彻“三个代表”重要思想必读文件资料汇编》等。

2005年，开展以学习实践“三个代表”重要思想为主要内容的保持共产党员先进性教育活动，“规定动作”与“自选动作”相结合，丰富教育内容和效果。先后到县委党校、县供电局给230多名入党积极分子上《坚持理想信念，努力成为无产阶先锋战士》专题党课，抓好党员教育工作。

2006年，成立梅县学习十六届六中全会精神宣讲团，邀请有关领导和老师对基层党员干部进行十六届六中全会精神宣讲。全县宣讲16场，共2000人参加了学习。备好《树立社会主义荣辱观，做新时期的先锋战士》专题党课，给300多名入党积极分子上党课。开展农村保持共产党员先进性教育，成立梅县“保持先进性、建设新农村”宣讲团。对全县各镇（办事处、高管会）干部、驻村办干部、村干部进行了20场（次）3000多人的宣讲培训。

2007年，梅县县委、县政府对党员干部自身建设十分重视，为避免经济上升时期人们思想上可能出现的一些问题，县委、县政府将廉政勤政、执政为民始终摆到重要议事日程，抓好各级干部和共产党员的理想信念和宗旨教育。县委成立了中共十七大精神宣讲团，到机关、学校、农村、企业进行宣讲，以最新的理论成果武装党员干部，切实提高各级干部和共产党员的思想政治素质。在县委党校举办“理论骨干培训班”，培训全县各乡镇的宣传委员、党校校长等100多名理论骨干。县委宣传部与县直工委联合举办“学习十七大精神有奖知识竞答”活动。编印“十七大文件汇编”等学习资料提供给全县党员干部学习。

2008年，开展以“学习宣传贯彻十七大精神”和“继续解放思想，争当梅州‘绿色崛起’排头兵”等为主题“百课下基层”的宣讲活动。县宣讲团深入基层宣讲60多场。抓好党员教育和理论骨干的学习培训。认真备课、选题，为梅县高级中学300多名入党积极分子、县直机关100多名预备党员做理论辅导。4月，省委党校教授丘立才在梅县西阳镇做解放思想专题报告，阐述省委十届二次全会重点提出解放思想的重要意义、主要内容和要求，并对西阳镇如何解放思想、建设新农村提出意见建议。

2009年，在全县党员中开展深入学习实践科学发展观活动，以中央政治局委员、省委书记汪洋第二批活动联系点是梅县为契机，运用多种形式、采取各种有效途径，广泛深入地开展学习实践活动。

2010年，做好党员教育工作，增强党员的党性观念，并以《与时俱进，努力成为无产阶级先锋战士》为主题，培训入党积极分子。

2011年5月，在梅县高级中学开展以《保持党的先进性，做建设“宜居梅县”的推动者》为主题的党员干部理论教育课。

2012年，是建党91周年的纪念年，根据上级关于“创先争优”活动的工作部署和要求，把“创先争优”与贯彻落实县委中心工作任务结合起来，开展上党课、知识竞赛、慰问老党员等一系列活动，努力改进工作作风，提高党性观念，增强党的先进性和纯洁性。3月，县委召开上年度“创先争优”活动先进集体和先进个人表彰大会。

梅县 2011 年度“创先争优”活动先进单位和先进个人表彰大会（2012 年 3 月）

2014 年，聚焦“四风”，深入开展群众路线教育实践活动。制订学习计划，完善学习制度，组织全体党员干部认真学习中国特色社会主义理论体系，学习党章、十八大报告和中共十八届三中、四中全会精神，学习习近平总书记系列讲话精神等，组织专题学习 40 次。坚决遏制机关“庸、懒、散、奢”作风，提高为群众服务水平；改进年终考核检查表彰活动，让基层党员干部集中更多精力办好基层的事情；坚决遏制公款送礼、公款吃喝、奢靡浪费之风，规范公车使用，腾退超标办公用房，严格监督使用“三公”经费等，营造风清气正的良好政务环境。

2017 年，中共十九大召开以后，组织全区党员学习中共十九大精神，学习习近平新时代中国特色社会主义思想，坚定“四个自信”。开展主题党日活动、召开党员组织生活会，组织党员参观“廉 · 鉴”图片展，观看廖俊波先进事迹，观看《南粤党旗红》《榜样》《十九大代表风采》等。全年征订《全面从严治党面对面》600 多本，征订《习近平的七年知青岁月》1119 本，征订《中共十九大精神系列重要读本》9068 本，给党员干部提供教育读本，发挥良好的教育作用。

2018 年，继续组织全区党员学习中共十九大精神，学习习近平新时代中国特色社会主义思想。习近平总书记视察广东后，在全区党员中传达学习贯彻习近平总书记视察广东重要讲话精神，学习粤港澳大湾区规划建设知识。全区组织学习《习近平谈治国理政》、学习市委组织部和市委宣传部合编的《习近平治国理政金句》。中共十八大以来，区宣传文化部门用科学理论、优秀文化、良好家风教育干部群众，建立起一座座理想信念的精神家园。区委在党员中运用群众路线教育实践活动、“三严三实”专题教育、“两学一做”学习教育，给单位和社会营造出风清气正的政治生态。

三、形势政策教育

1979 年至 1983 年，中共十一届三中全会召开以后，梅县加强形势政策教育，明确当前和今后工作重点是以经济建设为中心，紧跟时代的步伐，学习经济知识。全县各级党组织把加强党员形势政策教育工作当作一件大事来抓，分别制订了党员形势政策教育方案。县委宣传部编印专题资料，供广大党员学习。

1984年至1986年，加强党的路线、方针、政策的教育，教育广大职工欢迎和支持改革，并积极投身于改革。同时，进行遵纪守法和遵守社会公德的教育，进行共产主义人生观的教育，做到寓教育于乐、寓教育于文、寓教育于各项文明活动之中，使思想教育具有更大的吸引力和感染力。农村基层党组织每年秋冬季节，以乡、镇为单位集中党员学习5—7天，围绕改革开放、发展商品经济，脱贫致富、改变山区落后面貌进行教育，教育形式和方法逐渐采用电化教学，购置了录像设备。梅县市委宣传部还派人参加地区举办的党员电化教育骨干培训班。培训之后，梅县市委宣传部运用电化教学这种先进的教育手段，对广大党员进行形象、生动、活泼的教育，教育效果明显提高。

1987年至1988年，在全市积极开展以最高理想和共同理想为主要内容的思想政治工作，引导人们把共产主义远大理想同社会主义现代化事业这一现实的共同理想紧密结合起来，并把共同理想与各自的岗位职责和人生追求结合起来，做“四有”的社会主义公民。通过加强形势教育，让人民群众从一年比一年好的形势中深刻认识党的改革、开放等政策的科学性，从而更加热爱党、热爱社会主义、热爱祖国，对党更加信赖，对实现共同理想更加充满信心。为实现共同理想，通过各级党组织的努力，在坚持四项基本原则的前提下，不断帮助人们解放思想，更新观念，引导广大干部群众从小生产的狭隘眼界和“左”的旧的思想禁锢中解脱出来，逐步树立与社会主义现代化事业相适应的新思想、新观念，树立努力开拓、勇于创新、奋发向上的精神。

1988年3月，撤销梅县市，分设梅县和梅江区。

1989年，梅县主抓以治理经济环境、整顿经济秩序、全面深化改革为中心内容的形势教育，尤其是在1989年春夏之交在北京的政治风波形势下，县委宣传部多次专门召开会议进行研究部署形势教育工作，除印发文件要求全县干部群众学习外，还派出宣讲组到各单位宣讲邓小平重要讲话精神。

1990年，针对东欧局势的急剧变化，县委宣传部把形势教育作为一项重要任务来抓，组织人力多次深入机关、工厂、学校、农村等各单位，了解各阶层人员的思想动态，分析原因，大力宣传社会稳定对国家建设的意义，有针对性地到部分学校、办事处、工厂上教育课，到各乡镇宣讲密切联系群众优良传统为主题的教育课，帮助全县党员干部群众认清国内国际形势，认识坚持党的基本路线的重要性、必要性。

1991年，组织学习《马克思主义哲学学习纲要》，组织副科级以上干部学习《关于社会主义若干问题学习纲要》，在全县党员中开展党史与党建理论的学习，深入进行坚持四项基本原则、反对资产阶级自由化的教育。在全县开展形势教育：在企业职工中开展基本国情、基本路线教育（简称“双基教育”）；在农村开展社会主义思想教育；在学校中开展近代史、现代史和基本国情教育。

1992年，学习宣传邓小平南方谈话精神，统一人们的思想认识。1月18日至2月21

日，邓小平视察了武昌、深圳、珠海、上海等地并发表重要谈话。之后，县委召开干部大会作传达，党员干部明确邓小平提出“要抓紧有利时机，加快改革开放步伐，力争国民经济更好地上一个新台阶”的要求，坚定走中国特色社会主义市场经济发展道路，掀起新一轮改革开放的热潮。

1993年，坚持以邓小平关于建设有中国特色社会主义理论为指导，认真学习邓小平南方谈话和中共十四大精神，针对广大党员、干部、群众的思想实际，进行“五破五提倡”。一是破除“怕”字，提倡“敢”字，解决怕难、怕险、怕失、怕这、怕那的心理障碍，敢于打破常规，促进经济跳跃式发展；二是破除“旧”字，提倡“新”字，冲击旧观念、旧模式、旧框框，增强开放意识和创新意识，制定新规章，探索新途径；三是破除“死”字，提倡“活”字，打破照抄照搬、僵化教条的思维方式，用足用活政策，制定地方优惠措施；四是破除“等”字，提倡“求”字，增加各级工作的主动性；五是破除“小”字，提倡“大”字，破除小打小闹、“小脚女人”、小手小脚、小富即安、小题大做等种种小农经济意识，敢于想大的，干大的。从大市场着眼，上规模大、效益好的项目。坚持把邓小平提出的“三有利”原则作为辨别是非的标准，坚定不移地贯彻执行党的“一个中心、两个基本点”的基本路线，毫不放松地抓紧经济建设这个中心。使广大党员、各级干部比较好地处理“三个关系”、树立“三个观念”：正确处理农工商的关系，树立稳农富民、兴工富县富镇的新观念；正确处理稳定与发展的关系，树立发展才是硬道理的新观念；正确处理职能部门与经济战线的关系，树立一切工作服从和服务于经济建设这个中心的新观念。梅县订阅《半月谈》1万份以上，《半月谈》成为开展党员形势政策教育的好教材。县委宣传部被中共中央宣传部宣传局评价为宣传、发行、运用《半月谈》成绩显著部门，并受到表彰。

1996年，采取有效措施，推动广大党员干部的政治理论学习。一是保证学习有教材，自《学习文摘》创刊以来，一直把它作为全县党员干部开展学习的教材。每月发行近5000册，全年达到6万册。先后编印江泽民《领导干部一定要讲政治》、六中全会文件资料、“双学”有关资料1万多份，下发至各镇各单位。二是进行理论辅导，共备好《市场经济与共产党员》等辅导课5个，陆续到基层作理论辅导。三是举办各类型的理论知识竞赛。四是总结经验，推广典型，先后把交通局、公路局、财政局等单位和大坪、南口等镇开展政治理论学习的好做法，通过电视、电台、报刊等宣传媒体向全县进行宣传和推广。强调理论联系实际，讲求实效。为引导党员干部学以致用，下半年县委宣传部与县委组织部联合在党员干部中开展以学理论、学党章、为群众办好事实事、为群众排忧解难为主要内容的“双学双为”活动，使全县上下讲学习、讲政治、讲正气和求真务实的风气初步形成、从而保证全县经济和社会各项事业的稳定、持续、健康发展。

1997年至1998年，开展以“讲学习、讲政治、讲正气”为主要内容的党性党风党纪教育，进一步提高全县党员干部队伍素质。围绕提高党员素质，深入开展“树形象、讲纪律、作奉献”党员教育活动。1997年5月，县委宣传部会同县纪委、县委组织部、县监察局在全县开展“讲学习、讲政治、讲正气”和以树立正确的世界观、人生观、价值观为主要内容的党风党纪教育活动，并组织“树形象、讲纪律、作奉献”演讲比赛，推动党教工作的开展。为300多名入党对象作了党的有关知识的辅导，提高后备力量素质。组织全县党员干部2000多人参加市举办的“学习十五大精神有奖竞赛”，梅县丙村中学李伟强、梅县华侨大厦温晓云获一等奖。

1999年，紧紧围绕声讨以美国为首的北约轰炸中国驻南联盟使馆的罪行、中华人民共和国成立50周年、澳门回归祖国、深入揭批邪教“法轮功”、反对李登辉“两国论”等重要内容，广泛深入开展党员、干部学习教育活动。通过采取举办培训班、开展知识竞赛、座谈讨论等形式，党员干部的理论学习和教育开展得生动活泼、富有成效。各单位采取了自学和集中学习相结合的办法，从形势发展实际需要出发，深入学习邓小平理论和党的路线、方针、政策。在学好理论的基础上，广大党员干部做到理论联系实际，从本地本单位的实际情况和突出问题入手，用学到的理论去指导实践和解决实际问题。进一步提高改造客观世界和主观世界的自觉性，提高理论水平和工作能力。各镇党委进一步健全理论学习和检查考核制度，确保每周一次的学习和讨论，并充分发挥镇党校这个理论教育阵地的作用，分别举办党支部委员培训班和党员学习班，给他们上辅导课，结合开展“讲学习、讲政治、讲正气”的“三讲”教育内容进行党性党风党纪教育。各党委（党组）还举办入党积极分子培训班，系统地学习党的基本知识和有关政策法规，进一步提高他们的思想政治素质。

2000年至2001年，突出对邓小平理论和江泽民总书记关于“三讲”、“三个代表”重要思想等重要论述的学习教育。县委宣传部与县委组织部、县委党校联合举办党政干部、理论骨干和村支部书记培训班，加强学习培训工作，使广大党员干部加深对邓小平理论和江泽民总书记关于“三讲”、“三个代表”重要思想等重要论述的理解，对中共十五届四中、五中全会精神以及中央经济工作会议精神，科教兴国战略，中国加入WTO的影响及对策都有比较全面的掌握。

2002年，深入学习江泽民“三个代表”重要思想、“5·31”“七一”重要讲话及中共十六大精神。全年以联办的方式举办党员干部培训班5期，如举办理论辅导骨干培训班、举办村支书、主任培训班2期，参训800多人。开展法律知识讲座、党风廉政建设教育、宣讲WTO知识等。

2003年，全县开展深入学习贯彻“三个代表”重要思想和中共十六大精神，学习贯彻胡锦涛总书记“七一”重要讲话精神，学习中共广东省委书记张德江、省长黄华华到梅县视察时的指示精神，加大梅县招商引资宣传力度，推动县域经济的发展。以形式多样的活动为载体，促进党员教育的广泛开展。县委积极组织开展“加快梅县新发展，大家都来添光彩，自己和单位应该作什么贡献”思想大讨论，组织力量对确立的包括政治、经济、文化等领域的八大专题进行全方位系统深入的调研，各单位党员干部从讨论和调研中获得启迪，既提出了见解和思路，又得到了思想教育和升华。

2004年至2006年，学习贯彻中共十六届四中、五中、六中全会精神和省委重要会议精神。2004年9月16日，中共十六届四中全会召开，全会通过的《中共中央关于加强党的执政能力建设的决定》，首次完整提出“构建社会主义和谐社会”的概念。9月27日，中共广东省委九届五次全会审议通过《中共广东省委关于贯彻〈中共中央关于加强党的执政能力建设的决定〉的意见》，提出要不断加强党的自身建设，增强综合执政能力，力争尽快把广东建设成为经济强省、文化大省、法治社会、和谐广东，实现人民群众的富裕安康。2006年召开的十六届六中全会提出到2020年构建社会主义和谐社会的目标和主要任务。县委宣传部开展和谐社会建设和文化大省建设宣传教育工作，引导全县城乡投身于广东经济强省、文化大省、法治社会、和谐广东的建设之中。

2005年至2007年，开展"爱国、守法、诚信、知礼"现代公民教育活动。中共广东省委九届五次全会决定，在全省开展为时3年的"爱国、守法、诚信、知礼"现代公民教育活动。广东省精神文明建设委员会办公室根据省委决定精神，广泛发动、积极协调，组织起草了《省文明委关于在全省开展"爱国、守法、诚信、知礼"现代公民教育活动的意见》，该意见由中共广东省委办公厅转发全省。几年来，在全县举办"爱国、守法、诚信、知礼"教育知识竞赛，订购下发教育读本，组织创作文艺作品，开展"爱国、守法、诚信、知礼"主题演讲比赛和合唱比赛，"道德春联进万家"活动，清明节组织开展祭奠革命先烈活动，电台、电视台设立专题栏目等进行宣传教育。

2008年，开展解放思想大讨论，推动新一轮大发展。1月，在中共中央政治局委员、广东省委书记汪洋的倡议和领导下，广东全省掀起了新一轮解放思想大讨论的热潮。解放思想学习讨论活动从2008年1月开始，至5月底结束，分三个阶段进行。梅县县委召开了动员大会，开展了讨论和调研，形成了"梅县十大专题调研报告专辑"。党员干部进行学习讨论和撰写心得体会文章，进一步解放思想、开拓创新，提高工作积极性和主动性。

中共梅州市梅县区委常委、宣传部部长涂戈峰（中）在梅县区文联传达学习贯彻习近平总书记视察广东重要讲话精神大会上作讲话（2018年11月）

2011年8月，举办"广东院士讲坛——以创新推动梅县绿色崛起"专题讲座，请中国工程院院士、暨南大学原校长刘人怀作专题宣讲。

2018年，在全体党员中传达学习贯彻习近平总书记视察广东重要讲话精神。

四、主题教育

干部学习马克思列宁主义，开展正规化理论教育

1984年春，中共中央要求国家党政机关干部学习马克思列宁主义，开展正规化理论教育。5月，梅县地委讲师团成立，加强了对县、区干部正规化理论教育的教学、调研工作的领导。6月，中共中央宣传部发出《关于干部马克思列宁主义理论教育正规化的规定》，10月，梅县市委作出《关于在职干部正规化理论教育的实施意见》，部署在全市机关干部

中开展马克思列宁主义正规化理论教育活动，市委宣传部召开干部正规化理论教育工作会议，进行具体部署，要求在1990年前学完的课程是马克思主义哲学、政治经济学、科学社会主义、中国近现代史。采取举办培训班和自学相结合等形式，加强干部理论教育，用5年左右时间，全面提高广大干部的马克思列宁主义理论水平。

从1984年秋起，梅县市机关干部开始学习马克思列宁主义哲学，掀开了干部正规化理论教育新的一页。

在开展干部正规化理论教育的初期，梅县市委宣传部做了如下工作：1、抓好宣传发动工作，作好思想准备。市领导在机关干部大会上作动员报告，各单位组织学习讨论，认清干部正规化理论教育的重大意义，明确具体做法和学习内容，提高广大干部学习的积极性和自觉性。2、制订规划，编织造册，做好组织准备。全市机关单位对干部全面摸底，除具有大专毕业文化程度和超过规定学习年龄的干部外，其余所有干部根据各人的工作性质、职务和理论、文化水平的不同，由各单位按甲、乙、丙三级填表上报，市应参加学习的干部有7400多人，其中甲组344人、乙组4154人、丙组2979人。重点抓甲、乙两个级（丙级列入高中文化补课中进行），采用多渠道、多形式开展正规化理论教育。3、明确学习要求，拟定学习内容，做好资料准备。4、培训学习骨干，组织辅导，推动学习活动顺利进行。市机关采取脱产学习与在职学习相结合、个人自学与办班集中学习相结合的办法组织学习。

在1988年，全年参加哲学、政治经济学、科学社会主义课程学习的干部1909人（次），参加考试取得合格成绩的1892人（次），及格率占85%以上。据市委宣传部通报，是年，梅县的干部正规化理论教育取得全市第一名。战线班和农村广教学的形式在全市范围内是首创。

计划生育宣传教育

《广东省计划生育条例》于1980年2月颁布实施后，至2000年间，共进行5次修改，梅县对每1次修改后的计生政策都采取不同的形式进行广泛宣传。

梅县村党支书、主任计生业务培训班（1991年）

计划生育工作宣传栏（1991年）

做好中共中央、国务院《关于严格控制人口增长问题至全体共产党员、共青团的公开信》宣传。1980年9月25日，中共中央、国务院发出《关于严格控制人口增长问题致全体共产党员、共青团员的公开信》，号召全体共产党员、共青团员积极响应党和政府的号召，带头实行计划生育。梅县计生宣教工作围绕这封公开信，开展马克思主义的两种生产原理、人口再生产、人口质量、人口结构、人口与婚姻家庭、人口与经济和社会发展、人口与生态环境、人口分布与人口迁移、世界人口概况、中国人口、节育生育原理、遗传与优生优育、青春期生理卫生、人口政策、人口统计和人口计划、人口教育的监测与评估等一系列宣传教育。

办好婚育学校。20世纪80年代称为人口学校，后称为婚育学校，其主要功能是普及人口与计划生育基础知识。青春期、新婚期、孕产期、育儿期、更年期等“五期”教育，抓好党员干部的人口理论教育。从1992年开始，梅县婚育学校以镇为单位，在镇一级开展“五期”教育，打破以前只在城市办学的格局。2000年将孕产期、育儿期、更年期等“三期”教育放到村（居）委一级，其中孕产期、育儿期教育每年开展2次。而镇一级则继续举行新婚期教育和安排生育指标的育龄夫妇参加育儿期教育。1979年至2000年，梅县共对140多万人（次）进行各种不同形式的生育政策教育。

实行“四个结合”开展宣传。结合开展“婚育新风进万家”活动，利用广播电台、电视台等新闻媒体及时报道在贯彻执行省计生条例活动中的好人好事；结合集中性宣传服务活动，打好创建计划生育合格村的基础，把创建计生合格村活动与落实省计生条例有机结合起来；结合科技、文化、卫生“三下乡”活动，抓好形式多样的宣传计生条例服务活动；县文化馆赶排以计生为内容的山歌、五句板等节目下乡演出；县委宣传部、县科技局牵头，与县计生局、卫生局、文化局、农口各局等单位联合筹集资金，并与电影公司合作，播放计划生育等题材的科技电影，并在放映前进行计生公益口号宣传；结合宣传省计生条例这一主题，统一印制国家统一的规范性标语，对各镇原有陈旧不清的标语进行刷新，并适时增加新的内容，每个行政村都达到4条以上固定标语的标准。

开展农村社会主义思想教育活动

1991年至1992年，全县在农村开展社会主义思想教育活动，乡镇分三批进行，每批9个乡镇，1991年下半年第一批开展，1992年上半年第二批开展，下半年第三批开展。思想教育活动结束后，县委、县政府召开表彰大会，总结工作，表彰先进集体和个人。农村社会主义思想教育活动期间，县委宣传部和县文明办结合形势，抓住机会，充分发挥开展“社教”乡镇拥有大批工作队员进驻农村基层的优势，加强农村宣传思想工作和精神文明建设工作。如创建文明户，把创建评选文明户活动作为社教的一项重要任务，在白宫镇新联管理区搞示范点，边办点、边总结，组织各乡镇党群副书记、宣传委员等参观现场，推广白宫经验，先后印制“宣传问答”、创“文明户”活动标语，编印操作性强、容易掌握的“文明户”标准条件和实施步骤，使各乡镇、区村在评选文明户时有样可学、有章可循，能够成功地开展评选活动，有力地推动了农村社会主义思想教育工作。

开展“致富思源，富而思进”教育活动

2000年2月下旬，江泽民总书记在广东考察工作时提出，要在广大干部群众特别是在经济发展较快地区的干部群众中开展“致富思源，富而思进”（“两思”）教育活动。3月1

日，中共广东省委印发了《关于认真组织学习贯彻江泽民同志视察广东重要讲话精神的通知》和《关于在全省开展“致富思源、富而思进”教育活动的决定》，在全省推开了“致富思源、富而思进”教育活动，并对活动进行了具体部署。省委要求各地在开展教育中抓好4点：1、以“致富思源、富而思进”教育活动为切入点，切实有效地推进理想信念教育；2、增强大局意识、全局意识，自觉与党中央保持高度一致；3、把广大干部群众的智慧和力量最大限度地凝聚起来和充分发挥出来，为广东率先基本实现现代化提供强大的精神动力；4、不断提高人们思想道德素质和科学文化素质，加强社会主义精神文明建设，实现经济和社会协调发展。5月，根据广东省委关于在全省广泛深入开展“致富思源、富而思进”的教育活动的决定，县委宣传部、县委组织部联合发出《关于在全区组织开展“致富思源、富而思进”教育活动的通知》，梅县县委遵照广东省委《关于在全省开展“致富思源，富而思进”教育的决定》要求，批转了县委宣传部起草的《关于开展“致富思源，富而思进”教育活动的实施意见》，教育活动分为学习宣传发动、学习讨论、总结表彰三个阶段进行，与正在开展的“三讲”结合起来。一是通过召开动员会、学习会、座谈会的方式，对广大干部群众深入开展“两思”教育活动的学习宣传；二是组织各级党政机关和各部门、各单位联系梅县的发展变化和本部门、本单位及个人的实际，作为党员组织生活内容开展“富从何来，富后何去”的大讨论；三是举行全县“两思”教育报告会、演讲比赛，“两思”文艺创作演出等，以“两思”教育活动为载体，促进思想政治工作的落实。

在“两思”教育的具体活动中，县委宣传部、县电台、电视台组织采访人员，深入基层，了解、指导、总结“两思”教育典型和先进事迹，通过新闻媒体和《宣传动态》向全县推广；组织社会各界人士举行专题座谈，与会人员结合自己的实际，畅谈对“两思”的认识和体会；县文化系统积极创作排练“两思”教育专题文艺节目到各地巡回演出；电影部门组织优秀影片下乡放映；举办“两思”教育事迹报告会，由雁洋镇党委、南口镇葵黄村党支部代表及种养专业户温带颖、饶志章分别作了事迹报告；为帮助广大农民做好“进”字文章，县委宣传部会同有关部门合编了一本以宣传政策、法规、农科知识、生活常识为主要内容的《农民基本常识读本》，下发给农村基层干部和部分农民。各基层党委、各单位也结合自己的实际，制定“两思”教育活动具体方案，把“两思”教育与“三讲”教育、理想信念教育结合起来，与解决本地区本单位的突出问题结合起来，通过“思源”增强信念，通过“思进”促进发展。雁洋镇通过“两思”教育，组织近百名干部深入各村开展调研活动，寻找新的经济增长点，大做“进”字文章。松南镇有100位老人举行自愿签名仪式，提出过世后火化，实行丧事简办。

以“两思”教育活动作为新时期思想政治教育的一个载体，将“两思”教育与“三讲”（讲学习、讲政治、讲正气）和理想、信念教育相结合，开展了改革开放前后的“政策对比、社会经济对比、本地与发达地区对比”的活动，采取抓好示范点、从实际出发、分层施教的方式，运用各种媒体和群众喜闻乐见的宣传手段教育干部和群众。通过“两思”教育，干部群众认识到致富的根本途径是靠邓小平理论的指导，是靠党的改革开放路线，是靠全国人民的支持，是靠团结奋斗的精神；进一步激发了广大干部群众建设社会主义的热情和创业的活力，提高了开拓进取的自觉性；更加坚定了对马克思主义的信仰和对建设有中国特色社会主义的信念，增强了对改革开放和现代化建设的信心，增强了对党和政府的信任。

“三讲”（讲学习、讲政治、讲正气）教育

1995年11月8日，江泽民在北京视察工作时指出：“根据当前干部队伍的状况和存在的问题，在对干部进行教育当中，要强调讲学习、讲政治、讲正气。全国都要这样做，北京市更要起带头作用。”11月25日，《人民日报》发表题为《讲学习、讲政治、讲正气》的评论性文章，指出：讲学习，主要是学理论、学知识、学技术，首先是学理论。讲政治，包括政治方向、政治立场、政治纪律、政治鉴别力、政治敏锐性。讲正气，就是要继承和发扬我们党在长期革命和建设事业中形成的好传统、好作风，坚持真理、坚持原则，坚持同一切歪风邪气和各种腐败现象作斗争。

1996年10月，中共十四届六中全会作出决定，对县处级以上领导干部进行一次以“讲学习、讲政治、讲正气”为主要内容的党性党风教育。

1997年5月，中共广东省委批转了省纪委、省委组织部、省委宣传部、省监察厅《关于在全省开展以“讲学习、讲政治、讲正气”为主要内容的党性党风党纪教育的意见》。

1999年6月17日至19日，中共广东省委八届三次全体（扩大）会议在广州举行。会议通过了《关于认真贯彻执行中央部署，以整风精神开展“三讲”教育的决议》和《关于切实加强调查研究的决定》。

2000年，全省的“三讲”教育活动全面铺开、掀起高潮。

2000年至2001年，根据上级部署，分批在县一级和部分单位领导班子和领导干部中开展“三讲”教育工作。县委宣传部派人员参加县委专门成立的“三讲”教育领导小组，在自身“三讲”教育中：一是切实抓好毛泽东、邓小平、江泽民关于“讲学习、讲政治、讲正气”方面的论述文章的学习教育；二是切实贯彻整风精神，认真开展批评和自我批评；三是切实依靠群众，真诚接受群众的批评帮助。县委安排县领导和县直单位负责人组成指导组，驻扎全县各个乡镇3个月，抽调县直单位领导进驻，开展农村“三讲”教育，给予指导和帮助。以县委宣传部部长为组长、副部长为副组长的指导组负责桃尧镇，副组长和县直单位抽调的其他2名干部驻扎在桃尧镇3个月，扎实有效地开展工作。县委宣传部先后编发了《学习文摘》12期5万多份、《宣传动态》25期3500多份、《“致富思源，富而思进”教育读本》700册，供各镇、各单位党员干部学习参考。

这次教育活动发扬了延安整风运动的精神，采取自上而下、分期分批进行、党内批评和自我批评相结合的方式，使全体党员，尤其使领导干部受到了一次深刻的党性党风教育，达到了预期的效果。

开展“三个代表”重要思想学习教育活动

“三个代表”重要思想是江泽民到广东、上海视察时提出的重要思想。2000年2月19日至25日，中共中央总书记江泽民在广东考察工作时强调，要把中国的事情办好，关键取决于中国共产党，取决于党的思想、作风、组织、纪律状况和战斗力、领导水平。只要中国共产党始终成为中国先进社会生产力的发展要求、中国先进文化的前进方向、中国最广大人民的根本利益的忠实代表，就能永远立于不败之地，永远得到全国各族人民的衷心拥护并带领人民不断前进。所有的共产党员和领导干部，都要深刻认识和牢牢把握“三个代表”重要思想，用以指导自己的思想和行动，这样才能使自己真正成为一个合格的党员、合格的党的领导干部。这是江泽民首次提出“三个代表”重要思想。

“三个代表”重要思想是党的各项工作行动指南。按照省委、市委的统一部署，梅县从2001年第二季度开始，分别进行了镇级、县部门、村级共三批“三个代表”重要思想学习教育活动。每批分为思想发动、学习培训；对照检查、听取意见；认真整改、巩固提高3个阶段。县委专门成立农村“三个代表”重要思想学习教育活动领导小组，县委常委、宣传部部长为领导小组成员之一，县委宣传部派人参加县委组织的“三个代表”重要思想领导小组办公室。县委宣传部加大宣传和教育力度，积极宣传学习教育活动的目的意义、方法步骤、形式内容等，动员广大干部积极参与，努力学习理论。县委宣传部发出《党员干部“三个代表”重要思想学习读本》940册，提供给党员干部学习。运用广播、电视和各镇、各单位墙报、宣传栏等向广大干部群众宣传中共十六大精神；组织剧团等文艺团体送戏下乡，寓宣传教育于活动中；开展电影送映活动，进行映前宣传；开展知识竞赛、有奖问答等活动，扩大学习宣传效果。全县广大党员干部采取集中学习与自学相结合、学习与座谈相结合等形式，有力地推动全县各项工作的落实。学习教育在于运用，组织广大干部联系实际，勇于解剖自己的思想，改正缺点和错误，教育广大干部继续发扬党的优良传统和作风，深入基层为民办事，把工作落到实处。通过“三个代表”重要思想的学习教育活动，广大党员干部进一步加深对“三个代表”重要思想的理解，思想理论水平得到提高，增强了为经济建设服务、为基层服务、为群众服务的“三为”意识，提高了干部素质，转变了工作作风，活跃了党内生活，增进了班子的团结，为深化改革、促进经济社会发展更好地工作打下坚实的基础。

“保持共产党员先进性”教育

2005年，根据中共十六大和十六届四中全会精神，为进一步加强党的执政能力建设，全面推进党的建设新的伟大工程，确保党始终走在时代前列，更好地肩负起历史使命，中央决定从2005年1月开始，用一年半左右的时间在全党开展以实践“三个代表”重要思想为主要内容的保持共产党员先进性教育活动。全党的先进性教育活动分3批进行，每批半年左右时间。第一批：县及县以上党政机关和部分企事业单位，从2005年1月开始到2005年6月基本结束。第二批：城市基层和乡镇机关，从2005年7月开始到2005年12月基本结束。第三批：农村和部分党政机关，从2006年1月开始到2006年6月基本结束。

根据中央、省、市部署，全县分批次开展以学习实践“三个代表”重要思想为主要内容的保持共产党员先进性教育活动，县委宣传部派人参加县委的保持共产党员先进性教育活动领导小组办公室，对全县先进性教育活动加强领导和指导。坚持把抓好学习贯穿于整个先进性教育活动全过程，在做好“规定动作”的同时，选准做好“自选动作”。通过先进性教育活动，广大党员干部坚定了共产主义的理想，增强了为人民服务的责任感，提高了带领人民前进的能力，树立了干净干事、亲民爱民、求真务实、艰苦奋斗的形象。

开展“三个走在前面”为主题的排头兵实践活动

2006年，县委宣传部按照县委开展“三个走在前面”为主题的排头兵实践活动的统一部署和《中共梅县县委办公室转发县直机关工委〈关于在县直机关开展以“三个走在前面”为主题的排头兵实践活动的请示〉的通知》精神，精心组织开展排头兵实践活动。一是成立领导机构。于3月26日专门成立排头兵实践活动的工作领导小组，由县委常委、宣传部部长任组长，各位副部长及系统党委副书记任副组长，下设办公室，切实加强对宣传系统排头兵工作的领导，精心组织好排头兵实践活动。二是召开动员大会。3月27日，召开本部排头兵实践活动动员大会，会上，县委常委、宣传部部长廖接良做动员讲话，结合本部的实际情况对排头兵工作作具体部署，并提出要求。三是制订实施方案。按照县委统一要求，制订了《县委宣传部关于开展排头兵实践活动工作的实施方案》和日程安排表。四是扎实开展排头兵实践的各项工作。围绕“三个走在前面”的要求，开展多种形式的实践活动，做到理论武装走在前、舆论引导走在前、文明创建走在前、团结协作走在前。会同县委驻村办、组织部组织“保持先进性、建设新农村”宣讲活动，深入基层宣讲18场。加强基层党委（党组）中心组学习的调研，组织中心组学习的巡视检查活动，推动基层中心组学习的深入扎实开展。协助县委、县政府扎实抓好叶剑英纪念园等文化工程建设，精心组织纪念建党85周年、迎国庆暨纪念红军长征胜利70周年文艺演出。加强梅县落实科学发展观、构建和谐梅县的舆论宣传，着力宣传梅县实施“七大发展战略”的新成就和“十一五”发展规划，营造梅县干事创业的良好氛围。加大外宣力度，编辑出版《梅县宣传》4期，制作发行梅州2006客家山歌旅游节画册中“魅力梅县、风鹏正举”梅县专版和省《今日广东》画册梅县专版。加强精神文明的系列创建工作，开展革命传统教育，举办梅县清明祭奠革命烈士活动。配合争创广东旅游强县工作，在华侨城主道竖立公益广告灯箱100多个，在人民广场竖立“梅县文明公约”巨幅宣传牌。扎实开展“读《中华美德书》，树立社会主义荣辱观，争当优秀现代公民”系列读书活动，营造“文化之乡”浓厚的读书氛围和文化氛围，推动梅县学习型社会、廉政文化进农村的建设。组织全县“农民歌手电视大赛”，由各乡镇推选的全县35名农民歌手参加在梅县山歌剧团排练厅举行的现场大赛，其中潘志东获得一等奖并参加市大赛，获得全市“欢乐进农家、农民歌手电视大赛”一等奖；周国辉获得市优秀奖；县委宣传部获得市组织奖。本部健全学习制度，抓好本部学习活动，坚持每周开展一次政治理论学习，开展座谈讨论，围绕排头兵实践活动精神，结合各自实际，从思想建设、制度建设、作风建设和廉政建设4个方面，认真进行对照检查。观看《中国共产党党内监督条例（试行）》报告会专题录像片等。通过动员、理论学习、辅导讲座、座谈讨论、观看电教片、撰写心得体会文章等一系列学习活动以及开展半年多时间的排头兵实践活动，干部职工进一步提高了思想认识。树立“政治强、业务精、作风正、纪律严”的宣传干部队伍形象，推动梅县宣传思想工作上新台阶。

开展"继续解放思想，坚持改革开放，争当实践科学发展观的排头兵"学习讨论活动

2008年，广东省委决定，1—5月在全省开展"继续解放思想，坚持改革开放，争当实践科学发展观的排头兵"学习讨论活动。解放思想学习讨论活动从2008年1月开始，至5月底结束，分三个阶段进行。第一个阶段是学习宣传。主要任务是抓好组织发动，加强学习和宣传，营造解放思想、改革创新的强大舆论声势和良好社会氛围，为整个学习讨论活动奠定思想基础。第二个阶段是讨论调研。主要任务是在加强学习、提高认识的基础上，围绕通过改革创新实现科学发展开展调查研究和讨论交流，为下一阶段科学决策奠定基础。第三个阶段是决策部署。主要任务是总结学习和调研的成果，集中研究改进工作中的意见，形成指导科学发展的办法、措施、政策、制度，指导部署今后工作。

梅县烟草专卖局开展解放思想学习专题报告会（2008年3月）

县委成立"解放思想学习讨论活动领导小组"，下设办公室，办公室设在县委宣传部。县委宣传部认真做好相关工作：一是开展解放思想学习讨论活动，促进领导干部解放思想。发挥县委解放思想学习讨论活动领导小组办公室的职能作用，组织、督促、指导全县开展学习讨论活动，掀起各阶段学习讨论的高潮。及时下发有关通知，做好阶段活动总结，制订转段活动计划，协调组织县督查组对全县的督查指导，组织群众评议活动，做好迎接市督查组的阶段检查准备工作。加强与市委学习讨论活动办公室的沟通协调，及时上报梅县开展活动情况。积极联系各个专题组的学习调研活动，编印了"梅县十大专题调研报告专辑"、办好学习讨论活动简报，出版23期5000多份。二是发挥宣传部门"先行官"的作用。一方面宣传系统组织召开宣传干部解放思想学习讨论座谈会，举办以"宣传十七大，唱响和谐梅县"为主题的2008年梅县军警民迎春文艺晚会，组织接待梅州市"继续解放思想，实现绿色崛起"文艺下乡演出团在华侨城广场演出，开展文艺巡回演出活动。另一方面发挥基层党委中心组龙头带动作用，健全中心组学习制度，带动广大党员干部开展学习讨论活动。

学习实践科学发展观活动

2009年，开展学习实践科学发展观活动。2003年4月10日至15日，中共中央总书记、国家主席胡锦涛视察广东，提出要坚持全面的发展观。同年10月，中共十六届三中全会通过的《中共中央关于完善社会主义市场经济体制若干问题的决定》，明确提出要树立和落实科学发展观，即"坚持以人为本，树立全面、协调、可持续的发展观，促进经济社会和人的全面发展"，强调"五统筹"：按照统筹城乡发展、统筹区域发展、统筹经济社会发展、统筹人与自然和谐发展、统筹国内发展和对外开放的要求，推进改革和发展。科学发展观的提出是中国共产党又一个重大的理论创新，它既深化了对社会主义建设规律的认识，又指明了实现经济社会协调发展的科学道路；它既是马克思主义关于发展的世界观和方法论的集中体现，又是中国经济社会发展的重要指导方针。2007年10月15日至21日在北京召开的中国共产党第十七次全国代表大会，把科学发展观写入党章。

按照中央，省、市的部署，从2009年3月开始，梅县分2批用1年的时间开展深入实践科学发展观活动。县委十分重视，专门组织人员进行前期调研，并结合梅县实际制订《实施方案》和日程表，专门成立领导机构和指导检查组，并于3月17日上午在县文化活动中心礼堂隆重召开动员大会。市委派驻梅县指导组全体成员参加梅县的动员大会。县五套班子全体成员、法院院长、检察院检察长，县学习实践科学发展观活动领导小组成员，县直单位副局职以上干部和人秘股长，县直系统党委书记、副书记、党办主任，非公企业党委副书记（或党办主任），镇（高管会、办事处）党（工）委书记，县学习实践科学发展观办公室全体成员和指导组全体成员共580多人参加了会议。会上，县委书记围绕“推动绿色崛起，实现科学发展”这一主题做了动员讲话，要求广大党员干部要着力解决影响和制约科学发展的突出问题，力求取得“五个实效”：一是在继续解放思想方面取得实效，要谋划科学发展思路，推动科学发展能力提升；二是要在建设“三名城一基地”方面取得实效，破解梅县生产要素集中度低、开放程度低的难题，促进全县经济快速、有效、安全发展；三是要在改善重点民生方面取得实效，着力解决好群众最关心、最直接、最现实的利益问题；四是要在转变领导作风方面取得实效，要直面困难，正视挑战，勤俭节约，把有限的钱财用到刀刃上，确保“五个零增长”；五是要在创新机制方面取得实效，要建立科学的评价体系，完善用人导向和政绩考核体系，努力营造能者上、平者让、庸者下的用人氛围，创造鼓励干事创业的良好环境。

会议就梅县如何开展深入学习实践科学发展观活动提出“五要”：一要落实责任。各系统各单位要成立相应的领导机构和工作机构，从领导精力、领导力量、工作机制上为开展活动提供保证；二要分类指导。在实践载体、活动安排、督促检查、经验总结方面区别不同情况提出要求，不搞一刀切；三要务实创新。各单位要根据实际积极探索，创新活动载体，搭建实践平台，丰富活动内容，创新活动方式；四要加强宣传。要运用报刊、广播、电视、网络加强宣传报道；五要统筹兼顾。要统筹安排各阶段各环节的内容，统筹协调相关行业、部门、单位的活动安排，整合资源，相互配合，对开展学习实践活动要给予人力、财力、物力保障，确保活动顺利开展。

市委派驻第二指导组组长、市委党校副校长古国清就梅县如何确保学习实践活动取得实效提出了3点要求，具体做到“三坚持”：一是领导干部要坚持模范带头，发挥表率作用。领导要带头学习，带头调研，带头讲党课，带头查摆问题，带头总结教训。二是具体工作要坚持分类指导，探索创新。既要完成好“规定动作”，又要创新好“自选动作”。三是学习工作要坚持合理安排，共同推进。确保“两手抓，两不误，两促进”。做到围绕中心，服务大局，统筹兼顾，合理安排，要把活动成效体现到促进各项工作、解决突出问题上，推动各项工作上新水平。

根据县委的部署，为全面学习、贯彻中共十七届四中全会精神、开展学习实践科学发展观活动，县委中心组带头，学习相关内容6次。县委宣传部运用《梅县宣传》刊物，开设《要闻要论》《学习辅导》《中心组论坛》等栏目，设立学习实践科学发展观活动简报，两个月采写活动动态和编辑出版简报20多期，为基层各单位党员干部的学习实践提供参考资料和榜样力量。在县党建网开设“理论学习”专栏，运用互联网等新兴媒体推动学习，探索中心组学习网络化宣传与管理。并运用电视台、广播等宣传媒体和黑板报等开展宣传，在《梅县宣传学习辅导》和《梅县党建理论学习》专栏刊登有关学习实践活动内容，为推动实践活动深入开展提供理论知识、舆论支持和思想保证。

聚焦“四风”，深入开展群众路线教育实践活动

2014年，根据2013年5月9日中共中央下发的《关于在全党深入开展党的群众路线教育实践活动的意见》安排，梅县区作为第二批开展党的群众路线教育实践活动单位，严格贯彻中央、省委和市委决策部署，紧紧围绕“为民务实清廉”这个主题和“照镜子、正衣冠、洗洗澡、治治病”总要求，始终坚持严的标准、严的措施、严的纪律，认真聚焦“四风”，深入开展以为民务实清廉为主要内容的群众路线教育实践活动，专门成立群众路线教育实践办公室，抽调专人参加，负责组织、指导、联系全区党的群众路线教育实践活动和提供学习资料。

县委宣传部重点聚焦“四风”，深入开展群众路线教育实践活动。一是抓好学习教育，认真听取意见。通过制订学习计划，完善学习制度，组织全体党员干部认真学习中国特色社会主义理论体系，学习党章、十八大报告和中共十八届三中、四中全会精神，学习习近平总书记系列讲话精神等，使践行党的根本宗旨成为党员、干部的普遍自觉，组织专题学习40次。深入挂点镇（水车镇）开展“听民情、访民意”调研，投入近20万元，帮扶整顿后进村、软弱涣散农村党组织，解决实际问题。通过制作宣传栏、手机信息、微信微博等组织开展相关基础知识的学习。广泛听取意见，梳理出领导班子突出问题21条，列入和完成马上就改项目13项。二是抓好问题查摆、深入开展批评。结合履行职能职责，针对征求到的意见，做到立行立改。领导干部坚持“三谈三不谈”，开展了谈心活动22场。并认真检查反思自身存在的“四风”问题和联系服务群众中存在的问题，撰写质量较高的对照检查材料。认真组织好专题民主生活会、情况通报会和专题组织生活会，开展民主评议党员工作，针对存在问题提出改进措施和办法，使党员、干部思想进一步提高，作风进一步转变，党群干群关系进一步密切，为民务实清廉形象进一步树立。三是抓好整改落实、建立长效机制。积极开展“回头看”，完善“二方案一计划一清单”（班子整改方案、专项整治方案、制度建设计划、个人整改清单）。在方案的制订过程中，反复征求意见，进行认真梳理，提出了10项专项整治任务、16项制度建设计划。通过坚决遏制机关“庸、懒、散、奢”作风，提高为群众服务水平；通过改进年终考核检查表彰活动，让基层党员干部集中更多精力办好基层的事情；通过坚决遏制公款送礼、公款吃喝、奢靡浪费之风，规范公车使用，腾退超标办公用房，严格监督使用“三公”经费等，营造出风清气正的良好政务环境。

“三严三实”教育

2015年，为贯彻落实全面从严治党要求，巩固和拓展党的群众路线教育实践成果，持续深入推进党的思想政治建设和作风建设，根据中央、省、市的部署，开展严以修身、严以律己、严以用权、谋事要实、创业要实、做人要实（“三严三实”）教育。区委专门制定《梅县区县处级领导干部“三严三实”专题教育实施方案》和《区委中心组“三严三实”专题教育学习研讨工作方案》，以个人自学、集中学习、讲专题党课、体验观摩、专题研讨等形式，围绕深入学习习近平总书记系列重要讲话精神，学习党章和党的纪律规定。区委宣传部与区委办、区委组织部、区纪委协作，组织好区委中心组全体成员重点研读《习近平谈治国理论》《习近平关于党风廉政建设和反腐败斗争论述摘编》《优秀领导干部先进事迹选编》《领导干部违纪违法典型案例警示录》等书目的学习。并根据“三严三实”的3个专题：“严以修身”“严以律己”“严以用权”的具体要求，分别制订3个专题的学习研讨会的工作方案，高质量开好3个专题学习研讨会和专题辅导课。一是原文原著“潜心学”。要求县处级以上领导干部制订个人自学计划，每周抽出半天以上时间自学原著。二是集体研讨“互动学”。将“三严三实”专题学习与区委中心组学习相结合，每两个月组织中心组成员进行1个专题的集体交流研讨，各人结合自身实际，把自己经历摆进去，既谈学习体会，也谈工作情况，既谈收获，也谈问题。各自找准“不严不实”问题，并提出解决对策、措施。组织举办“三严三实”专题教育暨“四个全面”战略布局宣讲报告会，加强对党员干部“三严三实”教育。

“两学一做”学习教育

2016年，为深入学习贯彻习近平总书记系列重要讲话精神，推动全面从严治党向基层延伸，巩固拓展党的群众路线教育实践活动和“三严三实”专题教育成果，进一步解决党员队伍在思想、组织、作风、纪律等方面存在的问题，保持党的先进性和纯洁性，党中央决定，2016年在全体党员中开展“学党章党规、学系列讲话，做合格党员”的“两学一做”学习教育。为使“两学一做”学习教育真正取得成效，让党章党规知识深入人心，在党员干部中开展讲党课、听党课、召开专题组织生活会等活动，邀请中共广东省委党校教授吴松山给区直干部作报告，并给党员干部上党课，向党员干部解读“两学一做”学习教育重点内容及其深刻内涵，帮助党员干部掌握核心内容，接受教育。

学习贯彻习近平总书记对广东工作重要批示精神

2017年4月至5月，梅县区按照省委、市委的统一部署，结合实际，认真组织全区党员干部迅速掀起学习宣传贯彻习近平总书记对广东工作重要批示精神活动热潮，把思想和行动统一到重要批示精神上来，以“四个坚持、三个支撑、两个走在前列”武装头脑、指导实践、统领工作全局，努力当好贯彻落实习近平总书记重要批示精神的排头兵，开创振兴发展新局面。4月21日，召开区委常委会议组织专题学习，制订《学习宣传贯彻习近平总书记重要批示精神总体工作方案》，分传达学习、专题学习讨论、全面贯彻落实三个阶段开展学习活动。4月26日，市委书记到梅县区指导学习宣传贯彻习近平总书记重要批示精神时，要求把学习宣传贯彻习近平总书记重要批示精神作为当前首要政治任务抓好落实。为了使重要批示精神让广大干部群众耳熟能详，梅县区领导分别到各自挂钩镇作专题辅导，各级各单位通过挂横幅标语、召开中心组学习会、专题报告、专栏宣传等形式迅速行动，掀起学习宣传贯彻的热潮。雁洋镇党委以村（社区）“两委”换届选举为契机，以支部为阵地，开展重要批示精神的学习贯彻，使每位党员都自觉投身到学习中来，并带动广大群众参与。

5月5日和11日，梅县区举办两期副科级以上领导干部学习贯彻习近平总书记重要批示精神专题培训班。梅县区委书记在第一期培训班上作专题辅导报告，并对下一阶段的学习宣传和贯彻落实作了部署。他要求，全区上下要把学习宣传贯彻重要批示精神作为当前和今后一个时期的重大政治任务，领导干部带头学习、带头研讨、带头宣讲、表率示范，开展大规模、多层次的干部专题教育培训，组织面向城乡基层的宣讲，确保全面覆盖，形成学习宣传贯彻和推动工作的合力，努力在全省改革发展大局中做出贡献。

梅县区第二期科级干部学习贯彻习近平总书记重要批示精神培训班（2017年5月）

学习宣传习近平总书记重要批示精神，以重要批示精神统领改革发展全局为落脚点，调好频、对好表狠抓贯彻落实。全区上下按照省委和市委的部署要求，加强学习，联系发展实际，强化责任担当，加快振兴发展步伐。

不忘初心，牢记使命教育

深入开展“不忘初心、牢记使命”主题教育活动，突出政治功能，把基层党组织建设成为宣传党的主张、贯彻党的决定、领导基层治理、团结动员群众、推动改革发展的坚强战斗堡垒。健全完善“三会一课”制度，建立健全决策制度。发挥带头表率作用，接受上级监督、群众监督、舆论监督、法治监督，形成向上向善的正能量。

2017年11月20日，梅县区委常委班子集体到九龙嶂革命根据地和叶剑英纪念园，参观团部旧址，重温入党誓词，瞻仰叶剑英元帅丰功伟绩。区委书记在叶剑英纪念园主持召开区委常委会会议时强调，要认真学习领会习近平总书记在瞻仰上海中共一大会址和浙江嘉兴南湖红船时的重要讲话精神、中共广东省委书记李希在瞻仰中共三大会址时的讲话精神，继承弘扬革命先辈崇高精神，不忘初心、牢记使命、永远奋斗，在新的起点上把革命先辈开创的伟大事业不断推向前进，用实际工作开创梅县区发展新局面，告慰历史、告慰先辈，赢得民心、赢得时代。在九龙嶂革命根据地，区委班子领导在东江红军第十团团部旧址，面对党旗、庄严宣誓，重温入党誓词，并到九龙嶂革命纪念馆参观，了解革命斗争历史。九龙嶂根据地是粤东最早建立的革命根据地之一，被称为“粤东的井冈山”。

2018年，梅县区开展“不忘初心，牢记使命”主题教育活动，各级党组织利用“五一”、“七一”、国庆等节日，组织党员到革命活动纪念地、革命遗址遗迹参观学习，开展学习教育座谈会、演讲比赛、上党课、文艺演出等，加强党员教育，明确“为中国人民谋幸福，为中华民族谋复兴”就是中国共产党人的初心和使命，要永远跟党走，共筑中国梦。

五、竞赛活动

1994年，扎实开展形式多样的思想教育活动。在党员、干部中举行学习建设有中国特色社会主义理论和基本知识的竞试活动，全县有6000多名党员、干部参加了考试，有24人参加了县组织的有奖竞试，有3人参加了市组织的竞试，并取得了集体二等奖和个人第二、三名的好成绩。

1995年，组织全县党员干部参加学纲要理论考试，共印考卷2000多份，参考合格率100%。在组织学习中总结推广了两个单位的好做法：程江镇“抓好三级学习，增强五个意识”，促进物质文明和精神文明的全面发展。县环保局结合本单位实际编印小册子20本，做到党员干部人手1份，同时印发200多份资料，组织100多人参加知识考试。这些行动有力地推动理论学习的深入开展。

1996年4月，由县（处）级、科级、一般干部组成的县代表队参加梅州市举办的学理论、学党章知识竞赛电视决赛，获得第三名；8月，组织全县党员干部开展“双学”知识竞试，39个基层党委分别派出1名党委委员以上干部组成的3人代表队，第一阶段分四组笔试，各组第一名进行了电视决赛，结果松南镇代表队获得第一名，县财贸系统党委代表队获得第二名，白宫镇、梅西镇代表队获得第三名。此外，先后组织全县党员干部1万多人次参加市举办的“供水杯”理论知识和“三株杯”六中全会文件精神知识竞赛，优胜者分别获得奖励。

1998年6月底，县委宣传部、县委组织部共同组织1万多名党员干部参加中共十五大精神知识考试，结果合格率100%，优秀率95%。11月，组织5200名党员干部参加省委宣传部、省委组织部开展的学习邓小平理论知识测试，优秀答卷5100多份。组织县直17个系统党委开展“邓小平理论知识知多少”竞赛，经过笔试和口试两轮角逐，县公安局党委代表队获得一等奖，该队代表梅县参加市里的比赛，获得三等奖，梅县同时获得市竞赛决赛组织奖。“七一”期间，各镇各单位党组织积极开展“双学”活动和党的“基本知识知多少”竞赛，学习党章和进行党风党纪教育，纪念建党77周年。

2001年，全县上下开展学习宣传贯彻“三个代表”重要思想，8月，梅县举办“三个代表”重要

梅县县部门“三个代表”重要思想基本知识测试抽奖仪式（2001年8月）

思想基本知识测试抽奖仪式。

2003年，以形式多样的活动为载体，促进党员教育的广泛开展。梅县组织各基层党委开展党的知识竞赛活动和“党在我心中”及“国喜杯”演讲比赛，寓党员教育于活动中，同时选拔优秀选手参加市举办的演讲大赛。

2004年，组织各基层党委开展党的知识竞赛活动和“党在我心中”及“祖国颂”演讲比赛，选拔的优秀选手参加市举办的演讲大赛，获得二等奖。组织县直10个单位党委开展庆祝中华人民共和国成立55周年百歌颂中华大赛，各系统党委高度重视，充分准备，认真排练，合唱大赛取得圆满成功，县经贸单位党委代表队获得第一名，并代表梅县参加梅州市合唱大赛，获得二等奖。

2016年，举办“争当建设‘一区两带’排头兵加快梅县区振兴发展”征文活动，为推动振兴发展积极建言献策。全区征集作品34篇，有8篇作品在市级层面获奖（其中1篇获一等奖，2篇获三等奖，5篇获优秀奖），获奖篇数居全市前列。

2018年，在全区开展“学习贯彻中共十九大精神”理论文章征集活动，各级各部门积极参与，由梅县区选送的《践行新发展理念，推进供给侧结构性改革》《在信息时代下如何增强基层党组织的领导核心作用研究》分别获得全市二等奖和三等奖。

第三章 舆论引导

梅县区委宣传部坚持正确的舆论导向，紧紧围绕各个时期党中央召开的重大会议、上级党和政府的重大方针政策、区委和区政府的中心工作，广泛、深入地开展宣传工作， 牢牢把握团结奋进、昂扬向上、开拓创新、求真务实的宣传基调，唱响科学发展、和谐发展、奋进新时代的主旋律，为梅县区经济社会发展提供舆论支持和文化保障。

第一节 宣传内容

梅县区委宣传部把握正确的舆论导向，切实抓好意识形态工作。紧紧围绕党在各个时期召开的重要会议、发出的重要文件、党的基本路线、方针、政策、纲领开展宣传，围绕上级党委和政府的重大决策开展宣传，围绕区委、区政府在不同时期的重点工作、重要举措、重大活动、文明创建成果、事业建设新成就、新面貌、涌现出来的先进典型等方面的内容进行宣传。同时，开展梅县区人文历史、自然环境、红色文化、客家文化等宣传，为梅县区经济和社会发展提供动力和舆论支持。

一、中心工作

中共中央结束长达10年的“文化大革命”后，全党工作重点转移到社会主义现代化建设上来。这一时期宣传工作联系实际，积极开展新时期政治理论、经济理论和法律知识宣传，根据中共十一届三中全会所确定党的工作重点转移到经济建设方面和改革开放方面开展宣传工作。

1978年至1979年，在开展揭批江青反革命集团的政治宣传活动的同时，围绕中共十一届三中全会决定党的工作重点转移到社会主义现代化建设上来的要求，大力组织干部群众学习《毛泽东选集》第五卷和中共十一届三中全会的指导方针，组织力量举办学习班，编写辅导课教材。并以叶剑英《在庆祝中华人民共和国成立三十周年大会上的讲话》为教材，开展实践是检验真理的唯一标准的讨论，深入进行辩证唯物主义的思想路线教育。在全县掀起贯彻新时期总任务的宣传活动。根据中宣部下发的宣传提纲，积极开展《中华人民共和国刑法》《中华人民共和国刑事诉讼法》宣传。

根据中共十一届三中全会精神，梅县各级党组织认真贯彻执行解放思想、开动机器、实事求是、团结一致向前看的方针，开展了真理标准问题的讨论，端正了政治思想路线，把主要精力从搞政治运动转到搞经济建设上来。在农村，各级党组织认真落实中央关于农业问题的两个文件，抓住尽快使集体富裕起来这个主要矛盾，组织干部群众充分讨论集体致富的意义。批判“富则修”的反动谬论，认真总结推广依靠集体致富、劳动致富的先进经验，真正树立“想富”“敢富”的雄心壮志，发动群众千方百计闯出一条社会主义的共同富裕道路。各级党委领导进一步树立实践第一的观点，坚持辩证唯物主义的思想路线，提高了按客观规律指导农业生产的自觉性，经常深入调查研究，在抓好粮食生产的同时，因地制宜，广开门路，发展多种经营，一手抓粮，一手抓钱，取得了比较明显的经济效益，不但集体经济有较大发展，而且社员家庭副业显著增加，为梅县农业生产全面发展和农村繁荣富裕奠定了一个良好的基础。各条战线遵照中共十一届三中全会精神，把工作着重点转移到社会主义现代化建设上来，解放思想、放宽政策、搞活经济，认真贯彻执行调整、改革、整顿、提高的方针，正在进行经济体制的改革，取得了比较显著的成绩，整个经济活跃起来了。

围绕经济建设、实现工业、农业、国防、科技现代化（简称“四化”）这个中心，大力宣传新时期党的路线、方针、政策和总任务，做好揭批江青反革命集团、拨乱反正和实践是检验真理的唯一标准的宣传，肃清“左”倾错误影响带来的流毒。宣传坚持四项基本原则和中共中央关于加快发展农业的两个文件精神，推动实行家庭联产承包责任制。宣传对越自卫反击战的英雄事迹。

1980年至1981年，随着党的工作重点转移到以经济建设为中心，宣传工作也逐步转移到经济方面宣传上来，进行当前形势和任务、党的路线、方针、政策的教育，治穷致富、党风党纪的教育宣传。重点宣传中共十一届三中全会公报和《关于建国以来党的若干历史问题的决议》精神，宣传安定团结政治局面，宣传党的优良传统，倡导社会主义新风尚，宣传农业科学技术知识，宣传农村发展多种经营，落实林业“三定”政策，实行计划生育等。并结合实际情况，编印《宣传工作参考资料》和《学习邓小平关于〈目前形势和任务的报告〉宣讲提纲》。按照中央部署加强干部教育，进一步健全党委和干部的学习制度，会同组织、党校、工会、教育等部门，共同抓好干部学习，配合中心工作开展“五讲四美三热爱”（讲文明、讲礼貌、讲卫生、讲秩序、讲道德；心灵美、语言美、行为美、环境美；热爱共产党、热爱祖国、热爱社会主义）为主要内容的文明礼貌系列活动。同时，清除过时标语口号，全县共清除过时标语口号2.3万条，“忠公”字5100多个，其他语录头像750多处。1981年2月，县委召开宣传工作会议，传达贯彻中央、省委、地委思想政治工作座谈会议的精神，研究贯彻中央工作会议文件的宣传教育问题。县委宣传部部长传达了中央、省委、地委思想政治工作座谈会的精神和中央4位同志在中央工作会议上的讲话。县委书记在会议上作了讲话，分析新的历史时期思想政治工作的新内容和新特点，提出思想政治工作的主要任务：第一，宣传马克思列宁主义、毛泽东思想和党的路线、方针、政策，统一全党和全国人民的思想，使党的路线、方针、政策变成群众的自觉行动，落实到联系实际，从实际出发，切实做好本地区、本部门、本单位工作上去。同时，要向抵制和违反党的路线、方针、政策和各种错误倾向作斗争；第二，不断提高党员和人民群众的社会主义、共产主义觉悟，培养社会主义一代新人；第三，联系工作实际和思想实际，做好党员、干部、群众的思想教育工作，特别在党内，要用无产阶级思想来克服各种非无产阶级思想，包括封建主义思想、资产阶级思想、小资产阶级思想等。特别强调坚持四项基本原则，建设高度精神文明，保持和发扬“全心全意为人民服务”“个人服从组织”“大公无私”“毫不利己、专门利人”“一不怕苦、二不怕死”等光荣传统和革命精神。

1982年，宣传工作坚决贯彻执行中共十一届三中全会以来党的路线、方针、政策，贯彻落实中共十二大精神，坚持四项基本原则，大力抓好中共十二大文件的学习宣传和两个文明（精神文明和物质文明）一起抓的宣传教育。为学习宣传好中共十二大精神，县委和各级党组织恢复和健全报告员、宣传员制度，各单位聘请报告员，各个公社和各战线党组聘请宣传员。

1983年至1984年，宣传中共十二大和十二届二中、三中全会精神，宣传社会主义精神文明、抵制资本主义思想腐蚀，宣传农业、林业生产责任制和其他经济责任制，宣传开展人口普查和实行计划生育，宣传开展学习《邓小平文选》、“五讲四美三热爱”、学习张海迪等活动，开展“庆祝中华人民共和国成立三十五周年”系列活动。梅县市委宣传部分三步开展干部正规化理论教育，为进一步学习好《邓小平文选》，翻印文件、编印一批宣传资料，编写辅导教材，进行党员轮训。要求科、局级干部带头写学习心得，并编成专辑。1984年，为宣传贯彻好中央一号文件，梅县市委宣传部编印了《商品的严重性和发展农村商品生产的必要性》和《价值规律是一个“伟大的学校”》两个辅导课材料。先后在丙村、石扇和市贯彻中央一号文件工作集训班上演讲，编写了《学习中央一号文件讲座》39讲，在广播站播出。在4—5月，由市委宣传部部长带头组织各科干部分赴丙村、石扇宣讲，宣传贯彻中央一号文件。中共十二届三中全会决议发表后，市委宣传部组织全体同志及下属单位负责人在10月28日至11月29日集中学习，并编写中心发言9讲，在学习会上宣讲，并逐章在广播站广播。

1985年至1986年，用一年半时间，在全县分期分批进行整党，有2.77万名党员参加整党学习，进行一次思想路线、政治路线、加强党的团结统一、加强党的民主集中制和组织纪律性的思想政治教育。继续坚持为贯彻改革、开放、搞活的方针鸣锣开道，促进两个文明建设。认真做好中共十二届六中全会决议精神的宣传贯彻。编写先进党员模范事迹，并组建理想纪律报告团深入各单位巡回作报告，宣传先进典型。

1987年至1988年，宣传全面进行整党、创建精神文明活动、实行经济体制改革，宣传中共十三大精神，宣传反对资产阶级自由化、倡导移风易俗、实行计划生育和绿化造林等。1988年，坚持正面教育，注重调查研究，总结推广典型经验，做好新时期的思想政治工作，不断提高职工思想觉悟。先后在雁洋、石扇、松南、城东、造纸厂、鸿华针织厂、高级中学、雁洋自行车零件厂等单位进行调查，总结这些单位的先进经验，并通过会议、报刊、电视录像、电台广播形式介绍和推广了这些经验。省委编印的《思想政治工作一百例》一书，谢耀文、梁志军的思想工作法选入这本书中。9月30日，会同政法、经委、财办、总工会、妇联、共青团、教育局等单位，召开由政工干部参加的座谈会，探讨新时期思想政治工作的新路子。根据会议精神，向全县各单位印发《纪要》，这对于服务、指导全县如何做好新时期的思想政治工作起了积极的推动作用。

1989年，对春夏之交发生在北京的政治风波，做好坚持四项基本原则、反对资产阶级自由化、民主与法制、邓小平和江泽民重要讲话、中共十三届四中和五中全会精神的宣传，澄清干部群众的模糊认识，增强走中国特色社会主义道路的信心和决心。5月，县委制定《关于加强党的建设工作的意见》《党委抓党的建设工作责任制的决定》以及《加强企业党建工作的意见》，做好宣传贯彻县委关于加强党的建设的文件精神，进一步加强党的建设。

1990年至1992年，坚持以党的基本路线为指导，以团结、稳定、鼓劲为基调，宣传中共十三届六中、七中、八中全会和江泽民1991年“七一”讲话精神，宣传“扫黄”“除七害”，开展学雷锋、树新风、除陋习活动，宣传学习优秀共产党员沈国发，宣传建立和完善社会主义市场经济体制、开展农村社会主义思想教育运动、科学技术是第一生产力以及国营企业的改革发展等。在宣传贯彻江泽民“七一”讲话精神方面，先后编写和印发了《七中全会学习问答》《江泽民同志的“七一”讲话辅导材料》近5000册，供各级干部群众学习。在报刊发行方面，较好地完成党报党刊发行任务，其中《半月谈》发行比上年增10%，成为全市各县《半月谈》发行万份县二连冠的单位，受中央有关部门通电表彰。1992年，突出以宣传、贯彻邓小平南方谈话和十四大精神为重点，发挥电台、电视台等新闻媒介的功能作用和采用标语、横额、板报专栏、广播电视、映前宣传等多种形式进行广泛宣传，编印《学习邓小平同志南方谈话参考材料》2000册，印发中共十四大文件专辑4000份，编印5期《学习参考》材料共1250份，加强县直单位和村镇思想教育工作。

1993年至1995年，以邓小平建设有中国特色社会主义理论为根本指针，坚持党的基本路线，深入宣传贯彻中共十四大和十四届三中、四中、五中全会精神，认真落实中央和省、市宣传工作会议提出的各项任务。1994年1月24日，全国宣传思想工作会议在北京举行。中共中央总书记江泽民作了重要讲话。江泽民指出，宣传思想工作要以科学的理论武装人，以正确的舆论引导人，以高尚的精神塑造人，以优秀的作品鼓舞人，不断培养和造就一代又一代有理想、有道德、有文化、有纪律的社会主义新人，在建设有中国特色社会主义的伟大事业中发挥有力的思想保证和舆论支持作用，这是宣传工作的指导方针。梅县拍制《奔小康之路》等2部电视专题片，出版《农民致富之门》和《名人的故乡》2本书，电视台、电台开辟《改革开放15年——梅县的崛起》专栏，宣传“稳农富农，兴工富县”工作方针，宣传改革开放15年梅县“两个文明”建设取得的成就。1995年，是“八五”计划的最后一年，按照中央和省、市委的部署，坚持邓小平建设中国特色社会主义理论和党的基本路线，认真宣传贯彻“抓住机遇、深化改革、扩大开放、促进发展、保持稳定”的基本方针。5月，梅县举办第一期局级干部廉洁自律学习班，组织学习江泽民和尉健行在中纪委五次全会上的重要讲话和工作报告。

1996年，梅县宣传思想工作为“九五”计划开好头、起好步开展宣传。在县委的正确领导和上级宣传部门的具体指导下，各级宣传思想工作部门认真贯彻中央和省、市宣传思想工作会议精神，按照以邓小平建设中国特色社会主义理论为根本指针，坚持党的基本路线和服务中心、以立为本、虚功实做、务求实效的工作思路，积极主动、创造性地开展工作。加大对中共十四届五中和六中全会精神、实现“两个根本性转变”的宣传力度。县委办、县府办联合发出《贯彻中宣部、国家经贸委〈关于加强和改进企业思想政治工作的意见〉的通知》，组织企业干部职工认真学习，并从各个方面加强和改进企业的思想政治工作。县电台、电视台及各镇广播电视站等新闻媒体及县委新闻部门，坚持以团结稳定鼓劲、正面宣传为主的方针，牢牢把握正确导向，提高舆论引导水平，为完成县委、县政府提出的各项任务提供良好的社会舆论环境和社会心态环境。在1996年省委召开的省优秀基层宣传思想工作者表彰会上，由县委宣传部提供的《加强宣传思想工作网络建设，推进农村宣传思想工作》的经验文章在大会上作了书面交流。丘卫国、陈希光被评为广东省优秀基层宣传思想工作者。

1997年，县委宣传部高举邓小平理论伟大旗帜，遵循“贯彻好一个精神（中共十四届六中全会精神），提供两方面服务（为人民群众服务，为党和政府中心工作服务），围绕三件大事（香港回归、中共十五大召开、纪念叶剑英元帅100周年诞辰），完成好四项基本任务（以科学的理论武装人，以正确的舆论引导人，以高尚的精神塑造人，以优秀的作品鼓舞人），搞好五大阵地建设（县文化活动中心、县广播电视中心、爱国主义教育阵地、镇文化活动中心、管理区文化室），重点做好六项工作（政治理论学习、职业道德建设、爱国主义教育、群众性创建文明活动、文化文艺上山下乡、宣传队伍事业建设）”的基本思路，积极开展宣传工作，为加快梅县“两个文明”建设的步伐提供了思想保证、舆论环境和智力支持。紧紧围绕香港回归、中共十五大召开和纪念叶剑英元帅100周年诞辰活动开展全方位、多形式、大规模的宣传教育活动，县委宣传部专门以《关于梅县围绕中共十五大召开做好宣传工作的意见》下发各镇各单位，对全县营造欢庆十五大召开的舆论氛围，部署了六项具体工作；编播有关叶剑英元帅100周年诞辰纪念活动新闻20多条，组织播放电视剧《叶剑英》《广州市长叶剑英》《热血香洲》等纪录片。电台在《三乡风采》《校园内外》专题中播出叶剑英元帅相关事迹63组。喜迎香港回归电视系列报道播出新闻26条，播出《中英街》《话说香港》电视剧。电台推出“了解香港，迎接回归”稿件40多组。开展中共十五大相关报道，电视台、电台分别播出新闻36篇和39篇。2月20日，邓小平与世长辞，认真组织悼念邓小平的各项活动，全方位报道梅县干部群众收听收看邓小平追悼大会实况，以不同侧面宣传报道了梅县组织干部群众认真学习江泽民总书记致的悼词、中央的公告和《邓小平伟大光辉的一生》3篇文章，缅怀一代伟人的丰功伟绩。

1998年，县宣传部门坚持正确的舆论导向，遵循以正面宣传为主的方针，全方位、多形式开展宣传。一是大力宣传中共十五大精神。紧紧围绕中共十五大主题全方位地进行宣传，用十五大精神武装群众、教育群众、鼓舞群众。并结合做好全国人大九届一次会议、省第八次党代会、市第三次党代会精神的宣传工作。二是广泛宣传抗洪精神。县委宣传部发出《关于学习贯彻江泽民同志〈在全国抗洪抢险总结表彰大会上的讲话〉的通知》，号召全县人民向抗洪英雄学习，弘扬抗洪精神，在各自的岗位上建功立业。同时，发动群众捐款捐物，奉献爱心，支援灾区人民重建家园。三是开展纪念中共十一届三中全会20周年系列活动。回顾和总结中共十一届三中全会以来中国改革开放和现代化建设事业的巨大成就，对广大党员、干部、群众进行党的基本路线和形势教育。县委、县政府举办了纪念大会和专题文艺演出，回顾梅县走过的光辉历程，讴歌改革开放的丰功伟绩；县委宣传部编写了《改革开放的20年，成就辉煌的20年——改革开放20年梅县国民经济和社会发展的历史成就》宣传提纲，在《学习文摘》上刊载下发。县电台、电视台开设《辉煌的五年》《今日梅县》《20年变迁》等专题报道栏目，介绍梅县“两个文明”建设的辉煌成就。电台开设《巾帼风采》《党代会专栏》《两会传真》等8个新闻专栏，电视台开设《落实十五大，开创新局面》栏目，制作《山城金腰带》《他为红盾添光彩》等电视专题片开展宣传。县文联组织下属各协会举办诗词书画美术摄影作品展、诗词作品吟诵座谈会，赞颂改革开放的显著成绩和人们的美好生活。程江、隆文、畲江等镇也纷纷举办图片展览、召开座谈会，录制播放反映当地发展变化的电视节目，在群众中广泛宣传改革开放的丰硕成果，激发人们坚定走中国特色社会主义的信念。1998年，县电台播出新闻稿件1449条、专题稿件2164条。

1999年，高举邓小平理论伟大旗帜，坚持“服务中心，以立为本，虚功实做、务求实效”的基本工作思路，唱响主旋律，打好主动仗，全面深入地学习宣传贯彻中共十五大和省第八次、市第三次、县第九次党代会精神。切实加强和改进思想政治工作，充分发挥思想政治工作统一认识、凝聚人心、鼓舞士气、振奋精神、释疑解惑、化解矛盾的重要作用，为梅县改革开放和社会各项事业的发展、维护社会稳定提供有力的思想保证、精神动力和舆论支持。县委宣传部牢牢把握正确的舆论导向，先后举行较大型的纪念“五四”运动80周年、中华人民共和国成立50周年暨县城新迁、迎接和庆祝澳门回归祖国、喜迎新千年等一系列的庆祝庆典活动。举办中学生作文比赛和“加丹杯”青年歌手大赛及中华人民共和国成立50周年梅县经济社会发展成果图片展览等，深入开展爱国主义、集体主义、社会主义和艰苦创业的教育，深入开展揭批“法轮功”邪教组织的斗争，引导广大党员、干部、群众树立正确的世界观、人生观、价值观。认真组织学习宣传中共十五届三中、四中全会精神，广泛进行党的基本理论、基本路线和基本纲领的宣传教育，加强形势政策、民主法制和维护社会稳定的宣传教育，用四中全会精神指导全县国有企业的改革，推动现代企业制度的实施。

2000年，坚持正确舆论导向，做好江泽民总书记对宣传工作重要批示、党中央《关于加强和改进思想政治工作若干意见》、“致富思源，富而思进”、“三个代表”重要思想、“三讲”教育、深入揭批“法轮功”邪教组织的宣传，县委九届三次全体（扩大）会议和县人大、政协“两会”精神的宣传，开展创建文明城市、五好支部、四好农民党员和纪律教育月活动等内容的宣传。在宣传工作中，继续坚持正确的舆论导向，围绕县委、县政府中心工作和要求，针对群众关心的热点、难点，做好正面引导和释疑解惑工作。县文化系统积极创作排练“两思”教育专题文艺节目，在华侨城广场首演后，组织到各地巡回演出43场；县电影部门组织优秀影片下乡放映的同时积极开展“两思”教育的映前宣传。县电台、电视台坚持“导向金不换”的原则，坚持“政治家办台”，主动、积极、稳妥、热情地开展物质文明和精神文明建设的宣传报道；全年播出广播电视新闻11146篇（次）、专题2611篇、公益广告8694条（次），上送市以上被采用播出新闻稿件共400篇（件），连续多年保持全市领先地位。

2001年是新世纪的第一年，是实施“十五”计划的第一年，又是中国共产党80周年诞辰。是年，中国获得2008年奥运会举办权，并加入了世贸组织。面对大事多、喜事多、好事多、宣传报道要求高的实际，县宣传工作部门坚持以“三个代表”重要思想为指导，组织宣传系统干部职工认真学习，统一思想，明确任务，精心组织，精心策划，加强检查监督，抓好行动落实，确保舆论导向正确，宣传报道突出。7月1日是中国共产党成立80周年纪念日，大力宣传党的丰功伟绩，对于在新世纪全面推进建设有中国特色社会主义的伟大事业，全面推进党的建设新的伟大工程，具有十分重要的意义。县委宣传部及早作出安排，举办“党在我心中”演讲比赛、大型文艺晚会、大型诗词书画美术摄影作品展览、组织全县党员参加支部生活编辑部举办的党的知识竞赛，隆重纪念建党80周年。以纪念建党80周年为契机，唱响共产党好、社会主义好、改革开放好的主旋律。抓好中共十五届六中全会精神的学习宣传，梅县发出认真学好中共十五届六中全会精神的通知，组织全县党员干部、职工群众开展了认真的学习和讨论，深刻领会中共十五届六中全会的精神实质。全年广播电视播发新闻9420篇（次）、播出专题742期2818篇、播出公益标语口号3153条（次），上送市以上被采用的新闻3425篇。

2002年，围绕“迎接十六大、宣传十六大、贯彻十六大”这条主线，舆论引导水平进一步提高。宣传“三个代表”重要思想、江泽民“5·31”和“七一”讲话、省第九次党代会及省山区工作会议精神，通过举办报告会、座谈会、演讲会等形式进行宣传，开展迎接、宣传、贯彻十六大的宣传报道。会前精心策划了《努力实践“三个代表”》《我们这五年》《开拓进取、加快发展、以优异的成绩迎接十六大》等宣传专栏，在华侨城文化广场举行“迎国庆、迎十六大”专场文艺晚会，举办“喜迎十六大”诗词吟唱会，举办“客家风情画展”等。中共十六大召开后，组织全县干部群众开展认真学习江泽民所作的重要报告，积极引导和充分调动干部群众学习十六大精神的积极性，全面宣传和反映梅县各级各地学习贯彻十六大精神的动态和改革发展的新思路、新举措。县委宣传部还发出《关于组织参加“学习中共十六大文件精神有奖问答”活动的通知》，组织发动全县广大党员干部群众参加市委宣传部、市邮政局、梅州日报社举办的“学习中共十六大精神有奖问答”活动，共收到答卷 6400 份。在抓好机关党员干部理论学习的基础上，通过专栏、墙报、黑板报等农村宣传阵地和有线电视等传媒，广泛开展理论宣传，真正使党的基本理论和知识入村入心入脑，为农村的稳定、发展起到良好的推动作用。

2003 年，按照上级党委的要求，重点抓好全县学习、贯彻、实践“三个代表”重要思想和中共十六大及十六届三中全会精神，胡锦涛总书记“七一”重要讲话精神，省第九次党代会精神，加强对省委提出的建设文化大省的宣传。县电台、电视台开设《学习贯彻十六大》《学习实践“三个代表”》等专栏，及时总结和反映基层学习贯彻的情况和经验，把学习贯彻十六大和学习实践“三个代表”重要思想引向深入。突出做好突发事件的舆论引导工作，开展防治“非典”宣传。严格按照上级的要求，认真把握防治非典型肺炎的宣传教育，组织全县干部群众学习防治“非典”知识，使全县人心稳定，广大干部群众进一步做好防治“非典”工作，组织学习抗“非典”英雄事迹，激励干部群众在平凡的岗位上做出贡献。全年广播电视共播发新闻 1.48 万多篇（次）、播发专题 828 期 2480 篇、播出公益标语口号 4960 条（次），编印“宣传动态”25 期 3750 多份，全县张挂横幅标语 5 次 1660 条，利用黑板报、宣传橱窗 8 期 480 处，同时向省、市上报宣传信息材料 16 篇。

按照上级有关通知精神，县委宣传部与县委办、县府办联合发出《梅县贯彻落实〈关于进一步治理党政部门报刊散滥和利用职权发行、减轻基层和农民负担的通知〉实施办法》，组织人员对全县党政部门报刊发行进行了全面清理清查，并对宣传部自办发行的《学习文摘》带头停刊。通过全面治理整顿，停刊的有 2 种刊物，各单位强行摊派征订报刊的现象得到遏制和纠正。

2004 年，按照上级党委要求，着重抓好全县学习、贯彻、实践“三个代表”重要思想和中共十六大及十六届三中、四中全会、胡锦涛“七一”重要讲话、省委九届五次全会、市委四届三次全会精神，重点对加强执政能力建设，省委提出的建设文化大省，市委提出的“四个梅州”和县委提出的“七大发展”战略的宣传。组织全县干部群众开展学习讨论，以举办报告会、座谈会、演讲会等形式进行广泛宣传，积极引导、充分调动干部群众学习贯彻的积极性。县电台、电视台开设《“三个代表”重要思想在基层》《保先争先》等栏目，及时总结和反映基层学习贯彻的情况和经验，把学习贯彻引向深入。9 月 16 日，中共十六届四中全会召开。全会通过的《中共中央关于加强党的执政能力建设的决定》首次完整提出“构建社会主义和谐社会”的概念。决定将其列为中国共产党全面提高执政能力的五大能力之一，并对构建社会主义和谐社会作出了 4 条原则性的界定。梅县开动宣传机器，积极宣传决定的意义和构建社会主义和谐社会 4 条原则性的界定，全面贯彻尊重劳动、尊重知识、尊重人才、尊重创造的方针，增强全社会的创造活力。妥善协调各方面的利益关系，正确处理人民内部矛盾，加强社会建设和管理，推进社会管理体制的创新，健全工作机制，维护社会稳定。

2005年，一方面，宣传重点突出，深入宣传了十六届四中、五中全会，省委九届六次、七次全会，市委四届四次全会和县委十届三次全会精神，把广大干部群众的思想和行动统一到经济建设上来，努力营造积极向上奋发有为的社会舆论氛围。另一方面，把握正确的舆论导向，充分发挥宣传系统的职能作用，加大对开展保持共产党员先进性教育、“理想、责任、能力、形象”教育、“十百千万”干部下基层驻农村和实施固本强基工程以及机关作风评议等活动的宣传力度。县电视台、电台开设《践行“三个代表”重要思想，争当时代先锋》栏目，为全县新一轮的经济建设热潮鼓劲加油，创造良好的舆论环境。把握重大突发事件、难点热点问题的宣传关口，确保正确舆论导向。

2006年，把握舆论导向方面，做好重大事件、重要活动的宣传报道和舆论引导工作，营造积极向上、奋发有为的社会舆论氛围。做好中共十六届五中、六中全会，省委九届七次、八次全会、市委四届五次全会精神的宣传报道。建设社会主义新农村是中共十六届五中全会作出的重大决策。根据中央、省和市的有关部署，县委、县政府围绕“生产发展，生活宽裕，乡风文明，村容整洁，管理民主” 的新农村建设总体目标，召开新农村建设会议，制定《梅县关于加快社会主义新农村建设的意见》，成立建设新农村宣讲团，对全县各镇（办事处、高管会）干部、村干部进行20场（次）共3000多人的宣讲培训，通过多方面努力推进社会主义新农村建设。

2007年，围绕中心，运用宣传媒体和阵地广泛宣传。一是营造氛围喜迎十七大。举办“庆中秋，迎十七大”“庆国庆，迎十七大”文艺晚会；下发《关于印发〈梅县喜迎中共十七大宣传标语〉的通知》；出版《梅县宣传》第三期“喜迎十七大”专刊；电视台播出喜迎十七大系列报道。二是十七大召开后，各单位采取召开会议、出版宣传栏、黑板报、张贴标语横额等多种形式，宣传中共十七大精神。县电视台转播、录播十七大主题节目，同时报道各单位学习贯彻十七大精神的情况；举办以“宣传十七大，唱响和谐梅县”为主题的军警民迎春晚会；县山歌剧团创作排练有关节目，送戏到基层演出。三是做好各单位学习十七大信息交流工作。以《信息简报》和《梅县宣传》登载宣传动态等形式交流。四是做好重大事件、重要活动的宣传报道和舆论引导工作，做好省第十次党代会的宣传报道。

2008年，牢牢把握党管新闻媒体的基本原则，坚持正确的舆论导向，坚持科学发展、构建和谐社会的工作方针，在全县努力形成“坚持科学发展、争当‘绿色崛起’排头兵”的主流社会舆论。中共广东省委部署全省各级党组织开展解放思想学习讨论活动后，梅县县委成立开展解放思想学习讨论活动领导小组和办公室，办公室设在县委宣传部，县委宣传部认真做好各项工作，组织人力充实办公室，开展学习资料准备、调查研究、做好会务工作等。充分利用各种宣传阵地和方式，广泛开展学习宣传。组织接待和安排落实梅州市“继续解放思想，实现绿色崛起”文艺下乡巡回演出团在华侨城广场演出，开展“继续解放思想，争当梅州绿色崛起排头兵”文艺巡回演出活动。县电视台、电台设立《继续解放思想，争当梅州“绿色崛起”排头兵》专栏，及时报道全县各镇各单位开展解放思想学习讨论活动情况，及时宣传全县各级各单位推进“绿色崛起”的新办法、新举措，形成持久浓厚的舆论氛围。

2009年，全力做好“学习实践科学发展观”的宣传，大力营造氛围。围绕市委、县委提出的2009年“项目建设年”的计划，加强策划、选好题材、跟踪报道。扎实做好中华人民共和国成立60周年的宣传报道，开设专栏报道梅县60年来在中国共产党领导下，社会经济各方面取得翻天覆地的变化。配合市委、市政府举办首届“客商会”及梅县12项工程奠基剪彩的宣传报道活动，全方位、多角度地大力宣传经济建设和社会各项事业发展的新成就。

2010年，结合梅县开展党的先进性教育、学习中共十七大精神、解放思想学习讨论活动、学习实践科学发展观活动等各项活动，广泛宣传、营造声势，掀起学习热潮。特别是以开展学习实践科学发展观活动为主题，利用各种宣传阵地和方式开展宣传。《梅县宣传》刊物设立《学习实践科学发展观》专栏，宣传学习贯彻科学发展观的好做法、好经验、好典型，推动学习实践活动的深入开展。在新县城主要交通路段设立大型宣传牌10多幅，各单位各部门办公楼均悬挂宣传横幅。县广播电视台立足于统一思想，坚持以科学发展观统领宣传工作，围绕主题、把握灵魂，在深入人心上下功夫、在开拓创新上下功夫、在力求实效上下功夫，立足新的实践，集中力量，强势宣传。

2011年，是总结“十一五”规划、落实“十二五”规划的关键之年。2011年，梅县宣传思想工作在县委、县政府的正确领导下和市委宣传部的精心指导下，坚持以邓小平理论和“三个代表”重要思想为指导，深入学习、宣传贯彻落实科学发展观，解放思想，实事求是，认真宣传中共十七届五中、六中全会精神，组织庆祝建党90周年宣传活动。

梅县庆祝中国共产党成立90周年暨2011年广东扶贫济困日系列活动（2011年）

2012年4月，召开梅县宣传文化工作暨精神文明建设表彰会议，总结和部署宣传文化工作，表彰先进。在《梅县新闻》中增加"民生新闻"播出量，实施改版与创新，《梅县新闻》从9月1日起启用了新的主持人播音背景画面，新设《宜居梅县先锋行》《"三打两建"在行动》《创先争优比奉献》《党旗飘扬》《科学发展再创佳绩——喜迎十八大》《名师名教》等栏目，做好贯彻落实中共十八大、省第十一次党代会和全市新型城市化工作会议精神的宣传报道，实现主题宣传重点突出。

2012年4月20日，召开梅县宣传文化工作暨精神文明建设表彰会议

2013年，坚持以邓小平理论、"三个代表"重要思想和科学发展观为指导，深入学习宣传贯彻中共十八大、省委第十一届二次全会和市委六届三次全会以及县委十二届三次全会精神，深入开展理论武装工作，扎实推进社会主义核心价值体系建设，大力推动文化繁荣发展，着力营造积极健康向上的舆论氛围，为"争当全省生态文明建设排头兵、创建山区科学发展示范县"提供强大的精神动力、思想保证和舆论支持。主要做好了全区上下贯彻落实中共十八大精神、中共省委书记胡春华到梅县调研讲话精神的宣传报道工作。梅县区广播电视台被广东南方广播影视传媒集团评为"2013年度安全播出优秀单位"。

2013年年底，梅县改为梅县区。

2014年是学习贯彻落实中共十八大、十八届三中全会的关键一年，梅县区宣传思想文化工作坚持以邓小平理论、"三个代表"重要思想和科学发展观为指导，认真学习贯彻习近平系列重要讲话精神，按照中央的要求和省、市、区委的部署，坚持解放思想、实事求是、与时俱进，结合党的群众路线教育实践活动的开展，大力营造全面深化改革发展氛围，提升文化软实力，为助力梅县区振兴发展提供强有力的理论指导、舆论力量。区广播电视台进行自办节目改版创新，实施乡镇数字电视整转，强化团队服务，宣传、事业和队伍建设齐头并进。该台上送市台电视新闻824.5条、电台新闻361.5条，在全市各县级台中的通联排名分别蝉联了"三连冠"和"七连冠"。在全市各县级电台中首先开通电台直播节目，提前完成了乡镇数字电视整转，整转率为108.3%，全区数字电视收视费收入3170万元，比上年增长59%，广告创收564万元，比上年增长29%。大力擦亮自办节目品牌，先后对电台、电视节目进行改版。

梅县区广播电视台被广东南方广播影视传媒集团评为"安全播出优秀单位"，被广东省广告协会评为“2014年度广东省诚信守法、创新经营先进单位”，被梅州市广播电视台授予“广播电视工作一等奖”。

2015年，梅县区宣传思想文化系统深入学习宣传贯彻中共十八大和十八届三中、四中、五中全会以及习近平总书记系列重要讲话精神，认真按照中央的要求和省、市、区委决策部署，坚持围绕中心、服务大局，坚持突出重点、改革创新，牢牢把握“两个巩固”的根本任务，适应新常态、打好主动仗、唱响主旋律、凝聚正能量，大力推进“基层工作加强年”各项工作，不断提升文化软实力，为加快梅县区振兴发展，推进“四个全面”建设提供强有力的思想保证、舆论支持、精神动力和文化条件。区广播电视台对自办节目《梅县新闻》《梅县民声》和《今日知多点》三档新闻资讯栏目进行改革融合，把原来独立的《梅县民声》栏目并入《梅县新闻》中，实行“时政新闻+民声新闻+今日知多点”三档节目的融合，以打造“有观点的频道”为宗旨，实行四档新栏目的合作。策划推出《弘扬主旋律，传递正能量》专栏，在专栏中重点做好“中国梦”“社会主义核心价值观”“中华优秀传统文化”等三个大型系列报道。专门推出了中共省委书记胡春华、省长朱小丹到梅县调研指示精神、十八届五中全会精神解读、“十三五”规划热点解读等的报道。

梅县区广播电视台被广东省新闻出版广电局评为“广东省广播电视公益广告二类优秀传播机构”。上送市台的新闻通联在全市各县（市）台排名连续多年名列前茅。

2016年，为深入学习贯彻习近平总书记系列重要讲话精神，推动全面从严治党向基层延伸，巩固拓展党的群众路线教育实践活动和“三严三实”专题教育成果，进一步解决党员队伍在思想、组织、作风、纪律等方面存在的问题，保持发展党的先进性和纯洁性。党中央决定，2016年在全体党员中开展“学党章党规、学系列讲话，做合格党员”学习教育。梅县区结合实际，成立“两学一做”学习教育办公室，制订具体实施方案，指导全区各级党组织开展“两学一做”学习教育，在党员干部中开展讲党课、听党课、召开专题组织生活会等活动，“两学一做”学习教育取得成效。

2017年，紧紧围绕中共十九大、习近平总书记系列重要讲话和习近平总书记对广东重要批示精神，结合区委、区政府的中心工作，积极主动做好舆论宣传。到水车镇指导学习宣传贯彻中共十九大精神、习近平总书记对广东工作重要批示精神。电台、电视台注重宣传策划。坚持开好每周1次的周前编辑会，对上周新闻宣传进行总结回顾，研究下一周新闻宣传重点，策划安排重大题材、重点工作、重点项目、相关节日、纪念日活动的宣传报道，使新闻宣传紧跟党的中心工作、群众关注热点和区委、区政府工作重点，更好地围绕中心、服务大局，又让新闻宣传内容更加丰富、更有质量。突出宣传主题，把中共十九大、第五届世界客商大会等影响大、群众关注度较高的重大事件的宣传，作为一场战役来打，坚持及早研究、制订方案、精心安排采访播出。

2018年，组织好首届“中国农民丰收节”活动的开展和宣传。梅县区松口镇大黄村是首届“中国农民丰收节”全国6个分会场之一，同时也是广东庆祝首届“中国农民丰收节”的省主会场，活动于9月23日举办。活动期间，大力开展宣传，深入宣传农民丰收的喜悦、党的富民政策、农村的发展变化，宣传梅县客侨文化，认真协助做好梅县区分会场的现场文艺、宣传推介、雁南飞分会场拍摄等工作，文化展示小组做好客侨文化展示和文艺活动的组织和实施。协助农业部门做好丰收广场演出及南粤农耕文化展示区等方面的文化相关工作，全力推进梅县区分会场的各项工作开展。

2018年9月23日，首届全国农民丰收节在松口镇大黄村举行

二、主题内容

主要围绕区委、区政府的中心工作开展宣传。

1984年，梅县市广播站围绕党的中心工作播出新闻稿件2800多篇，农科知识400多篇，生活知识300多篇，其他稿件600多篇，全市各乡的广播通播率56%。

1986年，坚持办好以当地新闻节目为主要内容的广播宣传。广播电视局紧紧围绕市委、市政府各个时期的中心任务，积极做好编制工作，及时准确地传播市委，市政府的政令文告，宣传各战线在改革开放中建设物质文明和精神文明的成果和经验。发挥现代化宣传工具作用，配合党的中心工作，开展录像宣传，录制了“梅县市水果展览”“梅县市农民开山种果”“市粮食系统积极开展两个文明建设”“梅县市退休老干部之家”“梅县市洪水灾情”等12项内容、300多盒录像带，及时向广大群众宣传梅县市政治、经济、工农业生产发展的大好形势。全年开展当地新闻、文艺、科技园地等大项目的宣传，共宣传稿件5572篇。

1988年，为配合梅县经济建设的各项中心工作，广播电视局摄制电视录像节目27个，供上级电视台和本县电视台播放。协同纪检、组织、工商等部门进行电视宣传。全年播出节目40个计63小时的内容，丰富了梅县的电视内容。

1991年，新闻报道数量多、质量高。被中央和地方报刊、电台、电视台采用稿件319篇，其中有7篇被中央、省市报刊评为好新闻。

1992年，广泛宣传发展经济的成功经验、致富之路，及时传递各类经济技术信息，为经济建设加油鼓劲。充分发挥电台、电视台、报刊等新闻媒介的功能作用和新闻工作者、业余通讯员的作用，深入基层，撰写和报道了大量的经济新闻稿件。在县电视台开辟《梅县农村社教》《我为经济发展干什么》《梅县柚乡行》等专题新闻栏目5个，全年播出新闻节目1672小时、1250条。在县电台设立《生产与科技》《为你服务》《经济信息》《环境保护》等栏目11个，全年播出稿件4281篇，其中新闻稿件2516篇。这些新闻节目从不同角度介绍梅县城乡两个文明建设涌现的好人好事、好典型、好经验，以及县属机关、事业单位为加快梅县经济发展提供优质服务、保驾护航的措施和事迹。在宣传报道乡镇企业发展的好典型、好经验时，注意抓两头，既重视亿元乡镇的报道，又注意抓好边、远、穷乡镇加快经济发展的宣传，还派出记者深入外地采访梅县籍企业家，采访在省城召开的乡贤座谈会、新闻发布会，全力为梅县经济建设服务。在宣传报道中，各乡镇宣传委员、业余通讯员发挥积极作用，南口、城东等乡镇为鼓励通讯员写稿投稿，制定奖励办法，大大调动了他们写作的积极性，激发了他们做好宣传工作的热情。

举办广东省梅县首届柚节暨经贸洽谈会（1992 年 11 月）

1993 年，新闻报道工作重点突出“稳农、富民、兴工、富县、富镇”这一主题。在《南方日报》头版头条发表宣传梅县基础设施建设、大搞公路改造、公路建设、通信、能源建设等方面的新闻报道，制定吸引外资、人才等方面政策等也做了大量的报道工作。拍制两部电视片，出好两本书。县委宣传部与市委组织部、县农委、县电视台等单位联合，拍制了以反映梅县农业产业结构调整后农民发展“一优三高”农业，发展第二、三产业致富典型为题材的《奔小康之路》电视专题片，与县电视台、外经委联合录制，反映梅县投资环境和“三资”企业对外宣传专题电视片。集全县农民致富部分典型编印成《农民致富之门》和《名人的故乡》两本书。在密切配合县委、县政府宣传党的政策和经济建设等方面做了大量的工作，为梅县加快改革开放和经济建设步伐起到了助推作用，为全县人民在发展山区经济加油鼓劲，有力地推动梅县经济的持续快速健康发展。梅县在原有 5 亿元镇的基础上，1993 年又新增 5 个镇（隆文、城东、大坪、白宫、南口）社会总产值超过 1 亿元。

密切配合各部门开展宣传活动。在纪念毛泽东学雷锋题词 30 周年的日子里，配合团县委组织全县青少年开展系列活动，组织人员参加市文艺晚会，选送高级中学副校长曹杜荣参加市组织的“雷锋精神与市场经济”研讨会，各项活动均受到有关领导的充分肯定。“七一”期间，与县直属机关党委联合组织纪念建党 72 周年文艺晚会。协助国土部门大力宣传国土法，宣传获得全国土地卫士称号的城东镇国土所所长陈创元的先进事迹，撰写《心底无私天地宽》文章在《梅州日报》发表、市电台播放等。安排人员与司法局等单位配合，到白宫镇新联管理区进行依法治理、民主管理试点工作，并总结了试点工作经验材料，为全县开展依法治理、民主管理起到了指导和推动作用。配合科委在 6 月开展科技进步月宣传活动。积极配合公安、司法等部门大张旗鼓地开展“双禁”宣传活动。配合计生部门积极开展计划生育宣传活动，通过宣传教育活动，全县人民群众的婚育观念得到明显的转变。与邮电部门配合，积极抓好征订1994年党报党刊的工作，《半月谈》《文明导报》等刊物超额完成征订任务。

县广播电台的广播节目有新闻、三乡漫步、民主与法制、校园内外、文化公园、学习节目、生产与科技、环境保护、经济信息、日用小科学、健身之道、为您服务和点歌坛、晨光曲、好歌献给您、乡情曲、金曲卡拉OK、大家笑、戏剧园地、影视之声、空中舞会、专题文艺、欢乐今宵等栏目20多个。

1994年，县委宣传部本着宣传工作必须服从和服务于经济建设这个中心，以多种形式，认真做好舆论导向工作。耕耘好宣传阵地，充分发挥县广播台、电视台新闻媒介功能作用。紧紧围绕县委、县政府的中心工作，大力宣传梅县“两个文明”建设所取得的成就，新开辟的《改革开放15年——梅县的崛起》这一专栏，在国庆前后，连续1个月播出专稿35篇105次，在社会上反响好。据统计，县电视台、有线电视台播出自办新闻节目868条，其中图像新闻753条、送上级电视台播出55条；县广播台播出稿件2651篇，其中新闻稿件1481篇、送市以上新闻单位刊登、播出的稿件217篇（次）；县新闻秘书采写并被县级以上新闻单位采用的稿件共有400多篇，其中被国家级报刊采用的有20多篇、省级报刊发表的有近100篇。全县各镇亦充分发挥报刊通讯员的作用，积极进行采写报道。仅桃尧镇统计，全年采写稿件452篇，其中被县以上新闻单位采用的有309篇。

1995年，坚持团结、稳定、鼓劲、正面宣传为主的方针，服从和服务于县委、县政府的工作大局，保持宣传基调的连续性和稳定性，鼓舞和激励广大干部群众满怀信心、艰苦创业、励精图治、扎实工作，为夺取各项事业的新胜利而努力奋斗。通过县电视台、广播电台、各镇广播电视站等新闻媒体，积极围绕县委、县政府提出“农业要上新台阶”，大力发展“三高”农业，走“奔康”路的奋斗目标进行全方位的宣传，尤其是对梅县规模型的农业主体开发，县、镇、区公路建设，瓜洲水电站的兴建，梅县新城区建设以及工业生产等方面都进行了加大力度的追踪报道。2月，梅县县委、县政府在政府大礼堂召开表彰会，表彰了在“两个文明”建设中作出成绩的先进单位。梅县举办第一期局级干部廉洁自律学习班，组织学习中纪委五次全会精神。县电视台全年播出的自办新闻节目1182条，送上级电视台播出的新闻80条；县电台全年播出稿件4730条，送市以上电台、电视台及报刊播出和发表的140篇。

1996年，重点抓实现“两个根本性转变”以及县委提出的打好“三个基础”、实施“三个一批”、实现“三个协调”发展战略的系列宣传报道。突出地宣传“三高”农业的发展、重点工程项目的建设、国有企业学邯钢的经验、机关干部挂点扶贫以及社会治安综合治理等方面内容。加强对党风廉政建设、民主法制建设的宣传报道。梅县电台全年播出稿件3645篇，梅县电视台全年录播新闻1035条，上送有5篇作品分别获得全国县（市）级广播电视节目评选好专题、好新闻二、三等奖，省一、二等奖；县新闻部门全年被县以上新闻单位采用的稿件有350多篇，其中被省级以上报刊电台等新闻单位采用的有140多篇（次）。

宣传和推进县、镇党政机构改革。1996年12月，县委、县政府制定、实施《梅县县级党政机构改革方案》和《梅县县级党政机构改革方案实施意见》。县级党政机构从原来66个精简为48个。1997年4月，县委、县政府制定《关于镇级行政机关机构设置和人员编制方案》，各镇机关均设置党政办、财经办、社会事务办、镇村建设办、农林水办、计育办、综治办等综合性办公室，并重新核定行政编制共919名。

1997年，重点围绕纪念叶剑英元帅100周年诞辰等大事，全方位、多形式地开展宣传教育活动。配合党委、政府的中心工作，在宣传党的路线、方针、政策的基础上，结合梅县实际，着重宣传发展“三高”农业、建设农业强县、重点工程项目建设、国有企业改革、农村基层组织建设等方面情况。加强对党风廉政建设、民主法制建设的宣传报道。3月，县委做出《关于1997年经济发展总体设想的决议》，决定在全县实施“重农立县、兴工强县、活商富县、旅游旺县、科技兴县”五大战略。5月，梅县县委、县政府召开首届劳动模范表彰大会，表彰“八五”以来为梅县“两个文明”建设做出积极贡献的先进集体和模范人物。协调各职能部门，开展各项宣传活动。一是配合禁毒专项斗争，在全县城乡开展声势浩大的禁毒宣传活动。全县张贴标语100多条、横额50多幅。二是与科委配合，部署梅县“科技进步活动月”的宣传活动，组织有关单位送科技、图书、影片下乡，为人民群众提供科技咨询服务等。三是与环保部门在全县城乡进行环保宣传教育活动，举办环保漫画巡回展，深入全县26个镇，有3万多人参观展览。全年县电台播出新闻稿件1356篇、专题稿件2033条；电视台播出图像新闻165期852条。

1998年，全县各级宣传媒体，加大梅县改革开放和经济建设的宣传力度，宣传科技兴农、大力发展“三高”农业、增创新优势、培育新的经济增长点的新举措，宣传国有企业改革、下岗工人再就业工程、重点工程建设，宣传理顺农村基层管理体制、推广雁洋镇试点经验、广东省计划生育条例、社会治安综合治理、反腐保廉等各项工作。2月至5月，县委宣传部会同县环保局、教育局、司法局、计生局、广播电视局、物价局等单位，分别开展“热爱我们共有的家园”宣教活动、中学生环保知识辩论会、社会公益宣传和《价格法》宣传活动，提高公民的环保意识和物价观念。12月，会同县禁毒领导小组、公安局组织文艺团体到松口等地进行以禁毒为主要内容的文艺演出，观众2000多人。是年，县第九次党代会和县人大十一届一次会议、县政协十届一次会议召开，县委宣传部积极为会议的召开和会议精神的贯彻落实开展宣传。电视台还开设《今日梅县》《20年变迁》《建设农业强县》《’97回顾》《落实十五大，开创新局面》《保护金柚名牌系列报道》《增创新优势》等栏目，电台开设《巾帼风采》《党代会专栏》《两会传真》等新闻专栏8个，制作《山城金腰带》《他为红盾添光彩》等电视专题片开展宣传，宣传梅县改革开放20年国民经济和社会发展取得的成就，宣传科技兴农、培育新的经济增长点举措、国企改革、下岗工人再就业工程、热爱我们共有家园、环保知识、理顺农村基层管理体制等。此外，在县党代会和人大、政协会议期间，电视台开设天天新闻进行宣传。

1999年，梅县各级宣传文化部门，充分发挥宣传媒体和阵地的作用，积极宣传贯彻县委、县政府确定的经济社会发展各项目标任务、决策措施，及时总结推广各镇、各部门、

县委常委、宣传部部长丘卫国前排（左一）向领导和嘉宾介绍梅县50年成果展情况（1999年10月）

全国第六次柚类科研生产协作暨梅县第二届金柚节大会（1999年11月）

各单位努力拓展改革发展新局面的新经验，宣传科技兴农、发展“三高”农业、增创新优势的新举措，宣传下岗职工再就业、困难企业摆脱困境、破除迷信、移风易俗的典型事迹，激励全县党员干部群众振奋精神、更新观念，为实现各项目标任务而团结奋斗。2月，在中共梅县县委工作会议上，提出在实施“五大战略”基础上，增加“依法治县”战略，决定实施“六大战略”。做好“六大战略”宣传。4月，开展殡葬改革的宣传，推动梅县移风易俗、殡葬改革的深入开展。5月至6月，开展以“保护生态环境、倡导文明新风”为主题的系列宣传活动，努力改善人民群众的生活环境。6月，会同县禁毒领导小组，组织以纪念江泽民总书记“禁绝毒品、功在当代、利在千秋”题词一周年宣传教育活动。7月至8月，开展社会保险宣传系列活动，举办社保知识竞赛，有效地扩大梅县社会保险的覆盖面。11月，成功举办全国第六次柚类科研生产协作暨梅县第二届金柚节大会，成功举办梅县50周年成果展，做好这些重大活动的宣传工作。同时，认真做好典型事迹材料的上报工作，及时宣传梅县各行各业取得的成果。县电视台播出新闻4140篇，上送市电视台被采用210篇，被广东卫视台采用30篇，被中央台采用5篇，实现了上送市台采用数“四连冠”。县电台播出新闻5154篇，要闻简报3360篇。1999年度，获得市以上作品奖36项，其中全国县广播电视好新闻、好专题奖6项、全省县级广播电视好新闻好专题奖8项、市各类新闻奖22项。

2000年，宣传工作坚持以邓小平理论和“三个代表”重要思想为指导，坚持以科学发展观统揽工作全局，围绕深化改革、扩大开放，继续加强有关经济、政治、文化建设方面的宣传，充分发挥“三乡”优势，巩固和发展壮大县域经济，全面推进物质文明、政治文明、精神文明建设。根据县委九届三次全体（扩大）会议精神，着力抓好农业和农村工作、国有企业改革和发展、农业结构调整、“两大会战”、安全生产、个体私营企业和外向型经济企业的发展等方面的宣传报道工作。深入开展民主与法制的宣传。县电台开办了《道德与法制》《人大之声》栏目，认真宣传依法治县方略，宣传“三五”普法、依法治理工作取得的重大成绩。

2001年，围绕县委、县政府的工作中心，扎实地做好舆论宣传工作和思想政治教育工作，引导广大党员、干部、群众树立正确的世界观、人生观、价值观，为把梅县建设成为繁荣、富庶、文明的新山区而努力奋斗。圆满完成了县委工作会议、县经济工作会议、县人大、政协“两会”报道以及贯彻落实会议精神的宣传任务。县委发出《关于开展向梁质寿同志学习活动的通知》，专门召开了学习动员大会，号召全县各级干部深入学习梁质寿的先进事迹，县宣传部门作了跟踪报道。有条不紊地开展了梅县“10·22”十二项工程奠基剪彩庆典活动的宣传，展示了梅县在新世纪第一年的新成就新风貌。继续深入开展民主与法制的宣传，加大了宣传力度，在电台、电视台开设《道德与法制》《人大之声》栏目，认真宣传依法治县方略，宣传“四五”普法、依法治理工作、社会治安综合治理工作取得的重大成绩。重视抓好节日纪念活动的宣传，在重要的节日以及科技进步活动月到来之际，及早做好计划和安排，各项宣传活动搞得有声有色，营造了安乐、祥和及喜庆的氛围。继续开展创建文明城市、五好支部、四好农民党员和纪律教育活动月、深入揭批邪教“法轮功”、预防和打击“六合彩”赌博、华侨城整治战役等内容的宣传，继续巩固和完善农村基层“四长”接访和中小学校聘任“法制副校长”制度，把不安定因素化解在萌芽状态，始终坚持正确的舆论导向，营造良好的舆论环境。全年广播电视播发新闻9420篇（次），播出专题742期2818篇，播出公益标语口号3153条（次），上送市以上被采用的新闻342篇。

2002年，认真宣传各级各地学习贯彻十六大精神动态和改革发展的新思路、新举措。宣传县委工作会议、经济工作会议和人大、政协“两会”等重要会议内容。积极宣传党的建设、干部人事制度改革、抗旱救灾、人口与计划生育、促进金柚销售、重点工程建设、社会治安综合治理等阶段重点工作和社会热点问题的宣传。全年广播电视播发新闻1.38万篇、播出专题845期2497篇、播出公益标语口号4200条，被市以上新闻单位采用新闻398篇。

梅县人民广场等系列工程剪彩庆典暨招商引资项目签约仪式（2003年9月）

2003年，围绕县委、县政府的工作中心，扎实地做好舆论宣传工作和思想政治工作，引导广大党员、干部、群众树立正确的世界观、人生观、价值观，在全县上下营造在解放思想中统一思想，在统一思想中凝聚力量、振奋精神、干事创业的良好氛围，全面推进梅县“三个文明”（物质文明、政治文明、精神文明）建设的发展。县委提出的“加快梅县新发展，大家都来添光彩”和梅县招商引资有关政策及经济发展情况，开展大讨论活动，县宣传部门加大宣传力度，让全县干部群众统一思想，认识到要抓住机遇，把握时机，为加快梅县经济发展添砖加瓦，贡献力量。组织宣传系统干部职工深入学习省委、省政府《关于加快文化大省建设的决定》，积极贯彻广东省建设文化大省工作会议精神，开展调查研究，制订“文化兴县”5年计划，采取措施，推进梅县文化事业的发展。

突出加强对市委提出的“四个梅州”和县委提出的“七大发展”战略的宣传，以举办报告会、座谈会、演讲会等形式组织全县干部群众开展认真的学习讨论，积极引导和充分调动干部群众学习贯彻的积极性。按照市委宣传部《关于在全市开展实施“四个梅州”百村行宣传文艺演出活动的通知》要求，做好规划安排和各项准备工作，分别到县内10个村进行文艺演出，使“四个梅州”更加深入人心。开展抗洪救灾宣传。县宣传部门及时报道了梅县“5·17”抗洪救灾情况，制作抗洪抢险电视片在全县播放，让全县人民了解灾情，动员灾区人民在市委、县委的统一领导下，团结一致，众志成城，共同奋斗，战胜灾害，取得了抗灾复产的胜利。9月，做好叶剑英元帅106周年诞辰、梅雁股份公司上市10周年庆典活动及“携手共创梅县美好明天”大型文艺焰火晚会的宣传及各项相关工作，成功举行梅县人民广场等系列工程剪彩庆典暨招商引资项目签约仪式，做好了宣传报道等工作。

正确引导舆论，着力营造“聚精会神搞建设，一心一意谋发展”的良好氛围，开展“加快梅县新发展，大家都来添光彩”大讨论，统一全县干部群众对加快梅县经济发展的思想认识。大力宣传梅县各级干部转变工作作风，坚持以人为本，为民服务，提高办事效率。大力宣传县委、县政府关于招商引资的系列优惠政策和措施，深入报道梅县招商引资的成效，形成宣传声势，增强宣传效果。围绕县委、县政府工作重点，重点加强对农村税务改革、建立和完善社会保障体系、实施固本强基工程和10项民心工程等方面的报道。县电台、电视台充分发挥新闻媒体的作用，开设了《联系村务工作，争当四好党员》等专栏，激励农民党员积极参加争创活动，发挥党员的模范带头作用。

2004年，突出专题宣传，加大重大活动和重大事件的宣传力度，营造浓厚氛围。开展“保先进、学先进、创先进”的宣传活动，着力在全县营造你追我赶、奋发有为的社会氛围。组织好县委工作会议、县委经济工作会议和县人大、政协“两会”等重大会议的宣传。大力宣传围绕“改进机关作风，优化投资环境、发展县域经济”而出台的优惠政策。成功组织梅县第三届金

梅县第三届金柚节暨经贸洽谈会在梅县人民广场举行（2004年11月）

柚节暨经贸洽谈会的宣传活动。开展中华人民共和国成立 55 周年辉煌成就的宣传。大张旗鼓开展机关作风评议、全国经济普查、计划生育、科技活动月、环境保护、禁毒禁赌等的宣传。同时，精心策划，制作了《加快梅县新发展》《前进中的中国金柚之乡——梅县》《党旗飘扬，花木盛开》《雁洋党旗红》等 VCD 光盘，以电视台播放式发给基层党组织播放。

领导和嘉宾参观梅县成果展（2004 年 11 月）

2005 年，突出宣传实施县委“七大发展”战略和建设经济强县、文化大县的新举措、新成果，宣传“全国红色旅游经典景区”——叶剑英纪念园的建设这一“文化大县”战略的重点工程，精心策划叶剑英纪念园工程奠基仪式的系列宣传报道，精心策划，集中力量，加大对开展保持共产党员先进性教育和“理想、责任、能力、形象”教育以及“十百千万”干部下基层驻农村、实施固本强基工程、机关作风评议、纪律教育学习等活动的宣传力度，县电视台、电台开设《践行“三个代表”重要思想，争当时代先锋》栏目，摄制“梅县一马当先、加快发展，当好全市排头兵”系列专题片，并在省、市电视台推出报道，展示梅县“三个文明”建设所取得的巨大成就，增强全县人民的发展信心。继续做好综治、计育、安全生产、环保、现代公民教育等的宣传报道。

2006 年，充分利用电视台、电台、板报、专栏、标语横额、座谈会、知识竞赛、映前宣传、文艺演出等宣传手段，开展形式多样的宣传。紧紧围绕县委、县政府的中心工作，唱响主旋律，打好主动仗，深入宣传梅县树立科学发展观，加快社会主义新农村建设，推动“七大发展战略”的实施，加大了安全生产、煤矿关闭的宣传力度，加强了抗洪抢险、救灾复产的宣传。继续宣传报道梅县重点文化建设工程叶剑英纪念园，精心组织好人大、政协“两会”的宣传报道，特别是县镇两级换届选举的宣传报道，突出县第十一次党代会和县第十三次人大、第十二次政协会议的宣传报道，突出迎接省第四届“山洽会”“争创广东旅游强县”等的宣传，加大对开展排头兵实践活动和“十百千万”干部下基层驻农村、机关作风评议等活动的宣传力度，全面宣传报道全县各级各单位开展排头兵实践活动和机关作风评议活动的典型经验和做法。强势宣传梅县招商引资、经济发展、“十五”辉煌成就和“十一五”规划的前景，营造梅县经济社会新发展的良好氛围。加快农村生态建设。积极开展了“洁净家园、绿满梅州”活动，防止人为的生态破坏和水土流失。抓好西阳镇龙坑村、松口镇圳头村廉政文化进农村试点村的工作，办好《梅县宣传》双月刊，做好综治、计育、安全生产、环保、现代公民教育、农业普查等的宣传报道。

2007 年，加大对第三批“十百千万”干部下基层驻农村、实施固本强基工程和县直机关开展“三服务一促进”主题实践活动等的宣传力度，抓好县电视台、电台开设的《争当时代先锋》栏目的宣传。突出宣传实施县委“七大发展”战略和建设经济大县、文化强县的新举措、新成果。重点宣传纪念叶剑英110周年诞辰系列活动，做好叶剑英纪念园落成庆典的相关工作。突出梅县争创“中国旅游强县”“全国绿化模范县”“广东省文明城市”“广东省双拥模范县”的宣传和抗洪救灾复产的宣传报道。做好廉洁教育进农村的实施工作，程江镇西山村、西阳镇龙坑村、松口镇圳头村为县廉洁教育试点村。办好《梅县宣传》双月刊，深入做好综治、计育、安全生产、环保、科技、农业普查等的宣传报道，开展梅县非物质文化遗产保护活动，组织参加梅州市第八届“百歌颂中华”歌咏活动，县委宣传部被市组委会授予组织奖，代表梅县参赛的华侨中学代表队获得全市合唱大赛金奖，顾清华和叶俊红分别获全市个人歌手大赛金奖和银奖。

2008年，围绕县委十一届四次全会和县人大、政协“两会”提出的目标，抓好重点工作的主题宣传，突出宣传“三创建三促进”实践活动，争创“全国计划生育优质服务先进县”，深入开展“崇商重企”宣传活动、“宝丽华”现象系列报道，进一步营造了梅县“崇商重企”的良好舆论环境，办好有梅县特色的《梅县宣传》刊物，展现“文化之乡”深厚的文化底蕴，加大对综治、计育、食品安全、节能节电、环保、普法、禁毒、国土知识、结对帮扶、科技进步月、经济普查、污染源普查等宣传力度，为梅县实现“超五跨百”奋斗目标、建设富裕和谐秀美的新梅县营造浓厚的氛围。

2009年，围绕县委、县政府的中心工作，对梅县12项工程奠基剪彩进行宣传报道，全方位、多角度地大力宣传经济建设和社会各项事业发展的新成就。配合各项创建活动进行主题宣传，如：大力抓好“创建文明县城”等创建活动的宣传报道，开展创建广东省文明县城和创建广东省卫生城镇工作，加强组织协调，全力以赴做好创建工作，分别开办专栏、制作专题片8个，在新县城主要交通路段设立了宣传牌，各路段及各单位各部门均悬挂了宣传横幅；县电视台、电台及《梅县宣传》刊物设立专栏，大力宣传各项主题学习实践活动的好做法、好经验、好典型，推动了各项主题学习实践活动的深入开展，营造全县上下振奋精神，迎难而上，团结奋进，全力谋求全县经济社会新发展的浓郁氛围。

加强社会宣传，做好对重大事件、重要活动的宣传报道和舆论引导工作，对县人大政协“两会”以及防控甲型H1N1流感知识进行专题宣传报道，突出梅县“争当梅州绿色崛起排头兵”的宣传，突出梅县贯彻落实梅州“三名城一基地”创建活动的宣传，突出梅县实施“培育绿色产业、建设宜居家园、打造客都明珠”发展战略的宣传，突出梅县落实梅州创“国家园林城市和国家卫生城市”活动的宣传。配合综治、计育、食品安全、节能节电、环保、纪律教育月、科技进步月、禁毒、国土知识等开展社会宣传，组织中华人民共和国成立60周年文艺晚会，继续深入开展“崇商重企”宣传活动，进一步营造梅县“崇商重企”的良好舆论环境。

2010年，围绕县委、县政府的中心工作，加强对重大事件、重要活动的宣传报道和舆论引导工作。特别是对县人大、政协两会进行专题宣传报道，突出梅县“当好梅州绿色经济崛起排头兵、建设广东山区科学发展示范县”和“培育绿色产业、建设宜居家园、打造客都明珠”发展战略的宣传，突出贯彻落实梅州“三名城一基地”创建活动的宣传，突出同城共创“国家卫生城市”活动的宣传，组织梅县系列工程和重点项目庆典活动的宣传报道。特别是围绕县委、县政府的“板块建设”和“创卫”工作，分别开设了《加快四大板快建设、全力打造客都明珠》《全民参与同城同创卫生城市》专栏，为梅县“绿色的经济崛起”和配合创建“国家卫生城市”擂鼓助威。精心策划、制作《走进梅县》《创建法治县》《双拥模范县》等专题汇报片，制作一批社会反映较好的专题，如《梅县农情》《民众心声》等。进一步办好办活《梅县公安》《卫生与健康》《天天点歌坛》《服务大广场》等自办节目，购进内容丰富电视剧、电影、文艺节目带（碟）一批。精心组织了迎国庆文艺晚会、春节军警民文艺晚会、“百歌颂中华”歌咏活动和“客家妹”形象使者大赛。此外，对依法治县、创先争优、排头兵实践活动、人口普查、质量安全、普法教育、森林防火、“扶贫双到”、综治、计育、食品安全、节能节电、环保、纪律教育月、科技进步月、禁毒、国土知识、税法、消防、征兵、机关作风评议及“林改”“山歌节”等重大题材等宣传。办好《梅县宣传》刊物。全年播发本地电视新闻240多期、电台稿件1700多篇、电视稿件1600多篇、公益标语口号8000多条（次）。

2011年，紧紧围绕梅县全面实施“培育绿色产业、建设宜居家园、打造客都明珠”发展战略及“加快转型升级，建设宜居梅县”这个核心和努力实现“当好梅州绿色崛起排头兵、建设广东山区科学发展示范县”的发展目标，精心策划，加大了宣传报道力度。精心组织庆祝建党90周年的系列宣传活动，重点突出县第十二次党代会和县人大、政协换届选举，加大对县、镇、村换届选举的报道力度，努力营造公平、公正、公开的换届氛围。突出梅县创建“全国文明县城”、创建国家卫生城市、扶贫开发“双到”工作等中心工作的宣传，加大对新农村建设、创先争优、排头兵主题实践、综治、计育、普法、食品安全、节能节电、护林防火、环保、纪律教育月、科技进步月、禁毒、国土知识、种烟、消防等的社会宣传力度。《梅县宣传》出版了5期。县广播电视台办好办活《民众心声》专栏，继续开设《梅县农情》《梅县公安》《卫生与健康》《天天点歌坛》《服务大广场》等自办节目，全年播发广播新闻260期，播出新闻1300条（篇），电视播发本地新闻271期，播出新闻1523条（篇）；制作各类专题汇报片DVD8套；播出公益标语口号6000多条（次）。购进内容丰富的电视剧、电影、文艺节目带（碟）一批，进一步丰富广播电视声频荧屏。配合梅州电视台完成了《这里是客家》专栏节目的制作任务。

2012年，是实施“十二五”规划的承前启后之年。坚持以科学发展观为指导，深入贯彻中共十七大及十七届四中、五中、六中、七中全会精神，省第十一次党代会、市委、县委全会精神，全市新型城市化工作会议精神，大力宣传和深入学习中共十八大精神，紧紧围绕市委、市政府“一园两特带动一精”产业发展战略和创建“广东梅州文化旅游特色区”的部署进行宣传，紧紧围绕县委、县政府关于“培育绿色产业，建设宜居家园，打造客都明珠”的发展战略和“当好梅州绿色崛起的排头兵，建设广东山区科学发展示范县”的发展目标，以及“加快转型升级，建设宜居梅县”的核心任务进行宣传。做好“柚花飘香旅游节”“金柚飘香文化节”“首届客家文化艺术节”等重要节日、重大活动的宣传报道，并做好计生、综治、森林防火等其他常规性宣传。实现主题宣传重点突出，常规宣传不间断，切实履行工作职责。

2013年2月1日，正式开播《梅县民声》电视栏目，填补了梅县电视宣传无民生栏目的空白。以“周三”新闻的形式在综合、影视频道播出。栏目中设立的监督、诉求、呼吁类项目，共播出监督类新闻近100条，推动50多件民生问题得到落实解决，《梅县新闻》以改版创新新闻题材、报道形式、新闻编排、版面设计等为重点，进一步擦亮《梅县新闻》栏目形象，有效增强了《梅县新闻》的吸引力和影响力。开展市、区“两会”精神的报道。做好“梅州月·中华情”中秋晚会、梅州国际铁人三项赛、金柚飘香招商会、地形车锦标赛等系列报道。配合做好撤县设区、推进生态文明建设、实施城区扩容提质和保障改善民生等方面的报道。突出做好“广东梅州文化旅游特色区”核心区建设的报道。新开设《我带大家游梅州》《中国梦·我的梦》《美丽乡村行》等专栏。开展“首届‘梅雁杯’《美丽梅县》摄影视频大赛”，大力宣扬“梅县美”的主旋律。8月，与中央电台合作开办《天下客家》栏目，进一步增强媒体的本土特色。新闻和专题的播出量均是历年之最，梅县区广播电视台被省广告协会授予“2013年度广东省诚信守法创新经营先进单位”称号。

梅县举行《梅县民声》栏目开播座谈会（2013年）

2014年，梅县撤县设区后，围绕统一干部群众思想认识，在《梅县宣传》和广播电视台编辑出版及播放撤县设区的重要性和紧迫性，宣传其好处。同时，结合区委、区政府的中心工作进行宣传。

2015年，围绕区委、区政府的中心工作，对“三园合一”“一区两带”推动梅兴华丰集聚带梅县集聚区建设、城市扩容提质、发展壮大实体经济、建设电子商务产业园、打造百亿产业、国际慢城效应、建设长寿之乡、世界客商大会等工作进行宣传。区广播电视台先后开设《围绕三大抓手，加快振兴发展》《推进重点项目，加快振兴发展》《振兴发展看梅县》等10多个专栏开展宣传。配合推出城市扩容提质、梅县外国语学校、金柚电商销售、实施农产品品牌战略等系列报道。县委宣传部深入水车镇淮洞村开展调研、组织座谈、了解民情，多措并举为民纾困解难，大力整顿软弱涣散村党组织。高度重视新时期精准扶贫、精准脱贫工作，选派1名科级干部到石坑镇七朱村挂任村党组织第一书记，全力协助做好新时期精准扶贫、精准脱贫的各项工作。深入挂点的水车镇调研磜下、水车、安美、安和、白沙五村联动美丽乡村建设，帮助解决存在的困难和问题，大力推进宜居、宜业、宜游的美丽乡村建设，提高城乡居民生活品质。深入南口镇挂点企业——梅州国际精密制品有限公司，支持鼓励其增资扩产、技改创新，帮助企业解决生产经营过程中存在的突出问题，进一步营造良好的营商氛围。

2016 年，在市委宣传部的具体指导和区委、区政府的正确领导下，着眼梅县区“十三五”规划，围绕“振兴发展”大局、“两大政策”机遇、“一区两带”战略，适应新常态、打好主动仗、弘扬主旋律、凝聚正能量。开设《振兴发展 · 看梅县》《院士风采》《干群心连心》《企业上市谋发展》《精准扶贫在行动》《整治人居环境、共建美好家园》等 10 多个专栏广泛宣传。推出了城市扩容提质系列报道、中山大学粤东医院系列报道、梅县外国语学校系列报道、金柚电商销售系列报道、美丽城乡系列报道等 10 多个大型系列报道。以创新、协调、绿色、开放、共享五大理念为主线，扭紧“三大抓手”，建设“一区两带”，实现振兴发展，当好粤东西北排头兵等，全方位多角度地进行宣传。区广播电视台送评的《不安分的老农》获得了广东新闻奖（电视新闻专题）二等奖、广东省县（市）区广播电视台电视新闻类一等奖。《桥溪古韵 · 梦里客家》专题片获得了第四届“全国市县电视台推优”活动一等奖。

2017 年，切实按照区委、区政府的决策部署，着眼梅县区争当粤东西北振兴发展和“一区两带六组团”建设排头兵的目标，适应改革新常态、唱响时代主旋律、传播发展正能量，全面推进宣传思想文化工作各项工作落实。9 月，梅县区首场以“风清气正 ·依法治区 ·共建文明”为主题的文艺巡回演出在梅县人民广场举行，吸引了近 1000 名群众观看。年底，走进 18 个镇（办事处），通过文艺节目的形式把法纪文明带入百姓生活。这次巡演由梅县区纪委、区委宣传部等单位联合主办，演出单位梅县区木偶传习所、区文化馆给观众带来小品《今天怎么了》、表演《争做创文急先锋》等节目，以群众喜闻乐见的方式，将廉洁文化、法治理念、创建文明城市知识等呈现出来，起到教育作用。区广播电视台与梅州树德文化公司合作，首次筹资制播《相亲相爱》80 集本地系列短剧。该剧是一档喜庆、幽默风趣、健康向上的少儿客家话节目，每集总时长 17 分钟，于 2017 年 7 月 17 日起在该台自办频道播出。上送

2017 年“风清气正 · 依法治区 · 共建文明”文艺演出在梅县人民广场举行（2017 年 9 月）

“客都明珠 · 美丽梅县”第二届梅县区微电影大赛颁奖暨第三届微电影大赛启动仪式（2017 年 4 月 11 日）

梅州广播电视台新闻通联排名在全市各县级台中居首。《足球小子》电视专题节目在第五届全国市县电视台推优活动中获一等奖。

2018 年，认真落实《梅县区意识形态工作联席会议制度》，召开全区意识形态联席工作会议 4 次；修订完善《梅县区党委（党组）意识形态工作责任考核方案》，与区、镇两级签订《落实意识形态工作责任制责任书》，将意识形态工作责任制落实情况作为各级领导班子领导干部年度考核和区委督查工作的重要内容，坚决维护意识形态领域安全。组织好文艺团队，服务于“中国乡村复兴论坛·梅县峰会”和首届“中国农民丰收节”活动（“峰丰两会”）。中国乡村复兴论坛·梅县峰会于 4 月 17 日至 18 日在南口镇侨乡村、松口镇举行。首届“中国农民丰收节”梅州分会场活动于 9 月 23 日举办，梅县区松口镇大黄村是全国 6 个分会场之一，同时也是广东庆祝首届“中国农民丰收节”的省主会场。活动期间大力开展宣传，深入宣传梅县客侨文化。认真协助做好梅县区分会场的现场文艺、宣传推介、雁南飞分会场拍摄等工作。文化展示小组做好客侨文化展示和文艺活动的组织和实施，协助农业部门做好丰收广场演出及南粤农耕文化展示区等方面的文化相关工作，全力推进梅县区分会场的各项工作开展。通过协助举办“峰丰两会”文艺演出活动，为活动的成功举办锦上添花，增加浓郁精彩的客家文艺展示，同时也大大提高宣传系统干部队伍的政治站位和业务水平，增强团队的凝聚力，充分展现梅县的优秀客家文化。

三、特色内容

1992 年，认真总结梅县农村发展经济的典型经验，宣传创办企业致富、耕山致富、种植沙田柚致富的典型，编印成书本，出版推广。县委宣传部除配合市委宣传部总结梅县 4 个亿元镇和 3 个单位企业发展的典型经验外，还组织人力撰写出版了 3 本书：一是反映梅县农村大力兴办乡镇企业、耕山种果、勤劳致富典型的《梅县致富之路》；二是反映梅县建设全国最大的沙田柚生产基地、种柚技术和种柚致富典型的《梅县沙田柚》；三是反映梅县发展乡镇企业情况和骨干乡镇企业成功经验的《山城群星》。这 3 本书的出版，为梅县农村经济的发展提供了可信的依据和宝贵的经验，对梅县农村建设小康起到了鼓舞作用和推动作用。

1993 年，配合县委召开的乡镇企业转换经营机制现场会，组织人力，认真总结雁洋、白宫、程江、丙村等乡镇企业的典型材料。总结白宫镇寿而康老有所为、老有所乐经验文章报省会议交流等。这些典型经验都分别在省、市级报刊和出版的书籍中刊登。

1993 年至 1994 年，宣传石坑镇推广水稻种植抛秧技术、水稻增产增收的做法。

1996 年，电台、电视台与文明办合办的《文明之窗》栏目，自开办以来，已播出 20 多期，比较全面地反映了梅县精神文明建设的好典型、好经验、好做法，体现了梅县各行各业的干部群众的精神风貌，在社会上引起强烈反响。

2001 年，深入开展“五无村”（“五无”：无黄、无赌、无毒、无制假贩假、无修炼邪教“法轮功”）活动和宣传，协助抓好以调委会、治保会、护村队“两会队”为主要内容的村级综治组织建设。

2008 年，深入开展“崇商重企”“宝丽华现象”系列报道，同时做好支援抗震救灾的宣传报道。在水车镇建成黄琪翔、郭秀仪纪念大楼暨翔仪堂，举办了落成剪彩庆典。

黄琪翔、郭秀仪纪念大楼暨翔仪堂落成剪彩庆典（2008年9月）

参加庆典人员参观黄琪翔事迹展（2008年9月）

2012年，突出抓好“三打两建”的宣传工作。自开展“三打两建”工作以来，县委宣传部高度重视，结合专项行动各阶段的主要工作，充分发挥宣传部门优势，通过各种媒体和宣传平台，有计划、有重点地开展多种形式的宣传活动，营造了强大的舆论声势。通过悬挂横额标语，制作宣传栏、户外T形广告牌、大型电子屏幕，印发宣传单，电视台跟踪、采访报道，编印宣传简报等，使“三打两建”行动家喻户晓、深入人心，形成全民动员、参与、支持的良好局面。同时，加大对各镇、村（居）委的“三打”宣传督查力度，推动全县“三打”宣传的深入开展。

2013年至2014年，按照县（区）人大对文化旅游特色区建设建议，全县（区）各有关部门加强对文化旅游特色区建设，搞好文化旅游的宣传推介，全力打好“客家、名人、生态、文化”4张旅游品牌，擦亮“中国旅游强县”金字招牌。打造功能分区明显、村容村貌整洁、生态环境和谐、基层组织坚强、农民持续增收、具有梅州特色的生态家居乡村。

推进松口千年古镇规划建设，推进帅迹寻踪、雁上新村建设，力促中国收藏文化示范基地建设。全力服务和跟进桥溪古韵、水车镇茶山村古村落、富力足球学校、祥和养生园、三乡养生度假村等项目建设。加大对导游和讲解员培训力度。

2015年，区委、区政府非常重视农村生活垃圾处理工作，把它列入镇级推进振兴发展工作进行考核。按照区委、区政府的工作要求，由区委宣传部负责全区农村生活垃圾处理督查工作。依据《梅县区农村生活垃圾处理工作督查方案》，为切实改善农村环境卫生状况，净化农村人居环境，区委宣传部领导分别带队，多次深入镇村，通过暗访和随机抽查的方式进行督查，并发出《督查整改通知书》。同时，对工作被动，长效管理不落实的乡镇，进行电视曝光，给予通报批评，确保实现农村生活垃圾处理规范化、常态化，全面提升农村居民的文明程度。是年，开展"客家传统文化漫谈"活动，讲授客家民系、客家语言、客家山歌、客家住宅、客家风俗、客家精神。

2016年，继续开展农村生活垃圾处理督查工作，每季度组织督查组通过暗访和随机抽查的方式到各镇开展卫生督查，并发出《督查整改通知书》，推动问题整改，净化农村卫生状况和人居环境。

2017年，申报并通过了梅南镇九龙嶂革命根据地为市级人文社科普及示范基地。社科联工作有序开展，积极整合社科资源，大力宣传和普及社科知识。督导村"两委"换届选举工作，换届任务圆满完成，选优配强班子，基层治理水平进一步提升。开展美丽乡村建设工作、文化事业建设、民情调研，统筹推进环境整治、精神文明建设等各项工作，多措并举为民纾困解难，大力推进宜居、宜业、宜游的美丽乡村建设，提高城乡居民生活品质。深入水车镇及挂钩的安美村、鹅峰村，帮助解决存在的困难和问题；深入南口镇挂点企业——梅州国际精密制品有限公司，鼓励其增资扩产、技改创新，帮助企业解决生产经营中存在的突出问题，进一步营造良好的营商氛围；深入梅西镇的挂点企业——广东省四〇一厂、广东省振声科技有限公司开展"暖企行动"，进行安全生产检查，了解企业经营生产状况，帮助解决企业在发展过程中遇到的困难和问题。农村生活垃圾处理督查步入常态。协助区人大做好每季度农村生活垃圾处理督查工作，督查组通过暗访和随机抽查的方式到各镇开展卫生督查，并发出《督查整改通知书》，推动问题整改，全面提升农村文明程度。

推进社会主义新农村建设和精准扶贫工作。县委宣传部与挂钩帮扶单位水车镇党委、政府一起，认真学习领会落实中央和省、市关于美丽乡村建设部署，紧密结合新农村建设工作和精准扶贫精准脱贫工作，以广州市政府办公厅挂点帮扶的省定贫困村水车镇鹅峰村的新农村建设为契机，提高干部思想认识、加大资金投入力度，全力推进人居环境综合整治，下大力气开展"三清三拆三整治"行动，认真研判分析水车镇鹅峰村如何创建社会主义新农村建设工作，找准短板，全力推进新农村建设各项工作的落实。

2018年，梅县区金柚之乡迎来盛会——首届中国农民丰收节庆祝活动，松口镇大黄村成为中国分会场、广东省主会场。4月，举办"中国乡村复兴论坛·梅县峰会"，分别在松口镇和南口镇设立主会场，请专家教授、名家里手、业内人士做经验介绍和交流推广。8

首届中国农民丰收节在松口镇大黄村举行（2018年9月）

月，广东省第二次全国“残疾预防日”宣传教育活动在梅县华侨城举行，在梅县区文化中心礼堂举行了文艺汇报演出。

四、重要活动

1985年1月，召开梅县市首届社会主义精神文明建设表彰大会，对精神文明建设先进单位和个人给予表彰。

1988年12月，举办“纪念十一届三中全会召开10周年座谈会”。

1989年，开展纪念“五四”运动七十周年活动及宣传，举办各类型会议、演讲比赛、文艺演出、图片展览、知识讲座等活动，建立宣传栏、印发宣传资料、组织新闻报道等形式，营造社会化大宣传氛围。

1990年，先后举办“学雷锋、树新风”、青年摄影大赛、“六一”游园会、中秋山歌比赛、国庆文艺会演、知识竞赛、征文活动、集体婚礼等系列活动，把爱国主义、社会主义、集体主义的思想教育和宣传融化于各项活动中，让群众在活动中受到熏陶教育。

1991年下半年，全县在9个乡镇中开展第一批社教。“七一”期间，县委宣传部组织开展建党70周年系列宣传，开展青年羽毛球比赛活动。

1992年，梅县在18个乡镇251个管理区中开展第二、三批社教。县宣传文化系统开展“文化搭台，经济唱戏”文化下乡工作，以文化活动的形式为经济建设服务。27个乡镇全年举办综合文艺活动107次，观众12万人次。特别是县城举办的3次大型文艺晚会，充分体现了文艺为经济建设服务的宗旨。中秋之夜，在百花洲举办了绿色之夜文艺演唱会，歌颂梅县农民大搞农业开发走耕山种果的致富道路。国庆前夕，举办了县直机关文艺联欢晚会，歌颂祖国、歌颂改革开放，柚节期间举办了文艺晚会，歌颂了梅县人民建设家乡、对未来充满信心的激情。此外，县图书馆还积极组织图书下乡，为提高农民素质、促进经济发展服务。

1993年，开展纪念毛泽东100周年诞辰等重大活动，在全区广泛开展革命传统教育宣传。12月26日，是毛泽东100周年诞辰纪念日，这是全党和全国人民政治生活中的一件大事。为了使梅县各级开展纪念活动搞得有声有色，根据中央、省、市有关通知的精神，及早部署安排，提出要求并以文件形式发到各镇、各单位。梅县开展系列活动：一是隆重地举行了纪念毛泽东100周年诞辰的文艺晚会；二是组织人力撰写学术论文共3篇，均被市党史研究室、党建学会入选；三是由县人民广播电台组织歌颂毛主席的广播歌曲比赛及广播征文比赛；四是由县文联主办了“梅县纪念毛泽东100周年诞辰书画展览”，展出各类作品130多件，展期8天接待观众近1000人；五是由县博物馆主办举行纪念毛泽东的图片展览。各镇、各单位也积极组织了各种形式的纪念活动。通过纪念活动，广大干部群众受到一次生动的革命传统教育，更好地坚持马克思列宁主义、毛泽东思想，认真学习邓小平建设有中国特色社会主义理论，更好地贯彻中共十四大精神，以推动梅县改革开放和经济建设发展。

1994年，开展“三个一百”（百歌颂中华、百书育英才、百片扬国魂）活动。组织“七一百歌颂中华”卡拉OK大赛，举办“一代传一代，百书育英才”读书活动，召开爱国主义教育座谈会。

1995年，为贯彻中共中央《爱国主义教育实施纲要》，从梅县实际出发，确立和完善叶剑英元帅纪念馆等8个爱国主义教育基地，组织中小学生到这些基地开展爱国主义教育活动。继续开展“三个一百”活动，举办“颂歌献给党卡拉OK比赛”“中共党史，国情和爱国主义教育图片展”等活动，开展国旗意识教育等。8月，中共梅县县委、梅县人民政府在梅县人民政府礼堂举办文艺晚会，纪念抗日战争胜利50周年。9月，梅县第十三届中秋山歌节在梅县公园影剧院举行。

1996年，在“五一”和“七一”重大节日和红军长征胜利60周年期间，开展纪念活动。组织“黎国新同志事迹报告团”，奔赴县直单位和26个乡镇，作了28场报告。

1997年，重点围绕悼念邓小平、纪念叶剑英元帅100周年诞辰及香港回归祖国等3件大事开展活动。

认真组织悼念邓小平的各项活动。一是全方位报道梅县干部群众收听收看邓小平追悼大会实况。县电视台、电台先后播出五套班子、东风集团、松口、丙村、雁洋、畲江、梅南、大坪、人民医院、丽群小学等单位干部群众悼念缅怀邓小平活动的新闻。二是以不同侧面宣传报道梅县组织干部群众认真学习江泽民总书记致的悼词、中央的公告和《邓小平伟大光辉的一生》3篇文章、缅怀一代伟人丰功伟绩的实况。

隆重纪念叶剑英元帅100周年诞辰。一是从4月初至5月中旬，县电台、电视台共播出梅县开展纪念叶剑英元帅系列活动的新闻14期42条；二是在全县城乡举办纪念叶剑英元帅专题影片放映月活动；三是在剑英图书馆“怀英楼”举办“叶剑英元帅墨迹选展”“儒帅风范影展”“叶剑英元帅研究成果展”等项展览，县五套班子领导及干部学生群众2000多人前往参观；四是协助做好市委、县委隆重举行的叶剑英元帅100周年诞辰纪念大会筹备工作和后勤工作，以及纪念馆扩馆布展工程竣工剪彩活动相关工作。

开展以迎接香港回归为主题的爱国主义教育系列活动。一是对全县中小学生上了一堂迎接香港回归专题历史课；二是编印《了解香港，迎接回归》知识问答近1万册，供各基层单位学习，组织人员到教育局、程江镇等单位做“一国两制与香港回归”辅导，还组织2万多名干部职工进行知识测验；三是组织民主党派和无党派人士召开迎接香港回归座谈会；四是与团委联合组织由电子公司、教师进修学校、高级中学、东风集团、县直机关和程江镇组成的6个代表队参加的“梅县青年了解香港、迎接回归”电视知识竞赛，并选派高级中学代表队参加市组织的迎香港回归知识竞赛和普通话演讲比赛，分别获得组织奖和二等奖；五是在华侨城广场组织了一场以“迎回归、庆七一”为主题的文艺晚会，有300

多人观看文艺演出；六是由县文化局、文联、博物馆、书法家协会联合举办“迎回归书画展”；七是县文联、诗社举办了喜迎香港回归的诗歌吟唱会。

1998年，开展纪念中共十一届三中全会20周年系列活动。以中共十一届三中全会召开20周年为契机，采取多种形式开展纪念活动，回顾和总结中共十一届三中全会以来中国改革开放和现代化建设事业的巨大成就，对广大党员、干部、群众进行党的基本路线教育和形势教育。一是县委、县政府举办了纪念大会和专题文艺演出，回顾梅县走过的光辉历程，讴歌改革开放的丰功伟绩；二是县委宣传部编写了《改革开放的20年，成就辉煌的20年——改革开放20年梅县国民经济和社会发展的历史成就》宣传提纲，在《学习文摘》中刊载下发；三是县电台、电视台开设《辉煌的五年》《今日梅县》《20年变迁》等专题报道栏目，介绍梅县两个文明建设的辉煌成就；四是县文联组织下属各协会举办了诗词书画美术摄影作品展、诗词作品吟诵座谈会，赞颂改革开放的显著成绩和人们的美好生活。程江、隆文、畲江等镇也纷纷举办图片展览、召开座谈会、录制播放反映当地发展变化的电视节目，在群众中广泛宣传改革开放丰硕成果，激发了人们坚定走中国特色社会主义的信念。同时，开展《中华人民共和国国防法》实施一周年宣传活动，通过周恩来、刘少奇100周年诞辰等重要纪念日，开展系列革命传统教育宣传活动。

1999年，通过座谈会、征文比赛、文艺晚会、报告会、书画摄影展等，纪念“五四”运动80周年和庆祝中华人民共和国成立50周年，特别是国庆节前，开展庆祝新县城搬迁和国庆活动，举行了庆祝大会、文艺焰火晚会等活动。结合形势，开展喜迎澳门回归祖国宣传和开展声讨北约轰炸中国驻南斯拉夫大使馆暴行的活动。

2000年，抓好节日纪念活动的宣传。如“三八”妇女节、植树节、“五四”青年节、“六一”儿童节、护士节、环保日、土地日、“七一”建党节、教师节、国庆、元旦、春节等的宣传，开展科技进步月活动以及计划生育等宣传。

2001年7月1日，是中国共产党成立80周年纪念日，以纪念建党80周年为契机，唱响共产党好、社会主义好、改革开放好的主旋律。大力宣传党的丰功伟绩，对于在新世纪全面推进建设有中国特色社会主义的伟大事业，全面推进党的建设新的伟大工程，具有十分重要的意义。梅县及早做出安排，开展系列活动，隆重纪念建党80周年。组织全县党员参加《支部生活》杂志举办的党的知识竞赛，举办“党在我心中”演讲比赛，召开纪念大会暨表彰先进基层党组织、优秀共产党员大会。各民主党派、无党派人士、工商联召开座谈会，举办大型文艺晚会，举办大型诗词书画美术摄影展览。各镇、各单位以多种形式举行纪念活动，以纪念建党80周年为主题，有组织、有步骤地开展文化、文艺、体育活动，营造隆重热烈的纪念氛围。

2002年，县五套班子成员与附城民兵一道参加国防训练和国防教育活动。

2003年，做好叶剑英元帅106周年诞辰及梅雁股份公司上市10周年庆典活动；成功举行梅县人民广场等系列工程剪彩庆典暨招商引资项目签约仪式。开展“携手共创梅县美好明天”大型文艺焰火晚会。

两图为纪念叶剑英元帅106周年诞辰文艺演出（2003年9月）

在“携手共创梅县美好明天”大型文艺焰火晚会上，著名歌唱家宋祖英、张也等到梅县演出。

著名主持人张政（左）和杨澜（右）主持晚会

著名歌唱家宋祖英表演节目

著名歌唱家张也（左图）、王宏伟（右图）表演节目

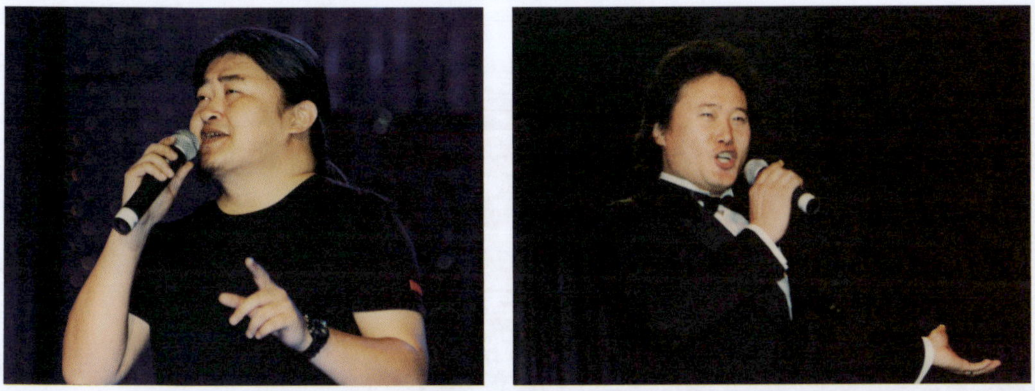

著名歌唱家刘欢（左图）、戴玉强（右图）表演节目

2004年，积极贯彻实施中共中央、国务院《关于进一步加强和改进未成年人思想道德建设的若干意见》《公民道德建设实施纲要》，继续加强以社会公德、职业道德、家庭美德为重点的社会主义道德风尚建设。成功组织梅县第三届金柚节暨经贸洽谈会的宣传活动。并制作《加快梅县新发展》《前进中的中国金柚之乡——梅县》等VCD光盘进行宣传。举办纪念邓小平100周年诞辰诗词书画摄影展，组织干部群众观看《邓小平》影片，观众30多万人次。

梅县第三届金柚节暨经贸洽谈会签约仪式在梅县人民广场举行（2004年11月）

2005年，利用纪念抗日战争胜利60周年文化活动，弘扬以爱国主义为核心的民族精神。3月，在梅县人民广场举行"爱国、守法、诚信、知礼"万人宣誓暨签名仪式。10月，印发试卷5万份发给干部群众和中小学校师生，开展现代公民教育知识竞试，进行现代公民教育。发挥"五老"作用，开展"大手牵小手"活动和"五老十个一"活动，加强青少年思想道德教育。开展"四好"（好媳妇、好母亲、好儿女、好婆婆）模范，"人民满意公务员"与"创建学习型组织，争做知识型职工""文明经营户""文明旅游风景示范区"和"文明服务员"等评选活动，加强城乡精神文明建设。

2006年，开展"读《中华美德书》、争当优秀现代公民"系列活动，有座谈会、讨论会、报告会、电视解读播放等。十六届五中全会做出建设社会主义新农村的重大决策，县委、县政府围绕"生产发展，生活宽裕，乡风文明，村容整洁，管理民主"的新农村建设总体目标，召开新农村建设会议，制定《梅县关于加快社会主义新农村建设的意见》，成立建设新农村宣讲团，对全县各镇（办事处、高管会）干部、村干部进行了20场（次）共3000多人的宣讲培训。

叶剑英纪念园落成典礼（2007年5月）

2007年，积极做好叶剑英纪念园落成庆典工作。抓好纪念园建设，研究制订《叶剑英同志诞辰110周年活动县宣传文艺组工作方案》，下发通知，部署纪念活动的宣传标语。组织落实在5月13日举行的叶剑英纪念园落成典礼的礼仪、电力供应、公安、音响、文艺、接待服务等工作。

2008年，县全体领导、县直主要负责人、老干部和青年代表、南口中学和星聚中学及安仁小学师生在南口革命烈士纪念碑前举行清明祭奠革命烈士活动。开展“感动梅县道德楷模”评选活动，倡导文明道德风尚，全县表彰“感动梅县道德楷模”。

2009年，在雁南飞茶田召开梅州市、梅县开展深入学习实践科学发展观活动座谈会，梅县是中共中央政治局委员、广东省委书记汪洋第二批活动联系点，汪洋在座谈会上作了讲话。全县开展广东省文明县城创建工作，成立领导机构，组织创建领导小组和办公室，抽调人员，召开全区动员会议，突击整治街道、社区，各单位落实工作责任，加强督促检查工作，开展精神文明建设的文档整理，创建工作扎实有效。年底，成功创建广东省文明县城。是年，举办中华人民共和国成立60周年文艺晚会。

2010年，开展“好客之都·文明相伴”主题摄影大赛、“十佳文明风景旅游区（景点）”评议活动。

2011年，按照中央、省和市开展纪念建党90周年、辛亥革命100周年纪念活动的要求，精心策划纪念建党90周年“百歌颂中华”歌咏比赛和文艺演出。开展“幸福广东工人农民论坛——幸福雁南飞”活动和“书香梅县”全民阅读活动、排队日主题活动和文明交通行动，引导广大群众学习和践行《梅县文明公约》和《梅县市民行为守则》。举办梅县军警民迎春文艺晚会，开展梅县第十届“百歌颂中华”大合唱活动。

是年，根据县委、县政府关于争创全国文明县城工作的总体规划，广泛开展丰富多彩的创建活动。召开全县动员大会和创建工作汇报会，开展大力整治县城环境工作，组织多次突击整治“六乱”，对城区的卫生监督检查，全年共检查50多次，在县城各门店、社区、学校等场所印发创建全国文明县城倡议书，在县广播电视台设立了专题专栏，编辑印发创建活动简报7期，编印《梅县创建“全国文明县城”活动文件资料汇篇》及《接待手册》，制作反映创建工作的DVD。通过各单位和广大人民的共同努力，年底，梅县成功创建“全国文明县城”，受到中央文明委的表彰。

2012年，开展“我推荐、我评议身边好人”活动、“学习廖乐年，修身立德做好人”

主题教育活动和征文比赛；发出《关于在全县组织清明祭奠革命先烈活动的通知》，全县举行清明祭奠革命烈士活动，缅怀革命先烈，继承革命传统。

2013年，推荐“广东好人”“梅州好人”，形成“我推荐、我评议身边好人”参与自觉性和学习好人事迹氛围。

10月13日，由联合国教科文组织设立、中国唯一的移民纪念项目——中国（梅州）移民纪念广场在松口镇正式落成。全国人大原常委、香港金利来集团董事局主席曾宪梓博士，来自联合国教科文组织的代表，留尼旺、毛里求斯、塞舌尔的代表以及瓦尔伦、曾宪建、曾繁兴、福马教授，梅州市领导共同为中国（梅州）移民纪念广场落成揭幕。为促进散居世界各地华人之间的联系，探讨印度洋岛起源的历史与文化，联合国教科文组织发起了纪念海外华人的“印度洋之路”项目。2004年以来，先后在世界各地建设移民纪念项目6个。2012年11月，中国移民纪念项目代表到梅县考察访问，与广东文化旅游特色区管委会签订了《项目合作备忘录》，将“中国移民纪念广场”项目落户梅县松口，这是全球广泛合作专项计划中的最后部分，也是联合国教科文组织在中国唯一的移民纪念项目。联合国教科文组织纪念海外华人“印度洋之路”的最后一个项目，选择在松口建设移民纪念碑，充分体现了联合国对海外华人在特定背景下迁徙历史的高度重视，是对梅州作为客家人移居海外原乡的纪念和印证，它不仅是一个标志性的纪念建筑，更是海外华人寻根溯源的象征。展示客家人在世界舞台上有着独特影响力，描述19、20世纪离开中国前往印度洋群岛的客家人大部分都是从松口出发的，他们的精神影响、激励着后人更加奋发图强。参加完中国（梅州）移民纪念广场落成仪式后，瓦尔伦、曾宪建、曾繁兴、福马教授、曾宪梓博士还参观了在松口的世界客侨移民展览馆。梅县以项目落成为契机，挖掘华人移民文化的丰富内涵，擦亮世界客都的品牌，增强海内外客家人的凝聚力，着力打造全球客家人的心灵家园，并将为全球华人合作拓展更加广阔的空间、搭建更好的平台，携手共创美好未来。

2014年，举办“美丽中国梦·美丽梅县区·青春正能量”主题演讲比赛和“幸福梅县行”系列活动。

2015年，为纪念中国人民抗日战争暨世界反法西斯战争胜利70周年，让广大群众铭记历史、缅怀先烈、珍爱和平、开创未来，在全区范围内开展多种形式的纪念宣传活动。

2016年，开展“书香梅县·共享阅读”全民阅读活动、“文明餐桌行动”示范店和示范食堂评选表彰活动，在程江镇中心小学举办梅州市“扣好人生第一粒扣子”主题教育实践活动启动仪式，开展梅州市“自强不息好少年”和“孝老敬老好媳妇”评选活动。以“唱响客家童谣曲，弘扬核心价值观”为主题，征集近百首“客家童谣”作品。精心组织区新城中心小学排演小组唱《千祈莫做蟾蜍罗》《圆圆谣》节目，在市委宣传部、市文明办组织举办的“首届客家童谣节”展演比赛中分获“十佳童谣奖”“优秀奖”。

2017年，在全区各中小学组织开展创建全国文明城市宣传教育和主题征文活动，开展“我的中国梦”主题教育实践活动、清明祭奠英烈活动。

2018年，举办“客商银行·2018客都马拉松”比赛，运动场地设在梅县区，区委宣传部做好宣传、协调、组织、场地布置等工作。8 月，广东省第二次全国“残疾预防日”宣传教育活动在梅县区华侨城举行，在梅县区文化中心礼堂举行文艺汇报演出。10 月，梅县区隆重庆祝中国少年先锋队建队 69 周年，“以队带童·星火相传”少先队建队日主题活动示范仪式在丽群小学隆重举行。

客商银行·2018 客都马拉松比赛（2018 年）

五、重要事件

1986 年，发挥现代化宣传工具作用，开展录像宣传。配合党的中心工作，录制了“梅县市水果展览”“梅县市农民开山种果”“市粮食系统积极开展两个文明建设”“梅县市退休老干部之家”“梅县市洪水灾情”，协助河北电视台合拍《彩色的大地》共 3 集，以及梅县市沉痛悼念叶剑英逝世，纪念孙中山 120 周年诞辰等 12 项内容、300 多盒录像带，及时向广大群众宣传梅县市政治、经济、工农业生产发展的大好形势。同时还摄制了 1986 年春节、元宵活动实况录像，受到海内外好评。

1998 年，广泛宣传抗洪精神。县委宣传部发出《关于学习贯彻江泽民同志〈在全国抗洪抢险总结表彰大会上的讲话〉的通知》，号召人们向抗洪英雄学习，弘扬抗洪精神，在岗位上建功立业。同时，发动人们捐款捐物，奉献爱心，支援灾区人民重建家园和灾区事业建设。

1999 年 5 月，以美国为首的北约组织发射了三枚巡航导弹击中中国驻南斯拉夫联盟大使馆，造成严重的人员伤亡和物质损失。这一严重事件引起全国人民的高度愤慨和强烈谴责。县委宣传部与上级保持统一步调，在强烈谴责美国罪恶行径的同时，把握舆论导向，做好群众的思想指导工作，防止本地突发事件的发生，把悲愤化为奋发向上的强大力量。

是年，深入开展揭批“法轮功”邪教组织的斗争。党中央作出关于处理和解决邪教“法轮功”问题的决定发表后，县宣传部门立即行动起来，大张旗鼓地宣传教育，揭批“法轮功”邪教组织的政治本质和严重危害，出版学习资料汇编 5000 多份，编写宣传提纲，转发省委宣传部编印的学习资料。组织人力及时了解掌握全县揭批“法轮功”邪教组织的动态情况，并上报省、市委宣传部。同时，在广大党员干部中积极开展马克思主义唯物论、无神论和科普知识的宣传教育，帮助党员干部不断增强党性、增强政治鉴别力，与“法轮功”邪教组织做坚决的斗争；在全社会大力倡导科学精神，进一步提高人们的素质。

2001 年，加强邪教“法轮功”人员教育转化工作，对邪教“法轮功”顽固分子加强控制力度，防止邪教“法轮功”活动的反弹。重拳出击，铲除“六合彩”赌博活动，有效遏制“六合彩”赌博活动的蔓延。

是年 7 月 13 日 22 时 11 分，国际奥林匹克委员会第 112 次全会在莫斯科通过投票决定并宣布，北京获得 2008 年第二十九届夏季奥运会主办权。奥运会是具有丰富思想内涵的现代化国际性体育盛会。申奥成功，给中国的社会主义建设带来了前所未有的发展机遇，也提出了更高要求。围绕申办奥运会，梅县开展了建设精神文明、迎接北京奥运会的宣传教育活动，激发起人们强烈的爱国主义、集体主义和社会主义情感，展示梅县人民的精神风貌。

是年，针对中国加入 WTO，梅县广泛宣传加入 WTO 的意义，宣传如何适应 WTO 的规则等内容。11 月 11 日，中国加入世界贸易组织的协议在卡塔尔首都多哈正式签署，12 月 11 日，中国正式加入世界贸易组织（WTO），成为其第 143 个成员。世界贸易组织（WTO）成立于 1995 年 1 月 1 日，总部设在瑞士日内瓦，其前身为关税与贸易总协定（CATT），中国为关税与贸易总协定的 23 个创始缔约国之一。中国自 1986 年 7 月 10 日申请恢复关税与贸易总协定创始缔约国地位并开始谈判，经过 15 年的努力，终于加入 WTO。这标志着中国融入了全球的多边贸易体制，对中国的改革开放和世界经济贸易的发展产生积极而深远的影响。加入世界贸易组织为中国社会主义建设既带来了良好的发展机遇，也带来了严峻的挑战。一方面，“入世”后，中国企业必须更加严格地遵循市场秩序和信用法则，使中国社会主义市场经济尽快顺应经济全球化的趋势，走上更加健康有序的发展道路；“入世”也为中国物质产品和精神产品出口提供了一个庞大的市场，为中国文化与世界各国文化交流提供了更为广阔的平台，开阔了物质文明和精神文明建设的新视野。另一方面，“入世”也使中国的精神文明建设面临巨大挑战：西方意识形态的渗透更为直接，WTO 规则在经济行为中可能产生消极作用（如 TO 的一般贸易原则可能造成对社会主义行为规范的冲击）。因此，梅县宣传工作和精神文明建设致力于为“入世”服务，宣传要义，依规对接，并为消除或减轻“入世”的负面影响发挥作用。

2003 年，开展对“非典”防控的宣传。春节前后，广东省发生传染性非典型肺炎疫情。“非典”疫情暴发后，对于经济发展特别是对旅游业、商业、服务业、航空业、运输业、建筑业和部分制造业造成了很大的损失。正常的经济和政治社会生活都因疫情而被打乱，疫情的发生和抗击疫情的艰苦努力得到了一个重大经验：在推动经济增长和人民生活水平提高的同时，还要搞好公共卫生、教育等各方面工作，要把对人的关爱放在我们工作的重要位置上。县宣传舆论围绕安定人心、赞颂医务工作者和社会热心人士、恢复生产、搞好公共卫生、做好群众自我防疫工作等进行宣传，开展正确引导。全县全年编印及发放抗“非典”宣传资料2300多份，以促进社会和谐稳定和县域经济发展。“非典”防控结束后，组织广大党员干部学习全省卫生系统党组织和共产党员抗击非典的先进事迹，学习“抗非”精神（临危不惧，沉着应对；实事求是，尊重科学；无私奉献，顽强拼搏；万众一心，敢于胜利），用先进典型感化、激励全县党员干部，凝聚力量。同时，开展抗洪救灾宣传，及时报道“5·17”抗洪救灾情况，制作抗洪抢险电视专题片，在全县播放，让全县人民了解灾情。在市委、县委的统一领导下，团结一致，众志成城，共同奋斗，取得了抗灾复产的胜利。

2004年至2005年，认真做好煤矿整治工作的宣传。按照市委部署，成立梅县整治领导小组，县委宣传部是领导小组成员之一。全县统一组织巡查，开展整治宣传和有关政策法规的宣传，让矿主和广大群众认识整治工作的重要性、必要性，完成了整治工作。

2008年，重点做好汶川地震、支援抗震救灾、抗雪抢险、迎庆奥运会等宣传报道工作。

是年，宣传“抗灾”英雄事迹。1月下旬，中国中南部地区遭遇历史上罕见的持续低温、雨雪冰冻极端天气，广东的京珠高速公路中断，铁路运力锐减，民航运输受阻，大量返乡过节旅客滞留在广东。5月12日14时28分，四川省汶川县发生里氏8.0级强烈地震，人民群众生命财产遭受严重损失。“雪灾”和“震灾”发生后，全国人民在党中央、国务院的正确领导下，众志成城，共渡难关，灾后重建。在危急关头又唱响了“一方有难，八方支援”的壮歌。梅县做好雪灾期间“暖冬行动”、地震期间“抗震救灾”等重大事项的宣传报道，做好对四川大地震“抗灾”英雄事迹宣传和防震知识宣传。

是年，做好北京奥运会宣传。8月8日晚上，北京奥运会（第29届奥运会）在北京开幕。北京奥运会开幕式使“鸟巢”成为红色的海洋和欢乐的海洋，每个人脸上都洋溢着幸福的笑容，使中国在国际社会树立了强大的威信，展示了自己的风采。北京奥运会为期16日。8月24日晚上，在北京国家体育场举行北京奥运会闭幕式。闭幕式气势恢宏、美轮美奂、激动人心，世界都把目光聚焦到北京，反映出中国经济发展的高水平和快速度，一个开放的中国正在向世界展露出新的姿态，使得中国对世界更加开放，世界各国进一步认识和了解中国。北京奥运会开幕之前，举行了北京奥运会火炬传递。北京奥运会火炬接力活动的主题是“和谐之旅”，以“点燃激情，传递梦想”为口号，火炬接力历时130天，总里程约13.7万公里，包括五大洲的20座城市，境内传递城市和地区116个，参加传递火炬手21780人，是线路最长、范围最广、参与人数最多的一次奥运圣火传递。梅县做好奥运圣火传递、奥运会开幕式、比赛实况、中国体育界精英、奥运会义工、社会贤达、闭幕式等内容的宣传。

六、先进典型

榜样教育，用典型说话，是党的宣传工作的优良传统、成功经验和重要方法。加强对先进典型进行宣传，积极发挥先进典型的示范、表率、引领作用。

学习宣传先进模范事迹

1986年，根据市委决定，市委宣传部宣传科会同有关部门深入基层调查先进党员模范事迹，总结9个先进党员和1个优秀团员的典型材料。从中挑选7个先进模范人物，组成市先进模范事迹报告团。先后到全市各区、镇、办事处、机关、工厂巡回作了报告55场，听众4万多人，根据广大群众的要求，宣传部还将7个先进模范事迹报告制成录像，在市电视差转台播放，将10个先进模范的事迹印成小册子发至基层。这次组织先进模范巡回报告，时间之长、范围之广、听众之多是历年罕见的，使党员、干部、职工受到一次生动、深刻的教育。

学习宣传优秀共产党员沈国发

1990年3月下旬，共产党员沈国发为扑灭山火英勇献身，县委宣传部迅速组织干部先后4次深入桃尧镇深教管理区采写沈国发的英雄事迹。并用消息、通讯、特写、报告文学、五句板说唱、小故事等宣传手法，先后在省、市、县各报刊、电台、电视台、文艺刊物发表60多篇文章。主编出版《宣传园地》学习沈国发精神的特刊，专门编印2万余字的《党的好儿子沈国发》小册子1万多册，供全县党员干部学习。在县人民广播电台开设专题节目，分10次播出，听众40万人次。山歌曲艺团排演学习沈国发专题文艺节目，深入农村宣传演出。"七一"期间，县委宣传部与县委组织部联合组织了"优秀共产党员沈国发事迹报告团"，先后到12个乡和市县直属机关作报告15场，受教育者1.6万人。

学习宣传优秀党员傅显忠

1991年，按中组部、中宣部《关于开展向优秀共产党员傅显忠同志学习活动的通知》，县委宣传部与县委组织部联合转发学习文件，在全县大力宣传傅显忠先进事迹，通过党的组织生活和其他学习活动，组织党员学习对照找差距，并同学习雷锋、学习焦裕禄和学习本地区、本单位的优秀党员先进事迹结合起来，同开展"忆传统，作贡献，做新时期合格的共产党员"教育活动结合起来。

学习宣传雷锋

1993年，开展纪念毛泽东"向雷锋同志学习"题词30周年活动，围绕"岗位学雷锋、行业树新风"这一主题，宣传雷锋式先进人物的闪光思想和感人事迹，组织讲雷锋故事、上街大扫除、慰问敬老院、光荣院老人等行动，让中小学生在行动中受到教育，弘扬社会良好风气。

2013年3月5日是毛泽东题词"向雷锋同志学习"50周年纪念日，也是第14个"中国青年志愿者服务日"和广东第二个学雷锋全民志愿服务行动月。为贯彻落实中共十八大报告中关于"广泛开展志愿服务"的要求，传承雷锋精神，深化青年志愿者行动，在全社会大力弘扬"奉献、友爱、互助、进步"的志愿者精神，通过项目化，促进学雷锋志愿服务常态化、长效化，为建设富庶美丽幸福梅县作出更大贡献。3月5日，南口镇团委志愿者服务队联合南口中学团委志愿者以及驻南口部队官兵一行20多人在南口镇举行了热情洋溢的"学雷锋"活动。志愿者分成两队，一队到南口镇益昌敬老院举行"送医送药送文艺"等献爱心活动；另一队在南口镇政府后门，南口镇的志愿者把"便民义诊"的横额挂上，热情地接待求医的老百姓。这次义诊，总共接待100多名群众，对症发放各种常用药品。团县委发动基层团队组织、志愿者服务队在学雷锋志愿服务活动月期间，开展关爱退伍老兵、关爱留守儿童、植绿护绿和“献爱心、送温暖”等各项志愿服务活动。

2017年3月5日，梅县区学雷锋全民志愿服务行动月系列活动启动仪式在梅县人民广场举行。号召广大群众积极加入到志愿者队伍中来，形成志愿服务“人人可为、处处可为、时时可为”的理念。活动现场设置了健康咨询与疾病义诊、法律法规咨询、免费理发、义务拍照、各类政策讲解宣传、义卖助学等便民利民志愿服务点40个。梅县文化爱心协会合唱团、梅县山歌剧团等单位的志愿者们，表演精彩的歌舞，为活动增添不少活力。其他行业的志愿者代表则在台上分享自己的志愿者生涯，让在场的群众更多地了解志愿者群体。在开展学雷锋全民志愿服务行动月系列活动期间，梅县区发动各级团组织和志愿者组织开展助困、助学、助残，保护环境和学雷锋主题教育等活动，广泛传播“奉献、友爱、互助、进步”的志愿者精神，让更多群众感受到“当代雷锋”的热情。

学习宣传全国土地卫士陈创元

1993年，学习宣传获得“全国土地卫士”称号的城东镇国土所所长陈创元的先进事迹，撰写的《心底无私天地宽》在《梅州日报》发表，在市电台播放。

学习宣传好干部孔繁森

1995年5月8日，《人民日报》刊登中共中央总书记江泽民为领导干部的楷模孔繁森的题词：“向孔繁森同志学习。”孔繁森，原中共西藏阿里地委书记，山东省进藏工作干部，曾两次赴西藏工作，历时10年。人们赞誉他是“90年代的焦裕禄”“领导干部的楷模”，是新时期领导干部的杰出代表。孔繁森的先进事迹，集中体现了在新的历史条件下党的领导干部为党和人民的事业生命不息、奋斗不止的理想追求和精神风貌，体现了共产党员的坚强党性。江泽民题词发表后，中组部、中宣部、中直机关工委、中央国家机关工委、北京市委在人民大会堂共同举办孔繁森先进事迹报告会。中组部、中宣部还发出通知，要求在全国广泛开展向孔繁森学习活动。5月9日，孔繁森事迹报告团到广东演讲。10月20日，“孔繁森同志事迹展”在广东省博物馆举办。梅县根据中央、省、市的要求，在全县党员干部中积极开展学习孔繁森的活动，在全县开展广泛宣传孔繁森事迹，组织党员干部开展“学习孔繁森事迹”演讲比赛，演讲者结合身边的实际，演讲学习孔繁森的体会，演讲身边的好人好事，并选送优胜者参加“梅州市学习孔繁森，做一个好党员、好干部、好公仆”的演讲比赛，获得二等奖。

学习宣传黎国新事迹

1996年，县林业局副局长组织干部群众在城东镇扑灭山火，因山火火势凶猛，黎国新因公壮烈牺牲。之后，县委召开会议组织学习黎国新英勇事迹。县委宣传部与县委组织部、县农委、县林业局等单位组织革命烈士、优秀共产党员黎国新事迹巡回报告团，先后到县属机关和全县26个镇作报告28场，听众1.4万人。报告团成员从不同侧面介绍黎国新敬业爱岗、忠于职守、无私奉献的感人事迹，宣讲生动、事迹突出、教育深刻，在全县城乡引起强烈反响。为配合宣传和学习黎国新的先进事迹，在全县城乡掀起学习黎国新的热潮，还负责编印《青山留痴骨，绿叶注深情》优秀共产党员黎国新先进事迹材料汇编一书，共3000多份，发至县属各党支部，供广大党员干部学习。这项活动教育面广，人数多，对加强梅县思想道德建设、引导广大党员干部树立正确的世界观、人生观、价值观起到积极的推动作用。

学习宣传勇斗歹徒的余志宁、梁建鹏

1997年，大力宣传梅县籍武警战士余志宁、梁建鹏赤手空拳与手持刀枪抢劫的歹徒搏斗而光荣负伤的英雄事迹。余志宁、梁建鹏伤愈出院后回乡探亲期间，县电视台、电台记者及时采访报道英雄的典型事迹，同时报道县委、县政府领导和有关部门到火车站迎接以及召开座谈会的情况，扩大了影响。英雄原籍的丙村、松东两个镇还分别举行英雄事迹报告会，把宣传学习英雄、弘扬正气的活动推向高潮。

学习宣传全国优秀党员梁质寿

2001年，时任中共梅县县委副书记、雁洋镇党委书记梁质寿，是改革开放和社会主义现代化建设中涌现出来的一名优秀农村基层干部，是努力实践“三个代表”重要思想的一个典型，是广大党员干部学习的榜样。年初，县委发出《关于开展向梁质寿同志学习活动的通知》，5月，在梅县文化中心礼堂专门召开各镇各单位领导干部共500多人参加的学习动员大会，县委对开展学习活动提出总体要求，号召全县各镇各部门各单位党员干部深入学习梁质寿的先进事迹。此后，梅县各镇各部门立即行动，精心组织，采取制订学习计划、举办事迹报告会、召开学习讨论会、撰写学习体会文章、对照检查促整改等多种形式，扎实开展向梁质寿的学习活动。县委宣传部积极组织和鼓励广大党员干部，认真学习山乡领头雁——梁质寿扎根基层、开拓进取、无私奉献、实事求是、密切联系群众、坚持“两手抓，两手都要硬”等方面的先进事迹，以此作为明得失、正衣身的镜子，从思想上、工作作风上对照检查自己，找出差距和不足，认真加以改进。广大党员干部以梁质寿高尚品德为榜样，改变工作作风，使工作更加扎实深入。全县各镇各单位制定了新的干部管理办法，进一步规范干部学习、下乡、住勤、值班等制度，单位领导带头执行。通过开展系列学习活动，促进全县党员干部思想政治素质的提高，工作作风更加端正。

梅县开展向梁质寿学习活动动员大会（2001年5月）

学习宣传“抗非”英雄模范人物和先进集体

2003年春节前后，广东省发生传染性非典型肺炎疫情。面对重大疫情，在党中央和国务院的正确领导下，中共广东省委、广东省人民政府和全省各级党委、政府沉着应对、靠前指挥，全省医疗卫生工作者临危不惧、救死扶伤，广大人民群众团结一心、共同奋战，全省各地区、各部门与驻粤人民解放军和武警部队互相支援、协调配合，共同与疫魔进行了殊死搏斗，取得了阶段性重大胜利。在“抗非”斗争中，全省人民表现出了一种非凡的气概和高贵的品质，涌现出钟南山、邓练贤、叶欣、陈洪光、范信德等英雄模范人物和一批先进集体。梅县开展学习宣传“抗非”英雄模范人物和一批先进集体活动，学习他们在抗击“非典”的危难时刻所凸显的非凡的气概和高贵的品质。

学习宣传黄甘英革命事迹

2006年5月，县委宣传部在水车镇召开黄甘英革命事迹学习会，与会人员参观学习了黄甘英革命事迹展览，时任县委常委、宣传部部长的廖接良作了学习动员报告。

水车镇召开黄甘英革命事迹学习会（2006年5月）

学习宣传梅州道德楷模程贤章、张戈柯

2008年10月，著名作家程贤章和小学生张戈柯被市委宣传部、市文明办评为首届梅州道德楷模。之后，县委宣传部通过新闻媒体、召开会议开展宣传他们的先进事迹活动，运用身边的先进典型进行学习教育，推动道德教育深入开展。

著名作家程贤章

热心公益的著名作家程贤章，梅县丙村镇人，原广东文学院院长，嘉应大学、广西师范大学客座教授，享受国务院特殊津贴。他退休回家乡梅县定居，十分关注家乡建设，深入各县（市、区）撰写了《塑造和谐梅州新形象》《零距离贴近大师》等文章，宣传梅州改革开放新成就，积极推介梅州。他还创办“作家庄园”，帮扶2名优秀特困生读完高中。2003年开始，陆续对梅县图书馆捐赠书籍和文物，共捐赠古代、近代书籍 1.1 万册，各类各朝代历史文物 205 件套。许多书籍和文物价值高、影响大、意义深，如《资治通鉴》《二十五史》《二十五史通鉴》《康熙字典》《程贤章长篇小说选》《程贤章作品评论集》及《大迁徙》(原稿)、古书《本草纲目》、清代端砚、翡翠玉石、卢瑞华、钟阳胜书法牌匾等。程贤章不但把自己毕生珍藏的书籍、文物捐赠给梅县图书馆，还积极组织活动，请其他专家、教授、乡贤捐出自己的藏书，支持梅县图书馆的建设。他还向嘉应大学、东山中学捐赠大批图书，向市博物馆捐赠有价值文物 290 多件。他为弘扬客家文化，埋头写作，著有长篇小说《神仙・老虎・狗》《围龙》《开路先锋》等专著，是客家文学的一面旗帜。他积极参与"乡土教材"的编写，到东中、高级中学等学校演讲，为家乡教育事业尽一份力。2008 年 10 月，被评为首届感动梅州道德楷模。

勇救同学的好班长张戈柯是梅县桃尧镇中心小学六年级学生。2008 年 4 月 5 日，一位同学不慎跌落深水潭中，张戈柯毅然跳入水中，用尽全力，把落水的同学推到岸上，自己却无力上岸，献出了年仅 13 岁的生命。他是一位学习刻苦、成绩优秀的学生，关心集体、热爱班级、团结同学、尊敬师长、热爱劳动、乐于助人、有良好思想品德，担任班长，深得教师和同学的信任，是老师的得力助手、同学们学习的榜样，连续多年被评为三好学生、优秀少先队员。2008 年 4 月，他被梅县团委授予"优秀少先队员"称号，2008 年 10 月，被评为首届感动梅州道德楷模。

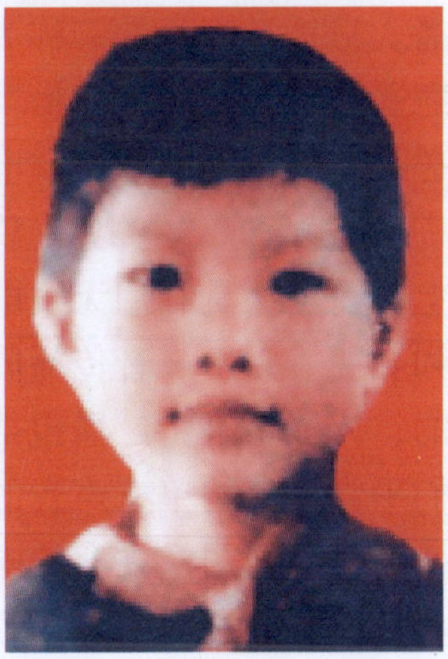

张戈柯

学习宣传全国道德楷模丛飞

2006 年至 2007 年，学习宣传践行社会主义荣辱观的杰出典范、广东省宣传文化系统的道德楷模丛飞的精神，兴起学习实践社会主义荣辱观的新高潮，让丛飞精神发扬光大。

丛飞(1969—2006)，原名张崇，出生于辽宁省盘锦市大洼县田庄台镇，毕业于沈阳音乐学院，中国共产党党员，中国男歌手、义工。1994 年至 2005 年的 11 年间，丛飞作为一名普通的歌手，致力于社会公益事业，义演 300 多场，将主要收入捐给很多贫困的失学儿童和残疾儿童，义工服务超过 6000 小时。先后资助贵州、湖南、四川等贫困山区的贫困儿童 183 名，无私捐助失学儿童和残疾人超过 150 人，认养孤儿 37 人，捐助金额超过 300 万元。先后被授予"中国百名优秀青年志愿者""100 位新中国成立以来感动中国人物""深圳市爱心市民""深圳市爱心大使""全国十大公益之星"等称号，获得"中国青年志愿服务金奖"奖章、首届中华慈善大会中华慈善奖。2006 年 4 月 20 日，丛飞因胃癌在深圳逝世，年仅 37 岁。通过宣传丛飞事迹、学习"丛飞精神"，进一步加深对社会主义荣辱观的理解和"扬荣避辱"的执行。

第二节　宣传形式

区委宣传部开展宣传的形式，既通过报刊、发传单、贴横幅、刷标语、海报栏、黑板报、展览等传统媒体宣传形式，又通过广播、电视、开讲座、开讲坛，设网络、论坛、音像制品等现代媒体宣传形式和方法，还通过召开会议、开展活动、自办杂志、宣传手册、画册等宣传形式，多管齐下，努力扩展舆论引导渠道，卓有成效开展宣传。做到主题突出，形式多样，局面活泼，为党的宣传工作作出应有的努力。

一、广播电视

梅县广播电视台播音员在播报梅县新闻（2012 年）

广播电视是通过无线电波或导线传播声音、图像、视频的新闻传播工具。按传输方式分为无线广播和有线广播。只播送声音的，称为"声音广播"，简称"广播"；播送图像和声音的，称为"电视广播"，简称"电视"。狭义上讲，广播是利用无线电波和导线，只用声音传播内容的；广义上讲，广播包括我们平常认为的单有声音的广播及声音与图像并存的电视。它的功能总体来说，广播电视具有明显的信息产业的基本功能，即生产和传递信息的功能、导向社会资源优化配置的功能、经营信息的功能等。分类来说，有宣传的功能、教育的功能、沟通的功能、监督的功能。第一，宣传功能，即利用广播电视这一现代化的大众传播媒介，及时地宣传党的路线、方针和政策以及人民群众在党的路线、方针、政策指引下所取得的成就；第二，教育功能，即利用广播电视向受众传播知识，特别是现代科学技术知识，不断提高全民族的科学文化素质；第三，监督功能，即利用广播电视这种大众传媒对社会经济活动进行监督，对舆论进行监督，以便树立正气，纠正一切不正之风。广播电视有形象性、及时性、广泛性的特点。形象性，以声音和图像的形式来传递信息；及时性，以电波传播的速度来传送信息；广泛性，覆盖范围最广泛的一种传播媒介。梅县区在几十年来，从有线广播、无线广播、到广播电视转播、现到广播电视自办新闻节目播送、电视直播、日日新闻等，是一个量的增加和质的飞跃过程，突出着舆论引导、信息传播、社会服务、大众娱乐的功能，发挥着丰富人们的文化追求和精神生活、推动着梅县区经济发展和社会进步的作用。

例如：1986 年，发挥现代化宣传工具作用，开展录像宣传。配合党的中心工作，录制了"梅县市水果展览""梅县市农民开山种果""市粮食系统积极开展两个文明建设""梅县市退休老干部之家""梅县市洪水灾情"等节目，协助河北电视台合拍《彩色的大地》共 3 集，以及梅县市沉痛悼念叶剑英逝世，纪念孙中山 120 周年诞辰等 12 项内容、300 多盒录像带，及时向广大群众宣传梅县市政治、经济、工农业生产发展的大好形势。同时还摄制了1986年春节、元宵活动实况录像，制作水平有较大提高，受到海内外好评。1990年，广播电视事业的发展，在宣传教育、丰富群众的业余文艺生活等方面起到积极的作用。县广播电台全年播出新闻稿件3834篇、播出专题节目108个、录制广播宣传专用录影带112盒。1992年，除转播中央台1套节目外，开设有《梅县新闻》《经济信息》《欢乐时光》《一周荧屏》《家庭影院》等节目10多个，年播出新闻稿件250多篇（件）。

1999年，梅县获广东省广播电视先进县（市）称号。图为奖牌（2000年3月）

2000年，梅县广播电视部门按照“以科学的理论武装人，以正确的舆论引导人，以高尚的精神塑造人，以优秀的作品鼓舞人”这个目标，坚持“导向金不换”和“政治家办台”的原则，继续抓好队伍政治意识和责任意识教育，处理好正面宣传为主与舆论监督的关系。按照党中央和省、市、县委的部署和安排，紧跟县委、县政府的工作中心，关注人民群众关心的问题，积极开展物质文明和精神文明建设的宣传报道工作。全年播出广播电视新闻1.11万篇（次）、专题2611篇、公益广告8694条（次），上送市以上被采用播出400篇（件），连续多年保持全市领先地位，为梅县经济发展和社会文明进步营造良好的舆论环境。突出抓好思想政治方面的宣传，根据广电总局、省广播电视局要求，把加强和改进思想政治工作的宣传摆到突出位置，结合梅县开展县级“三讲”教育的实际，以理想信念教育为核心，引导广大干部群众增强改革开放和社会主义现代化建设的信心。着力进行马克思列宁主义、毛泽东思想、邓小平理论的宣传，江泽民总书记重要批示和中共中央意见的宣传，“两思”、“三个代表”重要思想、“三讲”的宣传，深入揭批邪教“法轮功”的宣传，县委九届三次全体（扩大）会议和县人大、县政协“两会”精神的宣传，开展创建文明城市、五好支部、农民四好党员和纪律教育月活动的宣传等。在宣传的内容上，始终贯穿党的理论、路线、方针和基本纲领，贯穿爱国主义、集体主义、社会主义和正确的世界观、人生观、价值观，贯穿着科学知识、科学思想、科学方法和科学精神，贯穿县委、县政府的中心工作和要求。梅县县级“三讲”的宣传，按照省、市巡视组的部署和县委的安排，适时开展，循序渐进，不断深入，积极稳妥地进行。电台、电视台仅专题节目就分别编发了30期和35期，“两思”教育和宣传的做法，得到省局、市局的肯定，并被省、市广电局《内部信息》刊发和推广。着力抓好经济建设方面的宣传，促进梅县经济持续、健康、快速发展，是广播电视宣传的又一重要任务。一是关于2000年农业和农村工作的宣传；二是国有企业改革和发展的宣传；三是深化梅县发展战略的宣传；四是打好春耕生产第一仗的宣传；五是农业结构调整的宣传；六是梅县2010年在梅州率先基本实现现代化目标的宣传；七是“两大会战”的宣传；八是安全生产的宣传等。大力宣传梅县经济建设和社会各项事业取得的成绩、做法和经验，不断总结宣传报道城乡经济建设的大好形势、好人好事、新门路、新措施、新经验，为推进经济建设，实现梅县经济发展目标提供信息、提供借鉴、提供服务，为“两个文明”建设鼓劲。

不断改进计划生育的宣传。一是坚定国策宣传的格局。把宣传计划生育列入经常性工作，做到有计划、有行动、有检查落实，常抓不懈。二是更新国策宣传的观念。提出计划生育宣传实现“两个转变”，即“要我宣传”向“我要宣传”转变，促进“要我计划生育”向“我要计划生育”转变的要求。三是拓宽国策宣传的思路。把灌输和渗透、造声势和要效益的宣传有机结合起来。在抓好人口理论、人口形势、法律法规、优生优育知识、公益广告宣传，以及宣传党委、政府工作部署的安排的同时，配合梅县贯彻落实《关于加强人口计划生育工作稳定低生育水平的决定》，开展“婚育新风进万家”活动，加大力度，多做释疑解惑工作，多做计划生育服务先进典型的宣传。全年播出计划生育新闻86篇、《人口与计生》专题节目53期168篇、公益广告1850条（次）。

深入开展民主与法制的宣传。县广播电视部门不断加大民主与法制宣传的力度。一是抓好社会主义民主法制和人民代表大会制度的宣传。着重宣传邓小平民主法制思想，宣传梅县“依法治县”方略，县镇两级人大工作、民主选举、民主决策、民主管理和民主监督，对县人大会议精神的落实进行跟踪报道等。二是抓好“三五”普法的宣传。宣传梅县“三五”普法依法治理工作取得的重大成就，宣传领导干部和广大干部职工学法用法，增强法律意识、法制观念，提高依法决策、依法办事能力的典型经验；宣传专业法普及，依法行政，公正司法，依法治企、治厂、治所、治校、治院的典型经验，为“四五”普法营造舆论环境。三是继续抓好揭批邪教“法轮功”和“两打一扫”的宣传。全年播出民主法制宣传专稿270多篇（件），制作揭批邪教“法轮功”录音带28盒。努力实现宣传报道工作上档次、上水平。四是抓好舆论导向。重视抓好政治导向和思想导向，注意抓好价值导向、审美导向和消费导向。抓好宣传纪律，强化管理监督机制。每月编发一期视听宣传简报，刊发编辑工作会议纪要和宣传报道工作提示；坚持审稿、审听、审看和重播重审制度。五是抓好新闻改革，提高新闻质量。在电视台增设专题部，开设《梅县大地》专题栏目，深化主题的宣传；电台对部分节目进行调整，延长播出时间，采取提高播出质量的措施，增设了“本地一周要闻回顾”。六是坚持开展好新闻、好专题评选活动。全年上送市广播电视学会参评作品6件，其中获好作品二等奖1件、三等奖4件；获梅州市1999年度好新闻二等奖1件、三等奖2件；获全省县（市）级广播电视好新闻三等奖1件；获中国广播电视学会评奖办公室、全国县（市）级广播电视协作会2000年优秀节目（论文）二等奖1件、三等奖5件。

梅县广播电视台获评2007年度全国广播电影电视系统先进集体。图为奖牌（2008年1月）

2006年，丰富自办节目内容。新办电视

专题《梅县农情》《争当排头兵》《关注民生，局长连线》《中华美德书赏析》等，全力抓好重点工程等中心工作的宣传报道。

2012 年 1 月 7 日，广东省广播电视网络股份有限公司梅州市梅县分公司成立，县委常委、宣传部部长涂戈峰（左图）讲话

2017 年，积极打造“有观点的频道”，优化《有话直说》《观点致胜》《记者再报告》等栏目，推出《X 档案》等节目，重点推出《梅县党建》《纪检监察之窗》《梅县教育》等 8 个固定专题节目，累计播出 220 期。加强对“梅州市梅县区文广视讯传媒有限公司”的企业化管理。

二、报刊

报刊是报纸和杂志的总称。是大众传播的重要载体，具有报道新闻、传递信息、通达民情、传播知识、开启民智、立言议政、反映和引导社会舆论、进行舆论监督的功能；是时效性较强的传播媒介，传播信息面广，流通速度快；具有强烈的政治性，重视言论，尤其注重政论。报刊对梅县区的经济和社会发展起着积极的推动作用。

梅县区主要运用《梅县宣传》《宣传园地》《梅苑》《客家文化》等报刊开展宣传。并通过大力组织和发动广大干部群众订阅上级重点党报党刊，如《人民日报》《南方日报》《梅州日报》及《求是》《南方》杂志等，组织读报会、讨论会、“阅读为祖国喝彩”活动等，把党和政府的声音传递给基层、传递给广大干部群众，形成正确的舆论导向，明确的方向。

例如：重视党报党刊的征订发行。1987 年，梅县市报纸发行总量增至 2638.38 万份，刊物 130.64 万份。其中几种主要报刊发行数：《人民日报》1519 份，《南方日报》1.75 万份，《广东农民报》1.58 万份，《红旗》杂志 1149 份，平均每年都以 6.7% 的速度递增。1988 年县、区分设后，人口减少，并随着现代通信网络的发展，读者减少，梅县克服困难，加强征订发行工作。1992 年发行 1555.6 万份、1996 年发行 1372.9 万份、1998 年发行 882.1 万份、2000 年发行 298.5 万份。虽然纸质报刊征订减少，但加强了电子类报刊的宣传推广，增加了电子阅读的种类和信息量。

《南方日报》专版报道梅县区

区文联所属社团出版专版《梅风》《绿园》

又如：《梅县宣传》，是梅县区委宣传部编辑出版的内部刊物，赠送发行区属各单位和镇村，是梅县区党政机关创办的为数不多的正式期刊，也是梅县区主要传统传播媒体之一。每期发行量 1000 册，主要内容是宣传党的理论、区委、区政府的重大决策部署、经济社会发展、宣传工作经验、宣传动态、好人好事、展示宣传文化工作亮点等，它为基层宣传工作提供参考，为做好宣传工作、提升梅县区的美誉度和影响力发挥积极的作用。2002 年，县委宣传部运用《宣传动态》，设立“学习十六大精神，开创工作新局面”栏目，用“学习贯彻行动迅速”“尊重劳动、迸发活力”“与时俱进、执政为民”“小康建设、信心百倍”等 10 多个专题，从多个角度及时反映各部门各行业学习宣传贯彻十六大情况，反映先进典型和推广先进经验。

《梅县宣传》专刊

再如：《客家文化》，是梅县区客家文化研究协会的会刊，每年出版 1~2 期，2017 年开始出版，至 2018 年年底发行 3 期，属赠阅刊物。作用如其“发刊词”所说：开辟鸿蒙，客家中原南迁；开基辟壤，客家勇闯峥嵘。祖先勇武，驰骋东南西北；先辈英豪，奋发春夏秋冬。栉风沐雨创业，披荆斩棘开疆。挥刀滚滚波涛，跃马坎坷曲道。成就客家伟业，传承客家风华。几多可歌可泣英杰，无数建功立业先驱，值得讴歌，应该弘扬。为宣传客家革命精神、弘扬客家优秀文化、打造客家文化精品、展示客家人文关怀、凝聚客家发展力量、筑就客家文化高地，特创立“梅州市梅县区客家文化研究协会”，并编辑出版《客

《客家文化》专刊

家文化》会刊。会刊主要通报会员活动，反映客都古韵，弘扬镇村风华，选集诗词书画，启示生活哲理，展示英豪事业，传承人文风采。会员热心培育，各界关注投稿，行业青睐支持，使此圃园，培新助茂。客家，物华天宝；县区，人杰地灵。该会应如赤子，爱国爱乡。该刊当承使命，青史一页留春，丰碑永记传芳。

三、网络、舆情信息

伴随着信息网络越来越成为人民群众生活中的一部分，宣传思想战线充分利用现代科技手段积极介入，新闻媒体在强化原有宣传手段的同时，开辟网络宣传新途径，既满足了受众的新需要，又把新兴媒体变成了宣传思想工作的新阵地。各级宣传部门利用网络系统，逐步建立起信息收集、反馈、处理系统，保证了信息渠道的畅通、灵敏和处理信息的及时、准确，为宣传思想工作科学决策、提高工作水平提供了保证。

同时，随着新兴媒体的迅猛发展，人们信息接收和传播的渠道呈现多样化趋势，加上西方媒体正通过各种方式渗入中国，有效地利用、掌握和监控这些新兴媒体，成为宣传思想工作重要职责。

梅县区设有人民政府网、宣传思想工作网、党建网等网站，并利用手机短信、微信加强宣传联络；宣传系统各单位也相继设立互联网络宣传平台，运用新媒体加强舆论宣传。

四、会议

梅县区通过召开大会、座谈会、讨论会、宣讲报告会等形式，做好宣传思想教育工作。

每年的春季，召开宣传思想工作会议。传达上级宣传思想工作会议精神，总结上年宣传思想工作，部署当年工作任务。

梅县宣传思想工作会议（2011年2月）

纪念宋湘250周年诞辰座谈会在白渡镇召开（2007年）

每年的冬季，召开重点党报党刊（《人民日报》《求是》《南方日报》《梅州日报》）征订发行工作会议。党报党刊担负着宣传党的路线、方针和政策的重要任务，是党和政府指导各项工作的重要舆论阵地。一般在每年的10月或11月召开重点党报党刊征订发行工作会议，参加人员有各镇（办事处）党委负责党群工作的副书记和宣传委员、区属局以上单位主管宣传思想工作的领导、区委宣传部全体成员、区委办和区教育局领导。区委主要领导到会并作讲话。会议主要传达市委宣传部重点党报党刊征订发行工作会议精神，对本年度重点党报党刊征订发行工作进行总结，表彰本年度征订发行工作先进单位，先进单位代表介绍征订发行工作经验，对下一年度重点党报党刊发行工作及当前宣传工作进行部署。会议召开后，各镇各单位迅速开展征订发行工作，到12月底完成工作任务。

每年不定期召开工作座谈会、研讨会，纪念客家名人，挖掘客家文化，交流工作情况，探讨工作方式，推广先进经验，做好党的宣传文化工作。

五、活动

开展活动，让人们参与活动，寓教育于活动之中，记忆深刻，效果较好。梅县区积极运用开展文艺活动、游园活动、宣誓活动、参观交流活动及举办展览会等传统有效的宣传方式，起到很好的宣传效果。下面举几个例子。

例1：2009年，为进一步贯彻落实中共中央关于文化大发展大繁荣的重要部署，按照中华诗词学会、省、市文联的指示精神，梅县文联在县委、县政府的关心、支持下，开展活动庆祝中华人民共和国成立60周年、梅县新县城搬迁10周年、梅县文联成立50周年。9月16日，举办了“迎国庆、颂程乡，梅州市第九届（梅县）百人诗会暨文学艺术作品展演”活动，从内容到形式丰富多彩，展出书法作品30幅、摄影作品60幅、硬笔书法作品30幅、美术作品40幅、雕塑作品40件、收藏品80件，集中展示了岭南客家文化所取得的丰硕成果。活动共制作县情介绍接待手册500份，发放各种书、刊共2480本、纪念品300份，接纳上级部门及相关兄弟单位、协会的贺词、贺诗、贺联共66幅。悬挂庆祝活动横幅、对联、贺联33条，摆放花篮16只，印发宣传资料600张，拍摄照片200多张，制作VCD影碟20多盒。此次活动，赢得上级领导、社会各界人士的好评。

迎国庆、颂程乡，梅州市第九届（梅县）百人诗会暨文学艺术作品展演大会（2009年9月）

参加梅州市第九届（梅县）百人诗会暨文学艺术作品展演大会的领导嘉宾合影（2009 年 9 月）

例 2：2011 年 11 月 11 日，在梅县新城医院、顺风客运站等服务窗口单位前开展“排队我快乐，礼让我文明”大排队日活动启动仪式。县委常委、宣传部部长涂戈峰在开展“排队我快乐，礼让我文明”大排队日活动启动仪式上讲话。宣传自觉排队的意义和作用，让大家养成自觉排队的文明行为习惯，让文明礼让风气在社会上传扬。

梅县在县新城医院开展“排队我快乐，礼让我文明”排队日主题活动启动仪式，县委常委、宣传部部长涂戈峰（右图）在启动仪式上讲话（2011 年 11 月）

例 3：2015 年至 2017 年，县委宣传部连续 3 年开展了微电影大赛活动，利用新的通信工具和摄影器材，组织民间文艺爱好者和摄影爱好者，创作、设计、排演、拍摄富有教育意义的微电影故事，在新时代运用新举措开展宣传工作。

举行“客都明珠·美丽梅县”第二届微电影大赛启动仪式（2016 年 4 月 21 日）

例 4：2018 年，开展“唱响新时代，迈向新征程——梅县区迎新年·颂党恩·展新貌”一系列活动，全县干部投入活动之中，唱红色歌曲，参观革命旧址，举办展览会等，颂扬梅县区的发展成就，感谢伟大的党、伟大的祖国，把革命精神发扬光大，不忘初心，牢记使命，在新时代做出更大的成绩。

“唱响新时代，迈向新征程”2018 梅县区“迎新年·颂党恩·展新貌”大合唱决赛暨迎新年文艺晚会（2018 年 12 月）

“唱响新时代，迈向新征程”2018 梅县区“迎新年·颂党恩·展新貌”大合唱决赛暨迎新年文艺晚会。图为梅州市梅县区领导班子成员与文艺工作者合唱（2018 年 12 月）

六、宣传栏、橱窗、广告牌

“践行科学发展观，打造文化先进镇”宣传栏（2010年5月）

宣传栏、橱窗、广告牌就是用墙面、纸板、木板、铁皮、铝合金、玻璃等制作而成用来宣传的版面，是广大基层单位和群众自办的文化园地。具有小篇幅、多内容、美观活泼的特点。类型有墙报、黑板报、宣传栏、宣传橱窗、阅报栏、T形广告牌等，是人们常用的宣传手段，它用于宣传党的方针政策、普及文化科技知识和法律知识、表扬好人好事等，可以从报刊上适当地选编一些国内外大事、时事政治，也可报道一些本地新闻，介绍经验，表扬先进，批评落后，讲授新知识等。宣传栏、橱窗、广告牌，就是在一个单位、一个地方请了一个好的宣传员，加强基层宣传栏的建设，采取好的方法进行宣传，成为开展宣传工作的有效载体。

学习“三个代表”重要思想宣传栏

《梅县文明公约》宣传牌（2006年）

七、书画、折页

宣传画册封面（2018年12月）

梅县区有悠久的发展历史、优美的自然风景、深厚的文化积淀，人杰地灵，物华天宝。梅县区委宣传部抱着高度的责任感，不遗余力地深入挖掘梅县区悠久历史、丰厚人文底蕴，把沉积文化打造成鲜活文化，通过一本本书籍、画册和折页的编印出版，再现梅县区历史文化等盛况。改革开放以来，以梅县区宣传系统为主力组织编印的书籍、画册以及支持个人出版的文艺学术类文章等，种类繁多、涉及面广、内容丰富、多姿多彩，找准切入点把挖掘客家优秀传统文化与讲好梅县区故事结合起来，精心编辑包括《秀美梅县》《广东民间故事全书·梅县卷》《客家民居·梅县卷》《胜游梅州·梅县篇》等书籍，编辑出版《叶帅故乡美，客家风情浓》《食情画意——梅县区特色客家美食》《美丽大黄村》《梅县投资指南》等画册，制作《红色梅南》《美丽梅县区》等一大批宣传折页，并被许多媒体转载。这些书刊、画册、折页内容涵盖历史人文、客家文化、传统民俗、民间故事、名人名居、名镇名村、名街名寺、秀丽风光、建设新貌、红色土地、绿色崛起、价值取向等各个方面，这一张张饱含梅县历史、自然、文化特征和文明建设成就等名片光鲜夺目地展现在世人面前，对宣传、推介梅县起到重要作用，还为社会主义核心价值观建设提供丰富的内容。

宣传“学习雷锋好榜样”画页（2018年3月）

宣传梅县区红色文化的部分书籍（2018年12月）

例如：编辑出版《广东民间故事全书·梅州·梅县卷》

梅县民间故事源远流长，丰富多彩，富有民间色彩且脍炙人口，很受人们喜爱。

县委宣传部、县文化局、县文联经过多年对民间故事、民间谚语、民间歌谣的普查工作，于1987年搜集了100万字的原始资料，编纂成《梅县民间文学三套集成》资料本。

2007年以来，根据中宣部和中国文联关于实施“中国民间文化遗产抢救工程”的工作要求，梅县重视这项工作，召开会议，成立机构，下乡调研，大力搜集，形成样稿，请专家学者评审，于2010年11月出版《广东民间故事全书·梅州·梅县卷》第1卷。《广东民间故事全书·梅州·梅县卷》第1卷作为广东省民间文化遗产抢救的主项目之一，在地域、民族、内容、形式、体裁、题材等方面比较全面客观，包括民间口头创作的神话、传说、故事、童话、寓言等“民间故事”。它是一本丰富多彩的文化宝库，是一本集科学性、知识性和可读性于一体的民间故事书。全书分为“地方传说”“人物传说”“动物传说”“植物传说”“风俗传说”“民间故事”“山歌故事”“俗语故事”“对联故事”“民间笑话”“客家民谚”等，共收集神话2篇、笑话4篇、故事111个、童谣73首、歇后语463条、谚语428条，从多个角度展示梅县区积淀深厚的客家历史文化底蕴和秀美的人文环境。

《广东民间故事全书·梅州·梅县卷》第2卷，是在出版第1卷的基础上，从2011

年开始，对未编的民间故事再进行收集整理，加大对民间文化遗产的抢救挖掘力度，并于 2015 年 4 月出版第 2 卷，该卷编入神话故事、地名传说、动植物传说、特产传说、人物传说、武林侠士传说、幻想故事、客家山歌故事、生活故事等 163 条，还编入客家谚语、歇后语、客家童谣、谜语等。

《广东民间故事全书・梅州・梅县卷》第 1、2 卷的出版，收集积累了梅县文化资源，反映了文化之乡梅县的灿烂文化，是一个不可多得的文化瑰宝。

又如：《神奇梅县》

该书于 2016 年由广东旅游出版社出版发行，作者黎志健。该书以位置凸显、文物一流、奇山轶事、绿水迷人、城镇文明等 14 个部分条目、78 篇文章、800 多张照片，全面、立体地介绍梅县神奇之处，介绍前往景区路径和公交车经过线路，介绍梅州市梅县区神奇美丽的山水寺宇、人文生态，如幽谷深壑的山川、益健增智的山泉、深不见底的水潭、崭新变化的新城、奇异诡谲的寺宇景象、传奇人物与故事等。其神秘奇特、美轮美奂、气象万千的环境让世人瞩目，鬼斧神工的大自然与客家人不懈奋斗创造的辉煌使人赞叹。《神奇梅县》让读者进一步了解梅县山水与人文历史，浏览梅县美好景象，宛如荡漾在客家文化、生态文明的春风里，沐浴在中国“文化之乡”“足球之乡”“华侨之乡”“长寿之乡”“金柚之乡”的梅县晨曦中，融入看美景、闻故事、品佳肴、浴氧吧的仙境般胜景内，悠然潇洒，自得其乐。

再如：《激荡婆罗洲　罗芳伯传奇》

2018 年，该书在区图书馆举行首发式，作者丘峰介绍该书的编辑出版意义、过程和主要内容。该书传播石扇镇罗芳伯的传奇故事，赞扬罗芳伯爱国爱乡的革命情怀和英勇拼搏、顽强奋斗的英雄气概，以及开拓进取、敢为人先的创新精神。

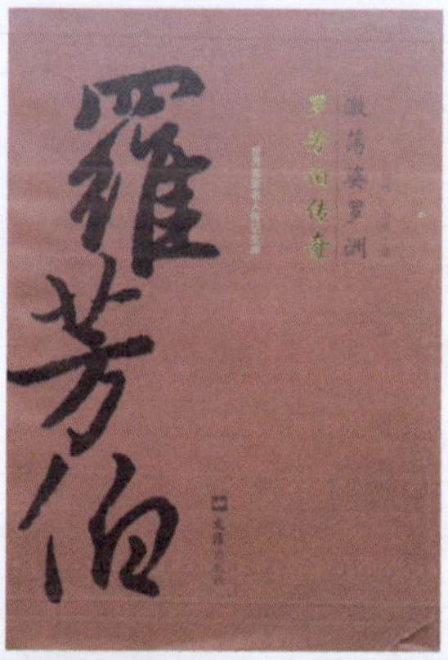

《激荡婆罗洲　罗芳伯传奇》封面（2018 年 12 月）

《激荡婆罗洲　罗芳伯传奇》首发式在区图书馆举行，县委常委、常务副县长潘雪松（中）、作者丘峰（左二）等为首发式揭幕（2018 年 12 月）

梅县区文广新局局长廖峰松主持《激荡婆罗洲　罗芳伯传奇》首发式（2018 年 12 月）

第三节　宣传管理

梅县区宣传管理工作围绕制度建设、工作管理、队伍建设、加强广播电视管理等展开，并不断完善和加强，各镇（办事处、高管会）党委皆配有宣传、文化、广播电视干部，注重宣传队伍建设，积极发挥宣传载体和队伍作用，将梅县区的宣传队伍打造成为能力强、有活力、守纪律、勤勤恳恳地为做好党的宣传工作而努力的队伍，做到把握正确的导向，赢得舆论主动权，加强舆论宣传，让全区宣传工作扎实和深入、卓有成效地开展起来。

一、制度建设

规章制度作为单位内部规范单位人员行为的一种准则，具有为单位人员在工作过程中指引方向的作用。规章制度通过权利义务及责任的设置，规定学习、工作的行为规范，可以引导、教育单位人员明确学习和工作的职责、约束自己的行为，防止出现不良行为，激励其工作积极性。

以2004年为例。2004年，县委宣传部建立和完善部长办公会议议事规则、工作人员守则、岗位责任制、学习制度、工作制度、党风廉政建设岗位职责、请假制度、阅文和保密制度、首问责任制度等。一系列制度编制成一本小册子，县委宣传部成为执行制度的典范。

附：中共梅县县委宣传部工作制度

1．总体要求

（1）坚持以邓小平理论和江泽民总书记“三个代表”重要思想为指导。坚持党的基本路线，积极做好宣传思想工作和精神文明建设，创造性地开展工作，出色地完成各项工作任务。

（2）健全民主议事制度。凡是重大问题，均须提交部长办公会议或部务工作会议集体讨论。部长会议、部务工作会议每月召开1—2次，部长会议主要研究部长办公会议议事规则所规定的内容。部务会议主要是传达学习上级文件、会议精神；汇报股室工作情况；交流股室工作做法经验；部署近期主要工作；研究其他事项等。

2．请示汇报程序

原则上从下至上逐级进行，不能越级，不得横向请示汇报（领导交办的事项除外）；安排布置工作程序：原则上部长向副部长布置（有必要时也可直接向股室主要负责人布置），副部长向所分管的股室主要负责人布置，股室主要负责人向本股室其他工作人员布置，一般不越级布置。

3．工作注意事项

（1）要有全局观念、整体观念，各股室之间、同志之间、上下级之间要加强团结协作，互相支持，互相通气。做到大事讲原则，小事讲风格。不利于团结的话不讲，不利于团结的事不做，形成良好的工作氛围。

（2）对基层的工作请示要作出正确的、负责任的答复。如政策界限不清或一时把握不准，须请示领导或请教内行的同志后再做答复。

（3）对基层前来办事的同志和来访的群众，要以诚相待，热情接待，能办的事情不拖不压，不能办的事要说清原因，不能耍态度、摆架子；对干部群众来信，要及时处理回复，要讲究工作方法，和风细雨、耐心帮助启发。

（4）要严格执行《中共梅县县委宣传部岗位责任制》，各股室工作职责及工作人员职责，做到不越权、不失职；服从部领导和各股室负责人的工作安排，做到下级服从上级，不讲价钱，想方设法，创造性地完成工作任务。

（5）广开言路、集思广益，鼓励每一位同志大胆设想，提出工作合理化建议，当好部领导和各股室负责人的参谋。部领导和各股室负责人应积极采纳同志们提出的合理化建议。

（6）对领导和上级机关交办的事项，要尽职尽责地完成，凡有时限要求的，要保证在期限内完成。如在办理过程中，遇有特殊情况，不能如期完成时，要向领导说明情况，征得同意，不得随意延误。

（7）严格遵守保密规定，做到不该说的秘密不说，不该记录的秘密不记录，在公文处理过程中要严格遵守保密制度。

二、工作管理

（一）组织部署

舆论宣传工作的组织部署主要有召开会议、下发文件、调查研究、检查指导等。此外，每年还制定和下发“宣传工作要点”、每季度拟订舆情宣传计划及宣传报道工作重点，要求各镇（办）每季度总结并上交本季度宣传动态，工作经验和文章选登在《梅县宣传》杂志。

1．召开会议

（1）全区宣传工作会议

每年年初召开全区宣传工作会议（或称宣传思想文化工作会议）。宣传工作会议主要任务是：传达全国、全省、全市宣传思想工作会议精神和区委全会精神，总结上一年宣传思想工作，部署本年度工作计划，提出宣传工作主要工作思路等。参加人员有全区宣传系统股级以上干部，镇（办事处、高管会）、区直各单位负责宣传工作的负责人。每年还召开党报党刊发行会议，安排征订工作任务，介绍先进经验，推进全区党报党刊的发行工作。

（2）平时召集的工作会议

平时定期召开部务会和宣传系统党委会、党支部、宣传干部会议，主要是传达上级指示精神，研究部署当前重要紧急的宣传思想工作任务，抓好党建工作和内部教育管理。每年召开的次数不定，视当时形势和工作任务而定，有时召开座谈会。参加人员主要是宣传部长、梅县区委宣传部全体工作人员、文广局、文联、广播电视台相关工作人员等。

2．下发文件

在重要历史时期、重大社会改革期，梅县区委、区政府和区委宣传部及时研究出台有关重要文件，加强对全区宣传思想文化工作的领导，主要包括舆论宣传、理论学习、文明创建和重大活动宣传的文件。

3. 调查研究

梅县区委宣传部一贯把调查研究工作作为一项基础性工作来开展，切实加强调查研究工作，经常了解和掌握干部群众思想动态，在实践中不断提高宣传干部调查研究的能力，并认真归纳通过开展调查研究提升宣传思想工作水平的办法、措施和体会，从而推动宣传思想文化战线调查研究工作走上科学化、规范化、制度化轨道。

开展调研主要有：

经济改革调研：主要是农村实行生产承包责任制以及城市经济体制改革方面的调研、各类所有制企业推行转换经营体制改革、建立现代企业制度、适应市场经济发展的调研、梅县区经济发展情况调研等。宣传业务调研：主要是对梅县区农村、学校、企业、社区的思想政治工作出现的新情况、新变化方面的调研，以创新思想政治宣传工作的内容和形式，及时掌握社会各阶层的思想动态开展好宣传工作。精神文明建设、爱国主义教育调研：主要是为了总结和宣传梅县区在建立社会主义市场经济过程中，坚持物质文明和精神文明一起抓，取得“两促进、两提高”工作成效的新经验、行风问题、德育建设、全区开展爱国主义教育的基本情况、成效和存在问题进行的调研和总结，为做好下一步工作提供科学的依据。文化工作调研：主要对梅县区文化事业和产业的现状、特点、成就以及存在的问题进行调研。

如：1993 年，为了及时了解和掌握党员干部、职工的思想动态，探讨新形势下党员教育和思想政治工作的新途径、新方法，及时推广新经验，县委宣传部组织人员深入调查研究，先后写出《有的放矢地抓好党员教育》《试谈社会主义市场经济条件下的思想政治工作》等论文上报市委组织部、宣传部，参加党员教育工作研讨会进行交流。

（二）宣传措施

梅县区舆论宣传工作坚持正确的舆论导向，牢固树立政治意识、大局意识、责任意识、阵地意识，围绕中心、服务大局，找准工作切入点和着力点，在建平台、树品牌、创特色上下功夫。积极开展精神文明创建活动，培育和践行社会主义核心价值观。大力挖掘客家优秀传统文化，繁荣发展文化事业，坚持实施文艺、图书、电影“三下乡”工程，给干部

梅县区广播电视台工作人员在办公（2018 年 12 月）

梅县区广播电视台工作人员在办公（2018 年 12 月）

群众送上精神食粮。编发系列历史文化书刊，保护利用古民居、古建筑群，挖掘利用非物质文化遗产，提升区域文化品位。编发《梅县宣传》《客家文化》《客家文学》等专刊，宣传区委、区政府决策，讲好梅县故事，打造梅县宣传特色学习品牌。发挥梅县电台、电视台的平台优势，及时回应社会关切的热点问题，大力宣传振兴发展中涌现出来的新典型，为梅县加快建设发展提供良好舆论氛围。打造一支政治过硬、素质较高、业务精良、作风正派的宣传队伍等。工作开展力量强，成效显著。

（三）意识形态管理

多年来，区委和区委宣传部高度重视和加强各级意识形态工作，坚持“党管意识形态不能动摇，意识形态工作是一项极端重要的工作”理念，全面落实《党委（党组）意识形态工作考核方案》，着力推动习近平新时代中国特色社会主义思想深入人心，着力建设好具有强大凝聚力和引领力的社会主义意识形态阵地。进一步提高政治站位，全面落实意识形态主体责任，从中国特色社会主义事业长远发展的战略高度认识意识形态工作；从促进改革发展、维护社会稳定的全局高度研究意识形态工作；从提高党的领导水平和执政能力、巩固党的执政地位的政治高度谋划意识形态工作。进一步建立健全联席会议制度，凝聚合力、加强督查、严格考核，把意识形态工作贯彻至全区的所有工作之中，切实担负起意识形态工作主体责任。进一步提升做好新形势下意识形态工作的能力，牢牢掌握意识形态工作的领导权、主动权，唱响主旋律、坚守主阵地、凝聚正能量，发出好声音，为改革发展提供强大的思想保证、精神动力和舆论环境。

1984年，为贯彻市委宣传部《关于进一步清理过时标语口号》的精神，梅县市委宣传部除专门发出通知到各区、各局外，还派出干部30人到各区及市属各单位检查、督促。全市清理过时标语2907条、画像480幅。

1997年，宣传正面典型，树立良好的道德风尚。在宣传各行各业涌现出来的先进模范人物、优秀共产党员先进事迹的同时，着重宣传梅县在“97·10”台风中涌现出来的抗洪救灾、扶贫帮困的群体和个人。

2003年，按照上级有关通知精神，县委宣传部与县委办、县府办联合发出了《梅县贯彻落实〈关于进一步治理党政部门报刊散滥和利用职权发行、减轻基层和农民负担的通知〉实施办法》，组织人员对全县党政部门报刊发行进行了全面清理清查，并对宣传部自办发行的《学习文摘》带头停刊。通过全面治理整顿，停刊的刊物有2种，各单位强行摊派征订报刊的现象得到遏制和纠正。

2015年，成立梅县区互联网新闻信息中心，组织收集网上热点问题，为领导科学决策提供网络舆情信息服务；组织开展重大网络新闻宣传活动，加强网上正面宣传。随着互联网的快速发展，网络安全和信息化已经成为事关国家安全、国家发展和人民群众工作生活的重大战略问题。通过层层传达学习，认真学习领会，切实把思想和行动统一到习近平总书记和党中央关于网信工作的决策部署和省委、市委的工作要求上来，严格对标对表，聚焦重要领域和关键环节，推动网络安全和信息化建设不断取得新发展。提高政治站位，主动适应新形势，强化互联网思维，扎实做好网信工作。要增强风险防范意识，不断提高对问题的发现力、研判力、处置力，净化网络生态环境，打造“清朗”的网络空间。县广播电视台紧扣中心，服务大局，《梅县新闻》策划推出了《弘扬主旋律，传递正能量》专栏，重点做好“中国梦”“社会主义核心价值观”“中华优秀传统文化”报道；策划推出了《推动重点项目，促进振兴发展》系列专栏；推出《以案说法》新专题栏目。

2017 年，意识形态主体责任强化落实。全面贯彻省委、市委关于意识形态工作决策部署，深刻认识意识形态工作的极端重要性，进一步增强做好意识形态工作的责任感和紧迫感。完善梅县区《党委（党组）意识形态工作责任考核方案》和《梅县区意识形态工作联席会议制度》，全年召开联席会议 4 次，专题研究和解决意识形态工作中遇到的问题；加强意识形态工作督查考核，组织了 3 个督查组对基层党委（党组）中心组和区直副局以上单位党组织落实意识形态工作责任制情况和理论学习情况及进行督查，旨在以督促学，使意识形态主体责任的落实和政治理论学习真正抓实抓好。牢牢掌握意识形态领域的领导权、主动权，切实肩负起意识形态工作的主体责任。

2018 年，加强各级意识形态工作管理，牢牢把握意识形态工作领导权、主动权，强化责任制落实，全面加强和抓实意识形态工作。筑牢意识形态工作的“护城河”和“防火墙”，着力建设好具有强大凝聚力和引领力的社会主义意识形态阵地。

1. 加强分析研判，规范联席会议制度。成立 7 个意识形态研判工作小组，建立完善意识形态舆情信息研判工作机制，采取“日通报、月汇总、季分析”和重大事件专题研判等形式，为领导及时掌握网络舆情动态提供参考。全区各领域重视加强网络舆情信息的层级研判，全年召开乡镇基层意识形态工作推进会议 2 次，召集相关人员召开舆情分析会 6 次，编发舆情月报 12 期，全区撰写意识形态专题工作经验交流文章 65 篇。

2. 提高政治站位，深化思想认识，坚决全面彻底肃清“李嘉、万庆良”恶劣影响。按照中央、省、市、区委的工作部署，抓好开展全面彻底肃清“李嘉、万庆良”恶劣影响。组织多次工作督查，全区各镇、各单位采取分区域、网格化、地毯式彻底清查、清除工作，对网站、微博、微信、书籍以及辖区内的宣传栏、广场、公园、公共文体场馆等公共场所中宣扬相关人员形象的石碑、石牌、题词、命名、校训、歌曲歌词、书刊、图文等各种形式的文字音像资料进行了排查登记、收集统计、妥善处理。通过报纸、电视、网络等媒体，宣传栏等阵地开展全方位宣传，在新闻栏目、微信公众号、网站等平台上播发新闻、口号、文章，原文转载《梅州日报》坚决全面彻底肃清李嘉、万庆良恶劣影响的行动举措等相关报道和评论文章，在报纸、网络、电视等播出各类新闻、评论、简讯等 680 多条。根据各镇、各单位上报情况，涉及李嘉、万庆良及朱泽君、林碧红、叶胜坤、周章新的相片、批示、题字及其他有关信息初步统计，共清除网站信息 743 条、微博 63 条、微信 253 条、书籍 16275 册/本、刊物杂志 8299 册、图文画册 5305 册、宣传栏 74 处、石碑 8 处、石牌 4 处、题词 39 处、校训 76 处、歌曲歌词 74 张、音像资料等 334 套，其他文件资料等 1224 份。全区各镇、各单位已对网站、微信、微博等所有涉及信息进行全面清除；已对书籍、图文画册、石碑、石牌、题词和校训等进行全面处理；文件资料等采取登记统计、装箱封存管理。

3. 加强意识形态工作责任制、巡视整改、落实工作。深入贯彻落实习近平总书记关于巡视工作的重要讲话精神，全面落实新时代党的建设总要求，围绕中央第十二巡视组和省委第九巡视组反馈的意见，在区整改办的领导下，提高政治站位，积极开展工作，认真完善台账资料，对照检查，加强宣传系统自身建设，着重加强干部队伍、工作作风、党风廉政建设责任制、工作实绩等方面建设，提升整改效果。根据市委宣传部的通知要求，为切实做好坚决全面彻底肃清“李嘉、万庆良”恶劣影响工作，区委宣传部召开专题民主生活会，领导班子做了对照检查、班子成员进行个人对照发言。

同时，区委宣传部派出4名干部参与区委第三轮对30个单位（党组织）巡察工作，对各镇各单位落实意识形态工作责任制情况进行专项巡察。通过查看台账、实地查看、个别谈话等形式了解情况，并对发现的问题提出整改意见和工作建议，要求各镇各单位一把手要带头抓意识形态工作、带头管阵地建设，同时要明确提出对党员干部的管理要求。做好巡视整改，严格落实中央第十二巡视组对省委、省委第九巡视组对市委关于意识形态工作责任制反馈意见的整改落实责任，制订整改工作方案，明确责任清单、任务清单，坚持“整改一项销号一项”，经过两个多月的集中整改，已阶段性完成巡视整改工作任务。

（四）工作效应

解决对舆论宣传工作“说起来重要，做起来次要，忙起来不要”的思想认识问题，树立“有为才有位”的思想，大力弘扬甘为绿叶、敬业奉献精神，群策群力，谋一件事成一件事。着力提高干部队伍综合素质和执行力，打造一支想干事、会干事、敢干事、干成事的宣传干部队伍。加强与报社的合作，加强与网络媒体互动，扩宽宣传报道的途径，大力宣传报道身边的好人好事，为梅县区营造和谐、稳定、干事创业的舆论氛围和工作氛围。加强意识形态管理工作，确保党和政府的部署宣传好，确保正能量信息畅通。

三、队伍建设

梅县区委宣传部历来高度重视区宣传系统干部队伍建设工作，加强宣传系统干部队伍的思想建设、组织建设、作风建设，加强教育和管理，注重培养宣传系统干部队伍的政治意识、大局意识、责任意识和纪律观念，确保正确的政治方向和舆论导向。不断加大对宣传系统干部队伍的学习培训力度，并形成制度化、常态化机制：一是组织宣传干部到全国、省、市、县参加各级学习培训；二是到先进地区和红色革命根据地学习；三是不定期在单位内部开展各类业务学习和培训。此外，还选送宣传系统的干部驻村工作。

与此同时，加强全区政工干部的思想政治教育和业务辅导，加强企业政工人员的培训和管理，形成全区各级各单位重视并齐抓宣传思想工作的强大合力。

1980年后，梅县报道组撤销，复设新闻秘书2人。

1984年，中共十二届三中全会的决议发表后，10月28日至11月29日，梅县市委宣传部组织全体人员及下属单位领导集中学习决议。在清理干部分房建房工作方面，市委宣传部亦在10月底前清理完成。

1986年，在市委的领导下，宣传部门在做好宣传工作的同时，重视加强自身的思想建设和业务建设。组织宣传干部认真学习马克思列宁主义、毛泽东思想，学习党中央重要文件和指示精神，做到凡是要求下面学习的内容，首先抓好宣传干部的学习，对重要的理论问题力求弄懂弄通。是年，宣传系统先后有 7 人到省、地党校参加理论学习，有 10 人到市党校函授班、干部理论学习班参加学习。同时还派出一些人到各地观摩学习，进一步提高了理论水平和政策水平，提高了业务素质和工作能力，增强了做宣传工作责任感和光荣感。调整了部分基层领导班子。上年市委对宣传部门的领导班子进行了充实调整，对本系统股一级干部进行了全面考察，调整和提拔了一批股级干部，同时对宣传部的几个科级干部也做了适当的调整和充实。调动积极性，有效地提高各部门的工作效率。建立和健全了机关工作岗位责任制和抓党风党纪责任制。宣传系统广大干部和职工，通过建立两个责任制，进一步增强了党性观念、组织纪律观念，增强了工作责任感，自觉遵守各项规章制度，全心全意做好本职工作。特别是通过机关整党和基层整党，宣传系统各级党组织进一步提高了战斗力，党员的先锋作用和模范作用进一步得到了发挥，如 7 月在抗洪救灾中，广大党员、职工发扬了艰苦奋斗和友爱精神，领导带头，以身作则，抢救国家财产，把损失减少到最低限度，并积极参加抢修河堤，恢复生产的战斗，本系统广大干部职工捐钱捐粮捐物支援灾区群众，受到好评。是年，宣传系统广大干部职工，无论在精神文明建设方面，还是在物质文明建设方面，都做了大量工作，并在年终总结基础上，评出先进支部 1 个和表扬支部 1 个、优秀党员 1 名和表扬党员 14 名。

1987 年，各乡、镇有业余通讯员近 50 人。

中共梅县县委常委、宣传部部长李俊夫在县宣传工作表彰会上作讲话（1989 年 1 月）

中共梅县县委宣传部召开宣传工作表彰会（1989 年 1 月）

1990 年，从 3 个方面加强宣传队伍的自身建设。一是加强思想建设。一年来，县委宣传部注重抓好本系统干部职工的政治学习和理论学习。集中举办了宣传系统干部职工哲学辅导班，系统地上完了 10 个辅导课。宣传部和下属各局、各事业单位较好地坚持了政治学习制度和党支部“三会一课”制度，认真组织党员、干部、职工学习中共十三届四中、五中、六中全会精神，学习党的基本知识，加强党的基本路线教育和法纪教育，提高了广大干部职工政治思想素质。精神面貌和工作作风有了明显的改善。二是加强宣传队伍的业务建设。为了提高宣传系统干部职工的业务水平，积极组织乡镇宣传委员参加市委宣传部在市委党校举办的乡镇宣传委员培训班。除三乡缺宣传委员外，其余26个乡镇全部到齐。县举办文化专干培训班、新老作者培训班、文艺骨干表演培训班、基层图书管理员学习班，宣传部、广播电视局选送干部到省业务部门培训。三是加强宣传队伍的组织建设。宣传系统在组织人事部门的支持下，从学校调进3人。各部、委、办、局（公司）根据实际相应设立政工宣传机构，配备专职政工、宣传干部，加强本单位思想政治工作的具体组织和指导。年底，农村各乡镇党委都配齐了宣传委员，有些乡镇还配备了宣传干事。

1991年，注重抓好宣传队伍的自身建设，首先，在思想建设方面，健全每周2次的学习制度和党员的“三会一课”制度，紧跟形势，抓好各项学习和教育活动，提高宣传干部的思想素质。其次，在组织建设方面，注重吸收新鲜血液，做好股级干部的跟踪考察工作。该年县委宣传部共调进4人，县委宣传部共有20人，其中正式干部18人。同时，对全县精神文明建设和政工机构进行摸底调查，督促指导各单位健全机构。县局级及其下属单位均设立政工机构，有领导成员422人，配备专职政工、宣传干部283人，农村各乡镇配齐了宣传委员，加强了对各单位思想政治工作的具体组织和指导。县委宣传部制定了《宣传干部岗位责任制》《党委宣传工作考核办法》，对宣传干部的管理、考核和培养教育形成制度化、科学化。最后，在业务建设方面，全年选派8名宣传干部参加省党校及省委有关部门举办的专业知识培训班，从而提高宣传干部的理论素质和业务能力。

1994年，县委宣传部举办为期3天的全县各镇宣传干部培训班，提高宣传思想工作队伍的政治理论素质和业务水平。继续做好企业政工人员的职称评定工作，全县评为初级职称的有23人、中级职称10人，全县总计评为初级职称338人、评为中级职称66人，对已评聘的企业政工人员进行为期7天的培训。

1995年，按照“政治强、业务精、作风正”的要求，加强自身建设，提高干部素质，增强团结，干部队伍的凝聚力和战斗力进一步得到提高。一是加强学习。转发中宣部印发的《努力做一个合格的宣传思想工作干部》和《关于改进宣传思想工作方法的若干意见》，并且做到宣传干部人手一份。认真组织学习，并在具体工作中积极实践，使各级宣传干部，真正树立起良好的思想作风，改进工作方法，出现敬业爱业、乐于奉献的好风气。二是调整充实干部队伍。本部根据调出2名干部带来人手不足的实际，及时调进补充干部2名。2个镇调整宣传委员，22个镇配备宣传干事。对松口有线电视站进行收编，建立“梅县松口地区广播电视站”，隶属县广播电视局直接领导，重新任命正副站长。通过考察、审批，较好地解决各镇广播电视站负责人政治待遇问题，其中任命8名、聘任17名镇广播电视站正副站长。县委宣传部提拔副科长2名。三是培训考核一批干部。举办有24名文化专干参加的“新文化专干岗位培训班”，达到“熟悉业务、适应发展、持证上岗”的目的，对广播电台、电视台的干部进行了民意测验。四是开展廉洁自律学习教育活动，法制观念明显增强，到年底，全县宣传干部队伍中没有发现一宗违纪违法案件。五是县委宣传部扶贫挂钩成绩显著。帮助所挂松东下井管理区调整充实了支委；帮助管理区建成了一座装机55千瓦的水电站，帮助管理区开发连片早熟柚基地40亩，帮助松东镇在该管理区开发连片的“三高”农业基地1000多亩，该管理区的集体经济纯收入从几百元增加到3万元以上。

1996年，按照“政治强、业务精、作风正”的要求，加强宣传思想干部队伍建设，提高干部队伍的素质。一是培训一批宣传思想工作干部，提高他们的政治理论水平和业务工作能力。年初，根据各镇党委调整领导班子，特别是大部分宣传委员、干事为新上任的情况，县委宣传部组织全县各镇新委员、新干事进行政治理论和业务培训。六中全会召开以后，先后组织宣传系统100多人、企业思想政治工作人员153人等进行培训。同时组织县文明委成员学习中共十四届六中全会精神，研究全县精神文明建设发展路径等。此外，为更好地掌握新闻宣传工具，正确地进行舆论引导，新闻协会把50多名会员组织起来进行业务培训。二是开展政治学习、纪律教育活动，加强干部思想作风建设。坚持每周1~2次的政治学习制度，组织思想教育活动，在纪律教育学习月活动中，组织学习文件、观看录像、知识考试等。三是挂钩扶贫工作成绩突出。县委宣传部每个科室抽1名同志作为队员，由副部长带队到新挂钩点松源镇青塘管理区，想方设法筹集资金，帮助解决自来水，完善山林承包、建设“三高”农业基地，建起文化室，使管理区集体收入从上年的2500元增加到本年的3.2万元，人均年收入从上年的2572元增加到本年的3082元。丘卫国、陈希光被评为广东省优秀基层宣传思想工作者。

1997年，组织各镇和有关单位的理论骨干30人参加市委宣传部举办的学习十五大理论骨干培训班。在县委党校举办了2期共160多人参加的理论骨干培训班。各镇也以党校为阵地，对基层党员干部进行培训。通过培训理论骨干，为组织和指导广大党员干部进行政治理论学习发挥重要作用。县委宣传部对各阶段的学习内容以要点的形式下发到各镇、各单位。并组织人力到各单位了解、掌握学习动态，在《宣传动态》上介绍一些单位抓好党员干部学习的好做法，推动全县政治理论学习的开展。组织党员干部2000多人参加市举办的“学习十五大精神有奖竞赛”，促进政治学习的深入开展。围绕提高党员素质，深入开展“树形象、讲纪律、作奉献”党员教育活动。5月，县委宣传部会同县纪委、县委组织部、县监察局在全县开展“讲学习、讲政治、讲正气”和以树立正确的世界观、人生观、价值观为主要内容的党风党纪教育活动，组织以“树形象、讲纪律、作奉献”为主题的演讲比赛。还为300多名入党对象做党的有关知识的辅导。通过深入开展政治理论学习，有效地提高全县干部的思想政治素质。坚持每周1—2次的政治理论学习制度，组织学文件、学时事、学政治、学理论，观看录像、知识考试等。县委宣传部结合机构改革调整了内部机构，分设“两组三室”，同时提拔一批干部，基层宣传思想工作队伍也补充提拔一批干部和工作人员，提拔干部26人，聘任职务的12人。县广播电视局制定《梅县有线电视管理及设施保护暂行条例》《梅县广电系统职业道德建设实施方案》《广播电台、电视台节目审查暂行规定》等条例制度，加强干部职工的思想和工作作风建设，提高工作效率。

1998年，主要采取“三抓”。一是抓学习。组织全县宣传干部认真学习邓小平理论和十五大精神，学习上级有关文件；组织全县的宣传委员到市委宣传部、市委党校、江西井冈山学习培训，不断提高宣传队伍的素质。二是抓制度。年初，县委宣传部制定年度考评办法，作为衡量和考核各镇党委宣传工作的主要标准。三是抓充实。县委宣传部调进干部

3 名，加强干部力量；县文联进行换届选举，调整和充实了领导班子，健全文学协会、诗社等 10 多个文学艺术社团机构；对文化广播电视系统调整补充了部分人员。同时，做好企业政工人员的职称评定工作，评定政工师 7 人、助理政工师 4 人、政工员 1 人。

组织县委宣传部干部到江西井冈山参观学习（1998 年）

1999 年，加强宣传队伍建设。一是加强宣传思想工作干部的思想作风建设。举办了宣传委员和企业政工人员培训班，要求努力做一个合格的宣传思想工作干部。组织学习邓小平理论和宣传业务知识，提高宣传思想工作者的理论水平和业务素质；组织镇宣传委员参加市委宣传部举办的培训班；选派宣传理论骨干 3 人参加省委宣传部举办的理论骨干培训班学习，多渠道培训干部。二是加强组织建设。对全县各镇文化站广播站负责人进行考察，调整和任免了一批正副站长。县委宣传部与县委组织部密切配合，认真做好宣传系统干部的管理和任免工作，并加强企业政工人员的职称评定，全年评定助理政工师和政工员 6 人、政工师 4 人。三是加强制度建设。进一步完善各镇党委宣传工作岗位责任制，实行年度考核办法，充分发挥指导和激励作用，以提高宣传工作效率，促进工作任务的落实。

附：努力做一个合格的宣传思想工作干部标准（12 条）：

（1）有强烈的事业心和高度的责任感。

（2）牢牢记住一个根本指针。

（3）坚持党的基本路线不动摇，在思想上、政治上、行动上与中央保持一致。

（4）树立群众观点，全心全意为人民服务。

（5）政治要敏锐，头脑要清醒，旗帜要鲜明。

（6）坚持唯物辩证法，防止片面性。

（7）议大事、抓大事、增强全局观念。

（8）心胸宽广，增进团结。

（9）深入调查研究，善于总结经验。

（10）工作一定要务求实效。

（11）严于律己、清正廉洁。

（12）刻苦学习，勤于思考。

2000年，一是加强宣传系统干部队伍的思想作风建设。组织宣传系统干部认真学习邓小平理论和宣传工作业务知识，组织各镇宣传委员参加市委宣传部举办的理论学习培训班，选派宣传理论骨干参加省委宣传部、省文明办举办的理论骨干培训班，不断提高宣传干部的思想政治素质和业务水平。二是加强宣传系统的组织建设。坚持考核与民意测验相结合任用干部，对文化局、广播局及下属已任用的股级干部进行考察，调整任免了一批正、副股级干部；做好企业政工人员的职称评定工作，全年推荐评定高级政工师2人、中级10人；评定助理政工师及政工人员28人。三是加强制度建设和廉政建设，进一步完善宣传系统内部管理机制和廉政建设，层层签订廉政建设责任书，用规章制度管理好队伍。

2001年，县委宣传部领导成员开展了以“三讲”为主要内容的党风党纪教育，宣传系统各单位开展了“三个代表”重要思想的学习教育活动，切实加强宣传系统干部队伍的思想作风建设；组织部分宣传干部参加省委宣传部举办的理论学习班，组织各镇宣传委员参加市委宣传部举办的理论学习班，多渠道、多途径培训干部，不断提高宣传干部思想素质和业务水平。与此同时，县委宣传部继续加强对宣传队伍的管理，并做好企业政工人员的职称评定工作，全年推荐评定高级政工师2人、中级政工师3人，评定助理政工师及政工人员4人。

2002年，一是加强思想建设，宣传部领导成员以身作则，带动宣传系统干部职工认真学习、深刻领会江泽民“5·31”重要讲话和十六大文件精神，统一了思想，提高了认识，切实加强了宣传系统干部队伍的思想作风建设。二是加强组织建设，梅县宣传系统成立党委，召开第一届党代会。大部分镇党委调整和充实宣传干部，加强宣传队伍建设，先后组织对广电局、文化局的干部进行考察，加强干部管理。三是加强学习培训，组织部分宣传干部参加省、市宣传部举办的理论学习班；组织各镇（办事处）宣传委员参加市委宣传部举办的理论学习班；举办全县宣传委员、宣传部全体干部、企业政工人员培训班，多渠道、多途径培训干部，不断提高宣传干部的思想素质和业务水平，以适应形势发展的需要。四是加强制度建设。进一步建立和完善了宣传系统内部管理机制，建立党风廉政建设责任制，层层签订责任书，用规章制度管理好干部队伍；不断完善各基层党委宣传工作岗位责任制，化虚为实，实行量化考评，为年终评优提供了可靠的依据。6月，形成梅县宣传文化系统干部职工队伍基本情况分析报告材料上报，报告提出，梅县县委宣传部是主管全县意识形态方面工作的县委工作部门，内设机构有办公室、宣传组、理论组、新闻出版办公室，挂靠单位有社会主义精神文明建设委员会办公室，系统内单位有县文化局、县广播电视局、县文联。本系统（含乡镇宣传干部）干部职工队伍的基本情况：有在职干部职工408人，其中宣传部机关16人、乡镇宣传委员27人、宣传干事20人、县文化部门178人、县广播电视部门165人、县文联2人。县宣传文化系统中，干部245人、工人163人、离退休人员124人。干部职工中男256人、女152人。文化程度：研究生6人，本科26人，大专

170人，高中（中专）172人，初中34人。在职人员平均年龄38.3岁。

2003年，县委宣传部领导成员以身作则，带动宣传系统干部职工认真学习，深刻领会中共十六大及三中全会精神、胡锦涛“七一”重要讲话精神，统一思想，提高认识，切实加强宣传系统干部队伍的思想作风建设。加强宣传思想工作队伍组织建设，先后组织对广电局、文化局的部分股级干部进行考察，加强干部管理，大部分镇党委调整充实宣传干部。组织部分县委宣传干部参加省委、市委宣传部举办的理论学习班。组织各镇（办事处）宣传委员参加市委宣传部举办的理论学习班，并组织他们外出参观学习，开阔视野。通过多渠道、多途径培训干部，不断提高宣传干部的思想素质和业务水平。进一步建立和完善宣传系统内部管理机制，建立党风廉政建设责任制，层层签订责任书，用规章制度管理好干部队伍。不断完善各基层党委宣传工作岗位责任制，化虚为实，实行量化考评，为年终评优提供可靠的依据。

2004年，在思想上，开展“学习贯彻四中全会精神，加强宣传队伍自身建设”的活动，领会中共十六届四中全会精神、胡锦涛“七一”重要讲话精神，开展“五查”（查思想、查工作、查作风、查纪律、查业绩），宣传部门领导以身作则，带动宣传系统学习政治理论，统一思想，提高认识，切实加强宣传系统干部队伍的思想作风建设。在新闻界开展“三项学习教育活动”，提高新闻战线干部的工作水平。在组织上，提拔广电局、文化局的10多名优秀干部为股级干部。大部分镇调整充实宣传干部，加强宣传队伍建设。在学习上，组织部分宣传干部参加省委宣传部举办的理论学习班，组织各镇（办事处）宣传委员参加市委宣传部举办的理论学习班。通过多渠道、多途径培训干部，不断提高宣传干部的思想素质和业务水平。在制度上，进一步建立和完善宣传系统内部管理机制，全年修订制度10项，新建制度40项，并汇编成册，发给每位干部认真学习和执行。建立党风廉政建设责任制，层层签订责任书，用规章制度管理好干部队伍，完善基层党委宣传工作岗位责任制，继续实行量化考核。

2005年，按照县委的部署，梅县宣传系统党委扎实开展保持共产党员先进性教育活动、争创“三有一好”活动、争创“五好”支部活动，加强系统党建工作。组织宣传系统足球队参加县“公仆杯”比赛，活跃干部文化体育生活。继续认真开展机关作风评议工作，编辑出版《客都游踪》刊物，并举行了首发式。编辑出版《党的基层宣传工作学习与应用手册》和《基层宣传工作方法谈》这两本书，共2000册，赠给县属各单位领导、宣传委员、宣传干事、思想政治工作者，供他们学习和工作参考。组织镇宣传委员参加市举办的政治理论和业务知识培训，组织政工师20多人进行培训。在县委的重视和县委组织部的协作下，调整充实新组建的县文化广电新闻出版局、文化市场综合执法队、县广播电视台的领导班子和中层干部一批。通过开展系列学习教育活动，提高宣传干部队伍整体素质，增强县宣传文化系统领导班子的凝聚力、战斗力，形成勤政廉政、同心同德、开拓进取的良好氛围，推动各项宣传工作的进一步开展。

按照《关于印发〈中共梅县县委宣传部职能配置、内设机构和人员编制规定〉的通知》规定，县委宣传部行政编制12名、事业编制1名。挂县社会主义精神文明建设委员会办公室牌子。文明办行政编制2名，其中主任1名（由宣传部副部长兼任）、副主任2名。县委宣传部（包括文明办）领导班子配备情况：有行政编制内人员14名（包括副处级干部1名），其中部长1名、副部长6名（包括1名副部长兼任县文明办主任、1名副部长兼任县文广新局局长和叶剑英纪念园管理局局长、1名副部长兼任广播电视台台长、1名副部长兼任文联主席）、副主任科员2名。县委宣传部对县直宣传文化系统包括文化艺术、新闻出版、广播电视、社会科学研究等部门及有关社会团体的工作实施指导、协调、管理。按有关程序协助管理县直文化艺术、新闻出版、广播电视和社会科学研究以及有关社会团体等部门领导班子的建设，对县文化局、广播电视局领导的任免提出意见。按干部管理权限负责本系统有关股级干部的考察和任免，规划并组织党委宣传干部的培训工作，联系宣传文化系统的知识分子，会同有关部门做好知识分子工作。

梅县宣传系统参加县直机关首届“公仆杯”足球比赛留影（2005年5月）

2006年，按照县委的部署，扎实开展驻村工作，扎实开展排头兵实践活动、纪委教育学习月活动、机关作风评议活动，加强综治工作和计育管理等工作，组织培训政工师20多人，加强系统党建工作，积极开展争创“五好”支部活动、三个走在前面排头兵实践活动、争创“三有一好”活动，加强宣传系统自身建设，结合自身实际，梅县宣传部努力在5个方面走在前：一是理论武装走在前，二是团结互助走在前，三是开拓创新走在前，

中共梅县宣传系统第二次代表大会（2006年9月）

四是服务水平走在前，五是职能发挥走在前。黎志健、黄忠健、李彩莲被市委宣传部评为“市优秀宣传工作者”。

2007 年，按照县委的部署，扎实开展驻村工作、“三服务一促进”主题实践活动、纪律教育学习月活动、机关作风评议活动，加强综治工作和计育兼职成员单位管理等工作，加强系统党委党建工作，部分支部进行换届选举，“七一”期间组织参观学习和做好先进党组织、优秀党员评选表彰工作。全年积极开展争创“五好”支部活动，不断完善制度管理，加强党风廉政的建设。通过开展系列学习教育活动，提高宣传干部队伍整体素质，树立“政治强、业务精、作风正、纪律严”的宣传干部队伍形象，推动梅县宣传思想工作迈上新台阶。县委宣传部被县委评为驻村工作先进单位、计育兼职先进单位，新城办宣传委员李彩莲被省委宣传部评为“广东省优秀基层宣传工作者”。

县宣传系统党委组织所属党支部书记到福建古田会议旧址参观学习（2008 年 6 月）

2008 年，结合全县开展的解放思想学习讨论活动，组织宣传系统干部学习贯彻中国特色社会主义理论体系，用马克思主义中国化最新成果武装头脑，使宣传系统干部队伍成为解放思想的“先行官”、改革创新的“助推器”。加强党建工作，继续开展机关作风评议、纪律教育月活动、党风廉政教育、普法教育、“三创建三促进”排头兵实践活动，进一步健全基层宣传岗位考核。举办学习讲座，组织各支部书记红色之旅参观学习活动，组织广播电视台篮球队和县文广新局文艺节目代表系统参加县竞赛活动。加强干部驻村工作和“结对帮扶”工作及开展全县宣传系统调研工作。继续巩固和健全基层宣传岗位考核制度，评选表彰年度农村宣传工作先进集体、表扬集体和先进个人。组织支援汶川大地震抗震救灾献爱心捐款活动，宣传系统干部职工捐款 5.5 万元。加强干部驻村工作和“结对帮扶”工作，筹资帮助挂钩村丙村镇联和村办好事、实事，慰问丙村镇联和村、群丰村和石坑镇琴江村的困难党员共 15 名。

2009 年，以深入学习实践科学发展观活动为契机，积极开展“切实转变作风、推动科学发展”主题实践活动和“三个五党建工程”创建活动，抓好理论学习教育，深入学习实践科学发展观，全面贯彻中共十七大和十七届三中、四中全会精神，抓好机关作风建设和纪律教育学习月活动，不断加强干部队伍建设。抓好挂钩帮扶和结对帮扶、关爱困难党员工作；抓好宣传系统“七一”表彰工作和系列活动的开展。成立县情宣传员和新闻通讯员队伍，由 110 人组成新闻通讯员队伍，邀请报社记者进行专门培训。县委宣传部被县委、县政府评为驻村工作、主题实践活动先进单位和计划生育兼职成员优秀单位，被市委、市政府授予“文明单位”称号。

梅县宣传系统党委召开创先争优活动动员会（2010 年 6 月）

2010 年，一是以建设学习型党组织为契机，组织宣传系统干部学习贯彻中国特色社会主义理论体系，使宣传干部队伍成为解放思想的“先行官”、改革创新的“助推器”。二是加强宣传系统党建工作，组织本系统各支部开展参观学习活动，组织党员参加歌唱红色歌曲、纪念建党 89 周年党日文娱活动。三是开展创先争优活动，机关作风评议、纪律教育月活动，党风廉政教育、普法教育、“提高执行力、推进板块建设”主题实践活动。四是健全基层宣传岗位考核。五是加强干部驻村工作和“扶贫双到”工作。按照广东省委宣传部《关于开展地方县级和城乡基层宣传文化队伍建设调研的通知》的要求，县委宣传部开展调研，县文化广电新闻出版局内设办公室、文化艺术股、新闻出版股、广电股、文物股、市场股、文化市场管理领导小组办公室、文化市场综合执法队。梅县文广系统下属单位有 2 个图书馆（县图书馆及松口图书馆）、文化馆（含山歌曲艺团）、博物馆（含客家书画艺术馆）、山歌剧团、木偶剧团、电影公司，以及 20 个乡镇（办事处、高管会）的文化站。有在职干部职工 190 人，其中县级编制 136 人，镇级编制 54 人；有专业技术人员 110 人，其中初级职称 83 人、中级职称 26 人、高级职称 1 人。

2011 年，面对新形势、新任务、新要求，培养一支具有政治意识、大局意识、责任意识的宣传干部队伍是搞好新时期宣传思想工作的关键。县委宣传部在加强政治理论学习的同时，特别注重宣传干部队伍的思想、组织、作风、制度建设。

加强思想建设。开展理论学习，县委宣传部坚持每周一下午进行全体干部集中学习，重点学习中共十七届五中、六中全会精神，学习讨论市第六次党代会和县第十二次党代会精神，并写心得体会文章，全年有多篇文章在省市报刊发表，不断提高干部执行党的路线方针政策能力。

加强组织建设。系统党委严格执行“坚持标准、保证质量、改善结构、慎重发展”方针，做好发展党员各项工作，吸收预备党员 5 名，预备党员转正 10 名，加强党员教育培训、党费收缴和管理，换届选举县宣传系统党委。在离退休党员干部中，还分设宣传部、文广新局、广播电视台、电影公司等 4 个支部，选举产生各支部支书和支委，加强对离退休党员的管理工作。

在梅县庆祝中国共产党成立90周年暨2011年广东扶贫济困日系列活动中，县宣传系统合唱队获得一等奖（2011年）

加强作风建设。把作风建设和创建“学习型、创新性、和谐型”班子活动结合起来，围绕中心任务、业务工作和换届选举工作，按照政治强、业务精、纪律严、作风正要求，加强宣传系统班子和干部队伍作风建设。

加强制度建设。修改和执行《中共梅县县委宣传部规章制度汇编》，从办公制度、学习制度、请假制度、会议纪律等方面提出明确要求，并建立相应督查考评机制。出台调查研究和信息上报奖励规定，鼓励宣传干部深入基层，开展调查研究，开展面对面的宣传思想工作。

2012年，加强机关作风建设，提高党员干部的执行力，修订完善《县委宣传部制度汇编》，对干部上下班时间、开会纪律、学习制度等做了明确的规定，提高党员干部的工作纪律性，机关作风有了明显的转变，机关服务水平得到进一步提升。加强组织建设，深化实施“三个五党建工程”。按照“五强”党委、“五有”支部、“五好”班子的要求，切实增强党建“主业”意识，严格执行党内“五个一”制度，落实“三会一课”、党费收缴、发展党员等工作，使机关党建工作走上制度化、规范化轨道。全年有7名预备党员按期转为正式党员，并吸收2名发展对象为中共预备党员。

2013年，坚持不懈抓好党员干部队伍建设，是做好宣传文化各项工作的重要保证。一是开展新时期宣传文化系统干部培训工作，营造“宽松、宽容、宽厚”的干事创业氛围。组织各镇宣传委员参加全市学习中共十八大精神专题培训班；组织本系统副科级以上领导干部到增城学习考察。开展“走基层、转作风、改文风”活动，加强新闻宣传干部的培训。组织宣传系统干部深入开展“我带大家游梅州”活动，增强“生态先发”的信心和决心，激发干事创业的热情。二是大力宣传、表彰一批宣传文化战线上的优秀人才，凝心聚力，共谋发展。通过召开“七一”表彰会，表彰宣传系统先进党支部4个和优秀共产党员16

名，进一步调动广大党员干部的积极性。三是抓好梅县宣传系统党组织建设。组织 8 名入党积极分子和 4 名新党员参加学习培训，吸收预备党员 2 名，党员转正 2 名。召开梅县宣传系统第三次代表大会第 3 次会议，补选党委委员 2 名。“七一”期间，开展送温暖活动，慰问了本系统及挂扶村困难老党员，投入 5 万多元用于开展慰问和挂扶村项目建设。

2014 年，加强基层宣传文化干部培训。紧紧围绕建强宣传思想文化工作队伍，坚持守土有责、增强政治定力、树立担当精神、培养过硬作风。鼓励支持基层宣传干部自主学习、到高校和党校深造，使基层干部开阔视野，提高创新能力。并根据工作需要，按照实际实用原则，分专题有侧重地开展基层宣传干部培训。派出基层宣传干部参加培训，并作为本区基层宣传干部代表为全省各地基层宣传干部宣讲，进行经验交流。组织宣传系统干部参加保密知识、培育和践行社会主义核心价值观等专题讲座。

不断丰富机关文体活动。5 月，组织本系统党员参加区直机关纪念建党 93 周年羽毛球比赛活动；组织党员参加纪念建党的文艺活动，营造出团结奋进、和谐发展的良好氛围，增强了广大党员干部凝聚力和战斗力。

深入推进干部执行力建设。结合纪教月活动的开展，不断夯实党员干部廉洁从政的思想基础，强化组织纪律观念，弘扬优良作风，解决突出问题，保持清廉本色，着力提升工作的科学化水平，全面提升党员干部履职尽责能力。

抓好系统党组织建设。结合各个时期的工作重心抓好党建工作，同时做好挂钩帮扶贫困村工作；在“七一”期间，积极开展老党员、困难党员和下岗党员的走访慰问活动。认真做好发展党员工作，强化宣传系统党员队伍建设，全年吸收预备党员 8 名、预备党员转正 6 名。

2015 年，深入开展“三严三实”专题教育活动，进一步巩固拓展党的群众路线教育实践活动成果，解决突出问题，强化纪律观念，弘扬优良作风，不断夯实党员干部廉洁从政的思想基础，始终保持清廉本色。组织干部职工参加梅县区宣传系统乒乓球、羽毛球比赛活动，组织党员参加纪念建党 94 周年扩展趣味运动会活动，营造团结奋进、和谐发展的良好氛围。加强干部队伍建设。配齐配强镇党委宣传干部、镇综合文化站专职人员，确保基层宣传思想文化工作正常开展。强化干部培训管理，加大培训、培养力度，打造一支素质过硬、敬业奉献、团结务实、业绩一流的宣传思想文化干部队伍。加强“如何与媒体打交道”等方面内容的培训指导，增强应对媒体、网络管理的能力。强化宣传系统党组织建设，做好发展党员工作。

2016 年，“大宣传”格局加快构建。建立健全互联网新闻信息中心，筹备设立社会科学界联合会办公室，强化宣传部股室人员配备调配，把在政治上、理论上、业务上有“几把刷子”的干部充实到宣传思想工作战线。配齐配强乡镇党委宣传委员、宣传干事和乡镇综合文化站专职人员，确保人员到位、资金到位、管理到位。落实党管意识形态原则，强化意识形态工作专项督查，动员全区各级各部门切实抓好宣传思想工作，努力构建“大宣传”格局。

举办党建理论知识专题培训班，组织全区宣传理论工作者深入学习党的最新理论创新成果和业务必备知识，并到大埔县参观学习、实地调研，进一步提高宣传思想文化干部的战斗力和执行力。积极选派宣传思想工作战线骨干力量到中央、省、市、区参加10期各类高端业务培训，开阔视野、提升素质、增强本领，为做好新形势下的宣传思想文化工作奠定基础。

加强党组织关系排查，从严从实发展党员，强化党员教育培训，做好宣传系统党委的换届及成立宣传系统团委的各项工作。开展“两学一做”学习教育活动和纪念建党95周年系列活动，开展党费收缴工作专项检查，进一步提高党组织的凝聚力和向心力，发挥党组织和党员的战斗堡垒作用和先锋模范作用。

2017年，一是落实党管意识形态原则，强化意识形态工作专项督查，动员全区各级各部门切实抓好宣传思想文化工作，努力构建“大宣传”格局。二是加强干部队伍建设，选优配强宣传部各股室人员，把政治素质好、业务能力强的干部充实到宣传思想工作战线。三是配齐配强乡镇党委宣传委员、宣传干事和乡镇综合文化站专职人员，完成社科联办公室岗位定岗和人员配置工作，加强基层宣传文化队伍管理和经费保障。

在提升干部队伍整体素质方面，一是举办学习宣传贯彻中共十九大精神报告会、习近平总书记重要批示精神专题培训班，组织全区宣传理论工作者深入学习党的最新理论创新成果和业务必备知识，进一步提高宣传思想文化干部的战斗力和执行力。二是积极组织宣传思想工作战线骨干力量到中央、省、市、区参加各类宣传理论业务培训，开阔视野、提升素质、增强本领，为做好新形势下的宣传思想文化工作奠定基础，并通过主题党日活动、党员组织生活会等方式，组织党员参观“廉·鉴”图片展，观看廖俊波先进事迹，观看《南粤党旗红》《榜样》《十九大代表风采》等，起到良好的教育作用。三是积极组织宣传系统干部队伍参加梅县区直机关单位足球联赛、区直机关“喜迎十九大”系列文体活动等，其中，在“喜迎十九大”系列文体活动中，宣传系统获得歌咏比赛第一名、4×100米团体接力赛第二名的佳绩，展示了宣传系统干部职工积极向上、敢于拼搏、勇于奉献的精神风貌。

在基层党建工作方面，一是以推进“两学一做”学习教育常态化制度化为契机，结合“三会一课”，不断深化党员教育，进一步提高党组织的凝聚力和向心力，发挥党组织和党员的战斗堡垒作用和先锋模范作用。二是加强党组织关系排查，从严从实发展党员，强化党员培训，2017年新吸收党员3名、按期转正党员3名，并推选6名入党积极分子参加党务知识培训。

2018年，组织召开坚决全面彻底肃清“李嘉、万庆良”恶劣影响专题组织生活会、民主生活会，党风廉政建设和反腐败专题会议，开展纪律教育学习月活动。坚持周三例会学习制度，创新学习形式，丰富学习内容，组织集中学习40次。增强了严守党的政治纪律和政治规矩的自觉性、坚定性。加强机关党的建设。坚持“两学一做”学习教育常态化制度化，扎实组织开展“不忘初心、牢记使命”主题教育活动，切实增强全区宣传思想文化战线党员干部“四个意识”，从严从细落实中央和省市区委八项规定实施细则，提高政治定力、纪律定力、道德定力、抵腐定力。加强全区宣传文化干部培训。组织开展专题辅导活动，区委常委、宣传部部长涂戈峰为全区宣传工作者作《做好新时代党的新闻舆论工作》等意识形态专题辅导报告 3 场（次）；组织各镇宣传委员和相关人员参加梅州市意识形态工作业务培训 1 次；联合区委党校在 5 月 28 日至 6 月 2 日举办政治理论教育培训班，组织全区 50 多名理论骨干赴广西百色异地学习培训，围绕如何做好新时代的新闻舆论工作、网络舆情应对与处置、意识形态安全、党的政治理论教育方针政策等专题开展丰富的现场教学。借鉴先进地区的创新经验，在干中学，学以致用，全面推动宣传文化工作在理念、内容、方法、形式、载体等方面的创新，真正把梅县区宣传思想文化队伍建强。做好干部的培养选拔、教育管理和绩效考评工作。抓好各镇（街道）党委宣传委员任务落实和考评，推动基层宣传思想文化工作健康发展，营造风清气正的干部成长环境。区广播电视台党总支部被中共梅州市梅县区委评为先进党（总）支部。

2018 年 12 月，宣传系统党委参加歌咏比赛现场

1985 年至 2018 年梅县宣传系统各时期在编人数情况表

表 3-5

单位 \ 人数 \ 年份	1985 年（梅县市）	1987 年（梅县市）	2002 年（梅县）	2018 年（梅县区）	备 注
县委宣传部	17	24	16	30	—
镇宣传干部	32	37	47	35	—
县文化系统	384	382	178	102	—
县广播电视	34	38	165	153	1985 年、1987 年不包括乡镇广播人员
县文联	—	—	2	3	—
宣传部理论科组	4	4	在宣传部数内	在宣传部数内	—
宣传部对外宣传科组	—	2	在宣传部数内	在宣传部数内	—
宣传部宣传科组	—	4	在宣传部数内	在宣传部数内	—
厂矿企业单位宣传干部	—	158	—	—	—
机关事业单位宣传干部	—	245	—	—	—
共计	467 人	894 人	408 人	323 人	1988 年 3 月梅江区分出

注："—"表示当时没有统计或者无。

1995 年至 1998 年宣传文化工作先进集体和先进个人情况表

表 3-6

时间	集体、个人名称	单位职务	获奖级别	获奖名称	评奖单位
1995 年	梅县光荣院	—	国家级	全国文明光荣院	中华人民共和国民政部
	中国银行梅县支行	—	省　级	文明优质服务先进单位	中国银行广东省分行
	东风企业集团公司	—	省　级	文明单位	广东省人民政府
1996 年	梅县	—	国家级	中国民间艺术之乡	中华人民共和国文化部
	梅县文化局	—	省　级	"八五"期间广东省文化系统档案工作先进单位	广东省文化厅
	梅县文化馆山歌曲艺团	—	省　级	独幕山歌剧《酿蜜人家》荣获广东省第二届群众戏剧花会金奖	广东省文化厅

续表 3-6

时间	集体、个人名称	单位职务	获奖级别	获奖名称	评奖单位
1996 年	梅县电影公司	—	省　级	广东省实施文化艺术上山下乡工程先进集体	广东省委宣传部 广东省文化厅 广东省新闻出版局
	梅县山歌剧团	—	省　级	广东省实施文化艺术上山下乡工程先进集体	广东省委宣传部 广东省文化厅 广东省新闻出版局
	丘卫国	县委常委、宣传部长	省　级	广东省优秀基层宣传干部	广东省委宣传部
	李金水	县委新闻秘书	省　级	优秀通讯员	南方日报
	饶延志	县委新闻秘书	省　级	优秀通讯员	南方日报
	叶演豪	县文化局局长	省　级	“八五”期间广东省文化系统档案工作先进个人	广东省文化厅
	汤松发	县文化馆副馆长、县山歌曲艺团团长	省　级	广东省第二届群众戏剧花会优秀表演奖、群众戏剧优秀辅导干部	广东省文化厅
	宋惠明	县文化馆辅导员	省　级	广东省第二届群众戏剧花会优秀表演奖	广东省文化厅
	张多夫	县文化馆干部	省　级	广东省第二届群众戏剧花会表演奖	广东省文化厅
	叶广进	县电影公司经理	省　级	广东省“文化艺术上山下乡工程”先进个人	广东省委宣传部 广东省文化厅 广东省新闻出版局
	巫启胜	县木偶剧团副团长	省　级	广东省“文化艺术上山下乡工程”先进个人	广东省委宣传部 广东省文化厅 广东省新闻出版局
	陈希光	县造纸厂厂长	省　级	广东省优秀基层宣传干部	广东省委宣传部
1997 年	梅县	—	国家级	文化先进县	中华人民共和国文化部
	梅县文化馆	—	国家级	山歌剧《酿蜜人家》荣获金奖、表演唱《山嫂办宴》获优秀奖	中华人民共和国文化部
	梅县文化馆	—	省　级	小品《对症下药》获业余组表演二等奖	广东省委宣传部 广东省文化厅
	松南镇文化站	—	省　级	省一级文化站	广东省文化厅
	白宫镇文化站	—	省　级	广东省特级文化站	广东省文化厅
	松口邮电支局	—	省　级	文明单位	广东省人民银行

续表 3-6

时间	集体、 个人名称	单位 职务	获奖 级别	获奖名称	评奖单位
1997 年	梅县邮电局储汇股	—	省　级	文明单位	广东省人民银行
	汤松发	梅县文化馆 馆长	国家级	山歌剧《酸蜜人家》表演金奖	中华人民共和国文化部
	宋惠明	梅县文化馆 副馆长	国家级	山歌剧《酿蜜人家》表演金奖	中华人民共和国文化部
	张多夫	梅县文化馆 干部	国家级	山歌剧《酿蜜人家》表演金奖	中华人民共和国文化部
	钟德贤	梅县文化馆 副馆长	省　级	小品《对症下药》荣获业余表演奖	广东省委宣传部 广东省文化厅
	梁巨基	梅县高级中学 校长	省　级	师德建设先进个人	广东省教育厅 广东省人事厅 广东省高教厅
1998 年	梅县人民政府	—	省　级	广东省文化先进县	广东省人民政府
	白宫镇人民政府"青年民兵之家"	—	省　级	先进青年民兵之家	广东省委宣传部 广东省军区政治部
	梅县剑英图书馆	—	省　级	广东省文明图书馆	广东省文化厅
	梅县电影公司	—	省级	广东省文化艺术"上山下乡工程"先进集体	广东省委宣传部 广东省文化厅 广东省新闻出版局
	梅县文化馆	—	省　级	山歌剧《酿蜜人家》获省文化精品奖	广东省委宣传部 广东省精神文明建设委员会
	梅县环境保护局	—	省　级	环保系统精神文明建设先进单位	广东省环保局
	梅县地方税务局城东地税所	—	省　级	青年文明号	广东省地税局 共青团广东省委
	黄冬阳	梅县剑英图书馆干部	省　级	先进工作者	广东省文化厅
	肖建兰	梅县文化局 局长	省　级	广东省文化艺术"上山下乡工程"积极分子	广东省委宣传部 广东省文化厅 广东省新闻出版局
	钟德贤	梅县文化馆 副馆长	省　级	广东省思想道德建设戏剧小品曲艺大赛获得个人表演奖	广东省委宣传部 广东省文化厅

1999年至2012年宣传文化工作先进集体和先进个人情况表

表3-7

时间	集体、个人名称	单位职务	获奖级别	获奖名称	评奖单位
1999年	梅县广播电视局	—	国家级	全国广播电影电视系列先进单位	中华人民共和国人事部，国家广播电影电视总局
	梅县电影公司	—	国家级	全国农村电影工作先进集体	国家广播电影电视总局
	梅县山歌剧团	—	国家级	小戏桃花俏获三等奖	中国戏剧家协会
	梅县广播电视局	—	省 级	广东省广播电视先进县市	广东省广播电影电视局
	梅县文化馆	—	省 级	山歌剧《山村响锣》获省第三届群众戏剧花会金奖	广东省文化厅
	陈梅华	中共梅县县委宣传部副部长、文明办主任	省 级	广东省优秀基层宣传干部	广东省委宣传部
	肖建兰	梅县文化局局长	省 级	参加广东省第三届群众戏剧花会演出获得金奖、广东省文化艺术上山下乡工程先进个人	广东省委宣传部 广东省文化厅
	汤松发	梅县文化局副局长	省 级	参加广东省第三届群众戏剧花会演出获得金奖	广东省文化厅
	罗小红	梅县文化馆副馆长	省 级	参加广东省第三届群众戏剧花会演出获得金奖	广东省文化厅
	宋慧明	梅县文化馆副馆长	省 级	参加广东省第三届群众戏剧花会演出获得金奖	广东省文化厅
2000年	梅县华侨中学	—	国家级	全国艺术教育工作先进单位	中华人民共和国文化部 中华人民共和国教育部
	梅县文化馆	—	省 级	特级文化馆	广东省文化厅
	梅县邮政局	—	省 级	邮政系统文明单位	广东省邮政局
	陈梅华	梅县县委宣传部副部长、文明办主任	省 级	优秀基层宣传干部	广东省委宣传部
	张 杰	梅县汽修厂干部	省 级	美术创作优秀奖	广东省文化厅
	徐建文	梅县文化馆干部	省 级	美术创作优秀奖	广东省文化厅
	黄宏文	梅县卫生局干部	省 级	书法创作优秀奖	广东省文化厅
	李关玉	程江镇计生办主任	省 级	先进个人	广东省委宣传部 广东省计划生育委员会

续表 3-7

时间	集体、个人名称	单位职务	获奖级别	获奖名称	评奖单位
2001年	雁洋镇党委	—	国家级	全国农村“三个代表”重要思想学习教育活动先进集体	全国农村“三个代表”学教活动联席会议领导小组 中共中央组织部
	丽群小学	—	国家级	“蒲公英”杯铜奖（声乐作品）《种瓜谣》	中华人民共和国文化部
	梅县高级中学	—	国家级	全国诗教先进单位	国家“中华诗词”学会
	南口镇计生服务所	—	国家级	“婚育新风进万家”先进单位	中央宣传部 国家计生委
	共青团梅县县委	—	省　级	全省农村团组织学习“三个代表”重要思想、服务百镇千村行动办点先进单位	共青团广东省委
	梅县国土局	—	省　级	省国土资源系统“三五”法制宣传教育先进单位	广东省国土资源厅
	梅县人民武装部	—	省　级	理论学习先进单位	广东省军区
	梅县公路站梅瑶道班	—	省　级	“双文明”先进道班	广东省公路局
	梅县高级中学	—	省　级	省弘扬国粹诗化校园先进学校	广东省教育厅
	梅县丽群小学	—	省　级	南粤女职工文明岗	广东省教育厅 广东省妇联
	新城办事处华侨城居委	—	省　级	省文明社区	中共广东省委 广东省人民政府
	肖建兰	梅县文化局局长	国家级	全国第十一届“群星奖”组织工作个人奖	中华人民共和国文化部
	汤松发	梅县文化局副局长	国家级	小戏“山村响锣”参加全国第十一届“群星奖”获得银奖	中华人民共和国文化部
	宋慧明	梅县文化馆副馆长	国家级	小戏“山村响锣”参加全国第十一届“群星奖”获得银奖	中华人民共和国文化部
	罗小红	梅县文化馆馆长	国家级	小戏“山村响锣”参加全国第十一届“群星奖”获得银奖	中华人民共和国文化部
	刘振青	梅县计生局股长	国家级	“婚育新风进万家”先进个人	中央宣传部 国家计生委
	黄开龙	梅县县委书记	省　级	省法治宣传教育先进工作者	中共广东省委 广东省人民政府

续表 3-7

时间	集体、个人名称	单位职务	获奖级别	获奖名称	评奖单位
2001 年	梁质寿	梅县县委副书记	省　级	省精神文明创建活动积极分子	中共广东省委 广东省人民政府
	卜勇祥	梅县县委常委、宣传部部长	省　级	省法治宣传教育先进工作者	中共广东省委 广东省人民政府
	陈兴德	梅县教育局教育股副股长	省　级	省家庭教育工作先进个人	广东省教育厅 广东省妇联
2002 年	肖建兰	梅县文化局局长	省　级	省群众戏剧先进工作者	广东省文化厅
	廖明星	梅县山歌剧团副团长	省级	省演艺大赛银奖	广东省文化厅
	李　林	梅县山歌剧团演员	省　级	省演艺大赛铜奖	广东省文化厅
	李玉珍	梅县山歌剧团演员	省　级	省演艺大赛铜奖	广东省文化厅
	张剑城	梅县广播电视局局长	省　级	省“村村通广播电视”技术创建先进个人一等奖	广东省广播电影电视局
2003 年	梅县电视台	—	省　级	全省广告行业精神文明建设先进单位	广东省广告协会
	华银雁鸣湖旅游度假村	—	省　级	广东省文明窗口单位	中共广东省委 广东省人民政府
	邹雄文	县环境保护局局长	省　级	环境保护宣传月活动先进个人	广东省委宣传部 广东省环保局
	张剑城	县广电局局长	省　级	全省“村村通广播电视”技术维护先进个人一等奖	广东省广播电影电视局
	杨志坤	县科协主席	省　级	科普工作先进个人	广东省委宣传部 广东省科技厅 广东省科协
2010 年	黎志健、李惠英家庭	黎志健为县委宣传部副部长、县文明办主任、县宣传系统党委书记、李惠英为梅县体校教师	省　级	广东省十大优秀书香之家	广东省委宣传部 广东省文明办 广东省妇联 广东省家庭文化研究会
2011 年	刘志文	梅县广播电视台副台长	国家级	全国文化惠民工程宣传工作先进个人	全国县域经济研究中心
2012 年	黎志健	县委宣传部副部长、县文明办主任、县宣传系统党委书记	省　级	广东省社科普及先进工作者	广东省社科联

（注：有些年份资料缺失未列）

四、广播电视台

梅县广播电视台办公大楼（2012年8月）

（一）广播电视台历史沿革和历任领导

历史沿革

1979年3月，梅州镇从梅县分出，设立县级的梅州市，梅县和梅州市分别设置广播站，梅州市广播站于9月在梅城南门（原梅县县委党校内）设立，有工作人员12人，负责城镇、郊区广播。

1983年6月，梅县与梅州市合并，改称梅县市，县、市广播站亦合并为梅县市人民广播站，站址设在仲元东路47号（原梅县广播站）。下设编播、机务、线路3组，广播器材维修服务部1个，有干部职工34人。

1984年10月，成立梅县市广播电视局，局、站合一，两块牌子，一套人马。设局长1人、副局长1人，局址设在梅州市仲元东路47号，归属梅县市委宣传部领导。11月，梅县市广播电视局内设人秘股、宣传股、业务股，下属有梅县广播电台和梅县电视台。

1986年8月14日，广东省梅县市编制委员会文件印发《关于下达党政群机关事业单位人员编制的通知》，下达梅县市广播电视局事业编制15名，由梅县市财政核发经费。

1987年2月，经国家广播电影电视部批准，梅县市机构编制委员会同意设立梅县市人民广播电台。9月15日，梅县市人民广播电台（调频）建成开播。至年底，梅县市广播电视局有干部职工38人。

1988年3月，县、区分设，改称梅县广播电视局。抓好广播电视台的改革，主要是采取与行政管理脱钩和经费支出限额的办法，使电台成为一个独立核算单位。

1990年，贯彻落实1989年省委办公厅、省政府办公厅转发省广播电视厅《关于广播电视体制改革的请示》，做好广播电视体制改革工作。县广播电视局与梅州市广播电视局合作，在梅城开办有线电视业务，成立梅县有线电视台，12月，经省广播电视厅批准，在县电视转播台基础上设立梅县有线广播电视台。

1991年元旦，梅县有线广播电视台正式开播。

1992年12月21日，经国家广播电影电视部批准，设立梅县电视台，使用频道为DS-10，发射机功率为300瓦。与县有线广播电视台机构合一，两块牌子、一套人马，人员编制34人，办公地址在梅城仲元东路县广播电视大楼内。

1993年10月11日，梅县镇级广播电视站定为全民所有制事业单位，人员编制175名。

1994年3月16日，广东省梅县机构编制委员会文件印发《关于梅县广播电视发射中心、梅县电视台、梅县人民广播电台的设置及人员编制的批复》，同意成立梅县广播电视发射中心，为股级事业单位建制、核定编制7名，该中心隶属县广播电视局领导；同意将梅县电视转播台改称为梅县电视台（含有线电视台），两块牌子，一套人马，为股级事业单位建制，定编制29名，该台隶属县广播电视局领导；同意成立梅县人民广播电台，为股级事业单位建制，定编制16名，隶属县广播电视局领导，人员经费由地方财政开支。解决了县广播电台、电视台的定编问题，新吸收了4名电视播音员。

1995年7月12日，广东省梅县机构编制委员会文件印发《关于成立梅县广播电视服务公司的批复》，同意梅县广播电视局成立梅县广播电视服务公司，定为股级事业单位，实行企业管理，编制8名，经济独立核算，自收自支，自负盈亏，隶属梅县广播电视局领导。

1997年10月9日，增设梅县广播电视局总编室，定为股级单位。12月4日，梅县人事局文件，印发《梅县广播电视局建立和推行国家公务员制度实施方案的批复》，定性梅县广播电视局为赋予行政职能的事业单位。

1997年至1998年，根据广电部文件《关于县市广播电视播出机构合并意见》、省广电厅文件《关于转发广电部关于县市广播电视播出机构合并的意见的通知》、省编委文件《关于认真做好县市广播电视播出机构合并工作的通知》和市编委文件对县（市）广播电视播出机构合并后机构设置等问题的批复，县编委印发《关于印发梅县广播电视局职能配置、内设机构和人员编制方案的通知》，保留梅县广播电视局，定性为县人民政府主管全县广播电视宣传事业的职能部门，属正科级事业单位，对县广播电台、电视台、各镇广播电视站、发射中心、服务公司进行技术指导，协调技术培训。内设人秘股、事业股、宣传股、财会股4个职能股。核定广播电视局机关行政编制14名，其中局长1名、副局长2名，机关后勤人员事业编制2名。县人民广播电台、县电视台、县有线广播电视台合并为梅县广播电视台，实行局台合一体制，两块牌子，一套人马。

2000年，调整和充实总编室的力量，重新组建县广播电视台通讯员队伍，首批聘请通讯员41人。抓住组建广东广播电视网络传输有限公司的机会，实施优惠政策和优质服务承诺制，加快梅县有线电视的发展。

2002年4月25日，广东省梅县机构编制委员会文件印发《关于印发梅县广播电视局职能配置内设机构和人员编制规定的通知》，梅县广播电视局改为单位事业，赋予广播电视行业行政管理职能。广播电视局设人秘股、事业股、宣传股（加挂总编室牌子）、财会股4个职能股。机关事业编制13名，其中局长1名、副局长3名（不含纪检组长）、正副股长8名，核定后勤服务人员事业编制2名。

2003年，梅县广播电视事业单位有：电视台、电台、25个镇广播电视站。

2004年5月，根据梅州市政府办公室梅市府办文件精神，梅县人民政府办公室印发《转发县广播电视局关于对镇级广播电视站实行垂直管理的实施方案的通知》，转变全县镇级广播电视站管理体制，各镇广播电视站为梅县广播电视局的派出机构，负责各镇广播电视的管理、维护等服务工作，实行独立经营，自负盈亏的管理体制。9月3日，广东省梅县机构编制委员会文件，同意将各镇广播电视站统一更名为“梅县广播电视局××广播电视站”。更名后，各广播电视站的管理体制和工作职责按梅府办规定执行，机构性质、机构级别和人员编制不变。

梅县广播电视台组建为正科级单位后，县委常委、宣传部部长廖接良（右）和县人民政府副县长郭碧玲（左）为县广播电视台挂牌揭幕（2005年）

2005年9月12日，根据县编办《关于梅县文化体制改革有关问题的通知》精神，县编办印发《关于印发梅县广播电视台职能配置、内设机构和人员编制规定的通知》，原梅县广播电视局与原梅县文化局、原新闻出版办合并后，将原梅县电视台、广播电台合并，组建梅县广播电视台，为县委、县政府直属正科级事业单位，归县委宣传部领导，接受县文化广电新闻出版局的行业管理和业务指导。梅县广播电视台内设三室七中心，按正股级设置。核定事业编制100名，其中台长1名、副台长3名（不含纪检组长）、总编辑1名（副科级）、各中心、室正副主任30名。梅县广播电视台下设发射中心、服务公司和21个基层站，均为直属正股级事业单位，核定事业编制80名。其中发射中心6名、服务公司7名、基层广播电视站67名。直属事业单位设正副主任（经理、站长）共45名。

2009年，梅县广播电视台内设办公室、财务室、总编室、新闻中心、广播节目中心、电视节目中心、播控中心、广告中心、网络传输中心、技术中心共3个室7个中心，下设发射中心、服务公司和21个基层广播电视站。全台有在编干部职工164人，其中县级编制109人、镇级编制55人。有专业技术人员50人，其中初级职称39人、中级职称11人。

2012年1月7日，梅县举行广东省广播电视网络股份有限公司梅州梅县分公司挂牌仪式。11月13日，梅县机构编制委员会文件，同意梅县广播电视台内增设专题中心、信息中心，按正股级设置，每个中心配备主任1名、副主任2名职数，所需人员在县电视台内部调剂解决。

广东省广播电视网络股份有限公司梅州梅县分公司牌匾（2012年1月7日）

广东省广播电视网络股份有限公司梅州梅县分公司成立仪式现场（2012年1月7日）

2014年1月6日，梅州市梅县区机构编制委员会文件，印发《关于撤县设区机构更名的通知》，梅县广播电视台更名为梅州市梅县区广播电视台。

2014年2月18日，梅州市梅县区机构编制委员会文件，印发《关于同意梅县广播电视发射中心机构更名的批复》，梅县广播电视发射中心更名为梅州市梅县区广播电视发射中心。

2014年7月7日，梅州市梅县区机构编制委员会文件，印发《关于同意梅县广播电视服务公司机构更名的批复》，同意梅县广播电视服务公司更名为梅州市梅县区广播电视服务中心。

2014年11月5日，梅州市梅县区机构编制委员会文件，印发《关于同意区广播电视台调整内设及下属机构主要工作任务的批复》，重新核定台网络传输中心、台下属机构区广播电视服务中心的主要工作任务，将原由梅县广播电视网络公司（企业）承担的“发展城区有线电视网络和提供有线电视服务”的工作任务收回，调整由区广播电视服务中心承担。调整后，区广播电视台及下属广播电视服务中心的机构个数、人员编制等按原规定不变。

梅州市梅县区文广视讯传媒有限公司挂牌仪式（2015 年年底）

2015 年 10 月 21 日，中共梅州市梅县区委宣传部印发《关于同意成立梅州市梅县区文广视讯传媒有限公司的批复》，同意梅州市梅县区广播电视台成立梅州市梅县区文广视讯传媒有限公司。

2017 年 2 月 27 日，根据梅州市梅县区机构编制委员会文件《关于收回区广播电视台部分事业编制的通知》，区编办收回区广播电视台事业编制 2 名。编制调整后，区广播电视台事业编制为 92 名。

2017 年 5 月 15 日，根据《梅县事业单位分类改革实施意见》精神，梅州市梅县区机构编制委员会印发《关于印发区广播电视台下属事业单位机构编制方案的通知》，梅州市梅县区发射中心为股级公益一类事业单位，核定事业编制 6 名，其中正、副主任各 1 名，人员经费按财政补助一类拨付。梅州市梅县区广播电视服务中心为股级公益三类事业单位，核定事业编制 23 名，其中主任 1 名、副主任 3 名，人员经费为自理。

2017 年 5 月 15 日，根据《梅县事业单位分类改革实施意见》精神，梅州市梅县区机构编制委员会印发《关于印发梅州市梅县区广播电视台机构编制方案的通知》（梅机编〔2017〕22 号），确定梅州市梅县区广播电视台为区人民政府管理的正科级公益一类事业单位。内设 12 个职能室（中心），分别是办公室、总编室、财务室、新闻中心、广告中心、电视节目中心、广播节目中心、播控中心、技术中心、网络传输中心、专题中心、信息中心。核定事业编制 92 名，其中台长 1 名、副台长 3 台、总编辑 1 名（副科级），内设机构正、副主任 36 名。人员经费按财政补助一类拨付。

2017 年 10 月 18 日，根据梅州市梅县区机构编制委员会文件《关于调整区广播电视台事业编制的通知》，区编办收回区广播电视台事业编制 2 名。编制调整后，区广播电视台共有事业编制 90 名，编制控制基数为 60，编制退一收一，减到控制基数为止。

2017 年 10 月 18 日，根据梅州市梅县区机构编制委员会文件《关于调整区广播电视台服务中心事业编制的通知》，区编办收回区广播电视台下属服务中心事业编制（经费自理）13 名。编制调整后，区广播电视服务中心共有事业编制（经费自理）10 名。

历任领导

梅县人民广播站、梅州市广播站，黄育巨（1978 年至 1980 年）、黄选堂任（1980 年至 1984 年）站长。

1984 年 10 月至 1987 年，梅县市广播电视局，黄选堂、廖凤灵任副局长。保留梅县市广播站，设立梅县市广播电台，王健如任广播电台台长，叶东方任广播电台副台长。

1987 年 8 月至 1996 年，黄选堂任局长，廖凤灵、徐伟兰、邹汀、王健如任副局长，李国汉任副局级调研员。

1997 年，黄选堂任梅县广播电视局局长，王健如、叶东方任副局长，廖凤灵任副主任科员。

1998 年，黄选堂任梅县广播电视局局长，王健如、叶东方任副局长，廖凤灵任副主任科员。

1999 年 1 月至 10 月，黄选堂任梅县广播电视局局长（11 月任主任科员）。1999 年 11 月，张剑城任梅县广播电视局局长，王健如、黄忠健、叶东方任副局长，廖凤灵为副主任科员。

2000 年，张剑城任梅县广播电视局局长，王健如、黄忠健任副局长。

2001 年，张剑城任梅县广播电视局局长，王健如、黄忠健任副局长。

2002 年，张剑城任梅县广播电视局局长，王健如、黄忠健任副局长，刘小丹任纪检组长（7 月任职）。

2003 年，张剑城任梅县广播电视局局长，王健如、黄忠健、古志强（5 月下旬起任职）任副局长，刘小丹任纪检组长。

2004 年，张剑城任梅县广播电视局局长，王健如、黄忠健、古志强任副局长，刘小丹任纪检组长。

2005 年，张剑城任梅县广播电视局局长，10 月起任梅县县委宣传部副部长，王健如、黄忠健、古志强任副局长，刘小丹任纪检组长。

2006 年，张剑城任梅县县委宣传部副部长、兼任梅县广播电视台台长，黄忠健、古志强、陈卫平（1 月起任）任副台长，曾森发任纪检组长（1 月起任）。

2007 年，张剑城任梅县县委宣传部副部长、兼任梅县广播电视台台长，黄忠健、古志强、陈卫平任副台长，曾森发任纪检组长。

2008 年，张剑城任梅县县委宣传部副部长、兼任梅县广播电视台台长，黄忠健、古志强、陈卫平任副台长，曾森发任纪检组长。

2009 年，张剑城任梅县县委宣传部副部长、兼任梅县广播电视台台长，黄忠健、古志强、陈卫平、刘志文（7 月起任职）任副台长，曾森发任纪检组长。

2010 年，张剑城任梅县县委宣传部副部长、兼任梅县广播电视台台长，黄忠健、古志强、陈卫平、刘志文任副台长，曾森发任纪检组长。

2011 年，张剑城任梅县县委宣传部副部长、兼任梅县广播电视台台长，黄忠健、古志强、陈卫平、刘志文任副台长，曾森发任纪检组长。

2012 年 1 月至 4 月，张剑城任梅县县委宣传部副部长、兼任梅县广播电视台台长；2012 年 5 月，谢英强任梅县县委宣传部副部长、兼任梅县广播电视台台长，黄忠健、古志强、陈卫平、刘志文任副台长，曾森发任纪检组长，戴伟洲至台总编辑（9 月起任职）。

2013 年（12 月梅县撤县设区），谢英强任梅县县委宣传部副部长、兼任梅县广播电视台台长，黄忠健、古志强、陈卫平、刘志文任副台长，曾森发任纪检组长，戴伟洲任台总编辑。

2014年，谢英强任梅州市梅县区委宣传部副部长、兼任梅州市梅县区广播电视台台长，黄忠健、古志强、陈卫平（任至2014年11月）、刘志文任副台长，曾森发任纪检组长，戴伟洲任台总编辑。

2015年，谢英强任梅州市梅县区委宣传部副部长、兼任梅州市梅县区广播电视台台长，黄忠健、古志强、刘志文任副台长，曾森发任纪检组长（任至2015年3月），戴伟洲任台总编辑。

2016年1月至3月，谢英强任梅州市梅县区委宣传部副部长、兼任梅州市梅县区广播电视台台长。4月至7月，黄忠健负责台全面工作。8月，黄忠健任梅州市梅县区广播电视台台长。黄忠健（2016年1月至7月）、古志强、刘志文任副台长，戴伟洲任台总编辑。

2017年，黄忠健任梅州市梅县区广播电视台台长，古志强、刘志文、彭志君（12月起任职）任副台长，戴伟洲任台总编辑。

2018年，黄忠健任梅州市梅县区广播电视台台长，古志强、刘志文、彭志君任副台长，戴伟洲任台总编辑。

（二）广播电视台业务范围和作用

广播电视台主要职能：

贯彻执行党和政府在新闻宣传、广播电视方面的路线、方针、政策，把握正确舆论导向，充分发挥党和政府的喉舌作用，围绕区委、区政府的中心工作开展新闻宣传。

1. 负责拟订并组织实施本台事业和产业发展规划，促进广播电视事业和产业发展。

2. 贯彻落实广播电视行业法规，抓好行业内部管理。

3. 负责广播电视节目的安全播出和设备的安全防范工作。

4. 负责广播电视节目的制作、传播、新技术科研应用及广播电视网络的建设、维护等工作。

5. 负责整合基层广播电视传输网络，指导基层广播电视机构拓展各项业务工作。

6. 承办区委、区政府和上级有关部门交办的其他任务和经批准的相关业务。

所属机构主要职能

办公室：

负责党务、综治、消防、工会、青年、妇女等工作；制定党的建设、纪律检查和党员、干部理论学习、思想政治教育等工作计划并进行部署、检查、管理，组织检查、监督各项规章制度的执行落实，指导各级党组织围绕广播电视中心业务开展工作；负责上传下达，完成领导交办的各项任务；协调各中心（室）开展业务调研、组织协调和督办工作；负责本台的文秘、有关信息的收集、反馈和监督管理工作；负责本台人力资源开发工作；管理本台的人员聘用、调配、考核、奖惩、晋升、劳动工资、专业技术职务评聘、人才培训工作；研究和推进人事制度改革和岗位管理工作；负责车辆管理和安全保卫工作；负责本台和直属事业单位退休人员的管理工作。

总编室：

根据上级主管部门的要求，对广播电视台的宣传工作进行宏观管理；实施广播新闻宣传、影视文艺的管理工作；制订广播电视年度宣传工作计划和重大宣传活动方案并组织实施；组织策划台的重大宣传活动；负责广播电视节目的监听监看和终审把关以及受众的调查工作；组织宣传业务交流和广播电视节目的评奖活动。

财务室：

负责本台各项事业经费和专项资金的管理工作和安排；编排财务计划，编报预算、结算及各类报表；负责日常经费的审核报销工作；负责本台固定资产管理和城区有线电视收费管理工作；负责基层广播电视站的财务管理工作。

新闻中心：

负责广播电视新闻宣传计划的制订、新闻宣传活动的策划和实施工作；负责广播电视新闻、专题、社教类节目的采访、编辑、制作、审查和编排管理工作；负责新闻宣传信息的交流和通联工作。

广告中心：

负责承接广告业务、广告制作、广告编播等工作。

电视节目中心：

负责电视自办频道节目整体播出时间的策划、统筹、协调、安排工作；负责电视文艺节目录播、直播、购置、审查，节目资料管理等工作。

广播节目中心：

负责广播自办频道节目整体播出时间的策划、统筹、协调、安排工作；负责广播文艺节目录播、直播、购置、审查，节目资料管理等工作。

播控中心：

负责本中心设备使用管理、维护管理及广播电视节目安全播出等工作。

技术中心：

负责搜集广播电视技术情报信息，制定广播电视技术政策、方针，并组织实施；负责对广播电视设备的配置管理工作；负责广电科技的研究、开发、运用；负责广播电视有关资料、报表情况的统计；负责广电技术队伍的建设、培训，指导和协调基层广播电视事业建设和技术管理工作。

网络传输中心：

研究开拓有线广播电视网络传输增值业务；负责有线广播电视网络的建设、改造；管理辖区内有线电视用户；负责有线广播电视信号的接收、传输等工作。

专题中心：

负责社教类节目、科普栏目和各类大型文艺活动等专题节目的策划、组织协调、录制和编播等工作。

信息中心：

负责完善广播电视台网站、办公局域网等建设；负责网站日常维护及办公电脑故障维修等管理工作。

所属事业单位主要职能

广播电视发射中心：

负责承担梅县区广播电视台无线发射任务；负责本中心广播电视设备设施的使用管理和维护工作，保证安全优质播出。

广播电视服务中心：

负责为梅县区广播电视事业发展提供服务，主要经营广播电视设备等。

（三）广播电视台事业建设

梅县区广播电视台设备和值班人员一角（2018 年 12 月）

1. 广播

（1）广播设施建设

1979 年 9 月，梅州市（县级）成立广播站，归属宣传部管理。下设播音、机务、线路 3 个组，有工作人员 12 人，站址设在梅城南门（原县委党校内）。负责城镇和郊区有线广播，用客家话分早、中、晚 3 次播音，节目设置主要转播中央、省和梅县转播台新闻，并播出本地新闻、专题和文艺节目。梅县已实现县到公社（场、镇）有线广播干线专线化，其中县到公社双线传输广播讯号 278 公里，单线传输广播讯号 5820 公里。全县 391 个大队，均实现通广播，喇叭发展到 6.4 万只，形成一个以县广播站为中心、以公社广播站为基础，普及村村队队、连接千家万户、专线传输的有线广播网。

1983 年 6 月，梅县与梅州市合并，改称梅县市，广播站随之合并为梅县市人民广播站，设编播、机务、线路 3 个组和 1 个服务部，有干部职工 34 人，公社（场、镇）广播站 33 个。7 月，县、市广播站合并后，机房主要设备有 375 瓦扩大机 2 台、录音机 10 台、电唱机 2 台、转播机 2 台、收录机 1 台、调压机 3 台、话筒 4 只。是年，随着广播事业的发展，除原有机房主要设备外，增加录音机 2 台、话筒 1 只、高低频信号发生器各 1 只，同时新建机房 24 平方米。

1984 年，市广播站通各区的线长 1530 公里，喇叭 1.36 万只。为了活跃群众文化生活，市广播站办的服务部全年销售唱片 4 万件，获得省唱片公司销售二等奖。

1985 年，全市 36 个区（镇），有 33 个区（镇）建有广播站，273 个乡中，只有 127 个乡（占 46.5%）通广播，广播喇叭减少至 1.14 万只。其中城镇 620 只，农村 1.08 万只。

县城至区（镇）广播干线（水泥杆路）385公里。区（镇）至乡、村广播支线1036公里。其中：水泥杆线路438公里，杉（杂）木杆线路598公里。

1986年1月，动工拆建原仲元东路47号县人民广播站，新建6层占地面积为937.76平方米的梅县市广播电视综合大楼。2月，梅县市将各区（镇）现职广播人员吸收为集体职工，户口迁入城镇。年底，先后建起100瓦立体声调频台1座，设置18个调频广播讯号接收站，购置一批广播设备，全市拥有广播喇叭6557只，比上年新增376只；有线广播专线1234公里，广播通播率达70%左右。全市广播事业形成一个多层次、多渠道的广播网路。

1987年，经国家广播电影电视部批准，设立梅县市人民广播电台，9月15日正式播音，广播频率为FM92兆赫，功率100瓦。在仲元东路47号市广播电视综合楼六楼发射，与有线广播网实行并机播出，并先后在松口，丙村等镇设置调频广播小功率差转点，广播网络覆盖全市城乡。年底，机房主要设备有100瓦调频发射机2台、双卡录音机5台、调压机1台、控制台1台（其中安在控制台用的有立体声前置放大器、双卡机、转播机、立体声电唱机各1台）、“636”录音机2台、话筒5只。

1988年，开展广播电视综合大楼建成开业一周年的大型台庆活动，提高电台的公信力，扩大影响面，增加设备，新购调频发射机2台，增加了9个栏目节目，每天延长播音5个小时。全县已有22个乡镇能收到县电台的讯号。

1990年，全县27个乡镇广播站全面通播，其中有9个乡镇广播站是停播几年后恢复广播。梅县人民广播电台新安装了一台300瓦立体声调频发射机。

1991年，新建调频小功率转播台6个，全县可收到县人民广播电台节目的乡镇仍为22个。

1992年，对全县各乡镇的广播站进行整治，全县27个乡镇全部恢复了广播，恢复有线广播专线197公里，调频喇叭2992只。建起调频广播电台2个，三乡镇在省社教工作组的帮助下建起调频广播电台。

1993年，梅县建立有人民广播电台1座，发射功率为300瓦。有8个镇建立了立体声调频转播台。广播专线337.5公里，比上年增加40.5公里。入户喇叭2034只，其中调频喇叭1583只、高音喇叭451只。

1994年，潮塘广播电视发射塔建成启用后，12月初安装广播电台发射天线，12月22日正式发射。至此，梅县广播电台可覆盖全县各镇。全县调频转播电台11个，功率440瓦，自建调频广播电台2个。

1995年，电台的发射台以1000瓦功率向全县各镇发射，电台由录播改为直播，覆盖率98.8%。节目制作设备增加CD机2台和英国声艺调音台1部。

1996年，电台投资1万多元购进报时钟。

1997年9月，节目制作设备增加了MD机3台。

1999年，电台新增1000瓦调频发射机，保证广播电视全年安全优质播出。完成省拨20套“村村通”广播电视设备的安装调试，同时对老城区、程江站1.4万户进行广播频率

530兆赫的改造，梅县成为梅州市第一个实现“村村通”的县，全省排行第六。

2000年，县广播电视部门按照“有线抓发展，无线抓覆盖”的思路，抓住新县城扩建发展和“两大会战”的大好机遇，进一步巩固和发展梅县广播电视事业。乘“两大会战”的东风，由正、副局长和业务股室组成“村村通”攻坚小组，认真规划，抓好选点、资金和设备器材准备和安装调试等的落实，借鉴建设“小片广播”的做法和经验，按要求提前完成9个村的“村村通”任务。

2001年，电台装修直播室和录音制作室，更新1千瓦固态发射机和专业CD机1台。

（2）广播电台播音

1978年10月起，继续坚持转播中央人民广播电台“新闻和首都报纸摘要”和“全国各地广播电台联播”，节目共60分钟，占总播音时间的38%。

1979年年初，有《本县新闻》《报纸选播》和教唱歌曲、民歌等文艺节目，增加自办节目比重，撤销无地方特色的《报纸选播》节目，增加《科学技术》《农村体制和政策》《致富典型》《法制宣传》《计划生育》《好党员好干部》《文化与生活》《为听众服务》等专题节目，并举办各类业务辅导广播讲座。1980年至1985年，年均收稿量约4000篇，各类节目采用本地稿件占总用稿量的80%以上。

1982年2月开始，每天播音3次（早晨、中午、晚上各1次），播音时间共300分钟。

1987年9月15日，梅县广播电台（调频）建成开播。9月起，县广播站改为调频广播电台，转播中央人民广播电台、省人民广播电台节目，全天转播节目时间100分钟，占总播音时间的33%。自办《全县新闻联播》《经济信息》《三乡掠影》《学科学用科学》《民主与法制》《一周要闻》《本地文艺》《你所喜爱的歌》《听众点播文艺》等专题节目。全年来稿3455篇，采用稿件2600多篇，占80%。全天播音时间为5小时30分，用客家话分早、中、晚3次播音。

1988年9月，电台播出时间由原来的5小时30分增加到8小时30分。同时，新开设有《三乡掠影》《民主与法制》《文化公园》等15组专题节目。

1995年9月15日，电台由录播改为直播，对节目设置进行改版，延长播出时间，每天播出结束时间由上午的8:05增至10:30，新增2小时25分钟。推出《早晨你好》《旭日华彩》《信息长廊》《午间乐园》《伴您开心》等5个板块节目，固定栏目31个，成为梅州市首家采用直播和板块节目播出的县级电台。

2000年8月，电台播出方式又改为录播，推出《清新早晨》《七彩阳光》《欢乐今宵》3个板块节目，全天播音时间增至12小时。

2．电视

（1）市民电视机数量

梅县的电视事业是从20世纪70年代后期开始兴起的。

1979年，梅县广播站购买1台19英寸黑白电视机。随后，部分机关、团体、企事业单位和少数公社（场镇）、大队陆续购买电视机。进入80年代，城乡家庭开始拥有电视机，并从黑白电视机发展到彩色电视机。

1985 年，梅县市每百户农村家庭拥有黑白电视机 23 台，彩色电视机 11.5 台。

1987 年，全县有各种电视机 2.5 万台。

至 2000 年，每百户拥有彩色电视机 73.8 台，电视节目成为人们娱乐、生活中必不可少的一部分。

至 2018 年，几乎每家都有彩色电视机，少的 1 台，多的 3 台以上，全区每百户大约拥有电视机 160 台，平均每户 1.6 台。

（2）电视台设施建设

1981 年冬，梅州市（县级）在江南梅州市政府（县级）大楼四楼设置 50 瓦功率电视转播台 1 座，并于 1982 年 10 月建成启用，属梅州市广播站直接管理，仅转播广东省岭南台 6 频道电视节目，每天转播 6 小时 30 分，城区半径 10 公里内的居民均可收看。

1985 年春，由广东省广播电视厅和县人民政府拨出专款，在梅城仲元东路（广播电视局内）建一座 6 层广播电视大楼，建筑面积 937.76 平方米，楼顶建 1 座 21 米高的电视转播塔和直径 6 米的地面卫星接收天线。

1986 年，广播电视综合大楼建成，建立电视接收站，10 月 1 日开始使用，转播中央电视台一台节目，城区及郊区用 10 频道可以收看。

1988 年，在全县范围内，省一台覆盖率 92%，省二台覆盖率 65%，中央一台的覆盖率 45%，均达到省电视厅的要求。另外装了 17 部调频接收转播装置，使广播电视台的覆盖率大幅度提高。

1991 年，全县有卫星电视地面接收站 15 个、电视差转台 65 个，有发射机 93 台，总功率 706 瓦。全县收看中央 1 套节目的覆盖率 96%，边远山区和贫困山区看电视难的问题逐步得到解决。

1992 年 12 月 21 日，设立梅县电视台，人员编制 34 人，地址在梅城仲元东路县广播电视大楼内。电视台采编、制作、播出有线、无线 2 个频道的电视节目，无线频道每天播出节目 9 小时，发射功率 300 瓦。全县拥有 31 个地面卫星接收站、65 个电视差转台，广播、电视覆盖率达 96%以上。

1993 年，梅县电视台与中央电视台等联合举办“神州百姓闹元宵答谢文艺晚会”，首次启用香港嘉应商会捐赠的 JVC 摄像枪、编辑机、微波设备，进行异地传送活动，电视现场直播取得成功。县委、县政府决定在城东镇潮塘龙岗山顶兴建电视发射塔，县广播电视部门组成梅县电视台建台领导小组，开展选点、定点、筹集资金的各项准备工作，定点后，建塔领导小组开展了一系列的建塔工作。至年底，已投入建塔基建工程费用 60 万元（建成总投资为 120 万元）。开辟了一条由城东镇至潮塘龙岗山顶全长 1 公里的公路；新盖 90 平方米的电视台机房、水泵房；架设了 1 条全长 2 公里长的低压线路；59 米的电视发射铁塔完成过半；主要设备 300 瓦发射机已到位，其他设施陆续购进，全县电视覆盖率 96%。广播电视每天早、中、晚 3 次播音共 8 小时 50 分，全年总播出时间 2727 小时 50 分，比上年增加100小时。全年收到稿件4054篇，播出4742篇，比上年增加461篇。其中，送市以上单位刊播的新闻稿件360篇（次），比上年增加8篇（次）。

1994年9月，在海拔447米高的城东镇潮塘建成塔高59米的梅县广播电视发射中心，并先后将电视、电台讯号登山发射。由县财政拨给20万元，并发动华侨、“三胞”和社会各界人士捐资98万元，购置了一套电视摄像、采编设备和多功能字幕机，完善电视台播出设备，并进一步完善广播电视发射中心的基础设施，使电视台、广播电台覆盖全县各镇。县电视台全年播出时间为9125小时，其中自办节目7300小时。县广播电台全年播出时间为2727小时。

1995年，县电视台投入40万元新购一套采编播控电脑设备；县广播电台投入10万元购买直播设备等器材；投入25万元更换一辆新闻采访车，投入6万元购置了2台发电机，投入2.3万元建发射台的防护围墙。是年，用于广电事业建设的费用达108.3万元。以县“两台”为中心向镇辐射的多层次广播电视覆盖网的新格局初步建成。

1996年，全县广播电视事业建设总投入192万元。至年底，全县建有大、小广播电视演播室4个，购有摄像枪8台，编辑设备6套，字幕机5台。梅县电视台被广东省广播电影电视厅、人事厅评为“全省广播电影电视系统先进单位”。

1997年，在新县城筹建广播电视中心，征地工作结束，进入图纸设计和基础钻探的前期工作。投入10多万元，对潮塘发射中心进行工程扩建，新增加一台1000瓦、10频道电视发射机。投资80多万元，充实更新采编播设备，提高节目制作水平和传输覆盖效果。

1998年，坚持“巩固、提高、发展”的方向，基础设施建设不断发展。10月1日动工兴建梅县广播电视中心，投入近140万元，完成占地7338平方米的基础工程。在潮塘发射中心添置了发电机、架设了三相电源，改善了防雷设备。县电台、电视台新购了摄像枪、采访机、激光机、播音器等9架（部）。

1999年，在县委、县政府的重视支持下，积极筹措资金，加快新县城广播电视中心的建设步伐，完成楼高7层、建筑面积5500平方米的大楼主体工程，进入装修阶段。县电视台四套节目覆盖率85%。梅县广播电视局被人事部、广播电影电视总局授予“全国广播电视系统先进集体”称号。

2000年，集广播电视节目制作、播出控制、办公于一体、建筑面积5500平方米的新县城广播电视中心综合大楼竣工，进入搬迁前期准备工作。积极筹措资金，新购进口编辑机一套、奔腾电脑两台、时基校正器一台、大12录像机3台、“世纪梦”实达电脑和油印机等设备，拥有电脑图像创作系统，提词器、电视特技处理器、索尼一体化摄像枪等先进的采、编、播设备，改善了采编播和办公条件。同时，每月定期检修电台、电视台、发射中心设备，确保设备优质安全播出。梅县被评为“广东省广播电视先进县（市）”。

左图：县委常委、宣传部部长丘卫国（左）和县政府副县长廖耀安（右）为梅县广播电视局和广播电视台挂牌揭幕
右图：县委常委、宣传部部长丘卫国（右三）及县政府副县长廖耀安（右二）、县广播电视局局长张剑城（左一）、县委宣传部副部长黎志健（右一）等参加揭幕仪式后合影（2000 年）

2001 年 5 月，在县委、县政府及梅雁集团公司的支持下，局（台）搬迁新县城广电大楼。新大楼楼高 7 层，总投资 900 多万元，集办公、广播电视节目编辑制作，广电卫星信号接收播出控制和微波传输于一体，减少了节目播出传输环节，提高了梅县广电节目制作播出和收听收看的质量。新增电视台装修机房和两个播音室及配套灯光，购置编辑工作台和播控工作台，添置了播控用的 10 千瓦 UP 电源、索尼 UV-1800 编辑录像机和 PVWD35PF 摄录一体机各 1 台。

2002 年，投入 10 多万元，对电视台、潮塘发射中心的部分采编控播设备进行更新换代。

2003 年，加快全县城乡网络资料的整合和发展，加快技术设备更新改造步伐，提高网络运行质量。建立应急预案，并转化为日常操作规程，实行有线网络全天候巡逻和机房 24 小时值班制度，抓好维护管理，充分发挥技术人员的积极性，定期对设备、设施进行检查维护，确保各项在用和备用设备状态良好，预防和减少事故的发生，确保机构、制度、人员、经费“四落实”。购进电视剧 30 部、电影 170 部、文艺节目带（碟）一批，办好办活电视台《天天点歌坛》《服务大广场》《欢乐时光》和电台《生活指南》《道德与法制》等自办节目，有效增强广播电视节目的可听性、可视性和可信性。

时任广东南方广播影视传媒集团总裁、党委书记王克曼（右）到梅县广播电视台调研。左为时任梅县县委常委、宣传部部长邱瑞清（2004 年）

2004 年，投入 30 多万元，更新了电台、电视台编、播设备一批，切实提高节目制作、播出水平。

2005 年，筹资更新设备，提高节目质量。筹集 70 多万元，购进电视数字摄像设备一批。

2006 年，按照数字化、网络化的发展要求，筹集资金 100 多万元购进电视数字摄像设备和检测设备一批。购进一套非线性编辑机，进一步改进电视节目质量。

2007 年，突出抓好县广播电视台新闻宣传、事业建设和安全播出工作。县广播电视台被人事部、国家广电总局评为“全国广播电影电视系统先进集体”，这是 2007 年广东省唯一获此殊荣的县级电视台。

2008 年，投入 43 万元，完成中央 7 套节目无线覆盖工作，做好西藏电视频道的接收工作。县广播电视台被梅州市广播电视台评为 2008 年度广播电视工作一等奖。

梅县广播电视台播音室一角（2007 年）

2009 年，扎实做好《梅县新闻》“双语播出”和“周五新闻”的落实工作。4 月 1 日起，《梅县新闻》节目在原有客家话新闻的基础上，增加普通话版，实现双语播出。6 月 1 日起，《梅县新闻》栏目由周三新闻实现了周五“天天新闻”，使宣传工作上了一个新台阶。县电视台被省传媒集团授予“广播电视创新发展先进单位”一等奖。

2011 年，实施城东潮塘发射铁塔工程，争取上级部门的支持，筹资 200 多万元，于年初正式启动了城东潮塘发射铁塔新建工程。稳步开展广电网络改革重组的前期工作。县广播电视台获得“省基层宣传文化工作先进单位”的称号。

2012 年，筹资 200 多万元对电视台电视节目中心、播控机房的播出设备进行升级改造，并正式投入使用。

2013 年 4 月，以突出梅县“三乡风采”“客家风情”为重点，对广播电台节目进行全面改版升级，主要是在播出栏目上增加专栏，在播放安排上增加播出时长、节目内容、节目容量，从而一改沿用多年的播放模式，使广播电台节目有了新气象，增强了广播节目的可听性、感染力和传播力。8 月，与中央电台合作开办《天下客家》栏目，实行每周一首播，周三、周五重播，大力宣扬客家人、客家事、客家风采，进一步增强媒体的本土特色。10 月 9 日，梅县区广播电视台重新开通了“梅县区广播电视台网站”。做到台网联动，在网站宣传上，突出视频内容特色，强化新闻资源优势，把“新闻资讯”作为网站的主要版块，开通了梅县新闻、梅县民声和专题 · 专栏链接，开通了网上报料热线，实现重大主题报道的最大化传播，形成了电台、电视和网站多渠道宣传的局面，使梅县的舆论宣传不再局限于本县受众，而是扩大了宣传平台，扩大了舆论传播效应。

2014 年，该台大力擦亮本台自办节目品牌，先后对电台、电视节目进行改版。一是改版电台节目，开通直播栏目。首先是改革电台管理。对电台进行大胆改革创新，充分借鉴广东人民广播电台、湛江人民广播电台的成功经验，7月1日正式与梅州市天音传媒公司合作，对电台采取广告代理的经营管理模式，即在保证导向正确、安全播出的前提下，除本地新闻外，本地电台的其他时段节目均由合作方统筹安排，合作方按年付给本台一定的频道资源费。其次是开通直播节目。双方合作后，对电台节目进行了全面改版，开通了电台直播栏目，使我台成为全市第一个开通直播广播节目的县级台，也为广大听众提供了更多资讯。二是改版电视节目，荧屏更为丰富。科学合理调整了播放时段，全部原有节目换上了新包装，《梅县民声》正式由“周三”新闻升级为“周五”新闻，《梅县新闻》改版后新增设《今日知多点》栏目，进一步增加了信息量，丰富了本地荧屏。

2015年，为办活自办频道节目，该台通过“两个三”的创新，对电视、电台节目进行改革创新。一是实行“三档节目融合”，对本台《梅县新闻》《梅县民声》和《今日知多点》三档新闻资讯栏目进行改革融合，把原来独立的《梅县民声》栏目并入《梅县新闻》中，实行“时政新闻+民声新闻+今日知多点”三档节目的融合，形成时长30分钟的权威资讯节目，有效增强新闻的整体性，提高了新闻影响力。二是实行“三项互惠合作”。为适应广播电视节目制播分离的大趋势，更好地盘活广播电视资源，增大广播电视的社会效益和经济效益，在广播电视宣传上实行了“三项合作”，即实行四档新栏目的合作，以打造“有观点的频道”为宗旨，1月15日，与湖南长沙中广天择传媒有限公司合作，精心包装推出《有话直说》《观点致胜》《记者再报告》《非常故事汇》等四档合作栏目，安排在本地综合频道播出；实行专题节目制播分离的尝试合作，与梅州市新梅互联科技有限公司合作，在保证本台收益的同时，将《车友》《球乡》《美丽梅县·乡村风采》三个专题节目的采编和广告招商承包给新梅互联公司，推进了本地节目的制播分离。实行电台节目的继续合作，在确保广播节目安全播出的前提下，继续与天音公司合作，由天音公司负责电台的经营管理，全力打造“私家车940”频率。

2016年，开设了《振兴发展·看梅县》《院士风采》《干群心连心》《企业上市谋发展》《精准扶贫在行动》《整治人居环境、共建美好家园》等10多个专栏。推出了城市扩容提质系列报道、中山大学粤东医院系列报道、梅县外国语学校系列报道、金柚电商销售系列报道、美丽城乡系列报道等10多个大型系列报道，充分反映了全区各级干部群众以奋发有为抓经济谋发展的精神状态。电台继续着力研发与编排新型广播节目形态，开辟梅州广播新模式：娱乐脱口秀节目《940下班路上》，加入了更多的事件同期声，一直稳居晚高峰收听的前列；王牌音乐节目《我的汽车会听歌》在每周四开辟专属的夜跑音乐推送，将广播线上的音乐伴随健身夜跑活动相互交织组合在一起，听众反响大，好评度高。梅县区广播电视台台长黄忠健被梅州市迎接国家卫生城市复审工作领导小组办公室评为先进个人。

2017年，优化城乡数字电视网络，对城区及94个行政村的有线电视网络进行升级改造，新架设改造主干电缆105.2公里，架设有线电视光纤线路74.33公里，新开通91个光节点；有线数字电视发展新装主机4211户，在册主机数为104603户。

2018年，建成本台至潮塘发射中心直达光纤线路，解决了原微波传输容易受天气、雷击损坏等问题。梅县区广播电视台副台长古志强被梅州市禁毒委员会评为2017—2018年梅州市全民禁毒工作先进个人。

3. 城区有线电视台

1990年12月，经省广播电视厅批准，设立梅县有线广播电视台，并与梅州市电视局合作共建城区有线电视网。同时，由市局贷款20万元，架设主干线5公里，网络为300兆赫兹。与市合并时，县有线电视用户3600多户，合并为1.2万多户，可同时收看中央电视台1—2套、岭南台、珠江台、梅州、梅州有线电视、梅县有线电视等7套电视节目。

潮塘发射塔（2018年12月）

1991年，元旦正式开播有线电视。

1992年，投资250多万元建起电视卫星地面接收站15个、电视差转台2个。10月，租用程江镇程江村委会办公房作有线电视前端机房，筹建设计带宽300兆赫兹的华侨城有线网络，用同轴电缆传送11套电视节目。年底，广播电视部正式批准梅县电视台的批文下达以后，县委、县政府十分重视，一方面出面筹集资金168多万元，另一方面协助选好城东潮塘龙岗山顶为电视发射台。

1993年，开通前往潮塘电视发射台公路，平整好电视发射台地基、架电线、建好水泵房，建成一幢90平方米的房子，建铁塔59米，主要设备300瓦的发射机到位，购进其他设施。有6个镇建好了有线电视站，使梅县开通有线电视的镇有17个，入户15800户。比上年有线电视入户3340户增加近4倍。其中松口有线电视入户率最高，达4200户。为帮助镇办有线电视，县广播电视局全年派出工程技术人员148人次到乡镇指导，新办起电视地面卫星接收站11个，新建1个电视差转台7部机。至年底，全县有地面卫星接收站42个、电视差转台66个、机器108部，总功率793瓦。

1994年，潮塘电视发射台建成并投入使用。与市有线网联网，传输电视节目20套。全县安装有线电视的镇由上年17个增至20个，用户由上年1.58万户增至2万户。全县拥有卫星电视接收站47个、电视差转台70个、机器110部、总功率1047瓦，调频转播电台11个、功率440瓦。

1995年3月，前端机房迁至华侨城香港大道20号。

1997年，整顿改造有线电视网络，共架设主干线123公里、支线140公里，改造主干线4.5公里、支线25公里，发展新用户6700多户。

1998年年底，新县城架设有线电视传输干线光纤线路皮长15公里，设置光节点9个。

1999年，梅县加快电视网络升级改造，在新县城及11个镇开通了有线电视光纤传输线路，大力提高有线电视入户率，全县全年入户4971户，有线电视用户51354户，提前1年完成梅县“九五”城乡有线电视发展用户计划。县广播电视局被省广播电视厅推荐评“全国广播电视工作先进单位”。

2000年，新县城有线网络升级改造基本完成，带宽由300兆赫兹至550兆赫兹，全县新架有线广播电视线路322.2公里，新发展用户4419户。筹措20多万元对广播电视节目的制作和播控设备进行充实和更新，传输电视节目30多套，广播电视综合人口覆盖率99.8%。

2001年，筹集资金400万元，投入全县广播电视事业建设，确保全县广电事业持续发展。县局新架电线路17公里，完成县有线与扶大联网的任务。新县城有线电视网络升级改造全面结束。

2002年，积极配合县委、县政府的工作部署，在205、206国道改造工程中，完成西桥圆盘至锭子桥圆盘等2处共3.5公里光纤线路和锭子桥至扶大3.3公里线路的迁移工程。还为建设中的梅县人民广场铺设地下有线电视线路。

2003年，对新县城锭子桥至扶大路口4.3公里的光纤主干线路进行迁移。配合招商引资工作，规划扶大民营工业园的有线电视线路，并架设主干线路3.8公里。继续抓好新建小区、楼盘的有线电视线路铺设和扩展程江镇长滩、大和三片等地的有线电视用户工作等。全县全年新架设有线电视电缆线路199.2公里，新通自然村3个，改造更新线路58.5公里，新发展用户2803户。

2004年，以网络为重点，舍得投入，加快整合网络资源。城区新架设有线电视电缆线路25公里，改造线路12公里，发展有线电视用户1600多户。投入8万多元架设工业园区的有线电视线路。投入10多万元在新县城增设3处有线网光节点，进一步提高新县城有线电视收视质量。

2005年，进一步优化新县城有线电视网络结构，共架设电缆线路40多公里，改造线路12公里，为发展新用户打好基础。全面升级程江有线台电脑收费系统。县广播电视台被南方广播影视传媒集团评为先进单位。

2006年，制订梅县有线数字电视整体平移工程项目可行性研究方案。

2007年，进一步优化新县城有线电视网络结构，整体规划梅县城区有线电视光纤传输网络，筹集资金80多万元将宪梓大道原架空光（电）缆和大新城部分区域改为埋地管道铺设，首期铺设埋地管道5.5公里，铺设光缆约1.8万米（皮长），开通城区光节点30个。改造后，使光纤传输网络更规范，为数字电视发展打好坚实基础。

2008年，抓好大新城光缆线路落地的改造，投入110万元，架设城区盘古花园、锦发花园、腾飞花园、金贵花园、五洲花园、怡迪苑等新建小区有线电视网络50多个，新增有线电视用户3060户，有效拓展有线电视用户数，为数字电视发展打好坚实基础。县广播电视台被省传媒集团评为“广播电视创新发展先进单位”一等奖。

2009年，做好城区有线电视数字化整体转换工作，继续加快推进新县城有线电视网络建设步伐。加大基层站网络改造力度，全县基层网络架设光缆线路20公里，开通了光接收点11个。完善广播电视设备设施；做好无线覆盖工程，针对中央关于加强无线覆盖工作的要求，积极做好潮塘发射中心铁塔更新改造工程的各项准备工作；全县有电视卫星接收站49座，有线电视用户4.5万户，有线广播电视覆盖率100%。初步形成以广播电视宣传为主体，以广告经营和网络经营为支柱的发展格局。

2010 年，做好城区有线电视数字化整体转换工作，加快推进新县城有线电视网络建设步伐，拓展电视新用户和切实提高电视播出质量。

2011 年，梅县广播电视台筹资 200 多万元，新建潮塘发射铁塔，提高了广播电视长线覆盖率；投入 200 万元，新建松口机房站址，不但改写了松口广播电视站有站无址的历史，而且成为全市首家具有标志性建筑物的基层广播电视站。

2012 年，在城区 30 多个新建小区架设电缆线路 20 多公里，架设光缆线路 12 公里，新开通体育场（馆）等光接收点 9 个。完成宪梓大道埋地管道的贯通，有力推进城区有线电视网络的管网规范化建设。

2014 年，全面实行乡镇数字电视整转，以“成熟一村、整转一村”为原则，于 11 月底提前完成全区乡镇数字电视整转任务。整转后，全区乡镇在册用户由 4.8 万户增加到 5.2 万户，城区用户 46640 台、副机 12625 台，让更多群众看上了数字电视。

梅县区广播电视台播控中心（2014 年）

2017 年，构建有线数字电视业务微信办理平台，既方便用户办理缴费、报装有线数字电视业务，又大大提高了该台微信公众号的关注度。

2018 年，大力推进数字电视网络建设，投入资金 950 多万元完善基础设施建设，对新建小区网络线路按照光纤入户、老旧小区采用光纤—同轴电缆混合网改造的方式的标准实施架设，对有条件的小区可接入高清交互数字电视。

4. 录像放映和电视管理

1982 年年初起，县城只有少许私人经营录像放映，后来发展至一些单位（包括农村文化站）有录像放映。

1984 年 11 月，县广播电视局成立音像管理小组，并指定专人负责此项工作。

至 1985 年年初，全县有录像放映场（点）135 个，其中部分场点经营作风差，甚至有少数场点放映淫秽录像，广播电视部门多次与宣传、公安、文化、工商、物价等单位对城乡音像放映场（点）进行整顿。

1987 年，经过几年的清理整顿后，全县有放映录像场（点）22 个。

1988 年，县委宣传部发出《关于有线广播线路移交乡（镇）政府管理和使用的通知》。

1989 年，做好有线广播电视移交乡镇管理和体制改革工作。

2001 年，加强对卫星地面接收设备管理和有线电视稽查工作。梅县广播电视部门不断加强对卫星地面接收设备管理，对全县范围内接收境外卫星电视情况进行了一次普查，配合市国安局等有关部门，对新县城私接境外卫星电视情况进行检查。同时，进一步加大稽查力度，共查有线电视用户 4500 多户，其中：查出私接有线电视信号的用户 180 多户，按有关规定强制办理入户 150 户，罚款处理 130 多户，查核报停和未交月租费已停的 524 户，挽回经济损失 10 多万元。

2002 年，加强对卫星地面接收设备管理和有线电视稽查工作。梅县广播电视部门不断加强对卫星地面接收设备管理，对全县范围内接收境外卫星电视情况进行了 1 次普查。配合县公安局刑警大队侦破 1 宗发生在程江镇长滩村的故意损坏通信设备的案件，保证了广播电视设施安全和有线电视节目正常传输。同时，进一步加大稽查力度，共稽查有线电视用户 4850 户，查出私拉私接有线电视信号的黑户 237 户，强制办理入户 150 户，接受罚款处理 70 户，查核报停和未交月租费已停的用户 500 多户，挽回经济损失 10 多万元。

2003 年，整合有线网络资源，稳步推进广播电视事业建设。梅县广播电视部门加快全县城乡网络资源的整合和发展，加快技术设备更新改造步伐，提高网络运行质量，完善技术维护手段，全面提升广播电视技术含量和水平，确保安全播出。建立应急预案，做好安全播出记录，完成县局和松口站有线机房的节目调整，大部分节目实现与市局光纤联网，接收的卫视节目采用前端实时监看。加强有线网络巡查，机房实行 24 小时值班制度，重大、重要播出期和黄金时段，播出部门实行双班双岗，技术人员跟班维护。梅县广播电视部门不断加强对卫星地面接收设备管理，对全县范围内接收境外卫星电视情况进行一次普查。组织力量对全县各镇电视差转台运行状况进行全面清查。同时进一步加大稽查力度，全年稽查有线电视用户 4000 多户，查出私拉电视信号的“黑户”200 多户，强制办理入户 100 户，挽回经济损失 8 万多元，促进广播电视事业的健康发展。先后制定《有线电视维护安装人员管理制度》《关于提高服务质量的八项措施》等制度和措施，加强行业管理。

（四）镇广播电视站

1980 年至 1985 年，由于农村经济体制的改变和人民生活水平的提高，收（录）音机、电视机陆续进入各居民、农户，有线广播通播率下降，喇叭减少。1980 年，隆文镇和丙村镇煤矿分别兴建 3 瓦和 1 瓦小功率电视转播台 1 座，成为梅县境内最早的电视转播台。1983 年，有基层广播站 33 个，有专（兼）职广播员（值机员）64 人。

至 1985 年年底，梅县市 36 个区（镇），有 33 个区（镇）建有广播站；273 个乡有 127 个乡（占 46.5%）通广播，广播喇叭减少至 1.14 万只。其中城镇 620 只，农村 1.08 万只。县城至区（镇）广播干线（水泥杆线路）385 公里。区（镇）至乡、村广播支线 1036 公里，其中水泥杆线路 438 公里、杉（杂）木杆线路 598 公里。

随着改革开放的进一步深入和城乡群众日益高涨的求知、求富、求乐的实际要求，1986 年起，广播电视事业有了新的发展，先后建起 100 瓦立体声调频台 1 座，设置调频广播讯号接收站 18 个，购置一批广播设备，梅县市广播事业形成一个多层次、多渠道的广播网络。广播通播率 70%左右。

1986 年，加快农村各区、镇小功率差转台的发展，全市农村有电视差转台 32 个，比上年增加 9 个，覆盖率 80%。恢复畲江、西阳 2 个区的有线广播。

1987 年，全县有丙村、城东、水车、松口、三乡、桃尧、白宫、西阳氮肥厂、梅南林场、松源、雁洋等 47 座小功率电视差转台，总功率 347 瓦，其中：50 瓦发射机 1 台，10

瓦发射机 27 台，3 瓦发射机 15 台，1 瓦发射机 4 台。雁洋、松口等乡镇还建立起卫星电视地面接收站。全县有 45%以上的地区可收看到中央台 1 套节目，75%以上的地区可收看到岭南台、珠江台、中央台 3 套，电视覆盖率 90%。梅县市建有小片广播网 120 个，有基层广播站 33 个，其中乡站 7 个、镇站 26 个，有基层专（兼）职人员 84 人。

1988 年，广播电视局把主要的业务工作做到基层。各乡镇建成电视差转台 64 座、卫星接收站 4 个（比上年增加 3 个），提高电视覆盖率。乡镇有线广播发展较快的有松北、瑶上、扶大、松南，通播率达 90%以上。1988 年年底，把县专线移交给乡政府管理和使用，有力地支持乡镇的有线广播事业。

1989 年，架设电视差转机 72 座，电视覆盖率 98%。

1990 年，乡镇电视差转台发展迅速，省拨给梅县电视差转机 3 部并安装使用，自筹新建地面卫星接收站 5 个，电视差转台 7 个。在松北乡安装调频转播台，发展调频喇叭。梅县拥有地面卫星接收站 11 个、电视差转台 60 个，安装电视差转机 80 部，实现了广播电视覆盖率达到 90%的目标。

1992 年，随着电视的不断增加和普及，为了加强管理和更好地服务群众，丙村、雁洋、石扇、南口、程江、瑶上、城东、松口、松北、松南、白宫等 11 个乡镇安装了有线电视，梅县卫星地面接收站达到 31 个，电视差转台达到 67 个，差转机达到 101 部，调频广播电台达到 8 个，70%的管理区建起了小片广播、电视，广播覆盖率均达到 90%以上。各乡镇党委为了活跃和丰富山区群众的文化生活，舍得投资搞广播、文化、电视等阵地设施建设。如城东镇党委投资 56 万元，用于充实镇文化活动中心的各项设备、发展有线电视、管理区文化阵地建设等；三乡镇在省社教工作组的帮助下新安装电视差转机 1 台；松口镇、松北乡、松南乡发扬协作精神，联合建起有线电视网络；瑶上镇投资 20 万元安装了有线电视。乡镇广播人员基本工资列入财政预算，由地方财政拨给。

1993 年 10 月，全县 26 个镇分别成立广播电视站。10 月 11 日，广东省梅县机构编制委员会文件印发《关于下达梅县镇广播电视站人员编制的通知》，定性乡镇广播电视站为全民所有制事业单位，核定全县乡镇广播电视站人员编制为 175 名。

1994 年，各镇不断发展城镇有线电视网络，积极筹资兴建有线电视站，购买电视各项设施，并做好电视入户工作。新办有线电视的镇有松源、水车、梅南等镇。全县安装有线电视的镇由上年 17 个增至 20 个，新增 3 个，入户由上年 1.58 万户增至 2 万户，新增 4200 户，新建卫星电视地面接收站 4 个、调频广播电台 2 个，至年底，全县有卫星电视地面接收站 47 个、电视差转台 70 个、110 部机，总功率 1047 瓦。

1995 年，桃尧镇、梅西镇、松源镇的宝坑、城东的玉水相继建成有线电视站，开通有线电视的镇由上年的 20 个增至 22 个，新增 2 个，入户数由上年的 2 万户增至 2.8 万户，新增 8000 户。11 月 29 日，广东省梅县机构编制委员会文件印发《关于同意设立松口地区广播电视站的批复》，同意撤销松口、松东、松南 3 个镇的广播电视站，设立梅县松口地区广播电视站，定为股级事业单位，核定编制 10 名，原松口、松东、松南 3 个镇站的在编正式人员全部划归松口地区广播电视站，负责管理和发展松口、松东、松南 3 个镇的有线电视和调频广播，隶属县广播电视局领导。

1996 年，新开通有线电视的镇有荷泗、径义、三乡、石坑等 4 个镇，使开通有线电视的镇由上年的 22 个增至 26 个，实现全县各镇皆开通有线电视的目标。全县农村有线电视新发展用户 5350 户，使入户数由上年的 2.8 万户增至 3.35 万户，有 16 个镇传送节目 10 套以上、10 个镇传送 8 套以上。松口站投入 45 万元购买一条高清晰度摄像枪、一台电脑字幕机等设备。全县 1/3 的镇配置了电视摄像枪、编辑设备和字幕机。

1997 年，在松口站安装小微波差转，解决部分地方收转县电视台信号难的问题。

1998 年，为加强农村广播电视的管理，县委宣传部发出《关于加强农村广播电视事业管理的通知》，梅州市广播电视局转发各县市区，给予推广。全年坚持“质量第一，用户至上”的宗旨，有线电视用户不断扩展。全县新架设有线电视线路 208 公里，发展用户 5385 户，拥有有线电视用户 59353 户。年底，县广播电视局在程江镇三大片架设有线电视网络，使程江镇的大和、大塘、大沙、浒州等管理区群众能够看上有线电视节目。

1999 年，争取上级支持，拨给“村村通”主要设备 20 套，积极组织力量，筹集配套资金和器材，扶持山区村，做好了测点和设备安装、调试工作，解决电视盲点，梅县成为全市第一个实现“村村通”的县，全省排行第六位。解决山区群众收听、收看广播电视难的问题。在新县城、城东、石扇、丙村、雁洋、松口、西阳、白宫、大坪、梅西等 11 个镇开通了有线电视光纤传输线路，皮长 130 公里，全县新架设有线电视线路 279.8 公里，新增用户 4971 户，提前 1 年超额完成梅县“九五”城乡有线电视发展用户计划，全县广播电视综合人口覆盖率 99.8%。

2000 年，抓好无线有效覆盖的扩大和有线发展的巩固提高。在县委、县政府的支持下，投资新建桃尧黄沙电视差转台，解决松源、隆文、桃尧 3 个镇群众多年收看梅县电视台节目难的问题。县镇两级筹集资金 20 万元，扫除石坑岭村、梅西均田等 9 个村电视“盲点”。3 月 10 日，广东省梅县机构编制委员会文件印发《关于同意“梅县松口地区广播电视站”更名为“梅县广播电视局松口广播电视站”的批复》，梅县松口地区广播电视站正式更名为梅县广播电视局松口广播电视站。全县在原基础上撤销合并不合理的点，对收听、收看效果较差的地方设置调频转播台 10 个，共用天线系统 43 个（其中 20 套是省拨“村村通”小前端），卫星电视地面接收站 74 个，全县收看中央 1 套节目的覆盖率 99.8%。至年底，全县城乡先后办起有线电视站 24 个和共用天线系统 43 个，以同轴电缆形式实行区域性多节目覆盖，其中新县城、松口、丙村、雁洋等 11 个镇与梅州有线广播电视台实行光纤联网，占全县乡镇总数的 40%，松口圩镇有线电视主干线和分支主线的升级改造完成 5.66 公里和 2.88 公里。全县抓住组建广东广播电视网络传输有限公司的大好时机，实施优惠政策和优质服务承诺制，加快有线电视的发展。新架设有线广播电视线路 322.3 公里，发展用户 4419 户。光纤线路皮长 150 公里。有 16 个镇收看电视节目 10 套以上、10 个镇收看电视节目 8 套以上。

2001 年，完成广播电视“村村通”任务后，全县广播电视工作重点是“村村通”分站的管理，逐步建立规范的管理维护和监督检查机制，在组织措施、维护要求、资金设备等方面，加大对“村村通”的投入力度。对“村村通”分站实行县局、镇站、村委会三级负责的管理方法，县局定期或不定期对“村村通”分站给予指导和支持，及时帮助解决巩固发展中遇到的困难，9个“村村通”分站普遍配备了专职或兼职管理人员，制定管理规定并上墙公布，建立用户账册，加强管理，9个分站的用户由上年的286户增至477户。全年新架设有线电视干线和支线300多公里，其中畲江100多公里、城东30多公里、石坑20多公里，新通自然村43个，其中畲江18个、瑶上13个，新发展用户3600多户，其中畲江750户。全县维修更新干线和支线160多公里；镇级广播电视站的有线电视节目传输套数增多，可收视20套以上的有8个镇、15套以上的有7个镇，其余的均在10套以上。松口站圩镇的网改升级完成，有线电视收视质量明显提高。充分发挥县、镇两级技术人员的积极性，加强对设备、设施的检查维修，确保正常播出，预防和减少事故的发生。

2002年，县局新架设电缆线路21.9公里，完成县有线至程江长滩、程江三大片和南口镇的光纤联网线路架设，松口至松东中江、松南横山的有线电视网络主线路光纤改造工程顺利完成。全县（不含新县城有线网络）新架设有线电视干线和支线169.3公里，其中新通自然村29个、新发展用户1450户。全县维修更新干线和专线163公里。镇级广播电视站的有线电视节目传输套数稳中有增，可收视20套以上的有8个镇、15套以上的有15个镇、其余的均在10套以上。加强对设备、设施的检查维修，确保正常播出，预防和减少事故的发生。

2003年，抓好“村村通广播电视”工程巩固和完善工作，加强对各“村村通”站点的管理，加大投入力度，实现“机构、制度、人员、经费”四落实，确保让党和国家的声音传入千家万户，丰富山区群众的精神文化生活。完成大坪镇站到三台村，松口镇站至仙溪村、大涧村，丙村镇站到芦陵村的有线电视网络建设；镇级广播电视站的有线电视节目传输套数稳中有增，可收视20套以上节目的有8个镇、15套以上的15个镇、其余的均在12套以上。全县有镇广播电视站25个，在全县镇级广播电视站开展行风评议工作，加强广播电视工作人员的思想作风、工作作风的建设，树立广播电视系统良好的行业形象，规范队伍行为，促进事业发展。

2004年5月，根据梅州市政府办公室梅市府办文件精神，梅县人民政府办公室印发《转发县广播电视局关于对镇级广播电视站实行垂直管理的实施方案的通知》，转变全县镇级广播电视站管理体制，各镇广播电视站为梅县广播电视局的派出机构，负责各镇广播电视的管理、维护等服务工作，实行独立经营、自负盈亏的管理体制。9月3日，广东省梅县机构编制委员会文件，同意将各镇广播电视站统一更名为“梅县广播电视局××广播电视站”。更名后，各广播电视站的管理体制和工作职责按梅府办文件规定执行，机构性质、机构级别和人员编制不变。此后，对全县19个镇有线电视站进行收编，纳入县统一直接管理，切实抓好有线电视网络建设。是年，投入50多万元，架设松口站至梅教片、松南片的光缆35公里。投入100多万元，搭建县至镇统一节目信号传输平台，使山区群众收看到20套的电视节目。

2005年，对镇广播电视垂直管理后，针对大部分镇村网络残旧，收视质量下降的问题，投入大量资金，对白渡、畲江、南口、扶大、水车、城东、松源等镇进行有线网络更新改造，切实提高有线电视的收视质量。做好S223线公路建设征地拆迁中有线电视迁移工作。搭建基层站节目平台，由县台向基层站统一传输有线电视节目。

2006年，统筹规划网络资源，做好“村村通”工作。制订出《梅县50户以上已通电自然村“村村通”广播电视工程建设方案》，采用光纤联网、电缆分配入户的方式进行有线电视覆盖。全县投入600多万元，架设光缆线路50多公里，改造同轴电缆线路150多公里，特别是为白渡镇长田村，投入约26万元开通光节点，架设光纤线路10多公里，当地村民专程送来一面“播种文明，声屏生色”的锦旗。完成“广播电视村村通”任务。在规定的时间内完成工程建设任务，解决近300户1200多人看电视难的问题。2006年1月至5月，开通村级光节点14个，架设和改造基层网络光缆约20公里、电缆约30公里。至年底，全县开通光节点128个，其中基层站20个、城区21个、村级87个，全县实现县至镇光纤联网和部分村光纤联网，既丰富电视节目，提高传输质量，又保障安全播出。

2007年，全县各基层站共架设光缆线路50多公里，新建光缆传输光节点8个、租用光缆传输光节点8个。至年底，全县有光缆传输光节点160多个，实现了县至20个镇中心站的光纤联网，使光纤联网覆盖率镇级达100%、行政村达91%、自然村达86%，真正实现全县“一张网”的目标，确保信号传输安全。

2008年，把有线网络整合提高节目传输质量作为民心工程抓紧抓好。全年全县架设光缆线路50多公里，城区新建光缆传输光节点15个，基层站新建光缆传输光节点16个。全县有光缆传输光节点180多个，实现了县城至全县20个镇中心站的光纤联网，使光纤联网覆盖率镇级达100%、行政村达92%，真正实现全县“一张网”的目标，确保信号传输安全。开展“广东20户以上已通电自然村，村村通广播电视建设任务”的验收工作。

2009年，做好松口广播电视站机房站址筹建工作。

2010年，梅县加快城乡广播电视网络资源的整合和发展，稳步推进广电事业的发展，统筹规划网络资源，抓好基层网络建设，完成“广播电视村村通”和无线覆盖任务。

2011年，扎实做好镇村数字电视整改前期工程，投入380万元，对全县镇村一级部分残旧的有线电视网络进行改造和优化，延伸光缆90公里，更换老化的网络线路80公里，增设光节点17个，对县至镇联网的数字信号进行设备安装调试。同时投入10多万元，采购电脑、桌、凳等配套设备，改善基层站电子办公条件。投入150多万元，实施松口机房站址新建工程。通过实施“三项工程”，提高梅县广电事业的软硬件设施水平。

2012年，加大对“私网”的收编力度，理顺雁洋镇南福村等村的有线电视网络管理体制，并对其网络进行重新布局。同时，对白渡、丙村等镇的有线电视网实行升级改造，进一步完善、优化有线电视网络。继续实施好广播电视“村村通”工程，采取“户户通”方式（广播电视卫星地面接收设施），全面完成石坑镇杨化村、梅西镇盛塘村、三益村等3个村41户的“村村通”工程建设任务，解决当地群众看电视难问题。

2013年，投入20万元，对广播机房升级改造，使广播电视安全播出硬件基础得到巩固。投入近300万元，对全县有线电视网络进行升级改造，巩固和发展了城区数字电视用户，顺利启动了乡镇数字电视整转工作，首期开展整转的扶大镇、程江镇的农村片区和丙村、白渡、畲江等镇的整转反响良好。此外，根据省广电局要求，配合做好了全县1.68万户“广播电视户户通”的调查摸底、入户安装等工作。通过有线网络和“户户通”工程，进一步巩固和扩大了广播电视网络阵地。

2014 年，乡镇数字电视整转被列为梅县区的重点民生工程。在上年乡镇数字电视整转试点工作的基础上，本年度区广播电视台全面推进了乡镇数字电视整转工作。根据乡镇数字电视整转的网络要求，各基层广播电视站大力进行网络升级改造，全区乡镇累计完成 105 公里光缆、110 多公里主干线电缆改造，在城东、大坪、石扇、梅西等地开通了光节点 56 个，为乡镇数字电视整转打好基础；至 11 月底，梅县区提前完成乡镇数字电视整转任务。整转前全区乡镇原在册用户 4.8 万户，整转后用户为 5.2 万多户，城区用户 46640 台、副机 12625 台，让更多群众看上了数字电视。

2015 年，对全区城乡有线电视网络进行升级改造，全年新架设改造光缆线路 138.9 公里、电缆线路 315 公里，全区新开通光节点 103 个。实施城区管网建设，区广播电视台配合区委、区政府完成人民北路、客都大桥连接进城大道、国道城东段、新县城进城大道、府前路公交车站等线路管道迁移，做好剑英大道、外国语学校等地的管道建设。全年新建管道 417 米、顶管 110 米，铺设子管 4695 米。积极发展镇村电视用户，把丙村镇庐陵和旋风、大坪镇三台以及松口镇蓬上、蓬下等 3 个镇 5 个村原私网收归台（站）统一管理。新开通南口镇长山和维山、梅南镇上村、水车镇灯塔、松口镇横西、德化、径礤 7 个行政村的有线数字电视信号。

2016 年，区广播电视台把网络工作重心放在优质服务上。梅州市梅县区文广视讯传媒有限公司以投入网络基础建设、优化网络来巩固老用户、发展新用户。全年新架设、改造光缆线路 88 公里、电缆线路 189 公里。乡镇架设光缆线路 65 公里，新开通光节点 48 个、主干线电缆 124 公里。配合区委、区政府基本完成梅畲快速干线、梅汕高铁、X026、X969、X023、X010 线道路改造涉及的管线迁移、松口官坪防堤、205 国道盛富公司等的管线迁移工作。配合政府做好雁洋三乡国际慢城建设的线路迁移改造工作，覆盖丙村镇雷锋村、松口镇富坑村、南口镇荷泗东坑村、蕉坑村共 4 个有线电视盲点村的有线电视网络，发展用户 150 多户。

2017 年，优化城乡数字电视网络，对 94 个行政村的有线电视网络进行升级改造，新架设改造主干电缆 105.2 公里，架设有线电视光纤线路 74.33 公里，新开通光节点 91 个。全区有线数字电视发展新装主机 4211 户，在册主机数为 104603 户。

2018 年，完成城东、松口 2 个传输信号枢纽的自建光缆联网。建成区广播电视台至潮塘发射中心直达光纤线路，解决原微波传输容易受天气、雷击损坏等问题。全年城乡架设有线数字电视光缆线路 168.5 公里，改造架设主干电缆 97 公里，开通光节点 122 个，新增野外光交箱 9 个，使全区数字电视信号传输更加稳定。全区有卫星电视地面接收站 8 座、有线电视广播站 19 个，有数字电视用户 9.9 万户。全区电视综合人口覆盖率 100%，广播综合人口覆盖率 100%。

1999年至2012年梅县区广播电视台获得国家（部）级奖情况表

表3-8

序号	时间	获奖名称	评奖单位
1	1999年	全国广播电影电视系统先进集体	中华人民共和国人事部、国家广播电影电视总局
2	2008年	全国广播电影电视系统先进集体	中华人民共和国人事部、国家广播电影电视总局
3	2010年	2009—2010年度文化惠民工程工作先进单位	全国县域经济研究中心
4	2012年	2011年全国文化惠民工程宣传工作先进单位	全国县域经济研究中心

1998年至2015年梅县区广播电视台获得省（厅局）级奖情况表

表3-9

序号	颁奖时间	获奖名称	评奖单位
1	1998年	广东省全民健身活动月报道奖	广东省体育运动委员会
2	2000年	广东省广播电视先进县（市）	广东省广播电影电视局
3	2006年	2005年度县级广播电视先进单位	广东省南方传媒集团
4	2007年	2006年度事业发展先进单位	广东省南方传媒集团
5	2007年	十七大广播电视安全播出先进典型单位	广东省南方传媒集团
6	2008年	事业改革发展先进单位	南方广播影视传媒集团
7	2009年	2008年度广播电视创新发展先进单位一等奖	广东省南方传媒集团
8	2010年	2009年度广播电视事业发展先进奖	南方广播影视传媒集团
9	2011年	2010年度广播电视创新管理奖	南方广播影视传媒集团
10	2011年	广东省基层宣传文化工作先进单位	广东省委宣传部、省文化厅、省广播电影电视局、省新闻出版局
11	2012年	2011年度广播电视先进单位	广东南方广播影视传媒集团
12	2012年	十八大安全播出奖	广东省广播电视网络股份有限公司
13	2013年	十八大广播电视安全播出先进单位	广东南方广播影视传媒集团
14	2013年	2013年度广东省诚信守法创新经营先进单位	广东省广告协会
15	2014年	2013年度安全播出优秀单位	广东南方广播影视传媒集团
16	2014年	2014年度广东省诚信守法、创新经营先进单位	广东省广告协会
17	2015年	广东省广播电视公益广告二类优秀传播机构	广东省新闻出版广电局

2000年至2018年梅县区广播电视台获得市（处）级奖情况表

表3-10

序号	时间	获奖名称	评奖单位
1	2000年	梅州市扶贫“两大会战”先进单位	中共梅州市委、梅州市人民政府
2	2005年	梅州市文明单位	中共梅州市委、梅州市人民政府
3	2006年	广播电视工作二等奖	梅州市广播电视台
4	2008年	广播电视工作一等奖	梅州市广播电视台
5	2009年	广播电视工作一等奖	梅州市广播电视台
6	2009年	梅州市文明单位	梅州市文明委
7	2010年	广播电视宣传工作二等奖	梅州市广播电视台
8	2011年	2010年度网络事业发展三等奖	广东省网络公司梅州分公司
9	2011年	梅州市文明单位	中共梅州市委、梅州市人民政府
10	2012年	“网络事业发展奖”二等奖	梅州市广播电视台
11	2012年	“新闻宣传工作奖”二等奖	梅州市广播电视台
12	2012年	2011年梅州市创建广东省教育强市工作先进集体	中共梅州市委、梅州市人民政府
13	2014年	2013年广播电视工作一等奖	梅州市广播电视台
14	2016年	梅州市巩固国家卫生城市工作先进单位	梅州市迎接国家卫生城市复审工作领导小组办公室
15	2018年	先进党（总）支部	中共梅州市梅县区委

五、宣传文艺股（加挂区国防教育办公室牌子）

宣传文艺股职能：负责规划和指导全区新闻单位的舆论宣传工作；负责党的方针政策宣传、国际国内形势宣传和各项重大活动社会宣传的组织、协调；负责城乡群众思想教育工作的组织、协调；负责国防教育的组织、协调工作，组织全区性的国防教育活动；负责党的文艺方针政策的宣传贯彻，指导协调文化艺术创作生产；负责与文化艺术部门的业务联系；指导、协调文艺体制改革等方面的工作；组织协调一些重大文艺活动和群众文化活动的开展。

2012年，紧紧围绕中共十八大的召开，做好氛围营造、舆论引导的工作。一是以宣传栏、黑板报、标语横额等多种形式，大张旗鼓地宣传中共十八大及广东精神。二是在县电视台、电台设立专栏，及时报道各单位学习贯彻十八大精神的情况，积极营造学习、宣传、贯彻的良好氛围。三是以《梅县宣传》、梅县宣传网为平台，开设专刊、专栏，拓宽十八大的宣传渠道，使之家喻户晓。

活动形式多样化。一是组织“庆国庆·迎十八大”梅县和珠海金湾区两地文学艺术交流，展示两地书法艺术创作成果，以笔代言，翰墨颂党恩。二是举办“喜迎十八大图片展”，以此抒怀歌颂党、歌颂祖国、歌颂社会主义，赞美家乡梅县自然风光和改革开放取得的辉煌成就。三是举办以歌颂党为主题的文艺宣传活动。在雁洋镇文化活动中心广场举行了梅县“迎中秋·庆国庆”的山歌文艺晚会；在城东、隆文等镇分别举行了“喜迎十八大”专题文艺晚会。同时，将十八大召开的信息及时传递给广大人民群众，进一步凝心聚力，激发全县人民站在新起点的干事创业热情，为全县经济社会又好又快发展做出更大的贡献。

2013 年，突出学习宣传贯彻中共十八大精神，扎实开展中国特色社会主义宣传教育。一是结合中共十八大精神，印发《梅县中国特色社会主义宣传教育工作实施方案》，各部门联动协作，把宣传教育工作与贯彻落实县委的重大决策部署紧密结合，为实现“加快转型升级，建设宜居梅县”核心任务提供强大的精神动力。二是深化对全面建成小康社会和实现中华民族伟大复兴“中国梦”的认识。成立“共筑中国梦”宣讲团，在全县范围内开展“共筑中国梦”百姓宣讲教育活动，组织全县副科职以上领导干部聆听了由市委宣讲团团长张广珍主讲的“共筑中国梦”的专题报告会，组织基层宣传委员进行培训等方式，掀起了活动的高潮。三是组织党员干部参加梅州市践行社会主义核心价值观演讲比赛，积极营造实现中华民族伟大复兴的“中国梦”，加快振兴发展的良好氛围。

社会舆论导向良好。一是加强舆论引导，深入宣传县委、县政府关于加强民生保障的重大政策，认真做好重大事件、重要活动的宣传报道和舆论引导工作，把好宣传关口。二是做好教育、医疗、就业、食品安全等民生问题的引导，发挥好舆论监督的建设性作用，着力解疑释惑、疏导情绪，消除诱发矛盾的负面因素。三是成功开办《梅县民声》栏目，推出记者走基层系列节目——《不虚此行》专栏。办活《梅县新闻》，新开设《美丽乡村行》专栏和《卫生与健康》《邀您游梅县》等专题及“幸福梅县”系列宣传，不断扩大舆论宣传影响力。通过《幸福梅县行》栏目组，把木偶戏、松口山歌、竹板歌等传统客家文化与构建和谐社会有机结合。

主题宣传活动丰富。以中共十八大精神为主线，以实现“中国梦”为重点，围绕“争当全省生态文明建设排头兵，创建山区科学发展示范县”的发展目标，充分借助“梅州月·中华情”中秋晚会、2013 年梅州雁鸣湖国际铁人三项赛、金柚飘香招商会、中国全地形车锦标赛（梅州站）等各项大型活动，以梅县区秀丽的自然风光为依托，淳朴的民风民俗和悠久的客家历史文化为特色，打响“叶帅故里、客都明珠”这张品牌，强势宣传和塑造梅县区新形象。同时，加大了中央苏区县、创建广东梅州文化旅游特色区雁洋核心区、新农村建设、创先争优、排头兵主题实践、综治、计育、食品安全、节能节电、环保、纪律教育月、科技进步月、禁毒、国土知识、法规、种烟、消防等社会宣传力度，形成强大的舆论宣传攻势。

2014 年，坚持团结稳定鼓劲、正面宣传为主，注重把握正确导向，有效引导社会热点，唱响主旋律、激发正能量。深入宣传贯彻全面深化改革、全面推进依法治国和促进粤东西北振兴发展“一个目标、三大抓手、两条底线”发展战略，宣传梅县区各行业加快发展的新思路、新举措、新成效，增强主流媒体舆论引导能力；着力做好重点项目的报道，及时准确报道雁洋核心区建设、三城三区、嘉应新区建设、粤东医院、汽车城、富力城、梅县外国语学校以及一批招商引资项目等的建设进展情况；做好“中国梦”和社会主义核心价值观的社会宣传工作，加大区委、区政府关于加强民生保障的重大政策社会宣传力度，做好重大事件、重要活动的宣传报道，做好教育、医疗、就业、食品安全等民生问题的舆论引导，着力解疑释惑、疏导情绪，把好宣传关口，牢牢掌握工作的领导权、话语权。

2015年，深入宣传贯彻“四个全面”建设和促进粤东西北振兴发展“一个目标、三大抓手、两条底线”发展战略以及宣传梅县区各行业加快发展的新思路、新举措、新成效，增强主流媒体舆论引导能力；加大区委、区政府关于加强民生保障的重大政策社会宣传力度，继续做好重大事件、重要活动的宣传报道，继续做好教育、医疗、就业、食品安全等民生问题的舆论引导工作。

2016年，紧贴中心，社会宣传工作扎实有效。全力做好推动“一区两带”建设、城市扩容提质、推进重点项目等各项中心工作的宣传报道，策划《扭紧三大抓手，加快振兴发展》《开好局，起好步》《红色苏区行》等10多个专题专栏和系列报道。举办“奋发有为·振兴跨越——迎‘七一’梅县区‘十二五’发展成果图片展”，集中全面展示梅县区在“十二五”时期取得的一系列辉煌成就。组织区木偶传习所、广东客客龙文化传播有限公司、广东雁归来养生产业有限公司等3家企业，参加第十二届中国（深圳）国际文化产业博览交易会。选拔华侨中学合唱队和3名歌手参加“永远跟党走——广东省第十二届‘百歌颂中华’歌咏活动”。组织首届“聚焦微影像，放飞中国梦”微电影大赛评选颁奖工作，启动“客都明珠·美丽梅县”第二届梅县区微电影大赛。认真做好创建国家环境保护模范城市、创建卫生强区、创建省级慢性非传染性疾病综合防控示范区等活动的社会宣传工作。

2017年，社会宣传工作扎实有效。一是全力做好学习宣传贯彻落实中共十九大精神、习近平总书记对广东重要批示精神、省第十二次党代会精神、区“两会”精神的专题系列报道，使会议精神家喻户晓、深入民心，推动全区干部切实把思想和行动统一到中央和省、市、区委的决策部署上来，更加奋发有为做好梅县区各项工作。二是紧紧围绕梅县区争当振兴发展和“一区两带六组团”建设排头兵的部署，加强对推进改革创新、城市扩容提质、重点项目建设、社会民生福祉、精准扶贫、精准脱贫、社会主义新农村建设等各项中心工作的宣传报道，策划开设《喜迎中共十九大》《中共十九大精神系列报道》《改革发展惠民生》《振兴发展看梅县》《争创新业绩当好排头兵》《精准扶贫见行动》《学习习总书记重要批示精神》《四创联动》《创文你我他》《客商、院士访谈专栏》等13个专栏和系列报道，为区委、区政府中心工作的开展营造良好的舆论氛围。三是全力配合央视中文国际频道筹拍大型纪录片《记住乡愁》第三季48集《松口镇——客家古镇 桑梓情深》，更好展示松口人回报桑梓的家国情怀和弘扬客家优秀传统文化。四是组织举行“客都明珠·美丽梅县”第二届微电影大赛评奖颁奖暨第三届微电影大赛启动仪式，通过深入挖掘题材、创作优秀作品，大力提升梅县区知名度。五是认真做好创建国家森林城市、全国文明城市、国家全域旅游示范市、国家环保模范城市“四创联动”和创建省级慢性非传染性疾病综合防控示范区、“创国家环境保护模范城市”等活动的社会宣传工作。六是在喜迎中共十九大、学习宣传贯彻中共十九大精神及第五届世界客商大会期间，认真开展了全方位、多角度、深层次的宣传。在城区、高速路沿线和主干道投放了大型户外T形广告牌18个，在城东镇、丙村镇、梅南镇、畲江镇和城西高速公路出口、雁洋镇域等树立地标性景观宣传牌，向海内外嘉宾展示“世界客都·中国梅州”风采。利用城区主次干道建筑围挡制作了长3800米的宣传画报，在公共场所悬挂了横幅200多条，利用LED显示屏滚动播放宣传贯彻十九大精神和世界客商大会的宣传画报（标语）210多个，在城区公交站台投放宣传海报，积极引导社会舆论，使中共十九大精神深入民心，同时也为创建全国文明城市和迎接客商大会胜利召开营造了良好的社会氛围。七是积极做好“中国梦”和社会主义核心价值观的社会宣传工作。与区纪委、区政法委等单位联合举办“风清气正·依法治区·共建文明”文艺巡回演出活动19场，以群众喜爱的表演形式，将廉洁文化、法治理念、创文知识呈现给广大干部群众，让时代“主旋律”通过更多精彩的文艺节目走进百姓的生活。

2018年，突出全国“两会”宣传。区广播电视台每天跟进“两会”动态，大力宣传解读好政府工作报告精神和习近平总书记与广东代表团讨论时要求广东“四个走在全国前列”的重要讲话精神，开设《聚焦全国两会》《解读政府工作报告》《铭记光辉历史、传承红色基因》《创文你我他》《巩卫在行动》等40个专栏和系列报道。采访播出了《梅县区各界人士关注全国两会，政府工作报告凝心聚力振奋人心》《看看总理说了哪些你关注的大事》等全国“两会”动态新闻近10篇，开设《学习习总书记在广东团重要讲话精神》《习总书记视察广东》专栏，及时宣传梅县区相关单位认真学习习近平总书记“四个走在全国前列”重要讲话精神的新行动，播出新闻100多条（篇）。开设《四个走在全国前列》系列报道，报道梅县区相关单位、相关行业以实际行动践行“四个走在全国前列”和习近平总书记重要讲话精神。

精心组织改革开放40周年主题宣传。举办了“客都明珠·美丽梅县”第四届微电影大赛及“最美梅县”摄影大赛等。在梅县区广播电视台、梅县区宣传网、梅县发布微信公众号等开设《改革开放40周年》专栏专题，大力宣传报道改革开放40年来梅县区群众生活和精神面貌发生的深刻变化，讲好改革开放的故事，讲好新时代中国特色社会主义的故事，讲好梅县区发展成就的故事，营造改革永远在路上的浓厚舆论氛围。

多层次宣传梅县区振兴发展。在扎实做好学习宣传习近平新时代中国特色社会主义思想和中共十九大精神的基础上，围绕区委、区政府重大决策部署，全力做好推动“一区两带六组团”建设、发展壮大实体经济、精准扶贫、巩卫复审等中心工作的宣传报道。做好“两学一做”学习教育、社会主义核心价值观、“四创联动”的社会宣传工作，大力宣传推介梅县区经济社会发展的新举措和新成就。

第四章　对外宣传

传统含义的对外宣传，是指对海内外人士的宣传，它包括向海外华侨、华人、港澳台同胞，以至向外国人进行宣传。它站在国家的立场上，以境内与境外作区分。本志书讲的对外宣传无疑是以上述内涵为主，但也赋予新的内容，即站在梅县区的立场上，向梅县区辖区外的社会宣传、推介梅县区。

对外宣传，是党的宣传工作的一个重要方面，它的根本任务是为党的总路线、为党的对外路线服务。中国共产党在早期革命实践中，就高度重视对外宣传工作，善于运用对外宣传工作推动党和国家事业发展，为夺取新民主主义革命胜利和建立中华人民共和国赢得了国内外舆论的理解和支持。中华人民共和国成立后，以毛泽东为核心的党的第一代中央领导集体，面对帝国主义的制裁和封锁，相继建立起一批对外传播机构，通过这些阵地传播新中国的声音，在国际上扩大了影响。改革开放后，加大了对外宣传力度，争取了朋友、赢得了舆论主动权。梅县区旅居海外侨胞，港澳台同胞众多，超过梅县区辖区人口，约为100万人，分布于世界五大洲60多个国家和地区，而主要侨居在东南亚各国和港澳台地区。所以梅县区是广东省重点侨乡县，也是对台工作的重点区。因此，做好对外宣传工作尤为重要。

中共十一届三中全会后，在改革开放新的历史条件下，梅县区的对外宣传工作更加扎实和深入，卓有成效地开展起来，能够更好地为改革开放和现代化建设服务，为促进祖国统一、世界和平与人类进步服务，为梅县区经济社会发展服务。广泛宣传党和政府的对外方针政策，宣传梅县区党员干部“立党为公、执政为民”的工作作风和扎实工作、积极贡献的精神风貌，充分介绍梅县区坚持改革、扩大开放的得力举措和辉煌成就，向外展示梅县区政治稳定、经济发展、社会进步、团结奋斗的大好局面，提高梅县区的影响力和美誉度。

第一节　对外宣传的组织领导

1950年12月，梅县成立归国华侨联谊会，由侨务部门和归国华侨联谊会组织人力，在梅城设立“归国华侨接待站”，接待侨居东南亚一些国家和地区在某个时期受到当局的排斥、迫害和驱赶回国定居或就业的难侨。1956年，梅县归国华侨联谊会变更为梅县归国华侨联合会。

1956年春，梅县侨务部门成立华侨服务站，1964年建起华侨大厦，作为接待华侨归国探亲、旅游、观光的基地。侨务系统内设置有接待科、华侨旅行社、中国旅行社，后来又建起梅州宾馆、五洲城酒店，配备专职人员负责接待工作。

1956年10月，汕头地委发出《关于加强争取和平解放台湾工作，进一步利用写信方式对台湾进行宣传工作的指示》，把梅县列为7个重点县之一。同年梅县对台领导小组成立，县委宣传部设置专（兼）职部门对台工作干部，专门收集资料、撰写对台宣传稿件。

1956年11月，梅县设立对台工作组。1979年5月改为对台工作领导小组。1981年，设对台办公室，负责有关对台事务，为推进祖国统一服务。

1980年后，梅县复设新闻秘书2人。

1988年梅县市分设梅县和梅江区后，中共梅县统一战线工作部、梅县外事侨务局、梅县台湾事务办公室等单位继续负责对海外侨胞、港澳台同胞及外事工作相关事务。

是年，县委宣传部内设对外宣传办公室，简称“外宣办”，负责全县的对外宣传工作。

1997年，县新闻秘书（职数2人）从县委宣传部划出，归县委办公室管理。

2012年4月1日，梅县县委宣传部开通梅县宣传网。

2018年，创新方式与主流媒体合作。与《南方日报》合作推出了每周1期的《梅县视窗》专刊。并对梅县区“梅县发布”微信公众号重新进行升级改版，“梅县发布”综合影响力不断提升，从全省5000家南方号中脱颖而出，获2018广东政务新媒体年度区县传播力奖。

梅县县委办公室和梅县县委宣传部加强对梅县新闻秘书室和外宣办的领导和指导，组织这些单位，主动与境内外新闻媒体衔接，加强与县外媒体的联系，积极主动地做好梅县对外宣传报道工作。接待中央、省、市有关媒体记者到梅县的采访报道，提升梅县的知名度和影响力。成立县情宣传员和新闻通讯员队伍，精心挑选人员，加强培训，提高队伍整体素质，发挥两支队伍在各项宣传活动中的作用。通过网络宣传、新闻宣传、报刊宣传和活动宣传，积极对外宣传梅县在经济社会各项事业发展的新思路、新举措、新成果。

第二节　对外宣传的主要形式

一、宣传或声援友好国家

对外宣传是宣传部门的重要工作，中华人民共和国成立以后列入宣传部门的议事日程。20世纪50年代，对外宣传主要着力在中苏友好、中朝友好和中越友好等方面开展活动。20世纪50年代初，连续5年的11月为中苏友好宣传月。例如，1952年11月16日，宣传贯彻中苏友好月活动，深入农村在农民或居民中宣传中苏友好，开展纪念、宣传、庆祝苏联十月革命胜利等中苏友好活动。在中苏友好宣传月中，梅县机关、学校、各单位组织各种座谈会、庆祝会、联欢会，宣传苏联十月革命的经验，宣传苏联社会主义建设成就和经验。梅县东山中学、梅县高级中学等学校学生与苏联莫斯科中学学生开展“中苏友好通信活动”，增进中苏人民友好感情。此外，在中国支援朝鲜抗击美帝侵略和支持越南解放斗争中也进行了许多友好宣传活动。如1951年，深入宣传抗美援朝运动，反对美帝武装。通过宣传，增进了中国人民同朝鲜、越南人民的友谊，加强了“社会主义阵营”的团结。

二、组稿对台湾宣传

梅县籍人到台湾定居，始于明末清初，距今有300多年历史。梅县去台湾人员众多，是广东对台湾工作重点县。

改革开放前，梅县对外宣传以台湾为主，对台湾的宣传是写稿，对台宣传媒体上送稿件进行宣传。县委宣传部设置专（兼）职部门对台工作干部，专门收集资料、撰写对台湾宣传稿件。稿件内容多是家乡的发展变化、人民生活改善、家属思亲（通过亲人写信给在台湾的人员），县委宣传部对台工作干部除撰写资料外，还负责收集资料、台胞普查和接待工作。

1979年以后，除认真落实对台政策外，每年均召开台属、台胞代表座谈会，宣传党的政策，反映台属、台胞的要求和意见，帮助他们解决工作、生活中的具体问题。同时，用文字、声像等形式，编写对台宣传稿件，报道梅县建设、风土人情、人民生产生活和寻人启事等。其中，1979年至1987年为中央人民广播电台、福建前线广播电台、中国新闻社、福建广播电台采用的稿件有533份。

三、节庆或专项活动宣传及对外交流宣传

改革开放后，每逢传统节日或长假，华侨、港澳台同胞以及海内乡亲纷纷回乡观光、旅游、探亲和寻根访祖，在传统的节日期间，回乡的海内外乡亲更多。据此，梅县区委、区政府十分重视节庆接待和宣传活动，组织宣传系统及相关部门，邀请华侨、港澳台同胞等海内外嘉宾到梅县区参加节日庆典活动，以畅叙乡情，联络乡谊，沟通亲情，凝聚力量，建设家乡。此外，梅县区还通过举办各种专项活动，特邀海内外嘉宾参加，以扩大宣传面。节庆活动或专项活动都安排文艺活动，寓教育于娱乐之中。节庆活动年年办，随着时间的推移，节庆文艺活动的形式越来越多，内容也越来越丰富，宣传效果也越来越显著。

利用“走出去”的机会扩大宣传。梅县区各届领导和侨务部门充分利用海外侨界社团、商会各项庆典活动邀请参加的机会，组织人员前往参加，广泛接触海外社团、商会和当地知名侨领，向海外乡贤介绍梅县区各方面发展变化情况。通过社团、侨领的辐射作用，让更多海内外乡亲了解梅县区。

通过“请进来”的时机全面宣传。梅县区以各种重大活动为载体，邀请国内外乡贤、侨贤参加，扩大梅县区影响，提升梅县区知名度。

主要对外宣传活动如下：

1982年春节，梅县开展对外宣传活动，访问回乡探亲的侨胞，举行文娱活动等。1981年10月，梅县地委宣传部发出通知，部署1982年春节文娱活动，以丰富群众文化生活，加强对外宣传工作，做好与春节回乡的海外乡亲联欢联谊工作。梅县宣传、文化、广播电视部门积极行动，有组织有计划地精心做好春节文化娱乐活动的一切准备工作。1982年春节期间，全县城镇、乡村开展丰富多彩的文化娱乐体育活动。文化娱乐活动项目有电影、电视、戏剧演出、文艺演唱、山歌擂台、故事会、游园晚会、赛歌会、花卉盆景展览、花灯展览、放烟花、烧烟架及美术、书法、摄影展览等；体育活动项目有足球、篮球、排球及拔河比赛、气功表演、舞龙、舞狮、舞船灯、舞春牛、舞鲤鱼及武术表演，等等。节日期间全县专业文艺团体和业余文艺演出队等演出500多场。各地还举办本地风光和建设成就的小型展览。梅县宣传文化部门组织群众性山歌活动，邀请各县山歌师、山歌创作人员和山歌手，春节到元宵期间，在东校场公园开展各项山歌活动，有独唱、对唱、演唱、斗歌等。海内外乡亲听了又多又好的山歌，十分感慨，有位老华侨说："山歌声、家声悦耳；山歌音、乡音动心！"海外乡亲与国内乡亲同乐，旧梦与新景交融。丰富的春节文化娱乐活动，进一步联结了侨乡人民和海内外乡亲的情谊。

是年，县委组织人力、财力，做好对外宣传工作。春节期间，回乡探亲、观光、旅游的海内外乡亲是历史上较多的一年，还有一大批外地回乡的干部和知名人士。梅县县委召开了全县各界爱国人士座谈会和华侨、港澳同胞座谈会，领导向与会人士介绍了梅县"四化"建设及旅游事业发展情况，征求他们对家乡建设的意见和建议，请他们观看具有客家地方特色的文艺演出和家乡风光名胜古迹录像片，借以增进情谊，增加了解，从而使他们更加热爱家乡，关心家乡建设事业。梅县宣传部门及时跟踪和服务，对回乡探亲、观光、旅游的海内外乡亲，认真做好宣传和接待工作。

1984年元宵，由梅县地区和梅县市联合举办对外及对港澳台宣传活动。从农历正月十一至十五，在梅城一连活动了5天，应邀参加联欢的海内外乡亲有180多人。主要活动内容：百花洲影剧院和由海内外乡亲资助或捐建的五洲城建筑群、乐育中学"丽群楼"等落成剪彩典礼；地区文联、侨联成立大会暨梅县市强民体育会成立50周年纪念大会；举办海外华侨、港澳同胞热心桑梓建设展览和嘉应书画、出土文物、美术摄影、科技成果等展览；举行专题讨论，共商家乡建设大计。同时，还组织了富有地方特色的汉剧、山歌剧、木偶剧演出；邀请了由著名舞蹈家赵青、男高音歌唱家柳石明等组成的中国歌剧舞剧院演出队和由著名相声演员马季、姜昆、唐杰忠、李文华等组成的中国广播文工团说唱团演出队到梅县献艺助兴；邀请了香港愉园青年足球队到梅县进行友谊比赛。元宵节那天，梅城举行千人化装游行，有10多辆汽车组成彩车队，有300人组成的客家锣鼓队和彩旗队；有梅县市龙狮队、腰鼓队以及地市文艺、体育化装表演队等，组成500多米长的大型化装游行队伍，在市区江南、江北的主要街道上表演游行。全城人山人海，盛况空前。晚上，在梅城体育场举行数万群众参加的大型元宵游园联欢晚会，专业、业余文艺队伍表演了船灯舞、马灯舞、龙鲤会、花环龙等节目。元宵节期间，还召开华侨、港澳同胞座谈会，开展各种联谊活动。在座谈会、联谊会上还穿插文艺演出活动，由山歌手、文艺演出队、专业剧团演员演唱山歌、曲艺等节目。元宵联欢活动，邀请了中央、省的部分新闻单位和香港《文汇报》《大公报》《商报》记者参加，共发表新闻稿件200多篇，其中在泰国、美国、加拿大及非洲等地几十家华文报刊上发表的有80多篇。通过元宵活动，海内外乡亲对家乡的感情更深了，爱国爱乡的热情更高了，支援家乡建设事业的意愿更强了。

宣传梅县区的主打产业拳头产品金柚。梅县成为全国最大的优质金柚生产基地。2017年，梅县区金柚种植面积29万亩，总产量56万吨，金柚电子商务交易额6亿元，农民种植金柚人均收入8800元，金柚成梅县区农民的摇钱树、致富果，游柚园、赏柚花、摘金柚成了梅县区农业旅游的特色品牌，形成了梅县区独特的金柚文化。梅州的王牌特产梅县金柚，是人们普遍喜爱的水果，老少皆宜，有益身心，除有清热润肺、化痰止咳的功效外，并富含多种维生素和氨基酸，还含有类似胰岛素 B 细胞分泌物质，有调节血糖的作用。

为扩大对外销售，增加影响力，梅县区举办了 3 届金柚节。1992 年，举办广东省梅县首届柚节暨经贸洽谈会，邀请了 10 多个国家和地区的侨胞参加。此次盛会还吸引了香港几大媒体前来采访报道，同时举办了文艺晚会和新闻发布会。1999 年 10 月，举办梅县第二届金柚节和展览，并举办文艺晚会。2004 年 11 月，举办梅县第三届金柚节暨经贸洽谈会，并举办文艺演出，还在广州召开新闻发布会，组织干部到外省市开展金柚销售推介等。

近 10 年来，梅县区举办金柚飘香文化旅游周活动。例如，2018 年 11 月 8 日，主题为“今朝柚你，一路飘香”的第九届梅县金柚飘香文化旅游周启动暨招商项目落户签约仪式在雁洋镇雁山湖国际花园度假区举行。全国人大常委、中国工程院副院长、院士邓秀新，中国农业大学教授、中国工程院院士汪懋华，梅州市和梅县区领导嘉宾出席活动。宣传梅县金柚栽培百年历史，宣传金柚被列入国家优质农产品基地建设项目情况，宣传梅县金柚先后被评为“岭南十大佳果”“广东十件宝”，多次荣获全国农博会金奖及名牌产品称号，成为地理标志保护产品。2018 年，梅县区培育发展了金柚农业龙头企业 115 家、合作社 780 家，以及金柚深加工基地 5 家，建立了“梅县金柚创新联盟、南方金柚研究院”等科研合作平台，梅县金柚产业园入选了广东首批省级现代农业产业园。全县已形成国家、集体、联合体、个体参与的多渠道、多形式、多层次经营的开放型金柚销售格局。在上海、北京、广州、深圳、厦门、成都等几十个大中城市设立了金柚销售网点，还通过华侨“三胞”在加拿大、美国、印尼、新加坡等国家及中国香港、澳门建立了金柚销售窗口。

梅县首届柚节暨经贸洽谈会新闻发布会（1992 年 11 月）

梅县文艺队伍在梅县首届柚节暨经贸洽谈会文艺晚会上表演节目（1992 年 11 月）

举办梅县首届柚节暨经贸洽谈会文艺晚会（1992 年 11 月）

1999 年 9 月，举办梅县人民政府迁入新县城大型庆典活动，邀请海内外有关人士参加，其间在县、镇举办侨捐工程奠基（落成）剪彩活动等。各项庆典活动通过媒体报道和回乡侨贤的宣传影响，激发了海内外赤子爱乡之情。

2003 年，梅县举办“纪念叶剑英 106 周年诞辰”“梅县人民广场等系列工程剪彩庆典暨招商引资项目签约仪式”及“携手共创梅县美好明天”文艺焰火晚会等大型活动，作为展示梅县形象的载体和窗口，邀请市新闻单位和驻梅县省主要新闻单位记者 30 多人进行采访报道，并发放大量的对外宣传品，宣传梅县对外开放的新成果和扩大开放的新举措，向中外客商展示了梅县生机勃勃和奋发向上的新形象。

是年，组织文艺演出队参加香港嘉应商会“春铭”文艺晚会，组织文艺队伍赴澳门参加省文化部门举办的“珠江 · 濠江月夜情”文艺晚会，组织文艺队参加省委宣传部主办的广东客家山歌擂台演唱会，《古风新韵唱小康》斗歌获金奖，组织文艺队伍参加省在广州中山纪念堂举行的 2003 年慈善文艺晚会。

2009 年 8 月，赴台湾参加台湾“广东周”经济文化交流会。

2014 年 6 月，举办“客都情 · 海峡两岸书画交流展”活动，加强联谊和交流。

2014 年 6 月 3 日，客都情 · 海峡两岸书画交流展

四、运用报刊、电影、广播、电视开展宣传

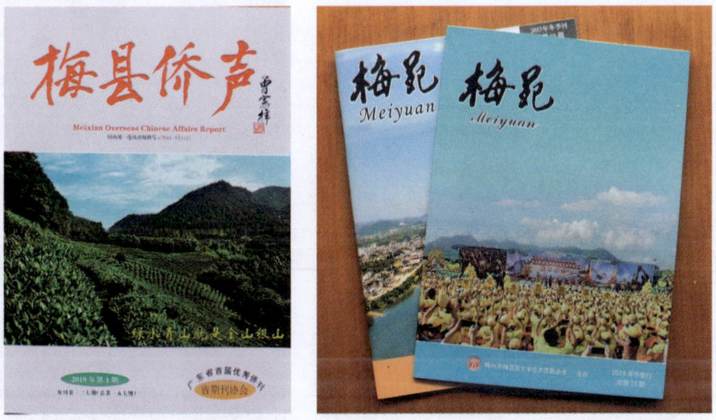

对外宣传专刊《梅县侨声》和《梅苑》封面（2018 年 12 月）

《侨声》。1985 年元旦，《梅县侨声》复刊，刊名改为《侨声》，先后由林勉、叶金元任社长，彭钦文（兼主编）、黄春林、卜郁夫任副社长，社址最初设在梅城东山大道县侨办内，后迁至梅城华侨新村侨联大厦二楼。《侨声》每季度出版 1 期，印数 2000 册，国内外发行，由梅县地区《嘉应日报》社印刷厂印刷，经费来源主要靠侨胞、港澳同胞及各界人士赞助解决。《侨声》宗旨主要是联络、沟通侨情乡讯，宣传国家侨务政策，报道梅县区新闻，介绍家乡建设新貌，以及历史沿革、地方掌故、名人轶事、风土仪俗和国内外“三胞”的动态等。还开辟专栏，为广大侨胞侨属所关心的问题进行咨询服务。从 1985 年复刊到 1987 年年底，共出版 12 期（总 52 期），发行 2.6 万册。后来，改为《梅县侨声》，至 2018 年年底，《梅县侨声》共出版 156 期。

《梅苑》。1986 年 9 月恢复梅县文联，其主要职能是组织文联系统的学术研讨，组织文艺界的文化交流活动，主管、主办和出版本级文艺报刊，出版期刊《梅苑》。《梅苑》1988 年创刊，综合性文艺期刊，有著名作家秦牧题写刊名，至 2018 年年底，31 年历程，总出版 72 期。主要内容：反映梅县区文联主要工作动态，发表梅县区文艺工作者和文艺爱好者作品，包括诗歌、散文、山歌、书法作品、美术作品、摄影作品，介绍梅县区风土人情、人文历史、民俗故事、乡村振兴、发展成果，介绍梅县区在艺术方面取得的成就和人物事迹。

梅县区内的一些重点侨乡也出版刊物向海内外乡亲发行，如松口镇的《松口乡情》、三乡镇的《山稔花》、白渡镇的《嵩山乡亲》、松源镇的《松源乡情》等。通过这些侨刊乡讯，让众多海内外乡亲了解家乡，增进乡情。

《梅县文史资料》。1982 年 3 月创刊，由中国人民政治协商会议广东省梅县委员会文史资料委员会主办，是梅县地区首先编印出版的文史刊物。早期主编丘萼，刊址设在县政协内。32 开版，每年编印 2—3 辑，每辑印数 1000 多册，由梅县印刷厂印刷，内部发行。其宗旨是为历史研究和历史教学，为扩大爱国统一战线，为建设社会主义精神文明服务。至 1987 年年底，共出版 12 辑。

做好通讯报道工作：

1980 年后，梅县报道组撤销，复设新闻秘书 2 人。1980 年至 1987 年，各乡、镇有业余通讯员共 30—50 人，每年被省级以上报刊、电台采用的稿件均在 100 篇以上。1987 年，《风雨梅江》等 10 多篇稿件被评为省以上优秀作品和好新闻。

1988 年，抓好新闻报道工作。一是《华声报》发行数居全国各县首位，两位新闻秘书被评为全国优秀通讯员，参加成都全国优秀通讯员表彰会；二是《嘉应日报》发表梅县文章 1000 多篇，居全市各县首位，其中由新闻秘书执笔的近 100 篇，头版头条新闻居全市各县之首；三是在《1987 年广东大事记》中，梅州入选的大事 4 条中，梅县撰写的就有 3 条。

著名歌唱家张明敏演唱会（1988 年元宵节）

庆祝南方手袋厂开业两周年 · 张明敏演唱会（1988 年元宵节）

1993 年，新闻报道工作重点是突出“稳农富民，兴工富县”这一主题。全年被省、市、县新闻单位如《南方日报》《梅州日报》等采用的有 500 多篇次。从事新闻工作的李金水、饶延志获得《南方日报》优秀岭南快讯赛第一名，温文瞻获得省“华信杯”比赛三等奖。

1995 年，由中央电视台、珠江电影制片厂和海南影业公司联合摄制的大型系列电视剧《叶剑英》（第一部，10 集）在梅县拍摄。

县委宣传部门通过县电视台和广播电台、乡镇广播电视站等宣传媒体，大力宣传梅县“两个文明”建设的成就，并向《南方日报》《梅州日报》《华商时报》及其他新闻单位发稿。梅县电台、电视台送市以上电台、电视台及报刊播出和发表的140条，县委新闻部门上送县以上新闻单位采用的稿件有320多次。

1996年12月，梅县在县文化局举行梅县被文化部命名为“中国民间艺术之乡（山歌艺术之乡）”暨山歌剧《酿蜜人家》赴省演出获奖庆祝大会。

是年，梅县电台全年上送市以上新闻单位稿件185篇（次），梅县电视台全年上送梅州电视台播出127条、广东电视台播出13条、中央电视台播出3条，名列梅州市各县前列，有5篇作品分别获得全国县（市）级广播电视节目评选好专题、好新闻的二、三等奖，省的一、二等奖。县新闻部门稿件，全年被县以上新闻单位采用的稿件有350多篇，其中被省级以上报刊电台等新闻单位采用的有140多篇（次）。

1997年5月，在雁洋镇叶剑英元帅故居隆重举行叶剑英元帅100周年诞辰纪念大会。杨尚昆、叶选平、黄华华、谢强华、陈善如、曾宪梓、黄开龙、李俊夫等为“叶剑英元帅纪念馆”扩馆工程竣工及雁洋中学“剑英科学馆”（梅州市中学生德育基地）建成剪彩。

县电台、电视台上送稿件中，被市以上新闻单位采用的236篇（条），省台采用50篇（条），中央台采用2篇（条），上送率和采用率居全市各市、县、区之首。县电视台在全省县（市）级电视台好新闻好专题评选会上，《山沟里的现代文明——记梅县雁南飞茶田》获好专题一等奖，《梅县基本消灭桔实雷瘿蚊危害》获好新闻二等奖。

1998年，县电台、电视台上送市稿件被采用的有266篇、省台采用65篇、中央台采用8篇，电台、电视台获中央、省、市好新闻、好专题奖共29项，其中《留得文明在人间》和《山城金腰带》分获全国好新闻、电视专题二等奖，《今日梅县》获市对外宣传专题电视片三等奖。

1999年，举办了全国第六次柚类科研生产协作会议暨梅县第二届“金柚节”，同时举行了梅县工农业产品展销会，对外宣传梅县的工农业产品。展销馆内有238家企业和单位的863种产品参展，突出梅县主导农产品——金柚，参观人数达6万多人，签约、成交金额1000多万元。会议期间，还举行了全国柚果鉴定和学术交流、研讨，梅县的“梅香柚”“梅

在梅县华侨城举办梅县50年成果展。图为南口镇展厅（1999年10月）

岭牌”金柚获优质柚类金杯奖，取得了较好的社会效益和经济效益。

全年县电视台上送市电视台被采用210篇，被广东卫视台采用30篇，被中央台采用5篇；县电台播出新闻5154篇、要闻简报3360篇。1999年度，获得市以上作品奖36项，其中全国县级广播电视好新闻和好专题奖6项、全省县级广播电视好新闻好专题奖8项、市各类新闻奖22项。

2000年，扩展对外宣传渠道。县宣传部门充分利用市外宣“三大网络”，即广东对外宣传信息“梅州工作站”、“梅州之窗”、广东侨乡电视对外宣传协作网渠道，加强了梅县经济社会文化发展成就的对外宣传。组织人力制作了《中国梅县》(2000年)多媒体光盘综合专题的资料及图片；组织外宣作品画册《今日梅县》、侨刊杂志《侨声》、电视专题片《梅开二度创新业，咬住青山奔小康——梅县推进山区经济开发纪实》送市参评，画册《今日梅县》获二等奖。

2002年，主要是做好《中国梅州》(2002)多媒体光盘和上网提供梅县综合专题资料工作，协助制作《中国金柚之乡——梅县》光盘，办好梅县《侨声》刊物等。此外，利用海外侨胞、港澳台同胞回乡参观探亲之机，大力宣传祖国改革开放的辉煌成就和梅县经济社会发展的巨大变化，激发他们爱国爱乡热情，积极为祖国和家乡建设出力。

2003年，利用媒体，扩大影响，营造声势。年内，省、市委对外传部门组织中央及海内外驻粤新闻单位记者到梅县采访，县宣传部门为记者准备了特色产业的详细材料，组织记者团对重点企业进行了采访。记者们运用专题、专版、专栏等多种新闻载体，刊播了一批有深度、质量高、影响大的报道，全方位、多角度宣传梅县经济和社会的发展状况。

2004年，在广州举行梅县金柚节暨经贸洽谈会新闻发布会，邀请国内外媒体的记者参加，介绍梅县经济社会发展情况。在梅县人民广场成功举办梅县第三届金柚节暨经贸洽谈会，宣传梅县对外开放的新成果和新举措。协助中央电视台到梅县拍摄《叶剑英元帅》专题节目、扩大梅县知名度。协助广东省大型电视异地采访拍摄组到梅县拍摄“书记的一天”和“阴那山下的奇迹”——介绍梅县雁洋镇等专题片。协助省电视台《艺术长廊》拍摄组到梅县拍摄专题片。各个节目播出后，展示了县生机勃勃和奋发向上的新形象。

2005年，规划和制作《今日梅县》和《梅县旅游》VCD光盘。组织接待了中央电视台《民歌·中国》栏目组到梅县拍摄反映客家山歌、客家文化的专题片，加强与省电视台、省《南方日报》等

梅县建设成就展·石坑镇展厅（2004年11月）

媒体的沟通、联系，进一步推动对外宣传梅县的工作。

2006 年，梅县组织县委中心组全体成员和部分基层党委中心组的成员到花都区、三水区等地考察学习。县委中心组组长的文章《抓好中心组学习，提高理论指导实践能力》在《梅州宣传》上发表，县委常委、宣传部部长的文章在《广东宣传》上发表。

2007 年，加强与省、市媒体的联系，做好梅县对外宣传报道工作。组织接待中央、省有关媒体记者到梅的采访报道。协助数字电影故事片《等郎妹》在松口镇的拍摄工作；接待了《经济日报》到梅县采访，报道《梅县巧做生态文章》等。组织县文艺团体外出开展文化交流活动。

是年，做好叶剑英纪念园落成庆典工作。一是抓好纪念园建设；二是研究制订《叶剑英同志 110 周年诞辰活动县宣传文艺组工作方案》；三是下发通知，部署纪念活动的宣传标语，同时做好庆典活动期间的协调服务工作。

2008 年，加强和省、市媒体的联系，主动对外宣传、报道梅县的工作，结合地改市 20 周年纪念活动重点突出宣传报道梅县，扩大影响。

2009 年，邀请上级媒体记者到梅县采访，宣传梅县建设情况。全年接待媒体 20 多人。5 月，应中央电视台音乐频道的邀请，梅县山歌剧团一行 34 人代表世界客都梅州赴京参加了《民歌中国——天南地北客家情》栏目录制客家山歌的录制工作。

2010 年，一是加强与省、市媒体的联系，做好梅县对外宣传报道工作；二是做好接待中央、省、市有关媒体记者到梅县采访报道，接待央视《聚焦三农》记者、央视《客家人》拍摄组、《经济日报》记者到梅县采访和拍摄工作；三是发挥县情宣传员和新闻通讯员 2 支队伍在各项宣传活动中的作用。通过网络宣传、新闻宣传、报刊宣传和活动宣传，对外宣传梅县在经济社会各项事业发展的新思路、新举措、新成果。

2011 年，配合梅州电视台完成了《这里是客家》专栏节目的制作任务。县电视台上送新闻稿被市电视台采用稿件 340 篇，在全市县级台中排名第二，市广播电视台采用梅县稿件 369 篇，采用稿件数量位居全市各县级台中第一名。

2012 年，对《梅县宣传》刊物进行全新设计改版，重新设置栏目，丰富内容、图文并茂，栏目设置贴近梅县实际，刊物质量及刊发数量都有大幅提高。为进一步树立梅县新形象、提升梅县知名度，梅县县委宣传部于 4 月 1 日开通了梅县宣传网。宣传网的开通，是对内对外宣传工作的又一重大突破，成为对内对外全面宣传展示梅县的又一重要平台和窗口。全力以赴做好梅县作为首届客家文化艺术节主战场的各项工作。精心组织县委、县政府与梅州日报社、羊城晚报社签订新闻宣传合作（框架）协议活动。积极协助凤凰卫视中文台《岭南印象》、中央电视台第四频道《走遍中国》节目和电影《孝女彩金》在梅县的拍摄工作；协助做好总政歌舞团到梅演出活动的各项工作；协助“2012 梅州珠江啤酒美食节”活动在梅县顺利举行。同时，举办了梅县首届柚花飘香旅游节、金柚飘香文化节，进一步提升了梅县“中国旅游强县”的知名度，吸引更多海内外游客前来休闲度假。上送市电台新闻采用量 374.5 条（篇），上送市电视台新闻采用量 459.5 条（篇），在全市各县级台中均居第一。

2013年，做好外宣网络建设。办好办精《梅县宣传》刊物，通过对《梅县宣传》进行充实、完善，成为对外宣传的又一有力阵地。全年出版《梅县宣传》4期，印发4000多份，发行至省内各相关单位和部门。打造“梅县宣传网”第一时政要闻网站，注重内容的及时更新、维护工作，加强监管，严格把关，保证信息的准确性、及时性和真实性，提高了网络宣传水平。深化与梅州日报社新闻宣传合作，与羊城晚报社签署宣传战略合作框架协议，积极借助新兴媒体的力量，更全面、快捷、客观地宣传推介梅县。特别是在十八届三中全会召开前夕，省级媒体从各种角度对梅县区的发展进行了全方位的报道：10月24日《南方都市报》刊登了《梅县金柚：柚香留人人忘归》；11月5日《羊城晚报》刊登了《苏区梅县华丽“蝶变”，高端企业争相“攀亲”》的专版；11月8日《南方日报》刊登了《梅县魅力新型城市悄然成型》的专版；凤凰网等各大门户网站纷纷转载，有力地推介了梅县良好的宜商宜居投资环境。抓好重点党报党刊的发行工作，较好地完成了全年的发行任务。

2014年，做好“谁是球王”中国羽毛球民间争霸赛梅州赛（梅县区）、“5·17”蔡琴演唱会、中国梦·梅州情——群星荟萃耀客都大型演唱会、2014第六届全球“客家妹”形象使者大赛等大型活动在梅县区举行的各项筹备协调工作；组织做好第二届客家文化创意产品博览会（梅县区展馆）布展工作，并获得了优秀组织奖。开展形式多样的爱国主义和全民国防教育活动，完善舆情信息报告制度，及时掌握梅县区热点舆情，为区委决策提供准确的参考信息，全面完成2014年度重点党报党刊发行任务。外宣网络建设成效显著。紧扣主题活动加强外宣，举办精品外宣活动，推介客家文化，弘扬客家精神。办好《梅县宣传》刊物，深化与梅州日报社、羊城晚报社及人民网、凤凰网等门户网站的新闻宣传合作，借助新兴媒体，全面、快捷、客观地宣传推介梅县区。改版升级“梅县区宣传网”，打造成梅县区第一时政品牌网站。投入专项资金，开通新华社党政客户端“掌上梅县”，成为自主掌控的发布平台和理政惠民的互动载体，构筑新媒体舆论阵地。设立“梅县发布”微信平台，加强对“梅县发布”微博平台维护。开展“2014年美在梅县·温暖人间”微信大赛，激励人民群众崇德向善，培育和践行社会主义核心价值观。

2015年，加强与凤凰网、人民网、奥一网（南方都市报官方网站）等的沟通合作，全年上送优质新闻稿件18篇，采用稿件10篇。在省、市主要媒体深入宣传报道梅县区经济、社会、文化发展的最新动态，在省、市主要报纸、电台、电视台刊播稿件600多篇，其中在《南方日报》和《羊城晚报》专版报道17篇，形成了较大规模的“舆论冲击波”。与此同时，大力加强新闻宣传阵地管理，维护更新好梅县区宣传网、“掌上梅县”党政客户端、“梅县发布”微信订阅号、“中国梅县”微博等平台，全年推送新闻消息5000多条。抓好《梅县宣传》时政类杂志的编印工作。

梅县区开创全市先河，聘请北京电视台的著名导演，以一流的高清摄影设备、一流的制作剪辑技术，在全区各镇村拍摄28集大型电视新闻专题纪录片《美丽梅县·乡村风采》。通过融合自然风光和人文情怀，以全程的记录、全景的呈现、全新的视角，充分展现梅县区城乡新貌，特别是经济、文化、旅游、生态发展新变化，挖掘客都农村特有的乡风民俗，全面提升梅县区的美誉度和影响力。

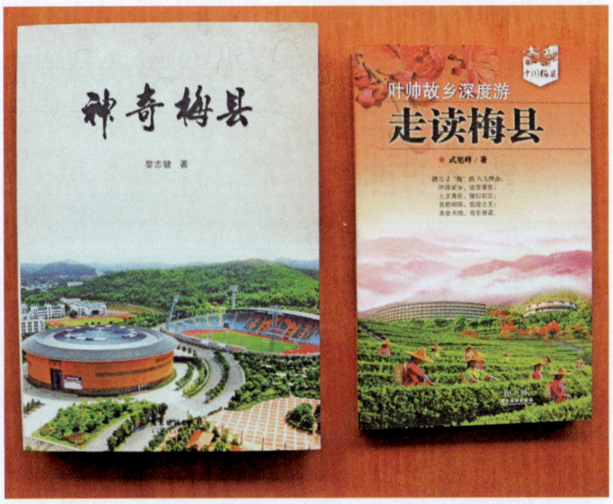

《神奇梅县》《走读梅县》书籍（2016年）

2016年，继续拍摄28集大型电视新闻专题纪录片《美丽梅县·乡村风采》，每集都获得数万人次的网络点击量，有力地擦亮红色土地、绿色出游的城市名片。不断加强与凤凰网等权威主流媒体的沟通合作，共有7篇高质量新闻稿件被采用。继续加强“掌上梅县”党政客户端、“梅县发布”和“梅县区广播电视台”微信订阅号、梅县区宣传网、“中国梅县”政务微博、《梅县宣传》刊物等宣传平台的维护管理，申请并设立“今日头条”的“梅县发布”订阅号，全年各类宣传平台共发布新闻信息1万多条。加大对重大题材、重点项目、重大节日活动的宣传策划和报道力度，打造《梅县新闻》品牌栏目，推行“时政新闻+民声新闻+今日知多点”三大节目的融合。建立新闻宣传通讯员人才库，拓宽、畅通新闻信息源，及时全面准确的宣传全区各级各部门的工作亮点。较好地完成全区重点党报党刊的征订发行工作。

2017年，大力加强网络新闻宣传，新华网、人民网、凤凰网等媒体全年报道梅县区的新闻稿件有18篇。与中央电视台第7频道合作，拍摄播出《梅县纪事》纪录片上、下集，并如期在第五届世界客商大会期间安排在CCTV7和梅县广播电视台两个自办频道播出，有效提升了梅县区的知名度和影响力。继续加强“掌上梅县”党政客户端、“梅县发布”、梅县区宣传网、“中国梅县”政务微博、《梅县宣传》刊物等宣传平台的维护管理，全年微信公众号、宣传网、微博等共发布新闻信息6000多条。建立新闻宣传通讯员人才库，拓宽、畅通新闻信息源，及时全面准确宣传全区各级各部门的工作亮点。加大对重大题材、重点项目、重大节日活动的宣传策划和报道力度，播出《梅县教育》《梅县农情》《人大之声》《梅县党建》和《梅县新闻》等固定专题节目480多期、重要新闻1800多条，新闻稿件被市电视台、市电台采用总量均位居全市第一。

做好《梅县宣传》季度刊物的出版发行工作，在《要闻要论》《学习辅导》《中心组论坛》《宣传动态》《工作交流》等栏目中宣传和报道梅县区重点项目建设、中心工作、宣传思想文化工作等特色亮点工作，成为推介梅县区经济社会发展的重要刊物。

2018年，全力配合大型活动宣传工作，讲好梅县区故事。做好4月召开的“中国乡村复兴论坛·梅县峰会”的宣传报道，从峰会筹备工作开展、峰会准备就绪、峰会相关专家检查指导筹备工作，到梅县区乡村振兴工作成效等方面开展宣传，大力营造浓厚的活动氛围。全力组织好9月23日在梅县区松口镇大黄村举行的首届“中国农民丰收节”梅州分会场活动。为了举办好此次活动，区委宣传部高度重视，成立了以区委常委、宣传部部长涂戈峰为组长的宣传工作领导小组，从8月起，围绕现场文艺和宣传组的工作任务，全力以赴做好各项相关工作，确保活动取得圆满成功。做实做细中央苏区粤东北（九龙嶂）革命根据地创建 90 周年纪念活动、“客商银行·2018 世界客都梅州马拉松赛”等大型活动的策划、落实、跟进、宣传工作，保障活动顺利开展、氛围热烈、传播广泛、成效落地。活动期间，通过新浪网、南方卫视、《南方日报》和本地媒体等全力对活动进行宣传报道、同步推送，让群众了解活动的动态。通过与各大媒体的深层次宣传报道，让广大干部群众更快捷和全面地了解梅县区，聚焦梅县区，全年发布稿件 8000 多条。在工作中，全体工作人员紧紧围绕工作、尽心尽力，克己奉公、忘我工作，体现了党员干部一心为公的良好风貌，区委宣传部在首届“中国农民丰收节”梅州分会场、“客商银行·2018 世界客都梅州马拉松赛”活动中被评为先进单位，翁尚华、张剑、房喻文和杨永正被评为先进个人。

第 4、5 期《强民》专刊宣传足球之乡梅县区（2018 年 12 月）

第三节　对外宣传的主要内容

一、历史、自然、文化特征的宣传

梅县区有悠久的发展历史，优美的自然风光，深厚的文化积淀，可谓人杰地灵，物华天宝。县宣传部门向来不遗余力地对外宣传打出梅县的特征，打出人文梅县，美丽梅县，中央苏区，以及名人、名居、名寺、世界客都等名片，使这些名片光鲜夺目地展现在世人面前。

（一）人文专项宣传

梅县区人文鼎盛，人杰地灵。郭沫若说梅县“人物由来第一流”。中华人民共和国开国元勋叶剑英、开国中将肖向荣、艺术家林风眠及诗人宋湘、李金发等，皆为梅县籍。客家围龙屋、客家山歌、客家酿酒等文化，功力深厚，影响力空前。区委宣传部积极宣传客家人才和客家优秀传统文化。

举行首届“梅雁杯”《美丽梅县》视频大赛颁奖典礼（2015 年）

《广东民间故事全书　梅州·梅县卷》等书和《海上丝绸之路松口》画册（2018 年 12 月）

例如：1986 年，协助河北电视台合拍《彩色的大地》共 3 集，以及梅县市沉痛悼念叶剑英逝世，纪念孙中山 120 周年诞辰等内容。同时还摄制了 1986 年春节、元宵活动实况录像，制作水平较高，受到海内外好评。

（二）红色文化宣传

梅县区是原中央苏区、革命老区，是叶剑英的故乡，具有光荣的革命传统，有众多红色名片，红色文化底蕴深厚。区宣传部门大力宣传革命事迹，修缮革命遗址遗迹，开展革命老区、原中央苏区的宣传，进行缅怀革命先辈、不忘初心教育，传承红色基因，弘扬苏区精神。

从 1925 年 12 月建立中共梅县支部开始，建立了工农武装和革命根据地，开展武装斗争，打击反动势力，为中国人民的解放事业做出了不可磨灭的贡献。梅县区宣传部门积极宣传中华人民共和国开国元勋叶剑英，中华人民共和国开国中将肖向荣，九龙嶂革命根据地，红 10 团、红 46 团、红 11 军的革命事迹，红四军到梅县的战斗岁月，以及抗日战争、解放战争的英勇战斗故事等，大力宣传苏区精神，开展爱国主义教育和革命传统教育，教育广大干部群众不忘初心，牢记使命，建功立业。

叶剑英纪念园是全国红色旅游经典景区、全国爱国主义教育示范基地，是集展现伟人风范、弘扬客家文化、传承红色基因、推进生态旅游、文化旅游于一体的国家 AAAA 级旅游景区。梅县区从规划建设、展室布置，到开展教育活动、开展对外宣传等，都做出了积极的贡献。

叶剑英纪念馆门前的叶剑英铜像（2007 年 5 月）

宣传九龙嶂革命根据地，该根据地主要范围位于梅县区和丰顺县。九龙嶂革命根据地是领导粤东北地区革命斗争的大本营、梅县区原中央苏区的重要组成部分，是广东乃至全国最早建立根据地，武装反抗国民党反动派的地区之一，被史学界誉为“粤东井冈山”。在九龙嶂长达20多年的艰苦斗争历程中，彭湃、周恩来曾在这里留下革命足迹，朱德、陈毅、罗荣桓、聂荣臻、叶剑英、粟裕、谭政、罗瑞卿曾在这里战斗活动过；九龙嶂中心区域经历了大小战斗233场，牺牲烈士1276名，其中红军烈士302名。九龙嶂根据地人民无私无畏支持革命，为根据地建设和梅州的解放做出了巨大牺牲和贡献。2016年，梅县区九龙嶂革命斗争纪念馆被广东省精神文明建设委员会、中共广东省委宣传部命名为第七批广东省爱国主义教育基地。

宣传同怀别墅，同怀别墅坐落在松源镇金星村，是首先传达《中共中央给红四军前委的指示信》(中共中央九月来信)的地方。1929年10月中旬，朱德、朱云卿、陈毅等率红四军6000余众出击东江，首站进入闽粤赣边区的广东梅县松源，红四军前委机关和军部驻在同怀别墅。在同怀别墅，最有意义的是在这里召开了红四军前委会议，在会上由陈毅传达自己从上海带回来的中共中央九月来信，从而纠正了红四军党内各种错误倾向，逐步统一了思想认识，为红四军在福建召开红四军党的第九次代表大会（古田会议）作了政治上、思想上、理论上的准备和保障。

2017年3月31日上午，缅怀叶剑英元帅活动在叶剑英纪念园举行。叶剑英元帅亲属和梅州市以及梅县区领导、当地镇村干部、学生代表等，向叶剑英元帅铜像敬献花篮，缅怀叶剑英元帅的丰功伟绩，弘扬叶剑英元帅精神。活动中，叶剑英元帅亲属邹小毅和梅州市委领导一同向叶剑英元帅铜像敬献花篮。接着，叶剑英红军小学少先队员代表发言，全体学生献唱《中国少年先锋队队歌》。无限哀思无限情，清明时节祭英魂。为了祖国的解放和人民的幸福生活，叶剑英元帅奉献了他毕生的精力，其信念坚定、坚持真理、敢于担当、一心为民的崇高思想和高尚品质，激励了一代又一代家乡人民。活动结束后，邹小毅一行参观梅县新城，并深入梅县区外国语学校了解该校办学情况和教学环境。邹小毅希望梅县区抓好家乡孩子的素质、文化教育，为祖国培养更多优秀人才。

2017年3月21日，纪念建军90周年大型将军笔会在麓湖山文化产业园举行。来自中国将军文化艺术协会的将军们参加笔会。此次活动由中国将军文化艺术协会粤港澳分会主办。抗日英雄马本斋之子、全国政协委员、海军航空兵部原副政委马国超等6位将军挥毫，现场展示书法作品，书写强军梦，弘扬苏区精神。市政协副主席陈元星参加活动。将军们表示，梅州是叶剑英元帅的故乡，全境为原中央苏区，希望通过此次文化交流活动，纪念建军90周年，同时传承红色文化，弘扬老区革命精神，助推梅州振兴发展。

（三）风光及旅游专项宣传

《走读梅县》《神奇梅县》等书，较全面地、重点地介绍了梅县城乡迷人风光和旅游观光景区，在南方日报、梅州日报经常运用专版刊登，并且在《客家文化》《梅县宣传》《梅县旅游》专刊中登载，在广播电视节目中报道，在新媒体中发表，从中大力宣传梅县旅游和美丽城乡、长寿之乡。

梅县是中国旅游强县，山清水秀，生态良好，景色迷人。AAAAA级景区有雁南飞茶田旅游度假村，AAAA级景区有叶剑英纪念园、雁山湖国际花园度假区、灵光寺旅游区，AAA级景区有南寿峰健康产业园、大观天下文化旅游产业园；其他景区还有桥溪古韵景区

（桥溪村）、茶山古村落旅游区、王寿山风景区、仁厚温公祠、雁洋镇“南福春秋”景点、阴那山旅游度假区、佛光寺、麓湖山文化产业园区、麓湖山庄度假区、四季佳禾现代产业园、新南湾水岸游乐休闲中心、梅州市洞天湖生态旅游度假区、松口古镇旅游区、侨乡村旅游区、恒溪生态园、鸡冠山绿色山庄生态园、三乡养生度假村、古梅梦景旅游产业园、客家姓氏主题文化园、中国油茶种植业综合标准化研究基地、祥和养生园、梅西水库、五指峰天文科普园、古梅县八景、中国收藏文化示范基地、绿窟潭、罗芳伯故居纪念馆、张榕轩纪念馆、客都人家康养文旅综合体、金丰园休闲农庄、九龙嶂风景区、茶山古村落、客家文化影视娱乐基地、客家风情小镇、莱雅木屋温泉度假村、盘古步行街、丝路文化小镇等。还有许多客家围龙屋、客家民俗风情、客家菜和小吃等，这些景区和文化通过传统媒体和现代媒体宣传，前来旅游的游客络绎不绝。

每年举办柚花节、旅游节，吸引海内外来客，邀请海内外媒体记者到梅县采访，宣传梅县区旅游景区和文化。

1984年1月至5月，协助深圳影业公司到梅县拍摄《生死树》电影。

1997年，县电视台在全省县（市）级电视台好新闻好专题评选会上获好成绩。“山沟里的现代文明——记梅县雁南飞茶田”获得专题一等奖。

2000年，组织人力制作了《中国梅县》（2000年）多媒体光盘综合专题的资料及图片。

2002年，做好《中国梅州》（2002年）多媒体光盘和上网提供梅县综合专题资料工作。

2004年，协助广东省大型电视异地采访《今日梅州》拍摄组到梅县拍摄“书记的一天”“阴那山下的奇迹——梅县雁洋镇”等专题片，协助电视台《艺术长廊》拍摄组到梅县拍摄专题片。这些专题片均在各个电视台播出，展示了梅县生机勃勃和奋发向上的新形象。

2005年，规划制作了《今日梅县》《梅县旅游》等VCD光盘。

几年来，梅县充分发挥“山水人文”资源优势，大力创建广东梅州文化旅游特色区，让旅游产业真正成为幸福市民、快乐游客、致富农民的幸福导向型产业。

在创建文化旅游特色区过程中，梅县举全县之力加快完善旅游基础和旅游配套设施，着力加大旅游资源的投资开发力度，加强旅游宣传营销和规范行业管理等工作，先后成功摘取了“广东省旅游强县”和“中国旅游强县”的金字招牌。梅县拥有AAAAA级景区1家、AAAA级景区3家，在建和规划建设的五星级酒店4家。2012年，全县旅游人数481万人次，旅游收入38.9亿元，同比分别增长55.2%、50.8%，分别是2010年的2.6倍和2倍，旅游产业正成为全县新的经济引擎。

在发展文化旅游产业过程中、梅县特别注重融入富民理念，让群众得到更多实惠。一是政府在土地开发利用、环境保护、项目申请等方面严把行政审批关、避免开发商以牺牲环境和资源为代价的急功近利行为，让项目真正成为利国利民，造福子孙后代的事业。二是将旅游项目和扶贫开发“双到”工作有机结合，在劳动力就业、农副产品销售、景区门票分红等方面提高扶贫“造血”功能，帮助山区群众早日脱贫致富。三是在征地拆迁安置中把拆迁安置户的生活出路问题纳入旅游项目规划中，变安置房为经营场所，通过为景区提供餐饮、住宿、旅游纪念品等服务，增加农户家庭经济收入。四是深入发掘围龙屋、古

梅州第二届华银旅游文化节·客家千年文化之旅启动仪式（2011 年 4 月）

村落、山歌、汉乐等客家文化资源，通过市场运作把文化变成旅游资源，开发旅游景区景点和旅游音乐，增加群众经济收入。五是大力推广“宝丽华现象”和华银集团转型升级的成功经验，避免走拼环境、拼资源、拼投入的发展老路，大力发展环境友好型和资源节约型的新型工业，保护良好的生态环境，让老百姓幸福地生活在青山绿水中。六是致力变资源优势为优势资源，通过抓龙头、扩基地、深加工、精包装、促营销、创品牌，大力发展精致高效农业，建设了一批农业休闲观光基地，变果园为公园，变农产品产区为旅游区，变农民一季收入为四季收入。通过大力发展文化旅游，2012 年，带动农民实现人均纯收入 11476 元，同比增长 20.59%，旅游产业成为农民增收的主要来源之一。

从文化旅游中尝到甜头的梅县，深入实施“一园两特带动一精”发展战略，即办好高新技术产业园、创建广东梅州文化旅游特色区、建设特色宜居城乡、发展精致高效农业，努力变经济后发为生态先发。特别是加快推进文化旅游特色区雁洋核心区的规划建设，围绕“世界客家人的心灵回归区”发展目标，打好“叶帅牌”，念活“山水经”，整合叶剑英元帅故园、松口古镇、灵光寺等名人名居、古镇古寺，以及雁南飞、雁鸣湖等特色旅游资源，串珠成链，联动开发，全力推进。

2013 年，在春节黄金周期间，梅县推进文化旅游特色区建设取得了明显的成效，全县接待游客 82.3 万人次，同比增长 35%，其中自驾车游客人数所占比例接近八成。

2017 年 3 月 25 日，梅县区第六届柚花飘香旅游节暨旅游产品推介会在雁鸣湖旅游度假村开幕，吸引了 1000 多名游客前来赏柚花、品艾宴。该旅游节持续至 4 月 4 日。梅县区当时柚子种植面积 29 万多亩，是全国知名的柚类商品生产基地。柚花在每年 3 月至 4 月盛开，花香四溢，令人陶醉。经过多年打造推广，梅县区柚花飘香旅游节已成为当地一大特色节庆活动，每届旅游节期间都有大批游客前来踏青赏花。在雁鸣湖旅游度假村的千亩柚园，三五成群的游客或在树下花旁合影留念，或轻嗅花香，兴致盎然。梅县区雁洋镇的多家知名景区也在开幕式现场推介旅游产品，推出养生游、休闲游、古镇游等多条特色旅游线路。柚花飘香旅游节期间，雁鸣湖旅游度假村推出“全艾宴”，包括艾香鸡、艾情丸、艾丽丝等十几款特色艾香美食。后来，雁鸣湖旅游度假村更名为雁山湖国际花园度假区。

（四）文化专项宣传

文化专项宣传有客家山歌、木偶戏、特色民居以及文学、诗词、音乐、舞蹈、美术、书法、摄影等。

每年举办中秋山歌节，开展唱山歌比赛和山歌表演，保证传统节目长盛不衰。

1991年，全年收到文艺作品227件，获得市、县奖有27件，文学艺术创作方面收到稿件2000件，其中获省级以上奖有15件。图书馆副馆长程志远等编写的《叶剑英史料索引》和《梅州客家乡贤著述目录》第一、二册获得中华人民共和国成立40周年、中国图书馆学会成立10周年第二次文献成果奖。

1995年，中秋山歌节，县文化局成功举办了与泰国山歌社的联合演出，促进了群众性的山歌活动和对外交流工作。

2005年，组织接待了中央电视台《民歌·中国》栏目组到梅县拍摄反映客家山歌、客家文化的专题片。

2006年，推出了梅州2006客家山歌旅游节画册中“魅力梅县·风鹏正举”梅县专版和省《今日广东》画册梅县专版。

2007年，精心组织，协助做好由市委宣传部和珠江电影制片有限公司合作拍摄的数字电影故事片《等郎妹》在松口镇的拍摄工作。

2009年，组织接待南方日报、羊城晚报、南方电视台、广东电视台等媒体共20多人进行“老区行”宣传采访活动。

2011年，31集大型电视剧《岭南才子·宋湘》获得国家广电总局颁发的拍摄制作许可证。

2014年，《桥溪古韵·梦里客家》被中国电视艺术家协会评为电视专题一等奖，《不安分的老农》获得省广播电影电视协会电视新闻类一等奖，被广东省新闻工作者协会评为广东新闻二等奖。

2017年3月14日晚8时，大型纪录片《记住乡愁》第三季48集《松口镇——客家古镇桑梓情深》在央视中文国际频道播出。该集讲述了松口古镇的由来及发展、松口人心系故乡、积极回报家乡和祖国的家国情怀，引发市民关注和热议。30多分钟里的播放，展现了元魁塔、新安堂、中山公园、火船码头、松口中学等松口镇代表性建筑，勾起了客家游子心中那一抹浓重的乡愁。爱国侨商梁密庵、革命烈士李霭、热心企业家余国春和余鹏春兄弟、回乡创业者廖建明，一个个传奇人物再现松口人的拳拳赤子心、殷殷桑梓情。梅州市客侨博物馆馆长、收藏家魏金华在节目中讲述了侨批背后的故事，他告诉记者：“能够在这样一个平台宣传梅州侨批文化，我觉得很荣幸，也更加坚定了我今后继续收集侨批、宣传客家文化的信念。”《记住乡愁》由中宣部、住建部、国家新闻出版广电总局、国家文物局联合组织实施，由央视中文国际频道摄制。该片以弘扬中华优秀传统文化为宗旨，是一部以看得见的古村落为载体，以生活化的故事为依托、以乡愁为情感基础，以优秀的传统文化为核心的大型纪录片。

二、主要历史名人和当今社会贤达的宣传

梅县区传承了中原汉人崇文重教的传统，重视人才培养，英才迭出，代不乏人。纪念梅县籍历史名人，宣传梅县籍社会贤达和英模人物，是一项推介梅县提升形象、凝聚精神家园的重要工作。在对外宣传工作中，各部门通力合作，着力宣传梅县深厚的人文底蕴，为深入实施“人文兴区”发展战略鼓与呼。

1993年，出版《名人的故乡》一书，这本书主要通过介绍名人及其故乡，反映全县27个镇改革开放带来的新的变化，经济建设的新成就。另外，还编写出版《梅县投资指南》，以吸引外商到梅县投资搞建设、办实业。

1994年，由梅县新闻秘书温文瞻和彭钦文主编的《梅县名人的故乡》一书，讴歌了梅县爱国爱乡知名人士的事迹，是一本弘扬中华民族优良传统的乡土教材。此书26万字，出版1万册，在全县发行，特别在世界客属第十二次恳亲大会期间，向来自世界40多个国家和地区的嘉宾赠送近2000册，得到各界人士高度的评价。

1995年5月27日，由中央电视台、珠江电影制片厂和海南影业公司联合摄制的大型系列电视剧《叶剑英》（第一部，10集）在梅州市拍摄。该剧于10月在中央电视台首映。

2003年，举办大型活动，开展特色经济的对外宣传。梅县举办了“纪念叶剑英元帅106周年诞辰”“梅县人民广场等系列工程剪彩庆典暨招商引资项目签约仪式”及“携手共创梅县美好明天”文艺焰火晚会等大型活动。

2004年，协助中央电视台《走遍中国》拍摄组到梅拍摄《叶帅》专题节目，历时半个月；中央台播出后，扩大叶剑英元帅家乡知名度。

2007年，重点突出了隆重纪念叶剑英110周年诞辰系列活动的对外宣传报道，扩大了影响。

2016年，县委党校原常务副校长黎志健的著作《神奇梅县》，用大量的篇幅介绍叶剑英、肖向荣、黄琪翔、邓仲元、李金发等梅县籍人物及其事迹。

县委宣传部参与编写出版的两部《梅县志》（第一部1994年3月出版，第二部2010年4月出版），比较详细地介绍了梅县籍人物及其简要事迹。

三、华侨、港澳台胞政策落实和爱国爱乡宣传

梅县区是广东重点侨乡，旅居海外的华人华侨100多万人，是梅县户籍人口的近2倍。梅县海外侨胞分布在世界60多个国家和地区。当中有不少佼佼者，如印尼侨领梁世桢、黄德新、叶联礼、李世镰，马来西亚侨领吴德芳，泰国侨领赖锦廷、陈晋尧等。

侨务宣传是对外宣传工作的重要方面。中共十一届三中全会以来，梅县县委宣传部、县委统战部和侨务部门积极开展侨务宣传，收到明显效果，回乡探亲、观光、参观的海外乡亲逐年增加，侨胞热爱桑梓、关心家乡建设，投资捐资的人越来越多。

利用传统节日开展民间文化活动，吸引众多的海内外乡亲（侨胞、港澳同胞、台湾同胞和外国籍客属华人）前来探亲、旅游、联欢联谊。举办纪念历史名人的宣传活动，邀请海内外乡亲参加，扩大对外影响，组织对外文化交流活动，带去家乡情，牵动赤子心，促进联谊工作。同时加强对外宣传阵地建设，创办、办好侨刊乡讯，制作出一批对外宣传品，对外宣传工作有效地沟通了乡情侨情，激发了海内外乡亲的热心桑梓、建设家乡的赤子情。

1986年，配合统战、侨务、侨联积极做好对外宣传工作。1986年全市业余通信员有250多名，他们坚持一边工作、一边采访、一边写稿，为各级党报党刊写出了不少质量较高的稿件。有些还上送了中央报刊、电台报道，受到了新闻单位奖励。

1988年，梅县县政府和侨务部门认真贯彻中央、省、市制定的各项华侨政策，成立梅县落实华侨政策办公室，负责落实华侨的各项政策。凡在“文化大革命”中整理入档的归侨、侨眷知识分子的假材料，逐个进行清理销毁，并做到政治上一视同仁、工作生活上给予适当照顾。

落实侨房政策对象包括：50年代初农村土地改革运动和城镇民主改革时，错误地没收、征收的侨房以及追“果实米”被农会拍卖的侨房；50年代中期至60年代初，在城镇进行社会主义改造期间，不该改造而被改造的侨房；历次政治运动中，以各种方式没收或拆毁的侨房；“文化大革命”期间挤占、接管的侨房。根据中共中央和省委《关于落实土改和历次政治运动中遗留的侨房落实政策》精神，梅县成立落实农村侨房政策领导小组，由1名副县长担任组长，下设落实侨房政策办公室，负责日常工作。各乡镇侨办、侨联相应设立机构，由1名副书记或副镇长负责落实侨房政策的具体工作。

是年，由县委，县政府组织选派了副局长汤明哲、文联副主席林惜韶，文化馆宋惠明，赴美国、泰国演出，演出收到了很好的效果。

1991年，充分发挥梅县侨乡优势，加强对外宣传工作，与中央人民广播电台国际部联合举办了“羊年贺岁”文艺晚会，通过广播录音和电视录像传到国外进行对外宣传；举办了“叶剑英铜像揭幕”“剑英图书馆剪彩”以及松源、桃尧、松口、白宫等单位华侨捐资公益事业的剪彩活动。还组织4批文艺工作者共17人次，到泰国等4个国家和地区进行文化交流。

1992年，全县接待华侨、“三胞”及外地旅游者83840人次，比1989年增加1.5倍，发动华侨、“三胞”捐资3214万元。

1993年，充分调动华侨的积极性，侨胞热爱家乡建设，回家乡投资兴办企业和捐资兴办公益事业。

2002年，继续办好梅县《侨声》刊物和各镇的乡讯、小报，充分发挥刊物的宣传作用；做好海外侨胞、港澳台同胞的宣传工作，利用他们回乡参观和探亲之机，向他们宣传祖国改革开放的辉煌成就和梅县经济社会的发展变化，为他们参观、探亲提供良好服务，进一步激发他们爱国爱乡热情，积极为祖国和家乡的建设出力。

2007年，协助省外宣办编辑出版《今日广东》梅县专版以及做好《侨声》杂志的改版等。

2013年，梅县有较大型的注册侨资企业40多家，涵盖电子科技、餐饮服务、建材、纺织等产业，宣传侨胞为繁荣发展梅县经济社会做出的积极贡献。

四、家乡建设新成就、新面貌宣传

改革开放以来，对家乡建设新成就、新面貌的宣传是梅县对外宣传的重点，主要宣传4个方面：一是宣传全县人民贯彻党的各项方针、政策，落实上级党委提出的工作思路和发展目标，团结一致、艰苦奋斗的情况；二是宣传经济发展及其亮点；三是宣传基础设施建设与重点工程进度；四是宣传社会进步与人民生活的改善。

1986年，新闻秘书和业余通讯员在各级党委的领导下，坚持新闻报道为经济建设服务的指导方针，认真贯彻党的路线、方针、政策，紧密配合党的各项中心工作。深入基层采写稿件，翔实报道各条战线在两个文明建设中涌现出来的好人好事先进经验和先进事迹。抓好党报党刊报道梅县市建设成就和发行工作。在发行方面，各单位宣传干部配合邮电部门做了大量工作，梅县市报刊发行工作出现了好势头，全年发行量按人口比例，均居全地区首位，为宣传和知晓梅县市建设情况增加有效途径。

1988年，制作《改革开放中的华侨之乡——梅县》画报，分送海内外侨胞阅读。向中国新闻社转发海内外的稿件有20篇；向国内对外宣传的报刊、电台等新闻单位发稿300多篇，被采用的有70篇。

县广播电视台摄制27个电视录像节目，提供上级电视台播放。为外事活动提供服务，为团结争取各界人士热心建设家乡起了一定的作用。

进入90年代，梅县贯彻中央“抓住机遇、深化改革、扩大开放、促进发展、保持稳定”的方针，继续推进经济体制改革，加快企业转机换制步伐，实现社会主义计划经济向市场经济转变，形成总体开放的新格局，促进国民经济的快速发展。

1990年，加强对内对外宣传，县电视转播台设置制作了电视新闻200多条、电视专题片18套。梅县录制的丙村《侨乡情》和《梅水情牵》，在市委宣传部组织的对外宣传电视片评比中，分别获得二等奖和提名奖。

1991年，制作反映梅县海内外乡贤从辛亥革命以来为家乡兴办各项事业伟绩的对外宣传电视片《群芳谱》，录制《梅县沙田柚获金奖》等6个专题电视片和录音带50盒向海内外发送。全年稿件319篇被中央和地方报刊、电台、电视台采用，其中有7篇被中央、省市报刊评为好新闻。如李金水写的《果园婚礼》获得全国农民报好新闻三等奖，温文瞻、黎明、李金水采写的《深山新雷锋》获得市好新闻一等奖、省好新闻二等奖。

1992年，县委、县政府为扩大对外开放、促进经济发展，于11月28日至30日举办首届柚节暨经贸洽谈会。为搞好这次活动，县宣传部门做了大量的宣传服务工作：一是先后在《南方日报》《华声报》《梅州日报》，以整版的篇幅或显要位置刊登了梅县举办首届柚节暨经贸洽谈会的公告，介绍梅县的基本情况，进行了有关沙田柚的宣传；二是筹办梅县工农业产品展览，布置了展室14个，展出了产品和系统反映梅县改革开放以来两个文明建设发展情况的文字图片资料198种；三是通过举行2次新闻发布会和运用电视、报刊、广播、参观展销会等形式配合柚节进行专题宣传，摄制《中国金柚之乡梅县》《山城金腰带》《今日梅县》《他为红盾添光彩》《为了金柚的丰收》等几十部专题片，进行对外宣传；四是筹办了大中型的文艺晚会2场，设计布置了主会场彩车4部和剪彩奠基场地10多个，筹办这次活动仅县宣传部门就投入了近200人。通过这些宣传活动，大大提高了梅县的知名度，加快了利用外资的步伐，激发了广大海内外乡亲爱国爱乡、建设家乡的热情。

1993年，拍制两部片、出好两本书。县委宣传部组织人力与县委组织部、县农委、县电视台等单位联合深入全县27个镇，拍制以反映梅县农业产业结构调整后、农民发展“一优二高”农业、发展第二、三产业致富典型为题材的《奔小康之路》电视专题片，与县电视台、外经委联合录制了反映梅县投资环境和“三资”企业的对外宣传专题电视片。同时出好两本书：一是采集全县农民致富部分典型，编印成《农民致富之门》1万册，发到全县各镇管理区村委会；二是办好“经济信息之窗”的基础上，出版《名人的故乡》一书，这本书主要反映全县27个镇改革开放带来的新变化、经济建设的新成就。

是年，重点突出报道“稳农富民兴工富县富镇”这一主题。梅县农业科技服务工作成效大的报道在《南方日报》头版头条发表。另有报道企业、外经贸等文章在《梅州日报》头版头条刊登，也有1篇登上《广东农民报》头版头条，全年采写的稿件被县级以上新闻单位采用的有500多篇次。从事新闻报道的人员在争取多上稿、上好稿的同时，注意报道具有梅县特色的新闻：一是尽力把梅县的特产、特点介绍出来，宣传出去，让外界更了解梅县。特别是对沙田柚这一名优特产，继续在各报、电台、电视台作重点报道，为柚农打开产品销路。二是重点报道侨务工作，重点开发项目、乡镇企业向集团化发展等这些县委、县政府的重点工作的成效和经验，以及精神文明建设、减轻农民负担、大幅投入教育经费等项目内容，为梅县加快发展经济，力争1995年实现“小康”起到积极的配合作用。

从事新闻工作的李金水、饶延志均获得《南方日报》优秀岭南快讯赛第一名，温文瞻采写的《万众一心筑富路》文章参加省“华信杯”比赛中获得三等奖。

1994年，深入宣传县、镇两个文明建设取得的成就。从事新闻工作的同志在争取多上稿、上好稿的同时，抓住中华人民共和国成立45周年、改革开放16年的大好时机，加大宣传力度，广泛宣传梅县经济和社会发展方面的成就。其中，配合《南方日报》记者采写的专题报道《醉卧绿丛唱山歌》在《南方日报》头版头条刊登，羊城晚报也全文转载，此文还编入省委宣传部出版的《闪光的轨迹》一书。同时，广东电视台还根据原文的内容，录制了10分钟的专题片，在省台播出。全年由新闻秘书采写的稿件，并被县级以上新闻单位采用的有400多篇，其中国家级报刊采用的20多篇、省级发表的近100篇。在市举办的第二次对外宣传作品评比中，梅县专题录像《发展中的梅县》和画册《梅县投资指南》获得二等奖。

《南方日报》《梅州日报》及其他新闻单位上了头版头条或显著的位置，报道县委、县政府提出“农业要上新台阶”，大力发展“三高”农业，走“奔康”路的奋斗目标，宣传梅县规模型的农业主体开发，宣传县、镇、区公路建设、瓜洲水电站的兴建、梅县新城区建设以及工业生产等。同时，《华商时报》《创业者》《广东工商报》等刊物或栏目进行追踪报道。县委新闻部门当年被县以上新闻单位采用的稿件有320多篇次。梅县电视台的新闻《老板兼做庄园主成为时尚》和专题《中国金柚之乡——梅县》获得1995年度全省广播电视优秀作品二等奖。在梅州市新闻协会、新闻学会成立10周年大会上，梅县电视台获得先进集体称号。李金水、饶延志合写的《一个技工的庄园梦》和《三年改革见成效》分获市新闻协会、学会好新闻奖，李金水被市新闻协会、记者协会评为先进工作者。

1996年，对县电视台来说是个丰收年，共有5篇作品获得不同等次的奖项，其中《中国金柚之乡——梅县》《舍小家、为国家——记爱国拥军好亲属、战士好母亲李美玲》均获得全国县（市）级广播电视节目评选好专题二等奖，《八旬山村教师陈近林资助学生十九年如一日》分别获得全国县（市）电视台好新闻二等奖、全省县（市）电视台好新闻二等奖，《老板兼做庄园主，领导“三高”农业新潮流》获得全国县（市）电视台好新闻三等奖，《山区农民的绿色之梦——梅县荷泗镇十年治理水土流失纪实》获得全省县（市）电视台好专题一等奖。此外，梅县电视台新闻导向所做的工作及取得的成绩在1996年全省县（市）级电视新闻工作会议上得到与会者的好评。县委新闻部门当年被县以上新闻单位采用稿件350多篇，稿件质量比以前有了很大的提高。其中被省级以上报刊和电台等新闻单位采用的稿件140多篇次、《梅州日报》头版头条采用的稿件15条。积极向海内外宣传梅县经济建设的成就，改革开放的成果和干部群众的精神面貌，在梅州市第三次对外影视作品评选中，由县委宣传部选送的《中国金柚之乡——梅县》获得一等奖。

1998年，上送市以上稿件被采用266篇（其中省台采用65篇、中央台采用8篇），是有史以来最多的一年，上送稿件采用量连续3年居全市第一。县电台、电视台获得全国、省、市好新闻、好专题奖29项，其中《留得文明在人间》和《山城金腰带》分获全国好新闻、电视专题二等奖，《今日梅县》获得市对外宣传专题电视片三等奖。

1999年，举行梅县工农业产品展销会，展销馆内有238家企业和单位的863种产品参展，突出梅县主导农产品——金柚，参观人数6万多人，签约成交金额超过1000万元。

2000年，充分利用市外宣“三大网络”，即广东对外宣传信息“梅州工作站”、“梅州之窗”、广东侨乡电视对外宣传协作网渠道，加强梅县经济社会文化发展成就的对外宣传。同时，还组织外宣作品，送市参评，画册《今日梅县》获得二等奖。

2002年，协助制作外宣片《中国金柚之乡——梅县》光盘，并送市参评。

2003年，举办“梅县人民广场等系列工程剪彩庆典暨招商引资项目签约仪式”和“携手共创梅县美好明天”文艺焰火晚会等大型活动。把这些活动作为展示梅县形象的载体和窗口，积极开展对外宣传。一是邀请市新闻单位和驻梅县主要新闻单位记者（30多人）采访报道；二是发放大量对外宣传品，宣传梅县对外开放的新成果和扩大开放的新举措，向中外客商展示梅县生机勃勃和奋发向上的新形象。利用媒体，扩大影响，营造声势。省、市委对外宣传部门组织中央及海内外驻粤新闻单位记者团到梅县采访，梅县为记者团准备了特色产业的详细材料，组织记者团对重点企业进行采访。记者们运用专题、专版、专栏等多种新闻体裁，刊播了一批有深度、质量高、影响大的报道。全方位、多角度宣传梅县经济和社会的发展状况。

2004年，在广州举行梅县金柚节暨经贸洽谈会新闻发布会，邀请国内外媒体的记者参加，介绍了梅县经济社会发展情况。成功举办梅县第三届金柚节暨经贸洽谈会，把这些活动作为展示梅县形象的载体和窗口，宣传了梅县对外开放的新成果和新举措。

2005年，加强与省电视台、省《南方日报》等媒体的沟通、联系，进一步推动对外宣传梅县的工作。梅县新闻宣传报道工作围绕中心，服务大局，取得新进展，在《南方日报》《羊城晚报》《广州日报》及广东电视台等省级以上新闻媒体及中国国际广播电台共刊播38篇（幅）。

2006年，加大外宣工作力度，编辑出版《梅县宣传》5期。

2007年，组织接待中央、省有关媒体记者到梅县的采访报道，如《经济日报》采访报道《梅县巧做生态文章》等。

2009年，成立县情宣传员和新闻通讯员队伍。按照县委办《关于加强新闻宣传队伍建设的实施意见》要求，梅县选优配强外宣队伍，成立了由110人组成的新闻通讯员队伍，并专门邀请梅州日报社委、记者部主任黄山松对他们进行专门培训，不断提高通讯员的新闻采写能力。新闻通讯员队伍的成立，使梅县新闻宣传工作上了一个新的台阶。同时，梅县还专门挑选出33名政治思想好、口头表达能力强、综合素质较高的年轻干部组成县情宣传队，并对县情宣传员进行6期培训。通过培训，及时地把梅县自然生态、人文资源、社会经济发展环境和县委、县政府组织的重大活动、重大项目建设等工作亮点和成就，向前来梅县的客人和朋友推介，进一步提升梅县知名度。

是年，接待了32家中央和各省重点新闻网站参加“绿色崛起新梅州——全国网络媒体梅州行”大型采访活动，通过网络媒体宣传了梅县落实科学发展观的新思路、新举措、新成果。

2012年至2013年，省级媒体从各种角度对梅县的发展进行了全方位的报道。2012年11月5日《羊城晚报》在A12刊登了《苏区梅县华丽“蝶变”，高端企业争相“攀亲”》的专版，11月8日《南方日报》在AT35刊登了《梅县魅力新型城市悄然成型》的专版，2013年10月24日《南方都市报》在A12版刊登了《梅县金柚：柚香留人人忘归》，凤凰网等各大门户网站纷纷转载。省级媒体对梅县发展的系列报道，极大地鼓舞了梅县广大干部群众，有力地推介了梅县良好的宜商宜居投资环境，也是梅县着力外宣工作的一项重要成果。

2013年，梅县县委、县政府积极抢抓省促进粤东西北振兴发展的战略机遇，紧紧围绕“加快转型升级，建设宜居梅县”核心任务，科学规划建设梅县区新城，努力建设新型城镇化创新区，积极打造幸福导向型产业，力争3年内实现经济总量和财政收入翻番，努力争当加快梅州振兴发展的排头兵。充分借助“梅州月·中华情”中秋晚会及“2013梅州雁鸣湖国际铁人三项赛”“金柚飘香招商会”“中国全地形车锦标赛（梅州站）”等各项大型活动，营造浓厚氛围广泛发动，积极推介，将梅县区的好山好水好生态推向全国、推向世界，把客引来，把客留下，拉动投资，促进消费，推动发展，擦亮梅县区“客都明珠”品牌。

2018年4月17日至18日，在南口镇侨乡村和松口古镇举行中国乡村复兴论坛·梅县峰会，向全国展示松口古镇文化和南口镇侨乡村古村落文化。

同年9月23日，在梅县区松口镇大黄村举行首届“中国农民丰收节”活动，这是全国6个分会场之一，也是广东庆祝首届“中国农民丰收节”的省主会场。活动期间，区委宣传部大力开展宣传，深入宣传梅县区客侨文化，认真协助做好梅县区分会场的现场文艺、宣传推介、雁南飞分会场拍摄等工作职责，文化展示小组做好客侨文化展示和文艺活动的组织和实施。并协助农业部门做好丰收广场演出及南粤农耕文化展示区等方面的文化相关工作，全力推进梅县区分会场的各项工作开展。

《乡梦》作品封面（2018 年 12 月）

《叶帅故里·雁洋》作品封面（2018 年 12 月）

1991 年至 2010 年新闻秘书对外宣传作品和个人受省级以上新闻单位奖一览表

表 3-11

作品	作者	时间	奖项	受奖单位
《果园婚礼》	李金水	1991 年	全国农民报好新闻三等奖	全国农民报社
《深山新雷锋》	李金水 黎　明 温文瞻	1991 年	《南方日报》省好新闻二等奖	南方日报社
—	李金水 饶延志	1993 年	《南方日报》优秀岭南快讯赛第一名	南方日报社
《万众一心筑富路》	温文瞻	1993 年	省“华信杯”比赛三等奖	—
—	饶延志	1996 年	省优秀新闻秘书	广东人民广播电台
—	饶延志	2002 年	省优秀通讯员	南方日报报业集团
—	饶延志	2006 年	省优秀通讯员	羊城晚报报业集团
—	饶延志	2007 年	省优秀通讯员	羊城晚报报业集团
—	饶延志	2008 年	省优秀通讯员	羊城晚报报业集团
—	饶延志	2009 年	省优秀新闻秘书	南方日报社
—	饶延志	2010 年	省优秀通讯员	羊城晚报社

第五章　文化艺术

梅县区文化艺术工作坚持“二为”方向与“双百”方针，弘扬主旋律，提倡多样化，始终把社会效益放在首位，把党的意志与人民的意愿有机结合起来，树立以人为本的思想，坚持党的群众路线，服务群众，把政治性要求与群众多样化需求有机结合起来。文化建设、文艺创作坚持践行为人民服务、为社会主义服务的宗旨，呈现出百花齐放、百家争鸣的可喜局面。送戏、送书、送电影“三下乡”成绩显著，文化产业市场化进程加快，图书出版新品不断，电影电视节目丰富多彩，文学艺术佳作频出，社会主义文化繁荣昌盛，人民群众的精神文化需求不断得到提高和满足。

第一节　文化事业

梅县区文化事业内容丰富、成绩斐然。文化工作重点抓好文艺创作和演出、群众文化活动、文化市场管理、文物保护、电影放映、图书管理和送书下乡、新闻出版、文化设施建设、队伍建设等。改革开放40年来，文化艺术精品迭出，送戏送书送电影下乡坚持不懈，群众文化活动多姿多彩，文化遗产有效保护、文化市场健康有序，“诗、书、音、画、艺”交相辉映。

梅县县委书记黄开龙（二排左四）和梅县其他有关领导与梅县宣传文化系统部分干部一起，同登雁洋镇阴那山玉皇顶采风（2000年10月）

一、梅县区文化广电新闻出版局历史沿革、内设机构和历任领导

1978年12月，仍是梅县文化局。

1979 年 3 月，县属梅城镇升格为县级的梅州市。4 月，梅县、梅州市分别成立文化局。

1983 年 6 月，梅县与梅州市合并，县、市文化局亦随之合并，称梅县市文化局，下设文化、艺术、人秘 3 股室。

1987 年，有干部、职工 15 人。

1988 年 3 月梅县市分设为梅江区和梅县。梅县市文化局改称梅县文化局，下设文化、艺术、人秘股，有干部职工 8 人。下辖梅县剑英图书馆、文化馆、博物馆、山歌剧团、木偶剧团、电影公司、公园影院、华侨戏院、丙村戏院、松口影院和 27 个乡镇文化站。

1989 年至 1990 年，梅县文化局分设梅县社会文化管理委员会办公室和梅县文物管理委员会办公室、梅县山歌协会。

1989 年 10 月和 1992 年 3 月，梅县文化局分别增加梅县雁洋叶剑英元帅纪念馆和松口图书馆 2 个下属单位。

1997 年，梅县文化局增设文化市场管理股。县文化局内设有人秘股、文化艺术股、市场管理股、社文办 4 个股室。

1999 年 9 月，梅县县委、县政府等 20 多个行政机关正式迁入新县城办公，结束了县、区分设后有县无城的历史。梅县文化局由东校场搬迁至新城行政区文化中心大楼办公。该局下设有文化艺术、市场、人秘股、社会文化管理委员会办公室，有干部职工 14 人。

2005 年，根据《梅县文化广电新闻出版局职能配置、内设机构和人员编制规定》精神，于 2005 年 9 月设置梅县文化广电新闻出版局（加挂梅县版权局牌子）。该局是主管全县文化艺术、广播电影电视、新闻出版、版权、文物事业的工作部门，办公场地设在原县文化局。内设 6 个股室：办公室（加挂政策法规股牌子）、文化艺术股、文物股（加挂县文物管理委员会办公室牌子）、文化市场股（与县文化市场管理工作领导小组办公室合署办公）、广播电视股、新闻出版股（加挂版权股牌子）。局机关编制 15 名（其中行政编制 8 名，机关事业编制 7 名），其中局长 1 名，副局长 3 名（不含纪检组长），正副股长 9 名。核定机关后勤服务编制 2 名。

撤销梅县社会文化管理委员会办公室，设立梅县文化市场管理工作领导小组办公室，为常设办事机构（与文化市场管理股合署办公）。将原社会文化市场管理委员会办公室 2 名事业编制划入新设的文化市场管理工作领导小组办公室。

2014 年，根据《梅州市机构编制委员会关于印发梅县区人民政府职能转变和机构改革方案的通知》和中共梅州市梅县区委办公室、梅州市梅县区人民政府办公室《关于印发〈梅县区人民政府职能转变和机构改革方案〉的通知》精神，设立梅州市梅县区文化广电新闻出版局，为区人民政府工作部门。内设 4 个机构：办公室、社会文化股（加挂文化艺术股、文物股、广播电视股牌子）、文化市场管理股（加挂新闻出版与文化市场股、文化产业与政策法规股、行政审批股牌子）、非物质文化遗产管理办公室（加挂非物质文化遗产保护中心牌子）。行政编制 8 名，其中：局长 1 名、副局长 3 名、非遗办主任 1 名（副科级）、正副股长（主任）职数 3 名，后勤服务人员数 2 名。

管理下属事业单位有：梅县区文化市场综合执法队（执法机构）、梅县区文化市场管理办公室、梅县区图书馆、梅县区松口图书馆、梅县区文化馆、梅县区博物馆、梅县区客家山歌传承保护中心、梅县区木偶传习所等单位；管理企业单位有梅县区电影公司、梅县区山歌剧团演艺公司、梅县区木偶剧团演艺公司等单位。

根据《关于整改规范违规设置机构等有关问题的通知》精神，处理区文广新局违规设置副科级内设机构的问题，将区文广新局非物质文化遗产管理办公室规范为正股级。

1978 年至 2018 年梅县区文化广电新闻出版局历任领导

杨　年（1978 年 12 月至 1981 年 2 月）梅县文化局局长

傅汉祥（1981 年 2 月至 1981 年 7 月）梅县文化局副局长（无正职）

傅汉祥（1981 年 7 月至 1983 年 6 月）梅县文化局局长

蔡金奢（1983 年 6 月至 1984 年 8 月）梅县市文化局局长

侯丁新（1984 年 8 月至 1987 年 8 月）梅县市文化局局长

杨淡钦（1987 年 8 月至 1988 年 3 月）梅县市文化局副局长（无正职）

杨淡钦（1988 年 7 月至 1991 年 8 月）梅县文化局局长

叶演豪（1991 年 8 月至 1997 年 9 月）梅县文化局局长

肖建兰（女，1997 年 9 月至 2003 年 5 月）梅县文化局局长

黄庆达（2003 年 5 月至 2005 年 2 月）梅县文化局局长

赖启忠（2005 年 2 月至 2005 年 11 月）梅县文化局局长

赖启忠（2005 年 11 月至 2007 年 6 月）梅县文化广电新闻出版局局长

刘桂城（2007 年 6 月至 2010 年 12 月）梅县文化广电新闻出版局局长

谢英强（2010 年 12 月至 2012 年 4 月）梅县文化广电新闻出版局局长

吴永生（2012 年 8 月至 2013 年 12 月）梅县文化广电新闻出版局局长

吴永生（2013 年 12 月至 2014 年 10 月）梅县区文化广电新闻出版局局长

廖峰松（2014 年 10 月至 2018 年 12 月）梅县区文化广电新闻出版局局长

杨淡钦（1988 年 3 月至 1988 年 7 月）梅县文化局副局长

汤明哲（1988 年 3 月至 1993 年 5 月）梅县文化局副局长

麦振国（1988 年 3 月至 1999 年 10 月）梅县文化局副局长

肖建兰（女，1993 年 5 月至 1997 年 9 月）梅县文化局副局长

李炎兴（1996 年 3 月至 2003 年 9 月）梅县文化局副局长

黄庆达（1998 年 3 月至 2003 年 5 月）梅县文化局副局长

汤松发（2000 年 3 月至 2005 年 10 月）梅县文化局副局长

马苑华（2002 年 7 月至 2005 年 10 月）梅县文化局副局长

李敏均（2004 年 1 月至 2005 年 10 月）梅县文化局副局长

钟　良（2005 年 1 月至 2005 年 10 月）梅县文化局副局长

王健如（2005 年 10 月至 2008 年 12 月）梅县文化广电新闻出版局副局长

马苑华（2005 年 10 月至 2013 年 12 月）梅县文化广电新闻出版局副局长

李敏均（2005 年 10 月至 2012 年 12 月）梅县文化广电新闻出版局副局长

钟　良（2005年10月至2013年12月）梅县文化广电新闻出版局副局长

卜雪梅（女，2009年7月至2013年12月）梅县文化广电新闻出版局副局长

刘小丹（2005年10月至2013年12月）梅县文化广电新闻出版局纪检组长

刘小丹（2013年12月至2015年9月）梅县区文化广电新闻出版局纪检组长

钟　良（2013年12月至2018年8月）梅县区文化广电新闻出版局副局长

卜雪梅（女，2013年12月至2018年12月）梅县区文化广电新闻出版局副局长

张小宏（2014年5月至2018年12月）梅县区文化广电新闻出版局副局长

二、文化建设

文化有广义和狭义之分。广义的文化可以理解为人类创造的一切物质财富和精神财富的总和，狭义的文化可以理解为包括语言、文学、艺术及一切意识形态在内的精神财富。梅县区委、区政府十分重视文化部门的文化工作，加强文化管理和文化建设，切实抓好规划和指导精神产品的生产和文化艺术工作，保证党的文艺方针、政策的贯彻执行，抓好文化艺术、新闻出版及有关文化文艺团体工作的实施和管理，发展面向现代化、面向世界、面向未来的、民族的科学的大众的社会主义文化，促进全民族思想道德素质和科学文化素质的不断提高，满足人民群众日益增长的文化生活需要，不断实现最广大人民的根本利益，为中国经济发展和社会进步提供精神动力和智力支持。

（一）机构和人员

县文化部门有剧团、图书馆、协会、博物馆、电影公司、文化馆等工作部门，乡镇有文化站、文艺宣传队等。人员有文化部门行政和事业管理人员、演员、放映员、图书管理员、文物保管员、文艺创作人员等。2009年，文化部门从业人员193人，90%具有大专以上学历；有专业技术人员110人，其中初级职称83人、中级职称26人、高级职称1人。2010年有200人，2018年有102人。

区文化部门人数一览表

表3-12　　　　单位：人

年份	1985	1987	2000	2010	2018
人数	384	382	257	200	102

（二）文化工作内容

文艺创作。文化繁荣发展的源泉、动力和检验标准是人民群众创造历史的实践活动。人民是历史的创造者，也是文化创造和文化受用的主体。繁荣文学艺术创作，努力提高精神产品的质量，实施精品战略，生产出更多的无愧于时代和人民的艺术精品。

大力发展文化事业和文化产业。一手抓公益性文化事业，一手抓经营性文化产业，驱动社会主义市场经济条件下文化发展的两个轮子。梅县区发展各类文化事业和文化产业，坚持正确导向，把社会效益放在首位，做到社会效益和经济效益的统一，努力宣传正确理论、传播先进文化、塑造美好心灵、弘扬社会正气、倡导科学精神。梅县区对公益性文化

事业，精心策划，加大投入，扶持和鼓励公益性文化事业以多种方式面向群众、面向市场，增强活力、改善服务。经营性文化产业在国民经济和社会生活中的地位迅速上升，抓紧发展，做大做强文化产业，加快文化产业市场化进程，进一步解放和发展文化生产力，增加新的经济增长点。

加强对文化市场的建设和管理。加强对文化生产的监督、消费引导和经营规范。利用社会舆论，正确引导群众的文化消费。加强文物保护工作。加强对新闻出版和音像制品的管理，开展扫黄打非工作。

新闻出版工作。负责办理申办报刊以及各类期刊小报审核工作，指导和督促音像制品发行、图书发行工作，会同有关部门抓好图书文化市场的管理工作，负责对本地各出版单位、各类印刷厂进行宏观指导和业务监测，负责与有关社会团体业务的联系。

文化事业建设。主要是管理文化发展专项资金，建设文化活动室、科技馆、博物馆、图书室、阅览室，充实文化活动器材和图书资料等。

文化产业改革。坚持不懈推动文化创新，大力发展先进文化，支持健康有益文化，努力改造落后文化，坚决抵制腐朽文化，不断增强中国特色社会主义文化的吸引力和感召力，更好地满足人民群众日益增长的文化需求。

做好整合历史人文资源和开发利用工作。对当地历史遗迹遗址、历史人物、特色文化、民间遗藏、人文景观、民风民俗、民间艺术进行调查统计，摸清情况。对有影响有价值的历史人文资源给予整合，增加人力和财力的投入，合理开发利用，提高经济效益和社会效益。

充分利用博物馆、文化馆和新兴的网吧等文化场所，加强管理，充分发挥其应有的作用，并增加收益。坚持为人民服务、为社会主义服务的方向和百花齐放、百家争鸣的方针，唱响主旋律、打好主动仗，以科学的理论武装人，以正确的舆论引导人，以高尚的精神塑造人，以优秀的作品鼓舞人，不断丰富人们的精神世界，不断增强人们的精神力量。

（三）文化工作原则

坚持为人民服务、为社会主义服务的方向和百花齐放、百家争鸣的方针的有机统一；坚持把社会效益放在首位、社会效益和经济效益相统一；坚持一手抓繁荣、一手抓管理；坚持弘扬主旋律和提倡多样化的有机统一。

（四）文化活动方式

开展以科技、教育、文化娱乐、体育等活动，整个活动体现内容丰富，方式多样，富有教育意义。深入开展“三下乡”“村村通”“手拉手”“心连心”活动，实施“要富口袋、先富脑袋”“科教兴县”“文化兴县”“城市为体、文化为魂”“县、镇、村文化工程”的发展战略。具体说，主要就是开展送戏、送书、送电影下乡活动，开展文娱体育活动，开展书画摄影展览，举办文艺联欢会、艺术节、金柚节、荔枝节，举办文化学习班、知识培训班，开展文化文艺竞技表演和比赛等。规划设计先进文化发展内容，不断更新文化建设内容和方式，培育和繁荣先进文化。

梅县市第五届中秋山歌节（1987 年 10 月）

（五）文化设施建设

改革开放以来，梅县区重视文化设施建设，舍得投入，做好规划，服务群众，文化建设日新月异、效果明显。

1988 年 3 月和 11 月，对全县文化站（室）进行了 2 次全面检查，及时总结推广了白宫、隆文镇文化站和桃尧黄沙、松源宝坑、城东汾水、西阳龙坑等文化室的经验，促进了文化站（室）的平衡发展。争取市文化局拨款 5 万元，支持瑶上、三乡新建文化站站址。由于文化站（室）对农村改革、发展经济和精神文明建设起到了积极的促进作用，引起了乡、镇党委和基层干部的重视。全年全县乡、镇投资及华侨、港澳同胞赞助办文化事业的经费有 118 万元（其中华侨捐资 50 多万元、政府拨款 46.8 万元）。在全县 412 个村中，有 185 个村办起了文化室，其中做到“四有”（有场地设施、有经济来源、有活动制度、有专人管理）的文化室 94 个，比上年增加 20%。白宫镇文化站、城东汾水文化室被推荐为省先进站（室），隆文文化站、西阳龙坑、松口铜琶、程江车上、桃尧黄沙、松源宝坑被推荐为省表扬单位。

1989 年，叶剑英元帅纪念馆建成开馆。全县办起了“四位一体”的文化室 318 间。

1990 年，投资 150 万元，建成文化局文化馆大楼；投资 300 万元，新建剑英图书馆于 1991 年元旦剪彩搬迁；投资 60 万元，兴建电影公司大楼投入使用。新建占地 300 多平方米的两层文化中心大楼，购置了学习桌、乒乓球台、高级音响、书橱、图书和标准篮球场等一批设施。全县建有文化室 305 个，其中农村管理区文化室 235 个。县文化局被评为县先进机关，县文化馆被评全国先进文化馆，县电影公司被评为市先进电影公司，县图书馆被评为省先进图书馆，县文化馆山歌曲艺团获市“一条龙”活动评比一等奖，华侨影院被评为省先进影院和全国人口与健康宣传先进单位，白宫文化站被评为全国先进文化站，县山歌剧团古琼参加全国农民歌手大赛获得优秀奖。梅县参加“90 山歌节”的歌手汤明哲被评为山歌大师，陈丙华、肖建兰、罗小红等 6 人被评为山歌师，另有 2 人被评为优秀山歌手。

1992年，梅县投资80多万元建起了一间高档次的迷你影院。投资200多万元用于乡镇文化中心建设，使乡镇文化站达省定标准一级文化站的有5个、达二级文化站标准的1个、三级文化站标准的16个。投资300多万元修建完善了113间管理区文化室。

1993年，梅县文化设施有较大改善。县木偶剧团排练场破土动工，县山歌剧团、文化局、文化馆等的排练厅和办公条件有明显改善。全县27个乡镇投入文化站（室）设施、设备建设经费157万元，其中基建设施投入102万元，设备购置54.8万元。全县有18个镇新建或正在兴建文化活动中心，建筑面积1.24万平方米。全县415个文化室中，有105个新建文化大院，建筑面积共1.78万平方米。27个乡镇文化站内部设施总值132万多元，全县文化站的室内活动面积（含影剧院）达到24809平方米，有图书91569册，订报刊1290份，有卡拉OK设备23套（件）、录放设备29套（件）。

1994年，全年投入154万元建设各镇文化站，有21个镇新建了文化活动中心，室内活动面积从上年19625平方米增至29000平方米，投入179万元新建管理区文化室41个。积极筹集资金，加快曾龙岗木偶艺术大楼的建造，先后争取了省文化厅，以及市、县的支持拨款共15万元，主体工程完成4层。随着大楼的兴建，进一步稳定了队伍，调动了演职人员的积极性。

1997年，总建筑面积4700平方米，总投资500多万元的新县城文化活动中心动工兴建。

1998年，加强文化阵地建设，继续实施“南粤锦绣工程”，突出抓好新县城文化活动中心建设，积极扶持和指导镇区文化站、室建设。

1999年，在县委、县政府的关心重视下，在新城行政区一座建筑4700平方米的梅县文化中心大楼竣工并投入使用，县文化局、文联、文化馆、山歌剧团迁入新楼办公。在省文化厅对山区文化建设工程扶贫政策的推动下，各镇建文化站的热情高涨。1999年，梅县文化中心和南口、桃尧、径义、西阳、雁洋等5个新建文化站接受了省山区文化建设工程验收，得到省文化厅的充分肯定。11月，省厅还对梅县特级文化站、一级文化站和当年度验收合格的文化站有14个站，每站拨给7万元的器材设备，全年争取到省山区文化建设工程的补助款100万元和98万元器材设备，加快了梅县文化阵地建设的步伐。

2000年，在省文化厅对山区文化建设工程扶贫政策的推动下，梅县丙村镇和梅南镇新建文化中心，各镇文化站也继续充实设备，狠抓“硬”指标的落实。经省文化厅的复查，原来的特级文化站松源、隆文、城东，一级文化站松口、丙村、石扇、程江连续分别被评为特级文化站和一级文化站。县文化馆原是一级馆，被省文化厅评为“特级文化馆”。至年底，全县有文化站27个（包括新城），其中隆文、松源、城东、白宫4个镇文化站为特级文化站，松口、程江、松南、丙村、石扇5个镇文化站为一级文化站，松东、白渡、西阳、畲江、水车、梅南、荷泗、南口、瑶上、梅西10个镇文化站为二级文化站，大坪、石坑、三乡、雁洋、径义、桃尧、扶大7个镇文化站为三级文化站。

2001年，全县建设和添置文化馆、图书馆、博物馆、文化广场、叶剑英元帅纪念馆等文化设施；全县27个镇（办事处）建有文化站、文化活动中心等文化阵地；418个村（居委）建有“四位一体”文化室等文化活动场所。梅县全面完成山区文化建设工程目标，使落实省人大“山区议案”提前结案。省文化厅组织对梅县“文化先进县”进行复评，经检查，省领导对梅县文化建设非常满意，认为不愧为“文化先进县”。

2002年，继续落实省人大“山区议案”，加强文化事业建设。县宣传文化部门组成两个检查组，分别深入全县26个镇文化站，进行全面调查了解，对瑶上、荷泗、梅南、水车等镇文化站作出了调整结构、进行改造、重新装修的决定。从1998年实施山区议案至2002年的5年间，梅县新建了南口、西阳、雁洋、丙村、桃尧、径义、松东等7个镇文化站（活动中心），新建径义、西阳、水车、松东、桃尧、荷泗、丙村等7个露天剧场，全县26个镇文化站都得到省拨价值7万元的文化专用器材。11月，省人大教科文卫委员会副主任韩英带队到梅县验收梅县实施省人大“山区议案”工作的落实情况，通过听汇报、看现场后，认为梅县走在梅州市前列，提前1年全面完成山区议案的结案工作。

2003年，梅县宣传文化部门认真抓好文化阵地建设，进一步完善馆、场设施，为“文化兴县”提供良好的发展平台。一是加快县图书馆建设。省文化厅拨给价值3.4万元的设备、课桌44张、座椅171张、阅览台10张、复印机1台。梅县籍著名作家程贤章热心捐赠珍贵书籍5000多册，捐赠瓷器、玉器、名人书刻等文物140件。县图书馆接受社会各界捐赠藏书2万多册。全年购置书架194个，总计可放置图书18万册。二是完善叶剑英元帅纪念馆设施建设，共筹措资金40多万元，用于安放叶剑英元帅汉白玉立像、装修展厅、添置消防设施、改善供电系统、购置办公设施等。三是抓好县博物馆的修复工作。争取县政府拨款5.1万元，用于修复金山顶馆舍南面危墙、安装文物库房防报警闭路监控联网设施、购置文献资料橱柜一批，健全了文物安全保管系统。四是改善电影放映场所、设施条件。电影公司筹资4万多元，利用原文化局办公楼改造成公园影剧厅。华侨影剧院利用闲置仓库改造成门店，增加经济收入。9月，添置了投映机等设备，提高了观看效果和经济效益。松口、丙村影院取得各界支持，改善了电影放映声光设施。

2004年，以标志性文化设施建设为重点，整体推进全县文化设施建设。国家把叶剑英元帅纪念馆定为全国重点建设的红色旅游景区，市委、市政府把叶剑英元帅纪念馆的建设作为全市八大重点文化设施建设项目之一。梅县以此为机遇，抓好叶剑英元帅纪念馆的扩建工作。在县委、县政府的重视下，年底完成了区域控制保护、可行性研究报告、编制建设方案、工程立项审批和规划招标等工作。充实和完善县图书馆内设施。5月1日，梅县图书馆正式向社会开放。开放后又投入13万元，购置书架、报刊和书籍。得到省文化厅的支持，成为广东流动图书馆分馆，进一步丰富了馆藏图书。

2005年，文化体制改革稳步推进，新组建县文化广电新闻出版局、文化市场综合执法队。协助县委、县政府抓好叶剑英纪念园的建设。先后完成了工程规划设计方案、可行性研究报告、环境影响评估报告、陈列布展大纲以及向省发改委申报立项审批、省保局的环保审批、国家文物局审批等工作，完成了设计论证。5月5日，举行了工程奠基仪式。此后，工程建设、陈列布展等各项工作有条不紊地进行。筹资200多万元，建成了占地500平方米、建筑面积800平方米的县山歌剧团演艺中心。县文化馆被中宣部、文化部授予“全国服务农民、服务基层文化工作先进文化馆”称号。

2006年，筹资60多万元，完善梅县山歌剧团演艺中心。县图书馆进一步完善办馆条件，加强文化信息资源建设和管理，发挥流动图书馆的服务作用，县博物馆加强文物保护工作，发挥馆场作用，举办展览等。积极稳妥推进文化体制改革，推进公益性文化社会运作方式的探索和实践。将华侨影剧院和丙村影剧院取消建制单位，职工实行一次性买断工龄，并将华侨影剧院和丙村影剧院进行公开挂牌拍卖，盘活国有资产。

2007年，叶剑英纪念园建成，5月13日举行开园仪式，对外开放。该园占地面积482亩，总投资1.5亿多元，是梅县的重点文化建设项目，以展现伟人风采和客家特色为主线，以全国重点文物保护单位和爱国主义教育基地为依托，规划建设了人文秀区、纪念园景区、旅游休闲服务区和生态林区4个功能区。叶剑英纪念园作为全国红色旅游经典景区，带动了地方旅游经济的发展，成为展示梅州形象的一个重要窗口。梅县继续保持“全国文化先进县”的荣誉称号，顺利通过上级复评。

2009年，梅县县委、县政府以加快“建设文化强县”为目标，按照“抓硬件、促软件、抓重点、求特色”的工作思路，采取灵活多样的方式，开展丰富多彩的文化活动，初步探索出一条适应市场经济新形势、独具梅县特色的文化建设路子，文化事业呈现出欣欣向荣的可喜局面。

积极做好创建梅州市“文化先进镇”规划、建设工作，完成各项工作目标任务。积极做好“农家书屋”的创建工作，成立新城办程江居委和西阳镇四平村等“农家书屋”12家。至年底，梅县建立起以叶剑英纪念园、县文化馆、图书馆县山歌剧团、县青少宫、县人民广场为龙头，以乡镇文化站、文体活动中心、社区文化广场为枢纽，以村文化室为基础的布局合理、设施完善、城乡一体的文化活动网络。形成了点、线、面相结合的群众文化阵地，并将辖区内的公共文化设施最大限度地向群众开放，满足人民群众精神文化的需要。此外，县博物馆、体育馆、林风眠纪念馆等项目被列入2009年的政府工作目标，抓紧建设。按照省、市关于文化体制改革的总体部署，县委、县政府高度重视，梅县在2009年8月前全面完成了县电影公司、县山歌剧团、县木偶剧团的体制改革全部转制为公益性文化事业单位，列入县财政全额拨款。对原全县电影系统200多人实行了一次性买断工龄，解除劳动合同关系，下属4间国办影院全部转让，同时保留了县电影公司建制，确保了中央农村电影“2131”工程的落实。上述举措使梅县成为全市第一个电影系统改革较成功的县。

2012年，一是扎实推进重点文化建设项目工作。如期推进麓湖山文化产业园建设项目，重点完成了麓湖山度假屋首期建设和园区道路、大门建设项目。成功举办“全国古村落工作经验交流会暨第二届中国古村落保护与发展研讨会”，积极向外界宣传梅县，宣传梅县古村落，同时也进一步强化了大家对古村落的保护意识。公共文化服务体系不断完善，全面实现文化馆、图书馆、博物馆免费开放，实现了农家书屋全覆盖，实现广播电视“村村通”。其中，县文化馆在上年获评国家一级馆的基础上，该年正式被省文化厅授予全省“十佳文化馆”称号。二是完成文化体制改革工作。按照省、市“文改办”的要求，结合梅县的实际，积极争取县委、县政府的重视支持，进一步积极稳妥地做好县山歌剧团、县木偶剧团的转企改制工作，年底该项工作圆满完成，梅县山歌剧团改制为梅县客家山歌传承保护中心，梅县木偶剧团改制为梅县木偶传习所。

2013 年，文化产业蓬勃发展。一是加强对文化产业园区和基地布局的统筹规划，积极推动麓湖山文化产业园区建设成为集文化创意、影视制作、演艺娱乐和动漫等产业的示范基地，做好了麓湖山文化产业园申报省级文化产业项目的工作。二是加大文化产业的招商引资力度。总投资 10 亿元，占地 6.7 公顷，涵盖“五馆九场一中心”的客属博物馆群——“中国收藏文化示范基地”动工建设。三是推动以雁洋为核心的文化旅游特色区建设，着力开发建设南口侨乡村、水车茶山村、雁洋桥溪村、松口千年古镇等为代表的古建筑、古村落、古民居文化产业体系，形成具有浓郁客家特色的古民居产业集群。

扎实推进文化惠民工程建设。全面实现文化馆（站）、图书馆、博物馆的免费开放；完成 7 个镇文化站、公共电子阅览室共 46 个村文化室的省拨乐器、电脑等设备设施分配工作；以古民居（老祖屋、围龙屋）为阵地，建设南口镇侨乡村毅成公家塾、瑶上村念二公祠、雁上村慎修堂等为综合文化社区示范点。完成第一次全国乡镇综合文化站评估定级工作；在第五次全国县以上公共图书馆评估定级中，梅县图书馆被文化部评为“国家一级馆”，梅县松口图书馆被评为“国家三级馆”。

2014 年，扎实推进图书馆、乡镇综合文化站、村文化室和农村文化信息资源共享工程建设，实现了镇有文化站、村有文化室的公共文化服务网络。顺利通过了省对梅县区全国文化先进县复评工作的前期检查。区图书馆被广东省立中山图书馆推荐为“最美基层图书馆”。新建 6 个农村文化俱乐部，完善 4 个乡镇（街道）公共电子阅览室和 34 个行政村（社区）文化室设备设施。

2015 年，扎实推进图书馆、乡镇综合文化站、村文化室和农村文化信息资源共享工程建设，实现乡镇有文化站、村有文化室的公共文化服务网络，实现文化馆、博物馆、图书馆免费开放。积极开展“送戏送影送书”下乡惠民活动，创建农村文化俱乐部，投入 400 多万元，完善文化站公共电子阅览室及村文化室的设备设施。此外，在梅县文体中心腾退办公用房引入广东客都书画艺术研究院，充分利用该书画院平台，举办“台湾著名画家李沃源国画、瓷板画作品展”“著名客籍画家梁明客家题材山水画展”等活动，不断丰富市民文化生活。

2016 年，全面完成 19 个乡镇综合文化站、387 个行政村（居）委文化室的设备设施建设，实现公共文化信息资源共享全覆盖。加强公共电子阅览室技术平台建设，建成梅县区数字图书馆，免费对外开放公共电子阅览室。积极创建 16 个农村文化俱乐部，继续实施乡镇综合文化站、文化馆、博物馆、图书馆免费开放，不断推动公共文化服务向基层延伸。

2017 年，文化梅县创意产业产品大放光彩。一是文创产业发展态势良好，现有文化创意产业企业 29 家，总投资 10 亿元的中国文化收藏示范基地已按计划投入 6.8 亿元建设项目。计划投资 10 亿元的南寿峰健康文化产业园完成首期投资 3 亿元的建设项目，总规划 15 亿元的省级文化产业园区麓湖山已投入建设资金 10.98 亿元。二是文创产品喜获多个奖项，在第十三届中国（深圳）国际文化产业博览交易会上展现“文化梅县”城市名片，由梅县区委宣传部联合广东客都文化发展有限公司共同开发并选送的陶瓷作品《客家风情茶具》《客家轿子壶》获得“中国工艺美术文化创意奖”金奖，《梅花文具》和《梅瓶》分别获得银奖和铜奖。三是对外文化交流喜结硕果，木偶传习所应邀参加第十三届 2017 中国

（厦门）国际海峡旅游博览会，表演特色杖头木偶书法《卷珠帘》；应墨西哥中国文化中心邀请，在墨西哥州市参与“传承与创新”2017中国文化周开幕演出，并在演出现场展出客家文化创意产品；应邀参展广东省首届“文化和自然遗产日”活动。四是在第五届世界客商大会举行的“遗珠璀璨——梅州市客家非物质文化遗产展演”中，区山歌传承保护中心、区木偶传习所展演的节目得到了海内外嘉宾的一致赞誉。五是在梅州市第五届客家文化创意产品博览交易会上，梅县区展馆以“叶剑英元帅故里，客都明珠——科技动漫引领，共享创意生活”为主题，设计新颖的展馆，科技动感的文化产品，让广大商家和观众纷纷前来洽谈、签约及体验、观看，充分展示了梅县区文化产业良好的发展态势。

基层公共文化服务体系日臻完善。一是推进文化驿站建设，建成图书馆、精宫博物馆、客都文化书画院、游客服务中心、爱电影等10个文化驿站。二是启动图书馆、文化馆总分馆制的建设，确立南口、雁洋、城东、白渡、新城办5个分馆为试点单位。三是继续创建农村文化俱乐部，完成15个选点工作，全年完成13个俱乐部建设任务。四是推进203个行政村综合性文化服务中心建设，创建12个行政村综合性文化服务中心示范点、建设松口、畲江和梅南3个镇级文体广场示范点，不断推动公共文化服务向基层延伸。

2018年，一是抓好客家文化云平台建设。与文化馆、博物馆、非遗办、木偶传习所、客家山歌传承中心共建客家文化云平台，实现全区文化资源整合利用，共建共享的目标。二是精心筹备建设2018年梅县区重点建设项目梅县博物馆。计划建设资金2.3亿元，完成项目建设的规划用地、规划条件、地形测绘、测量、地勘（初勘）等前期立项工作，并召开了项目用地协调会，确认征地的面积及建设工作顺利进行。三是推进公共文化服务体系建设。加强业务指导，整合村文化活动室，文化俱乐部，扎实推进2018年136个行政村综合性文化服务中心建设，实现356个行政村全覆盖，梅县区2018年度十件民生实事之一的“建设10个文化驿站”落地。推进图书馆文化馆总分馆建设。图书馆已建立南口、新城办两个分馆，为每个分馆配备一台电子阅读机，图书2000册，并在分馆开展丰富多彩的读者活动。文化馆已启动总分馆标建设。已初步建立南口、雁洋等6个镇级分馆试点建设单位。通过总分馆建设，梅县区充分整合基层公共文化资源，创新服务方式和手段，提高公共文化服务效能。

（六）参加市以上会演、调演和比赛

1979年后，县文化部门积极组织县山歌剧团、县木偶剧团和县文化馆山歌曲艺团等文艺团体参加国家、省、市文艺会演、调演和比赛。各文艺团体剧目都尽力展现客家精神风貌和客家文化，在会演、调演比赛中屡获佳绩。1979年，小戏《四张通知书》参加广东省小戏调演获得创作演出奖。1981年，梅县山歌剧团《十八娇娇泪血情》参加梅县地区会演获得创作音乐舞蹈导演奖。1982年，山歌《油岩和尚》参加梅县地区文艺会演获得二等奖。1983年，梅县木偶剧团现代戏《护情报》参加梅县地区专业木偶剧团会演获得剧本一等奖和艺术演出二等奖，神话戏《火云洞》获得改编剧本三等奖。1987年，歌舞《心愿》获得梅县地区大学、中专中学歌舞比赛三等奖。1991年，小歌剧《王义教妻》参加首届广东省农村群众戏剧花会获得优秀奖。1992年，梅县木偶剧团作为广东省代表队赴北京参加全国木偶皮影戏会演，五幕神话剧《风岭缘》获得演出奖和表演奖。1996年，梅县文化馆独幕山歌剧《酿蜜人家》在广东省第二届戏剧花会上获得包括综合演出金奖在内的4项6个大奖。1997年,《酿蜜人家》又获得全国第七届群星奖金奖。1999年，梅县木偶剧团提线木偶《舞狮》和《打花鼓》参加中央电视台在广东南海影视城举办的“城市之间”(梅州——龙岩)文化活动友谊赛中受大家赞誉。2000年，梅县文化馆组织的儿童山歌表演唱《种瓜谣》获得第二届亚洲儿童艺术节和第五届广东省少儿音乐花会金奖。

2005年至2019年，梅县区客家山歌传承保护中心演出和获奖情况：2005年，山歌表演唱《客家山歌特出名》获得岭南民间艺术花会和广东省第三届群众音乐舞蹈花会金奖；2006年，山歌表演唱《客家山歌特出名》参加“盛世山歌唱和谐——泛珠三角优秀客家山歌邀请赛”获得银奖；2008年，大型山歌剧《围屋旧梦》参加广东省第十届艺术节会演获得戏剧三等奖，2009年，广东省第六届戏剧演艺大赛组织奖；2010年，山歌表演唱《自古山歌从（松）口出》参加第二届八省优秀客家山歌（东莞凤岗）邀请赛中获得金奖；2011年大型山歌剧《合家福》获得第十一届广东省艺术节优秀剧目一等奖；2011年女声小组唱《送情郎》参加广东省第五届群众音乐舞蹈花会比赛获得金奖；2012年舞蹈《杯花声声》参加中国第二届客家文化节开幕式暨客家文艺精品会演中，获得金奖；2012年山歌表演唱《自古山歌从（松）口出》参加中国第二届客家文化节开幕式暨客家文艺精品会演中，获得银奖，大型山歌剧《合家福》获得广东省第八届精神文明建设五个一工程奖，五句板表演唱《四女夸夫》参加广东省第七届群众戏剧曲艺花会，获得银奖，山歌小戏《铜锣嫂》参加广东省第七届群众戏剧曲艺花会，获得银奖；2013年，大型山歌剧《合家福》获得第九届广东省鲁迅文学艺术奖（艺术类），大型山歌剧《合家福》获得首届广东省戏剧优秀剧目奖；2014年猜调山歌表演唱《拦门戏亲》参加2014客家山歌（东莞·凤岗）邀请赛，获得金奖，大型山歌剧《古寨牛人》参加第十二届广东省艺术节获得优秀剧目二等奖；区客家山歌传承保护中心被评为第二届广东省基层宣传文化工作先进单位；2015年，获广东省第八届（中青年）戏剧演艺大赛组织奖，猜调山歌表演唱《拦门戏亲》参加第八届群众戏剧曲艺花会比赛，获得铜奖；2016年，大型山歌剧《合家福》代表广东省唯一入选剧目参加全国基层院团戏曲会演（纪念证书、纸质和牌匾），山歌表演唱《月下恋歌》获得2016年“两岸暨港澳地区”客家山歌（东莞凤岗）邀请赛金奖；2017年，山歌小戏《铜锣嫂》剧目入选参加“2017粤戏越精彩——全省优秀地方戏曲剧种会演”，大型山歌剧《春闹》获得2017年客家文化（非遗）艺术周戏剧展演优秀剧目奖；2018年，大型山歌剧《春闹》——广东省庆祝改革开放40周年专题创作全国优秀现实题材舞台艺术作品展演（广东站），大型山歌剧《春闹》——梅州市客家文化非遗艺术周展演，舞蹈《蕴·酿》参加“梅州市客家舞蹈大赛”获得节目一等奖、最佳原创音乐奖、最佳编导奖，舞蹈《蕴·酿》参加2017年度广东省群众文艺作品评选，获得舞蹈类三等奖。

2009年至2018年，梅县区木偶传习所演出和获奖情况：2009年，参加由中共广东省委宣传部、文化厅、中山大学主办的、在中山大学举行的广东特色剧中展演，演出传统木偶戏《化子进城》，获得广东特色展演优秀剧目奖。2014年，参加在河南开封举行的全国首创的提线木偶节目《变脸》获首届中国木偶展演金奖，代表梅州参加在深圳举办的2014

年第十届中国（深圳）国际文化产业博览交易会。2015年，省级非物质文化遗产传承人巫启胜在毛里求斯参加唐人街美食文化节，传习所到深圳参加第十一届文博会，到云浮市参加2015年中国文化遗产日活动。2016年，到澳门参加国际旅游博览会。2017年，到北京录制《电影人春晚》。2017年，参加韶关庆祝春节晚会，到福建厦门参加第十三届2017年中国（厦门）国际海峡旅游博览会，到江门开平参加广东省首届文化和自然遗产日活动，修改提升的传统木偶剧《化子进城》参加2017年客家文化“非遗”艺术周展演获剧目奖。到广州木偶剧院进行展演，在广州参加第七届群众舞蹈花会木偶舞蹈节目《封箱》获金奖，在广州市参加广东省廉政小品曲艺创作大赛小品《门锁坏了》获金奖，在广州参加大型木偶剧《海族总动员》参加第十三届广东省艺术节获剧目三等奖，小品《新官上任》在参加“梅州市廉政小品曲艺作品创作大赛”中获得三等奖。2017年到马来西亚参加广东会馆联合会70周年庆典。2018年，木偶舞蹈《偶缘》获首届客家舞蹈大赛二等奖，小品《今天怎么了》获第十二届梅州城区群众文艺会演金奖，参加第二届“中国传统文化月”系列活动，开展“传承非遗传统、弘扬工匠精神”——广东省非物质文化遗产项目进校园活动、南方医科大学尚进书院。《封箱》在珠海获广东省第六届岭南舞蹈大赛表演金奖、作品金奖、创作金奖，小品《喊您一声妈》参加“广东省第九届群众戏剧曲艺花会”获得三等奖。小品《大叔的烦恼》参加“广东省第四届曲艺大赛”获得表演奖，到连南瑶族自治县参加广东省第六届少数民族传统体育运动会表演，在梅州参加中国分会场、广东主会场的首届中国农民丰收节演出。

三、文化市场

梅县区积极培育文化市场主体，健全文化市场体系，加大对城乡文化市场的建设和管理力度，落实长效监管机制，形成党委领导、政府管理、行业自律、企事业单位依法运营的高效规范的文化市场管理体制。努力形成城乡之间以及文化市场各门类之间均衡发展、结构合理、供求均衡、竞争规范的文化市场体系。加强社会文化项目管理，促进文化市场健康有序发展。全区有文化经营单位150家（户），项目15类。主要管理项目有：桌球、书店（摊）、民间艺人、印刷业、民间剧团、游乐场、舞厅、录影场、印刷厂、业余艺术培训。对梅县文化经营单位调查登记，制定和翻印管理条例、宣传资料下发，市场检查，收缴不良出版物和音像制品，净化社会文化市场，活跃群众文化生活。

1981年，贯彻落实中共广东省委宣传部转发中共中央宣传部《关于加强报刊出版物和宣传报道中保密工作的通知》，加强报刊、出版物及宣传报道中的保密工作。

1982年至1984年，清除各种“精神污染”和“文化垃圾”。1982年开始，贯彻落实中共中央、国务院《关于严禁进口、复制销售、播放反动黄色下流录音录像制品的规定》和中共广东省委提出的对外来文化要“有所引进、有所抵制”“排污不排外”的方针，对文化市场加强管理，净化文化市场。

改革开放后，一些有严重政治错误的，宣扬色情、暴力、封建迷信的出版物和音像制品乘机通过各种渠道流入，特别是一些淫秽、色情书刊污染社会风气，毒害青少年，广大群众对此反应强烈。清理整顿书报刊和音像市场，清除各种“精神污染”和“文化垃圾”，创造良好的社会风气和社会环境，关系到青少年的健康成长，是保证改革开放顺利进行的一个重要条件。所以，梅县对精神文化产品加强管理，每年都开展整顿文化市场的专项治理活动。其中，开展“扫黄”行动，取缔宣扬淫秽、色情、凶杀、暴力的出版物；开展“打非”行动，按规定取缔、封存和销毁非法出版物，以净化市场。1984年9月，发现两家录影播放场所有应销磁的录像带，除责令两个单位的负责人写检讨和处罚外，还全市通报，有效地制止了违禁录像带的播放。

1985年成立梅县市录音录像管理小组，市委宣传部先后发出《关于进一步加强录音录像放映管理工作的意见》《关于加强区镇录音录像管理的若干规定》《关于贯彻梅县市小报管理规定的通知》《关于收缴音淫秽音像制品的紧急通知》。梅县市成立社会文化管理委员会，加强社会文化市场的统一领导和综合治理。委员会由政府主管文化工作的副县长及文化、公安、工商、广播电视、新闻出版等有关职能部门的负责人组成。下设办公室，由梅县市人民政府直接领导，委托梅县市文化局管理，编制2人，经费由地方财政拨给。是年，全市有音乐茶座10家、业余轻音乐队7家、汉乐社8家、录像放映场135个。

1986年，在市委和上级业务部门的指导下，梅县市社会文化市场总的趋势是好的，但也存在一些非法印刷品，无证摊档，还不时在辖区内出售不健康的录音、录像制品和小报书刊等。针对这些问题，市社会文化管理委员会按照上级文件的通知精神，下发关于加强社会文化活动管理的通知，实行统一领导，加强社会文化活动的管理。建立层层负责管理本地社会文化市场的机制，对全市录音、录像、音乐茶座、轻音乐队伍，以及营业性的娱乐场所和演出队伍，进行全面整顿和登记发证工作，对违反规定，场内秩序混乱的舞厅进行停业整顿。同时，市委宣传部、市文化局、市公安、市工商、市广播电视等部门联合执法，对梅城的文化市场进行检查和治理整顿，没收非法出版物18种248本，收缴反动庸俗、凶杀格斗、封建迷信等录像、录音带1493盒。

1988年县、区分设后，梅县把文化市场的管理重点放在农村27个乡镇。6月，梅县社会文化管理委员会成立。各乡也成立监督小组，配合工商、公安等有关部门，采取节日检查和平时不定期的检查办法。乡镇的一些录像放映、桌球音像制品经管和书刊门市，主要分布在松口、丙村、畲江和南口4个较大的镇，对这些影响较大的圩镇多次组织力量进行检查。全年突击检查文化市场8次，出动162人（次）。由于注意掌握政策，加强检查指导，使文化市场做到了管而不死，活而不乱，健康发展。

1989年至1990年，开展“扫黄打非”工作。1989年 8月24日，党中央、国务院召开全国整顿清理书报刊及音像市场电话会议。11月13日，国务院召开电话会议，部署在全国范围内开展“扫黄”工作。1990年10月22日至26日，全国“扫黄”工作会议在北京召开，接着，广东省委、省政府召开了开展扫黄、除七害、反走私斗争电话会议，梅县组织学习宣传贯彻，配合有关部门，利用一切宣传工具和宣传手段，掀起了“扫黄”和“除七害”的宣传教育行动高潮。梅县各级党组织和各有关单位组织力量，主要是县社会文化管理部门具体组织、协调宣传、文化、广播、出版、工商、公安、司法等部门作为骨干力量，发动相关部门和单位密切配合，协同行动，使“扫黄打非”的宣传发动、调查摸底、清查扫荡、立案侦破、结案宣判、清理整顿等各项工作都有职能部门主管与配合，发动群众举报与专门侦查相结合，综合运用法律、行政、经济、宣传和群众监督等手段，实行综合治理，在全县范围内开展一场场规模宏大、广泛深入的“扫黄”斗争和“打非”行动，并以此为突破口，全面取缔各种违法行为，促进了社会风气的好转。1990年，全县出动5250人（次），收缴内容反动非法出版的杂志36本、淫书淫画各1册、封建迷信日历30本、非法出版挂历5份、单历70张。与此同时，贯彻中宣部《关于港澳记者来内地采访的管理办法》和《关于港澳记者来内地采访注意事项》，加强外来人员采访管理。

1991年，净化社会文化市场。全年全县出动检查324人（次），收缴非法出版物21本、封建迷信读物91本、非法录音录像带42盒。

1993年，县文化部门会同工商、公安等部门，先后对县范围内印刷业、复印业、录映场、游戏机室、音像制品经营户进行清理整顿，重新登记换证。取缔带赌博性质的扑克机205台、苹果机17台，停业整顿长城机14台。清理“黄色”书刊音像市场点23个、卡拉OK歌舞厅13间，收缴非法出版物240本、“黄色”书刊20本、“黄色”录像带11盒等。

1994年，为了使社会文化市场的管理逐步走向法制管理轨道，督促经营户守法经营，举办了45家印刷业和14家卡拉OK经营户参加管理条例和法规学习班，以提高他们的法制意识。同时，全面完成文化经营户的换证工作。按照省委、省政府关于在全省开展扫除“黄、赌、毒”和全国第四次“扫黄打非”的电话会议精神，采取措施，建立了岗位责任制，每个经营户必配文化市场管理法规汇编1册，音像放映点必须到指定录像带出租点租借等，进一步加强了社会文化市场的管理。全年出动680多人（次），检查经营场点185个，收缴不健康录像带18盒、无证经营录像带5盒、套版CD唱碟88盒、套版金庸小说5种105册，查禁黄色书刊和封建迷信书刊一批。通过上述措施，全县社会文化市场出现新的气象。

1995年，继续抓好社会文化市场的管理工作。全年梅县社会文化管理部门，配合工商、公安等职能部门，出动58次676人（次），对208个场点进行检查，加强“扫黄”“打非”力度，收审音像制品384盒，进一步净化文化市场。

1996年，坚持一手抓繁荣一手抓管理的方针，继续抓好文化市场的净化和管理工作。一是对文化市场经营户进行培训，全年共计296人（次），受教育面98%。二是开展扫除“黄赌毒”和“扫黄打非”“保护知识产权”的专项斗争，以及对带有赌博性质的游戏机室进行清理取缔工作。全年组织检查192次，出动人员1451人（次），清理场点367个。取缔有奖游戏机100多台，取缔赌点7个。收缴侵权盗版录像带1172盒、CD唱碟128盒、录像带212盒。取缔一间不合要求的录像场，查处非法印刷挂历2500份。组织了一次非法音像制品焚烧行动，严肃了管理法规，净化了文化市场。

1997年4月，成立梅县新闻出版办公室，由原县社会文化管理委员会管理的印刷业和图书报刊市场移交县新闻出版办公室管理。11月，梅县县级党政机构改革时，梅县文化局设置文化市场管理股，负责管理属文化行政主管部门的社会文化经营项目，执行文化稽查和指导演出市场管理工作，同时负责县社会文化管理委员会办公室和县“扫黄打非”领导小组办公室的日常事务。全年组织音像市场、电子游戏、卡拉OK歌舞厅、桌球等行业负责人进行培训学习，并与他们签订《音像制品经营户遵章守法承诺保证书》，组织“扫黄打非”检查56次，查封录像放映场1家，收缴带有色情、迷信书刊1972本，取缔游戏机室12间，收缴带有赌博性质游戏机31台。至年底，全县有录像放映场21家、音像制品经营64户、书刊经营65户、桌球室25家、电子游戏室85家、卡拉OK（含酒楼包厢）27家、演出场所10家。

1998年，县委宣传部发出《关于加强梅县非营利性出版物管理工作的通知》，加强全县非营利性出版物的管理。加强文化市场管理，会同公安、文化、工商等部门对全县印刷行业、书报刊销售点和音像制品门市、游乐场所进行不定期检查，没收违禁品。举办印刷业人员培训班，60多人参加，加强了法规培训学习。全县26个镇坚持不懈地开展“扫黄打非”行动，特别是程江、丙村、雁洋、松口等镇，多次配合县里的行动，收到较好效果。全县组织不同规模的检查120场次，出动人员600人（次），检查图书经营场所90多间，收缴违禁书报刊800多册、盗版VCD光盘101盒、违禁影碟近200张。清查与建设相结合，与市新华书店共同组织在南口、畲江、水车、松口等镇办书店连锁店，加上以往在丙村和新县城办的连锁店，全县共有连锁店6家。以上这些，促进了文化市场健康有序发展。年底省人大、省新闻出版办领导到梅县视察检查，检查后很满意，称赞梅县社会文化市场管理达到了规范化。

1999年，梅县宣传文化部门坚持“两手抓”的方针，继续抓好文化市场的管理和净化工作，开展“扫黄打非”和保护知识产权的专项斗争，严肃管理法规，全年出动检查人员103人（次），收缴录音带179盒、录像带137盒、盗版VCD5O2盒、非法、泄密出版书刊1300多本。完成全县音像制品出租、零售、录像放映、卡拉OK歌舞厅的年审换证工作和音像制品销售防伪标识的张贴及举报公示牌的挂牌。全年张贴防伪标志1万多张、公示牌60多块。通过一系列的整治行动，不断净化梅县文化市场。

2000年，梅县文化市场经营项目主要有电影发行和放映、影剧院和演出团队、电子游戏机室、互联网上网服务、歌舞厅（含酒楼卡拉OK厢房）、音像制品销售和出租。按照中央、省、市的部署，加大对文化娱乐场所、电子游戏机的专项整治行动的力度，会同公安、工商对全县文化娱乐场所、电子游戏室开展大清查行动，取缔电子游戏机室64家。严格按照执法程序，开展扫除“黄、赌、毒”和“扫黄打非，保护知识产权”的专项斗争。全年出动检查人员129人（次），会同公安部门收缴音像制品、盗版VCD 2.9万盒、非法出版书刊1300多本。有效保护知识产权，不断净化文化市场。

2001年，根据国务院《关于进一步整顿和规范文化市场秩序的通知》精神，认真抓好贯彻落实，切实部署并组织、督促实施整顿，做好规范文化市场秩序工作，不断加大对文化娱乐、音像、新闻出版、印刷业、电影网吧的整治力度，会同公安、工商等部门开展一系列行动，做到依法行政、依法管理，坚持不懈地开展打击整治政治性非法出版物，扫除“黄、赌、毒”和抓好“保护知识产权”的专项斗争，经常深入重点部门和场所及各镇进行检查，有力地规范了梅县文化娱乐、新闻出版市场。全年出动检查人员186人（次），收缴盗版软件20多张，收缴盗版音像制品812盒、非法出版书刊530多册，收缴游戏机

17台（其中赌博机3台），取缔地摊2个。举办印刷企业负责人法规培训班，学习新修订的《印刷业管理条例》，明确整改重点，与各印刷厂长签订《守法经营责任书》。定期组织对印刷厂的检查，对无证无照的印刷厂，采取了取缔收缴机器设备等措施。

2002年，梅县宣传文化部门按照中央、省关于整顿“网吧”及重新审核“网吧”经营户的部署和《梅州市2002年扫黄打非行动方案》，加强对新闻出版业和社会文化市场的管理。一是开展有害卡通画册和淫秽“口袋本”图书专项整治行动，收缴“口袋本”图书300多册；二是加强梅县中小学教辅材料管理，制止非法教辅材料进入校园；三是举办印刷业负责人法规培训；四是加大对文化娱乐、音像、印刷业、电影网吧的整治力度，经常到重点部门和场所进行检查，坚持不懈地开展打击整治政治性非法出版物，开展扫除“黄、赌、毒”和抓好“保护知识产权”的专项斗争，有力地规范梅县文化娱乐、新闻出版市场。全年全县各镇出动不同规模的行动130多次，出动检查人员419人（次），收缴电子出版物388张、非法出版物1618册、非法盗版音像制品2746盒。

2003年，梅县宣传文化部门按照中央、省、市有关精神，及时发出《梅县贯彻落实〈关于进一步治理党政部门报刊散滥和利用职权发行、减轻基层和农民负担的通知〉实施办法》，组织人员对全县党政部门报刊发行进行全面清理检查。按照中央、省、市的要求，进行自查自纠，县委宣传部将自办发行的《学习文摘》带头停刊，全县停止发行的刊物有2种，强行摊派征订报刊的现象得到遏制和纠正。同时，认真落实《梅州市2003年扫黄打非工作方案》，规范和整治净化文化娱乐市场。会同县社文办、县新闻出版办、县工商局、县公安局、县广播电视局等有关职能部门，开展音像市场的“扫黄”、“打击非法出版”、打击侵权盗版行动和整治“网吧”等专项斗争活动。全年全县出动不同规模的检查行动135次，出动检查人员1233人（次），清查场点395个，查处“网吧”7家，查封电子游戏机室1家，收缴盗版CD唱碟330张，取缔无证经营书摊7个，检查印刷企业20家，检查出版物经营单位90多家，收缴各类盗版非法出版物360多册。组织全县印刷企业负责人参加市、县、区新闻出版办联合举办的法规、规章学习班，学习《印刷品承印管理规定》及印刷管理的其他法规、规章，不断提高业主的守法经营意识。

2004年，按照一手抓管理，一手抓发展的方针，促进全县文化市场的健康发展。一是开展对淫秽色情“口袋本”、图书、画册、网吧、游戏软件的专项治理；二是开展对非法出版物的专项检查；三是开展封堵查处政治性出版物专项行动。全年全县集中整治行动12次，出动检查人员136人（次），清理门店323家，收缴盗版音像制品720多块和盗版书籍315本；取缔黑网吧17家和无证照流动书摊2个。

2005年10月，组建梅县文化市场综合执法队，完善文化市场巡查制度和行政审批制度。联合公安、工商、城管、综治等职能部门依法对全县文化市场进行综合治理。全年出动执法人员936人（次），检查娱乐场所232家，查处违法经营网吧8家，取缔黑网吧7家、违法经营电子游戏机6家，取缔违法游戏机室3家，罚没非法音像制品740盒、盗版书刊520本。

2006年至2010年，梅县严格抓好文化娱乐经营业审批工作，从严控制文化娱乐经营业的总量。加强日常的执法巡查，集中整治网吧、电子游戏室等文化娱乐场所。联合文化、工商、公安、消防、环保等部门与全县文化娱乐服务场所签订了经营责任书，进一步约束文化娱乐业主守法、诚信、文明经营。结合“扫黄打非”工作，开展全县文化娱乐业和出版物市场各阶段集中整治专项行动。对辖区内的出版物市场、音像市场进行了定期或不定期的检查，严厉打击非法行为，确保出版业健康有序地发展，净化了出版物市场。2006年，出动执法人员3000人（次），检查文化娱乐场所232家，查处违法经营网吧23家，取缔黑网吧10家，取缔违法游戏机室3家，罚没非法音像制品800盒、盗版书刊412本。2008年，加大对网吧等娱乐场所的清理整顿和年检年审力度，依法把好娱乐场所审批关。做好全县63家网吧以及5家演出单位的年审、换证工作；加强“扫黄打非”工作，进一步净化出版物市场。文化部门与县公安、工商等执法部门共同查处“黑网吧”7家并严厉打击查收了一大批印刷、复制、发行政治性非法出版物和“法轮功”等邪教组织宣传品。2008年，梅县被评为广东省“扫黄打非”工作先进集体。2009年，建立文化市场突发事件报告制度和执法检查报告制度。

2008年广东省“扫黄打非”工作“先进集体”牌匾（2009年1月）

2012年，梅县在文化市场管理工作中，结合“三打两建”工作，突出重点，精心谋划，狠抓落实，取得了明显成效。全年全县出动执法人员1613人（次），检查经营单位1364家（次），处罚网吧23家，其中停业整顿网吧2家。办结出版、音像违法案件16宗，收缴非法出版物、盗版音像制品986张（册）。行动中1家印刷企业因涉嫌承印相近品牌商标，被县工商局查处。

2013年，重点抓好节日及假期期间网吧经营场所、歌舞娱乐场所、超范围经营KTV的酒吧及印刷复制企业等的日常巡查监管。开展“扫黄打非”，抵制低俗现象，不断净化社会文化环境。全年出动执法人员1101人（次），取缔非法游商2个，责令改正73家，做出行政处罚13家，关闭非法网络游戏网站1家。在专项整治城区超范围经营KTV酒吧工作中，继续保持高压态势，实现日常监管工作常态化、规范化，切实改善居民的生活环境质量。此外，全面完成了全县314个机关、事业单位11229台计算机正版软件的安装、使用工作，并通过了省、市级检查小组的检查。

2014年，开展安全生产大排查、春季教辅教材和少儿出版物专项整治、歌舞娱乐场所专项整治，整治超范围经营KTV酒吧专项行动，举办蔡琴演唱会专项执法检查，全区文保单位安全专项检查和知识产权宣传周活动。改进和完善行政审批事项，降低和减少审批层级，压缩审批时限，实现便民惠民。完成全区出版物经营单位、印刷企业的年检审核工作。做好对全区出版物市场、印刷企业的日常监管工作和梳理行政审批项目，完成文化部门的行政审批事项业务手册，推进2014年度企业使用正版软件工作。加强严格管理措施，做到日常管理与集中行动相结合，做好娱乐场所和网吧的行政审批和社会事务服务工作。

2015年，大力开展文化经营场所的整治活动。对超范围经营KTV酒吧，对中小学辅导材料出版发行物经营单位、报刊亭、印刷行业、网吧市场、宗教类出版物市场进行专项整治；组织开展高考、中考期间文化经营场所的环境整治；组织开展文保单位、文化市场及本系统单位深入开展安全隐患“大排查大整治”活动，有效保证安全生产各项工作的落实。

2016年，开展“安全生产月”和“安全生产万里行”活动，加强文化市场安全大检查，与辖内文化经营单位签订安全生产责任书。开展文化市场日常巡查执法，做好权责清单的梳理和日常的行政审批工作。开展对卫星接收器的整治工作和网络广播电视安全大检查，完成重大节日、重大活动的安全播出。

2017年，开展“扫黄打非”专项行动和“扫黄打非”进基层行动，开展歌舞娱乐场所、校园周边环境、网吧、出版物市场等专项整治，确保文化市场秩序更加规范。全年出动执法人员7130人（次）、检查文化经营单位1585家（次），作出行政处罚4家，文化市场专项整治工作取得较好成效。

2018年，组织宣传文化系统人员开展岁末年初安全生产大检查和文化经营场所安全生产大检查，加强2018年元旦、春节期间出版物市场及网络文化环境监管，加大对校园周边文化市场特别是出版物市场、网吧、印刷复制企业等的检查频率和检查力度。强化对涉及青少年学生、幼儿“扫黄打非”的网络游戏案件查处力度，大力营造青少年健康成长的良好氛围。开展“扫黄打非·清源2018专项行动”“扫黄打非·固边2018专项行动”“扫黄打非·护苗2018专项行动”“扫黄打非·净网2018专项行动”“扫黄打非·秋风2018专项行动”等行动，并专门开展全区无证经营KTV场所专项整治联合执法工作。全年出动检查6464人（次），检查1435家（次），立案调查12宗，办结9宗。

四、文物保护

梅县区是人文秀区，人杰地灵、文化鼎盛，文物名胜古迹众多，文化艺术作品丰富，各种文物丰厚。区委、区政府重视文物保护工作，区文物保护部门做好了文物的挖掘、申报、普查、保护、修缮、管理和宣传利用工作。

1999年，梅县博物馆充分利用馆场设施，举办“中国历代名画家作品展”，参观群众300多人（次）；举办“庆祝建国五十年，喜迎澳门回归”书法联展，完成县委、县政府在文化中心举办的“闪光的轨迹——梅县社会经济发展成果”图片展览，参观群众3.5万人（次）。配合省考古研究所对梅县3处古塔进行考察；配合省文物收集、调查松源镇革命标语；前往丙村河堤工程工地，考察明代碑刻1处。妥善处理“热心兴学”牌坊保护的遗留问题。接受台湾古志达捐赠书法3幅。征集宋湘手迹拓片资料5幅。

2000年，县博物馆充分利用馆场阵地，先后举办“廖悦章先生根艺作品展”“世界珍奇蝴、昆虫标本展览”“太平洋珍稀海螺、贝壳标本展览”“大型珍贵野生动物展览”，观众1.5万多人（次）。派员前往松源、石扇、丙村等镇进行文物普查，继续完善和完成《梅县现存红军标语状况一览表》、《广东省文物志》（梅县条目）和《1990—1999年文物工作大事记》的编辑任务。提供清代客家服饰及摄制图片由文化部在云南昆明世博会举办的“中国民族服饰展览”上展出。完成县委宣传部、县文明办、县科协办在文化中心举办“崇尚科学文明、反对封建愚昧”图片展，参观人数 5000 多人（次）。协助县政府、县文管会做好各级文保单位新一轮的保护使用协约书的签订，使梅县文保工作纳入法制轨道。根据省文化厅的要求，完成省文物保护单位梅县灵光寺申请第五批全国重点文物单位的上报资料工作。完成白宫镇棣华居、联芳楼、林风眠故居，南口镇南华又庐、雁洋镇继善楼和客家民俗自然村——桥溪村、梅南镇李金发故居等申报省级文物保护单位的资料工作。在申报国家级、省级文保单位工作中，拍摄照片 574 张，冲洗照片 1400 多份，测绘、制作图纸 61 张，编撰文字 5 万字，并做好征集分类等工作，极大地丰富了馆藏资料，使梅县文博事业的发展登上新的台阶。

2001 年，县博物馆积极做好文物保护工作。一是完成灵光寺“生死树”的抢救、维修、保护工作。二是陪同省文化厅组织的专家、教授对申报第四批省重点文物保护单位进行考察，先后考察了南口南华又庐、白宫联芳楼、棣华居、林风眠故居、雁洋继善楼和桥溪村，与县政府、市梅花协会的领导考察城东潮塘古梅树并提出保护方案。三是对历年来收集、拍摄的文物保护单位、名人故居、客家民居、民俗、考古挖掘等图片、照片进行清理、分类、撰写条目、入卷建档等一系列工作，共清点照片底片 7260 张，完成照片档案 131 卷，使具有历史保存价值的照片得到妥善保管。

2002 年，叶剑英元帅纪念馆根据自身馆藏特点，增设了展橱、陈列部、省军级以上领导参观题词、书法作品和签名手迹，增设“红色丰碑——共和国元帅”的辅助陈列展览。县博物馆在春节至元宵期间，举办“馆藏书画展”。协助县档案局完成档案建档工作，提供照片资料 30 多份；协助中央电视台《共和国之声大型系列活动组委会》摄影组前往雁南飞茶田、桥溪村、南口客家民居采风，并在《乡村大世界》栏目中播出；为纪念罗荣桓 100 周年诞辰，北京“八一制片厂”前来拍摄金山顶围墙旧址，配合县委宣传部、县电视台前来拍摄《梅县志》（记载时间公元 479—1987）的有关《嘉应州志》地图和宋湘字画等。7 月，广东省人民政府公布梅县的雁洋镇桥溪村古民居建筑群、南口镇南华又庐、白宫镇棣华居、联芳楼为省级文物保护单位，县博物馆完成《关于梅县省级文保单位桥溪村古民居建筑群抢救维修总体实施方案及请拨首期工程经费的请示》和 4 处省级文保单位标志牌、文明牌制作安装等方案报上级文物主管部门审批，并按时、按质、按量完成全国文物普查工作。此外，该馆还派出测绘小组前往城北西桥村测绘客家民居、收集史料、拓片及拍摄工作等。

2003 年，叶剑英元帅纪念馆和博物馆是全国和梅州市的爱国主义教育示范基地，根据文物藏品的特点，增设陈列内容。梅县博物馆认真做好文物保护工作，完成了《梅县各级文物保护单位保护使用协议书》和《梅县各级文物保护单位维修合约》的签订。第四批省级文物保护单位“桥溪村古民居群”的测绘工作取得阶段性成果，全面完成梅州城区和梅县新城区内的“客家古民居建筑”普查。积极开展“博物馆与朋友”活动，协助梅县精宫博物馆、梁小玲客家文物收藏馆的开馆筹备工作以及梅县民间收藏协会的成立筹备等。梅县博物馆还协助梅县电视台摄制《诗神雕圣李金发》《小山村走出一代画坛大师林风眠》《古民居建筑群——桥溪村》《客家民居“济济楼”》《见证文化之乡历史的石碑》等电视专题片，在梅县、梅州电视台播出。会同梅县文化馆先后完成县委、县政府布置的《人文秀区——梅县投资指南》和《梅县历代名人简介》的编撰任务。以图推介、音像展播梅县客家名人、人文历史、民俗风情和理论探索研究，传播客家文化，为“文化兴县”的扩大宣传和影响起着积极的推动作用。

2005年，梅县文化广电新闻出版局是文物行政主管部门，内设文物股（加挂文物管理委员会牌子），负责全县文物保护管理工作。县博物馆抓好文物保护工作，文物“四有”进一步规范。完成了叶剑英故居文物保护措施和做好了桥溪村的保护规划，现场鉴定了灵光寺门槛断裂情况及形成原因。抓好文物征集工作，举办陈列展览，先后举办了“客家风情摄影展”“温明书法展”等，观众人数500多人（次）。

2006年至2007年，梅县积极开展非物质文化遗产的挖掘和保护工作。完成了梅县林风眠故居、李金发故居申报为第六批广东省文物保护的申报工作。在水车镇开展了梅县第三次全国文物普查田野调查试点工作，并接受了省督察组的检查验收。全县范围内挖掘了一批社会影响大、文化价值高的非物质文化遗产11类38项。开展了文物保护宣传和陈列展览工作。

2008年，文物保护、展览、征集、研究、普查工作有新进展。配合“国际博物馆日”和“中国文化遗产日”等活动举办了多次展览，重点做好了县级文物保护单位白渡、宋湘故居的维修和验收，协助梅南镇做好梅南革命史的陈列展览工作，扎实开展了梅县第三次全国文物普查工作，在全县各镇（办事处、高管会）的共同努力下取得了阶段性成绩。

2009年，梅县认真宣传和贯彻实施《中华人民共和国文物保护法》，严格文物调查、勘探、报批程序，对重点文物保护单位设立标志牌，划定保护范围，建立管理档案，切实加强对文物的保护。未发生不可移动文物被破坏、损毁的责任事故，未发生馆藏文物被盗、丢失、损毁等安全责任事故。通过第三次全国文物普查，梅县调查登记不可移动文物406处，其中新发现331处，复查75处，调查登记消失不可移动文物16处，博物馆馆藏文物及标本资料7000多件，其中国家级文物有700多件，尤其以林风眠美术作品、唐代水车窑为镇馆之宝。抓好全县各镇县级文物保护单位的申报、审批工作。配合2009年梅州世界客属大会，成功举办梅州民间国宝成果展暨客乡青瓷学术研讨会。认真抓好民间文化遗产抢救工程，重点抓好搜集、编撰和出版《广东民间故事全书（梅县卷1）》工作。

2010年，向县政府推荐申报县级文物保护单位33处（53个单体），8月底还按国家文物局的通知要求，完成馆藏文物电子信息的录入工作。

2011年，县宣传文化部门重点协助梅县博物馆筹集资金，加快推进博物馆新馆的建设工作。做好李金发故居和林风眠故居申报第二批市级文物保护单位的工作。组织第三届“中国历史文化名街”的申报工作；做好全县围龙屋的普查、统计工作，全县有围龙屋780座，组织第七批省级文物保护单位的申报工作；开展文化遗产日的系列纪念活动和社区群众美术作品巡回展等。

梅县文化广电新闻出版局获评“广东省文物系统先进集体”的牌匾（2012年11月）

2012年，一是重点做好《梅县不可移动文物名录》和《林风眠年谱》的编制及出版工作、梅县第三批文物保护单位的“四有”工作、梅县各级文物保护单位和281处入选名录的不可移动文物的挂牌保护工作、灵光寺保护规划的编制工作。梅县“仁厚温公祠、宋湘故居、李金发故居、林风眠故居”4个文物保护单位被广东省人民政府公布为广东省第七批省级文物保护单位，并完成了省级文保单位灵光寺宝殿的维修工作。二是完成了2012年度“中国历史文化名街”的申报工作及《广东文物年鉴（2012）》梅县部分的编辑工作。

多年来，文物股认真执行文物保护法规，扎实地做好文物工作，一年一个台阶，不断开创文博工作的新局面，为梅县经济和社会全面发展做出了突出贡献。2012年11月，梅县文化广电新闻出版局被广东省人力资源和社会保障厅、广东省文化厅评为广东省文物系统先进集体。

2013年，根据《国务院关于同意广东省调整梅州市部分行政区划的批复》，国务院同意撤销梅县，设立梅州市梅县区，以原梅县的行政区域为梅县区的行政区域。梅县文化广电新闻出版局改为梅州市梅县区文化广电新闻出版局。梅县文化广电新闻出版局对文物保护、普查、修缮等工作认真负责、成绩突出，被授予广东省文物系统先进集体称号。

2015年，抓好第八批省级文物保护单位申报工作，第三批市级文物保护8处文物点的保护范围和建设控制地带的划定工作。组织举办“梅县侨批与‘海上丝绸之路’文物展”“梅县区抗战文物史料展——纪念中国人民抗日战争胜利70周年”展览等形式多样的展览和宣传活动。成功举办2015年“非遗文化大观年”和“魅力非遗，美丽梅县”主题系列活动。

2016年，认真做好文物保护单位申报工作，城东镇谢田谢氏祖祠、白渡镇悦来敦尚楼、松口铜琶爱春楼等10处文保单位入选第四批梅州市文物保护单位。做好省级文物保护单位群丰大夫第和世德堂的工程立项、招投标以及维修工作。联合党史办制订梅县区革命遗址修缮规划方案，积极申报革命旧址和纪念设施专项经费。开展“5·18”国际博物馆日系列活动，派出团队参加广东海上丝绸之路博物馆主会场活动。举办客都明珠——梅县区历史文化专题陈列展，大力宣扬客家优秀传统文化。协助“3D美力中国《带着孩子看世界》摄影组”完成梅县客家娘酒酿造技艺传承人温凤珠的专题采访。成功举办“文化遗产日”主题系列活动，推进非遗文化的保护与传承。完成全区7个国有单位共7291件（套）可移动文物的数据采集和信息登录工作，编制完成梅县区第一次全国可移动文物工作报告。

2017年，文化遗产传承保护有序繁荣发展。认真做好历史建筑申报工作，27处建筑获得第二批梅州市历史建筑称号。争取省专项文物维修资金500万元，新申报有国保4处、省保10处、市保14处，新增12处市级文物保护单位。举办“5·18”国际博物馆日“兰馨山海，芳野百年——罗芳伯与兰芳公司”图片展和《客家人的壮举——罗芳伯和他创建的海外华人政权》专题讲座，让更多人了解罗芳伯事迹，了解主办方博物馆，更好地发挥博物馆的社会功能。

（一）各级文物保护单位

1987年，梅县市人民政府文件《关于公布第一、二批重点文物保护单位的通知》，灵光寺、张民达故居、叶剑英故居、邓仲元故居、宋湘故居、蔡蒙吉故居、金山顶（含七贤亭）、爱春楼、作庐、中山公园、元魁塔、龙岩寺等公布为梅县市第一、二批重点文物保护单位。

梅县第一批重点文物保护单位一览表（1987年公布）

表3-13

编号	单位名称	朝代年代	地点	备考
1	灵光寺	明	雁洋镇阴那山	1978年被广东省和梅县列为重点文物保护单位
2	千佛塔	南汉	梅城东山岃	1978年11月16日被列为县重点文物保护单位
3	孔子庙（学官）	北宋	梅城南门	1978年、1980年分别被梅县和梅州市列为重点文物保护单位
4	八角亭	清乾隆初始建 1984年重建	梅城南门	1980年7月12日被梅州市公布为重点文物保护单位
5	人境庐	清	梅城小溪唇	黄遵宪故居，1979年11月7日被梅县地区革委会公布为地区文物保护单位
6	张民达烈士故居	民国	桃尧石螺岗	1978年11月16日被梅县革命委员会公布为梅县文物保护单位

梅县第二批重点文物保护单位一览表（1987年公布）

表3-14

编号	单位名称	朝代年代	地点	备考
1	叶剑英故居	清	雁洋镇雁上村	伟大的无产阶级革命家、政治家、军事家叶剑英故居
2	邓仲元故居	民国	丙村镇银场村	民主革命家、军事家邓仲元故居
3	朱云卿烈士故居	清	梅城油罗街	1929年任红四军参谋长、革命烈士朱云卿故居
4	宋湘故居	清	白渡镇象湖村	历史名人，清乾嘉年间著名诗人，书法家宋湘故居
5	蔡蒙吉故居	南宋	松源镇	南宋抗元英雄、蔡蒙吉故居
6	金山顶（战场）（含七贤亭）	民国	梅城文保路	1929年红四军到梅县，与国民党政府军队激战之地，梅州名胜地七贤亭、旧城遗址
7	爱春楼	清	松口镇铜琶村	爱国华侨谢逸桥故居
8	作庐	民国	畲江镇莲塘村	作庐是中共地下交通站，抗日战争期间，著名民主人士邹韬奋曾避难于此
9	东山书院	清	梅城东区	东山中学内梅县古老学府之一
10	中山公园	民国	松口镇	中山公园之名是为纪念孙中山先生到松口探望同盟会员而命名。
11	元魁塔	明	松口镇铜琶村	塔为明代李二何倡建

续表 3-14

编号	单位名称	朝代年代	地点	备考
12	曾井	南汉	市印刷厂内	程乡县令曾芳所凿，属梅州重要古迹之一
13	状元桥（灵济桥）	北宋	梅城东区	始建于北宋开宝年间（968—976 年），清乾隆十一年（1746 年）嘉应州知州王者辅重建更名“灵济桥”，后仍称状元桥
14	大东岩	宋代始建	市郊东郊乡	为旅游胜地之一
15	龙岩寺	唐代始建，1980 年重修	隆文镇岩前村	龙岩寺又称龙牙寺，是梅县最大的岩洞，具有考古和研究古建筑价值
16	大觉寺	始建于南北朝，明代重建	西区（县师范附小）	南北朝梁普通三年（522 年）始建，明洪武、水乐重修，是梅县古寺庙之一。现存大殿
17	定光古佛玉甲基	北宋	东郊东厢村柏子岗	北宋乾德二年（964 年）葬，清代重修，在东郊乡，杨云岫是唐代朝议大夫
18	杨姓始祖墓	北宋	东郊东厢村柏子岗	杨云岫是唐代朝议大夫，北宋乾德二年（964 年）由定光古佛主葬，此墓历史悠久、有历史考古价值
19	罗衣塔	清代	长沙镇	塔比较完整，具有建筑艺术研究价值

梅县新石器时期山岗生活遗迹调查一览表

表 3-15　　　　调查统计时间：1982 年

编号	遗迹名称	地点	面积（平方米）	采集遗物
1	石头桥	畲江	—	硬陶为主，有方格、双线方格、曲尺、变形雷纹陶片等
2	松林	畲江	15×7	软陶较多、有方格、曲尺纹等陶片
3	井头脑	畲江	10×10	石锛、镞。有软陶、硬陶，以硬陶为主；有方格、圆涡纹、菱形、云雷纹等陶片
4	大湖洋	畲江	30×10	硬陶为主，有方格、曲尺纹等陶片
5	官铺村	畲江	5×10	石锛、软陶较多，有粗细方格、双线方格纹、曲尺纹、堆纹、云雷纹陶片
6	罗屋岭下	畲江	30×20	玉饰、硬陶为主，有曲尺纹和细方格纹
7	杉里	畲江	20×20	砺石、石凿、锛、镞、硬陶为主，有细方格纹、曲尺纹等陶片
8	罗屋村	畲江	50×25	硬陶为主，软陶次之，有细方格纹
9	上坑	畲江	14×6	软陶较多，主要是方格纹
10	熊屋	畲江上墩村	50×40	石镞、硬陶，有曲尺纹陶片

续表 3-15

编号	遗迹名称	地点	面积（平方米）	采集遗物
11	寨下	水车下村	8×5	石镞，硬陶为主，有绳纹、篮纹附加堆纹陶片
12	廖屋背	水车曾田村	50×20	石镞，硬陶为主，主要有绳纹、篮纹、附加堆纹
13	矮岭	水车安和	120×60	Ⅲ式石锛、斧、Ⅰ式戈、硬陶、软陶有粗细方格、双线方格以及鼎足
14	轩坑小学	梅南轩外村	20×20	软陶、硬陶，主要是细方格纹有双线方格纹。
15	轩坑	梅南轩外村	15×10	硬陶为主，主要是方格纹
16	园岭	程江厂二村	20×10	硬陶为主，有菱形雷纹、绳纹、编织纹、方格纹等陶片
17	程江岃	程江一村	100×70	Ⅱ式石锛。硬陶、软陶、有双线方格纹、几何纹、水波纹、方格纹、回字纹等
18	园岭	松源新圩	50×30	硬陶、软陶，有云雷纹，编织纹、曲尺纹、篮纹、菱形纹等陶片
19	宝坑	松源	30×30	硬陶为主，有双线方格纹、绳纹、曲尺纹、篮纹、菱形纹等陶片，
20	松光坪	松源新圩	200×50	石锛，硬陶为主，有雷纹、粗线方格纹、回字纹等陶片
21	麻坝圩	桃尧	50×35	石锛，矛，硬陶为主，有雷纹、菱纹、方格纹，绳纹、曲尺纹，篮纹等
22	双苞英	松口大塘村	100×80	玉饰、石镞，凿，硬陶、软陶，有方格纹、雷纹、绳纹、曲尺纹、篮纹等
23	龙舌坝	松南大同村	20×10	硬陶、软陶，有方格纹、绳纹、篮纹等
24	下山岃	梅西龙虎	—	石器、陶片
25	寨岃顶	梅西龙虎山	—	石器、陶片
26	旱塘山	梅西龙虎	—	陶片
27	棉岃上	梅西龙虎	—	石器、陶片
28	雷打山	梅西龙虎	—	石器、陶片
29	阎排岗	梅西西凹	—	石器、陶片
30	镰子角	梅西龙虎	—	石器、陶片
31	蒲萝察	梅西龙虎	—	石器、陶片
32	马子嶂	梅西石篆	—	石器、陶片
33	月光村下山	隆文	—	石器、陶片
34	龙颈山	松口赤坑	—	陶片
35	瓜头王	松口	—	石器、陶片
36	石壁山	松口下坪	—	石器、陶片

续表 3-15

编号	遗迹名称	地点	面积（平方米）	采集遗物
37	冰庵	松口下坪	—	石器、陶片
38	大崩岗	石坑	—	石器、陶片
39	牛形山	石坑澄江	—	石器、陶片
40	和尚岃顶	南口南龙	—	石器、陶片
41	崩江下山	石坑澄江	—	石器、陶片
42	老屋背岭	南口南龙	—	石器、陶片
43	黄岃岗	南口戏院背山	—	石器、陶片
44	凤凰山	畲江红光	—	石器、陶片
45	凹峰里	畲江红星	—	石器、陶片
46	大崩岗	畲江红星	—	石器、陶片
47	赖屋山	畲江红星	—	石器、陶片
48	牛轭岭	畲江	—	石器、陶片
49	白沙角	瑶上	—	石器、陶片
50	黄坑山	梅南	—	石器、陶片
51	礤下小学背	水车礤下	—	石器、陶片
52	长岗岃	水车砾下	—	石器、陶片
53	阿公泰山	瑶上水口村	100	石器、陶片
54	南口中学校背山	南口侨乡	—	石器、陶片
55	尧排岃	东郊周溪河至梅农	60	石器、陶片
56	望郎岗	瑶上水口村	200	石器、陶片
57	大山顶	瑶上水口村	100	石器、陶片
58	金坑发	瑶上水口村	20	石器、陶片
59	教子岃	西郊	—	石镞、硬陶片

1988 年，梅县、梅江区分设后，通过梅州市政府的协调，将原梅县市管理的，现属于梅县范围内的 12 处各级文物保护单位划归梅县管理。

1990 年 8 月，梅县文物管理委员会率先在全梅州市各县中成立，行政隶属县政府常设机构。成员由政府和宣传、文化、文物、公安、工商、司法、环保、建设、统战、财政等县属职能部门的领导组成。下设办公室，址设县博物馆，协调和指导文物保护管理。配合公安、工商等有关部门，打击各种文物违法犯罪活动。1977—2000 年，梅县抢救维修或修复的各级文物保护单位有叶剑英故居、灵光寺、元魁塔、千佛塔、人境庐、张民达故居、邓仲元故居、蔡蒙吉故居、宋湘故居、学宫、八角亭、金山顶（含七贤亭）、大觉寺等。1980年，省级文物保护单位人境庐进行修复，并由县博物馆派员管理，1994年交由市文化局管理。

2000年，梅县有文物保护单位11个，其中省级文物保护单位有叶剑英故居、灵光寺、元魁塔3个，县级文物保护单位有蔡蒙吉故居、宋湘故居、张民达故居、邓仲元故居、爱春楼、中山公园、七贤亭、作庐8个。

2001年，国务院发布《关于公布第五批全国重点文物保护单位和与现有全国重点文物保护单位合并项目的通知》，叶剑英故居被公布为第五批全国重点文物保护单位。2002年，广东省人民政府办公厅发布《关于公布第四批和重新核定公布第一、二、三批广东省文物保护单位的通知》，南华又庐、桥溪村古民居建筑群、棣华居、联芳楼被公布为第四批广东省文物保护单位，重新核定公布灵光寺为第一批广东省文物保护单位（原公布时期为1978年7月18日），元魁塔为第三批广东省文物保护单位（原公布日期为1989年6月29日）。

至2005年年底，梅县有各级文物保护单位16处。其中全国重点文物保护单位1处：叶剑英故居；省级文物保护单位6处：灵光寺、元魁塔、联芳楼（现属梅江区西阳镇）、棣华居（现属梅江区西阳镇）、南华又庐、桥溪村古民居建筑群（含仕德堂、朱氏祖祠、守庆公祠、世德楼、燕怡楼、慎安居、凌云馆、宝善楼、桥溪小学、宝善家塾、衍庆楼、宝庆居、继善楼、逸庐、世安居、祖德居）；县级文物保护单位有9处：蔡蒙吉故居、宋湘故居、张民达故居、邓仲元故居、爱春楼、中山公园、作庐、龙岩寺、金山顶（含七贤亭）。

2010年，梅县人民政府发布《关于公布梅县第三批文物保护单位的通知》，共计33处（见下表）。

梅县第三批重点文物保护单位一览表（2010年公布）

表3-16

编号	单位名称	年代	地点	备考
1	斐厦堂	明末清初	松源镇新南村斐下自然村	2010年11月公布为梅县第三批文物保护单位
2	龙源宫	清代	松源镇圆岭村蕉松公路旁	2010年11月公布为梅县第三批文物保护单位
3	继述楼	清代	桃尧镇桃源村	2010年11月公布为梅县第三批文物保护单位
4	世德堂	明末	松口镇铜琶村下店	该建筑周匝原有10座炮楼，现存3座，2010年11月公布为梅县第三批文物保护单位
5	笃敬庄	清代	雁洋镇南福村矿山	2010年11月公布为梅县第三批文物保护单位
6	仁厚温公祠	清代	丙村镇群丰村	仁厚温公祠规模宏大，保存较完好，是唯一收入中国建筑学会编撰的巨著《中国传统民居建筑》一书的客家围龙屋
7	三堡学堂	清代	丙村镇人和村丙村中学	该学堂是一座百年老校，培养了大批优秀人才，是中华人民共和国开国元勋叶剑英元帅的母校，也是研究梅县地方教育史发展的历史见证

续表 3-16

编号	单位名称	年代	地点	备考
8	谢氏祖祠	清代	城东镇谢田村锁形谢屋	2010 年 11 月公布为梅县第三批文物保护单位
9	龙居堂	清代	白渡镇嵩溪村坎里小组坝围	2010 年 11 月公布为梅县第三批文物保护单位
10	盘龙围	清代	石坑镇龙凤村	门额"盘龙围"，是由国民政府监察院院长于右任在中华民国 35 年（1946 年）题写。中堂悬挂全国政协副主席叶选平于 2004 年题写"盘龙围"，黑底镏金字
11	夏氏祖屋	清代	新城办事处富贵居委红旗村民小组	2010 年 11 月公布为梅县第三批文物保护单位
12	茶山村古民居建筑群	清至民国	水车镇灯塔村茶山自然村	含访云楼、绍德堂、翼诒楼、培元楼、振华楼、承庆楼、大夫第、云汉楼、儒林第、同德楼、义顺庐、畅云楼、进士第、挎云书屋、稻香楼、伯荣楼、资政第、萼辉楼、云汉女子学校、德崇楼、祥裕楼
13	太湖刘屋	清	畲江镇太湖村	2010 年 11 月公布为梅县第三批文物保护单位
14	安思居	民国	雁洋镇三乡小都村黄泥坑	2010 年 11 月公布为梅县第三批文物保护单位
15	陈烈士敬岳纪念碑	1941 年	丙村镇横石村双对坑	陈敬岳（1867—1911）为辛亥革命红花岗四烈士之一
16	宝善楼	1915 年	城东镇石下村金盘围朱屋	2010 年 11 月公布为梅县第三批文物保护单位
17	承聚楼	1923 年	城东镇谢田村	承聚楼英才辈出，在解放战争中共有 8 人参加革命，其中丘碧秀、丘铮、丘峙 3 人英勇牺牲，被誉为"一门三英烈"
18	彭精一故居	1931 年	石扇镇中和村大围片 13 号	彭精一（1895—1996），曾任梅县国民政府县长，1932—1935 年任职期间，政绩斐然，热心家乡建设，先后在梅州城区修建梅江桥、丙村大桥，县立图书馆（20 世纪 80 年代为梅县图书馆、梅县博物馆馆址）等设施建设
19	肖向荣故居	清代	石扇镇新东村	肖向荣（1910—1976），曾任红军总政部秘书长，八路军总政治部宣传部长，国防部办公厅主任，中央军委副秘书长等要职。1955 年被授予中将军衔
20	光远居	1940 年	白渡镇创乐村	2010 年 11 月公布为梅县第三批文物保护单位
21	承德堂	民国	南口镇侨乡村	2010 年 11 月公布为梅县第三批文物保护单位
22	德馨堂	1917 年	南口镇侨乡村	2010 年 11 月公布为梅县第三批文物保护单位
23	梅县革命烈士纪念碑	1960 年	南口镇益昌村	为纪念梅县陈益昌等 116 名革命烈士而建，2005 年春重修旧墓，并葬荷泗、瑶上共 147 名革命烈士于斯
24	廖氏雕楼	民国	水车镇先锋村曾田自然村廖氏庆捷公祠左侧	2010 年 11 月公布为梅县第三批文物保护单位

续表 3-16

编号	单位名称	年代	地点	备考
25	仪园	1949年	水车镇先锋村木莲塘	为黄琪翔旧居。黄琪翔（1898—1970），北伐名将，抗日功臣，中国农工民主党创建人和主要领导人之一
26	李金发故居	清代	梅南镇上村	李金发（1900—1976）是世界文化名人，中国现代著名“象征派”诗人，雕塑家。他在此度过一生中的青少年时期
27	广东工农革命军（东路）第十团团部旧址	1927年	梅南镇九龙村九龙嶂	1927年，广东工农革命军东路第十团团部于此。1928年2月，更名为“广东工农红军第十团”；1928年又在九龙嶂成立了“五县暴委”，6月组织震撼东江的畲坑暴动
28	来安楼	民国	梅南镇顺里村大凹	1929年10月，中共东江特委先在水美村星拱楼成立东江工农红军总指挥部，古大存任总指挥，后迁来安楼，开设红军军事训练所，开展军事训练，培训军事人员。来安楼尚存红军标语达145条之多
29	扬孝石刻	明代	丙村镇石窟河边西岸新墟村古渡口岸边	2010年11月公布为梅县第三批文物保护单位
30	高隐洞天摩崖石刻	清代	大坪镇汤湖村	2010年11月公布为梅县第三批文物保护单位
31	水光接天摩崖石刻	明代	畲江镇莲江村鸭粤威山双头潭吴钩洞口	2010年11月公布为梅县第三批文物保护单位
32	新联大夫第	清代	西阳镇新联村	现西阳镇归属梅江区管辖
33	林风眠故居	清代	西阳镇阁公岭村	现西阳镇归属梅江区管辖

2012年，广东省人民政府发布《关于公布第七批广东省文物保护单位的通知》，群丰大夫第、宋湘故居、李金发故居被公布为第七批广东省文物保护单位。

2015年，广东省人民政府发布《关于批准公布第八批广东省文物保护单位名单和第一批广东省水下文物保护区名单的通知》，仪园、世德堂、张民达旧居、双龙村大夫第、莲塘村古氏洋楼、邓仲元旧居和仲元小学旧址、喆庐被公布为第八批广东省文物保护单位。2014年至2017年，梅州市公布了四批市级文物保护单位，梅县区有31处文物被公布为市级保护单位。

2018年，切实做好文物保护工作。一是根据《国家文物局关于开展第八批全国重点文物保护单位申报遴选工作的通知》的精神，从梅县区的14处省保中遴选有价值、文物保护状况良好、文物构成明确清晰的南华又庐、世德堂、群丰大夫第、元魁塔申报第八批国保。二是做好省级文物保护单位畲江镇双龙大夫第维修工程、城东镇莲塘洋楼维修工程、松口镇世德堂维修工程的招投标工作，3个工程于3月开工，维修工程年底完成；做好中国文物保护基金会“拯救老屋行动”特色村落保护项目——松口镇铜琶村爱春楼、源远楼的维修工作，爱春楼维修工程于5月3日开工；做好重点文物保护专项资金的申报和使用工作。三是申报2019年广东省重点文物保护专项资金共1186.4万元，并继续做好对民办博物馆免费开放的支持工作，解决非国有博物馆的生存和发展。2018 年 6 个民办（行业性）博物馆获省文化繁荣发展专项资金 60 万元。四是做好文物安全工作。贯彻落实习近平总书记关于加强文物消防安全工作的重要指示精神，以及广东省公安消防总队、广东省文化厅《关于印发广东省博物馆和文物建筑消防安全大检查方案的通知》和梅州市公安消防局、梅州市文化广电新闻出版局《关于印发梅州市博物馆和文物建筑消防安全大检查方案的通知》等文件精神，区文化广电新闻出版局联合梅州市消防支队梅县区大队开展全区文物博物馆单位消防安全大检查，并举行了梅县区文物古建筑消防安全约谈会暨消防安全培训会。对重点单位梅县区博物馆、桥溪村古建筑群、灵光寺进行约谈并对各镇文教体育中心负责人和安全责任人进行消防安全培训，增加大家对文物古建筑消防安全意识，确保梅县区博物馆和文物建筑实现"火灾不发生、火灾发生后不扩大、火灾不亡人"的整体防控工作目标。五是协助做好 2018 年梅县区重点建设项目——梅县区博物馆、青少宫及公共人防工程项目，计划总投资 2 亿元，于 2019 年动工兴建。六是协助区住建局做好南粤古驿道的各项工作。根据梅州市 2018 年南粤古驿道保护利用工作计划，梅县区的实施范围总长约 33 公里，主要是阴那山古驿道（梅县段）约 27.7 公里，松口镇大黄村古驿道 5.22 公里。大黄村古驿道的维修保护工作于 4 月完成，阴那山古驿道（梅县段）精华段于 9 月完成。

至 2018 年年底，梅县区各级文物保护单位共 57 处，其中国家级 1 处、省级 20 处、市级 26 处、县（区）级 16 处。

（二）文物普查

1. 不可移动文物普查

1956 年，梅县开展第一次全国文物普查，1981 年至 1985 年开展第二次全国文物普查。两次普查共普查出近 1000 处（件）文物（含可移动文物）。

梅县是广东省梅州市第三次全国文物普查试点单位之一，文物普查工作从 2007 年 9 月开始至 2010 年 6 月止。普查期间，县委、县政府高度重视，各镇党委、政府大力支持。首先，成立梅县第三次全国文物普查领导小组，制定《梅县第三次全国文物普查工作方案》，5 年全县共投入经费 65.2 万元。在文物普查前期工作中，开展培训，抓好队伍建设，做好宣传发动，争取全民参与。在开展文物普查工作中，采用试点先行，及时推广的做法，对 20 个镇的普查人员进行业务培训，及时总结交流，做好指导工作，共上报文物线索 401 处。县文物普查队队员发扬吃苦耐劳，敬业奉献的精神，对 401 处线索进行实地勘察。在数据处理阶段，采取边录入、边审核的方式，准确有效地完成数据处理工作，并开展查漏补缺工作，最终确定录入普查点 406 处（包括西阳镇 26 处），其中新发现 331 处（包括西阳镇 24 处），复查了 75 处（包括西阳镇 2 处）。

2010 年 6 月，梅县实地文物调查阶段工作顺利通过了广东省第三次全国文物普查办公室的验收。同时充分利用第三次全国文物普查成果，确定了 281 处梅县不可移动文物名录（包括西阳镇 14 处）。并制作了梅县不可移动文物总分布电子地图。《广东省梅州市梅县区不可移动文物名录》一书在 2018 年年底正式出版。

2009 年 4 月 27 日，梅县第三次全国文物普查田野调查启动仪式在水车镇灯塔村茶山古村落"访云楼"门前举行

普查队员正在勘查大崩岗遗址

2010 年 6 月 1—2 日，广东省第三次全国文物普查办公室专家组副组长邓炳权等 5 人对梅县实地调查阶段工作进行验收

2. 可移动文物普查

第一次全国可移动文物普查是继第三次全国文物普查（不可移动文物部分）之后在文化遗产领域开展的又一重大国情国力调查。梅县区可移动文物种类丰富、数量较多、价值突显，是梅县区历史文化的实物见证。开展可移动文物普查，有利于准确掌握和科学评价文物资源情况和价值，建立文物登录备案机制，健全文物保护体系，加大保护力度，扩大保护范围，保障文物安全。有利于进一步促进文物资源整合利用，丰富公共文化服务内容，有效发挥文物在国民经济和社会发展总体布局中的积极作用。

梅县区可移动文物普查从 2013 年 5 月开始至 2016 年 10 月结束。2014 年至 2016 年，梅县区财政共拨出普查专项经费 39 万元。在省、市普查办的具体指导下，全体普查工作人员克服各种困难，辛勤工作，历时两年多完成对梅县区国有单位可移动文物的调查、藏品认定和信息数据的采集、登录和审核上报工作。全区确认国有文物收藏单位 7 家，共登录、审核上报国有可移动文物 7291 件（套），实际数量为 7751 件，其中珍贵文物 703 件（套），实际数量为 907 件。

梅县区博物馆普查队员对宋湘诗作木刻版、黄遵宪辑《日本杂事诗卷》木刻版进行普查、登记、入录工作

2015 年 12 月，由广东省验收组，按照国家文物局制定的《第一次全国可移动文物普查数据质量评定标准》和省可移动文物普查数据审核工作方案，对梅县区可移动文物普查数据审核工作进行在线抽查和现场答疑，经过严格审核，梅县区通过了省普查办验收组的抽查验收。

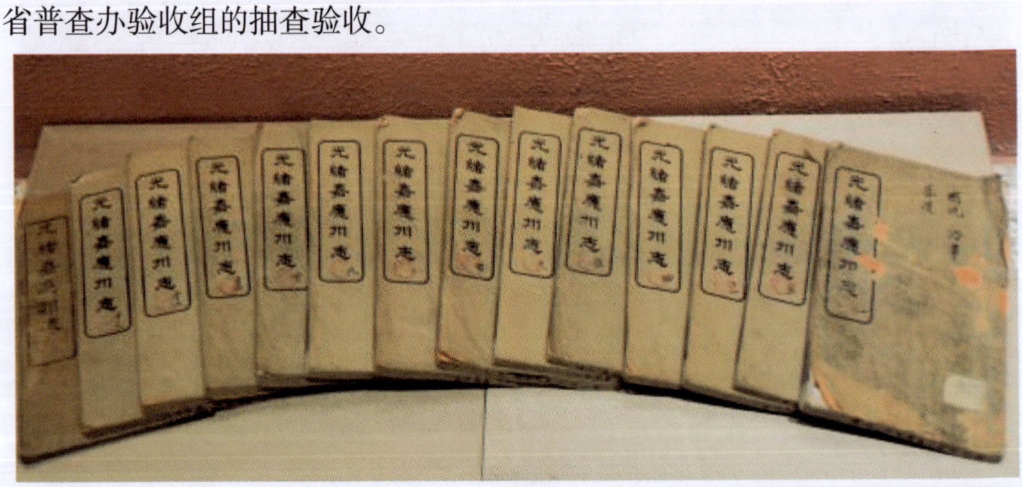

梅县区博物馆馆藏文物——清光绪二十四年（1898 年）温仲和覆辑《光绪嘉应州志》刻本

梅县博物馆收藏文物情况表

表 3-17　　　　　　　　　　　　　　　　　　　　　　　　　单位：件

级别	陶瓷	铜铁器	玉石器	字画
一	3	0	0	0
二	44	1	0	1
三	251	19	4	0

来源：《梅县志（1979—2000）》

（三）文物修缮

1977 年至 2000 年，梅县抢救维修或修复的各级文物保护单位有叶剑英故居、灵光寺、元魁塔、千佛塔、人境庐、张民达故居、邓仲元故居、蔡蒙吉故居、宋湘故居、学宫、八角亭、金山顶（含七贤亭）、大觉寺等。1980 年，对省级文物保护单位人境庐进行修复，并由县博物馆派员管理，1994 年交由市文化局管理。

1995 年以来，争取多方支持，修缮和保养好各级文物保护单位。为全面贯彻落实“保护为主、抢救第一、合理利用、加强管理”的工作方针，梅县区逐年对各级文物保护单位进行修缮和保养，使文物保护单位得到更好的保护。由于梅县区各级文保单位都存在不同程度的破损，面临需维修的文保单位存在一定数量，而且维修费用缺口巨大，因此梅县区发动多方的力量，千方百计筹集资金，对需要维修文保单位进行维修。近几年来通过多方筹资 1000 多万元，全面维修了省保灵光寺、丘哲故居、仪园遗址，市保盘龙围、闽粤梁氏祖祠、邓太乙墓等，县保夏氏祖祠、广东工农革命军东路第 10 团团部旧址、松口中山公园、绍德堂等各级文保单位。争取省专项维修资金 1500 多万元，对省保群丰大夫第、李金发故居、宋湘故居、世德堂、双龙大夫第、莲塘洋楼进行修缮。通过修缮为充分发挥文物资源在经济社会发展中的作用打下基础。同时争取资金做好文保单位的保护规划编制工作，省保南华又庐、李金发故居、宋湘故居编制的保护规划方案通过专家评审，修改完善后由广东省人民政府公布。

（四）重点文物保护单位简介

1.“中国历史文化名街”松口古街区

松口镇是中国民间山歌艺术之乡、文化之乡、华侨之乡，又是辛亥革命的摇篮之一。地处闽粤要冲，因自古水上交通发达，百舸争流，商贾云集，经贸活跃而蜚声中外。清至民国沿江畔而建的 800 多间店铺形成了中山路、繁荣路、和平路，全长约 1 公里。临江 400 多间店铺，形成曲折起伏的古镇轮廓线。古街店铺平面布局纵

“中国历史文化名街梅县松口古街”牌匾（2013 年 6 月）

深，前店经营，后店作坊，楼层作寝室和储货。传统的木板铺面，南洋式连券骑楼，中西合璧而富有变化。行走繁荣路、和平路，高高的连券式骑楼，其柱或方或圆，楼面灰塑线条流畅立体感强的各式几何图案，洋溢着浓浓的南洋风情，仿佛身在异域他乡。踏进世德新街，如同穿越时空隧道，时光倒流般地领略明清古韵。临江鳞次栉比的店宇前码头边停泊着舟船小艇，竹堤翠列的晨曦中，河边浣女影绰，偶尔传来高亢嘹亮的山歌号子，让人联想到当地世代相传堪与广西"刘三姐"的故事媲美的歌仙"刘三妹"。麦氏水上"疍民"成为客家聚居地中的唯一独特风情。孙中山曾亲临松口古街倡导国民革命，蒋介石曾下榻松江旅社，火船码头港口是梅州华侨远涉重洋第一站……山环水绕中特有的古镇水城风貌，难怪有游客情不自禁地感叹：松口古镇堪比湘西"凤凰古城"，不愧为"客都明珠"中的珍品。

松口古街（2011年2月）

古街区沿江29个码头，数量之多，且分布合理地连接着古镇的大街小巷，实为少见。临江店宇阶台式山墙垂脊，匠心独运；吊脚楼与店宇亭顶建筑，别开生面。纵观古街，明至民国各个时代的建筑特征明显，脉络清晰，大街小巷，布局合理，历史建筑及空间格局保存完整。古镇八景和古街区现存明代世德新街、松江书院；清代火船码头、甘露亭、和平路、公裕源米店；民国梅东桥、洋行客栈、松江旅社、中山公园等，保存完整，见证了古街区的兴衰。古街区仍有居民生活于此，保持着持续发展的社会功能和经济文化活力，具有浓郁的客家民俗风情，在粤东卓然独秀。经中国历史文化名街推介活动组委会推选，松口镇古街区入选第五届"中国历史文化名街"。

松口古街一角（2011年3月6日）

2. 全国重点文物保护单位叶剑英故居

叶剑英故居位于梅县区雁洋镇雁上村虎形自然村。建于清代，为悬山顶二合杠屋，坐东北向西南，合瓦屋面，三合土墙体，总面阔17.95米,进深26.32米,占地面积约400平方米。平面布局为纵向长方形，正立面设大门，正门两边对称筑厢房。中轴线上设门廊、天井和上回廊，中间设漏窗隔墙将回廊分为上、下廊。右侧设敞口厅堂，叶剑英的卧室在上堂右侧。故居装饰简朴。该故居按原貌陈列，对外开放，是进行革命传统教育和爱国主义教育的示范基地。2001年6月，被公布为全国重点文物保护单位。

叶剑英故居（2009年11月）

3. 省级文物保护单位群丰大夫第

群丰大夫第位于梅县区丙村镇群丰村。始建于明朝弘治三年(1490年),历代有维修。为温氏九世祖应琼公所建。坐西北向东南，是三堂八横三围屋，整体布局前低后高，中轴对称。总面阔87米，进深123米。占地面积约23000平方米。夯筑，合瓦屋面，土木石结构。建筑由堂屋、横屋、围屋、化胎、池塘五部分组成。横屋每列30间房，八横共有240间。每列横屋之间对称排列成“天街”。围屋三围共有房屋102间。东西两侧还有作坊、杂屋。堂屋后立面与第一周匝“围龙”间隔距离大，形成宽广的化胎。化胎上植有两株对称的苏铁树，生长已有500多年，枝繁叶茂，蔚然奇观。仁厚温公祠规模宏大，保存较完好，是唯一收入中国建筑学会编撰的巨著《中国传统民居建筑》一书的典型的客家围龙屋，是宗祠与住宅合一的民居建筑，具有研究客家传统民居迁徙史、建筑史、民俗史的较高价值。2012年10月，被公布为第七批广东省文物保护单位。

群丰村大夫第（2017年7月）

4. 省级文物保护单位南华又庐

南华又庐位于梅县区南口镇侨乡村，建于清光绪十二年（1886年），至清光绪三十年（1904年）竣工，由旅印尼华侨侨领潘氏十五世祥初公兴建。坐西北向东南，为三堂四横一枕屋，是一座规模庞大的客家传统民居二层建筑；合瓦屋面，土木石二层结构，硬山顶，总面阔92.59米，总进深108.98米，占地面积约9500平方米；由门坪、外围墙、堂屋、后庭院、横向枕屋，周匝弧形后花园等组成。下堂面阔三间，正门额为花岗岩阴刻匾额，由

南华又庐（2011 年 6 月）

创建人楷书“南华又庐”，书法结构严谨、浑厚端庄。前檐廊采用四架梁卷棚顶。中堂抬梁式与穿斗式梁架结构，瓜柱，前檐廊采用四架梁卷棚顶，金饰木雕柁墩。堂后有枕屋、花胎。堂屋两侧置厢房，大北水式山墙外观典雅，在前后庭内引进花墙、敞廊、金鱼池、花台、六角亭等。该庐共有 164 间房，枕屋 46 间，大小厅堂几十个，俗称“十厅九井”，具有较高的梅县客家传统民居建筑结构和艺术特色。2002 年 7 月，被公布为广东省文物保护单位。

5．省级文物保护单位元魁塔

松口元魁塔（2007 年 4 月）

元魁塔位于梅县区松口镇铜琶村。始建于明万历四十七年（1619 年），竣工于明崇祯二年（1629 年）。时由邑人吏部侍郎、翰林学士李士淳（号二何）募资建造。初建时名为“松口塔”，李士淳中会魁的第二年（1629 年）遂改称为“元魁塔”。坐东南向西北，平面呈八角形，八层，高 39.5 米，为仿楼阁式砖石塔，占地面积约 190 平方米。首层券顶石门额及门联为李士淳所书，阴刻，楷书体，门额为“元魁塔”，门联为“澜向阁前回，一柱作中流之砥；峰呈天外秀，万年腾奎璧之光”。题上款“崇祯戊辰吉旦”，落款“邑人李士淳题吏部侍郎翰林学士”。整塔除塔基和首层用花岗岩砌筑外，其余皆为青砖砌筑。沿内壁设螺旋式阶梯 154 级至第七层。该塔是研究明代广东地区古塔的重要实物。1987 年被公布为梅县文物保护单位，1989 年被公布为省级文物保护单位。

6．省级文物保护单位铜琶世德堂

铜琶世德堂位于梅县区松口镇铜琶村，建于明末，由李氏十三世祖直简公所建。坐东北向西南，为三堂六横三围屋，高台基，合瓦屋面，土木石结构；由堂屋、横屋、围屋、化胎、内门楼、外门楼、禾坪、炮楼等组成，总面阔 102.5 米，总进深 97.5 米，占地面积约 9650 平方米。正立面主轴线设外门楼。该堂宽敞、高大、深远，堂屋瓦顶底部饰板式封顶，俗称“三堂不见瓦”。上堂立柱较密，穿斗式梁架。中堂面阔三间，进深三间，抬

松口世德堂（2011年2月）

梁与穿斗式结合，装饰简约。石雕柱础瑞兽、花卉等，工艺精美。第一、二围屋与左、右第三横屋连接，均设独立单堂屋。围屋龙厅间为单堂屋式，左、右依次设4个单堂屋式，连接周匝形成“围龙”。第三围为二层结构，木窗栏板。该建筑周匝原有炮楼10座，现存3座。该堂整体气势宏伟，结构合理，具有较高的研究价值。2015年12月，被公布为第八批广东省文物保护单位。

7. 省级文物保护单位桥溪村古民居建筑群

桥溪村是梅县区雁洋镇辖区内的一个自然村落，位于广东省自然保护区、广东省名胜风景区中的阴那山五指峰西麓，毗邻广东省100个旅游新亮点之一的雁南飞茶田旅游度假村，距梅县新城区约50公里。

桥溪村继善楼（2013年2月）

桥溪村古民居建筑群包括继善楼、仕德堂（含善庆楼）、朱氏祖祠、守庆公祠、世德楼、燕诒楼、慎安居、凌云馆遗址、宝善楼、桥溪小学（宝园）、宝善家塾、渊庆楼、宝庆居、逸庐、世安居、祖德居等。村落面积约1平方公里。村中仅有朱、陈2个姓，于明万历年间（1573—1620年）先后在此卜筑营居，历经数百年营造了富有客家风情的田园山村。2018年村中户口统计数为216人，而旅居海外及中国港、澳、台地区的人数则有6000余人。村中各种形制的古民居建筑，依山就势而建，风格各具特色，古树婆娑，石径阡陌。解放战争时期，中共闽、粤、赣边纵独立大队、中共粤东地委机关、中共梅埔雁松武工队曾驻扎该村。

桥溪村不但是客家民俗自然村，而且是侨乡村，又是革命老区。具有较高的古民居建筑的历史、艺术、科学研究价值和客家迁徙史、华侨史、革命史的研究价值。2002年7月被公布为广东省文物保护单位。

8．省级文物保护单位宋湘故居

宋湘故居，又名世泰祖祠，位于梅县区白渡镇创乐村，建于清代，为宋氏十三世世泰公兴建。2007年曾维修。坐东北向西南，为悬山顶三堂两横一围屋，合瓦屋面，土木石结构；总面阔37.5米，总进深53.4米，占地面积约1950平方米。中轴线上由东北向西南设围屋、化胎、上堂、天井、中堂、天井、下堂、内门坪、围墙、外门坪。正门为凹式门楼。右侧硬山顶外斗门，设石鼓一对，堂屋梁架简朴。左、右横屋设天街。宋湘，为清朝杰出诗人、书画家、世誉“岭南才子”。该故居是研究宋湘的宝贵资料。2012年10月，被公布为广东省第七批文物保护单位。

宋湘故居（2009年6月）

9．省级文物保护单位灵光寺

灵光寺位于梅县区雁洋镇阴那村阴那山五指峰西麓。相传为唐代懿宗咸通年间（860—874年）高僧潘了拳（自号惭愧，福建省延平府沙县人）创建。原名“圣寿寺”。明洪武十八年（1385年）巡抚广东监察御史梅鼎史扩建，易名“灵光寺”。灵光寺占地面积4290平方米，大殿面阔14.52米，进深19.21米。坐东向西，寺宇由佛殿、天王殿（山门殿）、罗汉殿、诸天殿、钟楼、鼓楼、太史馆、半日闲等组成建筑群。灵光寺主体建筑佛殿与天王殿（山门殿）在同一轴线，佛殿左右配为罗汉殿和诸天殿，殿与殿之间设天井并有走廊过水亭相通。形成总体平面布局兼容北京“四合院”和粤东地区客家民居“围龙屋”厢房的方形平面布局，空间上既有连接又有间隔，宽敞明亮，均衡对称，结构合理。建筑为“三合土”夯墙，木梁架，木（石、瓷）窗棂，灰瓦面。采用的建筑材料与粤东客家民居建筑相同，在建筑形式的艺术风格上，既显现了佛殿的庄严肃穆，又使整体建筑群颇具客家民居建筑特色。寺内主要建筑—佛殿，面阔三间，进深五间，重檐歇山式。殿前设有卷棚式木轩通廊，殿顶设有玲珑精致的“斗八藻井”。状似菠萝，故俗称“菠萝顶”，“藻井”为独立构件，由两层内转斗拱承托在“井”字梁架上，底座为八角形，每朵五辅作，双抄天昂，藻井内有螺旋形圆穹，工艺高超，结构严谨，风格独特。灵光寺是梅县区现有较为完整的佛殿寺庙建筑群，整体布局均衡对

灵光寺（2009年9月）

称，庄严肃穆，具有重要的科学、艺术、研究价值。1987年，被公布为广东省文物保护单位。

10. 省级文物保护单位李金发故居

李金发故居位于梅县区梅南镇上村，清光绪十四年（1888年）动工兴建，清光绪二十四年（1898年）竣工。为李氏二十二世焕章公、焕香公昆仲所建。坐南向北，依山傍水而建，前有池塘，后枕山梁，是一座二堂二横屋式的客家堂屋民居。合瓦屋面，土木石结构，总面阔33.1米，进深42.4米，占地面积约1250平方米。正门的门匾为“承德第”，其门联曰“承扬祖烈，德诒孙谋”，前檐廊采用四架梁卷棚顶，两端饰金雕木狮，通花挂落、雀替。墙面、墀头、檐楣饰彩饰壁画，上堂浅绿色板木屏风，下堂屏风格门镂空金饰几何纹及卷草，图案对称，组合简练，富有装饰艺术。左右横屋为硬山顶。左侧设一斗门，右侧横屋设操手、杂房，杂房顶前端为露台，沿花窗围墙设步级台阶，分别与围墙、斗门围成宽敞的门坪。杂房大北水式山墙与横屋木式山墙高低错落，风格各异，立面生动。上堂人字梁架，南北厅减柱造梁架。通廊连接横屋，横屋天街漏窗花墙隔断。李金发（1900—1976）是世界文化名人，中国现代著名“象征派”诗人、雕塑家。他在此度过一生中的青少年时期。该故居是研究艺术大师李金发生平活动及梅县客家民居的资料。2012年10月，被公布为第七批广东省文物保护单位。

李金发故居（2010年2月）

11. 省级文物保护单位莲塘村古氏洋楼

莲塘村古氏洋楼位于梅县区城东镇莲塘村，建于1919年，由缅甸华侨古华松、古梅松、古亮松昆仲所建。坐西向东，为中西合璧合杠走马楼，总面阔27.65米，总进深30.85米，占地面积约1000平方米。合瓦屋面，歇山式瓦顶。正立面设连券式门楼。左、右侧立面柱廊式回廊，琉璃窗饰栏杆。该楼双轴线。东西轴线上设三堂，南北轴线上设上、下堂。二楼为抬梁式。该楼木雕、栏杆简朴，是研究近代梅县客家中西混合式建筑的实物。2015年12月，被公布为第八批广东省文物保护单位。

莲塘村古氏洋楼（2009年8月）

12．省级文物保护单位双龙村大夫第

双龙村大夫第（2012 年 11 月）

双龙村大夫第，位于梅县区畲江镇双龙村。建于清光绪年间（1875—1908 年），是李氏十八世马来西亚华侨晋郎公兴建。为二堂三横一杂屋。坐西向东，高台基，夯筑，灰瓦面，土木石结构。系梅县传统客家民居建筑形式之一。总面阔 55.2 米，总进深 27.35 米，面积 1556 平方米。该第坐西南向东北处设卷棚顶外门楼，呈“歪门正厅”，木雕垂花、雀替。门前设步级台阶、门坪。正门楼设四架梁卷棚顶，面阔三间，门额署“大夫第”，设门当户对。木雕狮形柁墩，雀替、挂落。门楼壁画、墀头、檐楣等彩绘色彩鲜明，形象生动。上堂人字梁架，前檐廊卷棚顶，木雕墩、雀替、挂落等，书卷彩塑，木雕屏风。左横屋、右二横屋设操手，与外门楼、围墙围成内门坪。右二横屋操手设通廊连接杂屋。该第木雕、彩绘等富有客家传统工艺特色，是研究梅县客家传统民居建筑的新资料。2015 年 12 月，被公布为第八批广东省文物保护单位。

13．省级文物保护单位邓仲元旧居及仲元小学旧址

仲元小学旧址（2013 年 8 月）

邓仲元旧居（2013 年 8 月）

邓仲元旧居位于梅县区丙村镇银场村，建于 1918 年，由邓仲元兴建。坐西向东，平面呈矩形，柱廊式建筑，高二层，为中西合璧式。总面阔 23.62 米，总进深 23.8 米，占地面积约 500 平方米。正门、左、右侧面为券式回廊，绿色琉璃瓶通栏。二层为抬梁式梁架。西式券门廊、券窗。前后置花园，中间有轩廊连接前后进，四周回廊，又称“走马楼”，整体布局四面相环，前栋房间相通。仲元小学由邓仲元兴建其故居时所建，为中西合璧屋式，整体布局回字形。总面阔 17.86 米，进深 25.54 米，占地面积约 400 平方米。立面混凝土结构，天面木梁架，合瓦屋面。正门设连券式廊门，门额署“仲元小学”。前栋瓦顶为四面坡，后栋瓦顶为悬山式。

邓仲元（1886—1922），清宣统元年（1909 年）加入中国同盟会，历任中华革命党军

务部副部长、援闽粤军参谋长、粤军总司令中将参谋长兼第一军参谋及第一师师长，被誉为“南州铁汉”“平民式名将”。孙中山以大总统名义追赠其为陆军上将。该旧居是研究中国民主革命的宝贵资料。

邓仲元旧居1987年被公布为梅县文物保护单位。邓仲元旧居及仲元小学旧址2014年1月公布为第二批梅州市文物保护单位。2015年12月，被公布为第八批广东省文物保护单位。

14. 省级文物保护单位仪园

仪园位于梅县区水车镇先锋村，始建于1943年。坐北向南，为黄琪翔旧居，以其夫人郭秀仪之嫁妆而建。正门额署“仪园”，合瓦屋面，土木石结构。总面阔15.02米，总进深34.18米，占地面积约500平方米。前栋为中西合璧的三层建筑，进深五间。正立面连券式门廊，分为上、中、下三堂。外墙粉黄水泥，方形和几何形门窗，楼顶为歇山式，毁坏较严重。后栋为客家单堂屋，前后两栋互相连接，又可成一独立体。黄琪翔（1898—1970），北伐名将，抗日功臣，中国农工民主党创建人和主要领导人之一。该旧居是研究黄琪翔将军生平活动及近现代梅县区中西合璧式建筑形制的新资料。2015年12月，被公布为第八批广东省文物保护单位。

黄琪翔旧居仪园（2015年7月）

15. 省级文物保护单位张民达旧居

张民达旧居位于梅县区桃尧镇螺江村，建于中华民国初期，坐西北向东南，为钢筋水泥框架结构的二层楼房。总面阔46.11米，进深21.48米，占地面积约700平方米。平面布局为“凸”字形，沿中轴线主楼左、右对称，各有副楼。正面为券式门楼，面阔五间，底层及二楼均有回廊、护栏。主楼正立面砌连券式回廊宽敞，视野宽广。室内大厅宽敞，步级木楼梯置中轴线上。张民达(1885—1925)，马来西亚归侨，中国同盟会会员，民主主义革命时期杰出将领，曾任粤军第二师师长兼第五旅旅长等职。1925年4月25日，张民达从蕉岭返汕头商议平乱，不幸在潮州覆舟殉难，终年40岁。1926年国民政府追赠其为陆军上将，1953年中央人民政府授予革命烈士称号。该旧居是开展爱国爱乡教育的场所，具有纪念革命先烈、研究梅县客家民居建筑的历史价值。2015年12月被公布为第八批广东省文物保护单位。

张民达旧居（2009年10月）

16. **省级文物保护单位喆庐**

喆庐，位于梅县区松口镇大黄村。建成于民国14年（1925年），坐北向南，为四面坡式中西合璧的二层民居建筑。占地面积约6000平方米，建筑面积约2500平方米，主体建筑总面阔40米，总进深28米。喆庐平面布局采用客家传统民居合杠屋布局，中轴对称。主体建钢筋混凝土结构，正立面为连券式外廊，并设前檐露台。中西合璧式的装饰，使该庐外观雄伟厚重，内部富有客家传统民居的绿色琉璃竹节漏墙、绿色琉璃金钱花窗和镂雕金木屏风等。屋顶为四面坡式，抬梁式构架、木桁桷、灰瓦面、宝蓝色琉璃瓦当滴水。中轴线上首进为西洋券式通廊门楼，二进为中式大门，轩廊式甬道连接下堂门厅和上堂。二层上堂后壁设迄今为止梅县发现的最早的西式壁炉。主体建筑右侧设外门楼，左后侧附筑厨房杂间等。是中国著名爱国民主人士、中国农工民主党创建者和领导者之一丘哲的故居。2015年12月，被公布为第八批广东省文物保护单位。

丘哲故居喆庐（2015年6月）

梅县区还有众多上级评定公布的文物保护单位，在此不一一介绍了。

五、非物质文化遗产保护

梅县区历史悠久，素有“文化之乡，华侨之乡，足球之乡”的美誉和“人文秀区”之称，拥有十分丰富的非物质文化遗产，并形成了独具客家传统文化特色之一的文化资源。梅县区深入贯彻实施《国务院办公厅关于加强我国非物质文化遗产保护工作的意见》通知精神和要求，以“保护为主、抢救第一、合理利用、传承发展”为指导方针，正确处理保护和利用的关系，坚持非物质文化遗产保护的真实性，非物质文化遗产在社会中得到认可与弘扬。

2007年3月14日，梅县人民政府办公室印发《关于成立梅县非物质文化遗产普查工作领导小组的通知》，县政府决定成立梅县非物质文化遗产普查工作领导小组，建立梅县非物质文化遗产保护工作局际联席会议制度，统一协调解决梅县非物质文化遗产保护工作中的重大问题。组长由副县长担任，副组长由县府办副主任、县文广新局局长、县财政局副局长担任，成员由发展和改革局、宗教局、广播电视台、文明办、方志办、旅游局、文联、博物馆、文化馆、县府办文教股、文艺股等人员组成。领导小组下设办公室，办公地点设在县文广新局，负责梅县非物质文化遗产普查的日常工作。并制定梅县非遗保护工作局际联席会议制度，成立梅县非物质文化遗产保护专家委员会。

2007年4月10日，梅县机构编制委员会《关于同意梅县文化广电新闻出版局文化艺术股加挂梅县非物质文化遗产保护中心牌子的批复》，同意在梅县文化广电新闻出版局文化艺术股加挂梅县非物质文化遗产保护中心的牌子，实行一套人马两块牌子的管理办法。

梅县区非物质文化遗产保护中心（简称“非遗中心”），是梅县非物质文化遗产保护专业机构，承担全区“非遗”保护相关工作，履行“非遗”保护政策咨询，组织普查、指导保护、计划实施、“非遗”保护理论研究、举办学术节展览、展演及公益活动，交流、推介、宣传保护工作成果和经验，组织实施研究成果发表和人才培训等工作职能。

梅县非物质文化遗产普查工作领导小组成立后，举办“非遗”保护项目普查培训班，培训对象为各镇、街道办事处文化站站长及文化馆相关工作人员。

普查期间，县普查办成员和各镇文化站干部深入普查第一线，了解掌握各地工作进展情况，研究和解决普查中遇到的难点、疑点问题，相互借鉴、相互督促，确保了普查质量和进度，高效完成全县普查任务，为以后申报各级名录打下坚实的基础。

（一）县级非物质文化遗产保护名录

2007年3月28日，梅县人民政府印发《关于批准并公布梅县第一批非物质文化遗产名录的通知》，批准公布10类24个项目列入梅县第一批非物质文化遗产名录，并要求各镇（办事处、高管会）、各有关单位，要充分认识保护和利用好非物质文化遗产，认真贯彻“保护为主、抢救第一、合理利用、传承发展”的工作指导方针，科学规划深入做好梅县非遗文化保护工作。项目类别涉及共十类，分别为民族语言、民间文学、民间音乐、戏曲、曲艺、民间手工技艺、消费习俗、生产商贸习俗、民间信仰、游艺、传统体育与竞技。项目24个，分别为客家方言、歌仙刘三妹的传说、民间歌谣、民间谚语、客家山歌、松口山歌、提线木偶戏、五句板说唱、白渡牛肉干、松源麦芽糖、畲江菊花糕、南口黄皮豆干、西阳仙人粄、客家娘酒、石坑柿花、隆文竹编、隆文土纸、客家服饰、梅县客家名菜、客家围龙屋、梅县金柚、隆文木炭、祭祀（扛）公王、足球运动。2007年11月26日，梅县文化广电新闻出版局印发《关于公布梅县县级第一批非物质文化遗产代表性传承人名单的通知》，批准公布县级非遗项目代表性传承人7人。

手提木偶书法艺术展示（2011年）

2009年7月1日，梅县人民政府印发《关于批准并公布梅县第二批非物质文化遗产名录的》，批准公布3类14个非遗项目，项目类别涉及共3类，分别为民间舞蹈、传统手工技艺、民俗。非遗项目14个，分别为打腰鼓、畲江工艺品、九龙手工茶、木雕、丙村开锅肉丸、石扇咸菜、石扇鱼血焖饭、梅西肉丸、挂大牌、水车祭祀（扛）公王、农历七月二十八老姑婆生日、观音生日、升龙转火、作福。

2012年3月5日，梅县人民政府办公室印发《关于批准并公布梅县第三批非物质文化遗产名录项目和第二批县级非物质文化遗产项目代表性传承人名单的通知》，批准公布2类3个非遗项目名录和非遗项目代表性传承人6人。项目类别涉及共2类，分别为民间信仰、游艺、传统体育与竞技。非遗项目3个，分别为松源祭祀（扛）公王、水车小桑等公王、足球运动。

2013年2月19日，梅县人民政府办公室印发《关于批准并公布梅县第四批非物质文化遗产名录项目和第三批县级非物质文化遗产项目代表性传承人名单的通知》，批准公布2类3个非遗项目和非遗项目代表性传承人3人。项目类别涉及共2类，分别为传统美术、传统技艺。非遗项目3个，分别为梅县区客家门神画、松源麦芽糖、南口车陂仙人粄。

2014年3月25日，梅州市梅县区人民政府办公室印发《关于批准并公布梅县区第五批非物质文化遗产名录项目和第四批区级非物质文化遗产项目代表性传承人名单的通知》，批准公布1类3个非遗项目和非遗项目代表性传承人4人。项目类别涉及共2类，分别为传统美术、传统技艺。非遗项目3个，分别为梅县区客家门神画、松源麦芽糖、南口车陂仙人粄。

2016年12月30日，梅州市梅县区人民政府印发《关于批准并公布梅州市梅县区第六批非物质文化遗产代表性项目名录和第五批区级非物质文化遗产项目代表性项目代表性传承人名单的通知》，批准公布3类3个非遗项目和非遗项目代表性传承人27人。项目类别涉及共3类，分别为传统美术、传统技艺、民俗。非遗项目3个，分别为钉砻、客家泥塑、"三月三"相公爷出巡。

2018年，上报区政府的保护项目类别：传统美术1类；非遗项目7个：黄金玉香糕、企炉饼、鱼散粉、羊雌汤、荷泗拱桥肉、砣子豆腐、松源豆干。

（二）市级非物质文化遗产保护名录

2007年4月25日，梅州市人民政府印发《关于批准并公布梅州市第一批市级非物质文化遗产代表作名录的通知》，批准公布梅县"梅县松口山歌"为市级非遗代表性项目。

2009年3月12日，梅州市人民政府印发《关于批准并公布梅州市第二批市级非物质文化遗产名录的通知》，批准公布梅县"梅县提线木偶"为市级非遗代表性项目。

2009年11月26日，梅州市文化广电新闻出版局印发《关于公布第一批市级非物质文化遗产项目代表性传承人的通知》，批准公布梅县"松口山歌"区级传承人卢月英、"梅县提线木偶"区级传承人巫启胜为市级非遗项目代表性传承人。

2011年4月30日，梅州市人民政府印发《关于批准并公布梅州市第三批市级非物质文化遗产名录的通知》，批准公布梅县"竹板歌（梅县竹板歌）、客家娘酒（梅县客家娘酒）"为市级非遗代表性项目。

2012年7月10日，梅州市人民政府印发《关于批准并公布第四批市级非物质文化遗产名录项目和第三批市级非物质文化遗产项目代表性传承人的通知》，批准公布梅县"竹板歌（梅县竹板歌）"区级传承人肖建兰为市级非遗项目代表性传承人。

2013年7月13日，梅州市人民政府印发《梅州市人民政府关于批准并公布梅州市第五批市级非物质文化遗产名录项目和第四批市级非物质文化遗产项目代表性传承人的通知》，批准公布梅县"松源扛公王""水车小桑等公王""足球运动"为市级非遗代表性项目，"客家娘酒"区级传承人温凤珠为市级非遗项目代表性传承人。

2014年8月19日，梅州市人民政府印发《梅州市人民政府关于批准并公布梅州市第六批市级非物质文化遗产名录的通知》，批准公布南口镇车陂仙人粄、梅县区客家门神画为市级非遗代表性项目。

2015年6月11日，梅州市人民政府印发《梅州市人民政府关于批准并公布梅州市第五批市级非物质文化遗产项目代表性传承人的通知》，批准公布“梅县区客家门神画”区级传承人侯文发为市级非遗项目代表性传承人。

2016年8月31日，梅州市人民政府印发《梅州市人民政府关于批准并公布梅州市第七批市级非物质文化遗产代表性项目名录的通知》，批准公布梅县区“丙村开锅肉丸”为市级非遗代表性项目。

2017年10月16日，梅州市人民政府印发《梅州市人民政府关于批准并公布梅州市第六批市级非物质文化遗产项目代表性传承人的通知》，批准公布“竹板歌（梅县竹板歌）”区级传承人李玉珍为市级非遗项目代表性传承人。

2019年1月13日，梅州市人民政府印发《梅州市人民政府关于公布梅州市第八批市级非物质文化遗产代表性项目名录的通知》，批准公布梅县区“客家泥塑”为市级非遗代表性项目。

（三）省级非物质文化遗产保护名录

2007年6月18日，广东省人民政府印发《关于批准并公布广东省第二批省级非物质文化遗产名录的通知》，批准公布梅县市级非遗项目“梅县松口山歌”为省级项目“客家山歌（松口客家山歌）”。

2008年3月7日，广东省文化厅印发《关于公布省级非物质文化遗产项目代表性传承人的通知》，批准公布梅县省级非遗项目“松口客家山歌”市级传承人卢月英为省级非遗“客家山歌（松口客家山歌）”项目代表性传承人。

2009年10月16日，广东省人民政府印发《关于批准并公布广东省第三批省级非物质文化遗产名录的通知》，批准公布梅县市级非遗项目“梅县提线木偶”为省级扩展项目“木偶戏（梅县提线木偶戏）”。

2011年1月27日，广东省文化厅印发《关于公布广东省第二批省级非物质文化遗产项目代表性传承人名单的通知》，批准公布梅县省级非遗项目“木偶戏（梅县提线木偶戏）”市级传承人巫启胜为省级非遗项目代表性传承人。

2012年2月21日，广东省人民政府印发《关于批准并公布广东省第四批省级非物质文化遗产名录的通知》，批准公布梅县市级非遗项目“竹板歌（梅县竹板歌）”为省级扩展项目。

2013年11月22日，广东省人民政府印发《广东省人民政府关于批准并公布广东省第五批省级非物质文化遗产名录的通知》，批准公布梅县市级非遗项目“酿造酒传统酿造技艺（梅县客家娘酒酿造技艺）”为省级扩展项目。

2014年10月17日，广东省文化厅印发《广东省文化厅关于公布广东省第四批省级非物质文化遗产项目代表性传承人名单的通知》，批准公布“竹板歌（梅县竹板歌）”市级传承人肖建兰、“酿造酒传统酿造技艺（梅县客家娘酒酿造技艺）”市级传承人温凤珠为省级非遗项目代表性传承人。

2015年1月21日，广东省文化厅印发《广东省文化厅关于公布第二批省级非物质文化遗产传承基地的通知》，批准公布梅县区省级非遗项目“木偶戏（梅县提线木偶戏）”的保护单位（梅州市梅县区木偶传习所）为省级非物质文化遗产传承基地。

2017 年 4 月 1 日，广东省文化厅印发《广东省文化厅关于公布第三批省级非物质文化遗产传承基地的通知》，批准公布梅县区省级非遗项目“客家山歌（松口客家山歌）”的保护单位（梅州市梅县区客家山歌传承保护中心）为省级非物质文化遗产传承基地。是年，完成申报“梅县区客家门神画”“水车小桑等公王”等为省级项目。

梅县区“非遗中心”成立至 2018 年为止，全区“非遗”项目共 9 类 50 项，其中省级 4 项、省级传承人 3 人，市级 8 项、市级传承人 2 人，区级 38 项、区级传承人 43 人。其中传统音乐 2 个、传统戏剧 1 个、传统技艺 30 个、传统体育和游艺及杂技 1 个、传统美术 2 个、曲艺 1 个、民间文学 4 个、民俗 8 个、传统舞蹈 1 个。视频专题片 23 个，田野调查 850 多人（次），项目线索 60 项，项目相片资料 4200 多张电子存档 12.6G，音像资料时长 1230 分钟电子存档 432G。设立传习点 3 处，分别为梅县竹板歌传习点、梅县客家娘酒传习点和雁洋镇足球运动传习点，举办以“文化遗产日”为主题的“非遗”图片展共 15 场（每场观看人数约 300 多人），出版《客家非遗》（梅县区专号）2000 册。

“非遗中心”成立以来，梅县区人民政府将“非遗”保护工作列入本级政府文化发展纲要，每年拨出固定经费用于“非遗”项目的整体保护。坚持深入基层挖掘，较全面地了解和掌握梅县区“非遗”资源的种类、数量、分布、生存环境、保护现状及存在问题。并运用文字、录音、录像、数字化多媒体等各种方式，记录传承人口述史、项目传承历史来源、传统技艺流程、仪式规程、史实依据等信息，对“非遗”项目进行真实、系统、全面的记录。建立“非遗”档案和数据库，建设梅县区“非遗”展示厅，结合梅县区文化驿站工作建设进行图文、实物展示。积极开展“非遗”保护名录申报工作，建立三级“非遗”名录体系。至 2018 年年底，成功申报 50 项各级“非遗”保护名录，建立“非遗”传承基地 2 个、传习点 4 个。为全力推进客家文化（梅州）生态保护实验区建设，提升梅县区客家菜文化内涵，认真贯彻落实“客家菜师傅”工程实施方案要求，严格执行实施方案，认真梳理现有资料，把非物质文化遗产工作融入其中，区“非遗中心”按照区政府工作部署，督促监督联系各乡镇对自身现有项目要给予高度重视，做好完善档案与保护宣传工作。在做好原有基础上，组织“非遗中心”工作人员对梅县区 10 项非遗线索“松源豆干、砣子豆腐、鱼散粉、企炉饼、羊雌汤、炸肉丸、杨梅圆、双熟饭、黄金玉香糕、荷泗拱桥肉”进行项目实地调查、收集采访项目传承人、录制视频、拍摄记录、文字资料收集等相关工作，最终形成完整的“非遗”普查资料。

为确保非物质文化遗产保护项目能够得到更好的传承和发展，区“非遗中心”除认真做好日常工作和举办好每年梅县区非物质文化遗产保护工作成果展外，还重点着力结合各项活动让非遗文化融入校园文化、社区文化、广场文化和景区文化，把“非遗”文化更好地融入百姓生活当中，使梅县区“非遗”文化得到更好的宣传。梅州市梅县区“非遗中心”以“保护为主、抢救第一、合理利用、传承发展”非物质文化遗产保护方针为指导，积极做好“非遗”各项工作。列入各级“非遗”名录项目制订切实可行的保护、传承与发展计划，对分期保护项目松口客家山歌、梅县提线木偶戏、梅县竹板歌等持续跟进。同时，梅县区“非遗中心”坚持广泛开展宣传，展示“非遗”历史、文化和科学价值，抓好动态保护和静态保护，抓好原生态传承、次生态传承。全力抢救珍贵非物质文化遗产，防止珍贵的非物质文化遗产实物和资料流失。

（四）保护、传承和发展非物质文化遗产项目

为确保非物质文化遗产保护项目能够得到更好的保护、传承和发展，梅县区非物质文化遗产中心除认真做好日常工作和举办好每年梅县区非物质文化遗产保护工作成果展外，还重点着力结合各项活动让“非遗”文化融入校园文化、社区文化、广场文化和景区文化，把“非遗”文化更好地融入百姓生活当中，使“非遗”文化得到更好的宣传和发展。

2009年，梅县提线木偶戏分别被列入梅州市第二批非物质文化遗产保护名录和广东省第三批非物质文化遗产保护名录。

至2010年年底，在全县范围内挖掘了一批社会影响大、文化价值高的非物质文化遗产共12类38项。其中，松口客家山歌和梅县提线木偶戏入选广东省非物质文化遗产保护名录。为确保省级名录项目“梅县松口山歌”和“梅县提线木偶戏”的后续保护和传承工作，优化文化生态保护环境，发挥非物质文化遗产在提升文化软实力中的积极作用，2010年，梅县文化部门分别申报“松口作述山歌文化大楼”和“梅县木偶剧团”为梅县松口山歌和梅县提线木偶戏的传承基地，积极为艺人创造表演和传承的平台。

2012年，全年排演竹板歌10多场。

2014年，在梅县区文化馆、松口山歌协会开展山歌艺术研讨和演唱交流，举办山歌培训班，致力于山歌艺术的普及，从而使技艺得以传承和发展，营造了全社会都来关心和保护非物质文化遗产的良好氛围。文化遗产日期间，在梅县区文化馆举办山歌培训班3期，邀请山歌大师汤明哲进行授课，培训180多人（次）。在新城文化活动中心举办了为期1个月的山歌培训班，培训350多人（次）；组织梅县区木偶传习所在梅县区外国语学校进行人偶童话剧《白雪公主与七个小矮人》首场演出活动，观看人数600多人。举办“客家山歌进校园”活动。为了更好地推动客家山歌培训工程，传承客家山歌，区客家山歌传承保护中心于3月份到嘉应学院进行客家“非遗”文化的传承展演和授课，区文化馆与梅州百年职校共同举办“客家山歌进校园”培训班，为来自全国各省的66名贫困学生授课。为期16节课时的客家山歌培训班，培训时间从2018年5月4日至6月30日。2016年4月8日，在梅县区程江镇德兴小学举行“客家山歌进校园”活动，将“非遗”项目“松口客家山歌”和“梅县竹板歌”引入校园，正式设立一个客家山歌幼苗培训班，聘请著名山歌大师汤明哲和梅县区文化馆的专业人员进行培训和指导。

2017年，开展一场“守护平安·迎祥纳福”2017年梅县区客家门神画市级非物质文化遗产项目代表性传承人侯文发作品展；完成市“非遗”工作组交办的2017年《客家非遗》梅县专题编辑的相关工作，印制2000册；通过开办展览与印制书籍的形式，不断推进“非遗”文化的保护与传承工作，让人们感受非物质文化遗产的独特魅力，增强年轻人保护、传承非物质文化遗产的意识。

中国乡村复兴论坛·梅县峰会在梅县区举办，设立梅县竹板歌传习点、梅县客家娘酒传习点和雁洋镇足球运动传习点，举办客家泥塑"非遗"项目图片展览。完成客侨文化展示和"乡愁·记忆"大型"非遗"民俗歌舞表演、松口游船山歌表演活动。

梅县区非物质文化遗产项目展演和"非遗"图文展宣传活动走进梅县区外国语学校，来自梅县区客家山歌传承保护中心、木偶传习传承保护中心的"非遗"文化传承者们为学生们带来松口客家山歌和提线木偶戏2项省级"非遗"项目的舞台表演，推进"非遗"文化的保护与传承，并通过图文展览的形式，让学生们近距离感受非物质文化遗产的独特魅力，提高年轻人保护、传承非物质文化遗产的意识。除流传于全区广场舞和各文化活动场所健身队中外，还通过专业创作、排练，组织业余文艺队参加各类型演出，开展"文化和自然遗产日"活动。

2018年，开展多彩"非遗·美好生活"——梅县区2018年"文化和自然遗产日""非遗"图文巡展进校园活动（活动地点：梅县区教师进修学校、百年职校、梅县区图书馆）。9月，举办中国首届农民丰收节（中国分会场广东主会场——梅州市梅县区松口镇大黄村）展示区，完美展演展示了梅县区"非遗"代表性项目：客家山歌、木偶戏、钉砻和客家泥塑。省非物质文化遗产保护中心组织拍摄的"传承人口述史"走入梅县区松口镇，对松口客家山歌代表性传承人卢月英进行为期3天的专题拍摄，全面、真实、系统地记录松口客家山歌情况。梅县区文化馆恢复《梅县演唱》——"非遗·印象"板块，通过书籍的形式进行传播"非遗"文化。在借助新兴媒体宣传的同时，还积极与电视台、报社、报刊等新闻媒体联系合作，协助媒体做好"非遗"宣传工作，通过不同的传播方式让更多的人了解"非遗"、保护"非遗"、传承"非遗"。协助南方日报社完成"探寻'非遗'密码"系列报道，完成松口山歌、提线木偶戏、梅县竹板歌等5版重点报道。通过开办展览与印制书籍的形式，不断推进"非遗"文化的保护与传承，让人们感受非物质文化遗产的独特魅力，增强年轻人保护、传承非物质文化遗产的意识。

梅县区（省级、市级、区级）非物质文化遗产代表性项目及代表性传承人一览表

（全区项目共9类50项，其中省级4项，市级8项、区级38项）

表3-18

（省级）非物质文化遗产代表性项目及代表性传承人名录

序号	类别	项目名称	传承人
1	传统音乐	客家山歌（松口客家山歌）	（省级）卢月英 （区级）温婉香、廖胜华、李园妹、梁媚玲、刘谦隆、廖　丽、黎　骏、梁　莹

续表 3-18

序号	类别	项目名称	传承人
2	传统戏剧	木偶戏（梅县提线木偶戏）	（省级）巫启胜 （区级）黎为艺、李嘉珍、廖佳萍、陆怡婷、聂　瑜
3	曲艺	竹板歌（梅县竹板歌）	（省级）肖建兰 （市级）李玉珍 （区级）朱丽芳
4	传统技艺	酿造酒传统酿造技艺（梅县客家娘酒酿造技艺）	（省级）温凤珠 （区级）郭榴红、温带芬、郭忠爱、郭忠义

（市级）非物质文化遗产代表性项目及代表性传承人名录

序号	类别	项目名称	传承人
1	传统技艺	畲江菊花糕	（区级）张应新
2	民俗	松源扛公王	（区级）王耀东
3	民俗	水车小桑等公王	（区级）罗铸英
4	传统体育、游艺与杂技	足球运动	（区级）杨电松、陈晋干
5	传统技艺	南口镇车陂仙人粄	（区级）饶俊顺
6	传统美术	梅县区客家门神画	（市级）侯文发、（区级）徐建文
7	传统技艺	丙村开锅肉丸	（区级）李尧君
8	传统美术	客家泥塑	（区级）刘沅声、刘芷瑜

（区级）非物质文化遗产代表性项目及代表性传承人名录

序号	类别	项目名称	（区级）传承人
1	民间文学	客家方言	
2		歌仙刘三妹的传说	
3		民间歌谣	
4		民间谚语	
5	传统音乐	客家山歌	
6	传统技艺	白渡牛肉干（白渡镇）	宋增广
7		松源麦芽糖（松源镇）	王集荣、温维明
8		南口黄皮豆干（南口镇）	
9		石坑柿花（石坑镇礤岭村）	

续表 3-18

序号	类别	项目名称	（区级）传承人
10	传统技艺	隆文竹编（隆文镇卢溪、横坑、木寨村）	
11		隆文土纸（隆文镇梅州村）	
12		隆文木炭（隆文镇苏溪村）	
13		梅县客家名菜（新城盐焗鸡）	
14		畲江工艺品（畲江镇）	
15		九龙手工茶（梅南镇九龙村）	
16		石扇鱼血焖饭（石扇镇）	
17		石扇咸菜（石扇镇）	
18		梅西肉丸（梅西镇）	
19		客家服饰	
20		客家围龙屋	
21		梅县金柚（丙村镇）	钟　亮
22		金柚陈茶（丙村镇）	
23		客家手工茶（丙村镇）	李新玲
24		钉砻（雁洋镇）	张学敬
25		羊雌汤（松口镇）	钟　鑫
26		企炉饼（松口镇）	魏汉兴
27		鱼散粉（松口镇）	
28		荷泗拱桥肉（南口镇）	黄俊明
29		黄金玉香糕（丙村镇）	古运宏
30		砣子豆腐（松源镇）	
31		松源豆干（松源镇）	何胜旺
32	民俗	挂大牌（松源镇松兴坪村）	
33		农历七月二十八老姑婆生日（水车镇安和、白沙村）	
34		观音生日（大坪镇营里村）	
35		升龙转火（程江镇西山村）	
36		作福（城东镇莲塘村）	
37		“三月三”相公爷出巡（石扇镇）	张绍轩、张仿明、张建新、张自荣
38	传统舞蹈	打腰鼓（桃尧镇）	

六、电影放映

20世纪80年代始，随着电视的普及和发展，文化多元化及音像制品进入平常百姓家，电影院观众大幅下降，放映单位逐年减少，梅州城区的梅州电影院、华侨戏院、公园影院、百花洲影剧院等电影院，观众越来越少，面临转制。

1984年，梅县市电影公司开展创建文明影院、文明影队活动。抓改革，实行五包：包计划任务完成、包利润、包经费开支、包设备更新和小修。全年完成场次任务2.323万场，占任务数1.85万场的125%，完成片款4.466万元，利润2.7万元，占任务的117%，华侨影剧院和梅州电影院分别被地区电影系统评为文明单位、文明建设先进单位。

1986年，虽然5个电影院受到洪水影响，面对困难，但电影系统抓了职工的思想政治工作，广泛开展创建文明单位、先进个人的活动，采取各种有效措施，提高放映宣传和服务质量，落实岗位责任制。全年实现盈利3.15万元，比上年增加1.8万元，增长138%。筹集资金购买柴油发电组合装备。电影公司拨款支持梅西、瑶上等区建立电影院，同时抓好公司、华侨、松口的基本建设，改善放映条件。根据市委宣传部、市农委、市文化局联合发出的关于加强农村电影放映工作的意见，进一步加强农村电影工作的领导和管理，研究农村放映场点和收费标准，较好地解决农村看电影难问题，有效发挥电影在社会主义精神文明建设中的作用。

1987年，全市共放电影2.19万场，观众1673.9万人（次），收入128.82万元。

1988年，梅县市撤销，分设梅县、梅江区（县级）后，梅县市电影公司随同转为梅县电影公司。5月，在东较场侧建设一座1700平方米7层的综合办公大楼。梅县电影公司负责管理华侨、公园、丙村、松口等4家国营影剧院和农村集镇影剧院10家、农村放映队35个。是年，电影放映工作处于严峻的一年。一是优秀影片减少；二是观众减少；三是分家波动；四是梅州电院影划给梅江区，公司经济收入减少。在这种情况下，电影系统的全体干部职工群策群力，共渡难关。提出向宣传文化要效益，加强经营管理，组织多种经营求发展等措施，扭转被动局面，取得可喜的成绩，4家国办影院实现盈利，四大指标超额完成。全县完成放映场次2.1万场，占年度计划的100.3%，观众1600多万人（次）占计划的100.1%，完成片款64万元，占年度计划的130.6%，实现利润2.38万元，占年度计划120.5%。

1989年，共7层1700平方米的梅县电影公司综合办公大楼建成。

1990年以后，随着文化娱乐业和电视媒体的兴起，电影市场继续受到影响和冲击，经济效益逐年下降。在此情况下，县电影公司积极面对挑战，努力开拓市场，立足农村，开展农村科教电影宣传月、老区慰问、农村中小学百部爱国主义影片教育等放映活动。组织实施农村电影放映“2131”工程（21世纪实现1个村1个月放1场电影），每年放映5000多场（次），居梅州市七县一区的首位。

1992年，电影系统在电影市场疲软的大气候下，加强管理，开拓经营，提高服务水平，使梅县4个国营影院的放映场次、观众人数、片款总额均超额完成任务。其中华侨影剧院的收入居全市之首。

1993年，电影放映工作在困境中拼搏，经济效益上升，电影公司落实第三轮经营承包责任制，全面提高服务质量，广开门路，提高了经济效益。华侨影剧院由于积极开阔，不断挖潜，经济效益较为显著。

1994年，电影在激烈的市场竞争中，竭尽全力，积极拼搏，努力完成第三轮最后一年的承包经营任务。全年完成放映场次13393场，观众9727832人（次），片款收入907629元，比上年同期增长57566元，上缴利润35698元。上交片款居全市之首。在完成片款、利润上交的同时，保证了200多名干部职工增资后的工资待遇，还新增国有资产50万元。同时认真抓好多种经营，增加30多万元的收入（含迷你厅收入）。公园影院、松口、丙村戏院均全面超额完成各项承包任务，收入均超上年。

1995年，电影部门继续实行承包经营，效益明显。电影继续受社会文化市场的冲击，由于认真落实岗位责任制，继续实行承包经营，从而调动200多名干部、职工的积极性，全体干部、职工努力拼搏，不断改善经营作风，努力提高服务质量，拓宽放映门路，开展“百片扬英魂”活动、巡回放映电影。全年完成放映收入超100万元大关，实现利润3.7万元。

1996年，根据中央宣传部、文化部等8个中央部委《关于开展组织文化下乡活动的通知》，省委宣传部《关于实施广东省文化艺术上山下乡工程的通知》，梅县电影公司组织送电影下乡放映。电影放映队上山下乡放电影5860场，观众达368万人（次），走遍全县26个镇的350个管理区。电影部门继续落实岗位责任制，提高服务质量，完成片款71万元、承包任务的122%。

1997年，电影公司在困难中拼搏，取得较好成绩。开展慰问老区电影放映活动送科技电影下乡放映活动，纪念叶剑英元帅100周年诞辰电影放映月活动，同时在全县中小学校开展新一轮的“百片扬国魂”的放映活动，全年送电影下乡5753场，观众450万人（次），映遍全县26个镇340多个管理区。

1998年，文化部、国家广播电影电视总局提出农村电影放映“2131”目标，即在21世纪初，在广大农村实现一村一月放一场电影的目标。电影院克服困难开拓市场，完成电影放映5200场，观众258万人（次），完成上缴片款27.5万元，居梅州市各县之首。1996年至1998年，县电影公司连续3年被评为“省文化艺术上山下乡先进集体”。

1999年，梅县电影放映部门在抓好重点影片的宣传发动工作的同时，积极组织电影上山下乡，举办科教片汇映月及抓好中小学生开展“百片”爱国主义教育影片的发行放映工作。全年完成电影放映4980场，观众45万人（次）。县电影公司被广播电视部评为全国农村电影工作先进集体，被省委宣传部、文化厅授予“广东省文化艺术上山下乡工程先进集体”称号。

2000年，全县仍有华侨戏院、公园电影院、松口和丙村影剧院等4家国营电影院，农村有集镇影院10家和农村电影放映队27个。12月，国家计委、广播电影电视总局、文化部联合发出《关于进一步实施农村电影放映“2131工程”的通知》。“十五”期间，国家设立专项资金，资助农村电影队建设，每年拿出2300万元，5年共1.15亿元，资助全国600

个低收入县，建立1.2万个左右农村电影放映队。梅县继续组织实施农村电影放映“2131工程”，抓好春节期间开展慰问老区电影放映活动，抓好中小学生开展“百片”爱国主义教育影片的发行放映工作，积极组织电影下乡放映活动，寓教育于电影放映之中。梅州电视台《社会纵横》节目，以“文化、科技送上门”，采访报道了梅县电影公司在困境中求生存求发展的经验和做法。

2001年，县宣传文化部门继续贯彻落实省、市、县《关于实施文艺上山下乡工程的通知》精神和实施农村电影放映“2131工程”，认真组织县电影公司坚持送电影下乡，解决山区群众看电影难的问题。认真抓好春节免费放映电影慰问老区人民活动，组织“科教影片汇映月”活动及抓好中小学生“百片”爱国主义教育片的发行、放映工作。全年送电影下乡2000多场，观众30多万人（次）。

2002年，开拓电影放映市场，积极开展慰问老区群众、科教影片汇映月和中小学生“百片”电影教育活动，把优秀影片送往农村和全县中小学校。电影公司放映电影2627场，观众30多万人（次）。

2003年，电影公司放映电影2170场，观众30万多人（次），居梅州市首位。县电影公司和3间影剧院仍为县文化事业单位。

2004年，电影公司继续实施农村电影放映“2131工程”，努力开拓电影放映市场，积极开展慰问老区群众、科教影片汇映月和中小学生“百片”电影教育活动，把优秀影片送到农村和全县中小学校，电影公司放映电影2238场。

2005年，县电影公司扎实推进农村电影放映“2131工程”，做好文化活动中心礼堂的管理工作。同时加快改革力度，在县委、县政府的重视支持下，进行华侨影剧院和丙村影剧院的改革。

2006年，积极稳妥推进文化体制改革，推进公益性文化社会运作方式的探索和实践。将华侨影剧院和丙村影剧院取消建制单位，职工实行一次性买断工龄，并将华侨影剧院和丙村影剧院进行公开挂牌拍卖，盘活国有资产。

2009年前后，县电影公司实行改革，对原全县电影系统200多人实行了一次性买断工龄，解除劳动合同关系，下属4间国办影院全部转让，同时保留了县电影公司建制，确保了中央农村电影“2131”工程的落实，梅县是全市第一个电影系统改革较成功的县。

2010年至2015年，继续实施文化三下乡（送戏送书送电影）工程，每年送电影下乡4000多场，既丰富基层群众文化生活，又进行爱国主义、革命传统、改革开放等主题教育，体现有内涵、有乐趣、有教育。

2016年，开展送戏送书送电影下乡活动，举行“书香梅县·共享阅读”全民阅读活动。全年完成农村电影放映4260场，其中广场电影322场、关爱残疾人送电影下乡放映活动放映790场、扶贫济困敬老院放映活动332场、人防科教影片《居安思危备战人防》放映活动740场。

2017年至2018年，继续积极开展送电影下乡活动，每年在农村放映公益电影4200多场，观影30多万人（次），进一步丰富村民的精神文化生活。元旦春节期间，为少儿提供优质舒心的动漫电影展播活动 34 场，参加约 600 人（次）。

七、新闻出版

1997 年 4 月正式成立梅县新闻出版办公室。办公室设在县委宣传部内。2005 年 9 月，县新闻出版办公室并入县文化局，县文化局改为县文化广电新闻出版局。

县新闻出版工作按照“积极发展、加强管理、趋利避害、为我所用”16 字方针，坚持“一手抓管理、一手抓繁荣”，切实加强对新闻出版业的管理。

（一）出版物发行管理

1997 年 4 月县新闻出版办公室成立后，按照《广东省书报刊市场管理条例》，加强对出版物市场的管理。一是坚持“一手抓管理、一手抓繁荣”，在管好市场的同时，加强对经营者的引导，促进市场健康发展。二是结合年检，组织从业人员进行法规学习培训，提高从业人员守法经营的自觉性。逐一与出版物经营单位签订文明经营责任书，明确主办单位和经营者各负其责。三是落实属地管理责任制，按管辖区域和权限分工，实行谁主管谁负责。四是强化管理，把集中行动与经常性管理有机结合起来。五是取缔无证经营，对地摊和“游商”发现 1 宗查处 1 宗。六是取得公安、工商等部门的支持，对非法出版、发行的地下团伙和地下窝点依法严惩。

1998 年，梅州市新华书店在梅县新县城华侨城设立新华书店梅县连锁店，同时在丙村、松口、畲江、水车、梅西、南口、松源等 7 个乡镇设立连锁店。至 2000 年，全县城乡出版物发行网点有 100 家，其中集体书店 26 家，其余 74 家为社会力量办的书店。

加强印刷企业管理。梅县通过进一步“优化结构、合理布局、提高质量、规范经营”，基本形成一个竞争有序、调控有力、规划科学、增效明显的印刷业新格局。积极扶持具有先进技术的大中型印刷企业，严格把关新设立的印刷企业的资质条件，逐步改造和淘汰生产规模过小、技术落后的印刷企业。

梅县新闻出版办公室根据《印刷业管理条例》，与公安、工商等管理部门努力规范印刷业管理，打击非法印刷活动，保障印刷业的健康发展。1. 强化行业管理，理顺公安、工商等部门各自的监督管理责任，特别是坚持“先证后照”“两证一照”制度，得到各方的确认，互相协调配合。2. 健全各项管理制度，逐一与各印刷企业签订文明经营责任书；实施贯彻《印刷业管理条例》，坚持每年举办法律法规学习培训班，提高经营者的法律意识和法制观念。3. 以日常管理为主，突击检查为辅，堵住源头。2000 年，全县有印刷企业 23 家，其中出版物印刷企业 3 家（含省级定点印刷企业梅县印刷厂）、出版物专项印刷企业 1 家、包装装潢印刷企业 2 家、其他印刷品印刷企业 17 家。有打印复印影印门店 50 多家。印刷业从业人员 500 多人。2003 年，组织全县印刷企业负责人参加市、县、区新闻出版办联合举办的法规、规章学习班，学习《印刷品承印管理规定》及印刷管理的其他法规、规章，不断提高业主的守法经营意识。开展“打击非法出版”行动，取缔无证经营书摊 7 个，检查印刷企业 20 家，检查出版物经营单位 90 多家，收缴各类盗版非法出版物 360 多册。2018 年，组织宣传文化系统人员开展安全生产大检查和文化经营场所安全生产大检查，加强 2018 年元旦、春节期间出版物市场及网络文化环境监管，加大对校园周边文化市场特别是出版物市场、网吧、印刷复制企业等的检查频率和检查力度。

加强内部资料出版物的管理。1998年，县委宣传部发出《关于加强梅县非营利性出版物管理工作的通知》，进一步规范全县内部资料出版物的管理工作。2000年，全县有县委宣传部编印的《学习文摘》和团县委编印的《青年生活》连续性内部资料出版物2种以及社会文化类报刊10多种。

（二）“扫黄打非”工作

1997年4月县新闻出版办公室成立后至2018年，坚持与文化、公安、工商、扫黄办等部门联合在一起，每年有重点、有目的地开展集中行动、专项治理与经常性监管结合起来，建立长效机制，做到标本兼治。一是落实“扫黄打非”责任制，追究失职渎职人员的责任。二是规范出版物零售市场管理，把许可证管理、定点经营管理、文明经营责任制管理和市场稽查管理有机结合起来，实行分级、属地管理，形成管理合力。三是落实奖励制度，发动著作权人在反盗版斗争中的积极作用。四是加强对“扫黄打非”工作重要性和有关政策法规的宣传。五是开展出版物市场的专项治理。

例如：

2000年，依法查获位于梅县锭子桥一地下图书销售窝点，收缴非法盗版图书710多册。同时，按照省、市统一部署，组织配合文化、公安、工商、社文办等有关部门，对重点乡镇出版物市场进行专项治理，打击“地摊游商”9宗，共收缴邪教“法轮功”类书籍及盗版、迷信、色情、政治性非法出版物3000多册。

2003年，认真落实《梅州市2003年扫黄打非工作方案》，规范和整治净化文化娱乐市场。会同县社文办、县新闻出版办、县工商局、县公安局、县广播电视局等有关职能部门，开展音像市场的“扫黄”、打击侵权盗版行动和整治“网吧”等专项斗争活动。全年全县出动不同规模的检查行动135次，出动检查人员1233人（次），清查场点395个，查处“网吧”7家，查封电子游戏机室1家，收缴盗版CD唱碟330张。

2018年，开展“扫黄打非·清源2018专项行动”“扫黄打非·固边2018专项行动”“扫黄打非·护苗2018专项行动”“扫黄打非·净网2018专项行动”“扫黄打非·秋风2018专项行动”等行动，并专门开展全区无证经营KTV场所专项整治联合执法工作。全年出动检查6464人（次），检查1435家（次），立案调查12宗，办结9宗。强化对涉及青少年学生、幼儿“扫黄打非”的网络游戏案件查处力度，大力营造青少年健康成长的良好氛围。

八、镇文化站

各镇（办事处、高管会）文化站是指导和组织农村群众文化活动和文化站室建设的机构。

改革开放后，梅县各级党委、政府十分重视文化建设，通过多种形式、多渠道筹集资金，加大村镇文化阵地建设力度，以满足和丰富群众文化生活。

1989年，梅县为实施省文化厅《乡镇文化站评估定级》方案，各镇加大文化设施投入。

1990年，梅县各乡镇重视加强宣传文化阵地的建设。全县建有文化室305个。其中，农村管理区文化室235个，比上年增加40个，有7个乡镇实现每个管理区有文化室，有I5个乡镇50%的管理区建起了文化室。文化室规模不断扩大，逐步向高档次发展。程江乡程江管理区投资16万元建设文化室。

1993年，全县27个镇投入文化站设施、设备建设的经费达157.82万元。其中基建投入102.95万元，全县有18个镇新建或正在兴建文化活动中心，建筑面积11398平方米，使全县文化站的室内活动面积（含影剧院）达24809平方米。隆文镇投资130万元，新建一座占地900平方米，建筑面积2400平方米的镇文化中心。松源镇投资65万元，兴建占地1200平方米的镇文化站。南口镇发动海内外乡亲集资60多万元，兴建6000平方米的体育运动场，文化活动中心动工兴建。全县新建管理区文化室105个，其中西阳镇龙坑管理区、南口镇侨乡管理区分别投资45万元、40万元兴建管理区区址和文化室。至年底，全县建有文化室415个，建筑面积17826平方米。全年全县27个文化站投入设备购置费达54.87万元，使内部设施总值1322986元。这些阵地的建设和基础设施的充实和完善，为山区群众开展有益身心健康文体活动和科学致富提供了良好的条件。

1994年，全县建好文化活动中心的镇有16个，在建的有5个。全年投入文化活动中心基建经费154万多元，室内活动面积从上年的1.96万平方米增至2.9万平方米，内部设施总值155万多元，拥有图书9.6万多册。农村管理区文化室建设较快发展。1994年交付使用的文化室有41个，建筑面积5483平方米。投入基建经费179万多元，投入内部设施设备购置费67万多元，使内部设施总值增至195万多元，拥有图书30多万册，各种活动器材3000多件（台套）。全县各镇文化站和各管理区文化室举办群众性文艺活动424次，观众81万多人（次），群众性体育活动460多场，观众98万多人（次）。

1995年，文化事业建设不断发展，设施进一步充实、完善，松东、白宫、西阳、畲江、南口等5个镇文化活动中心相继建成，全县已建成交付使用的镇文化活动中心，增至20个。大坪、石坑、径义3个镇正在建设中。全县各镇文化站投入基建资金78.3万元，设备购置费50.85万元，促进一批文化站上规模上等级。经省文化厅验收核准，有松源、隆文、城东3个文化站评为特级站，全县一级站有5个、二级站10个、三级站8个，居梅州市前列。管理区兴建新址有20个，建筑面积近4000平方米。各镇以文化站（室）为阵地，举办文化科技知识讲座，培训868期，受培训8.44万人（次），为梅县“三高”农业的发展发挥了积极作用。

1996年，文化站室建设有新发展。扶大镇新建文化站，松南镇投入1万元新建文化活动中心。全县建成镇级文化活动中心（站址）的由上年的20个增至21个，新增1个，在建3个。全县391个管理区都建起了文化室，并不断巩固完善，充实设备，认真做好升级达标准备工作。为了繁荣农村文化，充实农村文化站（室）的藏书量。县宣传文化部门组织县属各单位开展扶贫赠书活动，全县有3万册图书送到农村扶贫挂钩镇文化站或管理区文化室。镇区文化站室积极开展健康向上的文化娱乐活动。据统计，全县各镇文化站室全年开展文体活动271场，观众59万多人（次）。

1997年，经省文化厅评估定级，白宫镇文化站由一级站升为特级站，松南镇文化站由三级站成为一级站。至此，梅县有特级站4个、一级站5个、二级站10个、三级站7个。桃尧镇兴建文化活动中心完成首层工程。南口镇投资40多万元，重新建设一座700多平方米的文化活动中心，已破土动工。全县391个管理区文化室不断完善设施，充实藏书量，为广大农民开展读书用书、掌握科学知识、进行思想教育以及开展健康有益的文化娱乐活动提供了良好场所。

1998年，梅县抓住全省开始实施山区文化建设议案机遇，掀起新一轮文化设施建设热潮。兴建了南口、桃尧、径义、西阳、雁洋、丙村、梅南等7个镇文活动中心以及桃尧、荷泗等7个镇文化广场，三乡高桥、松源白玉、石坑澄坑等管理区兴建了文化室。全县各镇文化站有特级站4个、一级站5个、二级站9个、三级站8个。特级站和一级站居全市各县首位。

1999年，全县各镇在省对山区文化建设工程扶持政策的推动下，文化站建设热情高涨。南口、桃尧、径义、西阳、雁洋等镇新建文化站接受了省的验收，质量合格。争取省文化厅拨出了98万元器材设备，充实了镇文化站设备设施建设，使镇文化阵地建设日趋完善，较好地发挥了功能效应。

2000年，丙村、梅南新建文化活动中心，并购置、充实了各项设施。认真做好省文化厅对梅县特级文化站、一级文化站复查工作，经复查，松源、隆文、城东文化站继续被授予特级文化站的称号，松口、丙村、石扇、程江文化站继续被授予一级文化站称号。全县有隆文等14个文化站，获得省拨款价值7万元的文化器材一批。白宫、城东、松源、隆文文化站被评为省特级文化站，南口等6个文化站被评为一级文化站，荷泗等8个站被评为二级文化站，扶大等5个站被评为三级文化站。同时，各村文化室继续完善阵地建设，充分发挥功能作用。

2001年，抓住省人大"山区议案"为契机，不失时机，真抓实干，掀起落实"山区议案"的行动高潮。近几年，继在新县城投资800多万元兴建梅县文化中心大楼后，雁洋镇、南口镇、西阳镇、桃尧镇、径义镇、丙村镇、梅南镇先后新建或扩建了文化站。为了方便群众看戏，梅县桃尧、西阳、径义、丙村、松东还新建了露天剧场，为开展群众文化活动提供了良好物质载体。

2002年上半年，梅县组成检查组，分别到各镇调查了解站址建设和省拨文化专用器材的使用情况，在掌握情况的基础上进行分类指导。5月，梅县接受了省文化厅对梅县文化馆评为广东省特级文化馆的复查验收。原梅县剑英图书馆升格为市级图书馆后，县委、县政府高度重视，立即规划，在县文化中心大楼侧新建梅县图书馆，该馆占地1200多平方米，楼高5层，建筑面积5121平方米，总投资500多万元，年底，完成土建工程。11月，省人大对梅县实施省人大山区议案工作的落实情况进行了验收，对梅县落实"议案工作"给予高度评价。

2003年，按照省文化厅的部署，加大对乡镇文化站建设的投入，查漏补缺，完善各种配套设施。畲江镇新建一座2000多平方米的文化中心大楼，并配套文化广场。使梅县山区文化阵地建设登上新的台阶。11月，省评估小组对全县乡镇文化站进行复查验收，全县有特级文化站4个、一级文化站5个、二级文化站10个、三级文化站7个。

2005年，镇、村文化阵地建设有新进展。雁洋镇文化活动中心和文化广场建设项目已进行招标，准备进行施工。南口镇、西阳镇文化公园建设列入乡镇政府的议事日程，完成了规划、选址等前期工作。白渡镇进一步完善新建文化中心内部设施。城东镇新建和扩建部分村“四位一体”文化室等。

2006年，新建白渡、雁洋2个文化中心和一大批村级“四位一体”文化室。雁洋镇文化活动中心和文化广场建设项目进展顺利。丙村镇充分利用“十、百、千、万”干部下乡机会，新建和扩建了部分村“四位一体”文化室等。

2009年，积极做好创建梅州市“文化先进镇”规划、建设工作，完成各项工作目标任务，程江镇、西阳镇获得市“文化先进镇”称号。全县有县级文化阵地10个、县级文化广场2个、镇级文化活动中心20个、镇级文化广场7个、村级“四位一体”文化室382个。

为做好梅州市“文化先进镇”创建活动的各项工作，县宣传文化部门结合实际，进行了整体规划，确定了申报目标，确保到2020年全面完成全县各镇都要达标的创建任务。不断加快推进农村广播电视覆盖工程、农村电影放映工程、群众文化流动服务工程等公共文化服务工程建设。力争2010年全面完成全市农村广播电视无线覆盖工程建设任务，实现“一村一月放映一场电影”的目标。

2011—2015年，梅县各镇文化站在上级职能部门的指导下、在当地党委政府的大力支持下，对照综合性文化站建设标准，扎实推进综合文化站各项工作，更好地满足了人民群众的文化需求，促进了全区文化事业的全面繁荣。

一是领导重视，全面加强文化设施建设力度。乡镇文化站是农村文化的前沿阵地，肩负着农村群众文化活动的示范和导向作用，是政府和农村基本群众感情连接的桥梁和纽带。镇（办事处、高管会）综合文化站有19个，其中特级文化站4个（新城、松源、雁洋、畲江）、一级文化站4个（南口、松口、丙村、城东）、二级文化站5个（梅南、白渡、水车、石扇、程江）、达标文化站6个（隆文、桃尧、扶大、大坪、石坑、梅西）。

二是发挥文化设施功能作用，大力开展多种形式的文化活动，丰富和活跃群众文化生活。大力开展多种形式的文化体育活动，把乡镇文化站的工作与精神文明建设工作结合起来，利用科技培训，发展壮大农村集体经济，在力所能及的情况下尽力为农民办实事。把乡镇文化站工作与为农民提供智力支持结合起来，帮助农民提高思想道德素质，科学文化素质和政策法规水平。把乡镇文化站工作与典型宣传结合起来，要树立一批农民身边的遵纪守法的、尊老爱幼的、学用科技的、勤劳致富的典型。各镇文化站充分利用自身的文化阵地和艺术队伍，积极开展以广场文化活动为龙头的形式多样的群众文化活动。如：新城文化站不定期组织文艺队到辖区内小区举办各类社区文化进小区活动，南口镇文化站常年组织各村文艺演出队举办文艺会演和文艺巡演，畲江镇文化站通过举办各种赛事活动、艺术展览和文艺晚会等，隆文镇、丙村镇、白渡镇等其他各镇文化活动中心也坚持面向群众开展丰富多彩、健康有益的文化活动。各文化站积极开展春节、清明、“五一”、“五四”、端午、文化和自然遗产日等“我们的节日”活动。为老年人、未成年人、残疾人、农民工和农村留守妇女儿童等群体提供有针对性的特色文化服务项目。此外，各镇文化站还积极配合区山歌剧团、木偶剧团等积极实施文艺送戏下乡工程，让广大群众接受先进文化和高雅艺术的熏陶。充分利用乡镇文化站、村文化室不定期地开展一些各类型的展览培训活动，如科技型适用技术培训，沙田柚的管理技术、科技图片展览等，从群众最关心的热点、难点下手，以发展经济为中心，以增加农民收入为目的，以适用技术为载体，用寓教于乐的形式，突出宣传农民生产生活中迫切需要的知识，解决他们思想上存在的老问题和生产生活中遇到的新问题，推广农民最盼的科技信息。加快建设覆盖城乡的公共文化服务体系，推进城乡公共文化服务一体化建设，推进广播电视“村村通”“户户通”，中央农村广播电视节目无线覆盖，广播电视对农节目服务等工程，扎实开展新农村文化建设，积极创新“送文化”活动的组织形式和服务方式，扩大“送戏送书送电影”工程的覆盖面。

三是充分发挥职能作用，积极做好文化信息资源共享工程、文化遗产保护利用工作。抓好农村文化共享工程建设，实施“文化信息资源共享”工程，建成基本覆盖城乡的数字文化服务网络。重点整合农村需要的各类资源，精心打造广大农民看得懂、用得上、实用性强的多媒体资源库。充分利用文化资源信息共享中心、流动图书馆和文化馆图书馆总分馆制，发展基层服务网络。广泛快捷地为广大人民群众传输健康丰富的文化资源丰富和活跃农村文化生活，促进和谐文化建设。各镇文化站收集、整理、保护、传承民间文化遗产。开展非物质文化遗产的普查、展示、宣传，指导传承人开展传习活动；坚持“保护为主、抢救第一”的文物工作方针和“有效保护、合理利用、加强管理”的文物工作原则，积极开展文物保护和文物安全工作。

2016年至2018年，镇文化站和村文化室是农村文化的前沿阵地，肩负着农村群众文化活动的示范和导向作用，是政府和农村基本群众感情连接的桥梁和纽带。全区镇（办事处、高管会）综合文化站有19个，其中特级文化站4个（新城、松源、雁洋、畲江）、一级文化站4个（南口、松口、丙村、城东）、二级文化站5个（梅南、白渡、水车、石扇、程江）、达标文化站6个（隆文、桃尧、扶大、大坪、石坑、梅西），全区行政村文化室有388个。在镇村文化站室大力开展多种形式的文化体育活动，如科技型适用技术培训、沙田柚的管理技术、科技图片展览、举办各类社区文化进小区活动、积极开展以广场文化活动为龙头的形式多样的群众文化活动等，从群众最关心的热点、难点下手，以发展经济为中心，以增加农民收入为目的，以适用技术为载体，用寓教于乐的形式，突出宣传农民生产生活中迫切需要的知识，解决他们思想上存在的老问题和生产生活中遇到的新问题，推广农民最盼的科技信息。做到“三个结合”：一是与精神文明建设工作结合起来，利用科技培训，发展壮大农村集体经济，在力所能及的情况下尽力为农民办实事；二是与为农民提供智力支持结合起来，帮助农民提高思想道德素质、科学文化素质和政策法规水平；三是与典型宣传结合起来，树立一批农民身边的遵纪守法的、尊老爱幼的、学用科技的、勤劳致富的典型。积极实施“文化信息资源共享”工程，建成基本覆盖城乡的数字文化服务网络。重点整合农村需要的各类资源，精心打造广大农民看得懂、用得上、实用性强的多媒体资源库。充分利用文化资源信息共享中心、流动图书馆和文化馆图书馆总分馆制，发展基层服务网络。广泛快捷地为广大人民群众传输健康丰富的文化资源，丰富和活跃农村文化生活，促进和谐文化建设。

第二节　文学艺术

梅县区文学艺术界联合会（简称文联）是梅县区委、区政府领导下的文学艺术界人民群众团体组织、专业人民团体，是党和政府联系文学艺术界的桥梁和纽带。改革开放以后，人民群众对精神文化生活的需求日益增强，民间文学艺术重新焕发生机，各类民间文学艺术活动和组织如雨后春笋般兴起。梅县区文学艺术界联合会积极引领和指导各协会开展各类文学艺术活动，成为梅县区精神文化生产建设的主要力量。

一、文联机构

梅县区文联设正副主席、秘书长，办公地址设在梅县文化中心二楼。区文联是加强与各协会会员的联络、协调、服务工作，组织会员间的交流活动，维护宪法和法律赋予文学艺术家的权益，使文联及各协会成为文艺家之家。

（一）梅县区文学艺术界联合会概况

1．主要职能：是中国文联的县区级地方组织和团体会员，是全区性文艺家协会人民团体，是党和政府联系文艺界的桥梁和纽带，在区委、区政府和上级文联的指导下，依据文联章程开展工作。

2．主要职责：

（1）贯彻落实党中央文艺工作方针，开展与所属各文艺家协会的联络、协调、服务工作，听取和反映文艺界的情况和意见。

（2）组织召开梅县区文联系统和所属各文艺家协会的代表大会、理事会；组织召开全区文联系统的工作和学术研讨等会议。

（3）协调有关部门，联系、组织中外文艺界的文化交流活动。

（4）主管、主办区文联文艺报刊和出版。

（5）开展维护文艺家和文艺团体知识产权等正当权益。

（6）组织团体会员和文联会员的文艺创作和评论、学术交流、人才培训和调研工作，协同有关部门组织相关艺术活动。

（7）承办区委、区政府交办的有关事项。

3．内设股室及人员编制情况：梅县区文学艺术界联合会定编 3 人，其中主席 1 名、副主席 1 名、秘书长 1 名。

4．梅县区文学艺术界联合会办公地址：梅县区新城行政区文化中心二楼。占地 50 平方米。

5．至 2014 年年底，下属有 18 个协会（梅县区书法家协会、梅县区硬笔书法家协会、梅县区作家协会、梅县区摄影家协会、梅县区诗社、梅县区梅岭诗词联学会、梅县区美术家协会、梅县区林风眠画院、梅县区音乐家协会、梅县区戏剧家协会、梅县区曲艺家协会、梅县区舞蹈家协会、梅县区民间文艺家协会、梅县区客家学研究会、梅县区宋湘八贤研究协会、梅县区钟正山艺术研究会、梅县区艺苑艺术团、梅县区书画艺术创作协会），会员1000多名。

6. 到2018年12月，下属有17个协会，会员1000多名。协会有梅县区书法家协会、梅县区硬笔书法家协会、梅县区作家协会、梅县区摄影家协会、梅县区诗社、梅县区梅岭诗词联学会、梅县区美术家协会、梅县区林风眠画院、梅县区音乐家协会、梅县区舞蹈家协会、梅县区民间文艺家协会、梅县区客家文化研究协会、梅县区文艺创作协会、梅县区宋湘八贤研究协会、梅县区钟正山艺术研究会、梅县区艺苑艺术团以及梅县区书画艺术创作协会。

（二）梅县区文学艺术界联合会沿革

梅县文学艺术界联合会（前称为梅县文学艺术工作者联合会），成立于1959年夏，会址设在东教场忠烈祠内（原为梅县山歌剧团团址，被拆建为梅县体育场观礼台），有会员100多人，首任主席陈秉铨（梅县人民政府副县长）兼任，配备专职干部（秘书）张梓法主持日常工作。下设文学创作、戏剧研究、音乐舞蹈和美术书法等组。在“文化大革命”中受到冲击而停止活动。1986年9月恢复为梅县市文学艺术工作者联合会，会址设在梅县市东教场东侧，梅县市文化中心四楼，占地面积100多平方米，有会员700多人；第二任主席张启成（中共梅县市委宣传部副部长兼任），专职副主席汤明哲，下设文学、戏剧、音乐、舞蹈、民间文艺、美术、书法、曲艺、摄影等协会9个。当时出版综合性文艺期刊《梅苑》2期，举办书法、书画展览各1次。

梅县文学艺术界联合会第一届延至1983年6月梅县市文学艺术界联合会，在1988年3月县、区分设后，名称用梅县文学艺术界联合会，继续延至1989年4月，主席张启成（兼职）。

县、区分设后，梅县文学艺术界联合会第一次代表大会于1989年5月召开，主席张启成。1993年9月，在梅城召开梅县文学艺术界第二次代表大会，选举产生了第二届委员会，主席叶演豪（文化局局长兼职）。1998年12月，在梅县政府招待所召开第三次代表大会，选举产生了第三届委员会，主席陈思杰（县委宣传部副部长兼任）。2005年4月，在新县城梅县文化中心二楼召开第四次代表大会，选举产生了第四届委员会，主席黄庆达（县委宣传部副部长，2005年4月至2007年1月）、曾令文（县委宣传部副部长，2007年4月至2010年7月）。2010年8月20日，梅县文学艺术界联合会第五次代表大会在梅县文化中心礼堂召开，应到会代表98人，实到98人，大会选举产生了梅县文学艺术界联合会第五届委员29人，并由委员会选举产生了主席1人、常务副主席1人、副主席2人、秘书长1人、副秘书长1人。主席：曾令文（2010年8月至2013年2月）、钟辉雄（2013年2月至2016年11月）。

2013年12月，梅县改称为梅州市梅县区后，2016年召开梅州市梅县区文学艺术界联合会第一次代表大会，选举产生第一届委员会，主席钟辉雄（2016年12月至2018年12月）。

根据有关资料记载及文联章程的规定，梅县区文学艺术界联合会代表大会每5年召开1次。

（三）梅县区文学艺术界联合会历届领导名录

1959年成立梅县文学艺术工作者联合会，在“文化大革命”中受冲击停止活动。

梅县文学艺术工作者联合会（1959年至1966年5月）

主　席　陈秉铨（1959年至1966年5月，兼职）

梅县市文学艺术工作者联合会（1986年9月至1988年3月）

主　席　张启成（1986年9月至1988年3月，兼职）

副主席　汤明哲（1986年9月至1988年3月）

梅县文学艺术界联合会

1988年3月，梅县市分设梅县和梅江区（县级），梅县市文学艺术界联合会亦改称梅县文学艺术界联合会。

主　席　张启成（1988年3月至1989年4月，兼职）

副主席　林昔韶（1988年3月至1989年4月）

侯丁新（1988年3月至1989年4月，兼职）

叶演豪（1988年3月至1989年4月，兼职）

梅县文学艺术界联合会第一届委员会由于种种原因延任至1989年5月。

梅县文学艺术界联合会第一届委员会（1989年5月至1993年8月）

主　席　张启成（1989年5月至1993年8月，兼职）

副主席　林昔韶（1989年5月至1993年8月）

侯丁新（1989年5月至1993年8月，兼职）

叶演豪（1989年5月至1993年8月，兼职）

1993年9月20日，梅县文学艺术界联合会第二次代表大会在梅县人民政府会议招待所召开，应到会代表105人，实到会代表77人。大会审议通过了《团结起来，再接再厉，为繁荣梅县文学艺术事业而奋斗》的工作报告，修改并通过了《梅县文学艺术界联合会章程（草案）》。以无记名投票和等额选举方式，选举产生了梅县文学艺术界联合会第二届委员会委员20人。同日召开了梅县文学艺术界联合会第二届第一次全体委员会议，选举产生了梅县文学艺术界联合会第二届委员会主席1人、副主席3人。

梅县文学艺术界联合会第二届委员会（1993年9月至1998年5月）

主　　席　叶演豪（1993年9月至1998年11月，兼职）

常务副主席　刘远环（1993年5月至1998年11月）

副 主 席　肖建兰（女，1993年9月至1998年11月，兼职）

王健如（1993年9月至1998年11月，兼职）

1998年12月29日，梅县文学艺术界联合会第三次代表大会在梅县政府会议招待所召开，应到会代表90人，实到会代表79人。大会通过了《增创新优势，更上一层楼》的工作报告，修改并通过了《梅县文学艺术界联合会章程》，选举产生了梅县文学艺术界第三届委员会委员21人，并由委员会选举产生了主席1人、副主席2人。

梅县文学艺术界联合会第三届委员会（1998年12月至2005年3月）

主　席　陈思杰（1998年12月至2004年3月）

黄庆达（2004年4月至2005年3月）

副主席　李俊通（1998年12月至2005年3月）

肖建兰（女，1998年12月至2004年3月，兼职）

赖启忠（2004年4月至2005年3月，兼职）

2005年4月1日，梅县文学艺术界联合会第四次代表大会在梅县文化中心四楼文化局会议召开。应到会代表93人，实到会代表93人。大会通过了《沿着先进文化的前进方向，努力开创梅县文艺事业新局面》的工作报告，修改并通过了《梅县文学艺术界联合会章程》，选举产生了梅县文学艺术界第四届委员会委员23人，并由委员会选举产生了主席1人、常务副主席1人、副主席1人。

梅县文学艺术界联合会第四届委员会（2005年4月至2010年7月）

主　　席　黄庆达（2005年4月至2007年1月）

曾令文（2007年9月至2010年7月）

常务副主席　李俊通（2005年4月至2007年3月）

张春连（2007年7月至2010年7月）

2010年8月20日，梅县文学艺术界联合会第五次代表大会在梅县文化中心礼堂召开。应到会代表98人，实到98人。大会通过了工作报告，修改并通过了《梅县文学艺术界联合会章程》，选举产生了梅县文学艺术界联合会第五届委员29人，并由委员会选举产生了主席1人、常务副主席1人、副主席2人、秘书长1人、副秘书长1人。

梅县文学艺术界联合会第五届委员会（2010年8月至2016年11月）

主　　席　曾令文（2010年8月至2013年2月）

钟辉雄（2013年2月至2016年11月）

常务副主席　张春连（2010年8月至2015年2月）

余志明（2012年5月至2016年11月）

副　主　席　黄忠健（2010年8月至2016年11月，兼职）

李敏均（2010年8月至2016年11月，兼职）

秘　书　长　罗纪锋

梅州市梅县区文学艺术界联合会第一届委员会

主　席：钟辉雄（2016年12月至2018年12月）

副主席：余志明（2016年12月至2018年12月）

卜雪梅（女，2016年12月至2018年12月，兼职）

古志强（2016年12月至2018年12月，兼职）

钟伟平（2016年12月至2018年12月，兼职）

秘书长：陆　敏（女，2016年12月至2018年1月）

吴睿峰（2018年4月至2018年12月）

二、文联工作

文艺事业是党和人民的重要事业，文艺战线是党和人民的重要战线。梅县区努力加强文联工作，开展文艺活动，繁荣文艺创作、推动文艺创新，培养德艺双馨的文艺工作者。高扬社会主义核心价值观的旗帜，把社会主义核心价值观生动活泼、活灵活现地体现在文艺创作之中，用栩栩如生的作品形象告诉人们什么是应该肯定和赞扬的，什么是必须反对和否定的，做到春风化雨、润物无声，把爱国主义作为文艺创作的主旋律，引导人民树立和坚持正确的历史观、民族观、国家观、文化观，增强责任感和使命感。

1979年后，文艺创作思想得到解放，“百花齐放，百家争鸣”的创作氛围逐渐浓厚，创作活动重新活跃，文艺协会组织相继成立，成为联络、组织会员开展文艺创作活动的桥梁纽带。县文联创办的刊物《梅苑》和县文化馆创办的《梅县演唱》成为广大业余作者创作出版的园地和发展平台。

1986年，梅县市各地各部门办的文艺刊物不断涌现，如三乡的诗社出版的“山稔花”、松源的“王寿山”、松南的“苗圃”、松口的“松江”，出版了23期，各区文艺刊物都有自己的特色，深受群众欢迎，文化馆出版《梅州文艺》2期，质量有所提高，内容健康，反应良好。

1988年，梅县文联本着联络服务会员、培养文艺新人、多出成果的宗旨，积极开展工作，进一步扩大了县文联的影响。主要做了5项工作：一是争取领导重视，增加了人员，增加了经费。文联工作人员由2人增至3人，日常经费从1987年的6000元增至1988年的1万元。另外，县委、县政府拨2万元专款给梅县文联作为文艺创作奖励基金。二是成立县文联演出队。组织了由县文联会员组成的“文联演出队”，以群众喜闻乐见的节目服务社会，扩大文联的影响，收到了较好的效果。三是创办《梅苑》文艺刊物。《梅苑》文艺刊出后，不但本县会员作者积极投稿，而且收到深圳、广州、珠海、大埔和旅泰华侨、台湾同胞的来信来稿全年300多篇。四是抓好创作，培养文艺人才。召开了作品分析会，创作座谈会、笔会、作品修改讨论会6次，参加讨论作者80多人（次），讨论修改作品32篇。还与嘉应大学“探索文社”联合举办了座谈会3次。五是积极发展会员，壮大队伍。县文联除积极组织老会员开展各种活动外，还发展了县文联下属各协会会员60多人。

1990年，为繁荣梅县群众文化生活，县文化局、县文联及各乡镇先后举办了各种类型的文艺会演、中秋山歌节、梅县书画艺术展、老年诗书展和梅县客家会员书画展等，展出的书画作品300多件。

1993年，县文联全年收到各类文稿1000篇以上，出版《梅苑》7期，发表了以梅县作者为主体的小说、诗歌、散文、报告文学近500篇、400多万字，为诗词爱好者结集出版书刊4集。此外，挖掘整理佛曲《铙钹花》《鲫鱼穿花》《打莲池》民间舞蹈及音乐曲谱3个，为民间舞蹈集成《广东卷》提供资料，得到省专家的好评。

1994年，成立梅县绿丹兰文艺发展基金，设立创作奖和表演奖，促进文艺创作的发展。县文化部门对戏剧、曲艺创作采取每年组织业余作者举行1—2次作品研讨会，不定期派出县文化馆创作辅导员深入业余作者家中进行辅导和帮助修改作品；散文、小说创作以《梅苑》作为写作实验园地和出版园地，作家协会为创作活动交流纽带，全年收到文艺作品800多件，有300多件发表在《梅苑》杂志上，另还发表摄影、书法、美术等艺术作品100多件，县诗社社长梁安仁的诗歌在中华诗词学会刊物上发表。县文联还主办或联办书画摄影展览4期，举办第3次文艺奖励基金会的评奖活动。

1995年，县文化馆蓝立为编导的山歌剧《巧相逢》在梅城演出，得到好评。丙村区业余作者陈坤炬创作的小演唱《花果山前》，获得粤东区会演奖，并由广东文艺出版社出版（出版时易名《山村探婿》）。同年，梅县参加粤东区群众业余创作作品评奖活动，获奖项目有山歌类三等奖3个、表演奖10个、戏剧类三等奖2个。此后，全县文艺创作活动日趋活跃，质量不断提高。

1997年，县文联主办“梅县纪念叶剑英元帅100周年诞辰诗词、书画展”。与县文化局、县书协、县硬笔书协联合举办“庆香港回归书画展”。各镇（区）文化站（室）共举办各类知识讲座、咨询297期，观众5.3万多人（次）；开展文艺活动167场，观众23万多人（次）；开展群众性体育活动136场，观众31万多人（次）。

1998年，县文联多次召开下属协会会长会议，布置重点活动项目，组织开展文学艺术交流研讨活动，出版《梅县书艺》《梅苑》《梅风》《山稔花》《新人境》等会刊，充分发挥文联联络、协调、服务的作用。

1999年，县文联积极主动做好新会员发展工作，不断壮大文联队伍。想尽办法办好刊物，繁荣创作，筹集资金出版《梅苑》刊物2期，为业余作者提供作品发表的园地。积极开展有益的活动：一是举办国庆50周年征文评奖活动；二是举办“迎澳门回归”书画作品展览和现场书画表演活动；三是举办“建国50周年、迎澳门回归”的诗歌吟唱会；四是组织作协、美协作者深入基层采风。

2000年，县文联积极协调、指导各分会的工作，组织书画艺术下乡巡回展出。县文联各协会获得全国、省级以上奖励的诗、书、画、摄影作品有10多件。至年底，全县成立有作家协会、诗词联学会、诗社、摄影家协会、美术家协会、书法家协会、硬笔书法家协会、音乐家协会、曲艺家协会、戏剧家协会、舞蹈家协会、民间文艺协会、宋湘八贤研究会等13家协会，共有协会成员近1200人，其中国家级会员38人。

2002年，梅县文联紧密团结广大文艺工作者，广泛争取社会各界人士的支持，发挥优势，扎实工作，取得了可喜的成绩。一是积极主动做好新会员发展工作，不断壮大文联队伍；二是抓好创作，办好刊物，收到各类稿件400件，想方设法解决出版经费，编辑出版《梅苑》2期。各协会1年内出版刊物22期；三是积极开展各项活动，先后举办摄影大赛、义务写春联、美术作品展览、诗词吟唱会、书画展览、外出采风、写生等活动，各协会均有不少作品分别获得省级、市级的奖项。

2003年，积极做好新会员发展工作，不断壮大文联队伍。抓好创作，办好刊物，收到各类稿件近500件，编辑出版《梅苑》2期，各协会出版刊物16期。举办美术书法作品展览、摄影比赛、诗词吟唱会、义务写春联、外出采风、写生等活动，不少作品分别获得省级、市级的奖项。

2004年，抓好创作，办好刊物，收到各类稿件近470件，编辑出版《梅苑》2期；各协会出版刊物19期；举办美术书法作品展览、摄影比赛、诗词吟唱会、义务写春联、外出采风、写生等活动，收到较好的效果。

2005年，组织新一届文联选举工作，各协会活动有声有色，群众创作热情高涨，梅岭诗词联学会和宣传部联合出版《客都游踪》刊物，梅县诗社扎实抓好诗进校园活动等。

2006年，各协会不断壮大，积极开展各项活动，群众创作热情高涨，编辑出版《梅县美术作品集》。

2008年，各协会不断健全，艺术交流、采风活动频繁，精品创作不断涌现，《梅苑》刊物图文并茂。精心组织摄影协会“绿色梅县摄影大赛”活动，举办纪念改革开放30周年诗歌吟唱会。9月，县文联组织有关演员到河源参加由中国民间艺术家协会、省文联、河源市委、市政府共同主办的中国首届客家文化节（客家山歌演唱大赛），参赛节目《山嫂办宴》获得银奖，梅县文联获得中国首届客家文化节优秀组织工作奖。精心组织新春义务写春联下乡活动，受到基层群众的欢迎和好评。

2009年，各协会精品创作不断涌现，一大批作品获得各级各类奖。9月16日，以庆祝中华人民共和国成立60周年、梅县新县城搬迁10周年、梅县文联成立50周年，举办了“迎国庆、颂程乡，梅州市第九届（梅县）百人诗会暨文学艺术作品展演”活动。此次活动，从内容到形式丰富多彩，展出了书法作品30幅、摄影作品60幅、硬笔书法作品30幅、美术作品40幅、雕塑作品40件、收藏品80件，集中展示了岭南客家文化所取得的丰硕成果。此次展演活动，共制作县情介绍接待手册500份，发放各种书、刊共2480本、纪念品300份。接纳上级部门及相关兄弟单位、协会的贺词、贺诗、贺联共66幅，悬挂庆祝活动横幅、对联、贺联33条，摆放花篮16只，印发宣传资料600张，拍摄照片200多张，制作VCD影碟20多盒，把此次活动的全部内容编写成一本图文并茂的《梅苑》刊物出版。认真做好古村落的普查、认定、撰写、申报专项工作，其中，南口镇侨乡村和水车镇茶山村被省文联认定为“广东省古村落”，并精心组织了挂牌揭幕仪式现场。

2010年，倾力打造沿江金岸文化艺术一条街。认真抓好民间文化遗产抢救工程，重点抓好搜集、编撰、出版《广东民间故事全书（梅县卷1）》工作。全力做好水车镇茶山村申报中国古村落工作，并成功被中国文联、中国民协命名为“中国古村落（客家民居）”。同时，被住房和城乡建设部、国家文物局授予“中国历史文化名村”称号，擦亮了地方文化名片。

2011年，为庆祝建党90周年，梅县开展一列文艺活动，6月，与佛山南海开展两地书法家艺术作品联展活动，展示两地的书法艺术成果，同时加强两地文学艺术交流。举办纪念建党90周年和延安文艺座谈会69周年美术作品展览，并举行曾德新《客家风情雕塑作品集》首发式。筹办叶剑英元帅114周年诞辰纪念日暨梅州市青年书画家协会创作笔会。精心组织水车镇茶山村“中国古村落（客家民居）”和“梅县文化艺术一条街”揭幕仪式。紧张有序地组织搜集编撰《广东民间故事全书（梅县卷2）》的工作。认真开展第三批广东省古村落的普查、撰写、申报、迎检等工作，并于10月通过了省民协专家组对梅县第三批广东古村落的考察认定工作。

2012年，一是成功申报梅南镇下村村、西阳镇新联村，桃尧镇桃源村，雁洋镇桥溪村、石楼村、雁下村、松坪村7个村为广东省第三批古村落。二是认真做好南口侨乡村“中国古村落”的申报工作，并于5月3日被中国文联、中国民协命名为“中国古村落（客家传统民居）”，至此梅县有全省仅有的2个“中国古村落”、7个“广东省古村落”，进一步擦亮了地方文化名片，推动文化旅游产业的新发展。三是成功举办“全国古村落工作经验交流会暨第二届中国古村落保护与发展研讨会”。四是认真开展由南方日报社、广东省文学艺术界联合会、广东省民间文艺家协会联合举办的“岭南古风——寻找广东十大最美古村落”评选工作。其中，梅县雁洋镇桥溪村获得“广东十大最美古村落”称号，为梅州文化旅游特色区再添“美丽画卷”。此外，31集大型电视剧《岭南才子·宋湘》获得了国家广电总局颁发的拍摄制作许可证。在“广东省首届花灯文化节暨2012第三届洪梅花灯节”活动中，梅县送展的花灯在18个市（县）的比赛中获得金奖。

2013年，一是组织书法名家到雁洋镇、水车镇、畲江镇、南口镇、丙村镇、松口镇及华侨城广场等地开展义务挥春活动10多场，赠送春联约1万副，惠及3000多户家庭。二是积极筹划、组织举行第二届“梅县美”摄影大赛，协同举办梅县“金柚杯”农业摄影大赛。三是组织书协和硬协会员到水车镇白沙村举行新农村建设书法交流会，创作多幅书法精品，丰富了当地村民的精神文化生活。四是助推文化旅游特色区雁洋镇的文化建设，深入雁洋镇阴那村、南福村、塘心村等6个村进行挖掘和编写名人故事、传说、寓言。五是开展了广东省第四批古村落的普查、认定、撰写、申报工作，申报松源镇金星村、松口铜琶村、南下村为广东省第四批古村落。六是积极开展创建“中华诗词之乡”“中国楹联文化城市”活动，使梅县的“两创”工作在规定时间内达到评定的标准和条件。七是加大对传统文化的挖掘和保护力度，进一步发掘、梳理、弘扬、传承梅县传统民间美食，推荐松口镇申报广东十大传统美食之乡，并编写1本介绍松口镇美食的图文并茂的申报材料和制作相关宣传光盘，向省文联、省民协申报松源麦芽糖、畲江菊花糕和味酵粄为传统小吃。

2014年，由梅县区文联、梅县区文广新局、梅县区电视台、梅县区作家协会、《客都文学》杂志、中国电信梅县分公司、梅州时空网联合发起的“客家民歌创作大赛”在梅县文化中心颁奖，获得优秀奖10人、入围奖10人，均发给获奖证书。开展省文物保护单位雕刻家李金发故居的修缮现场勘查工作，组织发动相关协会会员参与以“恪守廉洁孝道好公仆”为主题的征文比赛和孝廉故事征集，积极参与以“中国梦”为主题的文艺创作活动，报送作品8件。《梅县历代诗选》出版，收入梅县宋代至今历代诗人诗作500多篇。在省文联、省民协举办的“美味广东——寻找广东十大传统美食之乡”评比中，梅县区小吃麦芽糖、菊花糕、味酵粄被评为“广东传统特色小吃”。

2015年，抓好组织建设，促进协会规范管理，做好协会换届，清理规范非专业出身的各级领导干部兼职工作，推动梅县区文艺事业再上新台阶。组织开展创建诗词之乡工作，继1月梅县区被评为“广东诗词之乡”后，7月又被中华诗词学会评为“中华诗词之乡”。组织“书法家协会下乡送春联”“梅县书画作品展”“‘最美梅县区’摄影展览”等活动。

完成《广东省民间故事全书·梅州·梅县卷 2》和《人文秀区梅县书画集》编撰出版发行工作。省文联、省民协举办广东省十大茶乡和十大名茶评选活动中，区文联选送参加评比的阴那山金螺春绿茶被评为“广东十大名茶”。

2016 年，成功打造大型抗日题材音乐剧《风雨白石龙》，在深圳市保利大剧院公演，为建党 95 周年献礼。新创作排演大型人偶剧《海族总动员》隆重上演，受邀到潮州、广州、海南、阳江等地演出。出版《梅县古今联选》、长篇小说《客家寻梦》等书籍。美术家协会曾德新在北京举办个人画展。在梅南镇挂牌成立“梅县区文艺创作基地”，雁洋镇被授予广东省“诗词之乡”称号，夯实文艺创作基地，激发文艺创作活力。

2018 年，区委宣传部、区文联组织梅县区各文艺家协会会长、副会长、秘书长召开传达学习贯彻习近平总书记视察广东重要讲话精神会议。组织区书法家协会、区硬笔书法协会开展“弘扬好家风，迎春送百福”活动。区文联到水车镇梧塘村开展春节慰问贫困户活动；组织支部党员和部分协会党员到梅南镇水美村、九龙村开展“红色苏区行”为主题的党日活动，瞻仰了九龙嶂红军烈士纪念碑，参观了东江工农红军总指挥部旧址和九龙嶂革命斗争纪念馆，观看了九龙嶂革命斗争历史介绍片，在纪念馆参加党日活动的全体党员重温了入党誓词。到梅州市平远县开展“家训家风党风廉政教育”为主题的党日活动，到江西省赣州市瑞金开展“弘扬苏区革命精神，做合格共产党员”为主题的党日活动，全体党员参观了中华苏维埃纪念园和“红井”革命旧址。区文联红色文艺轻骑兵到南口镇开展“感恩父母报效祖国”感恩教育讲座，到大坪镇程风中学开展“感恩党和祖国，感恩父母”教育讲座。各协会活动频繁，区美协在中国客家博物馆举办“叶剑英元帅故里，美丽梅县”大型美术作品展，区摄协、区客家文化研究协会到水车镇、南口镇开展采风活动等，出版《客家文化》2 期，辑入文学创作作品近 100 篇。中华诗词学会授予梅县高级中学“中华诗教先进单位”称号。11 月，王世钰七律《梅县三乡行》获得广东省老促会诗词书法摄影大赛诗词类一等奖。中华诗词学会授予梅县雁洋镇“中华诗词之乡”称号，三乡诗文社获得广东中华诗词学会授予“省诗教先进单位”称号。著名泥塑家刘沅声继获得“第八届广东鲁迅文学艺术奖”、入围“第十三届中国民间文艺山花奖”和蝉联三届“广东省民间工艺精品展”金奖后，泥塑作品《客家风情·有家教》在“2018 珠三角工艺美术作品邀请展暨工美金匠奖评比”中获得金奖。

三、文化社团

自从梅县区文联成立以来，所属社团不断扩大，人员不断增多，文化活动内容越来越广，社团活动丰富多彩，呈现一派欣欣向荣、生机勃勃的喜人景象。

至 2014 年年底，区文联下属社团有梅县区书法家协会、梅县区硬笔书法家协会、梅县区作家协会、梅县区摄影家协会、梅县区诗社、梅县区梅岭诗词联学会、梅县区美术家协会、梅县区林风眠画院、梅县区音乐家协会、梅县区戏剧家协会、梅县区曲艺家协会、梅县区舞蹈家协会、梅县区民间文艺家协会、梅县区客家学研究会、梅县区宋湘八贤研究协会、梅县区钟正山艺术研究会、梅县区艺苑艺术团、梅县区书画艺术创作协会，共 18

个协会，有协会会员1000多名。

到2018年年底，下属协会有梅县区书法家协会、梅县区硬笔书法家协会、梅县区作家协会、梅县区摄影家协会、梅县区诗社、梅县区梅岭诗词联学会、梅县区美术家协会、梅县区林风眠画院、梅县区音乐家协会、梅县区戏剧家协会、梅县区曲艺家协会、梅县区舞蹈家协会、梅县区民间文艺家协会、梅县区客家文化研究协会、梅县区文艺创作协会、梅县区宋湘八贤研究协会、梅县区钟正山艺术研究会、梅县区艺苑艺术团、梅县区书画艺术创作协会。

梅县区文联下属各个社团简介。

（一）梅岭诗词联学会

梅岭诗词联学会成立于1999年4月2日。是日，假座城郊月梅老人会举行成立大会。选举产生出理事、常务理事、正副会长、秘书长名单并通过学会章程。

至2018年6月，会长为林期隐，常务副会长叶亚标、副会长丘飞霞、李维书、罗浩、丘石文、梁宝琪、廖悦章、谢梅兴（兼秘书长）。2018年6月后，会长王世钰，副会长丘国华、陈启鹏、朱秀强、王宗钦，秘书长饶小舒。

学会成立之初，只有20多位会员，往后不断吸收新会员，补充新血液，逐年递增，2018年拥有108人，其中：60岁以上会员占90%，而年轻在职仅占10%。学会有共产党员42人、专家2人、大学教授5人、书法家2人、画家1人、副处级以上4人、副科以上3人、参加国家级会员12人、省级会员12人、市级会员43人。

学会成立19年里，做到紧跟形势，服务中心，把握大局，坚持"两为"方向和"双百"方针，用诗词歌赋形式，图文并茂的方法，讴歌党的方针政策，宣传改革开放的伟大成就，颂扬生活中的好人好事，批判社会丑恶现象。完成学会规定的各项任务，并以会刊沟通上下，至2015年年底出版《梅岭诗风》122期、《梅岭丛书》51册，有32位会员出版个人著作70册。每期会刊均发至各乡镇党委、老人会、关工委、县五套班子和部分行局的领导，还寄给全国各地兄弟诗社互相交流扩大影响。有一套完整的规章制度，规范领导班子的行为准则，主要是以"双百""两为"为办会方针，以"高雅事业、长寿工程"为办会宗旨；以"自我办会、自我约束、自我管理"的"三自"来贯穿办会始终，以"会务民主、学术民主、理财民主"的"三民主"来处理学会的大小事宜。还建立例会制度：每月的13日为常务理事会议，会前通报会议内容，让大家作好发言准备，便以学习、研究、讨论；每月的23日为全体会员组织诗词课，系统学习诗词的有关知识，还让会员交流创作心得体会。每年年终，邀请常务理事的家属一同去采风，让家属了解以及体

梅岭诗词联学会采风团下乡到九龙嶂采风（2017年10月）

验学会的活动情况，以实际行动支持学会的工作，持之以恒，使学会能有号召力、凝聚力和向心力，越办越好。

19年间，学会四易其办公地址：1999年4月至2001年3月梅州市仲元西路37号工人文化宫二楼；2001年4月至2001年7月梅州市仲元东路42号（县电子公司楼内）；2001年8月至2003年1月梅州市南门考院前7号（县委党校内文化楼）；2003年2月至今，梅州市五洲城古洲路二巷5号，40平方米的办公室，是向区民政局租来的，虽工作条件艰苦，但学会全体成员能为弘扬客家文化出点微力而感到自豪。

2014年至2018年梅岭诗词联学会出书情况

一、出版《梅岭诗风》11本（每年2期）。

二、出版《梅岭丛书》3本，即《梅岭风情》《梅岭回眸》《梅岭芳华》等。

三、出版会员个人诗集共24本。

1.《明山诗草》钟任开

2.《振声风韵》刘振声

3.《金秋诗选》陈棣卿

4.《梅园诗文集》谢梅兴

5.《随笔存真》（续集）廖水平

6.《诗缘集》古玉如等13位诗友

7.《金河湾吟草》李正强

8.《小草春秋》何伦

9.《科学养生》林期隐

10.《科学养生》（续集）林期隐

11.《古训格言》朱秀强

12.《寸草心声》徐芬麟

13.《绿玉斋诗词选》（第三集）叶国祥

14.《潭江民间故事集》李正强等

15.《玉庭续韵》古玉如

16.《潭江风情》廖水平 李正强等

17.《夕阳晚韵》李正强

18.《诊余拾韵》陈礼昌

19.《随笔存真》（第三集）廖水平

20.《凤凰山吟草》（第四集）林期隐

21.《玉堂吟韵》古玉如

22.《敦斋吟韵》张世奕

23.《骚园觅趣》古玉如

24.《澄心斋诗选》叶柏华

（二）梅县区诗词学会

梅县区诗词学会（原梅县诗社）创建于1990年10月。办公地址设在梅县高级中学的校友楼内，有健全的组织机构、学习制度和工作准则。

学会自成立以来，梁安仁从第一届至第四届均当选社长。其中，2003年10月19日换届选举产生的第四届领导机构：社长梁安仁，常务副社长梁庆森，副社长范耀文（兼秘书长）、古美华（兼外联工作）。

2008年10月26日进行换届选举，产生了第五届领导机构，社长梁庆森、古美华，常务副社长范耀文，副社长朱建叠，秘书长范耀文（兼），法人代表梁庆森。

2014年11月15日，诗社换届选举产生第六届领导机构，社长古小光、古美华、常务副社长朱建叠，副社长李福生、幸勇、谢梅兴，秘书长朱建叠（兼）。

2016年，古美华社长因长期居住深圳，主动提出辞去社长职务。同年增选古天康为副社长。

根据上级主管部门的要求，梅县诗社于2018年更名为梅州市梅县区诗词学会，并顺利进行了更名的有关工作，包括年审、换证、刻印章和设立银行新账户等工作。

学会成立近30年来，先后吸收会员500多人，现有会员100多人。学会一贯坚持“双百”方针和“两为”方向，组织会员积极参加中华传统诗词的学习、研究、创作和传播工作，取得丰硕成果。学会成为弘扬中华传统文化的重要平台、梅县区精神文明建设的重要阵地。

学会是中华诗词学会的团体会员，岭南诗社第一分社，对外影响很大，会员遍布全球，其中有的生活在美国、泰国、印度尼西亚等国。国内的会员除了梅州地区的，还有北京、广州、香港、澳门、台湾等地区的。他们从遥远的地方纷纷寄来诗稿，许多佳作发表在诗社主办的《梅风》诗刊上。

学会有健全的常规学习制度，每月15日，集中城区会员学习研究中华诗词创作的理论，交流创作经验。每次学习都有研究专题、有主讲人、有讨论交流、有记录、有收获。

学会长期结合国家大事和重大节庆，组织会员开展诗词创作和吟诵活动。如2008年5月四川省汶川地震期间，会员纷纷赋诗，支援抗震救灾，出版《汶川抗震救灾专刊》，得到社会好评。2008年5月18日，学会与梅县高级中学联合举办“纪念改革开放30周年暨迎奥运诗歌吟唱活动”，会员创作诗歌34首，《梅州日报》和梅县电视台作了专题报道，社会反响很好。2009年喜迎中华人民共和国成立60周年之际，学会主办了“梅州市第九届（梅县）百人诗会暨文学艺术展演大会”，参加了本市其他县（市、区）举办的12届百人诗会，在诗会上吟诵、发表诗作，社会影响很大。2011年6月19日，学会与梅县教师进修学校联合举办了“纪念中共建党90周年诗歌吟唱活动”。2012年4月15日，学会举办了纪念毛泽东《在延安文艺座谈会上的讲话》发表70周年的诗歌吟唱活动。学会还先后举办庆贺中共十六、十七、十八大胜利召开诗歌吟唱活动及纪念邓小平100周年诞辰诗歌吟诵会、纪念抗日战争胜利60周年诗歌吟诵会等。以上一系列活动，均收到很好的效果，扩大了学会的影响力。

学会开展了一系列的采风活动。几年来，先后组织会员前往叶剑英纪念园、广东客家博物馆、梅州市革命历史纪念馆、梅州学宫、梅县新城、沿江金岸文化艺术街、广东南宇砂轮有限公司、梅县教师进修学校等单位或景点进行采风活动，深入生活，开阔视野，创作采风诗歌190多首，可谓游乐和创作双丰收。

大力助推诗进校园活动。从1999年开始，向有关部门建议，在中小学加强诗词教育。先后帮助梅县高级中学、学艺中学、丽群小学和梅县教师进修学校成立学校诗社，出版诗刊。还编写诗词教材，经常派人到学校授课，并与学校联合举办诗歌吟唱活动。多年来，诗社的《梅风》诗刊开辟了《校园新声》专栏，刊发学生诗词作品750多首，极大地鼓舞了学生的诗歌学习创作热情。古美华会长（社长）曾3次出席全国诗教工作会议。原副会长（副社长）曹杜荣于2008年被广东中华诗词学会授予“广东省中小学诗教工作楷模”称号。梁安仁、梁庆森、古美华3位会长（社长）被评为广东省诗教先进工作者。

曹杜荣编著梅州历代名联辑注及其续集（2018年12月）

诗社还先后抢救挖掘出版了清代梅州籍著名诗人的诗词著作5部：宋湘的《红杏山房集》、范夷香的《新刊化碧集》、叶璧华的《古香阁全集》等。诗社还协助北京注释出版《叶剑英诗词赏析》。诗社还编辑出版《梅风》诗刊97期，结集出版《梅风》5集，社员个人诗词专著100多部。许多社员的诗词作品发表在《中华诗词》上。2014年，余达勤所作对联获得“寻根节拜炎帝楹联大赛”一等奖（共3名）的第一名。社员梁安仁、梁庆森、范耀文、韩方才、李彬生、谢梅兴、梁日元、杨伟铮、叶增兴、黄伟章、刘伟淦等人的作品在省、市、县各种诗歌比赛中获奖。

诗进校园硕果累累。1999年，梅县高级中学成立了“高吟诗社”，梅县丽群小学成立了“苗苗诗社”；2004年，学艺中学成立了“学艺诗社”；2010年，梅县教师进修学校成立了“芳草地诗社”。高级中学副校长曹杜荣，倾情诗教，先后编写了《诗词格》和《诗教》2种校本教材，供学生学习使用，还亲自对学生授课，批改点评学生诗词习作。从1999年至2014年，梅县高级中学先后吸收1.5万多人入社，结集出版师生诗作《高吟》3集，在《中华诗词》等数十种刊物上发表该校师生诗作1615首。许多师生的诗作获得各种比赛的奖励。2013年10月，《梅州日报》以《诗化校园，教学相长》为题，报道了该校开展诗教的先进事迹。2011年5月至10月，“高吟诗社”组织师生开展“纪念中国共产党成立90周年”和“纪念辛亥革命100周年”诗词创作、吟诵活动，共同追忆中华民族百年奋斗史，讴歌中国共产党的丰功伟绩。该校于2006年8月建成一处诗廊，观赏者络绎不绝，充分发挥着诗歌育人的功能。2001年，高级中学被广东中华诗词学会评为“弘扬国粹，诗化校园先进单位”。2002年，该校又被中华诗词学会评为“中华诗教先进单位”，中华诗词学会副会长梁东赞誉该校为“推进诗教工作第一兵团”。该校诗教工作开创人曹杜荣，被广东中华诗词学会评为“广东省中小学诗教工作楷模”。学艺中学于2004年成立了学艺诗社，创办了《沁园》诗刊。学艺中学当年入社社员2400多人，至2014年，10年入社1.1万多人。该校校长林青山（梅县诗社名誉社长）十分重视诗教工作，委托诗坛名宿王宗钦亲抓，王宗钦编写了《中华诗词入门基础》《诗教读本》等校本教材，每学期授课12节，深受学生欢迎。2007年，该校被广东中华诗词学会评为“广东省诗教先进单位”。在2014年12月梅州市首届诗歌节上，该校学生登台吟诵师生创作的10多首近体诗，深得好评。该校还很重视诗化校园，校园廊壁柱梁上，到处悬挂着师生的诗歌书法作品，令人耳目一新，极具感染力。据教研部门研究发现，梅县高级中学和学艺中学的学生，通过诗教熏陶，文学修养大大提高，普遍能把诗词融会在作文中，使文章增色，提高了文章的档次，参加高考和中考，语文科成绩非常优异，总分大大提高，从而大大提高了升学率，学生家长、学校、社会都非常满意。除了高级中学、学艺中学外，丽群小学、进修学校、程江中心小学、新城中心小学等学校在诗进校园方面也有特色。

《梅风》诗报自1990年创刊以来，截至2018年年底，共出版发行了116期，刊登会员诗词楹联作品1万多首。学会在创建梅州“中华诗词之市”“中国楹联城市”和梅县区“中华诗词之乡”过程中作出了积极贡献，对中华诗词的继承、发扬、普及工作，充分发挥中华传统诗词国粹的正能量，为时代之发展鼓与呼。

（三）梅县区摄影家协会和青年摄影、美术书法协会

1987年，梅县摄影家协会成立，第一届会长潘其华，副会长古礼贤、陈兴城、杨焱辉、陈志敏等，秘书长温敬德，会员几十人。同时成立梅县青年摄影、美术书法协会。两个协会摄影爱好者密切协商交流，促进梅县摄影工作发展。至2008年，梅县摄影家协会会长潘其华连任21年，会员发展至86人。

2008年8月，第二届会长张捷先，副会长张明、汤伟青、罗利光、叶繁荣（兼秘书长）。至2015年，会长张捷先连任7年，会员发展至110多人。

2015年5月，第三届会长叶繁荣，副会长陆学平（兼秘书长）、罗利光、谢伟志、古炎胜、叶海威、赖俊权、洪春梅，会员168人。2018年有省级会员22人、国级会员2人。

梅县区摄影家协会自成立以来，承前启后，继往开来，在区有关部门及文联领导下，为区委、区政府、区宣传部门做了大量的工作，提供了大量的宣传画册、图片资料，为弘扬客家文化、宣传梅县区建设成就做出了一定的贡献。

1989年，梅县青年摄影、美术书法协会二届一次会议

2008 年 5 月 18 日，梅县摄影家协会换届选举。图为参加第二届会议人员合影

2015 年 4 月 19 日，梅县区摄影家协会换届。图为参加第三届理事会议人员合影

（四）梅县区作家协会

1．梅县区作家协会注册前历史概况

梅县作家协会于 1959 年夏季与梅县文联同时成立，原名为“梅县文学协会”，会址在东教场忠烈祠内（曾为梅县山歌剧团团址，后拆建为梅县体育场观礼台）。梅县作协首任主席为陈欣华，第二任为温文瞻，第三任为邱青（1998 年 11 月至 2013 年 8 月）。

2．梅县区作家协会注册后概况

（1）根据广东省人民政府 2012 年 7 月 1 日文件精神，梅县作家协会于 2013 年 8 月在梅县民

梅县区作家协会成立大会全体代表合影（2014 年 1 月）

政局注册为独立法人民间社团，法人代表为广东省作家协会会员、梅州市作家协会会员、梅县作家协会副主席黄育培。

2014年1月4日，梅县作家协会注册首届会员代表大会在梅县人大礼堂召开。梅县作协主席团主要成员：主席黄育培，副主席李国泰、黄水泉、廖是添、赖俊权、钟亮，秘书长（空缺），副秘书长赖秀芳（女）、古焕春、叶晓光、邱正豪。

（2）2014年，按照梅州市行政区的变化，梅县成为梅州市梅县区。因此，梅县作协于民政局重新办证，更名为“梅州市梅县区作家协会”。

（3）2015年4月，根据文化部门有关文件精神清理队伍（非专业出身的公务员不得在作协任秘书长以上职务）。此后，梅县区作协主席团成员（包括补选人员）：主席黄育培，副主席廖是添、赖俊权、钟亮，秘书长黄恩（女），副秘书长赖秀芳（女）、叶晓光、邱正豪、詹苇丽（女）。

3. 梅县区主要文学期刊历史简况

（1）1968年至1979年，梅县文化局文化馆主编季刊《梅县文艺》闻名全国，拥有作者100余人，重点作者30余人。文化馆文学辅导老师、《梅县文艺》主编王华（其中下乡2年期间由他人暂代）。

（2）1988年，《梅县文艺》复刊，更名为《梅苑》，由梅县文联主办，主编为梅县作协主席邱青。2003年，《梅苑》由文联与作协合办，至2008年。

（3）2008年，梅县作协独自创办不定期刊物《梅慧文苑》，由于经费、人力等诸多原因，至2012年总共出版4期。

（4）2014年，以黄育培为首创立客都文学社，同时创办《客都文学》杂志，由黄育培任社长兼总编，下设各专栏。以诗歌、小说、散文、故事、评论为主，内容丰富、可读性强、客家特色浓郁。至2015年5月底，已出版5期，深受社会各界人士欢迎和好评。

第4期《客都文学》专刊封面（2015年）

2014年4月，由梅县区文联、梅县区文广新局、梅县区电视台、梅县区作家协会、《客都文学》杂志、中国电信梅县分公司、梅州时空网联合发起的《客家民歌创作大赛》在梅县文化中心颁奖，获得优秀奖10人、入围奖10人，均发给获奖证书。

（5）梅州市梅县区省级作家有5人：黄育培、叶笛、汤明哲、陈法贤、梁德新。

（五）梅县区书法家协会

梅县区书法家协会成立于1986年，至1993年，第一任会长丘唐悦，副会长林善英、沈荣东，共有会员50人。

1993年至2010年，会长沈荣东，副会长林善英、梁雄盛、林成钢、丘仕坤、刘心，共有会员55人。

2010年至2015年，会长沈荣东、副会长林成钢、廖家政、刘心、刘捷胜、赖广贤、梁远祖、刘锦涛、蔡海光、黄宏文、李海舒，秘书长蔡海光（兼），共有会员75人。

2015年至2018年年底，会长刘锦涛，副会长林成钢、廖家政、蔡海光、李海舒，秘书长钟钦元、谢悦明，共有会员82人。

梅县区书法家协会经常组织会员开展书法活动，特别是春节前开展送春联活动，受到群众的欢迎。会员曾获国家级、省级奖。

（六）梅县硬笔书法协会

梅县硬笔书法协会成立于1993年5月28日。

第一任：1993年5月28日至2000年11月26日，会长林镜源，副会长吕喜文、丘裕德、何汉贤、梁雄盛、何伯俊、李光方、李焕章，理事会成员凌宏越、杨联胜、张森祥、李浩明、古伟松、林英贤、侯寿年、张铭生、叶启铮、孙继国、刘锦涛、吴德才、李杰祥、李海平、宋焕福、杨季秋、钟嘉波、朱迪光。

第二任：2000年11月26日至2004年10月13日，会长李焕章，副会长和其余成员未变。

第三任：2004年10月13日至2010年5月31日，会长林英贤，副会长蔡海光、肖豹延、陈日云、吕喜文、侯寿年、何汉贤、张逊华、赖广贤，理事会成员张汉良、林善英、黄宏文、王东昌、蓝新安、曾道中、陈梅新、吴惠香、黄京生、梁斌、古联茂、吴伟平、胡俊晖、黄拥军、丘志发、林成钢。

第四任：2010年5月31日至2018年年底，会长黄宏文，副会长黄拥军、胡俊晖、黄京生、蓝新安、朱秀强，理事会成员梁斌、王秋雁、钟晓峰。

协会组织活动，会员作品曾获国家级、省级奖。

（七）梅县区美术家协会

梅州市梅县区美协成立于1986年。是梅县区委宣传部、文学艺术界联合会直接领导下的专业性群团组织。当时有会员45人，其中省级会员2人（侯文发、曾德新），2018年会员有130多人，其中省级会员15人。主席曾德新，副主席徐建文、廖子军、叶波、李平，秘书长叶波，副秘书长罗纪峰、刘生生（兼）、张杰（兼）、温华铮。会址在江北百花路46—5号，2005年开始有协会展厅，办公室设在南门商业广场E4—2号野逸斋。

（八）梅县区林风眠画院

梅县区林风眠画院，于2015年12月30日在梅州市江北南门商业广场E4—2号野逸斋正式成立，是梅县区委宣传部、梅县区文联直接领导下的专业性画院，并经民政部门批准注册、法人代表的合法机构，首任院长为曾德新，画院有画家16位，都是省级会员以上的画家。主席曾德新，副主席徐建文、廖子军、叶波、李平，秘书长叶波，副秘书长罗纪峰、刘生生（兼）、张杰（兼）、温华铮。画院成立之前，经历了2年的准备时间，得到了梅县区委、区政府、梅县区委宣传部、区文联的同意批准。为得到林风眠亲属的同意，多次在梅县区美协主席陪同下去林素玲家商谈成立之事，最后林素玲同意并签字盖章。然后再向民政部门申报、批准、注册，得以成立。其目的是纪念和宣传林风眠的艺术精神，让更多人了解他、学习他。

主要活动：2007年，组织3位画家到福建永定县、南靖县采风行。2011年，梅县纪念中国共产党建党90周年、延安文艺座谈会69周年暨《曾德新客家风情雕塑作品集》首发式，庆祝中华人民共和国成立62周年美术作品展。梅县南口侨乡客家民居古村落采风写生活动，梅县水车镇茶山村中国古村落采风写生笔会。组织画家赴厦门美术馆，参观“庆祝建党90周年中国工笔画家厦门学术邀请展”，进行学术交流活动。梅州市超凡装饰工程有限公司举行企业文化艺术交流笔会活动。2012年，梅县“正气”廉洁书画摄影作品展。2013年，梅县区赴穗美术作品预展，梅江区城北樱花谷采风笔会。2014年，梅县美协年会暨《梅县美术家名录》首发式。

（九）梅县区书画艺术创作协会

客家门神画

梅县区书画艺术创作协会成立于2014年，会长徐建文，副会长刘锦涛、廖家政、蔡海光，秘书长肖伟雄。协会有省级会员5人、市级会员8人。会员作品曾获国家级、省级奖。协会知名人物：侯文发，梅州市第四批非物质文化遗产梅县区“客家门神画”项目传承人。侯秀峰，系梅县区知名美术教育工作者。会长徐建文，2014年撰写论文《科学利用客家古民居、古村落，开拓非物质文化遗产保护空间》获得中国文化馆协会主办的“2014年中国文化馆年会征文”优秀奖。2015年撰写论文《客家古民居建筑装饰中非物质文化遗产项目传承与保护的思考——以梅县区“客家门神画”为例》获得文化部全国公共文化发展中心主办的“文化大视野——全国群众文化、图书、博物论文集（第十七卷）”优秀奖（最高奖）。

（十）梅县区戏剧家协会

戏剧家协会2010年成立，会长陈昭典，副会长李蝶茹。协会是由闻名海内外的著名山歌师、戏剧山歌曲艺家、客家山歌传承人陈昭典及文艺爱好者李蝶茹、张惠宁、廖桓玉、丘祥彬、温金琴、邹增昌等20多人组成，成立几年来，在当地文化部门的支持下，每年会演都取得一、二等奖的好成绩。生产的节目多数由本协会创作、编曲、导演。有小戏、大戏、小品、歌舞表演、山歌曲艺，内容丰富，多姿多彩，具有浓厚的客家气息，经常活跃在本省城乡各地以及香港、澳门客家地区，深受广大人民群众的欢迎和好评。

（十一）梅县区音乐家协会

梅县区音乐家协会成立于1990年，会长张忠元，名誉会长彭贵山，副会长马苑华、廖广坤、侯锦秀、罗纪锋、杨铁海，理事廖广坤、熊南生、侯锦秀、罗纪锋、杨铁海、张建豪、潘素珊、宋惠明、邓学良、叶城欣、肖天、李干群。2015年，协会有省级会员9人、市级会员11人、县级会员34人，共54人。会员作品曾获国家级、省级奖。张忠元的音乐作品有20件以上获得市级以上奖。有些会员单位退休后继续发挥余热为社会服务。陈志坚是中国音乐协会二胡学会会员，被广州市老年干部大学聘为二胡专业副教授，2003年、

2008年2次被评为学校优秀教师。协会不定期组织活动，如2014年协会参加在客天下景区举行中秋大型音乐会和到雁洋镇南福村采风活动。

（十二）梅县区曲艺家协会

梅县区曲艺家协会2000年成立。会长宋慧明，顾问汤明哲。协会是由海内外著名的山歌师、戏剧山歌曲艺家组成。会员有赖瑜明、廖明星、刘兼隆、夏丹丹等28人组成。协会成立以来在当地文化部门的支持下，几乎每年会演都获得省、市级荣誉奖。经常活跃在本省城乡各地以及香港、澳门客家地区，深受广大人民群众的欢迎和好评。2010年8月参加台湾“广东周”文化经贸交流会，10月参加东莞凤岗“客家山歌八省邀请赛”,2013年5月参加河源首届客家文化节，9月参加中央电视台“梅州月·中华情”中秋晚会，12月参加“百花迎春”中国文学艺术界2014年春节联欢晚会。2004年2月，汤明哲第八次应邀到美国旧金山演出。宋慧明2002年创作的小戏《山村响锣》获得全国“群星奖”优秀节目并进京展演，她连续4次被评为梅县“专业技术拔尖人才”，曾随省、市访问团到新加坡、马来西亚、泰国、印尼、毛里求斯、留尼旺等国做山歌演唱。

梅县区曲艺家协会参加中国文学艺术界2014春节大联欢合影（2014年）

（十三）梅县区舞蹈家协会

梅县区舞蹈家协会成立于1995年。会长李林，副会长李玉珍、刘建文、徐美吟、刘金茹、黄志松、肖婷婷，秘书长肖婷婷。有市级会员8人（张雅琳、刘建文、李林、李玉珍、徐美吟、刘金茹、黄志松、肖婷婷）。协会组织活动，如：2010年8月，市县表演舞蹈艺术家由广东省省长黄华华率团，参与访台“台湾广东周”文化交流活动，表演了客家歌舞《娘酒飘香》《杯花声声迎客来》等乡情浓郁的节目，获得台湾民众一致好评。2012年，参加了由中央台湾工作办公室、广东省人民政府主办首届客家文化艺术节“梦里客家”主题晚会。2013年，中央电视台直播“梅州月·中华情”中秋文艺晚会，市县舞蹈艺术家参与表演客家风情歌舞《杯花声声迎客来》、山歌表演唱《自古山歌从（松）口出》。会员作品曾获得省级以上奖，主要有：2005年12月，本协会会员参演客家山歌情景歌舞《客家山歌特出名》，获得广东省第三届群众音乐舞蹈花会金奖。2010年10月，本协会会员参演山歌表演唱《自古

山歌表演唱《自古山歌从（松）口出》（2013年）

山歌从（松）口出》获得广东省客家山歌邀请赛金奖；2011年11月，本协会会员参演女声小组唱《送情郎》，获得广东省第五届群众音乐舞蹈花会金奖。

（十四）梅县艺苑艺术团

梅县艺苑艺术团成立于2011年春，团长陈苑绚，副团长邹瑞芬、李春娇。在团长兼创作编导的发起下，团员从梅县人民广场健身舞蹈爱好者中挑选组成。当时广场舞蹈从无组织人员到有组织人员，从几个人到几十个人、几百个人自发地到广场进行健身锻炼，体现出全民健身运动的新氛围和社会和谐稳定的新气象。通过广场健身运动舞的启蒙，激发了发展组建文化艺术团的设想，确定名称后向登记机关梅县民政局申请名称核准，很快被批准使用，并同意筹备。注册后又成为梅县文联领导下的一个协会。得到了梅州市、梅县县委、县政府和梅县文联各级领导的关心和大力支持，经过半年的精心策划，创作了一批具有浓厚客家特色的舞蹈，演出后得到了领导的肯定和观众的赞扬。本团上下同心协力，勤奋向上，刻苦进取，虚心好学，带着热情，带着激情，带着对家乡的赞美和热爱去表演舞蹈《喜事好运滚滚来》，舞蹈描述了好客、热情、淳朴的客家人，每当四方宾客齐相聚时，都用山歌美酒敬宾客。好酒一开香满怀，好歌一唱心花开，唱到鸡毛沉落水，唱到石头浮起来，山歌声声聚乡亲，山歌声声赞风情，心愿如花朵朵开，幸福如风阵阵来，诚心作桥歌作路，善良的客家人祝愿天下人们喜事好运滚滚来。

（十五）梅县区民间文艺家协会

梅县区民间文艺家协会，成立于1992年。2018年，主席温锡良，副主席刘沅声、陈宗彬、叶海威，秘书长萧潇。有会员32人，其中：中国民间文艺家协会会员1人、省民协会员13人、市民协会员8人。协会致力于促进梅县地区民间文艺的交流、普及与提高，并将组织会员到民间文艺蕴藏丰富的地区进行田野调查作为一项经常性的工作。近年来，协会积极普查采录流传于各地的民间文艺作品如民间传说及民间故事等，配合梅县区文学艺术界联合会编纂《广东民间故事全书·梅州·梅县卷》卷一、卷二。同时，投入大量人力物力，进行了古村落普查及非物质文化遗产保护等工作。

（十六）梅县客家学研究会

梅县客家学研究会成立于2003年10月12日，是全国研究客家学的单位社团组织之一，是属于学术性的。10月12日，在梅城钟协成酒楼召开梅县客家学研究会成立大会，当时登记的会员有100多人，参与成立大会的有各级领导、县文联的领导（主管部门）、学者、教授、热心人士、《梅州日报》的记者，还有退休的梁景雄等共约30人。大会通过了章程，选举产生了领导班子。梅县客家学研究会成立后，开展了多次的活动，对每届的世界客属联谊恳亲活动派员参加，并与祖国各地的有志于客家学研究的同人所取得联系和支持，并借机进行文化交流、学术交流、寻根寻源构建客家体系和了解客家的传承和发展，做了不少的工作。依靠自己的能力，同人的支持，企业家们的赞助，取得了成绩，无论是个人或集体参加也好，都有一个共同的心声，构建客家学，发展和弘扬客家文化、客家精神，为客家地方建设作贡献。梅县客家学研究会成立10多年来，出版了《客家学研究》会刊（寄发各地，每期约1000份）共18期。梅县客家学研究会的研究文章有《客家学研究文献荟萃》《健康长寿经验与名录》《客家学研究成立五周年论文选集》《中国民歌知识选集》《客家民族的与应用》《中国民歌的与应用》《客家吉祥文化与应用》及世界客家名人谱（第二卷）等。

组织机构：名誉会长曾宪梓、田家炳、余国春，会长吴琪文，副会长吴增彝、邓国生、陈锐彝，秘书长张极新、邓平原，副秘书长黄纯彬。

2015 年，梅县客家学研究会因诸多原因解散。

（十七）梅县区客家文化研究协会

梅县区客家文化研究协会于 2017 年 5 月 21 日成立，本会由社会各界文化人士自愿组成的专业性的非营利性社会团体法人，办公地址设在梅州市梅县区新城盘古一街盘古花园 A8 栋 6 号商铺。会长 1 人，副会长 7 人，秘书长 1 人，理事会成员 29 人，监事 1 人。会长、法定代表人黎为艺，副会长陆学平、叶繁荣、温锡良、赖俊权、谢铭、朱建叠、余达勤，秘书长刘凯嘉。至 2018 年 12 月 31 日止，有会员 98 人，聘请顾问 8 人。

梅县区客家文化研究协会第一次会员大会召开（2017 年 5 月 21 日）

该会的登记管理机关是梅县区民政局，业务主管单位是梅县区文学艺术界联合会。该会接受登记管理机关梅县区民政局的监督管理和梅县区文学艺术界联合会的业务指导。协会宗旨：研究和传播客家优秀传统文化，繁荣文化事业和产业，加强文化内外交流和本区文化生态建设，提升梅县区文化软实力，助力梅县区经济和社会各项事业的发展。本会遵守宪法、法律、法规和国家政策，遵守社会道德风尚。下乡采访、挖掘客家元素、创办会刊、出版书籍、网络宣传、文化活动、文艺创作等。2018 年，获评区先进集体。

主要工作情况：

一是开展会员教育工作，组织会员认真学习中共十九大会议精神，学习习近平总书记在庆祝改革开放 40 周年大会上的重要讲话精神以及广东的重要讲话精神，用习近平新时代中国特色社会主义思想指导工作，坚持立足梅州客家，积极反映梅州特别是梅县区客家文化和文明建设成果，宣传梅县区经济社会各方面建设成就。做好手机微信的文明传播，积极组织参与社会公益活动，助力地方经济发展和

梅县区客家文化研究协会到水车镇白沙村采风活动合影（2018 年 5 月 21 日）

社会进步。

二是组织会员开展采风活动，分别到梅县区水车镇白沙村、南口镇侨乡村、车陂村、松源镇、梅西镇、松口镇、城东镇、大坪镇、丙村镇，以及丰顺县汤坑镇、留隍镇、大埔县县城、三河镇、百侯镇、平远县城等地和铁汉华翰林、好万家等企业采风，了解当地的客家文化情况和“五大文明”建设情况，撰写采风文章在有关报刊中发表。

三是协助区直单位撰写材料，参与活动或会议，采访有关人员，形成专题材料和简报发表。

四是为梅县区编辑出版《砥砺奋进，扶残助残—五年来梅州市梅县区残联工作剪影》《盛世丰年大黄村》和《食情画意——梅县区特色客家菜集锦》等画册，做好实地摄影、采风、写作、编辑、出版等工作。

五是收集了各位会员的文稿，编辑出版 3 期《客家文化》。专刊以“宣传客家革命精神、弘扬客家优秀文化、打造客家文化精品、展示客家人文关怀、凝聚客家发展力量、筑就客家文化高地”为宗旨，以推动梅县区文化建设和发展为核心，以“发展引擎、客都古韵、文明飘香、美丽镇村、诗词书画、三乡颂歌、凉亭歇脚、生活哲理、活动剪影、温馨提示”为主要内容，全方位宣传推介梅县区优秀传统文化和当今文化建设亮点，以及人文关怀和客家风情，努力打造梅县区文化高地，以客观、实在、趣味、动人的故事和美妙笔法描绘客家文化，为社会提供正能量。专刊印刷全彩页，内容丰富，质量较好，发到领导和区直单位，得到好评。

六是参加区委宣传部安排的改革开放 40 周年的义务宣讲，组织参加和落实区委宣传部部署的收集、编辑《梅县区宣传志》工作和乡村文明传习宣讲工作；参加区委宣传部和文联组织的全区童谣征集和评选工作；参加区文联召开的有关会议，积极发言，向区文联《梅苑》专刊投稿，协会积极投身到区文联所要求的工作中去。

七是协助和支持区文艺创作协会的成立，参与摄影协会、诗词联学会、诗社、作家协会等活动，积极帮助摄影和报道。

八是编辑了《壮阔东方潮、奋进新时代——改革开放 40 周年中小学生学习读本》（中学、小学各 1 本），由梅县区教育局印发，发至全区中学生和小学四年级以上学生人手 1 册。

九是不断发展会员，把优秀人才吸引到协会中来。成立以来，召开了二次会员大会、四次理事会，依法依规依章程开展协会工作。

（十八）梅县区文艺创作协会

梅州市梅县区文艺创作协会于 2018 年 6 月 24 日在梅城成立，办公地址设在梅州市梅县区新城盘古一街盘古花园 A8 栋 6 号商铺。会长刘凯嘉，有会员 98 人，其中理事会成员 29 人、监事 1 人。

协会的登记管理机关是梅县区民政局，业务主管单位是梅县区文学艺术界联合会。协会接受登记管理机关梅县区民政局的监督管理和梅县区文学艺术界联合会的业务指导。

协会的宗旨：开展文艺创作，歌颂党和政府，歌颂劳动人民，歌颂中华美德，传播精

梅县区文艺创作协会召开成立大会，全体代表在梅县区图书馆门前合影（2018 年 6 月 24 日）

神文明，传播客家优秀传统文化，繁荣文化事业和产业，加强文艺采风和文化交流，提升梅县区文化软实力，助力梅县区经济和社会各项事业的发展。本会遵守宪法、法律、法规和国家政策，弘扬和践行社会主义核心价值观。

协会从成立到 2018 年年底，主要做了如下几项工作：

一是组织会员学习中共十九大精神，学习习近平总书记系列讲话，用习近平新时代中国特色社会主义思想武装头脑，指导实践；二是下乡开展采风活动，开展文艺创作，作品有小戏、山歌、诗词等；三是与客家文化研究协会合作编辑出版《客家文化》第三期，内容涵盖戏曲、诗词歌赋、客家文化等方面；四是组织和动员会员开展文艺文化创作和交流活动，向《梅州日报》、县文联《梅苑》等上级报刊中投稿发表；五是参加县委宣传部和县文联召开的相关会议，踊跃发言，接受工作任务和努力完成任务；六是协助制作《盛世丰年大黄村》书画册，在庆祝中国首届农民丰收节全国分会场、广东主会场中分发；七是召开了一次会员大会、二次理事会，依法依规依章程开展协会工作。

（十九）梅县区嘉应八贤宋湘研究会

梅县区嘉应八贤宋湘研究会于 1994 年开始筹备工作，1998 年 9 月正式成立，并由梅县民政局审核下发文件和签发登记证书，后于 2005 年变更为具有法人资格的文化学术团体。社会团体法人登记证书核定的业务范围：举办讲座、研究会，开设咨询和辅导，出版制作演出影视文艺节目。研究会组织机构主要成员：会长李学林，副会长刘梅春，秘书长刘文婷。现有会员 30 人。

研究会宗旨是传播客家文化、携手探索交流、联系乡情乡谊、光大客家精神。主要任务是对梅州八贤之一、前清诗人、书法家、岭南第一才子宋湘的生平事略、奇闻、轶事、遗著遗墨、政绩政声等方面进行探索和研究。

研究会成立以来，已完成1部描写著名客家文人宋湘的长篇小说《广东第一才子宋湘传奇》，成功地塑造了文才横溢、为官清廉、诙谐幽默、潇洒仗义的一代客家文人形象。在1994年、1997年两度经梅州市新闻出版局审核核发出版证，其间在《梅州侨乡月报》（海内外发行）以（宋湘轶事）连续选载14期，受到海内外读者的好评。

本会组建的嘉应鼓乐文艺表演队，在秘书长刘文婷、队长侯小梅的带领下，经常送戏下乡、文化扶贫进万家，活跃了城乡文化生活。

本会创办人、现任会长李学林，中共党员，2016年12月当选为梅县区文联第一届委员会委员，2018年12月获得梅县区文联颁发的"在文艺工作中辛勤耕耘四十周年、为梅县区文艺事业繁荣和发展作出贡献"的荣誉证书。

2018年，研究会正在编著完成18集电视围龙故事专辑《广东才子宋湘》。

（二十）钟正山艺术研究会

钟正山艺术研究会成立于2006年。会长郭异，副会长曾德新，秘书长邹建明，副秘书长钟铭枢，理事李平、温华祥。钟正山是马来西亚华人，享誉国际的知名画家、艺术教育家、钟正山在水墨画领域辛勤耕耘数十年，艰苦探索水墨画的现代语言，创造了独特绘画风格，被誉为当代水墨画坛创新家之一，作品先后在欧洲、美洲、亚洲20多个国家和地区国际大展中展出。钟正山在当代国内外画坛影响甚广。美术界已对钟正山作品和人品多有研究和推崇。2018年，研究会有会员65人，其中省美协会员有10人、市美协会员有32人、县美协会员有20人、美术院校毕业有8人。研究会为弘扬钟正山艺术精神及其作品善与美的正能量，每季度举行定期学习、切磋、交流。2009年，该会组织10多位会员到平远交流并到五指石景区采风。2011年，该会组织10多人到雁洋阴那山、桥溪古韵采风写生。2012年，梅州市美协、梅县美协及该会多名会员骨干联合举办大型笔会，对钟正山先生画风深入探讨。2013年，广州知名画家、台湾画家到研究会以钟正山艺术风格为题展开研讨并笔会交流，反响甚好。

四、文艺创作

梅县区在改革开放的历史进程中，发扬客家优秀传统文化，利用厚重的客家文化资源，创新文化创作载体，发展多姿多彩的客家文化艺术，文化名人辈出，文学创作繁荣，文学作品丰富多样，创作出文学、书法、绘画、音乐、舞蹈、戏剧、曲艺、传统工艺等方面的许多佳作，让人受到真、善、美的熏陶和感染。

（一）年度综述

粉碎江青反革命集团后，梅县文艺创作进入"百花齐放"的新时期。

1979年开始，随着文化领域深化改革，文艺创作活动逐步活跃，各类文艺协会组织也逐步成立。此后，全县诗歌、山歌、小说、散文、故事、戏曲等文艺创作作品数量逐年增加，优秀作品也不断涌现。

1979年至1987年间，业余作者先后向县文化馆投送的作品有1200多件，其中获得梅县地区作品奖的有38件、省级奖的9件、国家级奖1件。刘淦清创作的小戏《四张通知书》参加全省小戏调演，获得优秀创作奖，并被拍成电视片；张国柱创作的小戏《双算命》获得省业余创作作品二等奖，叶笛创作的小说《水妹子》获得省优秀创作奖，陈其桂创作的小戏《夫妻赔情》获得省业余作品一等奖，赖育昌、叶演豪创作的《难侨会子》，获得全国优秀故事奖。

1983 年起，每年举办 1 次全县性中秋山歌节活动，至 2000 年共举办中秋山歌节 18 届，举办山歌培训班 21 期。山歌创作作品多，以山歌、五句板创作的文艺作品多次获得国家级奖。1999 年，张忠文谱曲的曲艺作品《山嫂办宴》获得全国群星奖优秀作品奖。1979 年至 2000 年，获得国家级奖项的散文和小说共 13 篇、戏剧和曲艺 10 件。全县还定期、不定期组织诗歌等文学作品比赛，并从中推荐各类优秀作品、剧目参加市级以上部门参演比赛。1996 年，梅县被文化部授予“中国民间艺术（山歌艺术）之乡”称号。1997 年，被文化部评为“全国文化先进县”。

1986 年，梅县市宣传文化部门进一步加强对文艺创作的领导和文艺骨干队伍的培训工作，分别在 4 月、8 月召开文艺创作分析会、讨论会，有效地提高专业、业余文艺作者的文学艺术素质，全市有 30 多个类型业余文艺创作组、诗社、文学社等，有作者 300 多人，全年创作作品 545 件，其中小戏 10 多件，在省市发表作品有 100 多件，在全国省地获奖的作品有 21 件。

1987 年，全县有创作组 36 个，有业余作者 210 多人，其中创作水平较高的有 60 多人。业余和专业作者中有中国作家协会会员 1 人、省作家协会会员 5 人。在本地区从事专业创作的作家程贤章，先后出版有《俏妹子》《贫协主席》《烽火南天》《蹲点记》等小说 10 多部。

文艺宣传队畲江演出（1988 年 2 月）

1979年至1987年梅县业余文学作品评选获地区以上奖一览表

表3-19

作品名称	作品类别	作者姓名	获奖年份	获奖等级
四张通知书	小戏	刘淦清	1979年	广东省小戏调演创作演出奖
局长假日	小戏	王　华	1979年	梅县地区创作一等奖
拆墙记	小戏	薜环昌	1979年	梅县地区创作二等奖
1+1	小戏	陈　瑜	1979年	梅县地区创作二等奖
主任的儿子	小戏	赖育昌 羽　文	1979年	梅县地区创作二等奖
冷暖人间	小戏	刘淦清 廖玉文	1979年	梅县地区创作三等奖
重圆	小戏	李国强	1979年	梅县地区创作三等奖
春燕展翅	小演唱	谢心贤	1979年	梅县地区创作三等奖
牵狗记	故事	陈国光	1979年	梅县地区创作一等奖
哨声	小演唱	陈　瑜	1979年	梅县地区创作二等奖
发家	故事	陈国光 陈振邦	1980年	分获梅县地区、广东省创作奖
换药记	小戏	叶演豪 温曼文	1981年	梅县地区创作三等奖
金不换	小戏	邓　青	1981年	梅县地区创作三等奖
闹聘金	故事	吴殿元	1981年	梅县地区创作二等奖
双算命	小戏	张国柱	1982年	分获梅县地区、广东省创作二等奖
难侨会子	故事	叶演豪 赖育昌	1982年	梅县地区创作一等奖、广东省创作二等奖、1986年全国故事优秀奖
新官理事	小戏	张国柱	1982年	梅县地区创作三等奖
良心	小戏	叶演豪 谢志伦	1982年	梅县地区创作三等奖
灵花	小戏	刘远环	1982年	梅县地区创作三等奖
认婿	小戏	邓　青	1982年	梅县地区创作三等奖
生财有道	故事	赖育昌	1982年	梅县地区创作二等奖
军师失算	故事	陈国光 陈振邦	1983年	梅县地区创作二等奖 广东省创作三等奖
牛三包赔牛	故事	叶演豪	1983年	梅县地区创作一等奖 广东省创作三等奖

续表 3-19

作品名称	作品类别	作者姓名	获奖年份	获奖等级
小妹子	小说	叶　笛	1983 年	梅县地区创作一等奖 广东省创作三等奖
夫妻赔情	小戏	陈其桂	1984 年	梅县地区创作一等奖 广东省创作一等奖
兄妹卖猪	小戏	罗佐君	1984 年	梅县地区创作一等奖 广东省创作三等奖
老手高徒	故事	叶演豪	1984 年	梅县地区创作一等奖
最后一个旅客	小戏	梁志航 李元文	1985 年	梅县地区创作三等奖
法网难逃	电视剧	王佳湘	1985 年	梅县地区创作三等奖
青蛙闹堂	少儿剧	罗佐君	1985 年	梅县地区创作三等奖
时装店外的悲喜剧	故事	叶演豪	1985 年	梅县地区创作二等奖
金钱经理新传	故事	叶演豪	1985 年	梅县地区创作一等奖
金经理失算	故事	叶演豪	1986 年	梅县地区创作三等奖
姐妹献寿	小演唱	黄秉增	1986 年	梅县地区创作三等奖
挖金记	故事	叶演豪	1986 年	梅县地区创作二等奖
捉鹧鸪	故事	赖育昌	1987 年	梅县地区创作三等奖
万元户上轿	小演唱	李言文 梁志航	1987 年	梅县地区创作二等奖
希望之光	少儿剧	李言文 梁志航	1987 年	梅县地区创作三等奖
焚海	电视剧	王佳湘	1987 年	梅县地区鼓励奖

1979 年至 1987 年梅县各专业剧团创作剧目一览表

表 3-20

单位	剧名	剧种	创作年份	创作人	备注
梅县山歌剧团	东山风雨	山歌剧	1979 年	李树坚 黄莺谷	—
梅县山歌剧团	十八娇娇泪血情	山歌剧	1981 年	陈衣谷 黄莺谷	1981 年参加地区会演获创作音乐舞美导演奖
梅县市文工团	爬青藤的木屋	山歌剧	1983 年	陈勋华	1983 年参加地区会演

1978 年至 1987 年获奖曲艺作品一览表

表 3-21

作品名称	作品类别	作者姓名	获奖时间和等级
军长让马	曲艺	曾宪眉 汤明哲	1978 年获梅县地区二等奖 获省会演三等奖
老模范下山	曲艺	曾宪眉	1979 年获梅县地区一等奖
爱情新篇	曲艺	陈　瑜	1979 年获梅县地区一等奖
夸老婆	曲艺	陈丙华 汤明哲	1979 年获梅县地区二等奖
春燕飞翔	曲艺	谢心贤	1979 年获梅县地区三等奖
哨声	曲艺	陈　瑜	1979 年获梅县地区三等奖
鹊桥相会	曲艺	陈　瑜	1980 年获梅县地区一等奖、省三等奖
春回鹧鸪岭	曲艺	王　夫	1981 年获梅县地区一等奖
黄牛皮看戏	曲艺	汤明哲	1981 年获省曲艺三等奖
让新房	曲艺	谢心贤	1981 年获梅县地区一等奖、省三等奖
看病	曲艺	薛环昌	1982 年获梅县地区一等奖
呱刁嫂捉贼	曲艺	远　河 育　桂	1982 年获梅县地区二等奖
大娘杀鸡	曲艺	吴殿元	1982 年获梅县地区三等奖
油岩和尚	曲艺	陈志远词 肖建兰曲	1982 年获梅县地区文艺会演二等奖

1988 年，针对多年来文艺创作较差，影响文艺队伍演出的情况，层层召开会议，统一对文艺创作重要性的认识，提出了建立文艺创作基金建议，得到了县委、县政府的大力支持，拨出奖励基金 5000 元，另从社会筹资 5000 元，作为创作奖励基金，并制定了各种作品的奖励办法，从而调动了创作人员的积极性。全年收到各类作品 39 件，其中小戏 25 件、大戏 3 件、电视剧 1 件、故事 7 件、中短篇小说 3 件，还有曲艺 11 件、音乐 5 件、美术书法摄影 34 件。其中参加市作品评选获奖作品 4 件，参加全国农村美术和摄影大奖赛送省参评的作品 8 件，摄影作品《小厂创金牌》《温饱思娱乐》《打球去》被选送北京参加全国大赛。

梅县艺术创作会议（1988 年 5 月）

1992 年，文艺创作有了新的突破，获奖作品不断增加。大戏《柚园情》获得市第二届艺术节会演和 1992 年度市群众文艺创作三等奖，木偶剧《凤岭缘》参加全国木偶皮影戏会演获奖，舞蹈《奉献者之歌》获得省二等奖。1992 年文化工作受到市文化局表彰。县文联组织以《税收带来祖国美》为主题的创作作品上送参赛，其中 4 幅获市入选、2 幅作品获省三等奖。县文化馆参加市第二届艺术节的演出节目，小戏《凤落梧桐岭》、表演唱《新婚路上》和独唱《中华五千年》3 个节目均获优秀奖，舞蹈《果园情》和小品《路遇》获得演出奖，有 2 人获得优秀演员奖。

1993 年，全县全年收到各种文艺作品 301 件，其中戏剧和小品 16 件、曲艺 15 件、音乐 25 件。经过加工上送市参评的戏剧和曲艺 6 件、音乐 9 件，其中小戏《新春宴》获得省、市二等奖，电视剧《无孔不入》、小品《小东，你醒醒》、故事《“发虫汉”发财》分别获得市三等奖，音乐《赞美春天的江南》和《儿女情》《不要等我》《唱吧，远方飘来的云朵》分别获得市二等奖和三等奖，陈志敏的摄影作品获得市摄影辅导干部作品第一名。与此同时，县文化部门组织 8 件《童话、唐诗》等美术作品上送全国参评。出版《梅县演唱》，与市群众艺术馆合编《梅州群艺》各 1 期，发表了各类文艺作品 20 多篇。

1994 年，在县宣传文化部门的推动下，广大业余作者充分发挥创作热情，产生一批上档次、有质量的作品。全年收到各类文艺作品 416 件，比上年增加 110 多件，其中获得市级奖的作品 10 件。上年获得省二等奖的小戏《新春闹宴》，经过修改加工后，更名为《春花闹宴》，由省文化厅推荐参加国家文化部主办的全国“群星奖”评选，获得银奖，这是中华人民共和国成立后梅县群众创作获得的最高殊荣。此外，还组织上送 2 件美术作品参加“中华一绝”民间工艺展、6 件美术作品参加“唐诗童话”国际交流展、1 件美术作品参加中华人民共和国成立 45 周年广东美术作品展，有 5 件摄影作品入选省摄影家协会主办的“思乡杯”民俗摄影艺术大赛，有 17 件摄影作品在人民出版社出版的《客家人》画册中发表。完成 4 万多字的《曲艺志》的资料收编和梅县年鉴、广东文化概况梅县部分的组稿工作。

1995 年，共收到各类群众性文艺作品 264 件，其中戏剧作品 7 件、小品 10 件、故事 5 件、曲艺 23 件、音乐 30 件、美术和摄影 191 件。举办中华人民共和国成立 46 周年美术、书法、摄影作品展，展出作品64件。上送市评的作品16件，其中有2首歌曲获得一等奖，有1件小品和1件故事获得二等奖，1件小戏获得三等奖。

1996年，文艺创作贴近群众、贴近生活，有较强的思想性和艺术感染力，深受群众欢迎，同时也得到专家好评。全年县文化部门收到各门类作品100件，上送市参评的作品有9件获奖，其中5件作品被市挑选送省参评。12月初创作的独幕剧《酿蜜人家》，代表梅州市参加省群众戏剧花会演出，获得综合演出奖、优秀编剧奖、优秀导演奖、优秀表演奖4项殊荣。

1997年，文艺创作精品迭出，共收到各类作品128件，其中大戏2件、小戏1件、小品18件、曲艺20件等。获全国奖作品2件，获省奖作品6件，获市奖作品7件，其中独幕山歌剧《酿蜜人家》获得全国第七届“群星奖”金奖，五句板表演唱《山嫂办宴》获得全国“群星奖”优秀奖。小品《对症下药》获得1997年广东省思想道德建设戏剧曲艺大赛业余组节目二等奖。硬笔书协有2人的作品参加“新加坡书画大赛”获得特等奖，有1人的作品获得中日甲骨文大展赛奖，梅县诗社3位诗人的甲骨文参加江苏省甲骨文学会主办的为纪念中日建交25周年的南京首届中日甲骨文书法展并被收藏，诗社社长梁安仁的诗析《锦瑟》被国家级及广东、广西、浙江诗刊登载。

1998年，县文化局共收到各类作品122件，其中小戏7件、小品10件、曲艺15件、音乐27件、摄影作品63件，梅县文艺作品获得省奖2项、市奖6项。小戏《酿蜜人家》又获得省文明委、省委宣传部颁发的“文艺精品奖”。12月，为纪念中共十一届三中全会20周年，县直13个系统党委组织人力创作了弘扬主旋律、反映辉煌业绩、集思想性和艺术性于一炉的具有地方特色的文艺佳作，其中县农委系统党委的《情系瓜洲》和县建设系统党委的《拜月中秋》获得县一等奖。梅县诗社多方收集岭南才子宋湘的诗、书法、联对等，出版了《红杏山房集》，受到人们的好评。

1999年3月，召开作品研讨会，研讨作品12件，聘请了专家进行修改，提高了作品的质量。全年收到各类作品469件，其中大戏1件、小戏6件、小品19件、曲艺22件、音乐23件、摄影12件、美术书法380件，其他作品6件。送市参评大戏《杏林奇缘》获得三等奖，小戏《山村响锣》获得省第三届群众戏剧花会金奖，获得市第四届艺术节特别奖，小品《侄又有喜》获得市创作奖；山歌剧《红杏》获得优秀创作奖、优秀导演奖、优秀演员奖，歌舞《山里人的梦》《雁洋颂》获得优秀表演奖、优秀创作奖，故事《伤雁南翔》《总经理与三轮车夫》获得市三等奖，县山歌剧团的山歌剧《桃花俏》，送录像参加中国文联、中国剧协举办的1999年中国曹禺戏剧评奖获得剧本奖、小品戏剧奖、电视大赛三等奖。美术书法作品送市参评60件，获奖30多件。

2000年，梅县宣传文化部门充分调动专业作者和业余作者的积极性，积极开展群众性的文艺创作活动。3月，县召开作品研讨会，邀请市戏研室专家、群艺馆的创作人员和辅导干部对13件作品进行研讨，努力提高作品的质量。全年收到戏剧曲艺作品47件，其中小戏12件、小品14件、故事曲艺21件。上送市6件作品参评，其中李能晟的小品《麻将声声》获得市二等奖，故事《古怪伯教子》获得市三等奖，吴殿元演唱的《姐妹回娘家》

获得市三等奖。组织专家、作者加工提炼送省参评作品2件，音乐话剧送市参评作品5件，获得市奖2件。

1979年后，全县诗歌、山歌、小说、散文、故事、戏曲等文艺创作作品数量逐年增加，优秀作品率也不断提高。1979年至1990年，全县收集各类作品1600件，获得市以上奖作品98件，优秀作品率6.1%；1991年至2000年，收集各类作品2562件，获得市以上奖作品235件，优秀作品率9.2%。

1979年至2000年文艺作品（含业余）获得省以上奖项一览表

表3-22

作品名称	作者姓名	作品类别	获奖年份	获奖等级
四张通知书	刘淦清	小戏	1979年	广东省小戏调演创作演出奖
发家	陈国光 陈振邦	故事	1980年	广东省创作奖
双算命	张国柱	小戏	1982年	广东省创作二等奖
难侨会子	叶演豪 赖育昌	故事	1982年 1986年	广东省创作二等奖 1986年全国故事优秀奖
军师失算	陈国光 陈振邦	故事	1983年	广东省创作三等奖
牛三包赔牛	叶演豪	故事	1983年	广东省创作三等奖
小妹子	叶　笛	小说	1983年	广东省创作三等奖
夫妻赔情	陈其桂	小戏	1984年	省一等奖
兄妹卖猪	罗佐君	小戏	1984年	省三等奖
柚园情	陈衣谷 温宏胜	山歌剧	1990年	广东省群众文艺创作三等奖
风落梧桐岭	王佳湘	小戏	1992年	广东省创作三等奖
柚王与外来妹	陈振邦	故事	1992年	广东省创作一等奖
伤鸽奇缘	赖育昌	故事	1994年	广东省创作二等奖
雨夜呼噜声	罗子红	表演唱	1994年	广东省群众文艺创作二等奖
春花闹宴	刘淦清	小戏	1994年	第四届全国“群星奖”银奖 广东省创作二等奖
《选美》二首	梁安仁	诗词	1994年	评为中华诗词一等奖
花朝偶拾	侯逸梅	诗词	1995年	入选“李杜杯”全国诗词大赛

续表 3-22

作品名称	作者姓名	作品类别	获奖年份	获奖等级
红杏出墙	王心灵 叶演豪 李能晟	小戏	1996年	广东省创作一等奖
哑翁失踪记	李能晟 叶演豪	故事	1996年	广东省创作二等奖
放鸟	吴殿元	小演唱	1996年	广东省创作二等奖
酿蜜人家	梅　艺 王佳湘	小戏	1997年	第七届全国“群星奖”金奖 广东省创作一等奖
对症下药	罗国平 叶演豪	小品	1997年	广东省创作三等奖
二胡	李敬谋	文学	1997年	全国优秀奖
校园剪影	邱　青	文学	1998年	中国艺术界名人作品展示会欣赏奖
孝心	陈兴德	文学	1998年	全国佳作奖
侄媳又有喜	廖广坤	小品	1999年	广东省创作一等奖
山村响锣	梅　文 张国柱	小戏	1999年	全国“群星奖”银奖
山嫂办宴	陈昌环 张忠文	表演唱	1999年	全国“群星奖”优秀作品奖
种瓜谣	廖　武 陈勋华	曲艺	2000年	广东省“第五届”少儿艺术花会金奖
松林花海	叶　笛	文学	2000年	全国二等奖
山花	张文才	文学	2000年	全国二等奖

2001年，全年收到各类群众业余创作作品335件，其中戏剧1件、曲艺9件、音乐38件、美术50件、摄影228件。全年送市参评的戏剧曲艺作品6件，其中李能晟创作的故事《三打耿义》和小品《过桥》分获市二、三等奖。上送省参评美术作品9件，送市参评音乐作品13件。送省参评参展摄影作品150件，送市48件。有4件美术书法作品和1件摄影作品获得省奖，其中由徐建文创作的国画《深山有坦途》和张杰创作的水粉画《职》获得省优秀奖。由汤明哲撰写的《探索五句板改革发展方向》和张忠元撰写的《浅析客家原腔山歌的特点》两篇论文在河源市召开的“中国音乐文化——客家音乐研讨会”上发表。为使创作出的作品成为“精品”，县宣传文化部门组织业余、专业作者及时召开作品研讨会，对重点作品进行分析、加工、提炼，小戏《山村响锣》继1999年参加广东省第三届群众戏剧花会获得金奖后，组织力量，聘请省、市专家成立攻关班子，反复修改、提炼，11月录像送北京参评，被文化部确定为参加全国“群星奖”决赛节目，并获得银奖，还被评为广东省第四届精神文明建设“五个一工程”获奖作品。与此同时，由县文化馆创作、

排演的山歌表演唱《年年岁岁英雄花》参加广东省第二届群众音乐舞蹈花会获得金奖，由县文化馆辅导、丽群小学的少儿山歌表演唱《种瓜谣》获得国家文化部颁发的第二届“蒲公英”铜奖。

2002 年，梅县宣传文化部门积极抓好全县性群众文艺创作，树立“精品”意识，实施“精品”战略，用优秀节目鼓舞人。全年收到戏剧、曲艺、音乐、美术书法、摄影作品共 702 件，送市参评的戏剧小品 5 篇，其中小品《处世决诀窍》、故事《外甥“偷”鸡》分别获得市二等奖，故事《周老板买厂记》获得市三等奖。《处世诀窍》《外甥“偷”鸡》代表梅州市送省参评。小戏《山村响锣》上年参加全国第十一届“群星奖”获得银奖后，本年 11 月 21 日代表广东省参加全国“群星奖”优秀节目进京展演。

2003 年，树立“精品”意识，多出作品，多出“精品”。全年创作小戏、曲艺作品 27 件，其中获得县奖 11 件、送市参评 5 件。小品《动架》、快板《王二虎还债》获得市二等奖，并代表梅州市送省参评。创作音乐作品 25 件，送市参评获奖作品 3 件，歌曲《圆梦飞天》获得市一等奖，《编个红红的中国结》《山歌一唱妹就来》获得市三等奖。创作美术作品 40 件，其中送省参评 8 件，入选送省参展 7 件。摄影作品 599 幅，其中参加梅州市第三届“根深杯”摄影比赛作品 132 幅，获得一等奖 1 名、二等奖 2 名、三等奖 2 名，获得优秀奖及入围作品 21 幅。参加梅州市电视台“复烤杯”和“文化梅州”专题摄影比赛作品 256 幅，获得二等奖 1 名、三等奖 2 名、优秀奖及入围作品 18 幅。参加梅州市“国税杯”摄影比赛作品 28 幅，获得二等奖 2 名、三等奖 1 名；参加广东省群众艺术摄影比赛作品 83 幅，获得优秀奖及入围作品 21 幅。7 月，县文化馆召开全县专业和业余创作研讨会，对小品《夫妻麻辣汤》、相声《塞翁失马》、小戏《靠山》、歌曲《明日春风歌盛世》等 9 件作品进行了分析、研讨、加工，提高作品的质量。

2004 年，重视抓好全县群众性文艺创作，树立“精品”意识，实施精品战略，创作出一批弘扬主旋律的优秀作品。梅县收到群众创作的文艺作品 150 多件，经过加工提炼，评选出具有一定质量的作品 18 件报市参评。梅县美协创作的 6 件作品入选全国十届美展，曾德新的作品参加省工艺精品展获得铜奖。在市第四届艺术节，梅县创作演出的大型山歌剧《堕落的仙桃》、小戏《村长嫂审鸡》、小品《二狗还债》等节目，获得奖项 14 个，其中优秀演员奖 7 个、优秀导演奖 1 个、优秀歌曲奖 1 个、优秀编剧奖 1 个、优秀舞美奖 1 个、作曲奖 1 个、演员奖 2 个。在首届梅州国际山歌节上，梅县创作演出的《梅县妹子画中行》获得表演金奖，《逞歌》获得最佳效果金奖等。县文化馆创作演出的节目参加闽、粤、赣、桂四省山歌邀请赛，获得银奖、铜奖、优秀演唱奖各 1 个，张献云获得“原生态山歌王”称号。

2005 年，县文化馆创作排演的山歌小戏《村长嫂审鸡》剧情贴近生活，艺术质量较高，被梅州市纪检会选为代表梅州市参加闽、粤、赣三省惩防体系专题文艺会演的剧目，并被市委“先进办”选为先进性教育专题节目到全市七县一区巡回演出。由县文化馆辅导的丙村小学演唱《共产党恩情长》、课本诗表演《游园不值》被选送参加全国希望工程小学会演，山歌演唱《一统一计要精心》代表梅州市统计系统参加省会演。县山歌剧团排练的“让党旗更鲜艳”文艺节目，被市委“先进办”、市委组织部指定为先进性教育活动专题文艺节目，到全市各县巡回演出。精心组织《客家山歌特出名》山歌表演唱的创作演出，该节目获得2005年广东省国际旅游节金奖、岭南民间艺术大会演金奖、第三届省群众音乐舞蹈花会金奖。同时，群众创作获新丰收，全年收到各类群众文艺作品226件，经上送参评，获得省、市奖励的作品20件。

2006年，县文化馆创作排演的山歌小戏《村长嫂审鸡》参加广东省欢乐进农家优秀小戏调演获得银奖，县文化馆合作排练的曲艺《客家妹子真真乖》参加在江门市举行的曲协怀曲艺大赛获得金奖，县文化馆与县山歌剧团合作排练的《客家山歌特出名》参加泛珠三角优秀客家山歌邀请赛获得银奖。在县委、县政府的重视支持下，县委宣传部、县教育局、县文广局精心组织梅县“千人山歌大对唱”节目，该节目由县山歌剧团、文化馆和高级中学高二级学生1100多人组成，参加2006年梅州市客家山歌旅游节开幕式表演，申报并获得了上海基尼斯世界纪录。

2008年，县山歌剧团山歌表演唱《自古山歌从（松）口出》参加梅州市第三届中国客家山歌旅游节“客家山歌民俗风情展演”，获得优秀演出奖。大型山歌剧《围屋旧梦》参加第六届梅州市艺术节获得优秀编剧、优秀导演、优秀舞台美术奖，并第一次代表县参加了省第十届艺术节展演，获得多项奖。同时，县文广局还获得第三届中国客家山歌旅游节暨第六届梅州市艺术节优秀组织奖。

2009年，认真抓好业余文艺创作，共收到戏剧曲艺作品41件，送市参评作品6件。音乐作品16件，送市参评1件。书法作品10件，美术作品20件。全县有20多件作品获得国家、省的大奖，如大型山歌剧《围屋旧梦》参加广东省第十届艺术节会演取得优异成绩，山歌表演唱《自古山歌从（松）口出》参加第三届中国客家山歌旅游节客家山歌民俗风情展演获得优秀演出奖，梅县文化馆创作并演出的山歌表演唱《客家山歌特出名》获得广东省第三届群众音乐舞蹈花会金奖、岭南民间艺术节金奖，五句板表演唱《山嫂办宴》获得全国第七届“群星奖”优秀奖。宋慧明、钟德贤等表演的客家山歌小戏《山村奏鸣曲》参加第六届广东省戏剧花会比赛喜获金奖。民间文艺家协会刘沅声的泥塑作品《客家风情系列》获得第八届广东省鲁迅文学艺术奖、第三届广东省民间工艺精品展金奖。雕塑作品《新路》入选“纪念中国改革开放30周年全国美术作品展”。

2010年，县山歌剧团山歌表演唱《自古山歌从（松）口出》参加广东省“八省优秀客家山歌邀请赛”获得金奖，县木偶剧团参加省委宣传部省文化厅特种剧目会演获得优秀剧目奖。另外，这两年，连续举办两届“李有权博士杯”山歌擂台赛。在参加省摄协举办的“温馨家庭”“蕉岭杯”摄影大赛中，何志林获得银奖，陈根深、宋志锋获得优秀奖。

2011年，梅县和佛山南海开展了两地书法家艺术作品联展活动，展示两地的书法艺术成果，同时加强了两地文学艺术交流。举办纪念建党90周年和延安文艺座谈会69周年美术作品展览，并举行曾德新《客家风情雕塑作品集》首发式。筹办叶剑英元帅114周年诞辰纪念日暨梅州市青年书画家协会创作笔会。

2012年，全年收到各门类作品66件，其中小戏6件、小品7件、音乐14件、曲艺和其他39件。送市参评小戏3件、小品3件、曲艺5件、音乐作品4件。在全市群文创作总分评比中获得第三名和“优秀组织奖”。由梅县选派的山歌手在参加梅州市首届客家艺术节的青少年擂台比赛中，5个项目获得金奖，山歌小戏《铜锣嫂》和五句板表演唱《四女夸夫》获得第七届广东省群众戏剧曲艺花会银奖，舞蹈《杯花声声》、山歌表演唱《自古山歌从（松）口出》在参加河源中国第二届客家文化节文艺会演中分别获得“金奖”和“银奖”；歌剧《合家福》参加“广东省喜迎中共十八大优秀作品展演”获得“广东省五个一工程奖”。梅县艺苑艺术团在参加河源“中国第二届客家文化节”中，山歌表演唱《客家阿婆竹板乐》在来自全国20多个客属地区19支文艺团体比赛中获得金奖，山歌独唱《喜事好运滚滚来》获得文化节“客家山歌大家唱”银奖。参加东莞市洪梅镇“广东省首届花灯文化节暨2012第三届洪梅花灯节”活动，送展花灯在18个市（县）的比赛中获得金奖，梅县文联作为选送单位获得优秀组织工作奖。

2013年，山歌传承中心创作的优秀作品有27件，群众文艺创作作品有65件，上送市参评的作品21件，这是梅县区历史上群众文艺创作作品上送参评最多的一次。木偶传习所改编提升了传统木偶戏《化子进城》、提线木偶《变脸》、杖头木偶《变脸》、提线木偶神话剧《三借芭蕉扇》等节目。山歌剧《合家福》获得广东省第九届“鲁迅文学艺术奖”、首届广东省戏剧优秀剧目奖。“客家妹组合”、梅县提线木偶戏（变脸）提线木偶戏传承人巫启胜作为参赛选手，参加《星光大道》华南赛区海选总决赛获前10强。小品《中奖之后》、相声《换灯泡》分别获得省一等奖和市一等奖。微电影《局长的烦恼》入选省纪委宣教室和广东党风杂志社联合举办的“微戏剧微动漫微小说报告文学”征集大赛。

2014年，在唱响中国梦——梅州市第十一届“百歌颂中华”歌咏活动中，表演唱《客家阿妹唱山歌》《客家儿女》获得群歌会金奖，由廖丽演唱的《沂蒙我的娘亲亲》获得金奖，2014年客家山歌（东莞·凤岗）邀请赛中，客家婚俗猜调山歌表演唱《拦门戏亲》获得金奖，第十二届广东省艺术节竞演中大型山歌剧《古寨牛人》获得优秀剧目二等奖，结合杖头书法和提线杯花舞表演的节目《变脸》在“中国首届木偶展演大赛”中获金奖，创作的“大型玄幻人偶剧——超级校园”，在市客家山歌传承保护中心首演成功。由徐建文撰写的论文“科学利用客家古名居、古村落、开拓非物质文化遗产保护空间”入选2014年中国文化馆年会论文集。

2015年，文艺工作者坚持以人民为中心的创作导向，弘扬中国精神，凝聚力量，朝气蓬勃迈向未来。大型木偶剧《白雪公主》《三只小猪之团结三宝》深受群众追捧，并受毛里求斯华商总会邀请参加中毛文化交流演出。新创作的提线木偶《钟馗醉酒》在第十一届深圳文博会展演中取得圆满成功，无伴奏女声组合《客家迎客谣》参加文化部办公厅举办的“中国民间文化艺术之乡”民歌、山歌展演活动，受到专家好评。《客家古居民建筑装饰中非物质文化遗产项目传承与保护的思考》论文获得文化部全国公共服务中心主办的《文化大视野——全国群众文化、图书、博物论文集》优秀论文奖。

2016年，新创作生产女子群舞《勤劳客家妹》、歌舞《共筑中国梦》、歌曲《节日欢歌》、演唱《八月十五看月光》。山歌剧《合家福》作为广东省唯一入选全国基层院团戏曲会演的剧目，并在北京梅兰芳大剧院盛大开演。山歌表演唱《月下恋歌》参加“两岸暨港澳地区”客家山歌（东莞·凤岗）邀请赛，获得金奖。成功打造大型抗日题材音乐剧《风雨白石龙》，在深圳市保利大剧院公演为建党95周年献礼。新创作排演大型人偶剧《海族总动员》隆重上演，受邀到潮州、广州、海南、阳江等地演出。此外，出版了《梅县古今联选》、长篇小说《客家寻梦》等书籍；美术家协会曾德新在北京举办个人画展。在梅南镇挂牌成立“梅县区文艺创作基地”，雁洋镇被授予广东省“诗词之乡”称号，夯实文艺创作基地，激发文艺创作活力。

2017年，在全县开展优秀客家童谣征集推广活动，分成年组和未成年组，共征集童谣200多首，经评委评选，评出一、二、三等奖。在第十三届中国（深圳）国际文化产业博览交易会上展现“文化梅县”城市名片，由梅县区委宣传部联合广东客都文化发展有限公司共同开发并选送的陶瓷作品《客家风情茶具》《客家轿子壶》获得“中国工艺美术文化创意奖”金奖，《梅花文具》和《梅瓶》分别获得银奖和铜奖。山歌剧团演艺中心创作的以精准扶贫为题材的大型山歌剧《春闹》、山歌表演唱《自古山歌从（松）口出》在客家文化（非遗）艺术周成功上演。木偶剧《海族总动员》参加第十三届广东省艺术节。文化馆认真组织创作活动，4件作品在省获奖，其中有2件作品获得一等奖、2件舞蹈作品获得三等奖。小品《门锁坏了》代表梅州市参加广东省廉政小品曲艺创作大赛获得金奖。文广新局选送的舞蹈《封箱》在广东省第七届群众音乐舞蹈花会中获得金奖、歌曲《家乡话》获得铜奖。文化馆上送的少儿舞蹈作品《好子莫做蟾蜍罗》《排排坐唱山歌》分别获得广东省群众文艺创作三等奖。在省群文创作中获奖实现历史性的突破。

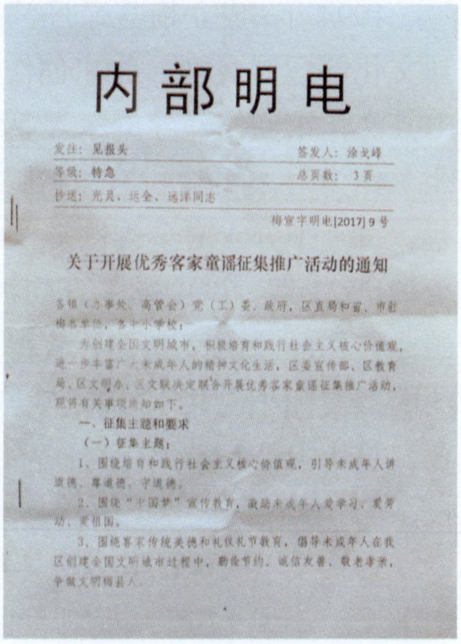

内部明电

发往：见报头　　签发人：涂戈峰

等级：特急　　总页数：3页

抄送：光昊、运全、远洋同志

梅宣字明电[2017]9号

关于开展优秀客家童谣征集推广活动的通知

各镇（办事处、高管会）党（工）委、政府，区直局和省、市驻梅县单位，各中小学校：

为创建全国文明城市，积极培育和践行社会主义核心价值观，进一步丰富广大未成年人的精神文化生活，区委宣传部、区教育局、区文明办、区文联决定联合开展优秀客家童谣征集推广活动，现将有关事项通知如下。

一、征集主题和要求

（一）征集主题：

1、围绕培育和践行社会主义核心价值观，引导未成年人讲道德、尊道德、守道德。

2、围绕“中国梦”宣传教育，鼓励未成年人爱学习、爱劳动、爱祖国。

3、围绕客家传统美德和礼仪礼节教育，倡导未成年人在我区创建全国文明城市过程中，勤俭节约、诚信友善、敬老孝亲，争做文明梅县人。

《关于开展优秀客家童谣征集推广活动的通知》（2017年）

2018年，围绕改革开放40周年等重要时间节点，着力推出一批思想精深、艺术精湛、制作精良的精品力作。创作生产有小品《扶贫轶事》、山歌小戏《喇叭声声》、独唱《守住清廉》、舞蹈《蕴·酿》、开场舞《欢天喜地庆丰收》、女子群舞《年年穗穗舞丰收》等10多个作品。山歌剧团演艺中心创作的大型山歌剧《春闹》入选“庆祝改革开放40周年全国优秀现实题材舞台艺术作品展演”；木偶传习所创作人偶剧《森林王子》表演的舞蹈作品《封箱》在“广东省第六届岭南舞蹈大赛”中获得非职业组作品金奖、创作金奖、表演金奖三项金奖。是年，梅县区文艺创作协会第一届会员大会胜利召开。

（二）文学

梅县是“文化之乡”。1979年后，文艺创作思想得到解放，“百花齐放，百家争鸣”的创作氛围逐渐浓厚，创作活动重新活跃，文艺协会组织相继成立，成为联络、组织会员开展文艺创作活动的桥梁纽带。县文联创办的刊物《梅苑》和县文化馆创办的《梅县演唱》成为培育广大业余作者的园地和发展平台。

1980年至1982年，县文化馆编印出版《梅县山歌集》共10集。1985年，梅县《侨声》杂志复刊后，专辟有地方掌故、名人轶事、民间故事等栏目。尔后，黄火兴编辑的《客家山歌精选1900首》由省人民出版社出版。

1987年，汤明哲编辑的《山歌汤创作选》由省花城出版社出版。同年，县成立民间文学“三套集成”编纂办公室，着手编纂梅县第一部《民间故事》《民间歌谣》《民间谚语》集成资料，全书30万字，于1987年年底完成，其中有《民间故事》180篇、《民间歌谣》1200首、《民间谚语》1020条。

1994年，成立梅县绿丹兰文艺发展基金，设立创作奖和表演奖，促进文艺创作的发展。县文化部门对戏剧、曲艺创作采取每年组织业余作者举行1—2次作品研讨会，不定期派出县文化馆创作辅导员深入业余作者家中进行辅导和帮助修改作品。散文、小说创作以《梅苑》作为写作实验园地和出版园地，作家协会为创作活动交流组带。山歌创作从1983年起，每年举办1次全县性中秋山歌节活动，至2000年共举办中秋山歌节18届，举办山歌培训班21期，以山歌、五句板创作的文艺作品多次获得国家级奖。1999年，张忠文谱曲的曲艺作品《山嫂办宴》获得全国群星奖优秀作品奖。1979年至2000年，获得国家级奖项的散文和小说共13篇，戏剧和曲艺10件。全县还定期、不定期组织诗歌等文学作品比赛，并从中推荐各类优秀作品、剧目参加市级以上部门参演比赛。1996年，梅县被文化部授予“中国民间艺术（山歌艺术）之乡”称号。1997年，被文化部评为“全国文化先进县”。

1979年至2000年，全县共完成创作各类作品4162件，其中获得国家级奖23件（其中散文、小说13篇，戏剧、曲艺10件），获得省级奖5件，获得市级奖260多件。

1．文化名人与著作

1979年后，继续弘扬“崇文重教”思想，加大对文化教育设施投入，培养文化教育的一代新人。同时，对在世界各地工作的梅县籍文化教育名人，从不同渠道不同角度，重视、支持配合他们在不同岗位上攻克文化科技领域的难关，创造辉煌事业，进一步彰显“文化之乡”美誉。至2000年年底，先后涌现出一大批名人志士。中国工程院院士或中国科学院院士有李国豪、古德生、张楚汉、杨简、钟惠澜、梁伯强、梁春广、黄子卿、黎尚豪等9人。大学教授遍布海内外世界各地，主要代表有美国夏威夷大学丘万镇，美国芝加哥大学谢克强，美国耶鲁大学潘毓彦，美国佛罗里达大学潘毓绪，美国量子化学家潘毓刚，英国伦敦大学张志数，香港科技大学钟冠英，清华大学钟一调、廖沐真，北京大学丘坤元、李深、张鑫、黄输廪、谢安、黎郁君，浙江大学肖宜雍、梁礼忠、黄建、谢佐禹，中国人民大学刘运梓、黄崇岳，中国科技大学钟钊新，复旦大学曹运祥、李明兴，南京大学张嘉谋，上海交通大学李治平，北京师范大学吴仲达，中山大学王义良、王富昌、古文捷、叶健康、刘汉乐、张孟州、李语欣、李培荣、周云标、林和曾、温光均、谢楷邦，华南理工大学、暨南大学等大学教授近500名。

分布在海内外作家等文学名人近100人。主要代表人物和作品：

黄药眠，著诗集《黄花岗上》《英雄颂》，散文集《美丽的黑海》《朝鲜——英雄的国度》，小说集《暗影》《再见》等。

胡一声，著《各国教育特辑》《论儿童的养护教育》等。

李维纲，著《鼠军师的故事》《红溪的故事》等。

楼　栖，著散文集《窗》《反台集》，中篇小说集《枫树林村第一朵花》，长诗《鸳鸯子》等。

丘克辉，著《孙中山是否客家人及其祖先源流考》《客家研究论文集》《洲际航海的杰出先行者郑和》等。

黄伟经，著散文《告别，随笔》《一个当代神话的终结》等，译屠格涅夫《猎人手记》《爱之路》等。

杨伟光，中国文联副主席，中国电视艺术家协会主席，著《电视论集》《电视新闻论集》等。

杨奎章，广东中华诗词学会常务副会长，广东书法家协会名誉会长，著《片叶集》《阿Q真的阔了起来》《岭南杂文选》等。

程贤章，著长篇小说《樟田河传》《胭脂河》《青春无悔》《彩色的大地》《神仙老虎狗》《围龙》《大迁徙》等10部，中短篇小说《俏妹子联姻》《贫协主席》等40余部，报告文学集《金色的月塘》《水里黄金》等，评传《我说红楼》等。

黄浪华，著长篇小说《飘泊南洋》、中长篇小说《奇特的战斗》《两个当过排长的士兵》，长篇纪实文学《星洲屠城录》，短篇集《荷塘蛙声》等。

丘　峰，著长篇小说《空降团的女翻译》，中短篇小说集《夏夜，上海滩》《在死神招呼的时刻》，散文集《醉雀》等。

黄莺谷，著诗集《岁月流韵》，散文集《泮坑览胜》等。

安　子，著《青春驿站》《都市寻梦》等。

叶　杨，著《共产党宣言解说》《国家与革命提要和注释》《中国共产党建设辞典》等。

黄海章，著《中国文学批评简史》《中国文化批评论文集》《黄叶楼诗》等。

宋之风，《羊城晚报》主编、作家。

李钟声，《南方日报》副主编、作家。

杨宏海，深圳文联副主席、作家，《客家人》主编。

廖朝今，人民日报社高级记者。

廖经天，广西日报社社长，人民日报副总编辑等。

2. 获得全国、省、市以上作品奖名录

1988年至2018年梅县区文化馆获省级以上群众文艺作品奖情况表

表3-23

作品名称	作者姓名	作品类别	获奖时间	奖项
《对症下药》	叶演豪 罗国平	小品	1988年	广东省群众文艺创作三等奖
《治贪妻》	赖育昌	故事	1988年	广东省群众文艺创作三等奖
《陈跛子开店》	刘淦清	故事	1988年	广东省群众文艺创作三等奖
《姑娘的身价》	刘远环	相声	1988年	广东省群众文艺创作三等奖
《喊山》	张忠元	歌曲	1989年	广东省群众文艺创作三等奖
《中华五千年》	张忠元 张世新	歌曲	1989年	广东省群众文艺创作三等奖
《钱包奇闻》	叶演豪	故事	1990年	广东省群众文艺创作三等奖
《奉献者之歌》	黄圣仙	舞蹈	1991年	广东省群众文艺创作二等奖
《柚王与外来妹》	陈振邦	故事	1992年	省一等奖
《风落梧桐岭》	王佳湘	小戏	1992年	省三等奖
《新春宴》	刘淦清	小戏	1993年	省二等奖
《雨夜呼噜声》	罗小红	表演唱	1994年	省二等奖
《伤鸽奇缘》	赖育昌	故事	1994年	省二等奖
《春花闹宴》	刘淦清	小戏	1994年	广东省群众文艺创作二等奖
《红杏出墙》	王心灵 李能晟 叶演豪	小戏	1996年	广东省群众文艺创作一等奖
《酿蜜人家》	王佳湘	小戏	1997年	广东省群众文艺创作一等奖
《哑翁失踪记》	李能晟 叶演豪	故事	1997年	广东省群众文艺创作二等奖
《山村响锣》	张国柱	小戏	1999年	广东省群众文艺创作一等奖
《客家山歌特出名》	罗锐曾 陈勋华	山歌表演唱	2005年	岭南民间艺术花会和广东省第三届群众音乐舞蹈花会金奖
《客家山歌特出名》	罗锐曾 陈勋华	山歌表演唱	2006年	“盛世山歌唱和谐—泛珠三角优秀客家山歌邀请赛”获得银奖
《围屋旧梦》	林文祥 滕冬红	大型山歌剧	2008年	广东省第十届艺术节会演戏剧三等奖

续表 3-23

作品名称	作者姓名	作品类别	获奖时间	奖项
《铜锣嫂》	张国柱	小戏	2010年	广东省群众文艺创作一等奖
《两个女人两枝花》	叶　笛	快板	2010年	广东省群众文艺创作一等奖
《看医生》	张国柱	小品	2011年	广东省群众文艺创作三等奖
《门铃》	宋雯妮	小品	2011年	广东省群众文艺创作三等奖
《中奖之后》	宋雯妮	小品	2012年	广东省群众文艺创作一等奖
《趣说黑白》	李雪松	对口相声	2012年	广东省群文创作评比曲艺类三等奖
《换灯泡》	杨　帆	相声	2012年	广东省群众文艺创作一等奖
《小买小卖》	林捷通 肖海皇	小戏	2013年	广东省群众文艺创作一等奖
《状元人家》	林捷通 林瑞玲	小品	2013年	广东省群众文艺创作一等奖
《同在屋檐下》	宋雯妮	小品	2013年	广东省群众文艺创作三等奖
《旗袍》	作词： 葛成石 作曲： 陈冠强	歌曲	2014年	广东省群众文艺创作二等奖
《红娘队》	刘玉芬	曲艺	2014年	广东省群众文艺创作三等奖
《家乡话》	作词： 李伟东 李　倩 作曲： 赖东锐	歌曲	2015年	广东省群众文艺创作二等奖
《特殊会议》	扬　帆 徐美吟	相声	2015年	广东省群众文艺创作三等奖
《老汉进城》	刘玉芬 李玉珍	表演唱	2015年	广东省群众文艺创作三等奖
《客家古民居建筑中非物质文化遗产项目传承与保护的思考》	徐建文	论文	2015年	文化大视野—全国群众文化、图书、博物论文集获得优秀论文奖（最高奖）
《不能砍的树》	宋雯妮	小品	2016年	“中华颂”第七届小戏小品曲艺大展优秀剧目银奖、“优秀编剧”；“广东省廉政小品曲艺创作大赛”铜奖；“常平杯全国小戏小品邀请赛”一等奖；参加 CCTV3《我爱满堂彩》展播

续表 3-23

作品名称	作者姓名	作品类别	获奖时间	奖项
《一枚勋章》	宋雯妮	小品	2016 年	广东省群文创作评比一等奖
《客家的围屋》	作词： 李伟东 作曲： 赖东锐 李玉珍	歌曲	2016 年	广东省群文创作评比一等奖
《好子莫做蟾蜍罗》	作词： 陈浩勤 作曲： 刘小勇 辅导： 黄惠君	少儿 舞蹈	2016 年	广东省群众文艺创作三等奖
《排排坐唱山歌》	作曲： 谢　鹏 编导： 刘金茹 李玉珍 辅导： 侯　琼 徐美吟 朱丽芳	少儿 舞蹈	—	广东省群众文艺创作三等奖
《寒冬暖夜》	李玉珍 郭凤珍	小戏	2017 年	广东省群文创作评比一等奖
《偶•缘》	作曲： 张　威 编导： 刘金茹 李玉珍	舞蹈	2017 年	广东省群众文艺创作三等奖
《蕴 · 酿》	作曲： 刘小勇 谢　鹏 音乐编配： 谢　鹏 舞蹈编导： 郑环宇 曾柳婷	舞蹈	2017 年	广东省群众文艺创作三等奖
《月映禅心》	郭凤珍	小戏	2018 年	广东省群众文艺创作一等奖
《凑个数》	宋雯妮	小品	2018 年	广东省群众文艺创作三等奖

1981年至2018年梅县区群众文艺演出省级以上获奖情况表

表3-24　　（梅县区文化馆提供）

序号	名称	奖项	时间
1	小戏《王义教妻》	广东省首届农村戏剧花会优秀演出奖	1981年
2	宋慧明山歌独唱《恋哥唔怕路头长》	全国民间音乐舞蹈比赛三等奖	1986年
3	三人舞蹈《席趣舞》	全国民间音乐舞蹈比赛三等奖	1986年
4	古琼民歌独唱《在希望的田野上》	首届全国农民歌手大赛三等奖	1990年
5	山歌剧《春花闹宴》	全国第四届“群星奖”银奖	1994年
6	山歌剧《酿蜜人家》	广东省第二届群众戏剧花会金奖	1996年
7	山歌剧《春花闹宴》	广东省第二届群众戏剧花会荣誉奖	1996年
8	《对症下药》	广东省思想道德建设戏剧小品曲艺大赛二等奖	1997年
9	山歌剧《酿蜜人家》	全国第七届“群星奖”金奖	1997年
10	曲艺《山嫂办宴》	全国第七届“群星奖”优秀奖	1998年
11	小品《侄媳又有“喜”》	广东省计划生育专题会演一等奖	1999年
12	山歌剧《山村响锣》	广东省第三届群众戏剧花会金奖	1999年
13	客家山歌表演唱《种瓜谣》	广东省第五届少儿艺术花会金奖	2000年
14	山歌剧《山村响锣》	全国第十一届“群星奖”银奖	2001年
15	表演唱《年年岁岁英雄花》	广东省第二届群众音乐舞蹈花会金奖	2001年
16	《种瓜谣》	全国第二届“蒲公英奖”铜奖 CIOFF 第二届亚洲儿童民间艺术节金奖	2001年
17	《山嫂办宴》	广东省首届民间歌会 金奖	2003年
18	表演唱《客家山歌特出名》	广东省第三届群众音乐舞蹈花会金奖	2005年
19	山歌剧《村长嫂审鸡》	欢乐进农家—全省农村小戏小品调演获二等奖	2007年
20	山歌表演唱《山嫂办宴》	广东省“文艺下乡服务一条龙节目网上大会演”银奖	2007年
21	表演唱《歌唱家乡面貌新》	广东省第七届少儿艺术花会金奖	2007年
22	客家山歌表演唱《山嫂办宴》	中国文艺家协会、广东省文化厅、广东省文联颁发的银奖	2008年
23	钟德贤男中音山歌独唱《卖仙人粄》	中国文艺家协会、广东省文化厅、广东省文联颁发的银奖和铜奖	2008年

续表 3-24

序号	名称	奖项	时间
24	钟德贤男中音山歌独唱《卖仙人粄》	广东省第二届民间歌会比赛铜奖	2008 年
25	钟德贤男中音山歌独唱《卖仙人粄》	广东省“首届中国客家文化节”客家山歌演唱大赛铜奖	2008 年
26	表演唱《山嫂办宴》	广东省“首届中国客家文化节”客家山歌演唱大赛银奖	2008 年
27	客家山歌小戏《山村奏鸣曲》	广东省第六届群众戏剧花会金奖	2009 年
28	表演唱《送情郎》	第四届中国（梅州）国际客家山歌文化节之风情展获得金奖	2010 年
29	客家山歌表演唱《自古山歌从（松）口出》	广东省（八省）优秀客家山歌邀请赛获得金奖	2010 年
30	客家山歌《客家阿婆搭飞机》	广东省（八省）第二届优秀客家山歌邀请赛获得金奖	2010 年
31	山歌表演唱《送情郎》	广东省第五届群众音乐舞蹈花会获得金奖	2011 年
32	山歌剧《铜锣嫂》	广东省第七届群众戏剧曲艺花会的银奖	2012 年
33	表演唱《四女夸夫》	广东省第七届群众戏剧曲艺花会的银奖	2012 年
34	表演唱《拦门戏亲》	广东省第八届群众戏剧曲艺花会铜奖	2015 年
35	舞蹈《排排坐唱山歌》	广东省第十届少儿艺术花会铜奖	2016 年
36	小品《门锁坏了》	广东省廉政小品曲艺创作大赛金奖	2017 年
37	舞蹈《封箱》	广东省第七届群众音乐舞蹈花会一等奖	2017 年
38	小品《不能砍的树》	“中华颂”第七届全国小戏小品曲艺大展优秀节目展演银奖；“广东省廉政小品曲艺创作大赛”铜奖；“常平杯全国小戏小品邀请赛”一等奖；节目参加 CCTV3《我爱满堂彩》展播	2017 年
39	歌曲《家乡话》	广东省第七届群众音乐舞蹈花会铜奖	2017 年
40	舞蹈《封箱》	广东省第六届岭南舞蹈大赛非职业组作品金奖、创作金奖、表演金奖	2018 年
41	小品《喊您一声妈》	广东省第九届群众戏剧曲艺花会铜奖	2018 年

1988年至2018年梅县区文化馆业余文学作品评选获得市级奖一览表

表3-25

类别	作品名称	作者姓名	获奖时间	获奖等级
小戏	《别墅梦》	张国柱	1989年	市二等奖
故事	《钱包的奇遇》	叶演豪	1989年	市二等奖
故事	《偷来的爱情》	罗佐君	1989年	市三等奖
演唱	《山村奇闻》	汤明哲	1989年	市三等奖
歌曲	《黄河魂》	叶东方	1989年	市三等奖
歌曲	《喊山》	张忠元	1989年	市二等奖
小戏	《别墅梦》	张国柱	1989年	市二等奖
歌曲	《我的中原》	张忠元	1990年	市二等奖
小戏	《狐狸告状》	罗佐君	1990年	市三等奖
歌曲	《我们是新一代描春手》	叶东方	1990年	市创作奖
电视剧	《山城疑案》	王佳湘	1991年	市二等奖
歌曲	《心中的星》	罗伟君	1991年	市二等奖
歌曲	《我已经归来》	作曲 张忠元 作词 倪维德	1991年	市二等奖
大戏	《别墅梦》	温宏胜	1991年	市三等奖
演唱	《钱包的奇遇》	汤明哲	1991年	市三等奖
器乐曲	《偷来的爱情》	熊茂珍	1991年	市三等奖
故事	《柚王与外来妹》	陈振邦	1992年	市一等奖
小戏	《风落梧桐岭》	王佳湘	1992年	市二等奖
故事	《儿子·金子·银子·疯子》	李能晟	1992年	市二等奖
小戏	《山月弯弯》	黄财胜	1992年	市三等奖
歌曲	《园丁颂》	作曲 罗伟君 作词 于先龙	1992年	市三等奖
歌曲	《党啊，我们离不开你》	作曲 肖建兰 作词 李幼容	1992年	市三等奖
歌曲	《弹起小电子琴》	作词 李晓达 作曲 张烈华	1992年	市三等奖
小戏	《新春宴》	刘淦清	1993年	市一等奖
故事	《发虫汉发财》	陈振邦 叶演豪	1993年	市三等奖

续表 3-25

类别	作品名称	作者姓名	获奖时间	获奖等级
小品	《小东，你醒醒》	陈贤德	1993 年	市三等奖
大戏	《无孔不入》	王佳湘	1993 年	市三等奖
表演唱	《雨夜呼噜声》	罗小红	1994 年	市一等奖
故事	《伤鸽奇缘》	赖育昌	1994 年	市一等奖
小戏曲	《酒书记品酒》	王心灵	1994 年	市三等奖
小品	《晚修》	陈贤德	1994 年	市三等奖
小品	《爸爸，我长大了》	陈贤德	1995 年	市二等奖
故事	《古董老人》	赖育昌	1995 年	市二等奖
小戏	《红杏出墙》	王心灵 叶演豪 李能晟	1996 年	市一等奖
故事	《哑翁失踪记》	李能晟 叶演豪	1996 年	市一等奖
小品	《爸爸的心情你懂么》	陈贤德	1996 年	市二等奖
小品	《对症下药》	叶演豪 罗国平	1997 年	市二等奖
小戏曲	《真情》	李能晟	1998 年	市三等奖
大戏	《慧娘》	温宏胜	1999 年	市三等奖
故事	《伤雁南翔》	罗国平	1999 年	市三等奖
故事	《老板娘与三轮车夫》	李能晟	1999 年	市三等奖
故事	《古怪伯教子》	李能晟	2000 年	市二等奖
小品	《麻将声声》	李能晟	2000 年	市二等奖
表演唱	《姐妹回娘家》	吴殿元	2000 年	市三等奖
故事	《三打耿义》	李能晟	2001 年	市二等奖
小品	《过桥》	李能晟	2001 年	市三等奖
故事	《张伯办宴》	李能晟	2002 年	市二等奖
小品	《处事诀窍》	廖广坤	2002 年	市二等奖
故事	《周老板买厂记》	水　虎	2002 年	市三等奖
小品	《劝架》	李能晟	2003 年	市二等奖
快板	《王二虎还债》	吴殿元	2003 年	市二等奖

续表 3-25

类别	作品名称	作者姓名	获奖时间	获奖等级
小戏	《村长嫂审鸡》	吴殿元	2004 年	市一等奖
小戏	《乡下新娘》	叶　笛	2004 年	市三等奖
小品	《二狗还债》	张志贵	2004 年	市三等奖
小品	《耿叔看大戏》	李能晟	2005 年	市三等奖
小戏曲	《嫂嫂闹离婚》	吴殿元	2005 年	市三等奖
歌曲	《湘女多情》	作词 肖宝尤 作曲 肖思文	2005 年	市一等奖
歌曲	《等候》	作词 迟福铎 作曲 张剑鸣	2005 年	市二等奖
器乐曲	《客家欢歌》	作曲 张忠元	2005 年	市二等奖
表演唱	《逛新村》	阿　凡	2006 年	市二等奖
小品	《看走眼》	廖广坤	2006 年	市三等奖
快板	《特别奖金》	吴殿元	2006 年	市三等奖
歌曲	《柚乡行》	作曲 张忠元	2006 年	市二等奖
歌曲	《捧出真情赞美你》	作词 巩建华 作曲 钟振环	2006 年	市三等奖
小品	《热闹一家子》	琳　琅	2007 年	市三等奖
小品	《各显其能》	杨　帆	2007 年	市三等奖
歌曲	《客家山歌美如酒》	作词 龙远开 作曲 张建豪	2007 年	市二等奖
器乐曲	《梅城山歌节》	张忠元	2007 年	市二等奖
小戏	《爰果难分》	叶　笛	2008 年	市三等奖
小戏	《村长候选人》	吴殿元	2008 年	市三等奖
小品	《陈伯学开车》	李能晟	2008 年	市三等奖
快板	《深山凤凰》	叶　笛	2008 年	市三等奖
歌曲	《家乡美》	作曲 廖帜华 作词 三　木	2008 年	市三等奖
歌曲	《寄小燕》	作词 艾　波 作曲 刘乐仙	2008 年	市三等奖
快板	《两枝女人两枝花》	叶　笛	2009 年	市二等奖
小戏	《阿典嫂》	张国柱	2009 年	市三等奖
小戏	《九曲山前》	张国柱	2009 年	市三等奖

续表 3-25

类别	作品名称	作者姓名	获奖时间	获奖等级
小品	《古怪伯拒医》	李能晟	2009 年	市三等奖
歌曲	《故乡的路》	作词 李新苑 作曲 杨伟铮	2009 年	市三等奖
小戏	《铜锣嫂》	张国柱	2010 年	省一等奖 市一等奖
快板	《两枝女人两枝花》	叶 笛	2010 年	省一等奖 市一等奖
小品	《亲情妈妈》	宋雯妮	2010 年	市二等奖
小品	《九嫂的晚宴》	李能晟	2010 年	市三等奖
快板	《日月塘》	叶 笛	2010 年	市三等奖
歌曲	《走遍天下客家人》	作词 陈昌环 作曲 廖炽华	2010 年	市二等奖
歌曲	《茶香谣》	作词 伯 荣 作曲 晨 羽	2010 年	市二等奖
表演唱	《围屋奇缘》	猷 坚	2010 年	市二等奖
歌曲	《慈祥妈妈》	作词 胡怀美 作曲 林志生	2010 年	市三等奖
小品	《看医生》	张国柱	2011 年	省三等奖 市一等奖
小品	《门铃》	宋雯妮	2011 年	省三等奖 市一等奖
小戏	《难得有情人》	刘玉芬	2011 年	市三等奖
曲艺	《有一个美丽的小姑娘》	叶 笛	2011 年	市三等奖
歌曲	《走在上学的小路上》	作词 孙照明 作曲 林志生	2011 年	市二等奖
歌曲	《常来常往》	作词 晨 羽 作曲 晨 羽	2011 年	市三等奖
小品	《中奖之后》	宋雯妮	2012 年	省一等奖 市一等奖
对口相声	《换灯泡》	扬 帆	2012 年	省一等奖 市一等奖
对口相声	《趣说黑白》	李雪松	2012 年	省三等奖 市一等奖
小戏	《谈婚论价》	刘玉芬	2012 年	市三等奖
小戏	《交换》	宋雯妮	2012 年	市三等奖

续表 3-25

类别	作品名称	作者姓名	获奖时间	获奖等级
小品	《打电话》	李能晟	2012年	市三等奖
小品	《如此算计》	刘玉芬	2012年	市三等奖
快板	《单刁哥》	张国柱	2012年	市二等奖
歌曲	《江南细雨》	作词 刘嵩仁 作曲 马万亿	2012年	市一等奖
小戏	《小买小卖》	林捷通 肖海皇	2013年	市一等奖
小品	《状元人家》	林捷通 林瑞玲	2013年	市一等奖
小品	《同在屋檐下》	宋雯妮	2013年	省一等奖 市二等奖
相声	《酒的渊源》	李雪松	2013年	市二等奖
小戏	《一树杨梅暗开花》	叶　笛	2013年	市三等奖
小戏	《爱的尺码》	刘玉芬	2013年	市三等奖
小品	《太极高手》	李能晟	2013年	市三等奖
小品	《怎么又是你》	王文龙	2013年	市三等奖
小品	《策划开会》	刘小燕	2013年	市三等奖
相声	《没劲》	扬　帆	2013年	市三等奖
曲艺	《春回大黄庄》	张国柱	2013年	市三等奖
歌曲	《水乡的帆》	作词 李　苏 作曲 晨　羽	2013年	市三等奖
歌曲	《梅水欢歌》	作词 叶俊红 作曲 丘金树	2013年	市三等奖
歌曲	《云中茶歌》	作词 南　河 作曲 林志生 晨　鸣	2013年	市三等奖
歌曲	《旗袍》	作词 葛成石 作曲 陈冠强	2014年	市一等奖
曲艺	《红娘队》	刘玉芬	2014年	市一等奖
相声	《狗语人情》	成　扬	2014年	市一等奖
相声	《玩呗》	黄八香	2014年	市一等奖
五句板	《鸡犬不宁》	林捷通	2014年	市二等奖
快板	《从头走新路》	叶　笛	2014年	市二等奖
小戏	《酒后话》	林捷通	2014年	市二等奖

续表 3-25

类别	作品名称	作者姓名	获奖时间	获奖等级
小戏	《巴掌山前》	张国柱	2014 年	市三等奖
小戏	《孽债》	郭凤珍	2014 年	市三等奖
小戏	《今生有你》	刘玉芬	2014 年	市三等奖
小品	《出事了》	宋雯妮 李玉珍	2014 年	市二等奖
小品	《断了这念头》	宋雯妮	2014 年	市三等奖
小品	《爱的呼唤》	李能晟	2014 年	市三等奖
小品	《软肋》	王文龙	2014 年	市三等奖
歌 曲	《江南花雨》	作词 徐福清 作曲 丘城锋	2014 年	市三等奖
歌 曲	《家乡话》	作词 李伟东 李 靖 作曲 赖东锐	2015 年	市一等奖
相 声	《特殊会议》	扬 帆 徐美吟	2015 年	市一等奖
表演唱	《老汉进城》	刘玉芬 李玉珍	2015 年	市二等奖
小戏	《送你一盆合欢花》	叶 笛	2015 年	市三等奖
小戏	《山中石头村》	张国柱	2015 年	市三等奖
小品	《不能砍的树》	宋雯妮	2015 年	市三等奖
小品	《宝宝的心愿》	林捷通	2015 年	市三等奖
歌曲	《年三十布》	作词 非 遗 作曲 丘城锋	2015 年	市二等奖
歌 曲	《客家美酒》	作词 江剑欧 陈冠强 作曲 陈冠强	2015 年	市三等奖
小品	《一枚勋章》	宋雯妮 肖婷婷	2016 年	市一等奖
歌曲	《客家的围屋》	作词 李伟东 作曲 赖东锐	2016 年	市一等奖
少儿舞蹈	《好子莫做蟾蜍罗》	作词 陈浩勤 作曲 刘小勇 编导 黄惠君	2016 年	市二等奖
少儿舞蹈	《排排坐唱山歌》	作曲 谢 鹏 编导 刘金茹 李玉珍 辅导 侯爱琼 徐美吟 朱丽芳	2016 年	市二等奖

续表 3-25

类别	作品名称	作者姓名	获奖时间	获奖等级
小戏	《招聘》	郭凤珍	2016年	市三等奖
小品	《一把椅子》	李能晟	2016年	市三等奖
表演唱	《救生缘》	叶　笛	2016年	市三等奖
表演唱	《二胎时代》	刘玉芬	2016年	市三等奖
歌曲	《阿哥喂》	作词 廖　武 作曲 谢　鹏	2016年	市二等奖
歌曲	《千年古梅》	作词 葛成石 作曲 陈冠强	2016年	市二等奖
歌曲	《梦里还在军旗下》	作词 莫生银 作曲 林志生	2016年	市三等奖
小戏	《寒冬暖夜》	李玉珍 郭凤珍	2017年	市一等奖
小品	《石头哪去了》	宋雯妮	2017年	市二等奖
曲艺	《聊聊微信》	刘玉芬 陈浩勤	2017年	市二等奖
儿歌	《喇叭花》	作词 苗　笛 作曲 黄红苑	2017年	市二等奖
歌曲	《中国民工之歌》	作词 李朝润 作曲 钟德贤 朱丽芳	2017年	市二等奖
歌曲	《我们的花季》	作词 张文珊 李　荣 作曲 李　荣	2017年	市二等奖
小戏	《办个农民文体广场》	叶　笛	2017年	市三等奖
小品	《看夕阳》	李能晟	2017年	市三等奖
歌曲	《红帆船》	作词 李庆文 作曲 陈冠强	2017年	市三等奖
歌曲	《守候花开瞬间》	作词 野　野 作曲 林志生	2017年	市三等奖
小戏	《月映禅心》	郭凤珍	2018年	省一等奖 市一等奖
小品	《凑个数》	宋雯妮	2018年	省三等奖 市二等奖
快板	《爱心悠长》	叶　笛	2018年	市二等奖
音乐	《再喊一声父老乡亲》	作词 尚春生 作曲 林志生	2018年	市二等奖

续表 3-25

类别	作品名称	作者姓名	获奖时间	获奖等级
音乐	《客家阿姆》	作词 刘少雄 作曲 陈冠强	2018 年	市二等奖
小戏	《一枚纽扣》	刘玉芬	2018 年	市三等奖
小品	《爱心馒头》	宋雯妮	2018 年	市三等奖
音乐	《百丽杜鹃百里歌》	作词 沙泽民 作曲 钟德贤 朱丽芳	2018 年	市三等奖
音乐	《蹦蹦床》	作词 何春燕 作曲 黄红苑	2018 年	市三等奖

1989 年至 2018 年梅县区文化馆曲艺作品获得市级以上奖一览表

表 3-26

类别	作品名称	作者姓名	获奖时间和等级
演唱	《山村奇闻》	汤明哲	1989 年市三等奖
演唱	《钱包的奇遇》	汤明哲	1991 年市三等奖
表演唱	《雨夜呼噜声》	罗小红	1994 年获得省群文作品评比二等奖、市一等奖
表演唱	《姐妹回娘家》	吴殿元	2000 年市三等奖
快板	《王二虎还债》	吴殿元	2003 年市二等奖
表演唱	《逛新村》	阿　凡	2006 年市二等奖
快板	《特别奖金》	吴殿元	2006 年市三等奖
曲艺	《歌唱家乡面貌新》	刘玉芬	2007 年省第七届少儿艺术花会演出，获得金奖
曲艺	《梅县新城面貌新》	刘玉芬	2007 年省作品类优秀指导教师奖
快板	《深山凤凰》	叶　笛	2008 年市三等奖
快板	《两枝女人两枝花》	叶　笛	2009 年市二等奖
快板	《两枝女人两枝花》	叶　笛	2010 年广东省群众文艺创作一等奖、市一等奖
快板	《日月塘》	叶　笛	2010 年市三等奖
表演唱	《围屋奇缘》	猷　坚	2010 年市二等奖
曲艺	《有一个美丽的小姑娘》	叶　笛	2011 年市三等奖

续表 3-26

类别	作品名称	作者姓名	获奖时间和等级
对口相声	《换灯泡》	扬　帆	2012年广东省群众文艺创作一等奖、市一等奖
对口相声	《趣说黑白》	李雪松	2012年获得广东省群众文艺创作三等奖、市等奖
快板	《单刁哥》	张国柱	2012年市二等奖
相声	《酒的渊源》	李雪松	2013年市二等奖
相声	《没劲》	扬　帆	2013年市三等奖
曲艺	《春回大黄庄》	张国柱	2013年市三等奖
曲艺	《红娘队》	刘玉芬	2014年获得广东省群众文艺创作三等奖、市等奖
相 声	《狗语人情》	成　扬	2014年市一等奖
相 声	《玩呗》	黄八香	2014年市一等奖
五句板	《鸡犬不宁》	林捷通	2014年市二等奖
快 板	《从头走新路》	叶　笛	2014年市二等奖
相 声	《特殊会议》	扬　帆 徐美吟	2015年获得广东省群众文艺创作三等奖、市等奖
表演唱	《老汉进城》	刘玉芬 李玉珍	2015年获得广东省群众文艺创作三等奖、市等奖
表演唱	《救生缘》	叶　笛	2016年市三等奖
表演唱	《二胎时代》	刘玉芬	2016年市三等奖
曲艺	《聊聊微信》	刘玉芬 陈浩勤	2017年市二等奖
快板	《爱心悠长》	叶　笛	2018年市二等奖
舞蹈	《封箱》	刘玉芬参与辅导	2018年省第六届岭南舞蹈大赛群舞非职业组作品金奖

音乐。1982年至1985年，先后举办有“红五月”“五讲四美”“纪念聂耳、冼星海音乐比赛”。1979年至1987年，音乐作品获得地区奖的有26篇、省级奖3篇。

舞蹈。1982年，丛喜凤创作的《春燕》（舞蹈）获得省一等奖。1985年，林育芬创作的《采茶扑蝶》获得广东省儿童舞蹈录像比赛三等奖，蔡汉强、刘远环创作的《席趣舞》（原名《席狮舞》），获得省创作优秀奖和全国民间舞蹈会演表演三等奖。1986年12月，《席趣舞》舞剧组丘岳、李卫玲、刘建文3人，代表广东省队参加全国民间音乐舞蹈比赛，获得全国表演三等奖，并获得中华人民共和国文化部广播电影电视部颁发的铜牌一块、荣誉奖证书一本。

1979年至1987年音乐作品获得梅县地区奖一览表

表3-27

作品名称	作者姓名	获奖时间及等级
怀念党的好儿子	杨宏海词 黎干、叶明曲	1979年获得梅县地区音乐作品一等奖
展翅飞翔	梁巫词 朱振光曲	1979年获得梅县地区二等奖
四季花开望郎来	汤明哲 张振坤 词曲	1979年获得梅县地区三等奖
春雨	黎干曲	1980年获得梅县地区一等奖、广东省优秀奖
海岛之夜	邓运贤曲	1980年获得梅县地区二等奖
唱一支赞美的歌	廖铮扬曲	1980年获得梅县地区二等奖
星期天	摩铮扬曲	1981年获得梅县地区三等奖
采一朵鲜花送给你	刘远环曲	1981年获得梅县地区二等奖
前进吧!年轻开拓者	肖建兰曲	1982年获得梅县地区二等奖
照相师傅到山乡	廖铮扬曲	1982年获得梅县地区三等奖
心灵美	廖铮扬曲	1982年获得梅县地区三等奖
当我拿起洁白的粉笔	廖铮扬曲	1983年获得梅县地区音乐作品三等奖
信念之歌	张忠元曲	1983年获得梅县地区音乐创作三等奖
想起童年好时光	陈冠强曲	1984年获得梅县地区音乐创作二等奖
祖国最好党最亲	肖建兰曲	1984年获得梅县地区音乐创作三等奖
让生活充满阳光	黎干曲	1985年获得地区三等奖
梅州制药工人歌	达民词 张敏曲	梅县地区厂（矿）歌比赛一等奖
未来在召唤	叶东方词曲	1986年获得地区音乐创作三等奖
红领巾绿化造林队	张忠元曲	1986年获得梅县地区三等奖
铅锌矿之歌	丙村铅锌矿集体词 张忠元曲	梅县地区厂（矿）歌比赛二等奖
营业员之歌	柏君词 阮力曲	梅县地区厂（矿）歌比赛二等奖

续表 3-27

作品名称	作者姓名	获奖时间及等级
歌舞《心愿》	丘可耕词 张忠元曲	1987年获得梅县地区城区大中专、中学歌舞比赛三等奖
中华五千年	张忠元曲	1987年获得梅州市音乐作品二等奖

1988年至2018年梅县区文化馆音乐作品获得市级奖一览表

表 3-28

类别	作品名称	作者姓名	获奖时间	获奖等级
歌曲	《黄河魂》	叶东方	1988年	市三等奖
歌曲	《喊山》	张忠元	1989年	广东省群众文艺创作三等奖，市二等奖
歌曲	《我的中原》	张忠元	1990年	广东省群众文艺创作三等奖，市二等奖
歌曲	《我们是新一代描春手》	叶东方	1990年	市创作奖
歌曲	《心中的星》	罗伟君	1991年	市二等奖
歌曲	《我已经归来》	作曲　张忠元 作词　倪维德	1991年	市二等奖
器乐曲	《偷来的爱情》	熊茂珍	1991年	市三等奖
歌曲	《园丁颂》	作曲　罗伟君 作词　于先龙	1992年	市三等奖
歌曲	《党啊，我们离不开你》	作曲　肖建兰 作词　李幼容	1992年	市三等奖
歌曲	《弹起小电子琴》	作词　李晓达 作曲　张烈华	1992年	市三等奖
歌曲	《湘女多情》	作词　肖宝尤 作曲　肖思文	2005年	市一等奖
歌曲	《等候》	作词　迟福铎 作曲　张剑鸣	2005年	市二等奖
器乐曲	《客家欢歌》	作曲　张忠元	2005年	市二等奖
歌曲	《柚乡行》	作曲　张忠元	2006年	市二等奖
歌曲	《捧出真情赞美你》	作词　巩建华 作曲　钟振环	2006年	市三等奖
歌曲	《客家山歌美如酒》	作词　龙远开 作曲　张律豪	2007年	市二等奖
器乐曲	《梅城山歌节》	张忠元	2007年	市二等奖

续表 3-28

类别	作品名称	作者姓名	获奖时间	获奖等级
歌曲	《家乡美》	作曲 廖帜华 作词 三　木	2008 年	市三等奖
歌曲	《寄小燕》	作词 艾　波 作曲 刘乐仙	2008 年	市三等奖
歌曲	《故乡的路》	作词 李新苑 作曲 杨伟铮	2009 年	市三等奖
歌曲	《走遍天下客家人》	作词 陈昌环 作曲 廖炽华	2010 年	市二等奖
歌曲	《茶香谣》	作词 伯　荣 作曲 晨　羽	2010 年	市二等奖
歌曲	《慈祥妈妈》	作词 胡怀美 作曲 林志生	2010 年	市三等奖
歌曲	《走在上学的小路上》	作词 孙照明 作曲 林志生	2011 年	市二等奖
歌曲	《常来常往》	作词 晨　羽 作曲 晨　羽	2011 年	市三等奖
歌曲	《江南细雨》	作词 刘嵩仁 作曲 马万亿	2012 年	市一等奖
歌曲	《水乡的帆》	作词 李　苏 作曲 晨　羽	2013 年	市三等奖
歌曲	《梅水欢歌》	作词 叶俊红 作曲 丘金树	2013 年	市三等奖
歌曲	《云中茶歌》	作词 南　河 作曲 林志生 晨　鸣	2013 年	市三等奖
歌曲	《旗袍》	作词 葛成石 作曲 陈冠强	2014 年	广东省群众文艺创作二等奖，市一等奖
歌曲	《江南花雨》	作词 徐福清 作曲 丘城锋	2014 年	市三等奖
歌曲	《家乡话》	作词 李伟东 李　靖 作曲 赖东锐	2015 年	广东省群众文艺创作二等奖，市一等奖
歌曲	《年三十布》	作词 非　遗 作曲 丘城锋	2015 年	市二等奖
歌曲	《客家美酒》	作词 江剑欧 陈冠强 作曲 陈冠强	2015 年	市三等奖
歌曲	《客家的围屋》	作词 李伟东 作曲 赖东锐	2016 年	广东省群文创作评比一等奖，市一等奖
歌曲	《阿哥喂》	作词 廖　武 作曲 谢　鹏	2016 年	市二等奖

续表 3-28

类别	作品名称	作者姓名	获奖时间	获奖等级
歌曲	《千年古梅》	作词 葛成石 作曲 陈冠强	2016 年	市二等奖
歌曲	《梦里还在军旗下》	作词 莫生银 作曲 林志生	2016 年	市三等奖
儿歌	《喇叭花》	作词 苗　笛 作曲 黄红苑	2017 年	市二等奖
歌曲	《中国民工之歌》	作词 李朝润 作曲 钟德贤 朱丽芳	2017 年	市二等奖
歌曲	《我们的花季》	作词 张文珊 李　荣 作曲 李　荣	2017 年	市二等奖
歌曲	《红帆船》	作词 李庆文 作曲 陈冠强	2017 年	市三等奖
歌曲	《守候花开瞬间》	作词 野　野 作曲 林志生	2017 年	市三等奖
音乐	《再喊一声父老乡亲》	作词 尚春生 作曲 林志生	2018 年	市二等奖
音乐	《客家阿姆》	作词 刘少雄 作曲 陈冠强	2018 年	市二等奖
音乐	《百丽杜鹃百里歌》	作词 沙泽民 作曲 钟德贤 朱丽芳	2018 年	市三等奖
音乐	《蹦蹦床》	作词 何春燕 作曲 黄红苑	2018 年	市三等奖

说明：1993 年至 2004 年缺失

3．作品选录

（1）山歌

如：恩情最深共产党

山上么树变荒山，河里么水变沙滩；如果没有共产党，便兜样般有身翻。

共产党来恩情长，唔知何处开言章；好比鲜花千万朵，朵朵红来朵朵香。

天上最亮红太阳，地下最深大海洋；功劳最大毛主席，恩情最深共产党。

军民鱼水一家亲

天上就有五色云，地上就有解放军；五色祥云盖天下，解放军来爱人民。

军爱民来民拥军，军民鱼水一家亲；军民团结搞建设，祖国河山万年春。

妇女高唱自由歌

想起旧时妇人家，真是做牛又做马；受尽儿多冤枉日，千重锁链万重枷。

高山顶上满天霞，千年铁树开了花；好得来了共产党，斩断锁链打开枷。

画眉出笼飞出坡，鲤鱼脱网游大河；打开封建铁枷锁，妇女高唱自由歌。

（2）儿歌、童谣

儿歌、童谣，儿童朗诵和歌唱起来朗朗上口，易锻炼儿童口才和培养智力。

如：**感谢党的好政策**

春日华华，妈妈采茶。

哥哥读书，爸爸制茶。

茶叶卖到俄罗斯，哥哥读书成博士。

感谢党的好政策，农民住进大城市。

又如：**同在客家**

同在一个国，名字叫中国。

同在一个家，名字叫客家。

我的家乡在梅州，梅州是个好地方。

有山有水有风光，有歌有才有童谣。

今由我来背一段，词穷难拟美客家。

月光光，秀才郎，骑白马，过莲塘。

我爱我的好家乡，家乡就是我客家。

我爱家乡，我爱客家。

（三）美术、书法、摄影

1979年后，全县美术、书法、摄影等文化艺术快速发展。

1980年至1987年，联合或单独举办大、中、小型美术、书法、摄影展览20多次。参展作者161人（次），展出作品500多件，部分作品在全国省、地展出获奖。

1986年，先后成立梅县美术协会、梅县书法协会、梅县摄影协会。此后，美术、书法、摄影活动更加丰富活跃。县文联定期和不定期举办美术、书法、摄影作品展，挑选优秀作品推荐参加市级以上参展比赛，支持鼓励作者进行国内外个人巡回展。

1987年，全县有中国美术家协会广东分会会员3人、省书法协会会员2人、省摄影协会会员2人。

至2000年年底，全县有美术、书法、摄影协会会员664人，其中国家级会员22人、省级会员12人。全县举办和参加较有影响的各级展览、比赛45场（次），参展作者451人（次），其中美术15场135人（次）、书法（含硬笔书法）25场146人（次）、摄影5场170人（次）。展出作品1990件，其中美术295件、书法1275件、摄影420件。获得市级以上奖作品165件，其中获得国家级奖优秀作品81件、获得省级奖优秀作品52件。

至2018年年底，美术、书法、摄影界主要代表人物：中国美术家协会上海分会副主席、著名画家林风眠；中国美术家协会会员熊启雄；中国工艺美术学会会员曾德新；中国美术家会员、画家彭强；中国现代著名雕刻艺术家黄心维；书画篆刻家周育麟；中国书法家协会会员廖炳训、侯坚、黄天胜；摄影家古进、李碧锐；中国硬笔书法协会会员林植、蔡海光等80多人。

1981年至1987年美术、书法、摄影作品获得市级以上奖一览表

表3-29

名称	作者	获奖时间	获奖等级
三英战吕布	侯文发	1981年	省第一届年画一等奖
冲出亚洲	张远安	1981年	省摄影银牌奖
冲	潘其华	1981年	全国摄影一等奖
初夏牧歌	俞红峰	1982年	省聋哑人美术作品二等奖
五虎将	侯文发	1983年	省美术作品展览年画优秀奖
楷书	黄云程	1984年	梅县地区农民书画展书法一等奖
山村新事	罗昌明 杨依现	1984年	梅县地区版画三等奖
攀登	蓝小琼	1985年	省小神童书画比赛一等奖
假日	张运华	1985年	省小神童书画比赛一等奖
阳台远眺	叶乐联	1985年	省小神童书画比赛二等奖
农村	何　芳	1985年	省小神童书画比赛三等奖
争分夺秒	罗运琪	1985年	省小神童书画比赛三等奖
登高望远	曾　栋	1986年	参加全国少年儿童美术作品展出和日本国际儿童书画展览
举国欢腾	侯文发	1987年	省第三届年画展优秀奖

2001年至2015年梅县区文化馆美术、书法、摄影作品获奖一览表

表3-30

名称	作者	类别	获奖时间	获奖等级
《山鸣谷应》	徐建文	国画	2001年	世纪星光广东省美术书法摄影作品大展获得优秀奖
《深山坦途》	徐建文	国画	2001年	广东省群众文艺创作优秀奖
《曦》	张　杰 徐建文	水粉画	2001年	广东省群众文艺创作优秀奖
《静水沉沉》	徐建文	装饰画	2003年	2003广东省美术书法、摄影联合展获得优秀奖
《梦回客家寨》	曾滏新	美术	2004年	2004年广东省美术书法、摄影联合展中获得银奖

续表 3-30

名称	作者	类别	获奖时间	获奖等级
《青山送绿》	徐建文	国画	2005 年	广东省第六届美术书法摄影展获得优秀奖
书法报作品	谢　盈	书法报作品	2007 年	“书法报·第三届（春季）全国少儿书法大赛”获得小学组书法作品一等奖
《子曰》	徐建文	国画	2011 年	全国群众美术书法展优秀奖
《古格言联》	徐建文	书法	2011 年	省群众廉政书法画展铜奖
书法作品	徐建文	书法	2012 年	第二届全国群众文化美术书法展中获得优秀奖
《围龙夜月》	徐建文	国画	2015 年	文化大视野——全国群文系统文艺作品选集获得优秀奖（最高奖）

五、传统古村落

茶山村被誉为“中国历史文化名村”，茶山村（首批中国传统村落）位于梅县区水车镇西面，县道荷水畲公路贯通全村。村内原有一棵古油茶树，故而得名“茶山村”。该村落源于明代初期，逐渐兴盛，清末达到鼎盛期，村中现存 34 座传统民居，其中绍德堂为明代建筑，有 500 多年历史，村中有 300 多年历史建筑 3 座（萼辉楼、创毅公祠、伯荣楼），200 多年历史建筑 5 座（畅云楼、德崇楼、司马第、培元楼、承庆楼），其余大部分建筑历史均在 100 年以上。

2011 年，成功申报梅南镇下村村，西阳镇新联村，桃尧镇桃源村，雁洋镇桥溪村、石楼村、雁下村、松坪村 7 个村为广东省第三批古村落，认真做好南口镇侨乡村“中国古村落”的申报工作，并于 5 月 3 日被中国文联、中国民协命名为“中国古村落（客家传统民居）”，至此梅县有全省仅有的 2 个“中国古村落”（水车镇茶山村、南口镇侨乡村）、7 个“广东省古村落”，进一步擦亮了地方文化名片，推动文化旅游产业的新发展。成功举办“全国古村落工作经验交流会暨第二届中国古村落保护与发展研讨会”。认真开展由南方日报社、广东省文学艺术界联合会、广东省民间文艺家协会联合举办的“岭南古风——寻找广东十大最美古村落”评选工作。

桥溪村始称叩头溪，该村四面环山，方圆约 1 平方公里。明朝万历年间，由陈、朱两姓人家先后在此卜筑营居，世代联姻，互结秦晋之好，繁衍生息。该村于 2002 年经广东省人民政府批准，定为广东省文物保护单位。村内最有特色的客家民居建筑有朱氏的继善楼和反围龙式的积善堂等，堪称梅州“文化之乡”“华侨之乡”和革命老区的一个缩影。该村对研究客家民系的迁徙史、客家华侨史、地方教育史、地方革命史和客家地区的人文习俗、宗教信仰、民居建筑艺术等提供了历史、科学和艺术的宝贵资料。梅县区雁洋镇桥溪村获得“广东十大最美古村落”殊荣，为梅州文化旅游特色区再添“美丽画卷”。

第三节　群众文化

梅县区历史悠久，素有“文化之乡”“华侨之乡”“足球之乡”的美誉和“人文秀区”之称。改革开放后，梅县区始终把群众性文化活动的开展作为推动文化事业发展的一个重要抓手，以“主题文化、节日文化、特色文化”为主要形式，大力发展社区文化、校园文化、广场文化、村镇文化，并致力于挖掘地方特色，群众性文化活动红红火火。1997年，获得“全国文化先进县”的称号。独具客家古邑深厚文化底蕴的客家山歌，伴随着客家民系的形成而传播，是梅州地区家喻户晓的一种民间艺术形式，具有较高的艺术价值和欣赏价值，其唱腔艺术和表现风格具有鲜明的客家特色，富有浓郁的乡土生活气息，是广大客家人民智慧的结晶和艺术审美情趣的具体表现，是中华民族音乐百花园中一朵艳丽的奇葩，梅县区不愧是“中国民间文化艺术（客家山歌）之乡”。

迎春文艺演出活动

一、文化活动

区文化部门坚持以春节、元宵、“三八”、“五一”、“五四”、“七一”、中秋、国庆等节日和民间民俗节日以及重大活动为载体，组织开展内容丰富、品位高雅、形式多样的群众文化活动，逐步形成具有周期性、长期性、多样性、群众参与性较高的、特色鲜明的群众文化活动，广场舞、器乐演奏、唱山歌、五句板、舞狮等民间文化活动异彩纷呈。

梅县山歌比赛（1979年）

1978年冬，山歌剧《挽水西流》经过剧团加工整理后，开始连续在城乡演出100多场，中央人民广播电台国际台还专门派员到剧团录音，向海内外播放。从1978年开始，县文化宣传部门每年都举办全县性的业余文艺会演。

县内大型文艺演出从80年代开始，组织县山歌剧团、木偶剧团、山歌曲艺团排演群众喜爱、有教育意义的节目送戏下乡。县山歌剧团排演以传统的山歌剧为主。3个团队排练的文艺节目，到农村、社区、企业、学校进行演出。

1983年开始，梅县人民政府决定每年的中秋节为“山歌节”，山歌节活动采取独唱、对唱、山歌擂台比赛等形式进行。1983年秋举办首届山歌节，活动时间持续8天，参加表演的有来自梅县地区7个县的著名歌手共58人。全国著名歌手黄婉秋（祖籍梅县，影片《刘三姐》主角扮演者），著名歌唱家郑湘娟、曾新芬（梅县籍人）等文艺界名人特邀参加这次中秋“山歌音乐茶会”。参加活动的群众有4万多人（次），国内10多家新闻媒体对这次“山歌”活动作了专题报道。畲江、丙村、瑶上3个区的业余剧团和南口区侨光业余剧团还参加“广东省一条龙”剧团活动（上演省评选出的优秀节目），其中畲江区业余剧团多次获得省的奖励，4次被梅县地区评为先进剧团。

1984年，梅县市文化局举办了百人小戏调演，协助教育局开展了诗朗诵比赛，举办了独唱独奏比赛，开展山歌擂台活动，组织街头演出。基层群众文化工作有新的发展，全市20个业余剧团，有8个经常活动，业余剧团演出30场，收入3000多元，全市271个乡，办起文化馆180个，占60%。村办文化室113个，家庭文化室280个。是年，县文化馆复办舞厅，开展交谊舞活动。1978年至1985年，全县举办舞蹈骨干训练班22期，参加培训的有1000多人（次）。1985年后，“迪斯科”等一批海外流行舞蹈相继传入梅县。梅城先后有9个单位开设舞厅，为舞蹈爱好者提供良好的文娱活动场地。

1986年，梅县市文化馆加强全市文艺骨干的辅导工作，全年举办美术、书法、摄影学习班7期，作品200多件；举办音乐会、舞蹈、小戏、健美操、山歌等培训班20多期，培训学员650多人。春节期间，举办了全市农村文艺会演，有18个文艺代表队参加，演出节目48个；文化馆与直属机关党委、工会、青年团、妇联，教育部门等发展文化工作的横向联系，举办“六一”、国庆、元旦、中小学文艺会演等活动，活跃了梅县市城乡群众文化生活。

1987年的山歌节活动，同时举行了中老年“发扬杯”、中学生“希望杯”、小学生“少年杯”、幼儿园“宝宝杯”的山歌比赛，参赛歌手有100多人，最高年龄83岁，最小的只有5岁。

1988年起，每两年举办1次全县性农村业余文艺会演和调演。山歌剧团在困难重重的情况下，勇敢地跨出了改革的步子，把剧团分为轻音乐队和山歌曲艺团，实行团长承包责任制，对演员按才聘任，优化组合，从而调动了全体演职员的积极性，做到排练不停，演出不停，终于在困境中找到了出路。全年演出210多场，比1987年增加115场，经济收入7.9万元，比1987年增加5.5万元。木偶剧团在极其困难的情况下，转演轻音乐，保留传统木偶戏，同时还与工宫乐队实行定期承包，也取得了较好的成绩，全年演出128场，比上年多演出28场，经济收入3.7万元。比1987年增加2万元。山歌曲艺团刚刚诞生，就以崭新的面貌与观众见面，引起了社会各界的关注，曲艺人员精干，节目短小精彩，为当地群众服务，为梅县市剧团改革创了新路。

1990年起，县木偶剧团改演布袋戏。每年组织全县各类大型文艺活动10多场（次）。进入90年代后，每届山歌节还开展文化交流活动，参加活动群众保持在1万人以上。

90年代初，梅县山歌爱好者成立了山歌协会，积极搜集、整理民间山歌资料，研究传统山歌的修辞手法、用韵、衬字等，并出版了多本学术专著。梅县区文化部门还聘请山歌师到大、中、小学校开设山歌课程，使客家山歌代代相传。每年举办中秋山歌节、山歌擂台赛、农村业余文艺会演、社区文艺会演等，积极挖掘、培养山歌新秀，流传千年的客家山歌辉煌依旧。

1991年，利用城乡的传统节目，精心组织群众文化活动，组织专业剧团深入农村山区演出352场，举办“汤明哲作品演唱会”，举办大型文体活动240多次。

1993年，各类文化设施普遍得到加强，利用各类文化阵地和各项设施大力宣传党的方针政策，宣传改革开放的伟大成就，引导人民坚定走建设有中国特色的社会主义道路，收到了明显成效。主要有5个特点：一是活动面广。全县27个镇，全年举办各种大型文体活动264次，观众249429人（次）。二是比赛多，成绩突出。先后组织选拔人员参加省电视台《波士发》每日曲卡拉OK演唱，1人获得优秀演唱奖，参加惠州举办的“北棵松花苑杯”山歌擂台赛捧回了金杯，参加市迎“七一”嘉美杯卡拉OK大赛，梅县歌手分别获得了业余组第一名、专业组第二和第三名；参加省“国防之声”卡拉OK比赛获得第三名；在市第四届中学生文艺会演中，梅县代表队总成绩名列前茅。此外，还举办了县直机关局级干部和“五一”东风杯卡拉OK比赛以及离退休干部卡拉OK演唱会。县文化馆业务辅导人员先后深入到松源、石扇、丙村和县直机关企业等10多个单位举办文艺骨干培训班200多场，受培训3200多人。

1994年，城乡群众文化娱乐活动十分频繁，在县城，先后组织“迎春舞会”、“教育基金百万行文艺晚会”、纪念“五四”文艺晚会、中学生文艺会演、国庆文艺晚会、国庆游园等大型文艺活动共18次，其中“教育基金百万行文艺晚会”、“五四”文艺晚会、“七一”卡拉OK大赛、“国庆文艺晚会”还作了电视现场直播和录播。另外，县文化局还派出人员参加珠影厂电影《啼笑冤家》、市大型歌舞《客家春秋》的摄制和排练演出。在农村，以组织全县业余文艺会演和优秀创作节目调演为契机，推动了农村业余文化活动的开展，从分片会演的69个节目中，创作节目24个，开创了梅县业余文艺创作的新局面。

1995年，县山歌剧团、县木偶剧团、县文化馆山歌曲艺团送戏下乡分别为100多场、80多场和120多场。农村群众性的文化活动也非常活跃，每逢节庆均有各种形式的文体活动。全县各镇文化站（室）全年开展群众性文娱体育活动805场次，观众131.4万人（次）。县文化馆积极开展群众性的文化活动，干部积极深入基层培训和辅导，全年辅导和培训252场次，受培训3550人（次），使梅县的文艺队伍的素质有较大的提高。中秋山歌节，文化局举办了与泰国山歌社的联合

送戏送影下乡到南山，表演《唱不尽南山村新事多》（1994年入选省协“思乡杯”大赛）

演出，促进了群众性的山歌活动。

1996 年，文化艺术上山下乡，农村群众文化生活不断充实。组织实施“精品战略”和抓好“文化艺术上山下乡”活动。全年 3 个文艺团体上山下乡演出 370 场，走遍全县 26 个镇 30 多个管理区和 120 间学校、幼儿园，观众 32 万人（次）。县文化馆派出辅导干部，先后到 10 多个乡镇和单位作辅导，全年辅导 136 场，受培训 3000 人（次）。是年，梅县被文化部授予“山歌艺术之乡”称号。

“全国文化先进县（市）”牌匾（1997 年 6 月）

1997 年，继续实施文化、文艺“三下乡”，群众文化活动除传统节日文化娱乐外，乡村文化、社区文化、校园文化、企业文化、家庭文化、广场文化等群众文化活动领域不断扩宽。积极排练节目参加叶剑英元帅 100 周年诞辰文艺晚会，协助举办庆祝“五一”卡拉 0K 比赛，协助教育局举行“迎回归”文艺演出和全省德育现场会的专场文艺晚会以及全市艺术节的演出活动。组织了“庆七一、迎回归”大型文艺晚会以及在松源镇举办的“迎回归”、建设新松源暨梅县第十五届中秋山歌演出晚会。会同梅州市、梅江区，在华侨城广场联合举办中秋山歌擂台晚会，组织文艺队伍参加市公安局“110”报警台开通 1 周年文艺晚会演出。是年，梅县被评为“全国文化先进县”，《酿蜜人家》获得全国第七届“群星奖”金奖。县文化馆先后到畲江、农行、公安等 10 多个镇和单位进行文艺辅导共 143 场，3800 多人（次）。

“广东省文化先进县”牌匾（1998 年 4 月）

1998 年 1 月，会同县文化局在松口、南口、梅西、城东举行“梅县农村业余文艺会演”，24 个镇组织代表队共表演节目 37 个。2 月，会同县文化局在南口镇举行“梅县农村业余文艺创作节目调演”，评出奖项 3 类 28 个。“五四”青年节，会同团县委、县文化局、县教育局组织城区团员青年开展“梅县青年第二轮百歌颂中华”歌咏比赛，讴歌祖国建设巨大成就，激发爱国热情。各级党组织，充分利用“五一”、“七一”、国庆等节日，广泛开展丰富多彩、群众喜闻乐见的文艺活动，充实群众精神生活。县文化局在华侨城组织举办“同乐晚会”，在白宫镇举办县第十六届中秋山歌节“白宫之夜”。县文化馆深入 20 多个镇和许多学校工厂开展文艺演出的辅导和人员的培训，全年辅导演出节目 60 多个、163 场次，受训人员 3590 人（次）。县山歌剧团、文化馆山歌曲艺团、木偶剧团全年演出 282 场，观众 21 万人（次）。努力办好梅县的社区文化、企业文化、家庭文化、广场文化、校园文化、乡村文化活动，为丰富群众文化生活作出了积极的贡献。

1999 年，文化文艺活动空前活跃。一是组织山歌剧团排演出歌剧《桃花俏》，送录像参加“1999 年中国曹禺戏剧文学奖·小品小戏奖”获得三等奖，这是梅县山歌剧团获得的

表演《桃花俏》节目（1999 年）

最高殊荣。二是与县教育局联合举办中小学生文艺分片会演和调演活动。三是分别举办纪念“五四”运动 80 周年、纪念梅县解放 50 周年、梅县第二届金柚节、迎国庆 50 周年暨新县城搬迁、庆祝澳门回归祖国、喜迎新千年等 6 次大型文艺演出。四是创作演出小品《侄媳又有喜》参加省、市录像评比，获得省计育专题文艺会演一等奖。五是举办梅县十七届中秋山歌节。六是举办“加丹杯”梅县青年歌手大赛，选出 3 名歌手参加市比赛，获得三等奖。七是配合“旅游旺县”战略，与县委统战部联合举办“山歌同乐会”，共演出 6 场。

继续贯彻省委宣传部和省文化厅《关于实施文艺上山下乡工程的通知》，组织文化艺术、图书、电影下乡，解决山区群众看戏难、看电影难和看书难的问题。全年县 3 个文艺团体共演出 307 场，观众 17.5 万人（次）。其中，县山歌剧团完成 109 场，观众 10 万多人（次）；县文化馆山歌曲艺团完成 98 场，观众 3 万多人（次）；县木偶剧团完成 100 场，观众 4.5 万人（次）。县电影公司被广播电视部评为全国农村电影工作先进集体，被省委宣传部、文化厅授予“广东省文化艺术上山下乡工程先进集体”称号；肖建兰获得省委宣传部、省文化厅授予的“广东省文化艺术上山下乡工程先进个人”称号。

2000 年，根据中共广东省委《关于在全省开展“致富思源、富而思进”教育活动的决定》和梅州市文化局《关于在全市文化系统开展“致富思源、富而思进”教育活动的通知》精神，结合梅县开展“三讲”教育，积极开展群众性文艺活动。3 月，组织县山歌剧团举办纪念消费者权益日“金威之夜”文艺晚会，由市电视台现场直播。4 月，协助市文化局、市文联举办“山歌大师汤明哲从艺五十周年创作演唱研讨会”。6 月，组织县文化馆山歌曲艺团和梅县山歌剧团创作和排练《拜月中秋》《临时临工》《热门话题》《两思教育入人心》等专题节目在华侨城文化广场公演并到各镇演出，与团县委在雁洋镇叶剑英元帅纪念馆举行“百歌颂中华”“颂歌献给党”全县青年歌手大赛。8 月，组织县文化馆干部到丽群小学排练辅导少儿客家山歌表演唱《种瓜谣》，此节目参加广东省第五届少儿艺术花会 CIOF 第二届亚洲儿童民间艺术节演出，获得综合奖金奖。9 月，与梅县雁球食品有限公司联合举办梅县第十八届中秋山歌节“雁球之夜”文艺晚会，展示客家特色。与县统计局合作，配合梅县第五次全国人口普查工作，出版专题宣传资料 300 份。组织县山歌剧团、文化馆到南口镇举办“梅县第五次人口普查宣传文艺晚会”，并派出宣传车到各镇宣传，扩大影响。10 月，举办“梅县迎国庆暨县城新迁周年文艺焰火晚会”。组织节目参加梅州市“林风眠、李金发 100 周年诞辰纪念暨学术研讨文艺晚会”和“广东省梅州烟叶复烤有限公司开业庆典文艺晚会”。12 月，举办全县农村业余文艺分片会演和调演，全县有 25 个镇组织代表队参加演出，节目 28 个，在分片会演的基础上推选 9 个优秀节目参加全县调演。

2001 年，梅县文艺工作者扎实地开展群众文化文艺活动，使梅县群众文化文艺活动空前活跃。一是元旦在华侨城广场举行梅县农村业余文艺调演，有 9 个镇 9 个节目参加，西阳镇《情系相思林》、梅西镇的小品《送礼》获得演出一等奖；二是与团县委举行纪念“五四”运动、“百歌颂中华”青年歌手比赛；三是协助直属机关党委举行纪念建党 80 周年“百歌颂中华”卡拉 OK 比赛；四是在华侨城广场举行纪念建党 80 周年大型文艺演出；五是在文化中心三楼举办建党 80 周年美术、书法、摄影展；六是在畲江中学广场举行了梅县第十九届中秋山歌节——“畲江之夜”文艺晚会；七是在县政府广场举行庆祝中华人民共和国成立 52 周年暨梅县新县城搬迁 2 周年大型文艺焰火晚会；八是参加梅县举行 12 项工程剪彩奠基暨雁鸣湖旅游度假村开业一系列活动和大型文艺演出；九是协助教育局举行全县中小学生文艺分片会演和调演活动。此外，各镇各单位根据各自实际，在重大节日，积极开展文娱体育活动，活跃群众文化生活，用健康文明的文体活动占领农村文化阵地。

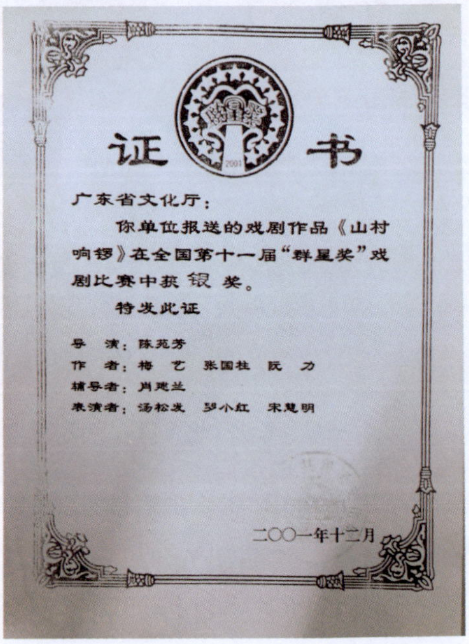
证 书

广东省文化厅：

你单位报送的戏剧作品《山村响锣》在全国第十一届“群星奖”戏剧比赛中获银奖。

特发此证

导　演：陈苑芳
作　者：梅　艺　张国柱　阮　力
辅导者：肖建兰
表演者：汤松发　罗小红　宋慧明

二〇〇一年十二月

戏剧作品《山村响锣》获奖证书（2001 年 12 月）

继续贯彻落实省、市、县《关于实施文艺上山下乡工程的通知》精神，认真组织县 3 个文艺团队、图书馆、电影公司坚持送戏、送书、送电影下乡，解决山区群众看戏难、看书难、看电影难的问题。为使文艺三下乡工程稳步实施，3 个文艺团队排练出一批有教育意义、现实意义和群众喜闻乐见的好节目，如小品《儿子、老子拍电视》，山歌表演唱《年年岁岁英雄花》，小戏《列利嫲与老实古》《扶贫媳妇》《双喜临门》《糊涂父亲》《致富之路》等。3 个文艺团队共下乡演出 299 场，其中山歌剧团完成 121 场、文化馆山歌曲艺团完成 68 场、木偶剧团完成 110 场。县图书馆积极做好万册图书下乡的定期轮换借阅工作，分别到 7 个镇 21 个村级图书室流通借阅。会同农业、经济、水产、畜牧等有关专家，到白宫、隆文等镇举办科技集市，接待农民咨询 1000 多人（次），发送农科资料 2500 份、图书 1000 册。电影公司认真抓好春节免费放映电影慰问老区人民，组织“科教影片汇映月”活动及抓好中小学生“百片扬国魂”爱国主义教育片的发行、放映工作。

2002 年，梅县宣传文化部门在继续实施文化艺术上山下乡工程的同时，积极开展各项群众性文艺活动。1 月 5 日，在雁洋镇长教村举行“三个代表”重要思想学习教育活动专题文艺演出。2 月 8 日，在华侨城广场举行“梅县 2002 年迎春文艺晚会”。4 月 27 日，在叶剑英元帅纪念馆举行“梅县纪念叶剑英同志 105 周年诞辰文艺晚会”。7 月 1 日，在雁洋镇长教村举行纪念建党 81 周年文艺晚会。7 月 30 日，组织县山歌剧团参加梅州市“八一”慰问团到部队慰问演出。7 月 31 日，组织老干局常青歌咏队、新城中学合唱队参加全市“百歌颂中华”合唱比赛；9月18—19日，举办全县山歌手培训班，在荷泗镇文化广场举办梅县第二十届中秋山歌节“荷泗之夜”文艺晚会。9月29日，在华侨城广场举办梅县迎国庆文艺晚会暨山歌大师汤明哲第5本专著《四海飞歌》首发式。组织山歌剧团排练表演唱《老树春》，参加梅州市喜迎中共十六大大型文艺晚会“永远跟党走”演出。组织县山歌剧团、县木偶剧团、华侨中学、县信用联社等单位创作、排演专题节目，举行“梅县喜迎中共十六大”文艺晚会“颂歌献给党”，还特请部队军乐队参加演出。协助教育局抓好参加全市中学生文艺会演节目的创作、排练等。

认真组织县3个文艺团队和电影公司坚持送戏、送电影下乡。全年3个文艺团队共演出278场，观众26.2万多人（次）。其中：县山歌剧团完成101场，观众13万人（次）；县木偶剧团完成114场，观众4.2万人（次）；县文化馆山歌曲艺团完成63场，观众9万多人（次）；县电影公司放映电影2627场，观众30多万人（次）。县文化馆还积极做好群众文化的辅导工作，全年下基层辅导296场次，辅导6490人（次）。

2003年，梅县宣传文化部门围绕广东省委、省政府“建设文化大省”和梅州市委、市政府实施“文化梅州”发展战略以及县委提出的“文化兴县”战略目标，积极开展各项群众性文艺活动。4月，在叶剑英元帅纪念馆举行“隆重纪念叶剑英元帅106周年诞辰文艺演唱会”。与省政协“情系山区”慰问演出团在叶剑英元帅纪念馆举行精彩的文艺表演。6月28日，在华侨城广场举行纪念建党82周年文艺晚会。9月，在松口镇举办梅县第二十届中秋山歌节“松口之夜”文艺晚会。9月13日，县委、县政府在梅县人民广场举办“共创梅县美好明天”的大型文艺晚会。县文化局组织县山歌剧团、县文化馆山歌曲艺团代表梅州市先后到新加坡及中国香港、澳门地区演出。组织县文化馆山歌曲艺团创作的山歌表演唱《山嫂办宴》参加广东省委宣传部、省文联组织的首届民间歌会决赛，获得金奖。组织县山歌剧团、县木偶剧团、华侨中学等单位创作、排演专题节目，参加市、县大型文艺演出活动20多场。青年干部徐建文举办“徐建文美术作品展”。

大力推进“文化文艺三下乡”活动，组织县山歌剧团、县曲艺团、县木偶剧团、县电影公司坚持送戏、送电影下乡。全年3个文艺团队共演出263场，观众28万多人（次）。其中：县山歌剧团完成78场，观众14万人（次）；县木偶剧团完成101场，观众4万多人（次）；县文化馆山歌曲艺团完成84场，观众10万人（次）。县电影公司放映电影2170场，观众30万多人（次），居梅州市首位。组织县文艺团队参加省、市、县文艺演出活动20多场，组织接待市“四个梅州”文艺百村行在全县演出6场。县文化馆认真做好群众文化的辅导工作，全年下基层辅导256场次，辅导5420人（次）。

2004年，全面活跃城乡群众文化生活。一是举办军警民迎春文艺晚会；二是组织举办纪念叶剑英元帅107周年诞辰文艺晚会；三是举办迎国庆“百歌颂中华”合唱大赛；四是举办庆祝中华人民共和国成立55周年文艺晚会；五是组织举办梅县第24届中秋山歌节；六是组织举办全县中小学艺术节；七是举办全县农村业余文艺会演、调演活动；八是举办梅县第三届金柚节文艺焰火晚会；九是接待市“四个梅州”文艺百村行（百企行）演出团到梅县演出共15场。此外，各镇各单位结合实际，在重大节日，积极开展文体活动，活跃群众文化生活，占领城乡文化市场。特别是新城文化站，推出“每周一台戏”的特色文化，推动了广场文化、社区文化的深入开展。

2005年，精心组织了“七一”、中秋、国庆、元旦、迎春文艺晚会，组织接待西藏林芝地区艺术团、解放军某部到梅县的慰问演出工作，组织完成市文艺“百企行”演出8场，组织完成市先进性教育文艺巡回演出14场。积极实施文艺上山下乡工程，全年县山歌剧团送戏下乡101场、县木偶剧团送戏下乡83场、县文化馆山歌曲艺团送戏下乡98场、县电影公司送影下乡1530场。各镇文化站以各节庆日为契机，进一步繁荣和活跃农村群众文化。新城办事处坚持每周在华侨城广场举办1次大型群众文化活动；南口镇组织各村文艺演出队举办文艺会演和文艺巡演；畲江、松口、丙村、雁洋等镇通过举办各种赛事活动、艺术展览和文艺晚会等，提高全民参与文化活动的积极性，满足了群众多层次的文化需求；隆文、白渡、松源、西阳等镇也坚持面向群众开展丰富多彩、健康有益的文化活动。全年全县举办社会性文化文艺活动180多场，观众人数21万人（次）。全县各镇举办各类单项活动290多场，举办展览70多场，举办科技、法律、文艺培训班120多期。

2006年，创新群众文化活动的形式和内容，丰富和活跃群众文化生活。一是与县教育局、县文广局共同组织“千人山歌大对唱”，参加梅州市客家山歌旅游节开幕式表演，获得了上海吉尼斯纪录奖牌。二是精心组织建党85周年文艺演出、迎国庆暨纪念红军长征胜利70周年文艺晚会，在雁洋镇叶剑英元帅纪念馆举行纪念叶剑英元帅109周年诞辰活动，在白渡镇举行纪念宋湘250周年诞辰座谈会及书画展览等节庆文艺活动。三是配合反腐倡廉的文艺活动，组织了全县农村业余文艺会演、调演。四是举办全县首届农民歌手电视大赛活动。南口镇潘志东等6人获得一、二、三等奖。组织6名获奖歌手参加全市首届农民歌手电视大赛，梅县潘志东获全市一等奖、朱国辉获优秀奖，县委宣传部获组织奖。五是“三下乡”活动有声有色，全县举办社会性文化文艺活动190多场，观众人数22万人（次）。全年县山歌剧团送戏下乡102场、县木偶剧团送戏下乡85场、县文化馆山歌曲艺团送戏下乡99场、县图书馆送书下乡1000多册。县电影公司扎实推进农村电影放映工程，全年放映电影2300多场，观众人数80多万人（次）。全县各镇组织综合性文艺活动180多场，举办各类单项活动300多场，举办展览80多场，举办科技、法律、文艺培训班130多期。

2007年，参与组织纪念叶剑英元帅110周年诞辰文艺晚会，精心组织第二十四届（松口）中秋山歌节晚会和书画展，精心组织参加市农展会专场宣传文艺活动，组织县木偶戏展演活动，组织建设社会主义新农村文艺巡演活动，并在松源镇豪秀村举行首场演出。县文化馆辅导的新城启金小学山歌表演唱《歌唱家乡面貌新》获得“广东省第七届少儿花卉”大赛金奖。全年县山歌剧团送戏下乡101场、县木偶剧团送戏下乡83场、县文化馆山歌曲艺团送戏下乡68场、县电影公司送影下乡1730场、县图书馆送书下乡1500多本。全县各乡镇共组织综合性文艺活动200多场，举办各类单项活动150多场，举办展览60多场，举办科技、法律、文艺培训班80多期。

2008年，梅县积极实施梅州市“文化大戏千村行”工程、农村电影“2131”工程，以

“贯彻十七大精神”“我为奥运添光彩”“纪念改革开放 30 周年”“继续解放思想，实现绿色崛起”等为主题，开展迎国庆、纪念改革开放 30 周年和军警民迎春文艺晚会等丰富多彩的节庆文艺活动，精心组织全县业余文艺的创作辅导、会演和全县中小学“古诗词新学堂歌”传唱活动，扎实开展文化“三下乡”活动，在南口镇侨乡村举行了启动仪式，配合市委宣传部在白渡镇创乐村举行了梅州市“文化大戏千村行”启动仪式。全年送电影下乡 1860 场、送书下乡 4000 本，县木偶剧团、县山歌剧团、县文化馆送戏下乡 160 多场。举办了隆重庆祝县山歌剧团成立 50 周年活动，县山歌剧团山歌演唱《自古山歌从（松）口出》参加梅州市第三届中国客家山歌旅游节“客家山歌民俗风情展演”，获得优秀演出奖；演唱《客家阿婆坐飞机》参加梅州市庆祝改革开放 30 周年文艺演出；大型山歌剧《围屋旧梦》参加第六届梅州市艺术节获得优秀编剧、优秀导演、优秀舞台美术奖，并第一次代表县参加了省第十届艺术节展演，获得多项奖。同时，县文广局还获得第三届中国客家山歌旅游节暨第六届梅州市艺术节优秀组织奖。此外，县山歌剧团为配合省山区政论坛会议在梅州市召开，排演了《正气》专题文艺节目，到全市各县（市、区）巡回演出，受到省、市有关领导的好评和干部群众欢迎。

2009 年，积极做好创建市“文化先进镇”规划、建设工作，程江镇、西阳镇获得市“文化先进镇”称号。县山歌剧团积极组织送戏下乡，完成演出 88 场；县文化馆认真开展群众文化辅导工作，辅导了 300 多场，受辅导人数 6000 多人（次），组织近 20 场的文艺演出；县木偶剧团送戏到城乡、农村学校进行巡回演出，完成演出 83 场，观众人数 41500 人（次）；县电影公司积极做好送影下乡和广场公益电影的放映及全县中小学生爱国主义教育影片的放映工作，共放映 2100 场，观众 42 万人（次）。全力打造品牌文化，形成本地特色，在梅县新城中心小学举办梅县第二十五届山歌节“李有权博士杯”山歌比赛。

2010 年，规划松口、松源、白渡、畲江、南口、城东等 6 个镇创建市“文化先进镇”，年底达到创建目标，成功创建。积极做好“农家书屋”的创建工作，成立“农家书屋”172 家。

县委宣传部在西阳镇召开创建市文化先进镇现场会。会上，县委常委、宣传部部长郭碧玲（中）作讲话（2010 年 7 月）

2011 年，继续开展文化先进镇创建工作。在上年完成西阳、程江、松源、白渡、畲江、南口、城东等 7 个镇成功创建市“文化先进镇”的基础上，本年又规划了新城、松口、雁洋、丙村等 4 个达标乡镇，为不折不扣地完成好达标任务，县委宣传部紧密结合自身实际，着力找准结合点，按照制订的创建“文化先进镇”活动方案，分步抓好实施。为进一步促进农村文化建设，改善农村社会风气，密切党群、干群关系，大力推进农村精神文明建设，满足广大农民的精神文化生活需求，继续实施文化三下乡工程，共开展送戏下乡演出 108 场，受益群众 2.5 万人（次）；木偶送戏 82 场，受益群众 4.5 万人（次）；送电影下乡 4584 场，受益群众人数 55 万人（次）。

"中国民间文化艺术之乡"牌匾（2011 年 11 月）

广泛开展了纪念建党 90 周年群众性百歌颂中华活动，华侨中学代表县参加全市百歌颂中华合唱比赛获得二等奖；组织群众社区群众文艺活动，程江社区、新城社区文艺队参加市社区文艺演出获得二等奖；县文化馆积极组织开展各项文化活动，全年组织开展较大型的群众性文化活动 10 多场，社文辅导组辅导 300 场次，其中邀请山歌大师汤明哲到梅县雁洋镇举办了客家山歌培训班，在丰富群众文化生活的同时也让山歌爱好者有了一个学习、交流的平台。积极筹办"梅县庆祝建党 90 周年美术书法摄影作品展"和大型文艺会演活动。2 月，县山歌剧团参加了台湾经贸文化交流演出，6 月，参加了庆祝香港广东客属总会成立庆典活动，同时还参加了第五届海峡两岸高峰论坛山歌主题晚会演出和广州梅州乡情通报会文艺演出等。是年，梅县被文化部授予"中国民间文化艺术之乡"称号。

文艺下乡演出（2012 年 2 月）

2012 年，文化活动丰富多彩，深入实施文化三下乡工程。全年送戏下乡演出 50 多场次，木偶送戏 95 场、观众人数 6 多万人，农村电影放映 4870 场、观众人数 58 多万人。

2013 年，区文化部门广泛开展群众性文化活动，发展社区文化、广场文化、老年文化、校园文化、企业文化等。利用传统民俗节日，开展系列群众喜闻乐见的文体活动，开展梅县 2013 年军警民迎春文艺晚会、"迎秋晚 · 汉乐情"音乐会、客家风情演出、闽粤创建"平安边界"文艺晚会等各种文艺活动。全年送戏下乡演出 200 多场次、观众人数 160 万人（次），农村电影放映 4248 场、观众人数 52 万人（次）。配合做好 2013 年世界客商大会和央视中秋晚会等相关筹备工作。在"梅州月 · 中华情"央视秋晚活动中，梅县在场地保障、宣传、文艺等各方面，全力以赴，全力配合，与市筹备办、央视导演组实现无缝对接，为扎实、有序、高效推进筹备工作提供强有力的组织保障，从而圆满完成了在梅县举行的各项活动任务。县文联组织书法名家到雁洋镇、水车镇、畲江镇、南口镇、丙村镇、松口镇及华侨城广场等地开展义务挥春活动10多场，赠送春联约1万副，惠及家庭3000多户；积极筹划、组织举办第二届“梅县美”摄影大赛；举办梅县“金柚杯”农业摄影大赛；组织书协和硬协会员到水车镇白沙村举行新农村建设书法交流会，创作多幅书法精品，丰富了当地村民的精神文化生活。

2014年，区文化部门组织开展美丽乡村建设行——送戏下乡到基层、“社保情、系万家”专题巡回文艺、梅州市第二届客家流行金曲颁奖晚会、梅县区第27届中秋山歌文艺晚会（松口镇）、蕉岭浒竹新华文体综合活动广场演出和幸福梅县行系列活动等演出活动，“洞藏杯”梅州市民间歌手梅县区海选、初赛活动。全年接待演出和送戏下乡演出各100多场次、木偶送戏80多场、农村电影放映4643场。区文联坚持“二为”方向，贯彻“双百”方针，服务经济建设大局，繁荣艺术创作，多出精品力作。组织开展书法家协会会员免费送春联活动。完成《五指风光·南福春秋》《百年兴废论梅州》的撰写工作。

2015年，抓好组织建设，促进协会规范管理，做好协会换届，清理规范非专业出身的各级领导干部兼职工作，推动梅县区文艺事业再上新台阶。组织开展创建诗词之乡工作，继1月梅县区被评为“广东诗词之乡”后，7月又被中华诗词学会评为“中华诗词之乡”。组织“书法家协会下乡送春联”“梅县书画作品展”“‘最美梅县区’摄影展览”等活动。完成《广东省民间故事全书·梅州·梅县卷2》和《人文秀区梅县书画集》编撰出版工作。

2016年，开展送戏送电影下乡活动，举行“书香梅县·共享阅读”全民阅读活动，开展“客家山歌进校园”活动、梅县区第二十八届中秋山歌节文艺演出，联合组织2016年“风清气正·依法治区”文艺巡回演出。全年完成农村电影放映4260场、广场电影322场、关爱残疾人送电影下乡放映活动790场、扶贫济困敬老院放映活动332场、梅县区人防科教影片《居安思危备战人防》放映活动740场。

2017年，群众精神文化活动更加丰富多彩。积极开展送戏送电影下乡活动，完成演出80多场，完成农村公益电影放映4260场，观影32万人（次）；举办“中国梦·丝绸路”文化迎春松口行；元旦春节期间，为少儿提供优质舒心的动漫电影展播活动34场，参加约600人（次）；积极开展山歌、舞蹈培训和“送春联”活动，进一步丰富村民的精神文化生活。

2018年，继续组织开展“一镇一年一戏”送演文化惠民工程、敬老院慰问巡演、文艺演出等活动，进一步丰富人民群众的文化生活。完成下乡演出100多场，观看人数5万多人（次），多次到敬老院进行慰问演出活动；元旦春节期间开展 “2018客家春晚”“梅县春晚”等大型演出活动；抓好农村公益电影放映工作，完成放映4260场，观影20万人（次）；创作大型山歌剧《春闹》等一批文艺精品，雁洋镇获得全国“中华诗词之乡”称号，世界客都梅州马拉松赛获得中国田协铜牌赛事及红色文化特色赛事双奖项。是年，参与完成首届“中国农民丰收节”广东主会场梅州大黄村演出、雁南飞分会场的拍摄，参与完成2018年首届马拉松比赛沿路晒禾摊点演出工作；协助组织2018年松口镇举办的“中国乡村复兴论坛·梅县峰会”的群众文艺演出、乡愁记忆非遗民俗文艺晚会，参与完成南口镇举办的“中国乡村复兴论坛·梅县峰会”乡愁记忆非遗展览和“竹板歌”传习点传习工作。

是年，区文联召开纪念改革开放40周年暨文艺工作表彰会，到南口镇开展“感恩父母报效祖国”感恩教育讲座等；组织到梅州市梅县区水车镇梧塘村开展春节慰问贫困户活动；在中国客家博物馆举办“叶剑英元帅故里，美丽梅县”大型美术作品展；组织区书法家协会、区硬笔书法协会开展“弘扬好家风，迎春送百福”活动，丰富和繁荣梅县区百姓的文化文艺活动。

群众文艺表演（2018 年 4 月）

松江国乐社为观众表演（2018 年 4 月）

多年来，梅县区文化部门充分发挥文化设施和专业人员优势，开展送戏下乡，组织、辅导、引导群众参与广场活动、专题活动、创建“品牌”活动等各种文化活动。坚持政府组织与群众自发、专业文艺与群众文艺、文艺活动与文化传承相结合，开展艺术惠民巡演，注重传承山歌、木偶等非物质文化遗产，为农村提供具有客家特色的文化演出活动，丰富群众文化生活。支持和鼓励群众自办文化，帮助群众自创自办、自编自演、自娱自乐。搭建群众文化展示竞赛平台，举办“山歌擂台赛”“农村业余文艺会演”“广场舞大赛”等活动。区文化馆、区客家山歌传承保护中心和区木偶传习所坚持“两为”方向和“双百”方针，精密部署，创作新剧目，排演了一大批精品，多次获得省、市奖，积极开展送戏下乡活动，排练了舞蹈《娘酒飘香》、山歌小戏《山村奏鸣曲》、山歌演唱《送情郎》、山歌表演唱《自古山歌松口出》、山歌演唱《客家山歌特出名》等质量较高、贴近群众的节目，区山歌剧团演艺公司精心编排专题节目——“金秋重阳、情暖老人”敬老院慰问巡演；举办梅县区中秋山歌节文艺演出和非遗文化进校园系列活动；开展了《风清气正·依法治区·共建文明》专题文艺晚会巡回演出、“文化惠民走基层”送戏下乡分别到梅州城区和乡镇等地巡演，达到良好的社会效果。

二、文艺队伍

随着经济社会发展和人民生活水平日益提高，群众文化由原来单一的看电影和看文艺演出逐步转为多元化，乡村文化、社区文化、校园文化、企业文化、家庭文化、广场文化等群众文化活动形式和内容也不断延伸扩展，兴起了音乐茶座、卡拉OK、影视欣赏、游戏娱乐等。新的文化娱乐项目，形成创作演出、群众文化、公共图书馆、电影放映、文物博物、文体市场等六大文化主阵地。各地纷纷建立文艺宣传队、歌舞团等，群众文艺队伍随之增强。广大群众文化活动开展主要以县直文化单位为龙头、镇文化站为枢纽、村“四位一体”文化室为基础、文化经营户为补充的多层次、多体制为文化载体。1982年，成立畲江山歌剧团（后来改为民间艺术剧团）和南口侨乡山歌剧团（后来改为南口艺术团）。这两个团体都是农民群众组织，在80年代末、90年代初参加了广东省一条龙活动等演出。畲江山歌剧团排演的大型山歌剧《泼辣嫂的心》《月儿几时圆》在全省各地演出，获得省、市、县嘉奖，当时《南方日报》《韶关日报》作了报道。南口艺术团自己创作排演的山歌小戏《横财梦》《三女同舟》在梅县、河源、福建等地演出。

改革开放后，梅县文化事业单位有县文化馆、县山歌剧团、县木偶剧团、县博物馆、县图书馆等，后来又成立山歌曲艺团、文艺轻骑队等团体，以及区文联所属音乐家协会、舞蹈协会、文艺创作协会等近20个社团。

从1983年开始，中秋节定为梅县“山歌节”后，在城区的文化公园、滨江公园、嘉应大桥凉亭及一些广场和农村中群众自发唱山歌的热情和人数逐步增加，其中山歌大师汤明哲，山歌师陈丙华、肖建兰、罗小红等为群众性的山歌活动起了重要作用，唱山歌成为全县城乡不少群众的主要文化娱乐项目。

1987年，梅县市有业余剧团12个、专业剧团2个，有中国戏剧家协会广东分会会员5人，有业余和专业作者中有中国作家协会会员1人、省作家协会会员5人，有中国舞蹈家协会广东分会会员5人、中国音乐家协会广东分会会员6人、省歌词研究协会会员2人、省民间文艺协会会员2人。至年底，梅县市有创作组36个，有业余作者210多人，其中创作水平较高的有60多人。

1988年起，每两年举办1次全县性农村业余文艺会演和调演，以活跃农村群众文化生活；全县每年组织大型文艺活动10多次，各镇组织群众性文娱活动460多场（次）。

1995年开始，县山歌剧团、县木偶剧团、县文化馆山歌曲艺团每年共送戏下乡到农村、到社区300多场（次），县电影公司每年送电影下乡3000多场（次），县图书馆每年送书下乡1万多册，以多渠道、多形式丰富群众文化生活。

1996年、1997年，梅县被文化部分别授予“中国民间艺术（山歌艺术）之乡”和“全国文化先进县”称号。

多年来，区委、区政府加大文化单位的改革力度，落实人员编制和待遇，积极推行人员聘用制和岗位管理制度。全2018年年底，全区基本建立起了一支高素质、业务能力强、有责任心、稳定、专群结合的文化工作者队伍。

梅县举行音乐家协会座谈会。图为参加人员合影（1999 年 2 月）

原梅县市文化站历任站长合影（2003 年 1 月）

积极培育群众文艺宣传队。坚持常年开展合唱、音乐戏剧创作、民族舞、交谊舞、健身操、广场舞等免费培训和辅导，并建立完善基层群众文体活动培训和辅导机制。加强了对文化艺术人才的培养和培训，建立完善了人才引进、激励机制和措施，促进了文化队伍年龄、知识、专业结构的改善和优化。近年来，区文化馆开展辅导培训 1000 多节，辅导各类文艺骨干 2400 多人。如派骨干成员主动到学校、社区进行舞蹈、声乐、表演等专业辅导，到各镇文化站辅导农村业余文艺演出队表演节目，参加市、区组织的文艺演出比赛 80 多场，组织各业余文艺团队参加市群艺馆举办的群星大家乐“每月一台戏”文艺演出活动等。举办每年 1 次的中秋山歌节和每两年 1 次的农村业余文艺会演，不仅活跃了基层文化生活、繁荣了农村文艺，也发展壮大了群众文艺队伍的建设，带动了群众的积极参与。通过长期努力，梅县区群众文艺队伍不断发展壮大，梅县区辖区内有歌舞、曲艺、器乐、合唱、健身操等相对固定的群众文艺队伍 200 多个，这些团队每年在当地演出达 200 场以上，他们自编自演、自弹自唱、自娱自乐，在广场、街头、乡村到处表演，成为编外的文艺宣传队。

区文化文艺部门以人民群众活动为主体，以群众自娱自教为主导，以满足自身精神生活需要为目的，以文化娱乐活动为主要内容，以推动文化事业发展为重要抓手，以“主题文化、节日文化、特色文化”为主要形式，积极辅导、培训群众文艺队伍，进行文化创作和排演，将优秀民间艺术、民间故事、节庆文化等融入群众文化节目创作、排演中，组织群众开展文化活动，参与送戏下乡，开展广场、专题、创建“品牌”、节庆演出等各种文化活动，大力发展社区文化、校园文化、广场文化、村镇文化，并致力于突出地方特色。群众性文化活动红红火火、生动活泼。

三、民间艺术

一直以来，梅县区文化部门落实全国性民间文化遗产抢救工程工作，全面调查县域民间特色文化，对民间艺术品种进行重点挖掘整理，有计划地、有系统地抓好民间艺术传承和发展。如戏曲（含山歌剧）、曲艺（含山歌、五句板）、民间音乐（含民间歌谣）、民俗舞蹈、民间故事、民间谚语、名人轶事、地方传说、寓言、笑话等群众喜闻乐见的艺术种类，及雕刻、剪纸、画作、陶艺、编织、补锅、钉砻等优秀民间技艺，切实做好民间艺术的搜集、整理、创新工作，特别是对“客家山歌”等民间艺术的挖掘、创新、推广工作。

客家山歌是梅县区的民间艺术，一是利用每年举行的“中秋山歌节”，开展梅县区客家山歌传承培训工作。1983年，梅县区人民政府决定每年“中秋节”定为山歌节。至2017年举办了29届，固定形成了梅县区富有地方文化特色的传统节日活动。二是自筹资金建起松口作述山歌文化大楼，成立梅县区松口山歌协会，搜集整理松口山歌资料，制定保护措施，培养和挖掘优秀艺人，利用举办山歌节的契机，与“松口山歌协会”相互协调合作，秉承“继承、发扬、传播家乡文化精品——松口山歌”的宗旨，开展山歌艺术研讨和演唱交流，举办山歌培训班，致力于山歌艺术的普及，从而使技艺得以传承发展。文化部于1996年命名梅县为“中国民间艺术之乡（山歌艺术）”，就是因为与松口山歌的传承和传播有着密切的关系。梅县松口客家山歌也入选广东省非物质文化遗产名录，梅县区客家山歌传承保护中心被评为广东省第三批省级非物质文化遗产传承基地，并被评为第二届广东省基层宣传文化工作先进单位。2006年，梅县“千人山歌大对唱”——《客家山歌特出名》，参加2006年国际山歌节，被载入上海大世界基尼斯世界纪录。三是梅县区客家山歌传承保护中心、区文化馆深入开展客家山歌“五进”活动和举办农村业余文艺会演等，把客家山歌的旋律带到全区每个角落，做到家喻户晓、深入民心。10多年来，区文化馆还不断组织老艺人和专家举行山歌表演艺术研讨会和演唱交流，举办山歌培训班和擂台赛，定期在中、小学校辅导青少年学唱山歌，挖掘和培养山歌新秀、幼苗，为梅县区客家山歌的后备人才提供坚实的基础。四是客家山歌传承保护中心文艺精品创作成果显著。认真创作以“客家山歌”为主调的客家文艺精品，梅县区客家山歌传承保护中心在保护传统节目《堕落的仙桃》《挽水西流》《山村奏鸣曲》《山嫂办宴》《围屋旧梦》《铜锣嫂》等优秀节目的同时，不断推陈出新，又相继创作出《合家福》《古寨牛人》《风雨白石龙》等大批优秀作品，其中大型山歌剧《合家福》是 2016 年 7 月代表广东省唯一入选剧目，尔后参加全国基层院团戏曲会演。获得第九届广东省“鲁迅文学艺术奖（艺术类）”的猜调山歌表演唱《拦门戏亲》参加客家山歌（东莞·凤岗）邀请赛获得金奖，参加第八届群众戏剧曲艺花会比赛获得铜奖。无伴奏女声组合《客家迎客谣》参加了在江苏省苏州市吴江区举行的“中国民间文化艺术之乡”民歌、山歌表演。山歌表演唱《月下恋歌》获得 “两岸暨港澳地区”客家山歌（东莞·凤岗）邀请赛金奖。山歌小戏《铜锣嫂》获得第九届广东省“鲁迅文学艺术奖”（艺术类）并入选“2017 粤戏越精彩参加全省优秀地方戏曲剧种会演”。创作排演的大型山歌剧《古寨牛人》参加广东省第十二届艺术节会演获得优秀剧目二等奖；2017 年创作排演的大型山歌剧《春闹》获得梅州市 2017 客家文化（非遗）艺术周会演优秀剧目奖。除此之外，客家山歌还充分发挥其“品牌文化”的魅力，2018 年 4 月，中国乡村复兴论坛——梅县峰会在梅县区举办，创作推出了大型非遗民俗歌舞表演《乡愁·记忆》。整场表演以古朴的客家民居为背景，把客家山歌以大写意的手法融入歌舞表演中，用浓浓的乡情、诗意的歌舞引发群众心灵深处的乡愁记忆。2018 年 9 月 23 日上午，首届“中国农民丰收节”梅州分会场暨广东庆祝首届中国农民丰收节主会场启动仪式在梅州市梅县区松口镇大黄村拉开帷幕，客家山歌作为“主道菜”在舞台上凸显本地特色，向全国观众展现了欢庆丰收的喜庆场景，秋日丰收的美丽风情画卷。梅县区的客家山歌经过不断加工、整理、提高，发展成为具有社会主义时代精神，符合现代审美观，为群众喜闻乐见的民间艺术，深受海外华侨喜爱，在海外有较大影响。此外，梅县区的“提线木偶”特色民间艺术以其独特的风格、深厚的底蕴、丰富的内涵深受群众喜爱。客家山歌（松口客家山歌）入选广东省第二批和梅州市第一批非物质文化遗产保护名录，木偶戏（梅县提线木偶戏）入选广东省第三批和梅州市第二批非物质文化遗产保护名录，竹板歌（梅县竹板歌）入选广东省第四批和梅州市第三批非物质文化遗产保护名录。

庆祝香港回归祖国 10 周年——南岭梅捐赠馆藏书画作品展在梅县博物馆举行（2007 年 6 月）

区民间文艺协会获得市级以上奖项目一览表

表3-31

民间文学作品获奖项目

序号	获奖作品	作者	奖项	颁奖部门	获奖时间
1	孝心（小说）	陈兴德	第二届爱我中华艺术大赛佳作奖	广西作家协会、《广西日报》副刊部、广西文艺报社等	1998年10月
2	《柚情》	李松龄	《人民文学》	人民文学杂志社	2001年
3	祝你幸福（小说）	陈兴德	全国作品评比二等奖	中国作家协会、中国作家杂志社、中国作家世纪论坛专家评审委员会	2002年4月
4	爸爸　我长大了（小说）	陈兴德	全国首届杏坛杯校园文学作品大赛小说类三等奖	中国教育报	2002年6月8日
5	距离能培植美（散文）	陈兴德	第四届爱我中华征文比赛优秀奖	广西文学创作协会	2002年8月8日
6	盼望（小说）	陈兴德	全国作品评比一等奖	中国作家世纪论坛组织委员会、中国当代文学艺术研究中心	2003年6月
7	《客家人》	李松龄	鲁迅文学院《文学院》	鲁迅文学院	2003年
8	《最美的风景在凉亭》	李松龄	《散文百家》十年精品优秀奖	中国散文学会	2004年
9	《客家女人》	李松龄	鲁迅文学院《文学院》	鲁迅文学院	2005年
10	《松口小镇》	李松龄	鲁迅文学院《新创作》	鲁迅文学院	2006年
11	格言	陈兴德	金奖作品	中国报纸副刊研究会	2010年12月
12	格言	陈兴德	优秀作品	中国中外名人文化研究会、北京金台苑文化发展公司	2011年8月20日
13	老妈给我“加营养”	温锡良	2011年“华夏情”全国诗文书画大赛一等奖	中国散文学会、神州书画报社、华夏博学国际文化交流中心	2011年9月

续表 3-31

区舞蹈协会成员获奖项目

序号	作品名称	作者	作品类别	获奖时间	获奖等级
1	《世界杯环球巨星公开赛》	王永健、曾苑	国际标准舞	2017 年	全国锦标赛壮年 B 组第二名
2	《世界杯环球巨星公开赛》	王永健、曾苑	国际标准舞	2018 年	全国锦标赛壮年 B 组第五名

诗词作品获奖项目

序号	作品名称	作者	类别	获奖时间	获奖等级
1	校园晨曲	陈兴德	诗	2002 年 6 月 8 日	中国教育报全国首届杏坛杯校园文学作品大赛诗歌类三等奖
2	读抗日战争历史	陈兴德	诗	2005 年 8 月 26 日	中国报纸副刊研究会、中国大众文学学会纪念中国人民抗日战争暨世界反法西斯战争胜利六十周年诗词征文优秀作品
3	在烈士纪念碑前（外一首）	陈兴德	诗	2010 年 10 月	中国作家协会、中国作家杂志社金秋笔会全国征文评比一等奖
4	教师、怀念父亲（外二首）	陈兴德	组诗	2013 年 3 月 21 日	中国国学研究协会、中华诗词创作协会特优作品
5	党啊 祝您生日快乐	陈兴德	组诗	2013 年 7 月 30 日	中国国学文化会、中国传统文化研究会首届“百花杯”世界华人诗书画大赛国学贡献奖·金奖
6	雁洋三乡行	王世钰	诗词	2018 年 12 月	广东省老区建设促进会摄影诗词大赛诗词类一等奖
7	缅怀罗屏汉、张瑾瑜英烈	黄海斌	诗词	2018 年 12 月	中国老区网主办、梅州市老区建设委员会优秀奖
8	赞罗屏汉张瑾瑜烈士	曹杜荣	诗词	2018 年	“纪念罗屏汉、张瑾瑜夫妻英烈”专题红色诗词创作活动二等奖
9	缅怀罗屏汉烈士　赞女英烈张瑾瑜	古小光	诗词	2018 年	“纪念罗屏汉、张瑾瑜夫妻英烈”专题红色诗词创作活动一等奖
10	缅怀罗屏汉、张瑾瑜烈士楹联	李福生	诗词楹联	2018 年	“纪念罗屏汉、张瑾瑜夫妻英烈”专题红色诗词创作活动三等奖

刘沅声作品获奖项目一览表

表3-32

序号	作品名称	作品类别	获奖时间	获奖等级	备注
1	《新路》	泥塑作品	2008年	入选“中国改革开放三十周年纪念全国美展”	国家级
2	《客家泥塑》系列作品	泥塑作品	2008年	“广东省第三届民间工艺精品展”金奖	省级
3	《客家泥塑》系列作品	泥塑作品	2009年	广东省第八届鲁迅文学艺术奖	省级
4	《客家大迁徙》	泥塑作品	2010年	“广东省第四民间工艺精品展”金奖	省级
5	《客家风情泥塑系列》	泥塑作品	2010年	广东省“新世纪之星”荣誉称号	省级
6	《客家大喜》	泥塑作品	2012年	“广东省第五届民间工艺精品展”金奖	省级
7	《围龙笔筒·慈母点灯》	泥塑作品	2012年	“粤文杯”首届广东民间工艺博览会铜奖	省级
8	《月光光》	泥塑作品	2013年	“梦里客家——梅州市美术作品赴穗展”优秀奖	省级
9	《家风》	泥塑作品	2015年	首届广东“泥人节”优秀奖	省级
10	《客家大喜》	泥塑作品	2016年	岭南杯2016中国广东民间工艺博览会银奖	省级
11	《客家大喜》	泥塑作品	2016年	“第十三届中国民间文艺山花奖·优秀民间工艺美术作品展”入围奖	国家级
12	《客家大喜》	泥塑作品	2016年	“岭南杯”2016中国（广东）民间工艺博览会银奖	国家级
13	《客家泥塑》系列作品	泥塑作品	2016年	2016年度广东省优秀民间文艺家称号	省级
14	《客家风情·家教系列》	泥塑作品	2017年	“2017年中国民间工艺博览会”银奖	国家级
15	《有家教》	泥塑作品	2018年	第二届广东省泥人节（泥塑展）优秀奖	省级
16	《客家风情·有家教》	泥塑作品	2018年	2018珠三角工艺美术精品评比“工美金匠奖”金奖	省级
17	《客家泥塑》系列作品	泥塑作品	2018年	广东省基层宣传文化能人	省级

1985年至2018年民间美术作品获奖一览表

表3-33

作品名称	作者	类别	时间	奖项	授奖单位
《假日》	张运华	—	1985年	广东省举办的小神笔儿童书画比赛，一等奖	—
《阳台远眺》	叶乐联	—	1985年	广东省举办的小神笔儿童书画比赛，二等奖	—
《农村》	何　芳	—	1985年	广东省举办的小神笔儿童书画比赛，三等奖	—
《争分夺秒》	罗运琪	—	1985年	广东省举办的小神笔儿童书画比赛，三等奖	—
《扎根》	曾德新	—	1999年	庆祝中华人民共和国成立50周年国画作品展，优秀奖	中国文联主办
《三月的耕地》	曾洪坚	国画	1999年	建国50周年纪念澳门回归，全国诗人、书法家、画家大展，优秀奖	中国美协主办
《冷艳图》	傅智河	国画	1999年	全国卫生美术书法摄影精品展，入选	中国美协卫生部主办
《改国开放人更俏》	钟嘉波	油画	1999年	全国民间工艺美术书法大展，创新奖	中国文联主办
《秋江图》	曾德新	国画		跨世纪全国美术书法摄影精品展，入选	中国美协主办
《春江行舟》	曾德新	国画	1999年	全国民间工艺美术书法大展，特别金奖	中国文联主办
《翠云烘峰》	曾德新	国画	1999年	全国民间工艺美术书法大展，精英奖	中国文联主办
《秋江图》	曾德新	国画	1999年	全国民间工艺美术书法大展，入选	中国文联主办
《孔府仪门》	曾德新	国画	1999年	全国民间工艺美术书法大展，入选	中国文联主办
《扎根》	曾德新	国画	1999年	建国50周年优秀中国画作品展，优秀奖	中国文联主办
《清泉云雾》	曾德新	国画	1999年	首届中国水墨画小品精作展，入选	中国美协国画艺委会主办
《山秋图》	曾德新	国画	1999年	（第二届北京首都艺术博览会）并刊登在会刊作品集，优秀奖	中国文联主办
《梦回客家老区》	曾德新	国画	2001年	伟大丰碑全国书画艺术展，入选	中国文联主办
《暮雨归途》	曾德新	国画	—	第四届当代中国画山水画展，入选	中国文联主办
《金巧石》	曾德新	国画	—	首届中国职工艺术节“北京城建杯”全国职工书法美术作品展，入选	中国美协主办
《山居春早》	曾德新	国画	2003年3月	世纪（中国风情）中国书画大展，入选	中国美协、云南省美协主办
《三月的家》	曾德新	国画	2003年	广东省美术书法摄影联展，优秀奖	广东省美协主办

续表 3-33

作品名称	作者	类别	时间	奖项	授奖单位
《梦回客家寨》	曾德新	国画	—	广东省美术书法摄影联展，银奖	广东省美协主办
《山雨》	曾德新	竹雕	2004 年	广东省首届民间工艺精品展，铜奖	广东省文化厅主办
《实验-喜悦》	曾德新	木雕	—	第二届广东省科普作品创作大赛，三等奖	广东省美协主办
《客家老屋》	曾德新	国画	—	第十一届中国艺术博览会、客家情缘——曾德新国画作品展，入选	中国美协主办
《高哨临春醉老区》	曾德新	国画	—	首届全国环保、美术书法摄影联展，优秀奖	中国美协主办
《瞿塘峡》	曾德新	国画	—	中国美协（美术）杂志社，陕西省文化厅，入围奖	—
《闲云翠柏静黄陵》	曾德新	国画	—	中国美协（美术）杂志社，陕西省文化厅，入围奖	—
《龙游山村》	曾德新	水粉画	—	中国农民画优秀作品展，优秀奖	中国美协主办
《当犁花》	曾德新	油画	—	第二届中国静物油画展，入选	中国美协主办
《山居图》	曾德新	国画	—	世纪中国风情·中国画大型画展，入选	中国美协主办
《净座如山》	曾德新	国画	—	广东省廉政书画大展，铜奖	广东省文化厅、广东省美协主办
《清韵》	曾德新	国画	2010 年	全国中国画展，入选，	中国美协主办
《和谐家园》	曾德新	国画	—	全国首届现代工笔画大展，入选，	中国美协主办
《南国秋情》	曾德新	国画	—	“庆花博”纪念恽南田 380 周年诞辰暨全国花鸟画作品展，优秀奖（最高奖）	中国美协主办
《和风》	曾德新	国画	—	“相聚宜兴”——全国工笔画作品展，入选	中国美协主办
《围龙印象——曦》	曾德新	国画	—	精致立场——全国第二届现代中国画大展，入选	中国美协主办
《清韵之四——望》	曾德新	国画	—	“中国陶都——陶醉中国”吴冠中艺术馆第二届全国中国画作品展，入选	中国美协主办
《老区古韵——守望》	曾德新	国画	2014 年	“金陵文脉”——2014 年全国中国画展览，入选	中国美协主办
《坚守》	曾德新	国画	—	中国梦强军梦军事题材美术作品展，入选	中国美协主办
《客家寻梦》	曾德新	国画	—	“徐悲鸿精神”全国中国画作品展，入选	中国美协主办
《归音传故里》	叶　波	国画	—	纪念孔子 2550 年书画大展，入选	中国美协主办
《秋色映归帆》	叶　波	国画	—	世纪中国风情·中国画大型画展，入选	中国美协主办

续表 3-33

作品名称	作者	类别	时间	奖项	授奖单位
《土楼人家》	温华祥	油画	—	广东省美术书法摄影联展，优秀奖	广东美协主办
《老家的阳光》	温华祥	油画	—	广东省美术书法摄影联展，优秀奖	广东美协主办
《山里人家》	温华祥	油画	—	广东省美术书法摄影联展，优秀奖	广东美协主办
《土楼》	李志威	油画	—	世纪星光广东省美术书法摄影作品大展，优秀奖	广东美协主办
《织》	李志威	油画	—	世纪星光广东省美术书法摄影作品大展，优秀奖	广东美协主办
《客家山村林更密》	叶迪沙	油画	—	广东省第六届美术书法摄影作品展，铜奖	广东美协主办
《蕉林》	李志明	版画	—	广东省美术书法摄影作品展,优秀奖	广东美协主办
《初夏牧歌》	俞红峰	美术	—	广东省美术书法摄影作品展,二等奖	广东美协主办

1998 年至 2018 年区书法家协会作品获得省级以上奖项目一览表

表 3-34

序号	作品名称	作者姓名	作品类别	获奖时间	获奖等级
1	—	沈荣东	—	1999 年	建国 50 周年迎澳门回归书画展
2	—	沈荣东	—	2000 年	中国文联世纪之光征文奖书法类优秀奖
3	—	沈荣东	—	2000 年	省书协小字书法展
4	—	沈荣东	—	2003 年	广东省书法篆刻作品展
5	—	沈荣东	—	2006 年	广东省首届张九龄杯书法篆刻展
6	—	沈荣东	楷书	2010 年	省首届张九龄杯书法大赛展
7	—	沈荣东	小楷	2015 年	省文联省书协等单位举办的“牵手你我，携手人生”书画创作活动三等奖
8	—	黄宏文	—	1999 年	中国美术家协会、中国健康教育协会、全国卫生书画协会主办的“跨世纪全国卫生美术书法摄影精品展”
9	—	黄宏文	—	2000 年	广东省群众文化艺术馆、美术家协会、书法家协会主办的 2000 年广东省群众美术、书法大展铜奖
10	—	黄宏文	—	2001 年	广东省群众文化艺术馆、美术家协会、书法家协会主办的“世纪星光广东省美术书法摄影作品大展”
11	—	黄宏文	—	2006 年	“首届广东省新人新作书法展”优秀奖

续表 3-34

序号	作品名称	作者姓名	作品类别	获奖时间	获奖等级
12	—	赖广贤	—	2012年	“第五届广东省新人新作书法展”优秀奖
13	—	赖广贤	—	2014—2015年	参加“广东书法院梅州首届书法高研班”学习，成绩优良，被广东书法院评为“优秀学员提名”
14	—	邹吾今	—	2006年11月	全国第一届硬笔书法家作品展
15	—	邹吾今	—	2007年8月	广东省书法篆刻千人千作展
16	—	邹吾今	—	2008年9月	全国第一届中青年硬笔书法作品展。并被评为全国优秀中青年硬笔书法家
17	—	邹吾今	—	2008年10月	第三回中国硬笔书法（孝文化主题）大展获优秀奖
18	—	邹吾今	—	2008年12月	中国书坛中青年百强榜五百强
19	—	邹吾今	—	2010年8月	全国首届硬笔书法正书艺术大展
20	—	邹吾今	—	—	全国首届硬笔书法（广阔天地知青杯）艺术大展
21	—	邹吾今	—	2011年4月	“宝地杯”《书法》风云榜提名奖
22	—	邹吾今	—	2011年5月	全国首届硬笔书法册页艺术大展
23	—	邹吾今	—	2012年12月	第四届“性灵派”全国书法展
24	—	邹吾今	—	2013年10月	第十一届中国兴化郑板桥艺术节全国书画大赛优秀奖
25	—	邹吾今	—	2014年3月	全国第二届硬笔书法册页手卷艺术大展并获“2013年度中国硬笔书法创作奖”
26	—	邹吾今	—	2014年7月	“安居杯”全国书画名家邀请展赛优秀奖
27	—	邹吾今	—	2014年8月	广东省“大手牵小手，共筑中国梦”书画创作优秀奖
28	—	邹吾今	—	2015年5月	第二届长江奖硬笔书法大赛
29	—	邹吾今	—	2015年9	健康长沙全国书法大赛优秀奖
30	—	邹吾今	—	2015年7月	纪念中日甲午战争120周年全国书法大赛优秀奖
31	—	邹吾今	—	2015年9月	纪念抗日战争胜利70周年第二届“将军杯”全国书画名家作品展
32	—	邹吾今	—	2016年3月	第二届“3·15”维权杯全国书画大赛
33	—	邹吾今	—	2016年3月	“大洋杯”首届笔墨精神全国书画大展赛优秀奖

续表 3-34

序号	作品名称	作者姓名	作品类别	获奖时间	获奖等级
34	—	邹吾今	—	2016 年 3 月	第三届全国教师现场书画创评二等奖
35	—	邹吾今	—	2016 年 6 月	“溪口杯”全国书画印创作大赛优秀奖
36	—	邹吾今	—	2017 年 1 月	全国大书法艺术册页手卷大赛（第三届）作品展
37	—	邹吾今	—	2017 年 3 月	首届“大享经”全国书法展
38	—	邹吾今	—	2017 年 12 月	禅艺不二全国书画大展
39	—	邹吾今	—	2018 年 4 月	第二届“浙商杯”中国酒文化书画创作大展创新奖
40	—	丘建芳	—	2014 年 3 月	“广东南山书画研究会”书画展：四尺孔雀条幅，扇面山水国画、扇面葡萄国画共三幅作品获奖
41	《念奴娇》	丘建芳	篆体	2014 年 8 月	第六届广东省新人新作书法展书法作品获奖
42	毛泽东词	刘锦涛	行书	2001 年	世纪星光广东省美术、书法摄影展
43	对联	刘锦涛	草书	2002 年	大地彩虹广东省美术、书法摄影展
44	—	刘锦涛	—	2003 年	全国教师美术书法作品大赛中获书法二等奖，同时获《中国画・勃勃生机》二等奖
45	—	刘锦涛	—	2006 年	广东省第七届美术、书法、摄影作品展，获得书法优秀奖
46	—	刘锦涛	—	2009 年	广东省第十届美术、书法、摄影作品展，获得书法优秀奖
47	—	刘锦涛	—	2013 年	广东省第十二届美术、书法、摄影作品展，获得书法优秀奖
48	—	刘锦涛	—	2014 年	第六届广东省新人新作书法展优秀奖
49	—	刘　心	—	2007 年	广东政法系统书画大展中，书法获得铜奖
50	—	刘　心	—	2008 年	“广东南粤清风”书法展中，书法获得优秀奖
51	—	刘　心	—	2008 年	“广东省职工艺术家”称号
52	—	刘　心	—	2013 年	第四届全国“康有为奖”中获得优秀奖
53	—	何兴华	—	2009 年	省新人新作展获得优秀作品
54	—	蔡海光	—	—	中国新闻网等媒体报道誉其为“广东客家才子”
55	—	廖家政	—	1998 年	“广东省建设系统职工首届美术书法摄影作品展”二等奖

续表 3-34

序号	作品名称	作者姓名	作品类别	获奖时间	获奖等级
56	—	廖家政	—	1998 年	广东省书法篆刻展
57	—	廖家政	—	2003 年	第四回中韩书法交流展
58	《行书古人文》	林成钢	—	—	全国第二届册页书法展
59	《山水源远流长》	林成钢	—	—	人民大会堂收藏

1979 年至 2018 年区摄影家协会获得省级以上奖项目一览表

表 3-35

序号	作品名称	作者姓名	作品类别	获奖时间	获奖等级
1	《育种土专家等》	潘其华	省展入选奖	1979 年	—
2	《青年突击队长》	陈兴城	广东省《数风流人物还看今朝》摄影艺术展	1979 年	—
3	《冲》	潘其华	省展一等奖	1982 年	—
4	《村姑语语诗画间》	陈兴城	《中国大众摄影》刊物发表	1983 年	—
5	《松口元魁塔》	陈兴城	广东省建国三十五周年《广东省群众摄影艺术作品展》入选奖	1984 年	—
6	《可爱的中华》《小憩》	潘其华	全国影赛入选奖	1986 年	—
7	《侨乡风光》	潘其华	大众摄影鼓励奖	1986 年	—
8	《税收带来祖国美》	潘其华	省铜奖	1988 年	—
9	《小厂创金牌》	潘其华	入选全国新闻奖	1988 年	—
10	《静待》	陈兴城	《摄影世界》年赛提名奖	1992 年	—
11	《依法治税、共建小康》	温敬德	入选	2003 年	省摄协
12	《收获》	汤伟青	入选	2003 年	省摄协
13	《穷人的孩子早当家》	罗利光	入选	2005 年	国摄协
14	《八个老人一台戏》	罗利光	入选	2005 年	国摄协
15	《金秋时节》	罗利光	优秀	2005 年	国摄协
16	《古镇盛事》	罗利光	优秀	2006 年	省摄协

续表 3-35

序号	作品名称	作者姓名	作品类别	获奖时间	获奖等级
17	《营生》	罗利光	入选	2006 年	省摄协
18	《欢乐之家》	张　明	入选	2006 年	省摄协
19	《竹乡新韵》	张　明	入选	2006 年	省摄协
20	《黄遵宪故居》	张　明	入选	2007 年	省摄协
21	《千亩梯田》	潘其华	优秀	2007 年	国摄协
22	《土楼盛世》	罗利光	入选	2007 年	国家地理
23	《巾帼不让须眉》	罗利光	入选	2007 年	省摄协
24	《走马帮》	罗利光	入选	2007 年	国摄协
25	《繁忙的船舱》	罗利光	入选	2007 年	国摄协
26	《快乐呼啦啦》	罗利光	入选	2007 年	大众摄影
27	《出海》	罗利光	入选	2007 年	国摄协
28	《田园如画》	叶繁荣	优秀	2007 年	省摄协
29	《雁南飞旅游度假村》	潘其华	优秀	2008 年	省摄协
30	《省职工艺术家》	温敬德	入选	2008 年	省摄协
31	《抢》	叶繁荣	铜奖	2008 年	省摄协
32	《家园》	叶繁荣	优秀	2008 年	省摄协
33	《田园风光》	叶繁荣	铜奖	2008 年	省摄协
34	《龙腾盛世》	罗利光	入选	2008 年	国摄协
35	《童心未泯》	罗利光	入选	2008 年	国摄协
36	《分担家务》	罗利光	入选	2008 年	国摄协
37	《呵护》	罗利光	入选	2008 年	省摄协
38	《回族姑娘》	罗利光	优秀	2008 年	国摄协
39	《桥溪客家民俗村》	汤伟青	金奖	2008 年	省摄协
40	《山花烂漫》	汤伟青	三等奖	2009 年	国摄协
41	《乡戏》	罗利光	银奖	2009 年	省摄协
42	《都是男儿》	罗利光	入选	2009 年	省摄协
43	《工地》	罗利光	入选	2009 年	省摄协

续表 3-35

序号	作品名称	作者姓名	作品类别	获奖时间	获奖等级
44	《田园春色》	叶繁荣	入选	2009 年	省摄协
45	《红色景区—叶剑英纪念园》	潘其华	入选	2010 年	省摄协
46	《千佛塔》	潘其华	入选	2010 年	省摄协
47	《雁南飞旅游度假村》	潘其华	入选	2010 年	省摄协
48	《锣鼓喧天》	罗利光	入选	2011 年	国摄协
49	《客家美食味酵粄》	叶繁荣	入选	2012 年	省摄协
50	《雁鸣湖风光》	张　明	入选	2012 年	省摄协
51	《彩虹耀名馆—客家博物馆》	张　明	入选	2012 年	省摄协
52	《阴那银装迎客来》	张　明	入选	2012 年	省摄协
53	《美丽山村》	张　明	入选	2012 年	省摄协
54	《雨后松溪景更靓》	张　明	优秀	2013 年	国摄协
55	《畲族招兵节》	张　明	入选	2013 年	省摄协
56	《茶山风光》	叶海威	入选	2014 年	省摄协
57	《林中小溪》	叶海威	入选	2014 年	省摄协
58	《汉剧人像》	罗利光	入选	2014 年	国摄协
59	《客家美食特出名》	叶海威	入选	2014 年	省摄协
60	《桥溪水韵》	谢伟志	入选	2014 年	省摄协
61	《天赐五福》	熊淦昌	优秀	2015 年	省摄协
62	《作庐》	熊淦昌	入选	2016 年	省摄协
63	《丰顺马图村红色遗迹》	谢伟志	入选	2016 年	省摄协
64	《乡村拾遗（组）》	罗利光	入选	2016 年	大众摄影
65	《东江红军军事学校旧址—星拱楼》	叶海威	入选	2016 年	省摄协
66	《梅南革命老区龙文公学》	叶海威	入选	2016 年	省摄协
67	《雁洋大坪风貌》	熊淦昌	入选	2017 年	省摄协
68	《汕梅高速公路》	宋志锋	入选	2017 年	国摄协
69	《烧火龙》	宋志锋	入选	2018 年	国摄协

续表 3-35

序号	作品名称	作者姓名	作品类别	获奖时间	获奖等级
70	《五指霞光》	宋志锋	一等奖	2018 年	省摄协
71	《甜蜜蜜》	黎金本	入选	2018 年	省摄协
72	《冲出亚洲》	张远安	广东省摄影银牌奖	—	—
73	《锦江夕照》	温敬德	摄影作品纪念奖	—	省级

四、民间故事

梅县区山川钟灵毓秀，人文历史厚重，梅城是国家历史文化名城，荟萃客家人的勤劳智慧，创造璀璨的客家文化，演绎出许许多多丰富多彩、饱含智慧和哲理的民间故事、传说，是梅县区宝贵的历史文化资源，为了让它走出尘封的历史，梅县区组织专门人员挖掘、搜集、整理有关梅县区城乡流传的神话、传说、故事、童话、寓言、谚语等民间故事，最终形成故事全书展现在世人面前。《广东民间故事全书・梅州・梅县卷》一、二卷，对梅县区民间故事有比较详细的介绍。

（一）歌仙刘三妹的传说

“歌仙刘三妹的传说”，出自千年古镇——松口。相传清朝乾隆年间，松口上坝头有个闻名中外的山歌师刘金龙与当地姑娘梁榴英结为夫妻后，生有二子一女，大儿子刘大龙和小儿子刘小龙都是溪北的山歌好手，一女排行第三，故叫“刘三妹”。她读过几年书，有一副银铃般的好嗓子，十分喜爱唱山歌，她唱起山歌来，声韵悠扬，娓娓动听，在博采众长和不断实践中成为著名的山歌手。歌仙刘三妹的传说主要特征是口头传授，语言生动，故事情节感人，迎合人们扬善惩恶的心理，深受广大农民群众的欢迎。她的主要传说故事是和一位大埔“山歌精”（书生，秀才之类）斗歌、驳歌取得胜利。“自古山歌松（从）口出，那有山歌船载来”千古传唱至今，松口人爱唱山歌以及松口山歌在世界各地客家人居住的地方是比较有名气的，松口又称“山歌之乡”。歌仙刘三妹的故事，妇孺皆知，流传海内外，解放后根据该故事整理出有《歌仙刘三妹的传说》等唱片及民间故事。

（二）民间歌谣

梅县民间歌谣是经过民间长久流传，精练爽口、形式活泼、用词和谐、韵律响亮，具有一定音乐美的一种口头文学形式。它的句式自由，结构奇特，常用比喻手法，声调活泼、情趣盎然、意境清新、语言平白、口语化、顺口成章。梅县民间歌谣来源于群众日常生活，生产劳动以休闲娱乐中所看所思所悟，吸取诗歌精华用平白上口的口语表达。梅县民间歌谣题材广泛、涉及内容丰富多彩，有鲜明的客家地方特色，生活气息强，朴实自然，轻松活泼，生动形象，有很强的艺术感染力，对儿童情趣，身心健康影响深远。如劝人读书的“蟾蜍罗咯咯咯，唔读书，么老婆”，嘲讽人的“伯劳子，喙哇哇，有喙话别人，么喙话自家”；还有像《月光光》《排排坐》《转妹家》等都家喻户晓、老少皆知，代代相传，影响深远，经常被学校、文艺团体搬上舞台。梅县民间歌谣有比较强的艺术感染力，对群众情趣陶冶、身心健康影响深远，对了解梅县风土人情有一定的帮助。出版有关书刊有《梅水风光》《梅县客家方言志》《客家文学史》《客家方言》《梅县风采集》。

（三）民间故事摘录

“孺人”故事

客家人对于已故祖母、母亲，墓碑上都称“××孺人”。在封建社会中，只有对当朝七品官员以上官吏的母亲和诰命夫人，才能称“孺人”，而客家妇女丧后均称为“孺人”，且可冠戴诰命夫人的服饰殡葬，此为外地所罕见。据民间传说：南宋末年，宋帝赵昺一行被元兵追赶南下，到梅口（现松口）燕赖村渡口，为韩江所阻，危急之际，相国文天祥发现从山上走来一群口唱山歌、肩挑柴草的妇女。文大喜道：“圣上，救星到了。”随即驱马迎上前去，用客家话向妇女们讲明原委，请求救援。樵妇们撂下柴草堵住路口，手执两头尖尖的挑杆和柴刀，分头把住渡口山隘，一面组织渡船护送宋帝过江。待元兵追至，发现路口被堵，沿河、出口都有人把守，不明虚实，疑有伏兵，不战而退。事后，宋帝赵昺为报答这支“救驾”有功的樵妇义军，赐以金银珠宝，但樵妇们不受。宋帝感于樵妇的忠义，诏命封赠全体樵妇以“孺人”称号。故客家妇女丧后，墓碑上均尊称为“孺人”。

五、民间风俗

客家人在迁徙历史过程中，融合、吸收土著、其他地区和民系的良风美俗，民间风俗特别丰富多彩，万象纷呈。又因客家人口众多，地域广大，得“十里不同风，百里不同俗”之说。民间风俗反映着一方人的传统习惯、道德风尚、宗教信仰和其他各种社会生活事项。或是对神明及祖先祭祀，或是节日叙情、娱乐和竞技，或是繁多禁忌、服饰、生产等，人们在风俗中表达着“慎终追远”思亲之心、对先贤丰功伟绩的景仰、对民族正气的崇尚，对乡党联欢和亲友款叙之情的抒发。时代在发展，客家民间风俗也在不断演变和发展。有些仍传于民间，有些则成为“过去式”。其间，自有些带封建迷信色彩，但作为民间风俗研究内容的一部分，仍有其文化和学术价值，唯需观者熟辨之耳。

（一）民风

梅县是汉族客家民系的聚居地。梅县民风，既有中原文化的承传，又有在长期的特殊环境和不断迁徙中形成的独有特性。清《广东通志》载:“民性质实，尚勤俭简素，士敦礼让，喜读书，重本薄末，敬祖睦族，酷信风水，屡葬屡迁，病惟针灸，鲜服药，信巫觋，妇女奋发茅蒲，与男子均劳苦……”随着社会的文明进步，及至当代，传统习俗有废有兴，新的社会风尚逐步形成。

1979年后，通过加强精神文明建设，持续开展创建文明村户、文明单位、文明社区活动，开展“社会公德、职业道德、家庭美德”为重点的社会主义道德风尚建设，移风易俗，促进社会文明进步，“爱国守法、明礼诚信、团结友善、勤俭自强、敬业奉献”新的基本道德规范和社会风尚逐步形成。

梅县人民不单具有中华民族热爱祖国、勤劳勇敢、艰苦朴素的传统美德，而且具有开拓进取、团结协作、坚韧不拔、崇尚文化、尊师重教、奋发读书、爱好足球、喜唱山歌、热情好客、谦谨礼让、男女平等、尊老爱幼、相夫教子、热爱家乡、热心公益、乐于助人、注重礼仪、讲究卫生等淳朴民风。

（二）民俗

客家民俗节日，自古遵循中原汉族的传统习惯，依照月份顺序的排列有春节、元宵（也叫赏灯节）、清明节、端午节、中秋节、重阳节等。此外有些地方性的神社祭会和农事节，如观音生日、伯公生日、灶君生日以及立秋节、冬至节等。过去这些民俗节日，难免带有一些迷信色彩，但也有不少娱乐性较强的项目，如春节、元宵节的舞龙、舞狮、迎花灯、烧烟架或放“孔明灯”等，这些活动都带有浓郁的地方民俗特色。中华人民共和国成立后，各种健康的传统民间艺术活动和新的娱乐形式深受群众喜爱。一些地方把中秋节定为山歌节，群众趁着明月，大摆山歌擂台。其他的神灵日、农事节到来时，群众一般是准备应时食品，家人欢聚品尝，不像旧时那般隆重。比如过年、祭灶、入年界、过大年、守岁、开大门、拜年、出年价、元宵节、清明、端午节、中秋节、重阳节、冬至等。

1. 交际礼仪

（1）**宴请。**主人在事前向亲友发送请柬，写明何事、何时、何地举行。被请对象接到请柬后，赴宴时均出具礼品或礼金表示祝贺。开宴时，请客者一般指定有专人席招待客人，贵客和年长者坐上席，席间，主人先向客人敬酒，由贵客或年长者带头饮酒、吃菜。散席在菜完以后，主人可先行离席，客人道谢后，即可辞去。

（2）**会客。**请客或有客来访，主人一般在家门口迎候。客人进屋后，主人先请客就座，然后用双手向客人敬茶、敬烟，接着献上糖果、饼干和青果等；近午时，均会热情挽留客人吃饭。

（3）**交谈。**双方交谈均目光相视，认真聆听对方讲话，不随意打岔或插话，以示敬重。客人辞别前一般先告知主人，始行离开。主人送客，一般送至门口或村口，然后握手或点头招手告别。

当地交流讲客家话。梅县话属客家方言，统称客家话，客家方言是中国七大方言（北方、吴、湘、赣、客家、闽、粤）之一。客家先民原是居住在中原一带的汉族。自西晋末年始，辗转南徙，大部分定居于闽粤赣三角地带。因地处偏僻山区，受地理条件限制，加上客家人具有强烈的客家文化意识，基本上保存了固有的语言和文化习俗，形成了客家民系和客家方言。闽粤赣三角地带的客家人，以居住在广东境内的为多。广东境内又以原嘉应州所属各县最为集中。而梅城为嘉应州治所在地，历来是嘉应州的政治、经济、文化中心。因此，梅县话成为客家方言的代表。

2. 传统节日

梅县主要传统节日有春节、元宵节、清明节、端午节、七月半、中秋节、重阳节。春节最为隆重，元宵节、端午节次之。

春节　梅县人过春节俗称“过年”。农历十二月二十五为“入年界”，家家开始准备“过年”，蒸发酵粄、甜粄、炸“煎丸”、煎“产子”等。除夕日，各家悬挂门红、灯笼，贴春联、门神、利是（桃符）。午饭后统一参加祭祖活动（也有部分人“入年界”后，选好吉日参加祭祖的），晚上合家吃团圆饭，城市吃团圆饭逐步由家中吃转向酒楼吃，长辈给小孩发“压岁钱”。大年初一零时户户烧香点烛、燃爆竹“接财神”。有的地方还举行祭祖。早饭后大家相互“拜年”，说吉利好话。年初二开始，出嫁女儿携男带女回娘家探望父母、兄弟，亲戚朋友相互串客。年初五“出年界”，春节告完。

元宵节　农历正月十五为元宵节，俗称“过月半”。入夜燃放鞭炮、烟花、焰火，整个夜晚笼罩着喜气洋洋、热闹非凡的气氛，上年生有男孩的人家，要到祖祠厅堂悬挂一对写着“新丁贵子”的灯笼，俗称“上灯”。90年代，实行计划生育，有的人家生了女孩，也同样去“上灯”。

端午节　农历五月初五为端午节，又称“端阳节”或“五月节”，大多数家庭均备三牲祭拜祖先，多以酿豆腐、酿苦瓜、裹粽子和鸡鸭等肉菜为主食以示过节。初六，出嫁女儿回娘家探望父母兄弟姐妹，亲戚朋友相互串客。

3. 人生礼俗

婚嫁　旧时，客家人的婚嫁习俗，一般比较隆重。它传承中原汉族封建礼俗，基本上都是“遵父母之命，凭媒妁之言”的包办婚姻。婚姻形式上有谓“大行大嫁”和“童养媳”两类。中华人民共和国成立后，客家地区的男女婚姻问题，已破除旧俗，但还保留一定的传统礼节。传统婚嫁习俗流程包括说媒、看妹子、写庚帖、编红单、定亲、看家方、送日子、送菜和抬嫁妆、迎亲、拜堂、闹房、回门、送满月等。1979年后，市民男婚女嫁礼俗逐步向男女平等、婚姻自由的方向转化，除少部分山区由媒人介绍父母做主外，绝大部分男女均自由恋爱结婚，还出现不少男到女家落户。男女双方领取结婚证后，结婚时间和仪式由男女双方自行商定，举行婚礼多由男女双方各自或联合宴请亲朋，也有部分开个茶话会或参加集体婚礼，旅行结婚的也日益增多。

生育　妇女怀孕后，注意孕妇营养和胎儿保护，临产前1个月酿好糯米酒。分娩由在家分娩为主，逐步转向到医院分娩，到90年代中期，政府规定孕妇一律在医院分娩。

诞生礼仪主要有催生、做三朝、做满月、一百天、做周岁、赏灯等。诞生是一个人出生的庆贺和祝福，是人生中的开端礼仪。①催生。出嫁女儿怀孕快分娩时，一般是婴儿出生前一二十天，娘家带鸡、鸡蛋、面条、粉干等来到女儿家“催生”，有预祝平安出生之意。如母亲已不在，则由嫂子去催生，中午要设宴招待。小孩出生后，女婿带着鸡、蛋、米酒（有的带几十斤）到岳父家去报喜，外婆家要请客，至亲好友都会参加，以表示祝贺。外公、外婆会回赠鸡和红蛋。即以黄酒煮鸡蛋给产妇解乏，随后杀雄鸡1只，用生油炒鸡、炒姜，烩酒给产妇吃。并开服“生化汤”给产妇煎煮内服，自后每天以姜酒鸡或鸡蛋煮酒给产妇补养身体。②做三朝。小孩出生三天，做“三朝”。先给小孩洗澡，请接生婆吃饭。外婆会送来大公鸡、鸡蛋、面条、糯米粉等。做“三朝酒”，宴请外婆及亲房。有些地方还给至亲亲友送红蛋，亲友在满月前会回送鸡、鸡蛋、面条等物。③做满月。产妇1个月内卧床休息为主，不洗头；满15天后始可离房稍事活动。婴儿出生1个月，要做“满月”，外婆送大公鸡（很多地方送大阉鸡）、鸡蛋，还会送婴儿穿用的衣服、小被、帽子、项圈、风衣、裙、银手镯和背带等，舅舅、舅母、姨姨等女家亲戚，一般送小母鸡、鸡蛋、衣服、布料等，姑姑、叔伯等男家亲房也会来庆贺。④一百天。小孩出生100天，也要庆贺。这一天，外公和女家的伯叔拿公鸡来庆贺，其他亲属一般给婴儿送红包。⑤做周岁。孩子出生 1 周岁，要做“周”，庆贺孩子“得周”。周岁比满月更为隆重，来庆贺的客人也更多。⑥上灯（添灯、升灯）。客家人凡在上年“添灯”，即生男孩须在元宵节期间（各地时间不一，一般是正月十二起）在祖祠上厅挂一对新灯笼（谐新丁）。升灯意思是向祖公和天地神明表示，后继有人。讲究的办升灯酒，请亲戚朋友团聚祝贺。亲戚买腊蔗、鞭炮、小孩衣服等贺礼祝贺。每晚点亮灯笼，正月十六或更长时间才熄灭灯火，近几年用电池，没电量时自然熄灭。

寿诞　寿诞礼仪，做生日。客家人每年的生日那天做一次小生日，10 年做一次大生日，但以做大生日较为普遍。从 10 岁“启十”起，一直做到 40 岁或 50 岁，到了 60 岁以上，可称为祝寿。做生日吃寿面和荷包蛋，示意长寿百岁。祝寿时，出嫁女儿送来大公鸡，还要送寿衣、寿帽、寿饼、寿鞋、寿袜，从头到脚一整套。父亲做寿，同时给母亲送上一整套。此外还送寿轴、喜炮、寿烛、公鸡及寿桃、寿面、寿饼、寿酒、寿肉等。其他人来祝寿，一般亲友送寿幛、寿联，或者再加上送礼金。不少地方，70 岁以上高龄、子孙多、家境较好的老人祝寿，要举行拜寿仪式。客家人生日和祝寿，知情人自行送礼，上门祝贺，先贺后请；除内亲、至交有发请帖外，不贺不请。

丧葬　老人病危弥留之际，便从卧室移至厅堂，俗称“出厅下”（松口等部分地方要死后才移至厅堂）。老人死后，厅堂前挂白帷幕，俗称“孝帘”，孝帘前摆死者“神牌”和“香炉”，大门两侧贴紫色楹联（部分地方 90 岁以上贴红楹联、大都 97 岁以上贴红楹联），并挂 1 铜锣。随后由理事出具讣帖（城市逐步改为在报纸上登讣告），派人送给亲朋挚友，俗称“报生”；接着有举哀、入验、成服、送葬、安葬、做佛事礼仪。1979 年后，党和人民政府继续倡导“厚养薄葬”“丧事从简”“推行火葬”等文明礼俗，逐步改土葬为火葬，2000 年火化率 72%。

客家地区丧葬习俗有别于外地，做法大致有如下 3 个方面：一是妇女丧后，墓碑上称谓不同，客家人对于已故祖母、母亲，墓碑上都称“××孺人”；二是通常采用“二次葬”习俗；三是坟墓建筑形制较讲究，客家人建坟墓讲究地理风水，对于墓地的选择亦郑重其事，多采用“穹隆式”墓穴，极少使用“仰天葬”。且坟墓构筑造型亦跟人们生前居住的围龙屋结构相似，后高前低，前后合围，甚至在坟墓前挖凿一口半月形“坟墓塘”。进入 21 世纪，安葬改革，有些建纪念厅安葬，有些只建墓头，有些安葬在公墓中。

4. 生活习俗

梅县居民生活习俗既有中原文化的承传，又有其在不断的迁徙中和特殊的环境下所形成的特质。

居住　梅县人传统的居住习惯，多就耕地附近或丘陵辟地建屋，聚族而居。居民建筑的风格和形式，最具代表性的便是“围龙屋”。80 年代以后，梅县民居建筑有显著的变化，单家独户带有阳台、天井的庭院式小楼房逐步代替了大型围龙屋。西式洋楼、中西合璧的民居楼房也陆续出现，城市居民多为住楼式套房。

建房时房屋定位，房门定向要请堪舆先生测定，一般选择吉日动工。破土动工时，主家要备“三牲”、果品、香烛纸帛等祭祀天地、土神，竖柱上梁时，张灯结彩，贴红联。新居落成乔迁，俗称“搬新屋”。在入宅前一天晚，进行“驱邪”“除煞”然后才能迁入居住。迁入新居时，随带灯笼（或油灯）、火笼、秤、梯、甘蔗等进屋，还要带一窝小鸡，蒸一甑饭，捧进新屋，以示新丁兴旺，喜气盈庭。迁新居要办“入宅酒”，主人均设宴招待亲朋和建屋工匠及帮工等，主妇娘家送堂红、门红和家庭用具，亲朋多送镜画或家具家用电器等物品，后逐步改送红包。宴席第一道菜为“豆腐头”，“腐”与“富”近音，意为“头富”，宴请菜肴还有韭菜、豆腐、猪肠、猪血和米糕等，示意长长久久，发财高升。

饮食　市民一日三餐以大米饭为主，辅以其他杂粮。逢年过节或婚生喜庆宴请讲究4盘8碗或12大碗，多以鸡、鸭、鱼、猪肉为主菜。最具特色菜肴有红肉、姜炒鸭、猪肉丸、牛肉丸、鲩丸、萝卜丸、清蒸鱼、醋熘鱼、松花鱼、炸酥烧肉、水晶肉、炸芋丸、炸冬瓜丸、酿豆腐、酿苦瓜、焖狗肉、红烧狗肉、红烧乳狗、盐焗鸡脚、卤水鸭、卤鸭脚等。主要粄食有糯米甜粄、黄粄、发酵粄、萝卜粄、味酵粄、煎丸子、煎产子、糍粑、烧卖、粽子、米粉、粄皮、仙人粄等。时令节日推崇“冬至羊、夏至狗”。

服饰　客家人作为中原衣冠士族南迁而来的一个民系，其服饰与中原汉族服饰从总体来说没有太大的差异。基本沿用“唐装”演变而来。客家人传统的以中原汉族为正统的观念根深蒂固，这种意识也反映在客家人的衣饰打扮上。但是，由于客家民系形成的客观原因和客家人生活环境与生活习惯等特定因素，客家服饰与中原服饰相较，在形制和文化内涵上也产生了一些变化。

中原服装自古以来一个重要特征就是宽松肥大。从先秦开始，先人们总是深衣大袍，宽大博带。这种服装，穿着舒适，显得轻松潇洒。客家服饰的形制基本保持了中原服饰的特点，但也产生了一些变化，中国古代的服饰，带有强烈的“礼”的色彩，具有鲜明的等级制度的标志。客家服饰在颜色、纹饰上没有中原传统服饰那样明显甚至严格的等级意义，讲究朴素实用，宽敞简便，普遍喜穿素色，尤以蓝、黑、白色最为流行，质地多为粗布，漂蓝缎。寒暑服式无多大区别，只是暑天穿薄布、苎麻衣（俗称“夏布”），冬天用厚布，自织夏布做帐。客家服饰分为男装和女装。

男装常见样式：

1．对襟短衫。其样式上窄下宽，对襟衫，俗称唐装，式样大体与对襟长衫相似。

2．马褂。与对襟短衫相同，但特别短。

3．长衫。又叫“洒衣”“四围齐”“四皮齐”，其特点是上部像衣，下部像裙，长度以能遮盖“脚眼仁”为准。

4．短褂。俗称背心，分大襟和对襟两种，无袖，衣领可有可无。

5．棉袄。分大襟和对襟两种，布料的颜色一般为外层黑色，里层灰色。

6．大裆裤。特点是阔裤脚，深裤裆。

女装常见样式：

1．大襟衫，俗称“搭襟”，其特点是衫阔袖大，长及于膝。

2．褂子。即内衣，一般为大襟，无领。

3. 大襟棉袄。有短装和中长装两种。年轻女子一般多穿短装，中老年妇女多穿中长装。

4. 大裆裤。颜色、式样等方面与男式无大的区别，只是长宽的尺寸有别，裤脚较短。

5. 抽头裤。是相对于交头裤的一种裤子，因其裤头上折边，包着布带子（俗称“裤头带”）穿着时需将裤头带抽紧打结而得名。

客家服饰随时代的变化而变化，如今，古老而传统的客家服饰已逐渐成为一种历史。具有深厚文化内涵的客家服饰见证着客家先人勤劳、质朴、勇于开拓进取的精神，它成为一种美的象征。

饮食讲究肥、咸、烧（指有热度），就是煮菜偏咸，口味较重。旧时家家户户都能制作一些小菜，如搓腌菜、搓萝卜子、豆酱等，日常腌菜干、萝卜干，配时令青菜最为普遍。大米除了做饭、粥外，还可做米粉、粄、糕等。喜庆之日，家家户户制备，敬神、待客、馈赠亲友均宜，亦是农村年节传统食品。肉圆、梅菜扣肉、酿豆腐、盐焗鸡等是传统菜肴，也是宴席中主菜。客家娘酒素有盛名，味纯香甜，度数低不易醉人，妇孺皆喜欢。

5. 生产习俗

梅县传统农业以种植水稻为主，兼种甘薯、木薯、花生、甘蔗、烟草、茶叶等经济作物。后逐步发展种植金柚水果、养牲畜、“三鸟”（鸡、鸭、鹅）、养鱼、种烟草、茶叶等高值农业为主。梅县客家妇女历来是农业生产的主要劳动力，大部分妇女均能操犁耙、种地，有“男人在外挣钱，女人在家耕田”的习惯。

6. 其他习俗

（1）唱山歌习俗

客家人有唱山歌的风俗习惯。梅县客家山歌是流传于梅县客家地区的民歌，在人民群众中有广泛的基础。客家山歌是中国著名的民歌之一，源于古代中原民歌，从客家人入户梅县起就有了客家山歌，一直传扬至今。

梅县客家山歌以松口山歌为原板、松口四句八节和梅县山歌、丙村山歌为主要腔调，以“四句八节板”又称“四句落板”为艺术特色，山歌唱腔优美，长于叙事，分快板、慢板、中板等，歌词是江南吴音山歌的四句七言格式，艺术上则保留《诗经》十五国风“赋”“比”“兴”等特色。梅县客家山歌以七言四句为主，根据需要亦可加成九言或更多的叠字，称为叠字山歌。梅县的客家山歌以双关、比拟，即情即景即席演唱，有较高的艺术性。客家山歌以优美的旋律深得梅县客家人民的喜爱，60年代梅县成立了以客家山歌为特色的“山歌剧团”，从此客家山歌成了新的剧种唱腔，代表作有山歌剧《张二梅看郎》和《挽水西流》等，出版书刊《山歌汤创作选》《客家山歌集》。主要知名歌手有汤明哲、肖建兰、罗小红等。民间歌手有卢月英、张献云、廖胜华、何秀华等。

（2）梅县城东镇莲塘村作福习俗

城东镇莲塘村每年农历正月十八为作福吉日，是全村男女老少虔诚敬谨，福坛设在茶子排对面的自然墩上。这福坛是日前（正月十五）组织人力用原木制配整齐搭好的一堂两横（间）的木层。如此从古来就这样俗传延续，一直到解放初1950年。时值1865年后，莲塘连年春节都发瘟疫，无法医治，严重影响农业生产，种田人耕牛养畜十分重要，为此人们兴起作福，当时俗称牛福，诸神灵鉴临庇护，驱瘟逐邪，经这一行动以后，牛瘟也就没再出现，太平无事。为此每年正月十八定下作福节日。

（3）梅县大坪镇营里村观音生日习俗

营里村位于大坪镇北部，北邻平远县长田镇，东邻梅县石扇镇，206国道从本村中间穿插而过。本村是一个经济相对比较落后的山区小村。本村地貌基本上是山，村民建房大多数是挖山而建。本村村民基本上以钟姓、李姓为主，占村人口90%左右，而农历二月十九“观音生日”是本村钟氏家族的大节日。这天，外出村民大多数都要回来过节，其规模与农历新年相当。钟氏家族成员在这天会聚集在钟氏祖屋，举行拜观音烧香、烧烟架等仪式，并会一起聚餐来庆祝“观音生日”。观音生日，是民间信仰节日。观音在佛教、民间中被奉为大慈大悲、救苦救难、有求必应的菩萨，遇难众生只需诵念其名号，其即前往拯救解难，故名观音。民间庆祝观音的日子有多个，农历二月十九是观音的生日，世人于是定这天为观音生日。

（4）梅县水车安和村农历七月二十八老姑婆生日习俗

传说在清朝时期，安和岗族人生有一女（名字不祥），为人贤淑聪慧，十分勤劳，其父母早亡，为抚育弟妹长大成人而误了婚期，终生未嫁而贞守童身，颇受族中老幼尊敬（亦有说由于她的辛勤劳动，连年获丰收硕果，日子越过越好，后来由于过惯自家殷实自在的生活，乐不思嫁，独身生活到老）。尔后族中叔侄为颂扬她勇于牺牲自己的青春幸福，辛勤抚育弟妹成人的崇高品德，便约定俗成：每年的农历七月二十八那天都要为老姑婆做生日。年逢该日，家家户户都要举行家宴，庆祝一番，如同过节一般，一直延续至今，“故绝无仅有”（别地无此节日，惟安和独有）。久而久之，奉作神。后来，族中妇人便有人突然手舞足蹈，载歌载舞地在村里游走，说是老姑婆找的胴身显灵了。村里古今已出现过3个胴身——老姑婆化身。每年这天，三省十几个县，高朋远亲不请自来，作客安和。届时村中各家各户亲朋满座。有的一两台，有的三四台，多的达五六台，族人买酒备菜，忙得不亦乐乎。村里村外迎来送往，车水马龙，热闹非常，远地的客人更有提前到来，小住数天后，方才打道回府的。

（5）梅县升龙转火项目习俗

梅县程江镇西山村大屋跨升龙转火活动项目，几百年前祖先定规形成，该祖屋于1979年恢复升龙转火。升龙转火首先选择适时吉日，当日由道士开路，首先驱邪招福，然后再由祖屋乡亲祭拜祖先。祭祀物品有原猪、原羊、鸡、果品之类。茶、酒、财宝、香烛等并燃放烟花喜炮庆贺。祭拜期间，由道士作法，驱邪招福，口中念念有词，并进行富粮，洒“龙水”。结束后，各户男丁点燃一支香烛带回各自家中安放，将喜庆带回家中。祖宗会保佑所有该祖屋男女老少健康长寿、百业兴旺、家财万贯、百子千孙。

（6）梅县水车镇小桑（等）祭祀迎送公工活动习俗

梅县水车镇小桑（等）公王活动项目，据开村年代推算，相传在明末清初已有此举，宫址坐落在原湖下村与赤土村交界境内的公王佛，村自有史祭祀迎送（等）公王盛会至今，全村近6000名群众都非常崇拜信仰，使全村13个姓氏团结一致，从无姓界之分，也从无相争、械斗出现，这一盛会是全村人民增进友爱团结的盛会，又是丰富小桑山区群众民族风俗文化的盛会，能推动社会的发展进步，有着主要的价值和影响。

（7）梅县松源镇王氏“挂大牌”习俗

每年农历正月廿八，梅县松源镇的王姓族人举行“挂大牌”活动，以纪念祖宗、团结宗亲、传承厚德家风。

据传，“挂大牌”是纪念松源镇王姓开基四世祖宗泰公而举行的祭祖活动。宗泰公艰苦创业，商农结合，家境殷实。赚钱之后，乐善好施，造福松源乡亲，逢山开路，遇水架桥，还资助众多贫困学子。宗泰公逝世后，地方官奏请朝廷旌表，被明嘉靖皇帝谥“厚德传家”。王姓家族将赐号制成牌匾，于每年农历正月廿八，将牌匾从祠堂抬出巡游，以这种隆重的方式弘扬祖宗热心公益、和邻睦族的优良家风。

“挂大牌”的习俗，有500多年的历史，从明代起延续至今。农历正月廿八，人声鼎沸、锣鼓喧天、鞭炮齐鸣，热闹非凡，接牌队伍在大街上敲锣打鼓、舞龙舞狮，欢度节日。参加游行的队伍有本地和来自全国各地的宗亲，有时参加人数2万人。

（8）松源祭祀（扛）公王习俗

松源祭祀（扛）公王是在过“月半”时举行的一种民俗活动。松源在1507年建成龙源宫，1509年开始有扛公王活动。松源祭祀（扛）公王是旧时过“月半”的必备的文体活动之一，至今仍是广大群众喜闻乐见的一种民间艺术，具有广泛的人民性。松源祭祀（扛）公王活动，体现了客家民间信仰是多元构成的，在“万物有灵”的观念中，形成了松源山区客家人对“龙源公王”的君子神崇拜。“龙源公王”是爱国、爱民、惩凶、扶善的君子楷模，亦真亦幻，扛公王是村民对上述精神的崇拜与弘扬，使人们行善、积德、团结、友爱，构建和谐社会。

六、节庆文化

梅县区节庆文化精彩纷呈，具浓郁地方特色。传统节庆文化，是人们在长期生产生活实践中创造出来的。年复一年、周而复始的传统节庆，成为本地区十分普遍的文化现象，比如春节打狮头、贴对联、挂龙灯、烧烟架、月半赏灯、烧火龙、中秋山歌节、七月半吃糖粄、清明节“三牲”（猪肉、鸡、鱼）敬奉等，就是常见的客家传统节庆文化，受到大众高度重视和喜爱。

打狮子，有傩人出场，一个狮头，一个狮尾，一个孙猴子，一个沙和尚，还有锣鼓队。狮、猴、沙和尚表演完后，要进行打拳、舞刀，耍棍、跳桌等武术表演。

烧烟架，凭架上功夫。烟架分主柱和副柱，主柱高三丈五尺，柱身置横木十二支，各长三尺为架。架上吊着花篮或鲤鱿或套圆幕的圆形火斗。当此线烧至火斗时，圆幕自动卸落，显出斗内之物，斗内之物一般有五层（俗称五级）。燃烧烟架时一层一层卸落，时而喷出火花，火花时而飞速旋转、时而从天而降、时而纷纷扬扬、时而吱吱啸叫，如瑰丽的流星，撒开无数星光，五彩缤纷，幻出奇光异彩。

中秋山歌节，作为中国民间艺术之乡山歌之乡的梅县区，1983年，梅县人民政府决定，每年中秋节为“山歌节”。是年中秋，举行首届“中秋山歌节”活动，时间持续8天，观众4万多人（次）。参加表演的有来自全地区7个县的著名歌手58人。歌手年龄最大的80多岁，最小的18岁。全国著名歌手黄婉秋（祖籍梅县，影片《刘三姐》主角扮演者）、著名歌唱家郑湘娟、曾新芳（梅县籍人）等人，被特邀前来参加中秋“山歌音乐花会”。中国新闻社、南方日报、羊城晚报、广东侨报、人民政协报、华声报、香港文汇报、舞台与银幕、广东电视台、广东人民广播电台等10多家新闻单位分别作了专题报道。1987年，“中秋山歌节”活动内容更为丰富，分别举行中老年“发扬杯”、中学生“希望杯”、小学生“少年杯”、幼儿园“宝宝杯”山歌比赛，参赛歌手有100多人，最高年龄83岁，最小的只有5岁。1985年至1987年，山歌大师汤明哲和肖建兰、罗小红、宋惠明等歌手分别应邀赴香港、泰国、新加坡等地演唱，受到当地华侨、华裔的热烈欢迎。

1983年至2018年，梅县区山歌节共举办了29届，举办的目的除了能更好地传承好客家山歌外，还能活跃广大群众的精神文化生活，不断增强人民群众的获得感、幸福感和安全感。客家山歌历史悠久、源远流长，有首山歌这样唱道：“松口古镇历史长，世上人传山歌乡。自古山歌从（松）口出，五湖四海美名扬。”人们随口而编，随编随唱，押韵上口，出口成歌，通俗易懂，颇富情趣。即唱、表演唱、山歌擂台等这些群众喜闻乐见的文化活动，既是传愿和期盼的重要形式和途径之一，又具有寄托美好祝愿和期盼的文化意义。

中秋节除举办山歌表演外，还举办山歌旅游节。多年来，华银集团公司在中秋节期间举办客家山歌旅游节，开展交流互动，推介客家美食，参观美丽山水，赏阅客家围龙屋，推介梅县区叶剑英元帅故里红色景区、长寿之乡、旅游强县的文化品牌，尽情展示客家风情，彰显客家特色，饱尝客家文化大餐。

“新兴”节庆文化。“新兴”节庆文化的形成实则已有不短时间，主要有新春游园、客家文化艺术节、客家山歌旅游节、劳动节、妇女节、青年节、建党节、建军节、国庆节等文化活动。新兴节庆，往往集文化、艺术、旅游、经贸、科技等于一体，把传统精神和时代风采紧密结合，展现了新时期崭新风貌，既体现地方特性，也为繁荣地方经济、文化发挥了重要作用。

第四节　文化场馆

梅县区文化场馆不断增加，文化设施逐步完善，文化环境大大改善，不断满足群众文化欣赏和文化活动场所的需要。区主要公益文化场所有文化馆、图书馆、博物馆、文化活动中心、文体中心、曾宪梓体育场、人民广场、华侨城广场、山歌演艺中心、文化站室等，这些文化场所热情服务广大群众。

一、文化馆

（一）文化馆

区文化馆作为基础性公共文化机构，是当地群众文化艺术活动中心。以文艺创作、培训、辅导、演出、组织活动、组建业余团队为主要业务；以提供基本公共文化服务，满足基本公共文化需求；开展社会宣传教育，提高公众文化素质，组织开展公益文化艺术活动，辅导公众进行文化艺术创造；促进民间文化艺术发展，整理和保护民间文化遗产，管理、统筹、联络社会文化，开展对外民间文化交流等为主要职能。文化馆主要项目有活动策划、文艺创作、辅导培训、文艺演出、非物质文化遗产保护等。其中文艺创作主要对戏剧、曲艺、音乐、舞蹈等门类文艺作品创作，完成配合党和政府中心工作的文艺作品创作、辅导业余作者等工作，每年上送优秀作品给省、市参评，以及在省、市级报刊发表。梅县文化馆获得“全国一级文化馆”称号。

1979 年 3 月，县文化馆迁至梅城仲元西路县工人文化宫二楼办公。

1983 年 6 月，梅县、梅州市（县级市）合并，县、市文化馆随之合并，称梅县市文化馆，馆址设在人民体育场侧原梅州市文化馆。

1985 年夏，在馆址右侧新建 4 层楼房 1 座，馆舍面积增为 2940 平方米，其中供文化活动面积 1434 平方米。有展室、礼堂、舞厅、扩（录）音机电视机等设施。1984 年和 1986 年，梅县市文化馆先后在省、地召开的文化工作会议上介绍办馆经验并受到表彰。

1987 年，市文化馆设社会文化、业余创作、美术、舞蹈、摄影 5 个组，有干部职工 25 人。

1988 年，县文化馆迁至新建的梅县文化大楼，设有展览厅、排练厅、卡拉 OK 歌舞厅和艺术培训中心等。

1990 年，县文化馆被评为“全国文明馆”。

1999 年 9 月，县文化馆迁至新县城文化中心大楼。馆舍面积 3908 平方米，设有展览厅、培训室、影视厅、卡拉 OK 歌舞厅、少儿活动室和馆长、馆员办公室等。

2000 年，馆内设有社文辅导组、业余文艺创作组、美术摄影组、音乐少儿舞蹈组、财会组和山歌曲艺团，有干部职工 18 人。县文化馆不断完善配套设施，落实硬件指标，被省文化厅授予“特级文化馆”。

2009 年，县文化馆达到文化部一级文化馆和省特级文化馆的标准。

2011 年 11 月，县文化馆被文化部授予“一级文化馆”称号。

2018 年，梅县区文化馆有馆舍 4781 平方米，馆内设有办公室、戏剧创作室、少儿舞蹈室、社文辅导室、财会室、电子阅览室、档案室、多功能综合厅（集培训、展览、排练、演出、文化信息资源共享工程基层点）、舞蹈排练厅（五楼山

“一级文化馆”牌匾（2011 年 11 月）

歌剧团共用)。有在编人数17人。其中副高级职称1人、中级职称8人、初级职称4人。馆内分别设有社文辅导组、文艺创作辅导组、摄影组、山歌曲艺团。各门类业务辅导干部15人，其中本科学历9人，大、中专文化程度共8人。正、副馆长3人，分别分管社文辅导、创作、摄影和山歌曲艺团的工作。

（二）文化馆山歌曲艺团

山歌曲艺团成立于1989年，初有团员11人，全部由县文化馆在职馆员组成。山歌曲艺团既是演出队，又是辅导队，文化辅导到农村群众中。演出以小戏、小品和曲艺为主，每年演出100场以上，并坚持每年排演广东省群众戏剧创作、演出“一条龙”活动的剧目两个以上，连年获得省文化厅颁发的“一条龙”演出超场奖。山歌曲艺团又是梅县文艺作品送省、市参评的实验园地。1993年，文化馆曲艺团还深入基层演出了63场，观众39890人。1995年，山歌曲艺团利用业余时间，排演了节目3个，演出64场，山歌曲艺团在省戏剧“一条龙”活动经验交流现场会上做了经验介绍，受到了与会者好评。1999年，文化馆山歌曲艺团被省文化厅评为送戏下乡“一条龙”活动先进单位。2001年，文化馆曲艺团演出68场。

多年来，山歌曲艺团多次排演的节目获奖，其中《酿蜜人家》获得全国群星奖金奖、《山村响锣》《春花闹宴》获得全国群星奖银奖、《山嫂办宴》作品获得全国群星奖优秀奖。

二、图书馆

梅县区有梅县区图书馆和松口图书馆，是区财政全额拨款事业单位。区图书馆办公地址设在新县城行政区内。

（一）梅县区图书馆

1. 历史沿革

1979年3月，县图书馆迁至华侨戏院内。

1981年，在梅城西区月映塘新建占地面积3000平方米的图书馆。

1983年6月，梅州、梅县图书馆合并为梅县市图书馆，馆址设在金山顶。

1984年，梅县图书馆在全国“红领巾读书读报奖章”活动中，被共青团中央、教育部、文化部评为先进集体。

1987年4月，投资400万元，在梅城江南学艺路新建梅县剑英图书馆，馆舍占地面积1.39万平方米、建筑面积8820平方米。年底总藏书量29万多册。

1991年3月，梅县剑英图书馆落成，由国家主席杨尚昆题写馆名。落成后搬迁，从此，梅县图书馆改名为梅县剑英图书馆。馆内设阅览厅、图书外借处、采编组、办公室、地方文献、古籍库、梅州客家历代乡贤著述展览室、报刊库、农村书库、农村科技服务部、内部参考书库等。在主楼左侧兴建建筑面积1348平方米的“怀英”楼、主楼南侧兴建建筑面积1326平方米的“少年儿童图书馆”。

2001年，梅县剑英图书馆升格为市级馆。10月，梅县县委、县政府在新城文化中心大楼侧重建梅县图书馆，新的梅县图书馆占地面积2000平方米、建筑面积5159平方米。

2002年9月12日，经广东省梅县机构编制委员会《关于梅县图书馆人员编制问题的批复》，同意设立梅县图书馆，为县文化局下属股级事业单位，并核定事业编制20名，其中馆长1名、副馆长2名。12月，梅县图书馆竣工。

2003年9月13日，梅县图书馆开馆，藏书4万册。

2004年5月1日，新馆正式对外免费开放。梅县图书馆是公益一类、财政全额拨款事业单位，馆长李带玉。梅县图书馆开放后，该馆得到社会贤达的支持，设立客籍著名作家程贤章捐赠图书及文物的专室，共征集图书2万多册，文物146件。

2013年，县图书馆被文化部评为一级图书馆。12月，根据国务院《关于同意广东省调整梅州市部分行政区划的批复》，国务院同意撤县设区。因此，梅县图书馆更名为梅州市梅县区图书馆。

2017年6月13日，经梅县区委、区政府同意，由梅县区委区政府两办发文批准成为梅县区图书馆总分馆总馆，建立以区级图书馆为总馆，镇级文教体育服务中心为分馆，村文化室为服务点的总分馆体系，实现图书统一采编、资源统一调配、人员统一培训、服务统一规范、绩效统一考评。10月18日，经梅县区机构编制委员会《关于调整区文化广电新闻出版局部分下属事业单位机构和人员编制的通知》，同意增加区图书馆事业编制5名，增编后，梅县区图书馆事业编制25名。同时，确定编制控制基数为10名， 编制退一收一，减到控制基数为止。

2．业务职能

梅州市梅县区图书馆是综合性公共图书馆，是梅县区城区文献资源中心、信息服务中心、社会教育中心和图书馆事业中心，采用现代化管理模式，集借、阅、藏于一体，突出客家地方特色。具有搜集和保存人类文化遗产、社会教育、传递科学信息、开发智力资源的职能，承担为城区群众提供精神食粮和开展文化活动的重要责任，为群众免费提供公共文化服务设施及馆藏文化信息资源，广泛开展有特色的读者活动。负责采集各学科、各种形式的文献资料，开展流通阅览和读者辅导工作。搞好图书馆现代化建设，开发图书馆学、目录学和情报学理论、技术方法及现代化手段的应用，开展学术交流等。坚持免费开放服务，坚持开展送书下乡、为科研生产、经济建设等提供信息服务。

3．业务建设

1978年以后，随着社会主义精神文明建设的发展，县、乡、镇、村和各中小学校及部分企事业单位普遍设置图书馆（室），藏书亦不断增加。

1984年，梅县市图书馆发证3075个，借书4.7万人（次），借书7.7万册，与全国15个图书馆建立了联系，积极指导基层图书室，全年购新书1400多种共6000多册。

1986年，图书流动率大大提高，读者不断增多，还积极为56个单位开展业务讲座、科技咨询和智力测验活动，积极扶持基层建立健全图书管理制度。举办培训班，培训市区图书管理员200多人，编写基层图书业务手册，办好流动书箱20多个，深入基层为群众输送精神食粮，充分发挥了图书为科研、生产、教学服务的作用。

1987年，市图书馆有书库5间，藏书29万余册，其中：线装古籍3.5万册，特藏地方文献405种、3000册，全国各地报纸77种、117份，杂志358种、697份。是年，对外发放借书证3000多个，全年外借书刊3万多人（次）、6万多册，进室阅览5万多人（次）。农村基层图书馆（室）增至236间，有管理人员236人，有藏书13.7万册、报刊1995份、连环画3万多册，借阅书刊14万多人（次）。县图书馆还组织流动图书箱100多个，将图书送往基层，供群众借阅。

1988年，梅县图书馆加强管理，对人员进行了设岗、定位、定责，健全岗位责任制，并重视抓好职业道德教育，促进了图书流通工作。组织人员下乡、下基层，先后帮助白宫、西阳、城东等10个乡镇、20个农村图书室开展业务工作，为开发农业，发展山区经济，充分发挥了馆藏图书的作用。同时，开展了咨询业务，帮助工厂、农村专业户解决生产技术难题，收到较好效果。

1991年3月，梅县剑英图书馆落成搬迁后，梅县剑英图书馆内设行政、采编、辅导、参考咨询、典藏、读者服务6个组，开展书刊的采访、登记、编目、典藏、外借、参考咨询、农村科技服务、阅读辅导、业务辅导等各项工作。总藏书25万册、古籍2412种、3500册，含善本91种、1121册。全年征订期刊350种，各类报纸110种。

1992年，在省、市图书馆工作会议上，梅县做了经验介绍，县图书馆被省评为“文明图书馆”。

1993年，县图书馆紧紧围绕省评估定级及创建文明馆的活动，积极搞好业务建设，购置了图书馆防盗监测系统，发动社会捐书款2万元和各类图书700多册，古籍从3500册增至4.07万册。接待了毛里求斯政府文化代表团的参观。

1994年，全年新购图书3311册、订报刊645种919份，投入资金53868元。举办全县中小学图书馆业务培训班1期50人，外出辅导15次，跟班培训15人，协助各单位正规分编图书3万多册，协助高级中学等7个单位的图书管理步入正轨。得到深圳图书馆的大力支持，接受赠送 COMPAQ486 高档微型计算机和自动化集成系统（1LAS）的全套软件，价值6.4万元。自行购置了终端机、打印机、UPS等配件近3万元，成为全市第一家拥有计算机的公共图书馆，为进入电脑检索打下了基础。剑英图书馆被文化部命名为“文明图书馆”。

1995年，县剑英图书馆购置了486微机电脑和打印机各1台、终端机4台，开通图书手编自动化系统，成为全市首先实现电脑检索的县级图书馆。

1996年，收藏叶剑英元帅生前藏书264册和全国政协副主席叶选平赠书110册。

1997年，接收省新华书店、省扶贫工作队捐书2116册，价值2.3万元。收到叶剑英元帅100周年诞辰文献110份，并举办“叶剑英墨迹”“儒帅风范”“叶剑英研究文献”等3个展览，接待省人大视察团、广州市总工会、叶剑英元帅亲属及县五套班子领导等3000多人（次）的参观。

1998年，图书馆全年入藏新书1370册，办借阅证4800张，外借书刊9万册次，总流通8.9万人（次），该馆再次被推荐为全省文明图书馆。

1999年，认真开发文献资源，开展特色服务，为广州叶剑英研究会及海内外华人、华侨、台湾同胞、县直有关部门提供、查找大量图片、史料，扩大影响。县图书馆在全国第二次全国公共图书馆评估定级工作中，再次被文化部命名为“一级图书馆”。

2000 年，入藏图书 421 种，接受赠送新书 1179 册，书籍总藏量 2758 万册，征订期刊 417 种，报纸 76 种。

2001 年，接受香港中华书局董事长石景宜捐赠图书 2014 册，价值 11 万多元。全年图书入藏 1797 种 2897 册，计 12.6 万元。

2004 年 8 月 7 日，梅县图书馆成为广东省流动图书馆的第八家分馆。

2005 年，根据文化部、广东省文化厅关于建立文化信息资源共享工程基层中心的工作部署，梅县图书馆争取上级主管部门的重视和支持，投入资金 20 万元，建立拥有 20 台电脑的文化资源信息共享中心，成为国家文化信息资源共享工程县级支中心；建立县文化馆、畲江镇、南口镇、隆文镇 4 个文化信息资源基层服务点。开始自建图书馆网站，并不断加以完善。加强流动图书馆的管理和服务，坚持每天开放 13 个小时。

2008 年，加大投入，图书阅览阵地建设有新面貌。加强县图书馆藏书建设和流动图书馆的管理和服务，不断完善“梅县图书馆网站”。

2009 年，争取县委、县政府和上级有关部门的重视和支持，继续完善电子阅览室，电脑由原来 20 台增至 50 台，推动了梅县图书馆数字化、网络化的进程，文化信息共享工程达到国家文化部的要求，圆满完成了全国公共图书馆评估工作，梅县图书馆被评为“国家二级公共图书馆”。

2013 年，梅县图书馆设立盲人阅览室，设立残障人士通道，征订盲人刊物，配 1 名工作人员专门为其他特殊群体服务。同年，自建数字图书馆 1 个，率先在梅州市实现图书馆数字化服务，并在馆内安装全覆盖 WiFi。

“一级图书馆”牌匾（2013 年 10 月）

2014 年，梅县图书馆改称为梅县区图书馆。梅县区图书馆与广东省立中山图书馆签订《广东流动图书馆二期提升服务效能合作协议》，将区图书馆自动化管理系统与广东省立中山图书馆的 Interlib 系统并轨，使用二代身份证阅读器借阅服务，并实现全馆读者一卡通。同时，采购电子阅读机，利用本馆的移动阅读服务和读者的手机终端，让读者体验到移动阅读的便利，突破空间的限制，让读者不管何时何地只要手机在手即可快速便捷的享受图书馆的服务。

2016 年，电子阅览室新增电脑 30 台、电脑桌椅一批。少儿阅览室桌椅书架全面更新，把原有旧桌椅及不适合少儿的书架全面更换，少儿阅览室因此焕然一新。新的设备和环境深受读者的喜爱，给家长和小朋友带来了全新的阅读快感。在盲人阅览室增设了有声读物，在图书馆大门口增设了残障人士通道，增设少儿动漫阅读机 1 台。利用馆内天井，改建成读者活动区及展览区，面积约 400 平方米，为更好地开展读者活动和展览提供了有利条件。

2017年3月建立文化驿站，拓展公共文化服务的空间，这是梅县区第一个文化驿站。6月13日，经梅县区委、区政府同意，由梅县区委、区政府两办发文批准成为梅县区图书馆总分馆总馆。

2018年6月，广东省立中山图书馆建设“广东公共数字文化E（驿）站”项目中，配送1台“文化E站互动终端”机，给广大读者提供数字资源阅读、借阅服务。10月，建立梅县区宣传系统党员阅览室，激发全区党员干部多读书、读好书的兴趣，全面提升全区党员干部队伍的政治素养和理论水平。

梅县区图书馆数字图书馆建设历经10多年时间，在中央、省、市、区各级主管部门和财政部门的大力支持下，具备一定的基层服务推广能力。2018年，拥有终端服务电脑40台、主机房1个、数字阅读机4台，有Interlib图书馆自动化集成管理系统、歌德阅读管理系统、易趣少儿阅读系统、移动电子图书借阅系统、公共电子阅览室管理系统、无线网络管理系统、读秀系统、信息化系统等。特色数据库有客家山歌数据库、梅县年鉴数据库、梅县客家文献数据库。与国家文化信息中心实现资源共享，与省图书馆系统管理平台和图书信息资源实现共享。

至2018年年底，梅州市梅县区图书馆总藏量26.4万册（件），其中纸质文献14.7万册（件）、电子图书11.7万册，数字资源总量为14T。

4. 读者服务工作

1988年，发出图书证5400张，全年图书外借3600多人（次），馆内阅览7.6万多人（次）。

1991年3月，年平均每天接待阅览、借书读者250人（次），借出书刊160多册（次）；发放借书证6200张、阅览证4000张；全年图书流动6.89万人（次），阅览图书3.18万人（次），外借图书6.94万人（次）。有馆员33人。

1993年，围绕“图书与经济、社会发展”为主题，积极开展“科技进步月”活动，举办“科技圩”活动，编印科技资料1.5万份，复印农科技术资料386篇，接待咨询460人（次），全年接待读者7万多人（次）、外阅图书6.2万册（次）；满腔热情地为种养专业户服务，开展形式多样的少儿读书活动和日常的借阅工作。图书馆举办基层图书管理员学习班1期66人。

1994年，梅县剑英图书馆在认真做好馆内日常借阅业务外，还积极开展农科服务，先后深入梅南、荷泗开展了“科技进步月”活动和农村科技服务成果展，接待咨询638人（次），解答科技难题663个，赠送农科资料近1000份，编印农科小报4期3500份、《生姜》文摘1000份，代农民复印资料40篇50页，解答生产技术难题705个。基层文化中心拥有图书9.6万多册。

1995年，县图书馆把服务于农业生产这项工作放在突出的位置来抓，全年举办农科咨询2次，接待咨询738人（次），解决生产难题856个，出版《种养信息》5期2850份、《沙田柚》索引1000多册，送书下乡19次、图书3000多册，举办业务培训2期100多人，帮助基层整理编目3.2万册，深受农户的欢迎。

1996年，县图书馆接待读者74475人（次），比上年增加9.6%。编印《种养信息》5

期 2800 份，举办农科咨询服务活动 2 次，接受咨询人员 679 人（次），解答难题 736 个。以“流动书箱”的形式，把 1 万多册图书送到 18 个镇，供农民借阅。

1997 年，县图书馆全年接待读者 1 万多人（次），编印种养信息 4 期 2200 份。举办“传科技知识，送致富钥匙”的宣传服务周活动，先后到丙村、隆文等镇举办农科咨询活动，接待农民 1128 人（次），解答各种难题 1083 个，送科技资料 2685 份，组织万册图书下乡，流动到 38 个点。

1998 年，实施“千村书库”建设工程，送书下乡 31 次，捐赠图书 10280 册，销售图书 11375 册。程江的槐岗、松南的圳头、白宫的新联、丙村的程江等区文化室藏书数量大增，为村民提供了丰富的精神食粮。

1999 年，梅县图书馆认真实施送书下乡工程，全年送图书 1.2 万册，给 10 个镇 28 个村的图书室轮换借阅。全年接待读者 9.8 万多人（次），发放借阅证 4500 张，编印农科资料 2300 份。在科技进步月和图书馆服务宣传周期间，会同农科人员到梅南、荷泗等镇开展科技集市（农科咨询）活动，接待农民咨询 700 多人（次），解决农技难题及信息 800 多个。县宣传部与市新华书店梅县连锁店向“千村书库”松南镇圳头村捐赠农村实用图书 600 册，价值 6000 元。对千村书库示范点不断加强指导，培训基层图书专业人员，完善管理制度，整理图书 3 万册。县图书馆认真实施“知识工程”，会同团县委联合举办“祖国颂、社会主义颂、改革开放颂”为主题的读书征文活动，共收到征文 52 篇，获得一、二、三等奖的有 17 人，其中《改革无止境》等 3 篇被市文化局推荐报省“知识工程”领导小组参评。

2000 年，梅县剑英图书馆坚持举办“红领巾读书活动”“图书馆宣传周”和“少儿知识竞赛”“送书、送科技信息”等活动。全年为农村科技人员和种养专业户编印发送 4 期 2300 份《种养信息》，发送科技资料 1300 多份，解答农技问题 500 多个、信息服务网点 20 个、送书下乡 1.2 万册，接待农民 500 多人（次）。书籍总藏量 27.95 万册，其中：古籍 4.07 万册，善本 1121 册，外文书刊 475 种，报刊 3.98 万册，书架单层长度 6100 米；全年征订期刊 417 种，报纸 76 种，图书流通 10.4 万册（次），阅览图书 4.2 万次，外借图书 8 万册（次），接待读者 8.9 万人（次），发放借阅证 4300 张，接受赠送新书 1179 册，价值 2.3 万元。同时做好过刊装订、上架图书 1486 册，修补图书 1077 册，整理旧图书 1365 册。

2001 年，县图书馆全年接待读者 8 万多人（次），发放借阅证 4000 张，图书流通 6.8 万册次。同时做好过刊、装订、上架、修补图书等工作。适时编辑出版《种养信息》4 期 2300 份，发送给农科人员和种养专业户。热情为小读者服务，开展春节、“六一”少儿智力猜谜活动，接待小读者 200 多人（次），积极参与文化部组织的《中国家谱总目》的编辑工作，共编制家谱目录 86 种，按时按质完成任务。图书馆为山区群众脱贫致富服务，做好万册图书下乡的定期轮换借阅工作，分别到 7 个镇 21 个村级图书室流通借阅。会同有关专家到各镇举办科技集市，免费发送农科资料 2500 份、图书 1000 册，接待咨询农民 1000 多人（次），受到当地政府的赞扬和群众的好评。

新的梅县区图书馆竣工后，从 2004 年 5 月 1 日起，实行对外免费开放。区图书馆自开馆以来，始终把“读者至上、服务第一”的理念作为工作的中心，把从“学习实践科学发展观”上获得的认识贯穿于日常的各项工作中，继续发挥传统服务优势，做好基本读者服务工作，坚持传统服务优势，尽量延长开放时间，以提高书刊利用率，全年保持外借处、少儿室、综合阅览室、程贤章捐书阅览室、流动图书室、电子阅览室和期刊库等7个阅览室开放，每周开放时间达56小时以上，方便读者利用图书馆开展科研活动。经过全馆职工的共同努力，图书馆全年外借图书100118册（次），流通152215人（次），县图书馆及各镇文化站送书下乡1.5万册，接待读者18万人（次）。

自开馆以来，梅州市梅县区图书馆每年利用节假日、重大节日、“4·23”世界读书日、廉洁读书月、服务宣传周等开展图片展、书展、书法比赛、征文比赛、讲座、签名赠书、“你看书我买单”、电影展播等形式多样的读者活动，丰富读者文化生活。

自建图书馆网站以来，利用建立起文化共享工程基础网络和服务平台，上传了大量关于农耕的视频知识，极大地方便了广大农村群众了解更多的农耕知识，为他们带来了实实在在的好处。利用这个平台，更好地发挥图书馆多功能作用，完善文化信息共享工程，方便读者查阅资料。

2013年4月，梅州市梅县区图书馆成立志愿者服务队，服务队成员以本系统各单位职工为核心以及社会各界代表、学生、企业员工、家长、退休人员等构成。让全社会参与图书馆工作，同时提高图书馆影响力。

2014年，为让读者更好地利用图书馆资源，充分发挥图书馆的作用，引导广大读者多读书、读好书，形成读书热潮，带动当地居民的读书热情，图书馆购买电子阅读机，利用本馆的移动阅读服务和读者的手机终端，让读者体验到移动阅读的便利，突破空间的限制，让读者不管何时何地只要手机在手即可快速便捷的享受图书馆的服务，进而实现当地居民的全民阅读。

2015年，图书馆在新形势下服务功能不断延伸，开展“关爱老人，送书到敬老院”。为梅县区每个敬老院精心挑选包括医药卫生、文学传记、社会生活等多个方面的书籍200册，普及老年人的健康知识，提高老年人的自我保健、防病强身的能力，积极履行关爱老人的社会责任，全力营造尊老、助老、爱老、敬老的良好氛围。

梅县区图书馆自2010年起，以每年建设3—4个流动站的速度，在梅县区各乡镇、社区、企业、部队建立流动图书站，为广大群众提供了方便快捷的馆外图书文献服务，深受广大群众欢迎。至2018年年底，梅州市梅县区图书馆自建流动图书站19个，基层延伸服务全覆盖。

5．学术交流，业务研究

1994年，整理开发地方文献和编写索引等做了大量工作，与省图书馆和兴宁馆联合编辑出版了《客家文献综录》，出版了《康熙·程乡县志》《客家源流与分布》，整理《馆藏客家（梅县）民国时期书刊提要》等；由程志远等人编写的《诉侨声索引》《叶剑英史料索引》《梅州历代乡贤著述索引》等获得全国首届索引成果展成果奖。

2013年，积极参与学术研究，承担2项省级以上的科研课题，其中1项国家级《乡镇图书馆管理规范》，1 项省级《客家文化》；3 篇学术论文获得省级以上奖励，这些学术成果，进一步推动了梅县区图书馆事业的发展。

2014 年 5 月，区图书馆经梅州市梅县区人力资源和社会保障局批准为广东省梅州市梅县区专业技术人员继续教育培训基地，负责梅州市梅县区全区图书、群文、文博、艺术系列专业技术人员继续教育，承担广东省人力资源和社会保障厅和主管部门颁发的专业技术人员继续教育年度专业科目学习培训任务，为梅州市梅县区基层文化工作者提供了良好的学习交流机会。

6. 管理工作

梅县区图书馆把干好本职工作、促进事业发展、服务社会大众作为重要任务，在管理上求规范，气氛上求和谐，作风上求垂范，服务上求实效，全馆上下团结拼搏，自我加压，开拓创新，形成了干实事、求实效的工作局面。具体做法：一是在人事管理上通过职能调查摸底，制定了图书馆管理聘用工作实施方案，根据单位内部工作岗位需求，实行岗位绩效，极大地调动了全体职工工作的积极性；二是建立健全了学习制度、工作制度、考勤制度、服务准则和绩效考核制度；三是聘用了保安人员，购置了安防设施，加强了安全管理；四是规范工作行为，优化工作环境。在馆内大力提倡微笑多一点、行动快一点、做事早一点、说话柔一点、理由少一点、脾气小一点、胆量大一点、质量好一点、效率高一点的 10 点工作法，进一步强化了服务意识。

7. 获奖情况

1993 年，剑英图书馆被省文化厅评为“广东省文明图书馆”。

1994 年，被文化部评为“全国文明图书馆”“一级图书馆”。

1998 年，被文化部评为“国家一级图书馆”，被广东省文化厅评为“广东省文明图书馆”。

1999 年至 2012 年，图书馆在全民阅读活动中作出了突出的贡献，多次获得省级以上阅读活动奖励。

2013 年，获得中国图书馆学会授予的“2012 年全民阅读优秀组织奖”。

2014 年至 2015 年，连续获得广东省文化厅、广东省立中山图书馆联合授予的“全民阅读活动优秀组织奖”；2015 年 8 月，获得中共广东省委宣传部、广东省新闻出版广电局授予的“2015‘书香岭南’全民阅读活动示范单位”称号。

2017 年 12 月，获得梅州市文明办授予的“2017 年最佳服务志愿组织”称号。

2018 年 3 月，被中共梅州市委宣传部、梅州市社会科学界联合会认定为“梅州市人文社会科学普及基地”。4 月，被广东省文化厅、广东省立中山图书馆联合授予“全民阅读活动优秀组织奖”。8 月，被梅州市梅县区精神文明建设委员会授予“新时代文明传习所”称号。9 月，在参与“第六次全国县级以上公共图书馆评估定级”中，获得中华人民共和国文化旅游部“国家一级馆”称号。12 月，在梅州市公共图书馆第一届“学问杯”活动中，被梅州市剑英图书馆授予“优秀组织奖”。

（二）松口图书馆

松口图书馆馆址设松口镇中山公园湖畔北岸。

1984年前，馆舍改作松口镇铁木厂，被长期占用。

1985年，梅县市人民政府拨款2000元，对馆舍进行维修，继而复馆并对外开放借阅。

1991年，由香港裕华国货（集团）有限公司捐资30万元，在原主楼东面两侧兴建新图书馆，馆舍占地面积6000平方米、建筑面积694平方米，有藏书5000多册。

1992年，松口图书馆编制隶属县文化局，成为新型的公共图书馆。

1993年，松口图书馆虽然人少，经费不足，但仍购买图书600册，坚持全天候开放，全年接待读者5.4万人（次）。

1994年，松口图书馆在人员少，经费短缺，服务范围广的情况下，新购图书400多册，每天接待读者150人（次），为方便群众借阅书刊提供了条件。

1996年，松口图书馆虽然人少，资金少，但热情服务，全年接待读者3.6万多人（次），接受省中山图书馆赠书4000多册和香港石汉基捐赠图书3498本。

2000年，松口图书馆有职工2人，藏书2.49万册。

2003年，松口图书馆充分利用馆藏图书，开展多种形式的读者服务工作。全年接待读者3万多人（次），书刊外借2万多册，新购置图书1000册，订阅各类报纸、杂志30多份。

2017年，松口图书馆开展了各种有益活动，活跃群众阅读生活。3月，在馆门口广场举行“书香梅县·共享阅读”全民阅读活动暨梅州市梅县区图书馆、文化馆分馆落成仪式，参与活动有干部职工、群众、学生代表355人。同时带动读者的读书热情，让读者体验到数字图书馆的强大资源便利服务，引领全民积极利用图书馆，形成热爱读书的好习惯，共享阅读的快乐。10月，伴随着醉人的花香和浓郁的书香，相聚在松口图书馆，举行丘哲铜像捐赠仪式活动，参加此次活动的有广东省人民政府原副省长、农工党、民盟创始人之一丘哲之子丘浩章，同盟会会员后裔，以及梅州市梅县区人民政府副区长等领导，参加此次仪式的还有松口镇、文广新局的领导干部、群众代表。11月，广东省文化厅2017“三百工程”惠民文化进基层，广东海上丝绸之路文化专题展在松口图书馆展出。

2018年4月23日，开展“4·23”世界读书日活动、“一路书香伴成长”阅读分享活动，阅读使人明智，阅读使人高雅。为了提升学生阅读兴趣，营造深厚的阅读氛围，开拓人们的知识视野，养成良好的阅读习惯，提升审美情趣和人文修养，形成健全的人格。6月，“海上丝绸之路·松口”瓷板画在梅县区松口图书馆展出，瓷板画再现了海上丝绸之路的重要节点——松口，记录了千年古镇历史的沧桑岁月，将松口的人文历史和乡土风貌表现得淋漓尽致，对于唤醒松口丝绸之路的历史记忆具有重要意义。

三、博物馆

1979年，复办县博物馆，馆址设金山顶内，与县图书馆共址。

1980年，梅县博物馆设在梅州市西区更楼下，与县图书馆共址。

1983年6月，梅县、梅州市（县级市）合并后，市博物馆、县博物馆随之合并，改称梅县市博物馆。

1984年，市博物馆对本市文物进行复查，定出文物志编写提纲，修复千佛塔和南门的八角亭。人境庐全年开放，接待观众1万多人，其中华侨264人、港澳同胞400人、国际友好人士21人。胡耀邦、余秋里、张廷发、郝建秀、王兆国、林若、吕正操、梁灵光、曾宪梓、刘锦庆等参观人境庐，有的还题词留念。

1986年，市博物馆初步完成编写10万字的文物志工作，开展文物普查，加强馆藏文物的保护和抢救，完成重点文物保护单位灵光寺和八角亭的碑刻标志安装和文物保护范围地界的测绘工作任务。配合宋湘研究小组积极开展工作，做好人境庐古书的管理和接待来访工作，全年接待5000多人。冬，举办叶剑英元帅生平事迹陈列，为梅县市开展爱国主义和革命传统教育提供最好的课堂。

1987年，市博物馆有干部、职工9人，有馆藏文物1179件。

1988年3月，县、区分设后称梅县博物馆。国庆节期间，馆藏文物展出10天，接待观众近2000人。全年争取省文管会拨给文物134件，充实馆藏文物，利用文物对群众进行爱国主义和革命传统教育。人境庐的开放、接待，深受各界好评。县博物馆顺利完成3个省级文物保护单位和11个县级文物保护单位的“四有”工作任务。

1990年8月，梅县文物管理委员会率先在梅州市各县中成立，行政隶属县政府常设机构。成员由政府和宣传、文化、文物、公安、工商、司法、环保、建设、统战、财政等县属职能部门的领导组成。下设办公室，址设县博物馆。协调和指导全县文物保护管理，配合公安、工商等有关部门，打击各种文物违法犯罪活动。

1991年3月，县图书馆另迁新址，原馆舍全部移交县博物馆使用。5月，县博物馆由全国政协副主席叶选平题写馆名。县博物馆馆舍占地面积4300平方米、建筑面积2095平方米。主体建筑分前后两幢，布局在同一中轴线上，前幢建于1979年，主要用作临时陈列；后幢建于民国24年（1935年），底层为陈列室，二楼为业务工作用房。

1993年，博物馆把完成文物“四有”任务作为全年的工作重点。先后完成“灵光寺”“元魁塔”等13处省、县级文物保护单位的野外测绘工作任务，并完成了送审“叶剑英元帅故居”“灵光寺”申报全国重点文物保护单位的材料任务。还对文物库房进行了清仓建档和档案记录。6月，配合省考古队挖掘唐、明代墓葬遗址各1处，并向群众征集文物26件，为研究粤东的历史提供了宝贵的科学依据。

1994年，博物馆的工作重点是继续完成文物“四有”任务。在做好省级文物保护单位保护工作基础上，完成“宋湘故居”等11处县级文物保护单位实测制图102张，描图67份，通过了市文管会的验收。同时，整理编撰《广东省文物事业纪事（梅县）》《广东文物志（梅县、梅江区）》《中国博物馆志（梅县博物馆）》，由国家文物局审核定稿，还协助编撰《广东文化概况（梅县）》《中国国情丛书——百县市经济社会梅县卷》的文化专题部分，还先后派出人员协助梅州市文化局和深圳市博物馆联合举办“客家民俗文物”展的资料收集，为市财贸办设计制作布展“广东省商办企业名优新特产品展”梅州市部分并获得“陈列设计奖”。库房文物的管理和文物征集工作也取得一定的成绩，对字画、瓷陶器、石器等标本资料进行分类和登记，有3件文物送省，经国家文物局专家鉴定，被定为国家一级乙。此外，还征集文物7件和现代书画作品131件。

1995年，县博物馆完成省级重点文物保护单位灵光寺的小区规划和主要维修的文物普查工作，以及邹韬奋纪念馆的陈列布展任务；配合省考古所在白渡挖掘了恐龙蛋化石。完成白宫镇棣华居客家民居申报为国家级重点保护单位的资料和图纸的上报工作任务。

1996年，县博物馆充分利用馆场阵地，先后举办“桂林中外文化艺术交流协会书画展”和“周育麟书画篆刻作品展”，共展出作品320件，参展人数1600多人(次)。完成文物“四有”县级文保单位9个说明牌和标志牌任务。完成申报白宫镇客家民居“棣华居”为全国重点文物保护单位的各项工作任务。

1997年，县博物馆完成叶剑英纪念馆新展室的全部布展工作任务，协助东山中学、环保局分别完成“叶剑英元帅与东中”“为了地球上的生命”的陈列布展工作任务，举办馆藏书画和“庆七一、迎回归”书画展。接受捐赠当代书画家作品4幅、宋代瓷器1件。

1998年，县博物馆抓好灵光寺主殿的勘查修缮、文保“四有”建档、文物保护和协助有关部门举办展览陈列布展工作。

1999年，县博物馆利用馆场阵地，举办“中国历代史画家作品展”和“庆祝建国五十年，喜迎澳门回归”书法联展。

2000年，县博物馆完善和完成梅县现存红军标语状况一览表、《广东省文物志》(梅县条目)和《1990—1999年文物工作大事记》的编撰工作。完成了灵光寺、叶剑英元帅故居推荐第五批全国重点文物保护单位的申报工作任务。

2001年，县博物馆围绕文物保护，积极做好各项工作，做好灵光寺“生死树”的维修、保护工作。协同省文化厅专家对申报第四批省重点文物保护单位进行实地考察。考察城东潮塘古梅树并提出保护方案，清理文物图片、照片7260张，整理照片档案131卷。

2002年，县博物馆成为梅州市爱国主义教育示范基地。充分利用馆藏史料，开展爱国主义教育。春，举办“馆藏书画展”。协助县档案局做好档案建档工作，协助中央电视台摄影组前往雁洋、南口客家民居采风，做好4处省级文保单位标志牌、说明牌制作安装方案，报上级文物主管部门审批。按时、按质、按量完成全国文物普查工作任务。对博物馆东面北面围墙进行加高修缮，保护文物的安全。

2003年，县博物馆努力做好广东省第四批省级文物保护单位“桥溪村古民居建筑群”等单位的保护工作，划定了文物保护单位的保护范围和建设控制地带，由博物馆组织完成测绘任务。朱迪光撰写介绍梅县籍著名书画家南岭梅的《梅乡、梅品、梅风、梅韵》在梅州电视台专题播出。

2009年，做好梅县第三次全国文物普查阶段工作，举办“田野调查”业务培训班，对全县各镇文化专干和普查队员等60多人进行文物普查“田野调查”业务知识培训。在水车镇开展梅县第三次全国文物普查田野调查试点工作，并接受了省督察组的检查验收。开展文物保护宣传和陈列展览工作。配合2009年梅州世界客属大会，成功举办梅州民间国宝成果展暨客乡青瓷学术研讨会，完成梅县林风眠故居、李金发故居申报为第六批广东省文物保护的申报工作任务。抓好搜集、编撰和出版《广东民间故事全书·梅州·梅县卷1》

工作。

2010年，向县政府推荐申报县级文物保护单位32处（52个单体）。8月底，按国家文物局的通知要求，圆满完成了馆藏文物电子信息的录入工作任务。

四、山歌剧团

梅县区客家山歌传承保护中心的前身是成立于1958年的梅县山歌剧团，团址设梅县人民体育场侧忠烈祠内。1962年夏至1980年5月，杨成武、罗瑞卿大、郭沫若、刘复之、叶剑英等先后来梅视察期间，均观看山歌剧团演出，并给予很好的评价。归侨李双曾还把《挽水西流》《张二梅看郎》《金银花》等节目移植到印度尼西亚松口同乡会演出。《挽水西流》《雪里梅花》《张二梅看郎》《十八娇娇泪血情》等剧目先后被中央人民广播电台和香港电台录音播放。

区客家山歌传承保护中心（区山歌剧团），是开创山歌剧剧种并且推动其发展繁荣的主要团队之一，为剧种的风格定位夯实了基础，一些经典唱段至今仍在客家地区及东南亚国家传唱。区客家山歌传承保护中心主要负责承担客家山歌和山歌剧研究、开展客家山歌艺术公益培训、传承展演和对外交流活动等重任。

1979年，创作的大型山歌剧《东山风雨》，获得地区会演创作、演出奖。

1981年，创作的《十八娇娇泪血情》获得地区会演创作、舞美和演出奖。

1983年，举办梅县市第一届山歌节。

1984年，组织春节、元宵活动和国庆文化活动。春节，组织文艺演出、舞狮等活动；元宵，和地区联合举办元宵联演盛晚，开展烧龙、烧烟架等活动；国庆期间，市委、市政府成立“庆祝中华人民共和国成立35周年活动领导小组”，组织和举办了11项活动，剧团参与组织和活动。在工会球场举办了千人集体舞会。

1986年后，梅县市文工团与山歌剧团合并，合并后更名为梅县市山歌剧团。

县文工团于1980年春筹建，1981年正式成立，是全民所有制的专业文艺团体。1981年4月，选派10名演员到上海歌剧院学习声乐、8名演员到广东省舞蹈学校学习舞蹈。1983年，参加地区专业文艺会演，获得演出二等奖、乐器合奏二等奖。1984年，改为轻音乐歌舞演出队，增购一批电声乐器和灯光器材设备。

元宵节，举办文艺晚会，燃放烟花，盛况空前，增添了节日气氛。举办了第四届中秋山歌节，中秋之夜分别在梅城、松口镇、丙村、白宫、隆文5个点，举行了不同规模形式的山歌擂台活动，60多名山歌手参加了斗歌活动。

1987年，全团有演职员40余人。

1988年中秋节，举办第六届中秋山歌节，全县有26个乡镇和机关派出了60名山歌手参赛，同时还邀请了全国著名歌唱家和舞蹈家克里木、古兰旦姆等以及泰国客家山歌社组团参加了专场演出，这是县、区分设后的首次大型山歌盛会，影响较大。

1993年，举行“93神州百姓闹元宵”、梅县企业界迎春联欢晚会、“纪念毛泽东100周年诞辰文艺晚会”及“庆祝全国体育‘飞龙奖’十周年联欢晚会”活动。举办十一届“隆文之夜”中秋山歌节，还参与各种外事接待演出等，为当地发展经济发挥积极作用。剧团积极配合计划生育，编演节目，下乡演出。全年演出63场，观众5万多人（次），收入4万多元，收到了较好的社会效益和经济效益。

1994年，山歌剧团着重抓好人员素质的提高，抓好职员的挑选、培训，想方设法筹集资金8万多元，改善了工作环境，更新了设备，从而改变剧团的形象，稳定了队伍，演职员的精神面貌也发生了变化。配合县委、县政府的各次重大活动和海内外嘉宾的接待演出，得到了领导和各界人士的好评。专程前往东莞、五华及本县演出了48场，收到了较好的社会效益和经济效益。

1995年，山歌剧团创作戏剧、歌舞节目近30个，演出82场。由县山歌剧团等3个团体组成的梅县代表队，在参加市第三届艺术节中，获得优秀演出奖。

1996年，积极发展地方文化文艺事业，得到上级的充分肯定。11月，经文化部批准，梅县被命名为“中国民间艺术——山歌艺术之乡”。群众文化活动频繁活跃，县文化部门组织或协助有关部门开展在松口举行的梅县第十四届中秋山歌节暨梅县山歌协会、泰国山歌社联欢晚会、“槐岗山歌之夜”等8次群众性文化活动。县山歌剧团获得“全省送戏下乡先进单位”。

1997年，县山歌剧团参加电视现场直播和录播演出10场。

1998年，县山歌剧团从全县城乡通过初赛复赛挑选一批具有一定艺术素养的年轻人充实到该团，加强专业培训，壮大文艺骨干队伍。继续开展以送戏、送书、送电影为主要内容的文化文艺上山下乡活动，文艺团体全年下乡演出191场、观众15万人（次）。

1999年，新县城梅县文化中心竣工并投入使用，山歌剧团与县文化局、文联、文化馆等部门搬入新楼办公，周围环境宽敞优雅，办公条件大大改变。继续贯彻省、市《关于实施文艺上山下乡工程的通知》，认真组织文艺团体坚持送戏下乡活动，解决山区群众看戏难的问题。3个文艺团体全年演出307场，观众27万人（次）。独幕山歌剧《桃花俏》获得中国文联、中国剧协举办的“99曹禺戏剧文学、小品、小戏奖”电视大奖赛三等奖，独幕山歌剧《红杏》获得梅州市第四届艺术节编剧、导演、演出等7个奖项。

2000年，全团有演职人员37人。举办“金威之夜”纪念消费者权益日文艺晚会，由市电视台现场直播。在华侨城广场举办梅县第十八届中秋山歌节“雁球之夜”文艺晚会。县山歌剧团与木偶剧团、文化馆山歌曲艺团全年下乡演出275场，共同精心组织举行两年一度的全县农村业余文艺分片会演和调演，挑选了10个优秀节目参加在华侨城举行的汇报演出。

2001年，县山歌剧团演出121场。

2002年，举办全县山歌手培训班和梅县第20届“荷泗之夜”中秋山歌节文艺晚会、迎国庆文艺晚会、梅县喜迎中共十六大文艺晚会。加工排演独幕山歌剧《山村响锣》，参加庆祝十六大全国群星奖优秀节目进京展演。与县其他文艺团队一起，在雁洋镇举行“三个代表”学习教育活动专题文艺演出，在华侨城广场举行“梅县2002年迎春文艺晚会”，举办“梅县纪念叶剑英同志105周年诞辰文艺晚会”，举行纪念建党81周年文艺晚会，参加市“八一”慰问团到解放军某部慰问演出，组织老干常青歌咏队、新城中学合唱队参加市“百歌颂中华”合唱比赛，均获得三等奖。配合做好侨务工作，组织数场文艺晚会，接待华侨访问团等等。

2003 年，继续抓好省、市《关于实施文艺上山下乡工程的通知》的落实，坚持送戏下乡，服务群众。

2004 年，坚持送戏下乡下厂，排练一批有教育意义、现实意义、群众喜闻乐见的文艺节目，走遍全县各镇村，进行巡回演出，把欢乐带给千家万户，为山区群众奉献精神食粮。做好实施“四个梅州”百村行、百企行的文艺演出工作，让“四个梅州”深入人心。

2005—2009 年，全县节庆文化丰富，社区广场文化活跃，文艺活动有声有色，文艺协会不断壮大，文艺精品迭出，“三下乡”活动不断加强，文体活动异彩纷呈。2008 年，创作排练的大型山歌剧《围屋旧梦》获得第十届广东省艺术节“戏剧三等奖”。梅县文化部门以全国性民间文化遗产抢救工程为契机，全面调查县域民间特色文化，对民间艺术品种进行了重点挖掘整理。梅县的客家山歌经过不断加工、整理、提高，发展成为具有社会主义时代精神，符合现代审美观，为群众喜闻乐见的民间艺术，深受海外华侨喜爱，在海外有较大影响。梅县被文化部命名为“中国民间艺术——山歌艺术之乡”。梅县高级中学组织学生参加的“千人山歌大对唱”入载大上海吉尼斯世界纪录。建设高标准的演艺大舞台——梅县山歌剧团演艺中心，是梅县文化艺术生产的重要基地，也是广大群众欣赏客家山歌艺术的重要场所。

客家山歌是梅县的民间艺术，从 1983 年开始，梅县就把中秋节定为每年的山歌节，至 2009 年已成功举办了 26 届。

2011 年，创作排练的大型山歌剧《合家福》获得第十一届广东省艺术节“优秀剧目一等奖”、广东省第八届精神文明建设“五个一工程奖”、第九届广东省“鲁迅文学艺术奖（艺术类）”首届广东省戏剧优秀剧目奖。

2012 年 6 月，梅县山歌剧团改制为梅县客家山歌传承保护中心。

2014 年，创作排练的大型山歌剧《古寨牛人》获得第十二届广东省艺术节“优秀剧目二等奖”。

2016 年 7 月，梅县客家山歌传承保护中心排演的节目代表广东省唯一入选剧目参加全国基层院团戏曲会演。团队曾多次应邀赴新加坡、印尼及中国香港、台湾等国家和地区演出，是梅州市传播客家文化的优秀团队之一，为弘扬优秀客家文化作出了积极贡献。

2018 年年底，梅县区客家山歌传承保护中心有演职人员 21 人，他们大部分都是 80 后和 90 后，在业务上均具备一专多能，是一支年轻而又充满活力的队伍，在剧目创作、挖掘、继承和创新方面取得一定的成绩。

五、木偶剧团

（一）主要职能

负责做好木偶剧的传承保护工作；负责木偶剧人才规划、培训和送戏下乡工作，开展节庆演出，不断满足群众对传统优秀文化的需求，完成区委、区政府和主管部门交办的工作任务。

（二）历史沿革

1978 年后，复办命名为“梅县木偶剧团”，全团人数 20—25 人，是全民所有制事业单位。团址初设东教场竹篷戏院内。

1983 年 2 月，迁至城北公社曾龙岃，团址占地 600 平方米、建筑面积 1500 平方米。

2000 年，梅县木偶剧团有在编人员 20 人，其中国家三级技术职称 8 人、四级技术职称 6 人、专业技术人员 6 人。

2012 年，文化体制改革，根据《关于设立梅县木偶传习所等有关问题的批复》的文件通知，设立梅县木偶传习所。6 月，梅县木偶剧团改制为梅县木偶传习所，并成立梅县木偶剧团演艺有限公司。

2014 年，根据《关于同意区文广新局下属单位机构更名的批复》的文件通知，梅县木偶传习所更名为梅州市梅县区木偶传习所。

2015 年，办公地址迁在梅县新县城府东二路梅县文化中心二楼，排练场地仍在城北曾龙岃。

2018 年，梅县区木偶传习所有在职人员 7 人、聘请艺人和学员 30 人，共 37 人。

（三）历任负责人

1. 梅县木偶剧团团长（传习所所长）：

谢　发（1951 年至 1966 年）梅县木偶剧团团长

李启磊（1978 年至 1979 年）梅县木偶剧团团长

朱利光（1980 年至 1984 年）梅县木偶剧团团长

李炎兴（1985 年至 1995 年）梅县木偶剧团团长

邓学良（1996 年至 2007 年）梅县木偶剧团团长

陆学平（2007 年至 2012 年 5 月）梅县木偶剧团团长

（2012 年 6 月至 2014 年 1 月）梅县木偶传习所所长

赖瑜明（2014 年 2 月至 2018 年 12 月）梅县区木偶传习所负责人

2. 梅县木偶剧团副团长：

郭日东（1980 年至 1984 年）梅县木偶剧团副团长

曾学升（1990 年至 2012 年 5 月）梅县木偶剧团副团长

巫启胜（1996 年至 2012 年 5 月）梅县木偶剧团副团长

杨秀娟（2008 年至 2011 年）梅县木偶剧团副团长

（四）演出情况

1983 年 3 月，参加梅县地区举办的第一届文化艺术节会演，现代戏《护情报》获得剧本一等奖和艺术演出二等奖、个人表演奖，神话戏《火云洞》获得改编剧本三等奖。

1988 年 5 月，与日本铜锣木偶剧团在百花洲影剧院进行木偶艺术探讨交流座谈会。12 月，与广东夏里巴音像公司合作录制《化子进城》和客家趣话大全《魂老婆》全剧录音卡带数万盒，畅销海内外。

1992 年 9 月，代表广东省参加国家文化部举办的全国木偶皮影戏会演，李炎兴创作的

《风岭缘》获得创作演出奖，刘翠莲、赖振强获得单项表演奖。

1993 年 1 月，参加中央电视台拍摄“梅州百姓闹元宵”电视片，其中的《打花鼓》《舞蛇》和《舞狮》片断播放后，反响良好。大胆探索，开辟新市场，争取观众，全年演出 200 多场，观众 10 万多人（次），总收入 5 万多元。

1994 年，木偶剧团为适应形势，搞活艺术，积极创作，排演新剧目，送戏到农村、学校。创作演出 1 台神话剧《子归来》，剧目《风岭缘》获得市“梅花奖”二等奖。10 月，参加由中国木偶协会在广州举行的全国木偶皮影剧（院）团经营管理交流会并在会上做了经验介绍。全年下乡演出 150 场，收入 2.6 万元。在搞好主业的同时，利用组建的金狮锣鼓队，为市、县各项工程剪彩、奠基等表演 80 场，收入 1.6 万元。

1995 年，木偶神话剧《子归来》参加市第三届艺术节获得剧目三等奖、演出二等奖。

1999 年 1 月，在广东南海影视城，参加中央电视台举办的“城市之间”（梅州—龙岩）文化活动友谊赛，提线木偶《舞狮》和《打花鼓》得到观众好评。

2001 年，县木偶剧团演出 110 场。

2012 年 6 月，文化体制改革，设立梅县木偶传习所，并成立梅县区木偶剧团演艺有限公司。传习所和演艺有限公司采用“请进来，送出去”的方式，聘请专家对学员的基本功进行强化训练，选送一批学员到上海、泉州参加木偶培训，同时也选送 2 名学员到广州学习木偶制作。传习所和演艺有限公司形成多元化发展的艺术团体。全年完成木偶戏送戏下乡演出任务 80 场以上，观看人数 5 万多人。

2013 年，梅县提线木偶戏凭着其精湛的技艺和独特的变脸艺术，登上央视《星光大道》大舞台。提线木偶戏传承人巫启胜作为参赛选手，在《星光大道》华南赛区决赛的舞台上展示艺术，进入了《星光大道》华南赛区的十强。在梅县文化活动中心礼堂进行木偶戏演出，向观众宣传梅县非物质文化遗产保护取得的成就，其间展演 10 多场。

2014 年，在梅县文化活动中心礼堂进行木偶戏演出，向观众展示梅县区非物质文化遗产保护取得的成就，展演 10 多场。在文化遗产日期间，重点打造好校园文化，在全区各中、小学、幼儿园举办非遗项目提线木偶戏展演，把非遗文化融入校园之中，让广大师生尽情地享受非遗文化所带来的乐趣，梅县区提线木偶戏全年展演 95 场。

2015 年，“非遗”文化与旅游相融合发展，梅县木偶“非遗”文化搬上雁洋大观天下等景区舞台展演成为常态性演出。

近几年来，梅县区木偶传习所不断传承和创新，创作演出了 4 部大型儿童剧，打造了一批具有木偶特色和群众喜闻乐见的文艺节目。编排了木偶杯花舞《杯花声声迎客来》、木偶表演《木偶变脸》《钟馗醉酒》《天仙配》和木偶书法《卷珠帘》等节目，打造了人偶剧《超级校园》《海族总动员》等剧目，挖掘提升传统剧目《化子进城》。这些剧（节）目，既富有浓郁的时代生活气息，又具有鲜明的梅县木偶艺术特色，极大地提升了梅县木偶的艺术品质和对外形象。

（五）获奖情况

1983 年，创作木偶现代戏《护情报》参加梅州市第二届艺术节获得剧目一等奖、演出二等奖。

1992年，代表广东组团上北京参加全国木偶皮影戏会演，木偶神话戏《凤岭缘》获得本团创作剧目演出奖。

1995年，参加梅州市第三届艺术节演出木偶神话剧《子归来》获得创作剧目三等奖、演出二等奖。

2007年3月28日，梅县人民政府印发《关于批准并公布梅县第一批非物质文化遗产名录的通知》，批准公布10类24个项目列入梅县第一批非物质文化遗产名录。

2009年，节目内容丰富。3月12日，梅州市人民政府印发《关于批准并公布梅州市第二批市级非物质文化遗产名录的通知》，批准公布梅县“梅县提线木偶戏”为市级非遗代表性项目。中共广东省委宣传部、文化厅、中山大学主办的广东特色剧展演，在中山大学举行，演出传统木偶戏《化子进城》获得优秀剧目奖。10月16日，广东省人民政府印发《关于批准并公布广东省第三批省级非物质文化遗产名录的通知》，批准公布梅县市级非遗项目“梅县提线木偶戏”为省级扩展项目“木偶戏”（梅县提线木偶戏）。11月26日，梅州市文化广电新闻出版局印发《关于公布第一批市级非物质文化遗产项目代表性传承人的通知》，批准公布“梅县提线木偶戏”区级传承人巫启胜为市级非遗项目代表性传承人。

2011年1月27日，广东省文化厅印发《关于公布广东省第二批省级非物质文化遗产项目代表性传承人名单的通知》，批准公布梅县省级非遗项目“木偶戏（梅县提线木偶戏）”市级传承人巫启胜为省级非遗项目代表性传承人。

2014年，全国首创的提线木偶节目《变脸》获得首届中国木偶展演金奖。

2015年，区木偶传习所被广东省文化厅授予“广东省非物质文化遗产传承保护基地”称号，被广东省文化厅评为2015—2017年度广东省民间文化艺术之乡（梅县提线木偶）。

2016年12月30日，梅县区人民政府印发《关于批准并公布梅州市梅县区第五批区级非物质文化遗产代表性项目代表性传承人名单的通知》，批准公布梅县区省级非遗项目“木偶戏（梅县提线木偶戏）”传承人黎为艺、李嘉珍、廖佳萍、陆怡婷、聂瑜为区级非遗项目代表性传承人。

2017年，修改提升的传统木偶剧《化子进城》，参加2017年客家文化“非遗”艺术周展演获得剧目奖，木偶舞蹈节目《封箱》参加第七届群众音乐舞蹈花会获得金奖，大型木偶剧《海族总动员》参加第十三届广东省艺术节获得剧目三等奖，小品《新官上任》在参加“梅州市廉政小品曲艺作品创作大赛”中获得三等奖。

2018年，木偶舞蹈《偶缘》获得首届客家舞蹈大赛二等奖，小品《今天怎么了》获得第十二届梅州城区群众文艺会演金奖，《封箱》获得广东省第六届岭南舞蹈大赛表演金奖、作品金奖、创作金奖。

六、电影公司和影剧院

（一）电影公司

1928年，梅县开始放映无声电影。1931年前，县内无影剧院。剧团演出的主要场所，县城有东门谢氏宗祠、西门路钟氏家祠、树湖坪、火神庙、城隍庙等；农村多借祠堂、庙宇进行演出。所有演出场所，设备简陋，且多是临时搭就。1931 年后，陆续兴建有梅城石牌楼下的友联戏院（后改梅县戏院）、松口的乐天戏院、丙村的仰立戏院等。1942 年，在原省立五中体育场建起 1 间设备较为完善的高乐戏院（竹篷戏院）。1944 年冬，改建为新光戏院。1947 年，开始放映有声黑白电影。

中华人民共和国成立后，新型影剧场所陆续兴建，电影事业逐步发展。50 年代初，梅县有 16 毫米电影放映机 1 部，由兴梅文工团组成流动放映队下乡巡回放映。

1952 年 10 月，县人民政府拨款购买电影放映机 1 部，在梅县人民礼堂（梅州电影院）放映影片。此时，梅县有电影放映队 2 个。

1953 年 3 月，电影队归省统一管理，被编为广东省电影教育工作队第 66 队。同年 10 月改为省电影放映队 204 队。

1956 年，省电影工作队下放给地方，由县文化科负责管理。

1957 年 1 月，发展到 4 个队。

1958 年，电影队分别下放到白渡、梅南、松源、梅西 4 个公社。县成立电影放映分队，下设 4 个电影放映队。1958 年 11 月，梅县电影队试制成功“梅江牌”放映机 1 部，受到广东省有关部门表扬。

1959 年后，有水车、白宫、南口等 5 个公社成立电影队。

随着电影事业的发展，县成立电影管理站，统一管理全县农村电影放映工作。1977 年和 1978 年，县电影管理站连续 2 年被广东省有关部门评为先进单位。1979 年 3 月，梅州镇升格为梅州市（县级市）后，成立梅州市电影管理站，站址设公园电影院后面。

1980 年冬，梅县、梅州市电影管理站先后改为电影公司。

1982 年，梅县电影公司在五洲城建成 1 座 4 层建筑面积 2400 平方米办公大楼。

1983 年 8 月，县电影公司和梅州市（县级）电影公司合并为梅县市电影公司，下设发行、放映管理、宣传、机修、行政 5 个组，负责管理公园影院、梅州电影院、华侨戏院、松口和丙村影剧院 5 间国营影院及 7 家农村集镇影院，以及农村 16 毫米放映队 40 个、8.75 毫米放映队 10 个。9 月，梅县市电影公司迁入大楼办公。

1984 年 8 月，梅县市电影公司办公大楼卖给雁洋五洲城商场。

1985 年，梅县市电影公司迁至公园电影院后楼办公。

1987 年，县城有梅州电影院、华侨影剧院、公园电影院、工人文化宫电影院和梅县地区百花洲影剧院、地区排练场影剧院；农村乡镇有 1000 个座位以上、设备较为完善的新型影剧院 12 间，1000 个座位以下的影剧院 13 间。全市有电影放映单位 58 个，其中城镇 12 个、工矿 1 个、农村 45 个，有工作人员 83 人（其中离退休 4 人）。

1988 年，梅县市撤销，分设梅县、梅江区（县级）后，梅县有电影公司、公园影院、华侨戏院、丙村戏院、松口影院。5 月，在东较场侧建设 1 座楼高 7 层、建筑面积 1700 平方米的综合办公大楼，争取了省、市拨款 9 万元，保证工程的进度。梅县电影公司负责管理华侨、公园、丙村、松口等 4 家国营影剧院和 10 家农村集镇影剧院及 35 个农村放映队。1986—1988 年，县电影公司连续被评为“省文化艺术上山下乡先进集体”。

1989 年，梅县电影公司大楼建成。建成后，增加文化设施，改善电影放映部门的办公条件和文化部门的住房条件。

1997 年，电影公司全年送电影下乡 5753 场，观众 450 万人（次），放映遍及全县 26 个镇 340 多个管理区。

1998 年，送电影下乡 3680 场，观众 258 万人（次）。

1999 年，电影公司抓好慰问老区人民、科教片汇映活动及中小学生爱国主义教育片的发行放映工作，全年为全县各镇各单位送电影 4980 场，观众 45 万人（次）。电影公司获得国家广播电影电视总局“全国农村电影工作先进集体”奖，被评为全国农村电影工作先进集体，这是电影放映工作取得的最高殊荣。

2000 年，全县有华侨戏院、公园电影院、松口和丙村影剧院 4 家国营影院，有农村集镇影院 10 家和农村电影放映队 27 个。

2003 年，县电影公司和 3 间影剧院仍为县文化事业单位。

2005 年冬，县电影公司迁至新县城梅县文化中心二楼办公。

2006 年，积极稳妥推进文化体制改革，推进公益性文化社会运作方式的探索和实践，将华侨影剧院和丙村影剧院取消建制单位，职工实行一次性买断工龄，并将华侨影剧院和丙村影剧院进行公开挂牌拍卖，盘活国有资产。

2009 年前后，县电影公司实行改革，对原全县电影系统 200 多人实行了一次性买断工龄，解除劳动合同关系，下属 4 间国办影院全部转让，同时保留了县电影公司建制，确保了中央农村电影“2131”工程的落实，梅县是全市第一个电影系统改革较成功的县。8 月前，全面完成县电影公司和县山歌剧团、县木偶剧团的体制改革任务，全部转制为公益性文化事业单位，列入县财政全额拨款。

2011 年，稳步开展国有文艺院团体制改革工作。为贯彻落实中宣部、文化部《关于加快国有文艺院团体制改革的通知》和省、市文艺院团体制改革工作会议精神，县委宣传部专门成立改革领导小组，制定了相关的改革方案，并就改革工作开展专题调研。年底，梅县电影公司基本完成转企改制任务。

2018 年，梅县区有电影放映单位 4 个。

近几年，梅县新县城兴起私立影城，主要设立在西桥和府前大道等，影城的设立，不断丰富了市民文化生活。

（二）影剧院

至 1987 年年底，县城有梅州电影院、华侨影剧院、公园电影院、工人文化宫电影院和梅县地区百花洲影剧院、地区排练场影剧院。农村乡镇有 1000 个座位以上、设备较为完善的新型影剧院 12 间，1000 个座位以下的影剧院 13 间。

1．华侨影剧院

院址在梅城民主路。1956 年由华侨有息投资，在梅城民主路（原“高乐戏院”旧址）建造华侨戏院，1967 年改名为人民戏院，1981 年被省评为先进剧场，1983 年 8 月更名为华侨影剧院，1984 年被省评为文明影剧院，1985 年获得省宣传工作创新优异奖。1987 年，有职工 72 人。戏院投资 40 万元，装备 83 平方米超大银幕和杜比立体声音响，成为梅县地区第一家超大幕立体声影院。2005 年，华侨影剧院与丙村影剧院一并进行改革；2006 年，将华侨影剧院取消建制单位，职工实行一次性买断工龄，并将华侨影剧院进行公开挂牌拍卖，盘活国有资产。

2．梅州电影院

院址在梅城仲元东路。1950 年，由政府投资兴建，1952 年建成使用，命名为梅县人民礼堂，1954 年，改名为人民电影院，1982 年，更名为梅州电影院，占地面积 6000 平方米；有座位 1466 个，其中楼座 228 个。1978 年，由政府投资改建，装修门面，增加座位。1982 年，安装空调设备，为梅县设备较好的电影院之一。1980 年被梅州市评为文明礼貌活动先进单位，1985 年被评为地区宣传工作创新表扬单位。1987 年，全院有职工 52 人。1988 年 3 月，县、区分设后，梅州电影院划归梅江区文化局管辖。

3．公园电影院

院址在人民体育场东侧。前身是公园露天剧场，时场内有水泥预制长条板凳，可容 1300 人。1978 年 7 月，剧场天面盖上竹篷。1981 年冬，按立体电影的要求进行改建，于 1983 年元旦建成使用。该院占地面积 2000 多平方米，有座位 1071 个，是梅县地区第一间放映宽银幕立体电影的影院。1987 年，全院有职工 19 人。

4．松口影剧院

院址在松口镇。1957 年，由华侨投资和国家贷款在原松声戏院旧址兴建，1958 年 5 月建成使用，占地面积 2000 多平方米。有座位 1393 个，其中楼座 220 个，是经营电影和戏剧的两用剧院。1981 年，新建 2 层楼职工宿舍 1 幢。1982 年，将原平房化妆室改建为 2 层楼房的剧院办公室和会议厅，1987 年，有职工 36 人。

5．丙村影剧院

院址在丙村镇。1958 年 5 月，由华侨投资兴建，1962 年落成使用，占地面积 2000 平方米；有座位 1347 个，其中楼座 216 个。1971 年后，由地方财政陆续拨款装修门面，建造映房，增建楼座，更换座椅。1978 年，新建 2 层楼房职工宿舍 1 幢。1987 年，有职工 31 人。2005 年，丙村影剧院与华侨影剧院一并进行改革。2006 年，将丙村影剧院取消建制单位，职工实行一次性买断工龄，并将丙村影剧院进行公开挂牌拍卖，盘活国有资产。

6．百花洲影剧院

院址在梅城江南新区，是一座现代化大型影剧院，占地面积 1.53 万平方米，建筑面积 6800 平方米，由国家投资 360 万元，于 1981 年 7 月动工兴建，1983 年冬建成使用。剧院地面观众座位有 994 座、楼座有 626 座，共 1620 座，全部为沙发软席座，有中央空调和立体声音响设备。地下建有音乐茶座“泉声茗苑”，茶座建筑面积 1000 平方米，一次可招待 420 人。影剧院建成后，中央乐团、中央广播艺术歌唱团、中央歌剧院、中国歌剧舞剧院等文艺团体先后到此演出。是梅县地区精神文明建设的窗口和文化娱乐的中心。

七、叶剑英元帅纪念馆

1987年夏，在雁洋镇雁上村叶剑英元帅故居左侧兴建叶剑英元帅纪念馆，1989年10月22日竣工，由原国家主席杨尚昆题写馆名。馆舍占地面积1万平方米、建筑面积3846平方米。叶剑英元帅铜像安置在馆区门前左侧平台中，像座上镌刻着中共中央撰写的碑文。纪念馆内有近2000平方米的陈列大楼。大楼内有“叶剑英伟大光辉的一生”生平事迹展览。展览分4个部分26个专题，240米的展线，珍贵照片386幅、绘画6幅、图表12幅，文献、手稿、著作、刊物等史料300多幅，文字说明版34块，展橱14个。有“叶剑英办公室、卧室实物陈列”，分别复原叶剑英元帅在北京西山2号楼办公室和卧室实物108件（部分复制品）。有“风范传万代、书画寄深情”陈列厅，陈列有大量的书画作品、题词、签名纪念册、文史资料，还记录有江泽民、杨尚昆等党和国家领导人到馆参观的照片。

纪念馆前楼为一层，分别设有序厅、接待、服务、保卫等功能区，楼顶开辟有天台花园和观景平台；后楼分别设有展览室、影视厅、办公厅、工作用房和闭路电视联网报警监控室。其中影视厅内采用大型投影设备，主要播放《共和国元帅——叶剑英》《虎形山下的丰碑》《剑魂》等专题片；服务区设有旅游纪念品商店、接待厅、休息室等配套设施，为观众提供服务。

1993年，叶剑英元帅纪念馆不断收集史料，先后多次前往北京、上海、广州等地收集了史料1000多份，充实了展出内容。同时，积极做好参观接待工作，全年接待观众5万人（次）。

1994年，叶剑英元帅纪念馆认真做好江泽民总书记前来视察的各项接待工作。抓好扩建工程面积为1951平方米，总造价预算130万元，加强周边环境建设，扩大入口道路长170米、宽2米，把故居、门坪环境进行修整，对半月塘、大莲塘进行石砌塘坎和修建环塘路等工程。还做好文史资料的收藏征集工作，对馆藏资料重新整理、登记、分类、编目、制卡、建档，并送19件文物到省鉴定，其中有2件被定为国家一级文物。在社会各界人士的支持下，馆内藏品从91件增至150多件，并收藏了一批叶剑英元帅青少年时期的事迹及其家庭状况珍贵资料。在搞好基础建设的同时，抓好提高管理者和周边人员的素质和服务质量。

1995年，叶剑英元帅纪念馆得到进一步完善，馆舍周围环境得到美化。投资180万元，建筑面积1951平方米的扩建工程历经半年时间，于11月竣工。在接待工作中，强化管理，增强职工的责任感，提高服务质量。全年接待了海内外群众8万多人（次）。被评为“梅州市爱国主义教育基地”和“梅州市学生德育基地”。

1996年，叶剑英元帅纪念馆在完成扩建工程的基础上，投资2.5万元，美化外围环境，整治了环境卫生和乱摆乱卖现象，强化了管理，提高了服务质量，全年接待海内外来宾20万人（次），创收18.8万元。与此同时，认真做好新展厅的布展工作。

1997年，叶剑英元帅纪念馆充分发挥爱国主义教育基地的作用，全年接待海内外参观者18万多人（次）。

1998年，被评为“梅州市文明风景旅游示范区”，被授予“广东省爱国主义教育基地”

称号。全年接待参观人员 22 万人（次），充分发挥了爱国主义教育基地的作用。

1999 年，叶剑英元帅纪念馆加强内部管理，美化环境，充分发挥其爱国主义教育基地的作用，全年接待海内外参观人数 23 万人（次）。经市委宣传部推荐，参加首批广东省爱国主义教育基地的评选。

2000 年，叶剑英元帅纪念馆被列为广东省首批爱国主义教育基地之一。该馆充分发挥爱国主义教育基地的作用，全年接待前来参观的社会团体和各界人士 20 万人（次），成为广东省新的旅游点，社会效益和经济效益不断提高。

2001 年，叶剑英元帅纪念馆不断加强管理，提高服务质量，完善馆内设施、设备，丰富藏品，增加展目，充实讲解力量，发挥爱国主义教育基地的社会教育功能，利用革命文物资源，把开展爱国主义教育、革命传统教育与旅游相结合，使爱国主义教育和传统教育得以经常化、制度化、规范化。叶剑英基金会，请中国百杰书法家张万庆书叶剑英元帅诗词 90 余幅，举办“叶剑英诗词书法展”，得到社会人士好评。叶剑英元帅故居被评为全国重点文物保护单位，接待社会各界观众和在校师生近 18 万人（次）。

2002 年，叶剑英元帅纪念馆评为全国爱国主义教育示范基地。该馆充分利用馆藏史料，积极开展爱国主义教育活动。积极配合省委宣传部到该馆拍摄第二批百个爱国主义教育示范基地的专题片，并完成中宣部教育局的《丛书・地图集》的供稿工作。根据文物藏品的特点，增设陈列内容，丰富自身的内涵和品位。做好叶剑英元帅亲属从江西送来叶剑英全身汉白玉像的安放，增设“红色丰碑——共和国元帅”的辅助陈列展览，在“八一”建军节前开放。2 次派人参加“全国元帅纪念馆联谊会”，进行全国性的革命纪念馆场交流活动，全年该馆共接待社会各界观众达 18 万人（次），参观门票收入约 40 万元。

2003 年，叶剑英元帅纪念馆根据文物藏品的特点，增设陈列内容，丰富内涵，提升品位，举行隆重纪念叶剑英元帅 106 周年诞辰活动。同时，由加拿大置地有限公司董事长叶树林捐赠的叶剑英元帅汉白玉雕像隆重揭幕。全年接待了张德江、叶选平等中央领导和省、市领导及前来参观的社会各界人士 20 多万人（次）。

2005 年，叶剑英元帅纪念馆在抓好叶剑英纪念园建设的同时，积极发挥文化窗口和爱国主义教育基地的作用。全年接待先进性教育团体 20 多个，党员 1.3 万人（次），接待观众 24 万人（次）。

2006 年，县委、县政府集中精力抓好市、县重点文化工程全国红色旅游经典景区叶剑英纪念园的建设。纪念园客家风情街完工交付，雁洋新村基础工程（安置拆迁户）交付使用，陈列馆大楼主体外墙装修完成，室内装修和陈列布展工程春节前完工并进行试展。纪念园大门、牌坊、游客中心、泉井广场、题壁广场、园林绿化等景观工程基本完成，各项工作进展顺利。

2007 年，重点做好叶剑英纪念园庆典活动的相关筹备工作和开园活动。县委、县政府对隆重举行纪念叶剑英 110 周年诞辰系列活动作了统一部署，投入人力、物力、财力抓好相关工作。各相关单位通力合作，尽心尽职抓好主馆、陈列布展、广场门楼等纪念景区的各项建设，做好 5 月 13 日举行纪念园庆典活动准备工作。5 月 13 日，市委、市政府和县委、县政府隆重举行纪念园庆典仪式，取得圆满成功。纪念园占地面积约32公顷，总投资1.27亿元，是梅县的重点文化建设项目，以展现伟人风采和客家特色为主线，以全国重点文物保护单位和爱国主义教育基地为依托，规划建设了人文秀区、纪念园景区、旅游休闲服务区和生态林区4个功能区。县委宣传部完成县委下达纪念园建设100万元的筹资任务，研究制订了《叶剑英同志诞辰110周年纪念活动县宣传文艺组工作方案》，下发通知，部署纪念活动的宣传标语，全力组织陈列布展和庆典工作。

2008年，叶剑英纪念园在县委、县政府的高度重视下，不断完善陈列展览和基础设施，不断提高接待和服务水平，加强对外宣传、交流活动，办好《剑》报，加强干部职工的业务培训和管理。经国家旅游局检查评定为国家AAAA级旅游景区，全年接待游客50多万人（次），成为备受全国游客欢迎的全国重点文物保护单位、全国爱国主义教育示范基地、全国红色旅游经典景区，是梅县旅游和对外宣传的一张名牌。

2009年，叶剑英纪念园在县委、县政府的高度重视下，不断完善展览和基础设施，不断提高接待和服务水平，加强对外宣传、交流活动，办好《剑》报，加强干部职工的业务培训和管理，积极开展爱国主义与革命传统教育。把纪念园建成集展现伟人风范、弘扬客家文化、推进生态旅游于一体的全国一流的红色旅游经典景区。全年向社会全面免费开放，接待游客近60万人（次），为广大人民群众提供优美的旅游、休闲、学习的场所。

此后，成立了梅州市叶剑英纪念园管理局，叶剑英纪念园和叶剑英元帅纪念馆由该局管辖。该局属梅州市委直属部门。

八、文化中心和文体中心

（一）文化中心

1988年3月，撤销梅县市，分设梅县和梅江区，原有的县文化局办公场所和设施全部划归梅江区。是年冬，梅县筹资65.5万元，在东较场县人民体育场侧兴建建筑面积1927平方米的梅县文化综合大楼东、南2幢，于1989年正式使用。东楼1—3层为文化馆展厅；南楼首层为卡拉OK歌舞厅，第2层为文化局办公，3—4层分别为文化馆和文联办公。

1990年，新建了占地面积300多平方米的两层文化中心大楼，购置了学习桌、乒乓球台、高级音响、书橱、图书等设施一批。

1991年4月，投资32.9万元，在县文化综合大楼侧兴建建筑面积96平方米的梅县艺术培训中心。第1—2层为艺术培训中心，第3层为山歌剧团排练大厅。

1999年9月，县党政机关迁入新县城，县政府投资800万元，在新县城兴建占地面积1700平方米、建筑面积4700平方米的梅县文化中心大楼，县文化局、文化馆、文联和山歌剧团迁入办公。文化中心大楼有影视大厅和专供剧团、文化馆排练节目和练功的场所，还有文化馆展览厅、少儿活动场所及艺术培训基地等。第1层是礼堂，可容纳500多人，礼堂是县委、县政府召开大会、举办报告会、开展大型活动的主要场所；第2层隔楼是区文联、电影公司、木偶剧团办公场所；第3层是区文化馆办公室、文艺团体排练厅；第4层是区文化广电新闻出版局办公室；第5层是区客家山歌传承保护中心练功房、宿舍。

（二）文体中心

梅县文体中心址在梅县新县城府前大道，紧邻梅县人民广场，占地面积7850平方米，建筑面积22136平方米，总投资4亿多元。工程于2010年12月动工兴建，于2012年1月建成。是由华南理工大学教授孙一民带领的专业团队按照国际标准比赛场馆规划设计的，建筑形态采用了客家全围龙式的建筑风格，在城市建筑中融入了客家文化元素，体现了显著的地方特色。这座圆形建筑直径112米，可容纳观众6000人，是一个集比赛、大型演出、会展和行政服务多种功能于一体的综合性场馆。文体中心自建成投入使用以后，举办了全市6000人会议以及客家讲坛、总政歌舞团大型交响合唱音乐会、迎新春联欢晚会、首届客家文化艺术节开幕式等大型文化、文艺活动。中心内有部分场地已辟为梅县区行政服务中心、区体育局、区综合政务服务管理办公室，全区行政审批办事窗口部门都在此设有办公点，为群众办事提供一条龙式的便捷服务。

九、书店

1984年4月，梅县市另行设立新华书店，为国营书店，地点在梅城凌风东路。新华书店发行中、小学校教科书和兼营书刊销售业务。

1988年，梅县地区改为梅州市，梅县市分设为梅县和梅江区。县、区分设后，梅县市新华书店改名梅县新华书店，在江南、江北各有门市2间，梅城另有集体、私人开设的书店100多间，形成以新华书店为主，国家、集体、个人多渠道发行的局面。

2000年，县委宣传部与市新华书店筹集近1万元的图书，捐赠给松源镇和松源镇东王村。

2003年，在梅城梅塘西路梅州桥圆盘侧梅县宝城商厦设立梅县购书中心。

2006年，梅县市新华书店由事业单位（自收自支）转制为企业，转为广东新华发行集团梅州新华书店有限公司，主要经营图书、文化用品和音像制品。

2018年1月，梅县新城购书中心搬迁至梅县新城府前大道府前壹号。除新华书店外，梅县区亦有私办书城、书店、购书中心等，全区书店有20多间，成为城乡群众购书、看书、休闲的新兴综合性场所之一。

十、文化站室（中心）

镇、村文化站室（中心）是基层公共文化服务的重要窗口，是中国共产党意识形态建设在基层的最重要阵地。集书报刊阅读、宣传教育、文艺娱乐、科普培训、信息服务、体育健身等各类文化活动于一体，服务于各乡镇群众的综合性公共文化活动场所。站室整合资源，合理布局文化活动阵地，功能场室包括多功能厅、陈列展览室、辅导培训室、排练演出厅、文体娱乐室、图书室、电子阅览室及少儿老年活动场地等，全天候免费对外开放。同时通过宣传栏、板报、标语、广播等阵地宣传活动，及时向广大群众宣传新思想、新观念、新文化，开展各项文化活动，为群众提供公共文化服务。

1978年以后，随着改革开放的深化，区、乡、镇文化站得到进一步发展，活动内容不断丰富和充实，设施不断扩充并向多功能的方向发展。

1981年7月，丙村公社办起全省第一间农民文化宫，该宫占地面积800多平方米，宫内设文艺招待所、婚姻介绍所、录影场等。广东省电视台、南方日报、羊城晚报作了专题报道，并被广东省评为“群众文化活动先进单位”。

1982年，全县有33个公社（场、镇）建立文化站（含文化中心），办起乡村文化室180个。丙村公社党委派代表出席全国群众文化工作表彰会并获奖。

1986年，全市各级宣传、文化部门进一步加强对创办农村“四位一体”文化室的领导。2月，梅县市文化局召开各区、镇文化站长会议，进一步总结和交流办好文化站的经验。5月，传达贯彻省文化工作会议精神，市委宣传部下发了关于广泛举办“四位一体”文化室的意见，市文化局、文化馆制定了新办文化室的规划和具体措施。8月，市委宣传部在隆文区召开全市100多人参加的农村文化工作现场经验交流会，总结推广隆文区办好“四位一体”文化室的经验。由于各级党委的重视，全市城乡文化活动发生了新的变化，全年全市文化室共举办各种类型培训班120期，拥有文化骨干2500多人。同时，各区、乡在财力、物力、人力上大力支持文化室的建设。拨款64万元，其中区、乡拨款45万元，市民和华侨捐资19万元，为活跃全市城乡文化生活，加强社会主义精神文明建设做出积极的贡献。梅县市文化局组织16名干部、30名区、镇文化专干，分4个组、8个片，利用6天时间对全市36个区、镇文化工作进行全面检查评比。据统计，全市办各类型文化室682个，其中区级文化室89个、乡级文化室168个、村级文化室137个、家庭办文化室288个，办得比较好的文化室有294个、镇文化活动中心10个，被评为先进文化室36个。

1987年，全县有乡（镇）级文化站36个（含文化中心），农村文化室680多个，为广大农民求知、求富、开发山区提供良好的学习和活动场所。

1988年，利用城、乡的传统节日，以群众喜闻乐见的文艺形式，向群众宣传党的基本路线，宣传十一届三中全会以来取得的伟大成绩，活跃节日文化生活。春节举办了城乡业余文艺会演。在梅城组织金狮和大锣鼓队游行，各乡、镇分别组织了打金狮、打篮球、小戏演唱各种文体活动。全县乡镇举行大型文体活动220次，丰富了节日的群众文化生活，收到了较好的宣传效果。

1991年，全县宣传文化阵地和设施不断充实和完善，办起文化活动中心24个、文化室411个、藏书21万多册。

1993年，全县文化站举办各种科技培训215期，受培训21892人（次）。

1994年，在省山区群众文化工作会议精神的推动下，各镇认真抓好文化站（室）的建设，建好文化活动中心的镇有16个，在建的有5个。全年投入文化活动中心基建经费154万多元，室内活动面积从上年的19625平方米增至2.9万多平方米。积极抓好内部设施设备的完善，投入设备购置费用60多万元，使内部设施总值增至155万多元，拥有图书9.6万多册。

1997年，全县391个管理区文化室中，藏书量达到2000册以上的有145个、3000册以上的有42个。

近几年来，梅县区积极推进公共文化场馆的建设，以基层群众提供便捷的基本公共服务为目标，不断增加公共文化产品和服务供给，更好地满足广大人民群众的基本文化需求。

自2017年起推进总分馆建设工作以后，以“组织保障、服务基础、资源调配、人员队伍、服务规范、考评管理”为抓手，结合实际，扎实推进了文化馆、图书馆总分馆制建设，发挥总馆在区级公共文化建设中的中枢作用，通过总分馆制把优质公共文化服务延伸到基层农村。2018年，建成新城、丙村、白渡、南口、雁洋、梅南、扶大7个分馆。镇（办事处、高管会）综合文化站19个。有特级文化站4个（新城、松源、雁洋、畲江），一级文化站4个（南口、松口、丙村、城东）、二级文化站5个（梅南、白渡、水车、石扇、程江）、达标文化站6个（隆文、桃尧、扶大、大坪、石坑、梅西）。镇（办事处、高管会）19个综合文化站，设有工作室、配备办公设施，有定编人员和相应的工作职责。

1978年至2018年梅县区乡镇文化站历任站长名单一览表

表3-36

序号	镇（办事处、高管会）	姓名	任职时间
1	雁洋镇	李　万	1987年至1989年
		何德鉴	1990年至2009年
		杨春苗	2009年至2018年
2	白渡镇	叶春波	年月不详
		古　彦	年月不详
		刘海峰	2013年至2014年11月
		张仕强	2014年12月至2016年9月
		李盟娜	2016年10月至2018年12月
3	丙村镇	廖玉均	1978年至2005年
		郭友娜	2005年至2007年
		谢利丹	2011年至2016年
		卢　毅	2017年至2018年
		方绮晨	2018年
4	城东镇	江文芳	1979年至1981年
		吴政光	1981年至1999年
		叶铭光	1999年到2003年
		黄跃华	2004年至2018年
5	程江镇	陈柏森	1978年至1999年
		潘美珍	1999年至2010年
		刘仕梅	2011年至2016年6月
		陈金叶	2016年6月至2018年

续表3-36

序号	镇（办事处、高管会）	姓名	任职时间
6	大坪镇	白伟元	1984年至1996年
		卢美琴	1996年至1999年
		侯　泳	1999年至2018年
7	扶大高管会	黄运府	1990年至2018年
8	隆文镇	李国强	1978年至1988年
		肖思文	1989年至2010年
		李增焕	2010年至2018年
9	梅南镇	李建平	1980年5月至1991年10月
		危越林	1993年12月至1996年9月
		陈剑彝	1996年9月至2016年6月
		黄瑞芬	2016年6月至2018年12月
10	梅西镇	凌珍文	1987年至1998年
		刘兰英	1998年至2002年
		涂志勇	2002年至2015年
		黄继明	2015年至2017年
		许　旺	2017年至2018年
11	南口镇	陈国新	1984年至2012年
		黄文健	2012年至2015年7月
		房永青	2015年7月至2016年11月
		陈雄伟	2016年11月至2018年
12	畲江镇	赖育昌	1978年至1999年
		曾志豪	1999年至2006年
		温燕权	2007年至2012年
		罗益都	2013年至2014年
		黄祯妮	2014年至2018年
13	石坑镇	曾新昌、洪文辉	1978年至2000年（交接时间不详）
		余　晓	2000年至2006年

续表 3-36

序号	镇（办事处、高管会）	姓名	任职时间
13	石坑镇	李素连（镇聘）	2006 年至 2010 年
		罗德兴	2010 年至 2016 年 8 月
		刘　学	2016 年 8 月至 2017 年 3 月
		吴海灵	2017 年 3 月至 2018 年
14	石扇镇	张文高	1978 年至 1980 年
		邓维明	1980 年至 1987 年
		张　良	1987 年至 1998 年
		陈万兴（负责人）	1998 年至 2004 年
		陈万兴	2004 年至 2018 年
15	松口镇	徐文超	2012 年至 2018 年
16	松源镇	王加湘	1978 年至 1988 年 5 月
		王心灵	1988 年至 2006 年
		何秋娥	2006 年至 2008 年 7 月
		黄文健	2009 年 9 月至 2011 年 7 月
		何长征	2011 年 10 月至 2015 年 9 月
		叶　贞	2016 年 6 月至 2018 年
17	桃尧镇	李鼎信	1979 年至 1983 年 8 月
		张荣政	1984 年 6 月至 1988 年
		沈广松	1989 年至 1994 年 5 月
		张淦辉	1994 年 5 月至 1998 年 3 月
		卢美玲	1998 年 7 月至 2006 年 5 月
		卢贵生	2012 年 5 月至 2016 年 5 月
		刘柳英	2016 年 8 月至 2017 年 2 月
		黄裕达	2017 年 3 月至 2018 年
18	新城办事处	温淑芳	1999 年至 2003 年
		刘玉芬	2003 年至 2009 年
		钟志玲	2010 年至 2018 年

续表 3-36

序号	镇（办事处、高管会）	姓名	任职时间
19	水车镇	丘文杰	年月不详
		钟广财	2012年9月至2018年6月
		张　铭	2018年6月至2018年12月

梅县区按照“四位一体”（一个图书室、一个活动室、一个小广场、一个宣传栏）村文化室建设和“五个有”（有综合文化活动室、有农家书屋或社区书屋、有文体广场、有文化信息共享工程服务网点、有宣传橱窗或者阅报栏）标准，大力推进村级标准化文化室建设。梅县区有文化室388个，分别分布在各乡镇行政村。坚持科学规划、合理布局，主要采取整合资源、集中利用等方式进行建设，并配备相应器材设备。在设施功能方面，以“五个有”功能活动，提升村文化室建设，以本地的文化特色，开展丰富多彩的活动。举办庆祝元旦文艺晚会、庆祝新春文艺晚会、庆祝“五四”青年节、“六一”儿童节等节日文艺演出。开展一系列贴近农村生活的文艺联欢会、广场舞、篮球、乒乓球、棋牌比赛等文化体育活动。组织举办“风清气正”文艺宣传、客家民居文化、红色爱国文艺宣传活动，丰富农村群众的精神文化生活。文化室充分整合党建、体育、公共服务等相关场地，统筹规划，既是群众娱乐中心、文化传播中心，又是村民服务中心、党员教育中心。

十一、农家书屋和文化驿站

（一）农家书屋

为深入贯彻落实中共中央、国务院《关于推进社会主义新农村建设的若干意见》和《关于进一步加强农村文化建设的意见》，切实解决广大农民群众“买书难、借书难、看书难”的问题，2007年3月，新闻出版总署会同中央文明办、国家发展改革委、科技部、民政部、财政部、农业部、国家人口计生委联合发出《关于印发〈农家书屋工程实施意见〉的通知》，开始在全国范围内实施“农家书屋”工程。农家书屋工程按照“政府组织建设，鼓励社会捐助，农民自主管理，创新机制发展”的思路组织实施，把各部门、各地区在农村文化建设中的类似项目结合起来，相互补充，同步推进，实现资源整合等。工程计划“十一五”期间在全国建立20万家农家书屋。2008年，积极做好“农家书屋”工程5个示范点的建设工作。2009年，扎实推进“农家书屋”的创建工作。为争取早日实现农家书屋全覆盖，在做好试点的基础上，争取省新闻出版局的支持，选定157家农家书屋点，并为每个农家书屋配备牌匾以及价值2万元以上的图书出版物，大大方便了农民群众阅读。2015年前，全县建有“农家书屋”172家，至2015

“2011年度广东省优秀农家书屋”牌匾（2012年初）

年年底，“农家书屋”基本覆盖全县行政村。

（二）文化驿站

为提高广大群众的文化素质，增强广大群众创业致富的本领，梅州市实施建设“文化驿站”工程。带着党的温暖，文化驿站从此走进了普通的城乡，受到了广大群众的拥护和欢迎。为进一步抓好民生实事项目建设，在市委、市政府的正确领导和上级主管部门的具体指导下，梅县区坚持把创建文化驿站作为不断满足人民群众日益增长的精神文化需求的一项民心工程，把创建工作摆上重要议事日程，根据《梅州市文化驿站（台）建设实施方案》要求，专门召开了专题会议，研究部署文化驿站建设工作，成立机构，制订方案，制定创建规划，完善配套设施，狠抓工作落实，有力地推进了加快梅县区文化驿站建设的步伐。

2018 年，梅县区有文化驿站 21 个，主要分布在梅县区图书馆、梅县区文化馆、精宫博物馆、客都文化艺术书画研究院、永兴游客服务中心、爱电影、新华书店、新城文化站、顺风客运站、开心影城、南口镇侨乡村游客服务中心、水车镇文教体育服务中心、梅南镇文教体育服务中心、丙村镇党群服务中心、松口图书馆、梅县区行政服务中心、梅县区委党校、云电商生态城、大坪镇缙公祠、松口镇大黄村、畲江镇官铺村。

还有未挂牌的文化驿站，站内设有书架和书籍。如梅县区客家文化研究协会，办公室内建有 3 个书架、书橱，有书 3000 多册，供人们阅读。

文化驿站充分依托客家文化资源，创意时尚文化，打造新型的、便捷式的休闲文化场所。文化驿站发挥着文化鉴赏功能、文化休闲功能、文化体验功能、文化信息功能、文化宣传功能，传播社会主义核心价值，弘扬时代正能量，陶冶市民品格情操，提高市民思想素质，更好地满足广大市民日益增长的文化需求。

第五节　客侨文化

梅县区是广东重点侨乡，是客都明珠、客都中心。客侨（包括港澳台客家同胞和海外客家侨胞）文化厚重，影响深远，是全国乃至世界客侨文化形成和发展基地之一。梅县区旅居海外侨胞，分布在世界 60 多个国家和地区，人口是梅县区户籍人口 54 万的近 2 倍。当中有不少佼佼者，印尼侨领罗芳伯、梁世桢、黄德新、叶联礼、李世镰，马来西亚侨领吴德芳，泰国侨领赖锦廷、陈晋尧等。至 2013 年年底，侨胞在梅县地区注册的较大型侨资企业有 40 多家，涵盖电子科技、餐饮服务、建材、纺织等产业。

客侨文化，是客家人在海外生产生活和支持家乡建设发展所形成的文化，是客家侨胞的物质文化和精神文化的总和，是客家文化的一项重要内容，具有客家传统特色的侨乡文化。

梅州客家侨民下南洋、闯世界、筚路蓝缕、艰苦创业、勇于开拓创新，不断发展。他们在异国他乡创业建设，心系故国家园，支持家乡发展。他们在侨居地生活工作而反哺故乡，创造出灿烂的客侨文化。

一、客侨文化的重要作用

近代以来，客侨文化不断发挥着重要作用，客侨文化是推动社会进步的一支重要力量。

客侨文化引领近代制度变革。亚洲第一个民主共和国——兰芳共和国，实行“兰芳大总制”，是世界近代史上最早建立民主共和国的雏形。其代表人物是梅县区石扇镇人罗芳伯（1738—1795），原名芳柏。罗芳伯是侨界先贤代表性人物，亚洲第一个民主共和国——兰芳共和国的缔造者和印尼婆罗洲开发的重要贡献者。1738年，他出生于梅州市梅县区石扇镇一耕读之家。1772年，罗芳伯和100多名亲朋漂洋过海，到印尼婆罗洲（加里曼丹岛），组建采金公司。他有文化、有胆识，又懂武术，深受当地人民和华侨的拥戴。时内忧外患，强邻入侵，他率众几经血战，打退了荷兰殖民者，东征西讨，终于成立自治政府，管辖百姓有11万人。他无意为王，1777年立“兰芳大总制”，民众称他“大唐总长”，并尊称他为“坤甸王”。“兰芳大总制”是世界近代史上最早建立民主共和国的雏形。

客侨文化助推革命运动。在中国近现代革命运动史上，客侨文化发挥着作用。在太平天国运动、辛亥革命、抗日战争、解放战争等革命大潮中，客家人为中华民族谱写了一曲曲惊天动地的正气歌。如孙中山领导的中国同盟会梅州籍会员有何天炯、谢良牧、谢逸桥、何子渊、何天翰、温生才、陈文友、何贯中等600多位，他们大多数是客家华侨，他们大力支持和参加辛亥革命，贡献力量甚至生命；在中国共产党领导的军队中，有叶剑英、朱云卿、肖向荣等参加国内革命战争、抗日战争和解放战争。百年来，客家文化特别是客侨文化孕育出梅县区200多位将军。客家民系是汉民族的一支特殊的、优秀的群体。客都梅州，在历次风云变幻的伟大时代，许多华侨、侨眷敢立潮头，投入革命洪流之中，屡次成为历史的主角。所以，近现代中国革命史，是客家人领导或参与决策、指挥的历史，客家人在中国近现代革命中做出了不可磨灭的贡献。

客侨文化推动商业发展。客家侨胞驾舟闯海，开疆辟地，创业发展，并反哺家乡，关心支持家国建设，筑造了一项项工程，成就了一番番事业。他们既是立足当地、成为当地建设发展的生力军，又是心系祖国情牵故土的热心人，还是促进国际友好的文化使者，从而推动了侨居地和家乡的建设发展，以及国际的商贸合作和文化交流。体现了融入当地社会、精诚团结的风貌，展示了人文关怀和勇于拼搏精神，反映了热爱桑梓的情怀。如国际知名品牌企业金利来企业、裕华国货集团、丝宝集团、宝丽华集团等。涌现出一大批工商贸易界领袖，如曾宪梓、余国春、梁亮胜、李有权、梁世桢、朱莲芬、叶华能、廖冬芬等。许多侨胞纷纷回家乡投资办厂办实业，进军房地产、酒店、电厂、服装、电子、设备、网络等行业，为家乡经济和社会发展作出了极大贡献。

客侨文化支持家国公益事业建设。客家侨胞热爱祖国、热心家乡建设。就梅县侨胞而言，张榕轩、张耀轩投巨资修建岭东潮汕铁路，自改革开放以来众多侨胞共捐资10多亿元，为家乡梅州建设学校、桥梁、道路、医院等公益事业，为家乡经济社会的发展做出了重大的贡献。

二、客侨文化的主要内容

客侨文化是客家人在海外生产生活和反哺家乡所形成的文化，是客侨物质文化和精神文化的总和。主要内容有侨商文化、侨居文化、侨俗文化、侨食文化、侨育文化、侨乐文化、侨作（劳作）文化等。客侨文化与客家文化一脉相承，是客家文化与华侨文化的结合体，体现了中华优秀传统文化、客家本地文化和海外侨民当地文化的集合展现和反映。

侨商文化是客侨文化重要组成部分，也是客侨文化的一项重要内容。客家人坚持诚实守信、注重合作、互利互惠、创造名牌、加强现代企业制度管理等。客侨文化孕育出一大批商业能人、企业家、金融寡头。他们名扬四海、商通五洲。

侨居文化是华侨居住建筑或在家乡投资兴建的房屋。它既有客家围龙屋建筑特色，又有海外的建筑风格。如中西合璧的南华又庐、继善楼、联芳楼等，其屋内雕梁画栋，壁画、镜子、窗户、楼顶等多处富有西洋风格，窗顶、门楣、墙壁文字充满儒家文化教育色彩，整体建筑堪称“客侨文化”的典型建筑，是客侨房屋的典型代表，风格较为独特。这些百年历史的建筑不仅是家乡客侨文化的代表，更见证了客家人闯荡海外、造福桑梓的历史沧桑。

侨乐文化以客家山歌为主要特色，华侨在外或回家乡，皆喜欢听和唱客家山歌，特别是客家情歌。“送郎送到五里亭、送到五里难舍情，再送五里情难舍，十分难舍有情人。”客家情歌以景叙情，情景交融，情到深处目汁（眼泪）流。客家山歌内容丰富多彩，语言质朴浅白，意境含蓄优美，唱腔多种多样，具有浓郁的客家文化和鲜明的地方特色，为海内外客家人所喜欢，是极为宝贵的民间文化艺术遗产，已入选中国非物质文化遗产名录。郭沫若有诗颂曰：“山歌入夜唱丰收。”后来，客家山歌孕育出山歌剧，山歌剧被人们誉为“山茶花”。

侨俗文化指客家侨胞的生活风俗习惯，主要是婚礼、迎来送往礼仪、节庆活动以及其他风俗习惯等，与客家风俗大概相同，但衣着与侨胞当地接轨，对外交往则大都适应世界潮流，穿西装。

侨育文化是客侨的育人文化，以“以文教化”为灵魂。客侨热爱教育事业，对子女教育严格，让子女养成爱读书、肯学习、讲勤俭、懂礼貌、能吃苦的习惯。

侨食文化是客侨的舌尖文化，讲究客家饮食，喜欢豆腐、酿豆腐、手工槌丸、手工鲩丸、梅菜扣肉等，既味道好、有食欲、有品位，又寓意富裕充实、年年有余、团团圆圆。舌尖把亲情血肉相连、客家食法一脉相承。

侨作文化主要是对事业、对家庭、对待人等的行为习惯，是客侨为人处世之道。主要体现是：做人诚实守信、讲究声誉，做事认真负责、追求卓越，处世谦虚谨慎、睿智豁达，为人尊老爱幼、德孝良善，为家讲究节俭、重教重情……

三、客侨文化的主要表现

好劳勤奋。客家勤劳俭朴出名。工作往往这样，男人在外创业谋生、女人在家务家育孩。他们勤奋劳动，刻苦勇敢，不怕劳苦，具有为家庭、为人民、为国家忘我工作、勇于牺牲的精神。为何梅县出了229名将军？因为梅县人吃苦耐劳，意志坚定，又有文化，高瞻远瞩，他们敢于走出围龙，从海外弃业回国，投身革命，不怕牺牲，壮志凌云洒热血，戎马生涯立战功。

好学善为。客家人学习勤奋，爱学爱教，助学成风。清朝时期开始，梅县区各地纷纷创办私塾、学堂，家长们送孩子进学堂读书，“不读书么老婆”家喻户晓。读书学到了文化知识，提高了智力，提升了工作能力。1950—2018 年，梅县区籍的两院（中国科学院、中国工程院）院士 14 人，大学校长（书记）62 人，这就是好学善为的结果。

好客知礼。客家人非常好客，有茶共饮，有饭共吃，通晓“客来主不顾，应该是痴人”的道理。客侨为人善良谦让，热情大方，关心社会，关怀弱者，充满人文精神。

好报家国。他们情系祖国，爱国爱乡，建设家乡，演奏出一曲曲壮丽凯歌。客侨革命文化、爱国情怀事迹不胜枚举。张弼士、梁密庵等侨胞捐款捐物支持孙中山革命；熊德龙创办的国际日报，在国际发行，宣传祖国和家乡，为海外人士了解祖国提供了很好的平台；曾宪梓、梁亮胜、李友权等许多侨胞和港澳台同胞在国内投资办实业，搞公益事业，在家乡捐资建设学校、医院、桥梁等。

客侨文化充满客家精神。在《神奇梅县》一书中，讲述了客家精神和形成原因有 5 项：一是不断迁徙，他乡变故乡，形成了刻苦刚毅、团结奋斗的精神；二是生活工作在山区，条件恶劣，形成了勇敢顽强、勇于拼搏的精神；三是崇尚文化教育，好学上进，形成了聪明睿智、明辨是非的善思能干精神；四是华侨联系紧密，视野开阔，形成了追求革新、开拓创新的精神；五是客家妇女在家成为主将，家务劳动、养儿育女包在身上，男人在外专心革命、努力工作，形成了忠诚敬业、专心致志的精神。

四、客侨文化的主要特点

重情义。客家人以文会友、以礼待人，富有中华优秀传统文化，礼行天下，情义十足。体现在对人礼貌，对来人热情招待，广交朋友，以人为善，扶贫济困，感恩社会，感恩他人。

重教育。客家人非常重视教育，以文教化，好学上进。人们可以卖田地，甚至讨饭也要让子女读书，崇文重教风气浓郁，这是客家人的优良传统。

重经商。不仅崇文重教，而且崇商重企，经营商贸，发展企业，做强做大产业。

重创新。创新是推动进步的源泉，是事业发展的不竭动力。客家人勇于改革，善于创新，大胆创业，从无到有，从小到大，革旧换新，不断壮大实业，建设美好事业和生态环境，取得骄人的成绩。

概括地说，客侨文化具有传承性、包容性、特殊性、广泛性等特点。传承性在于传承了中华优秀传统文化，特别是儒家文化；包容性是客侨取人之长补己之短，融入了故乡文化和侨居地文化，集汉文化、客家文化、侨居文化于一体；特殊性是客家人集中居住且侨胞侨眷众多这一特定的地域文化；广泛性是涉及客侨衣、食、住、行、作等方方面面的文化，包括物质文化和非物质文化。

第六节　文化产业

随着改革开放进程的进一步加快，社会主义市场经济体制逐步建立，文化市场得到了长足的发展。经过近年的培育和建设，文化产业已初具规模，在梅县区初步形成包括新闻出版、图书音像、休闲娱乐、体育健身、文艺演出、工艺美术、信息服务、广播影视、群众文化等行业在内的综合型文化产业体系，成为全区经济的重要组成部分和新的增长点。

一、文化服务业

有印刷业、电影业、图书业、音像制品业、梅州市嘉应泓博物馆等。

（一）出版发行、印刷业

1984年4月1日，成立梅县市新华书店。该书店贯彻为人民服务、为社会主义服务的工作方向，当年超额完成图书发行任务，实现销售总额93万元，市人平购书率为1.95元。

1990年，全县有图书摊档40家。

1991年，印刷业29家。

1997年，招引、协助市新华书店在梅县新县城开办梅县连锁店，进一步完善了梅县的图书发行市场。

2003年，全县有书报门市80间，有集镇影院8间，农村放映队24个。

2009年，图书零售单位69家（其中新华书店连锁店有分销点4个），省二级图书批发单位1家，图书经营单位从业人员140多人，营业收入约558万元，利润91. 89万元；音像制品零售单位43家，从业人员近100多人，营业收入77.4万元，利润25.8万元。印刷企业12家，各类印刷从业人员近100 人，全县印刷企业工业产值1450万元，实现利润31万元，创税46万元。

梅县的重点光盘制作企业有1家——梅州市嘉应万达激光有限公司，有员工180多人，普遍具有中专、高中文化。2009年，工业产值5590万元，实现利润172万元，创税195万元。

2014年，加强文化产业的招商引资工作，培育发展印刷、工艺等文化企业。

2018年，梅县区辖区内印刷企业11家，出版物零售发行单位46家。

2018年梅县区印刷企业一览表

表3-37

序号	企业名称	负责人	地址
1	梅州市祥天包装制品有限公司	温华志	雁洋镇
2	梅州市梅县区富华印刷有限公司	李志雄	新城办事处
3	梅州程江彩色印刷厂有限公司	陈耀兴	程江镇
4	梅州市梅县区铭峰印刷有限公司	沈伟明	程江镇
5	梅州市新大地纸品有限公司	许桂方	扶大高管会
6	梅州新华印务有限公司	梁晓健	程江镇
7	广东复兴新材料包装有限公司	杨双燕	畲江工业园区
8	梅州市梅县区新城印刷厂	谢小明	程江镇
9	梅县程江林峰印刷厂	刘思林	程江镇
10	梅州市梅县区城东李伟编织袋经营部	温伟琼	城东镇
11	梅州市梅县锦达塑胶制品有限公司	沈中良	丙村镇

2018年梅县区出版物零售发行单位一览表

表3-38

序号	证号	企业名称	经营地址	法人（负责人）	所属镇
1	新出发粤梅零字第3001号	广东新华发行集团梅州新华书店有限公司梅县区购书中心	梅州市梅县区程江镇西山村府前大道府前一号6#楼31号店	范向忠	程江
2	新出发粤梅零字第3060号	梅县区广雅教育书店有限公司	大新城大新路贵和花园A栋5号	姚荣英（刘总）	程江
3	新出发粤梅零字第3067号	金页书店	程江宪梓大道旁（雅居园第03号）	李胜生	程江
4	新出发粤梅零字第3120号	梅州渔翁网络有限公司	梅州市梅县区新贵生活林A23栋1-3号店	李龙飞	程江
5	新出发粤梅零字第3121号	梅州辉鹏文化传媒有限公司	梅州市梅县区新城公园南路南馨雅苑A4栋1-2号第一、二层	—	程江
6	新出发粤梅零字第3007号	华侨城新世书店	新城办事处富贵花园A3-1	叶和赞	新城
7	新出发粤梅零字第3009号	梅县区精益书店	新城办事处科技路16-7号	李良珍	新城

续表 3-38

序号	证号	企业名称	经营地址	法人（负责人）	所属镇
8	新出发粤梅零字第3015号	华侨城华怡书店	华侨城商场底层1062–1063	钟小云	新城
9	新出发粤梅零字第3057号	华侨城富都文具店	新城办事处宪梓大道富都A8号	张增勋	新城
10	新出发粤梅零字第3075号	益佳书店	新城办事处华侨城广场一街1–17号	杨 悦	新城
11	新出发粤梅零字第3085号	梅县区华侨城飞娱音像店	新城办事处华侨城香港花园一栋121号侧	张永林	新城
12	新出发粤梅零字第3095号	梅县区华侨城富华音像	华侨城商场1102号	张职芳	新城
13	新出发粤梅零字第3096号	梅县华侨城今日音像店	华侨城香港花园2座122号	廖小琴	新城
14	新出发粤梅零字第3111号	梅州市梅县区雅新窗帘布艺店	梅县区新城办事处楣杆北路11–14号	黄和新	新城
15	新出发粤梅零字第3112号	梅县耀东文具店	梅县区新城办事处楣杆北路11–15号	杜耀东	新城
16	新出发粤梅零字第3113号	梅州市梅县区酷宝贝玩具店	梅县区新城办事处世纪大道鸿福花园C30栋6号复式店	李茂辉	新城
17	新出发粤梅零字第3114号	梅州市梅县区益友文具店	梅县区新城办事处楣杆北路11–6号	曾丽云	新城
18	新出发粤梅零字第3115号	梅州市梅县区华侨城启成文具店	梅县区新城办事处楣杆北路11–8号	黄志聪	新城
19	新出发粤梅零字第3116号	梅州市梅县区华荣文具店	梅州市梅县区新城办事处世纪大道C29栋5号复式店	谢洁纯	新城
20	新出发粤梅零字第3125号	广东三元麦当劳食品有限公司科技路分店	梅州市梅县区新城科技路锦发君城二期裙楼一层1011号和二层2022号商铺	黄 钻 朱金利	新城
21	新出发粤梅零字第3011号	梅县区扶大富宏日用百货	扶大镇广梅路拯救队隔壁	张仁挺	扶大
22	新出发粤梅零字第3013号	梅县区扶大雅阁文具	扶大镇铁炉桥	李世民	扶大
23	新出发粤梅零字第3004号	梅县区畲江镇康泰电器行	梅县区畲江镇四横街10号	谢锡坤	畲江
24	新出发粤梅零字第3028号	梅县区畲江镇春婷图书店	畲江镇国税职工宿舍底层	熊喜春	畲江
25	新出发粤梅零字第3029号	梅县区畲江镇亚卜书店	畲江镇二横街中路66号	卜伟雄	畲江

续表3-38

序号	证号	企业名称	经营地址	法人（负责人）	所属镇
26	新出发粤梅零字第3030号	梅县区畲江镇苑萍书店	畲江镇大街17-19号	陈苑萍	畲江
27	新出发粤梅零字第3061号	梅县区畲江镇美珍书店	梅县区畲江镇三横街	涨美珍	畲江
28	新出发粤梅零字第3109号	梅县区畲江镇阿赖音像店	畲江镇四横街33号	赖小都	畲江
29	新出发粤梅零字第3118号	梅州市梅县区畲江镇洁尚文具超市	畲江镇	熊燕芬	畲江
30	新出发粤梅零字第3022号	梅南镇阿会文具门市	梅南镇新塘街17号	林会兰	梅南
31	新出发粤梅零字第3023号	长智书屋	梅南镇新塘圩	侯锋粦	梅南
32	新出发粤梅零字第3037号	梅县区南口镇胜利书店	南口镇永发街	吴锦胜	南口
33	新出发粤梅零字第3039号	南口镇鸿店	南口圩镇	张金招	南口
34	新出发粤梅零字第3080号	梅州梅县区南口益丰音像店	南口镇车站	潘金辉	南口
35	新出发粤梅零字第3034号	梅县区石坑镇富贵书店	石坑圩镇38号	温燕英	石坑
36	新出发粤梅零字第3123号	梅州小白科技有限责任公司	梅州市梅县区梅西镇车子排40号	付　蓉	梅西
37	新出发粤梅零字第3035号	梅县区大坪镇供销社图书文具门市	大坪圩镇	袁秋方	大坪
38	新出发粤梅零字第3006号	梅县区石扇普科书店	石扇镇府北路65号	张俊锋	石扇
39	新出发粤梅零字第3101号	梅县区石扇百花商店	石扇镇中和街圩府北路27号	郑亮民	石扇
40	新出发粤梅零字第3043号	梅县区丙村伟东购书中心	丙村镇光明街	陈启伟	丙村
41	新出发粤梅零字第3098号	梅县区丙村明玉商店	丙村建设街	刘明光	丙村
42	新出发粤梅零字第3078号	梅县叶剑英元帅纪念馆服务公司	梅县区梅县区雁洋镇	温秋苑	雁洋
43	新出发粤梅零字第3006号	梅州市梅县区雁南飞茶田有限公司	梅州市梅县区雁洋镇长教管理区	谢　斌	雁洋
44	新出发粤梅零字第3054号	梅县区松口镇庆生文具店	松口镇新生路147号	廖庆生	松口

续表 3-38

序号	证号	企业名称	经营地址	法人（负责人）	所属镇
45	新出发粤梅零字第3091号	梅县区松口镇伟雄音像店	松口镇新生路	杜伟雄	松口
46	新出发粤梅零字第3048号	梅县区松源一帆书店	梅县区松源墟镇	温甫开 温志杰	松源

梅县四阅书店　广东新华发行集团梅州新华书店有限公司下属门店，是广东新华发行集团旗下高端实体书店品牌，地址在梅县区程江镇府前大道府前壹号，经营面积 2200 平方米，经营图书品种 2 万种，经营文体商品等非书品种 1 万种。其中第一层 500 平方米，经营精品图书及高端文化用品，阁楼 200 平方米用于咖啡吧的经营，其间穿插搭配图书、文创产品的陈列与销售，用空间的表达让生活、阅读、咖啡融为一体；第二层 1500 平方米，是各品类图书与高端有机食品、电子产品等多元业态以及阅读空间交相融合的文化天地。

四阅书店前身是位于梅县区宝城商厦的梅州市新华书店梅县购书中心，从 2003 年开业起，一直秉承新华书店作为文化宣传与传播阵地的理念，10 多年来持续为梅县城区市民、读者提供优质的图书、文化用品，积极推广全民阅读，做好先进文化的引领。四阅书店于 2018 年 1 月开业，全年不含税营收 767 万元，各项税收 22 万元。

四阅书店面向服务大众，提供精品阅读，聚焦“人文、艺术、生活”三大领域，精选品种，为读者提供优质的内容产品。设置舒适的阅读空间，营造充满人文气息的阅读环境，读者可以“悦读”其中。 四阅书店除了经营图书以及传统的文体用品，还围绕“文化创意”和“品质生活”主题，引进文化创意品、“悦意”有机食品、梅享道咖啡书吧，提供家居用品、有机食品、咖啡、轻餐饮等产品及服务，满足广大市民对美好文化生活的向往。四阅书店不只是图书及文化产品售卖的场所，更加注重读者体验，更加注重人与图书和产品、人与人之间的互动，所以将精品阅读、多元产品、咖啡餐饮、文化活动等融为一体。四阅书店常态化开展全民阅读活动，主要开展的活动项目有朗读者计划、梅享道咖啡书吧书友读书会、绘本故事分享会、幼儿园进书店主题活动、青青悦读分享会、茶文化分享会、音乐鉴赏会、客家文化分享会、亲子互动活动等。2018 年，开展各类读书活动 70 场，参加活动人次约 2000 人。梅县四阅书店获得广东新华发行集团股份有限公司颁布的 2018 年度“文明门店”，是“青青悦读”梅州市青少年阅读基地。

（二）电影

电影放映发展了梅县区文化事业，是贯彻落实中共十九大精神、中国特色社会主义思想的重要举措和建设社会主义新文化的重要内容，是实现文化强区的重要手段。对于宣传党和国家的路线方针政策，发展先进文化，实现和保障人民群众的基本文化权益，普及科学技术知识，提高人民群众的思想道德、科学文化素质，丰富人民群众的精神文化生活，促进经济社会协调发展，发挥了较好的经济和社会效益。

农村电影放映，由农村电影放映队到村庄和农家放映。2009年，全县有25个电影放映队活跃在乡镇，从业人员有50多人。放映队实行自负盈亏，业务则由县电影公司管理。

城市电影放映，有西桥、广梅北路和府前大街3家影院，电影企业积极组织放映，不断满足市民精神文化需求。2018年，梅县新县城私营电影院3家，分别是梅州市锦发影城有限公司、梅州绿色文化发展有限公司梅县中影开心影城、梅州市爱电影投资有限公司。

梅州市锦发影城有限公司　位于广东省梅州市梅县区锦发商业广场二期二层，该商场紧邻广梅北路与科技中路，交通便利，是梅县区范围1家集购物、娱乐、休闲、餐饮于一体的购物中心。锦发影城加盟中影南方电影新干线有限公司，公司法人古丽佳。本影城规划面积3000多平方米，总投资1300多万元，拥有5个豪华影厅，635个座席，整个影城以国内一流院线的标准设计打造，拥有国内先进的影音设备和硬件设施：含巨幕、全4K放映设备以及极具特色的杜比全景声影厅，是集休闲、视听、娱乐等多维一体的综合性、多功能数字化影城，致力于将影城打造成色泽鲜活的5星级影院。锦发影城于2016年1月26日正式营业，至2018年年底，公司营业额达12485942.94元，利润627285.93元，缴纳税金527521.81元。

锦发影城自开业以来，积极参与到社会服务活动中。至2018年年底，共开放公益电影放映15场，让低收入人群、特殊人群能够进入影城，共享现代电影艺术带来的美好体验。每年的4月2日为"世界自闭症关注日"，携手自闭症协会、社会爱心组织，向社会宣传普及自闭症知识，开展"以爱守望自闭症群体"的爱心活动，关爱自闭症儿童。

梅州市爱电影投资管理有限公司　位于梅州市梅县区府前大道客家新世界4楼，于2016年9月开业，至2018年年底，有影厅8个，可容纳1000多人。

梅州绿色文化发展有限公司梅县中影开心影城　位于梅县区西桥，于2010年2月1日开业，营业面积有3000平方米，3D杜比影厅6个，座位863个。

（三）文化艺术业

梅县区山歌演艺有限公司、区木偶等文艺团体，转制后走向市场，既宣传党的路线、方针、政策和梅县区经济社会发展成就，又增加经济收入，解决演职人员的工资待遇问题。

文化艺术业还有文艺轻骑队、演艺公司、轻音乐队等，在社会中开展演出活动。

（四）文化休闲娱乐业

1990年，全县有录放场25家，录音销售94个、电子游戏室11个、桌球99台、歌舞厅1家、卡拉OK厅2家。

1991年，随着社会主义市场经济体制的建立，梅县文化市场日趋活跃。全县有录像放映场12家、音像制品经营37户、电子游戏室27家、桌球室84家、卡拉0K厅8家。

2003年，全县有营业性卡拉OK歌舞厅2家、录映厅2家、电子游戏机室10家、网吧21家、音像制品经营店97家，从业人员386人。

2009年，全县有电子游戏室22家、网吧63家、卡拉OK歌舞厅4家，歌舞娱乐场所从业人员56人，年营业收入约1126万元，实现利润181万元，上缴税收28.5万元。网吧从业人员近163人，年营业收入1427.7万元，实现利润247万元，上缴税收23.2万元。

二、文化传媒公司

经梅州市梅县区人民政府批准，梅县区广播电视台于2015年11月6日注册成立梅州市梅县区文广视讯传媒有限公司，公司法定代表人钟建英，注册资本为5000万元，完整承接梅州市梅县区广播电视服务中心、梅县广播电视网络公司的所有业务及债权债务，并承接和推进梅州市梅县区广播电视台经营范围内的业务。主要经营广播电视传输服务，广播电视网络技术开发、咨询，影视传媒项目投资，增值电信业务，专用电信网运营，互联网上网服务，计算机服务业，广播电视设备租赁，广告业，电影制作，电子出版物制作，音像制品制作，展览服务，批发零售业。

2015年，体制改革持续深化。区广播电视台与传媒公司合作，精心推出《有话直说》《观点致胜》《记者再报告》《非常故事汇》等四档电视栏目。做优城区数字电视的网络服务，扩大乡镇数字电视覆盖面，扩大数字电视网络阵地，取得良好的社会和经济效益。

2018年，区文广视讯传媒有限公司在发展中壮大，有从业人员195人（其中19个基层站线路维护人员86人），梅县区覆盖有线数字电视用户近10万户。主营业务为传输有线数字电视节目、开展增值电信业务、广告业务、影视节目制作等，年收入约3000万元。文广视讯传媒始终坚持安全、完整传递党的声音，配合区委、区政府做好宣传工作，为用户提供良好的服务。

三、文化生态旅游产业

1995年，广场文化蓬勃兴起，宝丽华实业股份有限公司投资160万元，在华侨城香港花园中心地段兴建占地面积1.5万平方米的集健身、演出、休闲、娱乐和集会于一体的梅县第一个文化广场。

2005年，建设梅县人民广场。广场位于广东省梅州市梅县区新城中心地带，毗邻梅县区行政中心区，背靠梅花山森林公园，投资3000万元建设，占地面积9万平方米，是集旅游、集会、娱乐、健身、休闲于一体的大型现代城市公共空间。场地广阔、气势恢宏，中心高20多米的九龙柱象征着客家精神。广场融客家风情、传统文化、人文景观于一体，与周围的梅县区博物馆、青少年活动中心、梅花山森林公园、大新城盘古步行街、新城中学、人民小学和规划建设的人民体育场等连成一体，成为“文化之乡”的一道亮丽风景线。广场以传统文化作支撑、以青山瀑布作背景，“与时俱进”的标志性造型建筑挺立中央，代表客家精神的龙柱高耸、气势威严，灯柱庄重气派，整个广场在阳光、花、草相衬下显得格外友好、亲切，还注重线条、颜色和造型的安排规划，给人的印象是庄重、豪华，现代意识感强，有无限的想象空间，给人以美的熏陶和享受。

2009年，梅县境内有宋湘故居、洪秀全祖居、叶剑英故居等历代名人故居40多座，主要古文化遗迹（址）50多座。博物馆馆藏文物及标本资料7000多件，其中国家级文物有800多件，尤其以林风眠美术作品、唐代水车窑为镇馆之宝，全区非物质文化遗产12类38项。梅县的文化产业的贡献主要集中在旅游产业方面，打的是“特色招牌”，强调的是“独一无二、人无我有”，走旅游与文化双向促进的产业发展之路，旅游文化产业得到了较快发展。

2014年，做强做大文化产业。根据省、市出台的文化产业的发展规划和相关配套的政策，调整优化文化产业结构和层次，推动汉唐动漫、盛唐动漫、亿讯科技等新兴文化产业的发展。申报麓湖山文化产业园区为第六批国家文化产业示范基地。

2016年，做好重点项目“中国文化收藏示范基地”建设的跟踪、服务工作。组织动漫设计、文化创意、非遗项目参加第十二届深圳文博会，组织6家文化企业参加北京“京交会”。做好第四届客家文化创意博览交易会梅县区展区相关工作。新推出《鲁豫有约》《非常幽默》等两档电视节目，推出《梅县党建》等专题节目11个，梅州市梅县区文广视讯传媒有限公司逐渐步入轨道。与梅州市新梅互联科技有限公司合作，将《车友》《球乡》《美丽梅县，乡村风采》3个专题节目采编任务和广告招商由公司完成的基础上，推进本地节目制播分离。与天音公司合作，全力打造“私家车940”频率。

2018年，主要景点：AAAAA级景区有雁南飞茶田度假村，AAAA级景区有叶剑英纪念园、雁山湖国际花园旅游度假区、千年古刹灵光寺，AAA级景区有南寿峰健康产业园、大观天下文化旅游产业园。

雁南飞茶田景区　梅州雁南飞茶田景区位于叶剑英元帅的故乡——广东省梅县雁洋镇，总占地面积667公顷，是广东宝丽华集团有限公司投资开发的一个“旅游+农业”的国家AAAAA级旅游景区。雁南飞茶田以源远流长的客家文化、博大精深的茶文化和生态优美的旅游文化为内涵，种植了优质茶叶、水果3100多亩，园林绿化900多亩，成功研制了金单枞乌龙茶、金桂兰乌龙茶等系列茗茶12个。兴建的具有客家特色的围龙大酒店、围龙食府获得中国建筑工程最高奖——鲁班奖。赏心悦目的自然环境和园林艺术，传统与现代相得益彰的围龙屋建筑，精彩优美的客家歌舞和茶艺表演，可口的客家美食，吸引了无数海内外游客前来休闲度假。雁南飞茶田获得国家AAAAA级旅游景区、全国生态旅游示范区、全国精神文明建设先进单位、全国模范劳动关系和谐企业、全国五一劳动奖状、国家建筑工程“鲁班奖”、全国休闲农业与乡村旅游示范点、全国农业旅游示范点、全国青年文明号、全国三八红旗集体、中华餐饮名店等称号。

位于景区东侧的桥溪古韵客家传统文化保护区，依托桥溪古村落传统民居建筑旅游资源单体49项，特别是明、清时期兴建的16座客家传统民居建筑保存完好，质朴却又不失宏伟，与村内小桥、溪水、古树、民居构成一幅秀美的客家田园风光画卷。

桥溪村始称叩头溪，方圆0.85平方公里。从明朝万历年间由陈、朱两姓人家先后在此卜筑营居，世代联姻，互结秦晋之好，繁衍生息。村内古树婆娑，石径阡陌；梯田叠叠，茶果飘香；山涧溪中怪石嶙峋，清泉淙淙，2002年被评为广东省第四批文物保护单位，并先后获广东省古村落、广东省十大最美古村落、“美丽中国”十佳最美古村落等称号。

叶剑英纪念园　叶剑英纪念园位于叶剑英元帅的故乡——广东梅县雁洋虎形村，是集展现伟人风范、弘扬客家文化、推进生态旅游于一体的全国红色旅游经典景区、全国爱国主义教育示范基地、国家AAAA级旅游景区。

叶剑英纪念园由华南理工大学建筑设计研究院设计、著名建筑设计大师何镜堂院士审核，设计理念致力于体现梅州国家历史文化名城丰富的文化底蕴，展示世界客都——梅州文化之乡的历史风貌，以浓厚的客家文化气息，衬托、突出表现叶剑英元帅的丰功伟绩、伟大思想及崇高风范，是集展示、传播、娱乐、休闲于一体的“文化公园型”景区。园区规划占地面积40多公顷，分为纪念景区、人文秀区、生态林区和旅游休闲服务区。纪念景区中，以“少怀壮志”“泉井情深”“力挽狂澜”“翰墨飘香”“百战归来”五大主题组织序列；人文秀区以叶剑英元帅故居、叶家宗祠为核心，展示叶剑英元帅出生和少年时期的成长环境；生态林区中结合山道布置“叶道英亭”“心系赤子”石刻等，充满诗情画意；旅游休闲服务区内，设置模拟军事训练基地、农家乐园、植物园和客家民俗风情街，供游人休闲及购物。

叶剑英纪念园规模宏伟，设计精良，布局合理，气势不凡，将山水融为一体，将传统文化与现代文化融为一体，将客家风情与虎形村风貌融为一体，将叶剑英元帅生平与纪念园融为一体，达到了“园人合一”的良好效果。

“叶帅故乡美，客家风情浓。”欢迎四海宾朋，走进叶剑英元帅故里，追寻伟人足迹，领略客家风情，感受客家文化。在梅州观光旅游、休闲度假、养生保健，享受绿色健康的慢生活。

雁山湖国际花园度假区 雁山湖国际花园度假区坐落于叶剑英元帅的故乡梅县雁洋镇，距离梅州市城区38公里，隶属于棕榈生态城镇发展股份有限公司与广东华银集团有限公司共同开发，棕榈以“生态文明建设”等国家战略为导向，先后建设生态城镇项目11个，其中以“浔龙河生态艺术小镇”及“时光贵州”为代表的5个项目均取得突破性收获。雁山湖依托天然的生态环境，占地面积800公顷，是粤东首家以花卉为主题，集休闲、养生、健康、游乐为一体的国家AAAA级综合型旅游度假区。

雁山湖凭借得天独厚的地理条件，山水环绕，空气质量达国家顶级标准，更拥有国家级有机农场和国家级体育赛场。湖光山色的雁山湖，生态条件优越，是天然的大氧吧，经环保部检测，空气质量达到国家顶级标准。景区内建有风景秀美的雁山花谷、万亩山湖、雁山花岛等特色景点，且拥有一流的绿野仙踪地球舱、酒店别墅、会务设施、空中飞人和彩虹滑道等特色休闲项目，是阖家出游、周年聚会、团队培训的首选。

雁山湖景区内有千亩生态农场，科学管理，天然有机。农场出产的瓜果蔬菜、猪鸡鹅鸭等专供景区酒店食用。景区酒店将生态农场的健康食材与南药养生基地的药材相结合，将养生理念融入出品中，精心炮制出养生药膳、金柚飘香系列菜、艾香美食等符合各种年龄段人群享用的特色养生菜肴，让游客尽享美味的同时还能起到保健养生的功效，深受广大游客朋友的喜爱。雁山湖结合自身实际，坚持开展节庆主题活动，因地制宜进行产品包装，用丰富多彩的主题活动吸引游客。雁山湖依托自身的农业资源，每年如期举办杨梅节、金柚飘香文化节，全年花季时节，雁山湖湖心岛花园、雁山花谷花团锦簇，百花争奇斗艳，热闹异常。每年都吸引了来自珠三角、福建、潮汕等地区的大批游客前来参加活动。2015年1月，在四川成都举办的第一届中国气候旅游高峰论坛上，雁山湖凭借成功举办了五届金柚飘香文化节，获得“中国特色生态旅游节庆奖”，在节庆主题活动方面获得社会各界的认可。凭借“休闲乐园、养生宝地”的美誉，雁山湖已成为最受游客喜爱和最能代表梅州慢生活的旅游景区。

灵光寺旅游景区 灵光寺旅游区是广东省风景名胜区和国家AAAA级旅游景区。位于梅县区雁洋镇阴那山省级自然保护区内，占地面积800公顷，自然风景优美，生态资源丰富，人文底蕴深厚，是一个集朝拜观光、康氧休闲、禅茶体验和美食住宿为一体的综合型禅文化旅游区。

主要景点有千年古刹灵光寺、华银茶业基地——阴那山茶园和阴那山桃花谷及樱花园。其中灵光寺是广东省重点文物保护单位和广东名寺之一，始建于唐咸通四年（863年），至今已有1100多年历史，以“神奇”“灵验”著称，其中灵光三绝（生死树、菠萝顶、顶无叶）和灵光三奇（五色雀、片生熟鱼、无笃石螺）等神奇的景象和美丽的传说更是闻名于世。灵光寺的旁边是有粤东最美丽茶山之称的阴那山茶园，葱茏的茶园起伏在云山雾谷间，与茶园中的望茶亭、茶海观峰长廊、近处的客家民居和远处的大森林形成一幅美丽的山水画卷。每年3月，点缀其间的千株樱花竞相开放，高的樱花和矮的茶丛错落有致，或粉或绿交相辉映，美得醉人。

景区常年气候凉爽，年平均气温约21℃，空气质量高，负氧离子含量最高可达每立方厘米5万个左右，是粤东著名的避暑胜地和负离子含量最高的“森林氧吧”。

南寿峰健康产业园 梅州市南寿峰健康产业园是国家AAA级旅游景区，位于梅县区雁洋镇附近，毗邻国际慢城、叶剑英元帅故里，地处梅州市旅游热线区。南寿峰以自身“产业特色、生态特色、文化特色、区位特色”四大优势为依托，中医药养生旅游为核心，农工商结合，一、二、三产业共融，凸显“山、树（寿）、药、客”四类文化元素。打造文化特色浓郁，中医药养生技术先进，养生、养老功能齐全的高端旅游特色景区。

园区有六大景点：客家文化长廊、南药文化长廊、长寿谷滨水游憩带、长寿老人观景台、景观玻璃桥（在建）、产品加工体验长廊；六个中心：游客中心、酒店中心、宴会中心、会务中心、健身中心、服务中心；六大养生项目：生态养生、运动养生、文化养生、膳食养生、中医药养生、生物养生。

其他景区还有茶山古村落旅游区、王寿山风景区、仁厚温公祠、雁洋镇“南福春秋”景点、阴那山旅游度假区、佛光寺、麓湖山文化产业园区、麓湖山庄度假区、四季佳禾现代产业园、新南湾水岸游乐休闲中心、梅州市洞天湖生态旅游度假区、松口古镇旅游区、侨乡村旅游区、恒溪生态园、鸡冠山绿色山庄生态园、三乡养生度假村、古梅梦景旅游产业园、客家姓氏主题文化园、中国油茶种植业综合标准化研究基地、祥和养生园、梅西水库、五指峰天文科普园、古梅县八景、中国收藏文化示范基地、绿窟潭、罗芳伯故居纪念馆、张榕轩纪念馆、客都人家康养文旅综合体、金丰园休闲农庄、九龙嶂风景区、客家文化影视娱乐基地、客家风情小镇、莱雅木屋温泉度假村、盘古步行街、丝路文化小镇等。

四、文化创意产业

畲江镇工艺美术品业

地处梅县南部的畲江镇，素有制作工艺品的传统。近年来，镇党委、政府充分利用畲江工艺企业发展的成功经验和丰富的劳动力资源优势，大力发展非公有制工艺企业，使工艺企业发展呈现前所未有的好势头，获得“广东省工艺编织专业镇”称号。

2008年初，全镇有工艺企业30家，其中拥有自营进出口权18家，家庭作坊式加工经营户2000多户。工艺品种有竹、藤、木、铁、丝制品等五大类8万多个样式，产品销往欧美、日本等世界各国。2007年，全镇工艺总产值3.68亿元，出口创汇4900多万美元，上缴国家税收2517万元。工艺编织产值占全镇GDP的45.7%，税收占全镇总税收的73.5%，解决了畲江镇80%的劳动就业。后来，延伸至水车镇等地，发展工艺美术品业。

麓湖山文化产业园

广东麓湖山文化产业园区由广东新金基文化创意产业集团有限公司投资建设，位于梅州城近郊18公里处的著名人文秀区——梅县区南口镇侨乡村的麓湖山，被誉为梅州城区的后花园，于2009年3月揭幕，同年6月，首家注册资金1000万元的北京梦幻动漫有限公司正式落户园区。

梅州地处闽粤赣三省交界处，梅河、天汕、梅揭、梅大等高速公路贯穿其中。麓湖山文化产业园区距离梅州市中心区10公里，距离梅州西高铁站9公里，距离梅县机场18公里，距离揭阳潮汕国际机场82公里，交通十分便利。梅州属亚热带季风气候，年平均气温21.3℃，气候温和，阳光充足，湿度适宜。这里是世界客都，客家人的心灵家园，开国元勋叶剑英元帅的故乡，素有“华侨之乡、文化之乡、足球之乡”美誉。梅州山区旅游资源非常丰富，处处可见茂密翠绿的森林植被、碧波荡漾的江河湖泊、美丽迷人的田园风光、天人合一的客家围屋，纯朴厚重的风土人情，置身亚热带山区原生态自然风光，犹如“世外桃源”仙境。

麓湖山文化产业园区规划面积370公顷，海拔450米。周边山水环绕，中心状如聚宝盆，古木葱茏，美轮美奂的现代休闲建筑与坡下连绵10公里的客家围龙古民居及民俗民风和合相融，相映生辉。园区被广东省文化厅授予广东省省级文化产业园区称号，被梅州市评为“梅州十八景”“梅州十佳赏花景区”之一，园区高尔夫球场还获得“中国十佳新球场”“亚洲十大最具挑战性球场”称号。

园区按照国家AAAA旅游景区标准，打造集观光休闲度假旅游于一体的综合性、集群式文化产业平台。已开辟有18洞国际锦标赛级山地高尔夫球场、麓湖山酒店、星公馆、高尔夫练习场、万株杏花湾、九曲花街、时花广场、玫瑰园、比迪儿童乐园、景湖阁竹楼、百年客侨古民居鹿湖山庄、后花园、双湖胜景、湖滨栈道、亲水平台、草暖园、燕子谷、马头岩环山栈道旅游休闲项目等地产项目。

梅州市大观天下文化传媒有限公司

梅州市大观天下文化传媒有限公司办公室地址位于梅州市梅县区雁洋镇雁中村（收藏文化示范基地B栋B5号），于2017年8月17日在梅州市工商行政管理局梅县分局注册成立，注册资本为1000万元。公司始终为客户提供好的产品和技术支持、健全的售后服务，公司主要经营广告业、图文设计制作、美术图案设计、产品包装设计、平面设计、企业形象策划、市场营销策划、文化活动策划、网络营销策划、文化艺术交流策划、体育赛事策划、公关活动组织策划、企业管理咨询、商务信息咨询、舞台设计及布置，会议及展览、礼仪、摄影服务。有产品和专业的销售和技术团队，公司属于梅州传媒广电公司行业。

大观天下文化旅游产业园　大观天下文化旅游产业园位于梅县区雁洋镇，是广东大观天下旅游有限公司旗下的旅游资源开发项目，产业园包含国内最大的民营博物馆（九馆一中心）、社科文博（大观图书馆、世界珍稀蝴蝶馆、奇趣蜡像馆、中华姓氏馆、中医药文化收藏博物馆、陶瓷创作艺术馆）、大观特色古街、古道驿站、大观演艺团、大观天池等多个特色旅游文化亮点。是一个集收藏文化展览、客家文化展示、学术交流和研学旅行等为一体的特色文化旅游项目，是中国收藏文化示范基地、国家AAA级旅游景区、广东省人文社科普及示范基地、广东省研学旅行协会副会长单位、梅州市人文社科普及示范基地，独步全国文化旅游之特色。大观天下文化旅游特色景区为叶剑英元帅故里、世界慢城添光增彩，为“中国梦”产生正能量社会效应。

2017年，在第十三届中国（深圳）国际文化产业博览交易会上展现“文化梅县”城市名片，由梅县区委宣传部联合广东客都文化发展有限公司共同开发并选送的陶瓷作品《客家风情茶具》《客家轿子壶》获得“中国工艺美术文化创意奖”金奖，《梅花文具》和《梅瓶》分别获得银奖和铜奖。

五、饮食文化

梅县区美食有梅州腌面、盐焗鸡、盐焗鸡爪、盐焗烤鸭、盐焗鸭腿、酿豆腐、酿香菇、酿苦瓜、酿茄子、梅菜扣肉、银芽炒鸡丝、鱼肉酿豆腐、鱼生、卤鸭脚、白卤鸭掌、红烧乳鸽、脆皮乳鸽、羊肉煲、狗肉煲、客家薯丝煲、芥菜芋头煲、客家盆菜、捶肉丸、客家牛肉丸、客家娘酒鸡、三及第汤、油馃子、仙人粄、味酵粄、艾粄、笋粄、黄粄、粟粄、甜粄等；土特产有梅州金柚、客都稻米、擂茶、酸柑茶、客家娘酒、梅菜干等（详见：客家菜、客家美食、客家小吃、梅州美食等）。

梅县区特色菜肴有红焖猪肉、梅菜扣肉、圆蹄肉、姜酒鸡、姜油鸡、盐煨鸡、嫩姜炒鸭、酿豆腐、猪肉丸、牛肉丸、鲩丸、萝卜炒牛肉、炒牛百叶、清蒸鱼、醋熘鱼、炒墨鱼、鱿鱼滚筒、炒虾仁、海参、肠衣蛋卷、炸酥烧肉、炸芋丸等。客家人推崇“冬至羊，夏至狗”，常以药膳补养身体。如：用艾根煲鸡，参须炖鸡，陈皮、草果焖狗肉，黄酒、丝线根煮狗肉，羊肉、红枣炙酒，党参、杞子炖甲鱼等。冬季还有制香肠、腊猪肝、腊猪头皮、熏鱼干的习惯，城乡居民喜吃各种粄食，花样丰富，品种繁多。较具特色的有大床糯米甜粄、黄粄、发糕（俗称发粄）、萝卜粄、味酵粄、煎丸子、煎产子、糍粑、烧卖、粽子、米粉、粄皮。清明节喜用苎叶、鸡屎藤、使君子等青叶作粄，俗称清明粄。炎热季节喜吃“仙人粄”（用仙人草及淀粉制成）。饮料有白酒（俗称烧酒）、娘酒、黄酒（糯米酒糟抽去原酒加清水浸泡而成，又称水酒）。城乡居民均喜在饭后喝茶，有“饭后一杯茶，饿死医药侪”（意谓药店无生意做）之说。炎热季节常以萝卜苗、布惊籽、番石榴叶、鱼腥草、淡竹等泡茶解暑。

实施“客家菜师傅”工程，建成一批培训基地和食材供应基地。2018年，城东镇玉水村获得全省首个“广东厨师之乡”称号，梅西镇石赖村被誉为“烘焙之乡”。

第六章 精神文明建设

社会主义精神文明是社会主义社会的重要特征，是社会主义现代化的重要目标和重要保证，是凝聚、激励人民的重要力量和综合国力的重要组成部分。

梅县区是文化之乡，崇文重教风气浓厚，精神文明建设不断得到加强。改革开放40年来，梅县区精神文明建设委员会和梅县区委宣传部、区文明办，重视社会主义精神文明建设，积极反映中国特色社会主义事业发展日新月异的现实，满腔热情地讴歌人民群众在创造新生活中表现的崇高品格和取得的光辉业绩。大力加强以爱国主义、集体主义、社会主义为核心内容的思想道德教育和精神文明创建活动，积极开展文明单位、文明县城、文明村镇、文明户评选活动，开展“社会公德、职业道德、家庭美德、干部品德”的社会主义道德风尚建设，号召广大市民倡导和践行“富强、民主、文明、和谐、自由、平等、公正、法治、爱国、敬业、诚信、友善”的社会主义核心价值观。开展“爱国守法、明礼诚信、团结友善、勤俭自强、敬业奉献”基本道德规范等教育，大力倡导文明礼貌、敬老爱幼、爱国爱乡、移风易俗，促进社会文明进步。坚持把法制建设和道德建设、依法治国和以德治国紧密结合起来。坚持抓教育，以提高人的综合素质为根本点；抓基层，以办实事做好事为切入点；抓榜样，以典型的示范作用为带动点；抓创新，以阶段性目标为提高点；抓创建，以工作规划为目标；抓成效，以取得社会文明进步和市民文明素质提高为目的。促进各项精神文明建设工作制度化、具体化、经常化，精神文明建设不断上新水平，提高人们的精神境界，改变城乡环境面貌。

第一节 精神文明建设机构

梅县区精神文明建设工作，在中共梅县区委、梅县区人民政府和区文明委的领导下，建立了一系列领导机制、工作机制和制度，并得到不断的完善和充实，用有效机制、制度推动和保障精神文明建设的各项工作的落实。

一、领导机构

成立以区委书记为主任的梅县区精神文明建设委员会，成员单位由区委办、区府办、区委组织部、区委宣传部（含文明办）、区委政法委（含综治办）、区直机关工委、区教育局、区司法局、区公安局、区民政局、区财政局、区住建局、区环保局、区文广新局、区卫计局（原人口和计划生育局与卫生局）、区林业局、区旅游局、区总工会、团区委、区妇联、区武装部等组成。

区精神文明建设委员会下设区精神文明建设委员会办公室，简称“区文明办”，定为正科级机构设置，牌子挂在区委宣传部，由区委常委、宣传部部长主管。“区文明办”设主任1人、副主任1—2人。

“文明委”和“文明办”领导成员变更时，区委适时调整成员，及时行文公布。区文明办是区精神文明建设领导组织的办事机构，主要负责组织、指导、协调、监督、检查精神文明建设工作，并抓好具体任务的贯彻落实。在实际工作中，从精神文明建设的全局性意见到一些具体项目的实施，县委“一把手”主动考虑、密切关注、直接参与，以自己的实际行动带动各级的“一把手抓两手”。几乎每年召开全县精神文明建设工作会议、乡村精神文明建设现场会以及一些事关精神文明建设全局的会议，各单位“一把手”都亲自参加，并由“一把手”亲自组织贯彻。这样，全区从上到下形成各级“一把手抓两手”的工作格局。

梅县区精神文明建设委员会办公室历任主任、副主任名单：

主　任：

叶演豪（1990年4月至1991年8月）

丘卫国（1991年8月至1996年3月）

陈梅华（女，1996年3月至2004年12月）

黎志健（2005年1月至2012年4月）

张宝基（2012年4月至2014年2月）

李钦奋（2014年2月至2018年12月）

副主任：

黎　明（1992年3月至1993年5月）

王健如（1993年2月至1996年8月）

李敏均（1997年11月至2004年2月）

李秀招（女，2002年4月至2003年4月）

张懿峰（2003年4月至2003年8月）

李韫玉（女，2003年11月至2005年1月）

叶　明（2005年1月至2009年9月）

林标强（2005年10月至2016年4月）

张　剑（2011年3月至2016年4月）

黄雄安（2016年4月至2017年12月）

蔡英红（女，2016年8月至2018年12月）

房喻文（2017年12月至2018年12月）

二、运行机制

在运行机制方面，以强化管理为主要内容，基本实行四项运行机制：一是规范精神文明创建活动评比标准和管理制度。制定印发各类型文明单位的评选标准，评选时依据自报公议的程序，逐级审核，对已被评为先进的单位（个人）和家庭，切实加强动态管理，发现有违反标准的，坚决撤销荣誉称号，保证各类文明单位的先进性。二是分工负责制。各单位在由“一把手”总揽全局、对精神文明建设负总责的基础上，领导班子成员明确分工，层层落实责任，形成一级抓一级局面。三是协调管理制。成立由宣传、组织、纪委、政法委、计生委、农委、团委、妇联、文明办、文化局等部门领导组成的文明委成员，协调各方面的工作，交流工作经验，形成齐抓共管的局面。四是检查考核制。坚持召开精神文明建设现场会、检查评比会、表彰会。除了加强平时的检查督促之外，开展评选表彰活动，定期召开全区精神文明建设总结表彰会，表彰一批先进。如评选表彰“文明单位”“文明镇”“文明村”“文明户”“文明窗口”等。

各个时期、各个阶段建立和完善管理机制和工作运行机制如下：

1984 年 2 月，梅县市委发出文件《关于成立梅县市“五讲四美三热爱”活动委员会的通知》，市委副书记陈百川任主任，市委宣传部部长何善谦、副市长房带琼、市武装部政委舒易武任副主任，有关部门负责人任委员。委员会下设办公室，何善谦兼办公室主任。随后，各镇、各战线、各单位按要求相应成立了“五讲四美三热爱”活动领导小组。

1988 年，采取领导抓、抓领导，带全面，部门协调，齐抓共管，以及利用各种宣传工具表彰好人好事，大造舆论的方法，推进全县广泛开展移风易俗活动，

1989 年，成立梅县国防教育办公室，由梅县县委宣传部牵头，12 个部门组成。10 月，成立梅县精神文明建设委员会。

1990 年 4 月，任命梅县精神文明建设委员会办公室（简称“县文明办”）主任。

1991 年，按照上级的部署，结合实际，继续开展创百名文明单位活动、文明圩镇建设竞赛活动、文明村达标活动、文明好家庭评选活动、移风易俗活动、文明在梅州系列竞赛活动。

1992 年，制定“六好、八无”的文明单位条件，在工矿企业、服务性行业、县属行政事业单位和中小学校中，开展创百名文明单位活动。根据上级有关精神，结合实际，在城乡开展移风易俗活动、文明在梅州系列竞赛活动、“市花”“市歌”的征集评选活动，深入开展社会公德大讨论，广泛开展除“七害”斗争。与此同时，重点抓好各项创建文明活动，为梅县经济建设创造良好的社会环境。例如，在创建文明村活动中，严格按照梅县文明委提出的“二超、四有、五化、八无”标准，不分任务不分指标，坚持达标一个验收一个，然后由县委、县政府组成文明队伍到管理区命名授匾。

1993 年，为了把文明圩镇建设落到实处，县文明委制定“五有、六好、十化”的文明圩镇分级达标验收标准，提出“八个一”的要求（组成一个文明圩镇建设机构，设计、绘制一个圩镇规划蓝图，制订一份综合性的圩镇管理条例，集中一段时间组织综合治理圩镇行动，建立一支经营性的城管队伍，重点整治好一些主要地段，建好一批文明载体，每年评选一批文明单位和文明经营户）。各镇加强对精神文明建设的领导，调整充实精神文明建设领导机构成员，根据县文明委制定的“二超、四有、五化、八无”的文明村分级达标标准、“八好”文明户标准、文明圩镇分级达标标准，结合本地实际，制订出达标规划，分步实施，实行动态管理，建立起评议制度和档案管理制度，着力提高广大农民的思想道德素质和科学文化素质，着力提高农村文明程度。

1994 年，在持续抓好文明在梅州系列活动的同时，突出梅县特色，继续在机关企事业单位中开展创百名文明单位活动，在农村开展文明村分级达标竞赛活动、文明户动态管理评审活动，在圩镇开展文明圩镇达标竞赛活动等。各项活动搞得有声有色。

1995 年，在加强精神文明建设工作中，本着务实作风、不断向更高层次迈进的思路，突出梅县特色，继续扎实地在机关、企事业单位中开展“创建文明单位、争当文明单位标兵”活动，在农村各镇开展文明圩镇分级达标竞赛活动、文明村分级达标竞赛活动、文明户动态管理评审活动。在创建活动中，通过“宣传动态”、新闻媒介，不断总结推广各镇、各单位创建活动的好做法、好经验。目标更加明确，责任制得到进一步落实。各镇、各单位都把创建精神文明建设活动的任务列入各级领导干部的岗位责任制和任期目标责任制，在创建文明村达标活动中，白渡、畲江、扶大等镇把文明村分级达标标准印发到每个基层党支部和镇挂点干部手中，使他们做到心中有数，更好地指导干部群众参与创建活动。桃尧、松南、南口等镇在创建文明村活动中，根据各管理区的经济状况、班子状况、硬件建设达标程度、群众基础等情况进行分类排队，做出达标规划。通过这些多层次的创建文明活动，有效地调动各镇、各单位和广大干部群众社会主义精神文明建设的积极性，不断提高梅县的精神文明建设水平。

1997 年年初，制定《1997 年梅县群众性创建精神文明活动工作要点》发至各镇各单位，对开展创建文明村户、文明圩镇、文明单位等活动作了全面的规划和部署。4 月，按照梅县机构编制委员会文件《关于印发〈中共梅县县委宣传部职能配置、内设机构和人员编制方案〉的通知》，县精神文明建设办公室归口县委宣传部管理，定行政编制 2 名，其中专职副主任 1 名。县文明委成员单位通力合作、齐抓共管，共同推进精神文明建设活动。全年县文明委成员集中开会讨论 6 次。按照县文明委制定的“五有、六好、十化”的文明圩镇分级达标标准，各镇狠抓落实，重点整治圩镇的“脏、乱、差”。畲江、石扇、石坑等镇认真抓好圩镇街道水泥化建设。丙村、松口、畲江等镇为改变圩镇乱停乱放、乱摆乱卖现象，专门组织力量，规划车辆停放点和摆卖区。在抓好职业道德建设活动中，从人民群众普遍关注的迫切需要解决的难点热点问题入手，从小事抓起，把实事办好，把好事办实，让群众满意。县巡警大队是执法部门，他们在维护好社会治安、保一方平安的同时，积极为群众办好事、实事，为群众排忧解难。认真组织广大干部职工学习中共十四届六中全会精神，提高干部职工重视职业道德建设的自觉性。突出“为人民服务，树行业新风”的主题，对广大干部职工进行职业责任、职业道德、职业纪律的教育，增强职业道德意识和服务意识。组织干部职工开展“五查五摆”活动，即查思想，摆是否牢固树立全心全意为人民服务的观念；查工作，摆是否尽心尽责；查作风，摆是否勤政为民、便民、利民，为群众办好事实事；查纪律，摆是否遵纪守法，依法办事；查制度，摆是否建立健全检查监督机制和职业道德规范。县工商局是监督管理部门，每位管理人员都能主动为经营者提供方便。卫生局、教育局、公安局、检察院、水电局等单位，抓住行业特点，采取行之有效的办法，加强自身的职业道德建设，克服消极腐败现象，纠止行业不正之风，得到广大群众的赞扬。为保证职业道德建设深入持久地开展下去，力戒一阵风和形式主义，梅县各有关部门和单位，进一步制定和完善各种服务守则、服务承诺和便民、利民、为民职业道德建设规范，做到管理有依据，考核有指标，广大干部职工言行有遵循，真正把职业道德建设和职业规范融为一体。公安局、邮电局、中行、建行、工商局、税局、巡警、人民医院等部门和行业向社会公布了服务承诺制；建行、工行、工商局等单位聘请了社会监督员，规范了员工的职业行为；邮电部门杜绝“冷、硬、顶、拖”和“吃、拿、卡、要”等不良现象，制定和履行操作性强的“十要十不准”管理规定。县文明办把开展职业道德建设与创建文明单位和文明市场、文明经营户活动，以及开展“青年文明号”活动、“服务卡承诺”活动等结合起来，调动全县开展职业道德建设活动的积极性。

1999 年，为把精神文明建设工作落到实处，建立起“一把手抓两手”的领导机制，按省、市的规格，县文明委作了调整，由县委书记任文明委主任、各镇党委、县属系统党委、县直局以上单位的精神文明建设领导小组也相应地进行调整、充实，从而进一步健全了各镇、各单位精神文明建设领导机构。通过开展丰富多彩的系列活动，作为加强思想政治工作的重要载体，把进行党的基本理论、基本路线、基本纲领和爱国主义、集体主义和社会主义教育融会其中，收到较好的宣传教育效果。

2002 年，鉴于县文明委的部分成员工作调动或分工变动，为有利于工作开展，调整和充实了县文明委成员，组成了强有力的领导机构。各镇党委、县属系统党委、县直局以上单位精神文明建设领导小组也相应进行了调整和充实，从而使梅县各镇各单位精神文明建设领导力量得到进一步加强。

2003 年，鉴于县委换届，文明委较大部分成员也出现工作调动或分工变动的情况，为有利于工作的开展，及时调整和充实了县文明委成员。县文明委主任由县委书记担任，成员由各有关职能部门的“一把手”组成。文明委成员单位做到各司其职，各尽其责，共同建设精神文明。各镇党委、县属系统党委、县直局以上单位精神文明建设领导小组也相应进行了调整和充实。

2004 年，梅县成立了梅县创建文明城市领导小组，研究制定了《梅县创建文明城市规划》，加大新县城的整治力度。

2005 年，为把精神文明建设工作落到实处，建立强有力的领导体制，梅县于 2005 年初调整充实了县文明委成员，县委书记担任县文明委主任，各镇（办事处、高管会）党委、各系统党委、县直单位精神文明建设领导小组也相应进行了调整和充实，健全了机构。按照上级文件精神，结合梅县实际，制订印发了梅县《开展“爱国、守法、诚信、知礼”现代公民教育实施方案》，同时，研究确定了县国土局、雁洋镇、县人民医院、高级中学等 11 个单位为梅县开展现代公民教育示范点，以点带面，促进教育活动的开展。

第二节　精神文明教育引导

加强精神文明建设，坚持以人为本，育人为先，着力提高人的素质。在中小学校开展革命传统教育、“三礼”教育，在单位和家族开展“四德”建设，在社会上开展爱国主义教育、现代公民道德教育、社会主义核心价值观教育引导，都属于社会主义精神文明教育的范畴。梅县区精神文明教育就是按以上范畴下功夫、用实劲，进行规范和引导人们行为，启迪人们心灵，提高公民思想道德素质，努力打造一个稳定、平安、健康、和谐、有序、爱国爱乡、文明有礼的社会环境。

一、爱国主义教育

爱国主义是伟大的民族精神，是一个民族赖以生存和发展的精神支柱，是动员和凝聚民族力量的基础，是精神文明建设的重要内容。爱国主义教育是提高全民族整体素质的基础性工程，是引导人民群众特别是广大青少年树立正确理想、信念、人生观、价值观，促进中华民族振兴的一项重要工作。

1979年至1981年，开展“全民文明礼貌月”和“五讲四美”活动。1979年9月，梅县贯彻中共十一届四中全会首次提出的“社会主义精神文明建设”的精神。1981年组织开展第一个“全民文明礼貌月”和“五讲四美”活动，规定每年的3月为“文明礼貌活动月”，是年全县参加活动的有20万人（次）。

1982年至1984年，开展以共产主义思想为核心的教育活动。各级党组织坚持四项基本原则，贯彻中央提出坚持两手抓，一手抓物质文明建设、一手抓精神文明建设的方针，对广大党员、干部、群众进行社会主义、集体主义和爱国主义的教育，开展反对资本主义思想腐蚀的教育，帮助广大党员、干部、群众明确认识现在所进行的社会主义现代化建设事业是整个共产主义事业的重要组成部分，树立共产主义必胜的信心和为共产主义事业奋斗终身的坚强决心，从而振奋革命精神，积极投身四化建设。继续开展“全民文明礼貌月”活动和开展“五讲四美三热爱”活动，在“五讲四美”内容基础上，增加了“三热爱”内容。

1985年1月，梅县市召开首届社会主义精神文明建设表彰大会，对全市精神文明建设工作涌现出来的先进典型进行表彰，共表彰15个文明单位、88个先进单位和22个先进个人。

梅县市首届文明建设表彰大会（1985年1月）

1988年至1990年，县委和各级党委认真贯彻中共十三届四中全会精神，坚决纠正“一手较硬，一手较软”的状况，切实加强精神文明建设，改进思想政治工作，加强民主与法制的建设。深入进行坚持四项基本原则、反对资产阶级自由化的教育，开展爱国主义、社会主义、独立自主、艰苦奋斗的教育，广大党员和群众坚持共产党的领导、坚持社会主义道路的信念更加坚定，政治意识、法制意识、民主意识、文明意识进一步增强，关心国家、热爱集体、艰苦创业、

梅县市召开创建文明单位经验交流会

团结友爱、倡导文明的社会主义新风尚逐渐形成。为加强梅县国防教育的组织和领导，1989年，梅县成立国防教育办公室，办公室由县委宣传部牵头，有关的12个部门指定人员参加，负责落实抓好全民性国防教育工作。县委、县政府先后发出《关于加强全民国防教育的通知》《关于深入开展全民国防教育的意见》。全县26个镇相继成立国防教育领导小组或办公室，310多个管理区建立青年民兵之家，有些镇还成立民兵机动分队，县属一些事业单位也成立开展国防教育的机构。全县上下，领导重视，机构健全，人员落实，形成国防教育活动的网络。1990年，根据省委文件精神，向全县发出《关于以纪念鸦片战争150周年为题在全县开展爱国主义教育的通知》，要求各级党团组织采取各种形式，开展爱国主义教育系列活动。在“五四”期间，召开梅县知识分子座谈会，学习“江泽民总书记讲话”，并整理成会议纪要下发。在“七一”、国庆期间，各乡镇和县属机关、企事业单位举办“党在我心中”和“祖国在我心中”演讲比赛活动。全县召开国防教育座谈会548场次，为驻军或现役军人送慰问信1519件，赠纪念品400多件，为军烈属做好事实事418件，帮助军烈属发展生产1346人（次），慰问军烈属2436人（次）。

1991年，广泛开展以学习《中华人民共和国兵役法》《军人抚恤优待条例》和《义务兵安置条例》为主要内容的国防教育宣传活动。县国防办举办“爱我中华，情系国防”的知识竞赛，县经委、县财贸、县政法、县武装系统夺取了前三名（有2个系统并列第三名）。与此同时，梅县组织人员参加了全市国防知识竞赛活动，获得第一名，并代表市参加省竞赛。国庆节期间，组织县直机关干部、企业单位民兵开展国防知识竞赛活动。12月，组织民兵、预备役人员参加市与梅州日报社联合举办的国防知识有奖测验活动。广益中学办起设备较完善的少年军校基地，该校初一年级成立有34名学生参加的第一期无线电军事报务训练班。程江镇的主要领导分别带着宣传资料到群众中去进行宣传，发动青年踊跃报名应征。全镇有10户万元户送子应征，25名外地务工青年专程从深圳、珠海、广州等回乡参加应征体检。

1992年，坚定不移地贯彻执行党在社会主义初级阶段的基本路线、方针、政策，坚持"一个中心，两个基本点"，结合梅县实际，抓好"五个教育"（党在社会主义初级阶段的基本路线教育、关于生产力标准的教育、形势纪律教育、干部理论教育和中小学德育教育），进一步开展警民、军民共建活动。县委宣传部、武装部组织了全县"国防在我心中"的演讲比赛。在此基础上，选出代表参加市举办的演讲比赛，取得第二名和第五名的成绩。12月，县武装部部长温文生、县国防办、高级中学参加了市国防办与梅州军分区召开的全市国防教育理论研讨会。

1993年，梅县举办"东风杯"国防之声卡拉OK比赛，歌手刘孟慈代表市参加省"国防之声"卡拉OK大赛；程江镇组织全镇干部职工参加镇举办的"龙岩杯"国防教育有奖测验，参加人员100%，优良成绩达到95%；高级中学发动学生收集解放军、武警战士保卫祖国、维护治安的事迹材料、照片，专门收集了该校近几年考上国防军事科技院校的学生照片共40多张，分别进行整编展出。华侨中学组织师生300多人参加军训，其中参训的40多名教师完成半自动步枪实弹射击，及格率占60%，优秀率占20%。团县委组织青少年、团员、学生参观叶剑英元帅纪念馆，瞻仰祭扫"梅县革命烈士纪念碑"，并与武警官兵联欢。全县各中小学校每年通过组织学生开展祭扫烈士墓碑，请老战士、英雄模范作报告等活动，缅怀革命先烈的丰功伟绩，进一步激发学生为振兴中华而勤奋学习的热情。

1994年，根据中共中央1994年8月印发的《爱国主义教育实施纲要》和中共广东省委1994年11月22日印发的《关于贯彻〈爱国主义教育实施纲要〉的意见》精神，梅县组织认真学习、广泛宣传纲要和意见，召开爱国主义教育工作座谈会，有17个单位代表作了经验介绍，并对如何贯彻《爱国主义教育实施纲要》进行了研讨，会后，印发座谈会议纪要。梅县充分认识在新的历史条件下加强爱国主义教育的重大意义，努力创造和保持浓郁的爱国主义教育的社会氛围，寓爱国主义教育于各种活动之中，努力提高教育的水平和感染力，努力建设一批爱国主义教育基地，充分发挥这些基地的教育功能，突出抓好青少年的爱国主义教育，创造有利于青少年健康成长的社会环境，建立健全机制，使爱国主义教育有组织保证。深入开展国旗国歌国徽教育，强化国家观念，通过军民共建、"双拥"活动、军事训练防空演练、领导干部上国防教育课、举办"少年军校"、过"军事日"、举办国防教育电影电视周活动等形式，加强国防教育和国家安全教育。全县学校被军事院校录取的学员多。1990年至1994年，有近200人被军校、警校录取。钟增兴、林标强被省军区通令表彰为"优秀四会教练员"。继续广泛开展"百歌颂中华、百书育英才、百片扬国魂"的"三个一百"活动，组织"迎七一百歌颂中华"卡拉OK大赛，在参加市举办的"城区迎七一颂歌献给党"和各县区"百歌颂中华"卡拉OK比赛中，梅县选手分别获得二、三等奖；剑英图书馆举办"一代传一代，百书育英才"的读书活动；制订全县各中小学生观看"百部优秀电影"计划，并付诸实施。

左图：9 月 28 日，梅县举办庆祝中华人民共和国成立 45 周年文艺晚会（1994 年）
右图：10 月 1 日，梅县五套班子的领导参加升国旗仪式（1994 年）

1995 年，继续按照中央关于《爱国主义教育实施纲要》的要求，在全县广大干部群众中开展形式多样、生动活泼的爱国主义宣传教育活动。确立和完善叶剑英元帅纪念馆及故居、梅县革命烈士纪念碑、松口中山公园、梅县博物馆、剑英图书馆、阴那山灵光寺、松口元魁塔 8 个爱国主义教育基地。在全县中、小学校中建立起校内爱国爱乡教育基地 38 个、校史室或荣誉室 47 个、校外社会实践基地 92 个，对加强青少年的爱国主义教育提供较好的场所。1995 年，到叶剑英元帅纪念馆参观的有 8 万多人（次），有数万干部群众和中、小学生瞻仰革命烈士纪念碑。继续开展“百歌颂中华、百书育英才、百片扬国魂”活动，举办“颂歌献给党”卡拉 OK 比赛。按小学、初中、高中三个层次，组织学生观看爱国主义教育影片，举办“中共党史、国情和爱国主义教育图片展”。开展国旗意识教育，按《中华人民共和国宪法》规定，需要升挂国旗的单位和场所都升挂或悬挂国旗。举办大型文艺晚会，纪念抗日战争和世界反法西斯战争胜利 50 周年等。全县参加上述活动的有 30 多万人（次）。在丽群小学创办梅县第一间少年军校，组织军校学员参加市欢送新兵入伍的活动，受到市有关部门的嘉奖；召开有各镇领导参加的创办“少年军校”现场会，丽群小学在会上介绍创办军校的做法经验。组织评选梅县十杰复员退伍军人，并参加市复员退伍军人十杰评选活动，梅县叶启昌、刘金盛、朱星发 3 人入选，人数居全市各市县之首。

1996 年，在青少年中继续深入开展“百书育英才、百歌颂中华、百片扬国魂”活动，开展唱国歌、升国旗、成人宣誓仪式、迎接香港回归祖国读书活动等，加强青少年爱国主义教育。与教育部门充分利用梅县确定的“叶剑英元帅纪念馆”等 8 个爱国主义教育基地，组织广大中小学生实地参观学习，开展爱国主义教育活动。清明节期间，团县委组织城区 2000 多名青少年举行 18 岁成人宣誓仪式和缅怀革命先烈的纪念活动。为纪念中国共产党建党 75 周年和红军长征胜利 60 周年，梅县举行“七一”颂歌献给党新城建设杯“卡拉 OK 比赛”，组织“为祖国争光、为党旗增辉”为主题的文艺会演等，特别是开展学习黎国新事迹活动，在全县掀起学习革命烈士、优秀共产党员黎国新的热潮，组织“黎国新同志事迹报告团”，先后到县属机关和全县 26 个镇作了报告 28 场，听众 1.4 万人。

1997年，建立爱国主义教育基地，开展“三个一百”活动，进行生动活泼的思想道德教育和爱国主义教育，树立各行各业的先进典型，塑造时代精神，弘扬社会正气，收到明显效果。3月14日，《中华人民共和国国防法》由第八届全国人民代表大会第五次会议修订通过，即日起施行。《中华人民共和国国防法》是为了建设和巩固国防，保障社会主义现代化建设的顺利进行，根据宪法制定的法律。颁布后，全县开展《中华人民共和国国防法》的教育和实施工作，学习和运用《中华人民共和国国防法》。

1998年，以纪念中共十一届三中全会召开20周年为契机，大力宣传、介绍全国和梅县“两个文明”建设所取得的成就，激发全县人民的爱国热情和坚定走中国特色社会主义的信念。针对群众反映的热点、难点问题，进一步强化职业道德和社会公德教育，在全县各级行政机关中深入开展“做人民满意公务员”活动，大力推行行业社会服务承诺制，同时以“三德”主要内容为题材，全面进行社会公德、职业道德、家庭伦理道德教育。5月，与县武装部、教育局、团县委联合开展《中华人民共和国国防法》实施1周年宣传活动，组织全县性的“国防知识知多少竞试”。

1999年，声讨美国为首的北约轰炸中国驻南联盟大使馆的罪行，积极开展爱国主义教育，通过召开座谈会、声讨会，及时组织宣传江泽民总书记的讲话精神和有关文件精神，及时反映人民群众对北约罪行的愤慨和对邵云环、许杏虎、朱颖3位烈士无比崇敬的心情，大力弘扬爱国主义精神。广大党员干部和人民群众通过这一事件，都表示要向烈士们学习，以实际行动做好本职工作，为维护社会稳定、维护国家的主权和尊严作出应有的努力。是年，县委、县政府开展纪念“五四”运动80周年、纪念梅县解放50周年、中华人民共和国成立50周年暨县城新迁、庆祝澳门回归祖国、喜迎新千年等一系列大型庆祝庆典活动。在这些活动中，县委宣传部做好筹备、策划、布置、组织人员参加、迎宾接待、组织文艺演出等工作，这些大型活动取得圆满成功。例如，开展迎庆澳门回归祖国系列活动，紧紧围绕“迎接回归，共创未来”的主题，组织“澳门回归知识竞赛”、喜迎回归知识竞赛文艺演唱会、庆回归音乐晚会、文艺联欢、放映电影等，积极宣传邓小平“和平统一，一国两制”的伟大构想和成功实践，反映人们喜迎、喜庆澳门回归祖国的热烈气氛和爱国情怀。

梅县庆祝中华人民共和国成立五十周年暨县城新迁一周年文艺焰火晚会（1999年9月）

2000年，《中华人民共和国国防教育法》于4月28日正式颁布，为广泛、深入地宣传国防教育法，全国百家新闻出版单位和各省、市、县国防教育部门联合举办“国防教育进万家”系列活动，县委宣传部与县人民武装部联合发出《关于开展“国防教育进万家”活动的通知》。9月15日，《梅州日报》登载全民国防教育知识竞赛试题，县委宣传部组织广大干部职工、中小学师生参与活动。是月底，开展庆祝国庆和县城新迁1周年活动。抓好文明旅游风景区示范点的工作，雁南飞茶田旅游度假村和叶剑英元帅纪念馆被省精神文明建设委员会和省委宣传部授予“广东省爱国主义教育基地”称号。

梅县迎国庆暨县城新迁庆典（2000年10月）

2001年，是《中华人民共和国国防教育法》颁布实施的一年，梅县积极开展全民国防教育活动，为加强对“国防教育进万家”活动的领导，县成立“国防教育进万家”活动领导小组，由县委宣传部、县武装部、县民政局的负责人任正副组长，领导小组办公室设在县委宣传部宣传组。根据全国组委会和省、市组委会的要求，梅县组织机关干部、中小学师生和社会人士参加了《中华人民共和国国防教育法》知识竞赛。各有关单位重视做好这项工作，在组织学习《中华人民共和国国防教育法》的基础上，发动干部群众，组织学校师生认真答卷，并按时上交宣传部门。全县收到正确答卷1.53万份，于10月中旬举行抽奖活动，抽出一等奖100名、二等奖200名、三等奖300名，给予表彰奖励，同时评选出组织活动较好的3个单位，分别颁发了锦旗。梅县获得梅州军分区、市委宣传部举办竞赛组织奖。10月至12月，在全县开展“国防教育连着你我他”活动，主要内容是“八个一活动”：听一次讲座（国防教育法讲座或国防形势报告、国防高科技知识讲座等），看一部电影或举办电影周（中国人民反抗侵略战争的电影片、录像片），参观一个展览（国防教育展览或抗日战争纪念馆、爱国主义教育基地、国防教育基地），读一份报刊（载有国防教育法规或国防教育内容的报刊，也可读一军事类图书），唱一首歌曲（爱国主义的歌曲或军事题材歌曲），写一篇文章（国防教育征文或学生写国防内容的作文），进一日军营（参观军事训练表演或体验军营生活），做一件好事（如何拥军优属、军民共建、保护军事设施）等。叶剑英元帅纪念馆被中宣部授予“全国爱国主义教育示范基地”称号。

2002年，认真抓好国防教育工作。县五套班子领导高度重视国防教育工作，参加“军事日”活动，与众多民兵一道，参加军事知识学习和军事训练，做到以身作则，推动全县国防教育活动的开展。积极开展“民兵预备役”“军人风采”等宣传报道，展现国防教育工作方面的动人事迹，全年共收稿件300多篇。新学期开学组织各中小学开展军训活动，军事辅导员108人（次），参加军训学生有5000多人。扎实抓好少年军校的爱国主义教育活动，采取上辅导课、开展军事竞赛、有奖知识竞赛、清明节祭扫烈士墓等活动，不断增强青少年学生的国防观念。

2003 年，继续在全县广泛开展爱国主义教育，认真做好叶剑英元帅纪念馆和叶剑英元帅汉白玉雕像揭幕仪式的各项工作。接受省委宣传部对梅县第二批省级爱国主义教育基地的检查验收；组织全县干部职工、中小学师生观看爱国主义教育影片。继续加强国防教育，在县五套班子领导的带动下，组织民兵参加军训和“海训”活动，学习军事知识，参加军事训练和实弹射击，掌握保卫祖国的本领。组织全县 7100 多名中学生参加新学期的军训活动。组织干部、民兵、师生慰问驻梅部队并参观部队军事训练。认真抓好少年军校的活动和组织中小学生在清明节期间祭扫烈士墓等，不断增强全民的国防意识。“新时期广东人精神”大讨论，是广东落实中共十六大“弘扬和培育民族精神”战略任务的具体行动。年初，中共广东省委宣传部、广东省精神文明建设委员会办公室下发了《关于在全省开展“新时期广东人精神”大讨论活动的通知》，决定将开展“新时期广东人精神”大讨论作为当年的一项重点工作，在省委宣传部、省文明办的组织下，“大讨论”迅速通过多种形式，从四个方面广泛深入开展起来。4 月 28 日，中共广东省委宣传部、广东省精神文明建设委员会办公室在广州举行启动仪式。“大讨论”经历了宣传发动、广泛讨论和宣传实践三个阶段，于 11 月圆满结束。11 月 11 日，广东省精神文明建设委员会确定了“新时期广东人精神”的规范表述为“敢为人先、务实进取、开放兼容、敬业奉献”。梅县结合实际，开展了广东人精神大讨论和宣传工作，组织订购和学习《广东人精神丛书》，同时，结合正在奋力抗击“非典”的实际，宣传伟大的“抗非精神”。

2004 年，发挥叶剑英元帅纪念馆、松口中山公园、阴那山、灵光寺等教育阵地作用，加强对干部群众、学校师生的爱国主义教育，叶剑英元帅纪念馆全年接待参观人士 18 万人（次）。举办纪念邓小平 100 周年诞辰诗词书画摄影展系列活动，组织干部师生、群众观看《邓小平》影片 30 多万人（次）。扎实开展全民国防教育活动，年初，各中学开展军训活动，发挥县、镇少年军校的带动作用，开展少年军校夏令营活动。举办全县国防知识有奖竞赛活动，共收到国防知识答卷 3 万多份，举行抽奖活动，对一等奖 10 名、二等奖 50 名、三等奖 100 名给予奖励。9 月 14 日，新城中学举行“梅县中学生国防知识竞赛”，有 18 名学生获奖。

2005 年，开展现代公民教育和“三德”（社会公德、职业道德、家庭美德）道德风尚教育，确定县国土局、雁洋镇、县人民医院等单位为全县开展“爱国、守法、诚信、知礼”现代公民教育示范点。4 月，组织广大干部、职工、群众、师生 1 万多人，在县人民广场举行“爱国、守法、诚信、知礼”万人宣誓暨签名仪式。10 月，印发试卷 5 万份发至各镇各单位及中小学开展现代公民教育知识竞试，举办少年军校和学生军训活动，充分利用叶剑英元帅纪念馆和革命烈士纪念碑等阵地开展教育活动。在叶剑英元帅纪念馆专门开辟先进性教育活动专用场地，在南口举行清明祭扫革命烈士墓的活动，开展征兵宣传教育等，开展爱国主义和全民国防思想教育，掀起全县爱国主义和革命传统教育新高潮。县电台、电视台开辟现代公民教育栏目，全年播出现代公民教育活动专题 92 篇、公益广告 450 多条次。与市移动通信公司联合开展“八字”教育短信服务，开展文艺“百校行”活动。全县各镇村通过出版专栏、黑板报、张贴横额标语、宣传画，印发学习卡片等形式，广泛开展宣传，营造氛围，扩大影响。

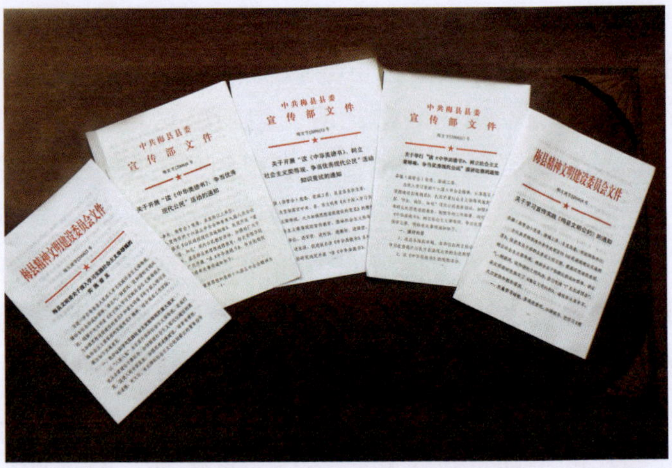

县文明委和县委宣传部发出思想道德教育的系列文件（2006 年）

2006 年，举行知识竞试，传播公民道德。组织干部群众及中小学生，参加中央宣传部、中央文明办举办的以树立社会主义观、构建和谐社会为主题的公民道德建设知识竞试，共收到答卷 2000 多份。开展“读《中华美德书》、争当优秀现代公民”等系列活动，把“爱国、守法、诚信、知礼”现代公民教育活动引向深入。举办“爱国、守法、诚信、知礼”现代公民教育年度人物评选活动，组织挑选事迹突出的 3 位同志报市参评“爱国、守法、被信、知礼”年度人物活动。认真总结推广雁洋镇、县国土局、县人民医院等 10 个示范点的经验，开展交流活动，并在《梅县宣传》专刊中刊登。充分发挥教育基地和叶剑英元帅纪念馆的教育作用，加强爱国主义教育和国防教育。

举办梅县“读《中华美德书》、树立社会主义荣辱观、争当优秀现代公民”座谈会（2006 年）

2007 年，开展多种形式的宣传教育活动，推进开展基层思想政治工作、全民国防教育、爱国主义教育活动的工作。组织参加梅州市第八届“百歌颂中华”歌咏活动，华侨中学获得合唱大赛金奖，顾清华和叶俊红分获全市个人歌手大赛金奖和银奖。清明节期间，组织干部群众和中小学生在南口祭扫革命烈士墓活动，带动全县祭奠革命烈士活动的开展。5 月，叶剑英纪念园建成开放，逐年来不断完善展览和基础设施建设，不断提高接待和服务水平，加强对外宣传、交流活动，办好《剑》报，加强干部职工的业务培训和管理，并向社会全面免费开放，为广大人民群众提供优美的旅游、休闲、学习的场所，积极开展爱国主义与革命传统教育，充分发挥全国爱国主义教育基地“红色经典景区”叶剑英纪念园的阵地教育作用。叶剑英纪念园成为备受全国游客欢迎的全国重点文物保护单位、全国爱国主义教育示范基地、全国红色旅游经典景区，是梅县教育活动阵地、红色旅游和对外宣传的一张名片。是年，在太平天国运动领袖洪秀全的祖居地石坑镇礤梅村杨梅圳，举行纪念洪秀全193周年诞辰暨其祖居“梅魁第”修缮竣工庆典活动。来自广西、江西和梅州、梅县的相关领导、干部、群众和社会各界人士共1000多人参加了活动，与会人员学习客家文化、增进爱国情怀。

2008年，开展爱国主义和全民国防教育活动、在南口镇革命烈士纪念碑前举行清明祭奠革命烈士活动。5月，为贯彻落实中共中央颁发的《爱国主义教育实施纲要》和省委、市委《关于贯彻〈爱国主义教育实施纲要〉的意见》精神，充分利用梅县丰富的爱国主义教育资源，加强全县爱国主义教育。全县有新命名县级爱国主义教育基地14个。

2009年，叶剑英纪念园被广东省委宣传部和广东省军区政治部命名为“广东省国防教育基地”，被中宣部命名为“全国国防教育基地”。黄琪翔、郭秀仪纪念馆及雁鸣湖旅游度假村被评为市级爱国主义教育基地，充分发挥全县24个爱国主义教育基地的作用，开展爱国主义教育。清明期间，在南口镇革命烈士纪念碑前举行祭奠革命烈士活动。9月，以庆祝中华人民共和国成立60周年为契机，认真组织庆祝中华人民共和国成立60周年活动，精心组织庆祝中华人民共和国成立60周年文艺晚会，开展“祖国在我心中——梅州市第九届‘百歌领中华’歌咏活动”梅县赛区活动，唱响共产党好、社会主义好、改革开放好、伟大祖国好的主旋律，大力弘扬以爱国主义为核心的伟大民族精神和以改革开放为核心的时代精神。在歌咏活动中，华侨中学合唱代表队参加市级决赛获得少年组金奖，参加全省教育线决赛获得少年组铜奖。梅县选送的叶俊红、顾清华等4位歌手在参加市级决赛中获得2个金奖、1个银奖、1个铜奖的优异成绩。叶俊红、顾清华获得梅州市参加粤东分赛区半决赛资格，叶俊红获得全省总决赛银奖。

2010年，开展全民国防教育和爱国主义教育活动，发挥叶剑英纪念园等爱国主义教育基地的作用。开展“好客之都·文明相伴”主题摄影大赛、“十佳文明风景旅游区（景点）”评议活动，培养爱国爱乡热情。清明节期间，组织领导干部和南口的学校师生在南口镇革命烈士纪念碑前举行祭奠革命烈士活动，在全县各镇和中小学开展爱国主义教育和革命历史教育主题活动，缅怀革命先烈，继承革命传统，弘扬时代精神。

2011年，认真学习宣传贯彻《中华人民共和国国防教育法》《中华人民共和国兵役法》，服务中心，突出重点，完善国防教育的领导机制和工作机制，结合征兵宣传，切实加强全民国防教育，切实增强全民国防观念，为促进全区国防建设和经济建设协调发展作出努力。开展“全国文明县城”创建工作，制订《梅县创建“全国文明县城”活动实施方案》，把爱国主义教育融入其中内容。在县城各门店、社区、学校等场所分发创建全国文明县城倡议书，在县广播电视台设立专题专栏，宣传爱国主义故事和典型事迹，宣传创建工作涌现出来的好人好事。年底，成功创建“全国文明县城”。

2013年，充分发挥梅县区28个爱国主义教育基地的作用，努力开展爱国主义教育，积极做好爱国主义年鉴资料收集、“黄琪翔将军纪念馆”申报省级爱国主义教育基地等工作，并精心组织开展了南口革命烈士祭奠活动，人们爱国主义精神和国防意识不断增强。

2014年，加强广大人民群众爱国主义教育。做好第四批县级爱国主义教育基地命名工作，新增了松口镇移民纪念广场等6个爱国主义教育基地。全区有县（区）级以上爱国主义教育基地34个。

2016年，梅县区九龙嶂革命纪念馆被广东省精神文明建设委员会、中共广东省委宣传部命名为“第七批广东省爱国主义教育基地”。

2017年，开展童谣的征集活动。梅县区委宣传部、区文联、区教育局联合组织征集和评选童谣活动。活动分成年组和未成年组，对获得一、二、三等奖和纪念奖的获奖者给予表彰奖励并授予荣誉证书。通过童谣的创作评选，人们从中得到思想道德教育和爱国爱乡教育。

二、思想道德教育

思想道德教育是社会主义精神文明建设包含的一个重要方面，“立志、立德、立言、立业”是具体要求，根本上是要加强各方面的思想道德教育，包括社会公德、职业道德、家庭美德、未成年人思想道德教育等多个方面，“四立”教育环环相扣，互相交织，共生共荣。梅县区历来重视全区思想道德教育，通过开展系列教育活动，不断提升社会主义精神文明建设水平。

（一）社会公德教育

1979年至1980年，梅县学习贯彻中共十一届四中全会首次提出的“社会主义精神文明建设”的精神。1979年9月25日至28日，中国共产党第十一届中央委员会第四次全体会议在北京召开，会议审议通过中共中央副主席、全国人大常委会委员长叶剑英代表中共中央、全国人大常委会和国务院在庆祝中华人民共和国成立30周年大会上的讲话，这个讲话首次提出了“社会主义精神文明”的科学概念，叶剑英在这个讲话中指出，要在建设高度物质文明的同时，提高全民族的教育科学文化水平和健康水平，树立崇高的革命理想和革命道德风尚，发展高尚的丰富多彩的文化生活，建设高度的社会主义精神文明，这是我们社会主义现代化的重要目标，也是实现四个现代化的必要条件。这一重要论述的意义：一是明确提出了“社会主义精神文明”的科学概念；二是概括地提出了社会主义精神文明的内容，即教育、科学、文化和革命理想、革命道德风尚以及文化生活；三是明确规定社会主义要建设两个文明，即在建设高度的物质文明的同时，要建设高度的精神文明；四是强调社会主义精神文明既是实现社会主义现代化的一个重要目标，又是实现四个现代化的一个重要条件。叶剑英的国庆讲话，初步勾画了中国共产党关于社会主义精神文明建设理论的轮廓。

1981年2月，全国学联、总工会、团中央等九个部门联合作出《关于开展文明礼貌活动的倡议》，在全国人民，特别是青少年中开展文明礼貌月活动，大兴“五讲四美”（讲文

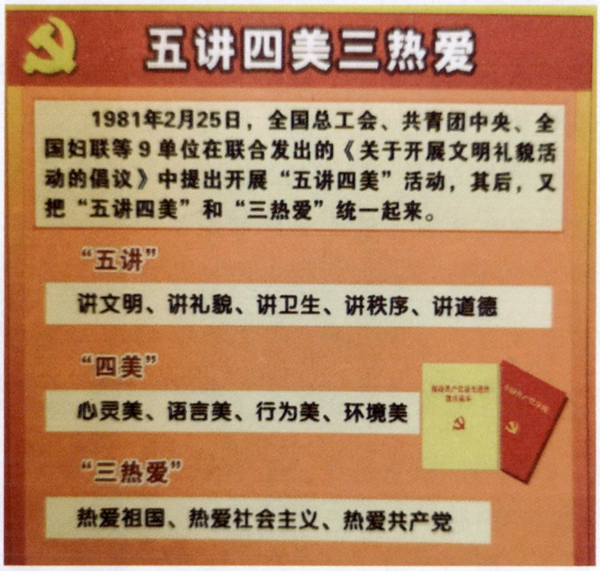

“五讲四美三热爱”内容宣传（1983年3月）

明、讲礼貌、讲卫生、讲秩序、讲道德，心灵美、语言美、行为美、环境美）之风。中央宣传部、教育部、文化部、卫生部、公安部等发出通知支持开展这项活动。8月，团中央在全国青少年中开展热爱祖国、热爱社会主义制度、热爱党的教育活动。“五讲四美三热爱”的口号由此形成，各种活动迅速在全国范围内开展起来，梅县城乡积极响应号召，组织开展第一个“全民文明礼貌月”和“五讲四美三热爱”活动，并规定每年的3月为“文明礼貌月”，努力培养有理想、有道德、有文化、有纪律的一代新人。

1983年，贯彻中央提出一手抓物质文明，一手抓精神文明建设的方针。

1985年，梅县市举行首届社会主义精神文明建设表彰大会，表彰15个文明单位、88个先进单位和22个先进个人。

1986年至1987年，学习和贯彻《中共中央关于社会主义精神文明建设指导方针的决议》精神。1986年9月28日，中国共产党第十二届中央委员会第六次全体会议在北京举行，通过了《中共中央关于社会主义精神文明建设指导方针的决议》，这是中国共产党作出的第一个关于加强社会主义精神文明建设的专门决议。决议指出，以马克思主义为指导的社会主义精神文明是社会主义社会的重要特征。在社会主义时期，物质文明为精神文明的发展提供物质条件和实践经验，精神文明又为物质文明的发展提供精神动力和智力支持，为它的正确发展方向提供有力的思想保证。社会主义精神文明建设，是关系社会主义兴衰成败的大事，社会主义精神文明建设的根本任务，是适应社会主义现代化建设的需要，培育有理想、有道德、有文化、有纪律的社会主义公民，提高整个中华民族的思想道德素质和科学文化素质。精神文明建设，包括思想道德建设和教育科学文化建设两个方面。这个决议是新的历史时期加强社会主义精神文明建设的纲领性文献。此后，梅县市委宣传部和市文明办组织学习和贯彻决议精神。

1988年至1989年，梅县的精神文明建设突出体现中共十一届三中全会以来的两个基本点，即坚持四项基本原则和坚持改革开放，努力培养有理想、有道德、有文化、有纪律的社会主义公民，运用各种生动活泼的形式，深入开展思想政治工作，突出抓好理想、纪律、道德教育，努力提高人的思想道德素质和科学文化素质，树立新的社会主义道德风尚。

1990年，根据梅州市委关于开展“文明在梅州”系列活动精神，梅县积极组织各行各业开展竞赛活动，在农村管理区开展群众自管组织“五优”竞赛活动，评选出“五优”群众自管组织5个、先进个人23个；在工矿企业和服务行业中开展“三优”竞赛活动，评出“三优”单位7个、文明服务员和文明生产者4个；在党政机关开展“好公仆”竞赛活动，评选出“好公仆”机关3个、个人3个；在中小学开展“好校风”竞赛活动，评选出“好校风、好园丁、好学生”9个。这些评选出来的先进单位和个人，推荐到市参加“文明在梅州”系列竞赛活动的评选。

1991年，开展社会公德大讨论活动，编写、印发移风易俗、社会公德大讨论资料6000多份，全县有40多万人参加社会公德大讨论活动，共讨论268场，收到征文76篇，先后总结了城东镇谢田管理区、白宫镇凹背村、白渡镇、县造纸厂、高级中学、荷泗圩镇、畲江镇、县卫生局等18个单位不同类型的经验材料38篇，其中“抓先进、促达标，提高精神文明建设水平”等8篇经验材料受到上级肯定，并在省、市报刊发表。同时，举办社会公德演讲比赛，并通报表彰白渡镇宋增强等8位社会公德好人好事。

梅县社会公德演讲比赛（1991年6月24日）

1995年，按照中央关于《爱国主义教育实施纲要》的要求，在全县广大干部群众中开展形式多样、生动活泼的爱国主义宣传教育活动，确立和完善叶剑英元帅纪念馆及故居、梅县革命烈士纪念碑、松口中山公园、梅县博物馆、剑英图书馆、阴那山灵光寺、松口元魁塔8个爱国主义教育基地。在全县中、小学校中建立起校内爱国爱乡教育基地38个、校史室或荣誉室47个、校外社会实践基地92个，对加强青少年的爱国主义教育提供了较好的场所。全年到叶剑英元帅纪念馆参观的有8万多人（次），有数万干部群众和中、小学生瞻仰了革命烈士纪念碑。继续开展“百歌颂中华、百书育英才、百片扬国魂”活动，举办“颂歌献给党”卡拉OK比赛，按小学、初中、高中三个层次组织学生观看爱国主义教育影片，举办“中共党史、国情和爱国主义教育图片展”，开展国旗意识教育，按《中华人民共和国宪法》规定需要升挂国旗的单位和场所都升挂或悬挂国旗，举办大型文艺晚会，纪念抗日战争和世界反法西斯战争胜利50周年等，全县参加活动的有30多万人（次）。组织广大青少年学习、实践《新三字经》。由中共广东省委宣传部组织编写的《新三字经》出版发行后，县委宣传部认真做好征订工作，全县10多万名学生做到人手1册。县教育部门根据学生的年龄特点和不同的知识水平，通过举行普通话朗诵比赛、故事会、文艺表演、知识竞赛、征文比赛等形式，开展学习、实践《新三字经》活动，讲文明、重公益、学雷锋、做好事成为风气，爱国爱乡意识得到进一步增强。大坪镇中心小学学生古利利等坚持每天轮流护送一位残疾学生上学，高级中学学生主动为某校患重病的李老师捐款5000多元、为学校德育室提供资料3000多份，华侨中学学生为学校图书馆捐赠书籍3000多册。

1996年，开展学生品德、社会公德、职业道德和家庭伦理道德教育。在各镇、各单位、各学校以《社会公德四字歌》为教材，向全体社会成员进行思想道德教育，并取得明显成效。县委、县政府认真贯彻落实中共中央办公厅、国务院办公厅《关于加强和改进企业思想政治工作的若干意见》和省委、省政府办公厅关于贯彻《若干意见》的通知，由县委办、县政府办联合发出《贯彻中宣部、国家经贸委〈关于加强和改进企业思想政治工作的意见〉的通知》，组织企业干部职工认真学习，并从各个方面加强和改进企业的思想政治工作，建立起一支企业思想政治工作队伍。原县林业局副局长、优秀共产党员黎国新在扑灭山火中牺牲后，县委宣传部与组织部、农委、林业局等单位组织了“革命烈士、优秀共产党员黎国新同志事迹巡回报告团”，先后到县属机关和全县26个镇作了报告28场，听众达1.4万人。报告团成员从不同侧面介绍了黎国新敬业爱岗、忠于职守、无私奉献的感人事迹，在全县城乡引起了强烈反响。9月，县委还树立了一个舍小家、为国家无私奉献的拥军优属的先进典型——李美玲，由县政府授予“军人好母亲”的称号，并号召全县人民向李美玲学习。通过树立典型，弘扬正气，对加强社会公德教育起到积极的推动作用。在“国际消除贫困年”募捐活动中，全县有122个单位、26个镇的1.75万名党员干部共捐款140多万元扶持贫困地区，捐款8万多元救助程江镇孤儿吴樱花、吴桃花姐妹，捐款救助槐岗煤矿患尿毒症的女青年廖娜，扶持丙村镇郑均孤儿郭利利、郭国华兄妹等，扶贫济困的动人事迹遍布全县城乡。10月7日至10日，中国共产党第十四届中央委员会第六次全体会议在北京召开，全会作出《中共中央关于加强社会主义精神文明建设若干重要问题的决议》。全会根据全面实现中国国民经济和社会发展“九五”计划与2010年远景目标的要求，分析社会主义精神文明建设面临的形势，总结经验教训，对跨世纪的精神文明建设作出全面部署。鉴于中央对教育和科学的发展有全面部署，这次六中全会主要讨论思想道德和文化建设方面的问题，审议并通过了决议。决议分7个部分：一是加强社会主义精神文明建设是一项重要战略任务；二是社会主义精神文明建设的指导思想和奋斗目标；三是努力提高全民族思想道德素质；四是积极发展社会主义文化事业；五是深入持久开展群众性精神文明创建活动；六是切实增加精神文明建设的投入；七是加强和改善党对精神文明建设的领导。该决议是中国共产党作出的第二个关于社会主义精神文明建设的专门决议，在我们党关于社会主义精神文明建设理论的发展中具有里程碑式的意义。10月20日，中共中央宣传部编辑的《邓小平论社会主义精神文明建设》一书由学习出版社出版发行。此后，县委宣传部、县文明委组织开展学习贯彻落实决议精神和学习《邓小平论社会主义精神文明建设》一书。

1997年，继续学习贯彻决议精神和开展思想道德建设活动。组织干部职工开展“五查五摆”活动（查思想，摆是否牢固树立全心全意为人民服务的观念；查工作，摆是否尽心尽责；查作风，摆是否勤政为民、便民、利民，为群众办好事实事；查纪律，摆是否遵纪守法、依法办事；查制度，摆是否建立健全检查监督机制和职业道德规范），把社会公德道德建设提高到新的水平。

1998年，着力抓好“六提倡、六反对”为主要内容的教育，努力改善农村社会风气。对单位职工继续加强社会公德教育，大力推行社会服务承诺制，修订便民、利民、为民服务的制度和措施，有针对性地突出解决群众反映的热点和难点问题。县电台电视台插播社会公德警句，扩大社会公德宣传；县文化局排练以“三德”（社会公德、职业道德、家庭美德）教育为主要内容的节目，下基层作巡回演出，寓教于乐；大坪、松口、白宫等镇在圩镇设立社会公德宣传广告牌，促进人们公德素质的提高。

1999年，梅县在社会公德建设方面不遗余力，多渠道全方位引导广大人民群众积极向善，提升个人道德水准。全县认真抓好《梅州市文明公约》《梅州公民手册》的学习、宣传和教育，开展“讲社会公德，除不良陋习，做文明公民”为主题的系列活动，人民群众自觉遵守禁放鞭炮、禁鸣喇叭等公约，爱护公物，保护环境的意识大大增强。举办“千年世纪集体婚礼”、新千年文明行动等系列活动。9月，梅县举行庆祝中华人民共和国成立50周年暨县城新迁庆典活动。各镇、各部门、各行业不断充实、完善行为守则、岗位规范和乡规民约，广泛发动社会力量和广大群众参与，讲卫生、讲秩序、讲文明，不断解决社会公共生活的突出问题。

梅县庆祝中华人民共和国成立50周年暨县城新迁庆典（1999年9月）

2000年，召开全县农村老人联谊组织建设现场会，有力地推动了梅县群众自治自律组织健康发展。

2001年，学习贯彻全国宣传部长会议和《公民道德建设实施纲要》精神，广泛进行“三德”（社会公德、职业道德、家庭美德）教育。1月，江泽民在全国宣传部长会议上的重要讲话中提出，要始终注意把法制建设与道德建设紧密结合起来，把依法治国与以德治国紧密结合起来。“以德治国”就是要以马克思列宁主义、毛泽东思想、邓小平理论为指导，以为人民服务为核心，以集体主义为原则，以爱祖国、爱人民、爱劳动、爱科学、爱社会主义为基本要求，以职业道德、社会道德、家庭美德的建设为落脚点，积极建立适应社会主义市场经济发展的社会主义思想道德体系，并使之成为全体人民普遍认同和自觉遵守的规范。“以德治国”的思想是执政的中国共产党人借鉴中国历代的治国之道，吸取国外国家事务管理中的经验教训，在新的历史条件下，对如何管理国家事务，如何教育引导人民崇尚高尚的精神生活思考的结晶。9月，中共中央下发《公民道德建设实施纲要》，梅县开展纲要的宣传教育和实施活动，树立“爱国守法、明礼诚信、团结友善、勤俭自强、敬业奉献”的中国公民的基本道德规范，同时从自身的实际出发，大力进行“软件”和“硬件”建设，促进精神文明建设的发展。各部门各行业不断充实完善职业行为守则、岗位规范和乡规民约，较好地解决了社会公共生活中的突出问题和社会热点难点问题。

2002年，大力抓好《公民道德建设实施纲要》的宣传学习。县宣传部门通过印发资料，组织全县干部职工和群众认真学习纲要。筹集100多万元，在新县城主要地段设立近200个公益广告牌。组织全县20多个单位对全县公民道德建设现状进行调研，提出对策，正确引导干部群众自觉遵守公民道德规范。集中部分影片，配合公民道德教育在全县展映，组织1台文艺节目在全县各镇巡回演出。在电台、电视台设立《文明花香飘满园》栏目，对省、市表彰的文明单位进行报道，组织出版大型精美画册《文明花香飘满园》，从不同角度、不同侧面反映梅县近10年来精神文明建设所取得的丰硕成果及各行各业的先进典型。

2003年，积极贯彻实施《公民道德建设实施纲要》，继续加强以社会公德、职业道德、家庭美德为重点的社会主义道德风尚建设，开展"做人民满意的公务员"活动，纠正行业不正之风，树立机关干部良好形象。在全县大力倡导"爱国守法、明礼诚信、团结友善、勤俭自强、敬业奉献"的基本道德规范，激励人们做个好公民。

2004年，积极贯彻实施中共中央、国务院《关于进一步加强和改进未成年人思想道德建设的若干意见》和《公民道德建设实施纲要》，继续加强以社会公德、职业道德、家庭美德为重点的社会主义道德风尚建设，结合全县作风评议活动，开展评选"人民满意公务员"活动，纠正行业不正之风，树立机关干部良好形象；开展梅州市第五届家庭文化节活动，开展"创建学习型组织，争做知识型职工"活动，开展评选"文明旅游风景示范区"和"文明服务员"活动，开展创建青年文明号活动；认真组织开展"百城万店无假货"活动，全县评出"百城万店无假货"示范店10个；在全县大力倡导"爱国守法，明礼诚信，团结友善，勤俭自强，敬业奉献"的基本道德规范，激励人们做个好公民；广泛开展新时期"梅州精神"大讨论，与旅游局等单位联合开展了"文明旅游风景示范区"和"文明服务员"活动，与团县委共同开展创建青年文明号活动；认真组织开展的"百城万店无假货"活动，全县评选出"百城万店无假货"示范店10个；雁洋镇专门开展雁洋人精神大讨论；在梅州日报设立专栏，并进行评奖活动。

2005年，梅县以"爱国、守法、诚信、知礼"为主题的现代公民教育活动，促进干部群众思想道德水平和社会文明程度的提高。一是制订梅县《开展"爱国、守法、诚信、知礼"现代公民教育实施方案》，发至全县有关单位，指导全县开展现代公民教育活动。研究确定梅县国土局、雁洋镇、县人民医院、高级中学等11个单位为全县开展"爱国、守法、诚信、知礼"现代公民教育示范点，以点带面，促进教育活动的开展。二是广泛宣传，营造声势。县电台、电视台开辟了"爱国、守法、诚信、知礼"现代公民教育栏目，全年播出开展现代公民教育活动专题92篇。与市移动通信公司联合开展短信服务，排练文艺节目，到学校为师生演出，全县各镇、村设立专栏、黑板报，张贴横额标语、宣传画，印发学习卡片等形式，开展广泛宣传。三是在梅县人民广场举行有机关干部、企业职工、乡镇干部群众、学校师生共1万多人参加的"爱国、守法、诚信、知礼"万人宣誓暨签名仪式。四是印发试卷5万份，分发给全县各镇、各单位及中小学，举行全县现代公民教育知识竞试。五是举办现代公民教育演讲比赛。六是开展"三德"（社会公德、职业道德、家庭美德）道德风尚教育，全年分别与有关部门开展"百城万店无假货""青年文明号"活动，开展“四好”（好媳妇、好母亲、好儿女、好婆婆）模范、“人民满意公务员”与“创建学习型组织，争做知识型职工”“文明经营户”“文明旅游风景示范区”和“文明服务员”评选活动。

梅县电视台主持人解说《中华美德书》（2006 年 11 月）

2006 年，梅县积极实施关于开展现代公民教育系列活动，促进干部群众思想道德水平和社会文明程序的提高。一是推广试点经验，促进活动开展。确立雁洋镇、县国土局、县人民医院等 10 个单位开展现代公民教育的示范单位。认真总结经验，开展总结交流活动，推广雁洋镇、县人民医院等单位开展“爱国、守法、诚信、知礼”现代公民教育的经验，推动全县现代公民教育活动的开展。二是加大宣传力度，营造教育氛围。在电台、电视台开设现代公民教育栏目，精心制作公益广告，在新县城主要街道设立现代公民教育的灯箱广告 200 多个。全县各镇村、各单位、各学校通过出专栏、黑板报、张贴宣传画、文艺演出、映前宣传等形式，广泛开展现代公民教育的宣传，营造氛围，扩大影响。三是举行知识竞试，宣传公民道德。组织干部群众及中小学生，参加中宣部、中央文明办举办的以树立社会主义荣辱观，构建和谐社会为主题的公民道德建设知识竞试，共收到答卷 2000 多份。四是举办“爱国、守法、诚信、知礼”现代公民教育年度人物评选活动。组织挑选了事迹突出的 3 位同志报市参评“爱国、守法、诚信、知礼”年度人物。五是开展读书活动，弘扬中华美德。积极响应中共中央宣传部、中央文明办等 11 个单位掀起读《中华美德书》的热潮，层层动员，号召全县干部、职工、师生开展读《中华美德书》活动，加强传统美德教育，要求全县各镇、各单位以读《中华美德书》为载体，加强社会主义荣辱观教育，开展系列读书用书活动，各镇各单位均订购了《中华美德书》；做好《中华美德书》的电视解说工作，专门设立了《中华美德书赏析》专栏，请专家、学者对《中华美德书》中的名言、警句进行通俗易懂的赏析解说，每星期播出 1—2 期，从 3 月份至 6 月份在县电视台共播出 160 期（次）；组织县委办、县政府办、县电视台、县教育局、县人民医院等 10 多个前段读书活动开展得较好的单位代表，就学习践行社会主义荣辱观、开展读《中华美德书》等方面，畅谈体会；举办征文比赛，经评选，全县评出获奖征文 72 篇，其中一等奖 3 篇、二等奖 7 篇、三等奖 12 篇、优秀奖 50 篇；组织全县干部、职工、群众、青少年学生参加“读《中华美德书》、树立社会主义荣辱观”知识竞试；组织举办全县性的演讲比赛，评选出一等奖 1 名、二等奖 3 名、三等奖 5 名。并对在征订工作、知识竞试、征文比赛、演讲比赛等各项活动中的优胜者给予表彰奖励。

2007 年，开展学习和践行《梅县文明公约》，深化荣辱观教育，组织人员到有关镇和单位检查开展学习、宣传情况，总结城东、丙村、雁洋等镇的做法和经验。梅县县委宣传部、梅县精神文明建设委员会办公室、梅县白渡镇政府等 9 家单位联合举办纪念宋湘诞辰 250 周年座谈会，在宋湘的故乡白渡镇召开，学习宋湘为官爱国爱民、开拓创新、清正廉洁的精神和品格。表彰梅县第二批“百城万店无假货”活动先进单位 13 个。

2008 年，开展“感动梅县道德楷模”评选活动，倡导文明道德风尚。全县表彰 10 名“感动梅县道德楷模”和 8 名提名奖获奖者。推选出一批道德高尚、事迹感人的先进典型，梅县报市受表彰的有 4 人。开展“梅花与梅州人精神”诗歌创作和评选工作；开展“社会公德、职业道德、家庭美德、个人品德”教育，与教育局、团县委联合开展“感受新变化”主题教育活动；组织梅县“走向未来”客家妹时代风采大赛，获得梅州市组织奖；开展“梅州市十大创业典型”的评选推荐工作，雁南飞茶田景区叶祖根受市表彰。

2009 年，为深入贯彻落实中共十七大精神，在全社会倡导爱国、守法、诚信、知礼等道德规范，培养文明道德风尚，在全县开展“梅县道德楷模”评选活动并发出评选的通知。5 月，梅县各镇（高管会、办事处）、县直局以上单位按照全县统一的评选办法和标准，通过组织推荐和群众推荐相结合的方式，推选出一批道德高尚、事迹感人的先进典型，组织有关部门和专家组成评委进行评审，为体现公开、公平、公正的原则，我们将候选人的名单及简要事迹在电台、电视台公示，听取群众意见并征求县纪委、县综治办、县计生局等单位的意见，然后进行终评，表彰“梅县道德楷模”6 名，分别颁发荣誉证书和奖金。从 20 名中挑选 5 名报市参评市道德楷模，有 2 名获得市道德楷模称号、3 名获得市道德楷模提名奖。

2010 年，中共中央颁发《公民道德建设实施纲要》，这是中国思想道德教育、宣传思想工作和群众性精神文明创建活动的一件大事。要求把建设公民基本道德放在突出位置来抓。为此，梅县各级各部门认真组织学习贯彻，结合实际，实施《公民道德建设实施纲要》，开展现代公民教育活动，提高对《公民道德建设实施纲要》的认识，结合学习实践全国《公民道德建设实施纲要》《梅州市文明公约》《梅州市民行为守则》，在市民中广泛开展以“读中华美德书”为内容的教育活动，开展“优秀书香家庭”评选上报工作，参与省、市评选“优秀书香家庭”。黎志健、李惠英家庭获评“广东省十大优秀书香之家”称号。以重道德构建、重信仰建设、重文化振兴为着力点，加强对马克思主义的信仰、现代公民道德意识、优秀客家文化的构建和提升。

2011 年，开展知识讲座、知识竞赛、文艺演出等活动，把现代公民教育活动和社会主义荣辱观教育结合起来。开展“我推荐、我评议身边好人”活动，宣传现代公民教育典型的人和事。开展革命传统教育，弘扬革命精神；清明节期间，梅县组织县五套班子领导成员、离休老干部、驻梅部队、南口镇、县直单位负责人及部分学校师生参加在南口烈士陵园举行的祭奠革命烈士活动。同时，抓好全民国防教育和双拥宣传教育，举办梅县军警民迎春文艺晚会，开展梅县第十届“百歌颂中华”大合唱活动。

2012年，深入开展现代公民教育。一是在电台、电视台开设现代公民道德教育栏目，精心制作公益广告，报道全县开展现代公民教育的情况及典型的人和事，积极开展“我推荐、我评议身边好人”活动，努力营造良好的氛围。二是在全县积极开展“学习廖乐年，修身立德做好人”主题教育活动，推荐评选一批像廖乐年那样以自己的德行善举演绎人间真情的梅州好人，并开展征文活动，结合廖乐年事迹，围绕“修身立德做好人”主题，开展征文活动。由梅县推荐的《彰官德是淳民风的法宝》(作者：廖培玉)获得全市“修身立德做好人”征文活动三等奖。三是清明节前，发出《关于在全县组织清明祭奠革命先烈活动的通知》，清明节当天，在南口烈士陵园举行祭奠革命烈士活动，这项活动带动各镇各单位各学校积极开展祭扫烈士陵园活动，缅怀革命先烈，继承革命传统。

2013年，积极开展知识讲座、知识竞赛、文艺演出等活动，深入基层开展调查，指导文明创建工作，并在《梅州宣传》和《梅县宣传》、梅县宣传网刊登经验交流文章，积极开展革命传统教育活动及全民国防教育和双拥宣传教育活动。开展“我推荐、我评议身边好人”活动，抓好道德模范评选学习宣传，营造“评好人、学先进、当模范”的浓厚氛围。全年推荐“广东好人”候选人4名，推荐“梅州好人”候选人5名。

2014年，举办“美丽中国梦·美丽梅县区·青春正能量”主题演讲比赛和“幸福梅县行”系列活动。

2015年，组织举行“建设美丽梅县，文明我先行”宣传系统道德讲堂报告会。

“建设美丽梅县，文明我先行”宣传系统道德讲堂报告会(2015年)

2016年，开展“书香梅县·共享阅读”全民阅读活动、“文明餐桌行动”示范店和示范食堂评选表彰活动等精神文明创建主题系列活动。持续开展“我推荐、我评议身边好人”活动，推进各级道德模范、身边好人的推荐工作，其中，在全省投票活动中，梅县区推荐的丙村商会陈铮辉入围第二季度“广东好人”，梅县区推荐的粤东医院陈燕铭被评为第六届梅州市道德模范。开展梅州市“自强不息好少年”和“孝老敬老好媳妇”评选活动，深入挖掘、广泛宣传他们的感人事迹，推进家庭文明建设；以“唱响客家童谣曲，弘扬核心价值观”为主题，征集了近100首“客家童谣”作品。精心组织区新城中心小学排演的小组唱《千祈莫做蟾蜍罗》《圆圆谣》节目，在市委宣传部、市文明办组织举办的“首届客家童谣节”展演比赛中分获“十佳童谣奖”“优秀奖”。

2017年，继续开展“我推荐、我评议身边好人”等活动，区广播电视台开设“妇女节·走进梅县的半边天”专栏，对《冯美英：孝老敬亲，树立良好家风》《黄梅香：照料女儿四十载，不离不弃好母亲》等先进人物事迹进行了系列报道。新城办黄秋华家庭和林期隐家庭、隆文镇赖小林家庭、石扇镇肖巧红家庭被评为市文明家庭，其中，肖巧红家庭被评为“全国最美家庭”。广东电网有限责任公司梅州供电局梅县巡维中心值班员廖金威和梅县区程江镇中心小学教师黎秋红获“广东好人”称号。通过深入挖掘、广泛宣传报道道德模范的先进、感人事迹，以楷模引领道德风尚，以教育提高道德感知，推进文明建设。

2013年至2017年获得梅州市道德模范及提名奖一览表

表3-39

类型	姓名	职业职务	时间
诚实守信模范提名奖	郭优华	丙村镇郑均村	2013年度梅州市道德模范提名奖（2014年2月中共梅州市委宣传部、梅州市文明办表彰）
敬业奉献模范提名奖	李海苑（女）	扶外小学教师	2013年度梅州市道德模范提名奖（2014年2月中共梅州市委宣传部、梅州市文明办表彰）
敬业奉献模范	陈燕铭（女）	中山大学附属第三医院粤东医院副院长	第六届梅州市道德模范（2016年1月梅州市文明委表彰）
见义勇为模范提名奖	熊婉香（女） 廖群江	丙村镇人和村	第六届梅州市道德模范提名奖（2016年1月梅州市文明委表彰）
敬业奉献模范提名奖	王艾平	梅县区残联就业所副所长	第七届梅州市道德模范提名奖（2017年8月梅州市文明委表彰）
孝老爱亲模范提名奖	黎秋红	程江镇中心小学教师	第七届梅州市道德模范提名奖（2017年8月梅州市文明委表彰）

2018年，开展“书香岭南”全民阅读活动，启动梅县区2018“新时代·心悦读”活动，推进“学习型党组织”“农家书屋”“社区书屋”“职工书屋”建设，倡导多读书、读好书的文明风尚。组织开展丰富多彩的主题推广活动，唱响时代主旋律。深入贯彻习近平总书记关于“注重家庭、注重家教、注重家风”的重要指示精神，部署深化家庭文明建设，2018年，曾文珍、郑秀娟、吴海峰等3个家庭获“梅州市文明家庭”称号。

2018年获得梅州市客都好乡贤及好人一览表

表3-40

类型	姓名	职业职务	时间	发文单位
客都好乡贤	黄志平	广东省四〇一厂董事长、厂长	2018年9月	市委宣传部 市文明办 市委农工办
客都好乡贤	陈铮辉	梅州市侨韵环保科技有限公司董事长	2018年9月	市委宣传部 市文明办 市委农工办
敬业奉献好人	叶富健	区地方公路总站松口养护中心主任	2018年第一季度“梅州好人”	市文明办
敬业奉献好人	卢焕新	原隆文派出所副所长	2018年第二季度“梅州好人”	市文明办
敬业奉献好人	刘　勉	松口镇四社村原支书、主任	2018年第四季度“梅州好人”	市文明办

2017年至2018年梅州市最美志愿者、最佳志愿服务项目、最佳志愿服务组织、最美志愿服务社区一览表

表3-41

类型	名称	单位	时间	行文单位
市最美志愿者	赖孟娟	梅县区启善志愿者协会	2017年	市文明办 团市委 市民政局 市志愿者联合会
市最佳志愿服务项目	“法治进校园”法制宣传志愿服务活动	服务组织：梅县区人民检察院		
市最佳志愿服务组织	—	梅县区图书馆志愿者服务队		
市最美志愿者	张佳琳	梅县区启善志愿者协会	2018年	
	钟建华	梅县区祥善义工团		
	陈小华	梅县区恒顺志愿者协会		
市最佳志愿服务项目	足球联赛赛场志愿服务	服务组织：梅县区启善志愿者协会		
市最美志愿服务社区	—	梅县区新城办事处富贵社区		

（二）职业道德教育

职业道德教育，教育人们牢固树立为人民服务思想，懂得文明礼貌，熟练职业行为，提高思想品德，做到经营者文明经营、企业员工文明作业、单位干部职工文明工作，大家形成良好的职业行为习惯。

1980年至1984年，广泛深入地开展“五讲四美三热爱”活动，认真组织“全民文明礼貌月”活动和治理“脏、乱、差”的行动，开展共产主义道德教育活动，把职业道德、职业责任、职业纪律的教育作为文明礼貌的重要内容来抓。同时，开展军民共建文明村、镇和文明单位的活动，推动全社会的精神文明建设。梅县（市）的社会道德水平有所提高，社会公共秩序有所好转，城乡卫生面貌有所改观，社会主义的新风尚得到了进一步的发扬。1984年上半年，梅县市有10个单位和个人被省委、省政府授予文明先进单位和先进个人称号。

1985年至1987年，在人民群众中大力宣传爱祖国、爱人民、爱劳动、爱科学、爱社会主义的道德风尚，教育人们遵守社会公德和职业道德，在人民内部建立和发展平等、团结、友爱、互助的社会主义新型的人际关系。

1990年至1993年，开展树立“好学进取，团结友爱，诚实礼貌，健康文娱，卫生美化，勤俭办事，遵纪守法”的文明新风系列活动，与创文明单位、文明家庭、移风易俗活动、学雷锋、焦裕禄、沈国发活动等有机地结合起来。根据各行业、各单位的特点，在机关开展“廉政、勤政”活动，在企业开展“建文明企业，做文明职工”活动，在医疗单位开展“学习白求恩”活动，在学校开展“学雷锋精神，树文明新风，建文明校园”活动等。1990年3月，与县总工会联合召开职业道德教育经验交流会，总结交流8个集体和个人的先进经验，提出职业道德教育再抓三年，使开展教育的单位和受教育的职工达100%，完善行为规范面达90%以上的目标，在全县机关、厂矿商店、学校深入开展职业道德教育。到年底止，全县有2.75万名职工以不同形式接受教育，受教育率98%。松源供销社、高级中学李国华分别被省委宣传部、省总工会授予“职业道德教育先进集体”和“优秀职工”称号。

1994年，根据市文明办的文件精神，制定制度，开展机关争创“文明科（股）室”活动，在县直机关中评出66个“文明科（股）室”，进行通报表彰。同时，推荐“文明科（股）室”在市表彰。市文明企业有梅县东风企业集团公司、梅县粮食企业集团公司、梅县华侨城房地产有限公司。市创“文明企业”先进个人有梅县鸿华针织印染厂杨尊宪、中国人民保险公司梅县支公司吴启泉。有市“文明学校”梅县高级中学、市创“文明学校”的先进个人梅县松口中学温国坚。还有市“文明医院”松口华侨医院、市创“文明医院”先进个人梅县梅南卫生院叶基财、市“文明经营户”李守贤、“文明市民”黄玲达、市“文明科（股）室”中共梅县县委办公室综合科、市创“文明科（股）室”先进个人中共梅县纪律检查委员会卢景标。

1995年，中宣部、中央文明办、国家工商总局等部门组织开展争创“百城万店无假货”

活动，要求从不卖假货这个最基本的也是群众反映强烈的问题入手，教育职工遵纪守法、诚实守信，带动社会风气不断好转。此后，梅县确定了一批示范街、示范店。如宪梓大道一条街。这些示范街和示范店成为繁荣地方经济、改善投资环境、展示精神文明的“窗口”。

1996年，县属各单位开展职业道德教育。县卫生系统结合行业实际，重点加强医德医风建设，纠正行业不正之风。各医疗单位普遍重新组建行风评议小组，医疗收费项目、标准上墙公布，并设置举报箱和投诉电话，接受群众监督。县工商局成立“工商形象建设年活动领导小组”，向社会各界聘请监督员，并从着装、服务态度、文明执法、严格纪律四方面入手，狠抓各项工作制度的落实，树立良好的工商形象。梅县客都商场、五洲城商场、华侨城商场、梅县医药大楼商场等单位积极参与，旨在大力提倡社会主义职业道德、维护市场秩序、密切党群关系的无假货商店活动，加强内部管理，完善制度，不断提高商品质量意识和销售服务意识，并建立起有关质量管理、质量监督、质量保证制度，上墙公布，便于干部职工照章执行和消费者监督，还向顾客公开承诺商品质量，实行包修、包换、包退，使商场的销售额保持稳中有升的良好态势。梅县邮电局结合本行业特点，制定《工作人员十不准》纪律，建立用户监督登记卡制度。丽群小学完善学习、管理、教研、奖励制度，抓好师德教育和业务能力的培训，形成了良好的校风教风。邮电局、丽群小学的思想道德建设得到县委领导的充分肯定，上报市参加思想道德建设先进单位评选。

1997年，把开展“为人民服务，树行业新风”为主题的职业道德建设作为梅县继续推进群众性精神文明创建活动的切入点，通过灵活多样的形式不断把职业道德建设引向深入。3月12日，县委召开全县职业道德建设动员会，对全县的职业道德建设作出全面部署。梅县确定10个“窗口”行业作为建设重点，确立34个“示范窗口”，并帮助“示范窗口”提出明确的目标要求，制定严格的工作规范，落实文明服务新措施，使这些“示范窗口”真正起到示范、带头作用。此外，通过电台、电视台、报纸等新闻媒体，大张旗鼓地宣传“示范窗口”的做法和经验，推动全县职业道德建设的深入开展。通过新闻媒体宣传报道的好做法和经验文章100多篇次，其中《广东宣传》第8期和《梅州日报》头版头条刊登梅县开展职业道德建设的做法和经验。全县26个镇和36个单位部门或系统分别制订职业道德建设的实施方案，相继成立职业道德建设领导小组，形成领导挂帅，党、政、工、团各方面配合，齐抓共建的格局。在卫生系统开展“以病人为中心，树行业新风，全面提高医疗服务水平”的活动，人民医院、松口医院开设导诊服务和以“时间就是生命作承诺”；在教育系统广泛开展以“立高尚师德，树教育新风”为主题的活动，组织“我为人民教师添光彩”的演讲比赛；在邮电系统开展“创文明服务支局，创文明服务班组，创文明服务营业窗口，创文明服务标兵”为内容的“四创”竞赛活动；在公安政法、金融、商业、供电等行业相继开展各种形式的扎实有效的职业道德建设活动。8月，县政府组织行风评议小组先后对税务、邮电、公安、教育系统进行考评，平均分93.6分。在调查摸底，广泛发动全县干部职工参与评议的基础上，经县文明委成员会议研究决定，授予梅县公安局巡警大队等10个单位为梅县职业道德建设的“10优单位”、10人为梅县职业道德建设“10佳个人”。县巡警大队和南口镇小学潘光瑞分别被评为“梅州市职业道德建设先进单位”和

“梅州市职业道德建设先进个人”。

1998年，职业道德教育继续加强。一是会同县人事局在全县各级行政机关中深入开展“做人民满意公务员”活动，广大公务员认真履行职责树立公务员良好形象，努力实践“全心全意为人民服务”的宗旨。二是开展创建文明行业活动和实行社会承诺制度，确定县工商系统、地税系统为创建文明行业示范点，落实各项措施，发挥示范作用。推行社会服务承诺制，有针对性地突出解决群众反映的热点和难点问题，使“窗口行业”干部职工职业道德素质提高、服务意识增强。

1999年至2001年，继续在党员干部中开展“做人民满意公务员”活动，促进党政机关和执法、管理部门形成敬业、爱民、文明、廉洁、高效、务实的良好风气。进一步规范行业行为，努力在提高人们的职业道德素质、切实纠正行业不正之风、建章立制、完善服务承诺、加强管理和规范约束上下功夫。树立窗口行业、服务行业的良好形象。

2002年至2003年，认真抓好《公民道德建设实施纲要》的学习、宣传、贯彻。印发资料，组织全县干部、职工、群众认真学习纲要。筹集100多万元，在新县城主要地段设立公益广告牌近200个，努力营造良好的道德氛围。组织全县20多个单位对梅县公民道德建设现状进行调研，对存在问题提出了对策，引导干部群众自觉遵守公民道德规范。与团县委等单位举办中小学生实施《公民道德建设实施纲要》演讲比赛。同时，组织部分影片配合公民道德教育在全县展映，组织一台文艺节目在全县各镇巡回演出。

2004年至2005年，结合全县作风评议活动，与人事局等单位联合开展“人民满意公务员”活动，纠正行业不正之风，树立机关干部良好形象；与总工会等单位联合开展“创建学习型组织，争做知识型职工”活动；与县旅游局等单位联合开展了“文明旅游风景示范区”和“文明服务员”评选活动。

2006年，与旅游局开展“文明风景示范区”的评选活动，表彰雁洋的李健贤、叶祖根、陈彩安等6人。与团县委共同开展创建“青年文明号”活动；与县人事局等单位联合开展“人民满意公务员”活动；与县总工会联合开展“创建学习型组织，争做知识型职工”活动，推动职工读书活动的开展，与经贸局、物价局、工商局等8个单位联合开展梅县第二批“百城万店无假货”活动示范街、示范店的评选活动。

2007年，开展创建“五个十”文明和谐示范单位及10个“文明示范窗口”的评选活动。

2008年，深入开展“社会公德、职业道德、家庭美德、个人品德”教育。与县经贸局、县工商局等联合开展了“文明经营户”的推荐评选活动；与县教育局、团县委联合开展“感受新变化”主题教育活动；与旅游局联合开展“文明示范窗口”和“文明服务员”评选活动等。

2009年，“文明窗口”的评选，在全县范围内认真评选窗口行业的文明建设先进单位，全县评选出“文明窗口”33个。两年一度的“文明单位”“文明村镇”“文明社区”“文明建设先进工作者”的评选工作也有序开展，通过检查考核后，得到县委、县政府的表彰。

（三）未成年人思想道德教育

精神文明建设是一个社会和谐进步的思想保证，是一个地区发展繁荣的精神动力和智力支撑。高度重视对下一代的教育培养，努力提高未成年人思想道德素质，是我们党的优良传统，是党和国家事业后继有人的重要保证。一个文明的进步，是在一代一代人的传承和发展中实现的，建设社会主义精神文明必须从娃娃抓起，这样才能从根本上提高全民族的整体素质，确保中国特色社会主义伟大事业后继有人。加强和改进未成年人思想道德建设，是推动党和国家事业不断发展的必然要求，是提高全民族素质、促进人的全面发展的必然要求，因而是精神文明建设的重中之重。

改革开放以来，区委、区政府非常重视未成年人思想道德建设工作，深入贯彻落实中央、省、市关于进一步加强精神文明建设暨未成年人思想道德建设工作会议精神，大力推进梅县精神文明建设与未成年人思想道德建设。几乎每年召开全县精神文明建设表彰暨未成年人思想道德建设工作会议，开展一系列活动，坚持在改进中加强、在创新中发展，成功创建了广东省文明县城、广东省卫生城镇、全国文明县城，进一步优化了未成年人成长环境，加强了未成年人思想道德教育，好人好事不断涌现，活动取得了可喜的成绩。

主要做法是：

一是能够统一思想，形成共识。大家认为，加强精神文明建设和未成年人思想道德建设是一项事关全局的战略工程，是全党全社会的共同任务。全区各级、各单位能够站在国家前途和民族命运的战略高度，充分认识加强精神文明建设和未成年人思想道德建设的重要性和紧迫性，要把加强精神文明建设和未成年人思想道德建设，作为提高全区人民思想道德素质和社会文明的基础性工作。梅县区许多单位运用各种有效载体开展教育工作，效果很好。如区教育局开展礼仪、礼节、礼貌的“三礼”教育，区文明办开展的读中华美德书、区道德楷模评选和关爱奖评选活动，区关工委开展的大手牵小手活动，推动了良好风气的形成。各镇、办事处、高管会和各单位发扬成绩，与抓经济工作一样，把这两项工作摆上重要议事日程，结合各自工作实际，组织各方力量，做好思想道德教育工作。社会各界主动关心、积极支持，热情参与未成年人的教育和培养工作，使热爱祖国、积极向上、团结友爱、文明礼貌成为未成年人精神的主流。

二是能够找准问题，形成对策。通过多年努力，梅县区精神文明建设取得了可喜的成绩，城乡面貌得到改善，人民群众得到了实惠。梅县区 18 岁以下的未成年人约占全县总人口的 23.7%，这支队伍是梅县区未来的建设者，他们的思想状况如何，直接关系到梅县区经济和社会的发展。梅县区未成年人的思想道德建设取得了较好的成绩，并且能够正视存在一些问题，寻找差距，遵循精神文明建设和思想道德教育的规律，形成对策，有的放矢地加以解决。

三是能够大力建设，形成风尚。围绕建设社会主义核心价值体系，大力弘扬以爱国主义为核心的民族精神，组织开展升国旗、唱红歌、读经典、讲故事，传箴言等活动，培育人们的精神支柱。加强公民思想道德建设，开展志愿者服务、做人民满意公务员、学习道德模范、学雷锋树新风、法律进万家等活动，加强社会公德、职业道德、家庭美德、干部品德教育，培育广大干部群众的文明新风尚。围绕区委、区政府工作中心开展工作，从梅县区实际出发，紧紧围绕“培育绿色产业，建设宜居家园，打造客都明珠”“两园一区带动一精”等发展战略和构建“一城两带四组团”区域发展新格局，着眼于凝聚人心、解疑释惑、激发活力，大力优化创业环境和发展环境，激励全区人民积极投身于梅县区各项事业建设之中。广泛开展公益、健康、环保、礼仪等活动，倡导健康阳光的生活方式，为梅县区人民生活营造良好环境。深入开展群众性精神文明创建活动，加大基础设施和生态环境建设力度，深化文明村镇、文明社区、文明单位建设，坚持送书、送戏、送电影、送科技、送医药下乡，加强城乡精神文明建设。这些建设，为未成年人成长创造良好环境。加强未成年人世界观、人生观、价值观教育，帮助他们树立积极的人生态度，正确对待人生境遇。破除重智轻德的“应试教育”，全面实施素质教育，开发未成年人的潜能，达到全面提高思想品德、科学文化和身体、心理、劳动技能素质，培养能力。深入开展未成年人道德实践活动，利用法定节日、传统节日、建党纪念日、红军长征等重大历史事件纪念日，以及未成年人入队、入团等这些蕴藏着宝贵的思想道德教育资源对学生进行教育。扫除“黄、赌、毒”，继续做好以网吧、网络、荧屏声频、出版物市场和校园周边环境为重点的专项整治工作，打击黑网吧，为未成年人的健康成长创造良好的社会环境。构建“学校、家庭、社会”三位一体的教育网络，通过建设以学校为龙头、社会为平台、家庭为基础三位一体的教育网络，使三方面力量有机组合起来，更好的发挥教育未成年人的作用。

四是加强领导，形成合力。梅县区建立党委统一领导、党政群齐抓共管、文明办组织协调、有关部门各负其责、全社会积极参与的领导体制和工作机制，充分发挥各自优势，研究有效措施，密切配合，形成工作合力。区文明委成员单位积极履行职责，带头并全力以赴抓好精神文明建设工作。如宣传部门善于运用报刊、电台、电视台、网络等媒体力量，加强精神文明建设和未成年人思想道德建设方面的信息覆盖，普及公民道德规范，对不文明行为进行曝光。文化部门善于运用文艺活动，用形象、生动、直观的文艺活动加强精神文明建设和未成年人思想道德建设；体育部门广泛开展全民健身运动，完善体育设施；教育部门认真抓好师德和校风、学风建设，加强青少年的思想道德教育工作；建设、交通、卫生部门分别做好城乡道路建设和管理，抓好城乡环境卫生工作；农业部门积极引导农民科技兴农、勤劳致富，加强新农村建设；公安、工商、文化部门加强对网吧、出版物等整治，净化社会文化市场；国土、税务、医院、旅游等窗口单位加强服务培训，提高服务水平；工会、团委、妇联部门做好服务和教育职工、妇女、少年儿童工作，组织志愿者为社会服务；文明办健全工作机制，做好组织、协调、督促、检查、指导、服务工作。各单位、各部门认真履行职责，相互配合，形成合力，扎实工作，为开创梅县区精神文明建设和未成年人思想道德建设工作的新局面作出了贡献。

建设有利于青少年健康成长的社会文化环境。以促进未成年人健康成长为目标，以净化网络、网吧、荧屏声频、校园周边环境为重点，积极开展专项整治行动，为未成年人的健康成长营造良好的社会文化环境。积极实施梅县区《关于进一步净化社会文化环境，促进未成年人健康成长的实施意见》。积极开展了网吧专项整治行动，严格执行网吧管理制度和社会监督制度，查处和取缔“黑网吧”。切实加强网络视频监控系统建设，安装了“绿坝——花季护航”绿色上网过滤软件。建立和完善了“扫黄打非”机制，对校园周边报刊亭、音像制品等门店开展了专项整治。在新行政区建起了区文化中心、区图书馆、区青少宫、区山歌艺术中心，进一步完善文化服务项目的内部设施和管理，不断提升梅县文化服务质量，丰富和充实未成年人的课外生活，促进青少年健康成长。

各个时期教育活动情况：

1978 年 10 月，梅县恢复少先队组织。

1980 年至 1985 年，主要开展“学雷锋、树新风”“五讲四美、三热爱”、学习张海迪等活动，学习中共十二大和团中央十一大精神，教育青少年树立革命人生观，学文化，学科学，在不同的岗位上为实现“四化”建功立业。

1986 年至 1991 年，抓好社会主义初级阶段的基本路线教育和形势教育，开展学雷锋、学赖宁活动，培养有理想、有道德、有文化、有纪律的一代新人。1988 年 12 月 25 日，中共中央发出《关于改革和加强中小学德育工作的通知》。通知指出：现在的中小学生是 21 世纪社会主义建设的主力军。他们的思想道德和科学文化素质状况，不仅是当前社会文明程度的重要体现之一，而且对中国未来的社会风貌、民族精神有着决定性的影响。是月，召开中国少年先锋队梅县市第三次代表大会，出席代表 200 多人。梅县中小学德育工作，以“爱祖国、爱人民、爱劳动、爱科学、爱社会主义”为基本内容，以把全体学生培养成为爱国的、具有社会公德和文明行为习惯的、遵纪守法的好公民为基本任务，要求全县上下都要努力关心青少年儿童的健康成长。1990 年，开展“学雷风、树新风”活动。与团县委联合举办“雷锋精神在我身边闪光”的演讲比赛；在全县城乡举办发扬雷锋精神的电影月活动，放映故事片《雷锋》169 场；在县博物馆举办为期两个月的“雷锋精神发扬光大”图片展览，共收集和摄制图片 86 幅；在图书馆设立雷锋图书专柜，并翻印学雷锋资料 1.5 万份；开展“树立人生路标”书评活动，收到书评文章 50 多篇，有 10 篇文章评为优秀奖。通过开展这些活动，受教育者达 10 万人（次）。

1992 年至 1996 年，对广大青少年开展“学法、知法、守法、护法”教育，开展《中华人民共和国未成年人保护法》和禁毒、禁赌等宣传咨询活动。团县委组织梅县高级中学 500 多名 18 岁的中学生举行“18 岁成人仪式”，以升国旗、唱国歌，进行爱国主义教育。1994 年 12 月，召开中国少年先锋队梅县第四次代表大会，出席代表 150 多人。少先队贯彻“把全体少年儿童组织起来”的方针，不断发展少先队组织。在少先队员中持续开展“学雷锋、树新风、创三好”，为烈军属、“五保户”做好事，清明节开展缅怀革命先烈扫墓、造林绿化等活动。1994 年，开始实施“雏鹰行动”，举行少先队员入队仪式，举行文艺会演，举办少先队知识竞赛、少先队仪仗队号手表演赛、读“一百本好书”比赛、拔河比赛等多项活动。

1995 年，在抓好“三热爱”教育的基础上，加强对青少年思想道德教育，重点是组织开展学习实践《新三字经》活动。《新三字经》是一部由中共广东省委宣传部组织编写，对少年儿童进行爱国主义、集体主义、社会主义教育，引导少年儿童加强自身思想道德修养的少儿读物。全书 1272 字，采用三字韵文的形式，用通俗易懂的方法介绍了中国传统文化、中华民族传统美德、社会主义道德规范和现代文明修养，该书于 1995 年年初由广东教育出版社首次发行，梅县在青少年中开展学习竞赛活动，形成《新三字经》学习热潮。一是做好《新三字经》的推介征订工作。做到全县10万多名学生人手一册。二是及时总结推广普及教育中的经验。县委宣传部与县教育局联合举行了有200多人参加的梅县学习、实践《新三字经》报告会，会上有10名教师和学生介绍学习、实践《新三字经》的做法和体会，进一步推动学习、实践《新三字经》活动的深入开展。三是组织动员全县广大师生参加市举办的学习、实践《新三字经》大家谈征文活动。梅县广大师生踊跃参加，其中有丽群小学、松口新民学校、松源中学等学校的师生撰写的文章分别获奖。高级中学代表梅州市参加省《新三字经》知识竞赛获得优秀奖。四是根据学生年龄特点和不同的知识水平，以普通话朗诵比赛、故事会、文艺演出、知识竞赛、征文比赛等多种形式，进行学习、实践活动。梅县青少年经过学习实践《新三字经》，讲文明，重公益，学雷锋，做好事成为风气，爱国爱乡意识得到进一步增强。大坪镇中心小学古利利等同学主动坚持每天轮流护送残疾学生上学回家；华侨中学学生为学校图书馆捐赠各类书籍3000多册；高级中学主动自愿为某校患重病的李老师捐款5000多元，为学校德育室提供资料3000多份；松口中学把学习《新三字经》与美化校园、创建文明学校结合起来，使乱扔纸屑和讲粗言秽语现象明显减少。

1996年，在中小学校中深入开展国防教育，增强中小学生的国防观念，全县各中学均实行了入学前军训制度，丽群小学还组织军校学员积极开展丰富多彩、形式多样的军事活动，形成较好的校风学风。

1997年至2000年，县委、县少工委向县属各委、中学和中心小学少先队大队部发出《关于在清明期间开展思想政治教有系列活动的通知》，通过各种形式的活动，提高少先队员的整体综合素质。开展“迎接香港回归祖国”“澳门回归祖国”知识竞赛及“祖国颂、改革开放颂”读书征文和“三讲”“两思”教育。举办“缅怀叶帅、建设家乡”美术、书法、摄影作品比赛和展览，激发青少年爱国爱乡热情。县委宣传部、县文明办组织订购和学习省委宣传部编写出版的系列读物，如:《新三字经》(1995年)、《社会公德四字歌》(1996年)、《家庭美德五字谣》(1996年)、《职业道德新格言》(1997年)、《农民道德歌》(1997年)。1997年，国防教育在巩固县少年军校丽群小学的同时，完成白宫镇小学、南口安仁学校少年军校的组建工作。1998年“六一”节，团县委、县少工委在丽群小学举行梅县城乡少年“手拉手”互助互学活动启动仪式，在全县开展少年“手拉手”互助互学活动。2000年，县委宣传部与县教育局在雁洋镇召开全县中小学德育工作会议，以“两思”(致富思源、富而思进)教育为切入点，切实加强学校思想政治工作，切实加强对中小学校德育工作的领导，大力加强教师职业道德教育，努力构建社会化大德育体系。全县建立少先队部的有小学361所、中学34所，有少年儿童8.12万人，其中加入少先队的有6.76万人，占83.3%；有辅导员3681人，其中大队部辅导员395人、中队辅导员2727人、专职辅导员68人、校外辅导员491人。

2001年至2003年，继续组织订购和学习省委宣传部编写出版的系列读物，如:《新三字经》(1995年)、《社会公德四字歌》(1996年)、《家庭美德五字谣》(1996年)、《职业道德新格言》(1997年)、《农民道德歌》(1997年)、《公民道德格言》(2002年)等系列道德普及通俗读物，开展学习竞赛活动，大大提高全县思想道德教育的有效性。

2004年，积极贯彻实施《中共中央国务院关于进一步加强和改进未成年人思想道德建设的若干意见》。2月，《中共中央国务院关于进一步加强和改进未成年人思想道德建设的若干意见》下发，全国未成年人思想道德建设工作会议召开。4月，在人民广场举办全县"爱国、守法、诚信、知礼"万人宣誓暨签名仪式，梅县各阶层（含青少年学生、团队干部）代表近1万人参加了这个仪式，从而掀起了梅县开展"爱国、守法、诚信、知礼"现代公民教育活动的热潮。6月，中共广东省委、广东省人民政府召开全省加强和改进未成年人思想道德建设工作会议，对全省未成年人思想道德建设进行全面部署。8月，全市加强和改进未成年人思想道德建设工作会议召开以后，梅县领导高度重视，立即组织传达贯彻。县委领导主持召开会议，听取汇报，进行专题学习和研究，并把未成年人思想道德建设内容作为县委中心组学习的内容之一。11月，《中共广东省委、广东省人民政府关于进一步加强和改进未成年人思想道德建设的实施意见》印发。随后，广东省精神文明建设委员会印发《贯彻落实〈中共广东省委、广东省人民政府关于进步加强和改进未成年人思想道德建设的实施意见〉的目标任务分工》。梅县县委和县政府高度重视，把加强和改进未成年人思想道德建设摆上更加突出的位置，组织学习省委文件和《中共梅州市委、梅州市人民政府关于进步加强和改进未成年人思想道德建设的实施意见》以及梅州市精神文明建设委员会《关于贯彻落实〈中共梅州市委、梅州市人民政府关于进一步加强和改进未成年人思想道德建设的实施意见〉的目标任务分工的通知》，县委主要领导强调各级各单位领导特别是有关部门的负责同志，充分认识加强和改进未成年人思想道德建设的重要性，明确这项工作的指导思想、重要原则和主要任务，以对党和国家前途命运高度负责的态度，把关心和培养未成年人作为自己的神圣使命，增强做好未成年人思想道德建设各项工作的自觉性、坚定性，全面贯彻中央、省委和市委市政府对未成年人思想道德建设作出的部署，切实抓好未成年人思想道德建设工作，开展未成年人思想道德情况调研和教育活动，召开专门会议，制定具体措施，落实任务分工，开展工作检查通报，充分发挥全县中小学、团委、妇联，老干等部门的职能作用，加强和改进未成年人思想道德工作，鼓励他们唱响社会主义好、唱响共产党好、唱响改革开放好主旋律。通过采取一系列措施扎实推进未成年人思想道德建设，使社会各部门都关注并投入到未成年人思想道德建设的工作中来，为青少年的健康成长创造良好的环境。全县查处接纳未成年人的网吧、游戏室21家，其中取缔危害青少年的黑网吧8家，有效遏制文化娱乐场所违法违规现象。梅县在青少年中广泛开展"禁毒禁赌"教育活动，深入学校师生中，教育他们远离毒品、远离"六合彩"，并敢于同"黄赌毒"等社会丑恶现象作斗争。切实抓好《中小学生守则》和《日常行为规范》的贯彻落实，开展评选"弘扬规范教育示范学校"活动和学习执行《中小学守则》《日常行为规范》的征文比赛活动等内容灵活、形式新颖的教育活动。举行"有奖读书活动"，举办读后感征文比赛。开展"我为梅县添光彩"的主题教育活动，组织学生考察梅县历史文化发展的轨迹，寻访伟人、名人留下的业绩，了解梅县（镇）改革开放后的巨大变化，培养热爱家乡情怀，树立建设家乡的雄心壮志。叶剑英元帅纪念馆于2004年5月1日率先向未成年人免费开放，参观人数大幅增加，至5月底已接待未成年人1.5万人（次）。梅县博物馆充分利用馆藏文物资源，举办传统文化展示活动，并与文联各协会合作，举办客家名人书画展、客家风情摄影展、梅县“三个文明”（物质文明、精神文明、政治文明）建设图片展等活动，免费接待未成年人参观1.2万多人（次）。梅县图书馆于2004年8月成立广东流动图书分馆后，利用流动图书馆的网络资源丰富、文化信息量大、科技含量高的优势，广泛向未成年人宣传，向学生提供丰富的文化知识资源，开馆至年底，接待未成年人读者1万多人（次），书籍流通1万多册，上网查询资料信息316次。梅县各镇文化中心全天候免费向未成年人开放。梅县筹集助残、助病、助困金78万元，帮助特困生2400多人，帮助他们排忧解难，圆了读书梦。

2005年，继续加强和改进未成年人思想道德建设工作。在青少年中开展“爱国、守法、诚信、知礼”现代公民教育活动，组织学习《公民道德格言》（2002年）、《中华道德名言精粹》（2005年）等系列道德普及通俗读物，开展“禁毒禁赌”宣传活动，教育少年儿童远离毒品、远离“六合彩”。把德育贯穿于教育教学各个环节，防止重智育轻德育的倾向。强化家庭教育，构建教育网络，建立家庭、学校、社会“三结合”共同教育未成年人的工作机制。加强和改善未成年人文化阵地建设，投入1000多万元，新建集参观、学习、培训和娱乐于一体的梅县青少宫。实施净化工程，整治校园周边环境和网吧、书店、娱乐场所。发挥团队组织作用，拓展实践育人阵地。发挥“五老”余热，开展“大手牵小手”活动和“五老十个一”活动，帮助特困家庭子女2400多人圆了读书梦。

2007年，开展未成年人思想道德建设工作调查。组织县综治办、县教育局、县文广新局、团县委、县妇联等单位联合到有关单位进行检查。组织开展全县“关爱奖”（含孝心奖、关心奖、关怀奖）的评选表彰活动。

2008年，县宣传部门协同县综治办、教育局、文广局、团委、妇联、关工委等单位，开展未成年人思想道德建设工作。在全县中小学校开展以“礼仪、礼节、礼貌”为主要内容的“三礼”教育实践活动，在程江镇小学为试点，召开“三礼”教育现场会。做好全国未成年人思想道德建设测评调查。梅县列为全国未成年人思想道德建设测评点。县宣传部门全年印制问卷1200多份，分别发至11间学校，对高中、初中、小学及学生家长进行调查。还到4个社区2个村委进行实地测评，指导有关测评工作。与旅游局联合开展“文明示范窗口”和“文明服务员”评

程江小学开展“三礼”教育现场（2008年）

选活动等。利用图书馆阵地为广大读者提供方便快捷的文献信息资源，利用现代网络开展健康丰富的未成年人教育活动，引导未成年人正确利用共享工程各级网点，通过发展中华优秀文化，培养健康向上的价值趋向，丰富广大未成年人的精神文化生活。

2009 年，认真落实《中共中央国务院关于进一步加强和改进未成年人思想道德建设的若干意见》精神，继续开展“三礼”教育，发扬知礼行孝传统。市关工委主任、原梅州市市长何正拔等领导到梅县程江镇中心小学调研“三礼”教育工作，给予充分的肯定和高度的评价，市关工委在该校德育课程“三礼”的基础上加以充实内容，先后共印制 1 万份“三礼”教育规则，向全市中小学校推广。深入开展“扫黄打非”各阶段专项行动。对文化市场出动执法人员 152 人（次），检查音像经营单位 486 家（次）、演出单位 5 家（次）、书报刊经营单位 136 家（次）、网吧 932 家（次）、娱乐场所 24 家（次）、印刷业 40 家（次）。配合工商部门取缔无证经营黑网吧 2 家，收缴各类非法图书 3274 册，非法音像制品 484 张（盒），作出行政处罚 15 家（其中：违规经营网吧行政警告 2 家，行政罚款 9 家，吊销网络文化经营许可证 1 家，处置其他违规行为 3 家），行政罚款 1.7 万元。由县文化馆牵头成立的音乐、舞蹈、器乐、山歌、书画等培训中心，几年来培训学生 2400 多人，开展辅导培训课 1000 多节，举办少年专场书画展和文艺演出 80 多场，全县涌现出校园文化艺术团体 50 多个。梅县启金小学的山歌表演唱《梅县新城面貌新》获得广东省第二届中小学生艺术节一等奖，梅县丽群小学的《种瓜谣》获得广东省第五届少儿艺术花会金奖，新城中心小学的山歌表演唱《歌唱家乡面貌新》获得广东省第七届少儿艺术花会金奖。

在梅县文化中心礼堂召开梅县精神文明建设表彰暨未成年人思想道德建设工作会议（2010 年 3 月）

2010 年，抓好未成年人思想道德建设。梅县县委、县政府在县文化中心召开精神文明建设表彰暨未成年人思想道德建设工作会议，县委书记作工作总结和部署。学校能够紧紧围绕“素质教育”和书香校园建设，坚持不懈地抓好多方面德育工作。一年来主要抓：规范社会文化环境的净化管理，开展大手牵小手活动，开展学校“三礼”教育。总结程江镇中心小学开展“三礼”教育活动的经验，在全县推广，继续开展“三礼”教育活动，对中小学校学生进行礼仪、礼貌、礼节教育，围绕“明礼、诚信、勤学”基本内容开展工作，教育学生尊老爱幼、尊师明德、知书达礼、爱国爱校爱家。要求学校利用班会课学习校园礼仪、家庭礼仪、公共场所礼仪、开展礼仪知识竞赛、“文明礼仪伴我行”征文、手抄报比赛等活动。组织学生阅读《弟子规》，阅读传统美德经典名篇、美德故事，让学生受到孝道美德的熏陶。充分利用升旗仪式、班会、少先队会、思想品德课、红领巾小广播站、学校宣传栏、班内黑板报等各种宣传平台开展“三礼”教育宣传；运用学生“三礼”评分登记册、“三礼”教育评比栏、“家校联系评价手册”等机制，给学生评价“三礼”教育结果，形成比学赶超的浓厚氛围。

2011 年，县文明委、县委宣传部扎实推进未成年人思想道德建设，有效地促进青少年健康成长。一是进一步强化学校、社会、家庭“三结合”教育网络建设。根据中央文明委的统一部署，组织协调全县各相关单位，按照《未成年人思想道德建设工作测评体系》的要求，建立责任落实机制，发挥学校主渠道作用，落实未成年人思想道德建设考评体系，确保各项工作任务的落实。同时，着力发挥社区和家庭的教育作用，积极探索社区未成年人思想道德档案建设工作，加强社区、家庭和学校的沟通联系。二是继续实施社会文化环境净化工程。于年初制定下发了《关于进一步净化社会文化环境，促进未成年人健康成长的实施意见》和《任务分工》，明确了各职能部门工作职责，继续推进整治互联网低俗之风专项行动、网吧集中整治专项行动、荧屏声频净化专项行动、校园周边环境综合治理和非法出版物治理等 5 个方面的专项行动。净化文化市场，组织各职能部门对全县各类文化经营场所逐一检查，对学校周边 200 米以内的网吧、600 米以内的彩票投注点实施清理，使校园周边环境得到较好净化，文化市场得到进一步规范，营造了有利于未成年人健康成长的社会文化环境。三是开展大手牵小手活动，帮助少年儿童抓好文化学习和道德教育，充实各镇关工委宣传教育内容，充分发挥老干部老教师的作用。四是抓好学校“三礼”教育，培养学生懂得礼仪、礼节和礼貌，推进良好班风、学风、校风的形成。

2012 年，扎实推进未成年人思想道德建设。一是努力净化社会文化环境。积极开展文化市场保护知识产权执法行动，发出宣传资料 2000 多份。同时，结合“三打两建”专项行动，加大了中小学校校园周边的网吧日常巡查的频率和力度。二是成立宣讲团，在全县各中小学校开展思想道德建设专题讲座，将道德教育从小抓起，切实解决道德教育缺失的源头问题，不断提高未成年人思想道德素质。三是在全县中小学校深入开展礼仪、礼节和礼貌的“三礼”教育活动，培养学生懂得礼仪、礼节和礼貌，推进良好班风、学风、校风的形成。四是积极争取上级支持，遴选了丙村镇中心小学、南口镇中心小学等 2 间学校为“乡村学校少年宫”建设试点，经过建章立制、增添设施和规范管理，2 间首批“乡村学校少年宫”试点学校建成并投入使用。

2013 年，未成年人成长环境不断改善。一是以中小学校校园周边的网吧为重点，加大了日常巡查的频率和力度，努力净化社会文化环境。出动执法人员 583 人（次），查处接纳未成年人网吧 5 家，处罚金额 1.2 万元。二是开展“大手牵小手”“送法进校园”“道德讲堂”等活动，大力推进关爱未成年人工程。三是继续推进“乡村学校少年宫”示范点的建设。丙村中心小学、南口中心小学等 2 间“乡村学校少年宫”已按省市的要求全面建成。四是举办“童心向党”歌咏活动。活动中由区精选并录制成光盘的优秀节目，在代表全市参加省的评比中，被评为优秀节目并上送中央文明办全国展播。

2014 年，加强未成年人思想道德建设，举办广东“大篷车”乡村学校少年宫送教交流活动，广东省文明办、省教育厅主办的广东“大篷车”乡村学校少年宫送教交流活动启动仪式暨梅州送教交流活动在梅县区丙村镇中心小学举行。

2015年，组织相关单位部门以中小学校校园周边的网吧为重点，加大了日常巡查的频率和力度；开展大手牵小手活动，组织“五老”人员，对未成年人进行感恩教育、爱国主义教育；在全区各中小学校深入开展礼仪、礼节和礼貌的“三礼”教育活动。此外，扎实推进乡村学校少年宫建设，松口镇中心小学被确定为2015年度中央专项彩票公益金资助建设的乡村学校少年宫示范点。至年底，全区有4间中央专项福彩公益金资助建设的乡村学校少年宫。

2016年，未成年人思想道德建设全面加强。在程江镇中心小学举办梅州市“扣好人生第一粒扣子”主题教育实践活动启动仪式。加大网吧整治力度，净化荧屏声频视频，清理非法出版物，整治校园周边环境，努力净化社会文化环境。大力推进关爱未成年人工程，组织开展“大手拉小手，一起来植树”义务植树活动。组织开展“清明祭英烈”、“六一”学习和争做美德少年等活动，引导未成年人自觉弘扬和践行社会主义核心价值观。扎实推进乡村学校少年宫建设，抓好乡村学校少年宫辅导员的培训，组织开展各种素质教育活动，促进学生身心健康发展。发挥区32个爱国主义教育基地的作用，努力开展爱国主义教育。梅南九龙嶂革命斗争纪念馆获评省级爱国主义教育基地。

程江镇中心小学参加“扣好人生第一粒扣子”主题教育实践活动（2016年）

2017年，全面加强未成年人思想道德建设。一是加大网吧整治力度，净化荧屏声频视频，清理非法出版物，整治校园周边环境，努力净化社会文化环境。二是组织广大未成年人开展“我的中国梦”主题教育实践活动、清明祭英烈活动、学习和争做美德少年活动、童心向党歌咏等活动。继续开展“扣好人生第一粒扣子”、禁毒宣传教育、“三礼”教育等主题教育实践活动，推进优秀童谣创作传唱。三是在全区各中小学组织开展创建全国文明城

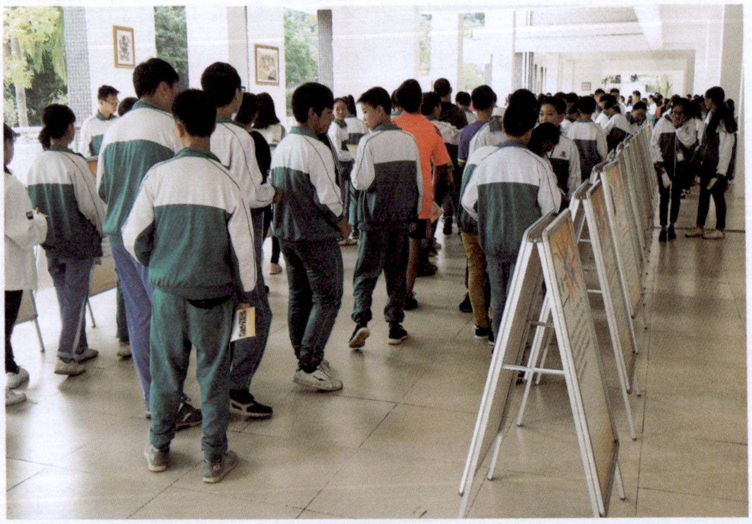
梅州身边好人事迹图片展进梅县区校园（2017年11月）

市宣传教育和主题征文活动，通过“小手拉大手”实现创建市文明城市宣传从学生延伸到家庭，从学校延伸到社会，提升全社会的文明素养。四是加强乡村学校少年宫阵地建设，成功申报梅县区雁洋镇中心小学为 2017 年广东省乡村学校少年宫建设项目，加快打造一批乡村学校少年宫项目品牌。五是关爱残障儿童，让阳光照亮他们心灵，开展各种节日活动、情景教育活动、户外活动、亲子活动、融合教育活动、文明礼貌教育等，寓教于乐，把思想道德教育贯穿于各项主题教育活动之中，培育美好心智，促进残疾儿童思想道德健康发展。六是开展文明校园活动，成绩喜人。梅州市精神文明建设委员会于 11 月表彰第一届文明校园，梅县区高级中学、丙村中学、宪梓中学、程江镇中心小学、丽群小学、新城中心小学、松口镇中心小学榜上有名。梅县区程江镇中心小学在文明校园建设中成绩突出，成为第一届广东省文明校园，在 11 月受到省文明委的表彰。

2018 年，以文明校园创建为动力，加强未成年人思想道德建设，贯彻落实《关于深入开展文明校园创建活动的实施意见》，做好文明校园评选表彰的参评推荐工作，在精神文明建设先进单位评选表彰中加大文明校园比例。在广大未成年人中组织开展“扣好人生第一粒扣子”教育实践活动、优秀童谣征集评奖活动，组织广大未成年人开展“我的中国梦”主题教育实践活动，抓住时间节点，开展清明祭奠英烈、学习和争做美德少年、童心向党歌咏、禁毒宣传教育、“三礼”教育等主题教育实践活动，推进优秀童谣创作传唱活动，引导少年儿童立志向、有梦想、爱学习爱劳动爱祖国，扣好人生第一粒扣子，林幸祖等 5 位同学被评为梅州市“新时代好少年”。10 月，梅县区隆重庆祝中国少年先锋队建队 69 周年，“以队带童·星火相传”少先队建队日主题活动示范仪式在丽群小学隆重举行，全区各中小学校少先队总辅导员和丽群小学 900 多名师生参加活动。仪式上，全场唱响《中国少年先锋队队歌》，老队员重温入队誓词，一年级学生入队前高呼誓词，高年级的少先队员向一年级的同学赠送希望卡，老师讲解少先队的基本知识、光荣历史，示范队礼。通过“以队带童”方式提高少年儿童对中国少年先锋队的认

2018 年 7 月，梅县区文化馆举办暑期少儿免费艺术培训班

梅县区木偶剧团在梅县区外国语学校开展木偶剧表演“多彩非遗·美好生活”（2018 年）

识，增强少先队员的自豪感和使命感。

三、革命传统教育

社会主义事业来之不易，改革开放来之不易，祖国建设取得辉煌成就来之不易，我们要珍惜现在美好生活和广阔前景，开展革命传统教育，就是要发扬革命传统，弘扬红色基因，把原中央苏区、革命老区梅县区建设好，把中国特色社会主义事业继续推向前进。

1990 年，利用叶剑英元帅纪念馆这一阵地，对广大干部群众学生进行革命传统教育，参观受教育人数 12 万多人。11 月，召开离退休老干部和市、县新闻人士参加的座谈会，纪念革命先烈邹韬奋诞辰 90 周年。

1994 年至 1997 年，广泛开展客家优秀传统文化和革命传统教育。组织群众特别是青少年学生参观博物馆、纪念馆、烈士陵园等爱国主义教育基地，启动“红色之旅”和“客家文化之旅”，充分利用红色文化、客家文化等丰富的爱国主义教育资源，利用各种法定节日、传统节日、重大历史事件纪念日、历史人物的诞辰和逝世纪念日，宣传一批感人的客家杰出人物和重大历史事件，教育广大群众继承民族优秀历史文化传统和革命传统。开展香港、澳门回归大型庆祝活动及“爱国、守法、诚信、知礼”现代公民教育活动、清明祭奠革命烈士活动、“百歌颂中华”活动等，广泛进行革命传统教育。

1998 年，在市委、市政府的重视支持下，县委、县政府决定在广东工农革命军东路第 10 团团部旧址九里岃黄屋门前，建造九龙嶂革命斗争历史纪念亭。该纪念亭建筑占地面积 100 平方米，保护范围面积 750 平方米，于 2009 年 8 月建成。

1999 年，开展纪念梅县解放 50 周年活动，召开纪念大会、举办专题文艺晚会等，深入进行革命传统和爱国、爱乡教育，激励全县党员干部继承和发扬革命传统，团结一致，艰苦奋斗，为梅县两个文明建设作出贡献。

2005 年，为了缅怀在历次革命斗争和社会主义建设中牺牲的革命先烈，学习他们崇高的革命精神，表达广大人民继承先烈遗志的坚强决心，并配合现代公民教育，中共广东省委、广东省人民政府决定从 2005 年起，每年在清明节当日组织开展祭奠革命先烈活动。从此，梅县在每年的清明节期间，全县统一行动，隆重集会，深情祭奠，规模之大，成为一个壮举。是年，县政府拨出 60 万元专款整修革命烈士纪念碑。清明节，梅县组织县全体领导成员、离休老干部、乡镇和县直单位负责人、部分中小学师生到南口烈士陵园举行扫墓活动。各镇各单位组织干部群众、青少年学生参观纪念馆、博物馆和开展祭扫烈士陵园活动。清明祭奠革命先烈活动和红色文化参观学习活动，使广大干部群众永远铭记革命先烈的丰功伟绩，坚定对爱国主义和社会主义的信念，增强人们当好现代公民的责任感和使命感。

2006 年，抓好叶剑英纪念园建设，积极发挥文化窗口和爱国主义教育基地的作用，开展爱国主义教育和革命传统教育。叶剑英元帅纪念馆全年接待参观团体 2000 多个、党员人数 1.5 万人，全年接待观众 28 多万人（次）。清明节期间，梅县在南口烈士陵园举行祭扫烈士墓活动，县五套班子领导成员、离退休老干部和乡镇、县直单位负责人以及南口镇部分干部、学校师生共 2000 多人参加了活动，各镇各单位各学校也利用当地爱国主义教育资源，组织干部、群众、青少年学生开展祭扫革命烈士纪念碑活动。

2007年5月13日上午，在雁洋镇举办叶剑英纪念园建成庆典活动和纪念叶剑英110周年诞辰座谈会。中共中央政治局委员、广东省委书记张德江，全国人大常委会原副委员长邹家华，全国政协原副主席叶选平，时任军事科学院政委刘源，时任省领导黄华华、钟阳胜、朱小丹、辛荣国、林雄、钟启权、游宁丰、汤维英、柯小刚，全国人大常委、香港金利来集团董事局主席曾宪梓，叶剑英元帅亲属及生前身边工作人员代表，广东省有关老同志，梅州籍在京、在穗老同志，省直有关部门和兄弟市有关负责同志，梅州市委、市政府和梅县县委、县政府主要领导等，一起追思叶剑英元帅的光辉一生，缅怀叶剑英元帅的丰功伟绩，寄托对叶剑英元帅的深切怀念。下午，全国红色旅游经典景区叶剑英纪念园暨梅县争创中国旅游强县推介会在梅州迎宾馆召开，梅县党政领导作梅县争创中国旅游强县推介发言及叶剑英纪念园专题推介发言。

2008年至2009年，清明节期间，在南口镇革命烈士纪念碑前举行清明祭奠革命烈士活动。2009年清明节前，县委办公室发出关于清明祭奠革命先烈活动的通知。清明节当天，在南口烈士陵园举行祭扫革命烈士墓活动，县五套班子领导成员、离休老干部、驻梅部队、乡镇、县直单位负责人及部分学校师生参加活动，县委领导作了讲话。这项活动带动各镇、各单位、各学校积极开展祭扫烈士陵园活动，缅怀革命先烈，继承革命传统。梅县开展纪念建党88周年活动，组织梅县干部群众及学生，参加以科学发展构建和谐社会为主题的演讲比赛活动，在全县干部群众中，倡导文明诚信观念、科学发展观念，促进文明素质的提高，引导群众弘扬革命精神，积极参加到新农村建设的活动中去。叶剑英纪念园接待游客近60万人（次），接待中小学生近30万人（次）。

2010年，开展革命传统教育，弘扬革命精神。梅县组织县五套班子、离退休干部、部队官兵以及南口镇干部、学生代表2000人到南口革命烈士纪念碑前参加清明祭奠革命先烈活动。充分发挥叶剑英纪念园等爱国主义教育基地的作用，开展革命传统教育。在"5·18"国际博物馆日期间，协助梅州市收藏家协会在梅州成功举办"全国首届红色收藏（徽章）表彰大会暨红色收藏展览、研讨交流会"。在文化遗产日活动期间，与相关单位在梅城举办"2010年梅州市首届闽粤收藏鉴赏研讨交流大会"，参展出陶瓷、字画、钱币以及"红色收藏"藏品和根艺等，开展红色记忆、传承革命精神教育。

2011年，县电台、电视台开设"纪念建党90周年"系列报道专栏。在《梅县新闻》中开设《红旗飘飘》《红色足迹》专栏。

2015年秋，为纪念当年在九龙嶂牺牲的302名红军烈士，在梅县区梅南镇水美村大岗顶建造九龙嶂红军烈士纪念碑。该纪念碑是梅州市第一座以红军命名的纪念碑，占地面积约600平方米，纪念碑由碑座和碑身两部分组成，碑座宽19米，碑身宽16米，高10.1米（寓意十一国庆）。正面碑心是一整块石材，镌刻"九龙嶂红军烈士纪念碑"十个鎏金大字，碑座刻有384字碑文。地面顺势而上建造71级台阶（寓意七一建党）。9月，在梅县区梅南镇九龙村建成一座建筑面积300平方米的九龙嶂革命斗争纪念馆，该纪念馆陈列面积100平方米，保护面积2000平方米。

2016年11月，九龙嶂革命斗争纪念馆公布为广东省爱国主义教育基地。纪念碑和纪念馆建成后，各地各单位组织党员干部、人民群众和学校师生等前往参观瞻仰。

2017年，在全县开展“护苗杯”进校园活动，组织师生参观梅县革命简史图片展。

入党宣誓（2016年8月）

护苗2017进校园活动暨梅县革命简史图片展。图为学生在认真观看图片展（2017年）

四、移风易俗教育

改革开放以来，梅县大力宣传唯物史观，讲历史唯物主义和唯物辩证法，破除封建迷信和腐朽思想，移风易俗，解放思想，与时俱进，推进文明新风建设。

1981—1986年，全县开展“五讲四美三热爱”活动，这一活动是人民群众移风易俗、改造社会的伟大实践。

1981年2月25日，全国总工会、共青团中央、全国妇联、中国文联等9个单位联合发出了《关于开展文明礼貌活动的倡议》，向全国人民特别是青少年倡议开展以讲文明、讲礼貌、讲卫生、讲秩序、讲道德和心灵美、语言美、行为美、环境美为内容的“五讲四美”文明礼貌活动。28日，中央宣传部、教育部、文化部、卫生部、公安部又联合向全国各省、市、自治区发出了《关于开展文明礼貌活动的通知》。1982年2月14日，中共中央办公厅转发了中宣部《关于深入开展“五讲四美”活动的报告》，规定每年3月为“全民文明礼貌月”，是月，中共广东省委发出《关于开展“全民文明礼貌月”活动的通知》，全县上下积极响应上级号召，把“全民文明礼貌月”活动和“五讲四美”活动作为建设社会主义精神文明的大事来抓。

1982年12月至1983年2月，全县积极响应中宣部等单位发出的《关于1983年元旦、春节前后继续开展“五讲四美三热爱”活动的通知》，开展“提倡节俭，反对大办婚事；提倡男女平等，敬养老人，反对歧视虐待妇女、老人；提倡相信科学，反对封建迷信；提倡健康的文化娱乐，反对赌博”的“四提倡、四反对”宣传教育活动。

1985年3月7日，邓小平在全国科技工作会议上的讲话中指出我们在建设具有中国特色的社会主义社会时，一定要坚持发展物质文明和精神文明，坚持“五讲四美三热爱”，教育全国人民做到有理想、有道德、有文化、有纪律。1986年9月，中共十二届六中全会把培养“四有”（有理想、有道德、有文化、有纪律）新人作为社会主义精神文明建设的根本任务写进了《中共中央关于社会主义精神文明建设指导方针的决议》。“四有”中的有理想、有道德、有纪律是对人的思想道德素质的要求，有文化是对科学文化素质的要求。“四有”新人目标的提出，进步明确了社会主义精神文明建设的根本任务，对于提高整个中华民族的思想道德素质和科学文化素质有着重大的指导作用。从此，梅县市持续开展“五讲四美三热爱”活动，把培育“四有”新人作为精神文明建设的根本任务抓紧抓好。

1987年至1989年，全县开展“五提倡、五反对”（提倡婚事新办，反对奢侈；提倡丧事简办，反对铺张；提倡学科学，反对封建迷信；提倡健康娱乐，反对聚众赌博；提倡计划生育、优生优育，反对超生）的宣传教育活动，弘扬正气，稳定社会。在广大青年中开展“树文明新风，反婚姻陋俗”活动，进一步创造健康的文化生活，引导群众移风易俗，抵制封建迷信，消除社会丑恶现象。大力宣传计划生育，鼓励青年在婚姻和生育问题上克服落后思想，树立新的科学观念，推行计划生育，为一批婚事新办青年举行集体婚礼。1988年，采取领导抓、抓领导，带全面，部门协调，齐抓共管，推进全县广泛开展移风易俗活动，在瑶上铅畲村、松南大黄村进行移风易俗试点，取得经验后推广。举办“‘九九’重阳敬老系列活动”、“看哪个乡镇单位婚事新办多”等活动，排演以移风易俗为内容的文艺节目。这项活动，促进了全县移风易俗工作不断向前推进。全年全县有1650名干部带头移风易俗。有289个村成立老人会，占村级数的70%，会员23720人。60%的村成立新婚理事会。1989年春节前后，在全县城乡开展的“树新风、破旧俗”活动中，普遍建立“老人福利会”“新婚理事会”等群众性的精神文明活动团体，把丧事简办、移风易俗作为精神文明建设的重要内容来抓，发动群众组织和利用“老人福利会”“红白理事会”等，以推进殡葬改革工作，倡导良好的社会风尚。

1990年，开展树立“好学进取、团结友爱、诚实礼貌、健康文娱、卫生美化、勤俭办事、遵纪守法”28字文明新风活动。在元旦、春节前后开展“礼貌安全卫生服务月”，广泛开展除陋习、树新风活动。年初，县委宣传部与有关部门配合，举办有来自全县28对新婚青年参加的新春集体婚礼。总结松北、松南、松源、西阳、石扇等群众自管组织实行丧事简办的做法，推动全县移风易俗的开展。着重抓“老人福利会”“新婚理事会”“妇女禁赌会”等群众自管组织的健全、巩固和发展。全年全县“老人福利会”有383个，会员29610人；“新婚理事会”有380个，会员9043人；“两会”组织均占农村管理区的90%以上。“扫赌队”“妇女禁赌协会”等其他群众自管组织有354个，会员4638人。丧事简办1169宗，简办率70%；婚事新办1943宗，新办率71%。与丙村镇党委联合，在《宣传园地》举办“新人新事新风”征文比赛，收到征文38篇，评出一、二、三等奖共9名，分别给予奖励。为打造树文明新风的声势，组织人力绘制树文明新风的大幅宣传图，挂在市区东门塘繁华路段，全县大多数乡镇也分别制作了以28字为内容的文明牌。

1991年，举办移风易俗图片展览，印发移风易俗资料，为全县选上的33对新婚夫妇举办集体婚礼。全县90%以上管理区建立了“老人福利会”“婚姻理事会”组织，丧事简办和婚事新办率分别为75.14%和77.96%。

1993年，梅县广泛开展群众性创建文明活动，有力地促进村风民风的好转，民事纠纷明显下降，刑事案件得到有效的遏制，计划生育超额完成市分配“四术”任务和人口出生计划。全年全县农村结婚3456对，有2564对实行婚事新办、婚事新办率74.18%。死亡老人1861人，丧事简办1362宗，丧事简办率74.18%。桃尧镇在元旦举办新婚夫妇参加的第七届集体婚礼。松北镇实行婚事新办，婚事新办率90%，丧事简办率80%。松南镇南下村印尼华侨张通南，几十年未回家探亲，这次回老家本想在家设10多台席招待亲朋，经过镇区干部动员后，将准备请客的资金捐给南下村老人会，同时还捐资45万元给家乡兴办公益事业。

1994年，婚丧喜庆简办率78%，教育、转化参与封建迷信活动204人。

1995年至1997年，在农村开展“破除封建陋习，倡导文明新风”活动，巩固和发展在农村的“老人福利会”和“新婚理事会”等群众自治组织，建设良好的社会环境，培养文明的社会新风。1997年，全县农村群众自治自律组织达到1463个，基金总额608.5万元。婚事新办率84%，丧事简办率84%。

1998年，省、市召开改革电视电话会议，传达贯彻国务院《殡葬管理条例》，接着县政府成立由民政、宣传、公安、国土等部门组成的殡葬改革领导小组，学习宣传《殡葬管理条例》，推进殡葬改革。着力抓好“六提倡、六反对”为主要内容的活动，特别是宣传报道白宫镇李丁妹老人生前热心公益事业、死后实行丧事简办的典型。继续推广宣传《农民道德歌》，在春节组织义务写春联活动，为农民写春联300多幅，采取多角度多方式引导广大农民告别愚昧、走向文明。

1999年，梅县按照省、市的有关部署，推进殡葬改革，突出“三抓”：一抓宣传造声势，广泛宣传《殡葬管理条例》和《广东省殡葬改革管理办法》，让广大群众感受政府抓殡葬改革的决心之大、要求之严；二抓典型带全局，发挥党员干部的带头作用和各级老人组织的影响辐射作用，树立榜样，带动全局；三抓制度促落实，县政府与各镇、办事处签订殡葬改革责任书，将镇（办事处、高管会）完成任务的情况列入考核。经过努力，梅县的殡葬改革工作取得明显的进展。在新千年即将到来之际，县宣传文化部门协助县委、县政府在梅雁西堤开发区举行“梅县喜迎新千年文艺焰火晚会”，放映《回头一笑》电影，举行文艺演出，燃放烟花礼炮，1 万多名干部群众欢聚一起庆祝新千年的到来。

2000 年，为进一步认清“法轮功”邪教组织的本质和危害，县委宣传部与县科协、县文化局等单位联合举办以“崇尚科学文明，反对迷信愚昧”为主要内容的图片巡回展览。全县有机关干部、中小学生、群众 3 万多人参观了展出。开展评选金婚优秀奖活动，倡导健康文明的婚恋观，共评出金婚夫妇 29 对。推荐 3 篇文章参加市举办的现代家庭消费观念论文评奖活动。撰写《农村精神文明建设存在的问题与对策》一文，上送省精神文明建设研究会。

2001 年至 2005 年，积极开展创建卫生村活动，鼓励广大群众爱保洁、讲卫生、保健康，形成讲究生活卫生习惯，改变乱丢垃圾和不注重个人卫生的习惯。

2006 年至 2007 年，学习宣传实践社会主义荣辱观。2006 年 3 月 4 日，胡锦涛总书记在参加全国政协十届四次会议民盟民进联组讨论会上，精辟概括了社会主义荣辱观，全面阐述了树立正确价值观的具体要求，即“以热爱祖国为荣、以危害祖国为耻，以服务人民为荣、以背离人民为耻，以崇尚科学为荣、以愚昧无知为耻，以辛勤劳动为荣、以好逸恶劳为耻，以团结互助为荣、以损人利己为耻，以诚实守信为荣、以见利忘义为耻，以遵纪守法为荣、以违法乱纪为耻，以艰苦奋斗为荣、以骄奢淫逸为耻”。梅县迅速掀起了学习宣传实践社会主义荣辱观的热潮。通过宣讲、座谈、知识竞赛、演讲比赛、图片展览等形式，大力开展社会主义荣辱观宣传普及活动，开展“三下乡”“四进社区”“送温暖、献爱心”和“建设社会主义新农村宣讲”等活动，积极推动社会主义荣辱观教育进机关、进单位、进军营、进校园、进教材、进课堂、进社区、进农村、进家庭，把学习实践社会主义荣辱观落实到城乡基层。充分运用报刊、广播、电视等大众传媒和互联网、手机短信、移动电视等传播工具，设立墙报板报、张贴标语图片，有效采用言论评论、理论文章、通讯报道、访谈解读、群众讨论等多种形式，深入阐释了社会主义荣辱观的深刻内涵和精神实质，充分报道了学习贯彻社会主义荣辱观取得的进展和实效，及时发现和宣传人们身边的好人好事，激励人们尊荣弃耻、见贤思齐、移风易俗。

志愿者在松口镇开展文明祭祖宣传

2008 年，开展“迎奥运、讲文明、树新风”活动。2006 年 2 月，中央文明委、北京奥组委在全国组织开展了“迎奥运、讲文明、树新风”活动。2008 年，北京奥运会筹办工作进入关键时期，“迎奥运、讲文明、树新风”活动也掀起了新高潮。按照中央文明委的工作部署，梅县围绕文明礼仪、公共秩序、社

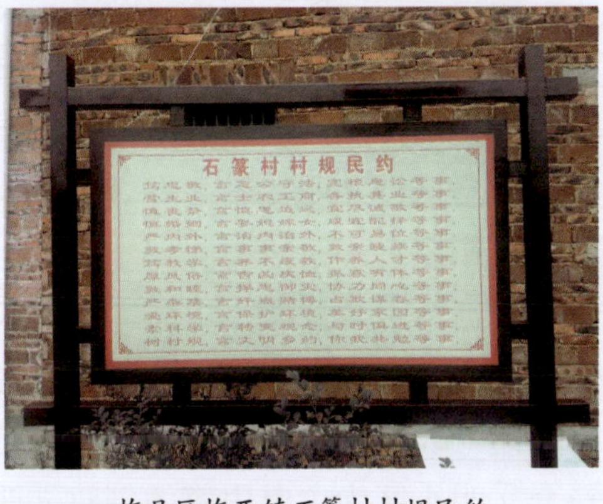

梅县区梅西镇石篆村村规民约

会服务、城乡环境四项重点任务，大力开展“迎奥运、讲文明、树新风”活动，对外展示形象，对内提高素质，深入开展“迎两运、讲礼仪、除陋习”活动，引导广大干部群众从自身做起，养成文明行为习惯，大力倡导尊重宽容、礼让的意识，大力宣传和普及礼仪知识，使懂礼节、重礼仪、讲礼貌蔚然成风。8 月，中国成功举办北京奥运会。

2010 年，以培育“八种”生活为目标，即培育礼仪生活、培育守序生活、培育和谐生活、培育道德生活、培育绿色生活、培育健康生活、培育智慧生活、培育志愿生活（志愿服务、乐于助人），提高人们思想道德素质，形成良好生活方式和文明新风尚，提升城乡文明程度。举办以“崇尚科学文明，反对迷信愚昧”为主要内容的图片展览。使广大群众进一步认清“法轮功”等邪教组织的本质与危害，有 3 万多人参观展出。在西阳镇召开全县农村老人联谊组织现场会，推动全县群众自治自律组织健康发展。4 月，县政府发出《关于禁止土葬的通知》，将全县列入火化区管理，并利用广播、电视等各种媒体进行广泛宣传，做到家喻户晓，共同监督执行。

2016 年 6 月，区文明委发出《关于开展“崇德向上，敦风化俗——乡村里的价值观”主题教育实践活动的通知》，根据省文明办、省委农办《关于开展“崇德向上，敦风化俗——乡村里的价值观”主题教育实践活动的通知》精神，区文明办、区委农办决定在全区开展“崇德向上，敦风化俗——乡村里的价值观”主题教育实践活动，以深化农村社会主义核心价值观建设，推动核心价值观在农村基层落地生根，努力建设品德心灵美、文化生活美、乡风民风美的农村社会环境，培育新型农民、培育文明乡风。

第三节　精神文明创建活动

精神文明建设是一项复杂的社会系统工程，任务艰巨繁重。如何把精神文明建设各项任务落到实处？开展群众性精神文明创建活动无疑是一条非常有效的途径。精神文明建设的主体是人民群众，群众参与精神文明建设的程度，决定精神文明建设水平的高低。在全县持续开展创建文明县城、文明单位、文明圩镇、文明村、文明户活动，评比表彰先进，树立文明新风，促进社会文明进步。

一、文明县城创建活动

城市是一定区域政治、经济、文化的中心，是现代生产方式、生活方式和现代文明的发源地、扩散地。城市以它特有的优势对周边地区的经济发展和社会进步产生重要的示范、辐射和带动作用。创建文明城市活动是推动城市经济发展和社会全面进步的重要载体，是加强城市精神文明建设的有效途径，在整个群众性精神文明创建活动中具有特殊的重要的地位和作用。

根据市里的部署，县创建文明城市活动，重点抓市民素质的提高、文明街道建设、“四个一”阵地建设、文明户创建以及文明社区建设等。20 世纪末，全县按照“以城区带郊区，以圩镇带农村，以机关带基层”的工作思路，抓住重点，突出特色，狠抓以创建文明街道、安全文明小区为主要内容的创建文明城市活动。

1995年，为努力塑造优美环境、优良秩序、优质服务的梅城形象，更好地发挥城市在城乡精神文明建设中的主导和辐射作用。各级各单位结合各自工作的实际，与创建各类型文明单位活动和“礼貌、安全、卫生服务月”活动有机联系，扎扎实实组织开展创“三优杯”文明城市活动，严格按照“谁主管，谁负责”“属地管理”的原则，把创建优良秩序的责任落实到有关职能部门和基层组织，坚持集中统一与分级管理相结合、宣传动员与落实行动相结合、强制手段与自我约束相结合。

1998年，根据《梅州市文明城市评选办法与考核细则》的规定，全县以提高市民现代文明素质和城市文明程度为目标，以实现优美环境、优良秩序、优质服务、优化管理、推动城市改革开放和社会主义现代化建设为重点，以动员、组织群众参与各种创建精神文明活动为载体，进一步促进城市两个文明建设的协调发展。是年，创建文明城市活动是创建活动的“龙头”工程，梅县在学习中山市现场会精神的同时，结合实际，从文明单位、文明社区、文明户创建抓起，推动文明城市的创建。

1999年9月底，梅县行政机关搬迁到新县城。此后，梅县立足于创建文明县城工作，创建文明城市的力度没有削弱，只有加强。

2001年，在创建文明城市活动中，县成立以县委书记为组长，由宣传、文化、建设、工商等部门领导组成的领导小组，制订了《梅县创建文明城市规划》，组织和动员有关职能部门加大新县城的整治力度，实施美化、净化、亮化工程，在宪梓大道两旁竖立公益广告牌106个。

2004年，做好创建文明城市的组织实施工作，成立领导小组，研究制定《梅县创建文明城市规划》，加大新县城整治力度，认真贯彻落实全市文明城镇建设工作会议精神，开展文明城镇调研活动，治理沿江金岸一条街及有关的行业网点，在新县城各主要街道周围实施美化、净化、亮化工程，安装路灯，种上花草树木，清扫环境。在市交警大楼至锭子桥、梅州大桥至锭子桥圆盘、宪梓大道两旁竖立了公益广告牌300多个。同时认真抓好文明村镇创建活动，雁洋、畲江两镇的做法得到上级肯定，并在市文明城镇建设工作会议上推广交流。

2009年，积极开展创建“广东省文明县城”活动，县委、县政府召开梅县创建“广东省文明县城”动员大会，制订和实施《梅县创建广东省文明县城活动实施方案》和《创建广东省文明县城责任分解表》，成立创建工作领导小组，开展创建文明县城、打造客都明珠活动，发出文明礼仪、环境净化倡议书，召集社会各界群众50多人听证创建省文明县城工作，会上代

梅县创建广东省文明县城工作汇报会（2009年10月）

表对创建文明县城提出了宝贵意见和建议。梅县大抓县城的绿化、美化、净化、亮化工作，加强梅花山公园建设，建成供人们观赏、锻炼、娱乐的好场所；组织 100 多人对县城进行 10 多次的环境综合整治，改变县城面貌，让群众在创建中得到更多的实惠，为推进“三名城一基地”建设，推动全县经济和社会全面发展作出积极贡献。通过全县人民的共同努力，年底，梅县成功创建“广东省文明县城”和“广东省卫生城镇”。

“广东省文明县城”牌匾（2009 年 12 月）

2010 年至 2011 年，梅县在成功创建广东省文明县城之后，快马加鞭、时不我待地做好创建全国文明县城的规划和实施工作，全面落实中共广东省委书记汪洋挂点联系梅县深入学习实践科学发展观活动到梅县调研的重要指示精神，积极实践从“七大发展战略”到“培育绿色产业、建设宜居家园、打造客都明珠”的发展之路，在市委宣传部和市文明办的重视支持下，竭尽全力、全县动员、全民参与、聚精会神地开展创建工作，确保 2011 年年底要达到创建全国文明县城目标。

创建工作的主要做法：

制订《梅县创建“全国文明县城”活动实施方案》，成立创建工作领导小组，召开全县创建“全国文明县城”动员大会，组织多次突击整治“六乱”，拆违扩绿，加强管理，增添设施，整治县城环境，提高县城容貌环境整体水平。城区的卫生监督检查 50 多次，监督各单位、各门店、各住宅小区坚持落实门前“三包”制度。在县城各门店、社区、学校等场所印发创建全国文明县城倡议书，在县广播电视台设立专题专栏，编辑印发创建活动简报 7 期，做好资料归档工作，把两年来开展文明建设工作资料进行归档，编印《梅县创建“全国文明县城”活动文件资料汇编》及《接待手册》，制作反映创建工作的 DVD。

一是成立领导机构。成立了县创建工作领导小组，由县委书记、县文明委主任担任组长，并下设办公室，全力开展日常创建工作。

二是制订实施方案。根据创建标准，制订了《梅县创建“全国文明县城”活动实施方案》，召开了全县创建动员大会，全面部署实施。

三是落实工作责任。将创建活动的十大测评标准全部细化分解到每一个相关单位，落实责任，明确完成任务的时间，确保工作有效落到实处。

四是大造宣传声势。形式多样地开展宣传活动，做好普法、平安建设、环保和环境卫生等宣传，特别是今年进入创建全国文明县城冲刺阶段，大力宣传创建意义和内容，在全县上下形成了“人人关心、人人支持、人人参与、人人监督”的良好氛围，使广大市民自觉投身到创建活动中。

五是增强文明意识。在机关、学校、家庭分别开展“文明窗口”“三礼”教育、“文明家庭”等“文明在梅县”系列活动，全面提升市民文明素质和县城整体文明和谐程度。

六是完善市政设施。几年来建设了梅花山公园、公园南路、公园北路、山水城大道、妇幼保健院、和安花园、新城水质净化厂等市政道路、医院、县城开发、文化设施，建设了市场、公厕、垃圾中转站、环卫停车场等公共设施，进一步完善县城的功能配套，提升县城品位，形成了较完备的新城行政中心、商贸中心、文化中心、居住中心等区域。又投巨资兴建博物馆、体育馆、县情展馆、科学馆、体育场等“四馆一场”和新梅县人民医院、县政府安置小区等一批民生项目，拉动新县城以房地产开发为主的100亿元建设资金的投入。城市建设力度加大，新城范围不断延伸。

七是开展整治行动。加强执法规范管理，重点开展了市容市貌的“六乱”整治、城市污染噪音整治、精神污染整治、校园周边环境整治、交通秩序整治、社会治安综合治理等专项行动。

八是加强“四化”建设。建立长效机制，重点加强了城区绿化、美化、亮化、净化工作，推进宜居家园建设。

同时，县委宣传部、县文明办做好创建工作巡查，编发创建全国文明县城简报，宣传在创建工作中出现的好人好事，做好资料整理归档工作等。

在县委、县政府的正确领导下，全县上下齐努力，奋力拼搏，文明建设取得了新的成效，城乡面貌大为改变。2011年年底，梅县终于成功创建全国文明县城。

“全国文明县城”牌匾（2011年12月）

创建工作的主要成效：

梅县的创建工作，取得较好的成效，极大地改变了梅县城乡面貌，提高了市民文明素质，不断展现了客都明珠、宜居家园新面貌。

一是进一步推动了县域经济的发展。2010年，全县实现生产总值128.26亿元，比上年增长15.6％；财政一般预算收入7.58亿元，增长38.14%；人均生产总值2.28万元，增长11.8%，在全省山区县中居前列。城镇居民人均可支配收入14728元，农民人均收入7743元，分别比上年增长9.2%和7.6%。梅县坚持以科学发展观统揽工作全局，全面贯彻落实省委、省政府“加快转型升级，建设幸福广东”的部署，积极实施“培育绿色产业，建设宜居家园，打造客都明珠”发展战略，以“加快转型升级，建设宜居梅县”为核心，全力推进“三大功能区”建设，努力实现全县经济社会快速发展。2010年1月至9月规模以上工业总产值增长32.8%；财政一般预算收入6.01亿元，增长41.86%；税收12.35亿元，增长26.65%。

二是进一步促进了廉洁高效的政务环境。通过深入学习实践科学发展观，大力加强各级党组织的理论学习，不断健全完善科学民主决策，全面推行政务公开，着力改进机关作风，有效提高了领导干部的科学决策水平，有效提高了机关的办事效率和服务水平。

三是进一步维护了公正公平的法治环境。以打造“法治梅县”“平安梅县”为重点，通过实施建设治安视频监控系统工程、组建应急分队，开展“平安街”“平安小区”“平安校园”“平安镇”建设，有效维护了社会稳定。几年来，全县无严重经济案件、无重大治安案件、无重大安全生产责任事故、无群体性越级上访事件。2010年，梅县获得“全国法治县创建活动先进单位”称号。以“五五”普法、法律“六进”活动为主渠道，法制宣传教育普及率85%以上。建立和健全了县、镇、村、组四级调解网络，不断发展和完善法律服务体系，依法维护老人、妇女、未成年人和残疾人的合法权益，依法治县工作有效开展。

四是进一步规范了诚实守信的市场环境。通过设立政府门户网站，加强政府诚信体系建设，接受全社会的监督。强化窗口服务意识和简便办事程序，方便群众和企业办事。建立高效的监督投诉处理机制，严格接受群众的投诉和监督，切实维护企业的合法权益。加大消费维权和加强市场监管力度。

五是进一步营造了健康向上的人文环境。通过加强社会主义核心价值体系建设，扎实开展以社会公德、职业道德、家庭美德、个人品德建设为主要内容的实践活动，加强现代公民教育，市民文明素质不断提高。通过净化网络、网吧、荧屏声频、校园周边环境的重点整治行动，为未成年人的健康成长营造良好的社会文化环境。

六是进一步优化了安居乐业的生活环境。通过加强市政设施建设，强化环境卫生管理，健全城乡社会公共服务体系、农村社会救助体系和新型农村社会养老保险制度，帮助农村困难群众解决生活困难，促进农村居民生活质量的进一步改善，有效推进了宜居家园的建设。

七是进一步巩固了可持续发展的生态环境。通过开展“四化”建设，进一步巩固发展了梅县“全国绿化模范县”“全国绿色小康县”的成果，生态环境得到有效保护。梅花山森林公园的森林覆盖率90%。城区供水普及率100%，水质达标率100%，生活垃圾无害化处理率100%。新城区亮灯率保持在98%以上，县城建成区绿化覆盖率38.69%、绿地率35.35%、人均公共绿地面积12.8平方米，全县森林覆盖率72.9%。

梅县新城盘古步行街风景（2013年3月）

成功创建的主要经验：

一是工作指导思想明确。坚持以邓小平理论和“三个代表”重要思想为指导，全面贯彻落实科学发展观，认真落实中共十七大及十七届三中、四中、五中全会精神，着眼于服务经济建设这个中心和全县工作大局，着眼于促进社会全面进步和人的全面发展，按照科学发展观和构建和谐社会的要求，以社会主义核心价值体系为核心，广泛深入地开展创建“全国文明县城”活动，进一步改善全县投资软环境，提升县城建设和管理水平，提高市民素质、县城文明程度和人民群众生活质量，形成物质文明、政治文明、精神文明协调发展的良好局面。

二是领导班子坚强有力。党政领导重视，不断加强干部理论学习与教育，规范党委（党组）中心组学习制度和领导干部理论学习考核制度，定期对干部进行经济、法制、文化、科技等方面知识的综合素质培训。县委、县政府召开创建“全国文明县城”活动动员大会，对创建“全国文明县城”活动进行全面动员，作出全面部署。建立健全运转有序的工作机制，确保组织领导、人员机构、资金投入、管理协调、监督激励“五到位”。加大创建工作投入，加强城乡公益事业建设，不断改变城乡面貌。加强检查督促，及时纠正不足之处，对工作不力的给予批评指正。

三是志愿服务广泛深入。成立了志愿服务组织，有基本的活动制度，开展送温暖献爱心志愿服务活动，做好孤、残儿童及弃婴救助安置工作，做好孤寡老人、残疾儿童的监护保护及安置工作，建立完善城市生活无着落的弃婴、流浪乞讨人员救助制度。外出务工能人、种养殖能手争当志愿者，向当地和周边农民传授实用生产技术、职业技能，农民增收致富能力不断提高。搞好业余文化活动志愿者的管理与培训工作，带领广大人民群众开展文化和体育健身，进一步满足广大群众的精神文化需求。

四是宣传有力资料齐全。各镇（办事处、高管会）、各单位要通过动员会、座谈会、黑板报、简报、宣传橱窗、公益广告、横幅标语、媒体报道、论坛讲座、征文活动、文艺演出等多种方式对创建工作进行广泛宣传；县广播电视台开辟活动专栏，宣传先进典型，通报创建动态，曝光不文明行为，为创建全国文明县城营造浓厚的舆论氛围；县文明委发出创建工作方案和倡议书，出版专题简报和画册，并准备书面和多媒体汇报材料，选好迎接检查的实地考察点（包括城市建设亮点、社区、文化活动场所、学校等）；各职能部门认真做好材料的准备和迎检的相关工作及有关文字材料，包括计划、总结、经验材料、文件等资料。

五是分工明确齐抓共管。根据中央文明委颁发的《全国文明县城评选标准》要求，评选标准共分“领导班子坚强有力、思想道德风尚良好、创建活动扎实有效、社会服务优质规范、科教文卫体稳步发展、社会治安秩序安定、环境面貌整洁优美、基层民主健全有效、县镇经济发展壮大、志愿服务广泛深入”10个项目，每个项目均细化为若干个测评内容和标准，涉及全县经济、政治、文化和社会发展的各个方面，工作内容全部分给有关单位和部门，落实工作人员和工作职责，做到齐抓共管。在单位中广泛开展“争当人民满意的公务员”等宣传教育活动，开展党风廉政和反腐败教育，提高党员领导干部拒腐防变能力，进一步增强党员干部立党为公、执政为民意识；在中小学校中广泛开展文明礼貌教育和思想品德教育，做文明学生，全县建立健全未成年人思想道德教育领导体制和工作机制；在社会上扎实推进社会主义核心价值体系建设，大力弘扬民族精神和时代精神，广泛开展形势政策教育和思想政治工作，坚持把社会主义核心价值体系融入精神文明建设全过程，制定、宣传市民文明守则等文明规范，加强公民意识教育；加强市场监管力度，建立规范守信的市场环境，严厉查处、打击假冒伪劣商品，规范商贸市场经营秩序，加强对行政执法部门依法行政、文明执法监督管理力度，维护企业合法权益。

从 2012 年开始，做好全国文明县城的宣传和巩固工作。全国文明县城是巨大的无形资产和“含金量”最高的“金字招牌”，是凝聚民心、汇聚民力、提升民气、同心同德促发展的有效抓手。各级党委、政府和各部门，从政治的高度、全局的高度、时代的高度，充分认识创建全国文明县城对梅县经济、政治、文化和社会建设协调发展的重要现实意义和深远的历史意义，进一步统一思想，深化认识，共促共为，增强巩固全国文明县城成果的信心和决心，继续抓好思想道德教育，提高人们思想政治素质和文明礼貌水平；继续抓好县城环境整治，保证交通秩序和良好的卫生环境；继续抓好全县经济社会发展，建设公共场所，增添公共设施，完善公共服务网络；继续抓好文件资料整理归档工作，做好档案管理工作。

文明县城——美丽新城　（2015 年 6 月）

文明县城——外国语学校（2015 年 6 月）

二、参加梅州市创建全国文明城市

城市是一个地区的政治、经济、文化、信息中心，在文明建设中起着主导、带动、辐射和示范的作用。城市文明是区域文明的“窗口”和“制高点”。城市率先搞好精神文明创建活动，有利于发挥自身经济和文化优势，促进和带动整个区域文明的进步。

2007 年，配合梅州市精心开展了创建“广东省文明城市”的活动，在县城主要街道竖立公益广告宣传牌，在县公共事业局协作下共竖立了 200 多个。梅州市通过了省的检查验收，成为“广东省文明城市”。

2016 年 6 月，根据市委、市政府创建全国文明城市和区委、区政府“四城联创”工作的统一部署，为加大创建全国文明城市的宣传力度，助推创文行动，区文明办、团区委、梅州市嘉城义工协会决定联合开展“践行核心价值观·共创全国文明城市”放映宣传活动，制定并实施《关于开展“践行核心价值观·共创全国文明城市”放映宣传活动的工作方案》。

宣传栏

2017 年，梅州市委和市政府提出创建全国文明城市，梅县区一并进入全国文明城市创建之中。从此，梅县层层动员，上下努力，全力创建全国文明城市。通过全市全力以赴、团结合作，取得显著成效。在10月份省文明办测评评估中，梅州以全省第一名的成绩，正式被确定为“全国文明城市提名城市”，并向中央文明办申报创建全国文明城市。

梅县区的主要做法，一是强化领导带头抓谋划，突出领导牵头、部门负责、责任到人，确保创文工作项项有人抓、件件有着落。二是强化工作重点促申报，认真对照创文“3大版块、12个测评项目”标准，重点抓好网上申报、实地考察、问卷调查和27个实地考察重点项目规范化建设等工作。三是强化宣传引领造声势。充分运用“梅县发布”微信平台、梅县区宣传网、区广电台等宣传阵地和手段，着力营造最浓创建氛围和奏强创建声音；印发16万份《梅州市梅县区创建全国文明城市倡议书》《全国文明城市创建测评调查问卷》《未成年人思想道德建设工作测评调查问卷》等宣传资料；开展凝聚青春力量·共创文明城市“五四”系列活动，举办“加强国民体质监测，提高全民文明素质”“国际博物馆日”“防治校园欺凌，护航未成年人成长”检察开放日等活动；开展“践行核心价值观·共创全国文明城市”放映宣传活动，在人民广场放映公益宣传片和红色电影，全年放映100场；程江镇中心小学入选参加梅州市国庆升旗仪式暨“我的中国梦·庆国庆颂祖国歌咏活动”，通过演唱主题鲜明的爱国歌曲，讴歌祖国的繁荣富强，唱响伟大中国梦。在城区出入口、街道路口、社区广场、学校、建筑围挡、户外大型LED显示器、公交站台、旅游景点张贴悬挂刊播创文宣传标语、公益广告牌，全面营造浓厚的创文氛围。

是年，积极探索创文网格化的落地生根。科学制订网格化工作方案、设立网格内人员工作职责、划分区、镇、村、村民小组“四级”联动的网格机制，按照“合理划分、职责明晰”的原则，根据梅县区城市建成区实际情况，全区划分为279个网格，依据网格体系建立网格管理服务队伍，将区领导、区直各单位、镇（办事处、高管会）、村（居）委以及村民小组等四级单位及其干部群众划分到每一个网格片区，全面落实各项创文工作任务，形成全面掌握信息、及时反映情况、迅速解决问题的工作长效机制，努力打造网格内个性化服务、规范化运行、精细化管理、信息化支撑的创文工作管理新模式。

2018年，全力推进全国文明城市创建工作，继续完善创文网格化工作。全区共划分为279个网格（其中新城办有38个，程江镇有181个，扶大有60个），依据网格体系建立网格管理服务队伍，全面落实各项创文工作任务，形成全面掌握信息、及时反映情况、迅速解决问题的长效机制，打造网格内个性化服务、规范化运行、精细化管理、信息化支撑的创文工作管理新模式。强化宣传引领造声势，充分运用一切宣传阵地和手段，着力营造最浓创建氛围。在原有创文公益宣传的基础上，主要增加在次干道、背街小巷等道路的创文公益宣传，用好用活各种宣传载体，让文明之风吹进百姓心里。精心打造创文宣传示范亮点，在建成区重点打造一批创文宣传示范公共场所和社区，成为梅县区创文公益宣传的一面旗帜。推进梅花山打造核心价值观主题公园、法治文化主题公园、孝廉文化主题公园的规划建设。对全区的公益广告进行整改规范，并做好伯公下李屋、人民北路、华侨城广场、扶贵东路和西路的公益广告制作。根据梅州市创建全国文明城市第三方模拟测评结果存在的问题，拟发了《梅县区创文督查情况整改通知》，要求各责任单位迅速抓好整改落实。

加强督查督办工作，开展全区性创文工作督查，及时发现存在问题和不足。市创文办到梅县区督查12次，均获评良好，提出整改34项已全部完成；区领导带队督导创文工作42人（次），覆盖了全区大部分创文网格。通过督导，发出督查通报58件，共提出文明校园、公共广场、集贸市场、背街小巷及城市“六乱”等整改210多条。

以建设宜居宜业宜游幸福新城为抓手，统筹推进“两美”行动，合力创建全国文明城市、国家森林城市、全域旅游示范区。剑英大道延长线、客都大桥连接线，以及剑英大道、公园北路天桥等市政项目建成使用，人民南路“断头路”实现便道通车。盘活国商中心工作进入实质性阶段，市政综合管廊、亲水公园二期、程江河景观提升等项目加快推进。雁洋新城、畲江新城的学校、医院、道路、污水处理设施等项目投入使用，中国收藏文化示范基地、加业梅州营地建成运营。雁洋镇被列为全国第一批特色小城镇，雁洋文化旅游小镇、南寿峰南药小镇被列为省级特色小镇创建示范点。出台美丽乡村三年行动计划及建设标准与评价指南、农村建房管理细则等政策文件，成立乡村振兴研究实践中心，完成行政村村庄规划编制141个。推行“地票凭证”，推动“三清三拆三整治”，白沙、侨乡等示范村建设成效明显，麻坝村经验做法在央视《焦点访谈》栏目推广。实施“客家菜师傅”工程，建成——批培训基地和食材供应基地，玉水村获得全省首个“广东厨师之乡”称号。华侨中学高中女子足球队获得“省长杯”冠军，高级中学队获得全国青少年校园足球联赛高中男子组东南赛区亚军。深入推进扫黑除恶专项斗争，扎实开展“梅安2号”“飓风2018”专项行动，打击整治成效居全市前列，330个村完成平安村（居）创建任务，群众安全感和公安工作满意度两项总分综合排名全省第一。县政府制订乡村振兴综合改革试点方案，培育新型农业经营主体，深化农村“三变”改革、农村人居环境整治、乡村治理、城乡融合发展等领域改革稳步推进。

三、文明圩镇创建工作

1990年，梅县把圩镇的文明建设作为农村精神文明建设的突破口来抓。开春以来，在丙村搞试点，帮助该镇搞好圩镇基本建设规划，制定圩镇文明建设条例和文明单位、文明工商户、文明居民公约。6月，召开文明建设丙村现场会，总结推广丙村、松口、隆文创建文明圩镇的经验，组织全县27个乡镇参加建设文明分组竞赛活动。年底，县委宣传部、县文明办等单位对全县文明建设进行检查评比，评出综合奖3个、单项奖12个，分别授予奖杯。

1991年，开展“文明在梅州”系列竞赛、文明圩镇建设竞赛等活动，群众性的精神文明建设活动在全县广泛开展，取得较好的成绩。全县评出文明圩镇建设竞赛先进单位15个。

1992年，梅县在前两年开展创建文明圩镇分组竞赛活动的基础上，根据省、市、县委抓好集镇建设、开展文明城镇活动的有关精神，决定改为开展文明圩镇分级达标竞赛活动。并组织力量到白宫、丙村、松口、隆文等圩镇调查研究，总结经验，征求意见，草拟文明城（圩）镇分级达标验收标准，供基层讨论修改。各乡镇在县委召开丙村圩镇建设现场会的推动下，制定发展规划，积极投资建设，加快圩镇建设进程，改变圩镇容貌，进一步繁荣经济贸易。如丙村镇投资158万元建设新规划的工业区、文体区、商业区、住宅区的基础设施工程，使圩镇从原有0.5平方公里扩大到1.5平方公里；水车镇征地20多亩，投资80多万元进行规划区的建设；荷泗镇征地42亩，新建一条长447米、宽18米街道，圩镇绿化100%；松口镇为改变市场摆卖杂乱的状况，发动侨胞叶先生投资300多万元，联建联营“松叶商场”；发动侨胞饶先生捐资40万港元，兴建一条1050米的“彬芳大道”；镇政府还拿出100多万元，兴建和完善自来水工程、环卫设备更新和配套、公园道路、茶室、市场门店扩大，铺筑水泥街道等；松北乡在社教工作队协助下，针对松口车站脏乱差的现状，采取措施，筹资1万多元，进行全面整治。在车站门口2.5公里长沿线架设线路，安装水银路灯，在车站门口设立铁栏杆，与工商、交通、公安派出所密切配合，对该处的个体摊贩进行全面整顿，指定地点进行摆卖，指定专人负责该处的卫生，定时清理垃圾；南口镇由宣传部门出面筹集资金2万多元，挖下水道4条长1000多米，建造8个垃圾池和4个花池；大坪镇投资12万元，兴建了700米长的圩镇水泥公路，建大小花池62个，健全卫生检查评比制度，圩镇脏、乱、差现象取得明显改观。

1993年，为了把文明圩镇建设落到实处，县文明委制定了“五有、六好、十化”的文明圩镇分级达标验收标准，隆文、丙村率先按照要求，开展创建文明城镇活动，并在全县现场会上介绍了他们的做法和经验，对全县各文明圩镇建设起了示范作用。各镇党委、政府结合本身实际，按照“八个一”的要求，相应制定出一系列加强圩镇建设的措施，并寻找各自的突破口，分步实施。松口镇投入600多万元用于圩镇基础设施建设和老圩镇的改造。白宫、南口、白渡、畲江、松源、桃尧、隆文、雁洋、丙村、石扇、大坪、瑶上、石坑、荷泗、水车、梅西、西阳等镇还拨出专款用于圩镇建设，使圩镇建设和管理逐步走上正轨，圩镇容貌旧貌换新颜。全县投入圩镇市政建设费用357万元，新规划扩大集镇面积120万平方米，已动工35.8万平方米，完成14.5万平方米。铺设街道18条，长2267米，计18260平方米。排水沟30条，长2720米。绿化植树1.34万株，建桥3座。圩镇配套设施不断充实、完善。全县创建文明圩镇出现了较好的势头。

1994年，梅县把整治圩镇环境“脏、乱、差”作为文明圩镇建设的重点来抓。从7月开始，连续抓了行动高潮4次，分片检查3次，使圩镇的环境面貌有了明显的改观，相应的管理制度也得到完善。西阳镇采取如厕收费、专人负责管理的措施，从根本上改变公厕难管的问题；水车镇拨出专款81万元，铺设水泥路面2650米，铺好自来水管道5500米，开通排水沟4条，绿化带面积580米；径义镇投入30多万元，建设圩镇的各项设施；桃尧镇投入资金720多万元，新建占地面积3600平方米2幢各5层的镇政府大楼，还通过多方筹资410万元，扩大新圩镇面积1.9万平方米，建成70间整齐的商店及办公楼，投入11万元，搞好圩镇美化绿化；松口镇积极做好华侨、“三胞”工作，筹集资金2390万元，建设圩镇街道、兴办福利事业和搞房地产开发；雁洋镇发动华侨、企业家等集资350万元兴建新市场，力求改变过去沿路摆卖造成交通堵塞的现象；瑶上镇投入3万元，架设街道两旁的路灯，并用石灰水粉刷街道两旁的树木；丙村镇投入20多万元，整修圩镇街道和水沟；荷泗镇投入7万元，重点抓好与圩镇“三化”工作；松东镇投入18万元，建设农民街各项工程和设施；白渡镇投入356万元，建设新圩镇，使新圩镇初具规模；松源镇投入

35万元，铺打水泥街道，新开绿化带300米，还加强了环境卫生的管理，各店宇已挂上了卫生责任牌。至年底，全县圩镇监管队伍成员有146人、环卫工人112人，建立和完善了173项管理规章；投入600万元，新铺水泥街道21716米；投入254万元，新安装自来水管33252米；投入绿化资金109万元，新建花池246个、绿化带11365米。为促进圩镇文明建设，梅县总结推广石扇镇、南口镇、隆文镇创建文明圩镇的做法经验。年终检查评比时，南口、石扇、隆文、白宫、丙村、白渡等6个镇被评为文明圩镇建设先进单位。

1995年，在创建文明圩镇分级达标竞赛活动中，各镇党委都能按照达标标准，在抓好圩镇“脏、乱、差”的基础上，投入大量精力、物力、财力规划建设圩镇，使圩镇容貌得到明显改观。如松口、大坪、丙村、雁洋、荷泗、南口、畲江、城东等镇，农民新街初具规模，圩镇建设气象更新，丙村、大坪镇还建成有一定规模的新市场，改变过去“三乱”现象。

1996年，努力寻找文明圩镇建设的突破口。各镇党委、政府都能把创建文明圩镇作为精神文明建设的一项重要内容来抓，按照文明委制定的“五有、六好、十化”的标准，查漏补缺，有针对性开展整治活动，做到有领导、有机构、有人员、有制度、有投入、有落实。畲江镇充分利用优越的地理位置条件，认真抓好圩镇规划，加大对圩镇硬件建设的投入，全年投入资金1217万元，用于圩镇建设，使圩镇面貌发生了可喜的变化，得到县委领导的充分肯定，在县委八届五次全会期间，县委组织与会者参观畲江镇圩镇建设。松源镇认真抓好圩镇的“脏、乱、差”整治，取得明显的成效。丙村镇发动群众参与建设文明环境，对圩镇的脏、乱、差着力进行整治，各界人士捐资50多万元，安装2公里长的路灯60盏，建绿化带，对500米的镇内道路进行整治，开下水沟，完善排水设施，重新铺筑水泥路面，动工兴建镇文化公园。松口、梅西等镇把整治圩镇环境“脏、乱、差”问题列入人大议案。9月，县文明委组织有关人员，组成7个检查组，采取“听、看、改”的方法对全县26个镇的行动情况进行检查，大家一致认为，各镇圩镇的“脏、乱、差”状况比以前有了较大的改观，为创建文明圩镇打下坚实的基础。

1997年，结合实际开展“讲文明、除陋习、创三优、树形象”活动。以党政机关、窗口行业和新县城小区、农村圩镇为重点，把这项活动贯穿于各种群众性精神文明创建活动中，从而解决文明言行、环境卫生、服务质量、交通秩序等方面存在的突出问题。松源镇结合本身实际，投入大量的财力、人力、实施“一拆、二铺、三建、四发展”为主要内容的精神文明建设活动；程江镇、水车镇、荷泗镇等认真整治镇政府机关及周围的“脏、乱、差”现象，树立良好的形象。

1998年，认真贯彻省、县创建文明城市（镇）现场会精神。7月，县委、县政府在畲江镇召开全县创建文明城镇现场会，对全县开展创建文明圩镇提出明确要求，获得县三级文明圩镇的畲江、白宫、丙村、松源4个镇在会上作了经验介绍。会后，各镇迅速行动，制订规划方案，采取新举措，狠抓落实。9月，省委、省政府在中山召开省创建文明城市现场经验交流会，会后，梅县加大力度，指导和督促乡镇把圩镇建设、环境卫生、交通秩序、社会治安、优质服务一齐抓好，圩镇呈现一派喜人景象。

1999年，梅县按照省创建文明城市（镇）现场会精神，确立以创建文明城（圩）镇为龙头，推动文明村镇、文明行业、文明单位、文明户以及安全文明小区等创建活动的开展。认真学习借鉴中山市精神文明建设经验，以实现“四优”（优美环境、优良秩序、优质服务、优化管理）为目标，抓好“三高”（高起点规划、高标准建设、高效能管理）重要环节，达到“三化”（绿化、美化、净化）的要求，不断提高城乡文明程度和干部群众的思想道德素质。梅县在原有4个县三级文明圩镇的基础上，又有西阳、南口2个镇申报批准县三级文明圩镇。

2000年，为使创建文明城市活动顺利开展，梅县成立以县委书记为组长，由县委、县政府主要领导和宣传、文化、建设、公安、工商等14个部门领导组成的创建文明城市领导小组。并着手研究制定梅县开展创建文明城市活动的实施意见，明确开展创建文明城市的指导思想、目标要求、实施办法等。

2001年，在新县城各主要街道实施美化、净化、亮化工程。种上花草、树木，安装路灯，清扫环境，在宪梓大道两旁竖立公益广告牌106个，营造良好的社会氛围。县城职能部门加大新县城的整治力度，治理沿江金岸一条街及有关的商业网点，新县城秩序井然。

2003年，成立以县委书记为组长、宣传、文化、建设、公安、工商等部门领导为成员的领导小组，研究制定《梅县创建文明城市规划》，加大新县城的整治力度，开展“关于开展创建文明城市、文明行业、文明村镇及思想道德情况”调研，治理沿江金岸一条街及有关的商业网点，在新县城各主要街道周围实施美化、净化、亮化工程，在华侨城宪梓大道商业街举行“梅县创建青年文明号一条街”倡导活动起步仪式，在宪梓大道、嘉应西路、206国道新城段等路段两旁竖立公益广告牌。

2004年至2008年，加强新县城的建设，扩大新县城建设范围，做好美化、净化、绿化、亮化工作，加强对街道的整治，强化城镇管理，努力建设宜居、宜业、宜游城市。

2009年至2011年，在连平县召开省文明城市创建工作会议以后，梅县作出规划和部署，先开展创建广东省文明县城，取得荣誉后，接着又开展创建全国文明县城，重点投入，精心组织，全力以赴，于2011年年底成功创建全国文明县城。梅县新县城面貌日新月异，焕然一新。在乡镇开展文化先进镇创建工作，部分镇达到市标准，被授予梅州市文化先进镇称号。

2012年，以创建文明城乡、志愿者服务、文化先进镇、“三礼”教育、文明实践为途径，开展“讲文明树新风”“做好事、长好心、当好人”“文明宣讲”“文明村户”等活动，从多方位多角度加强城乡精神文明建设。

2013年至2018年，文明圩镇创建工作成为创建文明镇的一项重要内容，重点开展镇村环境卫生整治、街道乱摆乱卖整治、文明经营检查等工作。有关单位组织人力经常开展明察暗访，对不文明行为在新闻媒体上曝光，进行揭露和抨击，对重视文明村镇建设的基层单位进行表扬鼓励。

四、文明单位、文明村镇创建活动

改革开放以来，梅县区贯彻中央提出一手抓物质文明，一手抓精神文明建设的方针，重视文明单位和文明村镇的创建工作，加强对创建工作的领导、责任落实和评选表彰工作，确保梅县区群众性精神文明创建活动经常化、制度化、规范化和科学化，促进创建活动健康发展。以中国特色社会主义理论体系为指导，以推动绿色经济的崛起、建设富庶美丽幸福的新梅县为中心，以提高人的现代文明素质和城乡文明程度为主要内容，以重在建设、注重实效、贴近群众、多办实事为原则，着力创造文明法治、稳定和谐、谅解宽容的社会环境，促进经济、政治、文化、社会、生态五个文明协调发展，实现社会各项事业的全面进步。

1983 年，贯彻中央提出一手抓物质文明，一手抓精神文明建设的方针。全市创建文明单位有 15 个。

1984 年 1 月，梅县市组织部分镇和有关局的领导干部参观学习兴宁开展文明建设的经验。分别于 3 月和 7 月召开文明建设工作会议，学习贯彻全国农村文明建设会议精神和梅县地区在兴宁召开的会议精神。会后，指导和协助基层开展文明建设活动和检查工作。12 月，全市有 110 多个文明建设先进点，其中有 3 个被省命名为文明单位、5 个被地区命名为文明单位，有 22 个被地区命名为文明建设先进单位。

1985 年，梅县市举行首届社会主义精神文明建设表彰大会，表彰 15 个文明单位、88 个先进单位和 22 名先进个人。

1986 年，根据上级部署，为进一步总结梅县市社会主义精神文明建设的经验和存在问题，更加广泛、深入、扎实地开展城乡社会主义精神文明建设的活动，梅县市各单位主要开展文明机关、文明商店、文明村镇、文明学校创建活动。11 月，市委召开全市社会主义精神文明建设经验交流会，参加会议 450 人，其中集体代表、先进个人代表 221 人，其他代表 229 人。在大会上，梅州制药厂、隆文南山村、西阳龙坑乡老人乐园、白宫区武装部、石扇水泥厂等 17 个单位和个人，介绍了创建文明单位的经验。会议发出典型材料 17 项，共 6000 多份。会议由市委副书记余玉德主持，市委书记谢强华做了贯彻落实决议精神、把梅县市社会主义精神文明建设推向新阶段的讲话，副书记陈建作了总结报告，市委宣传部副部长张啟成作了学习中共十二届六中全会决议的辅导报告。各级党组织，对抓好社会主义精神文明建设，进一步提高了认识、摆正了位置，对宣传文化工作进行了大胆改革，积极探索、采取多层次、多渠道、多体制、多种形式和方法，在城乡广泛开展创建文明单位、文明村镇活动。全年梅县市开展创建精神文明活动的先进单位，由 1983 年的 15 个发展到 1986 年的 88 个。

1987 年，在创建文明活动中，组织先模报告团到各战线、各部门、各单位作巡回报告，请先进人物讲理想、讲纪律、讲奉献，启发人们提高精神境界。同时，召开全市创建文明先进单位和先进个人的经验交流会，充分运用先进典型推动各地军民共建、警民共建、干民共建、工农共建文明村镇、文明单位的活动，各条战线、各个部门，各个单位开展“五讲四美三热爱”的活动。在精神文明建设中，工会、共青团、妇联等群团组织和驻军以及广大民兵主动配合各级党委，发挥了积极的作用，使精神文明的建设更好地保证和促进了梅县市的经济建设健康发展。

1988年，在瑶上镇铅畲村、松南镇大黄村举办文明村镇创建活动试点，举办“九九”重阳敬老爱老、婚事新办等系列活动。

1989年10月，成立梅县精神文明建设委员会，并制定《梅县精神文明建设检查验收规定》，全县相继成立 “老人福利会”375个、“新婚理事会”349个，婚事新办率53%。

1990年，重点开展百名文明单位评选活动。为了表彰在创建文明单位活动中涌现出来的先进单位，进一步促进梅县的精神文明建设，县委宣传部、县文明办从各乡镇、各系统共评选出来的228个先进单位中，核选出100个文明单位报县表彰，县委、县政府研究确定文明单位名单后，于8月23日召开文明单位表彰大会，表彰100个文明单位，并在会上颁发“文明单位”牌匾。

1991年，开展“文明在梅州”系列竞赛，群众性的精神文明建设活动在全县广泛开展。全县各单位共评出文明单位520个，县继续表彰文明单位100个，石扇等15个圩镇被评为先进单位，城东镇谢田管理区等8个单位为文明村。全县有17个单位和个人受到梅州市表彰。

1992年，对广大干部群众普遍进行党的基本路线教育和社会主义、爱国主义、集体主义教育。并结合社教，广泛地开展创建文明村活动，严格按照梅县提出的“二超、四有、五化、八无”标准创建文明村，不分任务不分指标，坚持达标一个验收一个，然后由县委、县政府组成命名授匾队伍到管理区命名授匾。全县有2个管理区被授予二级文明村称号、16个管理区被授予三级文明村称号。连续3年，在全县工矿企业、服务性行业、行政事业单位和中、小学校中，开展创建百名文明单位活动。12月初，县委发出《关于评选百名文明单位的通知》，之后，评选工作在各单位各系统及各个乡镇全面展开，县组织人力对推荐出来的117个单位进行全面检查，评定出100个单位报县委审定、命名表彰并授匾。全县形成以村带户，以户促村，以机关带基层，以城镇带农村的共创文明的良好气氛，增强干部群众的文明意识，创造良好的文明环境。是年，梅县创建文明村、户活动的经验做法在全省交流会上推广。

1993年，梅县县委、县政府坚持两个文明一起抓，两个成果一起要，在抓好经济建设的同时，努力推进精神文明建设，切实加强对科技、文、教、卫、体等工作领导，使社会各项事业有了较大发展。至年底，全县有程江镇程江、白渡镇建桥、南口镇侨乡、雁洋镇布里、城东镇谢田、白宫镇新联共6个管理区达到县二级文明村标准；畲江镇上墩等27个管理区达到县三级文明村标准；东风水泥厂、雁洋镇被授予“广东省文明单位”称号。

是年，按照县文明委制定的“二超、四有、五化、八无”的文明村分级达标标准，各乡镇结合实际，制订出实施计划和办法。松源、雁洋、大坪、石坑等镇把创建文明村活动列入党委任期目标和镇区干部年终考核内容。隆文镇制订“人定岗、岗定责、责定量、量定分、分定奖”的激励机制。城东镇党委在制定规定时提出，本年达不到镇级文明村的支书要黄牌警告，下年又达不到的支书要挪位。白渡镇将“达标”的条件分解进岗位责任制中，明确规定，年终未达镇级文明村的管理区支部不能评为先进集体，支部书记不能评为先进个人，未达县三级文明村的管理区书记不能获得镇级设置的金牌书记奖。这些条例和措施，有力地推动创建文明村活动的开展。全县投入区村道路建设资金2189.7万元，新铺水泥路面 91.7 公里，新修硬底机耕路面 372.45 公里；投资 480.5 万元，改善饮水卫生条件，全县的农户饮上自来水或井水；投资 513.83 万元，建造无害化厕所。其中改老厕所 5944 个，新建无害化厕所 7770 个，新建无害化公厕 516 个。全县新增县三级文明村 5 个，4 个三级文明村升为二级文明村，全县有文明村总数 155 个，其中镇级 122 个、县级 33 个。

梅县程江乡程江管理区获“二级文明村”命名大会（1993 年 1 月）

1994 年，继续开展百名文明单位活动，严格按照县文明委制定的条件做好年终评审工作，并在评选档次和数量方面有新的突破。对连续 4 年评为文明单位的 29 个单位将由县委、县政府授予“文明单位标兵”称号，颁发铜质牌匾，不占县分配名额，评选出 100 个文明单位。各镇党委、政府非常重视创建文明村的工作，他们根据县文明委制定的标准，在狠抓发展农村经济的同时，狠抓农村文化阵地建设、文明环境建设和思想道德建设，不断掀起促达标、上档次的文明村建设高潮。一是重视抓宣传发动，如南口镇党委将江泽民总书记倡导的“64 字”创业精神、省委倡导的“七句话 28 字”文明新风内容、“五提倡五反对”移风易俗内容、社会公德六项基本要求、《梅县文明村建设分级达标验收标准》等文件资料翻印发至各单位、各管理区，把文明户评选标准和管理规定翻印发至农户手中。二是重视做好达标规划，实行目标责任制，绝大多数乡镇把建成文明村作为镇干部挂点和管理区支部目标管理责任制的一项考评内容，做到领导责任落实。三是多方筹集资金，狠抓硬件建设，如程江镇投入 125 万元，新修硬底路面 19.8 公里，新铺设水泥路面 16.3 公里，新铺水管 26760 米，达到 90%以上农户饮上自来水，新建无害化厕所 1248 个；城东镇投入 104 万元，新修硬底路面 14.2 公里，新铺水泥路面 6.56 公里，投入 26 万多元，新安装自来水管 69.5 公里；桃尧镇拨出专款 28 万元，水泥 358 吨，支持管理区道路、水改、厕改等；三乡镇发动华侨捐资近 200 万元，完成了 6 米宽的水泥公路 3.6 公里、水泥村道 5 公里，新开公路 2 条 11 公里，架设通讯电缆 8 千米；西阳镇龙坑管理区筹资投入 60 万元，铺筑水泥村道、兴建文化活动中心和村门；莆蔚管理区发动旅外干部筹资近 86 万元，新铺筑 6 米宽 1.2 公里长的水泥村道，并建起高雅的村门楼，这两个管理区达到二级文明村标准。全县各镇共投资 2469 万元用于村道建设，投资 886 万元改善饮水条件，投资 805

万元用于厕改，为创建文明村奠定了一定基础。至年底，全县有文明村235个，占全县农村管理区总数的60%，其中县二级文明村14个、县三级文明村44个，有8个县二级文明村和22个县三级文明村是本年度验收晋级的，达标数量之多超过往年。同时，梅县高标准创建现代化文明新村的工作正在程江镇槐江管理区进行，县里采写程江镇槐岗管理区《坚持“三高”原则，建设现代文明新村》的文章，被市文明办转发各县，并在省召开的高标准创建文明村镇座谈会上交流。县里组织人力撰写《白宫镇新联管理区见闻》文章，发表在省出版的农村文化丛书《广东文明之星》一书中。

1995年，投入资金，重在建设，达标的文明村明显增加。梅县用于精神文明建设方面的资金7000多万元。扶大镇采取“五个一点”（争取上级支持一点、镇财政拨一点、管理区筹一点、村民集资一点、“三胞”和“三老”捐资一点）的办法，共筹资259万元，新修水泥路面11.8公里，全镇村道实现水泥化100%，4个管理区都跨进县三级文明村行列。白渡镇投入180万元，用于村道硬底化建设；桃尧镇在经济较困难的情况下拨出50万元和500吨水泥，扶持管理区铺筑水泥村道，修建文化室，添置文化室设施，进行水改、厕改等，投入资金比上年增加10%。与此同时，梅县以“高起点规划、高标准建设、高效能管理”为原则的创建现代文明新村活动，已逐步建起试点。除程江镇槐岗管理区初具规模外，雁洋、石扇、丙村等镇也结合圩镇建设抓好试点工作，创建文明村活动不断向更高层次推进。全年全县新增文明村总数52个，其中县二级4个、三级26个。全县文明村总数287个，占管理区总数的73%，其中县二级文明村18个、县三级文明村67个。

西阳镇莆蔚“二级文明村”命名大会（1995年1月5日）

是年，在广东省创建文明单位经验交流会上，梅县的东风企业集团公司、程江镇槐岗管理区被授予“广东省文明单位”称号，程江镇槐岗管理区党支部书记黄玲达被授予“创建文明单位积极分子”称号。1月5日，梅县西阳镇举行莆蔚管理区二级文明村命名、两项工程落成庆典大会。市、县有关领导和当地干部群众300多人参加了庆典大会，会议结束后，与会人员游览莆蔚村容村貌和文化教育的建设成果。

1996年，梅县创建文明村面临的最大困难是文明村的“硬件”建设，特别是水泥村道的建设和集体收入的提高，针对这一情况，各镇党委、政府都能把创建文明村工作列入工作议事日程，做到年初有规划、平时有检查、督促、落实，从检查的情况看，达到县级文明村的管理区都比较重视发展农村集体经济和村容村貌建设，努力改善农村社会风气，并取得显著成效。雁洋镇南福管理区、白渡镇罗寨管理区、松口镇下坪管理区在挂点单位帮助下，均达到县三级文明村标准；瑶上镇党委、政府针对创建文明村存在的薄弱环节，在做好文明村达标规划的基础上，充分利用兴建梅瑶水泥公路的有利时机，抓好道路等文明村的硬件建设，实现了“零”的突破，有2个管理区达到县三级文明村。各镇还充分利用基层建设的有利时机，努力发展管理区集体经济、抓好水泥村道和文化室等文明村的硬件建设，使管理区登上县级文明村台阶。在登上县级文明村的34个管理区中，有9个是基层组织建设挂点的管理区。如南口镇葵黄管理区针对自己存在文明村硬件建设不足的状况，在两批省基层工作队的帮助下，认真抓好文明村的硬件建设，积极开展精神文明建设活动，取得了一年登两个台阶的可喜成绩。该管理区支部一班人在基层工作队的帮助下，发动华侨、港澳台同胞、老板和外出干部共筹得90多万元，修建学校和一条4.5公里长、4米宽的水泥村道及村门；投入6万元，修建占地面积117平方米的管理区2层办公大楼，集体经济收入由1995年的2.15万元增至1996年的28万元。全县有15个镇36个管理区申报县级文明村，县文明办先后组织人员到这些管理区进行验收。至年底，全县有县级文明村113个，其中县二级25个、县三级88个、镇级230个。

是年，继续在机关、企事业单位、中小学校中开展创建百名文明单位活动，这一活动连续有效开展了7年。县属各单位按文明单位“六好”“八无”的条件，积极创造条件，有力地促进了梅县两个文明建设的发展。经各系统、各镇推荐，县文明委组织人员验收认定，最后报县委核准，有21个单位被评为“文明单位标兵”、100个单位被评为文明单位。至年底，全县有文明单位标兵69个、文明单位100个。

1997年，抓好硬件建设，促进文明村户创建活动上新台阶。通过各方筹资，全县投入文明村建设的资金1.2亿元，全县新建水泥村道216.5公里，到12月底，全县水泥村道达到576.4公里，占村道总长的50%。水车镇发动各方力量筹集资金230万元，铺设水泥村道12.5公里；有2个管理区实现村道水泥硬底化。石扇镇对铺设水泥村道的管理区给予工程费用10%的奖励，共筹集50多万元用于水泥村道建设。南口镇投入140万元，铺筑梅瑶公路，以此带动沿路各管理区水泥村道的建设。大坪镇投入150万元，铺设水泥村道6.2公里。同时，有68.5%的农户用上自来水、46.2%的农户使用无害化厕所。全县391个管理区文化室中，藏书量达到2000册以上的有145个、3000册以上的有42个。全县有24个镇40个管理区申报县级文明村，经检查验收，达到县二级的有7个、县三级的有32个。至12月底，全县有县级文明村147个，其中县二级32个、县三级115个、镇级225个。3月，程江镇槐岗管理区被评为“全国高标准创建文明村示范点”。

是年，文明单位创建活动常抓不懈，重点抓好各行业、各单位、各部门的职业道德建设，并以此为契机，在机关企事业单位、学校、医院中广泛开展创建文明机关、文明学校、文明医院、文明企业活动。在此基础上评出文明单位100个和文明单位标兵22个，同时对58个文明单位标兵进行评审。梅县精神文明创建活动受到上级表彰的有：雁洋镇、高级中学被省委、省政府授予“文明单位”称号；何迈被省委、省政府授予“创建文明单位积极分子”称号；人民医院等10个单位被市委、市政府评为“文明单位”；卢道珍等8人被市委、市政府评为“创建精神文明活动积极分子”。

1998年，各镇共申报县级文明村44个，通过检查验收，确认达标的有29个，其中县二级5个、县三级24个。至此，全县文明村总数有172个，其中县二级37个、县三级135个。

是年，各单位按照创建活动的具体要求，积极争取达标，为争创文明单位、文明单位标兵而努力，推动单位文明建设新发展。年底，开展年度文明单位、文明单位标兵的评选工作，在各单位评选查核的基础上，县文明办加强年审，做好文明单位的评选推荐和文明单位标兵确认的有关工作。梅县有叶剑英元帅纪念馆和雁南飞茶田旅游度假村被市确定为“文明风景旅游示范点”。

1999年，创建文明村、户活动持续开展。梅县持之以恒抓好文明村、户的创建活动，并认真做好巩固提高和发展工作。在创建文明村活动方面，各镇都能从自身的实际出发，认真做好文明村的达标规划，对规划达标的村委会，认真做好帮扶工作，积极开展“三治”（治穷变富、治愚变智、治脏变净）和“五改”（改水、改厕、改灶、改路、改造住房）为主要内容的创建活动，实行“山、水、林、田、路”的综合治理，加快农村文化设施、水泥村道和电话村的建设步伐。根据文明办组织验收认定，新增县二级文明村5个、县三级文明村23个。全县有文明村378个，其中县二级42个、县三级158个、镇级178个。

是年，创建文明单位活动得到巩固和发展。按照文明单位“六好”“八无”的要求，根据不同行业的特点，各单位结合自身业务工作，分别开展创建文明机关、文明学校、文明医院、文明企业、文明科室、文明市场、文明经营户等项目的活动。全县评出文明单位100个，重新确认文明单位标兵92个，新增文明单位标兵18个、文明市场14个、文明经营户243个。梅县众多单位的精神文明建设工作取得较好成绩。雁洋镇被评为“全国创建文明村镇工作先进单位”“广东省文明村镇”；梅县公安局被评为“广东省文明单位”；雁南飞茶田旅游度假村被评为“广东省文明窗口”；梅县高级中学等10个单位被评为“梅州市文明单位”；西阳镇党委书记林均庭等5人被评为“梅州市精神文明创建活动先进个人”。

2000年，继续抓好创建文明单位、文明村户、文明行业的创建活动。继续抓好文明单位的评选审定工作，评选出文明单位100个，新评文明标兵23个，并且对114个文明单位标兵进行年终复评。以美化家庭为目标，积极开展“建设美好家园，树立文明家风”为主题的创建文明社区、文明村镇活动，美化生活环境。继续做好文明村年终评审及文明村的达标验收工作，经评审，有县二级文明村42个、县三级文明村153个保留其资格。经验收，有11个达二级文明村标准、18个达县三级文明村标准。

2001年，梅县群众性精神文明创建活动不断向深度和广度发展，创建文明城市、文明圩镇、文明村（户）、文明单位的活动在全县城乡广泛开展，城市机关单位的精神面貌和农村镇容镇貌得到进一步改变，有力地促进了各机关单位工作的开展和党在农村各项工作的落实。确立梅县新城办事处华侨城居委为创建文明社区示范点，这个示范点被省委、省政府评为“文明社区”。持之以恒地抓好文明单位、文明村户、文明行业的创建活动，并认真做好巩固提高和发展工作。经检查评比，全县评出文明单位标兵29个、文明单位100

个，对126个文明单位标兵进行年终考核。雁洋镇和新城办事处华侨城社区居委分别被省委、省政府授予“文明示范镇”和“文明社区”称号；梁质寿被评为“广东省精神文明创建活动积极分子”；受到市委、市政府表彰的有文明单位13个、文明社区1个、创建精神文明活动积极分子8人。

2002年，梅县群众性精神文明创建活动不断向深度和广度发展，文明系列的创建活动在全县城乡广泛开展，持之以恒地抓好文明单位、文明村户、文明行业的创建活动，并认真做好巩固提高和发展工作。全县评出文明单位标兵177个、文明单位70个，城市机关单位的精神风貌和农村镇容镇貌得到进一步改观，有力地促进各机关单位工作的开展和党在农村各项工作的落实。积极做好文明村达标规划和帮扶工作，使“软件”和“硬件”达到要求，定期开展文明村的达标验收工作，全年新上一批二级文明村、三级文明村。

2003年，修订《文明单位管理办法》《文明委成员单位责任制度》等文件，持之以恒地抓好文明单位和文明村的创建活动，定期开展文明系列的检查、指导和验收工作。全年评出文明单位标兵189个、文明单位70个；报省表彰的有精神文明建设先进单位3个、先进个人1人；报市表彰的有精神文明建设先进单位16个、先进个人8人；有县级文明村239个，其中县二级文明村65个、县三级文明村174个。与县工商局联合开展“文明诚信市场”评选活动，西桥市场成绩突出报省评选表彰，被评为“广东省文明诚信市场”。持之以恒地抓好文明村户的创建活动，

2004年，认真贯彻落实全市文明城镇建设工作会议精神，开展文明城镇调研活动，治理沿江金岸一条街及有关的商业网点。在新县城各主要街道周围实施美化、净化、亮化工程；在市交警大楼至锭子桥、梅州大桥至锭子桥圆盘、宪梓大道两旁竖立公益广告牌300多个。

是年，根据县委工作会议提出“创建20个文明社区（文明小区）”的工作要求，专门印发《广东省文明社区评选办法与考核指标》发至全县各镇（办事处、高管会）各单位。为促进活动的深入开展，7月，组织召开全县创建文明社区（文明小区）工作会议，全县各镇（办事处、高管会）的主要领导参加了现场会，县委、县政府领导到会并作了工作部署，从此，全县文明社区（文明小区）创建活动扎实开展，年底，验收有文明社区5个、文明小区11个。与此同时，认真抓好文明村镇创建活动，做好文明村巩固提高和发展工作，定期开展文明系列的检查、指导和验收工作。梅县的雁洋、畲江两个镇创建文明城镇的做法得到充分肯定，在全市文明城镇建设工作会议上推广交流。

2005年，调整充实领导机构，县委书记担任文明委主任，各镇（办事处、高管会）党委、各系统党委、县直单位精神文明建设领导小组也相应进行调整和充实。继续开展“创建文明社区（小区）”、文明单位和文明单位标兵、文明社区、文明村户的评选活动和创建“百城万店无假货”示范店活动。年底，组织文明单位和文明单位标兵、文明社区、文明小区、文明村户的检查验收。全县涌现出一大批先进集体和先进个人，分别受到全国、省、市、县的表彰。雁洋镇被评为“全国文明村镇”，雁南飞茶田旅游度假村被评为“全国文

明单位”，雁鸣湖旅游度假村被评为“广东省文明单位”，新城办事处华侨城居委被评为“广东省文明社区居委”，县烟草专卖局管伟华被评为“广东省精神文明建设先进工作者”，县国土资源局等10个单位被评为“梅州市文明单位”，畲江镇等4个镇村被评为“梅州市文明村镇”，县建设局刘桂城等5人被评为“梅州市精神文明创建活动先进个人”。全县参加文明单位标兵年度考评的单位有157个，有33个单位争创文明单位标兵（新评），有83个单位被推荐参评县级文明单位。全县申报县二级文明村3个、申报县三级文明村13个，经过验收，全部达标。全县有二级文明村81个、三级文明村200个。

是年，为改变农村卫生的落后面貌，引导广大农民告别陋习，走向文明，组织开展“卫生文明村”和“洁净家园，绿满梅州”的联创活动，发动全县各镇村兴建卫生处理场和垃圾池，养成垃圾集中堆放、定期统一处理的卫生习惯。建立雁洋镇及该镇的阴那村、长教村、城东镇的书坑村、汾水村及程江镇的槐岗村等创建卫生文明村镇试点，推动乡村美化净化工作。11月，县委、县政府在城东镇举办现场会，推广城东镇及书坑村的经验，推动联创活动的开展。全县建有卫生垃圾池1080个、垃圾处理场58个，购置垃圾桶450个，促进梅县农村卫生环境的好转。

2006年，在确定雁洋镇南福村、城东镇书坑村、南口镇侨乡村、松源镇横坊村为生态文明示范村和新农村建设示范村的基础上，加强对文明村镇创建的指导，竖立社会主义荣辱观标语牌，做好“五改”工作，丰富文化生活，开展文体活动，加强对农民的宣传教育，提高农村文明程度。

2007年，开展学习执行《梅县文明公约》，深化荣辱观教育，组织人员到有关镇和单位开展学习、宣传、贯彻情况检查，总结城东、丙村、雁洋等镇的做法和经验；开展“崇尚重企”调查，撰写《树立和践行“崇尚重企”时代理念》材料，在市、县宣传刊物发表，表彰梅县第二批“百城万店无假货”活动先进单位13个；开展创建“五个十”文明和谐示范单位评选活动及10个“文明示范窗口”的评选活动；组织开展全县“关爱奖”（含孝心奖、关心奖、关怀奖）的评选表彰活动；组织评选、检查验收全县文明单位100个、文明镇5个、文明村50个、文明社区10个，评选推荐县精神文明先进工作者50人，报县委、县政府表彰。

2008年，开展“传承文明，共建和谐”——文明礼仪“顺口溜”征集活动，评选优秀文明礼仪“顺口溜”作品19篇，有9人的作品获得市表彰。组织梅县“走向未来”客家妹时代风采大赛。评选出优胜奖10名，并参加市决赛获得好成绩。

2009年，认真宣传贯彻《中共梅县县委办公室、梅县人民政府办公室关于进一步净化社会文化环境、促进未成年人健康成长的实施意见》。成立工作领导小组及协调小组，召开全县净化社会文化环境工作会议，并把工作责任落实到有关单位，切实把净化社会文化环境工作摆上议事日程，及时了解工作情况、认真研究解决有关问题，在机构、队伍、经费等方面加大支持力度，并把净化社会文化环境工作纳入创建文化先进镇、文明村镇、文明单位等群众性精神文明创建活动之中，作为评比考核的重要内容。县公安局、工商局、文广新局、文明办等单位组成梅县文化市场联合执法队，加大工作力度，联合行动，出动执法人员992人（次），检查网吧862家次，清查发现“黑网吧”5户，依法查处取缔5户，检查歌舞娱乐场所22家次，校园周边报刊亭、图书摊点379个，收缴盗版光盘470余张、非法出版物3200余册。梅县积极开展“我爱客都文化创先”梅州市企业文化节活动，贯彻市委五届五次全会精神，以“培育先进的企业文化精神，打造闪亮的企业文化品牌”为题，传扬企业优秀文化，认真推荐雁南飞茶田度假村、广东华银集团有限公司为“梅州市企业文化建设十佳单位”，夏文梅、梁俊丰为“梅州市企业文化建设十佳个人”，以上单位和个人都受到市的表彰。

2010年，开展精神文明创建活动。一是开展“好客之都·文明相伴”系列活动，在全县开展以“存好心、说好话、做好事”和以“除陋习、讲文明、树新风”为主题的活动，开展“好客之都·文明相伴”主题摄影大赛、“十佳文明风景旅游区（景点）”评议活动，开展文明宣传用语征集和规范使用、文明公益广告宣传、“文明言行，幸福一生”宣讲、“平安亚运，文明交通”主题宣传等。二是开展“好父亲，好母亲”评选活动。三是开展“奉献和谐春运，青春与您同行”春运青年志愿者服务活动。

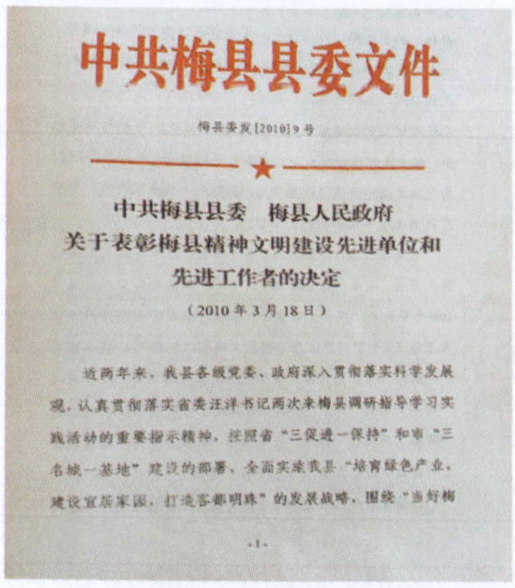
中共梅县县委文件

梅县委发[2010]9号

中共梅县县委　梅县人民政府
关于表彰梅县精神文明建设先进单位和
先进工作者的决定
（2010年3月18日）

近两年来，我县各级党委、政府深入贯彻落实科学发展观，认真贯彻落实省委汪洋书记两次来梅县调研指导学习实践活动的重要指示精神，按照省“三促进一保持”和市“三名城一基地”建设的部署，全面实施我县“培育绿色产业，建设宜居家园，打造客都明珠”的发展战略，围绕“当好梅

-1-

县委、县政府召开表彰大会，表彰精神文明建设先进单位和先进工作者（2010年3月）

2011年，开展知识讲座、知识竞赛、文艺演出等活动，把现代公民教育活动和社会主义荣辱观教育结合起来。开展“我推荐、我评议身边好人”活动，宣传现代公民教育典型的人和事。举办梅县军警民迎春文艺晚会，开展梅县第十届“百歌颂中华”大合唱活动。

以开展“全国文明县城”创建工作为契机，推动文明单位、文明村镇、文明社区文明创建工作。2011年，制订《梅县创建“全国文明县城”活动实施方案》，召开全县创建“全国文明县城”动员大会，组织多次突击整治“六乱”，拆违扩绿，加强管理，增添设施，整治县城环境，提高县城容貌环境整体水平。全年城区的卫生监督检查50多次，监督各单位、各门店、各住宅小区坚持落实门前“三包”制度。在县城各门店、社区、学校等场所印发创建全国文明县城倡议书，在县广播电视台设立专题专栏，编辑印发创建活动简报7期，做好资料归档工作，把2年来开展文明建设工作资料进行归档，编印《梅县创建“全国文明县城”活动文件资料汇编》及《接待手册》，制作反映创建工作的DVD。

2012年，深入开展精神文明创建活动。一是巩固提升全国文明县城工作成效。各级各部门大力整治脏乱差，整顿交通秩序，优化社会环境，进一步推进文明县城建设，提升县城的文明程度。二是进一步大力整治县城环境，拆违扩绿，加强管理，增添设施，不断提高县城容貌环境整体水平。全面拆除新县城38家机关事业单位围墙6000多米，新建绿化带5000多米，腾出10万平方米绿地与市民共享。此外，还投入3600多万元，对新县城行政区的道路实施“畅、洁、亮、美”升级改造，变机关办公区为市民游客的休闲区。三是积极开展全民阅读活动。于“4·23”世界读书日在雁洋文化活动中心举行了以“让阅读成为时尚”为主题的全民阅读活动启动仪式，现场向学生、群众赠书1500余册，推进全县读书活动的扎实开展。

2013年，社会文明程度不断提升。一是持续深化文明县城创建活动。各职能部门积极履责，按照各自职责，结合实际，针对问题，开展创优美环境、优良秩序、优质服务等活动，大力整治脏乱差，整顿交通秩序，优化社会环境，进一步推进文明县城建设，提升城区的文明程度。二是积极开展全民阅读活动。于“4·23”世界读书日在县图书馆举行以“阅读让我们的世界更丰富”为主题的全民阅读活动，营造全民阅读的良好社会氛围和时代文明风尚。三是深入实施“文明交通行动计划”。成立宣讲团，定期深入农村、学校、企业等单位上交通安全课，全力打造“平安畅通、文明有序”的和谐交通环境。四是扎实抓好文明村镇、文明单位的创建工作。做好梅县区综合政务服务管理办公室申报省文明单位、丙村镇红光村申报省文明村的相关工作。全县有5个镇申报县文明镇、50个村申报县文明村、50个单位申报县文明单位。

是年，社会志愿服务不断发展。一是广泛普及志愿服务理念。大力弘扬以“奉献、友爱、互助、进步”为主要内容的志愿服务精神，推动志愿服务理念进机关、进社区、进企业、进农村、进学校。二是深入开展“学雷锋、树新风”志愿服务活动。组织博士眼镜店的志愿者服务队到新城中学，利用课间时间为学生验光、检查视力，发放用眼健康知识宣传手册，教学生如何防止近视加深，并向30多名近视的贫困学生赠送眼镜；组织志愿者服务队到程江敬老院，给老人们送去一批大米和食用油，与老人聊天谈心，关心他们的生活状况，并给一些老人验光、配送眼镜；组织区人民医院志愿者服务队在南口镇大街开展“学雷锋便民义诊”活动，共为前来义诊的100多名群众提供免费健康咨询和常规性检查等。

2014年，开展创优美环境、优良秩序、优质服务等活动，大力整治脏乱差，整顿交通秩序，优化社会环境。举办“美丽中国梦·美丽梅县区·青春正能量”主题演讲比赛；举办“幸福梅县行”系列活动，先后走进南口、程江、新城等基层单位。深入开展“学雷锋、树新风”志愿服务活动，组织30多名青年志愿者到残疾人康复医院送温暖、献爱心；组织90多名志愿者（义工）在松口镇大黄村开展主题为“发扬志愿精神，共建美丽乡村”的志愿（义工）服务活动；组织300多名志愿者到南口镇锦湖村火烧山迹地开展植树造林活动。

在畲江镇举行第四届"全国文明村镇"挂牌仪式（2015年5月21日）

2015年，以巩固国家卫生城市为契机，开展"十村联动"，进行城乡环境卫生整治和绿化工作；各镇在"十村联动"的辐射带动下，开展"践行价值观、共建美丽乡村"活动；深入开展"文明餐桌示范店""文明餐桌示范食堂"创建活动；组织开展"农村诚信守法先进户"评选活动，提高和增强人民群众的文明素质及诚信守法意识。评选出梅县区文明单位、文明窗口、文明镇村（社区）及区精神文明建设先进工作者和"感动梅县十大人物"，进一步激励梅县区广大人民群众积极投身公民道德建设，营造文明和谐的社会氛围。

2016年，群众性精神文明创建活动扎实有效。抓好省文明镇创建工作，出台《关于在全区开展文明镇创建的工作方案》《梅县区创建广东省文明镇规划（2016—2018年）》等文件，明确2016—2018年创建省级文明镇的目标任务。以雁洋镇雁上、南福、塘心、阴那、大坪、长教6个村被列为省级新农村文明示范片为契机，全面推进全区各镇村的创建工作。开展评选20个梅县区"示范文化祠堂"，其中"雁洋李氏春山公祠"和"丙村井塘训创温公祠"被评为梅州市示范文化祠堂。全面深入开展文明公厕创建活动，对城区的广场、公园、道路旁等重点公共场所的公厕建设进行重点整治，确定梅县人民广场公厕等为文明公厕创建示范点。开展学雷锋全民志愿服务行动月系列活动，组织医疗机构为市民义诊，组织青年志愿者们开展爱心义卖，并积极推进助困、助学、助残、环保志愿服务和学雷锋团队主题教育活动等系列活动。组织干部群众在梅南镇森林公园开展义务植树，以实际行动保护环境、植绿护绿，为生态梅州再添新绿。

2017年，加强文化祠堂内涵建设，按照有姓氏文化、村史村情、乡风民俗、乡贤榜、核心价值观、乡村美景等"六有"标准打造"一村一特色、一堂一品牌"。结合人居环境综合整治工作，着眼于精神文明建设，在全区每个镇打造一个以上乡风民风美、生态环境美、文化生活美的新农村文明示范片，推进美丽乡村建设。在区创文指挥部的统一部署下，积极开展学雷锋全民志愿服务行动月、"文明交通行动"、"非遗展演"、"客商大会"服务等系列志愿服务活动，组织医疗机构义诊，组织青年志愿者开展爱心义卖，组织文艺义演，并积极推进助困、助学、助残、保护环境和学雷锋主题教育活动，广泛传播"奉献、友爱、互助、进步"的志愿者精神。全年开展志愿服务活动达1.8万人次。

雁洋镇、畲江镇继续保留“全国文明村镇”称号，图为获奖证书　（2017 年 11 月）

2018 年，召开全区乡风文明建设工作推进会，组织各镇宣传委员到松口镇大黄村、松源镇横坊村参观，学习先进地区的经验做法，发挥示范带动效应，32 个省定贫困村 50%以上基本达到文明村创建标准；各镇（办事处、高管会）各推选出一个文明乡风示范村（社区），并完善文明乡风建设工作方案，积极开展创建文明家庭、星级文明户等评选活动，以社会主义核心价值观为引领，着力加强乡风民风建设，打造移风易俗、村规民约、民俗文化、村民自治、家风家训为品牌特色的新风尚。在区电视台第一频道开设“文明乡风示范村风采”专题专栏，对各镇文明乡风示范村（社区）的建设情况进行报道。深入贯彻习近平总书记关于“注重家庭、注重家教、注重家风”的重要指示精神，部署深化家庭文明建设，曾文珍、郑秀娟、吴海峰等 3 个家庭获评“梅州市文明家庭”。12 月，梅县区精神文明建设委员会授予梅县区高级中学等 33 所学校为“梅县区文明校园”称号。

是年，开展 2018“书香岭南”全民阅读活动，启动梅县区 2018“新时代、心悦读”活动，推进“学习型党组织”“农家书屋”“社区书屋”“职工书屋”建设，倡导多读书、读好书的文明风尚。组织开展丰富多彩的主题推广活动，唱响时代主旋律。加快文明城市、文明镇、文明村创建步伐，制订《梅州市梅县区文明城市、文明镇、文明村（居）三项创建活动工作方案》，以推进区、镇、村三级联创，并不定期组织相关人员深入基层进行督促检查，及时掌握创建工作进展，挖掘好的做法经验；健全定期督查的工作制度，完善区文明委牵头、各责任单位落实的创建工作常态长效机制；抓好农村文明示范片推动建设，雁洋镇雁上、南福、塘心、阴那、大坪、长教 6 个村被确定为省级农村文明创建示范片；结合加快人居环境综合整治建设美丽乡村行动计划，在全区每个镇打造 1 个以上乡风民风美、生态环境美、文化生活美的新农村文明示范片，推动美丽乡村建设。

附：

文明单位、文明村镇名单

2001年省表彰先进单位和先进工作者名单

2001年9月表彰：

广东省文明示范镇：雁洋镇

广东省文明社区：梅县新城办事处华侨城社区居委会

广东省文明窗口单位：雁南飞茶田度假村

广东省精神文明创建活动积极分子：梅县县委副书记、雁洋镇党委书记　梁质寿

2003年至2010年省表彰先进单位和先进工作者名单

1.2003年至2010年表彰的文明单位

梅州市文明单位：

2003年12月表彰：

广东梅雁企业（集团）股份有限公司

广东宝丽华集团公司

县委办公室　　县委宣传部

县建设局　　县烟草专卖局（公司）

县气象局　　县人民医院

松口中学　　县电信局

县水务局　　畲江镇

西阳镇　　广东超华企业集团有限公司

梅雁建筑工程有限公司

2005年12月表彰：

县国土资源局　　县烟草专卖局（公司）

县气象局　　县财政局

县广播电视台　　县农业局

县交通局　　线艺公司

宝丽华花木有限公司　　高级中学

2008年1月表彰：

县财政局　　县建设局

县国家税务局　　县地方税务局

广东华银集团有限公司

广东省电信有限公司梅县分公司

中国移动集团广东有限公司梅县分公司

县供电局　　县烟草专卖局（公司）

2010 年 1 月表彰位：县财政局、县烟草专卖局（分公司）、县国土资源局、广东电网梅州梅县供电局、县交通局、县公路局、县卫生局、县国家税务局、县广播电视台、县畜牧兽医水产局。

梅州市文明窗口：

2010 年 1 月表彰：中国移动通讯集团广东有限公司梅县分公司、叶剑英纪念园管理局。

2010 年 3 月县委、县政府表彰：

梅县文明单位：县委办公室、县政府办公室等 100 个单位。

梅县文明窗口：县人大信访室、县妇幼保健院住院部等 34 个单位。

2. 2005 年至 2010 年表彰的文明村镇和社区

全国文明镇：雁洋镇（分别于 2005 年 10 月和 2009 年 1 月表彰）

广东省文明镇：畬江镇（2010 年 1 月表彰）

广东省文明村：程江镇西山村（2010 年 1 月表彰）

广东省文明社区：新城办事处华侨城社区（2005 年 12 月表彰）

新城办事处程江社区（2008 年 1 月表彰）

梅州市文明镇：

2005 年 12 月表彰：畬江镇、西阳镇、城东镇。

2008 年 1 月表彰：畬江镇、南口镇。

2010 年 1 月表彰：扶大高新区管委会、西阳镇。

梅州市文明村：

2005 年 12 月表彰：南口镇侨乡村。

2008 年 1 月表彰：雁洋镇长教村、西阳镇龙坑村、丙村镇人和村。

2010 年 1 月表彰：城东镇书坑村、石扇镇新东村、丙村镇红光村。

梅州市文明社区：

2008 年 1 月表彰：新城办事处锭子桥社区、松口镇社区。

2010 年 1 月表彰：新城办事处华侨城社区。

2010 年 3 月县委、县政府表彰：

梅县文明镇：雁洋镇、城东镇、丙村镇、石坑镇、隆文镇。

梅县文明村：梅西镇车子排村、水车镇安美村等 53 个村。

梅县文明社区：锭子桥社区、西桥社区、瑶上社区、爱群社区。

3. 2003 年至 2010 年表彰的文明景区和窗口

全国爱国主义教育基地：叶剑英故居

全国精神文明建设工作先进单位：雁南飞茶田有限公司（2005 年 10 月表彰）

中国古村落（客家民居）：水车镇茶山村（2010 年 10 月表彰）

广东省文明单位：华银雁鸣湖旅游度假村（2005 年 12 月表彰）

广东省古村落：南口镇侨乡村（2010 年 10 月表彰）

梅州市文明单位：华银雁鸣湖旅游度假村（2003 年 12 月表彰）

叶剑英纪念园管理局（2008 年 1 月表彰）

梅州市文明窗口：叶剑英纪念园管理局（2010年1月表彰）

梅县文明单位：雁南飞茶田有限公司（2010年3月表彰）

雁鸣湖旅游度假村（2010年3月表彰）

华银生物医药产业园（2010年3月表彰）

梅县文明窗口：灵光寺旅游景区（2010年3月表彰）

4.2003年至2010年表彰的精神文明建设先进个人

广东省精神文明建设先进工作者：

管伟华　县烟草专卖局局长（2005年12月表彰）

李理和　雁洋镇党委书记、人大主席（2008年1月表彰）

梅州市精神文明建设先进工作者：

2003年12月表彰：

叶祖根　雁南飞茶田有限公司总经理

李江平　梅雁经济发展总公司总经理

钟　怀　县供电局局长

张剑城　县广播电视台台长

黄声洪　县外事侨务局局长

张绍英　县交通局局长

叶碧方　华银集团有限公司副总经理

廖秋均　雁洋镇党委书记

2005年12月表彰：

池力行　　县委常委、组织部部长

刘桂城　　县建设局局长

温向芳　　程江镇党委书记

叶新英（女）广东梅雁企业（集团）股份有限公司监事会主席

谭忆广　　县人民医院院长

2008年1月表彰：

郭碧玲（女）　县委常委、宣传部部长

王英豪　　县农业局局长

赖良钊　　县交通局局长

饶新昌　　县新城党工委书记

谭忆广　　县人民医院院长

2010年1月表彰：

刘德康　　县工商行政管理局局长

赖启忠　　县教育局局长

王英豪　　县农业局局长

李玉（女）　县妇联主席

谭忆广　　县人民医院院长

梅州市道德楷模：程贤章、张戈柯（2008 年表彰）

梅州孝老爱亲好人：谢利方（女）（2010 年表彰）

梅县道德楷模：张汉锦、吴洪清、徐佳印、赖作君、宋少烈、刘义华。（2009 年 2 月表彰）

梅县精神文明建设先进工作者：张剑城、曾祥伟、李文海、刘宏昌等 59 人（2010 年 3 月表彰）

2011 年至 2017 年全国文明镇：雁洋镇、畲江镇

2017 年 1 月，市文明委表彰 2015—2016 年度梅州市精神文明建设先进单位和先进工作者名单，其中表彰梅县区的文明单位、文明窗口、文明镇、文明村、文明社区分别为：

文明单位：

中共梅县区委宣传部

中共梅县区委政法委

梅县区人力资源和社会保障局

梅县区教育局

梅县区招商局

梅县区国家税务局

梅县区烟草专卖局（分公司）

广东电网梅州梅县供电局

中国电信股份有限公司梅县分公司

中国移动通信集团广东有限公司梅县分公司

文明窗口：

梅县区综合政务管理办公室

梅州市公安局梅县区分局出入境管理大队

文明镇：

梅县区城东镇　　梅县区石坑镇

文明村：

梅县区水车镇灯塔村　　梅县区梅西镇白面村　　梅县区松口镇梅教村

文明社区：

梅县区新城办事处程江社区

精神文明建设先进工作者：

张爱东（梅县区地方税务局局长）

钟匡仁（梅县区农业局局长）

王宏基（梅县区雁洋镇党委书记）

凌宏志（梅县区畲江镇党委书记）

五、文明户创建活动

文明创建活动主体在人民群众，创建文明户活动是最基础的工作，只有越来越多的文明户、文明人，系列文明创建活动才能达到最佳效果，社会文明程度才能提高。

中共十一届三中全会后，梅县城乡开展形式多样的创建文明家庭活动，梅县客家妇女更是发挥特殊的重要作用，带头倡导尊老爱幼、民主平等、家庭和睦、邻里互助、勤奋好学的家风，通过开展评选“好母亲”“好妻子”“好婆媳”“贤内助”“模范丈夫”等系列活动，促进创建文明家庭活动的开展。同时，在全县开展“美德在农家”“文明楼院”“好书进家庭”等活动，把科技、法律、道德文化等引入家庭，建立健全“妇女禁赌会”“新婚理事会”等群众自治自律组织，教育妇女及家人远离黄、赌、毒、邪等社会陋习，促进社会文明。

1984年，有12户家庭被省妇联评为“文明家庭”，有36户家庭被地区妇联评为“五好和睦家庭”，有些村庄（如石扇区东山下村）出现了“夜不闭户，道不拾遗”的好景象。文明建设带来了社会风气、社会治安的好转。

1985年至1987年，开展以治理“脏、乱、差”和讲究文明礼貌为主要内容的“五讲四美三热爱”活动，扎实地开展创“三优”和学英雄、学先进的活动，努力创造优美的生活环境、优质的服务态度和优良的社会秩序。组织先模报告团到各战线、各部门、各单位巡回报告，让先进人物讲理想、讲纪律、讲奉献，启发人们提高精神境界。召开全市创建文明先进单位和先进个人的经验交流会，开展创“五好家庭”的活动。1986年，开展创建五好和睦新家庭的活动，全市评出五好家庭20897户，占总户数的13.5%。其中，军民共建的东郊区东岩村，评为五好家庭的农户占全村总户数的85%。

1988年，采取主动抓、协调抓、讲教育、讲家风，推进全县广泛开展文明户活动，在瑶上铅畲村、松南大黄村进行移风易俗试点，取得经验后推广。举办“‘九九’重阳敬老系列活动”“看哪个乡镇单位婚事新办多”等活动，促进文明户创建不断向前推进。

1990年至1991年，结合社教，广泛地开展创建文明村、户活动，加强民主与法制的教育，促进了党风、民风的好转。按照“二超、四有、五化、八无”标准，验收命名县三级文明村（管理区）16个。1990年，县委宣传部、县文明办、县妇联、县民政局联合组织创评文明家庭活动。年底，全县有12.9万户农民家庭，开展逐级评选，共评选表彰文明家庭100户，并从中推荐2户到市参加评选，被评为“梅州市最佳文明好家庭”。1991年，90%以上农村管理区建立“老人福利会”“婚姻理事会”，婚丧事简办新办率均达75%以上。评选表彰文明好家庭280户。

1992年4月，南海会议后，充分发挥开展社教乡镇拥有大批工作队员进驻农村基层的优势，把创建评选文明户活动，作为二、三批社教的一项重要任务。首先在开展第二批社教的白宫镇新联管理区搞示范点，边办点、边总结，还组织各乡镇党群副书记、宣传委员等参观现场。在试点取得经验后，认真做好开展创建文明户活动的宣传工作，推广白宫经验，先后印制“宣传问答”、创“文明户”活动标语，还编印了操作性强、容易掌握的“文明户”标准条件和实施步骤。使各乡镇、区村在评选文明户时有样可学、有章可循，能够成功地开展评选活动。梅县在第二、三批开展社教的18个乡镇251个管理区以及上年第一批社教9个乡镇办点管理区中，共评选出文明户65682户，占全县农村总户数的50.9%。评选文明户活动收到“三个促进”的良好效果：一是促进家庭团结、邻里和睦；二是促进社会治安的好转，刹住赌博、乱砍滥伐的歪风；三是促进各项欠款的清收，仅横东管理区在“文明户申报表”发下去的当天晚上，就收到欠款近2000元。各乡镇还注意做好“文明户”的动态管理工作。梅县创建文明活动的经验受到上级的肯定和好评。省市县报刊、电台、电视台介绍梅县经验，其中“抓竞赛、促达标，提高文明村镇建设水平”在全省创建文明户、村经验交流会上交流。4月14日，《南方日报》在头版头条位置刊登梅县这一做法，省《文明建设简讯》第5期、第13期先后刊载梅县全面开展文明村镇达标竞赛活动和白宫镇新联管理区开展创建文明户活动的做法和经验。市委和市文明委先后组织市第三批开展社教乡镇的领导和各县（区）社教办主任、文明办主任到白宫镇新联管理区参观取经。全县有67007户被评为文明户，占总农户的51.8%，全县形成以村带户，以户促村，共创文明的良好气氛。

1993年，按照县文明委制定的文明户“八好”标准严格要求农户，着力提高家庭成员的思想道德素质和科学文化素质，建立起评议制度和档案管理制度。城东镇通过文明户年终复评，纠正丢荒土地11宗，纠正虐待老人妇女和儿童7宗；开展文明户评选工作的大坪、梅西、石坑等镇密切配合计育工作、国土清理、农业税征收工作进行；石坑镇通过评选文明户，促使253户完善补办建房手续，有10户计育对象落实节育措施；梅西镇清收拖久公购粮580户，粮食折款28577元。全县各镇共评选出文明户106125户，占全县各镇总户数的85%。在此基础上，评选出在各方面起模范作用、有一定影响和号召力的县级最佳文明户270户。全年全县农村结婚的有3456对，有2564对实行婚事新办，占结婚对数的74.18%；死亡老人1861人，其中丧事简办的有1362宗，占73.18%。

1993年元旦，梅县举办集体婚礼

1994年,文明户的动态管理引入正常的轨道,成效显著。梅县已评上的文明户数110775户，占农村总户数的89%。其中，县级最佳文明户271户。各镇坚持以文明户的条件约束要求农户，并实行全面管理，新增文明户数6988个，被取消文明户资格的189户。全县在开展创建文明户活动中，征收拖欠农业税款405819元，征收拖欠承包款686215元，纠正乱砍滥伐行为181宗，纠正丢荒土地行为302宗，纠正破坏水利等公共设施行为45宗，纠正违章建房行为769宗，教育违法人员促其转化307人，纠正虐待老人、妇女和儿童行为47宗，促使实行计划生育763宗，婚丧新办简办率均达78%。

1995年，县委宣传部、县文明办本着求真、务实、不断向更高层次迈进的思路，继续在农村各镇开展文明圩镇分级达标竞赛活动、文明村分级达标竞赛活动、文明户动态管理评审活动。在农村创建文明活动中，各镇党委大都根据所属管理区的经济状况、班子状况、硬件建设达标程度和群众基础等方面情况进行分析排队，作出达标规划，逐一加以实施。全县投入资金7000多万元，用于修建文化室、添置文化设施、修筑水泥路村道和进行改水、改厕等。文明户年终评审新增4950户,取消文明户资格127户,梅县文明户总数115473户，占农村总户数的90.8%。

1996年，各镇党委和政府始终坚持“季度一检查、半年一复评、年终一总评”的动态管理制度，有效地促进党在农村各项方针政策和任务的落实，促进村风民风和社会治安的好转。通过开展文明户动态管理工作，全县各镇共清收拖欠承包款725958元；纠正丢荒行为157宗；纠正乱砍滥伐行为181宗；纠正建房违章行为553宗；纠正虐待老人、妇女和儿童行为55宗；实行计划生育825宗。在抓好文明户动态管理的同时，组织动员全县广大群众参与梅州市家庭文化节活动。全县共订《家庭美德五字谣》9000多份，上送“家庭伦理道德之我见”格言警句40则；上送以“我爱我家”为主题的《家庭之歌》2首；“文明在我家”为主题的征文2篇，“家庭文化建设”研讨论文2篇，其中由县委宣传部上送的《现代家庭子女教育探讨》一文获得市二等奖；有8户家庭被市评为最佳文明户。年底，全县新增文明户2825户,摘牌的237户,实有文明户11.93万户,占全县农户总数的94%。

1997年，认真做好文明户的动态管理工作，南口镇设立“孝行奖”，松南镇设立“文明守法卡”，程江镇评选“十佳文明户”等文明户动态管理的好形式，进一步激发广大群众参与创建文明户的积极性。通过开展文明户动态管理，全县各镇共清收拖欠承包款92.9万元，纠正丢荒行为129宗，纠正乱砍滥伐行为210宗，纠正违章建房行为302宗，纠正虐待老人、妇女和儿童行为55宗，促进实行计划生育761宗。新增文明户2430户，摘牌196户，实有文明户120905户，占全县农户总数的95%。

1998年，争创文明村户气氛热烈。广筹资金，加速文明村硬件建设进程，全县投入文明村建设资金8656.6万元，新建水泥村道612.3公里，有69%农户用上自来水、80%农户用上无害化厕所，改变农村道路和生活卫生面貌。做好文明户的动态管理，取消不合格文明户273户，新增文明户2889户。全县文明户123813个，占总农户数的95.1%，争创文明户形成良好氛围。9月3日，广东省工商局、广东省精神文明建设委员会办公室、广东省个体劳动者协会、广东省私营企业协会联合下发《关于在个体工商户和私营企业中开展创建“文明经营户”活动的通知》，决定在全省开展创建“文明经营户”活动。这次活动，进一步增强了个体工商户和私营企业的诚信意识、职业责任、职业道德、法制观念和爱国主义思想，促使广大个体劳动者和私营企业经营者全面提高职业道德水平和业务技能，在全省个体工商户和私营企业中形成崇尚诚信、争创文明的风气和自觉服务人民、奉献社会的精神风貌。

1999年，学习借鉴中山市的经验，以实现“四优”（优美环境、优良秩序、优质服务、优化管理）为目标，抓好“三高”（高起点规划、高标准建设、高效能管理）重要环节，达到“三化”（绿化、美化、净化）的要求，不断提高城乡文明程度和干部群众的思想道德素质。在创建文明户方面，各镇从自身的实际出发，认真做好达标规划，积极开展“三治”（治穷变富、治愚变智、治脏变净）和“五改”（改水、改厕、改灶、改路、改造住房）为主要内容的创建活动，实行山、水、林、田、路的综合治理，加快农村文化设施、水泥村道和电话村的建设步伐。各镇都能把农村各项工作纳入文明户的动态管理工作中，有力地促进农村各项工作的开展。全年新增文明户340户，共有文明户123901户，占农户数的95.2%。家庭美德建设方面，大力倡导科学、文明、健康的生活方式，弘扬敬老爱幼、夫妻互敬、家庭和睦、邻里团结的家庭美德，提高家庭文化生活品味。温带颖一家被评为省“五好文明家庭”，蔡桂兰被评为“梅州市尊老敬老先进个人”，沈华山一家被评为“梅州市优秀书香家庭”。

2000年，举办家庭文化节等倡导文明新风系列活动。根据上级部署，宣传部、妇联、文明办联合举办家庭文化节活动，以开展“好书进我家”家庭读书活动，提高家庭成员的素质；以美化家庭为目标，积极开展“建设美好家园，树立文明家风”为主题的活动，美化家庭环境。继续做好文明户的年终评审工作，至年底，全县办起妇女学校98间，评出文明户12万多户，占总农户数的95.2%。梅县文明办、工商局等单位联合开展“文明经营户”的评比活动和评选、命名表彰工作，共评出文明经营户243户。

2001年，家庭美德建设方面，继续倡导科学、文明、健康的生活方式，弘扬敬老爱幼、夫妻互敬、家庭和睦、邻里团结的家庭美德，不断提高家庭生活品位。9月，中共中央下发《公民道德建设实施纲要》，县文明委迅速抓好宣传贯彻和组织实施，不断加强“爱国守法、明礼诚信、团结友善、勤俭自强、敬业奉献”的道德规范，取得良好效果。进一步抓好文明户的动态管理，有力地促进了农村各项工作的开展。经年终评定，全县有文明户12万多户，占总农户95.5%。

2002年，与县妇联共同举办梅县家庭文化节活动，与司法局等单位联合举办“法律进社区”活动，在电台、电视台设立《文明花香飘满园》栏目，对省、市表彰的文明户和先进个人进行报道；组织出版《文明花香飘满园》大型精美画册，反映梅县近10多年来精神文明建设所取得的丰硕成果及各行各业的先进典型，使精神文明之花在城乡盛开。

2003年，修订《文明单位管理办法》《文明委成员单位责任制度》等文件，持之以恒地抓好文明村户的创建活动，县级文明村总数239个，全县有九成以上的农户评为文明户。

2004年，持之以恒抓好文明村户创建活动，并认真做好巩固提高和发展工作，定期开展文明系列活动的检查、指导和验收工作。与妇联等单位开展梅州市第五届家庭文化节活动，与工商等单位联合开展“文明经营户”活动。

2005年，继续开展文明村户的评选活动，以推动梅县文明系列创建活动的深入开展。县文明办开展“孝行奖”评选活动，与团县委共同开展创建“青年文明号”活动，与县工商局等单位联合开展“文明经营户”评选活动，与县妇联联合开展“四好”（好媳妇、好母亲、好儿女、好婆婆）模范活动的评选，积极宣传推广梅县“孝行奖”获得者事迹。

2006年，研究制定《梅县文明公约》，在梅县人民广场竖起《梅县文明公约》的大型宣传牌，在农村开展《梅县文明公约》的学习宣传活动；举办梅县首届农民歌手电视大赛，各镇推荐1—2位共28位歌手参加大赛，评出一、二、三等奖6名；推荐获奖的农民参加全市农民歌手电视大赛，梅县潘志东获得全市一等奖，朱国辉获得优秀奖，县委宣传部获得组织奖；开展社会公德、职业道德、家庭美德为重点的教育活动，与县妇联联合开展“四好”模范活动的评选，与县工商局等单位联合开展“文明经营户”评选活动。

2007年，组织开展全县“关爱奖”（含孝心奖、关心奖、关怀奖）的评选活动，促进和谐社会建设。

2008年，开展文明礼仪“顺口溜”征集活动。确定20篇文明礼仪“顺口溜”候选作品，表彰“八佳文明礼仪‘顺口溜’”和8篇优秀文明礼仪“顺口溜”，部分作品报市参评。开展“梅花与梅州人精神”诗歌创作和评选工作。开展“社会公德、职业道德、家庭美德、个人品德”教育。

2009年，开展“文明家庭”等评选活动，认真宣传、发动群众积极参与，让群众在评先进、学先进的过程中，受到教育，得到提高，激励和引导更多的家庭投身精神文明建设，营造家庭平等、文明和睦、稳定、卫生的氛围，促进农村文明进步，全县推荐评选文明家庭27927户。开展农民歌会，活跃农民文化生活。与经贸、工商等单位联合开展“文明经营户”的推荐评选活动。

2009年12月梅县文明家庭（文明户）户数一览表

表3-42

镇　别	文明家庭户数	镇　别	文明家庭户数
新城办	1044	丙村镇	2201
松口镇	3144	雁洋镇	2315
松源镇	53	白渡镇	1354
畲江镇	285	桃尧镇	796
梅西镇	91	扶大镇	621
程江镇	1555	石坑镇	1129
梅南镇	829	隆文镇	1003
大坪镇	1028	南口镇	4151
城东镇	925	西阳镇	1785
石扇镇	1014	合　计	27927
水车镇	1165	—	—

2010年，开展“好客之都·文明相伴”系列活动。在全县开展以“存好心、说好话、做好事”和以“除陋习、讲文明、树新风”为主题的活动，开展“好客之都·文明相伴”主题摄影大赛、“十佳文明风景旅游区（景点）”评议活动，开展文明宣传用语征集和规范使用、文明公益广告宣传、“文明言行、幸福一生”宣讲、“平安亚运，文明交通”主题宣传等。开展“好父亲、好母亲”评选活动和“奉献和谐春运、青春与您同行”春运青年志愿者服务活动。组织参与省、市书香之家的评选活动，梅城扶贵西路香港花园B区居住的黎志健家庭在获得“梅州市优秀书香之家”基础上，又获得“广东省十大优秀书香之家”称号，并在省授奖会上作代表发言。

2011年至2016年，重视家风家训建设和教育，引导家庭成员特别是青少年思想进步、学习上进、尊老爱幼、健康成长、家业兴旺。

家训是中华民族家庭教育的重要方式，是历代治家的经验总结和智慧结晶。历代名人志士、世家大族多以家训的形式训诫子弟、垂饬后代。家训明确了个人在家庭、社会中的地位和应尽的责任与义务。训以治家，训以育人，训以养德。这些关于立身、治家、处世、为学的经验总结，传承着中华民族的文化传统、道德风尚和伦理观念，寄托着人们的家国情怀。传统家训是在中国传统社会里形成和繁盛起来的关于治家教子的训诫，是以一定时代社会占主导地位的文化内容作为教育内涵的一种家庭教育形式。根据家训表达的内容，可将其归为五大类:家庭、家政、勉学、修身养性和经世应务。家庭和家政谈的是处理家庭关系，包括处理夫妻与兄弟关系、长辈与晚辈关系，以求家庭团结、和睦。勉学、修身养性和经世应务主要谈论个人如何适应社会发展，比如立志、修身、求学、交友、为官等。

比如，梅县张氏祠堂，都认入闽始祖化孙公为一世祖。按照《张氏族谱》的记载，张化孙不但博览诗书，忠孝名扬，更是治家有方。他十分重视家族成员的教育工作，通过多种形式鼓励后人以上祖为榜样，自强自立，开拓创业。一方面提倡读书，崇文尚武，走读书做官的道路，另一方面又认为士农工商并重，不断开拓生存空间，逐步形成一个强大的家族网。张化孙把张氏源流、迁徙、家风、家训和要求效法的上祖典型，概括在一首俗称“外八句”的遗训诗中:“清河系出源流长，卜吉移居闽上杭。百忍家声思祖德，千秋金鉴慕宗坊。承先孝友垂今古，裕后诗书继汉唐。二九苗裔能禀训，支分富盛姓名香。”

又如，卢氏家训强调“敦孝悌、笃宗族、和乡党、重农桑、尚节俭、崇正学”教育后人要孝敬父母，和睦乡邻，勤俭耕读，明礼诚信，知法守法。罗氏家训10条：一、敬宗祖；二、孝父母；三、宜兄弟；四、勤耕读；五、务本业；六、肃体统；七、笃宗族；八、宗祠宇；九、保坟墓；十、隆师儒。傅氏族谱家规10条：笃忠敬急公守法完粮息讼诸事，教孝弟事亲敬长敦宗睦族诸事，营生业士农工商各执其业诸事，笃教学养不废教作养人才诸事，慎丧祭慎终追远且尽诚敬诸事，厚风俗吉凶庆恤孤寡宜体诸事，慎婚姻娶妻嫁女咸宜审择诸事，敦和睦捍患御灾协力同心诸事，严内外治内治外不可易位诸事，言杂禁奸盗赌博谋占欺吞诸事。

还有，林氏家训强调：“端正勤俭，是居身良法；仁恕正直，是居家良法；恭宽容忍，是居乡良法；廉洁奉公，是居官良法。”家训劝诫后人把品行端正、勤劳节俭作为立身处世的良法；把仁爱宽容、坚持正道作为在家日常生活的良法；把恭敬谦和、宽容忍耐作为邻里相处的良法；把廉洁奉公作为出仕为官的良法。这些家训深深影响了后人处世立业的态度，教育他们做人以诚信为本，做事克勤克俭。

2017 年 8 月，梅州市精神文明建设委员会，表彰第一届梅州市文明家庭，授予田雪龙家庭等 36 户家庭为“第一届梅州市文明家庭”称号，梅县区有新城办程江居委范围居住的黄秋华家庭、嘉应西路梅县人大宿舍居住的林期隐家庭、隆文镇苏溪村赖小林家庭、石扇镇中和村肖巧红家庭受到表彰。

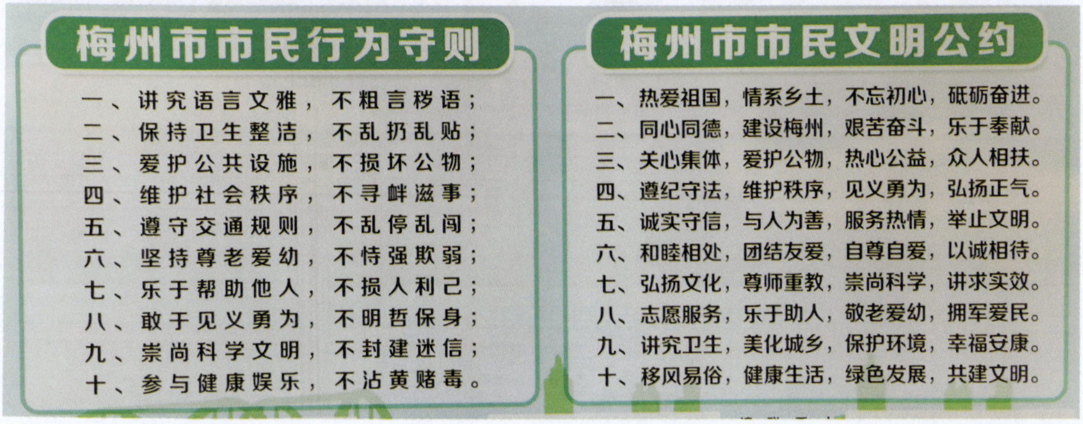

宣传栏（2017 年 12 月）

2018 年 8 月，梅州市文明办、市妇联联合评选表彰“梅州市优秀书香家庭”，梅县区陈仕贤家庭被评为“梅州市优秀书香家庭”，受到表彰。10 月，根据《关于印发〈梅州市梅县区文明城市、文明镇、文明村（居）三项创建活动工作方案〉的通知》要求，区文明办发出《关于开展梅县区星级文明户评选活动的通知》，在全区开展“星级文明户”评选活动，在文明户评选基础上评选“星级文明户”。“星级文明户”评选、授牌由区文明办负责，各镇负责组织、指导和具体推进实施，具体评选活动由村党支部、村委（以下简称“村两委”）按照所在镇部署组织实施，每年度进行复评及补缺，各居委会开展文明社区创建参照评选。

扶大高管会扶大居委召开星级文明户评选专题动员会　（2018 年 11 月）

扶大高管会所里村文明户评选工作动员会（2018 年 11 月）

六、倡导和践行社会主义核心价值观

1983 年，中国共产党第十二次全国代表大会决定，从 1983 年下半年开始，用 3 年时间对党的作风和组织进行一次全面整顿。中国共产党第十二届中央委员会第二次全体会议讨论如何贯彻执行这一重要决定的问题，确定从 1983 年冬季开始全面整党。1983 年 10 月十二届二中全会结束后，“清除精神污染”的运动随即在全国展开，梅县开展清除精神污染工作。

1984 年，梅县积极开展社会主义文明建设，编写《清除精神污染方案广播讲座》12 讲，《农村两个文明建设广播讲座》48 讲，印发开展文明礼貌活动月简报 3 期。

1990 年，围绕树立好学进取、团结友爱、诚实礼貌、健康文娱、卫生美化、勤俭守法、文明新风，开展一系列活动。9 月，县委宣传部和县总工会在县经委、县财办的密切配合下，根据上级有关精神，在全县企业职工中开展基本国情和基本路线教育，为使“双基”教育扎实开展下去，在梅县松香厂搞试点，帮助他们制订教育计划，上辅导课。同时，为全县培训骨干 65 人（次）。“双基”教育扎实开展，有 1 万多名职工接受教育。

1995 年，抓好干部职工的爱国主义、集体主义和社会主义教育，注重抓好他们的思想政治教育，把弘扬江泽民倡导的新时期 64 字创业精神作为一项主要内容。5 月，组织全县各镇各单位党员干部开展“热爱人民，无私奉献——学习孔繁森事迹演讲比赛”。在基层党支部、党委逐级举行初赛后，选出 12 名参加决赛，结果财贸系统李伟玉的《一座不朽的丰碑》获得一等奖，并代表梅县参加市级比赛获得三等奖。7 月，在县委礼堂为 300 多名副局以上机关干部上廉洁自律教育辅导课；为教育局 100 多名干部上“学习孔繁森，做党的好干部”的教育辅导课。8 月，备好青少年法制教育辅导材料课“青少年应追求什么样的人生”，印 200 份下发到各镇、各学校。10 月，为县直机关 200 多名入党对象作《实现入党愿望，做无产阶级先锋战士》的辅导发言。12 月，分别组织经委、农委、计委、财贸等系统抓政工的主管领导举行座谈会。在座谈会上，各系统下属单位据各自工作实际介绍开展思想政治教育的做法、成功经验和存在的问题。同时大家对今后如何搞好新时期机关企业干部职工思想政治工作进行讨论，取得共识。通过开展对机关事业单位职工的思想政治教育，大大激发广大干部职工的主人翁责任感和生产积极性。全年全县有 1500 多人提出合理化建议 800 多件，被采纳 300 多件，可创造价值 200 多万元，发明创造奖 2 项，创造价值 150 万元。

1996 年，梅县企业在深化改革、转换机制、实现两个根本性转变，在市场经济的竞争浪潮中求生存求发展的关键时刻，认真贯彻落实中共中央办公厅、国务院办公厅《关于加强和改进企业思想政治工作的若干意见》的通知和省委、省政府办公厅关于贯彻落实《若干意见》的通知精神，县委办公室、县政府办公室联合发文、转发《贯彻中宣部、国家经贸委〈关于加强和改进企业思想政治工作的若干意见〉的通知》，组织干部职工学好意见，认真加强和改进企业的思想政治工作，走出一条与形势发展相适应的企业思想政治工作成功之路，主要表现在：一是梅县大多数的企业第一把手都能坚持“两手抓”，一手抓企业的生产经营，一手抓干部职工的思想政治工作。如造纸厂厂长兼党总支书记陈希光，在企业经济形势相当困难的情况下，迎难而上，带领党总支一班人团结合作，以人为本，把思想政治工作有机地结合在生产经营中，从而促进企业的健康发展。二是梅县企业普遍建立起一支充满活力的企业思想政治工作队伍，充分发挥党政工团妇的作用，形成齐抓共管的局面。如烟草公司等单位专门成立由书记、经理、人秘、工会、共青团、妇联等负责人组成的企业思想政治工作领导小组，做到人员落实，措施落实，有力地促进了企业经济效益的增长。三是积极开展形式多样的活动，有力地调动干部职工的生产积极性、主动性和创造性。如东风水泥有限公司以“爱厂、爱岗、乐于奉献”为主题开展教育活动，在企业内部树立典型，培育企业精神，从而调动干部职工的积极性，促进企业经济的发展。

1996 年，为进步加强梅县各级干部和广大党员的思想政治教育，引导广大党员干部树立正确的世界观、人生观、价值观，县委宣传部与县委组织部、县农委、县林业局等单位组织“革命烈士优秀共产党员黎国新同志事迹巡回报告团”，先后到县属机关和全县 26 个镇作了报告 28 场，听众 1.4 万人。报告团成员从不同侧面介绍黎国新敬业爱岗、忠于职守、无私奉献的感人事迹，在全县城乡引起了强烈反响。这项活动教育面广，人数之多，对加强梅县思想道德建设起到积极的推动作用。为配合宣传和学习黎国新的先进事迹，在全县城乡掀起学习黎国新的热潮，还负责编印《青山留痴骨，绿叶注深情》优秀共产党员黎国新先进事迹材料汇编一书，共印 3000 多份，发至县属各党支部，供广大党员干部学习。

1999 年，深入地开展思想政治教育工作，通过与有关部门联合开展纪念“五四”运动 80 周年，召开纪念大会、举行座谈会、中学生作文比赛、中小学生文艺会演、“加丹杯”青年歌手大赛，弘扬爱国主义和民主科学精神，增强干部群众振兴中华的责任感、使命感。

国庆期间，梅县举行中华人民共和国成立 50 周年暨县城新迁系列庆典活动，组织 1 万名干部群众参加中华人民共和国成立 50 周年暨县城新迁庆祝大会，举行文艺焰火晚会，在县文化中心举办“闪光的轨迹——建国50年梅县经济社会发展成果图片展览”，共展出作品230件，组织各镇、县属单位的干部职工、中小学师生参观，参观人数3万多人。通过系列活动，梅县广大干部群众感受到中华人民共和国成立50年来，特别是改革开放以来，梅县在现代化建设事业中所取得的辉煌成就和历史功绩，坚定全县干部群众走建设有中国特色社会主义道路的信念。

2000年，加大精神文明建设的宣传力度。在县电台、电视台开办了《文明之花》专栏节目，大力宣传梅县在创建精神文明活动中涌现出来的好人好事、好做法、好经验，在全社会形成良好的社会氛围。由省精神文明建设研究会出版的《2000年精神文明建设红皮书》介绍了梅县精神文明建设的做法和经验。

2006年，在全县广泛开展“读《中华美德书》、树立社会主义荣辱观、争当优秀现代公民”活动。通过读《中华美德书》这个载体，掀起读书热潮，推动学习型社会的建设，促进全体公民树立社会主义荣辱观。一是做好《中华美德书》征订发行工作；二是组织好《中华美德书》的电视解说工作，共播出160期（次）；三是把开展读书活动与学习践行社会主义荣辱观结合起来，举办社会主义荣辱观学习会、公益广告大赛；举办读书座谈会，在座谈会上，县委办、县政府办、县检察院、县教育局、丙村镇、县人民医院等20多个单位的代表分别介绍自己或单位践行社会主义荣辱观以及开展读书活动的做法和经验，为全县开展活动树立榜样；四是举办读书征文比赛，并将获奖征文在《梅县宣传》专刊编辑出版；五是举办读书知识竞赛；六是举办读书演讲比赛，白渡镇干部曾婉玲获得一等奖。

2007年至2008年，与有关镇配合，开展“崇商重企”情况调查，撰写《树立和践行“崇商重企”时代理念》等文章，在市、县宣传刊物推荐发表。继续实施《梅县文明公约》，深化社会主义荣辱观教育。总结城东、丙村、雁洋等镇开展学习、宣传《梅县文明公约》的做法和经验，并在《梅县宣传》刊物上刊登；分别到有关镇、单位开展调查，撰写《践行〈梅县文明公约〉，深化“八荣八耻”教育》等一批文章，推荐在市委宣传部《梅州宣传》刊物上发表。

春运志愿服务活动（2011年）

2009年，与教育局、团县委联合开展“感受新变化”主题教育活动，组织学生走出校园，走进社会，感受家乡的发展、社会的变化和改革开放以来取得的伟大成就，增强青少年学生的民族自尊心和自豪感，激发学生为祖国的繁荣富强而勤奋学习的热情。县教育局在全县中小学校开展礼仪、礼貌、礼节的“三礼”教育活动，在程江中心小学召开“三礼”教育现场会，广吹文明之风。

2009 年，抓好志愿者服务队伍建设，成立由县委常委、宣传部部长郭碧玲任组长的梅县志愿者服务队，队员 5000 多人，在县委宣传部、团县委等单位的组织下，义务参与街上巡道，扶老携幼，扶贫济困等活动，社会影响好。

2010 年，以贯彻落实科学发展观、抓好社会主义核心价值体系建设、推动绿色崛起、打造客都明珠为主线，加强精神文明建设。

2011 年春季，梅县 1 万多名志愿者以“服务社会、共建和谐”为宗旨，弘扬“奉献、友爱、互助、进步”的志愿精神，开展服务他人、服务社会的群众性精神文明活动。

2012 年 11 月，中共十八大报告明确提出“三个倡导”，即“倡导富强、民主、文明、和谐，倡导自由、平等、公正、法治，倡导爱国、敬业、诚信、友善，积极培育社会主义核心价值观”，这是对社会主义核心价值观的最新概括。县委宣传部和县文明办认真组织学习领会，并在宣传工作会议上和理论骨干培训班上认真宣传、解读。

2013 年 12 月，中办下发《关于培育和践行社会主义核心价值观的意见》。为兴起培育和践行社会主义核心价值观宣传热潮，推动社会主义核心价值观大众化、生活化，进一步提高城乡文明程度，梅县区开展“修身立德做好人”系列活动，通过挖掘推荐“梅县好人”、征文演讲比赛等活动，让社会主义核心价值体系转化为全社会的共同追求，全面提高市民的思想道德素质。通过挖掘和推荐道德楷模和身边好人，宣传他们的先进事迹，引导广大干部群众见贤思齐，争先创优，做好人办好事。

2014 年，开展社会主义核心价值观宣讲报告会，解读社会主义核心价值观重要内容。实施文明餐桌引导行动，印制 5000 份“文明餐桌　从我做起”为主题的餐桌文明台牌，发至餐饮企业用于文明礼仪宣传。持续推进“我推荐、我评议身边好人”活动，由梅县区推荐的畲江镇青年陈坤安、谢文境获得“梅州市见义勇为奖”。

梅县区社会主义核心价值观宣讲报告会（2014 年 7 月 2 日）

2015年，以培育和践行社会主义核心价值观为主线，在全区开展“建设美丽梅县、文明我先行”主题系列活动。组织举办“首届梅县区微电影大赛”、全民阅读、道德讲堂教育、“践行价值观·建美好家园”演讲比赛、“践行价值观·传递正能量”微信大赛、“大美梅县”乡村摄影大赛等。

梅县区“践行价值观，建美好家园”主题演讲比赛（2015年6月）

2016年，强化核心价值观公益广告宣传。在城区机关企事业单位、社区、学校、医院、车站等设置了200多个视频网点宣传；在城区各主要街道的供电箱美化屏上开展“图说我们的价值观”公益宣传，投放总数135个（幅），投放面积600平方米；在城区20多个主要公交候车亭廊设置大幅灯箱广告、在梅县人民广场设置大型LED视频公益宣传。在合和花园、广州花园等10多个大型住宅小区内设置公益广告大型宣传栏；在高速公路出口和城区主要路道设置大型公益广告宣传牌10多块。

社会主义核心价值观围墙宣传（2016年12月）

2017年，践行社会主义核心价值观常抓常新。一是大力推动社会主义核心价值观“进教材、进课堂、进头脑”工作，抓好国防教育与学校教学的结合，利用德育课程、学生军训加强国防教育，在清明等时间节点组织师生到爱国主义教育基地开展现场教学、缅怀先烈，进一步弘扬爱国主义精神；二是举行社会主义核心价值观主题宣传活动，邀请知名书法家为群众书写新春道德对联和派发社会主义核心价值观宣传环保宣传袋、物品5000份，提高知晓率；三是在城镇主干道、商业圈、高速公路出入口等关键点设置各具特色风格的公益广告和在建筑围挡制作宣传图画，面积5000多平方米，扩大社会宣传覆盖面，提升公益宣传效果；四是在区电视台设立《践行社会主义核心价值观》专栏，播出《阴那村——去陋习树新风，三农事业谱新篇》，掀起农村基层践行社会主义核心价值观新高潮；在区电视台黄金时段展播社会主义核心价值观主题微电影优秀作品40多集次，加大社会主义核心价值观传播力度，唱响时代主旋律；五是以“社会主义核心价值观”“讲文明树新风”为主题征集公益广告视频作品20个，以通俗易懂的动漫形式加强社会主义核心价值观教育；六是开展社会主义核心价值观示范点建设，打造传统文化公园——新县城梅花山公园、雁洋文化公园价值观专栏、松源横坊河堤文化长廊等，以点带面，形成良好示范带动效应。为培育和践行社会主义核心价值观，展示公民道德建设的丰硕成果，更广泛地动员人民群众支持和参与道德建设，梅县区按照省文明办组织开展的“广东好人”推荐评选活动要求，认真开展评选推荐工作，经省文明办组织专家评审，梅县区梁运芳入选本年第三季度广东省“孝老爱亲好人”。

在华侨城广场开展梅县区社会主义核心价值观主题宣传　（2017年1月）

2018年，全面推进社会主义核心价值观教育活动。引导各级各部门抓好《我们的价值观》宣传展示阵地建设，落实好进校园、进企业、进机关、进社区的宣传工作。投入1200多万元用于公益广告宣传，在高速路出入口、城区主次干道、公园等公共场所竖立以核心价值观为主要内容的T型广告牌19块、大型广告牌13块，有各种形式广告牌、宣传栏1000多处；程江镇、新城办利用残旧墙体绘制公益广告文化墙3128平方米，使原来乱涂乱画的废旧墙体变为弘扬社会文明新风尚的宣传阵地和提升城市文明形象的重要景观带；在全区开展社会主义核心价值观示范点建设，包括亲水公园、程江河堤等主题示范点，以更好地培育和践行社会主义核心价值观。如：开展"粤传承，粤创新"核心价值观宣传教育活动，推选梅县供电局、兔小贝动画两家企业申报广东省社会主义核心价值观建设示范点。持续推进"我推荐、我评议身边好人"活动，组织开展广东好人、梅州好人、道德模范、身边好人、新时代好少年的推荐工作，树立一批助人为乐、见义勇为、诚实守信、敬业奉献、孝老爱亲的模范典型。其中，梅县区地方公路总站松口养护中心主任叶富健获评第一季度"梅州好人"；原梅县区公安分局隆文派出所副所长卢焕新获评第二季度"梅州好人"；王玉瑜、吴佳佳获评2018年梅州"新时代好少年"。

第七章　网信建设

第一节　网信中心机构

名称：梅县区互联网新闻信息中心。

梅县区互联网新闻信息中心（简称"区网信中心"）是由梅县区机构编制委员会于2015年2月28日批复同意设立，为股级公益一类事业单位，核定编制3名，设正、副主任各1名，人员经费由财政核拨。

区网信中心历任人员情况：

梅县区互联网新闻信息中心人员编制实有3名。人员履历情况如下：

陈坤荣，2015年5月至2015年8月　　梅县区互联网新闻信息中心干部。

　　　　2015年8月至2018年12月　　梅县区互联网新闻信息中心主任。

蓝晓华，2015年9月至2016年9月　　梅县区互联网新闻信息中心副主任。

饶文婷，2015年5月至2018年12月　　梅县区互联网新闻信息中心干部。

杨裕婷，2017年8月至2018年12月　　梅县区互联网新闻信息中心干部。

第二节　网信管理

网络等新兴媒体的迅速崛起，宣传思想工作面临新的挑战，如何开拓创新，勇于抢占宣传思想工作的制高点，用主流媒体的声音去改变盲区，填补断层，影响、引导网络、手机短信、微信的宣传，使他们靠近主流意识形态，是一项必须下大力气研究解决的新课题。

区网信中心负责组织收集网上热点问题，为区领导科学决策提供网络舆情信息服务；组织开展重大网络新闻宣传活动，加强网上正面宣传等。

一、网络新闻宣传

2015年3月，成立梅县区互联网新闻信息中心，明晰工作职责，健全工作机制，规范工作流程，充实人员力量。提升网络舆情应对能力和水平，让网络空间风清气正，保证舆论安全。至年底，搜集处置涉及梅县区的网络舆情事件25起。

2016年，强化管理，网络舆论环境明显改善。调试上线使用网络舆情监控服务系统，发现并处置涉及梅县区的舆情信息15起。同时加强与上级部门、网警部门和兄弟单位的沟通联系，迅速高效处理涉及梅县区的不良网络信息。

2018年，围绕区委、区政府中心工作，重点以梅县区宣传网、“梅县发布”微信公众号、“梅县发布”新浪微博，“梅县发布”南方号等“一网两微一端”为平台，同时不断拓展宣传阵地，如开设“梅县发布”今日头条号、“梅县发布”企鹅号等，开展和加强网络正面宣传，紧紧围绕学习宣传贯彻中共十九大精神、省委、市委和区委全会精神、全区的重点工作等及时发布相关动态、发展亮点等，积极推进政务公开，营造正面健康的网络舆论环境。

几年来，网络重点宣传中共十八大和十九大精神，宣传区委的重大工作和活动，连续定期向广大网友推送梅县区的精彩活动内容，如“乡村复兴·梅县峰会”“首届中国农民丰收节”“客商银行·2018世界客都梅州马拉松赛”等，取得了良好的效果。

二、网络评论工作

利用上班及节假日休息时间圆满完成中央、省和市委网信办下达的网评任务。重点做好“梅县发布”微信公众号、“梅县发布”今日头条号、“梅县发布”腾讯企鹅号和“梅县发布”南方号的引导工作，有效地引导社会舆论，营造了积极健康向上的网络舆论，在维护社会稳定，消除网络谣言，促进政府与民众沟通，建设和谐社会方面起到积极作用。

第四篇　宣传文化人物

梅县区历来崇文重教，名人辈出，当代有开国元勋叶剑英、杰出画家林风眠、诗人、雕塑家李金发等一大批光耀中华的名人贤士。百年来诞生了 229 名将军，中华人民共和国成立后培养出 62 名大学校长（书记）和 14 名院士，郭沫若曾赞美梅县区“人物由来第一流”。

现代杰出人物主要有：开国元帅叶剑英，开国中将肖向荣，开国少将杨永松、叶松盛、卢达元等，开国大校张孤梅、陈烙痕、王立朝等，新时期解放军将领谢达忠、张榛盛、叶选宁、古国檀、罗来胜、廖万清、陈志杰、蔡军等，武警少将张文辉。全国政协原常务副主席叶选平，原最高人民检察院检察长、公安部部长刘复之，原邮电部部长杨泰芳，原国家广电总局副局长、中央电视台台长杨伟光，全国妇联原副主席黄甘英，全国侨联原副主席谢文思，中央原委员刘均益，广东省人大常委会原主任黄龙云，上海市政协原主席、世界著名桥梁专家李国豪，天津市原副市长叶迪生，北京市人民检察院原检察长何访拔，广东省原副省长张文、丘哲等，广东省人大常委会原副主任王维、黄友谋、谢强华等，广东省政协原副主席罗范群、陈伊林、李伯球、张展霞、郭翘然、温兰子等，贵州省高级人民法院院长谢锦汉，广州市原市长杨资元，全国政协原常委叶道英，新华社香港分社原社长李菊生，《人民日报》原副总编辑廖经天，中国社会科学院副院长张江，中国侨联副主席余国春。海内外院士有世界著名量子化学家潘毓刚、中国肿瘤学奠基人吴桓兴、中国病理学奠基人之一梁伯强、中国物理化学奠基人之一黄子卿、国际著名治癌专家彭淑牖以及江欢成、黎尚豪、钟惠澜、杨简、梁春广、古德生、张楚汉、李元元、周湘涛、杨海星、李怡章、侯一钊等。影视导演侯孝贤、杨德昌、楚原、关尔等。著名电影音乐作曲家张棣昌，武侠小说宗师温瑞安，文学理论家古远清，地理学家徐俊鸣，教育家黄药眠、何如、谢晓安、杨凡，经济学家张卓元、林霖，财经作家吴晓波，直升机专家温清澄，建筑学家黄锡璆，前中国国家羽毛球队教练侯加昌，前中国国家足球队教练曾雪麟，北京奥运会女子曲棍球赛亚军陈秋绮，中国国家羽毛球队运动员陈其遒。上海同济大学原校长薛尚实，武汉大学原校长侯杰昌，北京师范大学原校长李雾仙，北京工业大学原校长蔡少甫，华南师范大学原校长黄友谋。著名戏剧艺术家李世济、梁素珍、杨秀薇、邓玉璇等。企业家曾宪梓、田家炳、梁亮胜、余鹏春、邹锡昌、王华君、叶华能、梁健锋、黄华、林光如、廖清清、李颖等。（以上人物有多项重要身份的只在其中一项列名）

下面重点介绍对宣传文化有突出贡献的杰出人物和业内人士。

朱云卿

朱云卿（1903—1931），原名朱云，梅城油箩街人，是中国共产党早期工农武装领导人之一。他出生于城市贫民家庭，父是私塾教师，母是搬运工人。1917年他15岁赴印尼万隆跟叔父做工。

1924年朱云卿瞒着亲人，离印尼回广州，考入黄埔军校第三期。在校期间，他刻苦学习军事知识和参加各种军事训练，努力学习革命理论，阅读马克思列宁主义著作，加入了军校进步组织“青年军人联合会”，积极同校内右派势力作斗争。1925年10月，朱云卿参加广东国民政府第二次东征，讨伐陈炯明叛军，因作战机智勇敢，受到周恩来的赞赏。同年加入中国共产党。1926年1月，他在黄埔军校毕业后，留在广州从事革命活动。是年秋，受中共组织派遣，任中共北江特委委员，负责主办北江农军学校，任该校主任。北江农军学校办了2期，培养了近300名农民武装骨干，推动了北江各地农民运动的发展。1927年，继上海“四一二”反革命政变后，广州发生“四一五”反革命大屠杀，当时局势异常紧张，根据中共广东区委指示，4月下旬，在韶关成立北江农民自卫军北上总指挥部，朱云卿任参谋长，4月底，农军北上到湖南郴州，在郴州一带打击反动地主武装，支持农民群众开展减租减息斗争，6月15日到达武汉。随后，在武汉任农政训练班主任。同年9月，受命到湖南参加震撼全国的秋收起义，后跟随毛泽东上井冈山。1928年夏，任红四军三十一团团长，率领该团参加草字坳战斗、龙源口大捷等著名战役。8月下旬，毛泽东率三十一团三营到湘南迎接红军大队回师，朱云卿与团党代表何挺颖带领三十一团一营留守井冈山，在黄洋界口打退敌人4次进攻，取得黄洋界保卫战的胜利。1929年1月，朱云卿随毛泽东、朱德、陈毅离开井冈山，向赣南闽西进军，在大柏地、长岭寨战斗中，带领红三十一团担任主攻任务，克敌制胜，立下战功。3月，红四军在福建长汀进行整编，朱云卿调任红四军参谋长。10月，随朱德率红四军三个纵队向广东东江挺进，协助朱德制定出击东江计划，在虎头砂、松源、新铺、梅城等战斗中，连续取得胜利。12月，中国共产党红军第四军第九次代表大会在福建上杭古田召开（称“古田会议”），朱云卿在会上支持毛泽东的正确意见，与各种错误思想作了坚决斗争。1930年6月，红四军、红十二军和红六军在福建长汀整编为中国工农红军第一路军（不久，改称为红军第一军团），毛泽东任政治委员，朱德任总指挥，朱云卿任参谋长。8月23日，红一军团在湖南浏阳永和与红三军团会合，组成中国工农红军第一方面军，朱德任总司令，毛泽东任政治委员，朱云卿任参谋长。是年冬，蒋介石发动大规模“围剿”红军。朱云卿与毛泽东、朱德等红军领导人一起研究部署龙岗战役，取得重大胜利，粉碎了蒋介石的第一次“围剿”。

1931年5月，朱云卿因病在江西吉安东固后方医院治疗时，被国民党特务杀害。

洪剑雄

洪剑雄（1899—1926），名善效，澄迈博潭村人，是中共梅县地方组织创建人之一。1915年，洪剑雄在小学毕业后去新加坡学习英文。1917年回国，到琼崖中学读书。1919年五四运动后，参加琼崖十三属学生联合会，协助学联会宣传队长杨善集创办《琼声周报》，利用暑假深入到各县市镇，组织青年学习马克思主义。1921年春考入国立广东高等师范学校文科，在校期间，他勤奋好学，追求真理，进步很快，1923年加入新学生社，从事青年运动，不久，广州学生联合会进行整顿，洪剑雄当选为执委。与此同时，他和杨善集等联络琼崖青年成立琼崖革命青年同志会，组织新琼崖评论社，出版《新琼崖评论》杂志，宣传马克思主义和国民革命运动。1924年，洪剑雄加入中国共产党，同年春高师毕业后，在广州补习德文，准备赶赴德国留学，5月间黄埔军校创办，他投考黄埔军校，被录取为第一期第二队学生，同年11月军校毕业后，被周恩来选拔留军校政治部工作，任军校《士兵之友》壁报编辑，被誉为"军中编辑壁报之第一人"。

1925年，洪剑雄随黄埔军校学生军参加第一次东征，在军政治部做宣传工作，编辑军中壁报和起草传单、标语，向群众进行政治宣传。潮梅平定后，任政治部驻梅县特派员，他深入工农学生中，开展革命宣传工作。4月14日，他和李芝龙等去梅州中学、东山中学等学校演讲，为在梅县组织统一战线，迎接国民革命运动新高潮打下基础。6月，广州杨希闵、刘震寰叛乱被平定后，洪剑雄奉调回广州，任总政治部组织科长，代表政治部参加国民会议促成会运动。6月23日，广州各界举行游行示威，发生沙基惨案，其中有军校营长曹石泉等20余人惨遭英法军队杀害，洪剑雄在悲愤之余，肩负起编辑《沙基屠杀中军校之死难者》纪念册工作，并撰写文章，表示要继承烈士遗志，为无产阶级而奋斗到底。7月1日，广州国民政府成立，他被派到第四军政治部任秘书。10月，国民革命军第二次东征，洪剑雄任东征军第二纵队宣传队总队长。12月初，与张维等在梅县开展建党工作，发展了一批中共党员，正式成立中共梅县特别支部。接着，又与张维、李世安组中华人民共和国成立民党梅县县党部。后随师返回广州，任第一军第十四师政治部主任。1926年3月，第十四师移驻梅县，洪剑雄代行师党代表职权，在梅县广泛开展群众运动，相继成立梅县总工会、妇女解放协会等革命群众团体。同时，指挥部队肃清在兴宁的陈炯明残部。他还依靠当地党团骨干，积极发展梅县各区镇和兴宁、五华、蕉岭、平远、江西寻乌、福建武平等地的党团组织，为梅县地区党团组织的建立和发展作出贡献。

1926年7月，国民革命军出师北伐，洪剑雄任第四军政治部宣传科长兼总政治部北伐战时宣传队队长，率宣传队员及政治部工作人员100多人随军进入湖南奔赴前线，在湖南郴州因病逝世。

熊　锐

熊锐（1894—1927），原名新寿，又名维新，字君锐，梅江区新塘尾村人。青少年时，目睹祖国处于列强瓜分、军阀混战、民不聊生的黑暗年代，萌发了爱国、救民思想。中学毕业后，在梅县桂里小学任教，与杨雪如等组织读书会，介绍进步书刊给学生阅读，鼓励学生关心时事政治。之后，到汕头《大风日报》任编辑，并为《真言日报》撰写进步文章，旋辞去编辑职务，东渡日本留学。1915 年，日本侵略者向袁世凯提出“二十一条”条约，对中国发动新的侵略，他愤然离日回上海，1920 年 5 月 9 日，从上海赴法勤工俭学，先后在巴黎大学、弗来堡大学就读。后又转赴德国入柏林大学学习，在此期间，他积极钻研马克思主义，探索革命道路，时北洋军阀政府拒发留学生经费，熊锐等为解决同学们的经济困难，想方设法促华法教育会广东分会解决粤籍留法生之津贴费，得财政部次长廖仲恺支持，使粤籍 34 名留学生能继续读书。1922 年 2 月初，熊锐参加周恩来组建的共产主义组织旅德支部，后又加入中国共产党旅欧总支部，积极发展旅欧党团组织。

1923 年 6 月，中国共产党第三次全国代表大会决定全体共产党员以个人名义加入国民党，实现第一次国共两党合作。在欧洲的周恩来、熊锐等以个人身份加入中国国民党，同年 11 月和翌年 1 月，中国国民党旅欧执行部及巴黎通讯处相继成立，熊锐任政治委员。之后，熊锐又与朱德等组织国民党驻德支部，在 1925 年 1 月召开的常年大会上，当选为执行委员。

1925 年，上海五卅惨案发生后，熊锐奉命回国，在毛泽东、林伯渠等人以国民党中央名义在广州开办的政治讲习所任教授。1926 年 4 月，到广东大学（今中山大学）任教，并应邀至罢工委员会开办的劳动学院讲授世界革命史。9 月，熊锐被聘为广州妇女运动讲习所教授，讲授“国际问题”。他经常撰写文章和翻译《唯物史观》，在《人民周报》发表。

1927 年初，熊锐到黄埔军校政治部和国民革命军第三军军官学校工作。4 月 15 日，广州发生反革命大屠杀，国民党当局逮捕了熊锐、萧楚女等 2000 多名共产党员和革命群众。4 月下旬，熊锐被国民党当局杀害于广州南石头监狱。

叶浩秀

叶浩秀（1903—1928），字翰如，梅江区梅塘宫前村人，小学毕业后，考进东山中学读书，因品学兼优，连任学生会会长。1923 年毕业后，被保送到广州高等师范学校英语部就读，在学期间，他努力攻读专业知识，追求革命真理，在广东新学生社创建人蓝裕业的帮助下，于次年先后加入新学生社、共青团，被选为广东高师新学生社负责人。1925 年参加中国共产党，任中共广东大学（后改中山大学）支部委员，参与领导该校进步学生公开揭露戴季陶及其所支持的右派学生的丑恶行径，进一步壮大进步力量，党团员由 70 多人发展到 200 多人，成立中共广东大学总支部，叶浩秀被选为书记。之后，调中共广东区委工作，任书记陈延年的秘书。

1927年年初，叶浩秀调任中共广宁县委书记。工作期间，积极发展农会，组织农军，主办小学教师养成所，培养革命骨干。上海“四一二”反革命政变后，广州发生四一五反革命大屠杀，叶浩秀在广宁向党员传达广东区委指示，成立“非常委员会”，指挥广宁农军，配合北江各县工农军，准备进攻广州，后因形势急剧变化，计划未能实现。遵照上级指示，去香港汇报工作。11月任中共广东省委潮梅党务巡视员，到潮梅各县指导工作，恢复和整顿党的组织，建立工农武装。

1928年1月，改任中共东江地区特派员，主持东江特委工作，2月9日，在汕头主持东江、潮梅地区县、区委书记联席会议时，因叛徒告密，被国民党政府军警包围，20名中共县、区负责人被捕。叶浩秀则在与军警搏斗后跳楼壮烈牺牲。

杨广存

杨广存（1901—1928），又名文乔，字粤群，号志宁、致能，梅城西区人，出身于教育世家。杨广存自小学习勤奋，成绩优异。1914年，在县立第一高小毕业后，考入梅州中学，时值第一次世界大战期间，他目睹帝国主义列强欺凌祖国，感到无比愤慨，积极投身于反帝反封建运动。1919年秋高中毕业后，考入北京大学经济系，时李大钊等人在北大师生中传播马克思列宁主义，他经常与李大钊联系并加入马克思列宁主义研究小组，学习马克思列宁著作和研究中国社会问题。1923年，杨广存在北大加入中国共产党，他在北大支部领导下，负责北京进步报刊《晨报》副刊编辑，积极从事革命活动，经常深入农村、工矿区进行宣传鼓动，组织群众进行革命。他还经常写信给家人，宣传革命形势，分析人民生活痛苦原因，勉励他们努力学习，争取进步。

1926年，杨广存参加了由李大钊等人领导的北京学生群众要求段祺瑞执政的北京临时政府拒绝英美等八国最后通牒的请愿斗争，遭到段祺瑞的血腥镇压，发生“八一三”惨案。事后，段祺瑞到处通缉逮捕爱国学生。为免遭敌手，杨广存于是年6月回到梅县，任《梅县日报》和《梅县公署月刊》编辑主任，亲自撰写文章，深入浅出地宣传马克思列宁主义，报道俄国十月革命经过，号召梅县人民“做一个勇敢的革命者”。是年冬，任中共梅县特别支部宣传干事。1927年1月，梅县特支升格为部委员会，杨广存改任部委委员、宣传部长，后受命到平远发展中共组织，通过嘉应大学教师陈志莘的介绍，到平远中学任教务主任。他以职业为掩护，秘密进行革命活动，在平远中学建立中共支部，由他兼任支部书记。

1927年5月，杨广存回到梅县参加武装暴动，为暴动领导人之一。失败后，随队伍撤至农村。9月初，随八一南昌起义部队到汕头，后经香港至广州，参加12月21日广州起义。后又至香港，在省委宣传科工作。

1928年4月，中共广东省委派杨广存回梅县改组中共梅县县委，28日晚，在梅县城北扎田村唐润元家主持召开县委扩大会议，29日凌晨4时，突遭国民党梅县警察局便衣队包围，杨广存等人被捕。在审讯过程中，国民党当局多次进行欺骗利诱，并严刑拷打，而杨广存回答的只有“共产党好”“共产主义必然胜利”。其父曾设法进行营救，但他在狱中寄语说：“手已断，足已折，体无完肤已无生还希望，不必营救，救亦无益。我今为革命而死，死亦光荣。”

1928 年 5 月 5 日，遍体鳞伤的杨广存被国民党当局用箩筐扛到东较场，与林森端、唐润元一起被杀害。就义前，杨广存大义凛然，高呼“中国共产党万岁！”

中华人民共和国成立后，梅县人民为纪念他，将他童年就读的小学改名为广存小学，其遗骸也于 1976 年清明节迁葬在南口革命烈士公墓。

林一青

林一青（1900—1928），又名萌安、敏四，梅江区西阳镇白宫阁公岭村人，是早期中共梅县县委领导人之一。生性聪敏，勤奋好学，富于进取，先后就读于立本小学、西阳中学、梅县东山中学和上海南洋中学，后往毛里求斯和香港从商，因不合志趣不久弃商返乡。

林一青喜爱体育运动，尤善游泳。有次白宫河水暴涨，他不怕危险，下河打捞了一批桁桷木料送给本村学校，建起一间能容 80 人的教室；1921 年 9 月间，随母由汕头乘船返家，船至丙村晒禾滩撞石沉没，他不顾个人安危，多次从窗口爬入船舱把人救出，最后才救出母亲。由于其母年老体弱，溺水过久，抢救不及而离开人世。这种无私无畏，先人后己，奋身救人的美德至今仍为人所传颂。

1923 年 6 月，中国共产党第三次全国代表大会之后，实现国共两党第一次合作，革命形势日益高涨。1925 年，东征军两次到梅县，建立中共梅县地方党组织，工农运动蓬勃开展。在家的林一青，受革命思潮影响，经常阅读进步书刊，懂得了许多革命道理。1926 年春，任白宫立本小学校长时，他聘请一批进步教师，在学生和群众中宣讲革命道理，并开办妇女夜校，宣传妇女解放，发动妇女破除迷信，剪短发，提倡男女平等。同年暑期，中共梅县特支为发展农村党组织，开办农村小学教师训练班，林一青参加学习，同期加入中国共产党。8 月，教师训练班结业，成立梅县小学教师联合会，林一青任负责人。回到白宫后，他以教师的身份在学校和西阳、白宫圩上公开宣传革命，并经常深入边远山区明山、嶂下、下黄坑、三乡一带活动。

1927 年，上海“四一二”反革命政变发生后，为反对蒋介石的大屠杀，林一青参加了中共梅县部委领导的“五一二”工人武装暴动。5 月 13 日，成立梅县人民政府委员会，他当选为人民政府委员。7 天后，因反动武装反扑，林一青等只得转入农村，继续开展活动。是年冬，中共梅县委员会成立，林一青任县委委员。1928 年 12 月 18 日晚，他与林超森等在白宫圩巷口街逸安俱乐部召开秘密会议，被乡治安委员会头子探悉，密报国民党梅县县政府，遭县警两个中队近 200 人围捕。林一青为掩护同志脱险，同县警进行搏斗，终因寡不敌众而不幸被捕。在狱中，敌人软硬兼施，欺骗利诱、严刑拷打，他始终威武不屈，表现出共产党员视死如归的大无畏精神。12 月 22 日凌晨，林一青于梅城东较场英勇就义。

为纪念革命先烈，白宫镇人民政府于 1985 年 2 月在白宫中学侧红发岗上建西阳、白宫烈士纪念碑一座，镌刻林一青等 40 多位在各个革命时期牺牲的烈士英名，供人们瞻仰。

杨雪如

杨雪如（1897—1932），又名弘、雪夷、奕泉，梅城下市杨桃墩人，早期中共梅县地方组织主要领导人之一。他少时丧母，父以卖豆腐为业，家庭生活贫困，在他的要求下，全家节衣缩食，送其到学校读书。1914 年小学毕业后，考入公立梅州中学，在学期间，学习勤奋，成绩优异，喜看进步书籍，1917 年秋毕业后，先后在桂里小学、启化学校任教，与同事熊锐等组织读书会，介绍进步书刊给学生阅读，鼓励学生关心时事政治。1921 年，到上海大学半工半读，阅读了大批宣传马克思主义的进步书刊，积极参与反帝爱国运动，同年加入中国共产党。

1925 年年初，杨雪如回梅任桂里小学副校长，从中进行革命活动。他开办夜校，教工人、妇女读书识字，向学生报告国际、国内时事，教唱《国际歌》《少年先锋队歌》，还不惜卖掉家中两间房屋，将所得 6000 毫洋，全部用作革命经费。曾一度去印尼向侨胞募款，作为桂里小学建校之用。同年 12 月，在第一次国共合作条件下，任梅县教育局督学，任内利用巡视各乡村学校之机，到处宣传革命，建立教师联合会，推荐《中国青年》《青年先锋》《创造》等进步刊物给教师阅读，从中发展一批先进教师入党。1927 年 5 月 12 日，梅县举行武装暴动，杨雪如为暴动领导人之一，事败后赴武汉。6 月底，奉中共两广招待委员会书记彭湃指示，回兴梅工作。是年冬，任中共梅县县委组织部长。1928 年 6 月，中共梅县县委改组，杨雪如到基层。不久，调东江特委，任特委委员。1929 年夏，由东江特委派往江西中央局汇报请示工作。回途时，引带朱德率领的红四军到梅县，于是年 10 月 25 日进占梅城。杨雪如积极帮助红四军筹款筹粮和解决物资供应等问题。红四军撤出梅县北上江西之后，到处是白色恐怖，他不得不转入秘密活动，经常化装奔走于梅城、梅南、九龙嶂、铜鼓嶂、明山和丰顺、大埔、五华、蕉岭等县。1931 年冬，中共丰梅县委书记黄炎犯肃反扩大化严重错误，杨雪如奉东江特委之命在梅县检查工作和弄清问题，在梅城西郊中高峰高田瑕熊屋侧坟地召开会议，由于叛徒告密而不幸被捕，被投进梅县监狱。在审讯过程中，他拒绝国民党反动当局的利诱，经受严刑拷打，始终坚贞不屈。他说："共产党人为革命不惜牺牲自己一切，既然知道我是共产党，要杀就杀，不必来这一套！""杀了杨雪如，还有后来人，革命事业一定胜利。"

1932 年春，杨雪如被国民党反动当局杀害于梅城北门岗刑场。临刑前高呼："打倒帝国主义""打倒国民党反动派""中国共产党万岁"等口号。

李仁华

李仁华（1906—1935），隆文镇人，幼时随父母在马来西亚吉隆坡生活，11岁回乡读书，小学毕业后考进启文中学，后转广益中学就读。时值“五四”运动之后，革命思潮在梅县广泛传播，李仁华深受其影响。1924年5月，与朱仰能、谢北岳、古柏华等组织本校同学，反对学校当局强迫学生读圣经和包庇总务贪污学生膳费，掀起爱国反帝学潮，有280多名学生离开广益中学，组织学生互助社，另行上课，后在一批进步教师的支持下开办学艺中学，李仁华为互助社领导人之一。

1925年2月，广东革命政府东征军第一次东征来梅，广东新学生社特派员张维（中共党员）到学艺、东山及附城各中学进行活动，成立广东新学生社梅县分社，李仁华当选为分社委员。之后，李仁华在张维等人的帮助下，积极推动学生运动的发展，12月初，由洪剑雄、张维介绍加入中国共产党，为中共梅县地方组织最早的党员之一。入党后，李仁华任梅县特别支部宣传干事。同月，在洪剑雄、张维、李世安等中共党员的推动和帮助下，成立国民党梅县县党部，李仁华任县党部宣传干事，积极开展工人运动、农民运动、妇女运动和学生运动。1926年春，全梅学生联合会总会成立，李仁华当选为副主席，并出席广东省召开的全省第一次中学生联合会代表大会。是年夏，中共梅县特支遵照中共广东区委决定，将党员按实际工作情况、酌参年龄进行划分，一部分20岁以下的党员转为共青团员，并成立团梅县特支。李仁华因年龄在20岁以下，转为共青团员，当选为团梅县特支宣传委员。8月，成立共青团梅县地方委员会，李仁华任宣传部长，在梅县、兴宁、五华、平远等地建立和发展共青团组织。1927年上海“四一二”反革命政变后，梅县地方政治形势紧张，4月中旬，中共梅县部委和共青团梅县地委联合组成“武装斗争委员会”，准备武装暴动，李仁华任武装斗争委员会委员。随即，在工人、学生中秘密进行活动，组织“五一”大示威。5月12日，举行武装暴动成功，成立梅县人民政府委员会。后因受国民党政府军队的镇压，刚建立的人民政权解体。李仁华与陈劲军、古柏、杨雪如等奉党组织之命，北上武汉，找党中央联系请示工作，后秘密返回梅县，继续在共青团梅县县委和团东江特委工作，1935年在广州不幸被捕牺牲。

温健公

温健公（1908—1938），原名文淹，曾用名杰雄、湘萍，松口镇车田村人。1922年夏，在松口公学毕业后，考入广州南武中学就读。由于学习成绩优异，又是学运积极分子，不久，当选为学生会会长。时他与广东省新学生社联系，在校内组织读书会，学习马克思主义著作和进步书刊。1925年，上海五卅惨案发生后，广州10万多工人、农民、学生于6月23日举行反帝示威大游行，温健公不顾学校当局的反对，带领100多名同学参加。1926年，在南武中学毕业后，到台山县当小学教员。同年秋，回广州考进中山大学预科，并在物理系当技术员，半工半读。

1927年，广州发生“四一五”反革命大屠杀，因他是学运骨干，被国民党反动当局通缉。是年秋出走上海。旋又转赴南京，考进国民革命军总政治部政治工作人员养成所，与杨宪生结为知己。结业后，应杨之邀，到河南工作，任郑州“中州通讯社”社长，仅月余被人告密说是共产党分子，温健公拟离豫。杨宪生以其父是河南省知名人士、辛亥革命元老和本人的身份（国民党河南省党部常委），担保温健公的安全，并调温健公任国民党河南省党部监察委员会秘书。

1928年夏，温健公离河南去上海，在启智书局工作，与黄药眠等从事新文化活动。不久，加入共青团，后转为中共党员。入党后，经常到工人、学生中进行活动，在上海郊区真茹和闸北一带散发传单，组织“飞行集会”等，并利用时间，自学日语和英语，到暨南大学授日语课，把日文版《赤恋》译成中文出版。

1929年5月1日，温健公在组织“飞行集会”时，被租界巡捕拘留，经律师交涉后释放。1930年年初，与杨宪生赴日留学。在日期间，与李葆华、张友渔、秦元邦等组织中华学生留日同学会，温健公任宣传部长。“九一八”事变后，号召留日学生投身抗日救亡运动，亲率学生到中国驻日使馆请愿。不久离日返沪，串连留日学生，成立留日回国学生救亡会，并被推选为该会的负责人。1931年救亡会举行纪念苏联十月革命节时，他被巡捕抓去，关押于租界捕房。审判时，大声疾呼爱国无罪，卖国求荣才有罪。最后，反动当局竟以“破坏睦邻关系”罪名，判处两年半徒刑，投入苏州监狱，旋转解安庆反省院。后经党组织营救，于1933年提前释放。1934年春，温健公赴北平在民国学院、中国大学、朝阳大学当讲师，并组织骆驼丛书社，与黄松龄、李筠友合作，翻译出版苏联经济学家拉比托斯等合著的《马克思列宁主义经济学教程》（第七版的日文版）；用他人的名字出版由其翻译的《资本论》（日文版）。是年7月著成《现代哲学概论》，对马克思列宁主义哲学基本原理作了通俗的解释，年底离北平，去山西讲学，被阎锡山聘为顾问，从中做统战工作。1935年夏，离太原去天津法商学院任政治经济学教授。此时，他直接受中共华北局领导，从事秘密活动，与杨秀峰等同为天津学运领导人之一。

1936年年初，温健公受中共组织的派遣，赴河北各县组织训练民众参加抗日救亡运动。1937年“七七”事变后，回河北搞统战工作，与保定保安司令张荫梧合作，组成河北抗日民军，温健公任总部秘书长兼政治部主任，与山西牺盟会一起共同促进华北抗日救亡运动的开展。为培养基层骨干，他开办了一所干部养成所，招收300多名京、津、冀一带由中共地方组织派来的学员进行培训。同时掌握1个保安团，作为抗日的武装力量。是年11月，日军继续入侵，民军被迫转移。张荫梧主张南撤，温健公则主张北撤与八路军配合作战，双方争执不下，温健公乃离开民军，前往武汉，后转山西。

1938年8月26日，温健公在山西吉县开展抗日工作时，遭日机轰炸，不幸牺牲。牺牲后，《新华日报》、山西《工商日报》和多家大报均登载消息和发表悼念文章，称赞温健公为中共优秀党员、青年革命理论工作者。中华人民共和国成立后，中共中央将其遗骸迁葬于北京八宝山革命公墓。

梁锡祜

梁锡祜（1903—1941），原名梁锡富，松口镇仙溪村山口人。7岁就读本村振兴小学，后在梅县广益中学读书。“五四”运动期间，积极参加“外争国权，内惩国贼”的宣传和游行示威以及抵制日货活动。毕业后回振兴小学任教。1924年考入黄埔军校第一期，不久加入中国共产党。

1925年2月和10月，两次东征，梁锡祜皆随军参战，在惠州飞鹅岭激战时右大腿负伤仍坚持不下火线，直至攻陷惠州才随军抵汕。东征胜利后，留校任辎重队长。1927年12月参加广州起义。随后，离广州辗转从汕头取道入闽西，寻找红军。1929年10月，随红四军出击东江，被分配去兴宁协助指挥武装斗争，同年12月任兴宁县委副书记，与罗汉屏、罗梅祥等随军转战于九龙嶂和五华、兴宁、龙川等根据地。1930年5月，红军第十一军成立，任参谋长。1931年1月，受东江特委指示北上寻乌，15日，召开蕉、平、寻党代会，他继赵冠鹏之后任书记。时东江各根据地开展内部肃反（AB团案）出现严重扩大化，加上国民党当局重兵“围剿”，各县工农武装和主力红军多被转移，他只得率队赴江西寻乌，最后回到中央根据地。后被任命为红二十二军政委，与军长萧克率队转战赣南一带。1934年，梁锡祜调中央苏区红军大学任主任，负责培训参谋人员。是年10月，与主力军一起参加二万五千里长征。抗战爆发后，他受党中央派遣，到新四军工作，任教导总队负责人。1941年1月，蒋介石策动皖南事变，2月，在安徽茂林地区率队突围时牺牲。

李国玺

李国玺（1921—1942），号鸣铮，城东镇潮塘村人，出生于马来西亚一个侨工之家，5岁返国。小学毕业后，随堂兄李伯球赴广州就读于实践中学，“七七”事变后回乡任小学教员，1937年12月参加中国共产党。时值中共梅县中心县委成立，为加强党对学运的领导，县委安排一批党员到梅城工作或就学。李国玺先进入县立中学，后到梅州中学就读高中，先后任县中和梅州中学学生会会长，发动和组织同学参加抗日救亡运动。1938年至1940年间，任梅县中等学校学生抗敌同志会（简称“学抗会”）理事。1939年上半年，中共梅县学生总支成立，他任总支委员，后任总支书记。是年冬，任中心县委学生工作委员会委员。1940年春，国民党梅县地方当局公开镇压群众抗日救亡运动，解散“学抗会”，取缔其会刊《学生岗位》，受到“学抗会”负责人的反对。5月4日，“学抗会”代表100多人在县民教馆集会，会后由李国玺率领到梅县县党部请愿，要求县党部收回成命，结果遭到国民党政府军警的镇压，李国玺等7名“学抗会”代表被捕，关押在龙虎监狱（称为梅县“七君子事件”），后经中共组织发动群众和广大师生抗议后才获释。7月，李国玺去新四军工作，改名李进，在连队任指导员，后调军政治部。1941年1月7日，在皖南事变中被俘，3月，被押送到江西上饶集中营。在集中营，他与新四军军医副处长陈延人在营外做工时逃出，潜进闽粤边大山，历尽艰辛回到梅县，继续参加革命活动。不久，与集中营逃出的新四军卫生部副部长李东明一起赴香港。1942 年初，党组织派他到东江人民抗日游击队，临行前在梅县动员一批共产党员、进步青年和进步学生参加。3 月，广东人民抗日游击队东江纵队成立，李国玺任政治部组织干事，兼机关党支部副书记。12 月，随东江纵队总部转移驻宝大线东莞县黄田、固戍基围。25 日，与日军激战于黄田，鏖战 6 个多小时，终因弹尽援绝而壮烈牺牲。

黄　芸

黄芸（1916—1942），原名景隆，曾用名黄雨凝、黄景，笔名激流，梅城西区黄泥墩人。出身于店员工人家庭。父黄浩兴是店员工人，舅父杨广存，是革命烈士，梅县早期的共产党员之一。黄芸从小受革命先辈思想熏陶，喜看进步书籍，12 岁参加共产主义儿童团，13 岁因家贫辍学，先在梅城当学徒，后随其父去印尼，在裁缝店当学徒，1934 年回梅。次年秋，在梅县民众教育馆任助理员，团结一批进步青年，进行抗日救亡运动，组织“海燕剧社”“强民体育会”“梅县民众歌咏团”等进步团体，为唤起民众团结抗日，作了大量的宣传鼓动工作。1937 年 2 月，黄芸加入中国共产党，积极从事革命活动。6 月，被梅县县政府拘留 17 天，出狱后，受党组织之命，在城东潮塘学校以教书职业为掩护，继续进行活动，积极动员青年学生参加抗日救亡运动。12 月，任梅县中心县委宣传部长，与黎邦、王芝祥等在梅县各中小学师生、店员、职工中发展中共党员，组建中小学党支部、行业支部，为抗日救亡运动的蓬勃发展，培养了大批骨干力量。

1938 年，黄芸以梅县抗日游击根据地代表身份参加福建龙岩白沙干部训练班，学习结束后仍回梅县中心县委任宣传部长。8 月，到兴宁找李戈伦联系工作，途经径心时，被当地国民党乡警逮捕，解押兴宁监狱，经组织营救出狱后，调大埔县委工作，1939 年 8—9 月间，任中共饶埔丰县委组织部长。12 月，任县委书记。1940 年春，恢复中共大埔县委，任书记。1941 年春，任埔南县委书记。5—6 月间，改委员制为特派员制，调南委任联络员，在国民党反动派的白色恐怖下，他不顾个人安危，经常奔走于基层开展指导工作，12 月 13 日，黄芸往埔南，从湖寮路过双坑口时，遇国民党政府军队，来不及绕道而不幸遭捕。次日，被押往大埔，途经湖寮，正逢圩日，他慷慨激昂地向群众高呼“人民大众团结起来，打倒日本帝国主义！打倒投降派！最后胜利属于人民！”的口号。黄芸被捕后，中共地方组织多方进行营救，均未成功。在狱中，他虽受尽各种酷刑，但坚强不屈，始终未吐露党的机密。1942 年 1 月 21 日晚，就义于大埔茶阳狮子口。

陈卜人

陈卜人（1917—1945），名晏丞，雁洋镇南福大塘村人，幼时在本村读小学，毕业后到松江中学就读初中，1934 年春，考入梅州中学高中部。他刻苦学习，“各科冠群曹”（陈昶春语），且喜读课外书籍，特别是对高尔基、鲁迅等人的作品和其他社会科学著作更为喜爱。时值九一八事变之后，各地抗日救亡运动风起云涌，陈卜人与一批同学积极参加抗日救亡运动，成为附城中学学生运动领导人之一。1936 年 4 月加入中国共产党。后到南口星聚小学任教，团结一批进步教师，举办夜校和识字班，在工农群众和学生中进行抗日宣传活动。1937 年，参与组建梅县救国会和梅县人民抗日义勇军，推动梅县抗日救亡运动的发展。1938 年，到江西任新四军二支队瑞金办事处主任。1939 年，调任闽西南特委宣传部长、特派员。1940 年，任特委副书记兼王涛支队政治部主任。1945 年 9 月 11 日，他率一支小分队突袭国民党某军需处长家，欲收缴其家几十支枪以武装部队，中途宿营于梅县松源鹞子顶，事被国民党梅县县警大队发觉，翌晨受到包围，战斗中，他两次负伤但仍英勇奋战，掩护小分队撤退，最后不幸牺牲。中共闽粤赣边区委员会为纪念他为革命事业而英勇献身的伟大精神，将王涛支队二大队改名为卜人大队。

陈益昌

陈益昌（1918—1949），又名陈光，南口镇圩岗下人。少时在南口星聚小学读书，后到东山中学就读，在学期间，积极参加抗日救亡运动。1937 年回星聚小学任教。1938 年加入中国共产党。同年冬任中共南口区委书记，在南口组织青抗会、妇抗会、自卫团，积极开展抗日救亡运动，因区委工作成绩显著，被中共闽西南潮梅特委授予模范支部称号。1942 年 6 月南委事件发生后，陈益昌撤离梅县，到英德浛洸师范学校教书，1943 年转广西融安县长安中学任教，后到四维中学。1944 年 9 月，被国民党当局逮捕，经友人多方营救保出。

1944 年冬，日军进占柳州，陈益昌转到柳州日报社工作，1945 年，经中共柳州日报特支审查，恢复组织关系，任特支领导的柳州日报警卫队政治指导员。抗战胜利后，陈益昌由党组织安排到柳城太平中心小学任教务主任。1946 年春，到柳州龙城中学任语文教师。4 月，任中共柳州特支书记，以教师职业为掩护，发动和领导学生运动，开展反饥饿、反内战、反迫害的斗争。1947 年春，任中共桂东区特派员，在贺县、平乐、怀集一带开展革命活动。8 月，调任中共桂林市特派员，9 月，任桂林城工委书记，在桂林进行整顿和发展党的组织。11 月，受中共桂柳区工委的委托，负责代管桂北游击队，指导桂北的武装斗争。1949 年 1 月，中共桂林市城工委建立，陈益昌任书记，组织领导桂林的学生运动，开展“反饥饿、争生存”的斗争。同时，指导中共临桂县党组织及其领导下的武装游击队，举行宛田暴动，打响了临桂县人民反抗国民党反动统治的第一枪。

1949 年 10 月 3 日，陈益昌到柳州参加中共广西省城工委召开的会议后返回桂林，因叛徒出卖，5 日早被国民党当局逮捕。在狱中经受严刑拷打，但他始终坚贞不屈，还鼓励难友坚持斗争，迎接胜利并准备越狱。时桂林即将解放，国民党当局于 11 月 11 日晚，将陈益昌秘密杀害于桂林市北门外。中华人民共和国成立后，桂林市在人民公园内竖立陈光烈士纪念碑，梅县东山中学建陈益昌烈士纪念亭，其故乡南口于 1952 年将新建的 1 个乡命名为“益昌乡”，在南口圩侧新建的革命烈士纪念碑中镌刻陈益昌烈士英名，以纪念这位为革命事业而英勇献身的烈士。

卢伟良

卢伟良（1910—1988），大坪镇大坪村人，是梅县早期的中共党员、参加过二万五千里长征的红军干部，少年参加革命，1928 年加入中国共产党。入党前是梅县东山中学学生，之后，当过煤矿工人。1928 年至 1932 年，先后任共青团梅县委员会书记、东江团特委常委、中共广东省委交通员、大埔红色交通站站长等职。1932 年 3 月加入红军。任红军总部二局参谋、国家保卫局总队部参谋长。长征期间，任红三军团保卫局侦查员、红军总司令部一局参谋。红军到达陕北后，先后任延安至上海交通员、延安抗大一大队教导员、分党委书记。他较长时间从事党的秘密交通工作，多次冒着生命危险护送中央领导人和经费、物资到中央苏区或延安。1930 年，护送叶剑英从香港到闽西，后又陆续护送邓小平、任弼时、陈云、聂荣臻、张爱萍等人到苏区，多次奉命从延安到上海找宋庆龄、潘汉年等，把支援苏区的经费、药物带回延安。1936 年西安事变后，随叶剑英到西安担任联络工作。旋调新四军，任东南交通站站长。

1939 年 4 月，调回广东，参与领导东江地区的抗日斗争，先后任东江纵队大队长、大队政训员、主力大队政委、支队长、江南指挥部指挥员和东进指挥部指挥员等职。抗战胜利后，随东纵北撤，转战于黄河以北战场。在东纵时，不论政治工作、指挥工作、党的工作、群众工作，都能出色地完成任务。解放战争时期，任山东渤海军区参谋处长，后参加中央党校学习。之后，随部队南下转到地方工作，1949 年 9 月，任梅县军事管制委员会主任，10 月，任兴梅地区政务委员会主任，1950 年 1 月，任广东省兴梅专区行政公署专员、中共兴梅地委常委。他生活艰苦朴素，作风平易近人，善于团结群众，有事同大家商量，不搞特殊化。在兴梅地区工作期间，积极领导全区人民进行剿匪斗争、经济建设、民主改革等各项工作，使兴梅地区国民经济迅速得到恢复和发展。1953 年，调任华南国防公路修建总指挥部干部部副部长兼处长。1954 年 1 月，任广东省人民检察院副检察长、检察委员会委员。任内，刚正不阿，秉公执法，敢讲真话，敢于坚持真理。1957 年反右派斗争运动中，被错划为“右派分子”。“文化大革命”期间，深受迫害，下放农场劳动。他虽身处逆境，依然坚持原则，坚持实事求是而不悔。1979 年 4 月，“右派”问题得到改正，恢复名誉，重新任广东省人民检察院副检察长、检察委员会委员。在此期间，他更加热爱本职，抱病工作，为加强地方建设和广东省民主与法制建设，恢复和发展检察事业作出贡献。1983 年离休后，仍积极协助政府做好统一战线工作，动员华侨和港澳同胞投资家乡建设。1988 年 5 月 25 日在广州逝世。

陈启昌

陈启昌（1908—1969），家名炳传，字劲军，畲江镇江头村人，梅县早期的中共党员。1921年就读于东山中学。陈启昌在校学习勤奋，成绩优异，常阅读《新青年》《向导》《新潮》等进步书刊。1925年五卅惨案发生后，他与一批进步同学在东中组织学生救国运动团，开展反帝反封建的宣传活动，演剧筹款，支援上海和省港罢工。时广益中学学生爆发反帝爱国学潮，陈启昌和肖碧石组织召开大会，声援广益中学的斗争，并要求东中校方收容广益中学被开除的学生。

1925年11月，广东国民革命军第二次东征到梅县，建立和发展中共梅县地方党组织。12月初，陈启昌由东征军第二纵队宣传队总队长洪剑雄和广东省新学生社特派员张维介绍加入中国共产党，任中共梅县支部组织干事。1926年春夏间，陈启昌改任共青团梅县特别支部书记不久，共青团梅县地方委员会成立，陈启昌任组织部长，专门从事共青团工作，在梅县、兴宁、五华、蕉岭、平远、江西寻乌、福建武平等地发展共青团组织。1927年“四一二”反革命政变发生后，国民党反动当局到处捕杀共产党员、共青团员，镇压各地工农运动。在中共梅县部委领导下，梅县成立武装斗争委员会，准备举行武装暴动，陈启昌任“斗委”武装组织部长，负责组织工人纠察队、农军交通队、侦察队。5月12日工人武装暴动成功，组织梅县人民政府委员会。7天后因受国民党政府军的镇压，党团组织被迫撤离梅城，陈启昌奉党组织之命，与古柏、李仁华、杨雪如去武汉找党中央。是年7月，与杨雪如等回到梅县，准备以九龙嶂为根据地，举行暴动。1928年2月，任共青团梅县县委书记，4月，因设在城北扎田的中共梅县临时办事处遭国民党破坏，杨广存等人被捕，党团员名册被抄，陈启昌只得离梅去新加坡。他在侨居地与夏衍、胡一声等人取得联系，继续进行革命活动，与张平、廖经天合办《摩登周报》。1940年10月，被英政府驱逐出境。陈启昌回到香港后，廖承志和他座谈两晚，向他交办具体任务和联系方法。他先在香港德辅道开设香港行，在韶关开设侨兴行。后在老隆、兴宁、梅县设分行。利用商行为掩护，筹措资金，支持党的秘密活动。1941年太平洋战争爆发后，陈启昌受党组织安排，掩护文化名人邹韬奋、柳亚子、陈汝棠等从香港安全转移到内地，秘密把邹韬奋安置在梅县畲江江头村作庐自己家中。

抗战胜利后，陈启昌被国民党当局通缉，他出走香港。在香港与乔冠华、夏衍等一起筹集港币10万元购买药品，支援解放区。中华人民共和国成立初，陈启昌任兴梅专署财经委员会委员兼财政科长，后任梅城镇镇长，1952年夏，调华南农垦总局任计划处处长，60年代中期，调省哲学社会科学研究所工作。“文化大革命”期间，遭受迫害，1969年4月病逝。1978年中共十一届三中全会后，得到平反昭雪，补行追悼会。

郑天保

郑天保（1903—1971），原名君度，曾用名郑兴，梅南镇耕郑村人，出身于农民家庭。1926年毕业于省立第五中学（梅州中学），同年考入广州中山大学，并在中大加入中国共产党。1927年，任中共中山大学支部书记。上海“四一二”反革命政变后，回乡任教于梅南中学，联络进步人士，发展组织，在九龙嶂建立革命根据地，任广东工农革命军东路第十团团长，与古大存率领的第八团和以后由朱德率领的红四军配合战斗，立下不少战功。

1929年冬，经党组织批准，避往新加坡。次年回上海，任中共上海法南区区委书记，4—5月间，因领导师生参加反帝、反蒋示威游行，而被法租界巡捕拘留。旋即被押解至上海龙华及苏州监狱，后转解南京。1932年“一二八”淞沪抗日事件发生后，因南京告急而被释放，他又回到上海。恢复中共组织关系后，被派去西安转往陕北。因受阻，折回上海。

1933年春夏间，在沪第二次被捕，经党组织多方设法营救，最后由南京交通部职工事务委员会主任余森文保释出狱。旋由余森文委任郑天保为上海交通职工女子学校校长。1936年1月，赴日本东京留学。同年秋，与胡一声等回沪，与钱俊瑞、章汉夫等创办上海引擎出版社，郑天保任社长，出版《现世界》等刊物，深受全国读者欢迎。1937年“八一三”事变后，返回马来西亚，在加影华侨中学任教。他与胡一声等组织加影歌舞剧团，到马来西亚、新加坡等地巡回演出，协助“华侨筹赈祖国难民协会”筹募款项，共筹得100多万元（叻币），援助祖国人民抗日，并大力宣传中共提出的“民族团结，一致抗日”的主张。1938年秋与曾生由香港回广东，建立“惠东宝人民抗日游击队”，郑天保任大队副不久，又返马来西亚为游击队筹款。1941年，马来亚被日军占领后，郑天保投入马共领导的游击队，抗击日本侵略军。日本投降后，任槟城“商业日报”经理。1946年经胡一声介绍，参加中国民主同盟，并与胡一声一起返回星、马，开展华侨爱国运动，支援中国人民解放战争，次年7月，奉中共南方局之命，参加中国致公党，协助侨领官文森、何存波等重建中国致公党马来西亚支部。不久，在香港召开的中国致公党中央委员会上，被选为中央委员兼秘书长。1948年8月回香港，在中共领导下负责民主党派工作。全国解放后，历任广东省人民政府办公厅副主任兼交际处处长、华南垦殖局广州办事处主任、广东省政协秘书长、广东省文教办公室主任等职，并被选为中国致公党中央常委、秘书长，第一、二、三届全国人民代表大会代表。“文化大革命”期间遭受迫害，1971年2月8日逝世于广州。中共十一届三中全会后，始得平反昭雪，补行追悼会。

廖祝华

廖祝华（1903—1932），又名廖白，水车镇小立村人。1923年高中毕业后，在水车洋坑小学任教。1924年考入广东大学（中山大学）读书。

1926年，由胡一声介绍加入中国共产党。1927年年初，经组织同意由广州回梅县梅南中学任教，并任该校中共支部书记，以教书为掩护，进行革命活动。1928年春任中共梅南区委书记，同年10月，调任中共梅县县委书记，1929年春，兼任县农会主席。1930年年初，调东江特委工作。不久，中共广东省委又调他任中共广州市委执行委员，在广州秘密进行党的活动。

1931年“九一八”事变后，廖祝华参加宋庆龄、杨杏佛（国民党左派）领导的“反帝大同盟”活动。1932年5—6月间，他由香港回广州执行任务时，因叛徒出卖，不幸被捕入狱。1932年被国民党秘密杀害于广州黄花岗刑场。

黄戈平

黄戈平（1920—1949），原名黄新能，曾用名冰天、汉琴。1920年出生在印尼巴城（雅加达），1937年，就读梅县东山中学。1937年秋，全民族抗日战争爆发后，黄戈平积极投身抗日救亡运动。1938年下半年，由龚迟光、张明生介绍加入中国共产党。1939年春，黄戈平被选为东山中学学生会主席和梅县学抗会常务理事，成为梅县学生抗日救亡运动的领导骨干。

1940年春，国民党梅县当局于5月间下令解散梅县学抗会，5月30日，学抗会理事会在民众教育馆召开有100多人参加的临时代表大会，声讨国民党顽固派消极抗日、积极反共的罪行。会后前往县政府、县党部请愿，要求当局收回成命。国民党梅县当局不但不接受学生的正义要求，反而拘捕了学抗会的领导人李鸣铮、刘时勉、潘佛章、何孟琳、姚秋实等人。黄戈平见状，不顾个人安危，挺身而出，两次冲到国民党梅县县长面前，申述学生抗日救国无罪，要求释放被捕学生。国民党县长将黄戈平一并拘捕入狱。后经中共梅县中心县委多方营救和各界舆论的声援，终于迫使国民党梅县当局于6月16日宣布无罪释放。时称“七君子事件”。

1941年秋，被埔南党组织委派为高陂特派员，负责高陂和大麻两地党的工作。1942年6月，“南委事件”发生后，黄戈平按照党组织的指示，协助李碧山、陈明做好党员的隐蔽、疏散和撤退工作。1943年5月，他离开大埔隐蔽在江西寻乌。

1944年冬，黄戈平奉命返回大埔，在李碧山领导下，进行恢复和重建党组织工作。协助组建抗日游击队韩江纵队第三、第四支队。

1945年春夏间，黄戈平与陈明奉令前往梅县，负责恢复和重建地方党组织，动员党员参加武装斗争。5月，黄戈平任梅县工委宣传部长，负责梅西以及平远超竹一带的工作。

10月，梅县工委改为特派员制，黄戈平任副特派员，协助特派员陈明，组建武工队，深入到梅丰边区九龙嶂开展群众工作，开辟梅兴平边据点。

1948年1月，黄戈平与粤东支队副支队长程严担负起领导梅兴平蕉边县和向赣南进军的重任，组建中共梅兴平蕉边县工委和粤东支队独立第四大队，黄戈平任工委书记兼独四大队政委。3月，独四大队根据斗争形势和向外发展的部署北上江西寻乌县，在粤赣边开辟新区。5月，正式成立中共梅兴平蕉边县委，黄戈平仍任边县县委书记兼独四大队政委。同年冬，黄戈平调任闽粤赣边纵第一支队政治部主任，继而调任中共梅州地委秘书长，仍驻梅兴平边指导工作。

1949年5月下旬，平远县获得解放，在黄戈平领导下，进行接管。7月2日，他由梅县前往平远县仁居，担负领导指挥第四团、第八团反击国民党军胡琏残部的重任。率领四团、八团、九团和梅州公学部分学员转移到平蕉边境三山蓝坊肚。7月20日，国民党军分东南西三路突然袭击四团、八团、九团，黄戈平立即指挥部队边阻击边转移，作战中不幸牺牲。

张怀真

张怀真（1871—1941），名干生，梅江区坜林坪村人。清秀才，廪生。1906年加入同盟会，任梅县同盟会秘书。后转入教育界，任三角地蒙养学校校长，并与乡中父老协力创办益民学校。

1907年，在汕头与叶楚伧等人创办《中华新报》，任总主笔，叶楚伧任总编辑，后叶楚伧离任，由张怀真兼任总编辑。

张怀真为人忠厚、和善，有强烈的民族自尊心和正义感。所办之报能为民众说话，敢于抨击社会政治的种种弊端，政府当局将其报社封闭。但他屡以更换报名，由《中华新报》转而《大风报》《新岭东报》《平报》乃至《汕报》继续出版。他先后被捕3次，均因激起民众对政府的愤慨而获释。时人称其为“报界之宗”。

1915年，袁世凯与日本签订“二十一条”不平等条约，1928年，济南惨案发生，张怀真连续在报纸上发表社论，谴责日本帝国主义者的侵略行径，唤起民众，同仇敌忾，团结御侮。日本帝国主义者老羞成怒，暗遣浪人，潜入报社行凶，为汕头市警察局便衣当场擒获。1933年，朝鲜义士尹奉吉行刺日本天皇未遂，以身殉国，张怀真在《汕报》发表题为《惜乎不中》社论，指出事件足以证明朝鲜国魂未死，朝鲜人定能复国；号召中国民众效法尹义士为国舍身精神，共御外侮，义正词严，因而引起“汕头事件”，日本派出20艘军舰驻汕，向汕头市府提出48小时内封闭汕报社，将张怀真拘捕送日舰惩处等5项无理要求，汕头市市长惧日，准备接受日方要求。张怀真再次发表社论于《汕报》，申明《汕报》立场正确，决不接受拘捕，宁愿自杀，以保全气节。时国民党驻军张瑞贵师长坚决支持《汕报》，派军警包围在汕的日本侨民，对日提出严重警告，迫使日本放弃无理要求。

张怀真一生克己奉公，不辞劳苦，平素除工资外，不占非分财物。1934年，汕报社经济处于极端困难，报纸难以出版，他率先以 5 折支薪为倡导，全体职工纷纷响应，以七八折支薪共同维持报社。他热爱本职，并鼓励儿子继承父志，5 个儿子中便有 4 人进入新闻界。还常告诫儿子要安贫知耻，张怀真在报社工作 30 多载，常夜以继日由检阅稿件到撰写社论、短评，数十年如一日，从不懈怠。50 岁起虽患神经疼痛症，但仍抱病坚持工作。65 岁后，因体力不支，社论则由其口述，儿子代写。67 岁辞职，返家休养，仍致力乡中教育，任水白中学校董，其关心教育之举，为乡人所称道。

张怀真生平著作甚丰，散见国内各大报，诗、词、联、赋亦皆擅长。1941 年 10 月 1 日病逝于家中。

蒲　风

蒲风（1911—1942），姓黄，原名日华，又名飘霞，隆文镇坑美村人。少年在坑美小学读书，1925 年，考进梅县学艺中学。时东征军两次到梅县，在革命思潮影响下，1926 年加入中国共产主义青年团。1927 年“四一二”反革命政变后，国民党反动当局到处逮捕共产党员、共青团员，蒲风转移到家乡，继续进行活动，以无限悲愤的感情写下《鸦声》一诗，反映大革命失败后光明与黑暗斗争的现实。不久为形势所迫，离乡到印度尼西亚其兄黄春华处暂住。后与友人合作，在侨居地编辑出版不定期刊物《狂风》。1931 年在其兄支持下返回祖国，到上海公学读书。

1932 年，蒲风与杨骚、穆木天、任钧等人组织中国诗歌会，任总务干事，是诗歌会中最活跃的诗人。他们与北平、广州、青岛等地诗歌会建立联系。1934 年，他在河北分会的《新诗歌》上发表长诗《茫茫夜》。不久，以《茫茫夜》为书名，在上海出版第一部诗集。同年，他东渡日本，组织新诗歌座谈会，在《诗歌》和《诗歌生活》中发表不少诗作。1935 年出版长篇叙事诗《六月流火》，此诗被郭沫若赞为“相当成功”。是年，华北事变后，抗日救亡运动在全国各地蓬勃发展，他于 1936 年春夏间从日本回国，为抗日救国奔走呼喊，写下著名爱国诗篇《我们迎着狂风暴雨》。在诗中高喊：“我们的铁手需要折敌！我们的铁手需要战斗！”是年秋回到家乡梅县，将“中国诗坛梅县分社”扩大为“中国诗坛岭东分社”，出版《中国诗坛》岭东刊，进一步扩大诗的影响。为使诗歌成为抗日救亡的武器，他亲自到群众中进行宣传、讲解、朗诵，出钱印制诗歌，免费送给读者，把现代新诗撒播在广大群众中。

1938 年，蒲风加入中国共产党。同年，参加抗日军队。1940 年 8 月中共组织安排，到皖南参加新四军，任新四军皖南文联副主任。他以战斗的诗篇，鼓舞战士英勇杀敌，作品多发表在《新路东报》（淮南日报前身）和他与音乐家聂耳合作的《扬子江暴风雨》《码头工人歌》等诗歌中。先后出版诗集 16 部、译诗 2 部、诗歌论文集 3 部，为中国革命新诗的发展作出了贡献。他的《茫茫夜》《母亲》《武装田地山河》被选入《现代百家诗》。

1941 年 1 月，震惊中外的皖南事变发生后，蒲风随新四军转移到淮南抗日根据地。当时环境非常恶劣，生活也很艰苦，因长途行军，使他肺病复发，但他仍抱病坚持工作，致使病情不断恶化，1942 年 8 月 12 日，在淮南抗日根据地——安徽省天长县病逝。

程 严

程严（1915—1949），原名程荣贤。1915 年，生于河南省光山县（今新县）陡河乡白沙关村。15 岁参加光山县独立团，同年编入红四方面军，参加二万五千里长征。1937 年，被选送中央军委三局通讯学校学习。1941 年，被派往南方工作委员会任报务员兼译电员、教员、台长等职。1945 年 5 月中旬，闽粤赣中心县委书记李碧山奉命将电台移至梅县三乡黄泥坑时，程严任粤东特务队长。从此，他转战在闽粤赣边区梅、埔、丰等县，曾多次进出梅西。1948 年 1 月，独四大队成立后，程严任粤东支队副支队长兼独四大队大队长，带领部队，从梅西至平远、江西寻乌等地连战皆捷，部队也从 50 多人发展到 180 多人。国民党闽粤赣三省“剿总”派第六保安副司令刘茂文以及“五县联防”主任谢海筹率 8 个连的兵力“会剿”梅西游击区，独四大队决定突出外线，向赣南进发。部队行至南台嶂肚里时，遭国民党军包围。在战斗中，他脑后中弹负伤。独四大队的两个中队坚守山头，直至下午 4 时，因倾盆大雨双方各自后撤。独四大队后撤时却找不到程严。次日在一个山寨中被当地保长发现，向国民党“五县联防”主任谢海筹报告，程严被捕，后解往兴宁。国民党军用高官厚禄引诱程严，遭他义正词严地拒绝，便对他施以酷刑，后国民党军用箩筐将他抬到大坝里枪杀。程严牺牲后，梅兴平蕉边为纪念他，成立程严独立营。

吴汉超

吴汉超（1903—1949），梅西镇崇化村人。在东山中学读书期间，投考黄埔军校潮州分校。1926 年参加北伐，任连长，在武汉贺胜桥战斗中负伤，伤愈后归队，向华东进军时任营长。1937 年抗日战争全面爆发，他响应抗日救亡号召，参加淞沪抗战，因作战勇敢，升为副团长。由于对国民党当局不满，受到排挤，因而解甲归田。回乡后，中共地下党的领导人黄戈平首先与他接触，经考察后，1938 年吸收吴汉超入党。随后吴汉超被派往西阳、梅西、平远超竹、龙川老隆师范学校等地任教。吴汉超以学校为阵地，积极开展活动，宣传党的方针政策，广交朋友，做好革命工作。任老隆师范学校军事教官，积极宣传革命道理和指导军事训练，后组织上把他和他的妻儿送回梅西，任命他为独四大队副大队长。1949 年 3 月 21 日，国民党梅县保安大队张国光部“进剿”梅西，得知独四大队有一支队伍住在松岗崇，便率队包围。吴汉超立即带领部队占据山头制高点进行反击。战斗中不幸牺牲。

梁伯聪

梁伯聪（1871—1945），名纪恩，梅城西区黄泥墩人，生于书香世家。梁家藏书甚丰，梁伯聪自小诸多浏览，得益甚大，学问渊博，稍长立志从教，毕生致力于地方教育，为省立梅州中学资深教员。他从不饮酒、吸烟，教学之暇，常以诗、书、画陶情，其 70 寿自联云：“四时闲作业，人来问我，只知花鸟怡情。”他生平力戒奢侈浪费，以“日求三餐，夜求一宿，粗茶淡饭，一生清福”为其一生之愿望。他擅长诗书、画，遗著《梅县风土两百咏》为长篇叙事诗。诗中记风土、道民情、观鉴戒、言得失，深入浅出，叙事千年，对梅县风物、故事，考订甚详，极具历史价值。1945 年，梁伯聪在家病逝。

《梅县风土两百咏》撰于抗战末期，由其亲属梁挺生、京熹于 1969 年 9 月 1 日在香港出版。

李时可

李时可（1891—1946），字良楷，松口镇洋坑村人，梅县著名教育家。早年毕业于日本高等师范数学系。归国后，于 1917 年 2 月任省立第五中学（今梅州中学）教务主任兼数学教员，1922 年 3 月接任校长，1926 年 1 月辞职，到广州勷勤大学任工学院教授。1938 年，回梅复任省立第五中学（梅州中学）校长，历时 7 年，其间还兼任南华学院数学系教授。

李时可初掌梅州中学校务期间，正值梅州中学创办不久，学校领导体制诸多变更，他努力办好学校，对该校的巩固发展和校风的形成做了大量工作，深得社会人士的好评和师生的拥戴。1922 年夏，建成图书馆；后两年，开辟理化实验室、仪器标本室；1924 年 8 月，改革学制，招收初中班，实施童子军训练；设体育会，普及课外体育活动；1925 年，建丁字形新楼 1 座，设医务室。1938 年 2 月，李时可复任省立第五中学（梅州中学）校长，时值全民族抗日战争，省拨经费照案 5 折，办学困难，而他推行战时教育，指导学生为战时后方服务，尤其注重办理社会教育，开办夜间初中，设图书巡回阅览处，民众夜校，推动地方爱国民主抗日运动，普及民众文化知识。1940 年，在校后的荒岗上开辟运动场；在校右侧开垦农场栽种蔬菜瓜果实行农业生产试验，开学校生产劳动、勤工俭学风气之先。他办学作风扎实，公而忘私，虽体弱事烦，但一直坚持兼课深入教学实践，晚上经常巡视学生宿舍，了解学生学习情况。他善于罗致人才，在职期间，先后聘请孙波庵、黄海章、孙城曾、梁伯聪等大批饱学之士来校任教，保证各科质量，并以重金资助钟高光赴美留学，此事被师生传为佳话。

1946 年 2 月，李时可因病辞去校长职，专教数学课。同年 10 月初病逝于梅县。

梁浣春

梁浣春（1864—1949），女，梅城西区禾好塘人。是清末民国前期梅县著名女教育家。出身于书香门第。梁浣春自幼得其祖母钟爱，被当作男孙教育，5 岁即随堂兄弟入家塾肄业。由于勤奋，历 5 年学完四书、五经、《列女传》及不少诗词名著。10 岁，祖母命其还“大家闺秀”本色，在家习女红。为此，她内心感到十分委屈。在家中，一面练习缝纫针织，一面继续攻读古今名著，因而文章、学识益进。

梁浣春与黄眉（字少初）成婚。黄眉研习中国医药脉理，常为人治病。夫妻性情相笃，两人常在书斋吟咏唱和，赏奇析疑，纵谈世事。1892 年，其夫应新加坡总领事黄遵宪之聘，赴新加坡任同济中医院院长。不到二年因水土不服，在新加坡病逝，在乡遗三子二女一媳。家计全靠梁浣春维持。

1903 年，美国天主教会到梅县筹办医院，征求女助理 1 人，梁浣春认为这是为社会服务的良机，便欣然应征，即被录用。然此事竟引起世人的非议，认为良家妇女不宜跟洋婆子学做“药婆”。对此，她一笑置之。在医院中，她专心学习，进步奇速，深得女医师之器重，一年后因女医师应召返国，医院停办。

清末，孙中山领导的民主革命在南方各地兴起，梁浣春在民主革命思潮影响下，有感古训“女子无才便是德”的荒谬，认识到欲唤起妇女之觉醒，必以开通妇女之知识为先。便于 1905 年在曾氏“耕耘小筑”别墅开办女子学校，开梅县女子学校教育之先河，招收来自各乡堡学生 30 余人，其中寄宿生约半。时学生来源较杂，年龄相差很大，年长者 30 余岁，幼者仅六七岁，她根据学生不同情况，因人施教，耐心细致地进行复式教学，每晚指导住宿生温习功课，课后师生围坐一起，或给她们讲古今圣贤、巾帼英雄故事，或共同议论国事、家事、地方事，引导他们奋发上进。经过两年的苦心经营，女校声誉鹊起，来校就读的学生益增。梅县地方当局和社会贤达开办公立嘉善女校，聘梁浣春任校长。

嘉善女校开办之初，有学生 50 余人，寄宿生约 1/3，原“耕耘小筑”生多转学于此。为使学生上进，梁浣春采取新的教学法：一是选用年龄大、品学兼优的学生为低年级助教，二是允许破格升级，凡其中考试成绩优异者，准予中途升级，期末考试特优者准予跳级。于是在学生中形成浓厚的学习风气，为使学生得以全面发展，她还专门聘请 2 名德国女传教士来校教授音乐、体操、编织课。

梁浣春出掌“嘉善”6 年间，除操持校务外，还兼任曾氏妇女进修班教学，1912 年，与城西公学合办暑期妇女工艺传习班，由她亲自授艺学生，结业时举办学习成绩展览，制品琳琅满目，参观者交口称赞，县政府特颁“热心公益”奖状褒扬。

1913 年 2 月，梁浣春又在东街攀桂坊创办私立桂里女子学校，前来就读者百余人，进一步推动梅县女子教育的发展。1915 年，梅县创设县立第一女子高等小学，经社会各方面人士力荐聘梁浣春任校长。她到任后，聘贤任能，团结同事，关心爱护学生，使学校越办越好。时梅县教育日益发展，小学教师之需求日殷，她认为女子赋性慈爱、细心、最适宜作小学教师，建议县公署开办女子师范学校，培养女教师。此事得到梅县劝学所所长温柏心的赞同，但因县公署无此经费预算，一时又难于筹措。然梁浣春决心很大，对温柏心说：“只要政府批准立案，其他问题我将自行解决。”温柏心为其挚诚所感动，同意批准立案，并从劝学所临时经费中拨出 200 元作开办费。为解决师资困难，她请求梅州中学校长黎伯通援助。黎伯通召集各科教师与之相商，大家为梁浣春办学精神所感动，当即有李时可等 7 位教师答允兼课。1918 年 9 月，梅县县立女子师范学校正式开办，由梁浣春出任校长。第一届招简易师范科 1 班，学制 2 年。1924 年将 2 年制改为普通师范 3 年制，经过多年的努力，培养出一批优秀的女教师，赢得社会各界人士的赞誉。

1926 年春，梁浣春年已 63 岁，由于心力不支而引退杏坛，返家养老。在家休养期间，前来拜望的门生络绎不绝。1949 年 5 月，梁浣春病逝于家。

古 直

古直（1885—1959），字公愚，号层冰，梅南镇滂溪村人，自幼勤奋好学，早年去兴宁，从学于罗翔云。1904 年，返梅城，就读于谢吉我门下，与谢吉我之子谢直君交好，常在一起阅读新思潮书籍，汲取民主革命思想。1906 年，在梅城桂里学堂加入同盟会，次年秋，到同盟会开办的松口体育学堂学习，毕业后留松口公学任国文教员，与同盟会钟动、李季子等组织“冷圃”诗社，从中进行革命活动。1908 年，得曾伯捐助，他与李季子在梅城创办梅州高等小学。向学生宣传灌输民主革命思想。

1911 年春，奉同盟会派遣，转任汕头《中华新报》编辑，大力鼓吹革命。是年夏，辞去汕头报馆职务，回梅进行秘密活动。11 月 11 日，与钟动等人在梅城组织起义，成立梅州军司令部，古直任秘书长，推翻清政府在嘉应州的统治政权。1912 年民国建立后，古直回到家乡，创办滂溪小学。3 月，被任命为汕头同盟会机关部秘书长。4 月，在汕头筹办《大风日报》，亲自去南洋募款招股，奔走半载，回汕时，同盟会已改组为国民党，遂辞去秘书长一职，尽力办报。

1913 年 1 月，汕头《大风日报》出版，古直任社长；3 月，大风日报社遭军阀龙济光封闭，并悬赏通缉古直，他由汕避往香港；1914 年 2 月，古直由香港回梅县原乡组织龙文乡教育会，筹办龙文公学；4 月，将家乡滂溪村中的安仁寺神像木偶全部摧毁，把寺庙改为龙文公学校舍；1915 年 8 月，到梅州中学任教。

1916 年年初，钟动邀古直到香港，共商讨袁之事，被任命为赴南洋筹饷讨袁专员，事毕返至昆明，被云南都督唐继尧聘为顾问。翌年 2 月，唐派他赴南洋慰问华侨和招引华侨资本，购买新式机器，回来开采云南个旧锡矿。古直向唐继尧提议将云南讲武堂向华侨开放，得到唐的采纳，后来有不少华侨子弟进入讲武堂学习。

1919 年春，古直任广东军政府陆军部秘书，后任封川县长。任内，开辟苗圃，造林绿化，推行新学，将五通神庙偶像焚毁，改为县立小学校舍。同年 12 月，调任高要县长，到任后，即着手改善城市卫生及设七星岩苗圃，倡设风景林场，创办高要初级师范及暑期教育讲习班等。之后，因感军阀混战不息，难抒救国救民之抱负，遂辞官回梅，闭门攻读。1921 年 2 月，赴庐山隐居，搞农林试验，有暇即撰稿著述。1925 年，广东大学聘他为文科教授，广东大学改为中山大学后，专修《广东通志》。1928 年后，仍任中大文科教授。撰写《客人对》一书，成为研究客家源流的重要著作。

1939 年年初，被国民党当局封闭 10 多年的梅南中学复办，中共梅县县委及梅南中学校友邀请古直出任校长，他欣然辞去中大教授职务，就任梅南中学校长。在乡创办“梅南文学馆”，掩护中共的地下活动，两次出洋为梅南中学筹款。1940 年，民国梅县县政府乘他不在，撤销其校长职务。他回到梅南后，坚持办好“梅南文学馆”，1944 年 10 月，中国民主同盟在梅县筹备召开“东南干部会议”，古直加入民盟组织。1946 年 3 月，古直被推为象宿中学董事长。之后，出任梅县修志馆馆长兼总编纂至 1949 年。

1949年5月，梅县解放，他应邀参加庆祝大会，为县人民政府作“人民作主，天下为公”门联；1950年应聘任南华大学教授；1951年到广东省参事室工作；1952年，调任广东省文物保护委员会委员；1953年至1958年，任广东文史馆馆员；1957年为广东省政协委员。1959年6月病逝于广州。

钟鲁斋

钟鲁斋（1899—1960），雁洋镇三乡石楼村人。钟鲁斋幼时在家诵读完《幼学琼林》及四书、五经等书。15岁到丙村三堡学堂读书，毕业后考进梅州中学后转入广益中学就读，毕业时成绩名列全班第一，由学校保送到上海沪江大学深造。因学习成绩优异获“荣誉奖学金”，直至毕业。

1923年，钟鲁斋在沪江大学教育系毕业后，由沪返梅，任广益中学教务主任，并协助黄墨村等创办嘉应大学。1926年入沪江大学研究院，专攻教育学，翌年夏，得文学硕士学位。1928年以赴“万国主日学校大会”中国代表的资格，到美国士丹佛大学专攻教育学，经两年勤奋研读，取得教育学博士学位。后游历美国芝加哥、华盛顿、纽约等各大城市，并取道欧洲的英、法、意大利、瑞士等国，经印度、新加坡及中国香港返回上海，沿途考察了许多国家和地区的教育情况。1931年至1937年，他先后任沪江大学国文系主任兼教授、清华大学文学院院长、厦门大学教育学院教授、勷勤大学教育学院及中山大学教育研究所指导教授，从事教学实践和教育理论研究，写出许多教育论著，有的编成教育丛书出版，有的被列为大学教材。

1938年，钟鲁斋与曾友豪在香港创办南华学院，任院长。1939年秋，南华学院正校迁于梅县城北教溪口。为办好学院，他远涉南洋，奔走印尼、新加坡等地募集资金，得到华侨的热心赞助，陆续兴建教学楼、科学馆、图书馆和学生宿舍等。他待人和蔼，知识渊博，善于辞令，深受师生爱戴。1940年8月，他写了《改进梅县教育的几个重要问题》文，阐明在梅县建立大学发展地方教育，推动梅县地方建设的必要性，并就如何改进梅县地方教育提出许多建设性意见，深受各界人士赞赏。

钟鲁斋一生悉心进行教育教学研究，著作甚丰，有《小学各科新教学法之研究》《中学各科教学法》《教育之科学研究法》《比较教育》《中国近代民治教育发展史》《现代心理学与教育》《教育研究法及其原理》《德国教育》《华侨教育之改进》《教育法之改进》《教学之进展与战时教育问题》《两性学习差异之调查与研究》《文纳特卡制实验报告》《爪游三月记》及《用实践法去选择中学国文教育法》（英文本）等。至于发表在各报纸杂志之论文、演说词也很多。由于钟鲁斋长期从事教育事业，卓有成就，1937年上海东方书局出版的《现代中外名人小辞典》、1948年，美国纽约世界名人传编辑处出版的《世界名人传》（英文版）、上海出版的《中国名人传》（英文版）等为其立传入编。

1960年，钟鲁斋因病在香港逝世。

谢　发

谢发（1908—1966），家名鸿发，字柏雄，梅城东区人。是梅县“乐尧天”线戏班和梅县木偶剧团的创始人之一，著名艺人。谢发7岁便开始学艺，在其父精心指导下，习八音弹唱和木偶艺术，终日曲不离口，木偶不离手，往往指头磨破仍不歇手，年方9岁便能垫着板凳登台表演提线木偶，13岁即得师名。他并不就此满足，还特地拜福建名艺人龚步阶为师。经数年严格训练。技艺大进，从而把提线木偶艺术技巧推向新的高度。

1951年春，在“乐尧天”戏班的基础上，建立“梅县民艺线剧团”，由谢发任团长。翌年春，谢发在广州与苏联功勋艺术家、莫斯科木偶艺术剧院院长奥布拉兹卓夫进行艺术交流，他表演了提线木偶《化子进城》中的“弄蛇”“舞狮”等绝招，使苏联艺术家甚为佩服，盛赞谢发控线的10个指头灵巧得堪与钢琴家媲美。奥布拉兹卓夫邀请谢发到苏联各大城市表演，因种种原因而未成行。是年4月，应中央文化部邀请，谢发到北京参加全国木偶戏、皮影戏艺术交流大会，他的演技博得国内同行及罗马尼亚等国艺术家的赞赏。

谢发不仅精通八音和木偶艺术，而且在曲艺方面亦有很深的造诣。他加工润色了“种黄瓜”“卖杂货”“瓜子仁”等数十种民间小调，特别是他在吸取民间小调精髓的基础上，创造出一种特殊的唱腔，名为傀儡腔，如猜调“拆字歌”等，尤为群众所喜爱，并为山歌剧团所借鉴使用。“傀儡腔”全用客家话演唱，不仅咬词吐字清晰，且喜怒哀乐驰骋自如，富有浓郁的客家韵味。

1956年，谢发被吸收为中国戏剧家协会会员，并被评为高级知识分子。1966年12月在家病逝。

1963年，中央人民广播电台将谢发的猜调灌制唱片发行。

梁伯强

梁伯强（1899—1968），梅城西区禾好塘人。少时就读于梅县乐育中学，1922年在上海同济大学医学院毕业后，被推荐到德国留学，专攻病理解剖学。1925年获得德国慕尼黑医科大学博士学位。回国后历任上海同济大学医学院病理学副教授、病理学研究所主任、院长，及中山大学医学院教授、院长等职。中华人民共和国成立后，历任华南医学院与中山医学院教授、副院长，中国科学院学部委员、卫生部科学委员会常委、中华医学会理事、中华医学会广东分会副会长、中华病理学会副理事长等职。曾先后当选为全国人民代表大会第二、三届代表。1956年，参加中国共产党。

梁伯强从事病理学研究和教学工作40余年，晚年还重点研究广东的多发癌（鼻咽癌）病。他勇于探索，辛勤努力，热情认真，诲人不倦。他认为要取得病理学研究的成果，必须做到教学、尸解检查和科研工作三结合。因此，他千方百计寻求尸体来源，指导学生开展尸体解剖工作，仅1934年至1938年，每年均达300—400例。同时，自制人体标本，创绘病理学图谱，指导学生学习。由于他领导和主持的科研工作成绩显著，受到国民党政府卫生部的奖励，并指派他创办全国性的病理师资培训班。他废寝忘食，把病理学研究所办成为第一流的学术机构。其时，德国著名病理学家称赞他“教学方法好，科研有成绩，有浓厚的学术气氛”，西德《医学杂志》、苏联《百科全书》和中国《自然科学年鉴》均载文给予很高的评价。梁伯强在病理学研究上，首先提出“肝炎—肝硬化—肝癌”的病因学和病理学模式。为了更完整地观察原发鼻咽癌，他首创一套完整切出鼻咽部的尸体解剖方法。同时，注意到肿瘤与肌体之间的相互关系，在国际上首先提出“间质反应”的新概念。

中华人民共和国成立后，他把历年来研究心得编写成《病理尸体解剖手册》(1965年出版)，以及《病理学》《中国人的血型与地理环境关系的研究》《鼻咽癌的组织学类型生物学特性和组织发生学的研究》《鼻咽癌在中国的研究》等论文，在《中华医学杂志》等刊物上发表，并在国际癌症会议上多次介绍，得到各国学者的重视，先后受邀到苏联、美国、朝鲜、巴基斯坦等国参加国际学术会议或讲学。1968年在广州病逝。

刘竹林

刘竹林(1897—1969)，字劲，东郊乡东街人，名中医。自幼随父刘春舫习医，1930年开始独立执业。曾任梅县国医专业学校教师、梅县国医支馆馆长。中华人民共和国成立后，先后任梅城镇珠条街联诊所主任、梅县人民医院及黄塘医院中医科副主任、梅县中医院副院长、梅县中医进修班教师、梅县卫生工作者协会副主任、梅县科学技术协会副主席等职务。1954年起，连续四届当选为梅县人民代表大会代表和梅县人民委员会委员、第三届梅县政协委员、常委。1960年2月，被评为广东省卫生系统的先进工作者，6月，出席全国文教卫生群英会。

刘竹林毕生献身于中医事业，对温病、小儿科造诣较深，对内科、妇科疑难病症的治疗亦有独到之处。他治学严谨，医术精良，经验丰富，医德高尚，当代梅县名中医陈增铨、张敏元、黄梓苍等均拜刘竹林为师。他的主要著述有《小儿夏秋腹泻》《百日咳治疗》等9篇论文，在国内外刊物上发表。其中《小儿夏秋腹泻》被译成英、俄两种文字，为北京科学院科学情报所选用，成为国际文献。他还负责编写《梅县中医验方交流集》(上、下集)。1969年，刘竹林病逝于梅县。

冯引士

冯引士(1898—1969)，石扇镇三坑村人。1916年，在东山中学首届毕业，后考进天津北洋大学，1924年毕业后返梅，从事教育工作。1925年任东山中学教务主任。1932年至1953年，先后任东山中学、梅北中学校长。在职期间，他以校为家，宵衣旰食，以办好学校培育人才为己任。一方面多方罗致人才来校任教，努力提高教育质量；另一方面发动社会各界热心教育人士和华侨、港澳同胞捐资办学，先后在梅北兴建钟楼、校舍和罗芳伯纪念堂；在东中兴建南康图书馆、科学馆、30周年纪念堂、大礼堂和学生宿舍，使学校规模日益发展。他关心爱护学生，积极支持学生运动。1945年抗日战争胜利后，一批进步学生秘密成立梅县学生联合会，开展爱国民主运动，东山中学学生罗妙、何锡全等一批共产党员是学联的领导成员，他们的活动受到国民党梅县地方当局注意，多次向冯引士提出某某是“共产分子”，要求学校协同处理，但都遭到冯引士的反对，并千方百计掩护学联开展工作。他治学严谨，通晓多门学科，长期坚持兼课，还常替因故缺课的教师代授。许多教师在其影响带动下，勤奋教学。他培养出大批优秀人才，赢得社会各界人士的赞誉，人们称他为“教育界之楷模”。

中华人民共和国成立后，冯引士当选为梅县第一、二、三届各界人民代表会议常务委员会副主席，对发展人民教育事业提出许多有益的建议，组织动员学校教师参加抗美援朝、土地改革和知识分子思想改造。1953年夏，调往汕头，后到潮安，任金山中学、汕头二中教员、副校长。1964年退休回乡。“文化大革命”初期惨遭迫害，1969年逝世。

侯　过

侯过（1880—1973），字子约，梅江区城北人。性慷慨，质直。16岁学举业，1905年，留学日本，专攻林业。时值孙中山在日本组织同盟会，他毅然加入，任日本广东同盟会支部长、旅日广东同乡会会长。1911年10月，辛亥武昌起义胜利，消息传至东京，他极为感奋，赋诗庆祝：“盟员相见尽欢颜，执手相看感万千。明日召开庆祝会，深宵起草发宣言”“胜利风声逐日来，晨昏而望气昂扬。恨无白鸽双飞翼，一举翱翔返故乡”。诗中表达了他的爱国爱乡之情。

1916年秋，侯过在日本东京帝国大学毕业后归国，受聘到江西农业专门学校任教授。他注重理论和实践相结合，每年必率学生到庐山白鹿洞林业区实习。1923年回广东，历任中山大学农学院教授、院长达数十年，长期致力于林业的教学与科研工作。1929年赴中国台湾，得日本友人松风富雄馈赠甘蔗苗1万株，他亲自运回到海南培育。1946年冬至次年春，再度赴台湾调查农林业。

1949年中华人民共和国成立后，侯过继续从事林业的教学和科研工作。1950年8月，出席在北京召开的全国科学工作者会议，应邀参加周恩来总理的宴请。是年，从中山大学退休，继任广东省参事室副主任、广东省文物保管委员会副主任、广东省文史馆馆长，当选为广东省政协常委，广东省第一、二、三届人大代表，中国农工民主党广东省常委，1963年，他到湛江、海南等地视察林区，提出许多有益于林业发展的建议。

侯过平生著作甚丰，又是著名的书法家，先后出版《森林经济》《测树学》《林业法律学》《森林工学》等书；诗词有《五木斋诗草》《蓬莱诗草》《约庐诗草》《嘤鸣集》《三万里游草》《归来研室词稿》等。1980年，香港嘉属商会还为他出版《侯过诗选》诗集。

1973年，侯过病逝于广州。

李金发

李金发（1900—1976），又名淑良、遇安，梅南镇罗田上村人。他是中国象征派诗歌的鼻祖，又是中国现代雕塑的开创者。

李金发少年肄业于梅县县立高小，后在香港罗马书院攻读英语，17岁辗转于梅县、上海念书。1919年赴法国、德国学习雕塑。

1924年秋由德回国，先在上海美术专门学校任教授，后又受聘于国立中央大学、杭州国立艺术学院任教授，并创办《美育》杂志。1932年任广州美术学校校长。后因他精通英、法等国文字，又懂国际礼节，被国民政府调外交部任职。抗战爆发后，在韶关、越南等地编辑《文坛》等进步刊物。随奉调为西南运输处越南分处科长，越南沦陷前回国，仍在外交部任职。

1944年，李金发出任中国驻伊朗大使馆二等秘书，两年后，转为驻伊拉克大使馆代办。此后，常住国外。

李金发素工雕刻，擅长诗文，蔡元培称他为“文学纵横乃如此，金石雕刻诚能为”。1920年始，从事文学创作，他的诗歌，深受法国象征派诗人波特莱尔和魏尔伦等人的影响，惯用新奇晦涩的意象和格调表现对人生命运的感叹，对虚幻美的追求，被人称为“诗怪”。而著名学者朱自清则把他誉为“把法国象征派诗人的手法介绍到中国诗里的第一个人”。

李金发一生的诗文著作主要有《为幸福而歌》《岭东情歌》《微雨》《食客与凶年》《意大利艺术概要》《雕刻家米西盎则罗》《北京的最后勾留》《梭米顿夫人传》《肉的囹圄》《古希腊恋歌》《艺术论文集》《德国文学ABC》《异国情调》等。他的作品《弃妇》和《里昂车中》被选入1984年出版的《现代百家诗》中。其《异国情调》书，是抗日战争时的作品，他以炽热而深沉的笔触，反映40年代梅县客家华侨生活，洋溢着强烈的爱国主义感情，并具有浓厚的乡土气息。

李金发一生还致力于雕塑创作，是中国最早去法国攻读雕塑的留学生之一。1922年在法国留学时，他的两件雕塑作品被选入巴黎春季美术大型展览会上展出。他的铜雕塑作品有伍廷芳像、邓仲元铜像以及广州中山纪念堂门前的孙中山铜像等。

1976年12月，李金发病逝于美国纽约。

林文铮

林文铮（1903—1989），广东博罗人，祖籍梅县区程江镇，1919年前在梅城读书6年，之后赴法勤工俭学，入巴黎大学攻读法国文学和西方美术史。1927年回国，翌年与林风眠创办国立艺术院，任教务长、西洋美术史教授。林文铮早年发表过许多艺术论文，阐发“以美育代宗教”和“融合中西艺术”的思想，强调艺术院校基础教学的重要性。并付诸实施。1938年起先后在西南联合大学、中山大学、南京大学任法语教授。林文铮是中国近代著名的美术理论家和评论家。蔡元培先生赏识其才华，将女儿蔡威廉许配给他。他的人生经历坎坷曲折，是中国学术界有一定影响的人物。1989年，林文铮在杭州病逝。

李树化

李树化（1901—1991），原名权福、树华，程江镇大塘村人。1902 年出生于泰国，10 岁时回到故乡梅县。1919 年他与林风眠、林文铮等一起赴法国勤工俭学，考入法国里昂中法大学，学习声乐指挥专业兼修钢琴。1926 年回国后，曾任北京国立艺术专门学校音乐系教授、国立艺术院教授兼音乐研究会主任、福建音专教务主任、上海艺专钢琴教授、浙江大学音乐及法语专职副教授。1950 年后任浙江大学外国文学副教授。1956 年经周恩来总理批准后离开中国到法国定居。

李树化是中国现代艺术运动的倡导者之一和重要推动者，是我国第一代钢琴家、作曲家、音乐教育家，他一生著作丰富，有著作 10 本（包括部分手稿）、音乐理论 66 篇、歌曲 27 首、室内乐 3 首，钢琴作品 17 首。中国钢琴曲从 1915 年产生到 1937 年的 20 多年中，经考证由中国作曲家创作、改编的钢琴曲一共约 100 多篇，而李树化先生的 17 首钢琴作品在其中占据着重要地位，其作为中国新音乐的发端者同样毋庸置疑。

1991 年 6 月，李树化在法国逝世。

李超士

李超士（1893—1971），又名李骧，家名缵泰，雁洋人，中国现代美术教育的先驱之一，著名色粉画家。他出生在雁洋镇雁下村存异庄“果道居”　（建于明末清初），自幼学习勤奋，1911 年年底赴英国留学，后赴法留学，与吴法鼎、方君璧被誉为中国最早留学“留法三君子”。在巴黎国立美术大学毕业。留学期间，常游学欧洲诸国艺术，研习粉画，作品曾入选沙龙并获奖。1919 年秋回国后，在上海举办归国画展，其中粉画作品给上海画家带来全新的视角，引起美术界的轰动，开启了中国粉画的序幕，《时事新报》《申报》《时报》各大报刊给予报道。他分别在上海美术专科学校、上海女子美术学校（任校长）、北平艺术专科学校、国立艺术院任教，1944 年后任国立艺术院代理校长，1950 年后任山东师范学院教授。曾任中国美术家协会山东分会主席、全国美协理事，出版有《李超士粉画集》。

李超士是中国最早的色粉画家，也是中国早年油画家之一，其素描、油画、粉笔画等造诣皆深，粉笔画尤为擅长，画法受益于法国印象派画家德加，揉以个人精湛的素描技巧，其粉画造型严谨圆熟，设色明亮和谐，展现出宁静温馨的意趣，笔下的水港、民宅、雪景、人物、静物，都融汇着西方绘画的传统与技法，并富于东方神韵，以及他本人的艺术追求，形成独特的艺术风貌。

李超士于 1971 年逝世。

潘君勉

潘君勉（1882—1968），南口镇侨乡寺前村人。少年在乡求学，16岁到广州谋生，1908年，往香港在其堂兄潘祥初开设的“万通安记”任司理，后自办南通公司。在这期间，他与印尼侨胞密切联系，大力协助家乡青年到印尼谋生，并为他们提供食宿、购买船票及办理护照等，有数百人通过他的帮助找到了工作。

1916年，潘君勉团结旅港嘉应商界同乡倡议成立“旅港嘉属商会”，被选为首届会长。1938年，又与同乡丘公治、林翊球等人发起组织“南洋输出入商会”，任首届副理事长。30年代其堂侄潘植我在日本神户创办“得人和”商号，他出任该商号副经理。40年代初，为进一步扩展贸易，他先后在日本神户开设“东明公司”，在香港、上海及家乡南口开设“南通公司”，在九龙开设“南洋织造厂”，将各地货物运往印尼等地出售。

潘君勉一向同情和支持革命。早在辛亥革命期间，他在日本结识了孙中山，捐款支持同盟会，孙中山题写“博爱”两字的横幅作纪念。1927年12月，张太雷、叶挺、恽代英、叶剑英等领导的广州起义失败后，叶剑英避居香港，住在李运金家中，潘君勉经常去探望，并向叶剑英提供生活费。1937年抗日战争全面爆发后，叶剑英任八路军汉口办事处主任，潘君勉不仅捐款在香港购买西药和医疗器械运往抗日前线，还常关照叶剑英在香港的家属生活。1938年，大批爱国民主人士因遭国民党通缉，避居香港，潘君勉不怕牵连，与爱国民主人士李伯球、张文、丘哲等人时有交往，并提供经济援助。1946年，李伯球等人在香港主办《人民报》，潘君勉亦捐款支持。

潘君勉还热心公益事业，曾主动把元朗坳头之地产捐赠给九龙博爱医院兴建大楼。1944年，与温克威、陈柏麟等人倡办梅县县立第二中学（今南口中学前身），捐款资助家乡毅成学校和安仁学校兴建校舍。1950年，南口中学筹募建校经费时，他带头捐献并发动旅港嘉属商会成员资助。

1968年，潘君勉在香港病逝。

黄药眠

黄药眠（1903—1987），原名访苏，梅城下市人。早年就读于广东省立第五中学（今梅州中学），1921年秋，考入广东高等师范英语系。后赴日本留学，毕业后回国，先后在百侯中学、金山中学任教。青年时期，追求民主与科学，积极参加爱国民主运动。1927年，在上海加入革命文学团体“创造社”，任该社出版部助理编辑，在《创造周刊》《流沙》等报刊上发表作品，开始文学创作活动，出版诗集《黄花岗上》。此后，潜心研习马克思列宁主义理论，宣传马克思主义。1928年，参加中国共产党。1929年，在上海艺术大学兼课，是年冬，在莫斯科共产国际东方部从事英文翻译工作。1933年冬回国，任共青团中央宣传部部长。1934年10月被国民党当局逮捕，判10年徒刑，押送南京中央军人监狱。1934

年，由八路军办事处出面保释出狱。先在延安新华通讯社工作，后到桂林与胡愈之、范长江等组织国际新闻社，任总编辑。1941 年到香港，在廖承志领导下从事国际宣传。同年 12 月，香港沦陷，回到梅县，在东山中学任英文教员。不久赴桂林，后又到成都、昆明，从事创作和理论研究，出版散文集《美丽的黑海》和发表长篇论文《论约瑟夫外套》。1944 年，在成都参加中国民主同盟，积极参与推动抗日救亡的民主运动。

抗日战争胜利后，他在香港从事爱国民主运动。1946 年年初，在广州任农工民主党主办的《人民报》主编；是年夏，主办民盟机关刊物《民主星期刊》以及《民主与文化》；同年秋，在香港参与创办达德学院，任文学系主任并参与民盟的领导工作，主编民盟中央机关主办的《光明报》。他在文学创作和文艺理论研究方面，也取得新的突破，出版著名长诗《桂林的撤退》、小说集《暗影》《再见》、论文集《论走私主义者的哲学》等。

1949 年 5 月，黄药眠从香港到北京。7 月，出席全国文学艺术工作者代表会，9 月，参加全国政协第一届全体会议。中华人民共和国成立后，任北京师范大学中文系教授，从事教学和研究工作。50 年代初期和中期，先后出版《沉思集》《批判集》《初学集》。1957 年，他为民盟中央起草了《我们对高校领导体制的意见》，因此被错划为“右派分子”，受到不公正待遇达 20 年之久。“文化大革命”期间遭受迫害，但仍坚持写作，短论集《面向生活的海洋》就是在他受监护期间一条一条地写出来的。

1978 年，中共十一届三中全会后，过去罗织在黄药眠身上的一切不实之词被推翻，恢复了名誉。此时，他虽年事已高，仍倍加努力，积极为“四化”大业辛勤地工作，发表了《悼念》等诗歌、散文和美学、文艺学论文，培养了一批博士、硕士研究生。

中华人民共和国成立后，黄药眠历任第一届全国人大代表，第三、四、五届全国政协委员，六届全国政协常委；民盟第一至五届中央委员（一、二、四、五届中央常委）、民盟参议委员会副主任；中国文联常委、副秘书长；中国作协常委、顾问、全国高校文艺理论学会副会长等职。

1987 年 9 月 3 日，病逝于北京。

钟惠澜

钟惠澜（1901—1987），雁洋镇三乡石楼村人，出生于葡属东帝汶叨利岛。因家贫，少年时在侨居地当过 2 年童工，13 岁始入华人办的蒙馆读书。1917 年返国，就读于梅县广益中学，1919 年“五四”运动时，任学生会长，积极带领同学进行反帝爱国运动。1921 年因成绩优秀被保送至上海沪江大学理学院免费就读。翌年，考入北京协和医学院。1927 年暑期，钟惠澜到广东汕头调查流行病，发现 4 种致疟蚊，其中微小按蚊，在世界上属首次发现。1929 年，在协和医学院毕业，获得美国纽约州立大学研究院医学博士学位，后任协和医学院住院部主任医师。时黑热病到处流行，患者病死率高达 95%，是严重危害中国人民健康的传染病。30 年代初，他通过大量科学调查，发现“中华白蛉”是犬黑热病的传染媒介。为了证明犬与人黑热病的一致性，动员其妻李懿征博士接受皮下注射犬型黑热病的病原体，5 个月后即出现黑热病的典型症状，从而取得临床诊断和治疗方法的珍贵资料，震动了国内外医学界。

1934 年，他赴美考察热带医学及寄生虫学。次年在英国伦敦卫生与热带医学学院专攻热带病学，并被选为英国皇家热带医学及卫生学会会员。后又赴德国热带医学及卫生学院深造。之后，还先后到丹麦、荷兰、比利时、法国、意大利、埃及和印度等国，考察热带医学及寄生虫学。1936 年回国后，任协和医学院教授兼热带病研究室主任。他对回归热进行精心研究，用自身作实验，在身上养了很多病虱，7 天内被咬 1000 多次，证明病虱口部唾液及粪便均不存在的螺旋体，否定了西方学者认为人类回归热是由于病虱吮所致的说法。在斑疹伤寒病中，发现阴虱是传染媒介，他与助手刘伟通，以病人的血及病者家里的鼠虱、鼠脑中首次分离出鼠型斑疹伤寒的病原体，进行大量临床观察和调查，为防治斑疹伤寒提供了科学依据。1937 年，日军侵占华北地区，次年冬，突发流行性疟疾，特别是恶性疟疾，病死率很高，而冬季是无传染媒介虫的。经过调查，发现是日军经常用吗啡、海洛因等毒品注射群众，而其工具又带有疟疾病原体造成人为流行病例。北平沦陷后，他离开被日军占领的协和医院，与谢志光、林巧稚等带领部分原协和医护人员来到中央医院，钟惠澜任院长兼内科主任与儿科、皮花科主任，继续为广大同胞服务。

日本投降后，中央医院改称为中和医院，他仍任院长。北平解放前夕，他利用职务之便掩护中共党员的秘密活动，并妥善保护中和医院的全部财产，于 1950 年移交给人民政府。此后他积极参加社会活动。1952 年，任中央防疫委员会反细菌战科研组副组长，并任调查细菌战国际学者考察团专家联络员，奔赴朝鲜战场进行调查，出色地完成任务，受到中央人民政府的嘉奖。1955 年，当选为中国科学院院士（学部委员）。1957 年，由周恩来总理提名，任中苏友谊医院（后改北京友谊医院）院长。1979 年之后，先后任北京热带医学研究所所长、北京友谊医院名誉院长，并受聘为北京医科大学人民医院荣誉教授。

中华人民共和国成立后，担任中国科学院生物学部委员，中华医学学会副会长、名誉顾问，中华医学会内科、传染病、寄生虫学会主任委员，全国侨联顾问等职。1954 年至 1987 年，担任全国政治协商会议常务委员。1980 年，担任世界卫生组织肺吸虫病、肝吸虫病及利什曼病合作中心主任。

钟惠澜从医 50 多年，先后发表有关热带病等医学论著 300 多篇，并主编出版《热带病学》。1987 年 2 月，在北京病逝。

林风眠

林风眠（1900—1991），家名绍琼，字凤鸣，后改风眠，白宫镇阁公岭村人。他幼年喜欢绘画，以《芥子园画谱》为范本，反复临摹，9 岁那年，竟画出一幅中堂《松鹤图》，被乡里人买去。在梅州中学学习期间，其绘画一科常受老师的称赞，有一次习作，老师竟给予 120 分，说他的水平已超过老师。1918 年林风眠 19 岁在梅州中学毕业，1919 年 12 月，从上海赴法国勤工俭学。初进迪戎（Dijon）国立美术学院，旋转入巴黎国立美术学院攻读，并在巴黎各大博物馆研习美术。1924年5月，与刘既漂、林文铮等一批留法学生在巴黎举办中国美术作品展览，由蔡元培主持开幕式，这是中国有史以来第一次在国外、在世界艺术中心法国举办的展览会。1925年，林风眠被中国政府指派参与巴黎国际装饰展览评判委员会，这是唯一的中国代表。同年冬回国，由蔡元培推荐，任国立北京艺术专科学校校长兼教授、教务长及西画系主任。锐意革新艺术教育，首次请木匠出身的画家齐白石到校任教，聘请法国教授克罗多讲授西画。1927年，张作霖入关主持北京政府，时任教育总长刘哲，严词责备林风眠“学生中有左派人士之赤化，教学中有人体模特儿之腐化”。林风眠据理力争，刘哲声言要枪毙他。在这种情况下，林风眠被迫离开北平到上海。当时蔡元培在南京国民政府任大学院院长，设立全国艺术教育委员会，委任林风眠为主任委员，领导和指导全国艺术教育。1928年春，杭州国立艺术院成立，林风眠任该校校长。1937年，抗日战争爆发后，学校迁往内地。1938年，中央教育部将北平艺专与杭州艺院合并，改名为国立艺术专科学校，任命林风眠任校务委员会主任，因学生闹事，林风眠辞职离开学校去上海。1939年返回重庆到国立艺专任教授。1945年抗日战争胜利后，学校复员，10月10日，国立杭州艺术专科学校正式开学，林风眠受聘为西画系教授，随校由重庆返杭。1947年，杭州艺专发生学潮，林风眠辞去教授。1948年又被杭州艺专聘任，并成立林风眠画室。

1951年，杭州艺专改名为“中央美术学院华东分院”，林风眠在该校任教授。1954年当选为上海市政协委员。1960年当选中国美术家协会上海分会副主席。1966年“文化大革命”期间被打成“黑画家”，毁去画作1000多张。后被上海公安局拘捕转入上海第一看守所，1972年11月获释，关押时间约4年。1971年，经叶剑英元帅亲自批准赴香港定居。1979年，分别在上海和法国巴黎举办“林风眠画展”，并留居香港。1986年、1990年2次在日本东京举办个展。1989年12月，由梅州客家联谊会邀请上海画院、上海美术馆、中国美术学院在新落成的梅州大会堂举行“林风眠画展”，80幅作品均属上海中国画院及上海美术馆藏品。

林风眠毕生致力于艺术教育和绘画创作。其主要著作有《艺术论丛》（1936年3月南京中正书局出版）、《1935年的艺术世界》（上海商务印务书馆出版）、《印象派的绘画》（1958年上海人民美术出版社出版）；还有《林风眠画集》等。

1991年，林风眠在香港病逝。

郭翘然

郭翘然（1901—1989），原名文恩。1901年11月11日出生于梅县丙村镇，1921年毕业于梅州中学后，在丙村培基学校任教员、校长。

1925年，国民革命军两次东征，在叶剑英出任梅县县长时，被派任中国国民党梅县第四区党部执行委员。1926年赴广州升学。到广州后，认识了梅县同乡熊锐（共产党人，时在中山大学任教授），由熊锐介绍考进广东法官学校。1927年上海“四 二”反革命政变，熊锐被杀害，法官学校搜查甚严，只得转读广州法学院，于1930年毕业。读书期间，他目睹广州起义全部过程，受到深刻的教育，1929年在香港参加中国共产党，1930年因组织被破坏，与党失去联系而脱党。随后在钦州师范任教，后任钦县教育局长。1931年夏回广州参加“中国国民党临时行动委员会”（中国农工党前身，通称第三党）。同年与李伯球等组织“矛庐”读书社，为联系青年、团结青年的阵地。

1931年“九一八”事变后，他以第三党身份参加广东部队独立第一师工作，1934年又出任广州实践中学校长，负责第三党广州市工作。1935年发表《中国苏维埃政府、中国共产党中央为抗日救国告全体同胞书》（又称《八一宣言》），第三党人受到极大的鼓舞，他出席了在香港召开的第二次全国干部会议。1936年“西安事变”迫蒋抗日，实现第二次国共合作，他以第三党党员身份到抗日前线，被派任第四路军158师任政治部主任。不久发生“七七”卢沟桥事变，全面抗战开始，他与李伯球及中共党员孙大光、杨康华等组织广东青年革命同志会，以“南针”周刊为活动中心，广泛开展抗日救亡运动。

1938年10月10日，日军在广东惠阳登陆。1939年，国民党以“异党”嫌疑免去他在158师的职务，他随即回梅县丙村，在中共地下党的支持下任丙村中学校长。不久又回到抗日前线，在第十二集团军政治部任主任秘书。1941年4月，因反对连续发生逮捕所谓“异党”分子的政工人员，被迫离开第七战区政治部。1942年秋冬间，李章达、李伯球、杨逸棠、郭翘然在韶关成立民盟韶关核心小组，开展团结抗战的和平民主运动。1944年，应召回到梅县，筹备召开民盟东南干会议，1945年1月，在梅县召开的民盟东南干会议上被选为民盟中央委员。1946年4月1日，在广州出版“人民报”，由他代理社长职务。2月，民盟广东省支部在广州成立，任支部委员。

1947年春，农工党在上海召开第四次全国干部会议，当选为中央委员。

1948年1月，在香港召开的民盟第一届三中全会，他代表韩兆颖出席会议。

中华人民共和国成立后，1949年12月，民盟中央在北京召开的第一届第十次中央委员会（扩大）会议，他被推选为中央委员。随后，民盟在广州成立南总、粤支、港九支部联席会议，任执行小组副组长。1951年任民盟广州市支部主任委员，列席全国政协第一届三次会议，1951年至1954年7月，任广州市人民代表协商会副主席；中国人民外交学会理事，中国人民保卫世界和平大会广州分会干事，1952年第三届赴朝慰问团第五分团第一团副团长。1954年7月至1958年5月，任广州市副市长。1958年，由于反右斗争扩大化，他被错划为右派分子。1979年得到改正，并恢复政治名誉。他在1958年以后，历任第二届、第五届全国政协委员，广东省政协第二届、第三届委员，第四届常委，第五届、第六届副主席，广东省社会主义学院副院长，民盟中央委员、常委、中央参议委员会常委等职。

1989年在广州病逝。

胡一声

胡一声（1905—1990），原名胡水延，曾化名蔡若愚、何家烈等。1905年出生于梅南镇罗田村。1926年考入广东大学（中山大学），6月加入共产主义青年团，9月转为中共正式党员。并介绍同学郑天保入党。1927年与郑天保回家乡办学，把龙文公学改办为梅南中学，并发展一批党员，建立中共梅南区支部。同年秋与郑天保一起率领梅南农民武装数十人进入九龙嶂山区与丰顺县农民武装配合，成立广东工农革命军（东路）第十团，郑天保任团长，胡一声为党代表，建立九龙嶂革命根据地。

1928年，他因伤奉命避往新加坡养伤，在新加坡创办《华侨小报》《侨声日报》，对华侨进行反蒋救国的宣传。1930年奉命回上海，任上海市法南区委秘书，并联合茅盾、夏衍等人拥护鲁迅出面组织左翼作家联盟。1931年初，经组织选派再次到新加坡，在明道学校工作。1932年年初，在吉隆坡创办加影华侨中学，并任校长。1933年5月回到上海，与郑天保一起在上海交通职工子女学校任教。1934年回马来西亚加影华侨中学复任校长。秋，到日本东京明治大学高等新闻研究科当研究生，毕业后回上海工作。1937年3月，回马来西亚加影中学任校长，与党领导的华侨抗敌后援会密切联系，发动广大华侨爱国人士以人力物力援助祖国人民抗日战争，特别是支援八路军、新四军及陕北公学、抗日军政大学和以后成立的广东东江人民抗日游击队以及宋庆龄主办的儿童福利会等。

1938年，介绍加影中学老师温士奇、廖经天到陕北延安学习，参加革命工作。

1939年8月，以特派代表身份回梅县调查抗日救亡运动情况。1940年被英国马来西亚联邦政府以“中共”罪名驱逐出境，回到香港与廖承志、连贯一起进行统战工作。1942年香港沦陷后，党派胡一声带领黄药眠、李伯球回东江抗日根据地，并营救邹韬奋、柳亚子父女等从香港安全转移至梅县。1944年秋，受党的委派回梅县。是年，民盟南方总支部成立，胡一声任宣传部部长。1945年，日本投降后，胡一声奉中共南方局统战部部长连贯电召回香港搞统战工作。1946年3月，回到广州建立民盟广东省委员会，被选为主任委员。1947年初，再次回到马来西亚，1948年6月，遭马来西亚政府驱逐出境，回广州参与民盟南方总支部及广东省支部工作。

1949年3月，奉周恩来电召回到北平，参加第一届人民政协的筹备工作，后被选为政协委员。中华人民共和国成立后，任北京师范大学副教授兼师大附中校长。同时被选为北京市人大代表、全国教育工作委员、民盟中央委员兼文教委员会副主任。1952年，任中央土改团第五分团副团长到广东土改。1955年秋，调回广东任省教育厅任副厅长兼广州归国华侨、港澳学生中等补习学校校长，并筹备复办暨南大学。1957年整风运动中，受到不公正的待遇。1959年，回暨南大学任教，担任暨南大学东南亚研究所副所长。1982年12月，胡一声的革命历史经中共中央组织部调查确认，同意恢复他从1926年至1948年的党籍，党龄从1926年9月算起，参加革命工作的时间从1926年6月加入共青团时算起。1983年经国务院批准离休。

1990年3月19日，胡一声病逝于广州。

张海

张海（1917—1974），桃尧镇桃源村樟树下人。他年少时就热衷家乡的教育事业，1935年在本村的桃源公学教书。1938年，为了参加抗日、打倒日本侵略者，组织同乡4人，毅然步行去延安，经过2个多月艰苦跋涉，终于在12月到达延安。1939年3月，他加入中国共产党，随后，历任“抗大”训练部秘书、主任教员，留守兵团组织干事，联防政治部宣传、教育干事，辽热地区县工委书记、县委宣传部部长、副书记。中华人民共和国成立后，历任中共北京市委教育科长，中共中央中南局宣传部处长、秘书长，中共中央宣传部机关党委副书记、地方工作室副主任、文教干部处处长等职。1974年7月13日病故。

张海作为一名共产党员，参加革命30余年，在党的领导下，努力工作，为中国人民的解放事业和共产主义事业贡献了自己的一生。正如他日记所言:“身残志不残，人老心不老，与天争岁月，丹心终皓皓！地动我不动，山摇我不摇，一心为革命，豪情永不消！”在抗日战争和解放战争中，积极宣传群众，组织群众，与敌人进行斗争。特别是在东北战场，参加了辽沈锦州义县、海刈等战役，冲锋陷阵，英勇杀敌。在社会主义革命和社会主义建设中，认真做好自己的本职工作，勇于坚持真理，修正错误，工作认真负责，一丝不苟，为人光明正大，团结同事，联系群众，服从组织需要。后期长期带病坚持工作，直至生命的最后一息。

楼栖

楼栖（1912—1997），原名邹冠群，石坑镇澄江村人。在大学读书期间，受到中共地下组织的影响和教育，从事革命文艺创作出版活动，和进步同学蒲特、杜埃出版地下刊物《天王星》。1933年，参加广州文化总同盟领导的读书会，和凌伯骥等出版革命地下刊物《新路线》。凌伯骥被捕后，楼栖受株连也被拘留，因得到凌伯骥的保护和没有证据，半年后获释。1936年，签名参加《广州艺术工作者协会成立宣言》。1937年，大学毕业后即投身于革命文艺运动和教学活动，曾在香港、桂林等地任中学教师、报纸新闻编辑、香港聪明人评论报副总编辑、人民报副刊编辑、香港达德学院文史哲系教授等职。抗战后，参加中华全国文艺界抗敌协会香港分会、桂林分会。

1949年11月，广州解放后，参加广州市军管文教接管工作。1950年调入中山大学中文系从事文艺理论教学。1957年被派往民主德国柏林洪堡大学东方学院讲授中国现代文学2年，调回中山大学后，历任中山大学教授、中文系副主任、中山大学学报主编等职。此外，他从50年代起就参加了中国作家协会，曾任广东省文学艺术界联合会委员、中国作家协会广东分会副主席、广东现代革命作家研究学会顾问等职。他的传略入编《中国文学家辞典》（现代第一分册）、《中国作家笔名探索》《广州百科全书》《世界华人文化名人传略》、英国剑桥《国际名人传略》等书。

楼栖从事文艺创作、报刊编辑、大学教学和学术研究60余年，他撰写的散文集《窗》、杂文集《反刍集》、方言长诗《鸳鸯子》、中篇小说《枫树林村第一朵花》、东欧旅游杂记《柏林啊，柏林!》、学术论著《论郭沫若的诗》及《楼栖自选集》《楼栖作品选萃》等著作，在国内的文艺界和学术界享有盛誉。60年代初，他与蔡仪等教授共同主编的《文学概论》，多年来一直被用作高等院校中文系的教材。

1997年6月，楼栖在广州逝世。

廖经天

廖经天（1913—1998），1913年出生，水车镇小立村人。1926年在梅县学艺中学读书。后加入共青团，经常帮助团地委秘书长肖向荣油印文件工作到深夜。

1927年5月12日，参加梅县武装暴动。暴动失败后，学艺中学被国民党当局封闭。1932年廖经天流亡到印尼的爪哇、巴城，在巴城利用办《时报》工作之便，先后创办《摩登》《胡笳》周刊，号召和团结海外青年参加爱国救亡工作，推动爱国救亡运动的开展。

1937年"七七"卢沟桥事变时，他正在日本留学。他怀着满腔爱国热情放弃了留学的机会，回祖国参加抗日战争。先到山西，1938年去延安。1939年任陕甘宁边区教育厅副科长，后任延安日本问题研究员。并先后任解放日报研究员，河北日报副总编辑兼记者。

中华人民共和国成立后，先后任北京市委宣传部科长、湖南新湖南报社副总编辑、广西桂北日报兼总编辑、广西日报社社长、人民日报副总编辑、中苏友协党组副书记。1957年整风"反右"斗争中，廖经天被错划为右派分子。曾上诉《万言书》说明问题，直到1978年12月中共十一届三中全会后落实政策时，得到平反，安排到国务院民政部任文史办公室主任（副部级）。

1998年1月20日，廖经天因病在北京逝世。

杨伟光

杨伟光（1935—2014），雁洋镇人，1961年参加工作，大学学历。1956年10月加入中国共产党，1957年中国人民大学新闻系学习。1961年，在中央人民广播电台工作，历任中央人民广播电台、记者、副主任、副台长。1985年7月，任中央电视台副台长、副总经理。1991年，任中央电视台分党组书记、台长、副总经理。1994年至1999年广播电影电视部党组成员、副部长、副总经理兼中央电视台分党组书记、台长。1996年任中国文联副主席、中国电视艺术家协会主席、重大革命历史题材影视创作领导小组组长。2002年9月，任上海交通大学媒体与设计学院院长。是第十届全国政协委员、全国政协教科文卫体委员会副主任。因病于2014年9月20日逝世。

杨资元

杨资元（1928—2018），梅县人，生于香港。1953 年 12 月加入中国共产党。1949 年 5 月，在广州中山大学文学院读书时参加了中国共产党领导的地下学联“爱国民主协会”。中华人民共和国成立后，历任广州市公安局股长、科长，广州钢铁公司合金钢车间主任，广州市冶金工业公司技术室主任、科长，广州市合金钢厂党委副书记、厂长，1981 年后，任广州市经委办公室副主任、主任、经委主任，广州市对外经贸委员会主任，广州市国际信托投资公司总经理，1985 年，任广州市副市长、中共广州市委常委、副书记，1988 年 6 月至 1990 年 6 月，任广州市市长。1991 年，任广州市政协主席。第八届全国政协委员。离休后，任广州市关心下一代工作委员会主任。

2018 年 10 月 27 日，杨资元因病医治无效在广州逝世。

杨逸棠

杨逸棠（1902—1982），又名杨伯恺，梅县人，农工党成员，民盟成员。1925 年加入中国共产党。北平法政专门学校肄业。曾任东征军总指挥部宣传分队长，参加省港大罢工运动。1926 年，任北伐军总政治部编纂股股长。次年参加南昌起义。大革命失败后，脱离共产党。1930 年，参加中国国民党临时行动委员会，任中央干部会干事。1933 年，参加福建人民政府的反蒋抗日斗争。1935 年，任中华民族解放行动委员会临时中央执行委员。抗战爆发后，在第八集团军总司令部任秘书。随后在重庆，广东等地从事。1946 年秋，参加创办香港达德学院，任教授、总务主任，并任中国民主同盟中央执行委员会南方总支常委。1947 年，任农工党中央执委。1949 年，出席中国人民政治协商会议第一届全体会议。新中国成立后，历任交通部办公厅副主任，参事室参事，行管局顾问，民盟中央常委，农工党第五届中央执行委员，第六、第八届中央委员，中央联络工作委员会副主任委员等职。是第一届全国人大代表，第五届全国政协委员。因病于 1982 年 2 月 24 日在北京逝世。

杨　简

杨简（1911—1981），出生于梅县，病理学家、实验肿瘤学家。1980 年当选为中国科学院学部委员（院士），1956 年加入九三学社。

杨简深受家庭读书学本领的教育和影响，自幼勤奋好学，聪明伶俐，少年时就读于广州中山大学附属中学。15 岁就考取了中山大学医学院预科，2 年后进入中山大学医学院学习。1934 年毕业于中山大学医学院，获得全优金牌奖，留校任教。杨简在医学院跟随中国著名病理学家梁伯强教授从事病理学教学、临床病理检验及其科研工作，1942 年被破格晋升为教授。抗日战争时期，杨简还兼任了江西医学专科学校、孙逸仙医学院、光华医学院等院校病理学的教学工作，为培养医学人才，不辞辛苦，奔波于几个学校之间，根据各校特点和学生的水平，讲授不同内容的教材。1945 年，由中山大学派送，杨简赴美国宾州大学医学院病理系和癌症研究所进修病理学和肿瘤学。1949 年回国，回国后，杨简曾先后担任中山大学医学院副院长、代理院长，北京流行病学研究所病理研究室主任，中央卫生研究院病理室特约研究员，中国医学科学院实验医学研究所（1978 年改名为基础医学研究所）病理系副主任、病理研究室主任等职。先后还兼任暨南大学医学院病理学教授、卫生部医学科学委员会委员、中华医学会常务理事、中华病理学会主任委员、九三学社医学科学院支社副主任委员、四川省政协委员。

杨简是中国实验肿瘤学的创始人之一。1953 年，杨简和他的同事在中央卫生研究院建立了中国第一株可移植性肿瘤株，命名为小鼠梭性细胞肉瘤（SP），这是一种生长比较稳定而有实际应用价值的瘤株。1958 年，在实验医学研究所正式成立中国第一个瘤株实验室，相继自行建立了大鼠、小鼠瘤株 10 种，并从国外引进大鼠、小鼠及家兔瘤株 10 余种，系统研究了这些瘤株的生长特性及组织学类型，建立起一套瘤株保种传代方法和操作规程，在全国各地推广应用。与此同时，还为有关科研单位及高等医学院校培训了一批实验肿瘤学人才。杨简对严重危害人民生命健康的几种多发性肿瘤进行大量的调查和实验研究，对发病原因及其病理学进行了深入的研究，为几种肿瘤的防治提供了宝贵的科学依据。例如，关于子宫颈癌和食管癌的研究。子宫颈癌是中国最常见的妇科恶性肿瘤之一，临床观察表明，子宫颈癌的发生与子宫颈慢性炎症、宫颈糜烂、宫颈撕裂、生育过多、过早或过密、激素失调和包皮垢等因素有密切关系，因此有人提出子宫颈癌综合病因假说，但未做定论。杨简设计了一系列动物实验，进行了大量的多次重复性实验研究，取得了大量数据，在此基础上说明子宫颈癌的发生是局部因素与全身因素综合作用的结果。他进一步指出，局部因素中人的包皮垢与全身因素中的动情激素长期作用可能是致癌的主导因素，局部因素中宫颈慢性创伤是一个促癌因素。他根据病理形态学的变化，对小鼠宫颈病变进行了分级与命名。同时他还在实验小鼠观察到，长期单独注射动情二醇不仅可以诱发了宫颈癌、阴道癌，还会诱发出尿道癌。对这一新的发现，杨简在出席 1962 年莫斯科召开的第八届国际肿瘤会议上提交了研究论文，之后还全文发表在《中华医学杂志》外文版上。这篇论文在当时对于研究子宫颈癌病因有重要学术价值。食管癌也是中国常见的癌症，尤以北方多见。1963 年，杨简带领研究组人员深入中国食管癌高发区河南省林县等地，开展食管癌病因调查。在对河南省及山西省一些农村中发病农户和非病农户的居住环境、生活习惯、饮食、卫生状况等进行对比调查的基础上，通过实验室研究验证，从病因学与发病学的角度，认为霉菌污染食物可能与食管癌病因有关，为食管癌防治工作提供了科学依据。1980 年，出版了专著《食管癌的实验研究》。其内容丰富，涉及病因调查、动物食管癌与癌前病变模型的建立、可疑病因与发病条件的实验研究，以及与食管癌发病有关的基础理论研究，如癌变的阻断、增生与癌变的关系、癌变过程中的免疫反应以及病理形态学与超微结构的研究。其研究方法与结果不仅对研究食管癌有重要的参考价值，也可以作为研究其他癌症的借鉴。为了推动食管癌病因学和发病学的广泛研究，提供实验手段，杨简用多环碳氢化合物首先建立起小鼠食管癌模型，并用亚硝胺诱发出食管癌与癌前病变，深入观察了大鼠、小鼠实验性食管癌的病理形态学及组织发生学。据此，他提出5级18种组织学病变类型。此外，还通过302例尸检，对食管黏膜早期病理形态学进行了观察，为了解与食管癌癌前有关的病理变化积累了丰富的科学资料。

20世纪70年代末期，杨简开辟了实验肿瘤学的新领域——肿瘤侵袭与转移的研究工作。临床统计表明，75%以上的肿瘤病人死于癌的侵袭与转移，而国内研究甚少。癌细胞如何侵袭？侵袭的方式与性质是怎么样的？这是肿瘤学研究的基础性问题，也是难度相当大的问题。他和同事们设计了各种方法，建立了肿瘤淋巴道转移的模型，观察了各种不同动物肿瘤的转移特性。他应用光学显微镜、透射电镜和扫描电镜进行细致的研究，发现各种癌细胞的侵袭方式是类似单细胞原生动物阿米巴的运动，以伪足的形式通过细胞间隙，穿过基底膜而进入正常器官。侵袭的过程可分为五个连续阶段。他认为恶性侵袭的主要原因是癌细胞寻找最佳营养环境。这些研究结果对了解侵袭与转移的本质与规律很有价值，同时也为寻找防治肿瘤侵袭与转移提供了新的思路。他先后发表了12篇有关的科学论文，并应德国洪堡基金会的邀请，赴德意志联邦共和国讲学、交流。

杨简对肿瘤学的科学研究工作高度执着，特别是对严重危害人民生命健康的多发症和常见症，以只争朝夕的精神，希望早日征服它，以解除人民的痛苦和不幸。他急病人所急，急病人亲属所急，而无暇顾及自己的健康，在身体严重贫血和大便隐血的情况下，仍忘我地工作。他的家人和同事多次劝他休息，去医院检查，都被他以研究工作忙而搪塞过去了。最后，身体实在不支才入院检查，可是为时已晚，确诊为肠癌晚期，于1981年5月10日去世。他的功绩和精神在中国实验肿瘤学的研究史上将永放光彩。

黄火兴

黄火兴（1934—2007），梅南镇人，初中肄业，自学成才。1950年参加村乡工作，同时开始文艺创作。1955—1958年在部队服役，1959年退伍。曾任市山歌剧团编剧、地区《嘉应文学》编辑。1965年加入广东作协，曾被选为理事。系中国民协、中国华侨文学艺术家协会、中华诗词学会、广东曲协、广东民俗学会等10多个文艺民间组织的成员。50多年来，共发表作品4000多篇（首）。出版《山歌集》《谈谈客家山歌》《客家情歌精选1900首》《客家风情志》等专著、合著10多部。1989年，被省授予“广东民间文学三套集成先进工作者”称号。1998年，在“世界客属第十四届恳亲大会”上被授予“世界客属杰出文化人士”称号，并获得特铸金牌一面。之后又获得梅州市客家联谊会表彰，并获得特铸奖牌一面。1999年冬，中央人民广播电台特派记者采访，其事迹在国际台“两岸杰出客家人”专题播出。其传略被收入10多部大型辞书。2007年因病去世。

肖建兰

肖建兰（1947—2016），女，省级非物质文化遗产项目“竹板歌（梅县竹板歌）”代表性传承人，曾任广东省民间文艺家协会、音乐家协会、曲艺家协会会员、梅州市客家山歌协会名誉会长。1980 年被评为梅州市优秀山歌手，1990 年评为梅州市山歌师。在传承和发展竹板歌的工作中，一直努力学习，不断提高，培养了一大批的竹板歌后备人才。配合市委、市政府“休闲到梅州，享受慢生活”的宣传，积极编写山歌、竹板歌。编写了《山歌当茶迎新人》《携手再创新辉煌》《华侨爱国爱家乡》《温暖行动送真情》《新春佳节花满园》《革命精神代代传》《联情联谊情义长》等作品 80 多篇。1999 年，获得省委宣传部、省文化厅授予的“广东省文化艺术上山下乡工程先进个人”称号。2002 年，被省文化厅评为“广东省戏剧工作先进工作者”。2003 年，被省委宣传部、省文化厅授予“广东省客家山歌擂台赛优秀歌手奖”。多年来，肖建兰根据组织安排到东南亚、港澳台等各地演出，所到之处都产生了较好的影响。2010 年 8 月，到台湾参加“台湾、广东周”的文艺演出，其中竹板歌对唱《夸老公，夸老婆》《客家妹子顶呱呱》受到人们一致好评，促进了客家文化的弘扬，联结海内外客家人的乡情乡谊。

肖建兰于 2016 年 3 月因病去世。

程贤章

程贤章（1931—2013），丙村镇人，中共党员，著名作家。1953 年毕业于广西大学语文专修科。曾任土改队员、中学和干部文化学校教员，《汕头日报》《梅州日报》创办人、《风流人物报》主编，广东文学院副院长、院长，广西师范大学、嘉应大学客座教授，外语外贸大学客家研究所顾问，广东文史研究馆馆员。享受政府特殊津贴。1960 年开始发表作品。1980 年加入中国作家协会。文学创作一级。著有长篇小说《樟田河》《彩色的大地》《青春无悔》《神仙 · 老虎 · 狗》《云彩国》《围龙》《大迁徙》《仙人洞》《长舌巷》《胭脂河》等 10 部，小说集《程贤章中短篇小说》，报告文学《我看广东》《从神庙到自由神》。长篇小说《神仙 · 老虎 · 狗》《围龙》获得广东省第三、四届鲁迅文学奖，《青春无悔》获得华东六省二市优秀图书二等奖。

在广东收藏界，程贤章具有知名度和影响力，广州和梅州的古董商人，每收到 1 件古董，都要先和程贤章联系。程贤章用他渊博的文化底蕴和不耻下问的求知精神，着实收藏到了不少文物精品。他收藏到的黄香铁的《读白华草堂诗选》全集及黄香铁的手稿《庚辰集》和《槛花馆翰林集注》，就是他多方考证后收藏起来的。程贤章收藏文物，不是面面俱到，而是根据自己的知识和爱好，量力而行进行有选择的收藏。他以收藏笔、墨、纸、砚和梅州地方出土的高古陶瓷为主。他收藏了许多名砚，其中有宋代八角瓷砚、李渔款歙砚、石燕化石鲁砚、宋朝著名书法家崔与之收藏的澄砚等名家石墨 30 余枚。由清代至现代的各种毛笔 20 多枝。

古代书籍达400多套，其中民国4年初版、宣纸印刷的《辞源》，道光年间以4种颜色印刷的世界上第一本介绍验尸学的《洗冤录》，清朝雍正御本《尚书》《昭明文选》，日本明治年编印的中国明代《画谱》，日本东京石印版的梁启超《饮冰室文集》，康熙五十五年木刻版的《康熙字典》，中华人民共和国成立后梅州仅有的木刻本《共产党宣言》等，都是难得一见的珍品。

程贤章从作家成为收藏家，成为作家庄园园主。梅县图书馆建成后，程贤章捐赠藏书5000多册和文物100余件。

2013年1月25日，程贤章病逝于梅城。

廖　振

廖振（1933—2015），原名其光，梅县人。中共党员。1965年毕业于辽宁大学中文系。1947年参加解放军，历任闽粤赣边区纵队战士、班长、警卫员、排长、区武装部长，兴梅军分区独立二营参谋，武汉军区预备8师22团防化兵指导员、主任，1958年转业，任朝阳市农科所及气象台秘书，辽宁省作协专业作家，广东梅州市文化局艺术科长，梅州市文联常务副主席，专业作家。1959年开始发表作品。1986年加入中国作家协会。文学创作二级。著有中长篇小说《战斗的少年时代》《石头娃子》《送盐》《香蕉村的黎明》《游击区的小猎人》《猎人的爱情》《天猎》等，共160多万字。长篇小说《敌后少年军》获1985年广东省儿童文学优秀作品奖。

陈扬明

陈扬明（1922—2001），松口镇人。1948年9月至1949年2月，在香港达德学院就读国文系一年级上学期，不久学院被英国政府无理关闭。1949年5月，参加中国人民解放军闽粤赣边纵。1953年3月至1956年6月，就读于华南人民文学艺术学院文学系本科，毕业后先后在华南人民出版社和广东人民出版社任文学编辑。1980年，加入中国民间文艺研究会广东分会，后转为中国民间文艺家协会广东分会。1950年起，在编辑工作之余，积极创作诗歌、山歌，在《南方日报》《广州日报》《梅江报》《中华诗词》等报刊发表了《支前会议》《八月的歌——为庆祝八一建军节而作》《土改墙头诗》《早晨的歌》《月夜的歌》《十月的歌》《祖国的恋情》《七月的颂歌》《下弦月》《满江红·梅州》等大量的诗歌和山歌作品。20世纪50年代，著有山歌集《江清秀翻身》《歌唱苏联》《榕树头下》《幸福的社员》《歌唱农业合作化》《李桂妹和陈阿良》及《桃李花开》（与张雪伦合作）、《梁山伯，祝英台》《陈三与五娘》和山歌剧集《人往高处走》（与李宗英、廖玉文、沙星合作）、山歌理论集《怎样写山歌》等，分别由华南人民出版社、南方通俗出版社、广东人民出版社先后出版。1956年3月，出席在北京召开的全国青年文学创作者会议，是华南代表团28位代表之一，受到周恩来总理的接见。1956年，被评为“广东省先进文化工作者”，并出席广东省先进文化工作者会议。1986年离休后参与梅县民间文化三套集成的编辑工作，并且笔耕不辍，在《梅州侨乡月报》《中华诗词》等报刊发表不少诗歌、山歌作品，还积极指导中青年作者，扶持文学新人。

宋绍青

宋绍青（1958—2014），笔名方舟、绿荫、宋歌、梅子，白渡镇人，大学毕业，军旅作家。曾任中国作家协会广东分会会员、中国青年作家协会会员、中国人物传记作家、中国文化研究院特聘院士、世界客家文化研究院理事、台湾逢甲大学特邀客家学教授、美国夏威夷大学亚洲部聘为中国文化研究员、梅州市客家文化研究学者。先后任梅县区乡镇武装部部长、区地方志办公室副主任等职。宋绍青多年来从事客家文化研究，对客家历史文化、人文景观、客家渊源、客家名人等方面均有研究，特别是对客家名人的研究和采访、撰写尤为突出，已经出版名人传记文学作品10多部，在海内外报刊发表文学作品3000多万字，其艺术经历载入《中国作家名录》《中国青年作家名录》《世界华人作家名录》。主要作品有《军旅岁月》《情人岛》《边关情诗》《红尘有爱》《送你一朵玫瑰花》《烟雨春情》《岭南才子宋湘》《李金发评传》《变法先驱黄遵宪传》《抗元民族英雄蔡蒙吉传》《洪秀全传》《民国名将张民达》《民国战将叶公武传》《开国中将肖向荣》《客家骄子叶剑英》《一代宗师林风眠》《中国名商张弼士》《新加坡总理李光耀》《梅州客商》《客家妇女》等。

张标秀

张标秀（1933—2009），梅江区人，梅州市著名的作曲家，曾在梅县文化馆工作，曾任梅江区文联专职副主席。一生痴迷于音乐，并作为终生的事业追求。毕业于中南部队艺术学院，并得到中国著名作曲家张棣昌的精心辅导，经历较多磨砺，名作迭出，在梅州市音乐界享有很高的声望。曾为中国音乐家协会会员、中国音乐著作权协会会员。40多年来，共创作山歌剧音乐28部，主要剧目有《十八娇娇血泪情》，该剧目曾获省级奖，还有《东山风雨》《虎牙山上》《苦楝岗》等，由中央人民广播电台、中国国际广播电台、广东人广播电台播放。电视音乐剧《先生李文固》由广东电视台播放，并由梅州市代表团作为礼品带往美国，参加客属联谊会交流。同时，创作有歌曲100多首，为各单位谱写行业歌，培养学生众多。

丘菊贤

丘菊贤（1932—2015），隆文镇人，出生在印度尼西亚雅加达，少年时在家乡隆文镇文普村小学读书，梅县松口国光中学读初中，1952年梅州中学高中毕业，毕业后在梅县梅南中学教书。1953年，考入河南大学历史系。1957年，在河南郑州市的一间中学任教。他对历史文化有研究，受到河南大学历史系梁养吾教授的赏识，并推荐他到河南大学历史系任教，是河南大学历史系教授，曾任河南大学史学月刊杂志社和河南大学出版社编审。1992年，他在河南大学出版社退休。1993年，与妻子（梁美英河南大学历史系的讲师）、儿子回家乡梅城五洲城居住。他对地方历史和客家文化有研究，曾任《梅州市志》副主编、《客家人》杂志副主编、《客家大观园》责任编辑。2003年，河南省郑州市举行“第十八届世界客属恳亲大会”，他的《客家纵论》等著作赠送给参会人员。2004年，成立梅县客家学研究会，他任该会顾问，捐书捐钱给研究会，培养对客家文化有兴趣的年轻人。他的主要论著有《中华都城要览》《国史自学备要》《汉魏洛阳史话》《客家纵论》《梅州客家研究大观》《梅州客家研究百年纪要》《史志文存》《韩素音研究文集》等书15部。2015年病逝。

傅智河

傅智河（1974—2015），梅县人，美术专业本科毕业，曾是广东省美术家协会会员、广东省青年美术家协会副主席、广东省梅州市美术家协会理事、梅江区美术家协会名誉主席。作品多次入选全国、省、市画展并获奖。1999年，国画作品《冷艳图》入选中国美协、卫生部举办的“跨世纪全国卫生美术书法摄影精品展”并入编画册，在中国美术馆展出；2004年，国画作品《清香》入选中国美协、中央电视台举办的“首届全国电视中国画大奖赛”。

曾宪梓

曾宪梓，扶大人，香港金利来集团有限公司创办人、董事局原主席，被誉为“领带大王”。曾任全国工商联副主席，第八届、九届、十届全国人大常委，香港特别行政区筹备委员会委员、香港中华总商会会长等职。1997年获得香港特别行政区政府“大紫荆勋章”；2015年获得“中华慈善奖”；2018年获得“改革先锋”称号，颁授“改革先锋”奖章，并获评为“倾力支持国家改革开放的香港著名企业家”。编号第3388号小行星被命名为“曾宪梓星”，2019年10月19日获得世界客属第30届恳亲大会“全球客家事业杰出贡献奖”。

1961年，曾宪梓毕业于中山大学生物系，随后在广东省农业科学院工作。1963年，曾宪梓为继承父亲在海外的产业权，经中国香港到泰国侨居了5年。1968年，他又从泰国回到中国香港，1970年成立“金利来（远东）有限公司”，1992年金利来在香港联合交易所上市，市值达到60亿港元。

1978年，曾宪梓回家乡广东梅州，看到破破烂烂的城市和学校，心里很不舒服。1980年，他在梅州投资建造了学校，随后又修路修桥修学校、接自来水管、建老人院，以自己的一份力带头改变家乡的面貌，成为广大海外梅州游子的表率。1986年开始到内地投资设厂，1989年合资成立中国银利来有限公司，成为中国首家专营领带生产的中外合资企业。

曾宪梓不仅自己做慈善公益事业，也发动别人去做。回报祖国，捐资是最直接、最有效的方式，成就终生的事业。这么多年来，他对家乡的捐资已超过5亿元。为何把辛苦赚来的钱慷慨捐出？曾宪梓如是说：“我为什么要把辛辛苦苦赚来的钱给公益事业，用来投资做生意，用钱来生钱岂不是更好？但我认为钱在没有时很重要，但在有了之后，怎么去用就更重要。难道去花天酒地吗？我选择帮助穷苦人，其实也是为了自己。能够回报祖国，我自己心里觉得很高兴，这是我人生的乐趣。”在文化、教育、体育等公益事业中，曾宪梓对教育捐资投入最多。在家乡梅州，曾宪梓独资捐建了梅州市曾宪梓中学、梅县宪梓中学、梅县丽群小学。同时热心参与了嘉应大学、东山中学、梅州中学、乐育中学、联合中学等一大批教学楼、图书馆设施的建设。他还为嘉应大桥、宪梓大桥、金利来大桥、客家博物馆、曾宪梓体育场等大批基础设施慷慨解囊，并为广大贫困学子提供奖学金。曾宪梓为梅州新时期的文化教育事业的飞跃发展做出了重要贡献。

曾宪梓名下有三大基金。1992 年，他捐赠 1 亿元，与教育部合作成立“曾宪梓教育基金”，在前 7 年共奖励内地 7000 多名优秀教师。从 2000 年始，每年资助北京大学、清华大学等内地 35 所大学 1750 名家境贫困的大学生，至今超过 1.8 万名大学生因此受惠完成学业。2004 年“神舟五号”发射成功，曾宪梓兴奋得一夜无眠，当年 10 月出资 1 亿港元设立“曾宪梓载人航天基金”，每年拿出 500 万元奖励对祖国航天事业有贡献的科学家和航天员。2008 年北京奥运会期间，曾宪梓宣布成立 1 亿港元的“曾宪梓体育基金”，用以奖励第 29、30、31 和 32 届奥运会获得金牌的中国健儿。他从 20 世纪 70 年代末开始，捐资支持国家教育、航天、体育、科技、医疗与社会公益事业，历年捐资逾 1400 项次，累计金额超过 12 亿港元。曾宪梓自奉甚俭，生活简朴，却将自己的“富裕”与社会大众分享。他坚信：“如果只把自己的产业留给后代，那就只富了我一家。如果我用我的产业来培养祖国的后一代，将来就能使整个国家富裕起来。”

王　维

王维，松源镇田心村人。原名王耀秀。中共七大正式代表。贫苦农民家庭出身。1924 年起在本村小学、松源中学读书。1935 年开始参加抗日救亡活动，受到共产主义思想影响。1936 年至 1938 年在本乡任小学教师，同时参加组织青年读书会、剧社、新文字研究会等进步团体，开办夜校，参加宣传抗日、妇女解放等活动。1936 年 6 月参加梅县秘密救国会。11 月，参加中共外围组织中华抗日义勇军，任松源中队中队长。1937 年 2 月加入中国共产党。4 月任梅县松源党支部书记。1937 年 10 月，任中共梅县松源区委书记。1938 年 8 月至 1939 年 5 月任中共梅县中心县委组织部部长。1939 年 5 月至 11 月，任中共闽粤赣边省梅县中心县委书记。11 月，参加中共闽西南潮梅特委第六次执委扩大会议，当选为中共七大代表。同月至 12 月从梅县到皖南新四军军部。1940 年 12 月到达延安。1941 年 1 月至 1945 年 3 月，在延安中共中央党校一部学习，参加整风、审干和党内路线问题的学习讨论。1945 年 4 月至 6 月，作为大后方代表团成员出席中共七大。1945 年 7 月，参加南下闽粤赣边区干部大队，任第二中队副中队长。8 月，出发经太行、太岳、豫北、冀南、山东抵达淮安。1946 年 2 月至 4 月，任中共淮安市委副书记。4 月，从淮安出发，经苏中、上海、香港回到梅县。6 月至 7 月间，到福建省永宝县向中共闽粤边临委传达中共七大路线和精神。7 月，任中共梅县中心县委宣传部部长。11 月，任中共闽粤边工作委员会副特派员。1947 年 5 月至 1948 年 8 月，任中共闽粤赣边工委常委、组织部部长。1948 年 8 月至 1949 年 9 月，任中共闽粤赣边区委常委、组织部部长。中华人民共和国成立后，1949 年 10 月至 1952 年 10 月，任中共兴梅地委书记兼兴梅军分区政治委员。1952 年 10 月至 1953 年 5 月，任中共粤东区委宣传部部长。1953 年 5 月至 12 月，任中共粤东区委副书记，同年 9 月至 1956 年 10 月，任广东省水利厅厅长。1953 年 12 月至 1956 年 10 月，任广东省水利厅党组书记。1955 年 5 月，当选为中共广东省委候补委员。1956 年 6 月至 1958 年 8 月，任中共广东省委农村工作部副部长。1958 年 8 月至 1960 年 6 月，下放博罗县任县委副书记。1960 年 6 月至 1961 年 11 月，任华南化工学院副院长、党委副书记。1961 年 11 月至 1962 年 6 月，任广东省农业厅副厅长、党组书记。1962 年 8 月至 1967 年 3 月，任广东省农业厅厅长，1962 年 10 月至 1966 年 5 月，任党组书记。“文化大革命”中受迫害，后平反。1973 年 9 月，任广东省知识青年办公室副主任，12 月，任国营农场路线教育工作团团长。1974 年 12 月，任广东省农垦总局副局长、党委副书记。1983 年 4 月至 1988 年 1 月，任广东省第六届人大常委会副主任、党组成员。1988 年 4 月，任广东省第七届人大代表。2001 年 9 月离休。享受省长级待遇。

钟正山

钟正山，出生于马来西亚马六甲，祖籍梅江区三角镇大坜村，著名书画家。

早年就读于新加坡南洋美术专科学校 （今新加坡南洋艺术学院），师从林学大等南洋美术名家。他融会东西方美学哲思和绘画技巧，在中国水墨画创作领域坚持探索革新，形成自己独特的绘画艺术风格，是“国际现代水墨画联盟”的发起人。1967 年，创立马来西亚艺术学院，担任院长 32 年。此后还创办马来西亚国际咨询艺术学院、云南财经大学现代设计艺术学院等院系，为马来西亚和中国的现代艺术设计教育作出贡献，担任马来西亚华人文化协会总会长 15 年。他的艺术教育理念，对马中两国的现代艺术设计教育有广泛深远的影响与贡献，被誉为“马来西亚现代艺术教育之父”。钟正山经常到访考察世界各地艺术大专院校，并受聘为客座教授、邀往讲学和主持会议，在艺术教育及水墨改革领域成就卓越，被艺术评论家誉为求之世界画坛亦不多见的“一代画杰”。

钟正山的作品先后在欧美亚 20 余个国家地区展出，并在国内外举行个人画展 20 余次。1958 年，马来西亚教育部对其美术教学成绩表示赞赏，特颁发奖状以示嘉勉。1977 年，获得马来西亚最高元首陛下颁赐服务国家有功勋章。1983 年，获得台湾台北“中华学术院”研士。1984 年，被台湾“中国文艺协会”颁予“荣誉文艺奖”。1995 年，获得台湾“中华文化复兴总会”与“中华书画印艺学会”联合颁予“国际书画巨匠奖”。

南岭梅

南岭梅，原名王春华，梅江区城北镇人。南岭梅以自学踏上艺术之路，作品用笔雄健而独具一格，得国画大师董寿平器重，成为其生前最后一名弟子。南岭梅以“山梅自在开”为最高的艺术境界，他画的梅花大部分盛开在山野间，自然逼真，体现梅花的铁骨铮铮。他的作品也被越来越多的人喜欢并收藏。自 90 年代中期以来，他先后在北京、山西、广东等多个省市举办多次梅花专题展览，并获得一致好评。1999 年，入选由中国美术家协会和中国诗书画研究院主办的张大千 100 周年诞辰“华人书画名家精品展”，在中国美术馆展出。2000 年，其作品曾获得中国文联举办的“首届华人艺术展”铜奖。2005 年，获得中国国家画院主办的“国际华人诗书画印艺术大展”优秀奖。2007 年 6 月，南岭梅在梅县博物馆举办“庆祝香港回归祖国 10 周年——南岭梅捐赠馆藏书画作品展”。2009 年 3 月，入选由文化部中外文化交流中心主办的“中国画名家手卷作品展”,《岁寒三友》7 米长卷在中国美术馆展出。2009 年 11 月，应邀参加“首届华人书画艺术年展”。2010 年 12 月，入选中华人民共和国文化部中外文化交流中心主办的“中国画名家四条屏作品展”。举办 18 次梅花专题个展，把梅香撒遍京、宁、晋、粤、琼。中央电视台、人民日报、中国画报、美术报、国际金融报、羊城晚报、广州日报等国内外诸多媒体先后介绍其人其画。出版《南岭梅画集》，收入梅画力作 90 幅和珍贵照片 100 多张，记录着他在艺术道路上的轨迹。

丘　峰

丘峰，原名丘滔珍，笔名秋竹。梅江区城北镇人。1961 年毕业于广东梅州中学，1966 年毕业于复旦大学中文系。历任上海卢湾区教育学院教师，上海文艺出版社文学编辑,《花城》《中国对外贸易》《大墙内外》等杂志主任、总编辑，上海社会科学院文学研究所研究员，同济大学特聘教授，嘉应学院客座教授。是中国小说学会理事、上海市第七届政协委员、政协常委、上海市特约监察员。1995 年 12 月，应邀参加新加坡“第二届世界华文作家代表大会”和 1996 年 11 月新加坡“第三届世界客家学研讨会”。1998 年加入中国作家协会。2003 年 8 月，应邀访问印度尼西亚《国际日报》、印度尼西亚华文作家协会等。是世界华文作家协会理事、广东梅州市发展战略顾问、梅江区社会发展顾问等。

著有长篇小说《空降团的女翻译》(合作)，理论专著《文学探踪录》《玫瑰园遐思》《文学的现代流向》《中国先锋小说整体观》《中国当工文学流派研究》《人间万象，笔底波澜——台湾作家许希哲创作论》《中国当代先锋小说研究》，小说集《夏夜，上海滩》《在死神招手的时刻》(合作)，散文集《醉雀》，主编《中国现代文学手册》(合编)及《锦绣恩平》《新加坡·马来西亚华文小说选》《天涯与海角——20 世纪中国纪实文学文库》《李金发散文选》等。2018 年著有《罗芳伯传奇》，并在梅县区图书馆举办该书首发式。

丘峰的散文和文学评论曾多次在国内及美国、新加坡等地获奖。文学评论《陈世旭小说艺术论》《古华小说论》《走进意义：散文创作的现时性》《艺术感觉与诗情文韵》等 80

余篇论文被国家级选刊《新华文摘》《中国现当代文学》《中国文化》等刊物转载。《生命意志与艺术激情——赵丽宏散文的艺术踪迹》和《“乡思如井，点滴情深”——论台湾文学中的大陆情结》《“诗怪”李金发及其创作》分别入选《中国现代文学研究范文选》《上海文学50年论文选》和《上海社会科学院50年论文精选》；散文《虎趣》《小溪梦寻》《春夜听雨》《月色下的周庄》《锦绣谷》《五彩枫》《莫干山访竹》《我家门前的龙眼树》《小溪旁的紫荆花》等在全国和地方获奖，并被入选《中国20世纪散文精选》《散文精品典藏本》《精品本》《上海作家50年散文选》《名家美文100篇》等，还入选上海、江浙等地区的中小学语文教材。丘峰作品获得好评，在《人民日报》《文艺报》和香港《文汇报》、台湾《世界论坛报》以及《新加坡作家报》、新加坡的《新华文学》《赤道风》、马来西亚的《马华文学》、美国的《美华文学》等都发表评介文章。被文艺界誉为集文艺评论、散文创作和编辑于一身的“三栖作家”。

林炫荣

林炫荣，梅县区人，中华国际文化艺术交流协会香港荣誉会长、香港青少年文化艺术推广委员会副主任、香港海峡两岸文艺交流协会副秘书长、欧洲东方美术研究院荣誉院长、世界熊猫促进会顾问、北京时代学人文化研究院研究员。曾任香港摄影界庆回归委员会委员、华润美术会副会长。

林炫荣60年代就读厦门艺专、师承著名花鸟画家宋省予、林风眠等前辈。从60年代开始，从事艺术活动数十年，曾分别在海内外举办个人画展10多次，获得许多奖项，擅长水墨画及艺术摄影，尤牡丹，神韵独具，被传媒誉称“香港牡丹林”。

1997年春，在香港视觉艺术中心举办个人画展，由新华社香港分社副社长张浚生等主持开幕剪彩典礼。后获邀出席韩国“亚细亚美术招待展”，作品被收藏并获颁发纪念勋章。同年赴北京参加全国首届“文化节”、美术、摄影展评，分获二、三等奖。旋即被聘为国际杰人会澳门会荣誉顾问，并为该会举办画展做慈善拍卖，收入赠孤儿院。1998年，赴法国留尼旺举办巡回个人展。10月，由毛里求斯共和国艺术文化部在首府中国文化中心联合主办“林炫荣画展”，由毛里求斯共和国卡萨姆·乌幕总统、文化部部长曾繁兴、中国文化部部长孙家正分别题词和主持画展开幕典礼。1999年冬，由中共梅州市委统战部等在梅州市主办“喜迎澳门回归祖国林炫荣画展”，中央人民广播电台、中央电视台等分别作了报道。其后还向中国青少年发展基金实施的希望工程捐赠画作。2000年夏，率香港文艺代表团参加在台北举办的“第四届国际美术名家巡回展”。2001年夏，在台湾举办个人展，获得时任台北市市长马英九题词“艺苑生辉”祝贺，两岸媒体广为宣传。2002年春，在新加坡举办个人画展，2003年春，由中共广东省茂名市委宣传部等在茂名市主办个人画展，11月，在加拿大多伦多举办个人画展，皆广受欢迎。

作品分别在中国、荷兰、菲律宾、泰国等地获奖并入选多部大型画集。美国旧金山大学文理学院、商学院，新加坡副总理李显龙，法国国会议员、圣皮埃尔市市长恩利·哇荷，澳门赛马会，香港中文大学，毛里求斯共和国总统和文化部及一些博物馆、纪念馆等均收藏其作品。艺历入录《中华人物辞海》《世界著名华人艺术家辞典》《中国人才世纪献辞》《中国专家大辞典》，获得“世界著名华人艺术家”证书。2002年夏，中国新闻社以通稿向全世界发布，中国国际广播电台还作了专访和向海外报道，冬，获得英国IBC–剑桥国际名人传记中心颁发“杰出艺术名人勋章”及“21世纪杰出艺术成就奖”。2003年获得ABI–美国传记协会颁发“艺术名人纪念勋章”。获得《人民日报》海外版报道及授予“中华艺苑名家”称号。出版《林炫荣画集》，获得香港政府艺术发展局资助出版《林炫荣水墨画》集。

张惠建

张惠建，曾任广东广播电视台台长、党委书记，现任广东省政协常委、文化和文史资料委员会副主任。从事新闻工作40年，张惠建始终牢牢把握正确的舆论导向，坚持“政治家办台”的方针，不断改革创新，开拓进取，在完成重大宣传任务、打造品牌节目、推进媒体融合、发展广电产业等方面取得了较好的社会效益和经济效益。

汤明哲

汤明哲，汉族，蕉岭县人，国家级非物质文化遗产（客家山歌）代表性传承人。1951年入伍华南文工团，1954年参加中国共产党，1956年担任梅县文化科长（局长）。曾出席广东省首届青年积极分子代表会、梅州市首届人大代表。多次获得省、市、县先进工作者、模范共产党员称号。酷爱艺术、勤奋好学、多才多艺、练就客家山歌、五句板、自编自演、自弹自唱、即兴对歌等本领，被誉为“山歌大王”“急智歌星”。属于别具一格的汤腔流派，是中国特别贡献曲艺家，2004年文化部授予中国民歌突出贡献奖，是中国曲艺家协会会员、广东省作家协会、音乐家协会、戏剧家协会、民间文艺家协会会员、嘉应学院兼职教授、星海音乐学院客座教授、著名山歌大师、广东省优秀民间艺术师、广东省非物质文化遗产代表性优秀传承人。已出版个人山歌专著8本，出版音像制品CD、VCD共50多种。以山歌为媒先后20多次出访过泰国、马来西亚、新加坡、印尼、毛里求斯、美国、法国、加拿大等国家和地区。中央人民广播电台及省、市单位曾举办“汤明哲作品演唱会”“山歌汤从艺五十周年创作演唱研讨会”“山歌大师汤明哲师徒演唱会”“客家山歌代代传——‘山歌大师’、汤明哲传习成果演唱会”“客家山歌进校园”“客家山歌进军营”“客家山歌进社区”等大型舞台活动。2005年，作为客家名人被中央电视台、梅州电视台选入《走出围龙》专题节目。多次应邀到中央电视台民歌中国录播节目。

几十年来把传承客家山歌当天职，到专业文艺团体、大、中、小学、幼儿园和深圳、广州、东莞等地举办山歌班，培养了成千上万歌手，其中有不少亮丽的歌星。

宋慧明

宋慧明，女，1973年7月考入梅县山歌剧团，曾在山歌剧《挽水西流》《江姐》《姑娘嫁给谁》《一撞钟情》《进山》等剧目中担任主要角色。1981年，被评为梅州市“文艺新秀”。1986年，参加全国民间音乐舞蹈比赛，独唱《恋哥唔怕路头长》获得三等奖。1988年1月调梅县文化馆工作，任副馆长。1989年，省电视台拍摄的客家山歌故事片《啼笑冤家》中扮演主角。1997年，山歌剧《酿蜜人家》在南京会演，获得全国第七届“群星奖”金奖。2002年，小戏《山村响锣》获得全国“群星奖”优秀节目并进京展演。连续4次被评为梅县“专业技术拔尖人才”。曾随省、市访问团到新加坡、马来西亚、泰国、印度尼西亚、毛里求斯、留尼旺等国家和地区做山歌演唱。

邓学良

邓学良，大埔县三河梓里人，梅县区松口镇出生长大，中专学历。中国民族管弦乐学会会员、广东省广东汉乐学会艺术顾问、梅州市广东汉乐协会副会长、梅州市音乐家协会会员。2006年，在梅州市艺术学校任唢呐教师，原梅县木偶剧团团长、梅县政协第10届委员、国际木偶联会会员、中国木偶皮影艺术学会常务理事、广东木槌偶皮影艺术学会副会长。曾出席国内外木偶皮影艺术研讨会，在《中国木偶皮影艺术学会》《客家风华》《客家纵横》《广东汉乐学会》《国际学术研讨论文文集》等报刊发表文章10多篇。1992年，导排、编曲上京剧目《凤岭缘》，并率领梅县木偶剧团赴北京演出获得剧目创作演出奖。2014年2月，参加梅州市汉剧协会到台湾台中市土牛客家文化馆汉乐交流演出表演唢呐以打乐《迎宾客》，得到台湾观众赞誉。2014年12月，参加梅州市第二届“南国牡丹杯”群众广东汉乐汉曲电视大奖赛工作中被聘为评委之一。积极参加市区音协活动，参加客天下景区举行的2014年中秋大型音乐会，参加2014年雁洋南福采风活动等。2015年编著《汉乐春秋》。

张　杰

张杰，原名张祖杰，室名半醉轩，游艺斋，石篆山人。梅西镇人，1992年，毕业于华南文艺职业学院美术系，后在北京中央电视书画频道霍春阳花鸟画高研班研修，是广东省美术家协会会员、盛家书画院执行院长、梅州市美术家协会副主席。1991年，油画《傣家圩日》(与罗昌明合作)，入选广东省“建党七十周年美展”。1999年，油画《春暖》入选广东省“建国五十周年美展”。2000年，水粉画《曦》获得广东省“美术书法摄影大赛”美术作品优秀奖。2003年，水粉画《冬日》获得广东省“美术书法摄影大赛”美术作品优秀奖。2004年，水彩画《冬日的阳光》入选广东省“建国五十五周年美展”。2006年，设计绘制梅州学宫(孔庙)大成殿室内巨幅壁画。2009年，在广东省梅州市华侨博物馆举办

“张杰画展”，展出作品50件。2010年，水粉画《岁月有痕》入选广东省第五届水彩粉画展；2011年，北京荣宝斋画院刘大为人物画研究工作室研修。2013年，中国画《憩》，入选“梦里客家——梅州市美术作品赴穗展”。2014年，在广东省梅州市客都美术馆举办“传神写照——张杰水墨人物画展”，出版《张杰画集》人物篇。2017年，在广州举办个人画展，展出作品60件，并出版《游于艺》张杰中国画作品集，获得行家们的好评。

黄浪华

黄浪华，程江镇槐岗村人，中共党员，中国作家协会会员，编审职称。

1940年3月12日生于马来西亚居銮。曾就读于马六甲峇都安南华侨公立文化学校。1949年5月回国。回国后先后就读于长滩小学、乐育中学。1962年6月毕业于广州师范学院中文系，同年参加中国人民解放军。在部队基层，先后任战士、班长、排长、团宣传干事，曾荣立三等功1次。1965年11月出席全国青年业余创作积极分子大会。1969年2月，任广州军区政治部创作组专业创作员。1972年3月，在总政治部解放军文艺出版社，先后任编辑、编辑组长、副社长。1988年10月，被授予上校军衔，并任全军出版系统高级职称评审委员会委员。1989年5月，在中华全国归国华侨联合会所属之中国华侨出版社，先后任副社长、社长。1992年3月，任中国华侨文学艺术家协会常务副会长兼秘书长。1997年10月，任海内与海外杂志社社长兼总编辑。2002年2月，以正厅局级干部退休。

主要作品有：中长篇小说《飘泊南洋》（人民文学出版社出版）、《南洋丛林历险记》（中原农民出版社出版）；长篇纪实文学《新加坡大屠杀》（线装书局出版）；中篇小说《两个当过排长的士兵》（与张宪一合作，海峡文艺出版社出版）、《奇特的战斗》（与陈定兴合作，人民文学出版社出版）；短篇纪实文学集《星洲屠城录》（济南出版社出版）、短篇作品集《荷塘蛙声》（云南民族出版社出版）、《雪浪花》（解放军文艺出版社出版）、《精卫无穷填海心》（线装书局出版）等。获奖作品有短篇小说《荷塘蛙声》，获得总政治部1964年举办的第一届“四好连队、五好战士、新人新事”征文奖。报告文学《奇穷河畔的日日夜夜》（与任斌武合作）获得总政治部1980年举办的“自卫还击保卫边疆英雄赞”征文奖。

杨宏海

杨宏海，梅南镇人，中共党员，研究员，中国作家协会会员，深圳市文艺评论家协会名誉主席，广东省省情专家库专家，梅州市发展战略顾问。

1985年，从梅州嘉应学院中文系调到深圳市文化局。1988年，代表深圳市出席北京第五届“全国文代会”，获得邓小平等国家领导人接见。1993年，受命参与组建深圳市与文化部合办的深圳市特区文化研究中心，任主任。2001年，调任深圳市文联专职副主席，分管文学创作与文艺评论。2005年，参与深圳市委与中国作协合办的“改革开放文学创作工程”，任办公室主任。2006年，入选为《南方都市报》评选的“影响2005深圳的思想者”。

2009 年，经深圳市委宣传部批准，成立首批文艺名家工作室之“杨宏海客家文化与艺术工作室”，发起并主持多届“深圳客家文化节”。2011 年，在深圳市文联（正局级）退休。2012 年，应梅州市政府领导之聘任首届客家文化艺术节总策划与《客家人》杂志总编辑。

原为广东省第九届政协委员，深圳市第四、五届政协委员，现为深圳市客家文化交流协会会长、深圳大学客座教授、硕士生导师。

出版著作《我与深圳文化：一个人与一座城市的文化史》《打工文学纵横谈》《客家诗文》及《梅州：球乡筑梦》（与人合著）等多部，参与创作的大型歌舞剧《祖国，深圳对你说》、客家歌舞剧《月照围楼》等作品与论著先后获得中宣部“五个一工程”奖、中国作协《文艺报》“理论创新奖”、广东省“鲁迅文艺奖”、深圳创意十二月“最佳创新奖”等。1996 年，被中共广东省委、省人民政府评为“广东省优秀中青年专家”，先后被中共深圳市委、市人民政府评为“深圳市杰出专家”“享受政府特殊津贴专家”。

刘沅声

刘沅声，又名刘衍声，南口镇赤径村人，民间泥塑艺人。1984 年至 1986 年就读于南口中学，1986 年至 1989 年就读于梅县华侨中学文艺美术班，1990 年即开始创作《客家·土地》布贴画系列作品，同时尝试泥塑创作。1991 年至 1993 年在梅州市工艺美术厂工作，1993 年至 1994 年从事户外广告工作，1995 年在广州工艺作坊工作，1996 年回梅州从事个体商业工作，2005 年开始创作《客家泥塑》，并应邀到各地参展和举办个人展览，2018 年受“国家艺术基金”选拔到广州美术学院参加首届“岭南传统手工艺再生的创新人才培养”班学习。

他是中国民间文艺家协会会员、广东省美术家协会会员、梅州市美术家协会理事、梅州市民间艺术家协会副主席、梅县区民间艺术家协会副主席。获得“广东新世纪之星”“广东省基层宣传文化能人”“梅州市民间技艺大师”“梅州市客家泥塑非物质文化传承人”等称号。作品曾连续三届获得“广东省民间工艺精品展”金奖，获得“广东省第八届鲁迅文学艺术奖”，入选中国改革开放 30 周年纪念全国美展，被国内外博物馆和企业及个人收藏。

刘沅声的泥塑作品题材主要有两大方面：一是客家历史题材；二是客家风情风物题材，如砻谷、放米、四手茶、讲古、鸡公车、家和万事兴等主题作品。看着他的泥塑作品，人们感觉就像是在看一部客家风情的故事集。他做泥塑时使用的工具很少，一个石转盘、几支铁签、一支铁皮条，这就是他创作的主要工具。“以泥土为原料，以手工捏制成形”，这才是泥塑的独特魅力所在。因此，刘沅声一直坚持用纯手工制作，众多作品并在香港、珠海、澳门、广州、深圳等地巡展，深受人们欢迎。刘沅声的泥塑作品看上去线条粗犷、颜色平实无华，但却有灵气、生命力，他用陶质雕塑的立体造型再现了一些消逝或正在消逝的客家风情风物，记录历史，留住乡愁，作品是对客家文化和客家精神的一种理解和弘扬，也是对传统文化和乡土情怀的深情呼唤。2008 年，知名的雕塑大师潘鹤在中国客家博物馆见到他的作品后，赞不绝口，称他的作品“用泥土凝固客家风情，留给千秋万代。”

廖传宝

廖传宝，男，城东镇石月村人，中共党员，大学本科学历。1989 年 8 月，在嘉应学院政法大专毕业后在梅江区乐育中学任教。1995 年 2 月，调任梅江区司法局工作；2004 年 2 月，调任梅江区纪委办公室副主任、副局级纪检员。2006 年 12 月，调任中共梅州市梅江区委、区人民政府办公室副主任、主任科员、党支部书记。曾任广东梅州市朱熹学术思想研究会副会长、梅江区作家协会副主席，先后获得中央、省、市表彰奖励共 87 项，被评为广东省“优秀书香家庭”“梅州市青年岗位能手”“梅州市优秀信息员”“梅州市优秀特约记者”“先进工作者”“优秀共产党员”等，在中央、省、市各级媒体发表文章近 2000 篇，成为中央、省、市近 10 家新闻单位的特邀记者、特约记者、通讯员。2017 年 3 月撰写的论文《关于加快构建生态文明新家园促进绿色发展的对策建议——以广东省梅州市为例》获得“全国优秀论文奖”。

陈兴德

陈兴德，松口镇人。广东省民间文艺家协会会员，梅州市民间文艺家协会理事，梅州市作家协会、戏剧家协会、山歌协会会员，高级文学师，中国高级作家。已发表作品有 300 余篇（首），著有文学作品集《盼望》、客家山歌集《八月十五月儿圆》，编著有《客家松口山歌》，出版山歌 VCD 音像制品 2 盒（担任编剧）、五句板说唱音像制品 1 盒（担任作词）。在世界汉诗大赛全国作品评比中，作品获得特等奖、一等奖等国家级奖项 22 件，获得省、市级奖项 8 件。作品入编《当代作家文萃》《中国作家金秋笔会获奖作品集》《艺术人生画刊》《中国诗人辞海》《名人经典》《名家荟萃》等 30 多部。曾获得“金牛杯首届中国百家文艺奖”。先后被中国作家协会、中华诗词创作协会、中国当代文学艺术研究中心等授予“优秀作家”“金牌诗人”等称号。2017 年 10 月，被中国作家出版社、中华人民共和国文化部、名家荟萃编辑委员会授予“首届全国翰墨名家”称号。2017 年 8 月，被全国人才资质资格考核办公室、中华人民共和国文化部、中国作家级别评定委员会评为“中国高级作家”。近年来，多次被评为“梅州市优秀民间文艺家”“梅州市优秀民间文艺工作者”和“梅县区优秀文艺工作者”。

黄育培

黄育培，南口镇荷泗七贤村人，中大汉语言文学专业（自考）毕业。广东省作家协会会员，梅州市作家协会理事，梅州市梅县区作家协会主席，客都文学社社长、总编。曾经种田、中学教书。1990 年进城企业任职，1994 起从事大酒店管理，从经理到总经理。1971 年开始发表作品，有诗歌、小说、散文、故事等，多次获奖；作品贴近生活、文笔优美、可读性强。长篇小说《客家寻梦》是代表作之一。1985 年，散文《我的家乡荷田》获得中国国际广播电台、梅江报社、旅港嘉应商会等联合发起的《可爱的家乡》征文三等奖。1995年10月，散文《我心中的客家山歌》获得中央人民广播电台“海峡两岸”征文三等奖。1997年2月，散文《台湾客家人》获得中央人民广播电台《客家风采》征文三等奖。1997年3月，散文《台湾行》获得中央人民广播电台《海峡情》征文优秀奖。2006年，民歌《村里有条清水河》获得广东省文化厅群文作品大赛二等奖（由嘉应学院李君教授谱曲）。2012年11月，民歌《望见阿妹在花丛》（梅江区刘小勇谱曲）获得广东省委宣传部、广东省文化厅“2012广东省客家山歌擂台暨第三届八省客家山歌邀请赛”银奖。2015年，故事《点石成金，美化客都》获得全国当代优秀创新企业家美德故事一等奖（于2016年5月结集出版——北京西苑出版社）。

叶笛

叶笛，畲江镇人，毕业于西安二九七无线电技校，先后在西安市国营黄河机器厂、梅县信用社等单位工作，历任雷达调研员、乡团总支书记等职。20世纪60年代初，国民经济遇到大困难，随着全国企事业大精简压缩人员，于1962年春下放回乡支农。随后任职乡团总支书记和几十年农村信用社外勤工作。1963年起给县文化馆写民歌五句板等宣传资料，1964年2月《汕头日报》发表散文《种棉记》，同年12月发表短篇小说《新任委员》等。70年代初写出一本20多万字的长篇小说《铁打江山》，曾被列为广东人民出版社重点出版物。1983年，广东省《木棉花》杂志征文，小说《水妹子》获得二等奖。1990年3月加入梅州市作家协会，1997年5月加入中国华侨文艺家协会，2003年11月加入广东省作家协会。叶笛文艺创作收获颇丰，发表小说散文80余篇，民歌诗歌、散文诗及曲艺、小戏50余篇，作品多次在省市县获奖。出版有个人短篇小说集《银海情波》、中短篇小说集《雀梅作媒》（中国文联出版社出版）及长篇小说《溪河琤淙》（作家出版社出版）。2015年5月付梓出版旷野云彩系列之一的诗歌、散文集《春潮花海》（中国诗词楹联出版社出版）。多年来，在省级获奖的有小说《水妹子》、散文《松林花海》《花岗岩礼赞》及《村路长长，脚印长长》，散文《春之歌》获得中华散文网、诗潮杂志社、北京华夏博学国际文化交中心联合征文一等奖，曲艺《两个女人两枝花》获得广东省群文创作一等奖，小戏《乡下新娘》《爱果难分》《一树杨梅暗开花》分别获得梅州市群文创作三等奖，曲艺《深山凤凰》《日月塘》《有一个美丽的小姑娘》也分别获得梅州市群文创作三等奖，还有散文《风清水美连江河》《雕塑真情燃客梦》分别获《梅州日报》征文优秀奖，《涵紫荆花的邀请》获得市委宣传部征文二等奖等。个人传略已收入《中国当代艺术界名人录》《中国文化传承功勋人物志》。

严立平

严立平，原籍大埔，生于梅县。1975 年 8 月上山下乡落户程江公社林场，1978 年 9 月起在雁洋烧碱厂当工人，1984 年 1 月起在梅县邮电局工作。1984 年参与中大中文刊授自学考试，在围墙外圆了大学梦。现为广东散文诗学会会员、梅州市作家协会副秘书长。少时栖身山野以遨游字里行间为乐，长大喜欢走文学创作之路。1984 年 4 月，散文《橄榄树情愫》获得全国侨联、华声报社《月是故乡明》征文奖。1994 年 2 月，散文《雁洋渡口》入选北京广播学院出版社出版的《大鸟》全国邮电职工散文作品集。1991 年 5 月，散文《高高的桉树林》入选百花文艺出版社出版的《大地散笔》全国中青年精短散文征文选萃系列丛书之一。1991 年 5 月，散文《故乡的山》入选百花文艺出版社出版的《碧野情思》全国中青年精短散文征文选萃系列丛书之二。1996 年 12 月，散文诗《鼓浪屿（外二章—日光岩·海帆）》入选德宏民族出版社出版的《广东散文诗选》。2005 年 6 月散文诗《松江码头（外二章——江火·渡江）》入选中国国际广播出版社出版的《广东散文诗选萃》。2003 年 10 月 28 日，散文《猫石山记》入选羊城晚报文艺部花地·广东省文学大赛（梅州专版）。1997 年 6 月，散文《雁洋渡口》获得梅州电视台“梅建杯”爱我梅州征文三等奖。2012 年 8 月，杂文随笔《路的故事·修筑长城的是与非·杨万里和他的咏物诗》入选客都客家文学选粹·梅州市作家协会编（华南理工大学出版社）。2014 年 7 月，散文《百年家塾·猫石山记》入选《客都客家文学选粹》（梅州市作家协会编）。

邱　青

邱青，原名丘恭先，梅江区西阳镇白宫白水村人。梅县区作家协会名誉主席、梅县诗社常务理事、中华丘氏梅州联谊会副会长、《宗亲万年》主编。是梅州市作家协会会员、梅州楹联协会会员。曾任梅县作家协会主席、《梅苑》文艺主编、《梅慧文苑》主编、《梅县作家丛书》编委会主任、梅县文联第三、四、五、六届委员。曾任民盟梅县委员会宣传部长、政协梅县第九届委员等职。

邱青专著有《校园剪影》《山鹰借力展翅飞》《情倾笔耕》，收集编纂《客都民间故事传说集》。

邱青传略入编《中国当代名人辞典》《中国当代艺术界名人辞典》《中国专家人才库》及《群星璀璨——西阳白宫知名人士录》《中华丘氏古今人物简传·梅州卷·首卷》。

黄水泉

黄水泉，梅南镇人，1978 年梅州师范毕业后，从事中小学校教学工作，1985 年毕业于中山大学中文系，1991 年 9 月任梅州市梅江区青少宫主任，同午 12 月任《广东省少先队员》杂志梅州市梅江区记者站站长。1992 年 3 月创办《梅江少年报》任主编，在省市级刊物发表文章1000余篇。1994年撰写《中华创业者丛书》国内外发行。2002年9月调进“梅州市梅江区委党史研究室”“梅州市梅江区人民政府地方志办公室”工作，负责编辑出版，任副主编，参与编辑出版2002年至2014年《梅江年鉴》13部，编辑出版《中共梅州市梅江区委党史大事记》《梅州市梅江区地方志》《梅州革命史迹通览》《中国梅江史略》《广东省革命史迹》《浩浩梅江》《老梅城轶事》《黄火兴诗文选》《广东中央苏区历史梅江卷》《中央苏区县——梅江区资料汇编》等几十部客家文史研究资料。先后受聘为梅州市朱熹思想学术研究会副会长兼会刊副主编，福建邵武市《血缘》刊物顾问，蕉岭县黄氏族谱编修会顾问、梅州市姓氏文化研究会副会长兼监事长，梅县作家协会副主席兼监事长。收集整理近100万字客家民间故事和地方典故，2010年受梅州市人民广播电台邀请，与“客家风情”“客家学堂”节目主持人吴婉婷合作制作《话说老梅城的故事》100余篇。多年来，积极宣传梅县区红色文化，著作有《小桑映红天》《梅南女红军连》等书籍和文章，有些文章在中央人民广播电台、国际广播电台转播。

陈法贤

陈法贤，梅州五华人，曾任梅县检察院检察长、梅县人大常委会原副主任。2008年加入广东省作协。已出版《谁来相牛》《马在相谁》《谁来听雨》《顺其自然》4部书。其中小小说《打草惊蛇》于2011年10月28日获得天津市全国梁斌小说奖小小说优秀奖。

温锡良

温锡良，石坑镇人，中共党员，本科学历，在梅县区教育局任办公室副主任（正股级）。1987年8月至1990年7月，在梅县区石坑中学学习，任团支部书记。1990年8月至1993年7月，在梅县东山中学学习，任团支部书记、学生会宣传部长、广播站副站长，小记者团副团长。1993年8月至1995年6月，在广东省教育学院物理系物理教育专业学习，任学生会宣传部长、广播站站长、文学社社长。1995年7月至2007年9月；在梅县区梅西中学（完中）任教，任学校团委书记、学校办公室副主任。2007年10月至2018年12月，在梅县区教育局工作，任办公室副主任（其中2005年至2008年在华南师范大学教育学系教育管理专业本科函授学习）。

现为广东省民间文艺家协会会员、梅州市民间文艺家协会副秘书长、梅州市作家协会会员、梅县区民间文艺家协会主席、梅县区作家协会会员、《广东省民间故事丛书》（梅州梅县卷）编委，曾任《梅县教育》杂志责任编辑多年。曾在《梅州日报》《射门诗报》《客都文学》《客家文化》《梅苑》《梅县侨声》等报刊及杂志发表文章150多篇，在梅州市、梅县区广播电视台和市、区教育信息网站发表稿件200多篇，有6篇民间故事（传说）入选《广东省民间故事全书·梅州·梅县卷》（1、2卷）。工作以来，曾获得区级以上奖励80余项，其中获得市级奖励近10次，散文作品《老妈给我“加营养”》获中国散文学会等主办的2011年“华夏杯”全国诗文大赛一等奖。

潘其华

潘其华，梅江区人，原中共梅县区委组织部党员电化教育办公室主任，正局级组织员。中国民俗摄影协会会员，广东省摄影家协会会员，梅州市摄影家协会和梅县区摄影家协会名誉主席。曾任广东省摄影家协会理事，梅州市摄影家协会主席兼梅县摄影家协会主席。多年来，为全国、省、市、县各类报纸杂志、志书、展览提供纪实照片，曾多次获得南方日报、中国新闻社、省新闻图片社、支部生活、梅州日报社等优秀通讯员奖。作品参加国家级、省级摄影协会影展影赛。入选获奖国家级、省级作品有：1982 年，《冲》获得省影摄影家协会、省总工会联展一等奖，1983 年全省体育作品比赛获得银牌奖。1984 年，《小创金牌》入选省十一届影展。1986 年，《侨乡风光》获得中国摄协（大众摄影）月赛鼓励奖。1988 年，《小创金牌》入选（今日中国）全国新闻摄影比赛优秀奖。1989 年，《赶集归来》《千家万户》入选全国（侨乡侨情）大赛。1994 年，《唱不尽南山村新事多》入选省影协（思乡杯）大赛。2007 年，《千亩梯田》获得中国摄协优秀奖。2008 年，《雁南飞旅游度假村》获得省影协举办（梅州旅游摄影大赛）优秀奖，《红色景区——叶剑英纪念园》《千佛塔》《雁南飞旅游度假村》入选省影协举办“美丽广东，活力广东”影展。

罗利光

罗利光，梅江区人，1989 年毕业于汕头大学美术系，现任乐育中学美术高级老师、梅州市摄影家协会副主席、梅县摄影家协会副主席。80 年代起开始摄影，2005 年加入梅州市摄影家协会，2006 年加入广东省摄影家协会，2008 年加入中国摄影家协会，2007 年 12 月，获得大众摄影杂志社年度“十佳摄影师”称号。10 多年来，在全国、省、市专业摄影杂志、报刊发表作品 500 多幅，其中作品《走马帮》《繁忙的船舱》分获由中国摄影家协会主办的中国第十二届国际摄影艺术展览入选奖。2006 年 12 月，作品《营生》入选广东省摄协主办的省第 21 届摄影艺术展览。2008 年 10 月，作品《回族姑娘》获得中国摄协主办的第二届“建设社会主义新农村”摄影大赛优秀作品奖。2009 年 1 月，在广东省文联、广东省摄协主办的“厚街杯”广东省第 22 届摄影展览中，作品《乡戏》获得记录作品类银奖。2009 年 3 月，获得由梅州市梅花文艺奖评奖委员会颁发的第九届（2005—2007）梅花文艺奖三等奖。

叶繁荣

叶繁荣，畲江镇人，1978 年畲江中学毕业，1986 年在畲江镇开办畲东照相店，1997 年在梅县华侨城开办繁荣相店，2009 年在梅县新县城开办繁荣影视传媒公司及相馆，2001 年加入梅州市和梅县摄影家协会。历任梅县区摄影家协会埋事、副秘书长、会长，是广东省摄影家协会会员。10 多年来，为梅县区政府各部门的大型会议拍照集体相的摄影服务，为政府部门提供了大量摄影图片资料。摄影作品《家园》《客家美食味酵粄》《田园风光》《抢》等获得省级铜奖、优秀奖。2011年起当选梅县政协委员，2014年被评为优秀政协委员，2015年起任广东省叶剑英研究会理事，2016年被评为政协“委员之家”网络平台“优秀信息员”，后任政协文史专委会副主任， 2017年被梅县区文联授予“优秀文艺工作者”称号，2018年被梅县区文联颁发“您在文艺工作辛勤耕耘四十年，为梅县区文艺事业繁荣和发展作出了贡献”证书。

曾德新

曾德新，梅县人。笔名山石斋、野逸斋主。先后研修于中央美术学院中国重彩画高级研修班、广州美术学院、中国美术家协会山水花鸟画高研班、北京大学中国画导师（李翔）工作室高级研修班、中国人民大学。擅长中国画山水（工笔画）、雕塑。现为中国美术家协会中国美术家会员、中国美术家协会中国重彩画研究会会员、中国工艺美术家协会副主席、中国工笔画学会会员、中国国画家协会理事、广东省美术家协会会员、梅州市美术家协会副主席、梅州市中国画学会副会长、梅县区美术家协会主席、梅县区林风眠画院院长、《梅县美术家通讯》主编。

多年来，曾德新先后在北京、广东、香港及马来西亚、新加坡等国家和地区举办联展和个展，作品有29次入选中国美协主办的全国性大展并获奖。《梦回客家寨》《榕荫写瀑》等作品入选《中国美术选集》《中国美术家选集》《北大教学文献》等30余部大型画册。多件作品被中国文联、北京天安门城楼、中国美术家协会培训中心、烟台美术博物馆、广东省科学馆、中国客家博物馆、苏州美术馆、深圳金泽轩艺术馆、新加坡新神州艺术院等艺术机构收藏，曾德新的作品在天津美术出版社、河北美术出版社、北京工艺美术出版社等出版机构出版了四种画集。

曾德新的画风严肃典雅，以独有的客家民居围龙屋为主体，取其意气所在，气骨古雅，神韵秀逸，并将工笔画和传统壁画的艺术情趣融为一体，形成澹淡、古穆静虚的韵律。

陈根深

陈根深，丙村镇人，旅法留尼旺著名摄影家，中国优秀摄影家，中国艺术摄影学会会员，中国华侨摄影协会会员，梅州市和梅县区摄影家名誉主席，亚洲摄影家协会记者。从事摄影50多年，拍摄了大量艺术作品，并在国内外专业刊物发表。2004年摄影作品《鹏程万里》入选《中国当代摄影家作品鉴赏》，2005年摄影作品《黄山风光》系列入选亚洲视觉艺术家作品大典，入选省以上作品和获奖10多幅。2005年，被《中国前沿》等有关评审机构评为“中国当代杰出人才”金奖，获得2005年度“中国优秀摄影家”称号。他热心家乡梅州摄影事业，曾独家赞助梅州市、梅县摄影展览、影赛10多次。

陈兴城

陈兴城，丙村镇人，中国优秀摄影家，梅州市资深摄影家，中国艺术摄影学会会员，中国人像摄影学会会员，广东省摄影家协会会员。从事摄影 50 多年，创作了大量摄影艺术作品和新闻图片。多次参加全国、省、市、县级摄影展览和大赛，200 多幅摄影作品获奖，3000 余幅新闻图片在国内外报纸杂志发表，其中摄影作品《姐妹情深》获得《中国摄影家作品集》“中国摄影家”优秀奖，摄影作品《静待》获得“摄影世界”提名奖。他在 2005 年被《中国摄影家》杂志、中国艺术摄影学会评为“中国优秀摄影家”。

温敬德

温敬德，丙村镇人，学历大专，1968 年 11 月上山下乡插队落户在丙村福寿大队，1974 年加入丙村公社业余摄影组，担任组长，1975 年加入梅县地区摄影组， 1980 年加入嘉应摄影学会，1982 年 2 月调梅县地区雅硫铁矿工会，任摄影宣传干事，1989 年加入中国艺术摄影学会。1985 年作品《锦江夕照》获得全国化工职工摄影作品纪念奖，1985 年 7 月作品《锦江夕照》获得广东省化工厅摄影作品展一等奖，2003 年 10 月作品《家喻户晓》获得广东省国税摄影比赛纪念奖，2007 年作品《乐不思归》《梅州盛会》获得《和谐梅州》省入选奖。从事摄影 50 多年，新闻图片亦多次发表在报纸杂志，2002 年评为“中国优秀摄影家”，2008 年被省总工会、省文联评为“职工艺术家”（摄影类）。

侯文发

侯文发，梅江区三角镇湾下人，梅州市第四批非物质文化遗产梅县区“客家门神画”项目传承人。1958 年毕业于中南美专（今广州美术学院前身），曾任职广东省群众艺术馆美术干部，梅县文化馆退休。广东省美术家协会会员，广东省年画研究会会员，梅县区美术家协会名誉主席。

广东省年画名家，擅长中国画。20 世纪 60 年代创作《民族英雄岳飞、郑成功》（门画）在香港成功发行后，累计创作新门画、年画 44 幅，先后被广东省岭南美术出版社、湖北美术出版社、天津杨柳青出版社出版发行，其中《秦叔宝、尉迟恭》《封神武将》等被重版再版发行。

主要获奖作品有《三英战吕布》（年画）获得 1980 年广东省第一届年画展一等奖，《五虎将》（年画）获得 1983 年广东省美术作品展优秀奖。

侯秀峰

侯秀峰，梅江区三角镇湾下人，梅县区知名美术教育工作者。结业于梅县北门梅县美术学校，中学美术教师。曾任兴梅地委文艺团美术组长，珠江军区文艺团第三组长，梅县中等学校美术教研组长，梅州师范退休。

擅长中国花鸟、山水画。1955 年筹办梅县美术培训班，学制一年，招收 80 多名美术人才，培训了一批美术骨干教师，为梅县地区、梅州市的美术和教育事业做出了历史性贡献。作品多次参加省市县等展览，均获得优秀奖或一等奖，退休后在梅州市老年书画家协会刊物上多次刊登作品，其中作品《松鹤长青》（国画）参加广东省老年书画家协会成立 15 周年画展并被收藏。

吕海雪

吕海雪，河南灵宝人，1977 年在新疆陆军第六师服役，1982 年退役后在新疆《昌吉报社》工作，1984 年考入上海轻工业高等专科学校装潢美术系深造，1987 年毕业后在新疆昌吉师范专科学校美术系任教，1993 年调入广东嘉应学院教育学院美术系任教，2002 年在嘉应学院美术学院任讲师，2010 年晋升为设计艺术副教授。主要从事室内设计教育及客家建筑装饰设计研究。著有专著《梅县客家堂横屋装饰》、合著《客家工艺》。近年来有 20 多篇论文和多件美术、设计作品发表在《装饰》《小城镇建设》《西部人居环境学刊》《美术观察》等刊物上。2005 年设计作品《雁南飞围龙大酒店》项目获广东省第十二次优秀工程设计二等奖，同年该工程获国家鲁班奖。设计作品《广东梅县荷树园电厂职工活动中心》入选中国美术家协会（2008）中国环境设计年鉴。2010 年设计作品《梅县大新城荷树园别墅》获第八届中国室内设计双年展优秀奖。2016 年设计作品《被木板包裹的培训中心》获第十一届中国国际室内设计双年展铜奖。

李金水

李金水，程江镇人，梅州中学毕业，工作后曾就读于中共广东省委党校大专班。先后在梅县区委宣传部、区委办公室工作几十年，任正科局级新闻秘书、梅县政协委员，多次被评为“全国优秀通讯员”，被市新闻协会、记者协会评为“先进工作者”，作品多次获得国家级奖，为推介梅县区、提高该区知名度和美誉度作出了贡献。1988 年，他被评为“全国优秀通讯员”，参加成都全国优秀通讯员表彰会。1989 年，担任梅县新闻工作者协会主席以后，全县新闻工作上了一个新的台阶，无论是队伍建设，还是新闻发稿量、见报量，都取得了前所未有的好成绩。1991 年，作品《果园婚礼》获得全国农民报“好新闻”三等奖，与他人合采写的《深山新雷锋》获市“好新闻”一等奖、省“好新闻”二等奖。《果园婚礼》在《梅州日报》《南方农村报》和《农民日报》上头版头条的显著位置上刊登，这篇文章还获得《新华社》《农民日报》《林业通讯》等5家新闻单位合评的全国林业系统“好新闻”二等奖。1993年，他获得《南方日报》优秀岭南快讯赛第一名。采写的《万众心筑富路》文章参加省“华信杯”比赛获得三等奖。1995年《一个技工的庄园梦》和《三年改革见成效》分获市新闻协会、学会“好新闻”奖。

林成钢

林成钢，字淡然，号来铁、承启堂主。丙村镇人，大学本科学历。9岁开始学习书画，曾先后师从著名书画家宋阳、王楚材、曹宝麟、赵勋、崔胜辉、李有来、颜奕端、马顺先、段铁等多位名家。书法作品曾10多次入展中国书协主办的全国第三届册页展、“妈祖杯”全国书法大展等。书画作品分别被中国美术馆、人民大会堂、中南海等多家机构和私人收藏。现为中国书法家协会会员、中国国画家协会会员、中国楹联学会会员、广东省楹联学会理事、梅州市书画院院长、梅州市书法家协会副主席、梅州市青年书画家协会主席、梅州市梅县区侨联副主席。

黄莺谷

黄莺谷，原名黄炜棠，水车镇，生于畲江镇人，广东省作家协会会员，中国华侨文学艺术家协会会员。曾在梅县山歌剧团、文化馆工作，后调入梅州市《嘉应文学》杂志社工作，1996年调任梅江区文联专职副主席，2004年退休。曾获得世界华文散文优秀奖及梅州市“梅花奖”“百花奖”等。出版诗集《岁月流韵》、散文集《泮坑揽胜》《昧象集》、著作《骚坛才子宋湘》等。已发表作品1000余篇，新诗《雨后夜耕》曾被译成英、法两国文字在《中国文学》发表。

黄天胜

黄天胜，梅江区人，原梅江区文联主席，是中国书法家协会会员、梅州市书法家协会常务副主席。他几十年对书法艺术不断探索、追求，临习不少名家碑帖、融会贯通，时出新意。其书法广涉楷、篆、隶、行草诸体，楷书用力最多，小楷成就较高。隶书得汉《张迁碑》《史晨碑》意，带燥方润、古拙朴茂。行书由明追晋，吸取董其昌、二工法帖精华，落笔松秀，生气远出。他对楷书致力尤深，由唐入魏，由紧而松，颇得晋人味。小楷胎息于唐欧阳询《九成宫》，再化于北魏《张黑女墓志》笔致，小中见大，宽博灵动，以方笔为主，方圆兼备，一股锐气跃然纸上。从他的书法作品中，可以看见汉人的古朴、晋人的逸韵、唐人的法度、明人的意趣、现代人的襟怀。

黄天胜书法作品参加国家展获奖的主要有入展由中国文联、中国书法家协会主办的全国最高水平书法展“首届全国兰亭奖书法篆刻奖”。获得由中国书协、上海通用汽车公司联合举办的“气韵东方——别克君威全国书法篆刻大赛佳作奖”。获得全国第四届“卫士之光书法特别奖”。获得全国第三届“康有为杯优秀作品奖”。获得“梅州市第四批拔尖人才”称号。经常参与梅县区文联迎春写春联活动，获得好评。

梁德新

梁德新，松口镇人。1980 年冬，在梅县桃尧镇小学任教，1988 年在梅县松口镇小学任教，2000 年，在梅县松南中学任教，中学历史二级教师职称，2009 年退休。他对地方文史和民俗有浓厚兴趣和热爱，参与编辑地方文史书。曾在《南方日报》《羊城晚报》《梅州日报》《广东史志》《梅州侨乡月报》及嘉应学院《客家研究辑刊》等 20 余家报刊中发表文章，编著有《客家乡情》《客都民俗风情》《客家松口民间故事》《梁氏人文》《老梅城轶事》等书 8 部，应邀出席由华南理工大学客家研究所、梅州市委宣传部、福建三明学院等单位主办的客家文化学术研讨会 20 余次，接受省、市电台、电视台采访报道多次。1998—2003 年，为梅县第 10 届政协委员，2009 年吸收为广东省作家协会会员，2014 年聘为嘉应学院客家研究院特约研究员。

刘　心

刘心，字尚禅、号岭上野木，梅江区人，广东省书法家协会会员，现任梅州市书法家协会常务副主席、客都传媒书画院副院长、珠海印社社长、梅州市青年书画家协会荣誉主席、梅州市汉文化发展促进会常务副会长。擅长书法篆刻，2013 年，在第四届全国“康有为奖”书法展中获得“优秀奖”。

钟德贤

钟德贤，梅城西郊人，任梅县区文化馆副馆长，表演艺术人才。1994 年，表演的山歌剧《春花闹宴》获得全国第四届“群星奖”。1997 年，表演的小品《对症下药》获得广东省思想道德建设戏剧小品、曲艺大赛业余组银奖，本人获得表演奖。2004 年，本人独唱《卖仙人粄》获得粤、赣、闽、桂客家山歌邀请赛银奖。2005 年，山歌表演唱《客家山歌特出名》获得广东省第三届群众音乐舞蹈花会金奖，表演的山歌剧《村长嫂审鸡》获得广东省“送戏下乡”会演银奖。2008 年，参演的大型山歌剧《围屋旧梦》获得广东省第十届艺术节集体三等奖，山歌独唱《卖仙人粄》获得中国文艺家协会、省文化厅、文联合办的第二届民族、民间歌会铜奖和获得“首届中国客家文化节”铜奖。2009 年，表演的客家山歌小戏《山村奏鸣曲》获得广东省第六届戏剧曲艺花会金奖。2014 年，参演的大型山歌剧《古寨牛人》获得广东省第十二届艺术节二等奖。

曹杜荣

曹杜荣，白渡镇人，中山大学中文系毕业。1989 年起任梅县区高级中学副校长，1990 年被广东省人民政府评为“中学特级教师”，1992 年起被梅州市委组织部评为“梅州市专业技术拔尖人才”，2002 年被广东省教育厅选为“广东中小学教育评估专家”。退休前后，参加梅县区诗词学会、梅州市诗词学会、梅州市楹联学会、广东中华诗词学会、中华诗词学会、国际炎黄文化研究会，曾任广东中华诗词学会常务理事、广东诗教委员会副主任。曾任深圳市罗湖外语学校、深圳市碧波小学、中山市小榄中学、梅县区高级中学、梅州市职业技术学校教育顾问。

先后创办梅县区高级中学高吟诗社和《高吟诗刊》、深圳市罗湖外语学校荷洁诗社和《荷洁诗文》、中山市小榄中学榄韵诗社和《榄中诗教》《广东诗教》。梅县区高级中学、深圳市罗湖外语学校、深圳市碧波小学、中山市小榄中学先后被评为“全国诗教先进单位”，梅县区高级中学 2 次受全国表彰。

出版有《曹杜荣诗联》《耕余觅韵》《耕后回眸》《诗词格》《诗教》《梅县古今联选》等，与陈平合作校点编著《梅州历代名联辑注》《梅州历代名联辑注续集》由中华书局出版。在《中国专家大辞典》《广东高级专家大辞典》《中国特级教师辞典》《中等教育名师大典》《教坛星群》《中华诗教年鉴》等皆有曹杜荣业绩记载。2008 年，被广东中华诗词学会评为“广东中小学诗教工作楷模”，2019 年，被梅州市文学艺术界联合会评为“先进工作者”。

何柏俊

何柏俊，松源镇人，号致庐，彩书艺术家，高级工艺美术师，四三草堂书画研究院院长，中国工艺美术协会理事，梅州市文联副主席，深圳市民协副主席，嘉应学院兼职教授，中南财经政法大学硕士研究生导师。是第十六届广州亚运会火炬手、深圳艺术 40 年 40 人之一。自幼秉承家训，接受传统文化教育，习书画，学古文，后师从谢志峰。1998 年中秋，在深圳创办四三草堂，主要从事书画、雕刻、雕塑以及创意文化的研究、设计与开发。坚持以“善念、国学、原创”，推动“传统文化现代化”“中国文化国际化”，倡导“善用书法、善待书法”，推崇“书法优雅生活”“艺术的核心价值在于应用”的艺术理念，创作了大量拥有“中国情怀和国际视野”的公共艺术作品。2013 年 7 月，他的原创彩书《和而不同》应邀作为俄罗斯申办 2020 年世博会的主要题材，被俄罗斯总理梅德韦杰夫誉为“世界语言”。2014 年 7 月，应葡萄牙“国际艺术设计周”邀请，他的“彩书彩画及创意木刻”艺术作品专题展在葡萄牙顺利开幕。2017 年，在梅城创办“创意金山文化产业园”，园内彩书陶瓷、彩书足球、彩书百家姓、彩书茶具等彩书衍生品琳琅满目，开设“彩书涂鸦”国学趣味体验课程、“彩书家训”孝道文化课程及快乐书法普及课程等，让广大青少年到园区体验、学习，接受教育，在浓郁的文化氛围中感受彩书的魅力。

第五篇　采锦辑录

第一章　文献辑录

一、重要文件

文件一

中共梅县县委文件

梅县委发〔2000〕4号

中共梅县县委
关于加强和改进思想政治工作的若干实施意见

（2000年1月31日）

《中共中央关于加强和改进思想政治工作的若干实施意见》(中发〔1999〕17号)、《中共广东省委关于加强和改进思想政治工作的若干实施意见》(粤发〔1999〕19号)，科学地总结了新时期思想政治工作的经验，提出了加强和改进思想政治工作的指导思想、任务和要求，是做好新时期思想政治工作的纲领性文件。根据中央和省委文件精神，结合我县实际，现提出加强和改进思想政治工作的若干实施意见。

一、提高认识，加大力度，切实加强和改进思想政治工作

要坚定不移地坚持“两手抓、两手都要硬”的方针，积极营造良好的经济社会环境。全县各级党员、干部特别是领导干部必须统一思想认识，切实把思想政治工作摆上重要议事日程。思想政治工作是经济工作和其他一切工作的生命线；思想政治工作是我们党的优良传统和政治优势；加强和改进思想政治工作，是改善党的领导、提高党的执政水平、树立党的威信、巩固党的执政地位的重要保证。随着改革开放的深入，现代化建设的推进，我国的社会状况发生了复杂而深刻的变化，经济成分和经济利益多样化、就业岗位和就业方式多样化日趋明显，必然产生价值观念多元化，给思想政治工作带来了大量新情况、新问题。同时，西方敌对势力通过各种途径加紧对我推行西化、分化战略，进行思想和文化渗透。因此，加强和改进思想政治工作的任务更为繁重和紧迫。能否适应新形势要求，切实加强和改进思想政治工作，充分发挥思想政治工作统一认识、凝聚人心、鼓舞士气、振奋精神、释疑解惑、化解矛盾的重要作用，直接关系到全县改革、发展、稳定的大局。

各级党组织必须加大工作力度，把思想政治工作真正落到实处。要坚持以邓小平理论为根本指针，全面掌握和运用邓小平同志关于社会主义精神文明建设的理论，认真贯彻党中央和省、市委关于加强和改进思想政治工作的各项方针原则，把加强思想政治工作同依法治县，维护改革发展大局结合起来，同时结合本地区、本部门的实际，采取切实有效的措施，探索行之有效的方式方法，力求在职加强和改进思想政治工作方面有新的突破。

二、坚持用科学理论武装人，着力抓好理想信念教育，大力倡导科学精神

坚持用邓小平理论武装全党、教育人民，是思想政治工作的首要任务。继续抓好基层党委（党组）中心组的学习，坚持和完善“五有”（有计划、有重点、有记录、有心得体会、有检查考核）的学习制度，做到一级抓一级，层层抓落实。发扬理论联系实际、学以致用的优良学风，把学习邓小平理论同学习以江泽民同志为核心的党中央的方针、政策和有关重大部署结合起来，正确认识和处理我县改革与发展中遇到的新情况、新问题，不断提高决策水平和领导能力。紧紧围绕经济建设这个中心，坚持发展才是硬道理，正确处理好改革、发展、稳定的关系，保证国民经济持续快速健康发展。结合“三讲”教育的开展，切实解决领导班子和领导干部在党性党风和工作中存在的突出问题。努力做好邓小平理论的研究和宣传工作，不断拓展理论教育的深度和广度。

要在广大党员、干部和群众中加强理想信念教育，要把理想信念教育与党在社会主义初级阶段的基本理论、基本路线和基本纲领教育结合起来，与爱国主义、集体主义、社会主义教育结合起来，引导人们把拥护社会主义市场经济统一起来，把社会共同理想和个人理想结合起来，在为社会共同理想的努力奋斗中实现个人的理想和人生价值。

要引导广大干部群众充分认识在社会主义初级分阶段反对封建迷信和愚昧落后思想意识的长期性、复杂性和艰巨性，大力倡导科学精神，进一步提高人的素质。教育帮助广大干部群众提高运用科学精神，识别、抵制和反对各种封建迷信、伪科学和反科学思想行为的警觉性和能力。坚持不懈地宣传普及科学精神和人文精神，在全社会倡导形成科学、健康、文明新风尚。共产党员和共青团员，尤其是党员领导干部，要坚定共产主义信仰，带头学科学、讲科学、用科学，不信教，不参与封建迷信活动。坚决打击和取缔利用封建迷信搞违法犯罪活动的会道门组织和以“法轮功”为首的邪教组织，坚决刹住滥建庙宇之风。

三、坚持一手抓教育、一手抓管理，进一步加强社会主义道德建设

继续大力加强以社会公德、职业道德和家庭美德为重点的社会主义道德风尚建设。社会公德要重点解决社会公共生活中环保意识薄弱、不讲卫生、不守秩序、不讲文明等突出问题。在人民群众中广泛开展以“三管好、六个不”为内容的活动，即管好自己的嘴，不说粗话、脏话、不随地吐痰；管好自己的手，不乱扔杂物，不损坏公物、花木；管好自己的腿，不冲闯红灯，不践踏草坪。要继续加强职业道德教育。抓住党政机关和执法部门的职业道德建设这个“牛鼻子”，在国家公务员中普遍开展“做人民满意公务员”的活动，促进党政机关形成文明、廉洁、高效、务实的良好风气。要突出抓好行风建设，行政执法部门要切实解决以权谋私、办事拖拉等问题，树立敬业、爱民、廉洁、文明的新形象；商业服务业、金融、电力、运输、通信等窗口行业，要树立用户至上、服务为本、优质取胜、群众满意的服务观。各行各业都要积极推行承诺制、信誉制、公示制，开展“让顾客满意、放心”系列活动，要广泛开展“行业评议”和评选“无假货商店”等活动，规范行业服务行为，树立良好的部门和行业风气。要继续加强家庭美德教育。大力倡导科学、文明、健康的生活方式，弘扬敬老爱幼、夫妻互敬、家庭和睦、邻里团结的家庭美德。深入开展“四进家”活动，即“科技进家家家富，道德进家家家和，法律进家家家安，文化进家家家乐”。要普及法律教育，引导干部群众学法、知法和守法。积极倡导和发展“家庭文化一二三”活动，即有条件的家庭都要设置一个书架、订两份报纸、有三百本藏书，形成读书学习、追求知识、充实精神的良好社会风气。

同时，要加强对书报刊、音像制品出版销售和录像投影室、电子游戏机室等社会文化市场和公共服务、娱乐场所的管理，严格执行“扫黄打非”、扫除社会丑恶现象等各项规章制度，进一步净化城乡社会文化市场，创造健康的社会文化环境。

四、重视做好企业思想政治工作，为企业的改革和发展提供强大的精神动力

要重视做好企业思想政治工作。组织企业干部职工认真学习贯彻党的十五届四中全会精神和省委关于贯彻《中共中央关于国有企业改革和发展若干重大问题的决定》的意见，深刻认识进一步深化国有企业改革的重大意义，树立与新形势相适应的思想观念，积极参与改革。对企业职工关心的热点、难点问题，要积极做好引导、化解矛盾的工作，并尽力解决企业和职工的实际困难。要以深入开展创建文明企业、文明车间、文明班组和文明职工的活动为主线，在广大干部职工中树立爱岗敬业、诚实守信的良好职业道德和职业风尚。大力加强企业文化建设，努力培育社会主义企业精神，塑造良好的企业形象，为企业的改革发展提供强大的精神动力。

国有企业要按照精干、高效、协调的原则和现代企业管理制度的有关规定，设置行政机构，配备政工人员。要建立和健全一整套由党委统一领导，党委工作部门和业务部门共同负责，业务管理干部“一岗两责”，专职政工干部与兼职政工人员相结合，党、政、工、青、妇等组织齐抓共管，权责分明、关系协调、渠道畅通的企业思想政治工作管理体制和运行机制。要做好外商投资企业、私营企业、个体工商户等非公有制企业的思想政治工作，尽快在这些企业中建立党组织和工会、共青团组织。

五、围绕“告别贫穷、走向富裕，告别愚昧、走向科学，告别陋习、走向文明”的主题，切实加强农村思想政治工作

农村思想政治工作要围绕走向文明、民主、富裕和实现现代化的目标进行，持之以恒地开展党的基本路线和农村政策教育，爱国主义、集体主义、社会主义教育，民主法制教育，科学文化教育和移风易俗教育。当前，要从解决农村存在的封建迷信、宗族纠纷、殡葬改革、计划生育等突出问题入手，开展“提倡科学精神、反对封建迷信，提倡勤劳致富、反对好逸恶劳，提倡勤俭节约、反对铺张浪费，提倡健康文娱、反对黄赌毒，提倡移风易俗、反对乱埋乱葬，提倡优生优育、反对超生抢生，提倡和睦团结、反对宗族纠纷”的树文明新风活动，在全县农村开展唯物论、无神论和科普教育，倡导健康文明的生活方式，形成良好的村风民风。

农村思想政治工作，要围绕基本实现现代化的目标要求，大力倡导进一步解放思想、更新观念，进一步振奋干部群众的开拓、进取、创新精神，因地制宜地建设具有现代化水平的文明村镇。我县是经济欠发达地区和山区，要把思想政治工作与发展山区经济、奔康致富工作结合起来，引导教育农村基层干部和农民群众树立自力更生、艰苦奋斗的精神，树立与发展社会主义市场经济相适应的思想观念。广泛开展以治穷致富、治愚变智为主要内容的创建文明小康村活动,把广大干部群众的思想引导到实现县委提出的各项工作目标上来。

要根据基层党团组织的管理要求，建立和完善农村党团员联系户制度，充分发挥党团员的先锋模范作用；要加强镇文化、体育活动中心和村“四位一体”文化室的建设，不断充实和更新设施，发挥功能作用；要健全和完善广播电视、书报刊发行网络，发挥其思想政治工作主渠道的作用；要办好黑板报和宣传专栏，办好农村党校和文化学校，充分发挥各种载体的作用，积极开展思想政治工作，用社会主义思想占领农村思想文化阵地。

各镇党委要指定一名副书记负责，组织协调工青妇、广播、电视、文化等单位积极开展思想政治工作。镇领导管片、干部挂村要做到“两个文明”一起抓。要充分发挥农村基层党组织的战斗堡垒作用，理顺农村基层党支部与村委会及其他基层组织之间的关系，党支部要切实承担起思想政治工作的职责。要充分发挥“老人联谊会”、“妇女禁赌会”、“科普协会”等群众自治自律组织作用，使农村思想政治工作多渠道、扎实深入地开展。

要精心组织农民学好用好《中国农民基本常识读本》，充分发挥这套读物的作用。《中国农民基本常识读本》，是在中央领导亲切关怀下，国务院研究室等有关部门编写出版的。江泽民总书记为该书题写了书名并作了序。县委宣传部、农委、财政局、广电局、科技局、团委、妇联等有关部门以及各镇党委要认真做好这套读物的订购发送工作，并精心组织广大农民读好用好这本书，充分发挥这套读物的作用。要把学习宣传农村经济、技术、社会、科学基本常识列入文化、科技、卫生“三下乡”的重要内容，把《中国农民基本常识读本》作为农村和农村基层干部培训学习的书目，利用农闲时间，对农村基层干部和农民进行培训，在农村开展一场普及社会主义市场经济知识、现代农业技术、社会发展知识和现代科学常识的活动，不断提高广大农民识别和抵制封建迷信及各种伪科学的能力，提高思想道德和科学文化素质，调动他们的生产积极性和创造性，积极参与市场竞争，积极参与产业结构调整，积极发展社会公益事业，守法经营，勤劳致富，为建设美好家园贡献力量。

六、根据青少年特点和新形势要求，大力加强和改进学校思想政治工作

青少年教育的重点在学校。学校的思想政治工作要围绕培养“有理想、有道德、有文化、有纪律”的社会主义新人的根本任务，根据青少年特点和新形势要求来进行。各级各类学校要充实和改进政治理论课和思想品德课的教学内容，改进教学方法和手段，把学校教育和社会实践结合起来，全面推进素质教育，要使高年级的学生学习邓小平理论，了解邓小平理论，坚定建设有中国特色社会主义信心，树立正确的世界观、人生观和价值观。中小学校要坚持进行爱祖国、爱人民、爱科学、爱劳动、爱社会主义的教育；切实加强遵纪守法，不断提高青少年自律意识和法制观念；加强基本国情、中国近现代史、中共党史、中华民族优秀文化和革命传统教育，培育学生“知我中华、爱我中华、兴我中华”的民族自豪感和爱国主义热情；开展学校升国旗、唱国歌和成人宣誓等活动，组织学生参观爱国主义教育基地、参加军训和社会实践活动。各级各类学校要加强校风建设，开展健康的校园文化活动，营造好学、进取、文明、团结的校园氛围。继续创建“美丽校园”活动，优化育人环境。加强对学生的心理健康教育和心理辅导工作，指导和帮助青少年提高心理素质，健全人格。

切实加强教师队伍的思想道德建设，把思想政治素质、职业道德作为考核教师工作和职务聘任的重要依据。加强学校思想政治工作队伍建设，努力培养一支信念坚定、业务熟练、专兼结合的思想政治工作队伍；完善学校德育工作机制，把德育贯穿到学科教学、行政管理、后勤服务各个环节中，并保证对德育和思想政治工作的必要经费投入。充分发挥工青妇、学生会等人民团体和群众组织的作用，学校、家庭、社会各部门密切配合，齐抓共管，营造一个有利于青少年健康成长的良好社会环境。

七、重视和加强城（圩）镇思想政治工作，注意做好退休人员的思想教育工作

搞好城（圩）镇建设和管理，加强对居民的思想政治工作，是保持社会稳定、促进社会文明进步的基础建设工程。各镇（办事处）党委、政府要建立健全城（圩）镇管理体制，强化街道和居委会的管理职能。注意选拔素质较高、年富力强的人员充实到街道和居委会领导班子中去。加强城（圩）镇配套设施建设，大力开展创建文明城（圩）镇活动，将城镇服务、卫生、治安、文化、体育、环境建设纳入城镇建设总体规划，做到布局合理、功能完善、网络健全、环境优美、管理先进。积极开展城（圩）镇文化体育活动，把思想政治工作寓教于各项文娱体育活动之中；深入开展创建文明小区、文明楼宇、文明家庭、文明市民活动；努力开展以便民利民为主要内容的服务活动，为居民提供学习、就业、医疗、家政、法律咨询、心理辅导等方面服务。大力开展邻里相助、扶危济困活动，培养团结互助、互利互爱的新型人际关系。

逐步实行退休人员的属地化管理，城镇要把做好老年人特别是退休干部职工的管理服务和思想政治工作作为重要的工作内容。对退休人员既要从生活上多加关心照顾，又要在思想政治和精神上予以关怀，做到老有所养、老有所乐、老有所教、老有所学。加强退休人员党支部的建设，依托党支部对退休人员开展思想教育工作。按照老年人的生理特点和需求愿望，因地制宜组织开展各种健康娱乐活动。大力开展各种尊老敬老活动，在全社会形成尊敬老人、关心老人、爱护老人的良好社会风气。

八、加强对社团民间组织的引导和管理，更好地发挥其积极作用

进一步加强党对社团民间组织的领导，在社团组织中建立健全党的组织，努力克服一些党政领导和有关部门对社团民间组织管理不够、过问较少，情况不明的状况。改进和规范管理工作，进一步完善业务主管单位和登记管理机关双重负责的管理体制，民政部门要严格按有关规定对社团民间组织进行审查登记和年度核审，业务主管单位党组织对所属社团的思想政治工作和引导管理要切实负起责任，教育其成员自觉贯彻党的路线方针政策，在法律允许的范围内开展活动；民政部门和业务主管单位要明确规范社团民间组织的活动内容、范围和涉外交往，要加强指导和检查监督，依法查处违法违纪行为，坚决打击非法社团民间组织的违法犯罪活动。抓好社团民间组织清理整顿工作，对结构和总量进行有效调控。

九、充分发挥新闻媒体的主渠道作用，为改革发展稳定创造良好的舆论环境

县镇广播电台、电视台（站）报道的新闻，要坚持正确的方向和原则把握主旋律，坚持团结稳定鼓劲和正面宣传为主的方针，增强政治意识、大局意识和责任意识，牢牢把握正确的舆论导向，大力弘扬时代精神和社会正气，为改革发展稳定创造良好的舆论环境。自觉从大局出发，主动配合党委、政府各时期的中心工作和重要部署，做好宣传和思想教育工作；贴近群众，贴近实际生活，善于抓住群众关心的热点、难点问题，做好正面引导和释疑解惑工作。新闻单位要正确处理社会效益与经济效益的关系，自觉把社会效益和社会责任放在首位，决不允许播放政治思想导向错误、宣传封建迷信和情趣格调庸俗低下的内容。

十、运用各种形式，把思想教育寓于各种群众性活动之中

开展群众性精神文明的创建活动是加强和改进思想政治工作的一个行之有效的载体。要继续以创建文明城市为龙头，推动创建文明小区、文明村镇、文明行业、文明单位以及军警民共建活动的群众性精神文明创建活动全面深入开展。要善于把思想政治工作融化到为民服务、为民造福的各种创建活动中，每年办几件影响大、群众欢迎的好事实事，密切党和政府同人民群众的关系，增强人民群众对党和政府的信任和拥护。要充分利用各行业、各部门一些行之有效的活动载体，如“职工自学成才读书活动”和“青年志愿者”、“青年文明号”、“双学双比”、“巾帼建功”活动等，积极开展思想政治工作。

重视发挥文化的社会教育功能，继续深入开展“百歌颂中华、百书育英才、百片扬国魂”活动、“文化科学卫生三下乡”活动、广场文化活动、“千村书库”活动，大力发展社区文化、村镇文化、企业文化、校园文化、家庭文化，在各种文化活动中融汇爱国主义、集体主义、社会主义教育内容，融汇党的基本理论、基本路线和方针政策教育及形势教育，使群众在活动中潜移默化接受教育，陶冶情操。继续实施以“五个一工程”为龙头的文化精品战略，创作更多更好的精神产品，为群众提供丰富的精神食粮。积极实施我省文化建设“南粤锦绣工程”和文化扶贫工程，在全县形成布局合理、功能齐全、水平先进的县、镇、村三级群众文化艺术设施网络。

在全县城乡大力开展全民健身运动和群众性体育竞赛活动，引导组织好各种传统节日的民间文化、体育、艺术活动，使之在增进群众身体健康中发挥积极作用。

十一，及时了解和掌握社情民情，有的放矢地开展思想政治工作

各级党委、政府，各单位要健全信息收集、分析研究、上报反馈制度，深入了解社情民意。重视做好信访工作，及时掌握群众的呼声愿望，有针对性地开展思想教育工作；经常分析影响社会稳定的因素，把问题解决在萌芽状态。各级人大代表、政协委员要认真履行职责，及时反映社情民意。要全面加大依法治县的工作力度，加强执法监督，继续深入查处“法轮功”邪教组织，坚决打击各类违法犯罪活动。各级党政领导应设立热线电话，鼓励人民群众直接向党委、政府提意见建议。在全县农村基层广泛开展派出所所长、法庭庭长、司法所长、国土所长“四长”接访活动，倾听群众呼声，及时解决矛盾纠纷和有关问题。

十二、建立健全领导责任制和工作机制，加强队伍建设

各级党组织要建立健全思想政治工作责任制，党委、党支部负责人要切实负起领导职责。要积极探索建立科学的思想政治工作目标管理和工作责任制度，把完成思想政治工作任务和工作成效作为考核领导班子、领导干部政绩的一项重要内容和依据，与干部的晋升和奖励挂钩。按照提高素质、优化结构、相对稳定的要求，建设一支政治强、业务精、作风正、素质高的思想政治工作队伍。选拔一批德才兼备的中青年干部，充实这支队伍。从政治上关心爱护政工干部，加强培训，教育政工干部爱岗敬业，增强做好思想政治工作的责任感和光荣感，要继续做好政工人员专业职务的评聘工作，对成绩突出的政工部门和干部要给予表彰和奖励。

十三、加强党风廉政建设和基层党组织建设，增强党的凝聚力和战斗力

各级党政机关要做好思想政治工作，发挥表率作用。党员干部尤其是各级领导干部要牢记全心全意为人民服务的宗旨，保持和发扬党的艰苦奋斗、密切联系群众的优良传统和作风。要坚持实事求是，说实话、办实事、鼓实劲、求实效。

各级党组织要进一步建立和健全对党员、干部严格要求、严格管理、严格监督的制度，建立和完善反腐保廉的监督约束机制。继续抓好领导干部廉洁自律和纠风工作，完善“收支两条线”管理，积极推动各项廉政措施的落实，加大查处大案要案力度，严惩腐败分子。

要全面加强基层组织建设。要以提高农村基层干部队伍的整体素质为重点，开展创建“五好”村党支部、“六好”乡镇党委活动，全面提高农村基层组织的战斗力和凝聚力。要加强企业、街道、社区、机关、学校的党建工作，并积极在非公有制经济组织建立和发展党组织。要切实推进基层依法治理，全面推进镇级政务公开。

各镇（办事处）、各系统党委，县直各部、委、办、局（公司）党组织要根据上述意见，结合实际，认真研究制定具体措施，抓紧贯彻落实。各镇（办事处）、县直各局以上单位要将贯彻情况于今年3月底前报告县委。

（此件发至各镇、新城办事处、县直局以上单位）

文件二

中共梅县县委
宣传部文件

梅宣字〔2004〕3号

印发《关于我县各级党委（党组）中心组2004年理论学习专题的意见》的通知

各基层党委（党组），县属局以上单位：

最近，省委宣传部对2004年各级党委中心组理论学习专题提出了书面意见，我部根据省、市委要求，结合我县实际，特提出《关于我县各级党委（党组）中心组2004年理论学习专题的意见》，现印发给你们，请按照《意见》要求，制定出具体的学习计划，并组织好全年的理论学习。

中共梅县县委宣传部

2004年2月8日

关于我县各级党委（党组）中心组2004年理论学习专题的意见

2004年是贯彻落实十六大和十六届三中全会精神，全面推进我国改革开放和社会主义现代化建设的重要一年。在新的一年里，我们要进一步加强党的理论武装工作，不断提高领导干部的理论素养和执政能力，促进改革发展稳定各项工作的落实，使我县在全面建设小康社会、在全市率先基本实现社会主义现代化的历程中更好地发挥排头兵的作用。根据中央精神和省、市委的部署，提出今年全县各级党委（党组）中心组理论学习专题的意见。

一、指导思想

以十六大和十六届三中全会精神为指导，以完善社会主义市场经济体制的相关理论为重点，深入学习贯彻“三个代表”重要思想，继续加强学习制度建设，不断改进学习方法，着眼解决实际问题，切实提高学习效果，使理论学习更好地服务于执政兴国的第一要务，服务于广东加快发展、率先发展、协调发展的伟大实践。

二、主要学习内容（略）

三、总体要求

1．进一步提高理论学习的自觉性。认真贯彻中央、省、市和县委的要求，把理论学习作为一项关系党的事业兴旺发达的战略任务来抓，作为领导班子建设的首要问题来抓，作为提高领导干部素质的一项战略性、基础性工作来抓。要建立健全“一把手”抓学习的领导责任制，完善党委（党组）主要领导亲自抓、分管领导具体抓、职能部门协助抓的领导机制。党委（党组）中心组成员要认真参加集中学习，搞好个人自学，努力做持久学、深入学的表率，做学以致用、用有所成的模范。

2．继续发扬理论联系实际的优良学风。要从本镇、本单位的实际出发，落实限中央、省、市和县委的学习要求。当前，要重点学习好党的十六届三中全会精神，要把学习贯彻十六届三中全会精神与学习“三个代表”重要思想、党的十六大精神和胡锦涛总书记视察广东重要讲话精神结合起来，与本镇、本单位实际结合起来，认真查找本镇、本单位在思想观念、精神状态、发展思路、工作作风等方面存在的突出问题，准确分析和把握改革和发展中带有全局性、战略性、前瞻性的重大问题，注重解决人民群众关心的热点难点问题，努力做到把学习所得转化为工作成果。

3．不断创新学习形式。把请进来与走出去、请上来与走下去、分散学习与集中学习、个人自学与专家辅导、学习基本观点和调查研究、理论研讨与决策论证等有机结合起来，使学习形式生动多样，更切合领导干部的实际需要。坚持党委（党组）中心组学习带动机关学习，扩大中心组学习的影响，抓好机关学习的落实。

4．完善各项学习制度。重点抓好考核制度。严格按照《中共中央组织部、中共中央宣传部关于建立县级以上党政领导干部理论学习考核制度的若干意见》（中组发〔2000〕16号）和《中共广东省委办公厅转发〈关于市厅党委（党组）中心组理论学习检查考核的实施意见〉的通知》（粤办发〔1999〕15号）的要求，建立健全学习考核制度，把学习作为领导班子民主生活会检查的重点项目，作为干部考察和公务员考核的重要内容。2004年，县委将组织有关部门对基层党委（党组）中心组的理论学习情况进行一次全面检查考核。

文件三

梅县精神文明建设委员会文件

梅文明委〔2011〕01 号

关于印发《梅县精神文明创建活动评选表彰工作的暂行办法》的通知

各镇（办事处、高管会）党委，各系统党委，县直局以上单位，省、市属驻梅各单位：

现将《梅县精神文明创建活动评选表彰工作的暂行办法》印发给你们，请结合实际认真贯彻执行。

梅县精神文明建设委员会
2011 年 10 月 18 日

梅县精神文明创建活动评选表彰工作的暂行办法

第一章　总　则

第一条　为规范精神文明评选表彰工作，确保梅县群众性精神文明创建活动经常化、制度化、规范化和科学化，促进创建活动健康发展，根据《广东省精神文明创建活动评选表彰工作的暂行办法》（粤文明办〔2005〕18 号）的精神，结合梅县实际，制定本办法。

第二条　梅县文明单位、文明窗口、文明镇、文明村、文明社区和精神文明建设先进工作者，是县委、县政府授予积极开展群众性精神文明创建活动，物质文明、政治文明、精神文明协调发展，精神文明建设成绩突出，能够在全县发挥示范作用的集体或个人的荣誉称号。

第三条　梅县精神文明创建活动评选表彰工作，要以科学发展观为指导，以推动绿色的经济崛起、建设富庶美丽幸福的新梅县为中心，以提高人的现代文明素质和城乡文明程度为主要内容，以重在建设、注重实效、贴近群众、多办实事为原则，着力创造文明法治、稳定和谐、谅解宽容的社会环境，促进三个文明协调发展，实现社会各项事业的全面进步。

第二章　评选标准

第四条　文明单位评选标准

（一）领导班子坚强有力。领导班子能够认真学习、贯彻、实践邓小平理论、“三个代表”重要思想和科学发展观，坚决执行党的路线、方针、政策，自觉坚持三个文明协调发展的方针，重视精神文明建设，把创建活动摆上领导议事日程，计划周全、目标明确、措施具体、责任落实。领导干部勤政廉政，以身作则，作风民主，在群众中威信高，在创建活动中发挥模范带头作用。

（二）业务工作实绩显著。生产经营单位积极适应社会主义市场经济发展的要求，改革进取，科学管理，经济效益和社会效益稳步提高，主要经济指标居于本行业或本县同类型单位前列。党政机关和执法部门廉洁高效、办事公道、依法行政、执政为民，重大决策民主公开，群众满意率高。教育科研单位坚持实施“科教兴国”战略，教学、科研成果优异，校风、教风、学风良好。服务性单位大力推行优质高效的规范化服务，业务实绩和服务水平处于全县同行业领先水平。

（三）思想道德风尚良好。积极开展党的基本理论、基本路线、基本纲领和基本经验的宣传教育工作，大力弘扬培育民族精神，积极开展深入细致的思想政治工作，引导广大干部群众树立正确的理想信念和世界观、人生观、价值观。认真贯彻落实《公民道德建设实施纲要》，大力开展“爱国、守法、诚信、知礼”现代公民教育活动，践行《梅县文明公约》和《梅县市民行为守则》。突出抓好以诚信为主要内容的职业道德建设，坚决防止不守信用行为。高度重视对青年职工、青少年学生的思想道德建设，建立行之有效的工作机制。积极开展军民共建、警民共建、拥军优属、“三下乡”社会实践活动，热心支持社会公益事业，努力为当地精神文明创建工作作出贡献。

（四）文化体育卫生先进。坚持对干部群众进行科学文化知识和业务技能培训，形成全员学习、终身学习、自觉学习的良好风尚。崇尚科学，反对迷信，倡导健康、科学、文明、环保的生活方式。落实卫生防疫制度。扎实做好人口与计划生育工作，各项工作达标。文、体、卫等设施完善，广泛开展群众性文体活动，群众精神文化生活丰富多彩、健康向上。

（五）民主管理规范有序。健全民主管理制度，落实厂务、政务、校务公开等公开办事制度，坚持和完善职工代表大会和其他形式的企事业民主管理制度，保障职工的合法权益。社会治安综合治理措施落实，治安防范网络健全，民主法制教育经常化、制度化。单位内部治安状况良好，工作纪律严明，安全教育和安全生产落实。及时反映和妥善处置可能发生的群体性事件。领导干部无违法违纪案件，干部职工中无严重违法违纪案件及刑事案件，单位无特大安全责任事故，无“黄、赌、毒”等丑恶现象，无邪教活动。

（六）整体环境优美达标。积极为群众改善工作生活条件，基础设施完善，内外环境整洁卫生，绿化美化好，无脏、乱、差现象。环保制度健全，措施落实。工业企业建立了切实有效的环境管理体系，环境宣传教育工作成效明显，环境污染控制指标达本县先进水平。

第五条　文明窗口评选标准

（一）业绩优秀

1. 加强领导班子自身建设。坚持两个文明一起抓，开拓进取，团结协作，勤政廉洁，有较强的战斗力。群团组织健全，发挥作用好，工作成绩显著。

2. 完善经营管理制度。积极推行规范管理，管理手段科学、先进，有健全的岗位责任制和考勤、考核、奖惩等规章制度，责任落实，措施有力，管理有序。

3. 完成各项任务。树立科学的经营理念，竞争能力强，能全面完成经营任务，主要经济指标位居同行业前列。

4. 非经营单位工作效率较高。

（二）服务优质

1. 加强职业道德建设。开展敬业爱岗、诚实守信、办事公道、服务群众、奉献社会的职业道德教育活动，有健全的行业职业道德规章制度。有计划地对职工进行岗位培训，职工能熟悉本岗位的业务知识，服务技能过硬，职工应知应会率达到90%以上。

2. 建立健全具有行业特点的职业道德规范和服务规范标准。规范办事程序，实行办事公开，提高办事效率。职工上岗仪表举止文明，接待群众主动、热情、耐心、周到，使用文明用语，主动解决群众关心的“热点”问题，推行适合行业特点的便民措施，支持公益事业建设。

3. 加强行风建设。坚决纠正行业不正之风，实行承诺制和公开制，做到办事内容公开、办事程序公开、办事结果公开，自觉接受群众监督，建立内外监督机制，设有服务热线或投诉电话，群众投诉方便，并严格考核，奖罚兑现。在优质服务方面，社会问卷调查群众满意率达80%以上。群众反映突出的“热点”问题基本得到解决，整顿中发现的问题整改率为90%以上。

4. 提供优质服务。经常开展优质服务系列创建活动，职工参与广泛，经济效益和社会效益显著，服务质量处于全县同行业先进水平。

5. 服务设施的科技含量不断提高。各种服务设施齐全，保养良好，安全实用，运转正常，能满足群众的需要。不断更新设备，逐步实现一流设施，为高效优质服务提供可靠的保证。

6. 能以崇高的职业道德风尚和优良的服务影响、教育群众，具有较大的社会影响力和较高的信誉度。

（三）环境优美

1. 有健全的卫生保洁制度，门内达标，“门前三包”责任制落实，内外环境净化、绿化、美化。

2. 办事大厅、店堂布置整洁、美观、明亮，柜台、货架、橱窗设计和商品陈列整齐美观、新颖大方。商品广告和公益广告健康、高雅，用字规范，张挂位置符合规定。整体环境整洁、优美、舒适。

3. 环境卫生达到规定标准，公共卫生设施配套，有专人保洁管理，灭“四害”、“三废”处理达标。

（四）秩序优良

1. 经常进行民主法制教育，干部职工的法律意识和法制观念明显提高，诚实守信，遵纪守法，无违反财经纪律、偷税漏税现象。

2. 职工坚守岗位，严格执行岗位纪律，按操作程序办事，秩序井然有序。

3. 社会治安综合治理和防火安全责任制落实，各项治安防范措施得力，排除各类事故隐患。无“黄赌毒”和封建迷信活动，自觉维护好本单位周边环境的治安、交通秩序和公共设施，门前车辆停放整齐，秩序良好。

（五）管理优化

1. 有健全的生产管理制度，有员工的行为规范和行为守则。

2. 建立岗位责任制和工作标准。

3. 推行了社会服务承诺制，严格落实各项规章制度。

第六条 文明镇评选标准

（一）班子建设好。领导班子认真学习、贯彻、实践邓小平理论、“三个代表”重要思想和科学发展观，全面贯彻党在基层的各项方针政策，坚持三个文明协调发展。建立一把手负总责的精神文明建设领导机制，实行目标管理，把精神文明建设实绩作为考核领导干部政绩的重要依据。领导干部团结协作，务实高效，遵纪守法，依法行政，科学决策，勤政为民，清正廉洁，在群众中威信高，干群关系良好。每年都抓好若干个为群众办好事实事的项目，发动和引导广大群众积极参与文明镇创建活动，引导群众在参与活动中获得实惠、受到教育、得到提高。

（二）经济发展好。坚持全面、协调、可持续的科学发展观，积极适应社会主义市场经济的发展，深化改革，调整产业结构，加大科技投入，改善生产条件，增强集体经济组织为群众服务的功能，人均收入在本镇平均水平之上，集体经济不断壮大，经济发展水平居于全县先进行列。

（三）环境面貌好。积极开展“洁净家园·绿满梅州”活动。制定并严格实施镇建设总体规划，科学合法用地，建设布局合理，环境良好。管理法规制度完善，管理机构和管理队伍健全，建立环卫队伍、绿化队伍、城管队伍、灭“四害”队伍等。加大投入，基础设施建设逐步完善，公用设施逐步配套。大力整治脏、乱、差现象，搞好绿化、净化、美化，辖区卫生环境有较大改善，达到标准。环境质量好，无污染事故。珍惜自然资源，无破坏生态事件。

（四）社会风气好。积极开展党的基本理论、基本路线、基本纲领和基本经验宣传教育，做好深入细致的思想教育工作，引导广大干部群众坚定不移地走中国特色社会主义道路。大力弘扬培育民族精神。采取切实措施，加强青少年思想道德建设。认真贯彻落实《公民道德建设实施纲要》，大力开展“爱国、守法、诚信、知礼”现代公民教育活动，践行

《梅县文明公约》和《梅县市民行为守则》。发挥道德评议会、红白理事会、禁赌协会等群众自治组织的作用，倡导健康、科学、文明、环保的生活方式，辖区内无“黄、赌、毒、邪”窝点，无公开封建迷信活动等不良现象，道德风尚良好。突出抓好诚信建设。优抚、敬老、助残等措施落实，形成风气。妇女、儿童、老人、军烈属、残疾人的合法权益得到保障。移风易俗，殡葬管理工作达标。

（五）科教文卫事业好。坚持开展科普活动，运用现代信息技术等手段，拓展致富信息渠道。不断增加教育投入，尊师重教，改善教学条件，九年制义务教育入学率达100%，无青壮年文盲。文化站达全省二级以上水平，文化和体育设施较为完善。坚持开展经常性的群众文化、体育活动，不断满足群众的精神文化需求。健全卫生保健网络，建立新型合作医疗制度，落实卫生防疫措施，儿童计划免疫预防接种达90%以上，提高群众健康水平。辖区内建有医院，医疗卫生设备齐全，实现人人享有卫生保健规划目标。计划生育实现规范化管理与服务，计划生育工作达标。

（六）社会治安好。坚持依法治镇，依法行政，认真完成普法任务。社会治安综合治理机构健全、措施落实，军警民联防联治等治安防控网络健全，领导责任制和目标管理责任制落实。辖区内无重大恶性事件、无重大责任事故、无流氓黑恶势力、无邪教和非法宗教活动，无突出的走私、贩私现象，社会治安稳定，群众有安全感。加强对出租屋和外来人口的管埋，建立行之有效的管理制度和措施。做好人民调解工作，民事调解成功率不低于90%。及时反映有效化解可能发生的群体上访和群体性事件。禁毒工作落实。做好刑释解教人员的安置帮教工作。

（七）民主建设好。扩大基层民主，保障群众依法行使民主权利。基层的民主选举、民主决策、民主管理、民主监督得到落实。政务公开全面推行。

第七条　文明村评选标准

（一）班子建设好。村党支部和村委会班子健全，团结协作，廉洁奉公，能发挥党支部的战斗堡垒作用和党员的模范带头作用，在群众中享有较高威信，干群关系良好。坚决贯彻执行党在基层的各项方针、政策，坚持三个文明协调发展。制定文明建设规划，发动和引导广大群众积极参与文明村创建活动，为群众办好事办实事，精神文明建设成绩显著。

（二）经济发展好。经济发展思路、目标符合当地实际。主要经济指标居本市前列，群众生活和社会福利有较大改善。积极建立社会化服务组织，社会化服务体系不断完善。切实减轻群众负担，有效解决群众的生产和生活困难，努力实现共同富裕。

（三）村容村貌好。积极开展“洁净家园·绿满梅州”活动。制定并严格实施村总体规划，认真贯彻国家政策法令。大力推进“五改”（改路、改水、改厕、改灶、改造住房），基础建设和公用设施逐步完善。大力整治脏、乱、差现象，卫生厕所普及率达80%以上，自来水普及率达90%以上。搞好绿化、净化、美化，环境整洁美观，卫生环境有较大改善。环境质量好，无污染事故；珍惜自然资源，无破坏生态事件。

（四）社会风气好。加强思想道德建设，大力弘扬培育民族精神，认真贯彻落实《公民道德建设实施纲要》，大力开展“爱国、守法、诚信、知礼”现代公民教育活动，践行

《梅县文明公约》和《梅县市民行为守则》，大力加强青少年思想道德建设，大力加强家庭美德建设。倡导健康、科学、文明、环保的生活方式，无“黄、赌、毒、邪”窝点和公开封建迷信活动等现象。男女平等、尊老爱幼、助残济困、邻里团结等形成风气，努力构建和谐社会。突出抓好诚信建设。优抚、敬老、助残措施落实，殡葬管理工作达标。

（五）科教文卫事业好。坚持开展科普活动和群众致富实用技术培训，重视改善教学条件，九年制义务教育入学率达100%，无青壮年文盲。积极开展健康向上的群众性文化体育活动，文化和体育设施较为完善。建立新型合作医疗制度，落实卫生防疫措施，提高群众健康水平。辖区内建有卫生所，群众普遍享有初级卫生保健。加强基层人口与计划生育工作，做好流动人口的计划生育管理和服务，计划生育工作达标。

（六）社会治安好。坚持依法办事，民主法制宣传教育经常化、制度化，认真完成普法任务，群众遵纪守法意识增强。辖区内无重大恶性事件、无重大责任事故、无流氓黑恶势力、无邪教和非法宗教活动。社会治安综合治理措施落实，社会治安稳定，群众有安全感。加强对出租屋和外来人口的管理，建立行之有效的管理制度和措施。做好人民调解工作，民事调解成功率不低于90%。及时掌握社情民意，妥善处理群体性事件。

（七）民主建设好。扩大基层民主，保障群众依法行使民主权利。基层领导成员依法选举产生，村党支部与村委会关系融洽。会议制度完善，重大事项实行民主决策；政务公开和民主管理制度健全、规范有序。

第八条 文明社区评选标准

（一）组织机构健全。社区党组织和社区居民委员会组织机构健全，领导班子坚强有力，认真学习、贯彻、实践邓小平理论、“三个代表”重要思想和科学发展观，自觉落实构建和谐梅州的各项要求，真正把创建和谐、文明社区工作摆上重要议事日程，常抓不懈。创建目标明确、措施具体。社区志愿者、老年人、残疾人等社团组织和各类服务机构健全，工作制度完善，骨干队伍稳定，活动经费落实，积极发挥作用。

（二）人际关系和谐。积极开展深入细致的思想政治工作，贯彻落实《公民道德建设实施纲要》，大力开展“爱国、守法、诚信、知礼”现代公民教育活动，践行《梅县文明公约》和《梅县市民行为守则》，大力加强未成年人思想道德建设，树立良好的社会道德风尚，家庭成员、邻里之间形成团结互助、平等友爱、共同前进的和谐人际关系。积极开展科教、文体、法律、卫生进社区活动，居民形成健康、科学、文明、环保的生活方式。社区居民对社区的认同感强，积极参与文明社区建设。

（三）社会秩序优良。积极协助有关部门认真落实社会治安综合治理的各项防范和管理措施，社区治安综合治理网络和群防群治体系完善。社区治安状况良好，无影响恶劣的重大刑事案件和安全事故，无“黄赌毒”，无邪教和非法宗教活动，无公开封建迷信活动等不良现象。及时反映和有效化解可能发生的群体上访，妥善处理群体性事件。社区管理规范，社会秩序稳定，群众安居乐业。

（四）社区服务便利。社区居委会办公用房落实，社区服务设施建设布局合理，环卫、照明、交通、停车和文体等基础设施比较完善。社区服务项目齐备，居民生活方便，社区服务纳入政府公共服务体系。社区志愿者活动形成正常运行机制。社区成员单位资源共享、事务共办、文明共建的机制初步形成。

（五）社区环境优美。规划、建设布局合理，管理制度完善，无“六乱”（乱张贴、乱摆卖、乱拉挂、乱停放、乱堆倒、乱搭建）现象。卫生保洁制度落实，公共场所设有分类垃圾箱。绿化美化工作成效显著。

第九条 精神文明建设先进工作者评选标准

（一）思想政治觉悟高。积极学习、贯彻、实践邓小平理论、“三个代表”重要思想和科学发展观，坚定执行党的路线、方针、政策，模范遵纪守法。

（二）道德品质好。清正廉洁，作风正派，勤于奉献，团结同志，树立起精神文明建设工作者的良好形象。

（三）事业心强。努力学习精神文明建设的政治理论，熟悉精神文明建设工作，具有做好精神文明建设工作的强烈事业心和高度责任感，敬业爱岗，忠于职守，成绩显著。

（四）业绩优秀。在精神文明创建工作中积极带头，事迹先进，贡献突出。

第三章 申 报

第十条 梅县文明单位、文明窗口、文明镇、文明村、文明社区和精神文明建设先进工作者每两年评选表彰一次。每届期满后，获得荣誉称号的单位、窗口、村镇、社区和个人必须重新参加申报和评选，原有的荣誉称号不再保留。

第十一条 凡符合梅县文明单位、文明窗口标准，在本县境内的党政机关、人民团体机关、教育科研及其基层单位；实行独立核算，具有独立法人资格的各种所有制形式的企业、事业单位；驻梅部队、县武警、县消防等单位均有资格申报梅县文明单位、文明窗口。

凡符合梅县文明镇、文明村标准的建制镇和行政村，均有资格申报梅县文明镇、梅县文明村。自然村不参评。

凡符合梅县文明社区标准的社区，均有资格申报梅县文明社区。没有成立居委会的物业小区不参评。

凡符合梅县精神文明建设先进工作者标准，工作在精神文明建设一线的人员，包括精神文明建设工作的组织领导者、群众性精神文明创建活动的积极分子，均有资格申报。县五套班子领导成员不参评。

第十二条 凡在申报年度的近两年内发生下列情况之一的，不能申报梅县文明单位、文明窗口、文明镇、文明村和文明社区：

（一）党政主要领导受到党纪政纪处分的；

（二）发生特大安全质量责任事故和重大环境污染或生态破坏事故等，给国家、集体和人民群众造成重大损害和损失的；

（三）在年度人口与计划生育目标管理责任制考核中不达标的；

（四）出现社会影响恶劣的涉“黄、赌、毒、邪”案件和刑事案件的。

第四章 评 选

第十三条 梅县文明单位、文明窗口、文明镇、文明村、文明社区、精神文明建设先进工作者的评选按照自愿申报、逐级推荐、提前公示、择优评选的程序进行。

（一）每届评选前，县文明委分别向各镇、县直各系统党委和省、市属驻梅单位下达本届梅县文明单位、文明窗口、文明镇、文明村、文明社区和精神文明建设先进工作者的推荐名额。具备申报资格的单位、窗口、村镇、社区可在规定时间内按党组织向上一级精神文明建设工作领导部门提出申请，逐级上报。具备申报资格的个人由所在单位或常住地址社区居委会、村委会推荐，逐级上报。各镇、县直各系统党委和省、市属驻梅单位按照县文明委下达的名额，对拟推荐的名单以适当方式公示，加具推荐意见，加盖镇党委、镇政府和县直系统党委（或同级）公章后，向县文明委推荐。

（二）县文明办组织初审和测评，提出推荐名单，以适当方式征询有关部门和群众的意见后，提交县文明委。

（三）县文明委对拟命名表彰名单进行集体审议，研究确定本届命名表彰名单，报县委、县政府命名表彰。

第五章　表　彰

第十四条　县委、县政府审议批准梅县文明单位、文明窗口、文明镇、文明村、文明社区和精神文明建设先进工作者名单后，正式进行表彰，颁发奖牌和证书。

第十五条　各有关部门可从实际出发制定奖励办法，对获得梅县文明单位、文明窗口、文明镇、文明村、文明社区和精神文明建设先进工作者荣誉称号的集体及个人进行奖励。

第六章　管　理

第十六条　对梅县文明单位、文明窗口、文明镇、文明村、文明社区和精神文明建设先进工作者日常工作的指导、监督，按照谁推荐谁负责的原则，由所在镇和有关主管精神文明建设工作领导部门负责。

第十七条　本县推荐参加国家级、省级和市级的评选，从最近获得省级、市级和县级荣誉称号的单位中择优推荐。

第十八条　对于隐瞒事实、弄虚作假的，一经查实，立即取消申报资格，撤销荣誉称号，不得参加下届评选。

第十九条　梅县文明单位、文明窗口、文明镇、文明村、文明社区如变更名称、变动隶属关系，应及时报县文明办备案；重划、重组、撤销、分立、合并的，梅县文明单位、文明窗口、文明镇、文明村、文明社区荣誉称号自行终止，也应及时报县文明办备案。

第七章　附　则

第二十条　本办法由县文明委负责组织实施，各镇党委、县直各系统党委和省、市属驻梅单位可根据本办法制定实施细则。

第二十一条　本办法由县文明办负责解释。

第二十二条　本办法自颁布之日起实施。

文件四

梅县发电

发电单位　中共梅县县委办公室　　　　签批盖章 张志锋
　　　　　梅县人民政府办公室

等级**特急·明电**　　梅县委办电〔2011〕47 号　　县机发　　号

关于评选表彰梅县精神文明创建活动先进单位和先进工作者的通知

各镇（办事处、高管会）党委、政府，县直各系统党委：

近两年来，我县各级党组织和政府各部门坚持以邓小平理论和“三个代表”重要思想为指导，全面贯彻落实科学发展观，努力实施“培育绿色产业，建设宜居家园，打造客都明珠”发展战略，朝着“当好梅州绿色崛起排头兵，建设广东山区科学发展示范县”的目标迈进，积极开展创建“全国文明县城”活动，把创建文明县城的各项工作落到实处，加强新农村建设，极大地改变了梅县城乡面貌，城乡不断展现客都明珠，宜居家园的特色，大力开展社会主义荣辱观教育活动和“爱国、守法、诚信、知礼”现代公民教育活动，积极推进未成年人思想道德建设，深入开展群众性精神文明创建活动，切实提高市民的文明素质，提升全县文明程度，取得了明显成效。为表彰先进，树立榜样，进一步加强精神文明建设，努力建设富裕和谐秀美宜居宜业的新梅县，县委、县政府决定表彰一批精神文明建设先进单位和先进工作者。现就有关事项通知如下：

一、评选表彰项目和规模

以县委、县政府名义评选表彰文明单位 100 个、文明窗口 30 个、文明镇 5 个、文明村（社区）60 个、精神文明建设先进工作者 60 名（名额分配见附件 1、2）。

二、推荐评选和奖励办法

1．评选范围。2010 年以来的两年，在德育教育，思想政治工作和群众性精神文明创建活动等方面取得突出成绩的单位和个人。由各镇（办事处、高管会）党委和县直各系统党委按名额分配推荐。

2．评选标准。按照县文明委梅文建字〔2011〕01 号《关于印发〈梅县精神文明创建活动先进单位和先进工作者评选条件〉的通知》要求进行，评选文明镇、文明村（社区）还要达到环境卫生状况良好。

3．报批程序。①自愿申报。参评单位对照评选条件进行自我测评，具备申报资格的单位可自愿向上一级提出申请。②逐级考核推荐。各单位要根据评选的基本条件和要求，采取民主评议、自下而上的方法，认真做好每一项评比推荐工作，严格把关。然后由各镇（办事处、高管会）和县直各系统党委盖章后推荐报送县文明办，最后由县文明委召开成员会议研究决定，由县委县政府表彰。

4．评选材料。各镇（办事处、高管会）党委和县直各系统党委请于11月10日前将推荐材料及表统一上报县文明办。其中，申报文明单位、文明镇、文明村、文明社区、精神文明建设先进工作者必须提供1500字左右的经验材料及申报表（附件3）各一式二份。

5．奖励办法。受表彰的先进单位，由县委、县政府颁发牌匾和证书；受表彰的先进工作者，由县委、县政府颁发证书。表彰名单在县电台、电视台公布。

三、工作要求

各镇（办事处、高管会）党委和县直各系统党委要加强对本单位本系统推荐评选工作的组织领导，精心部署，严格把关，不搞平衡照顾，不走过场，扎扎实实做好评选推荐的各项工作，并通过评选工作，总结经验，进一步推动本单位本系统精神文明建设工作的开展。

附件1．梅县文明单位、文明窗口、精神文明建设先进工作者推荐名额分配表（略）

附件2．梅县文明村（社区）和精神建设先进工作者名额分配表（略）

附件3．梅县文明单位、文明窗口、文明镇、文明村（社区）、精神文明建设先进工作者申报表（略）

中共梅县县委办公室

梅县人民政府办公室

2011年10月18日

文件五

中共梅县县委办公室（通知）

梅县委办〔2003〕55号

中共梅县县委办公室　中共梅县县委宣传部
关于做好2004年重点党报党刊发行工作的通知

各镇（办事处）党委，县直局（公司）以上单位，各邮电支局（所），省、市驻梅各有关单位：

党报党刊是党和人民的喉舌，是社会主义意识形态的重要阵地，对于宣传党的理论路线方针政策，指导实际工作，动员组织群众，推进改革开放和社会主义现代化建设事业具有重要作用。根据中共中央办公厅《关于做好2004年度〈人民日报〉、〈求是〉杂志发行工作的通知》（厅字〔2003〕18号）、省委办公厅《关于做好2004年度〈南方日报〉发行工作的通知》（粤委办〔2003〕121号）和市委办公室《关于做好2004年度重点党报党刊发行工作的通知》（梅市办〔2003〕96号）等文件精神，以及县委主要领导的意见，为确保2004年度我县重点党报党刊发行任务的顺利完成，特作如下通知：

一、规范重点党报党刊在基层发行的种类和范围。《人民日报》是党中央机关报，《求是》杂志是党中央主办的理论刊物，《南方日报》《梅州日报》分别是省委、市委机关报，是省委、省政府和市委、市政府指导全省、全市工作的重要舆论阵地。上述“三报一刊”为重点的党报党刊。凡是公费订阅报刊的机关、企事业单位、村级组织和领导干部，首先必须订阅“三报一刊”。

二、正确领会、全面贯彻中央关于报刊治理和党报党刊发行的有关精神，充分认识做好重点党报党刊发行工作的政治意义。认真贯彻落实中央的指示精神，治理党政部门报刊散滥和利用职权发行，既是为了规范发行秩序，减轻基层和农民负担，也是为了优化报刊结构，巩固和扩大重点党报党刊在覆盖范围和在报刊业中的主导地位，要正确认识和处理重点党报党刊发行工作同治理党政部门报刊散滥、利用职权发行的关系，决不能因治理党政部门报刊散滥和利用职权发行的关系，决不能因治理党政部门报刊散滥和利用职权发行而影响重点党报党刊发行工作。为此，各级党委政府要切实加强对重点党报党刊发行工作的领导，要从贯彻落实“三个代表”重要思想的高度，从讲政治、讲大局的高度，从维护和巩固执政党地位、增强党和政府影响力、号召力的高度，确定各地区各单位订阅重点党报党刊的发行目标，理直气壮、积极主动地抓好党报党刊的发行工作，切实完成上级下达给我县重点党报党刊征订发行目标。

三、各级各部门要通力合作，落实征订措施。2004年度我县“三报一刊”发行工作压力重、困难大，因此，各级党委、政府及各部门必须采取有力措施，把工作做细做好，确保我县重点党报党刊发行目标顺利实现。

1．订阅重点党报党刊的范围是：①全县局以上机关企事业单位和中学、镇中心小学以及党政负责人要订“三报一刊”(《人民日报》、《南方日报》、《梅州日报》、《求是》杂志)；各小学、村（居）委会、股级企事业单位和机关组、股、室、站、所要订“两报”(《南方日报》、《梅州日报》)；②党政机关干部和教师个人要订《南方日报》；③学校高中每个班要订《南方日报》；初中每个班要订《梅州日报》；④旅店、招待所按客房总数50%要订《南方日报》或《梅州日报》；⑤城（圩）镇个体工商户要订一种以上的重点党报。

2．凡用公费订阅报刊要首先订阅《人民日报》、《南方日报》、《梅州日报》、《求是》杂志重点党报党刊，没有按照要求订阅重点党报党刊的单位，一律不得用公费订阅其他各类报刊。

3．教育、卫生、工商、税务、邮电、金融、工业等行业主管单位，要认真抓好所属单位、学校和个体工商户、私营企业的征订工作，确保我县重点党报党刊发行目标的实现。

4．各镇（办事处）党委、政府，县直单位要把征订重点党报党刊这项工作列入重要议程，要落实工作责任制，采取有效措施和办法，加大征订力度，领导要亲自抓。并指定一名领导负责抓好重点党报党刊的征订发行工作。

四、妥善解决订阅重点党报党刊的经费。有关部门要研究制定用党费订阅党报党刊的具体办法，保证有一定比例的党费用于本地区、本单位的党组织，特别是贫困地区的村组、乡镇、中小学校的党组织订阅重点党报党刊。有条件的乡镇和单位，可给予干部职工适当补助，用于订阅重点党报党刊。

五、宣传、组织、邮政等部门要紧密配合，落实责任，分类指导，采取有效措施，加强检查督促，切实做好2004年度“三报一刊”的征订发行工作，把我县重点党报党刊发行工作提高到一个新的水平。

附：梅县2004年度重点党报党刊征订发行目标（略）。

中共梅县县委办公室
中共梅县县委宣传部
2003年10月23日

文件六

梅州市梅县区精神文明建设委员会办公室
中共梅州市梅县区委农村工作办公室

梅文明办〔2016〕1号

关于开展“崇德向上，敦风化俗——乡村里的价值观”主题教育实践活动的通知

各镇（高管会）党委、新城工委，区文明委成员单位：

为继续深化农村社会主义核心价值观建设，推动核心价值观在农村基层落地生根，根据省文明办、省委农办《关于开展“崇德向上，敦风化俗——乡村里的价值观”主题教育实践活动的通知》（粤文明办〔2016〕44号）精神，区文明办、区委农办决定在全区开展“崇德向上，敦风化俗——乡村里的价值观”主题教育实践活动。现将有关事项通知如下。

一、指导思想

全面贯彻落实党的十八大和十八届三中、四中、五中全会精神，深入学习贯彻习近平总书记系列重要讲话精神，贯彻落实中办《关于培育和践行社会主义核心价值观的意见》精神，以“崇德向上，敦风化俗”为主题，通过宣传教育、结合融入、实践养成、示范引领等方式，进一步推动核心价值观融入农村基层治理全过程，融入家庭建设和人们日常生活，努力建设品德心灵美、文化生活美、乡风民风美的农村社会环境，培育新型农民、培育文明乡风，为我区率先全面建成小康社会作出积极贡献。

二、主要内容

（一）深化核心价值观融入环境建设。组织广大农村利用宣传栏、广播等媒介载体刊发刊播核心价值观公益广告、宣传画，营造培育和践行核心价值观浓厚氛围。结合美丽乡村建设，大力推动核心价值观融入农村景观建造之中，积极通过汉字、典故、诗词、家训等文化样式，采用书法、雕塑、木刻、绿化造型等艺术手段，建设一批彰显鲜明价值引领、凸显岭南乡村风貌和文化特色的核心价值观主题公园、广场。积极利用农村闲置空墙，创作推出一批核心价值观主题文化墙绘，图文并茂生动诠释传导核心价值观。在农村醒目位置设置善行义举榜，用之展示好人好事、善行义举，讲述道德人物、道德格言，营造农村

正能量场景。

（二）深化家风家庭建设。开展好家风宣传教育活动，在农村居民中举行形式多样的“读好家书·传好家训·扬好家风”主题活动，推动优秀家训进祠堂、进文化楼、进家庭，培育良好家风。深入开展“星级文明户”“五好文明家庭”“最美家庭”创建活动，广泛举行“晒家庭故事 感亲情温暖”互动交流活动，挖掘传扬一批孝老爱亲、夫妻恩爱、教子有方、勤俭持家、和睦邻里、热心公益的和美家庭。开展“书香家庭”创建活动，加强农家书屋建设力度，组织农村群众开展读书学习交流活动，命名发布“书香之家”，引导农村居民通过阅读接受核心价值观，接受科学知识，接受先进理念，培育新型农民。

（三）深化文化育人建设。大力开展“传文化”活动，传承弘扬优秀传统文化和传统美德，办好道德讲堂，开展“日行一善”“节俭养德”“爱护环境”等道德实践活动，用传统文化、传统美德滋养农民。开展“送文化”活动，运用好文化进万家、送欢乐下基层、文艺志愿服务等平台，把更多的优秀电影、戏曲、图书、文艺演出送到农民中间。推进“种文化”活动，扶持和发展乡村文艺社团和业余文化队伍，培育乡村文艺骨干，开展特色文艺活动，丰富乡村文化生活。开展“我们的节日”活动，利用春节、清明、端午、中秋、重阳等传统节日，开展花会、灯会、庙会、歌会、社火等群众乐于参与、便于参与的民俗文化活动，利用春联、花灯、剪纸、灯谜等传统民间艺术样式开展核心价值观宣传教育，打造一村一品、一村一韵、一村一业、一村一景的特色文化，推动文化惠民、育民和乐民。

（四）深化邻里互助建设。广泛开展“邻里守望”志愿服务活动，弘扬“出入相友、守望互助”的传统邻里情谊。以一镇一队为目标，以一村一队为方向，大力推动全省农村建立镇级、村级志愿服务队伍，开展常态化的邻里互助志愿服务活动。开展面向农村“一对一”志愿服务结对活动，组织引导城市志愿服务队与农村志愿服务队开展结对帮扶和合作活动，培育农村志愿服务文化。以乡情乡谊为纽带，培育发展新乡贤文化，发挥农村优秀基层干部、道德模范、身边好人等先进典型和老党员、老干部、老退伍军人、老教师等“新乡贤”主体的示范带动作用，吸引和凝聚各界成功人士运用学识专长、创业经验反哺桑梓，支持和参与美丽乡村建设。

（五）深化村规民约建设。围绕核心价值观要求，制定完善村规民约，突出问题导向，内容上侧重公德性，要求上注重实践性，表述上注重自律性，使之真正成为全体村民认可并予以践行的价值准则、行为规范。突出村民主体地位，采取电话咨询、入户调查、集中审议等方式，引导村民参与村规民约起草、讨论、确定、发布全过程。加强农村民间组织建设，成立村民议事会、道德评议会、禁赌禁毒会、红白理事会，发挥其在民间事务的调解、监督与服务作用，遏制陈规陋习、倡树文明新风。深入开展多种形式的村规民约培育践行活动，健全完善实践载体，确保村规民约落地生根，使正确行为得到鼓励、错误行为受到谴责。

（六）深化农村文明示范建设。突出抓好农村的文明示范建设，以点带面，点面结合，推动农村文明创建进一步扩大覆盖面、取得新成效。农村示范点、示范片建设，要率先扎实抓好“八个一”建设：制定完善一个村规民约，征集推广一批优秀家风家训，打造一个农村核心价值观景观标识，建设一个文化祠堂或文化礼堂，创作一批核心价值观主题文化墙绘，打造一个农村文化品牌，建立一支农村志愿服务队，建立一支农村文艺队伍。总结、宣传、推广示范建设经验，发挥示范引领作用。

三、工作要求

（一）高度重视，加强组织领导。开展“崇德向上，敦风化俗——乡村里的价值观”主题教育实践活动，深化农村核心价值观建设是农村精神文明建设的根本任务。各镇各单位要高度重视、密切配合，切实加强对农村开展活动的组织领导、支持保障和督促检查；要发挥牵头协调作用，指导和督促农村基层组织抓好核心价值观建设。农村基层党组织是开展活动的责任主体，要切实履行职责，强化政治引导功能，研究制定细化方案，推出具体举措，加强协调保障，扎实搞好农村核心价值观建设，确保取得实实在在的成效。

（二）创新形式，扩大群众参与。各镇（办事处、高管会）建设农村文明示范片要率先垂范，原则上今年年底前要完成“八个一”规定动作。广大农村要结合各自实际，因地制宜，因人施策，根据农村居民的特点和需求，创造性开展“八个一”活动，积极推出有新意、易参与的活动项目，打造接地气、受欢迎的活动平台，努力提升活动的覆盖面和参与度。要针对青少年群体的思想特点和接受方式，用好乡村学校少年宫等阵地平台，积极运用“互联网+”方式推进活动开展，着力提高青少年参与核心价值观建设的积极性主动性。

（三）注重实效，抓好结合融入。要将活动与改善群众生活紧密结合，把环境、医疗、教育等关系到广大农村居民切身利益的问题解决好，为留守儿童、留守老人、残疾人和残缺家庭等弱势群体解决实际困难，积极彰显“核心价值观，百姓好活法”的强大感召力。与提升农村基层治理水平紧密结合，推动核心价值观融入农村基层治理全过程，切实维护好广大群众的合法权益。

请各镇（高管会）党委、新城工委分别于8月25日、11月25日前报送活动部署开展总体情况（500字）和活动开展成效显著的农村情况（附500字经验材料、10张照片）。

梅州市梅县区精神文明建设委员会办公室
中共梅州市梅县区委农村工作办公室
2016年6月29日

二、重要资料

资料一

党的十八届五中全会精神宣讲提纲（节选）

党的十八届五中全会于2015年10月26日至29日在北京召开。这次全会是在协调推进“四个全面”战略布局、夺取全面建成小康社会决胜阶段召开的一次十分重要的会议。全会深入研究了“十三五”时期我国发展的一系列重大问题，审议通过了《中共中央关于制定国民经济和社会发展第十三个五年规划的建议》，对今后五年经济社会发展作出全面部署。

习近平总书记在全会上发表重要讲话，系统回顾总结一年来中央政治局工作，深刻阐述新形势下制定好“十三五”规划的重大意义，就贯彻落实全会精神提出明确要求。

全会通过的《建议》是实现“两个一百年”奋斗目标第一个百年目标、全面建成小康社会的纲领性文件，是今后5年经济社会发展的行动指南，是同全面深化改革、全面依法治国相互配合的发展篇章，是关系我国发展全局的具有里程碑意义的马克思主义光辉文献。深入学习领会《建议》精神，全面贯彻落实全会作出的各项决策部署和工作要求，是当前和今后一个时期全党全国的一项重要政治任务。

《建议》围绕创新、协调、绿色、开放、共享的发展理念谋篇布局、设计展开。除引言和结束语之外，共分8个部分，为3个板块。第一、第二部分构成第一板块，是总论，科学分析全面建成小康社会决胜阶段的形势，深刻阐述“十三五”时期经济社会发展的指导思想、主要目标和基本理念。第三至第七部分构成第二板块，是主体部分，按照五大发展理念来组合，从坚持创新发展、协调发展、绿色发展、开放发展、共享发展5个方面，具体部署经济社会发展的主要任务和重大举措。第八部分构成第三板块，讲党的领导、政治保证、社会条件，强调加强和改善党的领导，为实现“十三五”规划提供坚强保证。

一、深刻认识全面建成小康社会决胜阶段的形势

（一）“十二五”时期我国发展取得重大成就。“十二五”时期是我国发展很不平凡的5年。面对错综复杂的国际环境和艰巨繁重的国内改革发展稳定任务，我们党团结带领全国各族人民顽强拼搏、开拓创新，奋力开创了党和国家事业发展新局面。

我们妥善应对国际金融危机持续影响等一系列重大风险挑战，适应经济发展新常态，不断创新宏观调控方式，推动形成经济结构优化、发展动力转换、发展方式转变加快的良好态势。我国经济总量稳居世界第二位，13亿多人口的人均国内生产总值增至7800美元左右。“十二五”规划目标即将胜利实现，我国经济实力、科技实力、国防实力、国际影响力又上了一个大台阶。

尤为重要的是，党的十八大以来，以习近平同志为总书记的党中央毫不动摇坚持和发展中国特色社会主义，勇于实践、善于创新，深化对共产党执政规律、社会主义建设规律、人类社会发展规律的认识，形成一系列治国理政新理念新思想新战略，为在新的历史条件下深化改革开放、加快推进社会主义现代化提供了科学理论指导和行动指南。

（二）实现全面建成小康社会的奋斗目标艰巨而紧迫。到2020年全面建成小康社会，是我们党向人民、向历史作出的庄严承诺，承载着中国人民自古以来对美好生活的向往，凝聚着几代中国共产党人和中国人民奋发努力的心血。现在，这个时跨本世纪头20年的奋斗历程到了需要一鼓作气向终点线冲刺的历史时刻。全面建成小康社会，实现建党一百年奋斗目标，为实现新中国成立一百年奋斗目标奠定坚实基础，这是我们这一代共产党人的历史责任，也是我们的最大光荣。我们必须清醒看到，如期全面建成小康社会，既具有充分条件，也面临艰巨任务，前进道路并不平坦，诸多矛盾叠加、风险隐患增多的挑战依然严峻复杂，必须认清形势、坚定信心，继续顽强奋斗。

（三）我国发展仍处于可以大有作为的重要战略机遇期。目前尽管国际国内环境发生了深刻复杂变化，但我国发展重要战略机遇期的重大判断没有改变。从国际看，世界政治经济形势总体上有利于维护世界和平与发展大局，世界多极化、经济全球化、文化多样化、社会信息化深入发展，世界经济在深度调整中曲折复苏，全球治理体系深刻变革，发展中国家群体力量继续增强，国际力量对比逐步趋向平衡，我国发展具有相对稳定的外部环境。从国内看，我国物质基础雄厚、人力资本丰富、市场空间广阔、发展潜力巨大，经济长期向好基本面没有改变。经济发展进入新常态，在增长速度不可避免换挡的同时，经济发展方式加快转变，经济结构不断优化，发展动力持续转换，改革开放释放出新的发展活力，良好发展态势可以保持。这些大趋势决定了我国发展战略机遇期的现实性和必然性。

（四）战略机遇期内涵已发生深刻变化。党的十大作出重要战略机遇期这一重大判断以来，特别是国际金融危机发生以来，世情国情不断变化，我国发展战略机遇期的内涵也相应变化。国际金融危机破坏了世界经济增长动力，新的自主增长动力没有形成，世界经济增长对我国经济增长的带动力减弱，我们必须更多依靠内生动力实现发展。全球需求增长和贸易增长乏力，保护主义抬头，市场成为最稀缺的资源，我们必须更多依靠扩大内需带动经济增长。世界新一轮科技革命和产业变革蓄势待发，发达国家推进高起点“再工业化”，发展中国家加速工业化，我国要素成本快速提高，我们必须加快从要素驱动转向创新驱动。

“十三五”时期，既是全面建成小康社会的决胜阶段，也是转方式、调结构的重要窗口期。科学制定和全面实施“十三五”规划，对于继续抓住和用好我国发展的重要战略机遇期、促进经济社会平稳较快发展、全面建成小康社会、推进中国特色社会主义伟大事业，具有十分重要的意义。我们必须深刻认识并准确把握国内外形势新变化新特点，站在“两个一百年”奋斗进程的高度，承接好历史，开创好未来，树立必胜信心，鼓足昂扬斗志，着力在优化结构、增强动力、化解矛盾、补齐短板上取得突破性进展，继续集中力量把自己的事情办好，不断开拓发展新境界。

二、准确把握“十三五”时期经济社会发展的指导思想、主要目标和基本理念

（一）“十三五”时期我国发展的指导思想。高举中国特色社会主义伟大旗帜，全面贯彻党的十八大和十八届三中、四中全会精神，以马克思列宁主义、毛泽东思想、邓小平理论、“三个代表”重要思想、科学发展观为指导，深入贯彻习近平总书记系列重要讲话精神，坚持全面建成小康社会、全面深化改革、全面依法治国、全面从严治党的战略布局，坚持发展是第一要务，以提高发展质量和效益为中心快形成引领经济发展新常态的体制机制和发展方式，保持战略定力。坚持稳中求进，统筹推进经济建设、政治建设、文化建设、社会建设生态文明建设和党的建设，确保如期全面建成小康社会，为实现第二个百年奋斗目标、实现中华民族伟大复兴的中国梦奠定更加坚实的基础。

贯彻落实这一指导思想，如期实现全面建成小康社会奋斗目标推动经济社会持续健康发展，必须遵循以下原则：一是坚持人民主体地位；二是坚持科学发展；三是坚持深化改革；四是坚持依法治国；五是坚持统筹国内国际两个大局；六是坚持党的领导。

（二）全面建成小康社会新的目标要求。今后五年，要在已经确定的全面建成小康社会目标要求的基础上，努力实现以下新的目标要求。一是经济保持中高速增长。在提高发展平衡型、包容性、可持续性的基础上，到2020年国内生产总值和城乡居民人均收入比2010年翻一番。主要经济指标平衡协调，发展空间格局得到优化，投资效率和企业效率明显上升，工业化和信息化融合发展水平进一步提高，产业迈向中高端水平，先进制造业加快发展，新产业新业态不断成长，服务业比重进一步上升，消费对经济增长贡献明显加大。户籍人口城镇化率加快提高。农业现代化取得明显进展。迈进创新型国家和人才强国行列。二是人民生活水平和质量普遍提高。就业比较充分，就业、教育、文化、社保、医疗、住房等公共服务体系更加健全，基本公共服务均等化水平稳步提高。教育现代化取得重要进展，劳动年龄人口受教育年限明显增加。收入差距缩小，中等收入人口比重上升。我国现行标准下农村贫困人口实现脱贫，贫困县全部摘帽，解决区域性整体贫困。三是国民素质和社会文明程度显著提高。中国梦和社会主义核心价值观更加深入人心，爱国主义、集体主义、社会主义思想广泛弘扬，向上向善、诚信互助的社会风尚更加浓厚，人民思想道德素质科学文化素质、健康素质明显提高，全社会法治意识不断增强。公共文化服务体系基本建成，文化产业成为国民经济支柱性产业。中华文化影响持续扩大。四是生态环境质量总体改善。生产方式和生活方式绿色、低碳水平上升。能源资源开发利用效率大幅提高，能源和水资源消耗、建设用地、碳排放总量得到有效控制，主要污染物排放总量大幅减少。主体功能区布局和生态安全屏障基本形成。五是各方面制度更加成熟更加定型。国家治理体系和治理能力现代化取得重大进展，各领域基础性制度体系基本形成。人民民主更加充分，法治政府基本建成，司法公信力明显提高。人权得到切实保障，产权受到有效保护。开放型经济新体制基本形成。中国特色现代军事体系更加完善。党的建设制度化水平显著提高。

（三）“十三五”时期经济社会发展的基本理念。实现“十三五”时期发展目标，破解发展难题，厚植发展优势，必须牢固树立创新、协调、绿色、开放、共享的发展理念。

理念是行动的先导，一定的发展实践都是由一定的发展理念来引领的。发展理念是否对头，从根本上决定着发展成效乃至成败。

第一，创新是引领发展的第一动力。创新发展注重的是解决发展动力问题。要看到，我国创新能力不强，科技发展水平总体不高，科技对经济社会发展的支撑能力不足，科技对经济增长的贡献率远低于发达国家水平。新一轮科技革命带来的是更加激烈的科技竞争，如果科技创新搞不上去，发展动力就不可能实现转换，我们在全球经济竞争中就会处于下风。必须把创新摆在国家发展全局的核心位置，不断推进理论创新、制度创新、科技创新、文化创新等各方面创新，让创新贯穿党和国家一切工作，让创新在全社会蔚然成风。

第二，协调是持续健康发展的内在要求。协调发展注重的是解决发展不平衡问题。要看到，我国发展不协调是一个长期存在的问题，突出表现在区域、城乡、经济和社会、物质文明和精神文明、经济建设和国防建设等关系上。如果发展不协调的问题长期得不到有效解决“木桶”效应就会愈加显现，一系列社会矛盾会不断加深。必须牢牢把握中国特色社会主义事业总体布局，正确处理发展中的重大关系，重点促进城乡区域协调发展，促进经济社会协调发展，促进新型工业化、信息化和城镇化、农业现代化同步发展，在增强国家硬实力的同时注重提升国家软实力，不断增强发展整体性。

第三，绿色是永续发展的必要条件和人民对美好生活追求的重要体现。绿色发展注重的是解决人与自然和谐问题。要看到，我国资源约束趋紧、环境污染严重、生态系统退化的问题十分严峻，人民群众对清新空气、干净饮水、安全食品、优美环境的要求越来越强烈，成为突出的民生问题。必须坚持节约资源和保护环境的基本国策，坚持可持续发展，坚定走生产发展、生活富裕、生态良好的文明发展道路，加快建设资源节约型、环境友好型社会，形成人与自然和谐发展现代化建设新格局，推进美丽中国建设，为全球生态安全作出新贡献。

第四，开放是国家繁荣发展的必由之路。开放发展注重的是解决发展内外联动问题。要看到，我国对外开放水平总体上还不够高，用好国际国内两个市场、两种资源的能力还不够强，应对国际经贸摩擦争取国际经济话语权的能力还比较弱。必须顺应我国经济深度融入世界经济的趋势，奉行互利共赢的开放战略，坚持内外需协调、进出口平衡、引进来和走出去并重、引资和引技引智并举，发展更高层次的开放型经济，积极参与全球经济治理和公共产品供给，提高我国在全球经济治理中的制度性话语权，构建广泛的利益共同体。

第五，共享是中国特色社会主义的本质要求。共享发展注重的是解决社会公平正义问题。要看到，在共享改革发展成果上，无论是实际情况还是制度设计，都还有不完善的地方。让广大人民群众共享改革发展成果，是社会主义的本质要求，是社会主义制度优越性的集中体现，是我们党坚持全心全意为人民服务根本宗旨的重要体现。这方面问题解决好，全体人民推动发展的积极性、主动性、创造性就能充分调动起来，国家发展也才能有最深厚的伟力。必须坚持发展为了人民、发展依靠人民、发展成果由人民共享，作出更有效的制度安排使全体人民在共建共享发展中有更多获得感，增强发展动力，增进人民团结，朝着共同富裕方向稳步前进。创新、协调、绿色、开放、共享的发展理念，相互贯通、相互促进，是具有内在联系的集合体，反映了时代的声音、人民的意愿，对保持经济社会持续健康发展，对我们党和国家兴旺发达、长治久安，具有极端重要的指导意义。全党同志要充分认识坚持创新发展、协调发展、绿色发展、开放发展、共享发展，是关系我国发展全局的一场深刻变革，充分认识贯彻落实新的发展理念的艰巨性、复杂性和长期性，不断增强贯彻落实新的发展理念的自觉性、主动性和创造性，把思想和行动统一到以习近平同志为总书记的党中央的决策部署上来，用新的发展理念来规划发展、引领发展、推动发展。

三、全面落实中央确定的“十三五”时期经济社会发展各项任务和重大举措

《建议》全面贯彻落实党的十八大精神，围绕全面建成小康社会新的目标要求，以发展理念转变引领发展方式转变，以发展方式转变推动发展质量和效益提升，从坚持创新发展、协调发展、绿色发展、开放发展、共享发展5个方面，作出一系列重大部署。

（一）坚持创新发展，着力提高发展质量和效益。在国际发展竞争日趋激烈和我国发展动力转换的形势下，必须把发展基点放在创新上，形成促进创新的体制架构，塑造应更多依靠创新驱动、更多发挥先发优势的引领型发展，坚持创新发展，一是培育发展新动力。优化劳动力、资本、土地、技术、管理等要素配置，激发创新创业活力，推动大众创业、万众创新，释放新需求，创造新供给，推动新技术、新产业、新业态蓬勃发展，加快实现发展动力转换，发挥消费对增长的基础作用，发挥投资对增长的关键作用，发挥出口对增长的促进作用。二是拓展发展新空间。用发展新空间培育发展新动力，用发展新动力开拓发展新空间拓展区域发展空间，拓展产业发展空间，拓展基础设施建设空间，拓展网络经济空间，拓展蓝色经济空间。三是深入实施创新驱动发展战略。发挥科技创新在全面创新中的引领作用，实施一批国家重大科技项目，推动政府职能从研发管理向创新服务转变，强化企业创新主体地位和主导作用，深化科技体制改革。四是大力推进农业现代化。加快转变农业发展方式，发展多种形式适度规模经营，着力构建现代农业产业体系、生产体系、经营体系，走产出高效、产品安全、资源节约、环境友好的农业现代化道路。五是构建产业新体系。加快建设制造强国，实施《中国制造2025》，引导制造业向分工细化、协作紧密方向发展，促进信息技术向市场、设计、生产等环节渗透，推动生产方式向柔性、智能、精细转变，实施工业强基工程，支持战略性新兴产业发展，实施智能制造工程，开展加快发展现代服务业行动。六是构建发展新体制。加快形成有利于创新发展的市场环境、产权制度、投融资体制、分配制度、人才培养引进使用机制，深化行政管理体制改革，坚持公有制为主体、多种所有制经济共同发展，深化国有企业改革，鼓励民营企业依法进入更多领域，优化企业发展环境，加快形成统一开放、竞争有序的市场体系，深化财税体制改革，加快金融体制改革，加强金融宏观审慎管理制度建设。七是创新和完善宏观调控方式。按照总量调节和定向施策并举、短期和中长期结合、国内和国际统筹、改革和发展协调的要求，完善宏观调控，采取相机调控、精准调控措施，适时预调微调，更加注重扩大就业、稳定物价、调整结构、提高效益、防控风险、保护环境。

（二）坚持协调发展，着力形成平衡发展结构。增强发展协调性，必须坚持区域协同、城乡一体、物质文明精神文明并重、经济建设国防建设融合，在协调发展中拓宽发展空间，在加强薄弱领域中增强发展后劲。

坚持协调发展，一是推动区域协调发展。二是推动城乡协调发展。三是推动物质文明和精神文明协调发展。四是推动经济建设和国防建设融合发展。

（三）坚持绿色发展，着力改善生态环境。坚持绿色富国、绿色惠民，为人民提供更多优质生态产品，推动形成绿色发展方式和生活方式，协同推进人民富裕、国家富强、中国美丽。坚持绿色发展，一是促进人与自然和谐共生。二是加快建设主体功能区。三是推动低碳循环发展。四是全面节约和高效利用资源。五是加大环境治理力度。六是筑牢生态安全屏障。

（四）坚持开放发展，着力实现合作共赢。开创对外开放新局面，必须丰富对外开放内涵，提高对外开放水平，协同推进战略互信、经贸合作、人文交流，努力形成深度融合的互利合作格局。

坚持开放发展，一是完善对外开放战略布局。二是形成对外开放新体制。三是推进“一带一路”建设。四是深化内地和港澳、大陆和台湾地区合作发展。五是积极参与全球经济治理。六是积极承担国际责任和义务。

（五）坚持共享发展，着力增进人民福祉。按照人人参与、人人尽力、人人享有的要求，坚守底线、突出重点、完善制度、引导预期，注重机会公平，保障基本民生，实现全体人民共同迈入全面小康社会。

坚持共享发展，一是增加公共服务供给。二是实施脱贫攻坚工程。三是提高教育质量。四是促进就业创业。五是缩小收入差距。六是建立更加公平更可持续的社会保障制度。七是推进健康中国建设。八是促进人口均衡发展。

四、提高党领导经济社会发展能力

党的领导是中国特色社会主义制度的最大优势，是实现经济社会持续健康发展的根本政治保证。全面实现“十三五”时期的目标任务，关键在于加强和改善党的领导，适应经济发展新常态的新要求，创新领导经济社会发展的观念、体制、方式方法，提高领导发展的能力和水平，带领人民向全面建成小康社会团结奋进。

第一，必须更好地发挥党总揽全局、协调各方的领导核心作用。我们党作为世界上最大发展中国家的执政党，抓发展始终是执政兴国的第一要务，党的执政地位、执政水平归根到底要靠领导和推动经济社会发展来体现。当前，我们经济社会发展的广度和深度前所未有，各种利益关系的复杂程度前所未有。只有发挥好党的领导核心作用，才能从全局和战略的高度，着眼绝大多数人的利益和长远发展，把握发展方向、谋划发展蓝图、提出政策措施，才能为世界第二大经济体的发展航船定好向、掌好舵，保持经济社会持续健康发展。要发挥各级党委（党组）领导核心作用，加强制度化建设，完善党委研究经济社会发展战略、定期分析经济形势、研究重大方针政策的工作机制。要充分发扬民主，贯彻党的群众路线，加强经济社会发展重大问题和涉及群众切身利益问题的协商，创新群众工作体制机制和方式方法，注重发挥工会、共青团、妇联等群团组织的作用，全面落实党的知识分子、民族、宗教、侨务等政策，充分发挥民主党派、工商联和无党派人士作用，最大限度凝聚全社会推进改革发展、维护社会和谐稳定的共识和力量。要完善党委领导、政府主导、社会协同、公众参与、保障的社会治理体制，推进社会治理精细化，构建全民共建共享的社会治理格局。要牢固树立安全发展观念，坚持人民利益至上，落实重点领域国家安全政策，坚决维护国家政治、经济、文化、社会、信息、国防等安全

第二，必须不断提高党领导经济社会发展的科学化水平。我国经济发展到今天，领域不断拓宽，分工日趋复杂，形态更加高级，国际国内融合更加紧密，对党领导经济社会发展的专业化水平提出了更高要求。要更加注重对国内外经济形势的分析和预判，及时了解存在的问题和潜在的风险。要健全决策咨询机制，发挥智库和专业研究机构的作用，提高决策科学化水平。要加快建设人才强国，深入实施人才优先发展战略，推动人才结构战略性调整，完善人才评价激励机制和服务保障体系，聚天下英才而用之。要更加自觉地运用法治思维和法治方式来深化改革、推动发展、化解矛盾、维护稳定，全面提高党依据宪法法律治国理政、依据党内法规管党治党的能力和水平，加强党对立法工作的领导，加强法治政府建设，依法设定权力、行使权力、制约权力、监督权力、依法调控和治理经济。要优化领导班子知识结构和专业结构，调动各级干部工作积极性、主动性、创造性。

第三，必须加强党的各级组织建设和党员干部作风建设。党的各级组织建设情况、广大党员干部的精神状态和工作作风，是党领导经济社会发展能力的重要支撑。改革开放任务越重，经济社会发展难题越多，越要加强和改进党的自身建设，不断提高党的领导水平和执政能力，提高推动经济社会发展的能力，提高拒腐防变和抵御风险的能力。要贯彻全面从严治党的要求，坚持不懈抓作风建设，坚定不移惩治腐败，强化基层党组织整体功能，发挥战斗堡垒作用和党员先锋模范作用，更好带领群众全面建成小康社会。要深化干部人事制度改革，完善政绩考核评价体系和奖惩机制。要落实“三严三实”要求，严明党的纪律和规矩，落实党风廉政建设主体责任和监督责任，健全改进作风长效机制，强化权力运行制约和监督，现固反腐败成果，努力实现干部清正、政府清廉、政治清明，为经济社会发展营造良好政治生态。

第四，必须确保“十三五”规划建议的目标任务落到实处。五中全会《建议》重在宏观性、战略性，主要提出思路性、方向性的目标要求和重大举措，是制定“十三五”规划纲要和专项规划的顶层设计。要把思想和行动统一到中央精神上来，坚决维护中央权威，保证政令畅通，坚定不移实现中央的决策部署，落实《建议》确定的发展理念主要目标、重点任务、重大举措。各地区要从实际出发，制定本地区“十三五”规划。各级各类规划要增加明确反映创新、协调、绿色、开放、共享发展理念的指标，增加政府履行职责的约束性指标。要把抓好落实摆在突出位置，制定具体方案，明确责任分工，把全会确定的各项任务落到实处。

实现“十三五”时期发展目标，前景光明，任务繁重。全党全国各族人民要更加紧密地团结在以习近平同志为总书记的党中央周围，万众一心，艰苦奋斗，共同夺取全面建成小康社会决胜阶段的伟大胜利。

资料二

2009年【县委中心组学习资料之五】

学习贯彻《珠江三角洲地区改革发展规划纲要》

一、贯彻实施《珠江三角洲地区改革发展规划纲要》意义重大

广东省人民政府用粤府函〔2009〕27号，转发了《国务院关于珠江三角洲地区改革发展规划纲要（2008—2020年）的批复》（国函〔2008〕129号），要求各地级以上市人民政府，各县（市、区）人民政府，认真学习贯彻。

《珠江三角洲地区改革发展规划纲要（2008—2020年）》（以下简称《规划纲要》）是在我国改革开放30周年的重要历史节点上、在广东省尤其是珠江三角洲地区改革发展的关键时期，由国务院批准实施的指导和推动我省特别是珠江三角洲地区改革发展的重要纲领性文件。《规划纲要》的制订和实施，对我省积极应对当前国内外经济形势，保持经济平稳较快增长，进一步转变经济发展方式，实现科学发展，具有重要的现实意义和深远的历史意义。

贯彻实施《规划纲要》是我省当前和今后一段时期的重大战略任务，各地、各部门特别是珠江三角洲地区各市，都要把思想行动统一到党中央、国务院和省委、省政府关于当前形势的科学判断和决策部署上来，统一到科学发展观的要求上来，切实增强贯彻实施《规划纲要》的紧迫感、责任感和使命感。要认真组织学习，加大宣传力度，深刻领会《规划纲要》的主要内容和精神实质，为《规划纲要》的实施奠定扎实的思想基础，营造良好的社会氛围。努力把珠江三角洲地区建设成为我国探索科学发展模式试验区，深化改革先行区，扩大开放的重要国际门户，世界先进制造业和现代服务业基地及全国重要的经济中心。继续在改革开放上先行先试率先实现科学发展、和谐发展，率先基本实现现代化，在促进环珠三角和泛珠三角区域的经济发展、推进粤港澳三地更加紧密合作、保持港澳地区长期繁荣稳定、参与亚太地区区域合作和全球经济竞争等方面进一步发挥辐射带动作用和先行示范作用。

当前，国际金融危机对我国经济的影响日益加深，珠江三角洲地区中小企业多，外向型企业多，对外依存度高，受到的冲击更大。必须把保持经济平稳较快发展作为当前的首要任务，通过发展促增长、调结构、保民生，把扩大内需与经济增长、社会建设、民生改善和提高开放水平更好地结合起来。珠江三角洲地区是我国改革开放的先行地区，是我国重要的经济中心区域。全面推动珠江三角洲地区又好又快发展对于带动环珠三角和泛珠三角区域地区发展，促进全国区域协调发展，增强我国参与全球经济合作与竞争能力具有十分重要的意义。

二、《规划纲要》内容总括

《规划纲要》除了前言外，共分为十二大部分。一、加快珠江三角洲地区改革发展的重要意义。讲述了30年改革发展的成就，面临的挑战和机遇，加快珠江三角洲地区改革发展的重要意义。二、总体要求和发展目标。讲述了指导思想，战略定位，发展目标。三、构建现代产业体系。讲述了优先发展现代服务业，加快发展先进制造业，大力发展高技术产业，改造提升优势传统产业，积极发展现代农业，提升企业整体竞争力。四、提高自主创新能力。讲述了推进核心技术的创新和转化，强化企业自主创新主体地位，构建开放型的区域创新体系，深化国家与地方创新联动机制，加强自主创新环境建设。五、推进基础设施现代化。讲述了建设开放的现代综合交通运输体系，构建清洁安全可靠的能源保障体系，建设人水和谐的水利工程体系，构建便捷高效的信息网络体系。六、统筹城乡发展。讲述了提高城乡规划和建设管理水平，加强农村基础设施建设，促进城乡基本公共服务均等化，建立以城带乡、以工补农新机制。七、促进区域协调发展。讲述了发挥中心城市的辐射带动作用，优化珠江口东岸地区功能布局，提升珠江口西岸地区发展水平，推进珠江三角洲区域经济一体化，带动环珠江三角洲地区加快发展。八、加强资源节约和环境保护。节讲述了约集约利用土地 ，大力发展循环经济，加大污染防治力度，加强生态环境保护。九、加快社会事业发展。讲述了优先发展教育，完善医疗卫生服务，健全住房保障体系，完善就业和社会保障体系，建设和谐文化。十、再创体制机制新优势。创讲述了新行政管理体制，深化经济体制改革，推进社会管理体制改革，推进民主法制建设，充分发挥经济特区的改革开放先行作用。十一、构建开放合作新格局。讲述了提升开放型经济水平，推进与港澳更紧密合作，提升对台经贸合作水平，深化泛珠江三角洲区域合作，加强与东盟等国际经济区域的合作。十二、规划实施的保障机制。讲述了加强组织领导，加强统筹协调，加强监督检查。

三、《规划纲要》学习内容摘录

战略定位：

——探索科学发展模式试验区。赋予珠江三角洲地区发展更大的自主权，支持率先探索经济发展方式转变、城乡区域协调发展、和谐社会建设的新途径、新举措，走出一条生产发展、生活富裕、生态良好的文明发展道路，为全国科学发展提供示范。

——深化改革先行区。继续承担全国改革“试验田”的历史使命，大胆探索，先行先试，全面推进经济体制、政治体制、文化体制、社会体制改革，在重要领域和关键环节率先取得突破，为实现科学发展提供强大动力，为发展中国特色社会主义创造新鲜经验。

——扩大开放的重要国际门户。坚持“一国两制”方针，推进与港澳紧密合作、融合发展，共同打造亚太地区最具活力和国际竞争力的城市群。创新国际区域合作机制，全面提升经济国际化水平，完善内外联动、互利共赢、安全高效的开放型经济体系。

——世界先进制造业和现代服务业基地。坚持高端发展的战略取向，建设自主创新新高地，打造若干规模和水平居世界前列的先进制造产业基地，培育一批具有国际竞争力的世界级企业和品牌，发展与香港国际金融中心相配套的现代服务业体系，建设与港澳地区错位发展的国际航运、物流、贸易、会展、旅游和创新中心。

——全国重要的经济中心。综合实力居全国经济区前列，辐射带动能力进一步增强，形成以珠江三角洲为中心的资源互补、产业关联、梯度发展的多层次产业圈，建设成为带动环珠江三角洲和泛珠江三角洲区域发展的龙头，成为带动全国发展更为强大的引擎。

发展目标：

当前和今后一段时间，必须充分估计形势的严峻性和复杂性，坚定信心，迎难而上，把保持经济平稳较快发展作为首要任务，抓紧落实中央关于扩大内需的各项部署。要结合珠江三角洲地区的实际，大力改善民生和启动最终消费需求，大力拉动民间投资，大力促进外贸出口，形成促进经济增长的合力。

到2012年，率先建成全面小康社会，初步形成科学发展的体制机制，产业结构明显升级，自主创新能力明显增强，生态环境明显优化，人民生活明显改善，区域城乡差距明显缩小，区域一体化格局初步形成，粤港澳经济进一步融合发展。人均地区生产总值达到80000元，服务业增加值比重达到53%；城乡居民人均收入比2007年显著增长，平均期望寿命达到78岁，社会保障体系覆盖城乡，人人享有基本公共服务；城镇化水平达到80%以上；每新增亿元地区生产总值所需新增建设用地量下降，单位生产总值能耗与世界先进水平的差距明显缩小，环境质量进一步改善。

到2020年，率先基本实现现代化，基本建立完善的社会主义市场经济体制，形成以现代服务业和先进制造业为主的产业结构，形成具有世界先进水平的科技创新能力，形成全体人民和谐相处的局面，形成粤港澳三地分工合作、优势互补、全球最具核心竞争力的大都市圈之一。人均地区生产总值达到135000元，服务业增加值比重达到60%；城乡居民收入水平比2012年翻一番，合理有序的收入分配格局基本形成；平均期望寿命达到80岁，实现全社会更高水平的社会保障；城镇化水平达到85%左右，单位生产总值能耗和环境质量达到或接近世界先进水平。

提高城乡规划和建设管理水平：

切实加强统筹城乡的规划布局，建设与经济发展水平相适应的现代化城乡示范区，打造具有岭南特色的宜居城乡。建立以主体功能区规划为基础，国民经济和社会发展规划、土地利用规划及城乡规划相互衔接的规划体系。合理划定功能分区，明确具体功能定位，改变城乡居民区与工业、农业区交相混杂的状况，优化城乡建设空间布局。按照一体化的要求，统筹编制城乡规划，加强配套设施建设，改善农村人居环境。因地制宜改造城中村、拆除空心村、合并小型村，加快推进城乡新社区建设。加强城乡非农产业空间布局的统一规划，优化农村产业结构，统筹城乡产业发展。探索城乡统一规划、统一建设、统一管理的新机制，提高城乡规划建设管理水平。提高规划制定的公开性、透明性和群众参与度，推进规划编制和实施的法制化进程。

资料三

中共梅州市梅县区委宣传部

2018年中共梅县区委理论学习中心组理论学习总结

2018年，中共梅县区委理论学习中心组按照市委的部署和要求，深入学习习近平新时代中国特色社会主义思想为主线和党的十九大精神、党的十九届二中全会精神，党的十九届三中全会精神，以推进学习型党组织为抓手，坚持思想建党和制度建党，大力推进“两学一做”学习教育常态化制度化，为我区实现高质量发展提供强有力的思想保障。

一、围绕中心，突出重点，开展多层次全方位学习

区委坚持把理论中心组学习摆在重要位置、列入重要议事日程，纳入党建工作责任制和意识形态工作责任制，充分发挥区委理论学习中心组的“排头兵”作用，实行第一议题学习习近平新时代中国特色社会主义思想制度，示范带动各级党委（党组）持续深入学习习近平新时代中国特色社会主义思想和党的十九大精神，引导广大党员领导干部自觉做中国特色社会主义共同理想的坚定信仰者和忠实实践者。

（一）坚持原原本本研读学习。区委理论学习中心组成员原原本本研读、准确领会把握习近平新时代中国特色社会主义思想、党的十九大精神和习近平总书记对广东工作的一系列重要讲话和批示指示精神，反复思考、用心感悟。今年来，区委理论学习中心组开展集中学习28次，印发学习辅导材料5100份，发放《习近平谈治国理政》（第二卷）及《马克思主义基本原理》《习近平新闻思想讲义》《做一个思想清醒的人——提升党员干部意识形态工作力》等学习书籍近400本。

（二）坚持领导干部带头学习。区委理论学习中心组成员切实担负起抓落实的政治责任，发挥示范带头作用，坚持带头讲学，先学一步、学深一层，积极到挂点联系镇村和分管领域宣讲习近平总书记视察广东重要讲话精神等，让学习宣传贯彻总书记的重要讲话精神成为全区上下的共同意识和行动自觉，确保全区党员领导干部在政治上、思想上、行动上始终同党中央保持步调一致。

（三）坚持深层次全方位学习。一是区委理论学习中心组成员利用党报党刊、公务员网络培训、集中轮训等方式，拓宽学习渠道。二是向各级党委（党组）理论学习中心组编印发放《习近平总书记关于党的建设和组织工作重要思想摘录》《宪法学习小手册》《中华人民共和国宪法宣誓本》《学习贯彻习近平总书记视察广东重要讲话精神》《习近平治国理政金句》等学习资料、口袋书近 8.8 万册（本），各级党委（党组）理论学习中心组征订《党建》《党委中心组学习》《半月谈》等学习刊物 1984 本，由中心组成员带头学习并向基层传达学习。三是邀请国内和省内专家教授到我区为各级党委（党组）理论学习中心组成员作专题辅导，中心组成员结合工作实际作学习研讨发言，不断深化对习近平新时代中国特色社会主义思想的理解和把握，做到内化于心、外化于行。据统计，全年各级党委（党组）邀请国内、省、市、区专家教授作宣讲报告达 209 场（次）。

二、创新方式，加强调研，提升学习成果转化

区委理论学习中心组不断丰富学习方式和学习载体，充分采用开放式学习、互动式学习、调研式学习等方法搭建学习新平台，广泛调动党员领导干部参与学习的积极性，有效提升学习效果，提高学习的灵活性和实效性。区委理论学习中心组带头践行理论联系实际的马克思主义学风，在今年年初开展“大学习、深调研、真落实”十二个调研专题、省社科院撰写的《新时代梅县区发展定位战略研究》的调研报告和区委全会确定的“一城两带四组团”区域发展新格局的基础上，结合总书记对广东提出的四个方面的要求，按照市委提出的争先“六项工作”、补齐“六个短板”，确定 11 个调研专题，进一步深入调查研究，谋划发展举措，持续深化全区“大学习、深调研、真落实”工作，真正把学习成果转化为推动梅县区深化改革开放、实现高质量发展的能力。各级党委（党组）书记带头撰写学习习近平总书记关于意识形态工作和习近平总书记视察广东重要讲话精神等心得体会文章或经验交流文章 145 篇，形成一批理论研究成果。

三、加强指导，强化督学，提高学思践悟能力

今年来，结合意识形态专项巡察工作，对 30 个单位（党组织）开展理论学习的情况开展了督学督查，通过查看台账、实地查看、个别谈话等形式全面了解情况，对发现的不足问题督促抓好整改提升，推动党委（党组）带着问题学、联系实际学、持续深入学，做到融会贯通，在实践中增强能力和本领，并要求各级党委（党组）指导下一级单位开展好学习，引导全体党员干部群众学思践悟。

中共梅州市梅县区委宣传部

2018 年 12 月 26 日

三、专刊通讯

①

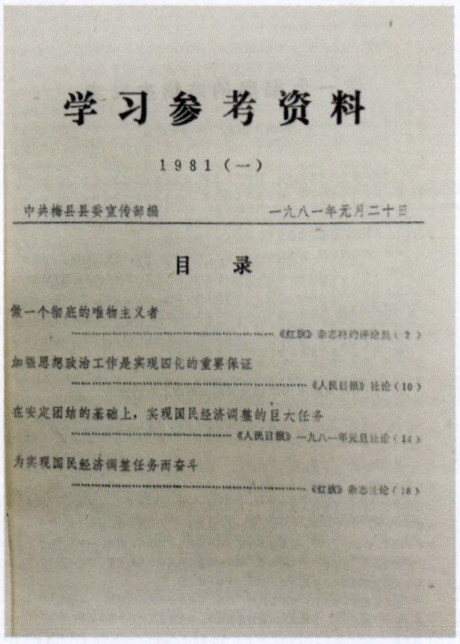
学习参考资料

1981（一）

中共梅县县委宣传部编　　一九八一年元月二十日

目　录

②

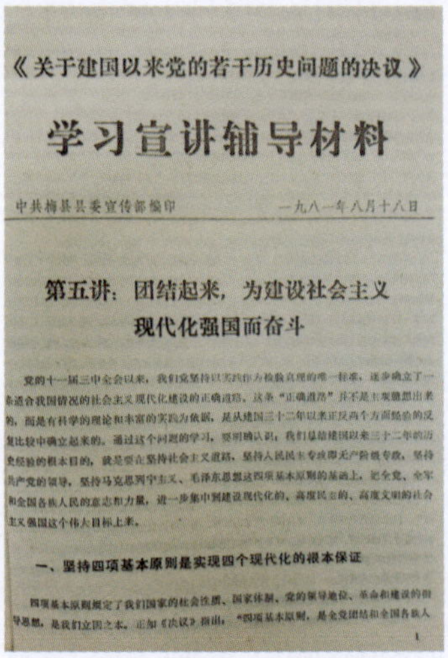
《关于建国以来党的若干历史问题的决议》

学习宣讲辅导材料

中共梅县县委宣传部编印　　一九八一年八月十八日

第五讲：团结起来，为建设社会主义现代化强国而奋斗

一、坚持四项基本原则是实现四个现代化的根本保证

1

③

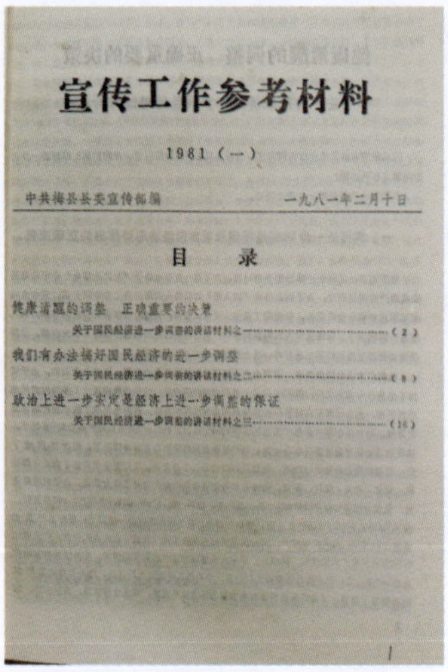
宣传工作参考材料

1981（一）

中共梅县县委宣传部编　　一九八一年二月十日

目　录

1

④

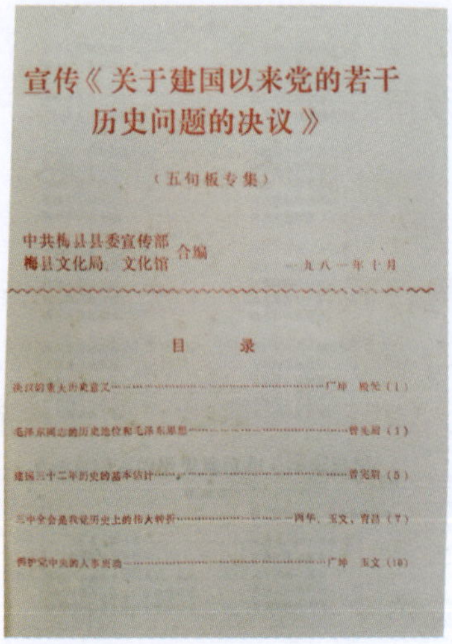
宣传《关于建国以来党的若干历史问题的决议》

（五句板专集）

中共梅县县委宣传部
梅县文化局、文化馆　合编　　一九八一年十月

目　录

⑤

宣傳園地

第24期

中共梅县县委宣传部编印　　1990年4月

县委发出通知

在全县开展评选百名精神文明先进单位的活动

我县重视环境保护效益显著

程江乡党委马年提出新目标

⑥

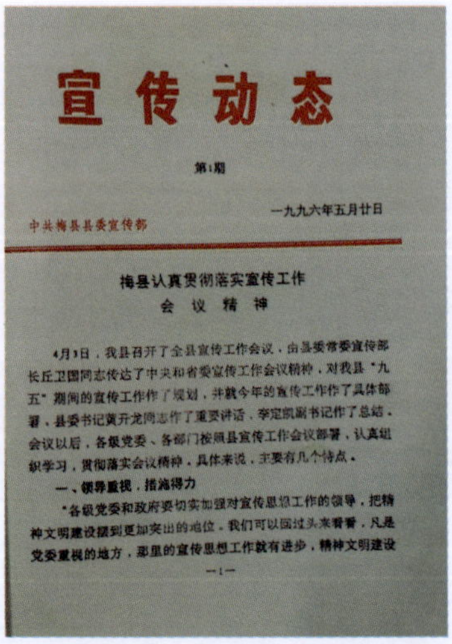
宣传动态

第1期

中共梅县县委宣传部　　一九九六年五月廿日

梅县认真贯彻落实宣传工作会议精神

4月3日，我县召开了全县宣传工作会议，由县委常委宣传部长丘卫国同志传达了中央和省委宣传工作会议精神，对我县“九五”期间的宣传工作作了规划，并就今年的宣传工作作了具体部署，县委书记黄开龙同志作了重要讲话，李定凯副书记作了总结。会议以后，各级党委、各部门按照县宣传工作会议部署，认真组织学习，贯彻落实会议精神，具体来说，主要有几个特点。

一、领导重视，措施得力

“各级党委和政府要切实加强对宣传思想工作的领导，把精神文明建设摆到更加突出的地位。我们可以回过头来看看，凡是党委重视的地方，那里的宣传思想工作就有进步，精神文明建设

—1—

⑦　　⑧　　⑨

⑩　　⑪　　⑫

说明：①②③④⑤20世纪80年代梅县县委宣传部编发通讯《学习参考资料》《学习宣讲辅导材料》《宣传工作参考材料》《宣传园地》，图为部分通讯封面

⑥1996年5月，梅县县委宣传部编发的通讯《宣传动态》封面

⑦⑧⑨⑩⑪⑫是宣传专刊封面，分别是梅县区作家协会编第11期《客都文学》、梅县区委宣传部主办第58期《梅县宣传》、梅县区客家文化研究协会编第2期《客家文化》、梅县区美术家协会与林风眠美院编的第20/21/22期《通讯》、梅县区文学艺术界联合会主办的第71期《梅苑》、梅县区梅岭诗词联学会编的2018年《梅岭诗风》（2018年12月摄）

四、电视报道

客都绽放文明花

——梅县创建全国文明县城纪实

梅县，位于广东省东北部，是叶剑英元帅的故乡，客家人聚居地，有“世界客都”之称，是著名的 “文化之乡、足球之乡、华侨之乡”。

全县总面积2755平方公里，共辖20个镇（办事处、高管会），382个村民委员会和36个社区居委，总人口62.6万人。梅县新县城规划面积25平方公里，建成区面积12.31平方公里，城区现有人口12万人。

经过多年的努力，梅县于2009年被省委、省政府授予“广东省文明县城”光荣称号。正是从那时起，具有远见卓识的县委、县政府再接再厉，乘势而上，奋发进取，擂响了高起点全方位创建“全国文明县城”的战鼓，带领全县人民向着更高的目标迈进。

上下同心齐参与　文明之花遍地开

梅县是中共中央政治局委员、省委书记汪洋全省第二批开展深入学习实践科学发展观活动的联系点，两年来，县委、县政府全面贯彻落实省委省政府“加快转型升级，建设幸福广东”和梅州市委市政府“全力加快绿色的经济崛起，建设美丽富庶幸福新梅州”的部署，积极实施“培育绿色产业，建设宜居家园，打造客都明珠”发展战略，全力推进 “五大经济”建设，努力实现“当好梅州绿色的经济崛起排头兵、建设广东山区科学发展示范县”的目标，2010年全县生产总值128.26亿元、人均生产总值2.3万元，财政一般预算收入位居全省山区五市30个县（市）第三位，县域经济综合发展力跃居全省山区县（市）第四位。

县委、县政府在加快经济发展的同时，高度重视精神文明建设，把精神文明建设纳入县发展规划，制定了创建全国文明县城计划，成立了由县委书记、县文明委主任李远青任组长、县长张文广任第一副组长的梅县创建全国文明县城领导小组，制订了梅县创建全国文明县城具体实施方案，县委主要领导经常深入农村、社区、街道、学校、企业指导精神文明建设工作，检查督促创建工作的落实。梅县还充分运用各种宣传媒体和宣传形式，在全县营造了浓厚的创建氛围，有效提高了市民对创建全国文明县城的知晓率和参与度。

两年来，梅县大力加强社会主义核心价值体系建设，认真贯彻落实《公民道德建设实施纲要》，积极践行《梅县文明公约》和《梅县市民行为守则》，扎实开展创建文明单位、文明行业、文明学校、文明医院、文明镇、村、户、文明经营户、消费者满意一条街、百城万店无假货示范街、示范店、文明社区、五好家庭等“文明在梅县”活动，在全县掀起了创建全国文明县城的热潮。在各级各单位，政务公开、村务公开、财务公开全面推行。

廉政文化随处可见，甚至在梅花山公园等休闲健身场所，都可以感受到浓浓的廉政文化氛围。在创先争优活动中，党员干部积极转变作风，强化服务意识，真心实意为群众解难题、办实事、谋利益、群众满意率较高。在城乡，志愿服务广泛深入开展，志愿者或扶贫济困，或做好事实事，或传授致富技能，深受群众欢迎。在校园，思想道德教育放首位，全县9万多名中小学生自觉接受礼仪、礼貌、礼节等“三礼”教育。在重大节日或业余时间，群众经常自觉开展形式多样的文体活动，积极倡导健康向上的文化生活。县山歌剧团、县木偶剧团、县文化馆等文艺团体积极送影送戏下乡，梅县每年组织县文艺团体演出近200场，放映电影2000多场。如今，在我们身边，廉洁从政、依法行政、公正执法、助人为乐、拾金不昧、见义勇为、移风易俗蔚然成风，文明之花在“世界客都”处处绽放。

突出重点抓创建　世界客都品位升

走进梅县新县城，映入我们眼帘的是鳞次栉比的建筑、整洁宽敞的街道、绿意浓浓的生态。这里有获得联合国“人居环境项目优秀范例奖”的“一江两岸”，有按照国家建筑最高奖“鲁班奖”标准打造的盘古步行街和围龙居、有气势恢宏颇具特色的梅县人民广场。四季有景，三季有花，现代化园林式的城市格局，大大提升了梅县新县城的品位。

梅县把建设宜居家园作为创建全国文明县城的重要一环来抓。近年来，新县城累计投入资金60亿元，其中基础设施投入7.8亿元，建立了快捷方便的交通、通讯和信息网络设施。目前，梅县正在兴建博物馆、体育馆、县情展馆、科学馆、体育场等“四馆一场”和新梅县人民医院、县政府安置小区等等一批民生项目，这些项目拉动新县城以房地产开发为主的100亿元建设资金的投入。其中，宝丽华集团公司计划投入41.6亿元在新城西片区开发山水城项目，又一个高档次高品位的大型社区即将展现在世人面前。另外，梅县还建成了图书馆、青少年宫、文化活动中心和沿江金岸文化艺术旅游一条街等一批公共文化设施，优秀客家文化得到了进一步传承和发展。去年以来，城区的主要街道、公共场所规范设置了公交站点、果皮箱、地图广告牌、中英文路牌、电话亭等，大大方便了市民的出行。

与此同时，梅县加强城市绿化、美化、亮化、净化管理，重点整治城区“六乱”现象，加强环境保护，使人居环境进一步得到优化升级。大力开展网吧整治、净化网络和荧屏声频、搞好校园周边环境治理，积极营造有利于青少年健康成长的社会文化环境。目前，梅县污水处理厂已建成投入使用，城区供水普及率100%，水质达标率100%，生活垃圾无害化处理率100%，县城建成区绿化覆盖率38.69%，绿地率35.35%，人均公共绿地面积为12.8平方米，全县森林覆盖率为72.9%，梅县拥有一个国家AAAAA级旅游景区和三个国家AAAA级旅游景区，新城区路灯总长100多公里共计1.77万盏，亮灯率保持在98%以上。夜幕下的客都，流光溢彩、火树银花，展现出独特的魅力。

安全稳定的社会环境是创建全国文明县城的重要保证。梅县着力打造社会治安“立体防控体系”，全力推进综治信访维稳中心三级平台建设，将视频监控体系工程建设延伸到乡镇，组建了50人的应急大队；开展县党政领导大接访和实行县政府部门一把手每月定期接访制度，畅通群众诉求渠道；在梅州市率先成立了新城出租屋管理中心，在新城区和畲江工业园区推进包括“三车”停放场所、镇级出租屋和流动人口管理中心等与城市建设密切配套的软硬件建设。以平安街、平安小区、平安乡镇、平安校园为切入点，深入开展平安创建活动，实现了市“平安镇”全县全覆盖。

创建工作显成效　“三个文明”齐发展

忽如一夜春风来，千树万树梨花开。梅县大力创建全国文明县城，极大地改变了城乡面貌，全面提高了社会文明程度和群众的素质、促进了各项事业的大发展、大提速。近年来，梅县获得了“中国旅游强县”“全国绿色小康县”“全国绿化模范县”“全国法治县创建活动先进单位”“广东省双拥模范县”等诸多荣誉，并连续三年被评为“全国计划生育优质服务先进县”，成功创建了“广东省教育强县”，提前一年实现“创强”目标，成功创建了“广东省卫生县城”，与梅州市同城同创国家卫生城市工作通过国家验收。最近，梅县还被确认为“中央苏区县”。去年以来，梅县县、镇、村三级全面完成了换届选举工作，并在全省率先开展了公推直选镇党委书记试点工作和公推直选镇党委领导班子试点工作，得到了上级的充分肯定。

现在，梅县人民享受到了创建成果，全县新型农村合作医疗、城镇居民基本医疗保险基本实现全覆盖，城乡居民最低生活保障标准达到每人每月 274 元，低保标准、覆盖面、人均补差均在全市前列，全县有 20 万农民参加了农村养老保险，其中 6 万多人按月领取养老金，梅县荣获“广东省新型农村社会养老保险全覆盖达标单位”，每年还为全县农村 12.4 万户农房实行免费统一投保，特别是梅县在扶贫开发“双到”工作中，对全县 73 个贫困村、4045 户贫困户和 307 个非贫困村的 3766 户贫困户实行同等帮扶，同等脱贫，在 2010 年投入帮扶资金 1.17 亿元的基础上，今年又筹资 1.5 亿多元用于“双到”工作，确保今年 73 个贫困村集体经济收入达到 3 万元以上，贫困村 80%以上的贫困户实现脱贫。从 2011 年起，梅县每年筹集 2000 万元，对农村生活垃圾实行全面整治，着力解决农村脏、乱、差问题。随着一项项民生实事的落实，全县社会和谐稳定，人民群众安居乐业，群众幸福指数不断提高。

乘风破浪会有时，直挂云帆济沧海。创建全国文明县城，让世界客都变得更加文明、更加和谐、更加美丽。当前，梅县正朝着“当好梅州绿色的经济崛起排头兵，建设广东山区科学发展示范县”的目标阔步迈进，我们坚信，有科学发展观的指引、有上级党委、政府、文明委的正确领导和指导，有全县人民的共同努力，梅县这颗客都明珠一定会更加耀眼夺目。

（2011 年 11 月）

五、碑记碑文

重修梅州试院记

国家版图之盛，征之于户口；乡里风俗之美，验之于党庠。观是二者而治化之本具矣！岭南为边隅财赋之区，民繁庑，其土饶沃，其俗则相习于浮靡。盖以地濒大海，巨舶连樯涉穷洋而来者，以百数计。珊瑚、木鸡、明珠、翠羽之珍，罗列廛肆，远近之人，趋之若鹜，故舍本逐末者多。四民之中，商贾居其半，农居商贾之半，士又居农之半而已。梅州隶粤之东路，自宋代以后，代产伟人。稽旧志户口，州属则一万五千七百有奇；兴宁则二千一百有奇；长乐则四千六百有奇；平远则二千九百有奇；镇平则二千八百有奇。我朝深仁厚泽，百余年间，休养生息，繁衍未艾。而州之应童子试者不下万余人，合之志乘所载之数，士且得三分之一焉，故“梅之文学以冠于岭南”。特闻予奉命视学兹土，时为之牧者，为河间刘君廷楠，君起家甲科，出宰剧邑，开济内蕴，神明外恬，盖彬彬乎学道爱人君子也。当岁试时，予喜见多士济济，思欲以彰圣天子同文之治，且以明司牧培养之功。而君复为之予言曰：“州之试院，建于雍正十有一年，历岁久远，号舍日以圮，应试者日以众，地不能容，州试加之删汰，盖常有千余人作墙外观者，为之啾然不安”。于是，地方人士以重修请于予，而君特为之倡，庀工饬材，踊跃争赴，不数月而成。高明爽垲四千余席，橐笔之流咸汴且奋。予乃为之言曰：夫天地之大，不遗一物，圣贤之量也。不动声色，举而措之，大人之事也。世固有一行作吏，此事遂废者，而君则文学政事，炳然可观，且欲毕引斯人于弦歌之地，于以见裁成之德。梅州地瘠而民贫，一闻君言，醵其私钱，以成公举。于是见制事之才，而此邦人士之勇于为义，亦深有足嘉焉。书曰：若作室家，既勤垣墉，惟其涂塈茨，凡在庠序间者，能体君之为政，以为学则进德修业，予安能为之限量也，尚何浮靡之足患哉！是为记。

赐进士出身，日讲起居注、官翰林院侍讲学士、广东督学使者彭邦畴撰并书。嘉庆二十年岁次乙亥嘉平月谷旦。

（碑，高 1.95 米，宽 1 米，厚 0.12 米，碑记全文 800 多字，用正楷体书写。现收藏在梅县博物馆）

梅江桥建桥经过

本桥经始于民国二十年仲冬，通告于二十三年仲秋，历时三十五阅月，计费毫洋 11.2360 余万元。溯其缘起，先是民国二十年春，由福济善堂饶芙裳主任与各善翁首先发起，每值星期，邀集提议其事，累数月如一日。由是联同十余善翁，呈请当地政府备案进行焉。南也不才，托足林泉，藏拙已久，本无涉世之可能，奈世机莫测，适是年避乱来城，因滥竽于水南公学教职。时有本桥发起人之一者，黄君燮南，系属旧友，谬认南为慈善中人，乃多次极力相邀，参加会议，时因无法推诿，强情赴席。尔时，发起人座中有黄君荣樵、刘君启兰，本素不谋面，亦一晤而谬度南为必能仔肩桥务之人，劝勉再三，力辞不许。由是遂择定是年夏历10月26日兴工。当未鸠工之前，由各善长勉余请员替课，并劝莅坐办之责。事关义举，未便坚辞，不得已而勉强就事，迨受事之日，曾由德大兴号交来毫洋50元，为经营之厚本，南则不揣浅陋，乃向友人移挪赊借，欲效愚公。斯时，吾梅固有士敏土之建设，而绝少巧手工人，更苦于毫无基金，不能不因陋就简，雇用本城所有之潮州工人。孰料铅刀不堪一割，迭经更换，皆难其选，费时三月，靡费千元，故暂停办，另访良工。旋承黄君荣樵，力荐驻汕法籍教士龚神父，堪充工程师之任，并请美籍福主教，写介绍书前来，南乃亲往潮汕访聘，时则21年季春矣，幸天假机缘，得龚神父慨然允诺，愿尽义务。当蒙预算，须费12万元，并蒙荐举工头胡群赞、曾如真二名负其责，由是乃得就绪。惟好事多磨，连月淫雨，莫克施工。直至秋深，始获建筑。更以事属经始，捐款每以缓不济急，认堆者尚多观望，只得邀请敝同仁善堂、同门善友等，集资先建一堆；继幸黄君荣樵介绍福主教之外交员卓君怀谦，答应劝天主堂认建一堆；继又介绍廖弼良翁、德大兴号、熊幼霖君三位认建三堆。至二十一年底，已将以上五堆筑成。大都蒙本城各灰铁商号，赊出材料，待建筑成就，然后向认堆人支款还账耳。迨至二十二年春夏之间，正在青黄不接当中，复电荣樵君介绍德大兴、金生庄、黄源昌等号借款接济。又蒙陈济轩翁，闻急认劝一堆。继又幸有吧城侨商侯广夫人，慷慨捐汇千元，且函嘱努力做去，彼当极力帮忙。时值端节应付街帐之期，藉持其函，而谋诸廖弼良翁，又蒙诺借千余元，为之应急。及后则蒙侯广夫人，源源募捐，滴滴汇归，计达1万余元。更蒙各处侨胞，闻风乐助。故于二十二年冬，遂将桥弓筑成半数。待本年季春，又复债台高筑，应付无方，正欲停工，一面出洋筹款之间，忽获潘君植我由东洋归，得善友介绍，慷慨捐投1.5万元，助成一篑。兼得海内外同胞，热诚踊跃输财，得将两旁行人之桥面完成。其中更蒙发起人暨各善翁，遇事会商，群策群力，或计划帮忙，或笔墨佐助，或口角春风，吹嘘尽致，或慨解私囊，捐资乐助，种种赞勷，尤属笔难尽述者。此则由始迄今，实在情形之大略也。而都人士在行桥间，颂扬者有之，诽议者亦有之。在同人等，则以为人生应尽之义务，曷颂扬好，至于诽议者，人则谓为不近人情。南则以为90丈之长桥，22尺之宽度，建筑虽不大工，而车马尽堪往来，计费不及10万大洋，纵不大廉，亦不大昂，毁誉为社会应有之言，或论者未明事实或别有心裁，本不足计。惟已蒙列善翁之厚爱，更蒙各界善士之热诚，而有今日告一段落之现象，又属共同快事也。而南侥幸巧逢，不胜忝赧，兹经结束，谨将收支数目，草草编成一录，并略述其经过之种种情形事实云尔。（有虚天厌）

民国二十三年冬月录于本桥办事处

曾汉南谨识

重建八角亭碑记

八角亭缘顶八角而俗称。始建于清代乾隆十一年（公元一七四六年），道光二十九年（公元一八四九年）重修。亭背依南城，面临程梅两江汇合处，波澜壮观，胜景目舒，原称官澜亭，蒂联观澜阁，因常于此接待州府官员，故又有接官亭之称。

1925 年秋，中共广东区委特派员张维来梅建立广东省新学生社梅县分社，在此设立办事处。

第二次东征后，张维与国民革命军十一师政治部主任共产党员洪剑雄在此亭进行建党活动。1925 年 12 月，中共梅县（特别）支部建立后，党团机关均设在此处，成为当时革命活动中心。

1980 年，市政府将此亭定为市重点文物，加以保护。由于年代久远，几经风雨，墙倾梁蛀，残破不堪，1983 年由政府拨款重建，俾文物史迹永存，革命精神发扬光大。

梅县市人民政府

公元一九八五年七月立

叶剑英同志纪念碑碑文

叶剑英同志是中国人民解放军的缔造者、中华人民共和国的开国元勋之一，我们党、国家和军队的卓越领导人。他由一个正直的民主主义者转变为彻底的共产主义者，在漫长的充满艰难险阻的革命道路上，在复杂斗争的转折关头，面临危难，无私无畏，表现了非凡的革命胆略，为中国人民的解放事业和社会主义建设事业奉献了毕生精力，建立了丰功伟绩。他盛德若愚，雄才经纶，谦虚谨慎，风范长存。“矢志共产宏图业，为花欣作落泥红”，概括了他光辉的一生。

伟大的无产阶级革命家、政治家、军事家叶剑英同志永垂不朽！

中国共产党中央委员会

一九八七年十月

第二章　现代作品辑录

一、现代诗词选

叶剑英诗选（三首）

《远望》

忧患元元忆逝翁，红旗缥缈没遥空。
乌鸦三匝迷枯树，回雁兼程溯旧踪。
赤道雕弓能射虎，椰林匕首敢屠龙。
景升父子皆豚犬，旋转还凭革命功。

《攻关》

攻城不怕坚，攻书莫畏难。
科学有险阻，苦战能过关。

《八十抒怀》

八十毋劳论废兴，长征接力有来人。
导师创业垂千古，侪辈跟随愧望尘。
亿万愚公齐破立，五洲权霸共沉沦。
老夫喜作黄昏颂，满目青山夕照明。

肖向荣诗选（两首）

一枝梅蕊未曾开，两次东征带雨来。
此日朝阳春讯好，岭南花放满瑶台。

珠江眼底接韩江，千里遥闻春麦香。
望断梅州思何所，白云天外有家乡。

如下选取梅县区诗社和梅岭诗词联学会部分优秀诗词作品

（作者：王世钰、古玉如、曹杜荣、谢梅兴等）

讴歌习近平新时代中国特色社会主义思想

春风雨润舜尧天，绿水青山追梦翩。
赤帜高擎群彦聚，宏图再展众豪肩。
复兴路上明灯耀，强国征途大笔连。
欣看巨龙腾万里，神州赶考又扬鞭。

欢呼党的十九大胜利召开

京都大会沐清风，十亿欢声震碧穹。
筑梦忠贞情似火，兴邦奋发气如虹。
廉明惠政民心暖，科技强军国力雄。
一代贤才功盖世，和谐社会日繁荣。

社会主义核心价值观

（藏头诗）

富强　民主

富康华夏党追求，强盛方能巧运筹。
民众古今皆共识，主权维护赖良谋。

文明　和谐

文武精英应顾瞻，明人做事不心贪。
和平共处常扶助，谐换人间福寿添。

自由　平等

自善为人勇向前，由衷处世乐尧天。
平民首领皆尊重，等望和谐万代延。

公正　法治

公忠体国步征程，正本清源百姓迎。
法制严明春日丽，治安良好庆升平。

爱国　敬业

爱人以德树佳风，国泰民安众望中。
敬老尊贤争奉献，业精胆赤立新功。

诚信　友善

诚谨为人美似花，信条坚守众人夸。
友恭相处升平世，善举齐襄乐万家。

新时代反腐欢歌

九州反腐狂飙涌，百姓扬眉社稷安。
黑虎魂飞惊铁棒，疯狼魄裂惧炉盘。
阳光到处乌云散，闪电来时恶鬼完。
地北吟诗追愿景，天南谱曲抚琴弦。

新时代颂

德政能圆举世功，初心不改九州同。
青云任卷新开页，时序和谐上品风。
大业精勤耕福祉，人才卓越耀华宗。
宏纲自有擎天力，来日频添史册雄。

画堂春·小康新春

桃花满路水长流，四周碧野悠悠。新村处处小洋楼，画入双眸。
昔日贫寄匿迹，如今富庶无忧。小康在望乐加油，大有奔头。

菊　花

清芬逸韵彩霞中，淡定从容傲艳丛。
历夏逢秋遭苦雨，凌霜饮露顶歪风。
篱前守土无他念，道侧迎宾有我躬。
为解人间明目事，甘投水火显神通。

沁园春·黄河三门峡

万里黄河，激浪推涛，出峡夺关。任艄公起落，波峰浪谷；桥工进退，雾海云端。恶水横行，险滩棋布，日夜狂奔不复还。锤镰举，令炎黄古国，地覆天翻。

英雄儿女扬帆。有剑戟琴书共一船。备东洋底下，鲸吞吐吐；西番顶上，虎视眈眈。一跃入门，驱神赶鬼，砥柱中流稳似磐。东风劲，且齐心奋臂，切莫偷安。

二、现代书画选

林风眠美术作品选

《读书仕女图》

《舞》

林炫荣美术作品选

《富贵长春》

《富贵长春》捐给梅县区档案局，图为捐赠仪式（2016年）

曾德新美术作品选

《梦里故园》入选2017年全国中国画作品展

《丝路故园》入选『丝绸之路·翰墨通渭』第二届全国中国画、油画作品展（2017年）

李超士美术作品选

《蝴蝶花》 粉画 55 厘米×39 厘米（1960 年）

《李超士画集》封面图

张杰美术作品选

中国画 《梦里家山》 240 厘米×400 厘米

林成钢书法作品选

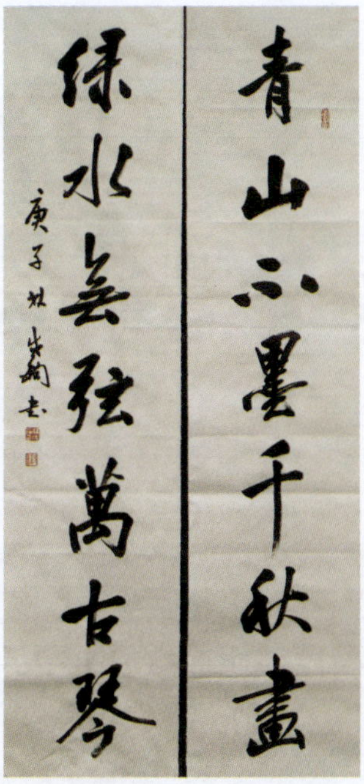

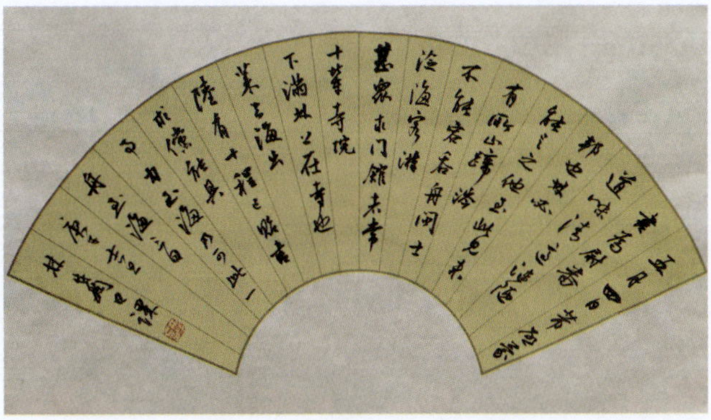

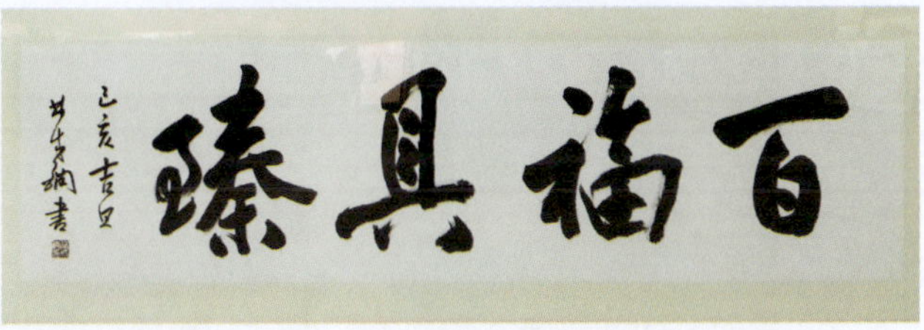

三、现代雕塑选

李金发雕塑作品选

坐落在广州黄花岗的邓仲元将军铜像

坐落在广州越秀公园的伍廷芳像（1931 年）

刘沅声泥雕作品选

四、现代摄影作品选

2008 年 12 月，摄影作品《抢》在省摄协举办摄影大赛中获铜奖（叶繁荣摄）

2018 年 12 月，《梅州盛事》在梅县区创森杯摄影大赛中获一等奖（叶海威摄）

五、现代散文选

我的兴趣

林风眠

我虽是个办艺术教育的人，到底还是画画的人，所以，要谈我的兴趣。究竟是以谈我对绘画的兴趣来得容易。

我从小对绘画就很有兴趣，这，用不到如何多说，大家一定会相信的，要不然，我决不会二十多年来都在绘画方面努力。

二十多年的时间，在现在“说”起来好像并不如何了不得，在实际上“过”起来却不是那么容易的。在这很不容易过的二十多年中，因为兴趣的关系，我是时时在绘画上努力，也时时在二十多年的努力中变换我对于绘画的兴趣：这就是我要说的。

在小学同中学时代，我不过对绘画有一种茫然的兴趣，我只是爱好绘画就完了。大家都知道，十多年前中国的绘画只有我们现在所说的“国画”，于是，我就对国画中的山水呀、花鸟呀很有兴趣，我研究它们，欣赏它们，也学习着涂抹它们。

不久，我就到了法国，进了巴黎美术学校。那儿自然只有我们现在所说的“西洋画”。我自然因为环境同所谓“好奇”的关系，对木炭画呀、水彩画呀、油画呀，都有很浓厚的兴趣；但是，我到底是中国人，我也没有绝对的忘记了中国画，所以，在高兴的时候，我也画些用外国的材料同工具而采取中国色彩同笔法的绘画作品，像《生之欲》同《换秋》那些作品，就是在这种兴趣下产生的。

一方面在课内画着所谓“西洋画”，一方面在课外也画着我心目中的中国画，这就在中西之间，使我发生了这样一种兴趣：绘画在诸般艺术中地位，不过是用色彩同线条表现而纯粹用视觉感得的艺术而已，普通所谓“中国画”同“西洋画”者，在如是想法之下还不是全没有区别的东西吗？从此，我不再人云亦云地区别“中国画”同“西洋画”，我就称绘画艺术是绘画艺术；同时，我也竭力在一般人以为是截然两种绘画之间，交互地使用彼此对手的方法。

说是大同思想使然也好，说是普通的人道主义使然也好，说是从两种方法中得到的领悟使然也好，我是从这个兴趣中得到了一种把绘画安置到绘画地位的主张。我以为，二十世纪以来的欧洲绘画中透露出来的东洋画风的趣味是必然的，数千年来的“中国绘画”时时采取外来的画风以为发荣滋长之助的办法是聪明的；因此，在创办国立杭州艺专的时候，我说反对把所谓“中国画”同“西洋画”的学生分立两系的主张，把绘画系综合成立绘画系，爱习“中国画”的学生必须学习绘画之基础的木炭画，爱习“西洋画”的学生必须学习“中国画”。

当年达尔文用过二十年的苦工去证明他的天演论，可见无论学力到了多么成熟地步的人，也没有画途自禁的权利。我明白这是一个学者应取的态度，因此，我也不敢有一分自满，我也不敢有一天懈怠，我天天在对于绘画技法的试验同学理的探索中，我有了这个“绘画便是绘画”的信心，我就天天在这方面努力。几年来，试着用所谓西洋画的方法同所谓中国画的材料同工具所作的画，至少在几千点，这是可以自信的。

在中国文化史上有大地位的“五四”运动时期，我是在法国读书，大同思想同普遍的人道主义的趋向，在我是必然会感到的。“五四”运动是中华民族自觉起来的运动，随着这“人”的自觉，不久，民族自觉的思想也在中华民族灵魂中发展起来，当我从欧洲回到祖国来的时候，正是这个民族意识在中华民族心头含苞欲放的时候，我当下就明白感到了。感到了这民族意识，当年在巴黎学习的油画构图的兴趣，就在我的心灵中活跃起来，因为，构图画是根据题旨去作画的，题旨则多半是从历史或是当前的社会问题上采摘下来的。为了这个兴趣，十多年来，我一面在试作着前面的说的那些练习并探索技法的小品，一面在试作着以中国的历史同中国社会问题为题旨的构图画。

我相信，留心国内艺术界的同志不会忘记民国二十年夏季我们在南京举行的国立杭州艺专第三届作品展览会，那次的教职员作品，就有不少以中国时事同中国历史为题旨的绘画，这，虽然不能说是我这做校长的人的提倡之功，因为我个人的兴趣如此，同仁间的影响是一定不少的吧？

如果问我最近的兴趣，我就要毫不踌躇地答道：“我是以能唤起强烈的民族意识的构图绘画为主要的兴趣的。”我是时时感觉到，中华民族的危机是一天天更紧急地逼迫了来；自称是艺术家而感不到这时代感觉的话，不是真正的艺术家所能有的现象；感到了这时代的感觉，而不能用他的艺术形式表现出来的话，也不是真正的艺术家所能有的现象。我，不特有这时代的感觉，我也试着表现这感觉；不特我个人试着去表现它，我也用这题旨试着唤起我的学生去表现它，这一次，我们在杭州举行的赈灾艺术大会中，有几十点作品是可以证明我这句说话的。

祖国山川颂

黄药眠

我爱祖国，也爱祖国的大自然的风景。

我不仅爱祖国的山河大地，就是一草一木，一花一石，一砖一瓦，也感到亲切，值得我留恋和爱抚。

不要去说什么俄罗斯的森林，英吉利的海，芬兰的湖泊，印度尼西亚的岛群了。中国自有壮丽伟大的自然图画。

我们有头顶千年积雪的珠穆朗玛峰，有莽莽苍苍的黄土高原，有草树蒙密的西双版纳，有一望无际的华北平原，有一泻千里的黄河，有浩浩荡荡的扬子江，有兴安岭的原始森林，有海南岛的椰林碧海，大西北广阔无垠的青青牧场，还有说不尽的江湖沼泽……祖国的大地山河哟！哪一个地方不经过劳动者双手的经营，哪一个地方没有流过劳动者的汗，淌过战士们的血？

我爱我们祖国的土地！狂风曾来扫荡过它，冰雹曾来打击过它，霜雪曾来封锁过它，大火曾来烧灼过它，暴雨曾来冲刷过它，帝国主义的炮弹曾来轰击过它。不过，尽管受了这些磨难，它还是默默地坚持着。一到了春天，它又苏醒过来，满怀信心地表现出盎然的生意和万卉争荣的景象。

这是祖国大地对劳动者的回答：光秃秃的群山穿起了墨绿色的长袍，冈峦变成了翠绿的堆垛，沟谷变成了辽阔的田园，长满了葱绿的禾苗，沼泽变成明镜般的湖泊，层峦叠嶂表示低头臣服，易怒的江河也表示愿供奔走……

祖国的山对我们总是有情的。我们对它们每唱一首歌，它们都总是作出同样响亮而又热情的回响。

我爱祖国的劳动人民，是他们开辟荒野，种出粮食，挑来河水或井水把我哺育长大。

我怀念我的母亲。她用她的乳汁喂养我，她用大巴掌抚摩我的头。直到今天，我的身上还能感到她怀里的体温。

我爱祖国的文化。有时我朗读中国诗歌中的名句，体会到其中最细微的感情，捉摸到其中耐人寻味的思想，想象到其中优美的图景，感触到其中铿锵的节奏、婉转悠扬的韵律，领略到其中言外的神韵。当我读到得意的时候，就不觉反复吟哦，悠然神往。当它触动到我心灵的襞褶的深处时，我就不觉流下了眼泪。

我爱祖国的语言。它的每一个词每一个字，都同我的生活血肉相连，同我的心尖一起跳跃。

从最简单的一句话中，我可以联想到一长串的人物的画廊，联想到一系列的山川、树林、村舍、田野、池塘、湖泊。

我曾经远离祖国几年。那些日子，我对祖国真的说不出有多么的怀念。这怀念是痛苦又是幸福。痛苦，是远离了祖国的同志、祖国的山川风物；幸福，是有这样伟大的祖国供我怀念。

祖国的大自然经常改变它的装束。春天，它穿起了万紫千红的艳装；夏天，它披着青葱轻巧的夏衣；秋天，它穿着金红色的庄严的礼服；冬天，它换上了朴素的雪白长袍。

大自然的季节的变换，促使着新生事物的成长。

这是春天的消息：你瞧！树枝上已微微露出了一些青色，窗子外面开始听得见唧唧的虫鸣了。我知道新的一代的昆虫，正在以我所熟悉的语言庆祝它们新生的快乐。

春天，乘着温湿的微风探首窗前问讯我的健康情况了。“谢谢你，可爱的春天”，我说。

碧油油的春草多么柔软、茂盛和充满着生机啊！它青青的草色，一直绵延到春天的足迹所能达到的辽远的天涯……

因此，草比花更能引起人们的许多联想和遐思。

繁盛的花木掩着古墓荒坟，绿色的苍苔披覆着残砖废瓦。人世有变迁，而春天则永远在循环不已。

夏天的清晨，农村姑娘赤着脚，踩着草上的晶莹的露珠，走到银色的小溪里满满地汲了一桶水。云雀在天空歌唱，霞光照着她的鲜红的双颊。

这是多么纯朴的劳动者的美啊！

半夜夏凉，我已睡着了。

忽然听见月亮来叩我的窗子，并悄悄地告诉我，你的儿子正在山村的树林里拉手风琴，同农村孩子们一起开儿童节的晚会呢……

秋天，到处是金红的果子，翠锦斑斓的黄叶。但它也使人微微感到，一些树木因生育过多而露出来的倦意。

清秋之夜，天上的羽云像轻纱似的，给微风徐徐地曳过天河，天河中无数微粒似的星光一明一灭。

人间的眼前近景，使人忘记了天宇的寥廓啊！

在冰峰雪岭下不也能开出雪莲来吗？你看它比荡漾在涟漪的春水上面的睡莲如何？

在花树构成的宫殿里，群蜂在那里发出嗡嗡的声音。我想这是劳动者之歌哟！

暗夜将尽，每一棵树都踮起脚来遥望着东方，企盼着晨曦。果然不久，红光满面的太阳出来了，它愉快地拥吻着每一个树梢，发出金色的笑。

黄昏蹒跚在苍茫的原野上。最后看见他好像醉汉似的颓然倒下，消失在黑夜里了。明早起来一看，他早已无影无踪，只看万丈红霞捧出了初升的太阳。

有人感到秋虫的鸣响送来了暮色的苍凉，有人感到黄鹂的歌唱增添了春天的快乐。

对自然界的景色和音响，人们往往因所处的地位和境遇不同而有不同的反应。

你也许曾经在花下看见细碎的日影弄姿，你也许曾经在林荫道旁看见图案般的玲珑树影，不过，你最好到森林深处去看一看朝阳射进来时的光之万箭的奇景。

生平到过不少名山大川，但在我的脑子里的印象最深的还是我家乡门前的小溪。春天，春水涨满，桥的两孔像是一对微笑的眼睛。细雨如烟，桥上不时有人打着雨伞走过。对岸的红棉树开花了，燕子在雨中飞来飞去，还有一阵一阵的风，吹来了断续的笛声……

我曾躺在扬子江边的大堤上，静听江涛拍岸的声音。我想起了赤壁之战、采石矶之战，想起了长发军攻下岳州时的壮烈场面，想起了第一次革命战争时期的汀泗桥之役。折戟沉沙，这些人物都成为过去，只有林立江边的巨人似的工厂烟囱表明了我们这个新的时代。

面对着巨流滚滚的扬子江，我想起了它的发展的历程

最先它不过是雪山冰岩下面滴沥的小泉，逐渐才变成苍苔滑石间的细流，然后是深谷里跳跃着喜悦的白色浪花的溪涧。它在成长，在变幻，一时它是萦回在牛群牧草之间澄澈的清溪，一时它又是沸腾咆哮、素气云浮的瀑布，一时它是波平如镜、静静地映着蓝天白云的湖泊，一时它又是飞流急湍、奔腾在崇山峡谷之间的险滩。不知经历了多少曲折和起伏，最后它才容纳了许多清的和浊的支流，汇成了茫若无涯的、浩浩荡荡的大江。

每逢假日，我也常约伴去登山。

我们不相信那山巅的云雾缭绕中有什么“神仙”，也不相信那白云深处有什么“高士”。

我们去爬山，是为了休息脑筋，增强体质，丰富知识，同时也是为了锻炼革命的意志。

当我们花了很大的气力爬上第一个山头，回头看看我们所经过的曲折盘旋的小径，看看在我们脚下飞翔的鹰隼，就不觉要高呼长啸。

爬过几个山头以后，又看见前面还有更高的山俯视着我们。好容易爬上最后的顶峰，看看周围，看看耸峙的峭壁，突兀的危崖，嵯峨的怪石，挺立的苍松。脚下是苍茫的云海，云海的间隙中，可以看到乡村，看到通往天边的道路……

这真是一种好的运动，好的锻炼，登山远望真令人心旷神怡，好像胸中能装得下山川湖泊。

我们曾在大海的近旁度假。

碧绿的海水吐着白茫茫的浪花，蔚蓝的天空像半透明的碧玉，海鸥翱翔在晴天和大海之间。太阳就睡在我们的脚下。

辽阔的晴空，清新的空气，荡涤了我们多少工作的疲劳啊！

这是湖边休养所里的夏夜。

凉风轻轻地触动着帏幔，我怀抱着微白的清宵梦入到渺茫的烟水之中。湖上的白莲花冉冉起来，变成穿着轻纱的姑娘在荷叶上跳着芭蕾舞。

我没有到过龙门壶口，没有看到过雁荡龙湫，但也看过黄果树的瀑布和许多偏僻地方的大瀑布。

远离瀑布还好几里，就先听到丘壑雷鸣，先看到雾气从林中升起。走前去一看，只见一股洪流直冲而下，在日光映射下，像是悬空的彩练，珠花迸发，有如巨龙吐沫；水冲到潭里，激起了沸腾的浪花、晶莹的水泡。大大小小的水珠，随风飘荡，上下浮游，如烟如雾，如雨如尘，浸人衣袖。上有危崖如欲倾坠，下有深潭不可逼视。轰隆的巨响，震耳欲聋，同游旅伴虽想交谈几句，也好像失去了声音。

看了瀑布使人感到有一股雄壮宏伟的气势，奔腾冲激的力量，云蒸霞蔚的氛围，它虽然没有具体说出什么，但它的冲劲的确使人振奋。

我并不怎么喜欢盆栽的什么名花；我倒是更喜欢在广阔的草原上，看见淡淡的微风平匀地吹拂着无边无际的含露的野花。

盆景把宏伟的山川变为庭院里的小摆设。有人赞赏这些东西，认为这是人们按照自己的审美理想来安排山川。但在我看来，这些“理想”多少带有消闲的情趣。它怎能代替我们登上高山俯视云海，振衣千仞岗的感受呢！

小溪流唱着愉快的歌流走了，它将冲击着一切崖岸流向大海。静静的群山，则仍留在原来的地方，目送那盈盈的水波远去。

流水一去是决不回来了，但有时也会化作一两片羽云望故乡。

六、现代童谣、楹联选

（一）童谣

2017年至2018年，梅县区委宣传部、区文联、区教育局联合组织征集和评选童谣活动。获得成年组和未成年组一等奖作品，选取如下：

成年组两首

和谐中华

鹅，鹅，鹅……童声飘过千年歌。
白羽红掌诗情在，春风丽日壮山河。
中华逢盛世，人心最暖和！

读书郎

门口塘，映月光，月咁光，桂花香，
桂花下，写文章，阿哥写慨文章好，
人人喊渠读书郎，读书大里有春光。
有春光，敬爷娘，买鸡鸭，煮参汤，
添新衣，买新房，但愿爷娘身健康，
爷娘看到心欢喜，只只活到命系长。

未成年组两首

月光光

月光光，照学堂，照到学堂四四方。
梅江水，梅江岸，众多学府沿江建。
木棉树下围龙屋，围龙屋前一口塘。
家训格言立两旁，家家育出状元郎。
世界客都看客家，生活节奏慢又佳。
金柚飘香华侨念，山歌飘出七洲洋。
人才辈出古至今，宋湘叶帅李惠堂。
泰康路口显泰康，文明街头看文明。
全国创文齐出力，文明整治迎客来。
文明整治迎客来。

勤劳的一家

春日华华，妈妈采茶。
哥哥读书，爸爸制茶。

茶叶卖到俄罗斯，哥哥读书成博士。

感谢党的政策好，农民住进大城市。

（二）楹联

2018 年 9 月，中国首届农民丰收节中国分会场、广东主会场、梅州主会场在梅县区松口镇大黄村举行，梅县区委宣传部、区文广新局征集和评选出获奖楹联，选取如下：

国泰民安迎佳节，龙翔凤翥庆丰时。

发愤图强兴大业，勤劳致富奔小康。

政惠三农精心培硕果，民兴百业妙手建新村。

梅水长流美丽乡村新气象，大黄发展和谐农户好家声。

柚香十里，满眼芦花藏白鹭；水碧三秋，一江枫火照归舟。

鼓乐喧天，千家共庆丰收节；旌旗映日，万众同歌幸福年。

五谷丰登六牲兴旺农民喜庆丰收节；千村锦绣万户欢欣华夏新开幸福篇。

曲颂中枢，农民喜有丰收节；歌传大地，祖国欣登幸福程。

党施澍雨，振兴村镇新时代；政播金风，唱响农民大舞台。

忆昔海上丝路领先哲，看今山中大道创优然。

春风化雨农民日日好，秋果满园政策天天佳。

精耕细作丰收岁，勤俭持家有余年。

勤劳致富千家旺，智慧奔康百业兴。

附：

名词解释

一、第一篇　中华人民共和国成立前宣传思想工作

1．嘉应五属：程乡（梅县）、兴宁、平远、镇平（蕉岭）、大埔。

2．南委事件：经中央书记处同意，中共南方工作委员会于1941年春成立（简称“南委”），代表南方局领导广东、江西、广西、福建、香港、澳门等地党的工作。南委机关设在广东省大埔县境内，书记方方，副书记张文彬。1942年5月，中共南方工作委员会组织部长郭潜被捕叛变，南委机关及所辖江西、粤北省委、广西省工委和几个主要交通站相继遭受严重破坏，史称“南委事件”。这是国民党继“皖南事变”之后在华南地区制造的又一起严重反共事件。

二、第二篇　改革开放前29年宣传思想工作

1．1951年，党中央提出党员八大条件：1951年2月中旬，中共中央政治局扩大会议决定，用3年时间进行整党，主要任务是对全党进行一次党员标准的教育。为具体贯彻2月政治局会议的有关决议，3月28日至4月9日，中共中央召开第一次全国组织工作会议，刘少奇在会上提出了共产党员的八项条件：①中国共产党党员是工人阶级的先锋部分；②中国共产党的最终目的是要在中国实现共产主义制度；③中国共产党必须一辈子坚持革命斗争；④中国共产党进行革命斗争必须在党的统一领导之下；⑤中国共产党必须把人民群众的公共利益及党的利益摆在自己的私人利益之上；⑥中国共产党在革命斗争中必须勇敢坚决；⑦中国共产党必须为人民群众服务；⑧要努力学习，使自己的觉悟更加提高。

2．1960年，中央“十二条”政策：1960年11月3日中共中央发出《关于农村人民公社当前政策问题的紧急指示信》（又称十二条），周恩来受中共中央之托，主持起草了中共中央“紧急指示信”。“指示信”说：1958年冬以来，中央和毛泽东再三再四地指示，必须坚决纠正农村人民公社化初期产生的“一平二调”的“共产风”。但实际上，大部分社队纠正得不彻底，1959年冬以后又重新刮起“共产风”，还有一部分社队一直没有认真纠正，继续刮，严重地破坏农业生产力，因而，“指示信”强调：“共产风”必须坚决反对。中国共产党八届九中全会于1961年1月14日至18日在北京举行，全会其中讨论并通过了1960年12月24日召开的中共中央工作会议上作出的《关于农村整风整社和若干政策问题的讨论纪要》，决定继续贯彻中共中央制定的《十二条》，做好整风整社的工作，进一步调整和改善农村的生产关系和干群关系，坚决纠正农村中存在的“五风”，放宽农村政策，搞活农村经济，以调动起广大农民的生产积极性。

3．1961年，中共中央《六十条》：1961年3月10日到13日，毛泽东在广州召集中南、

西南、华东3个大区的中央局和省、市、区党委的部分负责人举行会议（即“三南”会议），讨论《农村人民公社工作条例（草案）》（即农业《六十条》）。毛泽东在这次会议上，再一次强调了调查研究的极端重要性。6月，中共中央正式发布《农村人民公社工作条例（草案）》。

4. 1965年，“四清”运动内容从“小四清”改变为“大四清”：“小四清”是“清账目、仓库、财物、工分”，“大四清”是“清政治、清经济、清组织、清思想”。1963—1964年，在全县农村中开展“小四清”的“社教”运动；1965—1966年，开展“大四清”的“社教”运动，并与掀起全民大学“毛著”高潮相结合开展教育工作。

5. 学习“老三篇”：学习毛泽东在革命战争年代所著的三篇短文，分别是《为人民服务》《纪念白求恩》和《愚公移山》。

6. “文化大革命”中的“破四旧”：破除旧思想、旧文化、旧风俗、旧习惯。

三、第三篇　改革开放40年宣传思想工作

第二章　理论教育

1. “三讲”教育：讲学习、讲政治、讲正气。

2. 梅县中心组学习“五有”制度：有计划、有重点、有记录、有写心得体会、有检查考核。

3. 科学发展“五个统筹”：统筹城乡发展、统筹区域发展、统筹经济社会发展、统筹人与自然和谐发展、统筹国内发展和对外开放。

4. 梅州市委、市政府提出“四个梅州”发展战略：开放梅州、工业梅州、生态梅州、文化梅州。

5. 习近平总书记提出“四个全面”治国理政总体框架：全面建成小康社会、全面深化改革、全面依法治国、全面从严治党。

6. 强化“四个意识”：“四个意识”是指政治意识、大局意识、核心意识、看齐意识。这“四个意识”是2016年1月29日中共中央政治局会议最早提出来的。习近平总书记在庆祝中国共产党成立95周年大会上的讲话强调，全党同志要增强政治意识、大局意识、核心意识、看齐意识，切实做到对党忠诚、为党分忧、为党担责、为党尽责。中共十八届六中全会通过的《关于新形势下党内政治生活的若干准则》强调，全党必须牢固树立政治意识、大局意识、核心意识、看齐意识，自觉在思想上政治上行动上同党中央保持高度一致。

7. “三个代表”：代表中国先进生产力的发展要求，代表中国先进文化的前进方向，代表中国最广大人民的根本利益。

8. “四个自信”：中国特色社会主义道路自信、理论自信、制度自信、文化自信。

9. 广东“四个坚持、三个支撑、两个走在前列”：2017年4月4日，习近平总书记对广东工作作出重要批示，充分肯定中共十八大以来广东各项工作，希望广东坚持党的领导、坚持中国特色社会主义、坚持新发展理念、坚持改革开放，为全国推进供给侧结构性改革、实施创新驱动发展战略、构建开放型经济新体制提供支撑，努力在全面建成小康社会、加快建设社会主义现代化新征程上走在前列。中共广东省委4月11日发出《中共广东省委关于认真学习宣传贯彻习近平总书记重要批示精神的通知》，要求各地各部门迅速行动起来，认真学习宣传贯彻。

10．“三严三实”专题教育：严以修身、严以律己、严以用权，谋事要实、创业要实、做人要实。

11．梅州市委提出的“一园两特带动一精”产业发展战略：中共梅州市委六届二次全会提出实施“一园两特带动一精”产业发展战略，这是梅州市未来产业发展的战略定位。“一园”就是要全力推动梅州高新技术产业园建设；“两特”就是要发展文化旅游特色区和特色宜居城乡，重点打好“客家文化、绿色文化、红色文化、养生文化、宗教文化、创意文化”六张牌；而“一精”就是精致高效农业。

12．做到“两个维护”：坚决维护习近平总书记党中央的核心、全党的核心地位，坚决维护党中央权威和集中统一领导。

13．梅州市“三名城一基地”建设：生态名城、文化名城、平安名城和绿色现代产业基地。

14．“两个凡是”：凡是毛主席做出的决策，我们都坚决维护；凡是毛主席的指示，我们都始终不渝地遵循。

15．梅县“七大发展战略”：开放活县、工业强县、农业稳县、民营富县、旅游旺县、文化兴县、依法治县。

16．“三会一课”制度：支部党员大会、支委会、党小组会、上党课。

17．“两学一做”教育活动：学党章党规、学系列讲话，做合格党员。

18．“三基”教育：马克思主义基本理论教育，党的基本路线教育，党的基础知识教育。

19．“五破五提倡”：破除“怕”字，提倡“敢”字，解决怕难怕险怕失怕这怕那的心理障碍，敢于打破常规，促进经济跳跃式发展；破除“旧”字，提倡“新”字，冲击旧观念、旧模式、旧框框，增强开放意识和创新意识，制定新规章，探索新途径；破除“死”字，提倡“活”字，打破照抄照搬、僵化教条的思维方式，用足用活政策，制定地方优惠措施；破除“等”字，提倡“求”字，增加各级工作的主动性；破除“小”字，提倡“大”字，破除小打小闹、小脚女人、小手小脚、小富即安、小题大做等种种小农经济意识，敢于想大的，干大的，从大市场着眼，上规模大、效益好的项目。

20．“三个有利于”原则作为辨别是非的标准：是否有利于发展社会主义社会的生产力、是否有利于增强社会主义国家的综合国力、是否有利于提高人民的生活水平。

21．党的“一个中心、两个基本点”的基本路线：以经济建设为中心，坚持四项基本原则，坚持改革开放。

22．聚焦“四风”：形式主义、官僚主义、享乐主义、奢靡之风。

23．群众路线教育实践活动坚持“三谈三不谈”：谈真心实意的话、具体实在的话、提醒帮助的话，不谈不着边际的话、模棱两可的话、恭维赞美的话。

第三章　舆论宣传

24.“五讲四美三热爱”：讲文明、讲礼貌、讲卫生、讲秩序、讲道德，心灵美、语言美、行为美、环境美，热爱中国共产党、热爱祖国、热爱社会主义。

第四章　对外宣传

25.“四化”建设：工业、农业、国防、科技现代化建设。

26.“一优二高”农业：优质、高产、高效农业。

27.“三资”企业：在中国境内设立的中外合资经营企业、中外合作经营企业、外商独资经营企业三类外商投资企业。

28.“三高”农业：高质、高产、高经济效益的农产品或项目。

第五章　文化艺术

29. 村“四位一体”文化室：一个图书室、一个活动室、一个小广场、一个宣传栏。

30.“除七害”：在国家规定的老鼠、麻雀、苍蝇、蚊子“四害”以外，又加入了钉螺、蟑螂、臭虫等“三害”。除掉这“七害”。

31.“三打两建”：打击欺行霸市、打击制假售假、打击商业贿赂，建设社会信用体系、建设市场监管体系。

32. 文物“四有”：有保护范围、有保护标志、有记录档案、有保管机构。

33. 农村电影放映“2131 工程”：在 21 世纪初，在广大农村实现 1 个村 1 个月放 1 场电影的目标。

34. “十、百、千、万”干部下乡：是一种概括的提法，全省而言，省级安排十万干部下基层乡村，市级安排百万干部下基层乡村，县级安排千万干部下基层乡村。

35. 村“五个有”功能：有综合文化活动室、有农家书屋或社区书屋、有文体广场、有文化信息共享工程服务网点、有宣传橱窗或者阅报栏。

第六章　精神文明建设

36.“三个一百”：百歌颂中华、百书育英才、百片扬国魂。

37.“三德”：社会公德、职业道德、家庭美德。

38. 梅县构建“一城两带四组团”区域发展新格局：建设幸福新城，大力发展山区现代产业集聚带和生态富民产业带，以推进宜居城乡环境综合整治为切入点，以全域美丽乡村建设为抓手，以乡村振兴为目标，打造东、西、南、中四个特色产业组团。

39. 移风易俗“六提倡、六反对”：提倡崇尚科学，反对封建迷信；提倡健康娱乐，反对聚众赌博；提倡婚姻自主，反对买卖婚姻；提倡村邻和睦，反对宗族纠纷；提倡艰苦创业，反对铺张浪费；提倡晚婚优育，反对超生早育。

40. 社会主义荣辱观：以热爱祖国为荣、以危害祖国为耻，以服务人民为荣、以背离人民为耻，以崇尚科学为荣、以愚昧无知为耻，以辛勤劳动为荣、以好逸恶劳为耻，以团结互助为荣．以损人利己为耻，以诚实守信为荣、以见利忘义为耻，以遵纪守法为荣、以违法乱纪为耻，以艰苦奋斗为荣、以骄奢淫逸为耻。

41. 培育“八种”生活：培育礼仪生活、培育守序生活、培育和谐生活、培育道德生活、培育绿色生活、培育健康生活、培育智慧生活、培育志愿生活。

42. 1990年至1991年，“二超、四有、五化、八无”标准创建文明村：村集体收入和年人均收入超台阶；有坚强的领导班子，有党员活动室，有“四位一体”文化室，有“两会”等群众组织；主要村道水泥化，饮水清洁化，粪便管理无害化，居住环境净化美化，广播电视接收普及化；无非法婚姻，无卖淫嫖娼，无聚众赌博，无违法违纪行为，无丧事做斋，无婚事大操大办，无大型封建迷信活动，无超计划生育。

后　记

《梅州市梅县区宣传志》在中共梅州市梅县区委、区政府主要领导的高度重视下，经过梅县区委宣传部、区文明办、区文化广电新闻出版局、区文联、区广播电视台和全体编纂人员的共同努力，历时两年半，终于问世了。

把近百年的宣传工作编纂成志，是一项浩大而艰难的工程。面对繁重任务，在区委常委、宣传部部长涂戈峰的直接领导、安排和指导下，区宣传系统各单位领导和部门负责人、全体编纂人员不忘初心，牢记使命，攻坚克难，共同奋斗，终于完成编纂任务。

在这里，不忘粗略叙述大家所做的工作：一是成立组织机构。成立以区委常委、宣传部部长涂戈峰为主任的编纂委员会，全面领导此项工作。根据编纂工作需要，从区委宣传部各有关股室、区文广新局、区文联、区广播电视台安排人员收集志书资料。二是制订工作方案。制订和发出工作方案，制定志书目录，落实工作职责，明确各单位需要收集和整理的内容，做到有的放矢。三是多次召开会议。在 2018 年年底召开动员部署会议，之后，在编纂阶段分别召开单位分析汇报会和补充资料讨论会，从中掌握编志具体要求，明确资料的收集、补充和整理工作。四是各单位从多方面入手，收集大量资料。五是编辑部人员认真寻找资料，进行传图识字、扫描、拍摄、分类，开展细致的编辑工作。六是反复修改。为保证志书质量，让其经得起历史考验，编纂人员对志书的主体资料、大事记资料、专题资料、人物资料、文献资料、图片及其他具有存史价值的资料先后进行多次的修改，从文体风格、语言表述、章节安排、上下衔接等方面进行调整和修改，力求达到文体风格完整统一、章节安排科学合理、文字通顺。七是边编纂边收集补充资料，编辑部人员按缺少的材料，组织人力到有关单位查阅资料进行补充，得到市委宣传部、区委组织部、区委党史办、区档案局、区方志办等单位和部门的鼎力支持。编辑部人员还经常到宣传系统各单位分析交流，要求各单位寻找补充资料。八是严格审读。初稿形成后，首先，对大量的史料反复考证，去粗取精，去伪存真，保证质量。其次，认真做好初稿的征求意见和评审工作，区委常委、宣传部部长涂戈峰、常务副部长廖峰松、主任科员张剑等多次通读全文，统筹文稿，提出意见。再次，分送有关领导、有关部门和部分退休干部等进行审修。根据审修意见，经过多次认真修改，终于在 2021 年 2 月完稿。

为确保《梅州市梅县区宣传志》质量，全体编纂人员在时间紧、任务重的情况下，全力以赴专心投入编修工作，先后经过“制定目录、工作部署、脉络章节、采集史实、资料汇总、编辑文稿、初稿审核、寻补资料、扫描文件、充实志书、修正勘误、分发再审、编纂正稿、总纂样书”等十几个环节扎实编纂。在编纂中，主要参考《梅州宣传志》《梅县志》《梅县年鉴》《中共广东省梅县组织史资料》《梅县区革命老区发展史》《文明足迹》《梅州市梅江区宣传志》《大埔县宣传志》和梅县区委宣传部文件资料、《梅县宣传》以及来自其他相关部门的志书、资料、简报、文件等，同时还参阅大量报刊资料、文章。资料来源广泛，内容丰富，图文并茂，可读性强。《梅州市梅县区宣传志》的编纂出版，是梅县区宣传思想工作领域的一项重大成果，为梅县区宣传文化工作添上一道亮丽风采，为梅县区庆祝中国共产党成立 100 周年献上一份厚礼。

《梅州市梅县区宣传志》是梅县区宣传思想工作的第一部志书，在本志编纂过程中，得到相关单位和人员的大力支持和帮助。为此，谨向关心、支持、帮助本志编修工作的单位、个人致以衷心的感谢和崇高的敬意！

因时间仓促、工作事务繁多、志书年限跨度大、编纂经验不足、水平所限、资料缺失（特别是前期资料缺失），志书一定存在不少缺点和遗漏，对本志的不妥或遗漏之处，诚盼大家谅解并批评指正！

《梅州市梅县区宣传志》编纂委员会

2021 年 3 月